明永樂内府本禮記集説大全

第八册

明　胡廣等撰

中國國家圖書館藏明永樂十三年内府刻本

山東人民出版社·濟南

禮記集說大全卷之二十六

表記第三十二

鄭氏曰記君子之德見於儀表者

子言之歸乎君子隱而顯不矜而莊不厲而威不言而信

方氏曰此篇稱子言之者八皆總其大同之略也稱子曰者四十五皆列其小異之詳也○應氏曰歸乎之嘆聖人周流不遇覩世道之益衰念儀刑之有本何必歷聘駕說而後足以行道哉隱而顯即中庸所謂潛雖伏矣亦孔之昭是也不矜而莊不厲而威不言而信即所謂不動而敬不言而信是也中庸以是終篇蓋示人以

進德之事。表記以是爲始。蓋發明聖人立教之故。馬氏曰。隱者其迹。顯者其名。其迹隱於幽。其名聞於人。以其德蘊於中。輝光發於外。夫惟德蘊於中而輝光發於外。故不矜而莊。不厲而威。不言而信。矜所以自飾而欲人之敬。厲所以自嚴而欲人之畏。言所以自宣而欲人之信。故不矜而莊。不厲而威。不言而信。則至德默喻於心也

子曰。君子不失足於人。不失色於人。不失口於人。是故君子貌足畏也。色足憚也。言足信也。甫刑曰。敬忌而罔有擇言在躬

疏曰。甫刑。呂刑也。甫侯爲穆王說刑。故稱甫刑○馬氏曰。見其所可行而不慮其所可止。則失足於人。見其所可喜而不慮其所可怒。則失色於人。見其所可語而不

慮其所可默。則失口於人。不失足於人。故貌足畏。不失色於人。故色足憚。不失口於人。故言足信。○劉氏曰。君子謹獨。不待矜而莊。故不失足於人而貌足畏。不待厲而威。故不失色於人而色足憚。不待言而信。故不失口於人而言足信也。蓋其尋常敬忌。故動處無不中節如此。又引書以證之。而義益顯矣。藍田呂氏曰。脩身之要有三。貌也。色也。言也。曾子告孟敬子君子所貴乎道者三。動容貌。出辭氣。正顏色而已。冠義曰。禮義之始。在於正容體。齊顏色。順辭令。若巧言令色足恭。則反是者也。所謂足者。舉動是也。舉動即貌也。主於足。故言足也。色者。顏色見於面目者也。口者。言辭是也。脩此三者。敬而已矣。不敬則失之。故貌敬則足畏也。色敬則足憚也。言敬則足信也。

子曰。裼襲之不相因也。欲民之毋相瀆也。

裼襲見曲禮。○應氏曰。裼襲以示文質各有異宜。所謂不相因者。恐一時或有異事。必易服從事。各存其敬。不以襲衣而因爲裼。不以裼衣而因爲襲。蓋節文既辨。而又不憚其勞。則無相褻之患。藍田呂氏曰。禮者節文而已。節文不明。慢瀆所由生也。衣裘之間。以襲裼爲之節文。故凡服裘者。必有衣以裼之。裘褻服也。不可以敬事。故有衣以覆之也。不袒則謂之襲。襲充美也。袒謂之裼。裼見美也。謂裘之文飾也。不文飾也。不裼。故犬羊之裘不襲也。不相因者。或以裼爲敬。或以襲爲敬也。禮盛者不文。則以襲爲敬。如大裘不裼。及尸襲。聘禮賓襲執圭。弔則襲是也。禮不盛者尚文。故以裼爲敬。如君在則裼。無事則裼。受饗之時。賓裼奉束帛加璧是也。

子曰。祭極敬。不繼之以樂。洛朝極辨。不繼之以倦。

呂氏曰。極敬者。誠意至也。苟至於樂。則敬弛。極辨者。節文明也。苟至於倦。則入於苟簡。金華應氏曰。極者。竭盡而無餘之辭。繼者。前竭而後承之謂。蓋報本始。通肸蠁。莫重乎祭。一毫不敬。則曠而不棲矣。其可以樂而散其志乎。正名分。出政令者。莫嚴於朝。一事不辨。則紊而不治矣。其可以倦而懈於事乎。不繼之者。竭力以畢事。而不敢以此終也。

子曰。君子慎以辟避禍。篤以不揜。恭以遠去聲恥。馬氏曰。篤者。居其厚不居其薄。處其實不處其華。則輝光發於外。而人不能揜也。○應氏曰。君子經德不回。所以正行。則其戒謹篤恭。皆非有爲而爲之也。豈區區於避禍患防揜恥乎。記禮之垂是言。亦以曉人知避困辱之道耳。張子曰。篤謂篤實。篤實則自有光輝。如何可揜。與誠之不可揜其義同。○藍田呂氏曰。慎篤恭三者。皆行之敬也。慎其行則寡過。況於禍乎。暴虎憑河死而無悔者。不慎而取禍者也。篤其行則誠著。何事於揜乎。閒居爲不善，無所不至。及見君子，則揜其不善而著其善。不篤而好揜者也。恭其行則人敬，何事於恥乎。侮人者，人亦侮之。不恭而近恥者也。

子曰。君子莊敬日强，安肆日偷。君子不以一日使其躬儳仕鑑反焉，如不終日。

馬氏曰。莊敬所以自强，而有進德之漸，故曰强。安肆所以自棄，而有敗度之漸，故曰偷。○應氏曰。儳者，參錯不齊之貌。心無所檢束，而紛紜雜亂，遂至儳焉錯出。外既散亂而不整，則內亦拘迫而不安，故不能終日也。若主一以直內而心廣體胖，何至於如不終日乎。嚴陵方氏曰。莊敬日强者，進於勤也。安肆日偷者，薄於怠也。○延平周氏曰。莊敬日强，可以言君子。安肆日偷，亦言君子者，謂雖爲君子果莊敬則日入於强，或安肆則日入於偷。

子曰：齊戒以事鬼神，擇日月以見現君，恐民之不敬也。

幽明之交，上下之際，尤其所當敬者，故並言之。石林葉氏曰：事鬼神則致敬於幽者也，故主齊戒；見君則致敬於明者也，故主擇日月。○嚴陵方氏曰：玉藻言將適公所齊戒，則見君者非不齊戒；周官言祭祀前期十日帥執事而卜日遂戒，則事鬼神者非不擇日月。而此於鬼神言齊戒，於君言日月者，蓋齊戒在人，日月在天，神道至幽，故主言在人者以明之；君道至明，故主言在天者以神之，亦各有所當也。

子曰：狎侮死焉而不畏也。

馬氏曰：狎侮至於死而不畏者，蔽其所褻也。

子曰：無辭不相接也，無禮不相見也，欲民之毋相褻也。易

曰。初筮告。再三瀆。瀆則不告

易蒙卦辭。謂凡占者。初筮則誠敬必全。若以明而治蒙。必其學者如初筮之誠。則當告之。若如再筮三筮之瀆慢。則不必告之矣。引此以言賓主之交際當慎始敬終如初筮之誠。不可如再三筮之瀆慢也。○呂氏曰。辭者相接之言。如公與客宴曰。寡人有不腆之酒。以請吾子之與寡人須臾焉。使某也以請之類是也。禮者相見之摯。如羔鴈雉鶩之類是也。必以辭必以禮者。交際不可苟也。苟則褻。褻則不敬。此交所以易疎也。嚴陵方氏曰。無辭不相接欲其有相接之名也。無禮不相見。欲其有相見之文也。有名以正之。有文以章之。則豈有相褻者乎。禮重於辭。

而見親於接。瀆有汚意。褻有近意。則褻不若瀆之爲甚也

子言之仁者。天下之表也。義者。天下之制也。報者。天下之利也

應氏曰。仁之體大而尊。昭揭衆善。而人心儼然知所敬。故曰表。義之體方而嚴。裁割事物。而人心凜然知所畏。故曰制。報之爲禮。以交際往來。彼感此應。而有不容已者。所以使人有文以相接。有恩以相愛。其何利如之。嚴陵方氏曰。仁足以長人。故曰天下之表。義足以方外。故曰天下之制。仁義之表制而繼之以報之利。則報者禮也。曲禮曰。大上貴德。其次務施報。又曰。禮尚往來。則報之爲禮固明矣

子曰。以德報德。則民有所勸。以怨報怨。則民有所懲。詩曰。

無言不讎，無德不報。太甲曰：「民非后，無能胥以寧；后非民，無以辟四方。」子曰：「以德報怨，則寬身之仁也；以怨報德，則刑戮之民也。」

以論語以直報怨、以德報德之言觀之，此章恐非夫子之言。○方氏曰：以德報怨，則忘人之怨，雖不足以有懲，而衆將德之而有裕矣，故曰寬身之仁。以怨報德，則忘人之德，旣不足以有所勸，而衆且怨之而不容矣，故曰刑戮之民。馬氏曰：德必報之以德，然後民知有所勸；怨必報之以怨，然後民知有所懲。言有得失則必讎，德有吉凶則必報。民非后無能胥以寧，則是民有德於后而必報之；后非民無以辟四方，則是后有德於民而必報之，此上下之報也。君之於民，時使薄斂，此上有以報於下也。民之於君，出死斷亡而不偷，此下有以

報於上也。以德報德。禮也。以德報怨。非禮也。雖其非禮。而能以寬自居。故謂之寬身之仁也

子曰。無欲而好仁者。無畏而惡不仁者。天下一人而已矣

是故君子議道自己。而置法以民

呂氏曰。安仁者。天下一人而已。則非聖人不足以性仁。苟志於仁矣。無惡也。則衆人皆可以爲仁。以聖人所性而議道。則道無不盡。以衆人之可爲而制法。則法無不行○方氏曰。欲而好仁。則知者利仁之事也。畏而惡不仁。則畏罪者强仁之事也。若所好生於無欲。所惡生於無畏。非中心安仁者不能。故曰天下一人而已。虞氏曰。無欲而好仁。則所好無非仁。自仁之外別無他好也。無畏而惡不仁。則所惡無非不仁。自不仁之外別無他惡也○延

平周氏曰。無欲而好仁者。仁之至也。無畏而惡不仁者。義之至也。無欲而能好。無畏而能惡者。天下一人而已矣。以其無欲而能好。無畏而能惡者。天下常寡。故君子議道則以已。而置法則必以人。蓋無欲而好仁。無畏而惡不仁者。已之所能。以已之所能而議道。則可以合道。有欲而好仁。有畏而惡不仁者。民之所能。以民之所能而置法。則法之所以易行者也

子曰。仁有三。與仁同功而異情。與仁同功。其仁未可知也。與仁同過。然後其仁可知也。仁者安仁。知者利仁。畏罪者強上聲仁。仁者右也。道者左也。仁者人也。道者義也。厚於仁者薄於義。親而不尊。厚於義者薄於仁。尊而不親

呂氏曰。安仁利仁強仁三者之功同歸於仁。而其情則異。此堯舜性之湯武身之五霸假之所以異也。桓公九

合諸侯。一匡天下。雖湯武之舉。不過乎是。而其情則不同。故其仁未可知也。過者。人所避。有不幸而致焉。周公使管叔以殷畔。過於愛兄而已。孔子對陳司敗以昭公知禮。過於諱君而已。皆出乎情。而其仁可知也。道非仁不立。義非人不行。凡人之舉動。必右先而後左隨之。故曰仁右道左。嚴陵方氏曰。與仁同功其仁未可知者。以其三者之情雖異。及其成功則一。而未知其孰爲仁者也。與仁同過然後其仁可知者。論語曰。人之過也。各於其黨。觀過斯知仁矣。正謂是也。仁者之爲仁。猶之生於陵者安於陵而已。故曰安仁。知者之爲仁。知仁之爲已利則爲之。知不仁之爲已害則不爲也。故曰利仁。畏罪者之爲仁。畏不仁之貽罪則戒而惡之。欲仁之爲功則强而好之。故曰强仁。○藍田呂氏曰。右者人所有事。左者居於不用之地。而助右之所不及也。仁者。人之體也。將有爲也。將有行也。非仁不可也。故曰仁者右也。又曰仁者人也。道者。天之理也。仁至于不可行。不可不節。則理有所不得已以助人之所不及者義也。故曰道者左也。又曰道者義也。仁莫隆於父子。父子之道親親也。義莫重於君臣。君臣之道尊尊也。厚於此則薄於彼。厚於彼則薄於此。惟知其所以爲左右。則尊尊親親並行而不相悖。無厚薄之間矣

道有至有義有考。至道以王。義道以霸。考道以爲無失

應氏曰。至道即仁也。至道渾而無迹。故得其渾全精粹以爲王。義道嚴而有方。故得其裁割斷制以爲霸。盡稽考之道而事不輕舉焉。亦可以無失矣○石梁王氏曰。義道以霸。非孔子之言

藍田呂氏曰。至道者。至于道之極不可以有加也。所謂所過者化。所存者神。上下與天地同流者也。故曰至道以王。義道者。揆道而裁之者也。所謂制節謹度。是可以有國而長諸侯者也。故曰義道以霸。考道者。必稽古昔稱先王。所謂非法不言。非道不行。雖未達道。不能以義起。亦庶

幾乎不失道矣

子言之仁有數義有長短小大中心憯七感反怛多八反愛人之仁也率法而强上聲之資仁者也詩云豐水有芑武王豈不仕詒厥孫謀以燕翼子數上聲世之仁也國風曰我今不閱皇恤我後終身之仁也

仁有數言行仁之道非止一端蓋爲器重爲道遠隨其所舉之多寡所至之遠近皆可謂之仁也義有長短小大言義無定體在隨事而制其宜也中心憯怛惻隱之端也故爲愛人之仁率循古人之成法而勉强行之此爲求仁之事資仁取諸人以爲善也即上文强仁之意

詩大雅文王有聲之篇言豐水之傍以潤澤生芑穀喻養成人才也武王豈不官使之乎言無遺才也聖人爲後嗣計莫大於遺之以人才是欲傳其孫之謀而燕安翼輔其子耳曾玄以下皆孫也故夫子以爲數世之仁蓋中心憯怛所發者深故所及者遠也國風邶風谷風之篇今詩作躬閱容也言我身且不見容何暇憂後事乎此但欲以仁終其身而已耳蓋勉強資仁所發者淺故所及者近也藍田呂氏曰以其誠心愛人故曰愛人之仁以其有取於外故曰資仁此所發淺深之數也數世之仁終身之仁此所施遠近之數也故曰仁有數義無定體唯其所宜而已宜長則長宜短則短宜大則大宜小則小如孔子可以仕則仕可以止則止可以久則久可以速則速禮有以高爲貴者以下

爲貴者。有以大爲貴者。以小爲貴者之類是也。故曰義有長短小大。此章論仁而及義者。蓋仁之數是亦義也

子曰。仁之爲器重。其爲道遠。擧者莫能勝升也。行者莫能致也。取數多者仁也。夫勉於仁者。不亦難乎。是故君子以義度待洛反人。則難爲人。以人望人。則賢者可知已矣

呂氏曰。管仲之功。微子之去。箕子之囚。比干之死。皆得以仁名之。語仁之盡。則堯舜其猶病諸。此仁所以取數之多也。以義度人。盡義以度人者也。以人望人者。擧今之人相望也。盡義以求人。非聖人不足以當之。故難爲人。擧今之人相望。則大賢愈於小賢。故賢者可知已嚴陵方氏曰。器若器用之器。道若道路之道。勝言勝其任。致言致其至。擧若手擧。行若足行。論語曰。士不可以不弘

毅。任重而道遠。仁以爲己任。不亦重乎。死而後已。不亦遠乎。其言正與此合。儒行言温良之本。敬慎之地。寛裕之作。孫接之能。禮節之貌。言談之文。歌樂之和。分散之施。其用雖不同。至於本乎仁則一也。孟子言天子之保四海。諸侯之保社稷。大夫之保宗廟。士庶人之保四體。其位雖不同。至於本乎仁亦一也。孔子言郊社之於鬼神。嘗禘之於昭穆。饋奠之於死喪。射鄉之於鄉黨。食饗之於賓客。其禮雖不同。至於本乎仁亦一也。茲非取數之多乎。以其數之多。此勉於仁者所以爲難也。以義而度人。則天下無全人。故曰則難爲人。以人而望人。則不求備於人。故曰則賢者可知。所謂賢者。賢於人也。與其賢於其猶賢乎已之賢同。則彼善於此而已。○馬氏曰。子曰。我欲仁。斯仁至矣。又曰。有能一日用其力於仁矣乎。我未見力不足者。而云舉者莫能勝。行者莫能致。何也。此言有抑揚之理也。蓋仁之道。自其本而言之。仁在我也。在我者易以勉。自其仁之成名而言之。唯中心安仁者能之。則是勉於仁者蓋亦難矣

子曰。中心安仁者。天下一人而已矣。大雅曰。德輶如毛。民

鮮克舉之我儀圖之惟仲山甫舉之愛莫助之小雅曰高山仰止景行行止子曰詩之好仁如此鄉道而行中道而廢忘身之老也不知年數之不足也俛焉日有孳孳斃而后已

大雅烝民之篇言德之在人其輕如毛非難能也而民少能舉之者尹吉甫於儀匹之中圖謀之求其能舉德者乃惟仲山甫能舉之我愛其人使其或有不及我思效忠以助之今吉甫雖愛山甫而欲助之而山甫全德吉甫無可以致其助者也小雅車舝之篇言有高山則人瞻望而仰之有景大之德行則人視法而行之二止

字皆語辭。夫子引此兩詩而贊之曰。詩人之好仁如此哉。中道而廢。言力竭而止。若非力竭則不止也。不足。少也。人老則未來之歲月少矣。俛焉。無他顧之意。孳孳。勤勉之貌。斃。死也。○應氏曰。前章言仁重且遠。而人不可以全責。此又總叙而勸勉之藍田呂氏曰。中心安仁者。天下一人而已。聖人之任也。雖未至焉。不敢不勉。不以世莫之助而不爲。故曰惟仲山甫舉之。○嚴陵方氏曰。高山出雲。故澤加於民。民賴而仰之。景行當於道。故德加於民。民傚而行之。詩人思高山之可仰。景行之可行。非好仁者疇或能之。忘身之老者。即所謂不知老之將至是也。斃而後已者。即所謂死而後已是也。○臨川吳氏曰。引詩斷章。蓋借仰高山以興行大道也。鄉此大道而行之。行至中半。力不能進而後止。若猶能進則不止也。好仁之甚。故力行不輟如此

子曰仁之難成久矣人人失其所好故仁者之過易辭也

子曰恭近禮儉近仁信近情敬讓以行此雖有過其不甚矣夫恭寡過情可信儉易容也以此失之者不亦鮮乎詩云溫溫恭人維德之基

仁之難成私欲間之也私意行則所好非所當好故曰失其所好也苟志於仁雖或有過其情則善故不待多言而可辨故曰易辭也恭儉信三者未足以爲仁而亦行仁之資曰不甚曰鮮皆勉人致力於此可以由此寡過而進德也詩大雅抑之篇○石梁王氏曰信近情當爲情近信 嚴陵方氏曰能好仁則得其所好矣以其反此而失其所好仁所以難成歟苟仁矣雖有

過易辭也。況無過乎。以仁者之過過於厚故也。若周公使管叔監殷。孔子謂哀公知禮。非無過也。然周公之過過於愛親。孔子之過過於愛君。爲君親而有過。此其所以易辭歟。○藍田呂氏曰。恭儉信未足以爲仁。而仁者之資也。恭則不侮。得禮之意。近乎禮矣。儉則不奪。得仁之意。近乎仁矣。言語必信。存心正。行近乎情矣。三者之行不私於己。又以敬讓行之。鄉乎仁矣。雖有過差。其情則善。故不甚矣。蓋不侮人。則人亦不侮。其過寡矣。近乎情則不忘於欺。斯可信矣。不奪人。則知足。斯易容矣。如是而失之者鮮矣。可與進於德矣。故曰溫溫恭人。惟德之基。雖未成德。斯德之基矣。

子曰。仁之難成久矣。唯君子能之。是故君子不以其所能者病人。不以人之所不能者愧人。是故聖人之制行也。不制以己。使民有所勸勉愧恥。以行其言。禮以節之。信以結之。容貌以文之。衣服以移之。移讀爲稱。尺正反。朋友以極之。欲民之

有壹也。小雅曰。不愧于人。不畏于天

呂氏曰。聖人制行以立教。必以天下之所能行者爲之法。所以爲達道也。惟不制乎己。故民知跂乎此而有所勸勉。知不及乎此而有所愧恥。則於仁也知所向矣。非特此也。制禮以節其行而使之齊。立信以結其志而使之固。容貌以驗其文之著於外。衣服以稱其德之有於中。朋友切磋相成以至於極而後已○應氏曰。五者輔道而夾持之。欲其趨向之專壹也。縱有懈怠而欲爲惡者。獨不愧于人而畏于天乎。小雅何人斯之篇藍田呂氏曰。人失其所好。此仁所以難成。君子責人以恕而成人有道。則仁不難成矣。故曰唯君子能之○馬氏曰。君子已雖能。不以己之能者病人。人雖不能。不以人之所不能者愧人。故制行不以己。民之賢者有所勸勉。不肖者有所愧恥以行其言。言從而行之。此行不違言之意也。自禮以節之。至欲民之有壹者。此言聖人制行不以己之法也。夫不足則儉。有餘則侈。人之常情也。故有禮以節之。僨驕而不可繫者。其惟人心乎。故有由中之信以結之。此所以正於內。又不可不文於外。故容貌以文之。衣服以稱之。然外不可以不資之以友。故朋友以極之。自天子以至於庶人。未有不須友而成也。聖人之教人。俯仰之間。無所愧怍。故引詩之辭以況之。詩之意非如此。蓋說詩者不以辭害意。○臨川吳氏曰。上言愧人。我愧之也。下言愧恥。彼自愧也

是故君子服其服。則文以君子之容。有其容。則文以君子之辭。遂其辭。則實以君子之德。是故君子恥服其服而無其容。恥有其容而無其辭。恥有其辭而無其德。恥有其德而無其行。去聲是故君子衰絰則有哀色。端冕則有敬色。甲

冑則有不可辱之色。詩云維鵜在梁不濡其翼彼記之子不稱其服

此承上文容貌衣服而言欲有其德行以實之也德謂得之於己行謂見之於事詩曹風候人之篇鵜鵜鶘也俗名淘河鵜鶘常入水中食魚今乃在魚梁之上竊人之魚以食未嘗濡濕其翼如小人居高位以竊祿而不稱其服也。延平周氏曰服其服而能文以君子之容者然後可以服先王之法服有其容而又文以君子之辭者然後可以守先王之法言遂其辭而能實以君子之德者然後可以行先王之德行衰経有哀色端冕有敬色甲冑有不可辱之色君子不失色於人如此○藍田呂氏曰鵜鶘善居汙澤之中捕魚以爲食者也不濡其翼則不得食梁者魚梁也人之所以捕魚者也鵜之求食不之澤而之梁無濡翼之勞坐得其食如

人之無德無功而受顯服者也故服之不稱其德異乎鵜者未之有也

子言之君子之所謂義者貴賤皆有事於天下天子親耕粢盛秬鬯以事上帝故諸侯勤以輔事於天子

應氏曰義者截然正方而無偏私也知賤之事貴而不知貴之率賤豈絜矩之道哉故天子竭力致敬以事乎上帝則諸侯亦服勤以輔乎天子也馬氏曰君子之所謂義者事之制而制之得其宜之謂也有宜於貴必有宜於賤故古之人所惡於上毋以使下所惡於下毋以事上凡以此也天子使諸侯勤以輔上在我必先自盡然後可以責此故天子親耕粢盛秬鬯以事上帝夫以天子之尊非不足於耕也蓋身致其誠信而示其嚴上之禮也故諸侯以輔事天子亦有嚴上之禮也

子曰下之事上也雖有庇民之大德不敢有君民之心仁

之厚也。是故君子恭儉以求役仁，信讓以求役禮，不自尚其事，不自尊其身，儉於位而寡於欲，讓於賢，卑己而尊人，小心而畏義，求以事君，得之自是，不得自是，以聽天命。詩云：莫莫葛藟力水反，施異于條枚。凱弟君子，求福不回。其舜禹文王周公之謂與！有君民之大德，有事君之小心。詩云：惟此文王，小心翼翼，昭事上帝，聿懷多福，厥德不回，以受方國。

役猶爲也。得之不得，即中庸獲乎上不獲乎上也。詩大雅旱麓之篇。莫莫，茂密也。藟似葛。枝曰條，榦曰枚。嚴氏云：是葛也，藟也，乃蔓於木之枝榦，喻文王憑先祖之功而起也文王凱樂弟易其求福不回邪也表記言得之自是不得自是以聽天命遂引此章蓋有一毫覬倖之心則邪矣詩大雅大明之篇言文王小心翼翼然恭敬以明事上帝遂能懷來多福蓋其德不回邪故受此四方侯國之歸也○應氏曰數章之內自恭近禮儉近仁信近情之後又言恭儉役仁信讓役禮曰自卑而尊人又曰自卑而民敬尊之曰不自尚其事不自尊其身又曰不自大其事不自尚其功嚴陵方氏曰仁不止於恭儉恭儉可以爲仁之用而已禮不止於信讓信讓可以爲禮之用而已故每以役言之也事雖爲人所尚己未嘗自尚之也身雖爲人所尊己未嘗自尊之也儉於位則非貪夫位也寡於欲則非慕夫祿也讓於賢則非爭其名也卑己故能尊人小

心故能畏義。君子之爲此者，豈他求哉，求以事君而已。以是事君而得君者，義也。以是事君而不得君者，則有命存焉。古之人有行之者，舜禹文王周公而已。蓋舜之事堯，禹之事舜，文王之事紂，周公之事成王，有君民之大德，又有事君之小心故也。前曰庇民者，止足以覆物。君民者，又足以命物。若舜禹之受禪，文王之受命，周公之攝政，皆君民之事也。雖然，豈嘗有是心哉。○石林葉氏曰：恭儉求役仁，故不自尚其事。儉於位，寡於欲，皆役仁之事也。信讓求役禮，故不自尊其身。讓於賢，卑己以尊人，皆役禮之事也。小心而畏義，求以事君，所以知人。得之不得，自是以聽天命，所以知天。

子曰：先王謚以尊名，節以壹惠，恥名之浮於行也。是故君子不自大其事，不自尚其功，以求處情。過行（去聲）弗率，以求處厚。彰人之善，而美人之功，以求下賢。是故君子雖自卑，而民敬尊之。子曰：后稷，天下之爲烈也，豈一手一足哉。唯

欲行之浮於名也故自謂便人

謚以尊名爲美謚以尊顯其聲名也壹專也惠善也善行雖多難以枚舉但節取其大者以專其善故曰節以壹惠也以求處情謂君子所以不自大尚其事功者以求處情實不肯虛爲矯飾也過行弗率以求處厚者謂若有過高之行則不敢率循惟求以處乎篤厚之道而已本分上不可加毫末也后稷教民稼穡爲周之始祖其功烈之在天下豈一人之手一人之足遵而用之哉固當以仁聖自居矣惟欲行過於名也故自謂便習民事之人而已

嚴陵方氏曰生則有名死則有謚有謚則諱其名矣故曰謚以尊名檀弓言公叔文

子之子請謚而曰請所以易其名者蓋謂是矣謚以誄行而爲之然行不一也謚有所不勝言特以所隆者之一端而爲之節爾故曰節以壹惠若文王之爲文武王之爲武此皆壹惠之道也行雖多而節之以惠則名不浮於行矣孟子曰聲聞過情君子恥之故不自大其事以下皆自卑之道也揚子曰自下者人高之易曰卑而不可踰故曰君子雖自卑而民敬尊之○呂氏曰后稷之教民稼穡無此彊爾界天下之利萬世之功也其爲烈也非一手一足之所能及也然猶不自以爲功但自謂便習是事之人耳

子言之君子之所謂仁者其難乎詩云凱弟君子民之父母凱以強平聲教之弟以說悅安之樂音洛而毋荒有禮而親威莊而安孝慈而敬使民有父之尊有母之親如此而后可以爲民父母矣非至德其孰能如此乎

呂氏曰強教之者以道驅之如佚道使民雖勞不怨者

也。說安之者得其心之謂也。說以使民。民忘其勞。說以犯難。民忘其死者也。樂說安也。毋荒則有教矣。威莊強教也。安則說矣。孝慈說也。敬則有教矣。強教則父之尊存焉。說安則母之親存焉。此言君子仁民之道如此。非聖人莫能與也。馬氏曰。所謂仁者其難乎。信仁之難其成也。嚴有以致其尊。愛有以致其親。然後為功之成也。詩云。凱弟君子。民之父母。此言仁之成也。凱以強教之。所以致其尊而率之於外也。弟以說安之。所以致其親而和之於內也。有以致其尊。故樂而無荒。孝慈而敬。有以致其親。故有禮而親。威莊而安。尊有以致其親。親有以致其尊。其尊可以比於父。其親可以比於母。故曰使民有父之尊。有母之親。如此而後可以為民父母矣

今父之親子也。親賢而下無能。母之親子也。賢則親之。無

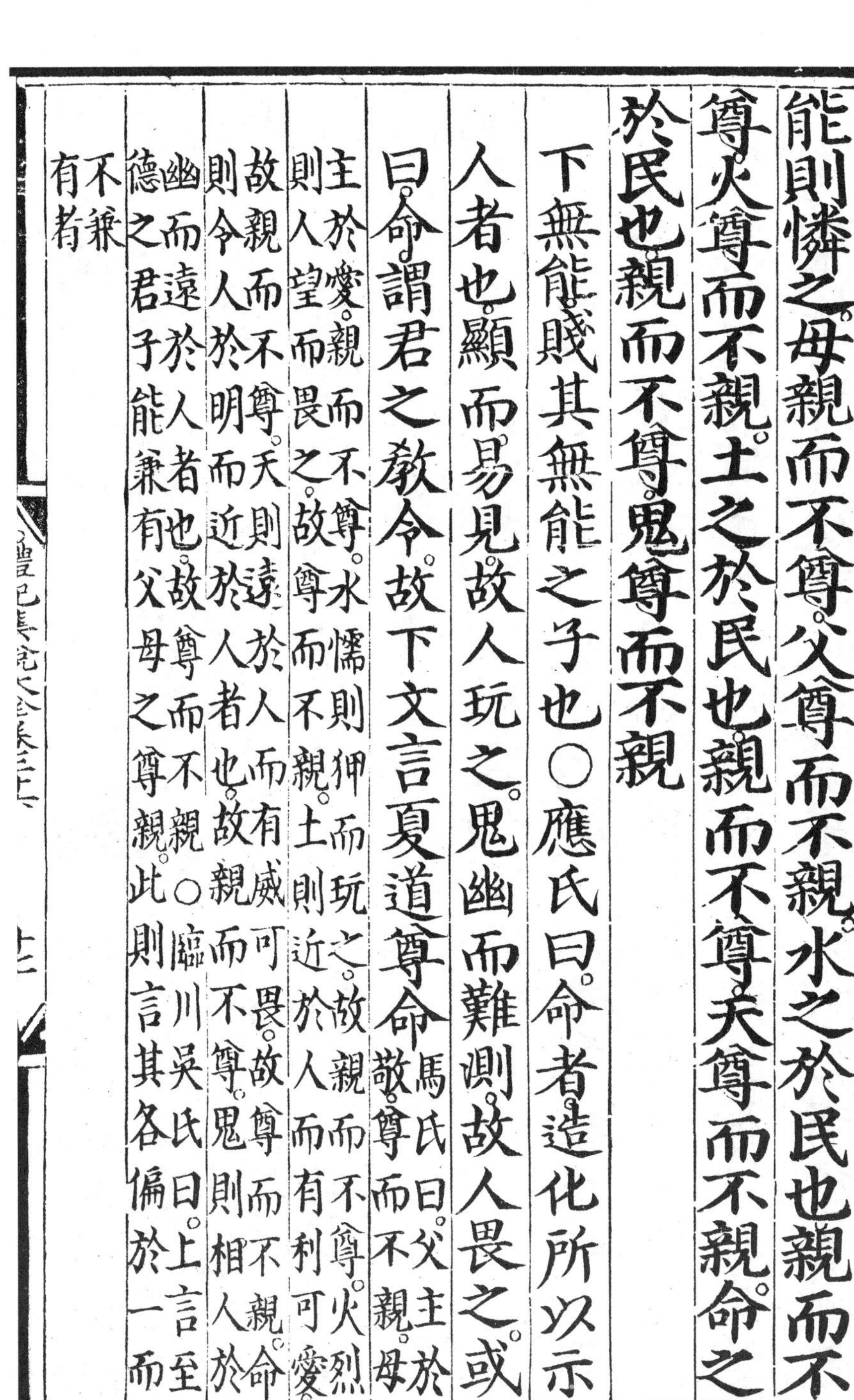

能則憐之。母親而不尊。父尊而不親。水之於民也親而不尊。火尊而不親。土之於民也親而不尊。天尊而不親。命之於民也親而不尊。鬼尊而不親

下無能賤其無能之子也○應氏曰命者造化所以示人者也顯而易見故人玩之鬼幽而難測故人畏之或曰命謂君之敎令故下文言夏道尊命馬氏曰父主於敬尊而不親母主於愛親而不尊水懦則狎而玩之故親而不尊火烈則人望而畏之故尊而不親土則近於人而有利可愛故親而不尊天則遠於人而有威可畏故尊而不親命則令人於明而近於人者也故親而不尊鬼則相人於幽而遠於人者也故尊而不親○臨川吳氏曰上言至德之君子能兼有父母之尊親此則言其各偏於一而不兼有者

子曰夏道尊命事鬼敬神而遠（去聲）之近人而忠焉先祿而後威先賞而後罰親而不尊其民之敝惷（尸容反）而愚喬（音驕）而野朴而不文殷人尊神率民以事神先鬼而後禮先罰而後賞尊而不親其民之敝蕩而不靜勝而無恥周人尊禮尚施（去聲）事鬼敬神而遠之近人而忠焉其賞罰用爵列親而不尊其民之敝利而巧文而不慚賊而蔽

先祿後威先賞後罰皆是忠厚感人之意故民雖知親其上而尊君之意則未也故曰親而不尊惷愚驕傲鄙野質朴之敝皆忠之末流也殷人欲矯其敝故以敬畏爲道以事神之道率民先其鬼之不可知者後其禮之

可知者。先其罰之可畏。後其賞之可慕。尊則尊矣。而親愛之情則無由生也。故曰尊而不親。流蕩而不知靜定之所者。尊上鬼神之敝。務自勝以免刑而無恥者。先罰後賞之敝也。周人見其然。故尊禮以矯後禮之失。尚施惠以爲恩。亦如夏時之近人而忠。其賞罰亦無先後。但以爵列之高下爲準。如車服土田之賞有命數之異。刑罰之施有八辟之議。及命夫命婦不躬坐獄訟之類。皆是也。故亦如夏世之親而不尊。其後民皆便利而多機巧。美文辭而言之不怍。賊害而蔽於理。皆尊禮太過。文沒其實之所致。○應氏曰。三代之治。其始各有所尊。其終各有所敝。夏之道惟思盡心於民。惟恐人之有所不正。不得不重其文告之命。遠神近人。後威先祿。皆其忠實之過而徇於近也。近則失之玩。故商矯之而尊神焉。君民上下情不相接。率民事神。先鬼先罰。後禮後賞。而遠於物也。遠則失於亢。故周矯之而尊禮焉。禮文委曲而徇人。禮繁文勝。利巧而賊其敝又有甚者焉。凡此非特見風氣既開而澆漓之日異。抑亦至德之不復見而已歟。○石梁王氏曰。此一章未敢信以爲孔子之言 嚴陵方氏曰。天下之理。始乎有成。終乎有敝。三代之政。各有所尊。方其所尊。則是各有所成也。始既各有所尊。而終不免各有所敝矣。故皆言民之敝焉。然則民之敝也。豈民之罪哉。政使之然也。豈政之罪哉。勢使之然爾。故三代相承。各有救敝之政焉。使之通變而不倦。新新而不窮也。雖然。近人而忠。夏周之所同也。而夏之敝則民喬而野。周之敝則文而不慙。何哉。蓋夏之近人本乎尊命。周之近人則本乎尊禮。命之所制者簡。故近人之敝喬而野。禮之所飾者煩。故近人之敝文而不慙。其源既異。其流亦不同

子曰。夏道未瀆辭。不求備。不大望於民。民未厭其親。殷人未瀆禮。而求備於民。周人強上聲民。未瀆神。而賞爵刑罰窮矣

未瀆辭。以其尊命也。未瀆禮。以其後禮也。未瀆神。以其敬神而遠之也。不求備。不大望於民。即省刑罰薄稅斂之事。未厭其親。尊君親上之心自不能忘也。言夏之民未厭其親。則殷周之民不然矣。強民。言殷民不服而成

王周公化之之難也。賞爵刑罰之制。至周而詳悉備具。無以復加。故曰窮矣。窮。窮極也。一說賞爵不能勸善。刑罰不能止惡。故曰窮馬氏曰。夏之時其民淳。故君民者無所求備。不大望於民。則民樂推之而不厭。故曰未厭其親。殷人尊神於禮猶略。故未瀆禮。周人雖尊禮。而於事神之禮猶略。故未瀆神。方周之時。比有長。閭有胥。鄉有大夫。其政致詳。其法致嚴。而善惡無所逃於其閒。故賞爵刑罰極於此矣。○嚴陵方氏曰。前言殷人尊神矣。至此乃言周人未瀆神。何也。蓋尊與瀆異。而瀆神者由瀆禮之所致而已。前言尊神。而繼之以先鬼後禮。則非瀆之所致可知矣。此其所以異歟。

子曰。虞夏之道寡怨於民。殷周之道不勝升其敝。子曰。虞夏之質。殷周之文。至矣。虞夏之文不勝去聲其質。殷周之質不勝其文。

前章言夏殷周之事。此又兼言虞氏以起下章藍田呂氏曰。虞

夏之道質。質者責人也略。故寡怨於民。殷周之道文。文者責人也詳。民之不從。則窮刑賞以驅之。故不勝其敝。虞夏質之至者也。故文不勝其質。殷周文之至者也。故質不勝其文。至者無以加也。後世王者欲尚質者無以加虞夏之質。欲尚文者無以加殷周之文矣。三代所尚。非茍爲異。亦各因時救敝而已。繼周者未有以救之。楊墨韓莊所以肆行於戰國也。○嚴陵方氏曰。虞夏非無文也。特其文不勝質爾。殷周非無質也。特其質不勝文爾。殷尚質而此以文爲至者。蓋殷之文則存乎時。殷之質則存乎人。爲其時之文。故人尚質以救之而已。若夫其道則瀆辭。是其時之爲文也。其色則尚白。是其人之爲質也。

子言之曰。後世雖有作者。虞帝弗可及也已矣。君天下。生無私。死不厚其子。子民如父母。有憯怛之愛。有忠利之教。親而尊。安而敬。威而愛。富而有禮。惠而能散。其君子尊仁

畏義恥費輕實忠而不犯義而順文而靜寬而有辨甫刑曰德威惟威德明惟明非虞帝其孰能如此乎

呂氏曰憯怛之愛猶慈母之愛非責報於其子也非要譽於他人也發於誠心而已忠利之教者若使契爲司徒敎以人倫作爲衣裳舟楫臼杵弧矢宮室棺槨書契使天下利用而不倦是皆有教人以善之誠無所不利之功者也富而有禮節於物者也惠而能散周於物者也義以相正而不傷乎割文以相接而不傷乎動故寬裕有容而容之中有辨焉○應氏曰生無私有天下而不與也死不厚其子傳諸賢而爲天下得人也生死無

所私。而心乎斯民。眞若父母之於子。親而尊至惠而能
散。猶元氣之運。妙用無迹。此中庸所謂用其中於民也。
其君子化之皆爲全德。尊仁畏義。不敢犯天下之公理。
恥貴輕實。不敢徇一己之私欲。恥費用者。儉於自奉也。
輕財實者。薄於言利也。自庇民大德而下凡三章。言臣
道之難於盡仁。惟舜禹文王周公可以爲仁之厚。而后
稷庶幾近之。自凱弟君子而下凡四章。言君道之難於
盡仁。惟虞帝可以爲德之至。而夏商周皆未免有所偏
也。嚴陵方氏曰。帝則公天下。故曰生無私。以其傳於賢
故曰死不厚其子。有憯怛之愛。有忠利之教。愛之則
親。敬之則尊。故曰親而尊。親而有所尊。故安而敬。尊而
有所親。故威而愛。敬故富而有禮。愛故惠而能散。由是

君子化之。而尊仁安義。以至於寬而有辨也。富而有禮。則無驕奢之患。惠而能散。則無偏黨之私。仁者天下之表。故在所尊。義者天下之制。故在所畏。恥費則奉己有節。輕實則與人無吝。忠所以抗節。常失於犯上。義所以立我。常失於忤物。文則常失於妄動。寬則常失於大雜。兼父之尊。母之親。故能並行而無偏廢也。非有威明之德。其能若是乎。故引書之言以證之。○延平周氏曰。孟子曰。天與賢則與賢。天與子則與子。又曰。其子之賢不肖皆天也。是舜之所以生無私。死不辱其子者。順天而已矣。自其有惜怛之愛。而至於惠而能散者。特舜之粗迹耳。果舜之極致。則惠而能散不足以言。自其君子尊仁畏義。而至於寬而有辨者。特舜之德廣耳。果舜之道化。則豈止於君子者哉

子言之。事君先資其言。拜自獻其身。以成其信。是故君有責於其臣。臣有死於其言。故其受祿不誣。其受罪益寡

應氏曰。資。憑藉也。古之爲臣。其經世之學。皆豫定於胷

中。至於事君則前定之規模先形於言以爲藉然後自獻其身以成其信。自獻者非屈己以求售也。如書之自靖自獻致命而無所愧也。畎畝幡然之數語說命對揚之三篇。此伊傅先資之言也。齊桓問答而爲書燕昭命下而有對。此管樂先資之言也。言於先而信於後。無一不酬者。後世若登壇東向之答。草廬三顧之策。亦庶幾焉○馬氏曰。受祿不誣。言不素餐也嚴陵方氏曰。先資其言者。先以言爲之資也。獻其身。將以行其言也。能行其言。故足以成其信。拜。謂受其命也。獻。謂效其能也。君無爲也。故有責於臣。臣有守也。故有死於其言。臣能任責。則非尸祿者矣。故受祿不誣。臣能效死。則非有罪者矣。故受罪益寡。人亦或以忠獲罪。此所以不言無罪。止言益寡而已

子曰事君大言入則望大利小言入則望小利故君子不以小言受大祿不以大言受小祿易曰不家食吉

不家食吉大畜之彖辭也謂大畜之君子才德所藴者大則當食祿於朝以有爲於天下而不食於家則吉此言不以大言受小祿所謂達可行於天下而後行之者也○呂氏曰大言所言者大也小言所言者小也利及天下澤及萬世大利也進一介之善治一官之事小利也諫行言聽利斯從之矣先儒謂利爲祿賞人臣事君各效其忠而已言入而遂望其祿賞乃小人之道非所以事君也所謂不以小言受大祿不以大言受小祿者

此君之所以報臣非臣之所以望君也受之有義亦稱其大小而已小言而大祿則報踰其分大言而小祿則君不我知亦不可受也○石梁王氏曰此非孔子之言

張子曰大言入則望大利利非歸己之利大言入則吾道可大行是大利也小言入則可小利

子曰事君不下達不尚辭非其人弗自小雅曰靖共爾位正直是與神之聽之式穀以女

下達謂趨乎汙下如曰吾君不能如曰長君之惡逢君之惡皆是也伊尹使君爲堯舜之君孟子非堯舜之道不陳則謂之上達也尚辭利口捷給也自所由以進者也小雅小明之篇言人臣能安靖恭敬其職位惟正直

之道是與則神明聽之將用福祿與汝矣以與也藍田呂氏曰以下達之事事其君則賤其君者也尚辭而實不稱則欺其君者也非其人而自達之枉己以事君者也三者皆不正非所謂靖共正直者也人臣敬治其職所與正直則神將福之況於君乎

子曰事君遠而諫則讇諂也近而不諫則尸利也子曰邇臣守和宰正百官大臣慮四方

呂氏曰陵節犯分以求自達故曰讇懷祿固寵主於爲利故曰尸利也○方氏曰所謂守和者過於和則流而爲同不及於和則乖而爲異故在於能守守則適中而無過與不及之患矣○應氏曰宰以職言大臣以位言自三公以下皆是不特六卿其序則先君德而後朝廷

先朝廷而後天下也○石梁王氏曰遠而諫則讇非孔子之言石林葉氏曰遠於君則見之略諫則爲佞近於君則見之詳諫則不爲素餐素餐則尸利也○嚴陵方氏曰遠而諫似忠而非忠秖以爲諂耳近而不諫似慎而非慎秖以爲利耳

子曰事君欲諫不欲陳詩云心乎愛矣瑕不謂矣中心藏之何日忘之

諫者止君之失陳者揚君之失也詩小雅隰桑之篇瑕詩作遐本謂我心愛慕此賢者思相與語以其相去遠故不得共語然欲發之言藏於我心何日而忘之乎遐此記者借以爲喻言我有愛君之心欲諫其過胡不言乎縱未得進諫亦藏於心而不忘但不以語他人耳嚴陵

方氏曰。陳善閉邪謂之敬。故諫不欲陳。陳之則是暴君之過矣。然有犯無隱。則陳之矣。蓋諫之不從。不得已而後陳焉。然則陳者。非所欲也。故以不欲言之。○臨川吳氏曰。引詩中心藏之。明不欲陳其過於外之意

子曰。事君難進而易退。則位有序。易進而難退。則亂也。故君子三揖而進。一辭而退。以遠去聲亂也

呂氏曰。所謂有序者。小德役大德。小賢役大賢之謂也。所謂亂者。賢不肖倒置之謂也。君信我可以爲師。非學焉而後臣之。則不進也。信我可以執國政。雖待以季孟之間。亦不進也。膰肉不至而即行。靈公問陳而即行。君子之道。正君而已。枉己者未有能直人者也。人之相見。三揖至于階。三讓以賓升。而其退也。一辭而出。主人拜

送賓去不顧若主人之敬未至而强進主人之意已懈而不辭則賓主之分亂矣可仕可已可見可辭進退之義一也

延平周氏曰其進也以禮故難其退也以義故易進也不以禮故易退也不以義故難難進而易退則位之所以有序易進而難退則位之所以亂而無序故君子三揖而進若甚難一辭而退若甚易者蓋遠其亂於賓主之間況君臣之間可不遠其亂也哉○山陰陸氏曰易進而難退則亂之階由此始也

子曰事君三違而不出竟上聲則利祿也人雖曰不要平聲吾弗信也

違猶去也不出竟實無去志也謂非要利可乎○呂氏曰孔子去魯遲遲吾行以不忍於父母之國也孟子去齊三宿出晝眞齊王之悔悟也然卒出竟以去君子之

義可見矣山陰陸氏曰。三違而不出。竟內實利之。而外强違之。非要利而何

子曰。事君愼始而敬終。子曰。事君可貴可賤可富可貧可生可殺而不可使爲亂

馬氏曰。在物者有命。故可貴可賤可生可殺。在己者有義。故不可使爲亂也延平周氏曰。進以禮。所以愼始。退以義。所以敬終。○藍田呂氏曰。貴賤貧富殺生。君之所操以御臣之具者也。雖有是具以御臣。然所以御之者理也。理義人心之所同。然天所以命於人。君君臣臣。父父子子。所以保乎天下國家也。故臣之事君。無所逃乎天地之間。東西南北。惟命是從。及違於理義。則臣得以爭於君。匹夫不可奪其志。故君以我爲賢。則可處之以富貴。以我爲不肖。則可處之以貧賤。以我爲無罪。則可生。以我爲有罪。則可殺。六者莫不惟君所命。其不可奪者。吾之理義而已

子曰。事君軍旅不辟音避難去聲。朝廷不辭賤。處其位而不履

其事則亂也。故君使其臣得志則愼慮而從之、否則孰慮而從之、終事而退、臣之厚也。易曰、不事王侯、高尚其事。

呂氏曰。亂者、如絲之不治而無緒也。臣受君命、雖有所合、不敢以得志而自滿、故愼慮而從之、乃臨事而懼、好謀而成者也。有所不合、又非所宜辭、亦不敢怨於不得志、故孰慮而從之、卒事則致爲臣而去、故可以自免而不累於上。故曰臣之厚也。易蠱之上九、事之終、且無位也、有似乎仕焉而已者。故曰不事王侯、乃可以高尚其事、而不見役于人也。石林葉氏曰。位軍旅則以勇、故不辟難。位朝廷則以仁、故不辭賤。處其位而辟難辭賤、則事不治而亂、何有於仁勇。於事君有得志而與否者、命也。慮而從之者、義也。得志而愼慮所以畏命。故其寵若驚。不得志而孰慮。所以畏義。故其辱若驚。

子曰。唯天子受命于天。士受命于君。故君命順則臣有順命。君命逆則臣有逆命。詩曰。鵲之姜姜。鶉之賁賁。人之無良。我以爲君。

詩衛風鶉之奔奔篇。嚴氏云。鶉之奔奔然鬭者。不亂其匹也。鵲之彊彊然剛者。不淫其匹也。刺宣姜與公子頑非匹偶也。人之不善者。我乃以爲小君乎○呂氏曰。天道無私。莫非理義。君所以代天而治者。推天之理義以治斯人而已。天秩天叙。天命天討。莫非天也。臣之受命于君者。命合乎理義爲順天命。不合則爲逆天命。順則爲臣者將不令而行。逆則爲臣者雖令不從矣。馬氏曰。天之命於君者。豈諄諄然命之乎。使之居天位。食天祿。治天職。牧天民。蓋所謂命也。故由其道而順天。則謂之順命。不由其道而逆天。則謂之逆命。雖然。上者下之儀。而臣之逆順。亦視其君之所爲而已○嚴陵方氏曰。天子者。天之所子。故雖天子受命于天。士以事人爲事。故受命于君。比上以士言者。蓋降於士則有府史胥徒之屬。皆其官長所自辟除。其卑不能上達。故不得受命于君也。然則受命于君者。其卑止於士而已

子曰。君子不以辭盡人。故天下有道則行去聲有枝葉。天下無道則辭有枝葉

不以辭盡人。謂不可以言辭而盡見其人之實。蓋有言者不必有德也。行有枝葉。根本盛而條達者也。辭有枝葉。則蕪辭蔓說而已。此皆世教盛衰所致。故以有道無

道言之張子曰盡極也取也有道是有實也有實則行有文章也無實則言有文章也行有文章則莫非實事也言尚浮華則惟虛辭相譽而已無其實也故君子問寒則衣之稱美則爵之今言無有實其求益與夫相親相依之言皆相奉而已有道則行得伸無道則辭得伸辭行天下之辭行也有道無道亦天下之有道無道也辭得伸也以天下無道明無以考其實所以浮辭得伸蓋莫能窮辨之也○藍田呂氏曰枝葉者榦之文也天下有道則人致文於行禮儀三百威儀三千乃行之文也故曰行有枝葉天下無道則人致文於辭詩曰巧言如簧顏之厚矣乃辭之文也故曰辭有枝葉

是故君子於有喪者之側不能賻焉則不問其所費於有病者之側不能饋焉則不問其所欲有客不能館則不問其所舍故君子之接如水小人之接如醴君子淡以成小人甘以壞小雅曰盜言孔甘亂是用餤

三者不能則不問。不可以虛言待人也。接，交也。小雅巧言之篇。盜言，小人讒賊之言也。餤，進也。藍田呂氏曰：問所費於喪者而不能賻，問所欲於病者而不能饋，問所舍於客而不能館，則其言也不出於誠心，君子恥之。故與其不能惠而問之，不如不問之愈也。君子之接人也，以信而不以苟說人。故如水淡而可久。於此三者不能惠則不問。此交之所以全而無後怨。故曰淡以成。小人之接人也，苟說而不以信。故如醴之甘而不可久。於此三者能問而不能惠，取說於頃刻而不顧其後。此交之所以難保。故曰甘以壞。故凡言之甘而不出乎誠心者，必將有以盜諸人。傳曰：幣重而言甘，誘我也。甘言入則受其盜。故言盜言孔甘，亂是用餤。

子曰：君子不以口譽平聲人，則民作忠。故君子問人之寒則衣去聲之，問人之飢則食嗣之，稱人之善則爵之。國風曰：心之憂矣，於我歸說稅。

譽者，揚人之善而過其實者也。國風，曹風蜉蝣之篇。詩人憂昭公之無所依，故曰其於我而歸稅乎。說讀爲稅。舍息也。嚴陵方氏曰：不以口譽人，則言之所與，必發於心，不止於外貌，故民化之而作忠焉。若問人之寒則衣之之類，皆非口譽之事也。口譽者，內外之不相應也。

子曰：口惠而實不至，怨菑災及其身。是故君子與其有諸責也，寧有已怨。國風曰：言笑晏晏，信誓旦旦，不思其反。反是不思，亦已焉哉。

國風，衛風氓之篇。晏晏，和柔也。旦旦，明也。始焉不思其反覆，今之反覆，是始者不思之過也。今則無如之何矣。故曰亦已焉哉。○呂氏曰：有求而不許，始雖咈人之意，而終不害乎信。故其怨小。諾人而不踐。始雖不咈人意而終害乎信。故其責大。藍田呂氏曰。口惠而實不至。則害信之大者。自古皆有死。民無信不立。危國亡家之本。此怨菑所以及其身。○嚴陵方氏曰。口惠者。始終之不相副也

子曰。君子不以色親人。情疏而貌親。在小人則穿窬之盜也與。子曰。情欲信。辭欲巧

情欲信。即大學意誠之謂也。巧當作考。即曲禮則古昔稱先王之謂也。否則爲無稽之言矣○呂氏曰。穿窬之盜欺人之不見以爲不義而已。色親人者。巧言令色足恭無誠心以將之。情疏貌親。主於爲利。亦欺人之不見也。孔子曰。色厲而內荏。譬諸小人。其猶穿窬之盜也與。

孟子曰。士未可以言而言。是以言餂之也。是皆穿窬之類也。二者亦欺人之不見以爲不義。故所以爲穿窬也

○石梁王氏曰。辭欲巧。決非孔子之言。巧言令色鮮矣仁。馬氏曰。君子不以色親人者。以其有相愛之情出於中。愉色婉容見於外。蓋眞積於內。然後誠動於外。故君子不以色親人。而慮其情之不信也。慝怨而友其人者。君子所恥也

子言之。昔三代明王。皆事天地之神明。無非卜筮之用。不敢以其私褻事上帝。是以不犯日月。不違卜筮。卜筮不相襲也。

不相襲。說見曲禮。○劉氏曰。此段經文言事天地神明。無非卜筮之用。而又云大事有時日。呂氏以爲冬夏至

祀天地四時。迎氣用四立。他祭祀之當卜日者。不可犯此素定之日。非此則其他自不可違卜筮也。然曲禮止云大饗不問卜。周官太宰祀五帝卜日。祀大神示亦如之。太卜大祭祀眂高命龜。春秋魯禮又有卜郊之文。郊特牲又有郊用辛之語。是蓋互相抵牾。未有定說。又如卜筮不相襲。大事卜。小事筮。而洪範有龜從筮從龜從筮逆之文。簭人有凡國之大事先簭而後卜。太卜又凡事涖卜。又如外事用剛日。內事用柔日。而特牲社用甲。召誥丁巳郊。戊午社。洛誥戊辰烝祭歲。凡此皆不合禮家之說。未知所以一之也。姑闕以俟知者。藍田呂氏曰。郊所以事上帝。卜日而用之。不敢必其期也。卜牲而養之。不敢必其物也。是乃不敢以私褻事之也○馬氏曰。三代事天地之神明。無非卜筮之用。祭義曰。雖有明知之心。必進斷其志焉。示不敢專。以尊天也。與此同意○張子曰。不犯日月。謂不使祭日相見犯。若一時有兩祭。則必相回互。使之不相妨

大事有時日。小事無時日。有筮。外事用剛日。內事用柔日。不違龜筮。子曰。牲牷禮樂齊咨盛。成是以無害乎鬼神。無怨乎百姓

大事。祭大神也。小事。祭小神也。外剛內柔見曲禮。詳文理不違龜筮四字。當在牲牷禮樂齊盛之下。以其一聽於龜筮。故神人之心皆順也。馬氏曰。外事陽也。而剛亦陽也。故用剛日。內事陰也。而柔亦陰也。故用柔日。以郊爲外事矣。而用辛。以社爲內事矣。而用甲。說者以天地至尊之祭。不可同於外內。

其說似得之矣○嚴陵方氏曰牲牷天產齊盛地產禮者威儀樂者節奏於物則有天產地產於事則有威儀節奏事物雖盡苟或有違於龜筮焉又烏能幽無鬼神之害明無百姓之怨乎故先王之於祭祀不特卜日而又卜尸不特卜尸而又卜牲也違龜筮而百姓怨者書不云乎詢謀僉同鬼神其依則以鬼神依人而行故也鬼神有害則百姓有所怨可知矣

子曰后稷之祀易富也其辭恭其欲儉其祿及子孫詩曰后稷兆祀庶無罪悔以迄于今

富備也詩大雅生民之篇兆詩作肇始也以迄于今明其祿及子孫也藍田呂氏曰后稷之祀竭力以共齊盛無非誠信故易富也其祀也求無罪悔而已此所以其辭恭其欲儉也以迄于今至于周推后稷以配天一用后稷之法故曰其祿及子孫○嚴陵方氏曰其辭恭則物雖薄而誠足以饗神其欲儉則物雖少而用足以行禮此祀之所以易富也盛德必百世祀

故其祿及于子孫

子曰大人之器威敬天子無筮諸侯有守去聲筮天子道以筮諸侯非其國不以筮卜宅寢室天子不卜處大廟

龜筴之爲器聖人所以寓神道之教故言大人之器也以其威敬而不敢玩褻故大事則用卜小事則否天子無筮惟用卜也而又云道以筮者謂在道途中則用筮也守筮謂在國居守有事則用筮也龜亦曰守龜左傳國之守龜何事不卜非其國不筮謂出行在他國不欲入疑其吉凶之間也宅居也諸侯出行則必卜其所處之地慮他故也太廟天子所必當處之地故不卜也藍田呂氏

曰。如天子無筮。敬則用祭器。則龜與祭器。皆大人之器。大人所主之器。當威嚴敬重。不可私褻於小事。故大事則不筮。小事則不卜。朝聘之饗昏冠之禮醮皆用祭器。燕則不用也。天子無筮者。天子體尊。在國中有事皆卜。而不以筮。至于巡守征伐在道則以筮。蓋以龜當敬而不可褻也。故曰天子道以筮。諸侯卑於天子。在國中居守。有事則筮。降於天子之用龜也。至于出竟則不筮。蓋不敢問吉凶於人之國。且辟天子也。故曰諸侯非其國不以筮。○山陰陸氏曰。諸侯適人之國。雖不用筮。其所宅寢室。猶卜。若天子適諸侯。則舍其寢廟。不卜也

子曰。君子敬則用祭器。是以不廢日月。不違龜筮。以敬事其君長。是以上不瀆於民。下不褻於上

敬其禮。故用祭器。敬其事。故詢龜筮。不瀆不褻。以其敬故也。○疏曰。敬事君長。謂諸侯朝天子及小國之於大國。張子曰。以聖人之智。非不能爲後之器皿。須要作籩豆簠簋以祭。欲不便於褻用也。若褻用則自有燕器。

惟是大賓客至敬則用祭器○藍田呂氏曰君子之事天地鬼神與事其君長其敬一也故敬則用祭器不廢日月者事其君長各有日月如歲之有朝覲宗遇一日之有朝夕不敢廢也不違龜筮者欲見其君長及其所貢獻皆卜筮而後進也○嚴陵方氏曰祭器所以事神燕器所以事人以事神之禮事之則敬可知也不廢日月不違龜筮凡以致敬而已故曰以敬事其君長上不瀆於民者不爲民所瀆也下不褻於上者不爲上所褻也

禮記集說大全卷之二十六

禮記集説大全卷之二十七

緇衣第三十三

藍田吕氏曰。此篇大指言爲上者言行好惡。所以爲民之所則傚。不可不慎也。篇中有好賢如緇衣之言。故以是名篇。○朱子曰。緇衣兼惡惡。獨以緇衣名篇者。以見聖人有心於勸善。無心於懲惡也

子言之曰。爲上易事也。爲下易知也。則刑不煩矣

吕氏曰。上好信。則民莫敢不用情。易事者。以好信故也。易知者。以用情故也。若上以機心待民。則民亦以機心待其上。姦生詐起。欲刑之不煩。不可得矣。長樂劉氏曰。上難事則下難知。上易事則下易知。好惡悖於正。喜怒失其常。於是有匿其誠信以爲容悦者。屈其忠直以爲阿諛者。包其禍心以爲詐僞者。苟可以罔上而免其咎罰者。奚所弗至哉。爲下如是。可謂難知也

子曰。好賢如緇衣。惡惡如巷伯。則爵不瀆而民作愿。顔刑不試而民咸服。大雅曰。儀刑文王。萬國作孚

緇衣。鄭國風首篇。美鄭武公之詩。小雅巷伯。寺人刺幽王之詩。大雅。文王之篇。國。詩作邦○呂氏曰。好賢必如緇衣之篤。則人知上之誠好賢矣。不必爵命之數勸。而民自起愿心以敬上。故曰爵不瀆而民作愿。惡惡必如巷伯之深。則人知上之誠惡惡矣。不必刑罰之施。而民自畏服。故曰刑不試而民咸服。文王好惡得其正。而一出乎誠心。故爲天下之所儀刑。德之所以孚乎下也嚴陵方氏曰。若巷阿之求賢。則好賢非不誠矣。巧言之傷讒則惡惡非不至矣。此止言緇衣之好賢。特諸侯爾。以諸

侯好賢若是之誠。況於王天下乎。巷伯之惡惡特寺人爾。以寺人之小臣惡惡若是之至。況於卿大夫乎。此所以特引二詩而明之也。○廬陵胡氏曰。人莫不有好惡也。而好惡得其正者寡矣。緇衣好得其正。巷伯惡得其正。故舉大雅儀刑文王爲言。文王好仁而仁興。克明德慎罰。其好惡之正如此

子曰。夫民教之以德。齊之以禮。則民有格心。教之以政。齊之以刑。則民有遯心。故君民者。子以愛之。則民親之。信以結之。則民不倍。恭以涖之。則民有孫去聲心。甫刑曰。苗民匪用命。制以刑。惟作五虐之刑曰法。是以民有惡德。而遂絶其世也

遯謂逃遯苟免也。○應氏曰。命當依書作靈。善也。○石梁王氏曰。倣論語爲此言。意便不足。石林葉氏曰。德禮者。化民之本也。使

其自服。故有格心。格。言其至也。刑政者。治民之末也。彊其必從。故有遯心。遯。言其藏也。心藏於內而外服之。迫之以刑政之嚴而已。子以愛之。信以結之。所謂教之以德也。恭以涖之。所謂齊之以禮也。德不止於一。故有仁有信。禮則恭而已矣○馬氏曰。德者。所以養人於中。而在外有不正。則又以禮齊之。此順其性命之理而善養人也。故民有格心。政者。所以率人於外。而內有不從。則又以刑齊之。此逆其性命之理。而以力服人也。故民有遯心。先王之爲治亦未嘗廢其刑政者。蓋有德禮以爲本。而以刑政爲之助。故子以愛之則民親之。言愛之如子則民親之如父母矣。信以結之則民不倍。恭以涖之則民有遯心者。與夫上好信則民用情。上好禮則民易使同意也

子曰。下之事上也。不從其所令。從其所行。上好是物。下必有甚者矣。故上之所好惡。不可不愼也。是民之表也

大學曰。其所令反其所好。而民不從長樂陳氏曰。言之化人也淺。故不從

其所令。行之感人也深。故從其所行。故好惡出於正。則彼皆從而正。好惡出於非。則彼皆從而非。猶表端而影端。表枉而影枉也。故謂民之表。○馬氏曰。令者。令之於民。行者。行之於己。其所行者若此。其所令者若彼。民不從其若彼之令。而從若此之行。則是上之好惡。下之所取以爲正。而不可以不慎也。故曰是民之表

子曰。禹立三年。百姓以仁遂焉。豈必盡仁。詩云。赫赫師尹。民具爾瞻。甫刑曰。一人有慶。兆民賴之。大雅曰。成王之孚。下土之式

豈必盡仁者。言不必朝廷盡是仁人而後足以化民也。得一仁人爲民之表。則天下皆仁矣。所謂君仁莫不仁也。此所以禹以一仁君立三年而百姓皆以仁遂。故引詩書以明之。詩。小雅節南山之篇。赫赫顯盛皃。師尹。周

太師尹氏也。具俱也。大雅下武之篇。言武王能成王者之德孚信于民。而天下皆法式之。長樂陳氏曰。禹菲飲食而致孝乎鬼神。惡衣服而致美乎黻冕。所以仁鬼神。卑宮室而盡力乎溝洫。所以仁天下。故其立也。止於三年之一變。百姓皆以仁遂焉。○石林葉氏曰。王者必世而後仁。爲繼亂言之也。禹立三年百姓以仁遂焉。爲繼治言之也。繼治而化之者易也

子曰。上好仁。則下之爲仁爭先人。故長民者章志貞教尊仁以子愛百姓。民致行己以說悦其上矣。詩云有梏覺德行去聲四國順之

章志者。明吾好惡之所在也。貞教者。身率以正也。所志所教莫非尊仁之事。以此爲愛民之道。是以民皆感其

子愛之心。致力於行已之善而悅其上。如子從父母之命也。詩大雅抑之篇。梏當依詩作覺。言有能覺悟人以德行者。則四國皆服從之也。馬氏曰。爭先人而謂之仁者。蓋當仁不讓於師也○嚴陵方氏曰。章志貞教。尊仁以子愛百姓。茲非上好仁乎。民致行己以說其上者。茲非下之爲仁爭先人乎

子曰。王言如絲。其出如綸。王言如綸。其出如綍。故大人不倡游言。可言也不可行。君子弗言也。可行也不可言。君子弗行也。則民言不危行。而行不危言矣。詩云。淑慎爾止。不僭愆于儀

綸。綬也。疏云如宛轉繩。綍。引棺大索也。危。高也。詩。大雅抑之篇。止。容止也。僭。過也○呂氏曰。大人。王公之謂也。

游言。無根不定之言也。易曰。誣善之人其辭游。爲人上者倡之以誠慤篤實之言。天下猶有欺詐以罔上者。苟以游言倡之。則天下蕩然虛浮之風作矣。可不慎乎。可言而不可行。過言也。可行而不可言。過行也。君子弗言弗行。則言行不越乎中。民將效之。言不敢高於行。而言之必可行也。行不敢高於言。而必爲可繼之道也。馬氏曰。夫可言不可行。君子不言也。則民言顧行。而言不危行矣。可行不可言。君子弗行也。則民行顧言。而行不危言矣。○長樂陳氏曰。游則無所歸也。言欲當其實而已。況大人而可以倡游言乎哉。可言而不可行。非所謂顧行之言也。無稽之言而已。故君子弗言。可行而不可言。非所謂顧言之行也。苟難之行而已。故君子弗行。君子之言行適於中。民皆效之。故言當於行。而無過高之言。是以言不危行。行當於言。而無過高之行。是以行不危言。凡

物非中而過高則危。故危之爲義如此。淑謹爾止。不僭于儀。言謹爾之容止。而不過于儀。則慎行之意也

子曰。君子道人以言。而禁人以行。去聲故言必慮其所終。而行必稽其所敝。則民謹於言而慎於行。詩云。慎爾出話。胡快反敬爾威儀。大雅曰。穆穆文王。於烏緝熙敬止

道。化誨之也。道人以言而必慮其所終。恐其行之不能至則爲虛誕也。禁。謹飭之也。禁人以行而必稽其所敝。慮其末流之或偏也。如是則民皆謹言而慎行矣。詩大雅抑之篇。大雅文王之篇。朱子云。穆穆。深遠之意。於。嘆美辭。緝。繼續也。熙。光明也。敬止。無不敬而安所止也。兩引詩皆以爲謹言行之證○呂氏曰。進取於善者夷考

其行而不揜。猶不免於狂。況不在於善者乎。故曰言必慮其所終。夷惠之清和。其末猶爲隘與不恭。故曰行必稽其所敝。文王之德。亦不越敬其容止而已西山眞氏曰。道人以言者。謂以言辭命令開導而誘掖之也。然言可以道人之善。而不能禁人之不善。禁人之不善其必以行乎。蓋天下之理。有諸己而後可以非諸人。己無不善之行。雖不禁人。人自從之。己有不善之行。雖欲禁人。人必違之。故空言不可以禁人。惟實行乃足以禁人也。夫言出於口。至易也。然不慮其所終。則一言之過。貽患將不勝救。行出於身。亦至易也。然不稽其所敝。則一行之差。流禍或至於無窮。不善者固不足言。善矣而慮之不深。稽之不遠。未有不反而爲不善者也。老莊非善言乎。其終爲浮虛之害。夷齊非善行乎。其弊有隘不恭之失。況尊居人上。言行所關。安危自出。故必謹之審之。而不敢苟。則民亦從其化而不苟於言行矣

子曰。長民者衣服不貳。從千雍反容有常。以齊其民。則民德

壹詩云彼都人士狐裘黄黄其容不改出言有章行歸于周萬民所望

詩小雅都人士之篇周忠信也○馬氏曰狐裘黄黄服其服也其容不改文以君子之容也出言有章遂以君子之辭也行歸於周實以君子之德也藍田呂氏曰此章明言長民者言容止民所觀望則而象之惟其不貳有常則民心不疑而德歸於一矣○嚴陵方氏曰君子服其服則文以君子之容故其效至于民德歸一也

子曰爲上可望而知也爲下可述而志也則君不疑於其臣而臣不惑於其君矣尹吉告曰惟尹躬及湯咸有壹德

詩云淑人君子其儀不忒

君之待臣。表裏如一。故曰可望而知。臣之事君。一由忠誠。其職業皆可稱述而記志。此所以上下之間不疑不惑也。尹告。伊尹告太甲之書也。今咸有一德篇文。詩曹風鳲鳩之篇。引書以證君臣相得。又引詩以證壹德之義。馬氏曰。爲上可望而知者。蓋上以誠而接下。爲下可述而志者。蓋下以誠而事上。上以使下。下以事上。皆以誠。則君臣之間有同而無異。故君不疑於其臣。而臣不惑於其君。而其德一也。○山陰陸氏曰。可望而知。言表裏如一。可述而志。言先後如一。

子曰。有國家者章善癉丁但反惡。以示民厚。則民情不貳。詩云。靖共爾位。好是正直。

鄭本作章義。今從書作善。○呂氏曰。章。明也。癉。病也。明之斯好之矣。病之斯惡之矣。善居其厚。惡居其薄。此所以示民厚也。好善惡惡之分定。民情所以不貳也。詩小雅小明之篇。引之以明章善之義。嚴陵方氏曰。章善而著之。惡者恥其不若。則惡者病矣。夫不待刑罰而能使惡者知恥。則爲上者之用心厚矣。則民其有攜貳之情乎。○長樂陳氏曰。惟民生厚。則性之本未嘗不善也。因物有遷而習於惡。則惡者其僞也。有國家者知民性之有善而移於所習。然後爲惡。故爲善則章之。使民知善之可爲。爲惡則癉之。使民知惡之可避。以示民有生厚之善。則民致一於善而歸厚矣。是以民情不貳。靖共爾位。好是正直。則章善之謂也。

子曰。上人疑則百姓惑。下難知則君長勞。故君民者章好以示民俗。慎惡以御民之淫。則民不惑矣。臣儀行去聲不重辭。不援其所不及。不煩其所不知。則君不勞矣。詩云。上帝

板板下民卒癉。丁但反

小雅曰。匪其止共。恭維王之卬。

詩。大雅板之篇。板板。反戾之意。卒。盡也。癉。詩作癉。病也。假上帝以言幽王反其常道。使下民盡病也。小雅。巧言之篇。卬。病也。言此讒人非止於敬。徒爲王之卬病耳。板詩證君道之失。巧言詩證臣道之失也。○呂氏曰。以君之力所不能及而援其君。則君難從。以君之智所不能知而煩其君。則君難聽。徒爲難從難聽。以勞其君而無益。非所以事君也。○方氏曰。示民不以信。則爲上之人可疑。可疑則百姓其有不惑者乎。事君不以忠。則爲下之人難知。難知則君長其有不勞者乎。章其所好之善。

故足以示民而成俗。慎其所惡之惡。故足以御民而不淫。若是則上下無可疑者。故曰民不惑矣。臣有可儀之行。而所重者不在乎辭。則凡有所行者。無僞行矣。苟有所言者。無虛辭矣。馬氏曰。君德之不一。故曰上人疑。上人疑。則非所謂可望而知也。故百姓惑。臣德之不一。故曰下難知。下難知。則非所謂可述而志也。故君長勞。主道利宣不利周。利明不利幽。故君民者章好以示民俗。使天下之人曉然知吾之所好在善而遷善以成俗。慎惡以御民之淫。使天下之人曉然知吾之所惡在惡。而淫僻之行有所不敢為。故民不惑矣。○石林葉氏曰。上以誠示人。則百姓雖賤。可以無惑。下以姦罔上。則君長雖尊。亦必至於勞。示之以好惡而使知禁。則民無惑矣。以行為法而不重辭。則君不勞矣

子曰。政之不行也。教之不成也。爵祿不足勸也。刑罰不足恥也。故上不可以褻刑而輕爵。康誥曰。敬明乃罰。甫刑曰。

播刑之不迪

康誥甫刑皆周書播布也不字衍言伯夷布刑以啓迪斯民也○呂氏曰政不行教不成由上之人爵禄刑罰之失當也爵禄非其人則善人不足勸刑罰非其罪則小人不足恥此之謂褻刑輕爵長樂陳氏曰爵禄不足勸則輕爵以予人猶無益也故上不可以輕爵刑罰不足恥則褻刑以加物猶不足禁也故上不可以褻刑敬明乃罰者敬以致其謹明以致其察則不可褻刑之意也播刑之不迪書以爲播刑之迪迪之爲言道也先王之於人道之而弗率然後加刑焉

子曰大臣不親百姓不寧則忠敬不足而富貴已過也大臣不治而邇臣比毗志反矣故大臣不可不敬也是民之表

也。邇臣不可不愼也。是民之道也。君毋以小謀大。毋以遠言近。毋以内圖外。則大臣不怨。邇臣不疾。而遠臣不蔽矣。葉失涉反公之顧命曰。毋以小謀敗大作。毋以嬖御人疾莊后。毋以嬖御士疾莊士大夫卿士

大臣不見親信。則民不服從其令。故不寧也。此蓋由臣之忠不足於君。君之敬不足於臣。徒富貴之太過而然耳。由是邇臣之黨相比以奪大臣之柄。而使之不得治其事。故大臣所以不可不敬者。以其爲民所瞻望之儀表也。邇臣所以不可不愼者。以君之好惡係焉。乃民之所從以爲道者也。人君不使小臣謀大臣。則大臣不至

於怨乎不以。不使遠臣間近臣。則近臣不至於疾其君。不使内之寵臣圖四方宣力之士。則遠臣之賢無所壅蔽而得見知於上矣。葉公。楚葉縣尹沈諸梁字子高僭稱公。顧命臨死回顧之言也。毋以小謀敗大作。謂不可用小臣之謀而敗大臣所作之事也。疾。毁惡之也。莊。猶正也。敬也。君所取正而加敬之謂也。藍田呂氏曰。此章言大臣不信而小臣之比。國之大患也。傳曰。不使大臣怨乎不以。以大臣之任。國之休戚繫焉。用之斯信之矣。不信之斯黜之矣。未有居其位而不信之者也。大臣不親。民疑於所任。百姓所以不寧。蓋由臣之忠不足於君。則君之敬不足於臣。徒富貴之而無信任之意。猶犬馬畜之而弗敬也。事至於此。必有邇臣竊寵奪大臣之柄。而不得治其事。故曰大臣不治而邇臣比矣。表者。民所望也。道者。民所從也。大臣尊嚴。國之政令存焉。民之所望以爲表。不敬則國命輕矣。邇臣寵昵。君之好惡繫焉。民之所從以爲道。不愼則風俗壞矣。使小臣謀大臣。則大臣怨乎不以。使遠臣間近臣。則近臣疾其君。使內之寵臣圖四方宣力之士。則遠臣之賢蔽而不聞。三者任臣之大害也。葉公之顧命曰。毋以小謀敗大作。毋以嬖御人疾莊后。毋以嬖御士疾莊士大夫卿士。引此以證此三事也○嚴陵方氏曰。大臣者君之所尊。待之不可不敬。邇臣者君之所親。擇之不可不愼○馬氏曰。民之表者。民之所資以爲正。民之道者。民之所由也

子曰。大人不親其所賢。而信其所賤。民是以親失。而教是以煩。詩云。彼求我則。如不我得。執我仇仇。亦不我力。君陳曰。未見聖。若已弗克見。既見聖。亦不克由聖

親善遠惡。人心所同。所謂舉直錯諸枉則民服。今君既不親賢。故民亦不親其上。教令徒煩無益也。詩。小雅正

月之篇。言彼小人初用事求我以爲法則。惟恐不得。既而不合。則空執留之。視如仇讎然。不用力於我矣。仇仇者。言不一仇之。無往而不忤其意也。君陳。周書。兼引之。皆爲不親賢之證。馬氏曰。大人者。以位言之也。夫有天下國家者。未嘗不欲親其所賢。而賢未必親。未嘗不欲踈其所賤。而賤未必不信。葉公之戒毋以嬖御人疾莊后。毋以嬖御士疾莊士大夫卿士者。凡以此也。言賢。則知賤者爲不肖之行也。言賤。則知賢者有可貴之德也。上失其所親。則下亦失其親。雖區區於教令之煩。民未必從之。蓋其令反其所好。則民未有從之者也。詩云。彼求我則。如不我得者。言始求我之法則。如不我得焉。其好之心可謂篤矣。及其執我仇仇。亦不我力。既已得我而反不我用。至於君陳所言。其理亦猶此也。○嚴陵方氏曰。上失其所親信。而民之化之亦然。雖教之亦將有所不勝。秪所以爲煩而已

子曰。小人溺於水。君子溺於口。大人溺於民。皆在其所褻

也。夫水近於人而溺人。德易狎而難親也。易以溺人。口費而煩。易出難悔。易以溺人。夫民閉（讀爲蔽）於人而有鄙心。可敬不可慢。易以溺人。故君子不可以不愼也。

小人。民也。溺。爲其所陷也。水爲柔物。人易近之。然其德雖可狎。而勢不可親。忘險而不知戒。則溺矣。君子。士大夫也。言行。君子之樞機。出好興戎。皆由於口。於己費。則於人煩。出而召禍。不可悔矣。大人。謂天子諸侯也。國以民存。亦以民亡。蓋惟其蔽於情而不可以理喻。故鄙陋而不通。書言可畏非民。此所以不可慢也。棄而不保。則離叛繼之矣。三者皆在其所褻。故曰君子不可不愼也。

嚴陵方氏曰。小人以分言。則在下。故以溺於水爲戒。君子以德言。則在身。故以溺於口爲戒。大人以位言。則在上。故以溺於民爲戒。言易出而難悔。亦猶水之就下莫之能禦也。民之爲俗可敬不可慢。亦猶水之攻堅莫之能先也。民可近不可下。若水之易以溺人。故君子不可以不慎也。然上兼言大人小人。此統言君子者。蓋君子則上下之通稱

太甲曰。毋越厥命以自覆也。若虞機張往省括于度則釋。兌悅命曰。惟口起羞。惟甲胄起兵。惟衣裳在笥。惟干戈省厥躬。太甲曰。天作孽可違也。自作孽不可以逭。乎亂反尹吉告曰。惟尹躬先舊本作天今從書見于西邑夏。自周有終。相亦惟終。

毋書作無。伊尹告太甲不可顛越其命以自取覆亡。虞

虞人也。機，弩牙也。括，矢括也。度者，法度射者之所準望。釋，發也。言如虞人之射，弩機既張，必往察其括之合於法度，然後發之，則無不中也。傳說告高宗，謂言語所以文身，輕出則有起羞之患。甲胄所以衛身，輕動則有起戎之憂。衣裳所以命有德，謹於在笥者，戒輕與也。干戈所以討有罪，嚴於省躬者，戒輕動也。孽，災也。逭，逃也。夏都安邑，在亳之西，故曰西邑夏。國語曰：忠信爲周。言夏之先王，以忠信有終，故其輔相者亦能有終也。凡四引書，皆明不可不慎之意。藍田呂氏曰：引太甲言爲政者如虞人射禽，張機省括，慎而後發。有是心也，安有溺於民之患哉。說命言庶政不可不慎也。太甲言禍患之溺，莫非自取也。尹告言君以忠信

有終。皆君所自致也。此引書爲證。與書文小不同。義無所害

子曰。民以君爲心。君以民爲體。心莊則體舒。心肅則容敬。心好之。身必安之。君好之。民必欲之。心以體全。亦以體傷。君以民存。亦以民亡。詩云。昔吾有先正。其言明且清。國家以寧。都邑以成。庶民以生。誰能秉國成。不自爲正。卒勞百姓。君雅牙曰。夏日暑雨。小民惟曰怨。資與咨同冬祈寒。小民亦惟曰怨

此承上文大人溺於民之意而言。昔吾有先正以下五句。逸詩也。下三句。今見小雅節南山之篇。言今日誰人秉持國家之成法乎。師尹實秉持之。乃不自爲政。而信

任群小終勞苦百姓也。君牙。周書。資書作咨。此傳寫之誤。而下復鈌一咨字。鄭不取書文爲定。乃讀資爲至。今從書以資字屬上句○方氏曰。民以君爲心者。言好惡從於君也。君以民爲體者。言休戚同於民也。體雖致用於外。然由於心之所使。故曰心好之。身必安之。心雖爲主於內。然資乎體之所保。故曰心以體全。亦以體傷長樂陳氏曰。體從心者也。民從君者也。故上臨之以莊。則下亦舒矣。上臨之以肅。則下亦敬矣。心以體率。心不在焉則視而弗見。聽而弗聞。豈非心好之。身必安之之謂乎。君。所以率民者也。君好仁。則下莫不仁。君好義。則下莫不義。苟君不爲之。則民無從焉。體。衛心者也。體全則心與之全。體傷則心與之傷。故曰心以體全。亦以體傷。民。衛君者也。民歸之。然後可以君天下。民去之。則亦不能以獨君矣。故曰君以民存。亦以民亡。觀此。則治民者可不謹其所以懷來之道乎。昔吾有先正。則居人上者。其言明且清。則人可得而法也。爲人上謂之先正。以其正身而後正天下故也。惟能正身以率之。故國家以寧。都邑以成。庶民以生。幽王不然。權移於下。故詩人傷之。則曰誰能秉國成。不能秉國成。則政出多門。而不自爲政矣。政多門則多事。多事則百姓所以勞。此幽王不明所以懷來之道也。天之於民厚矣。而寒暑之過正。雨暘之失中。民猶怨咨。則爲上者可不敬乎

子曰。下之事上也。身不正。言不信。則義不壹。行無類也。子曰。言有物而行去聲有格也。是以生則不可奪志。死則不可奪名。故君子多聞質而守之。多志質而親之。精知畧而行之。君陳曰。出入自爾師虞庶言同。詩云。淑人君子。其儀一也

義不壹。或從或違也。行無類。或善或否也。君陳書言謀

政事者當出入反覆與衆人共虞度其可否而觀庶言之同異也詩曹風鳲鳩之篇引以證義壹行類○呂氏曰有物則非失實之言有格則無踰矩之行歸於一而不可變生乎由是死乎由是故志也名也不可得而奪也多聞所聞博也多志多見而識之者也質正也不敢自信而質正於衆人之所同然後用之也守之者服膺勿失也親之者問學不厭也雖由多聞多知而得之又當精思以求其至約而行之畧者約也此皆義壹行類之道也長樂陳氏曰下之事上以身爲本而信以成之也身正然後無好異之行是以行有類言信然後有不可移之義是以義主於壹身不正則動皆反常矣其形於可見之行者斯無類言不信則德二三矣其

見於事君之義者斯不壹。行無類。則非所謂行有格也。言義不壹。則非所謂言有物也。志者。言行之所由出。名者。言行之所自成。言有物。行有格。則志之所守者堅。而名之所成者著。著是以生則不可奪志。死則不可奪名也。君陳曰。出入自爾師虞。庶言同則繹者。成王戒君陳以政之廢興。而安危治亂之所係。故出入之際。當以衆智而虞度之。庶言雖同。又當繹其是非也。言此者。所以明行之有格也

子曰。唯君子能好（去聲）其正。（如字）小人毒其正。（如字）故君子之朋友有鄉。（去聲）其惡（烏路反）有方。是故邇者不惑。而遠者不疑也。詩云。君子好（如字）仇

舊讀正爲匹。今從呂氏說讀如字。蓋君子與君子以同道爲朋。小人與小人以同利爲朋。君子固好其同道之朋矣。小人亦未嘗不好其同利之朋。不當言毒害其匹

也。小人視君子如仇讎。常有禍之之心。此所謂毒其正也。君子所好不可以非其人。故曰朋友有鄉。所惡不可以及善人。故曰其惡有方。前章言章善癉惡以示民厚則民情不貳。今好惡既明。民情歸一。故邇者遠者不惑不疑也。詩。周南關雎之篇。言君子有良善之仇匹。引以證同道之朋。嚴陵方氏曰。君子非特其身正而已。於正人又能好而與之。小人非特身不正而已。於正人又且毒而害之。此君子小人好惡之辨也。○馬氏曰。君子之朋友有鄉。所謂直也。諒也。多聞也。其惡有方。所謂便辟也。善柔也。便佞也。朋友有鄉。君子所以致其好也。其惡有方。君子所以致其惡也

子曰。輕絕貧賤而重絕富貴。則好賢不堅。而惡惡不著也。人雖曰不利。吾不信也。詩云。朋友攸攝。攝以威儀

詩大雅既醉之篇。言朋友所以相檢攝者在威儀。以喻不在貧賤富貴也○馬氏曰。賢者宜富貴。而富貴者未必皆賢。惡者宜貧賤。而貧賤者未必皆惡。於其貧賤而輕有以絶之。則是好賢不堅也。於其富貴而重有以絶之。則是惡惡不著也。是志在於利而不在於道。人雖曰不利者。吾不信也嚴陵方氏曰。可友者以其賢。可絶者以其惡。然賢者不必富貴。惡者不必貧賤。苟輕絶貧賤而重絶富貴。則勢利之交而已

子曰。私惠不歸德。君子不自留焉。詩云。人之好我。示我周行。如字

上文言好惡皆當循公道。故此言人有私惠於我而不

合於德義之公。君子決不留之於己也。詩。小雅鹿鳴之篇。周行。大道也。言人之好愛我者。示我以大道而已。引以明不留私惠之義。藍田呂氏曰。此章言君子所好既私惠於我。知其不足以歸德。君子亦不受也。故曰君子不自留焉。引詩言受人之好以示我至公而不比。故也不容私。亦不欲人之私好於我也。

子曰。苟有車。必見其軾。苟有衣。必見其敝。人苟或言之。必聞其聲。苟或行之。必見其成。葛覃曰。服之無射。亦

呂氏曰。此言有是物。必有是事。登車而有所禮則憑軾。有軾則有車。無車則何所憑而式之乎。衣之久必敝。有衣然後可敝。無衣則何敝之有。言必有聲。行必有成。亦猶是也。蓋誠者物之終始。不誠無物。引葛覃言實有是

服乃可久服而無厭也馬氏曰言有實於此則有以徵於彼而君子不可以無其實者也

子曰言從而行之則言不可飾也行從而言之則行不可飾也故君子寡舊讀爲顧今如字言而行以成其信則民不得大其美而小其惡詩云白圭之玷尚可磨也斯言之玷不可爲也小雅曰允也君子展也大成君奭曰在昔上帝周割田申觀勸文王之德其集大命于厥躬

從順也謂順於理也言順於理而行之則言爲可用而非文飾之言矣行順於理而言之則行爲可稱而非文飾之行矣言之不怍則爲之也難寡言而行即訥於言

而敏於行之意。以成其信。謂言行皆不妄也。大其美者所以要譽。小其惡者所以飾非。皆言之所爲也。君子寡言以示教。故民不得如此。詩大雅抑之篇。玷缺也。小雅車攻之篇。允信也。展誠也。君奭周書。言昔者上帝降割罰于殷。而申重奬勸文王之德。集大命於其身。使有天下。抑詩證言不可飾。車攻詩證行不可飾。引書亦言文王之實有此德也　嚴陵方氏曰。前經曰可言也不可行君子弗言也。可行也不可言。君子弗行也。亦此之意。論語曰。古者言之不出。恥躬之不逮也。蓋寡言以成其信之謂。要譽飾非。皆言之所爲也。唯君子寡言以化之。故民不得如此　○藍田呂氏曰。此章申言前義。言行皆不可無實也。飾言而言者。所言非信。故不可言。飾行而行者。所行必僞。故不可行。莊生之言。非不善也。卒不可以治天下國家。此言之飾也。五霸假仁

義而行。非不美也。而後世無傳焉。此行之飾也

子曰。南人有言曰。人而無恒。不可以爲卜筮。古之遺言與

平聲龜筮猶不能知也。而況於人乎。詩云我龜既厭。不我告猶。兌命曰。爵無及惡德。民立而正事。純而祭祀。是爲不敬。事煩則亂。事神則難。易曰。不恒其德。或承之羞。恒其德偵貞婦人吉。夫子凶

論語言不可以作巫醫。是爲巫爲醫。此言爲卜筮。乃是求占於卜筮。龜筮猶不能知。言無常之人。雖先知如龜筴亦不能定其吉凶。況於人乎。詩小雅小旻之篇。猶謀也。言卜筮煩數。龜亦厭之。不復告以所謀之吉凶也。易

恒卦三五爻辭。承。進也。婦人之德從一而終。故吉。夫子制義。故從婦則凶也。○應氏曰。引兌命有誤。當依今書文。○馮氏曰。此篇多依做聖賢之言。而理有不純。義有不足者多矣。藍田呂氏曰。德歸於一則有恒。二三則無恒。人之趨嚮不知其所安。雖鬼神龜筮之靈猶不能測。況人其能測之乎。我龜既厭。不我告猶。所謂瀆則不告。此篇所引說命之文。與書殊不同。疑此篇誤。當以書爲正。黷于祭祀時謂弗欽。禮煩則亂。事神則難。言煩黷非事神之道也。或承之羞。言無恒之人。動則取辱。況卜筮乎

奔喪第三十四

嚴陵方氏曰。四方。男子所有事。苟有事於四方。安能免離親哉。然則奔喪之事。不幸而時亦有焉。此先王所以作爲之禮也

奔喪之禮。始聞親喪。以哭答使者。盡哀。問故。又哭盡哀。遂

行日行百里不以夜行唯父母之喪見星而行見星而舍若未得行則成服而后行過國至竟境哭盡哀而止哭辟避市朝望其國竟哭

始聞親喪總言五服之親也不以夜行避患害也未得行若奉君命而使事未竟也辟市朝爲驚衆也嚴陵方氏曰古者吉行五十里今以凶變之遽故倍之

至於家入門左升自西階殯東西面坐哭盡哀括髮袒降堂東即位西鄉去聲哭成踊襲絰于序東絞帶反位拜賓成踊送賓反位

此言奔父喪之禮爲人子者升降不由阼階今父新死

未忍異於生。故入自門左。升自西階也。在家而親死則笄纚。小斂畢乃括髮。此自外而至。故即括髮而袒衣也。鄭云已殯者位在下。此奔喪在殯後。故自西階降而即其堂下東之位也。襲絰者掩其袒而加要絰也。序東者在堂下而當堂上序墻之東也。不散麻者亦異於在家之節也。此絞帶即襲絰之絰。非象革帶之絞帶也。絰重。象革帶之絞帶輕。反位。復先所即之位也。凡拜賓皆就賓之位而拜之。拜竟則反己之位而哭踊也。成踊說見前。嚴陵方氏曰。入門左。與客入門而左之左同。升自西階。則未忍踐阼階而爲之主故也。

有賓後至者。則拜之成踊。送賓皆如初。衆主人兄弟皆出

門。出門哭止。闔門。相去聲者告就次。於又哭括髮袒成踊。於三哭猶括髮袒成踊。三日成服。拜賓送賓。皆如初

皆。如初者。如先次之拜賓成踊與送賓反位也。次。倚廬也。在中門外。又哭明日之朝也。三哭。又其明日之朝也。皆升堂而括髮且袒。如始至時。三日。三哭之明日也

奔喪者非主人。則主人爲之拜賓送賓。奔喪者自齊衰以下。入門左。中庭北面哭盡哀。免問麻于序東。即位袒。與主人哭成踊。於又哭三哭皆免袒。有賓則主人拜賓送賓。丈夫婦人之待之也。皆如朝夕哭位無變也

非主人。其餘或親或疏之屬也。故下云齊衰以下。亦入

自門之左而不升階但於中庭北面而哭也免麻謂加免于首加經于要也上文言襲經于序東此言免麻于序東輕重雖殊皆是堂下序墻之東凡袒與襲不同位也待之謂待此奔喪者以其非賓客故不變所哭之位也

奔母之喪西面哭盡哀括髮袒降堂東即位西鄉哭成踊襲免經于序東拜賓送賓皆如奔父之禮於又哭不括髮父喪襲經于序東此言襲免經于序東即加免輕於父也○疏曰此謂適子故云拜賓送賓皆如奔父之禮也

婦人奔喪升自東階殯東西面坐哭盡哀東髽側瓜切即位

與主人拾（其劫反）踊

婦人。謂姑姊妹女子子。東階東面階。非阼階也。婦人入者由闈門。闈門是東邊之門。東階即雜記所謂側階也。髽說見小記。東髽髽於東序。不髽於房變於在室者也。拾更也。主人與之更踊賓客之也（嚴陵方氏曰。婦人質弱不勝事故其禮畧於男子）

奔喪者不及殯先之墓北面坐哭盡哀。主人之待之也即位於墓左。婦人墓右成踊盡哀括髮東即主人位絰絞帶哭成踊。拜賓反位成踊相者告事畢

不及殯葬後乃至也。尸柩既不在家。則當先哭墓。此奔

喪者是適子。故其衆主人之待之者。與婦人皆往墓所。就墓所分左右之位。奔者括髮。而於東偏即其主人之位。禮畢。則相者以畢事告。嚴陵方氏曰。男子於墓左。婦人於墓右。所以辨陰陽之義。○山陰陸氏曰。告事畢者。於此後非無事也。之墓之事畢爾

遂冠平聲歸。入門左。北面哭盡哀。括髮袒成踊。東即位拜賓成踊。賓出。主人拜送。有賓後至者。則拜之成踊。送賓如初。衆主人兄弟皆出門。出門哭止。相者告就次。於又哭括髮成踊。於三哭猶括髮成踊。三日成服。於五哭相者告事畢

遂冠而歸者。不可以括髮行於道路也。冠謂素委貌。入門出門。皆謂殯宮門也。五哭者。初至象始死為一哭。明

日象小斂爲二哭。又明日象大斂爲三哭。又明日成服之日爲四哭。又明日爲五哭。皆數朝哭。不數夕哭。鄭云既期而至者則然。故相者告事畢。若未期則猶朝夕哭。不五哭而畢也。哭雖五。而括髮成踊則止於三。下文免成踊亦同

爲去聲母所以異於父者壹括髮。其餘免問以終事。他如奔父之禮

疏曰。壹括髮。謂歸入門哭時也。及殯壹括髮。不及殯亦壹括髮嚴陵方氏曰。入門而哭於母。止於一括髮。於父則不二焉。此隆殺之別也

齊衰以下不及殯先之墓西面哭盡哀免麻于東方即位。

與主人哭成踊襲有賓則主人拜賓送賓賓有後至者拜之如初相者告事畢遂冠歸入門左北面哭盡哀免袒成踊東即位拜賓成踊賓出主人拜送於又哭免袒袒文衍成踊於三哭猶免袒袒文衍成踊三日成服於五哭相者告事畢

疏曰齊衰以下有大功小功緦麻月日多少不同若奔在葬後而三月之外大功以上則有免麻東方三日成服若小功緦麻則不得有三日成服小功以下不稅無追服之理若葬後通葬前未滿五月小功則亦三日成服其緦麻者止臨喪節而來亦得三日成服也東即位

拜賓成踊者，東即位，謂奔喪者於東方就哭位，拜賓則是主人代之拜。此奔喪者當主人代拜賓時，已則成踊也。又曰：經直言免麻于東方即位，不稱袒，而下云成踊襲，襲則有袒理。經若言袒，恐齊衰以下皆袒，故不得總言袒而稱襲者，容齊衰重得爲之襲也。又按上文爲父不及殯，於又哭括髮成踊，不言袒。今齊衰以下之喪，經文於又哭三哭乃更言袒，故知二袒字衍文也。嚴陵方氏曰：奔父母之喪，之墓而哭，則北面；齊衰以下，則西面者，蓋北方重陰，以示哀之隆；西方少陰，以示哀之殺。

聞喪不得奔喪，哭盡哀，問故，又哭盡哀，乃爲位，括髮袒成踊，襲絰絞帶即位，拜賓反位成踊，賓出，主人拜送于門外。

反位。若有賓後至者。拜之成踊。送賓如初。於又哭括髮袒成踊。於三哭猶括髮袒成踊。三日成服。於五哭拜賓送賓如初

篇首言若未得行則成服而后行。此乃詳言其節次。餘見前章　山陰陸氏曰。乃爲位。乃若難詞也。著爲位於此不得已也

若除喪而后歸則之墓哭成踊。東括髮袒絰拜賓成踊。送賓反位又哭盡哀。遂除。句於家不哭。主人之待之也無變於服與之哭不踊

袒絰者。袒而襲。襲而加絰也。遂除。即於墓除之也。主人無變於服。謂在家者但著平常吉服也。雖與之哭於墓

而不爲踊。以服除哀殺也。故云與之哭不踊嚴陵方氏曰。喪者之墓雖哭。於家則不哭。主人之待之也。雖哭於墓而不踊。且無變於服。時已過。禮亦爲之殺也

自齊衰以下所以異者免麻

齊衰大功小功緦之服。其奔喪在除服之後者。惟首免要麻經。於墓所哭罷即除。無括髮等禮也。故云所異者免麻

凡爲位。非親喪。齊衰以下。皆即位哭盡哀。而東免經即位。袒成踊。襲。拜賓反位哭成踊。送賓反位。相者告就次。三日五哭卒。主人出送賓。衆主人兄弟皆出門。哭止。相者告事畢。成服拜賓。若所爲位家遠。則成服而往

人臣奉君命以出而聞父母之喪。則固爲位而哭。其餘不得爲位也。此言非親喪而自齋衰以下亦得爲位者。必非奉君命以出而爲私事未奔者也。此以上言五哭者四。前三節言五哭皆止計朝哭。故五日乃畢。獨此所言三日五哭卒者。謂初聞喪一哭。明日朝夕二哭。又明日朝夕二哭。并計夕哭者。以私事可以早畢而亟謀奔喪故也。曰主人出送賓者。謂既奔喪至家。則喪家之主人爲之出送賓也。所謂奔喪者非主人。則主人爲之出送賓是也。衆主人兄弟亦謂在喪家者。成服拜賓者。謂三日五哭卒之明日爲成服。其後有賓亦與之哭而拜

之也。前兩節五哭後不言拜賓者，省文耳。若所爲位者之家道遠，則成服而后往亦可。蓋外喪緩，可容辦集而行也

齊衰望鄉而哭。大功望門而哭。小功至門而哭。緦麻即位而哭

雜記云。大功望鄉而哭者，謂本是齊衰降而服大功也。故與此不同嚴陵方氏曰。以服有重輕之别，故哭有遠近之差也。言齊衰望鄉而哭，則斬衰不待望鄉而哭可知

哭父之黨於廟。母妻之黨於寢。師於廟門外。朋友於寢門外。所識於野張帷。凡爲位不奠

檀弓云師吾哭諸寢又云有殯聞遠兄弟之喪哭於側室若無殯則在寢矣舊說異代之禮所以不同不然記者所聞或誤歟○鄭氏曰不奠以其精神不存乎是也

嚴陵方氏曰廟者神之所居有尊之道故哭父之黨於廟寢者人之所居有親之道故哭母妻之黨於寢師以道之尊而有別於父故於廟門外朋友以德之親而有別於母妻故於寢門外所識則非親特與之相識而已故於野以示其遠焉○張子曰為位者為哭位也然亦有神位不奠者奠則久奠也在他所則難為久奠喪禮則於殯常奠喪不剥奠為其久設也脯醢之奠則易之又曰為位不奠謂之不祭則不可但恐不如喪奠以新易舊如此久設也

哭天子九諸侯七卿大夫五士三大夫哭諸侯不敢拜賓諸臣在他國為位而哭不敢拜賓與諸侯為兄弟亦為位

而哭凡爲位者壹袒

九九哭也七七哭也九哭者九日七哭者七日餘倣此此以尊卑爲日數之差也大夫哭諸侯哭其舊君也不敢拜賓避爲主也在他國爲使而出也與諸侯爲兄弟亦謂在異國者壹袒謂爲位之日也明日以往不袒矣若父母之喪則必三袒山陰陸氏曰凡喪親始死哭不以數則士明日朝莫哭又明日成服之朝哭所謂三哭者此歟大夫明日又明日朝莫哭又明日朝哭凡五哭諸侯朝莫哭如大夫又三日朝哭凡七哭於是殯天子朝莫哭如諸侯又四日朝哭凡九哭於是殯凡爲位者壹袒上所謂凡爲位即位袒成踊是也

所識者弔先哭于家而後之墓皆爲之成踊從主人北面

而踊

已所知識之人死而往弔之時已在葬後矣必先哭于其家者情雖由於死者而禮則施於生者故也主人墓左西向賓北面向墓而踊固賓主拾之然必主人先而賓從之故曰從主人也言皆者必于家于墓皆踊也

凡喪父在父爲主父没兄弟同居各主其喪親同長者主之不同親者主之

此言父在而子有妻子之喪則父主之統於尊也父没之後兄弟雖同居各主妻子之喪矣同宮猶然則異宮從可知也親同長者主之謂父母之喪長子爲主其同

父母之兄弟死，亦推長者爲主也。不同親者主之，謂從父兄弟之喪，則彼親者爲之主也。

聞遠兄弟之喪，既除喪而后聞喪，免袒成踊，拜賓則尚左手。

此言小功緦麻之兄弟死，而聞訃在本服月日之外，雖不稅，而初聞之亦必免袒而成其踊者，以倫屬之親，不可不爲之變也。但拜賓則從吉拜，而左手在上耳。

無服而爲位者，唯嫂叔及婦人降而無服者麻。

檀弓云子思之哭嫂也爲位，婦人降而無服，謂姑姊妹在室者緦麻，嫁則降在無服也。哭之亦爲位，麻者弔服而加緦之環絰也○鄭氏曰正言嫂叔尊嫂也兄公於弟之妻則不能也○疏曰既云無服又云麻故知弔服加麻也嚴陵方氏曰檀弓曰嫂叔之無服也蓋推而遠之也姑姊妹之薄也蓋有受我而厚之者也制之以義故無服本之以仁故爲位焉

凡奔喪有大夫至袒拜之成踊而后襲於士襲而后拜之

此言大夫士來弔此奔喪之人也尊卑禮異

問喪第三十五臨川吳氏曰前半篇通論孝子悲哀痛疾之意後半篇列問喪禮歛袒免杖之義故以問喪名篇

親始死雞笄斯色買反徒跣扱插上衽交手哭惻怛之心痛疾之意傷腎乾干肝焦肺水漿不入口三日不舉火故鄰

里爲之糜粥以飲去聲食嗣之夫悲哀在中故形變於外也痛疾在心故口不甘味身不安美也

雞斯讀爲笄纚笄骨笄也纚韜髮之繒也親始死孝子先去冠惟留笄纚也徒空也徒跣無屨而空跣也上衽深衣前襟也以號踊履踐爲妨故扱之於帶也交手哭謂兩手交以拊心而哭也糜厚而粥薄薄者以飲之厚者以食之也山陰陸氏曰扱上衽則以有辟踊之端焉交手哭捧心而哭發胷擊心在斂之後惻怛痛疾而精先傷魂次之魄又次之故曰傷腎乾肝焦肺傷傷而已乾於是爲甚乾猶可也焦又甚矣○臨川吳氏曰此一節言初死至斂三日以前之哀夫悲哀以下總結上意形變於外即上所謂笄纚徒跣扱衽交手也口不甘味即上所謂水漿不入口三日不舉火也

三日而斂。在牀曰尸。在棺曰柩。動尸舉柩。哭踊無數。惻怛之心。痛疾之意。悲哀志懣。(謨本反)氣盛。故袒而踊之。所以動體安心下氣也。

哭踊本有數。此言無數者。又在常節之外也。懣。煩也。臨川吳氏曰。動尸。謂初死至斂時。舉柩。謂啓殯至葬時。動親之尸。舉親之柩。孝子哀甚。故哭踊無數。懣與悶同。心煩鬱也。氣盛。氣滿塞也。袒而踊以運動其身體。體動則庶幾可以安靜其心。使不煩鬱。降下其氣。使不懣塞也。

婦人不宜袒。故發胷擊心。爵踊。殷殷(上聲)田田。如壞(怪)牆然。悲哀痛疾之至也。故曰辟(婢尺反)踊。哭泣哀以送之。送形而往。迎精而反也。

發。開也。爵踊。似爵之跳。足不離地也。殷殷田田。擊之聲也。辟。拊心也臨川吳氏曰。婦人以發胷擊心代男子之袒。男踊。如人之跳。足起而高。女踊。如爵之跳。足不離地。○嚴陵方氏曰。形者成之終。精者生之始。送之而往。所以慎終。迎之而反。則念始之者也

其往送也。望望然。汲汲然。如有追而弗及也。其反哭也。皇皇然。若有求而弗得也。故其往送也如慕。其反也如疑。求而無所得之也。入門而弗見也。上上聲堂又弗見也。入室又弗見也。亡矣喪去聲矣。不可復扶又反見已矣。故哭泣辟踊。盡哀而止矣

望望。瞻望之意也。汲汲。促急之情也。皇皇。猶彷徨之意。盡哀而止者。他無所寓其情也山陰陸氏曰。望望汲汲。猶有所向。特有所不逮爾。皇皇。無所向也

心悵焉愴焉惚焉愾焉苦代反心絶志悲而已矣祭之宗廟以鬼享之徼幸復反也成壙上聲而歸不敢入處室居於倚廬哀親之在外也寢苫枕去聲塊哀親之在土也故哭泣無時服勤三年思慕之心孝子之志也人情之實也

此言反哭至終喪之情。惚猶恍惚也。愾猶嘆恨也。勤謂憂苦。臨川吳氏曰心悵恨愴悽恍惚嘆愾皆失志無可奈何之貌知其不可復見心已絶望但志愈悲哀而已於是虞祭以安之○嚴陵方氏曰哀親之在外故不忍居於內哀親之在土故不忍寢於牀○山陰陸氏曰成壙而歸猶如此於是爲至矣

或問曰死三日而后斂者何也曰孝子親死悲哀志懣故匍匐而哭之若將復生然安可得奪而斂之也故曰三日

而后斂者。以俟其生也。三日而不生。亦不生矣。孝子之心亦益衰矣。家室之計。衣服之具。亦可以成矣。親戚之遠者亦可以至矣。是故聖人爲之斷丁亂反決以三日爲之禮制也

此記者設問以明三日而斂之義嚴陵方氏曰。始死而未忍斂之者。孝子之心存乎仁也。三日而必斂之者。聖人之禮制以義也○山陰陸氏曰。言至情難奪如此。雖聖人猶疑焉。爲之斷決而後能爲之

或問曰。冠者不肉袒。何也。曰。冠至尊也。不居肉袒之體也。故爲之免問以代之也。然則禿者不免。傴於縷反者不袒。跛補火反者不踴。非不悲也。身有錮疾。不可以備禮也。故曰喪

禮唯哀爲主矣女子哭泣悲哀擊胷傷心男子哭泣悲哀稽顙觸地無容哀之至也

免而袒袒而踊先後之次也有一疾則廢一禮女子不踊則惟擊胷男子不踊則惟稽顙觸地皆可以爲哀之至也嚴陵方氏曰露肉體而袒衣故謂之肉袒冠則在首之上服也故以至尊言之免雖在首而非冠焉故以之代冠而已亦見檀弓免焉解禿則頂無飾故不免免則頂露矣傴則形不直故不袒袒則形褻矣跛則足不正故不踊踊則足勞矣此皆禮之權也

或問曰免者以何爲也曰不冠者之所服也禮曰童子不緦唯當室緦緦者其免也當室則免而杖矣

劉氏曰已冠者爲喪變而去冠則必著免蓋雖去冠猶

嫌於不冠。故加免也。童子初未冠則雖爲喪亦不免。以其未冠故不嫌於不冠也。若爲孤子而當室則雖童子亦免。以其爲喪主。而當成人之禮也。如童子不杖。以其不能病也。而當室則杖。童子不緦。幼不能知踈遠之哀也。而當室則緦。緦者。以其當室而爲成人之免且杖。則亦可爲成人之緦矣。故曰緦者以其免也。嚴陵方氏曰。不緦則不杖。不杖則不免。此童子之正也。當室者雖童子亦緦。緦則免而杖矣。童子以幼故不服族人之緦。至當室。雖未冠亦責以成人之備禮矣

或問曰。杖者何也。曰。竹桐一也。故爲去聲父苴七須反杖。苴杖竹也。爲母削杖。削杖桐也。或問曰。杖者以何爲也。曰。孝子

喪親哭泣無數服勤三年身病體羸（力垂反）以杖扶病也。則父在不敢杖矣。尊者在故也。堂上不杖。辟（避）尊者之處（去声）也。堂上不趨示不遽（其處反）也。此孝子之志也。人情之實也。禮義之經也。非從天降也。非從地出也。人情而已矣

苴杖圓而象天。削杖方以象地。又以桐爲同之義。言哀戚同於喪父也。堂上不趨。亦謂父在時也。急遽則或動父之情。故示以寬暇

嚴陵方氏曰。父在。謂服母喪之時當父在之處也。不杖。則不敢以杖病之。且感尊者之情故也。堂上不趨。見曲禮解。堂上不趨。非止喪禮。示遽者特以喪爾。夫事莫遽於喪。而反以示不遽者。以其近尊者之處。不欲以喪容感之。故特示其閒暇也。○山陰陸氏曰。孝子喪親。哭泣無數。無時。無朝夕也。無數。無三哭五哭也。父在不敢杖。尊者在故也。顏回曰。子在回何敢死。近之矣。此非故隆父殺母。是人

情之實。禮義之經也。○臨川吳氏曰。按上章之結語曰。孝子之志也。人情之實也。此章重以上章之二句結之。而又增禮義之經也以下四句盡其義

禮記集說大全卷之二十七

禮記集說大全卷之二十八

服問第三十六

臨川吳氏曰。此篇所記。與喪服小記篇內喪服一章相類。無問辭而名曰服問者。蓋是有人問喪服。而知禮者援據禮經傳記。遂節答之如此。記者但記其所答之辭爲一篇。而不復記其所問之因也。

傳去聲曰。有從輕而重。公子之妻爲其皇姑。

有屬從。有徒從。故皆以從言。○疏曰。公子諸侯之妾子也。皇姑。即公子之母也。諸侯在。尊厭妾子使爲母練冠。諸侯沒。妾子得爲母大功。而妾子之妻則不論諸侯存沒爲夫之母期也。其夫練冠是輕也。而妻爲之期是重。故云有從輕而重也。皇。君也。此妾既賤。若惟云姑。則有

嫡女君之嫌。今加皇字。明非女君而此婦尊之與女君同。故云皇姑也。嚴陵方氏曰。此一節即釋大傳服術有六之文也。故稱傳曰以冠之

有從重而輕。爲妻之父母

妻爲其父母齊衰。是重也。夫從妻而服之乃緦麻。是從重而輕也

有從無服而有服。公子之妻爲公子之外兄弟

疏曰。公子被厭。不服己母之外家。是無服也。妻猶從公子而服公子外祖父母從母緦麻。是從無服而有服也。經惟云公子外兄弟。而知其非公子姑之子者。以喪服小記云。夫之所爲兄弟服妻皆降一等。夫爲姑之子緦

麻妻則無服。今公子之妻爲之有服，故知其爲公子外祖父母從母也。此等皆小功之服。凡小功者謂爲兄弟。若同宗直稱兄弟，以外族故稱外兄弟也。臨川吴氏曰：按禮家雖有凡小功以下爲兄弟之文，然稱外祖父母從母爲外兄弟，然是未詳其義。蓋謂外家之親而服小功兄弟之服者，以外祖父母及從母皆是小功服，故以兄弟稱也。

有從有服而無服。公子爲其妻之父母

鄭氏曰：凡公子厭於君，降其私親。女君之子不降。○疏曰：雖爲公子之妻，猶爲父母期，是有服也。公子被厭，不從妻而服之，是從有服而無服也。馬氏曰：大傳從服有六，而此言其四，皆禮之可以變易者，則服亦從而隆殺之。有從輕而重，有從無服而有服者，以其人情無所嫌而伸之也。有從重而輕。有從有服而無服者。以其人情有所嫌而屈之也。先王制服。人情而已矣。然而服術之六。從服爲末。而從服之中有至無服。則雖禮之微者。不可不辨。

傳曰。母出則爲繼母之黨服。母死則爲其母之黨服。爲其母之黨服則不爲繼母之黨服。

母死。謂繼母死也。其母。謂出母也。○鄭氏曰。雖外親亦無二統。臨川吳氏曰。母出。謂己母被出而父再娶。己母義絕。子雖不絕母服。而母黨之恩則絕矣。故加服繼母之黨。與己母之黨同也。母死。謂己母死而父再娶。己母祔廟。是父之初配。雖有繼母。而子仍服死母之黨。其服繼母之身雖同己母。而繼母之黨則不同於己母之黨。故不服也。○嚴陵方氏曰。此雖非大傳之文。然舊傳之所說。故亦以傳曰冠之。

三年之喪既練矣。有期之喪既葬矣。則帶其故葛帶。絰期

之經服其功衰

䟽曰謂三年之喪練祭之後又當期喪既葬之節也故葛帶謂三年喪之練葛帶也今期喪既葬男子則應著葛帶此葛帶與三年之葛帶麄細正同而以父葛爲重故帶其故葛帶也經期之經者謂三年之喪練後首經既除故經期之葛經若婦人練後麻帶除矣則經其故葛經帶期之麻帶以婦人不葛帶故也功衰者父喪練後之衰也雜記䟽云三年喪練後之衰升數與大功同故云功衰也山陰陸氏曰禮父之喪既練服其功衰母之喪既葬服其功衰即有父之喪既練矣母之喪既葬矣服其功衰而帶以故葛帶經期之經男子重首經期之經則以母喪尚新故也○藍田呂氏曰

期之既葬之葛。輕於三年之練葛。故帶其故葛帶。三年之練除首絰。而期之既葬未除。故絰期之絰。期之既葬之功衰。重於三年之練。故又服期之功衰。

有大功之喪亦如之。小功無變也

疏曰。三年喪練後。有大功喪亦既葬。亦帶其故葛帶。而絰期之葛絰也。故云亦如之。小功無變者。言先有大功以上喪服。今遭小功之喪。無變於前服。不以輕服減累於重也

麻之有本者。變三年之葛

疏曰。大功以上。爲帶者麻之根本幷留之。合糾爲帶。如此者得變三年之練葛。小功以下。其絰澡麻斷本。不得

變三年之葛也。言變三年之葛，舉其重者，其實期之葛有本者，亦得變之。嚴陵方氏曰：本，謂麻之根也。大功以上之帶則不斷之，以示其重焉。故可以變三年之葛。

既練，遇麻斷短本者，於免，經之；既免，去經。每可以經必經。既經則去之。

疏曰：斬衰既練之後，遭小功之喪，雖不變服，得爲之加經也。於免經之者，以練無首經，於此小功喪有事於免之時，則爲之加小功之經也。既免之後，則脫去其經。每可以經之時，必爲之加經。既經則去之，自練服也。山陰陸氏曰：喪服小記曰：下殤小功，帶澡麻不絕本。此不言小功而言斷本，爲是故也。

小功不易喪之練冠。如免則經其緦小功之經。因其初葛帶。緦之麻不變小功之葛。小功之麻不變大功之葛。以有本爲稅。吐外反

疏曰。言小功以下之喪。不合變易三年喪之練冠。其期之練冠。亦不得易也。如當緦小功著免之節。則首經其緦與小功之經。所以爲後喪緦經者。以前喪練冠首經已除故也。要中所著仍因其初喪練之葛帶。輕喪之麻。本服既輕。雖初喪之麻。不變前重喪之葛也。稅謂變易也。緦與小功麻經既無本。不合稅變前喪。惟大功以上。麻經有本者。得稅變前喪也。嚴陵方氏曰。麻以有本者爲重。故得變易而稅焉。以

此易彼。故曰稅

殤長中變三年之葛。終殤之月筭而反三年之葛。是非重麻。爲其無卒哭之稅。下殤則否

疏曰。殤長中者。謂本服大功。今乃降在長中殤。男子則爲之小功。婦人爲長殤小功。中殤則緦麻。如此者得變三年之葛。着此殤服之麻。終竟此殤月數。如小功則五月。緦則三月。還反服其三年之葛也。既服麻不改。又變三年之葛。不是重此麻也。以殤服質略。自初死服麻以後。無卒哭時稅麻服葛之禮也。下殤則否者。以大功以下之殤。男子婦人俱爲之緦麻。其情輕。不得變三年之

葛也按上文麻有本者得變三年之葛則齊衰下殤雖是小功亦是麻之有本者故喪服小記云下殤小功帶澡麻不絕本然齊衰下殤乃變三年之葛今大功長殤麻既無本得變三年之葛者以無虞卒哭之稅故特得變之若成人小功緦麻麻既無本故不得變也山陰陸氏曰下殤則否言爲其無卒哭之稅則雖小功有卒哭矣

君爲天子三年夫人如外宗之爲君也世子不爲天子服

諸侯爲天子服斬衰三年外宗見前篇諸侯外宗之婦爲君期夫人爲天子亦期故云夫人如外宗之爲君也世子有繼世之道不爲天子服者遠嫌也

君所主夫人妻大子適婦

夫人者君之適妻故云夫人妻大子適子也其妻爲適婦三者皆正故君主其喪山陰陸氏曰言妻非見大夫以下大夫以下爲此三人爲喪主不必見也

大夫之適子爲君夫人大子如士服

鄭氏曰士爲國君斬小君期大子君服斬臣從服期○疏曰大夫無繼世之道其子無嫌故得爲君與夫人及君之大子著服如士服也

君之母非夫人則羣臣無服唯近臣及僕驂乘從服唯君所服服也

䟽曰。君母是適夫人。則羣臣服期。非夫人則君服緦。故羣臣無服也。近臣。閽寺之屬。僕御車者。驂乘車右也。唯君所服服者。君緦則此等人亦緦也

公爲卿大夫錫衰以居。出亦如之。當事則弁絰。大夫相爲亦然。爲其妻往則服之。出則否

䟽曰。君爲卿大夫之喪成服之後。著錫衰以居也。出。謂以他事而出。非至喪所。亦著錫衰。首則皮弁也。當事。若大斂及殯。并將葬啓殯等事。則首著弁絰。身衣錫衰。若於士則首服皮弁也。大夫相爲亦然者。亦如君於卿大夫也。若君於卿大夫之妻。及卿大夫相爲其妻而往臨

其喪。亦服錫衰。但不常著之以居。或以他事出。則不服也○錫衰之布以緦布而加灰治。弁絰制如爵弁素爲之。加環絰其上山陰陸氏曰。當事則弁絰者。據此王爲三公六卿錫衰。大夫士疑衰。其首服蓋當事而後弁絰也。大夫相爲亦然者。雜記曰。大夫哭大夫弁絰。與殯亦弁絰。爲其妻往則弔也。弔而服之。弔而出則除之。喪服傳曰。大夫弔於命婦錫衰。命婦弔於大夫亦錫衰

凡見人無免如字絰。雖朝於君無免絰。唯公門有稅脫齊衰。傳曰。君子不奪人之喪。亦不可奪喪也

見人。往見於人也。絰重故不可釋免。入公門雖稅齊衰。亦不稅絰也。此謂不杖齊衰。若杖齊衰及斬衰。雖入公門亦不稅。山陰陸氏曰。絰重也。以絰該之。下云唯公門有稅齊衰。則此言斬衰可知。然則君子不奪

人喪亦不可奪喪謂奪所重者也唯公門有稅齊衰言有有不稅也大夫以上不稅據士唯公門稅齊衰凡所謂稅皆暫釋喪服反吉服若康王麻冕黼裳是也

傳曰罪多而刑五喪多而服五上附下附列如字也

罪重者附於上刑罪輕者附於下刑此五刑之上附下附也大功以上附於親小功以下附於疏此五服之上附下附也等列相似故云列也臨川吳氏曰罪多如墨辟千劓辟千剕辟五百宮辟三百大辟二百之類喪多如儀禮喪服篇斬衰章爲某人等齊衰章爲某人等之類言罪雖多而皆不出乎墨劓剕宮大辟五者之刑喪雖多而皆不出乎斬衰齊衰大功小功緦麻五者之服其或刑書禮書所載不盡者以例通之由輕而加重則附于在上之例由重而減輕則附于在下之例通此二例則雖至多之罪至多之喪而刑書中之五刑禮書中之五服是以該之而無不盡者矣○嚴陵方氏曰上附下附列也言上下各有

所比附而爲之等列也

間傳第三十七

鄭氏曰名間傳者以其記喪服之間輕重所宜

斬衰何以服苴苴惡貌也所以首其内而見現諸外也斬衰貌若苴齊衰貌若枲大功貌若止小功緦麻容貌可也此哀之發於容體者也

斬衰服苴苴絰與苴杖也麻之有子者以爲苴絰竹杖亦曰苴杖惡貌者疏云苴是黎黑色又小記疏云至痛内結必形色外章所以衰裳絰杖俱備苴色也首者標表之義蓋顯示其内心之哀痛於外也枲牡麻也枯黰

之色似之。大功之喪。雖不如齊斬之痛。然其容貌亦若有所拘止而不得肆者。蓋亦變其常度也臨川吳氏曰。斬衰服苴。謂衰裳絰杖並苴色也。苴者。有子麻。色蒼黑。貌之惡似之。首其內而見諸外。謂內有哀情。則外有此惡貌。知物有頭首在內。則其尾末見諸外也。齊衰稍輕於斬衰。絰不用苴而用枲。枲者。有子麻。色亦蒼而黑淺。若苴若枲。貌各如其絰之色也。止。謂止而不動。貌活動者象春之生。貌靜止者象秋之殺。若止。謂有慘戚而無歡欣也。容貌謂貌如平常之容。小功緦麻之服雖輕。然情之厚者貌亦畧變於常。其或不能然。而但如平常之容。則情不爲厚而亦未至於甚薄。喪與其哀不足而禮有餘。不若禮不足而哀有餘可也云者。微不滿之意。容體謂儀容身體。形之可見於外者也。

斬衰之哭。若往而不反。齊衰之哭。若往而反。大功之喪。三曲而偯。於豈反小功緦麻哀容可也。此哀之發於聲音者也若如也。往而不反。一舉而至氣絕。似不回聲也。三曲。一舉聲而三折也。偯。餘聲之委曲也。小功緦麻情輕雖哀聲之從容亦可也。臨川吳氏曰。往而不反。謂氣絕而不續。往而反。謂氣絕而微續。三曲而偯。謂聲不質直而稍文也。哀容則聲彌文矣。可也之意同上。

斬衰唯上聲而不對。齊衰對而不言。大功言而不議。小功緦麻議而不及樂。此哀之發於言語者也

唯。應辭也。不對。不答人以言也。不言。不先發言於人也。不議。不泛論他事也嚴陵方氏曰。唯則順之而已。對則有可否焉。對則應彼而已。言則命物焉。言則直言而已。議則詳其義焉。議則主於事而已。樂則通其情焉。由其哀有輕重。故發於言語有詳畧也。

斬衰三日不食。齊衰二日不食。大功三不食。小功緦麻再

不食。士與（去聲）斂焉，則壹不食。故父母之喪，既殯食粥，朝一溢米，莫一溢米。齊衰之喪，疏食（嗣）水飲，不食菜果。大功之喪，不食醯醬。小功緦麻，不飲醴酒。此哀之發於飲食者也。

一溢，二十四分升之一也。疏食，粗飯也。臨川吴氏曰：五服皆同姓之骨肉，哀其死而不食者，恩也。士乃異姓之朋友，與斂其尸，而感發哀情，亦廢一食者，義也。喪大記云：士之喪，士是斂，斂焉則爲之一不食。〇嚴陵方氏曰：此言食與大記不無小異。

父母之喪，既虞卒哭，疏食水飲，不食菜果。期而小祥，食菜果。又期而大祥，有醯醬。中（如字）月而禫，禫而飲醴酒。始飲酒者先飲醴酒，始食肉者先食乾肉。

中月，間一月也。前篇中一以上，亦訓爲間。二十五月大祥二十七月而禫也。○疏曰：孝子不忍發初御醇厚之味，故飲醴酒、食乾肉。臨川吴氏曰：父母之喪，既虞卒哭後，所食與齊衰既殯後同；小祥後，所食與大功既殯後同；大祥後，亦與小祥後同，但加以醯醬，蓋與小功緦麻既殯後同也；禫後飲醴酒，則漸復常而飲酒食肉矣。

父母之喪，居倚廬，寢苫枕塊，不稅脱絰帶。齊衰之喪，居堊室，芐下翦不納。大功之喪，寢有席。小功緦麻，牀可也。此哀之發於居處者也。

倚廬、堊室，見喪大記。芐，蒲之可爲席者，但翦之使齊，不編納其頭而藏於内也。臨川吴氏曰：士斬衰不居倚廬，乃臣爲君服；父爲衆子齊衰不居堊室者，乃尊者爲卑者服也。

父母之喪，既虞卒哭，柱主楣翦屏，芐翦不納；期而小祥，居堊室，寢有席；又期而大祥，居復寢；中月而禫，禫而牀。

柱楣，謂舉倚廬之木拄之於楣，使稍寬明也。翦屏者，翦去戶旁兩廂屏之餘草也。自上章唯而不對以下至此，有與雜記、喪大記、喪服小記之文不同者，記者所聞之異，亦或各有義歟。

斬衰三升，齊衰四升、五升、六升，大功七升、八升、九升，小功十升、十一升、十二升，緦麻十五升去其半，有事其縷，無事其布曰緦，此哀之發於衣服者也。

每一升凡八十縷。斬衰正服三升，義服三升半，齊衰降服四升。正服五升。義服六升。大功降服七升。正服八升。義服九升。小功降服十升。正服十一升。義服十二升。緦麻降正義同用十五升布。去其七升半之縷。蓋十五升者。朝服之布。其幅之經一千二百縷也。今緦布用其半。六百縷爲經。是去其半也。有事其縷者。事謂煑治其紗縷而後織也。無事其布者。及織成則不洗治其布。而即以製緦服也。若用爲錫衰。則加灰以洗治之。故前經云加灰錫也。然則緦服是熟縷生布。其小功以上。皆生縷以織矣。馬氏曰。先王因哀以制禮。則禮有隆殺。因禮以見哀。則哀有小大。凡喪以哀爲主。此以上凡言衰者六。自斬衰以至緦麻。輕重差等。莫不有當也。其曰哀之發於容體。則因容體以爲禮。哀之發於聲音。則因聲音以爲禮。哀之發於言語。則因言語以爲禮。哀之發於飲食。則因飲食以爲禮。哀之發於居處。則因居處以爲禮。哀之發於衣服。則因衣服以爲禮。其始也本於哀。其終也成於禮。有是哀則不得不行是禮。有是禮則不得不致是哀也

斬衰三升。既虞卒哭。受以成布六升。冠七升。爲母疏衰四升。受以成布七升。冠八升。去麻服葛。葛帶三重。期而小祥。練冠縓七眷反。緣去聲。要平聲絰不除。

五服惟斬衰齊衰大功有受者。葬後以冠之布升數爲衰服。如斬衰冠六升。則葬後以六升布爲衰。齊衰冠七升。則葬後以七升布爲衰也。謂之成布者。三升以下之布。麤疏之甚。若未成然。六升以下則漸精細與吉服之

布相近故稱成也。去麻服葛者。葬後男子去要之麻絰。而繫葛絰。婦人去首之麻絰而著葛絰也。葛帶三重。謂男子也。葬後以葛絰易要之麻絰差小於前四股糾之。積而相重。則三重也。蓋單糾爲一重。兩股合爲一繩是二重。二繩又合爲一繩是三重也○疏曰。至小祥又以卒哭後冠受其衰。而用練易其冠。又以練爲中衣。以縓爲領緣也。要絰葛絰也。縓緣見檀弓或問成布。朱子曰。是稍細成布。初來未成布也。問縓緣。曰。縓今淺絳色。小祥以縓爲緣一入謂之縓。禮有四入之說。亦是漸漸加深色耳。然古人亦不專把素色爲凶。蓋古人常用皮弁。皮弁純白。自今言之。則爲大凶矣。問布升數。曰。八十縷爲一升。古尺一幅只闊二尺二寸。筭來斬衰三升。如今網一般。又如漆布一般。所以未爲成布也。如深衣十五升布。似如今極細絹一般。這處升數又曉未得。古尺又短於今尺。若盡一千二百縷。須是一幅闊不止二尺二寸。所謂布帛精麁不中數不粥於市。又如何自要闊得。這處亦不可曉。○山陰陸氏曰。凡喪有受有變有除。凡受。以大受小。以多受寡。故三升以六升受之。四升以七升受之。去麻易葛。謂以麻易葛。所謂變也。練後縓緣。祥先素縞。大祥彌吉故也

男子除乎首。婦人除乎帶。男子何爲除乎首也。婦人何爲除乎帶也。男子重首。婦人重帶。除服者先重者。易服者易輕者

小祥男子除首絰。婦人除要帶。此除先重也。居重喪而遭輕喪。男子則易要絰。婦人則易首絰。此易輕者也

又期而大祥。素縞麻衣。中月而禫。禫而纖。無所不佩

疏曰。二十五月大祥祭。此日除脫則首服素冠以縞紕之身著朝服而祭。祭畢而哀情未除更反服微凶之服。首著縞冠以素紕之身著十五升麻深衣未有采緣。故云素縞麻衣也。大祥之後更閒一月而爲禫祭禫祭之時玄冠朝服。祭訖。則首著纖冠身著素端黃裳。以至吉祭平常所服之物無不佩也。黑經白緯曰纖

易服者何爲易輕者也。斬衰之喪既虞卒哭遭齊衰之喪。輕者包重者特

鄭氏曰。卑可以兩施而尊者不可貳 ○疏曰。斬衰受服之時而遭齊衰初喪。男子所輕要者得著齊衰要帶而

兼包斬衰之帶。婦人輕首。得著齊衰首絰。而包斬衰之絰。故云輕者包也。男子重首。特留斬衰之絰。婦人重要。特留斬衰要帶。是重者特也。愚謂特者。單獨而無所兼之義。非謂特留也。嚴陵方氏曰。輕者。謂男子之要帶。婦人之首絰。重者。謂男子之首絰。婦人之要帶。以其輕則兩施之。故曰包。以其重則獨留焉。故曰特

既練遭大功之喪。麻葛重

疏曰。斬衰既練。男子惟有要帶。婦人惟有首絰。是單也。今遭大功之喪。男子首空著大功麻絰。又以大功麻帶易練之葛帶。婦人要空著大功麻帶。又以大功麻絰易練之葛絰。是重麻也。至大功既虞卒哭。男子帶以練之

故葛帶首著期之葛絰。婦人絰其練之故葛絰。著期之葛帶。是重葛也。○疏言期之葛絰。期之葛帶。謂麤細與期同。其實是大功葛絰葛帶也。○又按檀弓云婦人不葛帶者。謂斬衰齊衰服也。喪服大功章。男女並陳有即葛九月之文。是大功婦人亦受葛也。又士虞禮餞尸章註云婦人大功小功者葛帶

齊衰之喪既虞卒哭遭大功之喪麻葛兼服之

此據男子言之。以大功麻帶易齊衰之葛帶。而首猶服齊衰葛絰。首有葛要有麻。是麻葛兼服之也

斬衰之葛與齊衰之麻同。齊衰之葛與大功之麻同大功

之葛與小功之麻同小功之葛與緦之麻同麻同則兼服之兼服之服重者則易輕者也

同者前喪既葬之葛與後喪初死之麻麄細無異也兼服者服後麻兼服前葛也服重者即上章重者特之說也易輕者即輕者包是也服問篇云緦之麻不變小功之葛小功之麻不變大功之葛言成人之喪也此言大功以下同則兼服者是據大功之長殤中殤也○疏曰兼服之但施於男子不包婦人令言易輕者則是男子易於要婦人易於首也張子曰兼服之服重者則易輕者若斬衰既練齊衰既卒哭則首帶皆葛又有大功新喪之麻則與齊衰之首絰麻葛兩施之兼服之名得諸此蓋既不敢易斬衰之輕以斬

葛大於大功之麻也。又不敢易齊首之重。輕者方敢易去。則重者固當存。故麻葛之經兩施於首。若大功既葬。則服齊首之葛。不服大功之葛。所謂兼服之服重者則變輕者。正謂此爾。若齊衰未葛則大功之麻亦止於當免則經之而已。如此。則喪變雖多。一用此制。而前後禮文。不相乖戾。○臨川吴氏曰。馬氏云。間傳一篇言哀者六。容體聲音言語。内也。飲食居處衣服。外也。澄謂内外哀情之發見雖皆初隆而漸殺。然記者記前三事之在於身者。但言哀之發於容體。發於聲音。發於言語而止。不復言其久而漸殺之情。記後三事之寓於物者。則既言哀之發於飲食。發於居處。發於衣服矣。而又繼言其以漸改變之節于後。蓋在身之漸殺者隱微。寓物之改變者顯著也。至若篇末衣服一條。則言重服自始及末之改變。再言前喪更遭後喪之改變。比飲食居處之變又加詳焉。蓋喪之表哀。正主於衣服也。故六哀之序衣服猶殿後者。於其所重者而終也。

三年問第三十八

嚴陵方氏曰。三年之喪。百王之所同。問喪者以是爲首。故記喪者以是名篇三年之喪何也曰稱(去聲)情而立文因以飾羣別親疏貴賤之節而弗可損益也故曰無易之道也創(平聲)鉅者其日久痛甚者其愈遲三年者稱情而立文所以爲至痛極也斬衰苴杖居倚廬食粥寢苫枕塊所以爲至痛飾也三年之喪二十五月而畢哀痛未盡思慕未忘然而服以是斷(丁亂反)之者豈不送死有已復生有節也哉

人不能無羣羣不可無別立文以飾之則親疏貴賤之等明矣弗可損益者中制不可不及亦不可過是所謂無易之道也治親疏貴賤之節者惟喪服足以盡其詳服莫重於斬衰時莫久於三年故此篇列言五服之輕

重而自重者始○石梁王氏曰二十四月再期其月餘日不數爲二十五月中月而禫註謂間一月則所間之月是空一月爲二十六月出月禫祭爲二十七月徙月則樂矣之義而答者因其問三年并及期九月五月三臨川吳氏曰曰者設爲答辭也問者專問三年月諸服輕重之差情謂哀情文謂禮文羣謂服五服之衆人言喪之五服各稱哀情之輕重而立隆殺之禮文也其禮文之或隆或殺因以表飾五服衆人哀戚輕重之情而分別所爲服者之或輕或重與夫服喪者或貴而有絶有降或賤而無降各有品等之節也其親而服重或賤而無降者不可損之而減輕其疏而服輕或貴而有絶有降者不可益之而加重也其弗可輕重者乃一定無可改易之道理也○張子曰三年之喪二十五月而畢又兩月爲禫共二十七月禮鑽燧改火天道一變其期已矣情不可以已於是再期再期又不可以已於是加之三月是二十七月也

凡生天地之閒者，有血氣之屬必有知，有知之屬莫不知愛其類。今是大鳥獸則失喪（去聲）其羣匹，越月踰時焉，則必反巡過其故鄉，翔回焉，鳴號（平聲）焉，躑（直亦反）躅（直六反）焉，踟（知馳）躕（廚）焉，然後乃能去之。小者至於燕雀，猶有啁（周）噍（揪）之頃焉，然後乃能去之。故有血氣之屬者莫知（去聲）於人，故人於其親也，至死不窮。

鳥獸知愛其類，而不如人之能充其類，此所以天地之性人爲貴也。臨川吳氏曰：翔回鳴號，謂鳥；躑躅踟躕，謂獸。鳴號者，悲傷發於聲；躑躅者，悲傷見於行。鳴號之先而翔回，躑躅之後而踟躕，皆謂遲留將去不忍去也。啁噍，小鳥聲，其聲羣沸迫急，失其常度也。頃者，言斯須而不能久。久，大鳥獸則越月踰時，反巡過其初死之處，久之乃能去，則不止如燕雀啁噍之頃者矣。人

之於親則至死而其情無窮已則又不止如大鳥獸之久之乃能去者矣

將由夫患邪淫之人與則彼朝死而夕忘之然而從之則是曾鳥獸之不若也夫焉能相與羣居而不亂乎

患猶害也邪淫之害性如疾痛之害身故云患邪淫也不如鳥獸爲無禮也無禮則亂矣

將由夫脩飾之君子與則三年之喪二十五月而畢若駟之過隙然而遂之則是無窮也故先王焉爲之立中制節壹使足以成文理則釋之矣

先王制禮蓋欲使過之者俯而就之則送死有已復生有節不至者跂而及之則不至於鳥獸之不若矣壹使

足以成文理。謂無分君子小人。皆使之遵行禮節。以成其飾羣之文理。則先王憂世立教之心遂矣。故曰釋之也。臨川吳氏曰。不肖者之情薄。故其親朝死而夕已忘之。若從其情而不以禮勉其不及。則親死不哀。不如鳥獸。於死者如此。則其於生者安能保其不如鳥獸之亂乎。賢者之情厚。視二十五月之久。如駒過隙之速。若遂其情而不以禮抑其過。則哀親之情無窮已之時也。故先王於賢不肖之過不及。而爲之立中。使不可不及。亦不可過。制爲喪服年月之限節。但使足以成完儀文義理。則除釋其服矣。若更過此節。則不肖有所不勝。更不及此節。則賢者有所不滿也

然則何以至期也。曰。至親以期斷。是何也。曰。天地則已易矣。四時則已變矣。其在天地之中者。莫不更始焉。以是象之也

疏曰。父母本三年何以至期。是問其一期應除之義。故答云至親以期斷。是明一期可除之節。故期而練。男子除絰。婦人除帶。下文云加隆。故至三年

然則何以三年也。曰。加隆焉爾也。焉使倍之。故再期也

又問既是以期斷矣。何以三年也。答謂孝子加隆厚於親。故如此也。焉語辭。猶云所以也

由九月以下何也。曰。焉使弗及也。故三年以爲隆。緦小功以爲殺。色介反 期九月以爲間。平聲 上取象於天。下取法於地。中取則於人。人之所以羣居和壹之理盡矣。故三年之喪。人道之至文者也。夫是之謂至隆。是百王之所同。古今之

所壹也。未有知其所由來者也。孔子曰子生三年然後免於父母之懷夫三年之喪天下之達喪也

弗及恩之殺也。三月不及五月。五月不及九月。九月不及期也。期與大功在隆殺之閒。故云期九月以爲閒也。取象於天地者。三年象閏。期象一歲九月象物之三時而成。五月象五行。三月象一時也。取則於人者。始生三月而翦髮。三年而免父母之懷也。和以情言。謂情無不睦也。壹以禮言。謂禮無不至也。人之所以相與羣居而情和禮壹者。其理於喪服盡之矣。父母之喪無貴賤。故曰天下之達喪也。達論語作通。嚴陵方氏曰。言服之正。雖至親皆以期而除。至

於倍之而再期者特加隆於父母而已。天以有所垂。故曰取象。經言天垂象是矣。地以有所效。故曰取法。易言效法之謂坤是矣。人以有所作。故曰取則。書言明哲實作則是矣。然而喪或以三月或以五月或以九月或以期年或以三年。喪。凶禮也。乃以陽數之奇。何哉。蓋陰所以致死。陽所以致生。死而致生之者。孝子不忍死其親之意也。○馬氏曰。中庸曰。期之喪達乎大夫。三年之喪達乎天子。父母之喪無貴賤一也。然而世衰道微。紐於習俗。故雖宰我親受業於孔門。猶曰三年不爲禮禮必壞。三年不爲樂樂必崩。鑽燧改火。期可已矣。雖聖人之善誘。亦無如之何。姑曰於女安乎。女安則爲之。蓋人情之大不美也如此。亦豈可以強率以從先王之制哉。嗚呼。常人之所行。而宰我乃獨以爲異。固孔子所不取。禮之所載。三年問者。豈亦當時之人疑此爲重歟。故曰凡天地之間。有血氣之屬。大至於鳥獸。小至於燕雀。莫不知愛其類。又況於人乎。其曰三年之喪。人道之至文。百王之所同。古今之所一。則爲此書者。亦有爲而作也

深衣第三十九

嚴陵方氏曰。經曰。有虞氏深衣而養老。傳曰。庶人服短褐深衣。則自天子

至于庶人皆服之也。以其義之深名之。○藍田呂氏曰。此篇純記深衣之制度而已。古者衣裳殊制。所以別上下也。唯深衣之制。衣連裳而不殊。蓋私燕之服爾

古者深衣。蓋有制度。以應規矩繩權衡。短毋見現膚。長毋被土。續衽鉤邊。要平聲縫去聲半下

朝服祭服喪服。皆衣與裳殊。惟深衣不殊。則其被於體也深邃。故名深衣。制同而名異者有四焉。純之以采曰深衣。純之以素曰長衣。純之以布曰麻衣。著在朝服祭服之內曰中衣。但大夫以上助祭用冕服。自祭用爵弁服。則以素爲中衣。士祭用朝服。則以布爲中衣也。皆謂天子之大夫與士也。喪服亦有中衣。檀弓云練衣黃裏

緣緣是也。但不得繼揜尺耳◯楊氏曰。深衣制度惟續衽鉤邊一節難考。鄭註續衽二字文義甚明。特疏家亂之耳。鄭註云。續猶屬也。衽。在裳旁者也。屬連之不殊裳前後也。鄭意蓋言凡裳前三幅後四幅既分前後則其旁兩幅分開而不相屬。惟深衣裳十二幅交裂裁之皆名爲衽。所謂續衽者。指在裳旁兩幅言之。謂屬連裳旁兩幅。不殊裳之前後也。又衣圖云。旣合縫了。又再覆縫。方便於著。以合縫者爲續衽。覆縫爲鉤邊◯要縫七尺二寸。是比下齊之一丈四尺四寸爲半之也。玉藻云縫齊倍要是也 嚴陵方氏曰。深衣之作。其來尚矣。故以古者冠篇首。袂在前以應規。袷在中以應矩。

縫在後以應繩。齊在下以應權衡。短毋見膚。則其形不褻。雖約而不失於儉。長毋被土。則其物不費。雖隆而不過於奢。衽。襟也。與裳相續。故謂之續衽。居裳之邊曲以鉤束焉。故曰鉤邊。玉藻所謂衽當旁是也。要縫之博。居下齊之半。玉藻所謂縫齊倍要是也。以縫齊爲倍。則要縫爲半矣。此所以互言之

袼各之高下可以運肘。袂之長短反詘歷之及肘。帶下毋厭於甲反髀俾上。毋厭脅當無骨者

劉氏曰。袼。袖與衣接當腋下縫合處也。運。回轉也。玉藻云袂可以回肘是也。肘。臂中曲節。袂。袖也。袼之高下與衣身齊二尺二寸。古者布幅亦二尺二寸。而深衣裁身用布八尺八寸。中屈而四疊之。則正方。袖本齊之。而漸圓殺以至袪。則廣一尺二寸。故下文云袂圓應規也。衣

四幅而要縫七尺二寸。又除負繩之縫。與領旁之屈積各寸。則兩腋之餘前後各三寸許。續以二尺二寸幅之袖。則二尺有五寸也。然周尺二尺五寸。不滿今舊尺二尺。僅足齊手。無餘可反屈也。曰反屈及肘。則接袖初不以一幅爲拘矣。凡經言短毋見膚長毋被土。及袪可運肘。袪反及肘。皆以人身爲度。而不言尺寸者。良以尺度布幅有古今之異。而人身亦有大小長短之殊故也。朱子云。度用指尺。中指中節爲寸。則各自與身相稱矣。玉藻朝祭服之帶三分。帶下紳居二焉。而紳長制。士三尺。則帶下四尺五寸矣。深衣之帶。下不可厭髀骨。上不可當脅骨惟當其間無骨之處則少近下也然此不言帶之制玉藻云士練帶率下辟等皆言朝祭服之帶也朱子深衣帶蓋亦彷彿玉藻之文但禪複異耳嚴陵方氏曰袂長短詘之及肘玉藻所謂袪尺二寸是矣袷也袪也皆衣之名也在胳者則謂之袼在胠者則謂之袪在末者則謂之袂帶下毋厭髀上毋厭脅若是則是當腹間矣深衣燕服也故欲緩急之適如此○藍田呂氏曰袷之高下可以運肘袂之長短反詘之及肘此袷袂寬急之中也袷當腋之縫也不二尺二寸則不能回肘矣袂屬幅於衣詘以至肘則上下各尺二寸矣帶下毋厭髀上毋厭脅當無骨者此衣帶上下之中也

制十有二幅以應十有二月袂圜以應規曲袷劫如矩以應方負繩及踝胡瓦反以應直下齊咨如權衡以應平

袷交領也衣領既交自有如矩之象踝足跟也衣之背

縫。及裳之中縫。上下相接如繩之直。故云負繩也。下齊

裳末緝處也。欲其齊如衡之平長樂陳氏曰。十二月者。天數也。袂圜以應規。而圜者天之體。曲袷如矩以應方。而方者地之象也。負繩及踝以應直。下齊如權衡以應平。而直與平者人之道。何以知其然耶。玉藻曰。戴冕璪十有二旒。則天數也。蓋天之大數不過十二。故月之至于十二而後成歲功。猶之深衣也。必十二幅而後可以爲衣之良也。唯夫衣之數有以合乎天之數。此所以爲十二月之應也。著不息者天也。而袂者動而不息也。著不動者地也。而衿者靜而不動也。孟子曰。規矩方圜之至也。而文中子曰。圜者動。方者靜。其見天地之心乎。此其意也。至於平則不傾也。直則不屈也。書曰平康正直。語曰人之生也直。此又足以見負繩下齊之義也。○嚴陵方氏曰。袂在前以動而致用。故欲圜。圜者動故也。袷在中以靜而成體。故欲方。方者靜故也。及踝。謂至足之跟也。下齊。謂在下之緝也。

故規者行舉手以爲容。負繩抱方者。以直其政。方其義也。

故易曰坤六二之動直以方也下齊如權衡者以安志而平心也五法已施故聖人服之故規矩取其無私繩取其直權衡取其平故先王貴之故可以爲文可以爲武可以擯相可以治軍旅完且弗費善衣之次也

疏曰所以袂圜中規者欲使行者舉手揖讓以爲容儀也抱方領之方也以直其政解負繩以方其義解抱方也○呂氏曰深衣之用上下不嫌同名吉凶不嫌同制男女不嫌同服諸侯朝朝服夕深衣大夫士朝玄端夕深衣庶人吉服深衣而已此上下同也有虞氏深衣而養老將軍文子除喪受弔練冠深衣親迎女在途而壻

之父母死。深衣縞總以趨喪。此吉凶男女之同也。蓋簡便之服。非朝祭皆可服之也○方氏曰。十二幅應十二月者。仰觀於天也。直其政方其義者。俯察於地也。袼之高下可以運肘者。近取諸身也。應規矩繩權衡者。遠取諸物也。其制度固已深矣。然端冕則有敬色。所以爲文。介冑則有不可辱之色。所以爲武。端冕不可以爲武。介冑不可以爲文。兼之者惟深衣而已。玉藻曰夕深衣。深衣。燕居之服也。端冕雖所以脩禮容。亦有時而燕處。則深衣可以爲文矣。介冑雖所以臨戎事。亦有時而燕處。則深衣可以爲武矣。雖可爲文。非若端冕可以視朝臨祭。特可贊禮而爲擯相而已。雖可爲武。非若介胄可以臨衡。特可運籌以治軍旅而已。制有五法。故曰完。其質則布。其色則白。故曰弗費。言服以朝祭爲上。燕衣則居其次焉。故曰善衣之次也。長樂陳氏曰。義所以行己也。政所以正人也。行己以義。則貴於方。故於義言方。而正人以政。則貴於直。故於政言直。易曰義以方外。傳曰枉己者未有能直人者是也。若夫志譬則權也。心譬則衡也。衡之低昂。皆權之輕重。則心之平傾。由志之安危。此所謂安其志而平其心焉。○馬氏曰。五物者。以其極至而可以爲法於天下也。故聖人之作深衣。必應規矩繩權衡者。以謂被於一身之間。而可以爲萬事之則。故視其服者知其道。觀其容者知其德。輕重曲直方圓。必來取法而不可欺矣。此篇之制度所以爲詳也。

具父母大父母泰衣純準以繢會具父母衣純以青。如孤

子衣純以素。純袂緣去聲。純邊廣去聲各寸半

繢畫文也。純衣之緣也。袂緣袖口也。純邊緣襟旁及下也。各廣一寸半。袷則廣二寸也。○呂氏曰。三十以下無父者可以稱孤。若三十之上有爲人父之道。不言孤也。純袂緣純邊三事也。謂袂口裳下衣裳邊皆純也。亦見既夕禮　長樂陳氏曰。具父母大父母純以繢。備五采以爲樂也。具父母純以青。體少陽以致敬也。孤子純以素。存凶飾以致哀也。小功純以縓。則大祥緣以布。吉時夕服緣以采

投壺第四十

藍田呂氏曰。投壺射禮之細也。射者男子之所有事。因而飾之以禮樂也。古者諸侯之射也。必先行燕禮。卿大夫之射也。必先行鄉飲酒之禮。因燕禮之間。且以樂賓。且以習容。且以講藝也。投壺者。不能盡於射禮而行其節也。庭之脩廣或不足以張侯置鵠。賓客之衆或不足以

備官比耦。則是禮也。弧矢之事雖不能行。其容體比於禮。其節比於樂。志正體直。審固而求中。所以觀德者猶在。此先王所以不廢也。壺之爲器。所以實酒而置之席間者也。原其始也。必以燕飲之間謀以樂賓。或病於不能爲射也。舉席間之器以寄射節焉。此投壺所由興也

投壺之禮。主人奉(上聲)矢。司射奉中。使人執壺。主人請曰。某有枉矢哨(七笑反)壺。請以樂賓。賓曰。子有旨酒嘉肴。某既賜矣。又重以樂(岳)。敢辭。主人曰。枉矢哨壺。不足辭也。敢固以請。賓曰。某既賜矣。又重以樂。敢固辭。主人曰。枉矢哨壺。不足辭也。敢固以請。賓曰。某固辭不得命。敢不敬從。

中者。盛筭之器。或如鹿。或如兕。或如虎。或如閭。閭如驢形。一角而歧蹄。或如皮樹。皮樹。亦獸名。其狀未聞。皆刻

木爲之。上有圓圈以盛筭。枉材不直也。哨口不正也。此篇投壺是大夫士之禮。左傳晉侯與齊侯燕投壺。則諸侯亦有之也嚴陵方氏曰。矢將以授賓。故主人奉之。中將以待獲。故司射奉之。壺將以待投。故使人執之而已。曰使人。則不必有攸司也。夫人而爲之可也。中或以鹿。或以兕。或以虎。或以閭。或以皮樹。皆刻木以象其形。鑿其背以盛筭。必象獸形者。則以服猛爲義。因而爲隆殺焉。亦猶侯用虎豹之類爾。必謂之中者。射以中爲善。故盛筭之器。因以爲名。投壺亦用射之中者。以其爲射之類。亦以中爲善故也。奉之使司射。所投謂之矢。皆以是而已

賓再拜受。主人般盤還旋曰辟。避主人阼階上拜送。賓般還曰辟

方氏曰。般還。言不敢直前。則辟之容也。曰辟。則告之使

知其不敢當也

已拜受矢。進即兩楹間。退反位。揖賓就筵

主人拜送矢之後。主人之贊者持矢授主人。主人於阼階上受之。而進就楹間。視投壺之處所。復退反阼階之位。西向揖賓以就投壺之席也。賓主之席皆南向

司射進度徒洛反壺。句間以二矢半。反位設中東面執八算興

疏曰。司射於西階上。於執壺之人處受壺來賓主筵前。量度而置壺於賓主筵之南。間以二矢半者。投壺有三處。室中堂上及庭中也。日中則於室。日晚則於堂。太晚

則於庭中。各隨光明故也。矢有長短。亦隨地之廣狹。室中狹。矢長五扶。堂上稍廣。矢長七扶。庭中太廣。矢長九扶。四指曰扶。扶廣四寸。五扶者二尺也。七扶者二尺八寸也。九扶者三尺六寸也。矢雖有長短。而度壺則皆使去賓主之席各二矢半也。是室中去席五尺。堂上去席七尺。庭中則去席九尺也。度壺畢。仍還西階上之位。而取中以進而設之。既設中。乃於中之西而東面手執八筭而起也。嚴陵方氏曰。凡射。人各四矢。詩言四矢反兮是也。四矢則四筭。投壺亦如之。賓與主則八筭矣。故此言執八筭也。

請賓曰。順投爲入。比毗志反投不釋。勝飲去聲不勝者。正爵既

行請爲勝者立馬。一馬從二馬。三馬既立。請慶多馬。請主人亦如之

疏曰。司射執八算起而告于賓曰。投矢於壺。以矢本入者乃名爲入。則爲之釋算。若以末入則不名爲入。亦不爲之釋算也。比頻也。賓主要更遞而投。不得以前既入而喜。不待後人投之。而已頻投。頻投雖入。亦不爲之釋算也。若投之勝者。則酌酒以飲不勝者。正爵即此勝飲不勝之爵也。以其正禮。故謂之正爵。既行。行爵竟也。爲勝者立馬者。謂取算以爲馬。表其勝之數也。謂算爲馬者。馬是威武之用。投壺及射亦是習武。故云馬也。一馬

從二馬者每一勝輒立一馬。禮以三馬爲成。若專三馬則爲一成。但勝偶未必專頻得三。若勝偶得二。劣偶得一。一既劣於二。故徹取劣偶之一以足勝偶之二爲三。故云一馬從二馬。若頻得三成。或取彼足爲三馬。是其勝已成。又酌酒以慶賀多馬之人也。此告賓之辭。其告主人亦此辭也。故曰請主人亦如之。嚴陵方氏曰。上言入。下言釋互相明也。勝飲不勝。即揖讓而升下而飲也。正爵者。正禮之爵也。或以罰。或以慶。故以正言之。筭與馬一也。方其執之則謂之筭。而筭以計多少爲義。及其釋之。則謂之馬。而馬以勝敵爲義。蓋筭爲勝者而釋。故以勝敵爲名焉。一馬從二馬者。勝少者附勝多者以爲數也。數成於三。數成則可以爲多矣。故曰三馬既立。請慶多馬

命弦者曰。請奏貍首。間去聲若一。大師曰諾

司射命樂工奏詩章以爲投壺之節。貍首詩篇名也。今亡。間若一者。詩樂作止所間疏數之節均平如一也。大師樂官之長也。藍田呂氏曰。貍首之詩。言賓主以禮相會也。猶瓠葉兔首不敢以微薄廢禮而忘懽也。其詩曰。貍首之班然。執女手之卷然。賓主之歡於是乎交。非特諸侯之事。故卿大夫士所以亦得用也。○嚴陵方氏曰。以弦歌貍首。故命弦者奏之。間者樂之節。欲其終始相協。故曰若一

左右告矢具。請拾其劫反投。有入者。則司射坐而釋一筭焉。賓黨於右。主黨於左。

主賓席皆南向。則主居左。賓居右。司射告主賓以矢具。又請更迭而投。於是乃投壺也。若矢入壺者。則司射乃坐而釋一筭於地。司射東面而立。釋筭則坐也。賓黨於

右者。在司射之前稍南。主黨於左者。在司射之前稍北。蓋司射東面。則南爲右北爲左矣也。嚴陵方氏曰。拾者。更也。與曲禮言拾級、喪禮言拾踊同義。賓黨於右。主黨於左者。主人尊賓故也。凡言左右。則以右爲尊者。蓋左右以體言。爲陰故也。左氏傳曰。地有五行。體有左右

卒投。司射執筭曰。左右卒投。請數。上聲。二筭爲純。全。一純以取一筭爲奇。居衣反。遂以奇筭告曰。某賢於某若干純。奇則曰奇。鈞則曰左右鈞

疏曰。純。全也。二筭合爲一全。地上取筭之時。一純則别而取之。一筭謂不滿純者。奇隻也。故云一筭爲奇。以奇筭告者。奇餘也。左右數鈞等之餘筭手執之而告曰。某

賢於某若干純。賢謂勝也。勝者若有雙數則云若干純。假令十筭則云五純也。奇則曰奇者假令九筭則曰九奇也。鈞則曰左右鈞者鈞猶等也。等則左右各執一筭以告嚴陵方氏曰。賢猶勝也。射禮言若右勝則曰右賢於左。若左勝則曰左賢於右是也

命酌曰請行觴。酌者曰諾。當飲去聲者皆跪奉觴曰賜灌。勝者跪曰敬養去聲

司射命酌酒者行罰爵。酌者勝黨之弟子也。既諾乃於西階上南面設豐洗觶升酌。坐而奠於豐之上。其當飲者跪取豐上之酒。手捧之而言賜灌。灌猶飲也。謂蒙賜之飲也。服善而為尊敬之辭也。其勝者則跪而言敬以

比觴爲奉養也。雖行罰爵。猶爲尊敬之辭以答賜灌之辭也。馬氏曰。不勝者飲而不怨。勝者勸而不矜。則其於禮庶幾不失。故奉觴曰賜灌。則受之以禮而不怨之辭也。勝者跪曰敬養。則獻之以禮而不矜之辭也。

正爵既行。請立馬。馬各直其筭。一馬從二馬。以慶。慶禮曰。三馬既備。請慶多馬。賓主皆曰諾。正爵既行。請徹馬

正禮罰酒之爵既行飲畢。司射乃告賓主請爲勝者樹立其馬。直。當也。所立之馬各當其初釋筭之前。投壺與射禮。皆三番而止。每番勝則立一馬。假令賓黨三番俱勝則立三馬。或兩勝而立二馬。其主黨但一勝立一馬。即舉主之一馬。益賓之二馬。所以助勝者爲樂也。以慶。

謂以此慶賀多馬也。飲正禮慶爵之後。司射即請徹去其馬。以投壺禮畢也。禮畢則行無筭爵○鄭氏曰。飲慶爵者偶親酌。不使弟子無豐○疏曰。請立馬者。是司射請辭。馬各直其筭。一馬從二馬以慶。是禮家陳事之言。慶禮曰。三馬既備請慶多馬者。此還是司射請辭曰。正馬氏爵既行請立馬則中多者有慶矣。正爵既行請徹者。則禮畢而飲無筭矣。立馬以表其勝。徹馬以掩其不勝。則投壺一用而禮義爲備也

筭多少視其坐籌。室中五扶。膚堂上七扶。庭中九扶。筭長去聲尺二寸。壺頸脩七寸。腹脩五寸。口徑二寸半。容斗五升。壺中實小豆焉。爲其矢之躍而出也。壺去席二矢半。矢以

柘若棘。毋去上聲其皮

筭之多少。視坐上之人數。每人四矢。亦四筭也。籌。矢也。扶。與膚同。室中五扶以下三句說見上章○呂氏曰。棘柘之心實。其材堅且重也。毋去其皮。質而已矣。藍田呂氏曰。五扶七扶九扶。其多少之數。以廣狹爲之差。皆陽數也。壺頸脩七寸。腹脩五寸。口徑二寸半。容斗五升。壺去席二矢半。亦陽數也。筭長尺二寸。天數也。君子之所法象。必本諸天。求諸陽。因節文而託其義焉。雖小事有所不發也。○長樂陳氏曰。先王制禮。未嘗無所因焉。故室中必用几。而因几以度室。堂上必用筵。而因筵以度堂。野外必用步。而因步以度野。投壺用指而已。故用指以度籌

魯令弟子辭曰。毋幠呼毋敖。傲毋偝立。毋踰言。偝立踰言有常爵。薛令弟子辭曰。毋幠毋敖。毋偝立。毋踰言。若是者

浮。司射庭長及冠去聲士立者皆屬賓黨。樂人及使如字者童子皆屬主黨

石梁王氏曰。司射至主黨二十四字。與上文薛令弟子若是者浮相屬。今從之○弟子。賓黨主黨之年稺者。投壺時立於堂下。以其或相褻狎。故戒令之。魯薛之辭。意同而文小異。故記者並列之。憮亦敖也。偝立。不正所向也。踰言。遠談他事也。有常爵。謂有常例罰爵也○疏曰。浮亦罰也。一說謂罰爵之盈溢而浮泛也。庭長。即司正也。冠士。外人來觀投壺成人加冠之士也。樂人。國子之能爲樂者。非作樂之瞽人也。使者。主人所使薦羞者也。

藍田呂氏曰。飮燕之間易伊。童子之心易流。令之所以飭其敬。不令而責之敬則近於暴。故令之而後浮。常爵猶言常刑。亦罰爵也。魯薛之儀不同。記禮者兼存之。文異而義同也。○嚴陵方氏曰。前曰正爵。此曰常爵何也。以禮言則曰正。以法言則曰常。前兼於慶。故以禮言之。此主於罰。故以法言之而已。○山陰陸氏曰。魯同姓之親也。薛異姓之親也。記魯令。著所以待同姓之禮如此。故曰有常爵。記薛令。著所以待異姓之禮如此。故曰若是者浮。蓋曰若是者浮。則辭有不婉矣

鼓○□○○□□○□○○□半○□○○○□□

○□○魯鼓○□○○○□□○□○○□□○□○○

□□○半○□○○○□□○薛鼓。取半以下爲投壺禮。

盡用之爲射禮。魯鼓○□○○□□○○半○□○○□

○○○○□○□○薛鼓○□○○○○□○□○□○

○○□○□○○□○半○□○□○○○□○

鄭氏曰。圓者擊鼙。方者擊鼓。○疏曰。記者因魯薛擊鼓之異圖而記之。但年代久遠。無以知其得失。用半鼓節爲投壺。用全鼓節爲射禮。長樂陳氏曰。主人以仁接賓。則樂人樂賓者也。使者及童子事人者也。故屬主黨。司射作人者也。庭長正人者也。冠士行禮者也。立者觀禮者也。故屬賓黨。壺以授矢。致樂者也。故主黨執之。中以盛筭。取勝者也。故賓黨奉之。然黨雖有賓主之辨。而主黨之樂人必位於西階之上。使人執壺亦立於司射之側。凡皆所以就賓。又曰。侍射則約矢。侍投則擁矢。是投壺與射禮無異。特繁簡不同爾。以魯薛鼓節論之。取半以下爲投壺禮。盡用之爲射禮。聞鼓節則知其事矣。魯薛所令之辭。所制之鼓。雖見於經。其詳不可得而知也。觀春秋齊晉之君。蓋嘗講此。中行穆子相之。晉侯先。穆子曰。有酒如淮。有肉如坻。寡君中此。爲諸侯師。中之。齊侯舉矢曰。有酒如澠。有肉如陵。寡人中此。與君代興。古人以此行燕禮。爲會同之主。

於其中否以卜興衰。其重投壺之禮如此。則魯薛之詳亦不是過也○嚴陵方氏曰。魯薛之鼓旣異。而傳之者又異。故記者兩存之○山陰陸氏曰。魯投壺之鼓多。薛投壺之鼓少。亦所以待同姓異姓之別也。詩曰。在宗載考。有是哉

禮記集說大全卷之二十八

禮記集説大全卷之二十九

儒行第四十一

藍田吕氏曰。儒行者。魯哀公問孔子儒服。孔子不對。因問儒行。而孔子歷言之。今考其書。言儒者之行。誠有是事也。謂孔子言之。則可疑也。儒者之行一出於義理。皆吾性分之所當爲。非以自多求勝於天下也。此篇之説。有矜大勝人之氣。少雍容深厚之風。似與不知者力爭於一旦。竊意末世儒者將以自尊其教。有道者不爲也。雖然。其言儒者之行不合於義理者殊寡。學者果踐其言。亦不愧於爲儒矣。此先儒所以存于篇。今日講解所以不敢廢也。

魯哀公問於孔子曰。夫子之服。其儒服與。孔子對曰。丘少居魯。衣去聲逢掖之衣。長居宋。冠去聲章甫之冠。丘聞之也。君子之學也博。其服也鄉。丘不知儒服。

鄭氏曰。逢。猶大也。大掖之衣○疏曰。謂肘掖之所寬大。

故鄭云大袂禪衣也○應氏曰儒之名始見於周官曰儒以道得名末世不充其道而徒於其服哀公覩孔子之被服儒雅而威儀進趨皆有與俗不同者怪而問之孔子不敢以儒自居也故言不知儒服○郊特牲云章甫殷道也蓋緇布冠殷世則名章甫章明也所以表明丈夫故謂之章甫耳　藍田呂氏曰古者衣服之制自天子至於庶人皆有差等未聞儒者之有異服也末世上下僭亂至于無別儒者獨守法度有異於衆此衆所以謂之儒服哀公所以發問也逢掖魯衣也章甫宋冠也少居魯則衣魯之衣長居宋則冠宋之冠因其俗而已非苟異於人也故曰其服也鄉○晏氏曰逢掖章甫是乃儒服而曰不知儒服者唯恥服其服而無其行爾故必以其學也博先之蓋能博學則有其德又將以成德為行然後可稱其服也

哀公曰敢問儒行孔子對曰遽數之不能終其物悉數之乃留更僕未可終也哀公命席孔子侍曰儒有席上之珍以待聘夙夜強上聲學以待問懷忠信以待舉力行以待取其自立有如此者

卒遽而數之則不能終言其事詳悉數之非久留不可僕臣之擯相者久則疲倦雖代其僕亦未可得盡言之也公於是命設席使孔子坐侍而言之○呂氏曰席上之珍自貴而待賈者也儒者講學於閒燕從容乎席上而知所以自貴以待天下之用強學以待問懷忠信以待舉力行以待取皆我自立而有待也德之可貴者人

必禮之學之博者人必問之。忠信可任者人必舉之。力行可使者人必取之。故君子之用於天下有所待而不求焉。晏氏曰。物者事物之物也。周禮以鄉三物教萬民。以五物詢衆庶。文王世子曰行一物而三善皆得。皆若是而已。蓋儒者之行非一事之可盡故也。○嚴陵方氏曰。命席則與之坐也。侍則侍坐對之也。席所以藉物。曲禮所謂執玉有藉是也。席以藉之。則所藉之物居上。故謂之席上。所以防外物之褻。尊之至也。強學所以爲已。待問所以爲人。能爲已然後能爲人。故強學乃能待問也。忠信非由外鑠也。故言懷。力行者勉強之謂。忠信力行在我之事。舉取在彼之事也。盡其在我之事。然後足以致其在彼之事。故懷忠信以待舉。力行以待取也。儒者立身之本非有資於人焉。故曰其自立有如此者

儒有衣冠中。動作慎。其大讓如慢。小讓如僞。大則如威。小則如愧。其難進而易退也。粥粥燭若無能也。其容貌有如

此者

中猶正也。論語曰君子正其衣冠○方氏曰衣冠中者言衣之在身冠之在首皆中於禮也。動作慎者言心之所動事之所作皆慎其德也。大讓所以自抗故如慢而不敬。小讓所以致曲故如僞而不誠。方其容貌之大也則有所不可犯。故如威及其容貌之小也則有所不敢為。故如愧。三揖而後進。故曰難進。一辭而遂退。故曰易退。粥粥者柔弱之狀。故若無能也。是皆禮之所修道之所與也。張子曰。衣冠中。謂衣冠中於禮也。其大讓如慢事固有大讓小讓。如讓國讓位。是謂大讓也。大讓則誠然而後讓。若不有之。故似慢也。若夫飲食辭辟之間。是小讓也。小讓實如僞之以為儀爾儒有居處齊齋難去聲其坐起恭敬言必先信行去聲必中正道塗不爭險易之利冬夏不爭陰陽之和愛其死以有待也養其身以有爲也其備豫有如此者

鄭氏曰齊難齊莊可畏難也○呂氏曰事豫則立不豫則廢儒者之學皆豫也擬之而後言議之而後動故學有豫則義精義精則用不匱若其始也不敬則身不立不立則道不充仲弓問仁子曰出門如見大賓使民如承大祭己所不欲勿施於人居處齊難坐起恭敬言必先信行必中正所謂如見大賓如承大祭敬也道塗不爭險易之利冬夏不爭陰陽之和所謂己所不欲勿施

於人。恕也。惟敬與恕則忿懲欲窒身立德充可以當天下之變而不避任天下之重而不辭備豫之至有如此者也○劉氏曰不爭非特恕也亦以愛死養身以有待有爲不爭小者近者以害大者遠者也嚴陵方氏曰或居或處不失乎齊難或坐或起不失乎恭敬愛其死非貪生也將以有待於時而已養其身非苟安也將以有爲於世而已且居處齊難則人斯齊難之矣坐起恭敬則人斯恭敬之矣言先信則人斯取信矣行中正則人斯取正矣以至不爭其利故人資其利不爭其和故人飲其和愛其死故足以有待養其身故足以有爲若是則非有待物之備先物之豫固不足以致此

儒有不寶金玉而忠信以爲寶不祈土地立義以爲土地不祈多積茲四反多文以爲富難得而易祿也易祿而難畜

許六反也非時不見現不亦難得乎非義不合不亦難畜乎先勞而後祿不亦易祿乎其近人有如此者

呂氏曰儒者之於天下所以自爲者德而已所以應世者義而已趙孟之所貴趙孟能賤之我之所可貴人不得而奪也此金玉土地多積不如信義多文之貴也難得難畜主於義而所以自貴也雖曰自貴時而行義而合勞而食未始遠於人而自異也周子曰君子以道充爲貴身安爲富故常泰無不足而銖視軒冕塵視金玉其重無加焉爾○嚴陵方氏曰孟子以忠信爲天爵以義爲正路以令聞廣譽施諸身不願人之文繡非謂是乎貨財以多積爲富金玉以難得爲寶故於忠信言寶於多文言富易祿者易爲祿也先勞而後祿則易爲祿矣畜爲畜而制之也夫衆人之近人也或以金玉或以土地或以多積或見

之不以時或合之不以義而儒者之近人則有異焉

儒有委之以貨財淹之以樂五教反好見利不虧其義劫之以衆沮之以兵見死不更其守鷙蟲攫搏不程勇者引重鼎不程其力往者不悔來者不豫過言不再流言不極不斷短其威不習其謀其特立有如此者

過言出於己之失知過則改故不再流言出於人之毁禮義不愆故不極極猶終也言不終為所毁也不斷其威者言其威容不可得而挫折也不習其謀者言其謀必可成不待嘗試而後見於用也○鄭氏曰淹謂浸漬之劫脅也沮恐怖之也鷙蟲猛鳥獸也○方氏曰鷙猛

之蟲當攫搏之不程量其勇而後往此況儒者勇足以犯難而無顧也引重鼎不程其力又以況儒者材足以任事而有所勝也往者不悔非有所吝而不改也爲其動則當理而未嘗至於悔來者不豫非有所忽而不防也爲其機足以應變而不必豫耳過言則失其正流言則失其原過言不免乎出然一之爲甚也矧可再而二乎流言不免乎聞必止之以智也詎可極而窮乎藍田呂氏曰儒者之行既得其所以自貴者猶可保而往也見利不虧其義見死不更其守所謂富貴不能淫貧賤不能移威武不能屈此大人所以立於世也鷙蟲攫搏不程其勇者自反而縮千萬人吾往矣其勇也非慮勝而後動者也引重鼎不程其力者仁之爲器重舉者莫能勝也其自任也不知其力之不足者也

儒有可親而不可刧也可近而不可迫也可殺而不可辱也其居處不淫其飲食不溽其過失可微辨而不可面數也其剛毅有如此者

呂氏曰儒者之立立於義理而已剛毅而不可奪以義理存焉以義交者雖疏遠必親非義加之雖強禦不畏故有可親可近可殺之理而不可刧迫辱也淫侈溢也溽濃厚也侈其居處厚其飲食欲勝之也欲勝則義不得立不淫不溽所以立義也其過失可微辨而不可面數此一句尚氣好勝之言於義理未合所貴於儒者以見義必爲聞過而改者也何謂可微辨不可面數待人

可矣。自待則不可也。子路聞過則喜。孔子幸人之知過。成湯改過不吝。推是心也。苟有過失。雖怨詈且將受之。況面數乎。嚴陵方氏曰。德雖可親。而不可劫之以力。迹雖可近。而不可迫之以勢。身雖可殺。而不可辱之以威。不以四支之安而過其行。不以口腹之養而汙其身。微辨者。諷諭之也。面數者。指斥之也。凡此皆所體者剛。所用者毅。然也。然居處不淫。飲食不溽。而以為剛毅。何也。蓋淫於居處。溽於飲食。皆人之慾也。孔子曰。棖也欲。焉得剛。非謂是乎。○馬氏曰。可親以情而不可劫以力。可近以義而不可迫以勢。可殺其身而不可辱其志。可殺以有命也。不可辱以有義也。

儒有忠信以為甲冑。禮義以為干櫓。戴仁而行。抱義而處。雖有暴政。不更其所。其自立有如此者。

鄭氏曰。甲。鎧。冑。兜鍪也。干櫓。小楯大楯也。○呂氏曰。忠信則不欺。不欺者人亦莫之欺也。禮者敬人。敬人者人亦莫之侮也。忠信禮義所以禦人之欺侮。猶甲冑干櫓可以捍患也。行則尊仁。居則守義。所以自信者篤。雖暴政加之有所不變也。自立之至者也。首章言自立。論其所信所守足以更天下之變而不易。二者皆自立也。有本末先後之差焉。馬氏曰。自忠信以爲甲冑。至雖有暴政不更其所。皆言君子之所守。故曰其自立有如此者。待聘至待取。亦言自立。向也。所待者在人。所以待者在己。故言自立。而此防身遠害之道。亦自立也。○金華應氏曰。被服禮義。操執忠信。所以自守而禦外侮。而又負戴仁義。言儒者一身無非義理也。捍禦於外者愈固。而居於内者愈安。雖有暴政不能加之。故亦不爲之遷易其所而他之也

儒有一畝之宫。環堵之室。篳門圭窬。蓬户甕牖。易衣而

出。幷日而食。上答之不敢以疑。上不答不敢以諂。其仕有如此者

疏曰。一畝。謂徑一步長百步也。折而方之。則東西南北各十步。宮。牆垣也。牆方六丈。環周迴也。方丈爲堵。東西南北各一堵。篳門。以荆竹織門也。圭窬。穿牆爲之。門旁小户也。上銳下方。狀如圭。蓬户。編蓬爲户也。甕牖者。牕牖圓如甕口也。又云以敗甕口爲牖。易衣而出者。合家共一衣。出則更著之也。幷日而食者。謂不日日得食。或三日二日幷得一日之食也。◯上答之不敢以疑者。道合則就。即信之而不疑。無患失之心也。上不答不敢以

諂者不合則去。即安之而不諂。無患得之心也藍田呂氏曰。儒者之仕。將以事道也。然有時乎爲貧。食其力以求免死而已。辭尊居卑。辭富居貧。抱關擊柝。乘田委吏。無所往而不可也。故爲貧者非事道者。事道者不爲貧。二者不可亂也。一畝之宮。環堵之室。篳門圭窬。蓬戶甕牖。居之陋者也。易衣而出。并日而食。養之至不足者也。儒者所守之篤。窮至于是而不悔也。上之禮答不答。繫乎知不知。雖窮如是。上苟知之。則必以是道自期。不疑乎上之未信也。爲其多聞歟。則天子不召師。爲其賢歟。未聞見賢而召之也。尊其所聞。行其所知。不疑乎上之未信而有所屈。蓋事道者不爲貧也。上苟不知。則我知以力事人。求其食以免死者也。不輕進以求合也。君不知而自獻其身。君不問而自告其謀。枉尋直尺。強聒而不舍。人謂之不諂。不信也。蓋爲貧者非事道也。二者。儒者仕之大分。不可亂也。○嚴陵方氏曰。一畝之宮。折方之則其宮四面各十步而已。五版爲堵。環堵之室。周旋之則其室四面各五版而已。上答之不敢以疑者。以其自信之篤也。上不答不敢以諂者。以其懷忠之深也儒有今人與居，古人與稽。今世行之，後世以爲楷。適弗逢世，上弗援，下弗推，讒諂之民有比黨而危之者，身可危也，而志不可奪也。雖危，起居竟信申其志，猶將不忘百姓之病也。其憂思去聲有如此者。

楷，法式也。上弗援，在上者不引我以升也。下弗推，在下者不舉我以進也。危起居，謂因事中傷之也。信其志，謂志不可奪也。時有否泰，道有通塞，然其憂思則未嘗一日而忘生民之患也。嚴陵方氏曰：與今人並行於世，與古人稽合於道也。今世行之，後世以爲楷者，中庸所謂行而世爲天下法是也。援言其有所引，推言其有所進。援則自上而引下，推則自下而進上。私則相與而爲比，暗則相結而爲黨。雖危起居，以其身可危也。竟信其志，以其志不可奪也。信，謂自信也。猶將不忘百姓之病者。孟子所謂禹思天下有溺者由己溺之。稷思天下有飢者由己飢之也○石林葉氏曰友一鄉之善士以至一國。友一國之善士以至天下。則所謂今人與居也。誦其詩讀其書。不知其人可乎。又論其世。則所謂古人與稽也。適弗逢世而援推者。天也。讒諂之民比黨而危之者。人也。起居雖危而竟信其志。天與人莫之奪也

儒有博學而不窮。篤行而不倦。幽居而不淫。上通而不困。禮之以和爲貴。忠信之美。優游之法。慕賢而容衆。毀方而瓦合。其寬裕有如此者

博學不窮。溫故知新之益也。篤行不倦。賢人可久之德也。幽居不淫。窮不失義也。上通不困。達不離道也。禮之體嚴而用貴於和。忠信禮之質也。故以忠信爲美。優游

用之和也。故以優游爲法。賢雖在所當慕。衆亦不可不容。汎愛衆而親仁。亦是意也。毀方而瓦合者。陶瓦之事。其初則圓。剖而爲四。其形則方。毀其圓以爲方。合其方而復圓。蓋於涵容之中。未嘗無分辨之意也。故曰其寬裕有如此者

石林葉氏曰。博學有以貫之。故不窮。篤行有以至之。故不倦。幽居而能樂天。故不淫。上通而能知命。故不困。忠信之美充實於內。優游之法遜接於外。充實於內。故尊賢而慕之。優游於外。故愛衆而容之。慕賢則能毀方而爲圓也。容衆則能瓦合而爲同也。自博學不窮以至上通不困。皆所以爲寬。寬言其畜德也。自禮之以和爲貴以至毀方而瓦合。皆所以爲裕。裕言其容德也

儒有內稱不辟避親。外舉不辟怨。程功積事。推賢而進達之。句不望其報。君得其志。苟利國家。不求富貴。其舉賢援

能有如此者平聲

疏曰君得其志謂此賢者輔助其君使君得遂其志也

○應氏曰程筭其功積累其事不輕薦也下不求報於人上不求報於國者藍田呂氏曰儒者之志以天下爲度者也寬裕之至旣足以有容則物我之間無所別也天下有事而不治天下有賢而未達吾任其責矣故知其賢也猶有親怨之避謂之公而實私也過計於一己之私不同乎天下之公也傳稱祁奚稱其讎不爲諂立其子不爲比忘乎親讎者也公叔文子之臣大夫僎與文子同升諸公忘其君臣者也趙文子所舉於晉國筦庫之士七十有餘家忘乎貴賤者也管仲遇盜取二人焉上以爲公臣曰其所與遊辟也可人也忘乎其素者也能忘乎是而唯天下國家之利然後舉賢援能盡其公矣夫望報於人求富貴於己小人之道也又何足道哉

儒有聞善以相告也見善以相示也爵位相先也患難去聲

相死也。久相待也。遠相致也。其任舉有如此者

呂氏曰。舉賢援能。儒者所以待天下之士也。任舉者。所以待其朋友而已。必同其好惡也。故聞善相告。見善相示。必同其憂樂也。故爵位相先。患難相死。彼雖居下。不待之同升則不升。彼雖疏遠。不致之同進則不進。此任舉朋友加重於天下之士者。義有厚薄故也。嚴陵方氏曰。聞善者。聞善言也。見善者。見善行也。所受之命。謂之爵。所居之官。謂之位。任。舉。謂相任以事。相舉以職。上言彼賢而我舉之。彼能而我援之。此則更相任舉而已。此其所以異也。

儒有澡早身而浴德。陳言而伏。靜而正之。上弗知也。麤而翹之。又不急爲也。不臨深而爲高。不加少而爲多。世治不

輕。世亂不沮。同弗與。異弗非也。其特立獨行有如此者

翹與招其君之過。招字同擧也。擧其過而諫之也○呂氏曰。惟大人能格君心之非。在我者未正。未有能正人者也。故澡身浴德者。所以正已也。陳言而伏者。入告嘉謀而順之于外也。靜而正之者。將順其美。匡救其惡。常在於未形也。故曰上弗知也○方氏曰。靜而正之者。隱進之也。麤而翹之者。明告之也。靜而正之。既不見知。然後麤而翹之。然亦緩而不失節。故曰不急爲也。其行之高皆自然而已。不必臨深以相形。然後顯其爲高。其文之多皆素有而已。不必加少以相益。然後成其爲多。世

治而德常見重。故曰不輕。世亂而志常自若。故曰不沮。與其所可與。不必同乎已也。非其所可非。不必異乎已也○應氏曰。治不輕進。若伯夷不仕於武王。亂不退沮。若孔子歷聘於諸國。非但處而特立於一身。亦出而獨行於一世石林葉氏曰。澡身浴德。不自汙也。陳言而伏。不顯諫也。靜而正之。上弗知者。諫不顯而君未悟也。麤而翹之。又不急爲者。諫已顯而事不迫也。雖能其事。不臨深而爲高。惡自高也。雖有其功。不加少而爲多。惡自大也。世治而士貴矣。其行不輕。世亂而士賤矣。其志不沮。同於己者或鄉愿也。公而弗與。異於己者或行怪也。惡而弗非。儒之特立獨行蓋如此也

儒有上不臣天子。下不事諸侯。慎靜而尚寬。強毅以與人。博學以知服。近文章。砥厲廉隅。雖分國如錙銖。不臣不仕。

其規爲有如此者

愼靜者。謹飭而不妄動守身之道也。尚寬者寬裕以有容待人之道也。强毅以與人。不苟詭隨於人也。知服知力行之要也。博學知服即博文約禮之謂也。遠於文則質勝而野。近文章則亦不使文揜其質也。砥厲廉隅者求切磋琢磨之益。不刓方以爲圓也。筭法十黍爲絫。十絫爲銖。二十四銖爲兩。八兩爲錙。言人君好賢雖分其國以祿賢者。視之如錙銖之輕。猶不臣不仕也。其所謀度其所作爲有如此者

晏氏曰。上不臣天子。下不事諸侯者。易所謂不事王侯高尚其事也。愼靜而寬者。以仁而盡性。强毅以與人者。以義而制事也。博學以知服者。以智而窮理。近文章者。外有備成

之文。砥厲廉隅者。内有脩潔之行。此所以雖分國如錙銖。不肯委質而爲臣。詘道而入仕矣。質爲本。文爲末。君子務本不務末。故於文章則近之而已。不敢以文勝質也。砥厲者。以石治金之事也。於廉隅而言砥厲者。欲磨礲而成君子之器爾。○西山真氏曰。文章二字。非止於言語詞章而已。聖人盛德蘊於中而輝光發於外。如威儀之中度。語言之當理。皆文也。堯之文思。舜之文明。孔子稱堯曰煥乎其有文章。子貢曰夫子之文章。皆此之謂也。至於二字之義。則五色錯而成文。黑白合而成章。文者。燦然有文之謂。章者。蔚然有章之謂。章猶條也。六經論語之言文章。皆取其自然形見者。後世始以筆墨著述爲文。與聖賢之所謂文者異矣

儒有合志同方。營道同術。並立則樂。相下不厭。久不相見。聞流言不信。句其行去聲本方立義。同而進。不同而退。其交友有如此者

合志以所向言。營道以所習言。方。即術也。並立。立爵位相

等也。相下以尊位相讓而已。處其下也。流言，惡聲之傳播也。聞之不信，不以爲實也。其行本方立義，謂所本者必方正，所立者必得其宜也。同於爲義則進而從之，不同則退而避之，故曰同而進，不同而退。嚴陵方氏曰：並立則樂，以其無忌心。相下不厭，以其有遜志。久不相見，聞流言不信，以其久要不忘。而相信之篤，本方者以方爲本也。道同則進而與之交，不同則退而與之辨。夫道不同不相爲謀，而況交友乎。子貢問友，子曰：忠告而善道之，不可則止，毋自辱焉，以是而已。

温良者，仁之本也。敬慎者，仁之地也。寬裕者，仁之作也。孫接者，仁之能也。禮節者，仁之貌也。言談者，仁之文也。歌樂者，仁之和也。分散者，仁之施也。儒皆兼此而有之，猶且

不敢言仁也。其尊讓有如此者

仁之本。謂根本於仁也。地。猶踐履也。作。克廣也。能。能事也。八者皆仁之發見。哀公問儒行。夫子旣歷數以告之矣。仁包四德。百行之原。故於其終也以仁爲說焉。兼有此仁之行而不敢自以爲仁。是尊仁而讓善也。故曰尊讓有如此者

嚴陵方氏曰。溫良則得於中。故以爲本。敬愼則發於外。故以爲地。寬則不迫。裕則有餘。夫仁無本不立。故首以仁之本。有本然後可以有行。故繼以仁之地。有行則有所事。故繼以仁之作。仁之作則見其所能。故繼之以仁之能。有所能則形之於外。故繼之以仁之貌。形於貌則必有所飾。故繼之以仁之文。有其文則無乖於物。故繼之以仁之和。有所和則其餘足以利物。故繼之以仁之施

儒有不隕穫於貧賤。不充詘屈於富貴。不慁胡困反君王。不

累去聲長上不閔有司故曰儒今衆人之命儒也妄如字句絕常以儒相詬呼構反病孔子至舍哀公館之聞此言也言加信行加義終沒吾世不敢以儒爲戲

隕者如有所墜失穫者如有所割刈充者驕氣之盈詘者吝氣之歉○鄭氏曰隕穫困迫失志之貌充詘喜失節之貌慁猶辱也累猶係也閔病也言不爲天子諸侯卿大夫羣吏所困迫而違道孔子自謂也○方氏曰無儒者之行而爲儒者之服無儒者之實而盜儒者之名故曰今衆人之命儒也妄以其妄故常爲人所詬病既至舍矣又曰館之者具食以致其養具官以治其事也

言加信則不以儒相詬矣行加義則不以儒相病矣○李氏曰儒行非孔子之言也蓋戰國時豪士所以高世之節耳其條十有五然旨意重複要其歸不過三數塗而已一篇之內雖時與聖人合而稱說多過或曰哀公輕儒孔子有爲而言故多自夸大以搖其君此豈所謂孔子者哉晏氏曰隕如籜之隕而飄零穫如禾之穫而枯槁不隕穫於貧賤是貧賤不能移也充則以滿而必溢詘則以高而必危不充詘於富貴是富貴不能淫也事父孝故忠可移於君所以不慁君王事兄弟故順可移於長所以不累長上居家理故治可移於官所以不閔有司不慁君王者不爲汙吏以取辱於君王也不累長上者不爲過行以連及於長上也不閔有司者不破明刑以見病於有司也衆人之命儒也妄爲其非眞儒也故或慢罵而相恥或深疾而相病矣揚子謂或問魯用儒而削何也曰魯不用眞儒也○藍田呂

氏曰。此篇總言儒行其別十有五。自淺而至深。而卒歸於仁。以至於聖人不敢居仁之志。幾於盡矣。猶繼之以不隕穫於貧賤。不充詘於富貴。不慁君王。不累長上。不閔有司者。蓋衆人之命儒也妄。常以儒相詬病。所以待儒之意常輕。以利心量君子。見其居富貴而有爲。則謂淫於富貴。不知達則兼善天下也。見其居貧賤而有守。則謂移於貧賤。不知窮則獨善其身也。見其危行言遜。則謂屈於威武。不知身可殺而志不可奪也。蓋儒者之行出於德性之所安。無是衆物之可累也。有是之累。則隕穫充詘不能免。謂之有德可乎。此卒章所以申言之

大學第四十二

朱子章句

冠義第四十三

疏曰。冠禮起早晚。書傳無正文。世本云。黄帝造旃冕。是冕起於黄帝也。黄帝以前。以羽皮爲冠。以後乃用布帛。其冠之年。天子諸侯皆十二。○呂氏曰。

冠昏射鄉燕聘天下之達禮也儀禮所載謂之禮者禮之經也禮記所載謂之義者皆舉其經之節文以述其制作之義也長樂陳氏曰二十而冠始學禮蓋男子者陽之類也而二十則爲陰之數矣二十而冠者以陰而成乎陽女陰類也而十五則陽之數矣十有五年而笄者以陽而成乎陰陰陽之相成性命之相通也

凡人之所以爲人者禮義也禮義之始在於正容體齊顏色順辭令容體正顏色齊辭令順而後禮義備以正君臣親父子和長幼君臣正父子親長幼和而后禮義立故冠而后服備服備而后容體正顏色齊辭令順故曰冠者禮之始也是故古者聖王重冠

方氏曰。容體欲其可度。故曰正。顏色欲其可觀。故曰齊。辭令欲其可從。故曰順。石林葉氏曰。義以爲質。禮以行之。人之道也。脩人道者亦必有漸。故男子二十而冠。冠之始也。欲其容體正。顏色齊。辭令順而已。及夫體正而不失足於人。色齊而不失色於人。辭順而不失口於人。則人道備。故言禮義備。及夫君臣正。而朝廷肅。父子親而閨門定。長幼和而宗族有禮。則人道正矣。故言禮義立。

古者冠禮筮日筮賓。所以敬冠事。敬冠事所以重禮。重禮所以爲國本也。

呂氏曰。禮重則人道立。此國之所以爲國也。故曰爲國本。○方氏曰。筮日所以求夫天之吉。筮賓所以擇夫人之賢。然筮而不卜。何哉。蓋古者大事用卜。小事用筮。天下之事始爲小。終爲大。冠爲禮之始。聖王之所重者。重其始而已。非大事也。故止用筮焉。至於喪祭之慎終。則所謂大事也。故於是乎用卜。石林葉氏曰。所以爲國本者。何也。蓋冠而成之。則責其爲子。爲子將至於爲父。子則有臣道也。父則有君道也。爲國之本。莫大於是

故冠於阼以著代也醮於客位三加彌尊加有成也已冠而字之成人之道也

呂氏曰。主人升立于序端西面。贊者筵于東序少北西面。將冠者即筵而冠。是位與主人同在阼也。父老則傳之子。所以著其傳付之意也。酌而無酬酢曰醮。醮于户西南面。賓位也。以禮賓之禮禮其子。所以爲成人敬也。

始加緇布冠再加皮弁次加爵弁三加而服彌尊亦所以為成人敬也冠於阼醮於客位者適子也若庶子則冠于房外南面遂醮焉所以異者不著代也古者童子雖貴名之而已冠而後賓字之以成人之道故敬其名也

馬氏曰初加之辭曰令月吉日始加元服棄爾幼志順爾成德壽考維祺介爾景福再加曰吉月令辰乃申爾服敬爾威儀淑慎爾德眉壽萬年永受嘏福三加曰以歲之正以月之令咸加爾服兄弟具在以成厥德黃耇無疆受天之慶棄爾幼志順爾成德脩其內而已敬爾威儀淑慎爾德內外脩也以成厥德德之成也壽考維祺未有數也故次之以眉壽萬年眉壽萬年猶有數也故終之以黃耇無疆不唯服之加也而其德亦有加不唯德之加也而其壽亦有加故曰三加彌尊加有成也郊特牲曰醮於客位加有成也三加彌尊喻其志也志言其始成言其終

已冠而字之尊其名也

見於母母拜之見於兄弟兄弟拜之成人而與爲禮也玄冠玄端奠摯於君遂以摯見於鄉大夫鄉先生以成人見也

母之拜子先儒疑焉疏以爲脯自廟中來故拜受非拜子也呂氏以爲母有從子之義故屈其庸敬以伸斯須之敬方氏從疏義皆非也此因成人而與爲禮一句似乎凡冠者皆然故啓讀者之疑惟石梁王氏云記者不知此禮爲適長子代父承祖者與祖爲正躰故禮之異於衆子也斯言盡之矣玄冠齊冠也玄端服天子燕居之服諸侯及卿大夫士之齊服也摯用雉鄉先生鄉之

年德俱高者或致仕之人也石林葉氏曰。母兄弟雖在所親。而比於父則有所屈。故與其爲禮則拜之。而不及父。則是父不可屈也。天道始於北。故冠與衣皆用玄。鄉大夫也。先生也。雖在所尊。而比於君則在所後。故其奠摯則先於君。是不可後也。孔子曰。入則事父兄。出則事公卿。於冠可以見之矣

成人之者。將責成人禮焉也。責成人禮焉者。將責爲人子爲人弟爲人臣爲人少者之禮行去聲焉。將責四者之行於人。其禮可不重與。故孝弟忠順之行立。而后可以爲人。可以爲人。而后可以治人也。故聖王重禮。故曰冠者禮之始也。嘉事之重者也。是故古者重冠。重冠故行之於廟。行之於廟者。所以尊重事。尊重事而不敢擅重事。不敢擅重事。所以自卑而尊先祖也

呂氏曰。所謂成人者。非謂四體膚革異於童稚也。必知人倫之備焉。親親貴貴長長不失其序之謂備。此所以爲人子爲人弟爲人臣爲人少者之禮行。孝弟忠順之行立也。有諸己然後可以責諸人。故成人然後可以治人也。古者重事必行之廟中。昏禮納采至親迎皆主人筵几於廟。聘禮君親拜迎於大門之外而廟受。爵有德祿有功君親策命于廟。喪禮既啓則朝廟。皆所以示有所尊而不敢專也。冠禮者人道之始。所不可後也。孝子之事親也。有大事必告而後行。沒則行諸廟。猶是義也。故大孝終身慕父母者。非終父母之身。終其身之謂也。

馬氏曰。成人禮者。爲人子則孝。爲人弟則弟。爲人臣則忠。爲人少則順。責之以四者之行。此禮之所以重也。尊重事者。不忘其先也。不敢擅重事者。事不專於己也。不專於己。所以自卑。不忘其本。所以尊先祖也。○廬陵胡氏曰。前責以三行者。責成人之漸。此責以四行者。責成人之備。孟子曰。不得乎親。不可以爲人。故必四行立而后可以爲人也。曰可以者。亦猶所謂事親若曾子者可也。蓋臣子之身所能爲者。皆所當爲也。故但曰可而已。不以曾子之孝爲有餘也。嘉事。謂嘉會足以合禮。傳曰。嘉事不體。何以能久

昏義第四十四

疏曰。謂之昏者。娶妻之禮以昏爲期。因名焉。必以昏者。取陽往陰來之義。○呂氏曰。物不可以苟合而已。故受之以賁。天下之情不合則不成。而其所以合也。敬則克終。苟則易離。必受之以致飾者。所

以敬而不苟也。昏禮者其受貫之義乎

昏禮者將合二姓之好上以事宗廟而下以繼後世也故君子重之。是以昏禮納采問名納吉納徵請期皆主人筵几於廟而拜迎於門外入揖讓而升聽命於廟所以敬慎重正昏禮也

方氏曰。納采者納鴈以爲采擇之禮也。問名者問女生之母名氏也。納吉者得吉卜而納之也。納徵者納幣以爲昏姻之證也。請期者請昏姻之期日也。夫采擇自我而名氏在彼故首之以納采而次之以問名此貧人謀以達之也。謀既達矣則宜貴鬼謀以決之故又次之以

納吉焉。人謀鬼謀，皆協從矣，然後納幣以徵之，請日以期之，故其序如此。藍田呂氏曰：有夫婦然後有父子，故天地不合，萬物不生。大昏，萬世之嗣也。此昏禮所以不可不敬也。故曰：將合二姓之好，上以事宗廟，下以繼後世也。昏禮之節，納采、問名、納吉、納徵、請期、親迎，其別有六。必至於六者，敬則不苟，別則致詳也。納采者，昏禮下達，男先下女，媒妁之言既達，則女先許之矣。男不敢必也，故納采擇之禮以求之，故曰納采。其禮用鴈，五禮皆用之。鴈，大夫之摯也。士昏禮而用大夫之摯，攝盛也，猶乘墨車而迎也。其辭曰：吾子有惠，貺室某也。某有先人之禮，使某也請納采。言有惠貺室，則知女氏之前許也。既納采，遂問名者，不敢必主人之女問名，將卜之也。故其辭曰：某既受命，將加諸卜，敢請女爲誰氏。對曰：吾子有命，且以備數而擇之，某不敢辭，則告之矣。納吉者，既問名而男氏以吉卜告女氏也。其辭曰：吾子有貺命，某加諸占，曰吉，使某也敢告。納徵者，納幣以聘之也。古之聘士聘女，皆以幣交，恭敬不可以虛拘也。正潔之女，非禮則不行，猶正潔之士，非其招則不往也，故以聘士之禮聘之，是以有儷皮束帛以摯見之不禮見之。是以用鴈。敬之如此其至。則夫婦之不正未之有也。徵。成也。證也。所以成其信而不渝也。聘禮皆以束帛。故無過五兩。諸侯天子至於用玉。則又所以重其禮也。請期者。男氏請昏期於女氏也。昏期主於男氏。而必請於女氏。女氏固辭。然後告期者。賓主之義不敢先也。此五者行乎親迎之前。又皆男女受命於廟。女氏聽命於廟。筵几以敬神。拜迎揖讓以敬賓。至繁縟也。至重慎也。皆所以敬而不苟也

父親醮子而命之迎去聲。男先去聲於女也。子承命以迎。主人筵几於廟而拜迎於門外。壻執鴈入。揖讓升堂。再拜奠鴈。蓋親受之於父母也。降出御婦車。而壻授綏。御輪三周。先俟于門外。婦至。壻揖婦以入。共牢而食。合巹謹而酳以刃反。所以合體同尊卑以親之也

疏曰。共牢而食者。同食一牲。不異牲也。合巹而酳者。以

一瓠分爲兩瓢謂之卺壻與婦各執一片以酳酳演也謂食畢飲酒演安其氣也○程子曰奠鴈取其不再偶○朱子曰取其順陰陽往來之義也○方氏曰筵几於廟者交神以筵之奉神以安之也又必親醮非重子也重禮而已御其婦車所以尊之也授之綏所以安之也以輪三周爲節者取陰陽奇偶之數成也既三周則御者代之矣共牢則不異牲合卺則不異爵合卺有合體之義共牢有同尊卑之義體合則尊卑同同尊卑則相親而不相離矣朱子曰用鴈亦攝盛之意蓋既許攝盛則雖庶人不得用匹又昏禮摯不用死故不得不越雉而用鴈也○錢唐于氏曰上一段發明其所以重故摠之曰所以敬謹重正昏禮也此一段發

明其所以親。故揔之曰所以合體同尊卑以親之也。推所以而言之。則聖人兩致其意於昏禮者。始昭然義見矣。況夫婦之義本於判合。故當始進之初。於敬謹重正之中。尤盡其綢繆委曲之誠。父親醮而命迎。則降尊以示其恩也。壻再拜而奠鴈。則屈體以尚其恭也。御輪以俟。則舂容以須之。而不敢遽也。揖婦以入。則卑抑以延之。而不敢慢也。共牢合巹。又欵密浹洽。而相與周旋也

敬慎重正而后親之禮之大體而所以成男女之別。而立夫婦之義也。男女有別而後夫婦有義夫婦有義而後父子有親父子有親而後君臣有正故曰昏禮者禮之本也。夫禮始於冠本於昏重於喪祭尊於朝聘和於射鄉。此禮之大體也

父子親而後君臣正者。資於事父以事君而敬同也馬氏

曰：男女者，夫婦之始；夫婦者，男女之終。始則成男女之別，終則能立夫婦之義也。由男女有別以至君臣有正，其序如易所謂有男女然後有夫婦，有夫婦然後有父子，以至於有君臣然後禮義有所錯同。○藍田呂氏曰：禮始於冠者，童子所以成人也。本於昏者，有夫婦然後有父子，有父子然後有君臣也。重於喪祭者，人道之所終也。尊於朝聘者，所以明君臣之義也。和於鄉射者，所以合人情之懽也。八者備然後禮備，故曰禮之體也。

夙興，婦沐浴以俟見。現 質明，贊見婦於舅姑，婦執笲煩棗栗段丁亂反脩以見，贊醴婦，婦祭脯醢，祭醴，成婦禮也。舅姑入室，婦以特豚饋，明婦順也。

質明，昏禮之次日正明之時也。贊，相禮之人也。笲之爲器似筥，以竹或葦爲之，衣以青繒，以盛此棗栗段脩之贄。脩，脯也。加薑桂治之曰段脩。贊醴婦者，婦席於戶牖間贊者酌醴置席前婦於席西東面拜受贊者西階上北面拜送又拜薦脯醢婦升席左執觶右祭脯醢訖以柶祭醴三是祭脯醢祭醴者所以成其爲婦之禮也舅姑入于室婦盥饋特豚合升而分載之左胖載之舅俎右胖載之姑俎無魚腊無稷舅姑並席于奧東面南上饌亦如之此明其爲婦之孝順也 藍田呂氏曰婦人從夫與夫同體者也夫之所事婦亦事之夫之所養婦亦養之故婦之於舅姑猶子之於父母也夙興沐浴執笄以見舅姑舅姑醴婦婦祭脯醢祭醴明敬事自此始矣故曰成婦禮也舅姑入于室婦以特豚饋贊成祭卒食一酳徹席婦餕明共養自此始矣故曰明婦順也

厥明舅姑共饗婦以一獻之禮奠酬舅姑先降自西階婦

降自阼階以著代也

厥明昏禮之又明日也。昏禮註云。舅姑共饗婦者舅獻爵姑薦脯醢。又云舅洗于南洗。洗爵以獻婦也。姑洗于北洗。洗爵以酬婦也。賈疏云舅獻姑酬。共成一獻。仍無妨姑薦脯醢。此說是也。但婦酢舅更爵自薦。又云奠酬酬酢皆不言處所。以例推之。舅姑之位當如婦見舅席于阼。姑席于房外。而婦行更爵自薦。及奠獻之禮歟 ○ 疏曰。舅酌酒于阼階獻婦。婦西階上拜受。即席祭薦祭酒畢。於西階上北面卒爵。婦酢舅。舅於阼階上受酢飲畢。乃酬。婦更爵先自飲畢。更酌酒以酬姑。姑受爵奠於薦左。不舉爵正禮畢也。降階各還燕寢也○方氏曰。阼者主人之階。子之代父將以爲主於外。婦之代姑將以爲主於內。故此與冠禮並言著代也○石梁王氏曰。此皆爲冢婦也。今按此一節難曉。儀禮圖亦不詳明。闕之以俟知者。藍田呂氏曰。父老則傳之子。姑老則傳之婦。故冠禮子始冠著其代父之意焉。昏禮婦始見著其代姑之意焉。明所以冠所以昏者。其責在是也。故曰以著代

成婦禮明婦順。又申之以著代。所以重責婦順焉也。婦順者順於舅姑。和於室人。而後當去聲於夫。以成絲麻布帛之事。以審守委去聲積。蓋藏去聲。是故婦順備而後內和理。內和理而後家可長久也。故聖王重之

方氏曰。於舅姑言順。於室人言和者。蓋上下相從謂之順。順則不逆。可否相濟謂之和。和則不同。舅姑之禮至隆也。故可順而不可逆。室人之禮相敵也。故雖和而不必同。茲其別歟。馬氏曰。責婦順。以順舅姑爲重。順舅姑而不能和於室人。則不順乎舅姑矣。和於室人而不能當於夫。則不和於室人矣。當於夫而不能審守委積蓋藏。則不當於夫矣。數者無不備。然後可以盡婦順之道也。和於室人。如詩所謂宜其家人者是也。當於夫者。如孟子所謂無違夫子是也。以成絲麻布帛。可以無寒也。以審守委積蓋藏。則在中饋。可以無飢也。不惟可以不飢不寒。而大可以供祭祀之羞服矣。婦順備而後內和理。和則有理。理則有義。有禮義則家可長久。聖人重之者。重其有禮義也

是以古者婦人先去聲嫁三月。祖廟未毀。教于公宮。祖廟既毀。教于宗室。教以婦德。婦言。婦容。婦功。教成祭之。牲用魚

芼冐之以蘋藻所以成婦順也

祖廟未毀者言此女猶於此祖有服也則於君爲親故使女師教之于公宮公宮祖廟也既毀謂無服也則於君爲疏故教之于宗子之家德貞順也言辭令也容則婉娩功則絲麻祭之者祭所出之祖也魚與蘋藻皆水物陰類也芼之爲羮也張子曰古者婦人亦須有教教于公宮宗室是也故知夙興夜寐臨祭祀事賓客承尊長又曰祖廟未毀教于公宮則知諸侯於有服族人亦引而親之如家人焉

古者天子后立六宮三夫人九嬪二十七世婦八十一御妻以聽天下之内治以明章婦順故天下内和而家理天子立六官三公九卿二十七大夫八十一元士以聽天下

之外治以明章天下之男教故外和而國治故曰天子聽男教后聽女順天子理陽道后治陰德天子聽外治后聽內職教順成俗外內和順國家理治此之謂盛德

方氏曰六官天地四時之官也有六卿而又有九卿者兼三公數之則謂之九卿由公至士其數三而倍之止於九者陽成於三而窮於九以其理陽道故其數如此后治陰德而其數亦如之者婦人從夫故也六宮謂大寢一小寢五也先言六宮而后言六官者欲治其國先齊其家之意也藍田呂氏曰此章因講明昏禮之義推而上之至于天子后聽天下之外治內治則男女之義盡矣立六官之職公卿大夫元士分治之以佐天子聽天下之外治立六宮之職夫人嬪世婦

御妻分治之。以佐后聽天下之內治。男正位乎外。女正位乎內。男女正。天下之大義也。有家者。夫聽家之外治。妻聽家之內治。天子與后。有天下者也。則不得不聽天下之內外治也。外治者。明章男教也。司徒之所教皆是也。內治者。明章婦順也。婦順之法。德言容功皆是也。陽道者。男所以正其室也。陰德者。婦人所以宜其家也。刑于寡妻。至于兄弟。則正室之道。天子所理也。嘒彼小星。三五在東。肅肅宵征。夙夜在公。實命不同。則宜家之道。后所治也。鄭氏謂內治之道。婦道之法。陰德。謂主陰事陰令。其義然也。凡天子所聽皆外治。后所聽皆內治。至于教順成俗。外內和順。國家理治。必如周南召南盛德之化。然後可致也。

是故男教不脩。陽事不得適責見現於天。日爲去聲之食。婦順不脩。陰事不得適。見於天。月爲之食。是故日食則天子素服而脩六官之職。蕩天下之陽事。月食則后素服而脩六宮之職。蕩天下之陰事。故天子之與后。猶日之與月。陰之與陽相須而后成者也。天子脩男教。父道也。后脩女順。母道也。故曰天子之與后。猶父之與母也。故爲天王服斬衰。服父之義也。爲后服齊衰。服母之義也

鄭氏曰。適之言責也。蕩蕩滌其穢惡也○朱子曰。王者脩德行政。用賢去姦。能使陽盛足以勝陰。陰衰不能侵陽。則日月之行雖或當食不食也。若國無政。臣子背君父。妾婦乘其夫。小人陵君子。夷狄侵中國。則陰盛陽微。當食必食。雖曰行有常度。實爲非常之變矣○葉氏曰。日月之食。理所常有也。反之陰陽之事者。躬自厚之道也。天子以男教勉天下之爲子者。其道猶父也。故其卒也。

天下爲之服斬衰后以女順化天下之爲婦者其道猶母也故其亡也天下爲之服齊衰父母爲之服者報其恩也王與后爲之服者報其義也藍田呂氏曰男教陽事上應乎日婦順陰事上應乎月有不得則謫見於天天爲之薄食日食則天子爲之變月食則后爲之變素服自責各正厥事以答天變明后與天子日月陰陽相須而后成之義也以人倫推之天子脩男教天下之父也后脩女順天下之母也其德之盛必能以天下爲一家爲天下父母然後天下以父服服天子以母服服后也○西山真氏曰家人之卦曰女正位乎內男正位乎外男女正天地之大義也易言其理而禮述其法蓋相表裏云

鄉飲酒義第四十五

呂氏曰鄉飲酒者鄉人以時會聚飲酒之禮也因飲酒而射則謂之鄉射鄭氏謂三年大比興賢者

能者。鄉老及鄉大夫率其吏與其衆以禮賓之。則是禮也。三年乃一行。諸侯之鄉大夫貢士於其君。蓋亦如此。黨正每歲國索鬼神而祭祀。則以禮屬民而飲酒于序。但此禮畧而不載。則黨正因蜡飲酒。亦此禮也。先儒謂鄉飲有四。一則三年賓賢能。二則鄉大夫飲國中賢者。三則州長習射。四則黨正蜡祭。然鄉人凡有會聚當行此禮。恐不特四事也。論語鄉人飲酒。杖者出。斯出矣。亦指鄉人而言之

鄉飲酒之義。主人拜迎賓于庠門之外。入三揖而后至階。

三讓而后升。所以致尊讓也。盥洗揚觶音志所以致絜也。拜至。拜洗。拜受。拜送。拜既。所以致敬也。尊讓絜敬也者。君子之所以相接也。君子尊讓則不爭。絜敬則不慢。不慢不爭。則遠於鬭辨矣。不鬭辨則無暴亂之禍矣。斯君子所以免於人禍也

鄭氏曰。庠。鄉學也。州黨曰序。揚。舉也。○疏曰。此謂鄉大夫。故迎賓于庠門外。若州長黨正則於序門外也。盥洗揚觶者。主人將獻賓。以水盥手而洗爵揚觶也。拜至者。賓主升堂。主人於阼階上北面再拜也。拜洗者。主人拜至。訖。洗爵而升。賓於西階上北面再拜。拜主人之洗也。

拜受者賓於西階上拜受爵也。拜送者主人於阼階上

拜送爵也。拜既者既盡也。賓飲酒既盡而拜也。藍田呂氏曰。鄉飲之禮。以謹遜之道尊賓。始見于拜迎庠門之外。三揖三讓而後升。以絜清之道接賓。則見于盥洗揚觶之際。盥手洗爵。始獻賓之節也。既獻之後。舉觶酬賓。亦盥洗而揚觶。不敢慢也。極其所以賓主之敬。則見于拜洗拜受拜送拜既之節也。拜洗者。賓拜主人洗。主人復拜賓洗是也。拜受拜送者。賓受獻主人受酢賓受酬獻酢酬者拜送受者拜受也。拜既者。賓主獻酬卒爵皆拜也。君子之相接尊讓絜敬如此其至。雖有爭慢之心無從生矣。尊讓絜敬之禮行。則尊讓絜敬之俗成。禮行而至於成俗。則天下之人皆將遠於鬬辨而免於人禍。是則先王制禮也有道。非苟為繁文飾貌升降之末者也。

故聖人制之以道。鄉人士君子尊於房戶之間。賓主共之也。尊有玄酒。貴其質也。羞出自東房。主人共恭之也。洗當

東榮主人之所以自絜而以事賓也

疏曰。鄉人。謂鄉大夫也。士。謂州長黨正也。君子。謂卿大夫也。尊於房戶之閒賓主共之者設酒尊於東房之西。室戶之東在賓主之閒。酒雖主人之設。而賓亦以之酢主人。故云賓主共之也。北面設尊玄酒在左。是在酒尊之西也。地道尊右。設玄酒在西者貴其質素故也。共之者供於賓也。榮屋翼也。設洗於庭當屋之翼。必在東者。示主人以此自絜而事賓也。從冠義以來皆記者疊出儀禮經文於上。而陳其義於下以釋之。他皆倣此 嚴陵方氏曰。鄉人士君子。則舉四例之禮皆同。因兼言之也。玄酒者以水爲之。其爲色則幽。爲味則淡。貴其質也。東房者。

主人所在故曰主人共之洗者承盥洗之器東榮亦主人所在故曰主人所以自絜

賓主象天地也介僎象陰陽也三賓象三光也

贊皇浩齋曰立賓以象天所以尊之也立主以象地所以養之也介以輔賓僎以輔主人象陰陽之輔天地也三賓衆賓之長也其以輔賓猶三光之輔于天也三光星之大者有三其名不可得而考先儒謂三大辰心為大辰伐為大辰北辰亦為大辰理或然也

讓之三也象月之三日而成魄也

劉氏曰以月魄思之望後為生魄然人未嘗見其魄蓋以明盛則魄不可見月魄之可見惟晦前三日之朝月

自東出明將滅而魄可見朔後三日之夕月自西將墮明始生而魄可見過此則明漸盛而魄不復可見矣蓋明讓魄則魄現明不讓魄則魄隱魄陰象賓明陽象主主人讓賓至於三象明之讓魄在前後三日故曰讓之三也象月之三日而成魄也

四面之坐象四時也

浩齋曰謂賓主介僎之坐象春夏秋冬也或曰介有剛辨之義僎有巽入之義各從其類理或然歟嚴陵方氏曰天地者陰陽之體陰陽者天地之用故賓主象天地介僎象陰陽也三賓又衆賓之所觀法而瞻仰者故象三光也後言介僎象日月則此言陰陽蓋主日月耳既象日月又象三光者蓋介僎兩而三賓三因以象三兩之數介僎

之輔賓主。猶日月之運陰陽以成天地之光也。故取象於日月陰陽之義。三讓而後成禮。猶月三日而後成魄也。夫魄。陰也。而禮由陰作。故以況之。且陽道饒而主進。陰道乏之而主退。則讓亦陰事也。四面之坐。則賓主介僎各坐於一方之面也。夫有天地以爲之體。必資陰陽以爲之用。有陰陽以爲之用。然後三光之象垂。三光之象垂。然後有盈虧之理。月有盈虧之理然後四時之序成。故取象之序如此

天地嚴凝之氣始於西南而盛於西北。此天地之尊嚴氣也。此天地之義氣也。天地溫厚之氣始於東北而盛於東南。此天地之盛德氣也。此天地之仁氣也。主人者尊賓。故坐賓於西北。而坐介於西南以輔賓。賓者接人以義者也故坐於西北。主人者接人以仁以德厚者也。故坐於東南而坐僎於東北以輔主人也。仁義接賓主有事俎豆有數

曰聖聖立而將之以敬曰禮禮以體長幼曰德德也者得於身也故曰古之學術道者將以得身也是故聖人務焉主人者厚其飲食之禮仁之道也為賓者謹其進退之節義之道也求諸天地之氣以定其主賓之位至於俎豆亦莫不有當然之數焉聖通明也謂禮義所在通貫而顯明也敬其天理之節體夫人倫之序所得者皆吾身之實理也孔子觀於鄉而知王道之易易謂其足以正身而安國也聖人務焉豈無意哉〇浩齋曰天下之禮義無所不通而器數皆有合於自然者聖之謂也無所不通無所不敬禮之所由制也禮之行不在乎他在

吾長幼之分而已。性之德也。禮得於身之謂德。由學而後得於身。則與先得於人心之同。然者亦無異矣。故曰古之學術道者。將以得身也。嚴陵方氏曰。二氣運於五行。而五行以水爲本。水以陰而凝。凝則爲嚴。以陽而溫。溫則爲厚。則嚴凝者陰之氣也。陰生於午而終於子。故嚴凝之氣始於西南而盛於西北。溫厚者陽之氣也。陽生於子而終於午。故溫厚之氣始於東北而盛於東南。秋斂冬藏。義也。故嚴凝爲義。春作夏長。仁也。故溫厚爲仁。介僎者。所以輔賓主而接人者也。接人則爲賓主之先。故坐於陰陽所始之地。賓主則坐於陰陽之盛地焉。坐賓黨於陰之地。以賓者接人以義故也。坐主黨於陽之地。以主人者接人以仁故也。主人必三揖。仁之至也。賓必三讓。義之盡也。既曰接人以仁。又曰以德厚者。蓋謂盛德溫厚也。以接人以仁爲盛德溫厚。則接人以義爲嚴凝。尊嚴可知矣。賓主之際。其精至於仁義相接。其粗見於俎豆有數。非夫知禮之情者莫之能與。故曰聖也。聖之事既立。然非將之以敬。則亦怠而廢禮矣。故曰聖立而將之敬曰禮。禮者天地之序。長幼有序。然後各得其體。故曰禮以體長幼曰德。各得其體。豈他求哉。故曰德也者得於身也。然禮之所體固不止乎長幼。而此止以是爲言者。以鄉飲酒之禮主於序齒故也。道在於我。故學術道者將以得身。以鄉飲酒制之以道。故必以道言之也。

祭薦祭酒。敬禮也。嚌才又反肺嘗禮也。啐取内反酒成禮也。於席末。言是席之正。非專爲去聲飲食也。爲行禮也。此所以貴禮而賤財也。卒觶致實於西階上。言是席之上。非專爲飲食也。此先禮而後財之義也。先禮而後財。則民作敬讓而不爭矣

疏曰。祭薦者。主人獻賓。賓即席祭所薦脯醢也。祭酒者。賓既祭薦。又祭酒也。此是賓敬重主人之禮也。賓既祭

酒之後。興取俎上之肺嚌齒之。所以嘗主人之禮也。啐。謂飲主人酒而入口。所以成主人之禮也。席末。席西頭也。按儀禮祭薦祭酒嚌肺皆在席之中。惟啐酒在席末。又嚌肺在前祭酒在後。此先云祭酒者嚌是嘗嚌之名。祭酒是未飲之稱。故祭酒與祭薦相連表其敬禮之事。敬主人之物。故祭薦祭酒嚌肺皆在席中。啐酒入於己。故在席末。於席上者是貴禮。於席末。啐酒是賤財也。啐纔始入口。猶在席末。卒觶則盡爵。故遠在西階上。云卒觶者論其將欲卒觶之事。致實則論其盡酒之體。酒爲觴中之實。今致盡此實也○呂氏曰。敬禮也。食財也。人之所以爭者無禮而志於財也。如知貴禮而賤財。先禮而後財之義。則敬讓行矣石林葉氏曰。啐酒於席末。既爲賤財。則祭脯醢以敬禮。嚌肺以嘗禮皆居席之正。是爲貴禮也。賓辭於西階上。既爲後財。則蓋出東房。洗當東榮。雖非席之上。猶爲先禮也。蓋鄉飲酒之禮。非專爲飲食而已。其啐爵也。其卒觶也。皆避其席。亦所以防酒禍也。貴禮而先之。則民敬順。賤財而後之。則無酒禍。而民不爭。聖人所務。蓋如此也。

鄉飲酒之禮。六十者坐。五十者立侍。以聽政役。所以明尊長也。六十者三豆。七十者四豆。八十者五豆。九十者六豆。所以明養老也。民知尊長養老。而后乃能入孝弟。民入孝弟。出尊長養老。而后成教。成教而后國可安也。君子之所謂孝當作教者。非家至而日見之也。合諸鄉射。教之鄉飲酒

之禮而孝弟之行立矣

坐者坐于堂上。立者立于堂下。豆當從偶數。此但十年而加一豆。非正禮也。舊說此是黨正屬民飲酒正齒位之禮。非賓興賢能之飲也。

嚴陵方氏曰。六十者坐。則七十以上亦坐可知。五十者立。則四十以下亦立可知。聽政者。聽上之人有所正也。聽役者。聽上之人有所使也。必五十以下則立。六十以上則坐者。蓋五十曰艾。艾則服官政之時。固宜立侍以聽政役。六十曰耆。耆則指使之時。固宜坐以加政役於人也。尊卑在儀。養老在物。故坐立之不同。所以明尊長。豆數之不一。所以明養老也。唯六十非肉不飽。故六十以上始有豆數也。前言俎豆有數而此不及俎者。以俎大而豆小。由其禮之小。故止舉器之小者以明之也。民知尊長。則能入弟矣。知養老。則能入孝矣。民入而孝弟於其家。出而尊長養老於其國。則其教豈有虧乎。故曰而后成教。教既成矣。而國豈有危疑之禍乎。故曰而后國可安也。之禮也。特行之於一學而已。固非家至也。然教之所及乃與家至不興特行之於一時而已固非日見也然教之所形乃與日見不殊亦由制之以道而已射義曰鄉大夫士之射也必先行飲酒之禮故言合諸鄉射也

孔子曰吾觀於鄉而知王道之易易也主人親速賓及介而衆賓自從之至于門外主人拜賓及介而衆賓自入貴賤之義別矣三揖至于階三讓以賓升拜至獻酬辭讓之節繁及介省矣至于衆賓升受坐祭立飲不酢而降隆殺之義辨矣

疏曰主人既拜其來至又酌酒獻賓賓酢主人主人又酌而自飲以酬賓介酢主人則止主人不酢介是及介省矣主人獻衆賓于西階上受爵坐祭立飲不酢主人

而降於賓禮隆衆賓禮殺是隆殺之義别矣○方氏曰主酌賓爲獻賓答主主又答賓爲酬是禮也三賓則備之至於介則省酬焉至於衆賓則又省酢矣升受坐祭立飲者其升而受爵者惟祭酒得坐飲酒則立也蓋飲酒所以養老以其卑不敢坐而當其養故也此所以殺於三賓藍田呂氏曰禮之所尊尊其義也其文則擯相習之其義則君子知之脩其文達其義然後可以化民成俗也貴賤明降殺辨和樂而不流弟長而無遺安燕而不亂此五者皆見于飲酒之禮而可以化民成俗矣故曰吾觀於鄉而知王道之易易也易謂易行易易者甚言其易也禮主乎别節文雖繁而不可亂也因親疏長幼貴賤之等差以爲屈伸隆殺之節文明辨密察然後盡乎制禮之意矣尊無二上非獨爲君臣言之國之所尊君也雖諸父不能抗之家之所尊父也雖毋不得以抗之羣居五人長者必異席則羣居亦有尊

也。喪祭燕飲皆有賓有衆賓，則賓亦有尊也。故飲酒之禮，賓介與衆賓送迎之節有等。此所以別貴賤也。賓介與衆賓異矣。三揖三讓拜至獻酬辭讓之節，則賓與介又有等矣。故介之升也，不三揖三讓，不拜洗。主人不之作階拜送，不嚌肺，不啐酒，不告旨，不自酌酢，授主人爵。主人不舉酬，省於賓可知矣。及衆賓則升受坐祭立飲，不酢。其拜受省衆賓之長三人。餘則不拜，省於介可知矣。於一等之中寖又省焉，此所以辨隆殺也。

工入升歌三終，主人獻之；笙入三終，主人獻之；間去聲歌三終，合樂三終，工告樂備，遂出。句一人揚觶，乃立司正焉。知其能和樂洛而不流也。

工入而升堂，歌鹿鳴、四牡、皇皇者華，每一篇而一終。三篇終，則主人酌以獻工焉。吹笙者入於堂下，奏南陔、白華、華黍，亦每一篇而一終。三篇終，則主人亦酌以獻之。

也。閒者代也。笙與歌皆畢，則堂上與堂下更代而作。堂上先歌魚麗，則堂下笙由庚，此爲一終。次則堂上歌南有嘉魚，則堂下笙崇丘，此爲二終。又其次堂上歌南山有臺，則堂下笙由儀，爲三終也。合樂三終者，謂堂上下歌瑟及笙並作也。工歌關雎，則笙吹鵲巢合之；工歌葛覃，則笙吹采蘩合之；工歌卷耳，則笙吹采蘋合之。如此皆竟，工以樂備告樂正，樂正告于賓而遂出。蓋樂正自此不復升堂矣，故云遂出也。一人者，主人之吏也。此人舉觶之後，主人使相禮者一人爲司正，恐旅酬時有懈惰失節者，以董正之也。如此，則雖和樂而不至於流放矣朱子曰。今按鹿鳴。即謂今日燕飲之事。所以導達主人之誠意。而美嘉賓之德也。四牡。言其去家而仕於朝。辭親而從王事。於此乎始也。皇皇者華。言其將爲君使而賦政於外也。學記曰。宵雅肄三。官其始也。正謂此也。蓋此三詩。先王所制以爲燕飲之樂。用之鄉人。用之邦國。各取其象而歌之也。合樂。謂歌樂衆聲俱作。堂上有歌瑟。堂下有笙磬。合奏此詩也

賓酬州主人。主人酬州介。介酬州衆賓。少長以齒。終於沃洗者焉。知其能弟長而無遺矣

浩齋曰。前言介之無酬州衆賓之無酢者。蓋未歌之時也。此言賓酬州主人。主人酬州介。介酬州衆賓者。既歌之後行旅酬州之時也。沃洗者。滌濯之人也。雖至賤。旅酬州之際猶以齒焉。則貴者可知矣。自貴及賤。無不序齒。此所以知其

能弟長而無遺矣朱子曰。弟長而無遺。弟悌也。敬順之意。言能使少者皆承順以事長者。而無所遺棄也。

降說脫屨升坐。脩爵無數。飲酒之節。朝不廢朝。莫不廢夕。賓出主人拜送。節文終遂焉。知其能安燕而不亂也浩齋曰。前此皆立而行禮。未徹俎。故未說屨。至此徹俎之後。乃說屨升坐而坐燕也。脩舉也。脩爵無數。無算爵是也。凡治事者。朝以聽政。而鄉飲聽政罷方行。是朝不廢朝也。夕以脩令。而鄉飲禮畢。猶可以治私事。是莫不廢夕也。若黨正飲酒。一國若狂。則無不醉矣。節文終遂者。終竟也。遂猶申也。言雖禮畢。主人猶拜以送賓。節文之禮終申遂而無所缺則知其安於燕樂而不至於亂矣馬氏曰降說屨升坐脩爵無數宜其醉矣然猶不廢朝夕之聽事賓出主人拜送如拜至禮焉蓋自始以至終皆有節文終遂焉此之謂安燕而不亂也

貴賤明隆殺辨和樂而不流弟長而無遺安燕而不亂此五行去聲者足以正身安國矣彼國安而天下安故曰吾觀於鄉而知王道之易易也

總結上文五事之目嚴陵方氏曰五行行之於一身則身正而無邪施之於一國則國安而無危故曰足以正身安國以天下之本在國故曰彼國安而天下安天下安則王道成矣

鄉飲酒之義立賓以象天立主以象地設介僎以象日月立三賓以象三光古之制禮也經之以天地紀之以日月

參之以三光。政教之本也

浩齋曰。飲酒之禮。莫先於賓主。立賓象天。立主象地。禮之經也。其次立介僎以輔之者。紀也。其次立三賓以陪之者。參也。政教之立。必有經有紀有參。然後可行。故飲酒之禮。必有賓主介僎三賓。然後可行。故曰政教之本也。前言介僎陰陽。此言象日月者。前章言氣。故以陰陽象之。此章言體。故以日月象之也。僎在東北。象日出也。介在西南。象月出也。以三光爲三大辰。正義按昭公十七年有星孛于大辰。公羊曰。大辰者。大火也。伐爲大辰。北辰亦爲大辰。爾雅房心尾大火謂之大辰。北極謂之北辰。大火與伐。天所以示民時早晚。天下之所取正。是亦政教所出也。馬氏曰。上極乎性命之妙。下盡乎物理之微。然後能制禮也。言古之制禮者。必古之聖人也。經之以天地。經大而緯小。紀之以日月。紀小而綱大。經之以天地。則知日月爲緯。紀之以日月。則知天地爲綱。有經有緯。有紀有綱。天地之道備矣。參之以三光。言參於經紀之間。○藍田呂氏曰。此至篇末。申言鄉飲酒之禮。又有所法象。前文有所未盡者。皆再明之

烹狗於東方。祖陽氣之發於東方也。洗之在阼。其水在洗東。祖天地之左海也。

方氏曰。海有四。正言東者。取夫水之所歸也。水位居坎。而其流歸東者。由其生於天一。行於地中故也。天傾西北而不足。故水之源自此而生。地缺東南而不滿。故水

之流順此而行。天之所傾。地之所缺。則其形下矣。而善下者。水之性也。故其理如此。然則水位居北者。本天位也。其流歸東者。因地勢也。南與北合。水位居北而流不歸南者。蓋東方之德木。木則水之所生。南方之德火。火則水之所勝。生之爲利。勝之爲害。而善利者水之德也。故趨其所生焉○浩齋曰。烹狗以養賓。陽氣以養萬物故祖而法之。烹于東方焉。海。水之委也。天地之間。海居于東。東則左也。故洗之在阼。其水在洗東。有左海之義焉○天地之位。南前而北後。故以東爲左嚴陵方氏曰。凡植物皆地產。足以養人之陰。凡動物皆天產。足以養人之陽。天產不特狗也。而特烹狗以祖陽氣者。蓋陽之辰窮於戌。而爲陽之至故辰在戌而屬狗則狗者至陽之畜也東方者得陽之中烹至陽之畜於陽中之方又得其宜矣水則盛之於罍者蓋酌之於罍而滌之於洗故其水在洗東洗旣在東水又在洗之東者凡以祖天地之左海也左亦東也以方言之則曰東以體言之則曰左

尊有玄酒教民不忘本也

玄古之世無酒以水行禮故後世因謂水爲玄酒不忘本者思禮之所由起也

賓必南鄉東方者春春之爲言蠢也產萬物者聖也南方者夏夏之爲言假也養之長之假之仁也西方者秋秋之爲言愁揫也愁之以時察守義者也北方者冬冬之爲言中也中者藏也是以天子之立也左聖鄉仁右義偝藏也

蠢者物生動之貌天地大德曰生聖人德合天地故曰產萬物者聖也假大也揫斂縮之貌察猶察察嚴肅之意揫之以時察言揫斂之以秋時嚴肅之氣也物之藏必自外而入內故曰中者藏也天子南面而立則左東右西南前北後也長樂陳氏曰萬物之於春莫不生此春所以為蠢也然則物之生也其來固有自焉易曰帝出乎震則帝者天之神也震者聖神之妙也此產萬物所以為聖也萬物相見於離則物於是乎茂矣假者盛大之意蓋萬物之於夏莫不茂盛故生之以為養增之以為長養則盛長則多此夏之時也所以為假也萬物之於四時也生於春長於夏衰於秋老於冬冬而至於秋則慘而不舒者物之情也詩曰秋日萋萋百卉具腓此秋之所以為揫也中在內能隱而不能顯此中之所以為藏也天子之立也將以嚮時而接天下者也而以四時言之以左為仁右為義嚮左仁背右義非以夫用天之理者足以治人故耶

介必東鄉介賓主也主人必居東方東方者春春之爲言蠢也產萬物者也主人者造之產萬物者也月者三日則成魄三月則成時是以禮有三讓建國必立三卿三賓者政教之本禮之大參也

張子曰坐有四位者禮不主於敬主欲以尊賢若賓主相對則是禮主於敬主矣故其位賓主不相對坐介僎於其間以見賓賢之義因而說四時之坐皆有義其實欲明其尊賢〇呂氏曰天子南面而立而坐賓亦南鄉者尊賓之至也介間也坐賓主之間所以間之也〇方氏曰飲食之養則主人之所造也而有產萬物之象所

以居東嚴陵方氏曰介必東鄉介賓主也據此坐面東北明矣然則主人面西北賓面東南僎面西南皆可知主人者造之若客受成而已以月三日而成魄是以禮有三讓以三月而成時是以建國必立三卿書曰卿士惟月此之謂也再言三賓者政教之本嫌三賓獨非政教之本也

禮記集說大全卷之二十九

禮記集說大全卷之三十

射義第四十六

疏曰。繫辭云。弦木爲弧。剡木爲矢。又世本云。揮作弓。夷牟作矢。註云。二人黄帝臣。書云。侯以明之。夏殷無文。周則具矣。藍田呂氏曰。射義言射者。男子之所有事者也。天下無事則用之於禮義。故有大射鄉射之禮。所以習容習藝觀德而選士。天下有事則用之於戰勝。故主皮呈力。所以禦侮克敵也。

古者諸侯之射也。必先行燕禮。卿大夫士之射也。必先行鄉飲酒之禮。故燕禮者。所以明君臣之義也。鄉飲酒之禮者。所以明長幼之序也。

呂氏曰。諸侯之射。大射也。卿大夫士之射。鄉射也。射者。男子之事。必飾之以禮樂者。所以養人之德。使之周旋中禮也。蓋燕與鄉飲。因燕以娛賓。不可以無禮。故有大射。鄉射之禮。禮不可以無義。故明君臣之義。與長幼之序焉。嚴陵方氏曰。必先行禮而後習射者。則射非主皮。以禮爲先爾。○馬氏曰。燕與鄉飲則有恩。明君臣與長幼則有義。有恩有義。然後以射而觀其德行。此人所以樂爲之也。

故射者進退周還必中禮。内志正。外體直。然後持弓矢審固。持弓矢審固。然後可以言中。去聲此可以觀德行矣

呂氏曰。禮射者必先比耦。故一耦皆有上耦下耦。皆執弓而挾矢。其進也。當階及階。當物及物。皆揖。其退也。亦

如之。其行有左右。其升降有先後。其射皆拾發。其取矢于福也。始進揖當福揖。取矢揖。既搢挾揖。退與將進者揖。其取矢也。有橫弓卻手兼弣順羽拾取之節焉。卒射而飲。勝者袒決遂執張弓。不勝者襲說決拾加弛弓升飲。相揖如初。則進退周旋必中禮可見矣。夫先王制禮豈苟爲繁文末節使人難行哉。亦曰以善養人而已。蓋君子之於天下。必無所不中節。然後成德。必力行而後有功。其四肢欲安佚也。苟恭敬之心不勝。則怠惰傲慢之氣生。動容周旋不能中乎節。體雖佚而心亦爲之不安。安其所不安。則手足不知其所措。故放辟邪侈踰分犯上。將無所不至。天下之亂自此始矣。聖人憂之。故常謹於繁文末節。以養人於無所事之時。使其習之而不憚煩。則不遜之行亦無自而作。至於久而安之。則非禮不行。無所往而非義矣。君子敬以直內。義以方外。所存乎內者敬。則所以形乎外者莊矣。內外交脩。則發乎事者中矣。射一藝也。容比於禮。節比於樂。發而不失正鵠。是必有樂於義理。久於敬恭。用志不分之心。然後可以得之。則其所以得之者。其爲德可知矣。嚴陵方氏曰。進退者。升降之節。周還者。揖讓之容。能中禮者。以其先行禮故也。內志正然後持弓矢審。外體直然後持弓矢固。唯固也。故其力能至。唯審也。故其巧能中。義內也。貌外也。合內志外體言之。故止曰觀德行而已。及其下文合天子諸侯言之。

故必曰觀盛德焉

其節天子以騶虞爲節諸侯以貍首爲節卿大夫以采蘋爲節士以采蘩爲節騶虞者樂官備也貍首者樂會時也采蘋者樂循法也采蘩者樂不失職也是故天子以備官爲節諸侯以時會天子爲節卿大夫以循法爲節士以不失職爲節故明乎其節之志以不失其事則功成而德行立德行立則無暴亂之禍矣功成則國安故曰射者所以觀盛德也

節者歌詩以爲發矢之節度也一終爲一節周禮射人云騶虞九節貍首七節采蘋采蘩皆五節尊卑之節雖

多少不同。而四節以盡乘矢則同。如騶虞九節則先歌五節以聽。餘四節則發四矢也。七節者三節先以聽。五節者一節先以聽也。四詩惟貍首亡。騶虞官。虞山澤之官。此二職皆不乏人。則官備可知○呂氏曰。彼茁者葭則草木遂其生矣。一發五豝。則鳥獸蕃殖矣。吁嗟乎騶虞者。所以歸功於二官也。天子之射以是爲節者。言天子繼天。當推天地好生之德以育萬物。此所以樂官備也。貍首詩亡。記有原壤所歌及此篇所引曾孫侯氏疑皆貍首詩也。貍首。田之所獲物之至薄者也。君子相會不以微薄廢禮。諸侯以燕射會其士大夫。物薄誠至。君臣相與習禮而結歡。奉天子而脩朝事。故諸侯之射以是爲節。所以樂會時也。采蘋之詩言大夫之妻能循在家母教之法度。乃可承先祖共祭祀。猶卿大夫已命能循其未仕所學先王之法。乃可以與國政矣。故卿大夫之射以是爲節。所以樂循法也。采蘩之詩言夫人不失職。蓋夫人無外事。祭祀乃其職也。惟敬以從事。是爲不失職。士之事君。何以異此。故士之射以此爲節者。所以樂不失職也。

馬氏曰。騶虞爲節以至不失職爲節。所謂其節比於樂也。蓋天子所貴者德教而已。官備則德教有以行。故以騶虞之九爲節。以其朝廷既正而官備也。諸侯樂其時會之事。則功成於一國。至於大夫明乎此。則功成於其家。士明乎此。則功成於其身。此所以德行立而無暴亂之禍矣。然騶虞一國之風而

爲節於天子。采蘩諸侯夫人之詩。而爲節於士何也。孟子曰。說詩者不以文害辭。不以辭害意。則取詩者不以迹害理矣

是故古者天子以射選諸侯卿大夫士。射者男子之事也。因而飾之以禮樂也。故事之盡禮樂而可數（朔）爲以立德行者莫若射。故聖王務焉

疏曰。諸侯雖繼世而立。卿大夫有功乃升。非專以射而選也。但既爲諸侯卿大夫。又考其德行。更以射辨其材藝之高下。非謂直以射選補始用之也。射者男子之事。謂生有懸弧之義也。嚴陵方氏曰。天子大射。則共虎侯熊侯豹侯。虎侯則天子所自射也。熊侯則助祭諸侯所射也。豹侯則卿大夫士所射也。射之中否。足以觀人之賢不肖。故天子以之選人焉。以之

選人。而天子亦自射者。以身率之也。或先行燕禮。或先行鄉飲酒之禮。所謂飾之以禮也。或以騶虞爲節。或以貍首爲節。所謂飾之以樂也

是故古者天子之制諸侯歲獻貢士於天子天子試之於射宮其容體比於禮其節比於樂而中多者得與於祭其容體不比於禮其節不比於樂而中少者不得與於祭數與於祭而君有慶數不與於祭而君有讓數有慶而益地數有讓則削地故曰射者射爲諸侯也是以諸侯君臣盡志於射以習禮樂夫君臣習禮樂而以流亡者未之有也

鄭氏曰。三歲而貢士。舊說大國三人。次國二人。小國一人○疏曰。書傳云。古者諸侯之於天子也。三年一貢士。

一適謂之好德。再適謂之賢賢。三適謂之有功。一不適謂之過。再不適謂之傲。三不適謂之誣。嚴陵方氏曰。助祭者。助天子行禮樂之事也。故射中多者然後得與於祭焉。其容體比於禮。即進退周旋必中禮也。其節比於樂。即以采蘩爲節也。比。謂與禮樂相比而不失。必曰比於禮樂而後曰中多。則知不比於禮樂而偶中者。亦不可以言中矣。故孔子言射不主皮。以至投壺而比投不釋者。以是而已。射者士也。貢士者諸侯也。或中或否。雖在士。而有慶有讓則在諸侯焉。故曰射者射爲諸侯也。○石林葉氏曰。貢士而擇之助祭者。所以示敬而不敢專爵祿也

故詩曰。曾孫侯氏。四正具舉。大夫君子。凡以庶士。小大莫處御于君所。以燕以射。則燕則譽。言君臣相與盡志於射以習禮樂。則安則譽也。是以天子制之。而諸侯務焉。此天子之所以養諸侯。而兵不用。諸侯自爲正之具也

曾孫侯氏者。諸侯推本始封之君。故以曾孫言。如左傳曾孫蒯聵之類是也。四正。謂舉正爵以獻賓獻君獻卿獻大夫凡四也。具。皆也。此四獻皆畢然後射。此時大夫君子下及衆士。無閒大小之官。無有廢其職司而不來者。皆御侍于君所也。以燕以射。言先行燕禮而後射也。則燕則譽者。燕。安也。言君臣上下以射而習禮樂。則安樂而有名譽也。天子養諸侯以禮樂。則無所事征討矣。而此藝者。又諸侯所以自爲正身安國之具也。舊說曾孫侯氏以下八句。貍首篇文。藍田呂氏曰。國家閒暇。諸侯與其卿大夫盡志於射以習禮樂。是諸侯以禮樂養其群臣也。諸侯貢士於天子。天子試之以射。以中選之多寡爲諸侯之賞罰。則諸侯皆勉習禮樂以事天子。是天子以禮樂養諸侯也。諸侯養其羣臣。至于則安則譽。則無流亡之禍矣。天子養其諸侯。至于則安則譽則兵不用矣。此所以天子制之。而諸侯務焉者也

孔子射於矍攫相去聲之圃。蓋觀者如堵牆。射至于司馬。使子路執弓矢出延射曰。賁奮軍之將。亡國之大夫。與去聲爲人後者不入。其餘皆入。蓋去者半。入者半。

矍相地名。如堵牆言圍繞而觀者衆也。鄉飲之禮將旅酬使相者一人爲司正。至將射則轉司正爲司馬。故云射至于司馬也。延進也。誓衆選賢而進其來觀欲射之人也。賁與僨同。覆敗也。亡國。亡其君之國也。與爲人後。言人有死而無子者。則宗族既爲之立後矣。此人復求

爲之後也賁軍之將無勇亡國之臣不忠求爲人後者忘親而貪利此三等人皆在所當棄故不使之入其餘則皆可與之進也

又使公罔之裘序點揚觶而語公罔之裘揚觶而語曰幼壯孝弟耆耋好禮不從流俗脩身以俟死者句不否句在此位也蓋去者半處者半

公罔姓裘名之語助也序姓點名也揚舉也射畢則使主人之贊者二人舉觶于賓與大夫儀禮云古者於旅也語故裘舉觶曰幼壯而盡孝弟之道老耄而守好禮之心不與流俗同其頹靡而守死善道者不言令此衆

人之中有如此樣人否當在此賓位也於是先時之入者又半去矣

序點又揚觶而語曰好學不倦好禮不變旄（耄）期稱道不亂者句不句在此位也蓋廑（僅）有存者

八十九十曰旄百年曰期年雖高而言道無所違誤故云稱道不亂也廑有存者蓋去者多而留者寡矣子路之延射直指惡者而斥之則無此惡者自入袤點之揚觶但舉善者而留之則非其人者自退袤之言尚疏點之言則愈密矣

馬氏曰觀者如堵牆以言其衆庶也揚觶而語以言其詢衆庶也敗軍之將亡國之大夫不入蓋謀人之兵師敗則死之謀人之邦邑危則亡之二者可以死而不死則非忠捨己之親而與

爲人之後者則非孝也。去與入半以言其圃之外者。去與處半以言其圃之內者。而勵者僅也。蓋公罔之裘語之以略。序點語之以詳。略故責之以輕。而處者半。詳故責之以重。而存者少。則幼壯孝弟耆耋好禮。不從流俗。脩身以俟死者。所謂序賓以不侮也。好學不倦。好禮不變。旄期稱道不亂者。所謂序賓以賢也。蓋幼壯孝弟。言其善始。好學不倦。言其善終。者耋好禮。則未至于道。旄期稱道。則不止於禮。不從流俗者。不從於外而已。好禮不變。則不變於內。此其輕重之別也。

射之爲言者。繹也。或曰舍也。去聲 繹者。各繹己之志也。故心平體正。持弓矢審固。持弓矢審固。則射中矣。故曰爲人父者。以爲父鵠。工毒反 爲人子者。以爲子鵠。爲人君者。以爲君鵠。爲人臣者。以爲臣鵠。故射者各射己之鵠。故天子之大射。謂之射侯。射侯者。射爲諸侯也。射中則得爲諸侯。射不

中則不得爲諸侯

繹己之志者，各尋其理之所在也。射己之鵠者，各中其道之當然也。舍，止也。道之所止，如君止於仁，父止於慈之類。○鄭氏曰：得爲諸侯，謂有慶也。不得爲諸侯，謂有讓也。又司裘註云：侯者其所射也。以虎熊豹麋之皮飾其側，又方制之以爲準，謂之鵠，著于侯中。謂之鵠者，取名於鳱鵠。鳱鵠，小鳥，難中，是以中之爲儁。○呂氏曰：張皮侯而棲鵠，方制之，置侯之中，以爲的者也。嚴陵方氏曰：各繹己之志者，若爲人子、爲人臣，各繹己之志於其鵠也。前言內志正，外體直，而此言心平體正者，皆互言之爾。鵠一也，而有父子君臣之異名，何也？各隨其所志以爲之鵠。爲人父者，所志在於爲父，故以所射之鵠爲父鵠。言射中其鵠，乃可以爲人父故也。所謂子也，君也，臣也，亦若是而已。夫是之謂各繹己志也。射者不特君臣父子，而此止以是爲言者，內則父子，外則君臣，人之大倫故也。大射者，擇士之射也。擇士將以助祭，禮之大者莫如祭，故以大言之。自卿大夫而下皆俾之射，然止以射侯爲言者，蓋人臣之貴，莫貴於諸侯，以見雖至貴者，亦由射而得之也。○藍田呂氏曰：射中則得爲諸侯，射不中則不得爲諸侯，是以謂之射侯也。○朱子曰：射中得爲諸侯，不中則不得爲諸侯。此等語皆難信。書謂庶頑讒說侯以明之。然中間若有羿之能，又如何以此分別？恐大意略以射審定，非專以此去取也。

天子將祭，必先習射於澤。澤者，所以擇士也。已射於澤，而后射於射宮，射中者得與於祭，不中者不得與於祭。不得與於祭者有讓，削以地；得與於祭者有慶，益以地，進爵絀地是也。

澤宮名。其所在未詳。疏云。於寬閑之處。近水澤而爲之。射宮。即學宮也。進爵絀地者。疏云。進則爵輕於地。故先進爵而後益以地也。退則地輕於爵。故先削地而後絀爵也。嚴陵方氏曰。言澤則知其在野。言宮則知其在國。先習於澤而後射於宮。射事有漸故也。削地益地。謂所貢士之諸侯也。所謂慶讓者。不特在地。亦有在於爵焉。故總言進爵絀地也。於讓曰絀地。知慶之爲益地也。○長樂陳氏曰。先射於澤宮。以擇士而習之。而射宮則在廟。是已能者陟。否者黜。此祭之所以爲有射也

故男子生。桑弧蓬矢六。以射石天地四方。天地四方者。男子之所有事也。故必先有志於其所有事。然後敢用穀也。飯上聲食嗣之謂也。

宇宙內事。皆己分內事。此男子之志也。人臣所以先盡

職事而後敢食君之祿者。正以始生之時。先射天地四方。而後使其母食之也。故曰飯食之謂也。飯食。食子也。

藍田呂氏曰。天地之性。人爲貴也。人之類。男子爲貴也。其配則天也。陽也。乾也。可以服人而不可以服於人者也。故天地四方之大。皆吾之所當有事也。不能則幾於非男子也。故於其始生所以用桑弧蓬矢六以射天地四方也。士無事而食不可也。故君子寧功浮於食。不使食浮於功。有事於天地四方而後敢用穀。則功浮於食。無愧於食。是亦男子之事也。故因射義及之

射者仁之道也。求正諸己。己正而后發。發而不中。則不怨勝己者。反求諸己而已矣

爲仁由己。射之中否亦由己。非他人所能與也。故不怨勝己者。而惟反求諸其身

孔子曰。君子無所爭。必也射乎。揖讓而升。下而飲。其爭也君子。

朱子曰。揖讓而升者。大射之禮。耦進三揖而後升堂也。下而飲。謂射畢揖降。以俟衆耦皆降。勝者乃揖不勝者升取觶立飲也。言君子恭遜不與人爭。惟於射而後有爭。然其爭也。雍容揖遜乃如此。則其爭也君子。而非若小人之爭矣。○今按揖讓而升。未射時也。下而復升以飲。則射畢矣。揖讓而升下五字。當依鄭註爲句。藍田呂氏曰。仁者之道。不怨天。不尤人。行有不至。反求諸己而已。蓋以仁爲己任。無待於外也。射者求中。有似於此。故曰射者仁之道也。射者正己而後發。發而不中。知反求諸己。而不怨勝己者。知所以中不中。莫不在於己。非人之罪也。

至於愛人不親，治人不治，禮人不荅，則反尤諸人。蓋不以爲己任，不知其類者也。君子無所不用其學，故於射也得反己之道焉。爭者，爭勝負也。君子之於天下也，所以與人交際，辭讓而已。爵位相先，患難相死，道途不爭險易之利，冬夏不爭陰陽之和，則無所事於爭矣。而獨於射也求中，是以勝負爭也。然射禮勝飲不勝，所以爭中者，爭辭爭飲也。

孔子曰：射者何以射？何以聽？循聲而發，發而不失正鵠者，其唯賢者乎！若夫不肖之人，則彼將安能以中？詩云：發彼有的，以祈爾爵。祈，求也。求中以辭爵也。酒者所以養老也，所以養病也。求中以辭爵者，辭養也。

郊特牲孔子曰：射之以樂也，何以聽？何以射？謂射者何以能不失射之容節，而又能聽樂之音節乎？何以能聽樂之音節而使射之容與樂之節相應乎言其難而美之也循聲而發謂射者依循樂聲而發矢也畫布曰正棲皮曰鵠賢者持弓矢審固故能中的不肖者不能也詩小雅賓之初筵發猶射也爵謂罰酒之爵中則免於罰故云求中以辭爵也酒所以養老病令求免於爵者以己非老者病者不敢當其養禮耳此讓道也長樂陳氏曰鵠之爲物遠舉而難中射以及遠中鵠爲善故正鵠欲其不失所以爲賢也禮樂由賢者出故持弓矢審固可以言中若不肖之人事勇力忘禮樂安能中哉此先何以射而後何以聽主禮而言也郊特牲先何以聽而後何以射主樂而言也○藍田呂氏曰詩云發彼有的以祈爾爵求中以辭爵則所以爭者乃所以辭也又曰射雖一藝而可以分賢不肖者以此

燕義第四十七

此明君臣燕飲之義　長樂陳氏曰。先王之爲聘所以致親也。而親親之心無所不用。則燕之之禮不得而廢焉。近自乎九族同姓與夫兄弟朋友之親。而遠至乎諸侯君臣。與夫蠻貊夷狄之邦。莫不有恩以見其愛。莫不有愛以盡其禮。故禮行而人說。而天下服者。此乃古之所以爲燕也

古者周天子之官有庶子官。庶子官職諸侯卿大夫士之庶子之卒。取內反　掌其戒令。與其教治。別其等。正其位。國有大事則率國子而致於大子。唯所用之。若有甲兵之事則授之以車甲。合其卒子忽反　伍。置其有司。以軍法治之。司馬弗正。征　凡國之政事。國子存游卒。使之脩德學道。春合諸

學秋合諸射以考其藝而進退之
庶子即夏官諸子職也下大夫二人掌其戒令以下皆周禮文卒讀爲倅倅副貳也此官專主諸侯以下衆庶之子副倅於父之事戒令謂任之征役也教治謂脩德學道也別其等者分別其貴賤也此屬皆未命以父之爵爲上下也正其位者朝廷之位尚爵學校之位尚齒也大事謂大祭祀大喪紀大賓客大燕享之類也唯所用之唯太子之所役使也百人爲卒五人爲伍有司統領卒伍者也司馬弗征者以其統屬於太子故司馬不得而征役之也凡國之政事非上文所言大事也游卒倅

之未仕者也。此既小事，乃民庶所爲，不使國子之未仕者爲之，蓋欲存之，使脩德學道，以成其材也。故春則合聚之於大學，秋則合聚之於射宫，考藝而爲之進退焉。○疏曰：庶者，衆也。適子衆多，故總謂之庶子，非適子庶弟而稱庶子也。必知適子者，以其倅是副貳於父之言。○吕氏曰：燕禮有主人升自西階，獻庶子阼階之上，又宵則執燭於阼階上，故此篇因陳庶子官之所掌，且明所以建官之義也。馬氏曰：燕義之設，始於公族，而公族之正，始於庶子官。記者之言燕，燕義必先述其燕與鄉飲之禮，凡以本其始而已。司馬治之，則處之以義；司馬弗征，則優之以恩。春合諸學而教之以文，所以順陽；秋合諸射而教之以武，所以順陰。○盱江李氏曰：王者之師，其備矣乎。非直興於閭里，抑又取於世族。彼以父祖貴富。宜有報上之心。而況學習德行道藝。孰不知忠孝之美。佐之以金革。則與夫干賞蹈利傭徒鬻賣者。蓋有間矣。且太子將爲君。國子將爲臣。君臣之分未定。而恩義固已接矣。則今日之游卒。未必不爲嗣王之將帥也。轡長馭遠有如是哉

諸侯燕禮之義。君立阼階之東南。南鄉爾卿。句大夫皆少進。句定位也。君席阼階之上。居主位也。君獨升立席上。西面特立。莫敢適之義也

爾與邇同。南鄉爾卿句絕。大夫皆少進句絕。少進。稍前也。定位者。定諸臣之位也。適讀爲敵。自此以下。皆記者舉儀禮正文而釋其義也。長樂陳氏曰。爾之者。以示其相親而無嫌於褻也。定位。則小卿次上卿。大夫次小卿。士庶子次就位是也。阼階之上。所以爲主位。而君席之所居者也。西者。作成之地也。

面乎西。則其地乃東矣。而東者。造始之方也。能造始。則有君之道。能作成。則有臣之德。是諸侯者。屈之而爲臣。伸之而爲君。夫卿大夫豈其偪者耶。此所以西面獨立。而無敢敵者也

設賓主飲酒之禮也。使宰夫爲獻主。臣莫敢與君亢禮也。不以公卿爲賓。而以大夫爲賓。爲疑也。明嫌之義也。賓入中庭。君降一等而揖之。禮之也

獻主。代主人舉爵獻賓也。君尊。臣不敢抗行賓主之禮。宰夫。主膳食之官也。卑。故抗禮無嫌。記曰。與卿燕則大夫爲賓。謂與本國之臣燕則然。若鄰國之臣。則以上介爲賓也。公。孤也。上公之國。得置孤一人。公卿之尊次於君。復以之爲賓。則疑於尊卑無辨。且嫌於偪上也。大夫

位卑。雖暫尊之爲賔。無所嫌疑也○方氏曰。旣曰爲疑而又曰明嫌者。蓋疑未至於嫌。特明嫌之義而已。長樂陳氏曰。位不辨則名不正。等不別則分不明。故膳夫者。國之膳食之司也。使之爲獻主。而不以君。言君爲主而大夫爲賔。則禮相敵而有所亢矣。大夫者。知足以帥人者也。使之爲賔。而不以卿。言卿爲賔而主之者在君。則體相親而有所疑矣。疑爲其近君也。亢爲其不臣也。易曰。君子以辨上下。定民志。記亦曰。禮所以別嫌明微。此膳夫爲獻主。而大夫爲賔之意也。

君舉旅於賔。及君所賜爵。皆降再拜稽首。升成拜。明臣禮也。君荅拜之。禮無不荅。明君上之禮也。臣下竭力盡能以立功於國。君必報之以爵祿。故臣下皆務竭力盡能以立功。是以國安而君寧。禮無不荅。言上之不虛取於下也。上必明正道以道民民道之而有功然後取其什一故上用足而下不匱也是以上下和親而不相怨也和寧禮之用也此君臣上下之大義也故曰燕禮者所以明君臣之義也

先是宰夫代主人行爵酬賓之後君命下大夫二人媵爵公取此媵爵以酬賓賓以旅酬於西階上旅序也以次序勸卿大夫飲酒也此之謂君舉旅於賓也君所賜爵則特賜臣下之爵也此二者賓皆降西階下再拜稽首公命小臣辭辭則賓升而成拜謂復再拜稽首也先時以君辭之於禮未成故云成拜也○楊氏曰按公取媵

爵以酬賓。此別是一禮。與尋常酬賓不同。此所謂公爲賓舉旅也。燕禮君使宰夫爲獻主。以臣莫敢與君抗禮也。今君舉觶於西階之上以酬賓。可乎。蓋君臣之際。其分甚嚴。其情甚親。使宰夫爲獻主。所以嚴君臣之分。今舉觶以酬賓。賓西階下拜。小臣辭。升成拜。公奠觶荅再拜。公卒觶。賓下拜。公荅再拜。略去勢分。極其謙卑。所以通君臣之情也。註云。不言君酬賓於西階上。及君反位尊君。空其文也。此又所以嚴君臣之分也。嚴陵方氏曰。舉旅。即下言舉旅行酬也。旅。序也。舉爵以序行酬。酬酢之禮也。鄉飲酒禮亦謂之相旅。即中庸所謂旅酬是也。君所賜爵。謂旅酬之外。君有特賜之爵也。升成拜者。旣降階而拜。又升而拜。以成前拜之禮故也。賓必再拜。以明臣下竭力盡能以立功於國。君必答拜以明君上發爵賜祿以報功於臣。故曰明臣禮也。又曰明君上之禮也。或言君或言臣。或言臣下。或言君臣上下。皆互相備也。言上則不特主君。言下則不特主臣。分言其才。能言其藝。民既有功則興事造業生財有道矣。夫然後取之以什一之法也。道之至於有功然後取之。此其不虛取於民也。寡乎什一。則上之用不足。多乎什一。則下之財或匱。唯其取之以什一。故繼之上用足而下不匱也。什一爲天下之正如此。亦由乎上之人明正道以行之而已。和寧禮之用也。以其國安而君寧。故曰寧。論語曰。禮之用。和爲貴。曲禮曰。人有禮則安。皆以是而已。夫君臣上下之大義。不過如此。故曰燕禮所以明君臣之義也

席小卿次上卿。大夫次小卿。士庶子以次就位於下。獻君。君舉旅行酬。而后獻卿。卿舉旅行酬。而后獻大夫。大夫舉旅行酬。而后獻士。士舉旅行酬。而后獻庶子。俎豆牲體薦羞皆有等差。所以明貴賤也

設席之位。上卿在賓席之東。小卿在賓席之西。皆是南面東上。而遥相次。此所謂小卿次上卿也。大夫在小卿之西。是大夫次小卿也。士受獻于西階之上。退立于阼階下。西面北上。庶子受獻于阼階上。亦退立于阼階下。庶子次於士。是士庶子以次就位于下也。獻君者。主人酌以獻也。公取媵爵以酬賓。賓以旅酬於西階上。此所謂獻君。君舉旅行酬也。而后獻卿者。亦主人獻之也。公又行一爵。亦媵者之爵也。若卿若賓。惟公所酬。卿亦以旅于西階之上。禮亦如初。此亦是君舉旅而言卿舉者。蓋君爲卿舉耳。下言大夫舉旅。士舉旅。其義同。而後獻大夫亦主人之獻也。公又舉奠觶以賜，是爲大夫舉旅也。主人獻士，公復賜之，是爲士舉旅也。公舉旅之禮止於士，不及庶子矣，而后獻庶子者，主人獻之于阼階之上也。牲，狗也。○疏曰：公及卿大夫士等牲體薦羞之等差，燕禮不載。藍田呂氏曰：禮之所貴，別而已矣。親疏長幼貴賤賢不肖皆別也。大別之中又有細別存焉，均親也，而有斬衰大功小功緦麻袒免之異；均長也，而有父事兄事肩隨之異；故以賤事貴有十等焉。所謂王公卿士皂輿隸僚僕臺也。君者積尊而爲之也。苟無差等，民可得而犯之，貴貴之義有所不行，此亂之所由生也。燕禮之別，故上卿小卿大夫士庶子，其席其就位皆有次，獻君獻卿獻大夫獻士獻庶子，又舉旅行酬皆有序，俎豆牲體薦羞皆有等差，君臣貴賤之義，極其察察，至于此者，所以防亂也。

聘義第四十八

呂氏曰。天子之與諸侯。諸侯之與鄰國。皆有朝禮有聘禮。朝則相見。聘則相問也。朝宗覲遇會同。皆朝也。存頫省聘問。皆聘也。故聘禮有天子所以撫諸侯者。大行人歲徧存。三歲徧頫。五歲徧省是也。有諸侯所以事天子者。大行人時聘以結諸侯之好。殷頫以除邦國之慝是也。有鄰國交脩其好者。大行人諸侯之邦交。歲相問。殷相聘是也。儀禮所載鄰國交聘之禮也。聘義者。釋聘禮之義

聘禮。上公七介。侯伯五介。子男三介。所以明貴賤也。

此言卿出聘之介數。上公七介者。上公親行則介九人。

諸侯之卿禮下於君二等故七介也以下放此○呂氏曰古者賓必有介介副也所以輔行斯事致文於斯禮者也嚴陵方氏曰上公卽九命作伯之上公也王之三公八命而已以其加三公之一命故以上言之周官行人上公介九人侯伯七人子男五人此言七介五介三介者以大聘使卿其禮各下其君二等故也以爵有貴賤則其介有多寡故曰所以明貴賤也

介紹而傳命君子於其所尊弗敢質敬之至也紹繼也其位相承繼也先時上擯入受主君之命出而傳與承擯承擯傳與末擯此是傳而下也賓之末介受命於末擯而傳與次介次介傳與上介上介傳與賓是傳而上也此所謂介紹而傳命也質正也於所尊者不

敢正自相當。故以介傳命。敬之至也。賓在大門外西北面。介自南向北為序。主君在內。迎擯者出大門自北向南為序。嚴陵方氏曰。介有三等。末介傳中介。中介傳上介。以相繼而傳之。故曰介紹而傳命也。紹而傳命。則命不直達矣。蓋以主君之尊。而使臣之卑。不敢與之亢禮故也。故曰弗敢質。質。對也。

三讓而后傳命。三讓而后入廟門。三揖而后至階。三讓而后升。所以致尊讓也。

疏曰。三讓而后傳命者。謂賓在大門外。見主人陳擯以大客之禮待己。己不敢當。三度辭讓。主人不許。乃後傳聘賓之命也。三讓而后入廟門者。謂賓既傳命之後。主君延賓而入。至廟將欲廟受。賓不敢當之。故三讓而後入。主君在東。賓差退在西。相向三讓。乃入廟門也。三揖而後至階者。初入廟門一揖也。當階北面又揖。二揖也。當碑又揖。三揖也。三讓而後升者。謂主君揖賓至階。主君讓賓升。賓讓主君。如此者三。主君乃先升。賓乃升也

君使士迎于竟。（境）大夫郊勞。（去聲）君親拜迎于大門之內而廟受。北面拜貺。拜君命之辱。所以致敬也。敬讓也者。君子之所以相接也。故諸侯相接以敬讓。則不相侵陵

郊勞。勞之于近郊也。用束帛。北面拜貺。亦主君之拜也。其拜於阼階上。拜君命之辱者。釋北面拜貺之義也。嚴陵方氏曰。迎於竟則使士。勞于郊則使大夫。因爲之隆殺焉。廟受者。受使者所銜之命也。受必於廟。所以致敬也。

拜既者，拜受所賜之物也。拜辱，見曲禮解。侵言自此以侵彼，陵言自下以陵上。

卿爲上擯，大夫爲承擯，士爲紹擯。君親禮賓，賓私面私覿，致饔餼呼既反，還旋圭璋，賄贈饗食嗣燕，所以明賓客君臣之義也。

卿，主國之卿也。承擯者，承副上擯也。紹擯者，繼續承擯也。賓行聘事畢，主國君親執醴以禮賓，是君親禮賓也。私面，謂私以己禮物面見主國之卿大夫也。私覿，私以己禮物覿見主國之君也。牲殺者曰饔，生者曰餼。致饔餼者，聘覿皆畢，賓介就館，主君使卿致饔餼之禮於賓也。還圭璋者，賓來時執以爲信，主君既受之矣，今將去君使卿送至賓館以還之也。還玉畢，加以賄贈之禮。經云賄用束紡。紡，今之絹也。饗禮、食禮皆在朝，燕禮在寢，一食再饗，燕無常數。○呂氏曰：擯者，主國之君所使接賓者也。主之有擯，猶賓之有介也。擯有三者，以多爲文也。大宗伯朝覲會同則爲上相。相即擯也。入詔禮曰相，出接賓曰擯。宗伯，卿也，故曰卿爲上擯。小行人諸侯入王則爲承而擯。行人，大夫也，故曰大夫爲承擯。士職卑，承官之乏，以繼擯之事，故曰士爲紹擯也。使臣之義則致其君臣之敬於所聘之君，主君之義則致其賓主之敬於來聘之臣也。嚴陵方氏曰：擯者，主國接賓之人而爲之執事者也。周官司儀所謂掌賓

客擯相之禮是矣言上擯則知承之爲中擯紹之爲末擯矣見主國之臣則曰面見主國之君則曰覿者與君言鄉臣言面同義

故天子制諸侯比年小聘三年大聘相厲以禮使者聘而誤主君弗親饗食也所以愧厲之也諸侯相厲以禮則外不相侵内不相陵此天子之所以養諸侯兵不用而諸侯自爲正之具也

天子制諸侯者天子制此禮而使諸侯行之也比年每歲也小聘使大夫大聘使卿誤謂禮節錯誤也○呂氏曰上下不交則天下無邦人道所以不能群也故先王之御諸侯使之相交以脩其好必使之相敬以全其交

其相交也。必求乎踈數之中。故比年小聘。三年大聘也。其相敬也。必相厲以禮。故使者之誤。主君不親饗食。以愧厲之。然後仁達而禮行。外則四鄰相親而不相侵。內則君臣有義而不相陵也。先王制禮。以善養人於無事之際。多爲升降之文。酬酢之節。賓主有司有不可勝行之憂。先王未之有改者。蓋以養其德意使之安於是而不憚也。故不安於偷惰而安於行禮。不耻於相下而耻於無禮也。天子以是養諸侯。諸侯以是養其士大夫。上下交相養。此兵所以不用。天下所以平也。節文之多惟聘射養人之至者也。諸侯自爲正。於射禮聘禮二禮之

義。天子養諸侯之意爲深。故其義皆曰兵不用自爲正之具也

長樂陳氏曰。使者得禮而榮君之命則有光華。失禮而辱君之命則有愧恥。故厲其使所以厲其君。厲其君則敬讓行而兵不用矣。古之人以禮相愧厲而不以怒。此所以相成之道也。此孔子所以貴使於四方不辱君命也

以圭璋聘重禮也。已聘而還圭璋。此輕財而重禮之義也。諸侯相厲以輕財重禮則民作讓矣

聘使之行禮於君則用圭。於夫人則用璋。其行享禮於君則束帛加璧。於夫人則琮。享猶獻也。及禮畢則還其圭璋者。以圭璋是行禮之器。故重之而不敢受也。璧琮與幣。皆財也。財在所輕。故受而不還。故曰此輕財而重

禮之義也○呂氏曰諸侯相厲以輕財而重禮則遠利而有耻所以民作讓藍田呂氏曰聘禮行人執圭璋以致命天下之寶無尚於玉君子以玉比德焉言重吾聘禮如玉之重且以達其君之信也聘君以圭聘夫人以璋半圭曰璋取法於陰陽之義也其圭璋典瑞所謂瑑圭璋璧琮以覜聘者也還圭璋而不還璧琮饗幣者聘以致命饗以致獻重命而輕獻所謂輕財而重禮也

主國待客出入三積子賜反餼客於舍五牢之具陳於內米三十車禾三十車芻薪倍禾皆陳於外乘禽日五雙羣介皆有餼牢壹食再饗燕與時賜無數所以厚重禮也古之用財者不能均如此然而用財如此其厚者言盡之於禮也盡之於禮則內君臣不相陵而外不相侵故天子制之

而諸侯務焉爾

出。既行也。入。始至也。積。謂饋之牢禮米禾芻薪之屬。其來與去。皆三饋之積。故云出入三積也。餼客於舍。謂致饗餼於賓之館舍也。三牲備為一牢。五牢之具陳於內。謂飪一牢在賓館西階。腥二牢。在賓館東階。餼二牢在賓館門內之西也。禾。稾實并刈者也。米車設於門東。禾車設於門西。倍禾。倍其數也。禮註云。薪從米。芻從禾。疏云。薪以炊爨。故從米。芻以食馬。故從禾。此四物皆在門外。乘禽。乘行群匹之禽。鴈鶩之屬也。掌客云。凡禮賓客。國新殺禮。凶荒殺禮。札喪殺禮。禍烖殺禮。在野在外殺禮。故曰古之用財者不能均如此。言不能皆如此豐厚也。然而於聘禮則用財如此之厚者。是欲極盡之於禮也。用財雖厚。盡禮而止。不敢加美以没禮。故內不相陵外不相侵。皆爲有禮以制之故也嚴陵方氏曰。主國。謂主君之國也。出入。謂從來訖去也。積。若委積之積。羣介皆有餼牢。則無餼腥矣。以殺於使臣故也。燕盛於饗。饗盛於食。於食則一。於饗則再。於燕則與時賜無數。盡之於禮。則人各守其分故內君臣不相陵。外不相侵也。○石林葉氏曰。餼牢天產。陽物也。故陳於內。米禾芻薪地產。陰物也。故陳於外。饗所以訓恭儉也。故至于再。燕與時賜以示慈惠也。故無數。聘禮雖具如此。而財有所不及則不必備。然而苟有其財。亦未嘗不盡於禮。此先王所以養諸侯。而兵不用也

聘射之禮。至大禮也。質明而始行事。日幾中而后禮成。非

強有力者弗能行也故強有力者將以行禮也酒清人渴而不敢飲也肉乾人飢而不敢食也日莫人倦齊莊正齊而不敢解惰以成禮節以正君臣以親父子以和長幼此衆人之所難而君子行之故謂之有行有行之謂有義有義之謂勇敢故所貴於勇敢者貴其能以立義也所貴於立義者貴其有行也所貴於有行者貴其行禮也故所貴於勇敢者貴其敢行禮義也故勇敢強有力者天下無事則用之於禮義天下有事則用之於戰勝用之於戰勝則無敵用之於禮義則順治外無敵内順治此之謂盛德故聖王之貴勇敢強有力如此也勇敢強有力而不用之於

禮義戰勝而用之於爭鬭則謂之亂人刑罰行於國所誅者亂人也如此則民順治而國安也

吕氏曰節文之多惟聘射之禮爲然故曰至大禮也君臣父子長幼之義皆形見於節文之中人之所難我之所安人之所懈我之所敬故能行之者君子也君子自養其強力勇敢之氣一用之於義禮戰勝而教化行矣此國之所以安也射禮諸侯之射必先行燕禮卿大夫士之射必先行鄉飲酒之禮酬獻之節極爲繁縟故有酒清肉乾而不敢飲食者若聘禮則受聘受享請覿然後酌醴禮賓無酒清肉乾之事特以節文之繁與射禮

等皆至日幾中而后禮成故與射禮兼言之也長樂陳氏曰聘之為禮養諸侯而兵不用射之為禮亦養諸侯而兵不用是皆至大之禮非強有力者不能行之齊以言其心莊以言其容正齊以言其儀言養諸侯而兵不用又曰天下有事用之於戰勝何也蓋先王之禮可以常安而不能使安之必常可以杜亂而不能使亂之必杜禮義在我而兵戰在天在我者不可不脩在天者順之而已故用之於兵戰亦至於無敵也○朱子曰按疏云此雖總結聘射然自酒清肴乾日莫成禮父子長幼之語似據射鄉而言恐射鄉之義失次在此或相因而言歟

子貢問於孔子曰敢問君子貴玉而賤碈者何也為玉之寡而碈之多與孔子曰非為碈之多故賤之也玉之寡故貴之也夫昔者君子比德於玉焉溫潤而澤仁也縝密以栗知也廉而不劌姑衛反義也垂之如隊墜禮也叩之其聲

清越以長其終詘(屈)然樂也瑕不揜瑜瑜不揜瑕忠也孚(如字)尹(如字)旁達信也氣如白虹天也精神見于山川地也圭璋特達德也天下莫不貴者道也詩云言念君子溫其如玉故君子貴之也

鄭氏曰碈石似玉縝緻也栗堅皃劌傷也義者不茍傷人越猶揚也詘絶止皃樂記曰止如槁木瑕玉之病也瑜其中間美者○陸氏曰孚尹正也孚尹猶言信正○應氏曰尹當作允孚允皆信也○疏曰圭璋特達謂行聘之時惟執圭璋特得通達不加餘幣也○馬氏曰能柔能剛能抑能揚能斂能彰而能備精粗之美以全天人

之道者。玉之爲物也。能柔則溫潤而澤。所以爲仁。能剛則廉而不劌。所以爲義。能抑則垂之如隊。所以爲禮。能揚則其聲清越以長。其終詘然。所以爲樂。能斂則縝密以栗。所以爲智。能彰則瑕不掩瑜。瑜不掩瑕。所以爲忠。孚尹於中。旁達於外。所以爲信。始之以仁。而成之以信。凡此皆粗而爲人道也。於氣如白虹。所以爲天。精神見于山川。所以爲地。圭璋特達。所以爲德。天下莫不貴之。所以爲道。凡此皆精而爲天道也。七者合而言之。皆謂之德。君子所貴以此德也。溫者德之始。言始所以見終。論語言孔子之五德則始於溫。以夔教冑子以四德亦始於溫詩亦曰溫溫恭人惟德之基古人用玉皆象其美若鎮圭以召諸侯以恤凶荒用其仁也齊有食玉用其智也牙璋以起軍旅用其義也國君相見以瑞相享以璧用其禮也樂有鳴球服有佩玉用其樂也邦國玉節用其信也琬以結好琰以除慝用其忠也兩圭祀地黃琮禮地用其能達於地也四圭祀天蒼璧禮天用其能達於天也圭璋特達用其能達於德也已聘而還圭璋已朝而班瑞此皆古之爲器而用玉之美者也古之善比君子於玉者曰言念君子溫其如玉曰追琢其章金玉其相曰如圭如璧曰有美玉於斯韞匵而藏諸曰玉

振終條理。曰瑾瑜匿瑕。曰如玉如瑩。爰變丹青。此古人比君子於玉者也。○石梁王氏曰。因聘禮用玉。故論玉之德以結此篇。石林葉氏曰。人之大德曰仁。故先溫潤而澤。有仁未嘗無知。故次之以縝密以栗。有知矣。非義則不足以制事。故次之以廉而不劌。義所以克實乎內。禮所以節文乎外。故次之以垂之如隊。禮立於禮。必成之以樂。故次之以其聲清越以長。自仁而至成於樂。則脩身之至矣。可以出而應物。故忠者不欺於內外。則次之以瑕瑜不相揜也。忠以待物。而物必信。故次之以孚尹旁達也。忠信。人德而已。人德備則與天地參。故次之以氣如白虹。精神見乎山川也。與天地參則歸於德而退藏於道矣。故終之以圭璋特達。天下莫不貴者也

喪服四制第四十九

疏曰。以其記喪服之制。取於仁義禮智也

凡禮之大體體天地法四時則陰陽順人情故謂之禮訾之者是不知禮之所由生也夫禮吉凶異道不得相干取之陰陽也喪有四制變而從宜取之四時也有恩有理有節有權取之人情也恩者仁也理者義也節者禮也權者知也仁義禮知人道具矣

體天地以定尊卑法四時以爲往來則陰陽以殊吉凶順人情以爲隆殺先王制禮皆本於此不獨喪禮爲然也故曰凡禮之大體吉凶異道以下始專以喪禮言之喪有四制謂以恩制以義制以節制以權制也嚴陵方氏曰恩則有所愛故曰仁理則有所宜故曰義節則有所制故曰禮權則有所明故曰知此四者人之所由發一不可

也。取之者。謂取而法之故也。其所謂則也。順也。蓋亦若是而已○馬氏曰。天地者。禮之本也。陰陽者。禮之端也。四時者。禮之柄也。人情者。禮之道也。恩義所以厚其死。節權所以存其生。厚其死者。故爲父斬衰三年。爲君亦斬衰三年。存其生者。故曰毀不滅性。不以死傷生也

其恩厚者其服重。故爲父斬衰三年。以恩制者也

疏曰。父最恩深。故特舉父而言之。其實門內諸親。爲之著服。皆是恩制也嚴陵方氏曰。天生時。地生財。人其父生。則恩之厚者莫如父。斬衰

門內之治恩揜義。門外之治義斷恩。資於事父以事君而敬同。貴貴尊尊。義之大者也。故爲君亦斬衰三年。以義制者也

門內主恩。故常揜蔽公義。門外主義。故常斷絕私恩。父

母之喪。三年不從政。恩揜義也。有君喪服於身。不敢私服。義斷恩也。資。猶取也。用也。用事父之道以事君。故其敬同也。人臣爲君重服。乃貴貴尊尊之大義。故曰以義制者也。然五服皆有義服。亦是以義制。此舉重者言之耳。藍田呂氏曰。極天下之愛莫愛於父。極天下之敬莫敬於君。愛敬生乎心。與生俱生者。故門內以親爲重。故爲父斬衰。親親之至也。門外以君爲重。故爲君亦斬衰。尊尊之至也。內外尊親。其義一也。故以事父之義施之君。此君之服以義制者也

三日而食。三月而沐。期而練。毀不滅性。不以死傷生也。喪不過三年。苴衰不補。墳墓不培。祥之日。鼓素琴。告民有終也。以節制者也

三日而食。始食粥也。葬而虞祭。始沐。不補。雖破不補完也。不培。一成丘壟之後。不再加益其土也。祥日。大祥之日也。素琴無漆飾也。與素几素俎之素同。嚴陵方氏曰。練。謂練帛以為冠。毀。謂瘠其身。毀而過制則傷生矣。鼓琴固所以散哀。止以素而不加飾。以示有漸也。凡此皆以禮節之。而不使過哀焉

資於事父以事母而愛同。天無二日。土無二王。國無二君。家無二尊。以一治之也。故父在為母齊衰期者。見無二尊也

齊衰之服。期而除之。以心喪終三年。馬氏曰。資於事父以事母而愛同。故父在為母齊衰期。以權制者也。○程子曰。古之父在為母服期。今則皆為三年之喪。皆為三年之喪。則家有二

尊矣。可無嫌乎。處今之宜。服齊衰一年外。以墨衰終月筭。可以合古之禮。全今之制

杖者何也。爵也。三日授子杖。五日授大夫杖。七日授士杖。或曰擔贍主。或曰輔病。婦人童子不杖。不能病也。百官備百物具。不言而事行者。扶而起。言而后事行者。杖而起。身自執事而后行者。面垢而已。秃者不髽。傴其縷反者不袒。跛者不踊。老病不止酒肉。凡此八者。以權制者也

疏曰。杖之所設。本爲扶病。而以爵者有德。其恩必深。其病必重。故杖爲爵者而設。故云爵也。遂歷敘有爵之人。故云三日授子杖。五日授大夫杖。七日授士杖。喪服傳云。無爵而杖者何。擔主也。擔假也。尊其爲主。假之以杖。

或曰輔病者。喪服傳云。非主而杖者何。輔病也。謂庶子以下皆杖。爲輔病故也。婦人。未成人之婦人。童子。幼少之男子。百官備。謂王侯也。委任百官。不假自言而事得行。故許子病深。雖有扶病之杖。亦不能起。故又須人扶乃起也。大夫士既無百官百物。須己言而后喪事乃行。故不許極病。所以杖而起。不用扶也。庶人卑。無人可使。但身自執事。不可許病。故有杖不用。但使面有塵垢之容而已。子於父母。貴賤情同。而病不得一。故爲權制。禿者無髮。女禿不髽。故男子禿亦不免也。袒者露膊。傴者可憎。故不袒也。踊是跳躍。跛人脚蹇。故不跳躍也。老及病者身已羸瘠。文使備禮。必至滅性。故酒肉養之。此八者。謂應杖不杖。不應杖而杖。一也。扶而起。二也。杖而起。三也。面垢。四也。禿者。五也。傴者。六也。跛者。七也。老病者。八也。喪大記大夫與士之喪。皆云三日授子杖。謂爲親也。此云五日七日。爲君也。藍田呂氏曰。先王制禮。不遂其所不得申。上文父在爲母齊衰期是也。不施於所不必用。婦人童子不杖是也。不責其所不能給。身自執事面垢而已是也。不必其所不能行。禿者不髽。傴者不袒之類是也。四者禮有所不能行。故以權制之也。

始死三日不怠。三月不解。期悲哀。三年憂。恩之殺也。聖人因殺以制節。此喪之所以三年。賢者不得過。不肖者不得不及。此喪之中庸也。王者之所常行也。書曰。高宗諒闇三

年不言善之也

自三日不怠以至於三年憂，其哀漸殺而輕，故曰恩之殺也。○鄭氏曰：諒古作梁。楣謂之梁。闇讀如鶉鵪之鵪。闇謂廬也。廬用梁者，所以柱楣也。藍田呂氏曰：子之於親，天性也，不可解於心也。執親之喪，創鉅痛甚，雖日月之久，豈有殺乎？此君子所以有終身之憂。然喪必有月筭，服必有變除，天地已易，四時已變，哀之感者亦安能無殺？創鉅者其日久，痛甚者其愈遲，此以恩之薄厚而有久近之殺也。三日不怠，三月不解，期悲哀，三年憂，此以日月之久近而有哀戚之殺也。始死，哭不絕聲，水漿不入口者三日，此三日不怠也。未葬，哭無時，居倚廬，寢不絕經帶，此三月不解者也。既虞卒哭，唯朝夕哭，此期悲哀者也。既練，不朝夕哭，哭無時，謂哀至則哭，此三年憂者也。君子之居喪期，合乎中者也。有如是之隆殺，聖人因隆殺而致其禮，所謂品節斯，斯之謂禮者也。禮者，所以敎民之中，故三年之喪，賢者不得過，不肖者不敢不勉也。三年之喪自天子達於庶人。古之道也。書獨稱高宗諒闇三年不言者。先王之禮墜。王者之貴有不能行之者。高宗以善喪聞。而廢禮所由興。故善之也

王者莫不行此禮。何以獨善之也。曰。高宗者武丁。武丁者殷之賢王也。繼世即位而慈良於喪。當此之時。殷衰而復興。禮廢而復起。故善之。善之故載之書中而高之。故謂之高宗。三年之喪。君不言。書云。高宗諒闇三年不言。此之謂也。然而曰言不文者。謂臣下也

君不言。謂百官百物不言而事行者也。臣下不能如此。必言而後事行。但不文其言辭耳。故曰言不文者。謂臣下也山陰陸氏曰。孝常行也。今載而高之。則以不能喪者多故也

禮斬衰之喪唯而不對齊衰之喪對而不言大功之喪言而不議緦小功之喪議而不及樂

說見間傳

父母之喪哀冠繩纓菅屨三日而食粥三月而沐期十三月而練冠三年而祥比終茲三節者仁者可以觀其愛焉知者可以觀其理焉彊者可以觀其志焉禮以治之義以正之孝子弟弟貞婦皆可得而察焉

比及也三月一節也練一節也祥一節也非仁者不足以盡愛親之道故於仁者觀其愛非知者不足以究居喪之理故於知者觀其理非強者不足以守行禮之志

故於強者觀其志。一説理治也。謂治斂殯葬祭之事惟知者能無悔事也。故曰觀其理。篇首言仁義禮知爲四制之本。此獨曰禮以治之義以正之者。蓋恩亦秉義權非悖禮也。孝子弟弟貞婦專言門内之治。而不及君臣者。亦章首專言父母之喪。而恩制爲四制之首故也。藍田呂氏曰。父母之喪。其大變有三。始死至于三月。一也。十三月而練。二也。三年而祥。三也。莫不執喪也。善於此者難。莫不善其始也。善於終者難。故終茲三節。以善喪稱者。則孝子弟弟貞婦可得而知也。惻怛痛疾悲哀志懣非仁者之篤於親。則不能也。然哭踊無節。喪期無數。服不別精粗。位不別賓主。乃野人夷狄直情徑行者。其知不足道也。哀之發於容體。發於聲音。發於言語。發於飲食。發於居處。發於衣服。輕重有等。變除有節。至於襲含斂殯之具。賓客弔哭之文。無所不中於禮。非知者之明於理則不能也。然有其文矣。實不足以稱之。有其始矣。

力不足以終之。其強不足道也。喪事不敢不勉。此強有志者之所能也。故古之善觀人者。察其言動之所趨而知其情。驗其行事之所久而知其德。親喪者人之所自致者也。哭死而哀。非爲生者。則其仁可知矣。生事之以禮。死葬之以禮。祭之以禮。則其知可知矣。先王制禮。不敢不及。則其強可知矣。故君子之觀人。常於此而得之

禮記集說大全卷之三十

明永樂内府本禮記集説大全

第七册

明 胡廣等撰

中國國家圖書館藏明永樂十三年内府刻本

山東人民出版社·濟南

禮記集說大全卷之二十一

喪大記第二十二

嚴陵方氏曰孟子曰養生者不足以當大事唯送死可以當大事周官以喪禮哀死亡則喪無非大事也然禮有小大此篇所記以大者爲主故名曰喪大記

疾病外内皆埽去聲君大夫徹縣玄士去上聲琴瑟寢東首去聲於北牖下廢牀徹褻衣加新衣體一人男女改服屬燭纊曠以俟絕氣男子不死於婦人之手婦人不死於男子之手

病疾之甚也以賓客將來候問故埽潔所居之内外若君與大夫之病則徹去樂縣士則去琴瑟東首於北牖下者東首向生氣也按儀禮宮廟圖無北牖而西北隅

謂之屋漏。以天光漏入而得名。或者北牖指此乎。古人病將死。則廢牀而置病者於地。以始生在地。庶其生氣復反而得活。及死則復舉尸而置之牀上。手足爲四體各一人持之。爲其不能自屈伸也。男女皆改服。亦擬賓客之來也。貴者朝服。庶人深衣。纊新綿也。屬之口鼻觀其動否。以驗氣之有無也。男子不死於婦人之手。婦人不死於男子之手。惡其褻也。金華應氏曰。埽庭及堂。正家之常道。今於此又皆埽者。肅外內以謹變。致潔敬以謹終也。樂縣琴瑟。自其疾即不作。則聲音固已久闕於耳矣。徹而去之。亦不欲接於目也。○李氏曰。東首所以歸魂于陽。北牖下所以反魄于陰。使之各歸其眞宅而已。男子不死於婦人之手。婦人不死于男子之手。以齊終也。○馬氏曰。君子於其生也。欲內外之有別。於其死也。欲始終之不褻。則男女之分明夫婦之化興昔者曾子寢疾病樂正子春坐於牀下曾元曾申坐於足童子隅坐而執燭論語亦云召門弟子曰啓予足啓予手則曾子之死唯弟子與子侍側而已

君夫人卒於路寢大夫世婦卒於適的寢內子未命則死於下室遷尸于寢士之妻皆死于寢

諸侯與夫人皆有三寢君正者曰路寢餘二曰小寢夫人一正寢二小寢卒當於正處也大夫妻曰命婦而云世婦者世婦乃國君之次婦其尊卑與命婦等故兼言之內子卿妻也下室燕處之所又燕寢亦曰下室也士之妻皆死于寢謂士與其妻故云皆也士喪禮云死于適室此云寢寢室通名也臨川吳氏曰此記上是記君大夫士與其正妻死處不及

其次妻世婦謂大夫之正妻非言諸侯次婦以其名稱與諸侯次婦同故注疏因而言其死處也天子適后之次稱夫人故諸侯以天子之次婦爲適妻之稱諸侯適夫人之次稱世婦故大夫以諸侯之次婦爲適妻之稱遞降一等也内子即大夫之正妻未受夫人所命則未可稱世婦故但稱内子内子蓋已命未命之通稱世婦亦内子也○嚴陵方氏曰路寢謂之路猶路車謂之路以大言之也適寢謂之適猶適子謂之適以正言之也言正則以别他下室及燕處也寢即正寢也

士與其妻皆死于寢則以賤而無嫌故也

復有林麓則虞人設階無林麓則狄人設階

復始死升屋招魂也虞人掌林麓之官階梯也狄人樂吏之賤者死者封疆内若有林麓則使虞人設梯以升屋其官職卑下不合有林麓者則使狄人設之以其掌設簨簴或便於此嚴陵方氏曰設階必以虞人者以階之材必取諸林麓而虞人則掌林麓

之官也無林麓則無虞人故以樂吏之賤者代之

小臣復復者朝服君以卷（衮）夫人以屈（闕）狄大夫以玄赬（赤貞反）世婦以襢（知彥反）衣士以爵弁士妻以稅（彖）衣皆升自東榮中屋履危北面三號（平聲）捲衣投于前司服受之降自西北榮

小臣君之近臣也君以衮謂上公用衮服也循其等而用之則侯伯用鷩冕之服子男用毳冕之服上公之夫人用褘衣侯伯夫人用揄狄子男夫人用屈狄此言君以衮舉上以見下也夫人以屈狄舉下以知上也赬赤色玄赬玄衣纁裳也世婦大夫妻言世婦者大夫妻與

世婦同用襢衣也。褘衣而下六服。說見前篇。爵弁指爵弁服而言。非用弁也。六冕則以衣名冠。四弁則以冠名衣也。榮。屋翼也。天子諸侯屋皆四注。大夫以下但前簷後簷而已。翼在屋之兩頭似翼。故名屋翼也。中屋。當屋之中也。履危。立于高峻之處。蓋屋之脊也。三號者。一號於上。冀魂自天而來。一號於下。冀魂自地而來。一號於中。冀魂自天地四方之間而來。其辭則臯某復也。臯。長聲也。三號畢。乃捲斂此衣自前投而下。司服者以篋受之。復之小臣。即自西北榮而下也。馬氏曰。始死者。人以不忍之心而望其重生。求生者。人以必還之理而欲其不死。故謂之復。自君至於士。自夫人至於士妻。各以其祭服之至盛者招之。

庶其神之依是而來也。中屋履危。則求之上下之間。北面三號。則求諸幽陰之義。及乎不知神之所在而卒不復也。然後捲衣投于前而降焉。蓋死矣滅矣。不可以復生矣。則自小斂以至於葬。此所謂唯哭先復。復而後行死事也。然則死者不可以復生。萬物自然之理也。於死而必爲復。既死而卒不能復。聖人制此。豈虛禮歟。亦以謂禮義之經。非從天降也。非從地出也。人情而已矣。孝子之情。苟可以生死而骨肉者。無不爲已。況於萬一有復生之道。何憚而不設此禮哉

其爲賓。則公館復。私館不復。其在野。則升其乘車之左轂而復

說見曾子問及雜記

復衣不以衣去聲尸。不以斂。婦人復不以袡。如占反　凡復男子稱名。婦人稱字。唯哭先去聲復。復而後行死事

士喪禮復衣初用以覆尸浴則去之此言不以衣尸謂不用以襲也以絳緣衣之下曰袡蓋嫁時盛服非事鬼神之衣故不用以復也嚴陵方氏曰稅與衻皆謂之緣衣或以復或以不復者蓋祭之緣衣則謂之稅嫁之緣衣則謂之衻此其所以異復各以死者之祭服以其求於神故也

始卒主人啼兄弟哭婦人哭踊

啼者哀痛之甚嗚咽不能哭如嬰兒失母也兄弟情稍輕故哭有聲婦人之踊似雀之跳足不離地問喪篇云爵踊是也山陰陸氏曰主人啼而不哭兄弟哭而不踊婦人哭踊殺於上矣蓋踊所以動體安心下氣也

既正尸子坐于東方卿大夫父兄子姓立于東方有司庶

士哭于堂下北面夫人坐于西方内命婦姑姊妹子姓立于西方外命婦率外宗哭于堂上北面

此言國君之喪正尸遷尸於牖下南首也姓猶生也子姓子所生謂衆子孫也内命婦子婦世婦之屬姑姊妹君之姑姊妹也子姓君女孫也外命婦卿大夫之妻也外宗謂姑姊妹之女金華應氏曰男東女西陰陽之大分也喪遽哀迫人雜事叢先謹男女之辨而各以類從則紛糾雜亂者有倫矣主東賓西内外之大統也男主居東之上而内之家長雖若毋亦在其西則示一國一家之有主而内外族姓之尊卑咸有所統攝矣

大夫之喪主人坐于東方主婦坐于西方其有命夫命婦則坐無則皆立士之喪主人父兄子姓皆坐于東方主婦

姑姊妹子姓皆坐于西方。凡哭尸于室者。主人二手承衾而哭

承衾而哭。猶若致其親近扶持之情也。謂初死時。○疏曰。君與大夫位尊。故坐者殊其貴賤。士位下。故坐者等其尊卑

君之喪未小斂。爲寄公國賓出。大夫之喪未小斂。爲君命出。士之喪。於大夫不當斂則出

寄公。諸侯失國而寄託鄰國者也。國賓。他國來聘之卿大夫也。出。出迎也。爲君命出。謂君有命及門則出也。檀弓云。大夫弔。當事而至則辭焉。辭。告也。故不當斂時則

亦出迎。雜記云。大夫至絶踊而拜之者。亦謂斂後也

凡主人之出也。徒跣扱插衽拊撫心。降自西階。君拜寄公國賓于位。大夫於君命迎于寢門外。使者升堂致命。主人拜于下。士於大夫親弔則與之哭。不逆於門外

徒跣者。未著喪屨。吉屨又不可著也。扱衽者。扱深衣前襟於帶也。拊心。擊心也。曲禮云。升降不由阼階。拜寄公國賓于位者。寄公位在門西。國賓位在門東。主人於庭各向其位而拜之也。士喪禮云。賓有大夫則特拜之。即位于西階下東面不踊。山陰陸氏曰。迎。逢也。凡言迎。先之也。若逆。彼來而後往焉。大夫於君命言迎。士於大夫言逆。以此

夫人爲寄公夫人出。命婦爲夫人之命出。士妻不當斂則爲命婦出

婦人不下堂。此謂自房而出拜於堂上也

小斂。主人即位于戶內。主婦東面乃斂。卒斂。主人馮憑之踊。主婦亦如之。主人袒說脫髦括髮以麻。婦人髽側瓜反帶麻于房中。徹帷。男女奉上聲尸夷于堂降拜

檀弓云。小斂于戶內。馮之踊者。馮尸而踊也。髦。幼時翦髮爲之。年雖成人猶垂于兩邊。若父死脫左髦。母死脫右髦。親沒不髦。謂此也。髽亦用麻。如男子括髮以麻也。帶麻。麻帶也。謂婦人要絰。小斂畢。即徹去先所設帷堂

之帷。諸侯大夫之禮。賓出乃徹帷。此言士禮耳。夷陳也。小斂竟。相者舉尸出戶往陳于堂。而孝子男女親屬並扶捧之也。降拜。適子下堂而拜賓也。長樂黃氏曰。士喪禮。小斂。馮尸。主人括髮袒。衆主人免于房。主婦髽于室。士喪禮記曰。既馮尸。主人絞帶。衆主人布帶。則小斂馮尸之後。括髮免髽之時。主人已絞帶。衆主人已布帶。婦人已帶麻。特主人未襲絰耳。

君拜寄公國賓大夫士。句拜卿大夫於位。於士旁三拜。夫人亦拜寄公夫人於堂上。大夫內子士妻特拜命婦。氾泛拜衆賓於堂上。

君。謂遭喪之嗣君也。寄公與國賓入弔。固拜之矣。其於大夫士也。卿大夫則拜之於位。士則旁三拜而已。旁謂不正向之也。士有上中下三等。故共三拜。大夫士皆先君之臣。俱當服斬。今以小斂畢而出庭列位。故嗣君出拜之。夫人亦拜寄公夫人於堂上矣。其於卿大夫之內子士之妻。則亦拜之。但內子與命婦。則人人各拜之。衆賓則士妻也。汎拜之而已。亦旁拜之比也

主人即位。襲帶絰踊。母之喪。即位而免。〔問〕乃奠。弔者襲裘加武帶絰。與主人拾踊〔其劫反〕

主人拜賓後。即阼階下之位。先拜賓時袒。今拜畢乃掩襲其衣。而加要帶首絰乃踊。士喪禮先踊乃襲絰。此諸侯禮。故先襲絰乃踊也。母喪降於父。拜賓竟而即位以

免代括髮之麻免而襲絰至大斂乃成踊也乃奠者謂小斂奠弔者小斂後來則掩襲裘上之裼衣加素弁於吉冠之武武冠下卷也帶絰者要帶首絰有朋友之恩則加帶與絰無朋友之恩則無帶惟絰而已拾踊更踊也

君喪虞人出木角狄人出壺雍人出鼎司馬縣玄之乃官代哭大夫官代哭不縣玄壺士代哭不以官

虞人主山澤之官出木爲薪以供爨鼎蓋冬月恐漏水冰凍也角斛水之斗狄人樂吏也主挈壺漏水之器故出壺雍人主烹飪故出鼎司馬夏官卿也其屬有挈壺

氏。司馬自臨視其縣此漏器。乃官代哭者。未殯哭不絕聲。爲其不食疲倦。故以漏器分時刻。使官屬以次依時相代。而哭聲不絕也。士代哭不以官者。親疏之屬與家人自相代也

君堂上二燭。下二燭。大夫堂上一燭。下二燭。士堂上一燭下一燭

疏曰。有喪則於中庭終夜設燎。至曉滅燎。而日光未明。故須燭以照祭饌也。古者未有蠟燭。呼火炬爲燭也

賓出徹帷

小斂畢即徹帷。士禮也。此君與大夫之禮。小斂畢下階

拜賔。賔出乃徹帷也

哭尸于堂上。主人在東方。由外來者在西方。諸婦南鄉。向

婦人哭位本在西而東面。今以奔喪者由外而來。合居尸之西。故退而近北以鄉南也

婦人迎客送客不下堂。下堂不哭。男子出寢門外見人不哭

堂以内至房。婦人之事。堂以外至門。男子之事。非其所而哭。非禮也。此言小斂後。男主女主迎送弔賔之禮。婦人於敵者固不下堂。若君夫人來弔。則主婦下堂至庭。稽顙而不哭也。男子於敵者之弔亦不出門。若有君命

而出迎亦不哭也

其無女主則男主拜女賓于寢門内其無男主則女主拜男賓于阼階下子幼則以衰催抱之人爲之拜爲後者不在則有爵者辭無爵者人爲之拜在竟境内則俟之在竟外則殯葬可也喪有無後無無主

爲後者不在謂以事故在外也此時若有喪事而弔賓及門其爲後者是有爵之人則辭以攝主無爵不敢拜賓若此爲後者是無爵之人則攝主代之拜賓可也出而在國境之内則俟其還乃殯葬若在境外則當殯即殯殯後又不得歸而及葬期則葬之可也無後不過已

自絶嗣而已。無主則闕於賓禮故可無後不可無主也嚴陵方氏曰。有後無後存乎天。有主無主存乎人。存乎天者不可爲也。故喪有無後者。存乎人者可以爲也。故無無主者

君之喪三日。子夫人杖。五日既殯授大夫世婦杖。子大夫寢門之外杖。寢門之内輯集之。夫人世婦在其次則杖。即位則使人執之。子有王命則去上聲杖。國君之命則輯杖。聽卜有事於尸則去杖。大夫於君所則輯杖。於大夫所則杖

子。兼適庶及世子也。寢門。殯宮門也。輯。斂也。謂舉之不以拄地也。子大夫廬在寢門外。得拄杖而行至寢門。子與大夫并言者。據禮大夫隨世子以入。子杖則大夫輯。

子輯則大夫去杖。故下文云。大夫於君所則輯杖也。此言大夫特來。不與子相隨。故云門外杖。門內輯。若庶子之杖。則不得持入寢門也。夫人世婦居次在房內。有王命至。則世子去杖。以尊王命也。有隣國君之命則輯杖者。下成君也。聽卜。卜葬卜日也。有事於尸。虞與卒哭及祔之祭也。於大夫所則杖者。諸大夫同在門外之位同是爲君。故並得以杖拄地而行也。山陰陸氏曰。子夫人杖。不言授。嫌或使之

大夫之喪。三日之朝既殯。主人主婦室老皆杖。大夫有君命則去杖。大夫之命則輯杖。內子爲夫人之命去杖。爲世婦之命授人杖

大夫有君命。此大夫指爲後子而言。世婦，君之世婦也。

山陰陸氏曰：內子爲夫人之命去杖。輯杖於此取中焉，在去杖與杖之間。爲世婦之命授人杖。不言使人執之，卑也。

士之喪二日而殯。三日之朝主人杖。婦人皆杖。於君命夫人之命如大夫。於大夫世婦之命如大夫。

如大夫。謂去杖、輯杖、授人杖。三者輕重之節也。

子皆杖，不以即位。大夫士哭殯則杖。哭柩則輯杖。棄杖者斷（短）而棄之於隱者。

子，凡庶子。不獨言大夫士之庶子也。不以杖即位。避適子也。哭殯則杖。哀勝敬也。哭柩。啓後也。輯杖。敬勝哀也。

獨言大夫士者。天子諸侯尊。子不敢以杖入殯宮門。故哭殯哭柩皆去杖也。杖於喪服爲重。大祥棄之。必斷截使不堪他用。而棄於幽隱之處。不使人褻賤之也

始死遷尸于牀。幠呼用斂衾。去死衣。小臣楔先結反齒用角柶。四綴拙足用燕几。君大夫士一也

病困時遷尸于地。冀其復生。死則舉而置之牀上也。幠。覆也。斂。衾。擬爲大斂之衾也。先時徹褻衣而加新衣。以死。今覆以衾而去此死時之新衣也。楔。拄也。以角爲柶長六寸。兩頭屈曲。爲將含恐口閉。故以柶拄齒令開而受含也。尸應著屨。恐足辟戾。故以燕几拘綴之令直也。

管人汲，不說脫繘聿，屈之，盡階不升堂，授御者。御者入浴，小臣四人抗衾，御者二人浴，浴水用盆，沃水用枓主，浴用絺巾，挋震用浴衣，如他日。小臣爪足，浴餘水棄于坎。其母之喪，則內御者抗衾而浴。

管人，主館舍者。汲，汲水以供浴事也。繘，汲水缾上索也。急遽不暇解脫此索，但縈屈而執於手。水從西階升，盡等而不上堂，授與御者。抗衾，舉衾以蔽尸也。此浴水用盆盛之，乃用枓酌盆水以沃尸，以絺爲巾，蘸水以去尸之垢。挋，拭也。浴衣，生時所用以浴者，用之以拭尸令乾也。如他日者，如生時也。爪足，浴竟而翦尸足之爪甲也。

浴之餘水棄之坎中。此坎是甸人取土爲竈所掘之坎。

內御者。婦人也

管人汲授御者。御者差七何反沐于堂上。君沐粱。大夫沐稷。士沐粱。甸人爲垼役于西牆下。陶人出重平聲鬲。歷管人受沐乃煮之。甸人取所徹廟之西北厞扶味反薪用爨之。管人授御者沐。乃沐。沐用瓦盤。挋用巾。如他日。小臣爪手翦須。濡乃亂反濯棹棄于坎

此言尸之沐。差。猶摩也。謂淅粱或稷之瀋汁以沐髮也。君與士同用粱者。士卑不嫌於僭上也。垼。塊竈也。將沐時。甸人之官。取西牆下之土爲塊竈。陶人。作瓦器之官

也。重鬲縣重之罌瓦缾也。受三升。管人受沐汁於堂上之御者。而下往西牆於垼竈鬲中煑之令温。甸人爲竈畢。即往取復者所徹正寢西北扉。以爨竈煑沐汁。謂正寢爲廟。神之也。舊說扉是屋簷。謂抽取屋西北之簷。一說西北隅扉。隱處之薪也。用瓦盤以貯此汁也。挋用巾。以巾拭髮及面也。爪手。翦手之爪甲也。濡。煩撋其髮也。濯。不淨之汁也。

君設大盤造(七到反)冰焉。大夫設夷盤造冰焉。士併(步頂反)瓦盤無冰。設牀襢(展)第(滓)有枕。含(去聲)一牀。襲一牀。遷尸于堂又一牀。皆有枕席。君大夫士一也。

大盤造冰。納冰於大盤中也。夷盤小於大盤。夷猶尸也。併並也。夷盤小。故併設之。無冰盛水也。冰在下。設牀於上。襢單也。去席而袒露笫簀。尸在其上。使寒氣得通免腐壞也。含襲遷尸三節。各自有牀。此謂沐浴以後襲斂以前之事

君之喪。子大夫公子衆士皆三日不食。子大夫公子衆士食粥。納財。朝一溢米。莫暮一溢米。食之無筭。士疏食嗣水飲。食之無筭。夫人世婦諸妻皆疏食水飲。食之無筭

納財。謂有司供納此米也。鄭註。財穀也。謂米由穀出故言財。一溢。二十四分升之一也。食之無筭者。謂居喪不

能頓食隨意欲食則食但朝暮不過此二溢之米也䟽食粗飯也

大夫之喪主人室老子姓皆食粥衆士䟽食水飲妻妾䟽食水飲士亦如之

室老家臣之長子姓孫也衆士室老之下也士亦如之謂士之喪亦子食粥妻妾䟽食水飲也

旣葬主人䟽食水飲不食菜果婦人亦如之君大夫士一也練而食菜果祥而食肉食粥於盛平聲不盥食於篹思管反者盥食菜以醯醬始食肉者先食乾平肉始飲酒者先飲醴酒

盛。杯圩之器也。篹。竹筥也。杯圩盛粥歠之以口。故不用盥手。飯在篹須手取而食之。故當盥手也

期之喪三不食。食疏食水飲。不食菜果。三月既葬食肉飲酒。期終喪不食肉。不飲酒。父在爲母爲妻九月之喪食飲猶期之喪也。食肉飲酒。不與人樂洛之

不與人樂之。言不以酒肉與人共食爲歡樂也。與音預非○疏曰。期喪三不食。謂大夫士旁期之喪。正服則二日不食。見間傳臨川吳氏曰。上言期之喪者謂不杖期下言父在爲母爲妻者謂杖期故不同也

五月三月之喪壹不食。再不食可也。比畀葬食肉飲酒不

與人樂之。叔母世母故主宗子。食肉飲酒

一不食。三月之喪也。再不食。五月之喪也。故主。舊君也。

大夫本稱主

不能食粥。羹之以菜可也。有疾。食肉飲酒可也。五十不成喪。七十唯衰麻在身

不成喪。謂不備居喪之禮節也

既葬。若君食之則食之。大夫父之友食之則食之矣。不辟粱肉。若有酒醴則辭

避粱肉。若有酒醴則辭

君食之。食臣也。大夫食之。食士也。父友。父同志者。此並是尊者食卑者。故雖粱肉不避。酒醴見顔色。故當辭

小斂於戶內大斂於阼君以簟席大夫以蒲席士以葦席

簟席竹席也

小斂布絞縮者一橫者三君錦衾大夫縞衾士緇衾皆一衾十有九稱（去聲）君陳衣于序東大夫士陳衣于房中皆西領北上絞紟（其鴆反）不在列

此明小斂之衣衾絞既斂所用以束尸使堅實者從者在橫者之上從者一幅橫者三幅每幅之末析爲三片以便結束皆一者君大夫士皆一衾衾在絞之上天數終於九地數終於十故十有九稱也袍夾衣衣裳單衣故註云單複具曰稱紟單被也不在列不在十九稱之

數也

大斂布絞縮者三橫者五布紟二衾君大夫士一也君陳衣于庭百稱北領西上大夫陳衣于序東五十稱西領南上士陳衣于序東三十稱西領南上絞紟如朝服絞一幅爲三不辟卜百紟五幅無紞都敢反

此明大斂之事縮者三謂一幅直用裂其兩頭爲三片也橫者五謂以布二幅分裂作六片而用五片橫於直者之下也紟一說在絞下用以舉尸一說在絞上未知孰是二衾者小斂一衾大斂又加一衾也如朝服其布如朝服十五升也絞一幅爲三不辟者一幅兩頭分爲

三段而中不擘裂也。紟五幅，用以舉尸者。無紞，謂被頭不用組紐之類爲識別也。又按士沐粱及陳衣與士喪禮不同。舊說此爲天子之士臨川吳氏曰：絞一幅爲三不辟者，辟讀如闢，開也。蓋小斂之絞，縮一橫三者，曰一曰三。皆以布之全幅爲數也。大斂之絞，縮三橫五者，曰三曰五。皆以布之小片爲數也。橫絞之五，既是以兩幅之布通身裁開爲六小片，而用其五片矣。縮絞之三，亦是以一幅之布裁開其兩端爲三。但中間當腰處約計三分其長之一，不擘破爾。其橫縮之絞，八片皆狹小，故結束處不用更辟裂之也。若小斂橫縮之絞，是全幅之布，則其末須是擘開爲三，方可結束也。但其擘開處不甚長，非如大斂之縮絞三分其長之二皆擘開也。紟五幅者，蓋用布五幅聯合爲一。如今單布被。斂衾直鋪，布衾橫鋪。斂時先緊捲布紟以包裹斂衾，然後結束縮絞之三，縮絞結束畢，然後結束橫絞之五也。

小斂之衣，祭服不倒。君無襚。大夫士畢主人之祭服。親戚之衣。受之不以即陳。小歛。君大夫士皆用複福衣複衾。大歛。君大夫士祭服無筭。君褶牒衣褶衾。大夫士猶小歛也。

小歛十九。稱不悉著於身。但取其方。故有領在下者。惟祭服尊。故必領在上也。君無襚。謂悉用己衣。不用他人襚。襚者。大夫士盡用己衣。然後用襚。言祭服舉尊美者言之也。親戚所襚之衣。雖受之而不以陳列。複衣複衾。衣衾之有綿纊者。祭服無筭。隨所有皆用。無限數也。褶衣褶衾。衣衾之裌者。君衣尚多。故大歛用裌衣衾。大夫士猶用小歛之複衣複衾也。臨川吳氏曰。君無襚者。謂君之小歛。但有己衣無襚衣。雖有襚衣不以用也。大夫士則先盡用自己之正服。乃繼用他人之襚服。親戚謂小功以下。若大功以上之

襚不將命自即陳于房中者用之以繼主人之正服而斂以下親戚之襚則須將命喪主但受之雖用以斂而未必盡用故不以即陳也

袍必有表不禪衣必有裳謂之一稱

袍衣之有著者乃褻衣也必須有禮服以表其外不可禪露衣與裳亦不可偏有如此乃成稱也

凡陳衣者實之篋取衣者亦以篋升降者自西階凡陳衣不詘屈非列采不入絺綌紵宁不入

陳衣者實之篋自篋中取而陳之也取衣收取襚者所委之衣也不詘舒而不卷也非列采爲間色雜色也斂尸者當暑亦用袍故絺綌與紵布皆不入也

凡斂者袒遷尸者襲

執小斂大斂之事者其事煩故必袒以取便遷尸入柩則其事易矣故不袒

君之喪大泰胥祝是斂衆胥佐之大夫之喪大胥侍之衆胥是斂士之喪胥爲侍士是斂

胥讀爲祝者以胥是樂官不掌喪事也周禮大祝之職大喪贊斂喪祝卿大夫之喪掌斂士喪禮商祝主斂故知當爲祝侍猶臨也臨川吳氏曰大胥非謂樂官之大胥按周官大祝之下有胥四人所謂大胥者大祝之胥也喪祝之下有胥四人所謂衆胥者衆祝之胥也大祝之爵爲下大夫喪祝之爵爲上士非能親執斂役者故雖身親涖事而各以其下之胥服勞佚國之祝雖非四命之下大夫三命之上士等而褻

之。其命數大祝當降國卿一等。衆祝當降二等。胥各四人。當亦如王朝之數。國君之斂。大胥四人親斂。衆胥二人佐之。以足六人之數。祝官臨檢。記雖不言。孔疏謂君應有侍者。不知何人。蓋大祝也。大夫之斂。則大胥二人臨檢。衆胥四人親斂。士之斂。則衆胥二人臨檢。士之友四人自斂。

小斂大斂祭服不倒皆左衽結絞不紐

疏曰。衽衣襟也。生向右。左手解抽帶便也。死則襟向左。示不復解也。結絞不紐者。生時帶並爲屈紐。使易抽解。死時無復解義。故絞束畢結之。不爲紐也

斂者既斂必哭。士與去聲其執事則斂。斂焉則爲之壹不食。

凡斂者六人

與其執事。謂相助凡役也。舊說謂與此死者平生共執

事則不至褻惡死者故以之斂未知是否

君錦冒黼殺色介反綴旁七大夫玄冒黼殺綴旁五士緇冒赬尺貞反殺綴旁三凡冒質長與手齊殺三尺自小斂以往用夷衾夷衾質殺之裁去聲猶冒也

冒者韜尸之二囊上曰質下曰殺先以殺韜足而上後以質韜首而下君質用錦殺畫黼文故云錦冒黼殺也其制縫合一頭又縫連一邊餘一邊不縫兩囊皆然綴旁七者不縫之邊上下安七帶綴以結之也上之質從頭而下其長與手齊殺則自下而上其長三尺也小斂有此冒故不用衾小斂以後則用夷衾覆之夷尸也裁

猶製也。夷衾與質殺之制。皆爲覆冒尸形而作也。舊說夷衾亦上齊手下三尺。繒色及長短制度如冒之質殺

君將大斂子弁絰即位于序端。卿大夫即位于堂廉楹西。北面東上。父兄堂下北面。夫人命婦尸西東面。外宗房中南面。小臣鋪席。商祝鋪絞紟衾衣。士盥于盤上。士舉遷尸于斂上。卒斂宰告。子馮之踊。夫人東面亦如之

弁絰。素弁上加環絰。未成服故也。序端。謂東序之南頭也。堂廉。堂基南畔廉稜之上也。楹南近堂廉者。父兄堂下北面。謂諸父諸兄之不仕者。以賤故在堂下。外宗見雜記下。小臣鋪席絞紟衾鋪于席上。士。商祝之屬也。

斂上。即斂處也。卒斂宰告。太宰告孝子以斂畢也。馮之

踊者馮尸而起踊也

大夫之喪將大斂既鋪絞紟衾衣君至主人迎先入門右。巫止于門外。君釋菜祝先入升堂。君即位于序端卿大夫即位于堂廉楹西北面東上。主人房外南面主婦尸西東面。遷尸卒斂宰告主人降北面于堂下。君撫之主人拜稽顙。君降升主人馮之命主婦馮之

君釋菜禮門神也。宰告亦告主人以斂畢也。君撫之。撫尸也。主人拜稽顙。謝君之恩禮也。升主人馮之。君使主人升堂馮尸也。命亦君命之

士之喪將大斂君不在其餘禮猶大夫也

其餘禮如鋪衣列位等事

鋪絞紟踊鋪衾踊鋪衣踊遷尸踊斂衣踊斂衾踊斂絞紟踊

此踊之節也動尸舉柩哭踊無數不在此節臨川吴氏曰踊之節君大夫士之禮皆同大斂當此之節則孝子必踊也

君撫大夫撫內命婦大夫撫室老撫姪迭娣

撫以手按之也內命婦君之世婦也大夫內命婦皆貴故君自撫之以下則不撫也室老貴臣姪娣貴妾故大夫撫之也古者諸侯一娶九女二國各以女媵之爲娣

姪以從。大夫內子亦有姪娣。姪者兄之子。娣女弟也。娣尊姪卑。士昏禮雖無娣媵先言姪。若無娣猶先媵。士有娣媵。則大夫有可知矣

君大夫馮父母妻長子。不馮庶子。士馮父母妻長子庶子。庶子有子。則父母不馮其尸。凡馮尸者。父母先。妻子後

父母先妻子後。謂尸之父母妻子也。尊者先馮。卑者後馮。○疏曰。君大夫之庶子雖無子。並不得馮

君於臣撫之。父母於子執之。子於父母馮之。婦於舅姑奉上聲之。舅姑於婦撫之。妻於夫拘俱之。夫於妻於昆弟執之。馮尸不當君所。凡馮尸。興必踊

撫之者。當尸之心胷處撫按之也。執之者。執持其衣。馮之者。身俯而馮之。奉之者。捧持其衣。拘之者。微牽引其衣。皆於心胷之處。不當君所者。假令君已撫心。則餘人馮者必少避之。不敢當君所撫之處也。馮尸之際。哀情切極。故起必爲踊以泄哀也。臨川吴氏曰。總言之。皆謂之馮尸。分言之。則有馮奉拘撫執五者之異。撫在拘執之間。○山陰陸氏曰。言執若不能拾也。言奉君舅姑在焉。拘之。婦人從一。若猶有所拘然也。

父母之喪。居倚廬。不塗。寢苫始占反枕去聲甴塊非喪事不言。

君爲廬宮之。大夫士襢展之

䟽曰。倚廬者。於中門外東牆下倚木爲廬也。不塗者。但

以草夾障。不以泥塗飾之也。寢苫卧於苫也。枕凷枕土塊也。爲廬宫之者。廬外以帷障之如宫牆也。襢袒也。其廬袒露。不以帷幛之也

既葬柱主楣塗廬。不於顯者。君大夫士皆宫之

柱楣者。先時倚木於牆以爲廬。葬後哀殺。稍舉起其木拄之於楣以納日光。略寬容也。又於内用泥以塗之而免風寒。不於顯者。不塗廬外顯處也。皆宫之。不襢也

凡非適子者。自未葬以於隱者爲廬

疏曰。既非喪主。故於東南角隱映處爲廬。經雖云未葬其實葬竟亦然也

既葬與人立。君言王事不言國事。大夫士言公事不言家事。君既葬王政入於國。既卒哭而服王事。大夫士既葬公政入於家。既卒哭弁絰帶。金革之事無辟避也

不言國事家事禮之經也。既葬政入以下禮之權也。弁絰帶謂素弁加環絰而帶則仍是要絰也。大夫士弁絰。則國君亦弁絰也。君言服王事則此亦服國事也

既練居堊室不與人居。君謀國政大夫士謀家事。既祥黝於糾反堊。烏故反祥而外無哭者禫而內無哭者樂作矣故也

堊室在中門外練後服漸輕可以謀國政謀家事也。祥大祥也。黝。治堊室之地令黑。堊。塗堊室之壁令白。皆稍

致其飾也。祥後中門外不哭。故曰祥而外無哭者。禫則門內亦不復哭。故曰禫而內無哭者。所以然者，以樂作故也。嚴陵方氏曰：既練，君謀國政，與乎既葬之不言國事矣。大夫士謀家事，與乎既葬之不言家事矣。或言政，或言事者，主在上則曰政，兼在下則曰事。蓋潔其地，使微青；塗其牆，使純白，以吉之先見，故致飾以變其凶。若既練所居之室，以堊則以表哀素之心耳，非致飾也。

禫而從御，吉祭而復寢。

從御，鄭氏謂御婦人，杜預謂從政而御職事，杜說近是。蓋復寢乃復其平時婦人當御之寢耳。吉祭，四時之常祭也。禫祭後值吉祭同月，則吉祭畢而復寢。若禫祭不值當吉祭之月，則踰月而吉祭乃復寢也。孔氏以下文

不御於内爲證故從鄭說又按閒傳言既祥復寢者謂大祥後復殯宮之寢與此復寢異

期居廬終喪不御於内者父在爲母爲妻齊衰期者大功布衰九月者皆三月不御於内婦人不居廬不寢苫喪父母既練而歸期九月者既葬而歸

喪父母謂婦人有父母之喪也既練而歸練後乃歸夫家也女子出嫁爲祖父母及爲父後之兄弟皆期服九月者謂本是期服而降在大功者此皆哀殺故葬後即歸也

公之喪大夫俟練士卒哭而歸

雜記曰大夫次於公館以終喪士練而歸言大夫士爲國君喪之禮也此言公者家臣稱有地之大夫爲公也有地大夫之喪其大夫與士治其采地者皆來奔喪大夫則俟小祥而反其所治士則待卒哭而反其所治也山陰陸氏曰言俟著哀之殺早矣據父母既練而歸曰既哀有餘也

大夫士父母之喪既練而歸朔日忌日則歸哭于宗室諸父兄弟之喪既卒哭而歸

命士以上父子皆異宮庶子爲大夫士而遭父母之喪殯宮在適子家既練各歸其宮至月朔與死之日則往哭于宗子之家謂殯宮也諸父兄弟期服輕故卒哭即

歸也

父不次於子兄不次於弟

疏曰喪卑故尊者不居其殯宮之次也

君於大夫世婦大斂焉爲之賜則小斂焉於外命婦既加蓋而君至於士既殯而往爲之賜大斂焉爲字並去聲

君於大夫及內命婦之喪而視其大斂常禮也若爲之加恩賜則視其小斂也外命婦乃臣之妻其恩輕故君待其大斂入棺加蓋之後而後至也士雖卑亦宜有恩賜故亦視其大斂事嚴陵方氏曰小斂在先大斂在後喪事以速爲敬故大斂而往者禮之常小斂而往者爲之賜也

夫人於世婦大斂焉爲之賜小斂焉於諸妻爲之賜大斂焉於大夫外命婦既殯而往

疏曰諸妻姪娣及同姓女也同士禮故賜大斂若夫人姪娣尊同世婦當賜小斂已上言君夫人視之皆有常禮而爲之賜則加禮也

大夫士既殯而君往焉使人戒之主人具殷奠之禮俟于門外見馬首先入門右巫止于門外祝代之先君釋菜于門内祝先升自阼階負墉南面君即位于阼小臣二人執戈立于前二人立于後擯者進主人拜稽顙君稱言視祝而踊主人踊

大夫士之喪。君或以他故不及斂者。則殯後亦往。先使告戒主人使知之。主人具盛饌之奠。身自出候於門外。見君車前之馬首。入立于門東北面。巫本在君之前。今巫止不入。祝乃代巫先君而入。君釋菜以禮門神之時。祝先由東階以升。負墉南面者。在房戶之東。背壁而向南也。主人拜稽顙者。以君之臨喪。故於庭中北面拜而稽顙也。君稱言者。君舉其所來之言。謂弔辭也。祝相君之禮。稱言畢而祝踊。故君視祝而踊。君踊畢。主人乃踊也

大夫則奠可也。士則出俟于門外。命之反奠。乃反奠。卒奠。

主人先俟于門外。君退，主人送于門外，拜稽顙。

若君所臨是大夫喪，則踊畢即釋此殷奠于殯可也。若是士喪，則主人畢，不敢留君待奠，故先出俟于門，謂君將去也。君使人命其反而奠，乃反奠，奠畢，主人又先俟于門外。君去即拜以送也。奠畢出俟，大夫與士皆然

君於大夫疾，三問之；在殯，三往焉。士疾，一問之；在殯，一往焉。君弔則復殯服。

殯後主人已成服，而君始來弔，主人則還著殯時未成服之服。蓋苴絰免布深衣也。不散帶，故小記云：君弔雖不當免時也，主人必免，不散麻。一則不敢謂君之弔後

時。又且以君來。故新其禮也

夫人弔於大夫士。主人出迎于門外。見馬首先入門右。夫人入升堂即位。主婦降自西階。拜稽顙于下。夫人視世子而踊。奠如君至之禮。夫人退主婦送于門內拜稽顙。主人送于大門之外不拜

夫人弔則主婦爲喪主。故主婦之待夫人。猶主人之待君也。世子夫人之世子也。夫人來弔則世子在前道引。其禮如視之道君。故夫人視世子而踊也。主人送而不拜者。喪無二主。主婦已拜。主人不當拜也　金華應氏曰。君臣之際猶家人也。君於外內婦既殯往。夫人於大夫士之家亦往弔之。然則弔內子士妻之禮。亦在其中矣。主人迎而先

入門右。夫人升而自阼階。待夫人猶待君也。主婦拜稽顙于下。執妾禮猶臣禮也。夫人之行。世子實待之。世子視祝而踊。夫人則視世子而踊也。退則送于門外。婦人迎送不下堂。而特至門者。爲所尊變也。其來也。主人迎于門外。送亦如之。所以代主婦而伸敬也。門外者男子之所有事。婦人迎送不出門。雖對所尊而不敢變也。古之君臣猶一體也。頭目手足。疾痛慘楚。彼此無不相應。君臣猶一家也。父兄子弟。吉凶休戚。上下無不相關。視之如一體。故疾則君三問再問。喪則君或撫或踊。眞若吾手足之斷折焉。視之如一家。故君喪則大夫士位乎東。世婦上妻位乎西。不翅父兄之痛也。及臣之有故。則君視之。夫人視之。世子視之。眞若子弟之失亡焉。然諸婦之至君所。惟喪祭爲然。詩曰。諸宰君婦。廢徹不遲。諸侯非問疾弔喪。則不入諸臣之家。夫人之行。必與世子偕。其動也不苟矣。

大夫君不迎于門外。入即位于堂下。主人北面。衆主人南面。婦人即位于房中。若有君命。命夫命婦之命。四鄰賓客。

其君後主人而拜

大夫之臣亦以大夫爲君。故曰大夫君也。言此大夫君之弔其臣喪也。主人不迎于門外。此君入而即堂下之位。位在阼階下西向。主人在其位之南而北面也。此大夫君來弔之時。若有本國之君命或有國中大夫及命婦之命或鄰國卿大夫遣使來弔者。此大夫君必代主人拜命及拜賓。以喪用尊者主其禮故也。然此君終不敢如國君專代爲主。必以主人在己後。待此君拜竟。主人復拜也。○石梁王氏曰。後主人者。己在前拜。使主人陪後。

君弔見尸柩而后踊

前章既殯而君往。是不見尸柩也。乃視祝而踊。此言見尸柩而后踊。似與前文異。舊說殯而未塗則踊。塗後乃不踊。未知是否

大夫士若君不戒而往。不具殷奠。君退必奠

以君之來告於死者。且以爲榮也

君大棺八寸。屬（燭）六寸。椑（僻）四寸。上大夫大棺八寸。屬六寸。下大夫大棺六寸。屬四寸。士棺六寸

君。國君也。大棺最在外。屬在大棺之內。椑又在屬之內。是國君之棺三重也。寸數以厚薄而言

君裏(里)棺用朱綠，用雜金鐕(鐕，兹甘反)。大夫裏棺用玄綠，用牛骨鐕(鐕)；士不綠。

疏曰：裏棺，謂以繒貼棺裏也。朱繒貼四方，綠繒貼四角。鐕，釘也。用金釘以琢朱綠著棺也。大夫四面玄，四角綠。士不綠者，悉用玄也。亦用大夫牛骨鐕。○石梁王氏曰：用牛骨爲釘，不可從。(臨川吳氏曰：按定本近是，蓋裏棺兼用綠色，無義。疏說分二色貼四邊貼四隅，亦無義。且未詳何據。若依定本以綠爲琢，則朱玄句絕，琢字屬下句。士用玄裏棺，與大夫同，但不用釘琢之爲異爾。)

君蓋用漆，三衽三束。大夫蓋用漆，二衽二束。士蓋不用漆，二衽二束。

蓋棺之蓋板也。用漆。謂以漆塗其合縫用衽處也。衽束並說見檀弓

君大夫鬊舜爪實于綠角中。士埋之

鬊。亂髮也。爪。手足之爪甲也。生時積而不棄。今死爲小囊盛之而實于棺內之四隅。故讀綠爲角。四角之處也。士則以物盛而埋之耳

君殯用輴春欑才冠反至于上。畢塗屋。大夫殯以幬。壽欑至于西序。塗不暨于棺。士殯見衽。塗上帷之

君。諸侯也。輴。盛柩之車也。殯時以柩置輴上。欑猶叢也。叢木于輴之四面至于棺上。畢盡也。以泥盡塗之。此欑

木似屋形。故曰畢塗屋也。大夫之殯不用輴。其棺一面貼西序之壁而欑其三面。上不爲屋形。但以棺衣覆之。幬覆也。故言大夫殯以幬欑至于西序也。塗不暨于棺者。天子諸侯之欑木廣而去棺遠。大夫欑狹而去棺近。所塗者僅僅不及于棺而已。士殯掘肂以容棺。肂即坎也。棺在肂中不没。其蓋縫用衽處猶在外而可見。其衽以上。亦用木覆而塗之。帷。幃也。貴賤皆有帷。故帷朝夕之哭乃褰舉其帷耳。所以帷者。鬼神尚幽闇故也。此章以檀弓參之制度不同

熬君四種（上聲）八筐。大夫三種六筐。士二種四筐。加魚腊焉

熬以火煼穀令熟也熟則香置之棺旁使蚍蜉聞香而來食免侵尸也四種黍稷稻粱也每種二筐三種黍稷粱二種黍稷也加魚與腊筐同異未聞○石梁王氏曰棺旁用熬穀加魚腊不可從

飾棺君龍帷三池

疏曰君諸侯也帷柳車邊障也以白布爲之王侯皆畫爲龍故云君龍帷也池者織竹爲籠衣以青布挂於柳上荒邊爪端象宮室承霤天子四注屋四面承霤柳亦四池諸侯屋亦四注而柳降一池闕後故三池也

振容

振容者振動容飾也以青黃之繒長丈餘如幡畫爲雉懸於池下爲容飾車行則幡動故曰振容也

黼荒火三列黻弗三列

荒蒙也柳車上覆謂鼈甲也緣荒邊爲白黑斧文故云黼荒荒之中央又畫爲火三行故云火三列又畫兩已相背爲三行故云黻三列

素錦褚加僞帷荒

素錦白錦也褚屋也荒下用白錦爲屋象宫室也加帷荒者帷是邊牆荒是上蓋褚覆竟而加帷荒於褚外也

纁紐六

上蓋與邊牆相離故又以纁帛為紐連之兩旁各三凡六也

齊（如字）五采五貝

齊者臍之義以當中而言謂鼈甲上當中形圓如車之蓋高三尺徑二尺餘以五采繒衣之列行相次五貝者又連貝為五行交絡齊上也

黼翣二黻翣二畫翣二皆戴圭

翣形似扇木為之在路則障車入椁則障柩二畫黼二畫黻二畫雲氣六翣之兩角皆戴圭玉也

魚躍拂池

以銅魚懸於池之下車行則魚跳躍上拂於池魚在振
容間也

君纁戴六

戴猶值也用纁帛繫棺紐著柳骨棺之横束有三每一
束兩邊各屈皮爲紐三束則六紐今穿纁戴於紐以繫
柳骨故有六戴也

纁披去聲六

亦用絳帛爲之以一頭繫所連柳纁戴之中而出一頭
於帷外人牽之每戴繫之故亦有六也謂之披者若牽
車登高則引前以防軒車適下則引後以防翻車欹左

則引右。歃右則引左。使不傾覆也。已上並孔説

大夫畫帷二池。不振容。畫荒。火三列。黻三列。素錦褚。纁紐二。玄紐二。齊三采三貝。黻翣二。畫翣二。皆戴綏。而追反魚躍拂池。大夫戴前纁後玄。披亦如之

畫帷。畫爲雲氣也。二池。一云兩邊各一。一云前後各一。畫荒。亦畫爲雲氣也。齊三采。絳黄黑也。皆戴綏者。用五采羽作蕤。綴翣之兩角也。披亦如之。謂色及數悉與戴同也

士布帷布荒。一池。揄搖絞。爻纁紐二。緇紐二。齊三采。一貝。畫翣二。皆戴綏。士戴前纁後緇。二披用纁

布帷布荒皆白布不畫也。一池在前。揄揺翟也。雉類。青
質五色。絞青黄之繒也。畫翟於絞。繒在池上。戴當棺束。
每束各在兩邊。前頭二戴用纁後二用緇。二披用纁者。
據一邊前後各一披。故云二披。若通兩邊言之亦四披
也山陰陸氏曰。天子八翣皆戴璧。諸侯六翣皆戴圭。大夫四翣。士二翣皆戴綏。戴玉者必戴綏。戴綏者未必
戴玉。綏。旄也
君葬用輴。春 四綍二碑。御棺用羽葆。大夫葬用輴。船 二綍
二碑。御棺用茅。士葬用國。船 車。二綍無碑。比。畀 出宫。御棺
用功布
此章二輴字一國字。註皆讀爲輇。船音。然以檀弓諸侯

輴而設幬言之則諸侯殯得用輴豈葬不得用輴乎今讀大夫葬用輴與國字並作船音君葬用輴音春○天子之窆用大木爲碑謂之豐碑諸侯謂之桓楹碑綍詳見檀弓御棺羽葆並見雜記功布大功之布也輇車雜記作輲字

凡封窆用綍去碑負引去聲君封以衡大夫士以咸緘君命毋譁以鼓封大夫命毋哭士哭者相止也

三封字皆讀爲窆窆謂下棺也○疏曰下棺時將綍一頭繫棺緘又將一頭繞碑閒鹿盧所引之人在碑外背碑而立負引者漸漸應鼓聲而下故云用綍去碑負引也

以衡。謂下棺時別以大木爲衡貫穿棺束之緘平持而下備傾頓也。以緘者以繂直繫棺束之緘而下也。命毋譁戒止其諠譁也。以鼓封擊鼓爲負引者縱捨之節也。命毋哭戒止哭聲也。士則衆哭者自相止而已

君松椁。大夫栢椁。士雜木椁

天子栢椁。故諸侯以松。大夫同於天子者。卑遠不嫌僭也

棺椁之間。君容柷。昌六反大夫容壺。士容甒。武

柷樂器。形如桶。壺漏水之器。一說壺甒皆盛酒之器。此言闊狹之度。古者棺外椁内。皆有藏器也。嚴陵方氏曰。柷方二尺四

寸深一尺八寸。壺大一石。甒五斗。則其所容之大小可知。君必以柷。則與狄人設階同義。

君裏椁虞筐大夫不裏椁士不虞筐

疏曰。盧氏雖有解釋。鄭云未聞。今不録

禮記集說大全卷之二十一

禮記集說大全卷之二十二

祭法第二十三

吳興沈氏曰祭法自燔柴於泰壇祭天也以至終篇即書肆類于上帝禋于六宗望秩于山川徧于羣神之義疏也上只添禘郊祖廟一段

祭法有虞氏禘黃帝而郊嚳祖顓頊而宗堯夏后氏亦禘黃帝而郊鯀祖顓頊而宗禹殷人禘嚳而郊冥祖契息列反而宗湯周人禘嚳而郊稷祖文王而宗武王

國語曰有虞氏禘黃帝而祖顓頊郊堯而宗舜夏后氏禘黃帝而祖顓頊郊鯀而宗禹商人禘嚳而祖契郊冥而宗湯周人禘嚳而郊稷祖文王而宗武王○石梁王氏曰此四代禘郊祖宗諸經無所見多有可疑雜以緯

書愈紛錯矣○劉氏曰虞夏殷周皆出黄帝黄帝之曾孫曰帝嚳堯則帝嚳之子也黄帝至舜九世至禹五世以世次言堯禹兄弟也按詩傳姜嫄生棄爲后稷簡狄生契爲司徒稷契皆堯之弟契至冥六世至湯十四世后稷至公劉四世至大王十三世四代禘郊祖宗之說鄭氏謂經文差互今以成周之禮例而推之有天下者立始祖之廟百世不遷又推始祖所自出之帝祭於始祖之廟而以始祖配之則虞夏皆當以顓頊爲始祖而禘黄帝於顓頊之廟祭天於郊則皆當以顓頊配也殷當以契爲始祖而禘帝嚳於契廟郊則當以契配也至

於祖有功而宗有德則舜之曾祖句芒嘗有功可以爲祖。今旣不祖之矣瞽瞍頑而無德非所得而宗者故當祖嚳而宗堯也。蓋舜受天下於堯堯受之於嚳故堯授舜而舜受終于文祖蘇氏謂即嚳廟也。舜授禹禹受命于神宗即堯廟也。即是可以知虞不祖句芒而祖嚳不宗瞽瞍而宗堯也明矣先儒謂配天必以始祖配帝必以父。以此宗字即爲宗祀明堂之宗故疑舜當宗瞽瞍不當宗堯竊意五帝官天下自虞以上。祖功宗德當如鄭註尚德之說。三王家天下則自當祖宗所親然鯀嘗治水而殛死有以死勤事之功。非瞽瞍比也故當爲祖但亦不當郊耳。冥亦然。由是論之。則經文當云有虞氏禘黃帝而郊顓頊。祖嚳而宗堯。夏后氏亦禘黃帝而郊顓頊。祖鯀而宗禹。殷人禘嚳而郊契。祖冥而宗湯。周人禘嚳而郊稷。祖文王而宗武王。如此。則庶乎其無疑矣。大抵祖功宗德之宗。與宗祀明堂之宗不同。祖其有功者。宗其有德者。百世不遷之廟也。宗祀父於明堂以配上帝者。一世而一易。不計其功德之有無也。有虞氏宗祀之禮未聞。借使有之。則宗祀瞽瞍以配帝。自與宗堯之廟不相妨。但虞不傳子。亦無百世不遷之義耳。○今按以此章之宗爲宗其有德者。自無可疑。但殷有三宗。不惟言宗湯則未能究其說也馬氏曰禘者三年祫五年一禘之禘郊者郊天於圜丘之郊祖者所以祖有功宗者所以宗有德先王四時之祭則有常禮以常禮爲未足以極其追遠之意而又爲禘以祭則及其所出之祖先王宗廟之制則有常數以常數爲未足盡祭享之意而又立廟以尊之則及於所祖宗之廟禮不王不禘王者禘其祖之所自出以傳考之虞夏者黄帝之所自出也故虞夏禘黄帝商周者嚳之所自出故商周禘帝嚳

燔煩柴於泰壇祭天也瘞於滯反埋於泰折祭地也用騂犢燔燎也積柴於壇上加牲玉於柴上乃燎之使氣達於天此祭天之禮也泰壇即圜丘泰者尊之之辭瘞埋牲幣祭地之禮也泰折即方丘折如罄折折旋之義喻方也周禮陽祀用騂牲陰祀用黝牲此幷言騂犢者以周

人尚赤而所謂陰祀者或是他祀歟馬氏曰燔柴於泰壇。所謂祭天於地上圜丘。瘞埋於泰折。所謂祭地於澤中方丘。謂之圜丘方丘。以其出於自然也。謂之泰壇泰折。以其出於人力也。折旋中矩。矩。方也。泰折即所謂方丘。言燔柴於泰壇。則知瘞埋於泰折者故也

埋少牢於泰昭祭時也相祖近迎於坎壇祭寒暑也王宮祭日也夜明祭月也幽宗如字祭星也雩宗祭水旱也四坎壇祭四方也山林川谷丘陵能出雲爲風雨見現怪物皆曰神有天下者祭百神諸侯在其地則祭之亡其地則不祭

泰昭壇名也祭時祭四時也相近當爲祖迎字之誤也寒暑一往一來往者祖送之來者迎逆之周禮仲春晝

迎暑仲秋夜迎寒則送之亦必有其禮也坎以祭寒壇以祭暑亡其地謂見削奪也○方氏曰天無二日土無二王則王有日之象而宮乃其居也故祭日之壇曰王宮日出於晝月出於夜則夜爲月之時而明乃其用也故祭月之坎曰夜明幽以言其隱而小也楊子曰視日月而知衆星之蔑故祭星之所則謂之幽宗焉吁而求雨之謂雩主祭旱言之耳兼祭水者雨以時至則亦無水患也幽雩皆謂之宗者宗之爲言尊也書曰禋于六宗詩曰靡神不宗無所不用其尊之謂也泰壇泰折不謂之宗者天地之大不嫌於不尊也四方百物之神也

方有四而位則八。若乾位西北。艮位東北。坎位正北。震位正東。皆陽也。坤西南。巽東南。離正南。兌正西。皆陰也。故有坎有壇而各以四焉。延平周氏曰。月爲陰而盛於夜。故曰夜明。於星謂之幽者。以對月而言。則月爲明而星爲幽也。水旱必謂之雩者。以祭旱爲主。蓋陰中之陽升則爲雨。故雩祭所以助達陰中之陽者也。四坎壇祭四方。豈蜡之祭四方百物之神若先嗇之類則祭於壇。若水庸之類則祭於坎歟。

大凡生於天地之間者皆曰命。其萬物死皆曰折。人死曰鬼。此五代之所不變也。七代之所更平聲立者禘郊祖宗。其餘不變也。

五代。唐虞三代也。加顓頊帝嚳爲七代。舊說五代始黃帝。然未聞黃帝禘郊祖宗之制。恐未然。○方氏曰。人物之生數有長短分有小大莫不受制於天地故大凡生者曰命及其死也物謂之折言其有所毀也人謂之鬼言其有所歸也不變者不改所命之名也更立者更立所祭之人也名既當於實故無事乎變人既異於世故必更而立焉名之不變止自堯而下者蓋法成於堯而已由堯以前其法未成其名容有變更也更立不及於黃帝者七代同出於黃帝而已黃帝無統於上七代更立於下故也其餘不變者謂禘郊祖宗之外不變也若天地日月之類其庸可變乎長樂陳氏曰五代所不變者命與折鬼之名也七代所更立者郊禘祖宗之祭也名生於事之實祭出於人之情黃帝而上事有其實而未必有其名故黃帝正名

百物。以至堯也。舜也。夏也。殷也。周也。於其三者之名當同之而不變。此所謂五代所不變也。伏羲而上。有其情而未備其祭。故伏羲佃漁以備其祭。至於黄帝也。神農也。堯也。舜也。夏也。殷也。周也。於其所祭之人有所更立。此謂七代更立者也。然名則起於黄帝而近。祭則起於伏羲而遠者何也。盖事之實漸文於後世。而人之情固隆於上世。此名與祭。所以遠近之不同耳。

天下有王。分地建國。置都立邑。設廟祧壇墠而祭之。乃爲親疏多少之數。

方氏曰。分地建國。置都立邑。所以尊賢也。設廟祧壇墠而祭之。所以親親也。親親不可以無殺。故爲親疏之數焉。尊賢不可以無等。故爲多少之數焉。有昭有穆。有祖有考。親疏之數也。以七以五。以三以二。多少之數也。

是故王立七廟。一壇一墠。曰考廟。曰王考廟。曰皇考廟。曰顯考廟。曰祖考廟。皆月祭之。遠廟爲祧。有二祧。享嘗乃止。去祧爲壇。去壇爲墠。壇墠有禱焉祭之。無禱乃止。去墠曰鬼。

七廟三昭三穆與太祖爲七也。一壇一墠者。七廟之外。又立壇墠各一。起土爲壇。除地曰墠也。考廟。父廟也。王考祖也。皇考曾祖也。顯考高祖也。祖考始祖也。始祖百世不遷。而高曾祖禰以親故。此五廟皆每月一祭也。遠廟爲祧。言三昭三穆之當迹遷者。其主藏於二祧也。古者祧主藏於太祖廟之東西夾室。至周則昭之遷主皆藏文王之廟穆之遷主皆藏武王之廟也此不在月祭之例但得四時祭之耳故云享嘗乃止去祧爲壇者言世數遠不得於祧處受祭故云去祧也祭之則爲壇其又遠者亦不得於壇受祭故云去壇也祭之則爲墠然此壇墠者必須有祈禱之事則行此祭無祈禱則止終不祭之也去墠則又遠矣雖有祈禱亦不及之故泛然名之曰鬼而已○今按此章曰王立七廟而以文武不遷之廟爲二祧以足其數則其實五廟而已若商有三宗則爲四廟乎壇墠之主藏於祧而祭於壇墠猶之可也直謂有禱則祭無禱則止則大祫升毀廟之文何用

乎。又宗廟之制。先儒講之甚詳。未有舉壇墠爲言者。周公三壇同墠。非此義也。又諸儒以周之七廟。始於共王之時。夫以周公制作如此其盛。而宗廟之制。顧乃下同列國。吾知其必不然矣。然則朱子然劉歆之說。豈無見乎。鄭註此章謂祫乃祭之。蓋亦覺記者之失矣

諸侯立五廟。一壇一墠。曰考廟。曰王考廟。曰皇考廟。皆月祭之。顯考廟祖考廟享嘗乃止。去祖爲壇。去壇爲墠。壇墠有禱焉祭之。無禱乃止。去墠爲鬼

諸侯太祖之廟。始封之君也。月祭三廟。下於天子也。顯考祖考。四時之祭而已。去祖爲壇者。高祖之父雖遷主

寄太祖之廟而不得於此受祭若有祈禱則去太祖之廟而受祭於壇也去壇而受祭於墠則高祖之祖也

大夫立三廟二壇曰考廟曰王考廟曰皇考廟享嘗乃止顯考祖考無廟有禱焉爲壇祭之去壇爲鬼

大夫三廟有廟而無主其當遷者亦無可遷之廟故有禱則祭於壇而已然墠輕於壇今二壇而無墠者以太祖雖無廟猶重之也去壇爲鬼謂高祖若在遷去之數則亦不得受祭於壇祈禱亦不得及也

適的士二廟一壇曰考廟曰王考廟享嘗乃止皇考無廟有禱焉爲壇祭之去壇爲鬼

適士。上士也。天子上中下之士。及諸侯之上士。皆得立二廟

官師一廟。曰考廟。王考無廟而祭之。去王考爲鬼

官師者。諸侯之中士下士爲一官之長者得立一廟。祖禰共之。曾祖以上。若有所禱則就廟薦之而已。以其無壇也

庶士庶人無廟。死曰鬼

庶士。府史之屬。死曰鬼者。謂雖無廟。亦得薦之於寢也。王制云。庶人祭於寢馬氏曰。分地建國。置都立邑。雖其而已。説者以爲七廟之中。祧廟二。則爲文武之廟。其説非也。遠廟爲祧。而二祧之廟止於享嘗而已。苟文武之

廟而祭止享嘗亦非先王所以尊祖宗之意也祧者有去之意說者以爲從兆者則以禮示之如孟子所謂爲之兆而有始之意也親盡而服窮祧所以去之以有可毀之理而毀之不可以無漸故去祧爲壇去壇爲墠二祧廟享嘗乃止則有常禮也至於壇墠無禱乃止則無常禮也去墠爲鬼則與庶人同凡此者皆先王親親之殺也天子之廟其常數止於七而其功德之大則數有加焉至諸侯止五廟而已雖有功德而數不增雖無功德而數不減先王之禮如此也王制所謂太祖則無可毀之理此天子諸侯大夫之廟而曰去祖爲壇則祖有可毀之理何也蓋祭法爲無功德者言之王制爲有功德者言之此其所以不同也

王爲群姓立社曰大（泰）**社王自爲立社曰王社諸侯爲百姓立社曰國社諸侯自爲立社曰侯社大夫以下成群立社曰置社**

疏曰太社在庫門之内右王社所在書傳無文崔氏云

王社在籍田。王所自祭以供粢盛。國社亦在公宮之右。侯社在籍田。置社者大夫以下包士庶。成群聚而居。蒲百家以上得立社。爲衆特置。故曰置社○方氏曰。王有天下。故曰群姓。諸侯有一國。故曰百姓而已。天子曰兆民。諸侯曰萬民。亦此之意。馬氏曰。社者土神而有生物之功。故王諸侯大夫立社。皆所以教民美報。而有反本復始之意也。王謂之王社。諸侯有君之道。謂之國社。謂之侯社。至於大夫以下。皆北面之臣。則謂之置社○長樂陳氏曰。有天下之社。有一國之社。有衆人之社。有一人之社。有失國之社。大社。天下之社也。國社。一國之社也。王社。侯社。一人之社也。喪國之社。屋之。失國之社也。三社之制。大社爲大。此孟子所謂民爲貴。社稷次之。君爲輕也。喪國之社。天子所以爲戒。則又次於王社矣。以言安不可以忘危也。書曰夏社。禮與春秋曰亳社。皆以爲戒而已。然則諸侯有國社侯社。與春秋之亳社亦三社矣。天子之社在雉門之右而綿詩曰乃立應門。繼之曰乃立冢土。冢土。社也。則諸侯之社。亦在門內也。天子之牲太牢。則諸侯當用少牢。若郊特牲曰社事單出里。丘乘共粢盛。此大夫以下之社也。社稷之重於古也如此。而孟子曰旱乾水溢則變置社稷。夫水旱者。天事也。人事不勝。故天變見於時。而社稷土示也。豈其罪哉。然則謂之變者。猶曰以變置諸侯爾

王爲群姓立七祀。曰司命。曰中霤。曰國門。曰國行。曰泰厲。曰戶。曰竈。王自爲立七祀。諸侯爲國立五祀。曰司命。曰中霤。曰國門。曰國行。曰公厲。諸侯自爲立五祀。大夫立三祀。曰族厲。曰門。曰行。適士立二祀。曰門。曰行。庶士庶人立一祀。或立戶。或立竈。

司命見周禮中。霤門行戶竈見月令。泰厲。古帝王之無

後者。公厲古諸侯之無後者。族厲古大夫之無後者。左傳云。鬼有所歸乃不爲厲。以其無所歸或爲人害。故祀之。又按五祀之文散見經傳者非一。此言七祀三祀二祀一祀之說殊爲可疑。曲禮大夫祭五祀。註言殷禮。王制大夫祭五祀。註謂有地之大夫。皆未可詳。馬氏曰。聖足以饗帝。孝足以饗親。至於七祀之微有所不廢者。所謂禮猶體之意也。命降於五祀謂之制度。自上而下。降殺以兩。故王立七祀。則諸侯立五。大夫三。士庶人一。皆以其制度之所自出也。命者所以司其生。厲者所以司其過。以至於出入起居飲食之際。莫不有神以司之。凡有形有氣者皆不能逃於此。此其所以戶竈門行之間。一皆有以祭之也。七祀之祭。莫不各以其時。各以其儀。月令所載是也。

王下祭殤五。適子。適孫。適曾孫。適玄孫。適來孫。諸侯下祭

三。大夫下祭二。適士及庶人祭子而止

方氏曰。玄孫之子爲來者。以其世數雖遠。方來而未已也。以尊祭卑。故曰下祭。○石梁王氏曰。庶殤全不祭。恐非。金華應氏曰。祭殤之數。尊者所及遠。卑者所及近。澤有厚薄則禮有隆殺也。德厚者流光。既上及其祖。又下及其殤。祭及於五。所祭者遠也。祭止於適。所重者正統也。不混殺也。

夫聖王之制祭祀也。法施於民則祀之。以死勤事則祀之。以勞定國則祀之。能禦大菑則祀之。能捍大患則祀之。

此五者所當祭祀也。下文可見。嚴陵方氏曰。聖王者。言其有德又有位也。有德而無其位。有位而無其德。皆不可制祭祀。既曰祭。又曰祀者。蓋祭者祀之事。祀者祭之道。聖王之制祭祀。豈徒事其末爲哉。故下皆言祀而不言祭也。麤而不可陳者法也。施則所以陳之也。勤故能免乎難。定故能止乎一。

事欲免乎難而已故於事曰勤國欲止乎一而已故於國曰定言以死勤事則不敢偷生以勞定國則不敢自逸菑在天也可禦而已患在人也故可亢焉有一于此則皆在所祀也故每以祀言之聖王之制祭祀凡以有功烈於民而已故以法施於民爲首有民必有事故以以死勤事繼之民者國之本也事者國之治也故以以勞定國繼之國有民事爲有常菑患爲有變故以禦大菑捍大患繼之

是故厲山氏之有天下也其子曰農能殖百穀夏之衰也周弃繼之故祀以爲稷

厲山氏一云烈山氏炎帝神農也其後世子孫有名柱者能殖百穀作農官因名農見國語弃見舜典稷穀神也

共恭工氏之霸九州也其子曰后土能平九州故祀以爲

社

左傳言共工氏以水紀官在炎帝之前太昊之後社土神也

帝嚳能序星辰以著衆

序星辰知推步之法也著衆謂使民占星象而知休作之候也

堯能賞均刑法以義終

能賞當其功也均刑法當其罪也以義終禪位得人也

舜勤衆事而野死

巡守而崩也○石梁王氏曰舜死蒼梧之說不可信鄭

氏謂因征有苗尤不可信

鯀鄣鴻水而殛死禹能脩鯀之功

鄣壅塞之也。脩者繼其事而改正之○石梁王氏曰祀禹非祀鯀也

黄帝正名百物以明民共財顓頊能脩之

正名百物者立定百物之名也。明民使民不惑也。共財供給公上之賦斂也

契爲司徒而民成

司徒教官之長。民成化民成俗也

冥勤其官而水死

冥即玄冥也。月令冬之神。水死未聞

湯以寬治民而除其虐

書曰克寬克仁。又言代虐以寬

文王以文治武王以武功去（上聲）民之菑（災）此皆有功烈於民者也

陳氏曰。自農弃至堯自黄帝至契。法施於民者也。舜鯀與冥。以死勤事者也。禹脩鯀功。以勞定國者也。湯除其虐。文武之去民菑。能禦大菑能捍大患者也

及夫日月星辰。民所瞻仰也。山林川谷丘陵。民所取財用也。非此族也。不在祀典

族類也。祀典。祭祀之典。籍嚴陵方氏曰。言日月星辰而不言天。言山林川谷丘陵而不言地者。以天地之功至大。祀典所不得而言故也

祭義第二十四

嚴陵方氏曰。陳乎外者祭之法。存乎中者祭之義。君子之於祭。豈徒拘法之末爲哉。亦以其有義存焉爾。郊特牲曰。禮之所尊尊其義也。非謂是歟。此篇言祭。則以義爲主。故以是名之。若冠昏射燕聘與鄉飲酒。皆言義者。亦此意

祭不欲數。朔數則煩。煩則不敬。祭不欲疏。疏則怠。怠則忘。是故君子合諸天道。春禘禴秋嘗。霜露既降。君子履之。必有悽愴初亮切之心。非其寒之謂也。春雨露既濡。君子履之。必有怵惕之心。如將見之。樂以迎來。哀以送往。故禘禴有樂而嘗無樂

王制言天子諸侯宗廟之祭。春礿夏禘秋嘗冬烝。註云夏殷之祭名。周則春祠夏禴秋嘗冬烝也。郊特牲饗禘有樂而食嘗無樂。禘讀爲禴。然則此章二禘字亦皆當讀爲禴也。但祭統言大嘗禘。升歌清廟。下管象。與那詩言庸鼓有斁。萬舞有奕。下云顧予烝嘗。是殷周秋冬之祭。不可言無樂也。此與郊特牲皆云無樂。未詳。○鄭氏曰。迎來而樂。樂親之將來也。送去而哀。哀其享否不可知也。○方氏曰。於雨露言春。則知霜露之爲秋矣。霜露言非其寒。則雨露爲非其溫之謂矣。雨露言如將見之。則霜露爲如將失之矣。蓋春夏所以迎其來。秋冬所以送其往也。毗陵慕容氏曰。數則煩。煩則無敬。怠則忘。忘則無愛。愛敬忘於中。動而僞爲。無所不至矣。先王以愛敬出於誠心。非可以僞爲也。故因天道之自然。而行禘嘗之禮。疏數之宜。非出於人爲。故能盡祭之義。○延平黄氏曰。雨露既濡。則萬物感陽以生。霜露既降。則萬物感陰以死。萬物以生之時。君子不忍致死於其親。且謂其與物而來矣。故樂以迎之。萬物以死之時。君子不敢致生於其親。且謂其與物而往矣。故哀以送之。孝子之祭。有送往之哀。而不及樂。是謂弗仁。有迎來之樂。而不及哀。是謂弗智。

致齊齋於內。散上聲齊於外。齊之日。思其居處。思其笑語。思其志意。思其所樂。五教反思其所嗜。齊三日。乃見其所爲去聲齊者。

五其字及下文所爲。皆指親而言。○疏曰。先思其粗。漸思其精。故居處在前。樂嗜居後。嚴陵方氏曰。齊於內。所以慎其心。齊於外。所以防其物。散齊若所謂不飲酒不茹葷之類。齊三日則致齊而已。必致齊然後見其所為齊者。思之至故也。○毗陵慕容氏曰。心之官曰思。思有所至則無所不達。夫不以欲惡哀樂二其心。而致一於其所祭。故無形之中。視有所見。無聲之中。聽有所聞。皆其思之所能達。親之所居處笑語志意樂嗜。往而不反。非有實也。夫豈形體之所能交哉。思之所至。足以通之矣。齊之三日。乃見其所為齊者。言思之至者如見其存。微之顯。誠之不可揜也。如此

祭之日。入室。僾（愛）然必有見（現）乎其位。周還（旋）出戶。肅然必有聞乎其容聲。出戶而聽。愾（苦代反）然必有聞乎其歎息之聲。

入室。入廟室也。僾然。彷彿之皃。見乎其位。如見親之在神位也。周旋出戶。謂薦俎酌獻之時。行步周旋之間。或

自戶內而出也。肅然儆惕之皃。容聲舉動容止之聲也。愾然太息之聲也張子曰。僾然見乎其位。愾然聞乎其歎息。齊之至。則祭之日自然如此○馬氏曰。入廟而升堂。則僾然見乎其位。薦腥而出户。則肅然必有聞乎其容聲。已薦出户而聽。則愾然必有聞乎其嘆息之聲。此祭之序也。僾然言其皃。肅然言其容。愾然言其氣

是故先王之孝也。色不忘乎目。聲不絕乎耳。心志嗜欲不忘乎心。致愛則存。致慤則著。著存不忘乎心。夫安得不敬乎。君子生則敬養。去聲死則敬享。思終身弗辱也

致愛極其愛親之心也。致慤極其敬親之誠也。存。以上文三者不忘而言。著。以上文見乎其位以下三者而言。不能敬。則養與享。祇以辱親而已嚴陵方氏曰。色不忘乎目。常若承顏之際

也。聲不絕乎耳。常若聽命之際也。愛言追念之思。慤言想見之誠。致其愛矣。親雖亡而猶存。致其慤矣。神雖微而猶著。孔子曰。祭如在。祭神如神在。非謂是與。○慶源輔氏曰。天地之性人爲貴。人之行莫大於孝。乃人之心也。先王能存其心。故父母之容色自不忘於目。父母之聲音自不絕於耳。父母之心志嗜欲自不忘乎心。此固非勉強矯拂之所能然也。亦致吾心之愛與敬而已。故曰致愛則存。致慤則著。愛則心也。故曰存。慤則誠也。故曰著。存雖若存於內。著雖若著於外。然誠不可以內外言。故終之以著存不忘於心。著存不忘乎心。則洋洋乎如在其上。如在其左右。不可度思。矧可射思。夫安得不敬乎。又曰。一息不敬。則絕于理。絕于理則辱其親矣。故生則敬養。死則敬享。是乃思終身弗辱也。

君子有終身之喪。忌日之謂也。忌日不用。非不祥也。言夫日志有所至。而不敢盡其私也。

忌日。親之死日也。不用。不以此日爲他事也。非不祥。言非以死爲不祥而避之也。夫日。猶此日也。志有所至者。此心極於念親也。不敢盡其私。此私字如不有私財之私。言不敢盡心於己之私事也

唯聖人爲能饗帝。孝子爲能饗親。饗者鄉去聲也。鄉之然後能饗焉。是故孝子臨尸而不怍。君牽牲夫人奠盎君獻尸夫人薦豆卿大夫相去聲君命婦相夫人。齊齊如字乎其敬也。愉愉乎其忠也。勿勿諸其欲其饗之也

臨尸不怍。則其鄉親之心。致愛致慤可知矣。奠盎設盎齊之奠也。齊齊整肅之皃。愉愉其忠有和順之實也。勿勿。猶切切也。諸。語辭。猶然也。石林葉氏曰。聖人具天道。其德同乎帝。故饗帝帝必

有天也。孝子具人道。其仁篤於親。故饗親。親必有祖也。推其祖以配天。推其親以配上帝。亦孝子之事。離而言之則異。故曰聖人之德無以加於孝乎。志之所嚮。然後能饗。故聖人推其尊尊之義以向乎天。孝子推其親親之仁以向乎親。○江陵項氏曰。以人而交於神。非惻怛純至。與之俱化者不能達也。故曰唯聖人爲能享帝。孝子爲能饗親。仁人之心與天地爲一體。孝子之心與父母爲一人

文王之祭也。事死者如事生。思死者如不欲生。忌日必哀。稱諱如見親。祀之忠也。如見親之所愛。如欲色然。其文王與平聲詩云。明發不寐。有懷二人。文王之詩也。祭之明日。明發不寐。饗而致之。又從而思之。祭之日。樂洛與哀半。饗之必樂。已至必哀。

如不欲生。似欲隨之死也。宗廟之禮。上不諱下。故有稱

諱之時。如祭高祖則不諱曾祖以下也。如欲色然。言其想像親平生所愛之物。如見親有欲之之色也。詩小雅小宛之篇。明發。自夜至光明開發之時也。詩本謂宣王永懷文王武王之功烈。此借以喻文王念父母之勤耳。文王之詩。言此詩足以咏文王也。饗之必樂。迎其來也。已至而禮畢則往矣。故哀也。

嚴陵方氏曰。事死如事生。所謂祭如在也。思死如不欲生。所謂至痛極也。忌日必哀。所謂有終身之喪也。稱諱如見親。所謂聞名心瞿也。明發者。自夜至光明開發時也。祭之明日猶且如此。而況祭之正日乎。於將祭而齊焉。則逆思其所以去。故曰享而致之。又從而思之。祭之日樂與哀半者。以其饗之必樂。已至必哀故也。饗之必樂。則樂致其來。已至必哀。則哀思其去。前經言樂以迎來。哀以送往。正謂是矣。○長樂陳氏曰。君子之於親。生事之以禮。故事之之日。喜與懼半。所謂父母之年不可不知。一則以喜一則以懼是也。死祭之以禮。故祭之之日。樂與哀半。所謂享之必樂已至必哀是也。已至必哀。原其始也。哀以送往。要其終也

仲尼嘗奉薦而進其親也愨其行也趨趨促以數朔已祭。子贛問曰子之言祭濟濟上聲漆漆切然今子之祭無濟濟漆漆何也子曰濟濟者容也遠也漆漆者容也自反也容以遠若容以自反也夫何神明之及交夫何濟濟漆漆之有乎反饋樂成薦其薦俎序其禮樂備其百官君子致其濟濟漆漆夫何恍晃惚忽之有乎夫言豈一端而已夫各有所當去聲也

嘗秋祭也。奉薦而進進於尸也。親身自執事也。愨尊謹

皃趨趨讀爲促促行步廹狹也數數舉足頻也皆不事威儀之貌子貢待祭畢以夫子所嘗言者爲問蓋怪其今所行與昔所言異也夫子言濟濟者衆盛之容也遠也言非所以接親親也漆漆者專致之容也自反猶言自脩整也若及也容之疏遠及容之自反者夫何能交及於神明乎我之自祭何可有濟濟漆漆乎言以誠慤爲貴也若言天子諸侯之祭尸初在室後出在堂更反入而設饋作樂旣成主人薦其饋食之豆與牲體之俎先時則致敬以交於神明至此則序禮樂備百官獻酬往復凡助祭之君子各以威儀相尚而致其濟濟漆漆之

容當此之際何能有思念慌惚交神之心乎各有所當言各有所主謂濟濟漆漆乃宗廟中賓客之容非主人之容也主人之事親宜慤而趨數也延平周氏曰濟濟之容遠也而漆漆之容自反也遠而自反非主祭者之容特其助祭者之容耳故孔子之言祭則濟濟漆漆而親奉祭則慤而趨數者蓋言之各有所當也

孝子將祭慮事不可以不豫比畀時具物不可以不備虛中以治之

比時及時也謂當行禮之時具物陳設器饌之屬虛中清明在躬心無雜念也慶源輔氏曰事不可以不豫慮物不可以不先備及祭則虛中以治之耳一有不豫一有不備則有以動吾之心虧吾之誠非與神明交之道也

宮室既脩，牆屋既設，百物既備，夫婦齊戒沐浴，奉承而進之，洞洞乎，屬屬乎，如弗勝，平聲。如將失之，其孝敬之心至也與。平聲。薦其薦俎，序其禮樂，備其百官，奉承而進之，於是諭其志意，以其慌惚以與神明交，庶或饗之，庶或饗之，孝子之志也。

洞洞屬屬，見禮器。兩言奉承而進之，上謂主人，下謂助祭者。諭其志意，祝以孝告也。延平周氏曰：洞洞言其幽深，屬屬言其聯續。備其百官者，言助祭之百官也。

孝子之祭也，盡其慤而慤焉，盡其信而信焉，盡其敬而敬焉，盡其禮而不過失焉。進退必敬，如親聽命，則或使之也。

盡其慤而爲慤，盡其信而爲信，盡其敬而爲敬，言無一毫之不致其極也。禮有常經，不可以私意爲隆殺，故曰盡其禮而不過失焉。進退之間，其敬心之所存，如親聆父母之命而若有使之者，亦前章著存之意。嚴陵方氏曰：盡其慤，所謂慤善不違身也。盡其信，所謂致其誠信也。盡其敬，所謂與其忠敬也。盡其禮，謂祭之以禮也。不過，則當其事。不失，則得其道。○石林葉氏曰：慤者信之始，信者慤之著。敬者禮之質，禮者敬之文。四者於祭祀無不盡，而獨於禮不敢過失者，明其誠謹與物爲稱也。

孝子之祭可知也，其立之也敬以詘，屈其進之也敬以愉，其薦之也敬以欲。退而立，如將受命，已徹而退，敬齊如字之色不絶於面。孝子之祭也，立而不詘，固也；進而不愉，疏也。

薦而不欲不愛也退立而不如受命敖傲也已徹而退無敬齊之色而忘本也如是而祭失之矣

方氏曰孝子之祭可知者言觀其祭可以知其心也立之者方待事而立也進之者既從事而進也薦之者奉物而薦也退而立者進而復退也已徹而退者既薦而後徹也蓋退而立則少退而立已徹而退則於是乎退焉此其所以異也立之敬以詘則身之屈而爲之變焉故立而不詘固也進之敬以愉則色之愉而致其親焉故進而不愉疏也薦之敬以欲則心之欲而冀其享焉故薦而不欲不愛也退而立如將受命則順聽而無所

忽焉故退立而不如受命敎也。已徹而退敬齊之色不絕於面則愼終如始矣故已徹而退無敬齊之色而忘本也

毗陵慕容氏曰。居子以所性爲本故能達而爲容皃。敬齊之色不絕於面。有本者如是也。今無焉是忘其本也。心勿忘則有本。本存則有其容矣此表裏之符也。覩其容如此。則知非有本者。故曰如是而祭失之矣。由前而祭則可知其心。以循其本故也。由後而祭則失之以喪其本故也。君子務本。所謂本者孝而已。故其言必本於孝子○山陰陸氏曰。立而不詘。以其恃親是故謂之固。進而不愉。以其憚親是故謂之䟽。薦而不欲。若不得已而後薦也。不愛莫大於是。退立而不如受命敎也。凡祭以齊爲本。方祭嫌於不愉。祭已嫌於不齊。已徹而忘之。是之謂忘本

孝子之有深愛者必有和氣有和氣者必有愉色有愉色者必有婉容孝子如執玉如奉上聲盈洞洞屬屬然如弗勝。

如將失之嚴威儼恪非所以事親也成人之道也

和氣愉色婉容皆愛心之所發如執玉如奉盈如弗勝如將失之皆敬心之所存愛敬兼至乃孝子之道故嚴威儼恪使人望而畏之是成人之道非孝子之道也山陰陸氏曰和氣愉色婉容皆愛根於心其發見於外如此如執玉如奉盈如弗勝言敬故曰愛敬盡於事親○延平周氏曰如執玉言其慎其恭如奉盈言其

先王之所以治天下者五貴有德貴貴貴老敬長慈幼此五者先王之所以定天下也貴有德何爲去聲也爲其近於道也貴貴爲其近於君也貴老爲其近於親也敬長爲其近於兄也慈幼爲其近於子也是故至孝近乎王去聲至弟

近乎霸。至孝近乎王。雖天子必有父。至弟近乎霸。雖諸侯必有兄。先王之教因而弗改。所以領天下國家也

應氏曰。仁以事親而廣其愛。極其至。則王者以德行仁之心也。義以從兄而順其序。極其至。則霸者以禮明義之舉也。孝弟之根本立乎一家。王霸之功業周乎天下。雖未能盡王霸之能事。而亦近之矣。天子至尊。內雖致睦於兄弟。而族人不敢以長幼齒之。故所尊者惟父。而諸侯特言有兄。道渾全無跡。德純實有方。蓋以人行道而有得於身也。故曰近之矣。○石梁王氏曰。王孝霸弟此非孔子之言。○劉氏曰。道之理一。而德之分殊。人之

有德者未必皆能盡道之大全也然曰有德則亦違道不遠矣此德之所以近道也嚴陵方氏曰先言治天下後言定天下者治之然後定也德未足以盡道也近於道而已凡列於爵者皆謂之貴貴不必皆君也貴在外者也先德而後貴以內外爲之序也先老而後長先長而後幼則以尊卑小大爲之序也貴有位而已老有年而已不必皆有德則長也幼也又可知矣故於德特言有焉於長曰敬於幼曰慈者蓋敬存乎禮慈存乎仁而已至於貴則不止於是而已○慶源輔氏曰人人親其親長其長而天下平所謂定天下也君臣父子兄弟人倫之大者而道又人倫之總也故先曰貴有德先王之治天下舉斯心加諸彼而已矣刑名法數有不與焉然其所謂道者亦豈清虛寂滅之謂乎

子曰立愛自親始教民睦也立敬自長始教民順也教以慈睦而民貴有親教以敬長而民貴用命孝以事親順以

聽命錯措諸天下無所不行

比言愛敬二道爲齊家治國平天下之本。君自愛其親以教民睦，則民皆貴於有親。君自敬其長以教民順，則民皆貴於用上命。愛敬盡於事親事長，而德教加於百姓，舉而措之而已。石林葉氏曰：君子無不愛也，自親而推之則有殺，故以愛親爲始。君子無不敬也，自長而推之則有等，故以敬長爲始。始乎親而達其教於天下，凡有親者莫不敦愛而相顧也，故曰教以慈睦而民貴有親。始乎長而達其教於天下，凡有上者莫不用命而相尊也，故曰教以敬長而民貴用命。親親長長，君子所自立，而效至於天下平，故曰錯諸天下無所不行。

郊之祭也，喪者不敢哭，凶服者不敢入國門，敬之至也。吉凶異道，不得相干。慶源輔氏曰：人君郊天，而人之有喪者不敢哭，凶服者不敢入國門。

下文言祭廟則卿大夫皆序從執事非人君誠敬之至
安能如是哉然則在我者雖敬而在人者弗肅猶非敬
之至也

祭之日君牽牲穆答君卿大夫序從去聲既入廟門麗于碑石卿大夫袒而毛牛尚耳鸞刀以刲奎取膟律膋刀凋反乃退爓徐廉反祭祭腥而退敬之至也

祭之日謂祭宗廟之日也父爲昭子爲穆穆答君言君牽牲之時子姓對君共牽也卿大夫佐幣士奉芻以次序在牲之後故云序從也麗牲之碑在廟之中庭麗猶繫也謂以牽牲之紖繫于碑之孔也袒衣示有事也將殺牲則先取耳旁毛以薦神毛以告全耳以主聽欲神聽

之也以耳毛爲上故云尚耳也鸞刀膟膋並見前篇乃退謂薦毛血膟膋畢而暫退也爓祭祭湯中所爓之肉也祭腥祭生肉也爓腥之祭畢則禮終而退矣此皆敬心之極至也延平周氏曰以君之尊而牽牲以子姓之親而荅君可謂敬之至也○石林葉氏曰牽牲而入廟門麗于碑所謂納牲詔於庭也毛牛尚耳者所謂升首於室也封取膟膋以合羶薌所謂臭陽達于牆屋也祭爓腥而退所謂至敬而不享味也

郊之祭大報天而主日配以月夏后氏祭其闇暗殷人祭其陽周人祭日以朝及闇

道之大原出於天而懸象著明莫大乎日月故郊以報天而日以主神制禮之意深遠矣○方氏曰郊雖以報

天然天則尊而無爲可祀之以其道不可主之以其事故止以日爲之主焉猶之王燕飲則主之以大夫王嫁女則主之以諸侯而已有其祀必有其配故又配以月也猶祭社則配以勾龍祭稷則配以周棄焉闇者日既没而黑夏尚黑故祭其闇陽者日方中而白殷尚白故祭其陽也日初出而赤將落亦赤周尚赤故祭以朝及闇及者未至於闇蓋日將落時也祭日謂祭之日也長樂劉氏曰郊之祭大報天而主日者天之爲德至廣至大不可得而見之也其可見者日與月爾故尊之以次于天以爲三辰之主而以月配焉○清江劉氏曰周人祭日以朝及闇此言周人尚赤日出先日欲出之初猶逮及闇則可行祭事矣故季氏祭仲由爲宰晏朝而退仲尼謂之知禮也

祭日於壇。祭月於坎。以別幽明。以制上下。祭日於東。祭月於西。以別外內。以端其位。日出於東。月生於西。陰陽長短。終始相巡。巡如字以致天下之和

終始相巡。止是終始往來周回不息之義。不必讀爲沿也。○方氏曰。壇之形則圓而無所虧。以象日之無所虧而盈也。坎之形則虛而有所受。以象月之有所受而明也。壇高而顯。坎深而隱。一顯一隱。所以別陰陽之幽明。一高一深。所以制陰陽之上下。東動而出。西靜而入。出則在外。入則反內。故東西所以別陰陽之外內。東爲陽中。西爲陰中。中則得位。故東西所以端陰陽之位。別幽

明之道然後能制上下之分別外內之所然後能端陰陽之位言之序所以如此且壇坎者人爲之形東西者天然之方出於人爲故言制出於天然也故言以端其位而已日出於東言其象出於天地之東也月生於西言其明生於輪郭之西也此又復明祭日月於東西之意也日言出於東則知爲入於西堯典於東曰寅賓出日於西曰寅餞納日者以此月言生於西則知爲死於東揚雄言未望則載魄于西既望則終魄于東者以此日之出入也歷朝夕晝夜而成一日月之死生也歷晦朔弦望而成一月日往則月來月往則日來而陰陽之

義配焉。陽道常饒，陰道常乏，故運而爲氣，賦而爲形。凡屬乎陽者皆長，屬乎陰者皆短。一長一短，終則有始，相巡而未嘗相絕，故足以致天下之和者，陰陽相濟之效也。獨陰而無陽，獨陽而無陰，是同而已，又何以致和乎。毗陵慕容氏曰：日以陽而位乎東，東者陽之所也，故曰日出乎東。月以陰而遡日，載魄於西而生焉，故曰月生乎西。日無待而明，故謂之出，出言無所因而特出也。月有待而後明，故謂之生，生言無所因則不能生也。生有漸而進之義。書曰哉生魄，哉生明，與此同。

天下之禮，致反始也，致鬼神也，致和用也，致義也，致讓也。致反始以厚其本也，致鬼神以尊上也，致物用以立民紀也，致義則上下不悖逆矣，致讓以去上聲爭也。合此五者以

治天下之禮也雖有奇（居衣反）邪而不治者則微矣

疏曰和謂百姓和諧用謂財用豐足致物用以立民紀者民豐於物用則知榮辱禮節故可以立人紀也奇謂奇異邪謂邪惡皆據異行之人言用此五事爲治假令有異行不從治者亦當少也○應氏曰致者推致其極也致反始所以極吾心報本之誠致鬼神所以極鬼神尊嚴之理毗陵慕容氏曰萬物本乎天人本乎祖報天尊祖所以致反始也齊明盛服致誠慎獨必用其極所以致鬼神百物利用所以養人者不侈於有餘不屈於不足懋遷斂散各適其平所謂致和用也物各有用用得其節所謂和用禮以節度民知止足於分界則有紀而不亂所謂維民者悉矣辨下上明尊卑定名分別嫌疑所謂致義也義明而不可犯則民志定故無悖逆之事

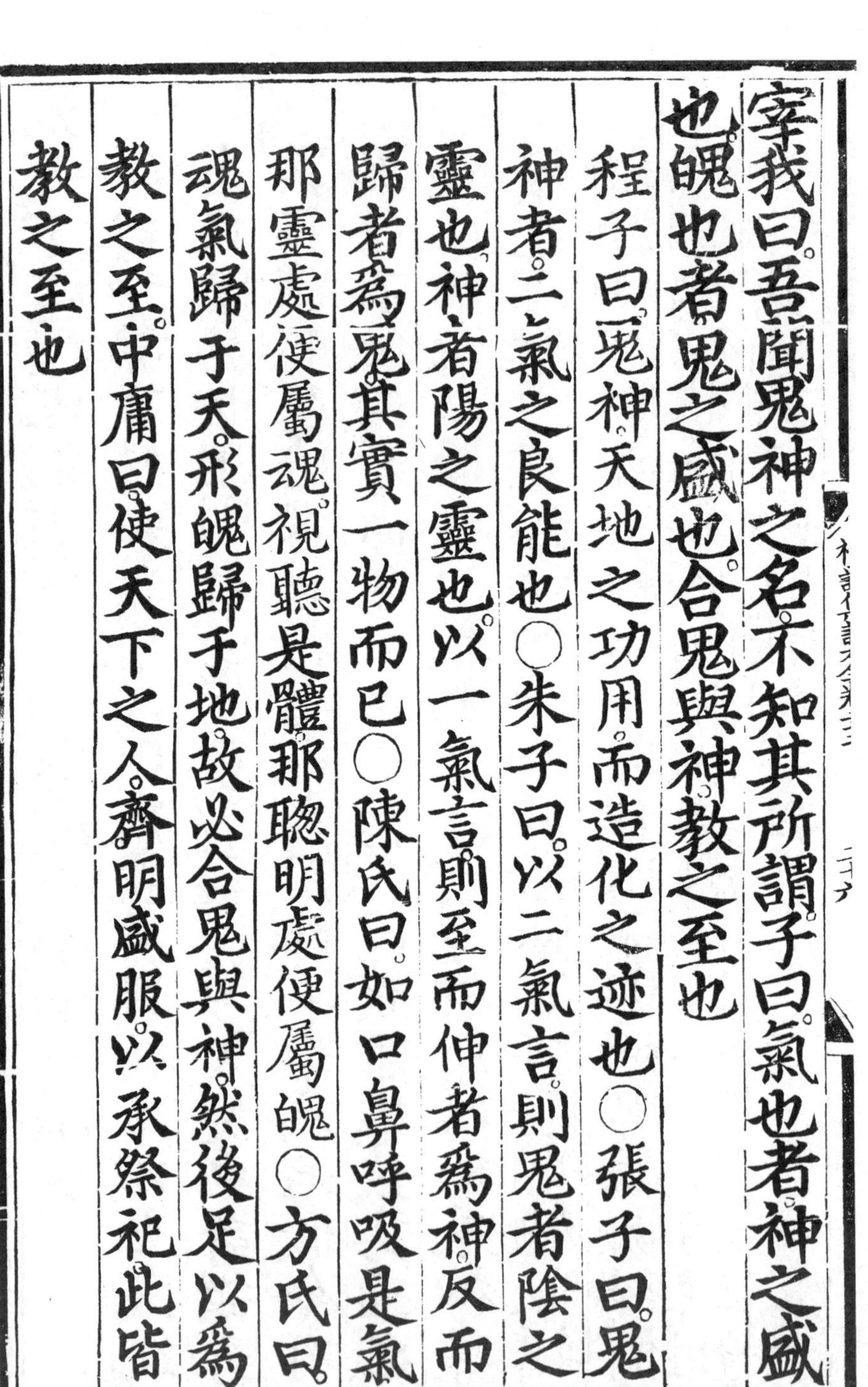

宰我曰吾聞鬼神之名不知其所謂子曰氣也者神之盛也魄也者鬼之盛也合鬼與神教之至也

程子曰鬼神天地之功用而造化之迹也○張子曰鬼神者二氣之良能也○朱子曰以二氣言則鬼者陰之靈也神者陽之靈也以一氣言則至而伸者爲神反而歸者爲鬼其實一物而已○陳氏曰如口鼻呼吸是氣那靈處便屬魂視聽是體那聰明處便屬魄○方氏曰魂氣歸于天形魄歸于地故必合鬼與神然後足以爲教之至中庸曰使天下之人齊明盛服以承祭祀此皆教之至也

衆生必死，死必歸土。此之謂鬼。骨肉斃于下，陰（去聲）爲野土。其氣發揚于上，爲昭明、焄（熏）蒿、悽愴。此百物之精也，神之著也。

朱子曰：如鬼神之露光處是昭明，其氣蒸上處是焄蒿，使人精神悚然是悽愴。又曰：昭明是光耀底，焄蒿是袞然底，悽愴是凜然底。又曰：昭明乃光景之屬，焄蒿氣之感觸人者，悽愴如漢書所謂神君至其風肅然之意。又曰：焄蒿是鬼神精氣交感處。慶源輔氏曰：神以伸爲義，則氣也者，神之盛也；鬼以歸爲義，則魄也者，鬼之盛也。合而言之，則鬼與神一也。故聖人合之以制祭祀之禮而事之，其爲教也至矣。魂生於氣，魄生於體。氣無不之，故曰游魂；體則斃於下而已，故曰體魄則降。人亦一物也。昭明、焄蒿、悽愴，言氣之

發揚如此

因物之精制爲之極明命鬼神以爲黔首則百衆以畏萬民以服

因其精靈之不可掩者制爲尊極之稱而顯然命之曰鬼神以爲天下之法則故民知所畏而無敢慢知所服而無敢違○方氏曰極之爲言至也名曰鬼神則尊敬之至不可以復加是其所以制爲之極也且鬼神本無名也其名則人命之爾鬼神至幽不可測也命之以名則明而可測矣然後人得而則之故曰以爲黔首則是乃所以爲教之至也○馮氏曰秦稱民爲黔首夫子時未

然也。顯是後儒竄入延平周氏曰。氣者所以歸乎天。鬼者所以降于地。爲神者蓋有鬼也。然鬼非神之盛也。爲鬼者蓋有氣也。然氣非鬼之盛也。神譬則天道。而鬼譬則人道而已。合鬼與神。教之至也。鬼神之爲德。能使人齊明盛服。而洋洋乎如在其上。與其左右。則人之所以有愧於屋漏。而爲之愼獨者也。故曰明則有禮樂。幽則有鬼神。是鬼神之爲教同於禮樂。而禮樂之教有所不至。則鬼神又有以助之也。精鬼爲物。故骨肉斃于下。陰爲野土者。此百物之精也。神寃爲變。故其氣發揚于上。爲昭明焄蒿悽愴者。此神之著也。昭明。言其燭於物者。焄蒿。言其達於上者。悽愴。言其感於情者。言百物之精也。神之著也。而獨言因物之精。制爲之極者。莫非物也。雖神之著。亦可謂之物。鬼者盡人道者也。神者盡天道者也。天人之道。黔首之則。故明命鬼神以爲黔首則。唯鬼神有以爲之則。故百衆畏其威。萬民服其德。言衆者。不特民而已。言民則無知矣。故屬之以服其德。

聖人以是爲未足也。築爲宮室。設爲宗祧。以別親疏遠邇。

教民反古復始不忘其所由生也。衆之服自此故聽且速也

言聖人制宗廟祭祀之禮以教民故衆民由此服從而聽之速也長樂劉氏曰所以別其親疏者立祖禰之名也所以辨其遠邇者定宗祧之數也教民尊祖以時祭之故曰反古也教民親禰以禮敬之故曰復始也不忘其所由生者其謂此乎衆之服行聖人之德教而祀其先也速於置郵而傳命者各親其親出於天性也

二端既立報以二禮建設朝如字事燔燎羶如字薌見澗以蕭光以報氣也此教衆反始也薦黍稷羞肝肺首心見間見間二字合爲覸以俠甒武加以鬱鬯以報魄也教民相愛上下用情禮之至也

二端。謂氣者神之盛。魄者鬼之盛也。二禮。謂朝踐之禮與饋熟之禮也。朝事。謂祭之日早朝所行之事也。燔燎羶薌。謂取膟膋燎於爐炭。使羶薌之氣上騰也。見讀爲覵。雜也。以蕭蒿雜膟膋而燒之。故曰覵以蕭光。光者煙上則有照映之光采也。此是報氣之禮。所以教民反古復始也。至饋熟之時。則以黍稷爲薦而羞進肝肺首心四者之饌焉。見間。即覵字誤分也。俠甒。兩甒也。當此薦與羞而雜以兩甒醴酒。故曰覵以俠甒也。加以鬱鬯者魄降在地。用鬱鬯之酒以灌地。本在祭初。而言於薦羞之下者。謂非獨薦羞二者爲報魄。初加鬱鬯亦是報魄也。此言報魄之禮。教民相愛上下用情者。饋熟之時以酬酢爲禮。祭之酒食。徧及上下。情義無間。所以爲禮之極至也。嚴陵方氏曰。二端既立。謂立鬼神之名也。報以二禮。謂報氣報鬼之禮也。建言立其禮。設言陳其物。羶天產之臭也。薌地產之臭也。染蕭以膟膋。故有羶。合蕭以黍稷。故有薌。燔燎羶薌。則蕭與膟膋黍稷并合而見矣。故曰見以蕭光。凡此皆以臭爲主。臭爲陽。故曰以報氣也。氣以陽生而有所始。故曰教衆反始也。甒蓋瓦器。有兩甒。故曰俠。即司尊彝所謂間祀用大尊是矣。言瓦甒之大尊。則鬱鬯之爲虎彝可知。不及時祭。則舉大以該小爾。以諸物見于夾甒之間。故曰閒以俠甒。又副之以鬱鬯之彝。故曰加以鬱鬯。宗廟之祭。灌而後獻。此於鬯言加者。以尊尊而彝卑故也。凡此皆以味爲主。而味爲陰。故曰以報魄也。陰聚而有所愛。故曰教民相愛。至於祭畢而燕。酒食徧及於上下。其情義之篤無以復加。此所以爲上下用情而爲禮之極至也

君子反古復始。不忘其所由生也。是以致其敬。發其情。竭

力從事以報其親不敢弗盡也。是故昔者天子爲藉在亦反千畝，冕而朱紘，宏躬秉耒。諸侯爲藉百畝，冕而青紘，躬秉耒，以事天地山川社稷先古，以爲醴酪洛齊咨盛成，於是乎取之，敬之至也。

藉，藉田也。紘，冠冕之繫，所以爲固也。先古，先祖也。於是乎取之，言皆於此藉田中取之也。嚴陵方氏曰：敬欲有所至，故曰致；情欲有所愛，故曰發；力之用欲無遺，故曰竭；事之來欲無拒，故曰從。致敬發情於內，故能竭力從事於外，凡此則所以報其親不敢弗盡故也。如上所言報氣報魄，皆報親之事也。盡，謂內盡志，外盡物也。又曰：藉，即藉田也，月令所謂躬耕帝藉是矣。耕必冕服，則所以敬其事也。躬秉耒，則所以躬耕也。天地則指天子言之，山川社稷先古則兼諸侯言之。以後之所事，故曰先；以今之所承，故曰古。醴足以爲禮，酪足以爲酸，以天子諸侯之尊而躬爲之，故曰敬之至○毗陵慕容氏曰慎終追遠君子之所以致其孝身致其誠信不敢弗盡所以致其孝之道也有天下有一國可以取安佚可以役民力而必躬秉耒者以爲祭不自致非所以事神明以此率民而民孝敬矣王畿千里而籍亦千畝封疆百里而爲籍亦百畝首服莫尊於冕而冕以躬耕貴而自致莫勤於用力而躬秉耒凡此皆自盡之道也

古者天子諸侯必有養獸之官及歲時齊戒沐浴而躬朝之犧牷祭牲必於是取之敬之至也君召牛納而視之擇其毛而卜之吉然後養之君皮弁素積朔月月半君巡牲所以致力孝之至也

色純曰犧體完曰牷牛羊豕曰牲周禮牧人掌牧六牲牛馬羊豕犬雞也然後養之謂在滌三月也皮弁素積

見前嚴陵方氏曰自養獸之官而下所云即牧人阜蕃其物之時也自君召牛而下所云即充人繫于牢之時也繫于牢則芻之三月而已故朔望巡之阜蕃其物則不止三月也故歲時朝之以其純而不雜故謂之犧以其完而無傷故謂之牷犧言其色也牷言其體也犧牷所以爲祭之牲故曰犧牷祭牲也君召牛納而視之所謂展牲是也卜之吉然後養之所謂帝牛不吉以爲稷牛是也未卜止謂之牛既卜乃謂之牲召之則未卜故曰牛巡之則卜之矣故曰牲齊戒沐浴者臣見君之禮也臣以見君之禮而朝之所以致其敬也皮弁素積者君視朝之服也君以視朝之服而巡之所以極其辨也先王父天母地則以子道自處焉推而及於山川社稷亦由是也故凡所以事鬼神之道皆稱孝焉論語曰菲飲食而致孝乎鬼神歲時謂比歲比時也

古者天子諸侯必有公桑蠶室近川而爲之築宮仞有三尺棘牆而外閉之及大昕欣之朝君皮弁素積卜三宮之夫人世婦之吉者使入蠶于蠶室奉上聲種浴于川桑于公

桑風戾以食嗣之

公桑公家之桑也蠶室養蠶之室也近川便於浴種也棘牆置棘於牆上也外閉戶扇在外而閉則向內也大昕之朝季春朔之旦也三宮在天子則謂三夫人在諸侯之夫人則立三宮半后之六宮也桑桑采桑也戾乾也蠶惡濕故葉乾乃以食也○方氏曰戾至也風至則乾矣

歲既單丹矣世婦卒蠶奉上聲繭古典反以示于君遂獻繭于夫人夫人曰此所以為君服與平聲遂副褘揮而受之因少牢以禮之古之獻繭者其率如字用此與

單盡也副之爲言覆也婦人首飾所以覆首者褘褘衣也禮之禮待獻繭之婦人也率舊讀爲類今如字○方氏曰三月之盡非歲單之時然蠶成之時也自去歲蠶成之後迄今歲蠶成之時朞歲矣故謂之歲單若孟夏稱麥秋者亦此之意延平周氏曰蠶與繅婦功也以婦功而責於夫人世婦則無不可者而必用卜以擇其夫人世婦之吉者蓋先王以爲躬桑所以爲祭服而又將以勸於天下則不可不決於神明者也示于君告其功之成也獻繭不於君而於夫人者別內事也夫人受之以副褘所以敬其將爲祭服也禮之以少牢所以勞其還也○長樂陳氏曰躬桑不過鞠衣而受繭必以副褘者重繭之成也

及良日夫人繅蘇刀反三盆手遂布于三宮夫人世婦之吉者使繅遂朱綠之玄黃之以爲黼黻文章服既成君服以

祀先王先公敬之至也

良日吉日也三盆手者置繭于盆中而以手三次淹之每淹則以手振出其緒故云三盆手也○方氏曰夫人之繅止於三盆猶天子之耕止於三推　毗陵慕容氏曰夫躬耕親蠶一則以教民致力於農桑而豐衣食之原一則以為齊盛祭服而盡事神之敬故先王以所事者教民故民之聽命也速以所率民者奉神故神饗之也易夫民神之主也成民然後可以致力於神民和而神降之福耕以足食蠶以足衣生民之道於是乎在所以成民而致其和莫先於斯二者故齊盛以告冕服以祀而成民之道盡焉故可以陳信於鬼神若夫民則弃本飢寒是憂和氣不應災害日至則是矯舉以祭雖絜齊豐盛致美乎冕服神亦弗饗矣

君子曰禮樂不可斯須去身致樂以治心則易直子（慈）諒

良之心油然生矣易直子諒之心生則樂樂則安安則久久則天天則神天則不言而信神則不怒而威致樂以治心者也致禮以治躬則莊敬莊敬則嚴威心中斯須不和不樂而鄙詐之心入之矣外貌斯須不莊不敬而慢易之心入之矣故樂也者動於內者也禮也者動於外者也樂極和禮極順內和而外順則民瞻其顏色而不與爭也望其容貌而衆不生慢易焉故德煇動乎內而民莫不承聽理發乎外而衆莫不承順故曰致禮樂之道而天下塞焉舉而措之無難矣樂也者動於內者也禮也者動於外者也故禮主其減樂主其盈禮減而進以進爲文樂盈而反

以反爲文。禮減而不進則銷，樂盈而不反則放。故禮有報而樂有反。禮得其報則樂，樂得其反則安。禮之報，樂之反，其義一也。

說見樂記

曾子曰：孝有三。大孝尊親，其次弗辱，其下能養。上聲 公明儀問於曾子曰：夫子可以爲孝乎？曾子曰：是何言與？是何言與？君子之所謂孝者，先去聲意承志，諭父母於道。參直養者也，安能爲孝乎？

太孝尊親，嚴父配天也。公明儀，曾子弟子。馬氏曰：先意所以開其邪，承志所以成其美，此所以諭父母於道。○西山真氏曰：父母之意未形而能逆之於其先，去父母之志已形而能承之於其後。非深於孝愛。以父母之心爲心者。不能諭者。開說曉譬之謂。爲人子者平時能以理開曉其親。置之無過之地。猶臣之事君。格其非心而引之當道也。其視有過而後諫者。功相百矣。故君子猶難之

曾子曰。身也者。父母之遺體也。行父母之遺體。敢不敬乎。居處不莊。非孝也。事君不忠。非孝也。涖官不敬。非孝也。朋友不信。非孝也。戰陳去聲無勇。非孝也。五者不遂。烖及於親。敢不敬乎。

承上文弗辱與養而言。此五者皆足以辱親。故曰烖及於親。延平周氏曰。居處莊。禮也。事君忠。義也。朋友信。信也。戰陳勇。強也。凡此五者皆遂。則烖不及其身。烖不及身。則是不及其親。蓋吾之身即父母之身也。居處莊者。愼其獨者也。能愼其獨。故以之在上。則事君忠。涖官敬。以之在下。則友信。戰陳者。非君子之先務。故其序如此

亨烹孰羶薌嘗而薦之非孝也養也君子之所謂孝也者

國人稱願然曰幸哉有子如此所謂孝也已衆之本教曰

孝其行曰養去聲養可能也敬爲難敬可能也安爲難安可

能也卒爲難父母既沒慎行其身不遺去聲父母惡名可謂

能終矣仁者仁此者也禮者履此者也義者宜此者也信

者信此者也强者强此者也樂自順此生刑自反此作

願猶羨也稱願稱揚羨慕也然猶而也孝經曰夫孝德

之本也教之所由生也衆之本教曰孝亦此意言孝爲

教衆之本也其行曰養行猶用也言用之於奉養之間

也安爲難者謂非勉强矯拂之敬也卒爲難者謂不特

終父母之身孝子亦自終其身也。能終即說上文卒字。

仁者仁此者也以下凡七此字皆指孝而言也

嚴陵方氏曰。亯言天産。故其臭爲羶。孰言地産。故其臭爲薌。嘗旨否而後薦之。是孝之一端而已。稱者。口稱其所爲。願者志願其如此。此則予之之詞也。幸哉有子如此。言其有子如此。乃父母之幸也。孝者。盡子道而已。人言如此。故曰所謂孝也已。已則言其盡於此也。教亦多術矣。特爲之本者孝也。故曰衆之本教曰孝。孝經云。夫孝德之本也。教之所由生也。正謂是矣。論語曰。至於犬馬皆能有養。不敬何以別乎。故曰敬爲難。揚子曰。孝莫大於寧親。故曰安爲難。孝經曰。立身行道揚名於後世以顯父母。孝之終也。故曰卒爲難。哀公問曰。君子也者人之成名也。百姓歸之名。謂君子之子。是使其親爲君子也。是成其親之名也已。故曰父母既沒慎行其身。不遺父母惡名。可謂能終矣。夫孝既爲德之本。故仁非仁於孝不足以爲仁之德。禮非履於孝。不足以爲禮之德。以至義也。信也。強也。亦若此而已。○石林葉氏曰。孟子曰。不得乎親。不可以爲人。不順乎親。不可以爲子。蓋誠身則能有得乎親。是在我者也。故爲人道唯有義。誠身未能順親。是非在我者也。故爲子道唯有命。以舜爲聖人。猶以瞽瞍底豫爲難。則國人稱願然曰。幸哉有子如此。君子亦不謂性也。莊愼忠信。災不及其親。所謂能敬也。不能安之則無以安其親。先意承志。諭父母於道。所謂能安也。不能卒之則無以盡大事。愼終追遠。所謂能卒之也。一人之身物所爲備。其先得者愛親。此孝所以爲本也。故仁以仁之則曰仁。此者也。禮以體之則曰履此者也。義有理。則曰宜此者也。信不欺。則曰信此者也。強者不息。則曰強此者也。五者備矣。強而不變。已忘其倦。則樂矣。樂所以順此而生者也。小人反是。則入於刑。刑由於反此而作也

曾子曰。夫孝置之而塞乎天地。溥如字之而橫乎四海。施諸後世而無朝夕。推而放上聲諸東海而準。推而放諸西海而準。推而放諸南海而準。推而放諸北海而準。詩云。自西自東。自南自北。無思不服。此之謂也

溥舊讀爲敷今如字詩大雅文王有聲之篇○方氏曰置者直而立之溥者敷而散之施言其出無窮推言其進不已放與孟子放乎四海之放同準言人以是爲準石林葉氏曰塞乎天地所謂窮高學也橫乎四海所謂極深遠也施諸後世而無朝夕所謂悠久無疆也○山陰陸氏曰夫孝出於同然故推而放諸四海如此即有不準是背類反倫者也○慶源輔氏曰曾子推言孝之爲道至此所謂誠則形形則著著則明明則動動則變變則化是矣

曾子曰樹木以時伐焉禽獸以時殺焉夫子曰斷短一樹殺一獸不以其時非孝也

上言仁者仁此者也此二者亦爲惡其不仁故言非孝曾子又引夫子之言以爲證嚴陵方氏曰王制曰草木零落然後入山林所謂樹

木以時伐也。又曰。豺祭獸。然後田獵。鳩化爲鷹。然後設罻羅。所謂禽獸以時殺也。孟子曰。君子親親而仁民。仁民而愛物。故斷一樹殺一獸不以其時。非孝也

孝有三。小孝用力。中孝用勞。大孝不匱。思慈愛忘勞。可謂用力矣。尊仁安義。可謂用勞矣。博施去聲備物。可謂不匱矣。父母愛之。嘉而弗忘。父母惡之。懼而無怨。父母有過。諫而不逆。父母既沒。必求仁者之粟以祀之。此之謂禮終。

庶人思父母之慈愛而忘己躬耕之勞。可謂用力矣。此其下能養之事也。諸侯卿大夫士尊重於仁。安行於義。功勞足以及物。可謂用勞矣。此其次弗辱之事也。匱乏也。博施。謂德教加於百姓。刑于四海也。備物。謂四海之

內各以其職來助祭可謂不匱矣此即大孝尊親之事也慶源輔氏曰孝子之心兢兢業業無一息或違無一物不體豈有非時害理之事博施則用勞不足言矣備物則用力不足言矣此聖人達孝之事也嘉故不忘懼故無怨柔行巽入期父母之順於理而不期父母之從乎我至於此則其誠至矣○廬陵胡氏曰用力所謂竭力耕田共爲子職也懼而無怨孟子言舜怨慕何也曰小弁親之過大者也凱風親之過小者也親之過大而不怨是愈疏也親之過小而怨是不可磯也舜之怨慕孝也不逆所謂又敬不違父母既沒雖貧困猶不取惡人物以祀親然則孟子之受御可以祀歟曰其交也以道君子受之矣受之而以祀可也然孝子之心有所不安故必仁者之粟爲孝

樂正子春下堂而傷其足數上聲月不出猶有憂色門弟子曰夫子之足瘳抽矣數月不出猶有憂色何也樂正子春曰善如爾之問也善如爾之問也吾聞諸曾子曾子聞諸

夫子曰天之所生地之所養無人爲大父母全而生之子全而歸之可謂孝矣不虧其體不辱其身可謂全矣故君子頃跬步而弗敢忘孝也今予忘孝之道予是以有憂色也壹舉足而不敢忘父母壹出言而不敢忘父母壹舉足而不敢忘父母是故道而不徑舟而不游不敢以先父母之遺體行殆壹出言而不敢忘父母是故惡言不出於口忿言不反於身不辱其身不羞其親可謂孝矣

無人爲大言無如人最爲大蓋天地之性人爲貴也道正路也徑捷出邪徑也游徒涉也惡言不出於口己不以惡言加人也忿言不反於身則人自不以忿言復我也

如此則不辱身不羞親矣長樂劉氏曰。樂正子春可謂能改過者也。失之于初而成之于終焉。唯人之身氣以體全德以性全者也。體具而弗傷則氣無不全者也性存而弗拂則德無不備者也。非禮不視聽言動不曰內全其德性而外全其氣體之道歟。是可謂之弗忘其父母者也。然則登坦塗以由徑緩舟渡以游淵不慎其言。不羞其辱者。小人之事豈足以孝其親○嚴陵方氏曰。天之所生。地之所養。無人爲大者。生養乎天地之間者。人道最爲大。孝經言天地之性人爲貴。泰誓言惟人萬物之靈。蓋大以言其道貴以言其性。靈以言其德。互相明耳。父母全而生之。謂生其形也。子全而歸之。謂歸於土也。不虧其體。所以全其形。不辱其身。所以全其德。故曰可謂全矣。壹舉足而不敢忘父母。則念其親於動止之間也。壹出言而不敢忘父母。則念其親於語默之際也。道大而徑小。故道而不徑舟安而游危。故舟而不游。則不敢以先父母之遺體行殆故也。殆亦危也。惡言不出於口者。己之言也。忿言不反於身者。人之言也。唯己之惡言不出於口。故人之忿言不反於身也。以忿言不反於身。故不辱其身而身者親之枝也。不辱其身。故不羞其親○馬氏曰。身體髮膚

不敢毁伤。所以不亏其体。立身扬名于后世。所以不辱其身。昔曾子启手足之际。然后释渊冰之惧。乐正子春。门人也。安得而不忧乎

昔者有虞氏贵德而尚齿。夏后氏贵爵而尚齿。殷人贵富而尚齿。周人贵亲而尚齿。虞夏殷周。天下之盛王也。未有遗年者。年之贵乎天下久矣。次乎事亲也

刘氏曰。大舜贵以德化民。有天下如不与。而民化之。几于不知爵之为贵矣。故禹承之以爵为贵。而使民知贵贵之道也。然贵爵之弊。其终也在上者过于亢。而泽不及下。故汤承之以务富其民为贵。然富民之弊。其终也民各私其财而不知亲亲之道。故武王承之以亲亲为

貴。所謂周之宗盟異姓爲後是也。四代之治隨時救弊。所貴雖不同。而尚齒則同也。未有遺年齒而不尚者。齒居天下之達尊久矣。老吾老以及人之老。故尊高年次於事親也。然四者之所貴亦四代之所同。記者但主於自古尚齒爲言耳。讀者不以辭害意可也。嚴陵方氏曰。四代之所貴不同。由救弊之政異也。貴德之弊有至于忘君。故夏后氏救之以貴爵。蓋爵所以明貴賤故也。貴爵之弊有至於忘功。故殷人救之以貴富。蓋富者所以務富其民也。三者之弊有至於忘親。故周人救之以貴親。至於尚齒則未嘗易者。以年之貴乎天下久矣。次乎事親。萬世而無弊故也。○慶源輔氏曰。有德者必有爵。有爵者必有富。此虞夏殷之所貴如此。至於周。則又厚親以反本焉。此其世變使然。聖人因時定制。有不得不然者也。若夫年齒之尚。行乎萬世而不可變者。蓋敬老慈幼。人之性也。四代之王不失其性而已。即四王之事而反求諸一心。則

知年之果不可遺次乎事親之義明矣

是故朝廷同爵則尚齒七十杖於朝君問則席八十不俟朝君問則就之而弟達乎朝廷矣

古者視朝之禮君臣皆立七十杖於朝據杖而立也君問則席謂君若有問則爲之布席於堂而使之坐也不俟朝謂見君而揖之即退不待朝事畢也就之即其家也

嚴陵方氏曰爵同故以齒爲上爵異則以爵爲上也孟子曰朝廷莫如爵鄉黨莫如齒蓋朝廷雖以爵爲上然未嘗廢齒此所言者是也鄉黨雖以齒爲上然亦未嘗廢爵則後言三命而不齒者是也要之朝廷以爵爲主鄉黨以齒爲主故孟子以爲莫如也就謂就其家而不敢召也凡此皆朝廷禮敬之事故曰弟達乎朝廷矣

行肩而不併。步頂反 不錯則隨。見老者則車徒辟。避 斑白者不以其任行乎道路。而弟達乎道路矣。

此言少者與長者同行之禮。併，並也。肩而不併，謂少者不可以肩齊並長者，當差退在後也。不錯則隨，謂此長者若是兄之輩，則爲鴈行之差錯，稍偏而後之。若是父之輩，則直隨從其後矣。車徒辟，言或乘車或徒行，皆當避之也。任，所負戴之物也。不以任行道路，即孟子頒白者不負戴於道路矣。嚴陵方氏曰：車以言其貴，徒以言其賤。言見老者則貴賤無不避也。斑白者不以任行道路，所謂斑白者不提挈也。凡此皆道路禮順之事，故曰弟達乎道路。

居鄉以齒，而老窮不遺，強不犯弱，衆不暴寡，而弟達乎州

巷矣

遺弃也○鄭氏曰一鄉者五州。巷猶閭也嚴陵方氏曰。若耆耋艾耄之類所謂老若鰥寡孤獨之類所謂窮。不遺。謂養之有政也。強弱以力言。衆寡以數言。凡此皆州巷禮順之事。故曰弟達乎州巷○石林葉氏曰。先之則不錯。不錯則隨敬之則車徒避。愛之則斑白不以任。此弟所以達乎道路。強以力言。衆以人言。老而窮者猶所不弃。則寡弱者固不患於無告。此弟所以達乎州巷矣

古之道。五十不爲甸徒。頒禽隆諸長者。而弟達乎獀蒐狩四井爲邑。四邑爲丘。四丘爲甸。君田獵則起其民爲卒徒。故曰甸徒。五十始衰。故不供此役也。頒猶分也。隆猶多也。田畢。分禽則長者受賜多於少者。春獵爲獀。冬獵

爲狩。舉此則夏秋可知

軍旅什五同爵則尚齒而弟達乎軍旅矣

五人爲伍二伍爲什石林葉氏曰軍旅什伍所致者勇而爵同者猶尚以齒所謂軍旅有禮則武功成也

孝弟發諸朝廷行乎道路至乎州巷放上聲乎獀狩脩乎軍旅衆以義死之而弗敢犯也

自朝廷至軍旅其人可謂衆矣然皆以通達孝弟之義死於孝弟而不敢干犯也嚴陵方氏曰先朝廷而後道路自內而之外也先道路而後州巷行乎大又盡乎小也獀狩軍旅則又以有事之時言之朝廷者政之所出故言發道路者人之所由故言行州巷則委曲而有所盡故曰至獀狩則馳騁而有所從故曰放軍旅則嚴飭而有所治故曰脩合而言之

皆所以達之而已。衆死乎孝弟之義。而弗敢犯之也

祀乎明堂。所以教諸侯之孝也。食嗣三老五更於大泰學。所以教諸侯之弟也。祀先賢於西學。所以教諸侯之德也。耕藉所以教諸侯之養去聲也。朝覲。所以教諸侯之臣也。五者天下之大教也

西學。西郊之學。周之小學也。王制云。虞庠在國之西郊是也○方氏曰。先賢則樂祖是也。西學則瞽宗是也。樂祖有道德者。故曰教諸侯之德。耕藉所以事神致養之道。故曰教諸侯之養。朝覲所以尊天子。故曰教諸侯之臣。樂記先朝覲而後耕藉者。武王初有天下。君臣之分

辨之不可不早也延平周氏曰先王之於教豈必諄諄而命之也哉蓋行禮於此而人得於彼而不知者乃教之至也故五者天下之大教而其所以為教者如此而已矣五者以德為主養者孝之屬臣者弟之屬故其序如此

食三老五更於大學天子袒而割牲執醬而饋執爵而酳以刃反冕而揔干所以教諸侯之弟也是故鄉里有齒而老窮不遺強不犯弱衆不暴寡此由大學來者也袒而割牲者袒衣而割制牲體為俎實也饋進食也酳食畢而以酒虛口也揔干揔持干盾以立于舞位也鄉里有齒言人皆知長少之序也

天子設四學當入學而大泰子齒

四學。虞夏殷周四代之學也。大子齒。謂大子與同學者序長幼之位。不以貴加人也。嚴陵方氏曰。由大學來者言教化之原出自大學也。

四學。謂周設四代之學。即有虞氏之庠夏后氏之序。殷之瞽宗。周之辟雍是矣

天子巡守去聲諸侯待于竟境天子先見百年者。八十九十者東行。西行者弗敢過。西行東行者弗敢過。欲言政者君就之可也

應氏曰。彼向東此向西。彼西行此趨東。是相違而不相值。然必駐行反迂謁而見之。不敢超越經過也

壹命齒于鄉里。再命齒于族。三命不齒。族有七十者弗敢先。七十者不有大故不入朝。若有大故而入。君必與之揖

讓而后及爵者

方氏曰。一命齒于鄉里。非其鄉里則以爵而不以齒可知。再命齒于族。非其族則以爵而不以齒亦可知。三命不齒。雖於其族亦不得而齒之矣。則鄉里又可知。然此特貴貴之義耳。至於老老之仁又不可得而廢焉。故族有七十者弗敢先也。先謂鄉飲之席待七十者先入而後入也。君與之揖讓而后及爵者。豈族之三命得以先之乎。五州爲鄉。五鄰爲里。於遠舉鄉則近至於五比之閭可知。於近舉里則遠達於五縣之遂可知。六鄉六遂足以互見也。此言族。周官所謂父族也。蓋有天下者謂之王族有國者謂之公族有家者則謂之官族以傳世言之則曰世族以主祭言之則曰宗族石林葉氏曰三命不齒貴貴也七十者不敢先長長也先王之道並行而不相悖者如此

天子有善讓德於天諸侯有善歸諸天子卿大夫有善薦於諸侯士庶人有善本諸父母存諸長老祿爵慶賞成諸宗廟所以示順也

成諸宗廟言於宗廟中命之也詳在祭統十倫章嚴陵方氏曰善者人之所欲惡者人之所惡於人之所欲而能推原於彼此善所以日進於人之所惡而能自反於此此惡所以日消古之君子能全其德用此道而已天子受命於天者也故有善則讓德於天諸侯受命於天子者也故有善則歸諸天子卿大夫受命於諸侯者也故有善則薦於諸侯士庶人既卑且賤故有善焉內則本諸

父母外則存諸長老而已。祿則施之及賤。爵則制之以貴。慶所以爲禮，賞所以爲利。成諸宗廟者，謂必即諸宗廟中。然後得以成其事也。祭統曰：古者明君爵有德而祿有功，必賜爵祿於太廟，示不敢專也。其曰所以示順，則示順之義盡於此矣。○延平周氏曰：天子有善讓於天，則諸侯有善歸諸天子。諸侯有善歸諸天子，則卿大夫有善薦於諸侯。有是天子諸侯，則士庶人有善，所以本諸父母，存諸長老。蓋上之人不有於我，故其化然也。

昔者聖人建陰陽天地之情，立以爲易。易抱龜南面，天子卷袞冕北面，雖有明知去聲之心，必進斷其志焉，示不敢專，以尊天也。善則稱人，過則稱己，教不伐，以尊賢也。

方氏曰：明吉凶之象者莫如易，示吉凶之象者莫如龜，南則明而有所示之方也，故易抱龜南面焉。天子北面則以臣禮自處而致其尊也。南面内也，北面外也，自外至內謂之進故曰進斷其志○應氏曰易書也抱龜者人也不曰掌易之人而直以爲易者蓋明以示天下者易也易之道不可屈故不於北而於南明此以北面者臣也臣之位不可踰故不曰人而曰易蓋有深意焉○石梁王氏曰此說卜者之位與儀禮不合亦近於張大之辭○劉氏曰易代天地鬼神以吉凶告天子故南面如祭祀之尸代神之尊也天子北面問卜以斷其志蓋尊天事神之禮也嚴陵方氏曰陰陽天地莫不有情必待聖人建之然後能有所立焉然易無體也體之於言則其書謂之易體之於人則其官謂之易故曰立以爲易明吉凶之象者莫如易示吉凶之象者莫如龜有自知之明而又有知人之知則其事固可以無疑矣然猶斷之於龜者以吉凶悔吝生乎動故

也。前言建陰陽、天地之情。而後止言尊天者。蓋一陰一陽之謂道。而道則出於天而已。故後言尊天以該之。稱己之過。所以教不伐。稱人之善。所以教尊賢。伐。與矜伐之伐同字。有其善而矜之。祗所以自傷其善故也。○延平周氏曰。聖人無非事。亦無非教。以天子之尊。卷冕北面而聽於卜。非特斷其一時之事而已。又將示人之不敢專。而且以尊乎天也。○石林葉氏曰。陰陽天地之情不可見。其可見者易與龜也。故曰物生而後有象。象而後有滋。滋而後有數。龜則象。而易則數也。斷其志。則謀於己。進而詔以吉凶。則謀於鬼神。而天道所以尊也。過者人所畏。善稱人則能尊人。過稱己則能畀己。非有志於仁者不能及之。此其教不伐以尊賢也。伐者自有其善以害於己。則不足以爲賢。舜稱禹之賢。亦曰不矜不伐

孝子將祭祀。必有齊莊之心以慮事。以具服物。以脩宮室。以治百事。及祭之日。顏色必溫。行必恐。如懼不及愛然。其奠之也。容貌必溫。身必詘。屈如語焉而未之然。宿者皆出。

其立卑靜以正。如將弗見然。及祭之後。陶陶如字遂遂。如將復入然。是故慤善不違身。耳目不違心。思去聲慮不違親。結諸心。形諸色。而術省息井反之。孝子之志也

慤善不違身。周旋升降無非敬也。耳目不違心。所聞所見不得以亂其心之所存也。結者不可解之意。術與述同。述省。猶循省也。謂每事思省○方氏曰。於其來也。如懼不及愛然。及既來也。又如語而未之然。於其往也。如將弗見然。及既往也。又如將復入然。則㬎孝子之思其親。無物足以慊其心。無時可以絕其念。如懼不及愛然。即前經所謂致愛則存是矣。如語焉而未之然。即所謂

如親聽命是矣如將弗見然即所謂如將失之是矣如將復入然即所謂又從而思之是矣愛者愛其親也懼不及愛者懼愛親之心有所未至也語者親之語也語而未之然如親欲有所語而未發也陶陶言思親之心存乎内遂遂言思親之心達乎外祭後猶如此者以其如將復入故也石林葉氏曰顔色温者有愉色也容皃温者有婉容也卑静以正者有深思也盖有愉色則若將及之故行必恐有婉容則若將聽之故身必詘有深思則若將見之故立必正陶陶者其氣和也遂遂者其志得也懿善於内而言不違身者以其有藴於外耳目在外而言不違心者以其有主於内内外定而後爲愛親之至此其序所以與前相反也謹是三者而固守之則曰結發是三者於色則曰形察是三者不失其行則曰術此先王所謂孝也

建國之神位。右社稷而左宗廟

方氏曰。神無方也。無方則無位。所謂神位者。亦人位之耳。故以建言之。建之斯有矣。王氏謂右陰也。地道所尊。故右社稷。左陽也。人道之所鄉。故左宗廟。位宗廟於人道所鄉。亦不死其親之意。長樂陳氏曰。周官小宗伯。禮記祭義。皆曰建國之神位右社稷左宗廟。考工記匠人營國左祖右社。蓋宗廟陽也。故居左。社稷陰也。故居右。陰故社稷皆北鄉。陽故宗廟皆南鄉。君祭社。南鄉於北墉下。而薄社亦北牖。則社稷北鄉可知。廟所以象王之朝。而朝必南面。則廟皆南鄉可知。廟皆南鄉。而昭南面穆北面者。禘祫之位也

禮記集說大全卷之二十二

祭統

鄭氏曰。統。猶本也

凡治人之道。莫急於禮。禮有五經。莫重於祭。夫祭者。非物自外至者也。自中出生於心者也。心怵音黜而奉之以禮。是故唯賢者能盡祭之義

五經。吉凶軍賓嘉之五禮也。心怵。即前篇君子履之必有怵惕之心。謂心有感動也○方氏曰。盡其心者祭之本。盡其物者祭之末。有本然後末從之。故祭非物自外至。自中出生於心也。心怵而奉之以禮者。心有所感於

內。故以禮奉之於外而已。蓋以其自中出。非外至者也。奉之以禮者見乎物。盡之以義者存乎心。徇其物而忘其心者衆人也。發於心而形於物者君子也。故曰唯賢者能盡祭之義慶源輔氏曰。祭。吾之誠敬耳。故曰自中出生於心也。凡在外之物所以將之而已。故曰非物自外至者也。心怵而奉之以禮。外徇於物而內忘其心者有之矣。故曰唯賢者能盡祭之義。禮義固由賢者出也。故下文言賢者之祭。致其誠敬。明薦之而已。不求其爲者。此所謂能盡此祭之義也

賢者之祭也。必受其福。非世所謂福也。福者備也。備者百順之名也。無所不順者之謂備。言內盡於己。而外順於道也。忠臣以事其君。孝子以事其親。其本一也。上則順於鬼神。外則順於君長。內則以孝於親。如此之謂備。唯賢者能

備。能備然後能祭。是故賢者之祭也。致其誠信。與其忠敬。奉之以物。道之以禮。安之以樂。參之以時。明薦之而已矣。不求其爲。去聲此孝子之心也

方氏曰。誠信忠敬四者祭之本。所謂物者奉乎此而已。所謂禮者道乎此而已。所謂樂者安乎此而已。所謂時者參乎此而已。○應氏曰。不求其爲無求福之心也。所謂祭祀不祈也。慶源輔氏曰。必受其福。以理必之也。世所謂福則不可必也。鄭謂孝子受大順之顯名。非是。名。猶名言之名。猶言備者百順之謂而已。內盡於己。外順於道。則仰不愧天。俯不愧人。內不愧心。心安體胖。是賢者之所謂福也。不言外順於物。物有不可順者也。能備然後能祭。則祭之必受福可知也。經之所謂福。具於未祭之前。世之所謂福。應於已祭之後。前言心怵而奉之以禮者。福寓於物也。此云奉之以物道

之以禮者。物必將之以禮也。不求其如此。然後能盡祭之義。一有所求。義不盡矣。奉之以物。以物將其誠敬也。道之以禮。以禮行其誠敬也。安之以樂。以樂安其誠敬也。參之以時。以時參其誠敬也。奉之以物。則不爲虛拘。行之以禮。則輔以威儀。安之以樂。則不爲勉强。參之以時。則發必中節。如此然後能盡其心

祭者所以追養去聲繼孝也。孝者畜敕六反也。順於道不逆於倫是之謂畜

應氏曰。追其不及之養而繼其未盡之孝也。畜固爲畜養之義。而亦有止而畜聚之意焉○劉氏曰。追養其親於既遠。繼續其孝而不忘。畜者。藏也。中心藏之而不忘是順乎率性之道。而不逆天敘之倫焉。詩曰。心乎愛矣。遐不謂矣。中心藏之。何日忘之。此畜之意也嚴陵方氏曰。追養繼

孝養爲事親之事。孝爲事親之道。追言追其往。繼言繼其絶。孝子之事其親也。上則順於天道。下則不逆於人倫。是之謂畜。孔子曰。父子之道天性也。則孝之順於天道可知。孟子曰。内則父子。人之大倫也。則孝之不逆於人倫可知

是故孝子之事親也。有三道焉。生則養去聲。没則喪。喪畢則祭。養則觀其順也。喪則觀其哀也。祭則觀其敬而時也。盡此三道者。孝子之行去聲也

生事之以禮。死葬之以禮。祭之以禮。養以順爲主。喪以哀爲主。祭以敬爲主。時者以時思之。禮時爲大也嚴陵方氏曰。以養志爲上。以養口體爲下。此養之順也。發於聲音而見於衣服。此喪之哀也。所以交於神明者。祭之敬也。所以節其疏數者。祭之時也。孔子曰。養則致其樂。喪則致其哀。祭則致其嚴。又曰春秋祭祀以時思之。其言正

與此合。是三者皆孝子之所常行。故曰道。行而有可見之迹。故曰孝子之行也。觀者。上下見之之謂。觀其順。則不順者亦可見矣。觀其哀。則不哀者亦可見矣。以至敬與時皆然也。○石林葉氏曰。養則致其樂。而此觀其順者。順爲樂之形也。喪則致其哀。而此觀其哀者。哀爲喪之本也。祭則致其嚴。而此觀其敬者。敬爲嚴之體也。蓋孝子之行不過此三者。而其誠信忠順皆在內者。故曰孝子之心也

既內自盡。又外求助。昏禮是也。故國君取（去聲）夫人之辭曰。請君之玉女與寡人共有敝邑。事宗廟社稷。此求助之本也。夫祭也者。必夫婦親之。所以備外內之官也。官備則具備。水草之菹。陸產之醢。小物備矣。三牲之俎。八簋之實。美物備矣。昆蟲之異。草木之實。陰陽之物備矣。凡天之所生。地之所長。苟可薦者。莫不咸在。示盡物也。外則盡物。內則

盡志此祭之心也

按內則可食之物有蜩范者蟬與蜂也又如蚳醢是蟻子所爲此言昆蟲之異亦此類乎

嚴陵方氏曰既內自盡於已也又外求助於人求助之道莫大乎夫婦之際以夫婦而行祭祀之道則足以盡陰陽之義以夫婦而共祭祀之事則足以備外內之官故國君取夫人之辭以事宗廟社稷爲言也必曰玉女者言其有貞潔之德也所以事宗廟社稷亦在乎有貞潔之德而已觀卷耳之詩后妃則輔佐君子求賢審官雞鳴之詩則夫人夙夜警戒有相成之道然婦之助夫固不特在乎祭祀之時也此之所言亦以祭祀爲本故曰此求助之本也夫婦親之若君制祭夫人薦盎君割牲夫人薦酒卿大夫相君命婦相夫人此外內之官也官所以執事事所以具物故曰官備則具備菹以醢類也故周官屬醢人然以植物爲之則曰菹以動物爲之則曰醢水草之菹即七菹所謂茆菹芹菹之類陸產之醢即七醢所謂兔醢鴈醢之類然七菹又有葵菹之類不必皆水草七醢又有蟲醢魚醢之類不

必皆陸產。俎者三牲。則八籩者五穀也。言八籩。則俎爲三俎矣。言實。則菹亦非虛矣。俎所薦者天產。故其數用三之奇。籩所盛者地產。故其數用八之耦。於昆蟲草木言陰陽之物者。蓋昆蟲以陰蟄以陽出。草木以陰枯以陽榮故也。然草木亦陰物也。陸產亦陽物也。三牲以陽物也。八籩以陰物也。止謂昆蟲草木爲陰陽之物者。以用至於昆蟲之異草木之實。而陰陽之物於是爲備故也。以陰陽之物於是爲備。故曰凡天之所生。地之所長。苟可薦者莫不咸在。示盡物也。徒盡物於外而不能盡志於內。亦不足以盡祭之心矣。故曰外則盡物。內則盡志。祭之心也。

是故天子親耕於南郊。以共齊盛。王后蠶於北郊。以共純緇服。諸侯耕於東郊。亦以共齊盛。夫人蠶於北郊。以共冕服。天子諸侯非莫耕也。王后夫人非莫蠶也。身致其誠信。誠信之謂盡。盡之謂敬。敬盡然後可以事神明。此祭之道

也

祭服皆上玄下纁。天子言緇服。諸侯言冕服。緇服亦冕服也。緇以色言。冕服則顯其爲祭服耳。非莫耕。非莫蠶言非無可耕之人。非無可蠶之人也。嚴陵方氏曰。東南陽地。而耕爲陽事。故於之以耕。北者陰地。而蠶爲陰事。故於之以蠶。而南又盛陽之地。故天子耕於南郊。冕用朱紘者。亦以此。東者少陽之地。故諸侯耕於東郊。冕用青紘者。亦以此。此又隆殺之別也。夫有天下者。四海之內皆臣妾耳。有一國者。百里之內皆臣妾耳。則天子諸侯非莫與之耕。王后夫人非莫與之蠶。然且親耕親蠶焉。則以身致其誠信而已。以神明之所饗者在誠不在物故也

及時將祭。君子乃齊。齊之爲言齊也。齊不齊以致齊者也。是故君子非有大事也。非有恭敬也。則不齊。不齊則於物

無防也。著嗜欲無止也。及其將齊也。防其邪物。訖其著欲。耳不聽樂。故記曰齊者不樂。言不敢散其志也。心不苟慮。必依於道。手足不苟動。必依於禮。是故君子之齊也。專致其精明之德也。故散上聲齊七日以定之。致齊三日以齊之。定之之謂齊。齊者精明之至也。然後可以交於神明也。

於物無防。物猶事也。不苟慮不苟動。皆所謂防也。嚴陵方氏曰。夫齊所以致一。致一則不齊者齊矣。大事即祀事也。恭敬則人事也。指人言之。故曰恭敬耳。防以防其外之來也。止以止其內之出也。物自外入。故曰防。嗜欲由中故曰止。前言止而後言訖者。止之而後訖故也。後言邪物。則前所言物者亦邪物而已。齊固不止於耳不聽樂。然樂者人之所樂也。則所以散其志尤在於樂故也。故又引記以爲言焉。此與學記引蛾子時術之所言同。不爲物所貳。故其德精。不爲物所蔽。故其德明。致者。致其至而已。故先言致其精明之德。而後言精明之至也。精之至矣。故於祭之心則爲精意精志。明之至矣。故於祭之道則爲明禋明享焉。散齊即祭義所謂散齊於外是也。致齊即祭義所謂致齊於內是也。此以時之先後爲序。彼以事之內外爲序也。解亦見彼。以齊於內。故又謂之宿。以其宿於內也。禮器所謂三日宿者以此。以齊於外。故又謂之戒。言戒於外也。禮器所謂七日戒者以此。若心不苟慮與訖其嗜欲之類。則所以齊其內也。若手足不苟動與防其邪物之類。則所以齊其外也。夫散者集之則一歸乎定。故散齊七日以定之。致其至焉則未始不齊。故致齊三日以齊之。定言定於外。齊言齊其內

是故先（去聲）期旬有一日。宮宰宿夫人。夫人亦散齊七日。致齊三日。君致齊於外。夫人致齊於內。然後會於大廟。君純（緇）冕立於阼。夫人副褘立於東房。君執圭瓚祼尸。大宗執璋瓚亞祼。及迎牲。君執紖。（赤軫反）卿大夫從（去聲）士執芻。宗婦

執盎從句夫人薦涚詩畏反水。君執鸞刀羞嚌才反乂夫人薦豆。此之謂夫婦親之

宿讀爲肅猶戒也○鄭氏曰。大廟始祖廟也。圭瓚璋瓚。裸器也。以圭璋爲柄。酌鬱鬯曰裸。大宗亞裸。容夫人有故攝焉。紖所以牽牲。芻藁也。殺牲用以薦藉○疏曰。宗婦執盎從者。謂同宗之婦執盎齊以從夫人也。夫人薦涚水者。涚即盎齊。以濁用清酒以涚泲之。涚水是明水。宗婦執盎齊從夫人而來奠盎齊於位。夫人乃就盎齊之尊酌此涚齊而薦之。因盎齊有明水。連言水耳。君執鸞刀羞嚌者。嚌肝肺也。嚌有二時。一是朝踐之時。取肝

以脊貫之。入室燎於爐炭。而出薦之主前。二是饋熟之時。君以鸞刀割制所羞嚌肺。橫切之。不使絕。亦奠於祖上。尸並嚌之。故云羞嚌。一云羞進也。夫人薦豆者。君羞嚌時。夫人薦此饋食之豆也。又曰。郊特牲云。祭齊加明水。天子諸侯祭禮。先有裸尸之事。嚴陵方氏曰。散齊七日。致齊三日。則及祭凡十日矣。故先期旬有一日。宮宰宿夫人而詔之齊也。大宰言前期十日帥執事而卜日遂戒。則於是日而遂散齊也。聽外治者君也。故致齊於外。聽內職者夫人也。故致齊於內。與祭義所謂內外者異矣。彼謂一身之內外。齊於內外。所以辨其位。會於大廟。所以聯其事。君純冕立於阼。夫人副禕立於東房。與明堂所言同義。於夫人言副禕。則君純冕。冕者衮冕也。周官大宗伯。凡大祭祀。王后不與。則攝而薦豆籩徹。則大宗固有攝夫人亞裸之理矣。大宗即宗伯也。君執紖。則親牽之故也。宗婦。宗子之婦也。齊有五。而宗婦止執盎者。據君牽牲之時也。

祭義言夫人奠盎。正與此合。然彼言夫人奠盎。此言宗婦執盎者。宗婦執之。夫人奠之故也。薦涚水則郊特牲所謂明水涚齊貴新是也。酌齊則必用涚矣。祭義不言者。略也。齊者。尸所齊之肺也。齊則嚌之也。以尸之所齊故君執鸞刀而羞之也。尸必齊之。君必羞之者。以周人所貴故也。夫人薦豆。則與祭義所言同義。以上題言夫人祭也者。必夫婦親之。故此結言此之謂夫婦親之也○馬氏曰。言士執芻則後於君。言宗婦執盎則先於夫人者。蓋芻所以用於迎牲之後。而執盎必居於薦之前也。

及入舞。君執干戚就舞位。君爲東上。冕而總干。率其群臣。以樂皇尸。是故天子之祭也。與天下樂之。諸侯之祭也。與竟境内樂之。冕而總干。率其群臣。以樂皇尸。此與竟内樂之之義也

東上。近主位也。此明祭時天子諸侯親在舞位 長樂陳氏曰。天

子諸侯之於尸。非特備禮物以薦之。抑又就舞位以樂之。蓋廟中在天子。則天下之象也。在諸侯。則竟內之象也。故天子冕而總干以樂皇尸。非徒樂之。所以與天下樂之也。諸侯冕而總干。亦與竟內樂之。古者人君之於廟饗。籍則親耕。牲則親殺。酒則親獻。尸則親迎。然則樂則親舞。不爲過矣○嚴陵方氏曰。舞位則綴兆也。君於東上。則以君爲祭主故也。干戚武舞所執也。羽籥文舞所執也。止言干。主武宿夜言之。明堂位曰。朱干玉戚冕而舞大武。正謂是矣。上言執干戚而不言冕。下言總干而不言戚。互相備也。言總干。固知其爲不特執干矣。祭義樂記所言同。與天下樂之。與竟內樂之。言與天下竟內共樂皇尸也。楊子曰。寧神莫大於得四表之歡心。是矣。稱皇尸。與詩楚茨所稱同義。然詩於鳧鷖又稱公尸。何也。鳧鷖兼神示祖考而言之也。故曰公尸。公言衆之所共也。楚茨指宗廟之祖考言之而已。諸侯之尸亦稱皇者。尊神而已

夫祭有三重焉。獻之屬莫重於裸。聲莫重於升歌。舞莫重於武宿夜。此周道也。凡三道者。所以假於外而以增君子

之志也。故與志進退。志輕則亦輕，志重則亦重。輕其志而求外之重也，雖聖人弗能得也。是故君子之祭也，必身自盡也，所以明重也。道之以禮，以奉三重，而薦諸皇尸，此聖人之道也。

祼以降神，於禮爲重。歌者在上，貴人聲也。武宿夜，武舞之曲名也，其義未聞。假於外者，祼則假於鬱鬯，歌則假於聲音，舞則假於干戚也。誠敬者，物之未將者也。誠敬之志存於內，而假外物以將之，故其輕重隨志進退。若內志輕而求外物之重，雖聖人不可得也。聖人固無內輕而求外重之事，此特以明役志爲本耳。嚴陵方氏曰：三者蓋周廟之所重。故始言三重而終言周道也。裸所以求陰而貴氣臭。周人則先求諸陰而尚臭也。故重裸。經言升歌清廟。清廟者。文王之詩。故重升歌。大武者武王之舞也。故重武宿夜。象成而爲樂。故謂之大武。獻有九。而裸其一也。故以屬言之。於獻言屬。則聲與舞可知矣。君子之祭也。內則盡志。外則盡物。然其輕重亦在志而已。必自盡者。所以明重也。三重之本在志。禮則達之於外以承其志於內。故曰道之以禮以奉三重。內既盡志外又盡禮則聖人所以事皇尸之道如斯而已。故曰此聖人之道也

夫祭有餕。俊餕者祭之末也。不可不知也。是故古之人有言曰。善終者如始。餕其是已。是故古之君子曰。尸亦餕鬼神之餘也。惠術也。可以觀政矣

方氏曰。牲既殺。則薦血腥於鬼神。及熟之於俎。而尸始食之。是尸餕鬼神之餘也。○劉氏曰。祭畢而餕餘是祭

之終事也。必謹夫餕之禮者。愼終如始也。故引古人曰善終者如其始之善。今餕餘之禮。其是此意矣。所以古之君子有言尸之飲食。亦是餕鬼神之餘也。此即施惠之法也。觀乎餕之禮。則可以觀爲政之道矣

是故尸謖縮君與卿四人餕。君起。大夫六人餕。臣餕君之餘也。大夫起。士八人餕。賤餕貴之餘也。士起。各執其具以出陳于堂下。百官進讀爲餕徹之。下餕上之餘也。凡餕之道每變以衆。所以別貴賤之等。而興施去聲惠之象也。是故以四簋黍見現其脩於廟中也。廟中者。竟內之象也

謖。起也。天子之祭八簋。諸侯六簋。此言四簋者。留二簋

爲陽厭之祭。故以四簋餕也。簋以盛黍稷，舉黍則稷可知矣。自君卿至百官，每變而人益衆，所以別貴賤，象施惠也。施惠之禮，脩舉於廟中，則施惠之政，必徧及於境內。此可以觀政之謂也。嚴陵方氏曰：尸猶受惠於鬼神，人固當受惠於其君。餕每變以衆。故始則君與三卿共四人，變而加以兩，故大夫六人，又變而加以兩，故士八人，又變則又加以百官，蓋以示人其惠之愈廣，然非實數也。百官，謂中下之士，以及於百執事者也。祭法以官師爲中下之士，則此以百官稱之亦宜矣。爾雅曰：謖，興起也。由君而下皆言起，獨於尸言謖者，蓋不疾而速者，神也。尸，神象也，故特以謖言之。特牲饋食、少牢饋食、士虞禮、有司篇皆言尸謖者以此。夫施惠之道，不止於餕，特由餕見之而已。故曰象。見乃謂之象也。四簋之黍未爲多也，特取其脩於廟中故爾。廟中之惠未爲大也，特取其象於竟內故爾。諸侯廟中爲竟內之象，則天子廟中爲天下之象可知祭者澤之大者也。是故上有大澤。則惠必及下。顧上先下後耳。非上積重平聲而下有凍餒之民也。是故上有大澤。則民夫人待于下流。知惠之必將至也。由餒見之矣。故曰可以觀政矣。夫祭之爲物大矣。其興物備矣。順以備者也。其教之本與。是故君子之教也。外則教之以尊其君長。內則教之以孝於其親。是故明君在上。則諸臣服從。崇事宗廟社稷。則子孫順孝。盡其道。端其義。而教生焉

爲物。以事言也。興物。以具言也。興。舉牲羞之具。凡以順於禮而致其備焉耳。聖人立教。其本在此。嚴陵方氏曰。祭之爲澤。幽足以及乎神明。足以及乎人。非澤之大者乎。澤者。德之所惠也。上有大澤。則惠及下。則主人訖之也。由其先後

有序。上下有等。顧上先下後耳。非上重積之而不施使下有凍餒之民也。由餒而見惠。故曰可以觀政矣。爲物大者。祭之體也。與物備者。祭之用也。非體之爲大不足以致用之備。非用之爲備不足以成體之大。然則備者豈徒備其用而已哉。亦在乎無所不順。然後爲備爾。故曰順以備。其教之本與。以上言順。故此言外教以尊其君長。內教以孝其親。教以尊其君長。由其君之明而已。故曰則諸臣服從。教以孝其親。在乎崇重宗廟社稷而已。故曰則子孫順孝。且祭所以嚴上。固足以教之尊其君長。祭所以追養。固足以教之孝其親。盡其道者盡祭之道而無所遺也。端其義者。端祭之義而有所立也。有道有義。教之所由生也

是故君子之事君也。必身行之。所不安於上。則不以使下。所惡於下。則不以事上。非諸人行諸己。非教之道也。是故君子之教也。必由其本。順之至也。祭其是與。故曰祭者教之本也已

以己之心度人之心。即大學絜矩之道。如此而後能盡其道。端其義也。申言教之本。以結上文之意嚴陵方氏曰。必身行之者。以身教者從故也。教必以事君言之者。欲明乎事上使下之道故也。蓋事上使下臣之事而已。惡者好之對。安者危之對。好惡以情言。安危以勢言。上之使下。以勢爲主。下之事上。以情爲主。事上使下之道如此。則所謂身行之也。苟非諸人而行諸己。豈所謂身行之哉。故曰非教之道也。君子之教必由其本。教之本在乎祭。祭之本在乎順。故其言如此。然上言事上使下以爲教者。事上使下亦在乎順故也

夫祭有十倫焉。見現事鬼神之道焉。見君臣之義焉。見父子之倫焉。見貴賤之等焉。見親疏之殺色介反焉。見爵賞之施焉。見夫婦之別焉。見政事之均焉。見長幼之序焉。見上下之際焉。此之謂十倫

鄭氏曰。倫。猶義也

鋪筵設同几。爲去聲依神也。詔祝於室而出于祊。伯更反此交神明之道也

筵席也。几所馮以爲安者。人生則形體異。故夫婦之倫在於有別。死則精氣無間。共設一几。故祝辭云以某妃配也。依神使神馮依乎此也。詔告也。祝祝也。謂祝以事告尸於室中也。出于祊者。謂明日繹祭出在廟門外之旁也。郊特牲云索祭祝于祊是也。祊說見前篇。神之所在於彼乎於此乎。故曰此交神明之道也。嚴陵方氏曰。鬼神則變化有所通。故曰道。君臣則嚴謹有所守。故曰義。父子則恩孝有所順。故曰倫。貴賤則名位有所差。故曰等。親疏則

遠近有所間。故曰殺。爵賞則恩惠有所及。故曰施。夫婦則內外有所辨。故曰別。政事則多寡有所一。故曰均。長幼則先後有所次。故曰序。上下則情意有所接。故曰際。夫祭以鬼神爲主。故於首言鬼神之道。至於惠之之道。則祭之末也。故以上下之際終焉。○石林葉氏曰。鬼神無形而依於有形。故鋪筵則陳祭。同几則配祭。鬼神無方而求之有方。故詔祝則在廟中。爲祊則在門外。几筵祝祊。祭祀之終始。皆所以交神明而饗之也。故言交神明之道。而事不足以言之

君迎牲而不迎尸。別嫌也。尸在廟門外則疑於臣。在廟中則全於君。君在廟門外則疑於君。入廟門則全於臣。全於子。是故不出者。明君臣之義也。

尸本是臣。爲尸而象神。則尊之如君父矣。然在廟外未入。則猶疑是臣也。及既入廟。則全其象君父之尊矣。君

祭固主於尊君父而盡臣子之道然未入廟則猶疑是君也及既入廟則全爲臣子而事尸無嫌矣若君出門迎尸則疑以君而迎臣故不出者所以別此嫌而明君臣之義也長樂陳氏曰尸卑於廟門之外而尊於廟門之內君尊於廟門之外而卑於廟門之內尸之爲體貴其尊之而不卑君之事尸貴其卑之而不尊是以君出迎牲而不迎尸所以別尊卑之義故曰明君臣之義也○嚴陵方氏曰尸者神之象君者人之主廟門之外以人道爲尚廟門之內以神道爲尚凡迎之禮必出門焉君迎牲而不迎尸者非重牲而輕尸也爲其有君臣之疑所以別其嫌也既曰嫌又曰疑疑固未至於嫌而嫌亦疑之所積也

夫祭之道孫爲王父尸所使爲尸者於祭者子行杭也父北面而事之所以明子事父之道也此父子之倫也

行。猶列也。父北面而事子行之。尸者欲子知事父之道當如是也。○方氏曰。十倫皆倫也。止於父子言倫者。有父子之倫。然後有宗廟之祭。則祭之倫本於父子而已。故止於父子爲倫焉。長樂陳氏曰。尸於王父則孫。於祭者則子。以孫爲王父之尸。則是以子爲祭者之父。子忘其子之卑而事於父。父忘其父之尊而事子。凡此所以明祭者事父之道而已。○石林葉氏曰。尸所以象神。取於異姓則嫌於不親。取於己子則疑於無別。故爲尸者子行也。雖以父事之不疑於父。不疑。則人倫明矣

尸飲五。君洗玉爵獻卿。尸飲七。以瑤爵獻大夫。尸飲九。以散爵獻士及群有司。皆以齒。明尊卑之等也。

自獻卿以下至群有司。凡同爵則長者必先飲。故云皆

以齒○疏曰此據備九獻之禮者至主人酳尸故尸飲五也凡祭二獻祼用鬱鬯尸祭奠而不飲朝踐二獻饋食二獻及食畢主人酳尸此皆尸飲之故云尸飲五於此時以獻卿獻卿之後主婦酳尸酳尸畢賓長獻尸是尸飲七也乃以瑶爵獻大夫是正九獻禮畢但初二祼不飲故云飲七自此以後長賓長兄弟更爲加爵尸又飲二是并前尸飲九主人乃以散爵獻士及群有司也此謂上公九獻故以酳尸之一獻爲尸飲五也若侯伯七獻朝踐饋食時各一獻食訖酳尸但飲三也子男五獻食訖酳尸尸飲一嚴陵方氏曰於尸言飲則主人酳之故也卿以下言獻則飲之可知

君必獻臣者。以賓禮隆助祭之人故也。尸飲之后。獻則問之者。隆殺之別也。問之以五以七以九者。飲陽事。故用數之奇焉。凡觴皆謂之爵。此言玉爵瑤爵。正謂一升之爵爾。言散爵。即五升之散也。禮器曰。宗廟之祭。貴者獻以爵。賤者獻以散。則不特獻者然也。雖受獻者亦然。群有司。則前言進徹之百官。後言煇胞翟閽者皆是也。皆以齒者。同爵則尚齒也。前言貴賤之等。此變言尊卑者。其獻也以卿大夫士為之等。故以貴賤言之。於卿大夫士之等。又各以齒。故以尊卑言之

夫祭有昭穆。昭穆者所以別父子遠近長幼親疏之序而無亂也。是故有事於大廟則群昭群穆咸在而不失其倫此之謂親疏之殺也

疏曰。祭大廟。則群昭群穆咸在。若餘廟之祭唯有當廟尸主及所出之子孫。不得群昭群穆咸在也 嚴陵方氏曰。昭穆同

所以别父子而父子之行文各有遠近長幼親疏遠近以代言長幼以齒言親疏以情言然而代之遠近齒之長幼皆以情爲主爾故下總謂之親疏之殺也夫有隆然後有殺別親疏則親者隆而疏者殺矣并言殺者言自隆降之以至於殺也王制三昭三穆神之昭穆也此群昭群穆人之昭穆也首言祭有昭穆則兼神人而言之然昭穆以神爲主故人於廟中乃稱之

古者明君爵有德而祿有功必賜爵祿於大廟示不敢專也故祭之日一獻君降立于阼階之南南鄉去聲所命北面史由君右執策命之再拜稽首受書以歸而舍釋奠于其廟此爵賞之施也

疏曰酳尸之前皆承奉鬼神未暇策命此一獻則上文尸飲五君獻卿之時也若天子命群臣則不因常祭之

曰特假於廟釋奠告以受君之命也長樂陳氏曰施爵賞者必於大廟示其不敢專所以明父祖之尊也受爵祿者舍奠于廟示其有歸美所以明父子之賢也明乎父祖之尊則天下知所敬明乎父子之賢則天下知所遜故曰爵賞之施○嚴陵方氏曰爵者錫之以名祿者錫之以利有德者必有名有功者必有利爵有德祿有功亦從其類也史則掌書也策則書其所命之事也上言執策下言受書互相備也夫命有所稟則非君命也祖命而已故史命之也由君右焉非重史也重命而已○金華應氏曰一獻始命者以祭為先也不俟獻終而命者以賞為重也

君卷衮冕立于阼夫人副褘立于東房夫人薦豆執校效執醴授之執鐙登尸酢夫人執柄夫人受尸執足夫婦相授受不相襲處酢必易爵明夫婦之別也

卷冕副褘見前校豆中央直者執醴執醴齊之人也此

人兼掌授豆。鐙豆之下跗也。爵形如雀。柄則尾也。襲處謂因其處長樂陳氏曰。禮器言夫人在房而東酌罍尊。則在房者西房也。而此言副褘立于東房。何耶。蓋婦人貴於從夫。又貴於辨位。從夫則立之東。所以待其將有事。辨位則即於西。所以動而行事也。至於夫婦相受授不相襲處。則異其所立。酢必易爵。則易其所執。故曰明夫婦之別

凡爲俎者以骨爲主。骨有貴賤。殷人貴髀。俾周人貴肩。凡前貴於後。俎者所以明祭之必有惠也。是故貴者取貴骨賤者取賤骨。貴者不重。平聲賤者不虛。示均也。惠均則政行。政行則事成。事成則功立。功之所以立者不可不知也。俎者所以明惠之必均也。善爲政者如此。故曰見政事之均焉

疏曰。殷質貴髀之厚。賤肩之薄。周文貴肩之顯。賤髀之隱。前貴於後。據周言之。○方氏曰。俎者對豆之器。俎以骨爲主。則豆以肉爲主可知。骨陽也。肉陰也。俎之數以奇而從陽。豆之數以偶而從陰。爲是故也。長樂陳氏曰。貴者取貴骨。賤者取賤骨。則有所別。而足以爲義。貴者不重。賤者不虛。則有所均。而可以爲仁。行於上者政也。通於下者事也。政必有事。而事不必有政。故事成本於政行

凡賜爵。昭爲一。穆爲一。昭與昭齒。穆與穆齒。凡群有司皆以齒。此之謂長幼有序。

爵。行酒之器也。○疏曰。此旅酬時賜助祭者酒。衆兄弟子孫等在昭列者則爲一色。在穆列者自爲一色。各自

相旅。長者在前。少者在後。是昭與昭齒。穆與穆齒也。○方氏曰。宗廟之中。授事則以爵。至於賜爵則以齒。何也。蓋授事主義。而行於旅酬之前。賜爵主恩。而行於旅酬之後。以其主恩。故皆以齒也。司士所謂祭祀賜爵呼昭穆而進之是矣。夫齒所以序長幼。故曰此之謂長幼有序

夫祭有畀煇運胞庖翟狄閽者。惠下之道也。唯有德之君爲能行此。明足以見之。仁足以與之。畀之爲言與也。能以其餘畀其下者也。煇者甲吏之賤者也。胞者肉吏之賤者也。翟者樂吏之賤者也。閽者守門之賤者也。古者不使刑

人守門。此四守者吏之至賤者也。尸又至尊。以至尊既祭之末而不忘至賤。而以其餘畀之。是故明君在上則竟內之民無凍餒者矣。此之謂上下之際

不使刑人守門。恐是周以前如此。周則墨者使守門也。

際接也。言尊者與賤者恩意相接也。嚴陵方氏曰。夫祭之有俎。固已見惠均矣。然未足以盡惠下之道。以至尊之尸而畀至賤之吏。然後見惠下也。此政事之均。與上下之際。所以爲異歟。惠下之道。有明足以見之。而無仁以與之。則惠或失於不行。有仁足以與之。而無明以見之。則惠或失於無辨。德者得也。唯有德之君乃能兩得。故曰爲能行此

凡祭有四時。春祭曰礿。藥 夏祭曰禘。秋祭曰嘗。冬祭曰烝

周禮春祠夏禴。秋嘗冬烝。鄭氏謂此夏殷之禮

礿禘陽義也嘗烝陰義也禘者陽之盛也嘗者陰之盛也故曰莫重於禘嘗

方氏曰陽道常饒陰道常乏饒故及於夏始爲盛焉乏故及於秋已爲盛矣此禘所以爲陽之盛嘗所以爲陰之盛歟以其陰陽之盛故曰莫重於禘嘗石林葉氏曰礿禘之祭其用物薄主於灌獻則順乎陽陽於春夏爲用也嘗烝之祭其用物多主於饋食則順乎陰陰於秋冬爲用也然言其盛則止及於禘嘗而不及礿烝者蓋陽達於春物方蠢動陰終於冬物已退藏故古之君子其言郊社則以禘嘗對之亦舉其盛者爾

古者於禘也發爵賜服順陽義也於嘗也出田邑發秋政順陰義也故記曰嘗之日發公室示賞也草艾刈則墨未

發秋政則民弗敢草也

方氏曰爵命之者也服勝於陰者也故爲順陽義祿食之者也田邑制於地者也故爲順陰義嘗之日發公室因物之成而用之以行賞也故曰示賞草刈則墨者因其枯槁之時刈之以給爨刈草謂之草猶采桑謂之桑歟墨者五刑之輕者左氏言賞以春夏刑以秋冬而此言嘗之日發公室何也蓋賞雖以春夏爲主而亦未始不用刑月令孟夏斷薄刑決小罪是也刑雖以秋冬爲主亦未始不行賞此所言是也○應氏曰不曰艾草而曰草艾者草自可艾也石林葉氏曰爵以詔德服以顯庸仁之屬也國政則有田邑致刑則

爲秋政。義之屬也。仁用於夏禘。未嘗不行刑。要之以仁爲主。義用於秋嘗。未嘗不示賞。要之以義爲主。仁義備矣。止曰禘嘗之義者。指其立道而言之也

故曰禘嘗之義大矣。治國之本也。不可不知也。明其義者君也。能其事者臣也。不明其義。君人不全。不能其事。爲臣不全。夫義者所以濟志也。諸德之發也。是故其德盛者其志厚。其志厚者其義章。其義章者其祭也敬。祭敬則竟境內之子孫莫敢不敬矣。是故君子之祭也。必身親涖之。有故則使人可也。雖使人也。君不失其義者。君明其義故也。其德薄者其志輕。疑於其義而求祭。使之必敬也。弗可得已。祭而不敬。何以爲民父母矣

中庸言明乎郊社之禮禘嘗之義治國如視諸掌此因上文陽義陰義而申言之齊志成其所欲爲也發德顯其所當爲也○方氏曰大宗伯若王不與祭祀則攝位先儒謂王有故代之行其祭事正謂是矣代之雖在乎人使之則出乎君代之雖行其事使之則本乎義 石林葉氏曰君主祭者也故明禘嘗之義臣助祭者也故能禘嘗之事能其事則盡物而已明其義於內不可不盡志盡志者唯有德之君可也故志厚義章此德之發而終至於竟內無不敬故曰治國之本也祭之義愛敬而已如知愛敬於親則雖不身涖之蓋猶祭也不知祭之義則內不得於其親其使人祭也何以爲敬乎

夫鼎有銘銘者自名也自名以稱揚其先祖之美而明著之後世者也爲先祖者莫不有美焉莫不有惡焉銘之義

稱美而不稱惡此孝子孝孫之心也唯賢者能之

自名下文謂自成其名是也○方氏曰稱則稱之以言揚則揚其所爲明則使之顯而不晦著則使之見而不隱

銘者論譔撰其先祖之有德善功烈勳勞慶賞聲名列於天下而酌之祭器自成其名焉以祀其先祖者也顯揚先祖所以崇孝也身比毗志反焉順也明示後世教也

論說譔錄也王功曰勳事功曰勞酌斟酌其輕重大小也祭器鼎彝之屬自成其名者自成其顯揚先祖之孝也比次也謂己名次於先祖之下也順無所違於禮也

示後世而使子孫效其所爲則是教也嚴陵方氏曰器之重者莫如鼎言之重者莫如銘此鼎所以有銘而銘必於鼎也楚子問鼎而王孫滿以謂在德不在鼎則古之爲此也亦因其有所寓而已若湯之盤周之量晉公之鍾以至王之大常廟之金人几杖杯鑑皆爲銘焉其所以自名之意則一也列於天下言陳列於天下而有序也酌之祭器言斟酌其美而不益也祭器即鼎也自名於祭器故曰自成其名

夫銘者壹稱而上下皆得焉耳矣是故君子之觀於銘也既美其所稱又美其所爲爲之者明足以見之仁足以與之知去聲足以利之可謂賢矣賢而勿伐可謂恭矣上謂先祖下謂己身也見之見其先祖之善也非明不能與之使君上與己銘也非仁莫致利之利己之得次

名於下也。非知莫及。石林葉氏曰。美其所稱者。以其不遺祖考之善也。美其所爲者。以其不誣祖考之實也。有善而弗知。不明也。故言明足以見之。知而不傳。不仁也。故言仁足以與之。知之而能傳。又誣其實。則亦不知也。故言知足以利之。知既利之。而欲伐其善。則必喪其善。故雖銘而其辭敬者。亦所謂賢而勿伐也

故衛孔悝恢之鼎銘曰。六月丁亥。公假格于大廟。公曰。叔舅。乃祖莊叔。左右。並去聲成公。成公乃命莊叔隨難去聲于漢陽。即宮于宗周。奔走無射。亦

孔悝。衛大夫。周六月。夏四月也。公。衛莊公蒯聵也。假。至也。至廟。禘祭也。因祭而賜之銘。蓋德悝之立己。故褒顯其先世也。異姓大夫而年幼。故稱叔舅。莊叔。悝七世祖

孔達也。成公爲晉所伐而奔楚故云隨難于漢陽。後雖
反國。又以殺弟叔武。晉人執之。歸于京師寘諸深室。故
云即宮于宗周也。射猒也。○石梁王氏曰。悝乃蒯聵姊
之子。蒯聵。悝之舅。而悝則甥。今反謂之舅。其放周禮同
姓之臣稱伯叔父。異姓之臣稱伯叔舅歟

啓右獻公。獻公乃命成叔纂乃祖服

獻公。成公之曾孫。名衎。啓。開。右。助也。魯襄十四年衛孫
文子寗惠子逐衛侯。衛侯奔齊。言莊叔餘功流於後世。
能右助獻公使之亦得反國也。成叔。莊叔之孫烝鉏也。
其時成叔事獻公。故公命其纂繼爾祖舊所服行之事

也○疏曰按左傳無孔達之事獻公反國亦非成叔之功

乃考文叔興舊耆嗜欲作率慶士躬恤衛國其勤公家夙夜不解邂民咸曰休哉公曰叔舅予上聲女汝銘若纂乃考服

應氏曰嗜欲者心志之所存言其先世之忠皆以愛君憂國爲嗜欲文叔孔圉慕尚而能興起之也作率奮起而倡率之也慶卿也古卿慶同音字亦同用故慶云亦言卿云

悝拜稽首曰對揚以辟壁之勤大命施于烝彝鼎此衛孔

悝之鼎銘也

對揚至彝鼎十三字止作一句讀。言對答揚舉用吾君殷勤之大命施勤于烝祭之彝尊及鼎也。嚴陵方氏曰。施于烝彝鼎者。施其銘于烝祭之二器也。祭器必以彝鼎。則與震之守宗廟言不喪匕鬯同義。蓋匕所以載鼎實。彝所以實秬鬯故也。彝之祼足以感神於幽。鼎之亨足以養人於明。其德於是爲至矣。銘於彝取夫德有常而不變。銘於鼎取夫德日新而不窮。必於烝祭之器與司勳凡有功者祭於大烝同義。彝亦有銘。止曰鼎銘者。舉重以該之也

古之君子論譔其先祖之美而明著之後世者也。以比其身。以重其國家。如此。子孫之守宗廟社稷者。其先祖無美而稱之。是誣也。有善而弗知。不明也。知而弗傳。不仁也。此

三者君子之所恥也

勲在鼎彝是國有賢臣也故足爲國家之重嚴陵方氏曰無美而稱之則不足以取信於人故曰是誣也有善而弗知則其明不足以見之也知而弗傳則其仁不足以與之也爲人之子孫不明不信而且誣焉則辱莫甚矣

昔者周公旦有勲勞於天下周公既没成王康王追念周公之所以勲勞者而欲尊魯故賜之以重祭外祭則郊社是也内祭則大嘗禘是也夫大嘗禘升歌清廟下而管象朱干玉戚以舞大武八佾以舞大夏此天子之樂也康周公故以賜魯也子孫纂之至于今不廢所以明周公之德而又以重其國也

詩維清奏象舞。嚴氏云。文王之舞謂之象。文舞也。大武武舞也。管象。以管播其聲也。餘見前

嚴陵方氏曰。郊社所以祭天地。故曰外。嘗禘所以祭祖宗。故曰內。禘為五年之祭。故謂之大。嘗為四時之祭。亦謂之大者。以天子所賜禮樂比諸侯尤隆也。四時之祭。特以嘗言者。物成可嘗。禮為尤盛也。故閟宮之詩言秋而載嘗者。以是月令言嘗犧牲祭法言享嘗乃止。祭義言嘗無樂。燕居中庸言郊社禘嘗皆此意也。舞所以節八音而行八風。所以應八卦。故每佾又用八人。合而為六十四焉。則重卦之象也。自諸侯而下則取隆殺以兩而已。言舞大夏如此。則大武可知。康周公者。康猶褒之也。命之者成王爾。而上兼言康王者。豈非成王之志而康王又能繼之曲禮曰。外事用剛日。然不謂郊。內事用柔日。然不謂社。而此以郊社為外祭。何也。以天地為大。故郊對社。不可以內外言其事。以神人為別。故嘗禘對郊社。或可以內外言其祭焉

經解第二十六

嚴陵方氏曰。經者緯之對。經有一定之體。故為常。緯則錯綜往來。故為變。

聖人之言道道之常也諸子百家之言道之變也故聖人之言特謂之經焉

孔子曰入其國其教可知也其爲人也溫柔敦厚詩教也疏通知遠書教也廣博易良樂教也絜靜精微易教也恭儉莊敬禮教也屬燭辭辝比毗志反事春秋教也故詩之失愚書之失誣樂之失奢易之失賊禮之失煩春秋之失亂其爲人也溫柔敦厚而不愚則深於詩者也疏通知遠而不誣則深於書者也廣博易良而不奢則深於樂者也絜靜精微而不賊則深於易者也恭儉莊敬而不煩則深於禮者也屬辭辝比事而不亂則深於春秋者也

方氏曰六經之教善矣然務溫柔敦厚而溺其志則失

於自用矣。故詩之失愚。務疏通知遠而趨於事。則失於無實矣。故書之失誣。務廣博易良而徇其情。則失於好大矣。故樂之失奢。務絜靜精微而蔽於道。則失於毀則矣。故易之失賊。務恭儉莊敬而亡其體。則失於過當矣。故禮之失煩。務屬辭比事而作其法。則失於犯上矣。故春秋之失亂。夫六經之教。先王所以載道也。其教豈有失哉。由其所得有淺深之異耳。○應氏曰。淳厚者未必深察情僞。故失之愚。通達者未必篤確誠實。故失之誣。寬厚者未必嚴立繩檢。故失之奢。沈潛思索。多自耗蠹。且或害道。故失之賊。【缺文】

故失之煩。弄筆襃貶。易紊是非。且或召亂。故失之亂。
惟得之深則養之固有以見天地之純全古人之大體
而安有所謂失哉○石梁王氏曰。孔子時春秋之筆削
者未出。又曰加我數年卒以學易性與天道不可得聞。
豈遽以此教人哉。所以教者。多言詩書禮樂。且有愚誣
奢賊煩亂之失。豈詩書樂易禮春秋使之然哉。此决非
孔子之言馬氏曰。先王一道德以同天下之俗。而國不異教者。省方觀民而不易其宜故也。是故入
其國其教可知也。其教可知者。知其所以爲教之不同
也○石林葉氏曰。教者上所以勉下。經者所以助成其
教也。詩之規刺嘉美。要使人歸於善而已。仁之事也。故
其教則温柔敦厚。書之紀述治亂。要使人考古驗今而
已。智之事也。故其教則疏通知遠。樂能和同天人之際。
其教也動蕩血脉流通精神。故廣博易良。易能順性命

之理。其教也吉凶以同民患。而退藏於密。故絜靜精微。禮節民心。其教也使人飾貌以正其行。故恭儉莊敬。春秋言約而意隱。其教也使人美不過實。貶不損美。故屬辭比事。蓋詩書以政教之本而爲序。樂與易以道德之妙而爲序。禮與春秋以治人脩身而爲序。六者之失。蓋不深窮其理故也。易曰。唯深也故能通天下之志

天子者與天地參。故德配天地。兼利萬物。與日月並明。明照四海而不遺微小。其在朝廷則道仁聖禮義之序。燕處則聽雅頌之音。行步則有環佩之聲。升車則有鸞和之音。居處有禮。進退有度。百官得其宜。萬事得其序。詩云。淑人君子。其儀不忒。其儀不忒。正是四國。此之謂也

鸞和皆鈴也。鸞在衡。和在軾前。詩曹風鳲鳩篇○石梁王氏曰。此段最粹。長樂陳氏曰。與天地參。言其體敵也。德配天地。言其道同也。兼利萬物。言

其化溥也。與日月並明。明照四海而不遺微小。言其政術也。又樂書曰。天子在朝廷之上。由仁聖禮義之序。在閨門之內。聽雅頌之音。行步於堂。有環佩之聲。升車於道。有鸞和之音。確乎鄭衛不能入也。○馬氏曰。朝廷者論道有爲之所在。故道仁聖禮義之序。燕處者燕息無爲之所在。故聽雅頌之音。心中斯須不和不樂。則鄙詐之心入之矣。故行步有環佩之聲。以節之。升車有鸞和之音。以和之。外貌斯須不莊不敬。則易慢之心入之矣。故居處則有禮。進退則有度。自與天地參推而詳之。至於居處有禮。進退有度。其所以治己之道盡矣。然而君爲之。則臣行之。上好之。則下從之。是故百官之貴賤各得其宜。萬事之先後各得其序。傳曰。言思可道。行思可樂。德義可尊。作事可法。容止可觀。進退可度。以臨其民。是以其民畏而愛之。則而象之。其意同

發號出令而民說悅謂之和。上下相親謂之仁。民不求其所欲而得之謂之信。除去上聲天地之害謂之義。義與信和與仁。霸王去聲之器也。有治民之意而無其器則不成

馮氏曰。論義信和仁之道。而以王霸並言之。豈孔子之言（馬氏曰。號令之出。適當人心。而可否有以相濟。和之至也。親親者仁之始。上下相親。親者仁之終。上下之勢。尊卑異宜。而有以相親者。以其上有恩以恤下。下有力以衛上。歡然有恩以相親愛。故謂之仁。有餘則賂之。不足則求之。相滋以濕。相濡以沫。而以爲信。皆信之末也。至於民不求其所欲。安其居。樂其俗。至於老死而不相往來。則信之極也。不求其所欲而得之者。有以興其利也。有以興其利。而其害不可以不去。則又卒之以除去天地之害。謂之義。孟子曰。驅虎豹犀象而遠之。而天下大悅。周官鳥獸之害人者。莫不有職。凡以此而已。○臨川吳氏曰。和仁信義。皆謂施於有政。如器之可操執。苟徒有治民之意。而無此器。則是雖有不忍人之心。而無不忍人之政也。不成。謂不完成也。然四者之器。又須有禮。故雖有政。必有禮以齊之。故下文遂推說禮之功用。霸者諸侯之長。王者天子之稱。此篇第一節言諸侯之教。第二節言天子之德。故於此總言之。而曰霸王之器）

禮之於正國也。猶衡之於輕重也。繩墨之於曲直也。規矩之於方圜也。故衡誠縣，不可欺以輕重；繩墨誠陳，不可欺以曲直；規矩誠設，不可欺以方圜；君子審禮，不可誣以姦詐。

方氏曰：輕者禮之小，重者禮之大。若大者不可損，小者不可益，是矣。曲者禮之煩，直者禮之簡。若易則易，于則于，是矣。方者禮之常，圜者禮之變。若以禮爲體者，禮之常也；以義起禮者，禮之變也。禮之用如是，故君子審禮不可誣以姦詐也。馬氏曰：衡也，繩墨也，規矩也，所以諭乎禮。輕重也，曲直也，方圜也，所以諭人情。爲國必以禮，則民有格心，而事無失當，猶衡之於輕重，繩墨之於曲直，規矩之於方圜，皆無失其當也。大匠生規矩，而不能捨規矩以正方圜；君子者禮義之所自出，而不能捨禮義以正國。故君子審禮，不可誣以姦

詐也

是故隆禮由禮謂之有方之士不隆禮不由禮謂之無方之民敬讓之道也故以奉宗廟則敬以入朝廷則貴賤有位以處室家則父子親兄弟和以處鄉里則長幼有序孔子曰安上治民莫善於禮此之謂也

篇首孔子曰記者述孔子之言也是故以下疑是記者之言故引孝經孔子之言以結之也○方氏曰隆言隆之而高由言由乎其中隆禮所以極高明由禮所以道中庸極高明所以立本道中庸所以趨時立本趨時雖若不同要之不離於道而已故謂之有方之士也道無

方也。體之於禮則爲有方。此以禮爲主。故謂之方焉。士志於道。故於有方曰士。民無常心。故於無方曰民。臨川吳氏曰。隆者。其崇重之心。由者。其踐行之迹。方。猶法也。有方之士。謂持守理法之善人。以其善。故加以美稱而謂之士。無方之民。謂逾越理法之惡人。以其惡。故儕於編氓而謂之民。蓋禮者。敬讓之道也。人皆隆禮由禮。則凡奉宗廟者皆敬先。入朝廷者皆敬貴。處室家者皆讓父兄。處鄉里者皆讓長老。敬讓之道達於宗廟朝廷室家鄉里。故上爲下之所敬讓。而居上者不危。不危則安矣。民知君之當敬讓。而爲民者不亂。不亂則治矣。其安其治。皆由有禮而然。故曰莫善於禮。記者推言禮之功用。而引孔子之言以結之也

故朝覲之禮。所以明君臣之義也。聘問之禮。所以使諸侯相尊敬也。喪祭之禮。所以明臣子之恩也。鄉飲酒之禮。所以明長幼之序也。昏姻之禮。所以明男女之別也。夫禮禁亂之

所由生猶坊防止水之所自來也故以舊坊爲無所用而壞怪之者必有水敗以舊禮爲無所用而去上聲之者必有亂患壻於婦家曰昏婦於壻家曰姻〇方氏曰君臣之亂生於無義故以朝覲之禮禁之諸侯之亂生於不和故以聘問之禮禁之臣子之亂生於無恩故以喪祭之禮禁之以至鄉飲之施於長幼昏姻之施於男女其義亦若是而已馬氏曰春曰朝秋曰覲天子與諸侯嫌於無分諸侯朝覲以述職然後君臣之義明大曰聘小曰問諸侯相厲以禮上有以字於下下有以承於上則不相侵陵而相尊敬也臣子之於君親無所不盡其恩尤見於喪祭之禮爲其死者人之所惡而爲喪以終之足以見其不倍遠者人之所略而爲祭禮以鬼饗之足以見其不忘故曰所以明臣子之恩也鄉飲所以尚齒故席則有上下豆則有多寡皆所以明長幼之序也昏

姻所以重禮故執贄而後見敬愼重正而後相親皆所以明別也○延平周氏曰禮可以義起而古之人未嘗無損益至於大倫大要則不可以爲無所用而去之也蓋去之則亂患之所由生

故昏姻之禮廢則夫婦之道苦而淫辟(僻)之罪多矣鄉飲酒之禮廢則長幼之序失而爭鬬之獄繁矣喪祭之禮廢則臣子之恩薄而倍死忘生者衆矣聘覲之禮廢則君臣之位失諸侯之行(去聲)惡而倍畔侵陵之敗起矣故禮之教化也微其止邪也於未形使人日徙善遠(去聲)罪而不自知也是以先王隆之也易曰君子愼始差若豪氂繆以千里此之謂也

此又自昏姻覆說至聘問朝覲以明上文之義所引易

曰。繹書之言也。若如也。○鄭氏曰。苦謂不至不答之屬

石林葉氏曰。朝覲聘問在上者之事。而民不與焉。故言禁亂則始於朝覲者。以安上者爲序。昏姻雖在上者制之。而民得與焉。故言廢禮則始於昏姻者。以治民者爲序。蓋天下治。而後君臣得以正位。其亂也常在於衽席。此其所以成終而所以成始也。朝覲聘問上下之禮雖不同。而尊謹之道一也。故言倍畔侵陵而皆曰敗。昏姻鄉飲內外之禮雖不同。而親睦之道一也。故言淫僻爭鬬則曰罪曰獄。蓋民違於禮有罪而加以刑。有訟而至於獄。則可得而治。在上者違於禮。則有僭逼而已。故倍畔忘君者也。侵陵圖君者也。○嚴陵方氏曰。室家者人之所願也。因其所願而爲之昏禮。則足以別男女。飲食者人之所欲也。因其所欲而爲之鄉禮。則足以序長幼。以至喪祭聘覲。亦若是而已。此教化所以爲微也。以其微。故能止邪於未形。以其止邪於未形。故使人日徙善遠罪而不自知也。先王隆之。其以是歟

禮記集說大全卷之二十四

哀公問第二十七

哀公問於孔子曰。大禮何如。君子之言禮。何其尊也。孔子曰。丘也小人。不足以知禮。君曰。否。吾子言之也。

哀公。魯君。名蔣。大禮。謂禮之大者。何其尊。言稱揚之甚。

孔子曰。丘聞之。民之所由生。禮爲大。非禮無以節事天地之神也。非禮無以辨君臣上下長幼之位也。非禮無以別男女父子兄弟之親。昏姻疏數之交也。君子以此之爲尊敬然

此皆禮之大者。故不得不尊敬之也。馬氏曰。禮莫重於祭。故以祭爲先。祭

莫重於天地。故以天地爲先。事天地之神而以節言之者。蓋事天地之神。各以其位。各以其器。各以其時。皆有禮以節之也。天謂之神。地謂之祇。此言天地之神。蓋可以通言之也。○臨川吴氏曰。分之嚴者。外自君臣始。非君臣則有上下。非上下則有長幼。其位雖異。而異之中有同焉。所當辨也。情之厚者。内自男女始。因男女而有父子。因父子而有兄弟。其親雖同。而同之中有異焉。所當别也。婦黨曰昏。壻黨曰姻。自家内之兄弟而推以及異姓之兄弟也。間見曰蹠。亟見曰數。自遠外之長幼而推以及游從之長幼也。其交亦有别焉。於神之大祭。則舉二以包其餘。於人之大倫。則衍五而至於八。此者。指節事辨别之禮而言。然者。如此也。謂君子以此禮之敬事大神。辨别大倫。故尊敬之如此。所以答哀公言禮何其尊之問也。

然後以其所能教百姓。不廢其會節。

禮本天秩。聖人因人情而爲之節文。非强之以甚高難行之事也。故曰以其所能教百姓。會節。謂行禮之期節。如

葬祭有葬祭之時冠昏有冠昏之時不可廢也

有成事然後治其雕鏤文章黼黻以嗣

有成事謂諏日而得卜筮之吉事可成也雕鏤祭器之飾文章黼黻祭服之飾也嗣者傳續不絶之義此器服常存則此禮必不泯絶矣

其順之然後言其喪筭備其鼎俎設其豕腊脩其宗廟歲時以敬祭祀以序宗族即安其居節醜其衣服卑其宮室車不雕幾祈器不刻鏤食不貳味以與民同利昔之君子之行禮者如此

順之謂上下皆無違心也言猶明也喪筭五服歲月之

數殯葬久近之期也即安其居者隨其所處而安之也節儉也醜猶惡也雖幾見郊特牲器養器也自奉如此其薄者蓋欲不傷財不害民而與民同其利也石林葉氏曰上以事天地下以別疏戚莫非尊敬之道也然禮者中庸而已中庸則不以所能者病人其教人皆其所能也君子嚴於事鬼神而儉於奉己故事鬼神則以敬順為主喪筭也鼎俎也豕腊也宗廟也皆無所不盡至於自奉乎己則以恭儉為主故醜衣服卑宮室不雕車不鏤器不貳味以與民同利禹之克勤克儉而致美乎黻冕致孝乎鬼神盡力乎溝洫蓋此意也

公曰今之君子胡莫之行也孔子曰今之君子好實無厭去聲淫德不倦荒怠敖去聲慢固民是盡午去聲其衆以伐有道求得當去聲欲不以其所昔之用民者由前今之用民者由

後今之君子莫爲禮也

實貨財也淫德放蕩之行也固如固獲之固言取之力也盡謂竭其所有也午與迕同午其衆違逆衆心也求得當欲言不過求以稱其私欲而已不以其所不問其理之所在也由前由古之道由後由今之道也嚴陵方氏曰好實無厭言貪而不知足也淫德不倦言過而不能改也荒於事故其心怠散於物故其心慢固民是盡者謂其或盡民之力而不計其勞或盡民之財而不計其費也衆者人之所順而反午之有道者人之所尊而反伐之求其得而已不顧於義也當所欲而已不循於理也若是則動皆失其所矣故曰不以其所也用民即君子也以其有君國子民之位故以用民言之

孔子侍坐於哀公哀公曰敢問人道誰爲大孔子愀七小反

然作色而對曰君之及此言也百姓之德也固臣敢無辭而對人道政爲大

愀然悚動之貌作色變色也百姓之德猶言百姓之幸也敢無辭猶言豈敢無辭臨川吳氏曰人道謂治人之道政者行事以正人之不正治人之道不過如此故曰政爲大

公曰敢問何謂爲政孔子對曰政者正也君爲正則百姓從政矣君之所爲百姓之所從也君所不爲百姓何從公曰敢問爲政如之何孔子對曰夫婦別父子親君臣嚴三者正則庶物從之矣公曰寡人雖無似也願聞所以行三言之道可得聞乎

夫婦。父子。君臣。三綱也。庶物。衆事也。無似。無所肖似。言無德也。臨川吴氏曰。三綱。人倫之大者。庶物。庶事之小者。大者先正。則小者從而正矣。政之所謂正者如此。

孔子對曰。古之爲政。愛人爲大。所以治愛人。禮爲大。所以治禮。敬爲大。敬之至矣。大昏爲大。大昏至矣。大昏既至。冕而親迎。迎。去聲。親之也。親之也者。親之也。是故君子興敬爲親。舍敬是遺親也。弗愛不親。弗敬不正。愛與敬。其政之本與。

方氏曰。夫婦有内外之位。故曰别。父子有慈孝之恩。故曰親。君臣有上下之分。故曰嚴。易曰。有夫婦然後有父子。有父子然後有君臣。故先後之序如此。三者之正。一以夫婦爲之本。故後言大昏爲大也。政在養人。故古之爲政愛人爲大。然而愛之無節。則墨氏之兼愛矣。安能無亂乎。故曰所以治愛人禮爲大。禮止於敬而已。故曰所以治禮敬爲大。禮以敬爲主。而大昏又爲至焉。故曰敬之至矣大昏爲大。大昏既爲敬之至。故雖天子諸侯之尊亦必冕而親迎也。已親其人。乃所以使人之親己而已。故曰親之也者親之也。冕而親迎。可謂敬矣。故曰興敬爲親。舍敬是遺親也。弗愛則無以相合。而其情踈故曰弗愛不親。弗敬則無以相别。而其情褻。故曰弗敬不正。愛敬之道。其始本於閨門之内。及擴而充之。其愛至於不敢惡於人其敬至於不敢慢於人而德教加于百姓刑于四海故曰愛與敬其政之本與慶源輔氏曰夫婦始也父子內也君臣外也問所以致三者之道則哀公亦善學之矣冕而親迎躬親之也躬親之者所以致其親愛之意也是興敬所以爲親也舍敬則是遺親矣彼以褻爲親者未要其終也唯敬以爲親則愛得其正故能愛與敬則夫婦別父子親君臣嚴矣而大昏又其總也

公曰寡人願有言然冕而親迎不已重乎孔子愀然作色而對曰合二姓之好以繼先聖之後以爲天地宗廟社稷之主君何謂已重乎公曰寡人固句不固焉得聞此言也寡人欲問不得其辭請少進

已重太重也寡人固自言其固陋也不固焉得聞此言

者言若不固陋則不以此爲問。安得聞此言乎。請少進者。幸孔子更略有以進教我也○石梁王氏曰。併言天地。非止諸侯之禮也慶源輔氏曰。願有言然者。疑似之意。不敢以爲是也○臨川吳氏曰。言配合二姓爲夫婦。以繼續先聖之後。祭祀之時。君爲外主。夫人爲內主。故曰爲天地宗廟社稷之主。諸侯不得祭天地。此泛言之因及天子爾。天地社稷之祭。后夫人不與。以宗伯攝獻。是亦后夫人爲之主也

孔子曰。天地不合。萬物不生。大昏萬世之嗣也。君何謂已重焉。孔子遂言曰。內以治宗廟之禮。足以配天地之神明。出以治直言之禮。足以立上下之敬。物恥足以振之。國恥足以興之。爲政先禮。禮其政之本與

直言二字未詳。或云當作朝廷○陸氏曰。物以不振爲

恥。國以不興爲恥○應氏曰。物恥。謂事物之汙陋。國恥。謂國體之卑辱。內外之禮交洽則國家安富尊榮何恥之不伸。是時魯微弱哀公欲振而興之而不知禮之爲急。故夫子以是告之

嚴陵方氏曰。天地合而後萬物生。猶之二姓合而後人道成焉。故曰大昏萬世之嗣也。以其傳萬世之嗣。則親迎之禮不爲過矣○石林葉氏曰。昏以繼萬世之嗣而爲先祖後與之共事宗廟社稷以及天地。所謂主也。君共粢盛。夫人共祭服。則內足以治宗廟之禮。推而大之。可以配天地。天則神也。地則明也。故以配天地之神明。夫婦正則名正。名正則言順。故出則足以治直言之禮。推而廣之。凡君臣父子皆所正也。故以立上下之敬。至于事之廢墜可恥者足以正之。國之衰弱可恥者足以興之。爲政之本。孰有先於此乎。然而昏姻之禮。人倫之常也。其效若此者何也。蓋犬王之所以興國者。以其有姜女。文王之所以造周者。以其有后妃。幽王之所以亡天下也。亦以褒姒而已。王化之本。取諸家而推之。則天下無不治

孔子遂言曰。昔三代明王之政。必敬其妻子也有道。妻也者。親之主也。敢不敬與。子也者。親之後也。敢不敬與。君子無不敬也。敬身爲大。身也者。親之枝也。敢不敬與。不能敬其身。是傷其親。傷其親。是傷其本。傷其本。枝從而亡。三者百姓之象也。身以及身。子以及子。妃以及妃。君行此三者。則愾乎天下矣。大王之道也。如此則國家順矣

敬吾身以及百姓之身。敬吾子以及百姓之子。敬吾妻以及百姓之妻。愾猶至也。暨也。如朔南暨聲敎之意。大王愛民之君也。嘗言不以養人者害人。故曰大王之道也○方氏曰。冕而親迎。所以敬其妻也。冠於阼階。所以

敬其子也。爲主於內者妻也。故曰親之主。傳後於下者子也。故曰親之後。內非有主。則外不足以治其國家矣。下非有後。則上不足以承其祖考矣。此所以不敢不敬也。君子雖無所不敬。又以敬身爲大焉。非苟敬身也。以其爲親之枝故也。身之於親。猶木之有枝。親之於身。猶木之有本。相須而共體。又非特爲主爲後而已。此尤不敢不敬也。長樂劉氏曰。君子所以敬其身。非爲我而自尊也。身雖在我。其氣與性則受于親。傳之於祖。非己得以輕而辱之也。故曰不敬其身。是傷其親也。猶傷其根本者。枝幹必從之而亡。敢不敬愼而培之以禮乎。三者非君獨然也。百姓亦然也。故其身也。妻也。子也。莫不肖象於我。靡有以異也。○石林葉氏曰。三者君行於上。而民傚於下。故曰百姓之象也。百姓象其行。莫不敬其身。亦莫不敬其妻子。所謂儀乎天下也。大王愛

厥妃。終至於內無怨女。外無曠夫。蓋得於政矣

公曰。敢問何謂敬身。孔子對曰。君子過言則民作辭。過動則民作則。君子言不過辭。動不過則。百姓不命而敬恭。如是則能敬其身。能敬其身。則能成其親矣

君子以位言也。在上者言雖過。民猶以爲辭。辭者。言之成文者也。動雖過。民猶以爲則。則者。動之成法者也。此所以君子之言動不敢有過。俱無過。則民不待命令之及而自知敬其上矣。民皆敬上。則君之身不爲人所辱方謂之能敬身。成其親者。不使親名爲人所毁也。馬氏曰。言動者。敬身之所宜愼也。擬之而後言。則無過言。議之而後動。則無過動。過言而民作辭。過動而民作則。以其貴

者賊者之所矜式也上者下之所視傚也言而世爲天下法動而世爲天下則不命而民敬恭能敬身之效也能敬其身則能立其身能揚其名以顯父母故曰能敬其身則能成其親○慶源輔氏曰慎言謹行以敬其身則百姓不命而恭敬焉所謂身以及身也故曰成己所以成物也

公曰敢問何謂成親孔子對曰君子也者人之成名也百姓歸之名謂之君子之子是使其親爲君子也是爲成其親之名也已孔子遂言曰古之爲政愛人爲大不能愛人不能有其身不能有其身不能安土不能安土不能樂天不能樂天不能成其身

方氏曰不能愛人則傷之者至矣故不能有其身不能有其身則一身無所容矣故不能安土安土則所居無

所擇。樂天則所遭無所怨，俯能無所擇，則仰亦無所怨矣。故不能安土，不能樂天。能樂天，則於理無所不順。成身之道，亦順其理而已。延平周氏曰：君子有君國子民之道者也。以其有君國子民之道，然後能充其人道之成名。然豈特成己之名耳，又將成其親之名也。○張子曰：愛人然後保其身，能保其身則不擇地而安。蓋所達者天矣。夫達於天，則成性而成身矣。

公曰：敢問何謂成身？孔子對曰：不過乎物。

應氏曰：物者，實然之理也。性分之內，萬物皆備。仁人孝子不過乎物者，即其身之所履，皆在義理之內而不過焉。猶大學之止於仁、止於孝也。違則過之，止則不過矣。夫物有定理，理有定體，雖聖賢豈能加毫末於此哉？亦

盡其當然而止耳嚴陵方氏曰。不過乎物。即仁人不過乎物。孝子不過乎物是也。不過乎物。則性分之內成而無虧也

公曰。敢問君子何貴乎天道也。孔子對曰。貴其不已。如日月東西相從而不已也。是天道也。不閉其久。是天道也。無爲而物成。是天道也。已成而明。是天道也

日月相從不已。繼明照于四方也。不閉其久。窮則變。變則通也。無爲而成。不言而信。不怒而威也。已成而明。爲法於天下可傳於後世也。○劉氏曰。天道至誠無息。所謂維天之命於穆不已也。君子貴之。純亦不已焉。然其不已者。一動一靜互爲其根。如日往則月來。月往則日

來是以不窮其久。無思無營。而萬物自然各得其成。及其既成。皆粲然可見也。蓋其機緘密運而不已者雖若難名。而成功則昭著也。無爲而成者。不見其爲之之迹而但見有成也。此唯天爲大。唯堯則之。蕩蕩乎民無能名焉。巍巍乎其有成功也。煥乎其有文章之謂也。嚴陵方氏曰。天道之不已。不特在日月之相從。此言亦據可見之象而已。且天道之大在陰陽。日者陽之象。月者陰之象。以是言天道又宜矣。易曰天行健。君子以自强不息。此君子所以貴天道也。不閉者。不塞也。凡物開之則通。閉之則塞。能不閉其久之道。是以其久可久也。易曰。終則有始天行也。其謂是與

公曰。寡人惷尸雍反愚冥煩。子志如字之心也

惷愚蔽於氣質也。冥者暗於理。煩者累於事。志讀如字。

哀公自言其不能敏悟所教欲孔子以簡切之語志記於我心故孔子下文所對是舉其要者言之

孔子蹴蹙然辟避席而對曰仁人不過乎物孝子不過乎物是故仁人之事親也如事天事天如事親是故孝子成身公曰寡人旣聞此言也無如後罪何孔子對曰君之及此言也是臣之福也

蹴然變容爲肅敬貌無如後罪何言雖聞此言然無奈後日過乎物而有罪何此言是有意於寡過矣故孔子以爲是臣之福○方氏曰仁人者主事天言之也孝子者主事親言之也親則近而疑其不尊天則遠而疑其

難格。徒以近而不尊，則父子之間或幾乎褻矣。徒以遠而難格，則天人之際或幾乎絶矣。故事親如事天者，所以致其尊而不欲其褻也。事天如事親者，所以求其格而不欲其疎也。○石梁王氏曰：仁人之事親也如事天。事天如事親，此兩句非聖人不能言。吴興沈氏曰：不過乎物。鼻目口耳百骸四肢，物也。君臣父子兄弟夫婦朋友，物也。仁義禮智亦物也。舉天地萬物之理備于我者，皆物也。是物也，各有則焉。人皆有是物，則不可過也。過則非天理也。○馬氏曰：孝者仁之始，仁者孝之終。親則邇，不嫌乎無愛，嫌於無敬而已。故事親如事天，所以致其敬也。天則遠，不嫌乎無敬，嫌於無愛而已。故事天如事親，所以致其愛也。愛與敬兩得之，而後孝子行全，故曰成身。成身者，言其德之不虧也。

仲尼燕居第二十八

石梁王氏曰文雖有首尾然辭旨散漫處多未必孔子之言山陰陸氏曰退朝曰燕退燕曰閒言禮燕居之事也言詩閒居之事也燕居稱仲尼閒居稱孔子以此

仲尼燕居子張子貢言游侍縱言至於禮子曰居女汝三人者吾語去聲女禮使女以禮周流無不徧也子貢越席而對曰敢問何如子曰敬而不中禮謂之野恭而不中禮謂之給勇而不中禮謂之逆子曰給奪慈仁

縱言汎言諸事也周流無不徧者隨遇而施無不中節也敬以心言恭以容言禮雖以敬恭爲主然違於節文則有二者之弊給者足恭便佞之貌逆者悖戾爭鬬之

事。夫子嘗言恭而無禮則勞。勇而無禮則亂。給則勞。逆則亂矣。夫子於三者之弊。獨言給之爲害何也。蓋野與逆二者。猶是直情徑行而然。使習於禮。則無此患矣。惟足恭便給之人。是曲意徇物。致飾於外。務以悅人。貌雖類於慈仁。而本心之德則亡矣。故謂之奪慈仁。謂巧言令色鮮矣仁。而恥乎足恭。正此意也。嚴陵方氏曰。敬言其心。恭言其貌。心敬而不中禮。則文辭寡。故謂之野。貌恭而不中禮。則文辭多。故謂之給。勇而不中禮。則以力而不以德。故謂之逆。給。即論語所謂口給也

子曰。師爾過。而商也不及。子產猶衆人之母也。能食嗣之。不能教也。子貢越席而對曰。敢問將何以爲此中者也。子

曰。禮乎禮。夫禮所以制中也

能食不能教。亦爲不及。故子貢并以中爲問臨川吳氏曰。卜商雖不在坐。并言之者。以其不及。與子張之過。過相反也。子產母道有餘。父道不足。有餘者爲過。不足者爲不及。師商二人。而一過一不及。子產一人。而有過亦有不及。故因言師商之過過不及而并言之。中者。無過不及。制者裁也。子貢見夫子言師商之過不及。遂問夫子何以得爲無過不及之中。而夫子答以禮也。蓋禮有節。以禮裁制之使中其節。則無過亦無不及矣。先云禮乎者。設爲問辭。後云禮者。設爲答辭也

子貢退。言游進曰。敢問禮也者。領惡而全好者與。子曰然。然則何如。子曰。郊社之義。所以仁鬼神也。嘗禘之禮。所以仁昭穆也。饋奠之禮。所以仁死喪也。射鄉之禮。所以仁鄉黨也。食嗣饗之禮。所以仁賓客也

前言禮釋回增美質，此言領惡全好，大意相類。仁昭穆，謂祭時則羣昭羣穆咸在也。饋奠，喪奠也，非吉祭。鄉射、鄉飲酒，皆行之於鄉，故曰仁鄉黨。人而不仁，如禮何？此五者之禮，皆發於本心之仁也。○應氏曰：領，謂總攬收拾之也。好惡對立，一長一消，惡者收斂而無餘，則善者渾全而無虧矣。夫禮之制中，非屑屑然與惡爲敵而去之也。養其良心，啓其善端，而不善者自消矣。仁者，善之道也。祭祀聘享，周旋委曲焉者，凡以全此而已。仁心發於中，而後禮文見於外。及禮之既舉，而是心達焉，則幽明之間，咸順其序，驩欣浹洽，皆在吾仁之中，是仁之周流暢達也○劉氏曰：領惡，猶言克己也。視聽言動非禮則勿，所以克去己私之惡而全天理之善也。一日克己復禮，則天下歸仁。所以鬼神昭穆死喪鄉黨賓客之禮無所往而不爲仁也。嚴陵方氏曰：子游固知領惡全好在乎禮矣，然未知所以謂之禮者果安在哉，故問。鬼爲陰，神爲陽，天地主乎陰陽，故郊社言仁。鬼神自禘而下皆言禮，而特於郊社言義者，蓋義者禮之所尊，故特於郊社言之。死喪，死言其事，喪言其禮也。射以賓賢能，鄉以序長幼，鄉以大言之，黨以小言之也。食以養陰氣，饗以養陽氣，賓以君言之，客以臣言之也。先郊社，後嘗禘，尊親之序也。先嘗禘，後饋奠，吉凶之序也。先饋奠，後射鄉，重輕之序也。先射鄉，後食饗，衆寡之序也。

子曰：明乎郊社之義、嘗禘之禮，治國其如指諸掌而已乎！

明乎郊社之義，則事天如事親；明乎嘗禘之禮，則事親如事天。仁人孝子明於此。故能推民胞物與之心。而天下國家有不難治者矣馬氏曰。郊社所以事天地。而義藏於其中。嘗禘所以事宗廟。而禮陳於其外。因義以設禮。因禮以考義。神而明之存乎人。則治國其如示諸掌乎

是故以之居處有禮。故長幼辨也。以之閨門之內有禮。故三族和也。以之朝廷有禮。故官爵序也。以之田獵有禮。故戎事閑也。以之軍旅有禮。故武功成也

三族。父子孫也。上文言郊社以下五者。此又言居處以下五事。皆所以明禮之無乎不在也嚴陵方氏曰。居言其常居。處言其暫處。田以所取之利言之。獵以所獲之物言之。室有奧阼席有上下。所謂居處有禮也。故長幼辨。父父子子兄兄弟弟夫夫婦婦。所謂閨門有禮也。故三族和。設官分職列爵分土。所謂朝廷有禮也。故官爵序。春蒐夏苗。秋獮

冬狩。所謂田獵有禮也。故戎事閑。進退有度。左右有局所謂軍旅有禮也。故武功成。或曰戎事。或曰武功。何也。以器言則曰戎。以道言則曰武。器之所用者小。而道之所致者大。故於事則曰戎。於功則曰武。戎事閑然後武功成。固其序也

是故宫室得其度。量鼎得其象。味得其時。樂得其節。車得其式。鬼神得其饗。喪紀得其哀。辨說得其黨。官得其體。政事得其施。加於身而錯措於前。凡衆之動得其宜

方氏曰。奥爲尊者所居。阼爲主者所在。寢則無侵。房則有方。至是極而中者爲極。自是衰而殺者爲欀。楹以盈而有所任也。檐以瞻而有所至也。櫨若顱然。楣若眉然。如是則宮室得其度矣。若魯莊公丹楹刻桷。臧文仲山

節藻梲。蓋失其度故也。量左爲升。以象陽之所升。右爲合。以象陰之所合。仰者爲斛。以象顯而有所承。覆者爲斗。以象隱而有所庇。外圜其形。動以天也。內方其形。靜以地也。鼎口在上。以象有所安乎上。足在下。以象有所立乎下。大者爲鼐。以象氣之所仍。揜者爲鼒。以象才之所任。足奇其數。參乎天也。耳偶其數。兩乎地也。非特此而已。以兆之則有庣。以既之則有概。而量之所象又有如此者。以貫之則有耳。以舉之則有鉉。而鼎之所象又有如此者。其音足以中黃鍾。而量又有樂之象焉。其亨足以享上帝。而鼎又有禮之象焉。易曰以制器者尚其象。蓋謂是矣。然其器疏以達者所以象春。高以粗者所以象夏。廉以深之象秋。閎以奄之象冬。器固無適而非象也。止以量鼎爲言者。蓋量爲器之大者。大者得其象則小者從可知。鼎爲器之重者。重者得其象。則輕者從可知。若春多酸。夏多苦。秋多辛。冬多鹹。所謂味得其時也。陽而不散。陰而不密。剛氣不怒。柔氣不懾。所謂樂得其節也。車得其式者。六等之數。作車之式也。五路之用。乘車之式也。鬼神得其饗者。若天神皆降。地祇皆出。人鬼皆格。可得而禮是矣。喪紀得其哀者。或發於容體。或發於聲音。或發於言語飲食。或發於居處衣服。而各得其哀也。辨說得其黨。若在官言官。在府言府。在庫言庫。在朝言朝之類。官得其體。若天官掌邦治。地官掌邦敎之類。政事得其施。若施典于邦國。施則於都鄙。施法于官府之類○劉氏曰。禮以制中。無過無不及。克己復禮爲仁。則溥博淵泉。而時出之。故凡衆之動。無不得其時中之宜。經禮三百。曲禮三千。無一事之非仁也石林葉氏曰。人莫不有所居。凡所遇之地。與所安之地。皆居處也。其禮異於閨門。故尙齒則言長幼。尙親則言三族。見於戰伐攻取。所謂軍旅也。其禮異於田獵。故習其坐作進退則言戎事。獻俘執馘則曰武功。至於朝廷則序爵下賢之地。止於官爵序而已矣。宮室者居其身也。有所居而不可無所養。故量鼎與味養其身也。有其養不可無所安。故樂安其心。車安其行也。自宮室而車安其行。則奉身者已備。故幽而事鬼神。饗則受福。明而治喪紀。哀不滅

性。出而從辨說。則不失人。以之居官則不失爲政之體。政事則不失先後之施。舉而措之衆動無不當於理。亦禮之達者與

子曰。禮者何也。卽事之治也。君子有其事。必有其治。治國而無禮。譬猶瞽之無相去聲與平聲。倀倀昌乎其何之。譬如終夜有求於幽室之中。非燭何見。若無禮。則手足無所錯措。耳目無所加。進退揖讓無所制。是故以之居處。長幼失其別。閨門三族失其和。朝廷官爵失其序。田獵戎事失其策。軍旅武功失其制。宮室失其度。量鼎失其象。味失其時。樂失其節。車失其式。鬼神失其饗。喪紀失其哀。辨說失其黨。官失其體。政事失其施。加於身而錯於前。凡衆之動失其

宜。如此則無以祖洽於衆也

倀倀無定向之貌。祖始也。洽合也。言無以率先天下而使之協合也。臨川吳氏曰。此又覆說上一條之言。治者。使之不亂也。即事之治。即其事而治之以禮也。有其事必有其治之之禮。治國而無禮。則其事必亂而不能治。如無目之人。無相者前導旁扶。則不能有所往。如黑暗之時。在黑暗之地。無燭以照。則不能有所見。無禮則手足皆妄動。故曰無所錯。耳目皆妄聽妄視。故曰無所加。進退揖讓無以裁制而使之中節。別。即辨也。策。謂講武教戰之謀策。制。謂全師克敵之法制

子曰。慎聽之。女三人者。吾語女。禮猶有九焉。大饗有四焉。苟知此矣。雖在畎畝之中。事之。聖人已。兩君相見。揖讓而入門。入門而縣 玄 興。揖讓而升堂。升堂而樂闋。 缺 下管象武夏籥序興。陳其薦俎。序其禮樂。備其百官。如此而后

君子知仁焉。行中（去聲）規，還（旋）中矩，和鸞中釆齊，（慈）客出以雍，徹以振羽。是故君子無物而不在禮矣。入門而金作，示情也。升歌清廟，示德也。下而管象，示事也。是故古之君子不必親相與言也，以禮樂相示而已。

知者，知其理也。事者，習其儀也。聖人已者，言可以進於聖人禮樂之道也。兩君相見，諸侯相朝也。縣，樂器之懸於筍簴者也。興，作也。升堂而樂闋者，旣升堂，主人獻賓酒，賓卒爵而樂止也。此饗禮之一節也。賓酢主君，又作樂，主君飲畢則樂止。此饗禮之二節也。下，管象武之上欱升歌清廟一句，或記者略耳。升堂而歌清廟之詩，是三節也。堂下以管吹象武之曲，是四節也。夏籥，禹大夏之樂曲，以籥吹之也。與象武次序更迭而作，故云夏籥序興。言禮而必曰君子知仁，使三子求節文於天理之中也。行中規，第五節也。還中矩，第六節也。采齊，樂章名。和鸞，車上之鈴也。車行整緩，則鈴聲與樂聲相中，蓋出門迎賓之時，此第七節也。客出之時，歌雍詩以送之，此第八節也。振羽，即振鷺。禮畢徹器，則歌振鷺之詩，九節也。九者之禮，大饗有其四：一是賓卒爵而樂闋，二是賓酢主卒爵則樂又闋，三是升歌清廟，四是下管象武。餘五者則非饗禮所得專也。○方氏曰：雍、禘太祖之詩也。

其用爲大。故歌之以送客。振鷺助祭之詩，其用爲小。故歌之以徹器而已。二詩本主於禘太祖與助祭，而又用之於此者，猶鹿鳴本以燕羣臣，而又用於鄉飲也。然論語言以雍徹，其用與此不同，又何也。蓋彼言天子饗神之事，此言諸侯饗賓之事，重輕固可知矣。示情者，欲賓主以情相接也。示德者，欲賓主以德相讓也。示事者，欲賓主以事相成也。○劉氏曰：仁者，天下之正理。禮序樂和，天下之正理不外是矣。故曰如此而後君子知仁。慈湖楊氏曰：孔子曰入門而金作，示情也。然則懸興而金作鏗然而鳴，即吾之情也。何以言爲也。又曰升歌清廟，示德也。然則人聲由中而發，文德由中而暢，即吾之德也。何以言爲也。又曰下而管象，示事也。然則堂下管籥，武舞文舞。次序而興。又即吾之事也。何必身親之也。渾然天地萬物。皆吾之體也。純然宮商節奏。皆吾之用也。薦俎非外。百官非彼。行非行。夫孰知其所以行。而自中規。還非還。夫孰知其所以還。而自中矩。和鸞車之和鸞。而即吾之中采薺也。客出以雍。其徹也以振羽。莊敬和樂之妙。又何其始始終終而不可致詰也。畎畝之中。無兩君相見之禮也。而即兩君相見之禮也。無金聲之樂也。而即金聲之樂也。無管象夏籥也。而管象夏籥之音舞。未嘗不日奏于前。而昧者不見不聞也。此豈說合而強同之哉。默而識之。當自知自信也。○臨川吴氏曰。薦俎。謂獻賓之時所陳。禮樂謂自初及終所行之禮節所奏之樂章。先後皆有序也。百官。謂執禮服役之職。備具而無缺也。於斯時也。見其藹然親厚相愛之心。故曰知仁焉

子曰。禮也者。理也。樂也者。節也。君子無理不動。無節不作。不能詩。於禮繆。不能樂。於禮素。薄於德。於禮虛

樂記言樂者天地之和也。禮者天地之序也。此言禮者

理也。樂者節也。蓋禮得其理。則有序而不亂。樂得其節則雖和而不流。君子無理不動。防其亂也。無節不作。防其流也。人而不爲周南召南。猶正墻面而立。不能詩者。能不繆於禮乎。禮之用。和爲貴。不能樂則無從容委曲之度。是達於禮而不達於樂謂之素也。素謂質朴也。忠信之人可以學禮。薄於德者必不能充於禮也長樂陳氏曰。禮煩則亂。非所以爲理也。樂勝則流。非所以爲節也。故曰禮也者理也。樂也者節也。君子循理而動。無動而非中也。應節而作。無節而非和也。故曰君子無理不動。無節不作。一動一作。而禮樂存焉。豈小人所能與哉。蓋詩出於人情。禮緣人情而爲之節文。則興於詩者未有不及於禮。故不能詩。於禮必失之無序。能無繆乎。樂不徒作。必有禮焉。則知樂者未有不幾於禮。故不能樂。於禮必失之無文。能無無素乎。人而無德。焉以爲禮。則道以德者未有不齊以禮。故薄於德。於禮必失之無實。能無虛乎。人之於詩樂有能有不能。其於德則足乎已無待於外。非有能有不能也。特所得有厚薄而已

子曰。制度在禮。文爲在禮。行之其在人乎。子貢越席而對曰。敢問夔其窮與。子曰。古之人與。平聲 古之人也。達於禮而不達於樂謂之素。達於樂而不達於禮謂之偏。夫夔達於樂而不達於禮。是以傳於此名也。古之人也

文。謂文章之顯、設者。苟非其人。則禮不虛道。是、以行之在人也。子貢之意謂夔以樂稱而不言其知禮。其不通於禮乎。窮。不通也。夫子再言古之人。亦微示不可貶之意。言夔以偏於知樂。是以傳此不達禮之名於後世耳。

然而畢竟是古之賢者也。故又終之以古之人也之言。

然則禮樂之道，學者能知其相爲用之原，則無素與偏之失矣。

馬氏曰：制度者，文爲之體。文爲者，制度之用。簠簋俎豆，所謂制度也。升降上下，所謂文爲也。制度文爲，皆禮之法也。徒法不能自行，故行之在人。○長樂陳氏曰：禮樂之道，未嘗不相爲表裏。一人而兼禮樂者，其古有德之成人歟。語曰：文之以禮樂，亦可以爲成人矣。蓋達於禮不達於樂，是直有質而無文以飾之也，君子謂之素。達於樂不達於禮，是失之沉湎而無禮以正之也，君子謂之偏。夔雖達於樂而不達於禮，非不知制度文爲也，謂之偏可矣，謂之窮可歟？觀夔教胄子以直寬剛簡之德，達之以溫柔，戒之以無虐無傲，則以樂禮教和亦不過如此。子貢以爲窮，惡可哉？

子張問政。子曰：師乎，句前吾語女乎？君子明於禮樂，舉而錯之而已。

前吾語女。謂昔者已嘗告汝矣。舉而錯之。謂舉禮樂之

道而施之政事也

子張復扶又反問。子曰。師。爾以爲必鋪几筵。升降酌獻酬酢。然後謂之禮乎。爾以爲必行綴拙兆。興羽籥。作鍾鼓。然後謂之樂乎。言而履之。禮也。行而樂洛之。樂也。君子力此二者。以南面而立。夫是以天下大泰平也。諸侯朝。萬物服體。而百官莫敢不承事矣

筵。席也。綴。兆。舞者之行列也。萬物服體。謂萬事皆從其理

禮之所興。衆之所治也。禮之所廢。衆之所亂也。目巧之室則有奧阼。席則有上下。車則有左右。行則有隨。立則有序。

古之義也

衆之治亂由禮之興廢此所以爲政先禮也目巧謂不用規矩繩墨但據目力相視之巧也言雖苟簡爲之亦必有奧阼之處蓋室之有奧所以爲尊者所處堂之有阼所以爲主人之位也席或以南方爲上或以西方爲上詳見曲禮車之尊位在左父之齒隨行貴賤長幼各有所立之位此皆古聖人制禮之義也嚴陵方氏曰明於禮樂之道然後能舉而錯之於政禮足以正人之身樂足以正人之心政者正也子張問政故孔子以是答之論語曰禮云禮云玉帛云乎哉樂云樂云鍾鼓云乎哉故不必鋪几筵之類然後爲禮行綴兆之類然後爲樂也言而履之謂踐言行而樂之謂安行力此二者謂力行此禮樂而施於有政也欲施於有政非明於禮樂而有其位焉固

不可。故曰以南面而立。夫是以天下太平也。作室者工。而工有巧。巧之運存乎目。故曰目巧之室。隅有奧。尊者所處。別於卑。階有阼。主人所歷。別於賓。所謂室有奧阼也。席或以南方爲上。或以西方爲上。所謂席有上下也。乘車之法。君在左。勇士在右。所謂車有左右也。父之齒隨行。五年以長則肩隨之。所謂行有隨也。天子南向而立。自公侯而下各有位焉。所謂立有序也。然則古人之禮至於如是者。豈徒從事於文爲哉。亦各有義存焉爾。故曰古之義也

室而無奧阼。則亂於堂室也。席而無上下。則亂於席上也。車而無左右。則亂於車也。行而無隨。則亂於塗也。立而無序。則亂於位也。昔聖帝明王諸侯。辨貴賤長幼遠近男女外內。莫敢相踰越。皆由此塗出也。三子者既得聞此言也於夫子。昭然若發矇矣

此言禮之爲用無所不在失之則隨事致亂爲政者可舍之而他求乎貴賤以爵言長幼以齒言遠近以親疎言男女以同異言外内以位序言也○方氏曰發矇者若目不明爲人所發而有所見也○石梁王氏曰篇末二句是記者自作結語

孔子閒居第二十九

長樂陳氏曰閒居言詩則先之以爲民父母而繼之以三王之德爲民父母則在於致五至而行三無三王之德則在於奉三無私而先令聞蓋有爲民父母之道而後可以行三王之德洪範曰天子作民父母以爲天下王故其序如此

孔子閒居子夏侍子夏曰敢問詩云凱弟君子民之父母何如斯可謂民之父母矣孔子曰夫民之父母乎必達於

禮樂之原，以致五至，而行三無，以橫於天下。四方有敗，必先知之，此之謂民之父母矣。

詩大雅泂酌之篇。凱，樂也。弟，易也。橫者，廣被之意。言三無五至之道，廣被於天下也。四方將有禍敗之釁，而必能先知者，以其切於憂民，是以能審治亂之幾也。嚴陵方氏曰：禮有節，父道也。樂能同，母道也。五至由粗以入精，故曰致。三無自內以達外，故曰行。橫于天下者，以是道廣被于天下也。四方有敗必先知之，言其道又足以幾於神也。敗者，成之對。不言成而止言敗者，蓋君子思患而豫防之，則敗尤在乎先知之故也。

子夏曰：民之父母，既得而聞之矣，敢問何謂五至？孔子曰：志之所至，詩亦至焉。詩之所至，禮亦至焉。禮之所至，樂亦至焉。樂之所至，哀亦至焉。哀樂洛相生。是故正明目而視之，不可得而見也；傾耳而聽之，不可得而聞也；志氣塞乎天地。此之謂五至。

五至三無者，至則極盛而無以復加，無則至微而不泥於迹之謂也。在心爲志，發言爲詩，志盛則言亦盛，故曰志之所至，詩亦至焉。詩有美刺，可以興起好善惡惡之心。興於詩者，必能立於禮，故曰詩之所至，禮亦至焉。禮貴於序，樂貴於和，有其序則有其和，無其序則無其和，故曰禮之所至，樂亦至焉。樂至則樂民之生而哀民之死，故曰樂之所至，哀亦至焉。君能如此，故民亦樂君之生而哀君之死，是哀樂相生也。樂民之樂者，民亦樂其樂；憂民之憂者，民亦憂其憂。即下文無聲之樂、無服之喪是也。目正視則明全，耳傾聽則聰審。今正視且不見，傾聽且不聞，是五至無體無聲，而惟其志氣之充塞乎天地也。塞乎天地，即所謂橫於天下也。馬氏曰：五至者，治己之事也。治己莫如志，故以志爲先。在心爲志，發言爲詩，故志之所至，詩亦至焉。興於詩，則可與言。言而履之，禮也。故禮亦所至焉。立於禮，則可以行。行而樂之，樂也。故樂亦至焉。治己至於樂，則治之至也。治己之至，則人所憂不可不憂。故樂之所至，哀亦至焉。哀者，有出而與民同患之意也。哀樂相生，自然之勢也。哀樂相生，妙道也。道之妙，則以聲色求之，其意愈遠矣。志氣充於中，則其精神與天地往來，而俯仰之間無所愧怍。故曰志氣塞乎天地，此之謂五至。

子夏曰。五至既得而聞之矣。敢問何謂三無。孔子曰。無聲之樂。無體之禮。無服之喪。此之謂三無。子夏曰。三無既得略而聞之矣。敢問何詩近之。孔子曰。夙夜其基命宥密。無聲之樂也。威儀逮逮。不可選也。無體之禮也。凡民有喪。匍匐救之。無服之喪也

夙。早也。基。始也。宥。寬也。密。寧也。周頌昊天有成命篇言文王武王夙夜憂勤以肇基天命。惟務行寬靜之政以安民。夫子以喻無聲之樂者。言人君政善則民心自然喜悅。不在於鐘鼓管絃之聲也。逮逮。詩作棣棣。盛也。選。擇也。邶風柏舟之篇。言仁人威儀之盛。自有常度。不容

有所選擇。初不待因物以行禮而後可見。故以喻無體之禮也。手行爲匍，伏地爲匐。邶風谷風之篇。言凡人有死喪之禍。必汲汲然往救助之。此非爲有服屬之親。特周救其急耳。故以喻無服之喪也藍田呂氏曰。先儒謂此三者皆行之在心。外無形狀。故稱無也。蓋樂必有聲。其無聲者。非樂之器。乃樂之道也。禮必有體。其無體者。非禮之文。乃禮之本也。喪必有服。其無服者。非喪之事。乃喪之理也。則此三者行之在心。外無形狀可知也○臨川吳氏曰。所謂禮樂之原。非真有形而後爲禮。有聲而後爲樂。有喪服而後爲哀。故以三無言之

子夏曰。言則大矣美矣盛矣。言盡於此而已乎。孔子曰。何爲其然也。君子之服之也。猶有五起焉

䟽曰。服。習也。言君子習此三無。猶有五種起發其義

子夏曰。何如。孔子曰。無聲之樂。氣志不違。無體之禮。威儀遲遲。無服之喪。內恕孔悲。無聲之樂。氣志既得。無體之禮威儀翼翼。無服之喪。施異及四國。無聲之樂。氣志既從。無體之禮。上下和同。無服之喪。以畜萬邦。無聲之樂。日聞去聲四方。無體之禮。日就月將。無服之喪。純德孔明。無聲之樂氣志既起。無體之禮。施及四海。無服之喪。施于孫子

方氏曰。無聲之樂。始之以氣志不違者。言內無所戾也。無所戾則無所失。故繼之以氣志既得。得之於身則人亦與之。故繼之以氣志既從。人從之矣。則聲聞于外。故繼之以日聞四方。日聞不已。則方興而未艾。故繼之以

氣志既起。無體之禮始之以威儀遲遲者。言緩而不迫也。緩或失之於怠。故繼之以威儀翼翼。威儀得中。則無乖離之心。故繼之以上下和同。和同而無乖離。則久而愈大。故繼之以日就月將。愈大則不特施于近而可以及乎遠。故終之以施及四海。無服之喪始之以內恕孔悲者。言其以仁存心也。仁者愛人。故繼之以施及四國。以仁及人。則所養者衆。故繼之以以畜萬邦。所養者衆。則其德發揚于外。故繼之以純德孔明。德既發揚于外。則澤足以被于後世。故終之以施于孫子。其序如此。謂之五起。不亦宜乎○應氏曰。大抵援詩句以發揚詠歎

之。蓋贊美之不已也○劉氏曰。志氣塞乎天地。則是君之志動天地之氣也。氣志不違以下。則是君心和樂之氣感天下之志也

藍田呂氏曰。無聲之樂在於氣志。無體之禮在於威儀。氣志與物不違。則固樂矣。於理既得。則尤樂矣。於道既合。則愈樂矣。然則雖曰無聲。日聞四方矣。是故天下樂之氣志既起也。威儀和而緩。則無急迫之態矣。敬而肅。則無怠慢之容矣。上下和同。則無乖異之變矣。然則雖曰無體。而小者日就。大者月將矣。是故一人行之。施及四海也。若夫無服之喪。本由內恕。孔悲則視人之喪猶己之喪也。既推是心施及四國。必由是道以畜萬邦。厥今純德孔明。其後施于孫子。此仁之至也。氣志既充。威儀既備。而篤於仁。然後三無五起之義可得而盡矣

子夏曰。三王之德參於天地。敢問何如斯可謂參天地矣。

孔子曰。奉三無私以勞去聲天下。子夏曰。敢問。何謂三無私。

孔子曰。天無私覆。地無私載。日月無私照。奉斯三者以勞天下。此之謂三無私。其在詩曰。帝命不違。至於湯齊。湯如字降不遲。聖敬日齊。躋昭假。格遲遲。上帝是祗。帝命式于九圍。是湯之德也

三王之德參於天地。蓋古語。故子夏舉以爲問。詩商頌長發之篇。孔子引之以證湯無私之德○嚴氏曰。商自契以來。天命所嚮。未嘗去之。然至湯而後與天齊。謂王業至此而成。天命至此而集。天人適相符合也。湯之謙抑。所以自降下者甚敏而不遲。故聖敬之德日以躋升也。敬爲聖人之敬。言至誠也。日躋。言至誠無息也。德日

新又日新是聖敬日躋之盛即文王之純亦不已也其昭格於天遲遲甚緩言湯無心於得天付之悠悠也湯無所覬倖故唯上帝是敬其誠專一然天自命之以爲法於天下使爲王也嚴陵方氏曰天之高也凡在下者無不覆故曰無私覆地之厚也凡在上者無不載故曰無私載日月之明也凡容光者無不照故曰無私照○石林葉氏曰所謂參者即易之所謂合也德合於天地則其明必合於日月故曰奉三無私以勞天下○朱子曰商之先祖既有明德天命未嘗去之以至於湯湯之生也應期而降適當其時其聖敬又日躋升以至昭格于天久而不息惟上帝是敬故帝命之使爲法於九州也

天有四時春秋冬夏風雨霜露無非教也地載神氣神氣風霆風霆流形庶物露生無非教也

上章引詩以明王道之無私。此言天地之無私也。春夏之啓。秋冬之閉。風雨之發生。霜露之肅殺。無非天道至公之教也。載。猶承也。由神氣之變化。致風霆之顯設。地順承天施。故能發育羣品。形。猶迹也。流形所以運造化之迹。而庶物因之以生。此地道至公之教也。聖人之至德與天道之至教。均一無私而已

藍田呂氏曰。天有四時。運行於上。地載神氣。動作於下。春夏秋冬。風雨霜露。所以釋天有四時也。風霆流形。庶物露生。所以釋地載神氣也。春秋執生殺之機。冬夏極陰陽之用。風雨霜露施于庶物者皆可取法。無非教也。風之動蕩。霆之震耀。流形于下。化育庶物。使皆呈露發生者亦可取法。無非教也。然風霆猶風雨。皆神氣也。降於天。載於地。以成化育者也。獨於地言之。則以流形而可見也○嚴陵方氏曰。天以氣運乎上。故其教以四時爲主。地以形成乎下。故其教以庶物爲主。

言天之四時則其序先於風雨霜露者四時以風雨霜露爲之用故也言地之庶物則其序後於神氣風霆者庶物以神氣風霆爲之體故也且四時之在天一往一來莫不有先後之序盈虛之數庶物之在地一動一植莫不有小大之别多少之分則聖人之設教豈能舍是哉故曰無非教也神氣者天氣也及其下降而得地載之故曰地載神氣神氣散而爲風薄而爲霆故曰神氣風霆風霆流行而成形故曰風霆流形形成而後物生可見故曰庶物露生夫風之行也植物之甲者莫不拆霆之震也動物之蟄者莫不蘇則庶物露生於此可見矣若雨露莫不物資以生然止以風霆言之者以風霆無方而莫測尤爲氣之神故也易曰鼓之舞之以盡神揚子曰鼓舞萬物其雷風乎蓋以是也

清明在躬氣志如神耆嗜欲將至有開必先天降時雨山川出雲其在詩曰嵩高維嶽峻極于天維嶽降神生甫及申維申及甫爲周之翰四國于蕃四方于宣此文武之德

也

清明在躬氣志如神即至誠前知之謂也。嗜欲所願欲之事也。有開必先言先有以開發其兆眹者。如將興必有禎祥。若時雨將降山川必先爲之出雲也。國家將興。天必爲之豫生賢佐。故引大雅嵩高之篇言文武有此無私之德。故天爲之生賢佐以興周。而文武無此詩。故取宣王詩爲喻。而曰此文武之德也。○嚴氏曰。嵩然而高竦者嶽也。其山峻大。極至于天。維此嶽降其神靈。以生仲山甫及申伯。此申伯及山甫皆爲周室之翰幹。四國則于以蕃蔽其患難。四方則于以宣布其德澤藍田呂氏曰。清而明者。天之德也。以天德在躬。故氣志如神。孟子曰。中天下而立。定四海之民。君子樂之。所謂耆欲將至。則有開於興王。必先有以生賢。有開於興王。譬猶天降時雨也。必先有以生賢。譬猶山川出雲也。嵩高者。生賢之詩也。宣王。中興之王也。申甫。間生之賢也。故能爲周翰以蕃于四國宣于四方也。文武之德如此。無詩以言之。故取類以明義也○石林葉氏曰。清明在躬。則志所向。氣所適。其驗於外者如神也。以其如神。故耆欲將至有開必先。中庸曰。見乎著龜。動乎四體。禍福將至。善必先知之。不善必先知之。故至誠如神。誠之至則亦虛一而靜。耆欲將至而先動乎四體者。人也。雨降而先出乎雲者。天也。國家將興而五嶽必生輔助者。天人之相應也

三代之王也。必先其令聞。(去聲)詩云。明明天子。令聞不已。三代之德也。弛其文德。協此四國。大王之德也。子夏蹶(蹶)然而起。負牆而立。曰。弟子敢不承乎

先其令聞者，未王之先，其祖宗積德已有令善之聲聞也。詩，大雅江漢之篇。弛，猶施也。詩作矢，陳也。恊，詩作洽。詩美宣王，此亦取以爲喻。子夏問三王之德，夫子但舉殷周言之者，禹以禪無可疑，殷周放伐，故特明其非私也。蹶然，喜躍之貌。負牆而立者，問竟則退後背壁而立，以避進問之人也。承者，奉順不失之意。○應氏曰：嵩高生賢，本於文武德洽四國，始於大王，其積累豈一日哉。

藍田呂氏曰：奉三無私以勞天下，而得賢佐，則必有令聞矣。先以令聞慰服人心，然後可以興王業，故三代之王必皆先之也。江漢之詩曰：明明天子，令聞不已，矢其文德，洽此四國。以矢爲弛，以洽爲恊，聲之誤也。此亦宣王之詩，而謂明明天子令聞不已爲三代之德，夫其文德洽此四國爲大王之德，皆取類言之也。此篇始論爲民父母之道。終論參於天地之德。致五至行三無者。爲民父母之道也。奉三無私以勞天下者。參於天地之德也。然王者必得賢佐有令聞。然後可以施爲。故以嵩高江漢之詩申言之也

禮記集說大全卷之二十四

禮記集說大全卷之三十五

坊記第三十

嚴陵方氏曰君子之坊民舍禮何以哉故經解曰禮禁亂之所由生猶坊止水之所自來也當周之衰以舊坊爲無所用而壞之者多矣則坊之之道固不可以不記矣

子言之君子之道辟譬則坊防與平聲坊民之所不足者也大爲之坊民猶踰之故君子禮以坊德刑以坊淫命以坊欲

辟讀爲譬坊與防同言君子以道防民之失猶以隄防遏水之流也○應氏曰理欲相爲消長人欲熾盛而有餘則天理消滅而不足禮則防其所不足而制其所有餘焉性之善爲德禮以防之而養其源情之蕩爲淫刑

以防之而遏其流。聖人防民之具至矣。然人之欲無窮而非防閑之所能盡也。聖人於是而有命之說焉。命出於天。各有分限。而截然不可踰也。天之命令。人力莫施。以是防之。則覬覦者塞。羨慕者止。而欲不得肆矣。張子曰。君子之道。辟則坊與。下文所謂禮刑命者。是即君子之道也。○馬氏曰。禮所以制中。故禮以坊德。刑所以禁過。故刑以坊淫。命所以知分而安之。故命以坊欲。○慶源輔氏曰。人有所畏。則不敢縱。禮以坊德。刑以坊淫。略而言之也。至於命以坊欲。則又入深而言之。是三者所謂大爲之坊也。彼因一事設一禁者。豈君子之道哉。

子云。小人貧斯約。富斯驕。約斯盜。驕斯亂。禮者。因人之情而爲之節文。以爲民坊者也。故聖人之制富貴也。使民富不足以驕。貧不至於約。貴不慊口簟反於上。故亂益亡。

方氏曰。小人無道以安貧。故貧斯約。無德以守富。故富斯驕。約者不獲逞則有羨彼之志。故約斯盜。驕者不能遜則有犯上之心。故驕斯亂。凡此皆人之情也。而禮則因而爲之節文。富者不以有餘而慢於人。貧者不以不足而窮其身。貴者不以在上而慊於物。皆由有禮故也。若家富不過百乘。所以制富而不使之驕也。一夫受田百畝。所以制貧而不使之約也。伐冰之家不畜牛羊。所以制貴而不使之慊也。石林葉氏曰。貴賤尊卑者。節也。升降上下者。文也。有節以制其等。有文以別其位。則富不驕。貧不約。貴不慊於上。雖然。禮之所制者。亦多術矣。富貴獨先焉者。以人道之大欲所存而已矣。○慶源輔氏曰。約是氣歉。驕是氣盈。坊主於禮。故此著言之。作者之謂聖。故制富貴聖人之事也。

慊謂滿足貴不慊於上如滿而不溢高而不危之意

子云貧而好樂洛富而好禮衆而以寧者天下其幾上聲矣詩云民之貪亂寧爲荼毒故制國不過千乘都城不過百雉家富不過百乘以此坊民諸侯猶有畔者

衆而以寧謂家族衆盛而不以悖亂致禍敗也天下其幾言此三者不多見也詩大雅桑柔之篇貪猶欲也荼苦菜也毒螫蟲也刺厲王言民苦政亂欲其亂亡故寧爲荼苦毒螫之行以相侵暴而不之恤也千乘諸侯之國其地可出兵車千乘也都城卿大夫都邑之城也雉度名也高一丈長三丈爲一雉家富卿大夫之富也不

過百乘。其采地所出之兵車不得過此數也○石梁王氏曰。貧而好樂。添一好字。恐非孔子語。嚴陵方氏曰。制國不過千乘。即孔子所謂千乘之國是也。千乘之國。即百里之國也。井田之法。方里爲井。十井爲乘。百里之國。適千乘也。都城不過百雉。即左氏所謂都城過百雉國之害也。都蓋公卿王子弟所食之采地。雉則五堵也。百雉則其城五百堵矣。家富不過百乘。即孟子所謂百乘之賦也。千乘百乘。皆以所出之賦言之也。乘以車之多少言。雉以城之廣狹言。或言其多少。或言其廣狹。互相備也。於國言制。於家言富。皆謂制其富也。亦互相備而已。所坊之事不止於民。經每以民爲言者。蓋民以不足於坊之道。故坊之設也。以民爲主。若夫君子能以禮自坊。則無俟乎人爲之坊矣。

子云。夫禮者。所以章疑別微。以爲民坊者也。故貴賤有等。衣服有別。朝廷有位。則民有所讓。

疑者惑而未決。微者隱而不明。惟禮足以章明之。分別之也。石林葉氏曰。章疑異於決疑。疑者似同而異。章言其顯也。決言其成也。別微異於明微。微者似有而無。別言其辨也。明言其既著也。以其顯疑。故貴賤有等。以其辨微。故衣服有別。貴賤以爵列也。爵以詔德。觀其貴賤。則知德之有厚薄也。衣服以功賜也。服以顯庸。觀其衣服。則知其功之有小大也。至於朝廷有位。則爵命衣服所自居也。民之視其位。則知其定分而行遜避矣○嚴陵方氏曰。貴賤有上下之等。衣服有隆殺之別。朝廷有尊卑之位。有等。有別。有位。則各安其分而不爭矣

子云。天無二日。土無二王。家無二主。尊無二上。示民有君臣之別也。春秋不稱楚越之王喪。禮君不稱天。大夫不稱君。恐民之惑也。詩云。相去聲彼盍渴旦。尚猶患之。子云。君不與同姓同車。與異姓同車不同服。示民不嫌也。以此坊民。

民猶得同姓以弑其君

楚越之王喪書卒不書葬夷之也。君不稱天。避天子也。大夫不稱君而稱主。避國君也。詩。逸詩也。盍旦夜鳴求旦之鳥。患猶惡也。言視彼盍旦之夜鳴以求曉是欲反夜作晝。求所不當求者。人尚且惡之。況人臣而求犯其上乎。不同車。遠害也。篡弑之禍常起於同姓。故與異姓同車則不嫌。嚴陵方氏曰。日者。人君之象。在天者旣無二日。有土者故無二王。大而有土者旣無二王。小而有家者故無二主。凡此皆以尊無二上故也。故曰示民有君臣之別也。盍旦。即月令所謂鶡旦。盍何不也。何不旦。是求旦而已。故名之以此。人患之者。以其亂晝夜故也。君臣之別。晝夜之象也。其可亂之乎。故引逸詩以況之。乘車之法。君在左。僕在中央。勇士在右

子云。君子辭貴不辭賤。辭富不辭貧。則亂益亡。故君子與其使食浮於人也。寧使人浮於食

食。祿也。浮。在上也。才德薄而受祿厚。是食浮於人也嚴陵方氏曰。賤不貪貴。貧不慕富。則無爭奪之禍矣。故亂益亡。夫權輿之無餘。不害爲賢者。伐檀之素餐。君子所不爲。故君子與其使食浮於人也。寧使人浮於食此亦辭富貴之道也。浮與行浮於名之浮同

子云。觴酒豆肉。讓而受惡。民猶犯齒。衽席之上。讓而坐下。民猶犯貴。朝廷之位。讓而就賤。民猶犯君。詩云。民之無良。相怨一方。受爵不讓。至于己斯亡。子云。君子貴人而賤己。先人而後己。則民作讓。故稱人之君曰君。自稱其君曰寡君

詩小雅角弓之篇。爵酒器也。嚴氏云。兄弟有因杯酒得罪而怨者。此爲持平之論以解之言凡人之不善者。其相怨各執一偏。而不能參彼己之曲直。故但知怨其上而不思己過。然其端甚微。或止因受爵失辭遜之節。而或至於亡其身。亦可念矣○方氏曰。禮。六十以上籩豆有加。故酒肉以犯齒言。三命不齒席于尊東。故衽席以犯貴言。族人不得戚君位。故朝廷以犯君言嚴陵方氏曰。貴人而賤己則不驕。先人而後己則不爭。故民作讓。書曰。汝惟不矜。天下莫與汝爭能。汝惟不伐。天下莫與汝爭功。揚子曰。自後者人先之。自下者人高之。皆謂是矣

子云。利祿先死者而後生者。則民不偝。先亡者而後存者。

則民可以託。詩云。先君之思。以畜寡人。以此坊民。民猶偝死而號平聲無告

詩。邶風燕燕之篇。畜。詩作勗。勉也。莊姜言歸妾戴嬀思念先君莊公。以婦道勗勉寡人。寡人。莊姜自謂。此以勗爲畜者。言能容畜我於心而不忘。是不偝死忘生之意也。〇疏曰。財利榮祿之事。假令死之與生並合俱得。君上則先與死者。後與生者。以此化民。則民皆不偝於死者。亡。謂身爲國事而出亡在外。存。謂存在國內者。君有利祿先與在外亡者。而後與國內存者。以此化民。民皆仁厚可以大事相付託也。偝死而號無告者。言民偝棄

死者其生者老弱號呼無所控告也嚴陵方氏曰死謂爲國家死其事者亡謂爲國家亡而在外者利祿之所施不必及其身也錄其人之功以及其親族而已若周官以其財養死政之老與其孤禮言去國三世爵祿有列於朝之類皆是也以死者君之心猶所不忘則民勤於孝思矣故曰民不倍以亡者君之心猶所不絕則民勉於忠義矣故曰民可以託號無告者呼而無所告訴也

子云有國家者貴人而賤祿則民興讓尚技而賤車則民興藝故君子約言小人先言

貴人貴有德之人也言君能貴有德者而不吝於班祿則民興於讓善尚有能者而不吝於賜車則民興於習藝賤祿賤車非輕祿器也特以貴賢尚能而不吝於所當與耳讀者不以辭害意可也言之不怍則爲之也難

故君子之言常約。小人則先言而後行。不必其言行之相顧也○鄭氏曰。約與先互言。君子約則小人多矣。小人先則君子後矣嚴陵方氏曰。貴人而賤祿。尚拔而賤車。皆謂任賢使能。錫予之而無所吝也。人謂賢者。拔謂能者也。言祿則爵可知。言車則馬可知。上之所化如此。不徒事乎空言而已。故繼之以君子約言。小人先言

子云。上酌民言則下天上施。去聲上不酌民言則犯也。下不天上施則亂也。故君子信讓以涖百姓。則民之報禮重。詩云。先民有言。詢于芻蕘。

上酌民言謂人君將施政教。必斟酌參挹乎輿論之可否。如此則政教所加。民尊戴之如天所降下者矣。否則

民必違犯也。民不天上之所施。則悖慢之亂作矣。信則不欺於民。讓則不恃乎己。以此臨民。民得不親其上死其長乎。故曰民之報禮重也。詩大雅板之篇。詢于芻蕘問于取草取薪之賤者也。引此以明酌民言之意。嚴陵方氏曰。書曰。天聰明自我民聰明。天明畏自我民明威。天之所爲。未嘗不以民也。夫上酌民言則與天合矣。故下豈有不天上施者乎。言必曰酌者。以言有當否。斟酌而後行之也。上不酌民言。則事或妄行而失其所守。故曰則犯也。下不天上施。則民或肆慢而無以相治。故曰亂也。君子信讓以涖百姓。則上酌民言矣。民之報禮重。則下天上施矣。

子云。善則稱人。過則稱己。則民不爭。善則稱人。過則稱己。則怨益亡。詩云。爾卜爾筮。履無咎言。

詩。衛風氓之篇。履當依詩作體。謂卜之於龜筮之於蓍。其卦兆之體皆無凶咎之辭也。以無咎明不爭不怨之意○石梁王氏曰。鄭箋詩既以體爲卦兆之體。何故於此曲附履字之說嚴陵方氏曰。書曰。汝惟不矜。天下莫與汝爭能。汝惟不伐。天下莫與汝爭功。善則稱人。過則稱己。可謂不矜伐矣。故民不爭也。汝且能無己矣。故怨益亡○臨川吳氏曰。言在上者善稱人過稱己。則民化之。亦以善讓人而不與人爭也。又且人不怨己也

子云。善則稱人。過則稱己。則民讓善。詩云。考卜惟王。度徒洛反是鎬京。惟龜正之。武王成之

詩。大雅文王有聲之篇。言稽考龜卜者武王也。謀度鎬京之居。蓋武王之志已先定矣。及以吉凶取正於龜。而

龜亦協從武王遂以龜爲正而成此都焉是武王不自以爲功而讓之龜卜也故引以爲讓善之證然此兩節所引詩意義皆不甚協慶源輔氏曰善則稱人與人爲善之心也過則稱己自任以重之事也聖人不過如是大舜善與人同武王百姓有過在予一人民不爭始之事也又進則怨益亡又進則民讓善怨益亡則不爭不足言矣民讓善則亡怨不足言矣

子云善則稱君過則稱己則民作忠君陳曰爾有嘉謀嘉猷入告爾君于內女乃順之于外曰此謀此猷惟我君之德於烏乎呼是惟良顯哉

君陳周書與今書文小異引以證善則稱君之義臨川吳氏曰言人臣善稱君過稱己則民化之皆與起而盡忠於君引書君陳證歸美於君之事於乎歎辭是謂如此也

言臣能如此。則是良臣。而君之名亦顯也

子云。善則稱親。過則稱己。則民作孝。大誓曰。予克紂。非予武。惟朕文考無罪。紂克予。非朕文考有罪。惟予小子無良

泰誓。周書。引以證善則稱親之義。臨川吴氏曰。言人子善稱親。過稱己。則民化之。皆興起而孝於親。引書泰誓證歸美於親之事

子云。君子弛其親之過。而敬其美。論語曰。三年無改於父之道。可謂孝矣。高宗云。三年其惟不言。言乃讙

弛猶棄忘也。三年不言。見商書說命篇。讙今周書無逸篇作雍。讙與懽同。言天下喜悅之也。此條引論語近之。引書義不協。○石梁王氏曰。既有子云。又引論語曰。不

應孔子自言因知皆後人爲之且不應孔子發言段段引證如此齊同嚴陵方氏曰子爲父隱所謂弛其過也善則稱親所謂敬其美也○石林葉氏曰親之亡也三年無改以終其憂三年不言以思其孝然書言乃雍此言乃讙讙則樂之至也雍則和之至也

子云從命不忿微諫不倦勞而不怨可謂孝矣詩云孝子不匱

從命不忿謂承受父母命令之時不可有忿戾之色蓋或以他事致忿而其色未平也一說忿當作怠亦通詩大雅旣醉之篇言孝子事親無乏止之時馬氏曰從命不忿愛也微諫不倦敬也

子云睦於父母之黨可謂孝矣故君子因睦以合族詩云

此令兄弟綽綽有裕不令兄弟交相爲瘉庚因睦以合族謂會聚宗族爲燕食之禮因以致其和睦之情也詩小雅角弓之篇令善也綽綽寬容之貌瘉病也慶源輔氏曰因孝以睦父母之黨因睦以合遠近之族未能孝於其親安能睦其黨乎故曰可謂孝矣綽綽有裕故能合族也交相爲瘉豈能合族乎○嚴陵方氏曰於父母之黨猶且睦之况父母乎故可謂孝矣

子云於父之執可以乘其車不可以衣去聲其衣君子以廣孝也子云小人皆能養其親君子不敬何以辨子云父子不同位以厚敬也書云厥辟不辟忝厥祖

父之執與父執志同者也車所同衣所獨故車可乘衣不可衣廣孝謂敬之同於父亦錫類之義也辨別也同

位則尊卑相等。是不敬也。故不同位者。所以厚敬親之道。書商書太甲篇。今書文無上厥字。言君不君而與臣相褻。則辱其先祖。以喻父不自尊而與卑者同位。亦爲忝祖也。嚴陵方氏曰。衣於身最密。前言君與異姓同車不同服。亦以是。夫孝所以事父也。於父之執猶且如此。則孝之所及廣矣。故曰君子以廣孝也。論語曰。今之孝者。是謂能養。至於犬馬皆能有養。不敬何以別乎。此言父子不同位。曲禮言父子不同席。席言所坐之席。位言所立之位。坐立雖不同。其所以辨尊卑之義則一而已。

子云。父母在。不稱老。言孝不言慈。閨門之內。戲而不歎。君子以此坊民。民猶薄於孝而厚於慈。

曲禮云恒言不稱老。與此意同。孝所以事親。慈所以畜子言孝不言慈者，慮其厚於子而薄於親故也。可以娛人而使之樂者，戲也；可以慼人而使之傷者，歎也。閨門之內，謂父母之側。戲而不歎，非專事於戲也，謂爲孺子之容止，或足以娛親，猶云可爾。恨歎之聲，則傷親，故不爲也。慶源輔氏曰：孝慈，一心也。然人情多薄於孝而厚於慈者，私而已。

子云：長民者，朝廷敬老，則民作孝。子云：祭祀之有尸也，宗廟之有主也，示民有事也。脩宗廟，敬祀事，教民追孝也。以此坊民，民猶忘其親。

方氏曰：爲親之死，故爲尸以象其生；爲神之亡，故爲主以寓其存。經曰：事死如事生，事亡如事存。此所以言示民有事也。追孝與祭統言追養繼孝同義石林葉氏曰。老近於親者也。近者猶敬於上。則親者民必知孝於下。尸則斯須之謹也。故祭祀則言尸。主者庸謹也。故宗廟則言主。此特見於有事而已。若夫宗廟久而廢壞則脩之。祭祀立尸以敬之。乃所以教民送終也。故曰追孝○程子曰。祭非主則無依。非尸則無享

子云。敬則用祭器。故君子不以菲廢禮。不以美没禮。故食嗣禮主人親饋則客祭。主人不親饋則客不祭。故君子苟無禮。雖美不食焉。易曰。東鄰殺牛不如西鄰之禴祭。寔受其福。詩云。既醉以酒。既飽以德。以此示民。民猶爭利而忘義。

籩豆簠簋鉶之屬。皆祭器。用之賓客以寓敬也。菲薄而廢

禮與過文而沒禮皆不得爲敬。主人親饋，是敬客也。客祭其饌，是敬主也。易旣濟九五爻辭。禴，薄也。詩大雅旣醉之篇。○方氏曰：食者利之所存，禮則義之所出，故言爭利以忘義也。石林葉氏曰：祭器所以事神，非同於所安，致敬於賓客則用之，亦所以神事之也。故大饗諸侯同於禮五帝，少之爲貴，以其內心也。故不以菲廢禮，多之爲貴，以其外心也。故不以美沒禮。惟其不必美也，故饋而後食，旣醉而飽以德。唯其不必菲也，故殺牛而祭，不如夏禴。蓋君子無意於菲美者，示其遠利；有志於飽德者，示其思義。民之反此，乃至於爭利而忘義，故不言坊者，以其事示之而已矣。

子云：七日戒，三日齊，承一人焉以爲尸，過之者趨走，以教敬也。醴酒在室，醍體酒在堂，澄酒在下，示民不淫也。尸飲三，衆賓飲一，示民有上下也。因其酒肉，聚其宗族，以教民睦也。故堂上觀乎室，堂下觀乎上。詩云：禮儀卒度，笑語卒獲。

承奉事之也。醴齊、醍齊、澄酒，此三酒味薄者在上，味厚者在下。貴薄而賤厚，是示民以不貪淫於味也。尸飲三，主人主婦賓長各一獻也。然後主人獻賓，是衆賓飲一也。尊上者得酒多，卑下者少，是示民以上下之等也。祭禮之末，序昭穆相獻酬，此以和睦之道教民也。堂上者觀室中之禮儀，堂下者又觀堂上之禮儀，其容有不肅者乎。詩小雅楚茨之篇。卒，盡也。言禮儀盡合於法度，笑語盡得其宜也。嚴陵方氏曰：七日戒，三日齊，並見禮器郊特牲解。曲禮曰：爲君尸者，大夫士見之則下之君知所以為尸者則自下之故云過之者趨走也夫齊戒以承之趨走以避之則敬之至矣故曰以教敬也自水言之則淡者為精甘者為粗若郊特牲所謂酒醴之美玄酒明水之尚是也自酒言之則濁者為質清者為文若此所謂醴酒在室澄酒在下是也其質在上其文在下則先王之所尚固可知矣示民以此豈有沈湎之禍哉故曰示民不淫也亦見禮運玄酒在室解尸飲三衆賓飲一謂祭祀獻酬之時也尊者飲多而卑者飲少故曰示民有上下也因其酒肉者因祭祀之酒肉也聚其宗族者謂羣昭羣穆咸在也聚其宗族則交相親矣故曰教民睦也

子云賓禮每進以讓喪禮每加以遠浴於中霤飯上聲於牖下小斂於戶內大斂於阼殯於客位祖於庭葬於墓所以示遠也殷人弔於壙上聲周人弔於家示民不偝也子云死民之卒事也吾從周以此坊民諸侯猶有薨而不葬者

賓自外而入。其禮不可以不讓。喪自內而出。其禮不容於不遠。其進其加。皆以漸致。禮之道也。章首賓喪並言。下獨言喪禮者。重卒葬而言。餘說見檀弓嚴陵方氏曰。每進以讓。每加以遠。皆所以示遠。遠則所以崇敬也。自浴於中霤而下。皆喪禮示遠之事。弔於壙。即檀弓所謂殷既封而弔是也。弔於家。即所謂反哭而弔是也。所弔雖異。所以不偕死之意則一。然而民至於死。則其事盡於此矣。人之於此。其可以不盡乎。故子云死。民之卒事也。吾從周。從周者。以其弔於家爲盡故也。檀弓又曰。反而亡焉。失之矣。則弔於家爲盡可知

子云。升自客階。受弔於賓位。教民追孝也。未沒喪不稱君。示民不爭也。故魯春秋記晉喪曰。殺其君之子奚齊。及其君卓。以此坊民。子猶有弒其父者

魯僖公九年晉侯詭諸卒。冬里克弑其君之子奚齊。十年里克弑其君卓子○方氏曰。升自客階而不敢由於主人之階受弔於賓位而不敢居於主人之位所以避父之尊盡爲子之孝而已。父既往而猶未忍升其階居其位焉。故曰教民追孝也。居君之位而未敢稱君之號。則推讓之心固可見矣。故曰示民不爭也石林葉氏曰。升客階。不敢代父也。受弔於賓位。不敢爲主也。不敢代父而爲主者。不忘親也。故曰追孝。古者君薨。百官總己以聽冢宰三年。則是君不言而冢宰攝之也。以其不言。故未終喪止稱曰子

子云。孝以事君。弟以事長。示民不貳也。故君子有君不謀仕。唯卜之日稱二君

推事父之道以事君。推事兄之道以事長。皆誠實之至豈敢有副貳其上之心乎。欲貳其君。是與尊者相敵矣。故云示民不貳也。君子。人君之子也。有君。君在也。不謀仕。嫌欲急於爲政也。世子他事皆不得稱君貳。唯命龜之時。或君有故而己代之。則自稱曰君之貳某。左傳卜貳圉正謂君之貳。故鄭引之云二當爲貳也。嚴陵方氏曰。孝以事君者。推事父之道以事君也。弟以事長者。推事兄之道以事長也。若是則臣不敢貳於其君。幼不敢貳於其長矣。故曰示民不貳也。

喪父三年。喪君三年。示民不疑也。

疏曰。君無骨肉之親。若不爲重服。民則疑君不尊。今與

喪父同示民不疑於君之尊也

父母在不敢有其身不敢私其財也示民有上下也

與曲禮不許友以死不有私財意同有上下謂卑當統於尊也嚴陵方氏曰不敢有其身者傳所謂爲人子者無以有己是也不敢私其財者經所謂不有私財是也若是則上之勢不分於下故曰示民有上下也

故天子四海之內無客禮莫敢爲主焉故君適其臣升自阼階即位於堂示民不敢有其室也父母在饋獻不及車馬示民不敢專也以此坊民民猶忘其親而貳其君

曲禮云三賜不及車馬故州閭鄉黨稱其孝以上四節皆明事君事親之道故總結之曰忘其親而貳其君石林

葉氏曰：君則統臣者也，故天子無客禮。君適於臣則爲主。父則統子者也，故父在子不敢有其身，私其財以爲饋獻。○嚴陵方氏曰：自無客禮而下，並見《郊特牲》、《曲禮》。曰爲人子者三賜不及車馬，君之所賜且不敢受，況專之以授人乎？故曰示民不敢專也。饋，即遺也。自此遺彼則曰饋，自下獻上則曰獻。○慶源輔氏曰：子不敢有其身，臣不敢有其室，一心也。

子云：「禮之先幣帛也，欲民之先事而後祿也。先財而後禮，則民利；無辭而行情，則民爭。故君子於有饋者，弗能見，則不視其饋。《易》曰：『不耕穫，戶郭反不菑，緇畬，余凶。』以此坊民，民猶貴祿而賤行。」

禮之先幣帛，謂先行相見之禮，後用幣帛以致其情也。

此是欲教民以先任事而後得祿之義。若先用財而後行禮則民必貪於財利矣。無辭。無辭讓之節也。行情直行己情也。禮略而利行。民不能無爭奪矣。人有饋遺於己。禮也。己或以他故。或以疾病。不能出見其人。則不視其饋。視。猶納也。此蓋不敢以無禮而當人之禮。易无妄六二爻辭。今文無凶字。田一歲曰菑。三歲曰畬。不耕而穫。不菑而畬。以喻人臣無功而食君之祿。引之以證不行禮而貪利也。嚴陵方氏曰。幣者帛之名。帛者幣之實。禮之先幣帛。言物以禮爲先也。孟子謂恭敬者幣之未將是矣。禮者事之象。幣帛者祿之象。故曰欲民之先事而後祿也。先財而後禮。則徇利而忘義。故曰則民利。無辭則失取予之宜。行情則失利欲之節。是非廉讓之道也。故曰則民爭。弗能見。謂主人有故而弗能見饋者也。既弗能見。則不視其饋。凡內物者必視其多寡與否。而後內之故也。貴祿而賤行者。不以行事

爲先也

子云君子不盡利以遺民詩云彼有遺秉此有不斂穧才又反伊寡婦之利故君子仕則不稼田則不漁食時不力珍大夫不坐羊士不坐犬詩云采葑采菲無以下體德音莫違及爾同死以此坊民民猶忘義而爭利以亡其身

詩小雅大田之篇秉禾之束爲把者穧鋪而未束者言彼處有遺餘之秉把此處有不收斂之鋪穧寡婦之不能耕者取之以爲利耳伊語辭與今詩文顛倒不同仕則不稼祿足以代耕也田則不漁有禽獸不可再取魚鱉也食時食四時之膳也不力珍不更用力務求珍羞

也。坐羊坐犬。殺食而坐其皮也。皆言不盡利之道。詩。衛風谷風之篇。葑蔓菁菜也。菲。亦菜名。詩之意與此所引之意不同。詩意謂如葑菲常食之菜。不可以其近地黃腐之莖葉。遂棄其上而不采。猶夫婦之間。亦不當以小過而棄其善。此引以爲不盡利之喻者。謂采葑菲者但當采取其葉。不可以其根本之美而并取之。如此則人君盛德之聲遠播。無有違之者。而人皆知親其上死其長矣。詩則以及爾同死爲偕老也嚴陵方氏曰。君子之於利非不取也。不盡之而已。若九一以治野外。什一以治國中。周官朝士凡得獲貨賄人民六畜者委之于朝。告于士。旬而舉之。大者公之。小者庶民私之。澤虞言頒其餘于萬民。皆此意。自仕則不稼而下。亦皆不盡利之事也○石林葉氏曰。仕則

不稼者不盡利以遺民也食時不力珍者盡仁以愛物也

子云：夫禮，坊民所淫，章民之別，使民無嫌，以爲民紀者也。故男女無媒不交，無幣不相見，恐男女之無別也。詩云：伐柯如之何？匪斧不克。取去聲妻如之何？匪媒不得。蓺麻如之何？橫從茲弓反其畝。取妻如之何？必告父母。以此坊民，民猶有自獻其身。

章，明也。無嫌，無可嫌之行也。詩，齊風南山之篇，今詩作析薪如之何，而豳風伐柯篇言伐柯如何，匪斧不克。克，能也。橫從其畝，言從橫耕治其田畝也。自獻其身，謂女自進其身於男子也。以此坊民以下十一字，舊本在詩云之上。今以類推之。當在所引詩下嚴陵方氏曰。恐民之或淫。故禮坊之使有限。恐民之無別。故禮章之使自明。若是則天下之情無可嫌者。足以爲之紀矣。禮器曰。君子之行禮不可不愼也。衆之紀也。紀散而衆亂。非謂是歟。媒所以通相交之情。幣所以將相見之禮。自獻其身則無俟乎媒幣矣。○慶源輔氏曰。不曰綱而曰紀。紀之事衆也

子云。取妻不取同姓。以厚別也。故買妾不知其姓則卜之。以此坊民。魯春秋猶去上聲夫人之姓曰吳。其死曰孟子卒厚別。厚其有別之禮也。卜之。卜其吉凶也。吳。太伯之後。魯同姓也。昭公取吳女。又見論語

子云。禮非祭。男女不交爵。以此坊民。陽侯猶殺繆穆侯而竊其夫人。故大饗廢夫人之禮

陽侯。繆侯。兩君之謚也。鄭云。其國未聞○方氏曰。大饗者。兩君相見之饗也。因陽侯之事而廢夫人之禮。則陽侯以前夫人固與乎大饗。而有交爵之禮矣。乃云非祭不交爵者。先儒謂同姓則親獻。異姓則使人攝。此云不交爵。謂饗異姓國君耳○石梁王氏曰。陽侯繆侯。既同是侯。則殺字當如字讀。鄭既未聞其國。何以知陽侯爲弑君

子云。寡婦之子不有見（現）焉。則弗友也。君子以辟（避）遠（去聲）也。故朋友之交。主人不在。不有大故。則不入其門。以此坊民。民猶以色厚於德

寡婦之子見曲禮。避遠者。以避嫌故遠之也慶源輔氏曰。既避之。又遠之。以色大欲當謹坊也。色厚於德。言好色厚於好德也

子云。好德如好色

鄭云。此句似不足

諸侯不下漁色。故君子遠去聲色以爲民紀。故男女授受不親。御婦人則進左手。姑姊妹女子子已嫁而反。男子不與同席而坐。寡婦不夜哭。婦人疾。問之不問其疾。以此坊民。民猶淫泆而亂於族

諸侯不內娶。若下娶本國卿大夫士之女。則是如漁者之於魚。但以貪欲之心求之也。故云漁色。荒於色則紀

綱弛民之昏禮亦化之而廢。故遠色者所以立民之紀。使不以色而廢禮亂常也。餘並見前 嚴陵方氏曰。孟子曰。好色。人之所欲也。故經傳每以是況其所好之篤者。祭義曰。如見親之所愛。如欲色。然論語賢賢易色。此云好德如好色。以言其所好之篤而已。婦人疾。問其安否。不問其疾之所在也。凡此皆以遠嫌而已。餘並見曲禮解

子云。昏禮壻親迎。去聲見現於舅姑。舅姑承子以授壻。恐事之違也。以此坊民。婦猶有不至者

舅姑。女之父母也。承。進也。子。女也。論語註云。送與之也。儀禮。父戒女曰。夙夜無違命。母戒女曰。無違宮事。皆恐事之違也。末世禮壞。故有男行而女不隨者。亦有親迎而女不至者 ○成氏曰。婦人謂夫之父母曰舅姑。男子

亦謂妻之父母曰舅姑但加外字耳。夫婦齊體。父母互相敬也

中庸第三十一

朱子章句

禮記集說大全卷之二十五

明永樂内府本禮記集説大全

第六册

明 胡廣等撰

中國國家圖書館藏明永樂十三年内府刻本

山東人民出版社·濟南

禮記集說大全卷之十七

學記第十八

石梁王氏曰六經言學字莫先於說命此篇不詳言先王學制與教者學者之法多是泛論不如大學篇教是教箇甚學是學箇甚

發慮憲求善良足以謏小聞去聲不足以動衆

發慮憲謂致其思慮以求合乎法則也求善良親賢也此二者可以小致聲譽未能感動衆人

就賢體遠足以動衆未足以化民

就賢禮下賢德之士也如王就見孟子之就體如中庸

體羣臣之體。謂設以身處其地而察其心也。遠，踈遠之臣也。此二者可以感動衆人。未能化民也

君子如欲化民成俗。其必由學乎

化民成俗。必如唐虞之於變時雍乃爲至耳。然則舍學何以哉。此學乃大學之道明德新民之事也 朱子曰。動衆。謂聳動衆聽。蓋守常法用中材。其效不足以致大譽。遠，謂踈遠之士。下賢親遠足以聳動衆聽使知貴德而尊上。然未有開導誘掖之方也。故未足以化民。唯教學可以化民使成美俗

玉不琢不成器。人不學不知道。是故古之王者建國君民。教學爲先。兌說命曰念終始典于學。其此之謂乎

建國君民。謂建立邦國以君長其民也。教學爲先。以立

教立學爲先務也。兌命商書。典常也。永嘉戴氏曰。玉不琢而碔砆琢之則碔砆猶爲可用。玉蓋不及也。大抵資質之美不足恃。資質之美而未嘗學問。其與資質不美者均爾

雖有嘉肴。弗食不知其旨也。雖有至道。弗學不知其善也。是故學然後知不足。教然後知困。知不足然後能自反也。知困然後能自強上聲也。故曰教學相長也。兌命曰學效學半。其此之謂乎

學然後知不足。謂師資於人方知己所未至也。教然後知困。謂無以應人之求則自知困辱也。自反。知反求而已。自強。則有黽勉倍進之意。教學相長。謂我之教人與資人皆相爲長益也。引說命斆學半者。劉氏曰。教人之

功。居吾身學問之半。蓋始之脩己所以立其體是一半。終之教人所以致其用又是一半。此所以終始典于學。成己成物合内外之道。然後爲學問之全功也嚴陵方氏曰。肴有味。唯食之然後可以辨其味。道有理。唯學之然後可以窮其理。然而味有旨否。唯肴之嘉者爲旨。理有善惡。唯道之至者爲善。人莫不飲食鮮能知味也。此以食喻道者也。以道之難明。故所況如此。若夫造道之全。則淡乎其無味。又豈肴之可比哉。足則厭矣。故學以不厭爲知。困則倦矣。故教以不倦爲仁。知其不足。然後能自反以求其足。知其困。然後能自強以濟其困。自反。若所謂自反而仁之類。自強。若所謂自強不息之類。教人之功得學之半。故引說命之言以證之。上學字宜讀曰斆。說命亦作斆。斆即教也。孔子曰。起予者商也。又曰回也非助我者也。於吾言無所不說。豈非斆學半之謂乎〇馬氏曰。能自強而興之。則進於學矣。是以教長學也。自反而得之。則優於教矣。是以學長教也〇山陰陸氏曰。所謂教學。教之中有學。學學之中有教焉。是之謂相長也古之教者家有塾。黨有庠。術（當爲州）有序。國有學。比（毗志反）年入學中（平聲）年考校。一年視離經辨志。三年視敬業樂（五教反）羣。五年視博習親師。七年視論學取友。謂之小成。九年知類通達。強立而不反。謂之大成

古者二十五家爲閭。同在一巷。巷首有門。門側有塾。民在家者朝夕受教於塾也。五百家爲黨。黨之學曰庠。教閭塾所升之人也。術當爲州。萬二千五百家爲州。州之學曰序。周禮鄉大夫春秋以禮會民而射于州序是也。序則教黨學所升之人。天子所都及諸侯國中之學謂之國學。以教元子衆子及卿大夫士之子與所升俊選

之士焉。比年每歲也。每歲皆有入學之人。中年間一年也。與小記中一以上之中同。每間一年而考校其藝之進否也。離經離絕經書之句讀也。辨志辨別其趨向之邪正也。敬業則於所習無怠忽。樂群則於朋徒無睽貳。愽習則不以程度爲限制。親師則於訓誨知嗜好。論學講求學問之緼奧也。取友擇取益者而友之也。能如此。是學之小成也。至於九年則理明義精觸類而長無所不通有卓然自立之行而外物不得以奪之矣是大成也○朱子曰。這幾句都是上兩字說學下兩字說所得處。如離經便是學。辨志是所得處。他倣此延平周氏曰養人之有序故自家至國皆立之學。○朱子曰。辨志者自能分別其心所趨向。如爲善爲利爲君子爲小人也。敬業者專心致志以事其業也。樂羣者樂於取益以輔其仁也。博習者積累精專次第而徧也。親師者道同德合愛敬兼盡也。論學者知言而能論學之是非。取友者知人而能識人之賢否也。知類通達聞一知十能觸類而貫通也。強立不反知止有定而物不能移也。蓋考校之法逐節之中先觀其學業之淺深。徐察其德行之虛實。讀者宜深味之乃見進學之驗。○臨川吳氏曰。按考校與周官大比不同。考校者謂九年大成以前每間一歲教者察視其學業之進何如。大比者謂九年大成之後每三年則鄉大夫大比其德行道藝而賓興之也。初入學一年於歲終視其讀經斷句而分別其志之果向學與否。敬業者謂於所讀之經而專心致志。樂羣者如食而已知其味。樂與同居之羣共講習之。此於三年之歲終察視之。博習謂所學經外又能汎及他經傳授師說服膺不失。而親近其師惟恐或離也。此於五年之歲終察視之。論學謂義理已明能論說學之是非識人品高下而取其善者以爲友。此於七年之歲終察視之。以上皆小學之事。九年則十五入大學之次年自始入小學之年而通數之爲九年也。能知事理而推其類由此以通達於彼。猶子貢之聞一知二。此大學致知之功也。強立。謂守之堅固。不反。謂其已能者不退轉。此大學力行之效也

夫然後足以化民易俗。近者說服而遠者懷之。此大學之道也。記曰。蛾魚起反子時術之。其此之謂乎

前言成俗。成其美俗也。此言易俗。變其汙俗也。以此大成之士而官使之。其功效如此。是所謂大學教人之道也。蛾子蟲之微者。亦時時述學術士之事而成大垤。以喻學者由積學而成大道也。此古記之言。故引以證其說

大學始教。皮弁祭菜。示敬道也

始教。學者入學之初也。有司衣皮弁之服。祭先師以蘋藻之菜。示之以尊敬道藝也。臨川吳氏曰。古者始入學必釋菜於先聖先師。故大學始初之教。有司先服皮弁服行釋菜禮。蓋示學者以敬先聖先師之道也。常服玄冠。今加服皮弁。芹藻之菜簡質而潔。皆示敬也

宵雅肄異三官其始也

當祭菜之時。使歌小雅中鹿鳴四牡皇皇者華之三篇而肄習之。此三詩皆君臣燕樂相勞苦之辭。蓋以居官受任之美誘諭其初志。故曰官其始也。○朱子曰。聖人教人。合下便要他用。便要用賢以治不賢。舉能以教不能。所以公卿大夫在下思各舉其職。臨川吳氏曰。學者將以居官任事也。

誦詩者必欲其達於政而能專對。小雅三詩。皆言爲君使之事。使之肄習。蓋教以官事於其始也

入學鼓篋孫去聲其業也

入學時大胥之官擊鼓以召學士。學士至則發篋以出其書籍等物。警之以鼓聲使以遜順之心進其業也。書言惟學遜志

夏古雅反楚二物收其威也

夏榎也。楚荊也。榎形圓楚形方。以二物爲朴以警其怠忽者使之收斂威儀也慶源輔氏曰。示敬道也。所以使之立爲學之誠。官其始也。所以使之知教者之意。學者之誠立。教者之意明。然後可以教之矣。故孫其業。而使之有受道之質。然又慮其怠也。則又收其威而使之有勉強之意。夫然故。可與進於道矣

未卜禘不視學游其志也時觀而弗語去聲存其心也幼者聽而弗問學石梁王氏曰此學字如字讀不躐等也此七者教之大倫也記曰凡學官先事士先志其此之謂乎

禘五年之大祭也不五年不視學所以優游學者之心志也此又非仲春仲秋視學之禮使觀而感於心不言以盡其理欲其自得之也故曰存其心幼者未必能問問亦未必知要故但聽受師說而無所請亦長幼之等當如是不可踰躐也○劉氏曰自皮弁祭菜至聽而弗問凡七事皆大學爲教之大倫大倫猶言大節耳官先事士先志竊意官是已仕者士是未仕者謂已仕而爲

學則先其職事之所急。未仕而爲學。則未得見諸行事。故先其志之所尚也。子夏曰仕而優則學。是已居官而爲學也。王子墊問士何事。孟子曰尚志。是未仕而學則先尚志也。然大學之道。明德新民而已。先志者所以明德。先事者所以新民。七事上句皆教者之事。下句皆學者之志嚴陵方氏曰。皮弁無經緯之文織紝之功。祭菜無犧牲之味黍稷之實。宵雅肄習必兼以三。誘其志也。習必以雅。欲其正也。止以小雅。欲其有漸也。以其始教。故曰官其始也。官者主治之謂也。學以孫志爲事。故教者必扑之以收其威也。禘蓋五年之祭。未五年不視學所以優游學者之志故也。且中年考校。則再考校乃當視學之年。五年視學。則再視學乃當學者大成之年矣。視學見文王世子解。以言傳道。則學者止得於耳聞。以默識道。則學者乃得於意會。時觀而弗語。則欲其默識之。存其心。則得於意會矣。觀者不可過也。不可不及也。當其可而已。故以時言之。游其志。所以俟其自成。存其心。所以使之自得。莊子曰。美成在久。則未卜禘不視學者。久之謂也。孟子曰。思則得之。則時觀而弗語者。思之謂也。夫入道有序。進學有時。所謂等也。居幼而爲長者之事。則爲躐等矣。謂之倫。先後不可亂者。然敎亦多術矣。豈止如是。亦其大略爾。夫官所治者事。士所尚者志。方其學居官。則以事爲先。方其學爲士。則以志爲先。故敎之大倫爲是而已

大學之教也。時教必有正業。退息必有居學。句不學操縵莫半反不能安弦。不學博依上聲不能安詩。不學雜服。不能安禮。不興去聲其藝。不能樂五教反學。故君子之於學也。藏焉。脩焉。息焉。游焉

舊說大學之教也時句絶。退息必有居句絶。今讀時字連下句。學字連上句。謂四時之教各有正業。如春秋教

以禮樂冬夏教以詩書春誦夏絃之類是也。退而燕息必有燕居之學。如退而省其私亦足以發是也。弦也。詩也。禮也。此時教之正業也。操縵。博依。雜服。此退息之居學也。凡爲學之道貴於能安。安則心與理融而成熟矣。然未至於安。則在乎爲之不厭而不可有作輟也。操縵。操弄琴瑟之絃也。初學者手與絃未相得。故雖退息時亦必操弄之不廢乃能習熟而安於絃也。詩人比興之辭。多依託於物理。而物理至博也。故學詩者但講之於學校。而不能於退息之際廣求物理之所依附者。則無以驗其實。而於詩之辭必有疑殆而不能安者矣。雜服冕弁衣裳之類。先王制作。禮各有服。極爲繁雜。學者但講之於學而不於退息時游觀行禮者之雜服。則無以盡識其制。而於禮之文必有彷彿而不能安者矣。興者。意之興起而不能自已者。藝即三者之學是也。言退息時若不興此三者之藝。則謂之不能好學矣。故君子之於學也。藏焉脩焉之時必有正業。則所習者專而志不分。息焉遊焉之際必有居學。則所養者純而藝愈熟。故其學易成也。○朱子曰。古人服各有等降。若理會得雜服。則於禮思過半矣。山陰陸氏曰。正業。言時教之所教也。若春誦夏弦。春秋教以禮樂。冬夏教以詩書是也。居學。言退息之所學也。若不學操縵不能安弦。不學博依不能安詩是也。○嚴陵方氏曰。操之而急縱之而緩者。操縵之謂也。弦之理亦若是而已。依則依物之理以爲言焉。多識於鳥獸草木之名。則博依之謂也。詩之理亦若是而已。服雖雜而繁。亦君子之所不憚焉。以服亦無非禮也。藝雖成而下。亦君子之所不廢焉。以藝亦無非學也

夫然故安其學而親其師。樂其友而信其道。是以雖離師輔而不反也。兌命曰。敬孫去聲務時敏。厥脩乃來。其此之謂乎

承上文而言藏脩遊息無不在於學。是以安親樂信。雖離師友亦不畔於道也。時敏。無時而不敏也。厥脩乃來。言其進脩之益。如水之源源而來也。金華應氏曰。深玫自大學之教至此章則自比年入學至九年大成。其所學大略可見。蓋時教之正業。即所習者經也。至於親其師樂其友。乃所謂

樂羣親師也至於知類通達則雖離師輔而強立不反矣

今之教者呻申其佔覘畢多其訊言及于數進而不顧其安使人不由其誠教人不盡其材其施之也悖其求之也佛弗夫然故隱其學而疾其師苦其難而不知其益也雖終其業其去之必速教之不刑其此之由乎

呻吟諷之聲也佔視也畢簡也訊問也言今之教人者但吟諷其所佔視之簡牘不能通其緼奧乃多發問辭以訊問學者而所言又不止一端故云言及于數也不顧其安不恤學者之安否也不由其誠不肯實用其力也不盡其材不能盡其材之所長也夫多其訊而言及

于數則與時教必有正業者異矣使人不由其誠教人不盡其材則與退息必有居學者異矣惟其如此是以師之所施者常至於悖逆學者之所求每見其拂戾也隱其學不以所學自表見也終業而又速去之以其用工間斷鹵莽滅裂而不安不樂故也刑成也○朱子曰橫渠作簡與人言其子日來誦書不熟且教他熟誦以盡其誠與材他解此兩句只作一意解言人之材足以有爲但以不由於誠則不盡其材延平周氏曰孔子曰求也退故進之由也兼人故退之蓋進之必顧其所安而使之進也使漆雕開仕曰吾斯之未能信孔子說蓋使之必由其誠而不强其中心之所不欲也於門人問仁問孝之類其答皆不同蓋教之必盡其材故所答雖有難易而未嘗不隨

其材之大小也。後之教人者反此。故曰其施之也悖。其求之也佛。而其教之者卒不見其誠。故曰隱其學而疾其師。苦其難而不知其益。雖終其業而去之必速。

大學之法。禁於未發之謂豫。當其可之謂時。不陵節而施之謂孫。相觀而善之謂摩。此四者教之所由興也

豫者。先事之謂。時者。不先不後之期也。陵。踰犯也。節。如節候之節。禮有禮節。樂有樂節。人有長幼之節。皆言分限所在。不陵節而施。謂不教幼者以長者之業也。相觀而善。如稱甲之善。則乙者觀而效之。乙有善可稱。甲亦如之。孫以順言。摩以相厲而進爲言也○方氏曰。若七年男女不同席不共食。幼子常視毋誑。則可謂之豫矣。

若十年學書計十三年舞勺成童舞象可謂之時矣○

石梁王氏曰。註專以時爲年二十之時非也嚴陵方氏曰。夫既發而後禁。則爲無及。未發而先禁。乃爲有備。幼子常視毋誑。亦可謂之豫矣。未可以教而教。則欲速而不達。可以教而不教。則雖悔而不可追。若十年學書計。十三年舞勺成童舞象。則可謂之時矣。不陵節而施。則理順而不悖。故謂之孫。若孔子言可與共學。未可與適道。可與立未可與權。則可謂之孫矣。以此之善而見彼之不善。以彼之不善而見此之善。所謂相觀也。有見於上則知善之可慕。有見於下則知不善之可戒。荀子所謂見善脩然必以自存。見不善。愀然必以自省。則可謂之摩矣。夫既有以防其情。又有以成其性。既有以因其才。又有以輔其仁。則教之道盡矣。故曰所由興也。○朱子曰。禁於未發。但謂豫爲之防。其事不一。不必皆謂十五時也。當其可。謂適當其可告之時。亦不當以年爲斷。相觀而善。但謂觀人之能而於己有益。如以兩物相摩而各得其助也。○臨川吳氏曰。陵猶越也。節如竹之節。俟其能此事然後又教一事。則爲順敘而不叢併。相觀。謂甲觀乙乙觀甲。此有未善。觀彼所善而效之。則此亦善矣。摩如兩石相摩。互相資藉。程子曰。朋友講習。莫如相觀而善之益多。澄謂此四者。三屬於師。一屬於友。

發然後禁。則扞格胡客反而不勝。升時過然後學。則勤苦而難成。雜施而不孫。則壞怪亂而不脩。獨學而無友。則孤陋而寡聞。燕朋逆其師。燕辟僻廢其學。此六者教之所由廢也。

扞拒扞也。格讀如凍洛之洛。謂如地之凍堅強難入也。不勝。不能承當其教也。一讀為去聲。謂教不能勝其為非之心亦通。雜施謂躐等陵節也。燕私之朋。必不責善或相與以慢其師。燕遊邪僻。必惑外誘。得不廢其業乎。

此燕朋燕辟之害皆由於發然後禁以下四者之失皆與上文四者相反也○鄭氏曰燕猶褻也褻其朋友褻師之譬喻永嘉戴氏曰發然後禁非不禁也特禁之不得其要爾時過然後學非不學也特學之不得其道爾雜施而不遜則固嘗施之矣施之不得其統猶不施也獨學則固嘗自學矣而無其友猶不學也燕遊私昵之謂也燕朋謂昵於朋比如孺子其朋之朋燕辟謂昵於敖辟如師也辟之辟昵於朋比則人自爲學不顧其師昵於敖辟則自以爲是不力於學教之不行由此其故也○嚴陵方氏曰教之興止於四廢至於六者以見所由興者常少所由廢者常多也

君子既知教之所由興又知教之所由廢然後可以爲人師也故君子之教喻也道而弗牽強而弗抑開而弗達道而弗牽則和強而弗抑則易異開而弗達則思和易以思

可謂善喻矣

示之以入道之所由而不牽率其必進作興其志氣之所尚而不沮抑之使退開其從入之端而不竟其所通之地。如此則不扞格而和。不勤苦而易。不雜施以亂其心。有相觀以輔其志而思則得之矣慶源輔氏曰。知所由興則行之。知所由廢則防之。然後可以為人師。道而弗牽則和。強而弗抑則易。所謂優而柔之使自求之也。先儒謂至道懇切固是誠意。若迫切不中理。則反為不誠。則教者亦豈可不知此理哉。開。謂開其端緒。開其端緒。則自不能已於致思。故可以致於自得之地。於教喻而如此謂之善

學者有四失。教者必知之。人之學也。或失則多。或失則寡。或失則易。異或失則止。此四者心之莫同也。知其心然後

能救其失也教也者長善而救其失者也

方氏曰或失則多者知之所以過或失則寡者愚之所以不及或失則易賢者之所以過或失則止不肖者之所以不及多聞見而適乎邪道多之失也寡聞見而無約無卓寡之失也子路好勇過我無所取材易之失也冉求之今女畫止之失也約我以禮所以救其失之多慱我以文所以救其失之寡兼人則退之所以救其失之易退則進之所以救其失之止也長樂陳氏曰失之多者孔子謂之狂而失之寡者孔子謂之簡古之教者觀性以知心因心以救失多者約之以禮寡者慱之以文易者抑之以自反止者勉之以自強此長善救失之道也○東萊呂氏曰多才有餘者寡才不足者易儇快者止鈍滯者四者

心之莫同。病各自别。知其心。然後能救其失。譬如醫者要識他病處。方始隨證用藥。

善歌者使人繼其聲。善教者使人繼其志。其言也約而達。微而臧。罕譬而喻。可謂繼志矣。

約而達。辭簡而意明也。微而臧。言不峻而善則明也。罕譬而喻。比方之辭少而感動之意深也。繼志。謂能使學者之志與師無間也。朱子曰。繼聲繼志者。皆謂微發其端而不究其說。使人有所玩索而自得之也。約而達。微而臧。罕譬而喻。三者皆不務多言而使人自得之意。○永嘉戴氏曰。善歌藝也。猶使人繼其聲。善教者可不使人繼其志乎。然繼志之學不在言語之間。曰約。曰微。曰罕譬。其爲辭甚簡。曰達。曰臧。曰喻。其見理甚明。教者之辭簡。學者之理明。若此可謂能繼志矣。○臨川吳氏曰。善於歌者倡起其聲而不終曲。使人和而歎之。以繼續其聲。然後歌者之聲終。善於教者開示其志而不盡言。使人思而繹之。以繼續其志。然後教者之志盡。故教者之言雖至約不繁。而能使人通之。雖至微不顯。而能使人善之。雖少所取譬。而能使人曉之。達之爲通。如樊遲未達之達。臧之爲善。如王曰善哉言乎之善。喻之爲曉。如夷子憮然曰命之矣是也。三者皆不盡言而使學者自思繹而得之者。約。微。罕譬。教者之不盡言也。達。臧。喻。學者之能自得也。如此。可謂能使人繼其志者矣

君子知至學之難易而知其美惡。然後能博喻。能博喻然後能爲師。能爲師然後能爲長。能爲長然後能爲君。故師也者。所以學爲君也。是故擇師不可不慎也。記曰。三王四代唯其師。其此之謂乎

至學。至於學也。鈍者至之難。敏者至之易。質美者向道。不美者叛道。知乎此。然後能博喻。謂循循善誘。不拘一

塗也。周官太宰長以貴得民。師以賢得民。長者一官之長。君則一國之君也。言爲君之道。皆自務學充之。三王四代之所以治。以能作之君作之師爾。周子曰。師道立則善人多。善人多則朝廷正而天下治矣。張子曰。知學者至于學之難易及知其資質之美惡。故能教人。○長樂陳氏曰。學有精粗。故其至有難易。質有美惡。則其喻有淺深。知美惡而喻之。則有以長人之善。知惡而喻之。則有以救人之失。○朱子曰。能爲師以教人。則能爲君以治人。擇師不可不慎。言能爲君者其人難得。故不可不擇。○延平周氏曰。知其至於學之難易。而知其資質之美惡。然後能不以一類喻之。不以一類喻之。然後能爲師。蓋師者有爲長之道。長者有爲君之道

凡學之道。嚴師爲難。師嚴然後道尊。道尊然後民知敬學。

是故君之所不臣於其臣者二。當其爲尸則弗臣也。當其

爲師則弗臣也大學之禮雖詔於天子無北面所以尊師也

嚴師如孝經嚴父之義謂尊禮嚴重之也無北面不處之以臣位也○石梁王氏曰詔於天子無北面註引武王踐阼出大戴禮嚴陵方氏曰嚴即尊也嚴師即雖詔於天子無北面是矣以一人之貴而師匹夫之賤以四海之富而師環堵之貧此嚴師所以爲難也嚴師者人嚴之也人嚴其師則師道嚴矣師所以傳道故師嚴然後道尊學所以爲道故道尊然後民知敬學以神言之故爲尸則弗臣以道言之故爲師則弗臣○慶源輔氏曰凡學之道則非獨君也嚴師爲難蓋言盡嚴師之道爲難爾能盡嚴師之道則師始嚴師所以傳道師嚴則道自尊道未嘗不尊因其尊而尊之則係乎人之嚴師也

善學者師逸而功倍又從而庸之不善學者師勤而功半

又從而怨之善問者如攻堅木先其易者後其節目及其久也相說如字以解下介反不善問者反此善待問者如撞鍾叩之以小者則小鳴叩之以大者則大鳴待其從舂容然後盡其聲不善答問者反此此皆進學之道也

庸功也感師之有功於已也相說以解舊讀說爲悅今從朱子說讀如字○疏曰從讀爲舂舂者舂謂擊也以爲聲之形容言鍾之爲體必待其擊每一舂而爲一容然後盡其聲善答者亦待其一問然後一答乃盡說義理也愚謂從容言優游不迫之意不急疾擊之則鍾聲之小大長短得以自盡故以爲善答之喻○朱子曰說字

人以爲悅恐只是說字先其易者難處且放下少間見多了自然相證而解解物爲解自解釋爲解恐是相證而曉解也延平周氏曰善問者知先後之序善待問者小以成小大以成大○馬氏曰切問而近思所謂善問也於吾言無所不說所謂相說以解者也

記問之學不足以爲人師必也其聽語乎力不能問然後語去聲之語之而不知雖舍之可也

記問謂記誦古書以待學者之問也以此爲學無得於心而所知有限故不足以爲人師聽語聽學者所問之語也不能問則告之不知而舍之以其終不可入德也不以三隅反則不復亦此意李氏曰君子之教人或聽之或語之或舍之其欲成

之一也○慶源輔氏曰。記問之學據己所有以告人。聽語者因人之所疑以啓發之

良冶之子必學爲裘。良弓之子必學爲箕。始駕馬者反之。車在馬前。君子察於此三者可以有志於學矣

疏曰。善冶之家其子弟見其父兄陶鎔金鐵使之柔合以補治破器。故此子弟能學爲袍裘。補續獸皮片片相合以至完全也。箕。柳箕也。善爲弓之家使幹角撓屈調和成弓。故其子弟亦覩其父兄世業學取柳條和軟撓之成箕也。馬子始學駕車之時。大馬駕在車前將馬子繫隨車後而行。故云反之。所以然者此駒未曾駕車。若忽駕之必驚奔。今以大馬牽車於前而繫駒於後。使日

日見車之行，慣習而後駕之，不復驚矣。言學者亦須先教小事，操縵之屬，然後乃示其業，則易成也。○應氏曰：冶鑛難精而裘軟易紉，弓勁難調而箕曲易製，車重難駕而馬反則易馴，皆自易而至於難，自粗而至於精，習之有漸而不可驟進，學之以類而不可泛求，是之謂有志矣。慶源輔氏曰：良冶之子必學爲裘，良弓之子必學爲箕，至於馬之子則不能然也。雖然，苟有以調習之，則亦無不能也。此見人獸之異。君子而能察夫弓冶之賤，必學爲箕裘之業；馬之子異於人矣，而有以調習之，亦皆安於牽駕之事，則可以有志于學矣。蓋學乃君子當爲之事也，可以勉之之辭。

古之學者比毗物醜類。鼓無當去聲於五聲，五聲弗得不和；水無當於五色，五色弗得不章；學無當於五官，五官弗得

不治師無當於五服五服弗得不親

比物醜類謂以同類之事相比方也當猶主也鼓聲不宫不商於五聲本無所主然而五聲不得鼓則無諧和之節水無色不在五色之列而繢畫者不得水則不章明五官身口耳目心之所職即洪範之五事也學於吾身五者之官本無所當而五官不得學則不能治師於弟子不當五服之一而弟子若無師之教誨則五服之屬不相和親○陳氏曰類者物之所同醜之爲言衆也理有所不顯則比物以明之物有所不一則醜類以盡之然後因理以明道而善乎學矣總而論之鼓非與乎

五聲而五聲待之而和。水非與乎五色而五色待之而章。學非與乎五官而五官待之而治。師非與乎五服而五服待之而親。是五聲五色五官五服雖不同而同於有之以爲利。鼓也水也學也師也雖不一。而一於無之以爲用。然則古之學者比物醜類而精微之意有寓於是非窮理之至者孰能與此金華應氏曰。聲以鼓而震色以水而發身以學而治族以師而親。皆若緩而甚急。若不相關而不可廢也

君子曰。大德不官。大道不器。大信不約。大時不齊。察於此四者可以有志於本矣

大德。大道。大信。皆指聖人而言。大時。天時也。不官。不拘

一職之任也。不器。無施而不可也。不約。不在期約之末也。元化周流。一氣屈伸。不可以截然分限求之。故方榮之時而有枯者焉。寂之時而有専者焉。惟其不齊。是以不可窮。凡此四者。皆以本原盛大而體無不具。故變通不拘而用無不周也。君子察於此。可以有志於學而洪其本矣。臨川吴氏曰。小德亦有可取。如官之各有所職。德之大者無所不宜。非如一官之但專一職而已。故曰不官。小道亦有可觀。如器之各有所用。道之大者無所不可。非如一器之但適一用而已。故曰不器。人之有信。許諾盟誓。事事必須要約。此信之小者爾。聖賢心德相孚相契。是謂大信。何以要約爲哉。天之有時。春夏秋冬。歲歲齊同。此時之小者爾。古今氣運或治或亂。是謂大時。豈可齊同測哉。然則不官者官之本。不器者器之本。不約者約之本。不齊者齊之本。君子察此。則可以有志於本矣三王之祭川也，皆先河而後海，或源也，或委去聲也，此之謂務本。

河爲海之源，海乃河之委。承上文志於本而言。水之爲物，盈科而後進，放乎四海，有本者如是也。君子之於學，不成章不達，故先務本。朱子曰：先河後海者，以其或是源，故先之；或是委，故後之。蹤有二說，此說是也。○永嘉戴氏曰：河流入海，三王祭川先小後大，重本也。學記之諸由本以造本，大學之論自本以徂末，其爲教則一也。○臨川吳氏曰：河海皆川也。水之來處曰源，水之聚處曰委。夏商周三王之世，其祭川也，皆先祭河而後祭海。蓋以其或爲源，或爲委故也。河在海之上流，爲川之源，故先之。海受河之下流，爲川之委，故後之。源即本也。此又言本之當先，以申上文大德大道大信大時之意。

禮記集說大全卷之十七

禮記集說大全卷之十八

樂記第十九

臨川吴氏曰：禮經之僅存者，猶有今儀禮十七篇。樂經則亡矣，其經疑多是聲音樂舞之節，少有辭句可讀誦記識，故秦火之後無傳。諸儒不過能言樂之義而已。而劉向所得樂記二十三篇，又與河間獻王所撰二十四卷不同。其二十三篇内之十一合爲一篇者，蓋亦刪取要略，非全文也。

凡音之起，由人心生也。人心之動，物使之然也。感於物而動，故形於聲。聲相應，故生變。變成方，謂之音。比音而樂之，及干戚羽旄，謂之樂。比，毗至反。樂字如字。

凡樂音之初起，皆由人心之感於物而生。人心虛靈不昧，感而遂通，情動於中，故形於言而爲聲。聲之辭意相應自然生清濁高下之變變而成歌詩之方法則謂之音矣成方猶言成曲調也比合其音而播之樂器及舞之干戚羽旄則謂之樂焉干戚武舞也羽旄文舞也延平

黃氏曰樂之實本於性根於心故凡音之起由人心生非作於外物也外物爲之感發而已人之心其猶柷敔有物觸其中則鳴非柷求鳴於物也聲者心以應物者也單出曰聲雜比曰音單出未之變也五聲相應而變生焉聲成文謂之音此言聲有所變變成方謂之音此言變有所歸惟其有所歸在故其始作翕如也縱之純如也繹如也以成無方則不可比矣○嚴陵方氏曰宮變生徵徵變生商商變生羽羽變生角上下相通而成方則雜比之矣故謂之音○山陰陸氏曰音八音也雖有金石絲竹而無舞焉不得謂之樂

樂者音之所由生也其本在人心之感於物也是故其哀心感者其聲噍焦以殺色介反其樂洛心感者其聲嘽昌展反

以緩其喜心感者其聲發以散其怒心感者其聲粗以厲其敬心感者其聲直以廉其愛心感者其聲和以柔六者非性也感於物而后動

方氏曰人之情得所欲則樂喪所欲則哀順其心則喜逆其心則怒於所畏則敬於所悅則愛噍則竭而無澤殺則減而不隆蓋心喪其所欲故形於聲者如此嘽則闡而無餘緩則紓而不迫蓋心得其所欲故形於聲者如此發則生而不窮散則施而無積蓋順其心故形於聲者如此直則無委曲廉則有分際蓋心有所畏故形於聲者如此和則不乖柔則致順蓋心有所悅故形於

聲者如此○愚謂粗以厲者高急而近於猛暴也六者心感物而動乃情也非性也性則喜怒哀樂未發者也是故先王愼所以感之者故禮以道其志樂以和其聲政以一其行去聲刑以防其姦禮樂刑政其極一也所以同民心而出治道也

劉氏曰愼其政之所以感人心者故以禮而道其志之所行使必中節以樂而和其聲之所言使無乖戾政以教不能而一其行刑以罰不率而防其姦禮樂刑政四者之事雖殊而其致則一歸於愼其所以感之者所以同民心而出治道也長樂陳氏曰聖人之於易制禮於謙作樂於豫明政於賁致刑於豐

則禮樂者政刑之本。政刑者禮樂之輔。古之人所以同民心出治道使天下如一家中國如一人者。不過舉而錯之而已。夫姦聲感人而淫樂興焉。正聲感人而和樂興焉。先王必慎所以感之。故禮自外作而道志於內。樂由中出而和聲於外。政以一不齊之行。刑以防不軌之姦。慎所以感之之術也。其極則一於同民心使之無悖逆詐僞之心。一於出治道使之無淫泆作亂之事。慎所以感之之效也。此因人心之感物而動。故先王慎所以感之。而以禮樂刑政出治道。下文因人之好惡無節。故先王以人爲之節而以禮樂刑政備治道。蓋相爲終始故也

凡音者生人心者也。情動於中故形於聲。聲成文謂之音。是故治世之音安以樂其政和。亂世之音怨以怒其政乖。亡國之音哀以思其民困。聲音之道與政通矣

此言音生於人心之感。而人心哀樂之感由於政治之

得失。此所以慎其所以感之者也。治世政事和諧，故形於聲音者安以樂。亂世政事乖戾，故形於聲音者怨以怒。將亡之國其民困苦，故形於聲音者哀以思。此聲音所以與政通也。○詩疏曰：雜比曰音，單出曰聲。哀樂之情發見於言語之聲，於時雖言哀樂之事，未有宮商之調，惟是聲耳。至於作詩之時，則次序清濁，節奏高下，使五聲爲曲，似五色成文，即是爲音。此音被諸絃管，乃名爲樂。長樂陳氏曰：心以感物而動爲情，情以因動而形爲聲。聲者情之所自發，而音者又雜比而成者也。治世以道勝欲，其音安以樂，雅頌之音也。政其有不和乎。亂世以欲勝道，其音怨以怒，鄭衛之音也。政其有不乖乎。亡國之音，則桑間濮上，非特哀以思而已。其民亦已困矣。由是觀之，世異異音，音異異政。夫豈聲音自與

政通邪。蓋其道本於心與情然也。書曰。八音在治忽。國語曰。政象樂。亦斯意歟

宮爲君。商爲臣。角爲民。徵爲事。羽爲物。五者不亂則無怗覘懘昌制反之音矣

劉氏曰。五聲之本生於黃鍾之律。其長九寸。每寸九分。九九八十一。是爲宮聲之數。三分損一以下生徵。徵則去二十七。得五十四也。徵三分益一以上生商。商則加十八。得七十二也。商三分損一以下生羽。羽則去二十四。得四十八也。羽三分益一以上生角。角則加十六。得六十四也。角聲之數。三分之不盡一筭。其數不行。故聲止於五。此其相生之次也。宮屬土。絃用八十一絲。爲最多而聲至

濁於五聲獨尊故為君象商屬金絃用七十二絲聲次濁故次於君而為臣象角屬木絃用六十四絲聲半清半濁居五聲之中故次於臣而為民象徵屬火絃用五十四絲其聲清有民而後有事故為事象羽屬水絃用四十八絲為最少而聲至清有事而後用物故為物象此其大小之次也五聲固本於黃鍾為宮然還相為宮則其餘十一律皆可為宮宮必為君而不可下於臣商必為臣而不可上於君角民徵事羽物皆以次降殺其有臣過君民過臣事過民物過事者則不用正聲而以半聲應之此八音所以克諧而無相奪倫也然聲音之

道與政相通。必君臣民事物五者各得其理而不亂則聲音和諧而無怗懘也。怗懘者。敝敗也

宮亂則荒其君驕。商亂則陂畀其臣壞。角亂則憂其民怨。徵亂則哀其事勤。羽亂則危其財匱。五者皆亂迭相陵謂之慢。如此則國之滅亡無日矣

此言審樂以知政若宮亂則樂聲荒散是知由其君之驕恣使然也。餘四者例推○陳氏曰。五聲含君臣民事物之象。必得其理。方調得律呂。否則有臣陵君民過臣。而謂之奪倫矣。此却不比漢儒附會效法之言。其有此事毫髮不可差。設或樂聲奪倫即其國君臣民物必有

不盡分之事。如州鳩師曠皆能以此知彼。正是樂與政通。延平黃氏曰。其君不驕。則其宮不亂。其宮不亂。則其音不荒。其財不匱。則其羽不亂。其羽不亂。則其音不危。故曰。五者不亂。則無怗懘之音矣。

鄭衛之音。亂世之音也。比（毗至反）於慢矣。桑間濮上之音。亡國之音也。其政散。其民流。誣上行私而不可止也。

此慢字。承上文謂之慢而言。比。近也。桑間濮上。衛地濮水之上。桑林之間也。史記言衛靈公適晉。舍濮上。夜聞琴聲。召師涓聽而寫之。至晉。命涓爲平公奏之。師曠曰。此師延靡靡之樂。武王伐紂。師延投濮水死。故聞此聲。必於濮水之上也。政散。故民罔其上。民流。故行其淫蕩之私也○張子曰鄭衛地濱大河沙地土薄故其人氣輕浮其地平下故其質柔弱其地肥饒不費耕耨故其人心怠惰其人情性如此其聲音亦然故聞其樂使人如此懈慢也○朱子曰鄭聲之淫甚於衛夫子論爲邦獨以鄭聲爲戒蓋舉重而言也延平黃氏曰誣上則天下之誠心喪行私則天下之和心喪此亡國之音所以作也

凡音者生於人心者也樂者通倫理者也是故知聲而不知音者禽獸是也知音而不知樂者衆庶是也唯君子爲能知樂是故審聲以知音審音以知樂審樂以知政而治道備矣是故不知聲者不可與言音不知音者不可與言

樂。知樂則幾於禮矣。禮樂皆得謂之有德。德者得也

倫理事物之倫類各有其理也○方氏曰。凡耳有所聞者皆能知聲。心有所識者則能知音。道有所通者乃能知樂。若瓠巴鼓瑟。流魚出聽。伯牙鼓琴。六馬仰秣。此禽獸之知聲者也。魏文侯好鄭衛之音。齊宣王好世俗之樂。此衆庶之知音者也。若孔子在齊之所聞。季札聘魯之所觀。此君子之知樂者也○應氏曰。倫理之中皆禮之所寓。知樂則通於禮矣。不曰通而曰幾者。辨析精微之極也。金華邵氏曰。惟君子知樂。故審噍殺之聲。則知其爲志微噍殺之音。審嘽緩之聲。則知其爲嘽諧慢易繁文簡節之音。如此之類。所謂審聲以知音也。審寬裕肉好順成和動之音。則知和樂興焉。審流辟邪

散狄成滌蕩之音。則知淫樂興焉。若此之類。所謂審音以知樂也。審樂之和。則知其政之和。審樂之乖。則知其政之乖。若此之類。所謂審樂以知政也。吾能自知音以至於知政。倫理貫通。則於爲治。音樂不敢缺一。苟一有缺。則聲與音。音與樂。必形見於此矣。故不知聲不可與言音。不知音不可與言樂。苟能知樂。則於禮爲幾。蓋禮者。理也。樂通倫理。故於禮爲幾。論至於此。則禮樂豈二理哉

是故樂之隆。非極音也。食嗣饗之禮。非致味也。清廟之瑟。朱絃而疏越。如字壹倡而三歎。有遺音者矣。大饗之禮。尚玄酒而俎腥魚。大泰羹不和。去聲有遺味者矣。是故先王之制禮樂也。非以極口腹耳目之欲也。將以教民平好去聲惡去聲而反人道之正也

樂之隆盛。不是爲極聲音之美。食饗禘祫之重禮。不是

爲極滋味之美蓋樂主於移風易俗而祭主於報本反始也鼓清廟之詩之瑟練朱絲以爲絃絲不練則聲清練之則聲濁疏通也越瑟底之孔也疏而通之使其聲遲緩瑟聲濁而遲是質素之聲非要妙之音也此聲初發一倡之時僅有三人從而和之言和者少也以其非極聲音之美故好者少然而其中則有不盡之餘音存焉故曰有遺音者矣尊以玄酒爲尚俎以生魚爲薦太羹無滋味之調和是質素之食非人所嗜悅之味也然而其中則有不盡之餘味存焉故曰有遺味者矣由此觀之是非以極口腹耳目之欲也教民平好惡謂不欲

其好惡之偏私也。人道不正。必自好惡不平始。好惡得其平。則可以復乎人道之正。而風移俗易矣。○朱子曰。一倡而三歎。謂一人倡而三人和。今解者以爲三歎息非也。金華邵氏曰。禮樂皆得而謂之德者。豈自外來哉。得之於我而非强探力索。始可謂德耳。是以樂之隆。雖鍾鼓管磬干戚羽籥莫不具陳。而非得乎樂者。故非極音。食饗之禮。雖籩豆簠簋體薦饔餼莫不畢備。而非得乎禮者。故非致味。至文王清廟之瑟聲濁而遲。倡者一而和者三。其音蓋有遺矣。而後世必貴焉者。以文王之瑟有得於樂。故音雖不足。而德則有餘也。大饗之禮。玄酒腥魚犬羹。其味蓋有遺矣。而後世必重焉者。以大饗之禮有得於禮。故味雖不足。而德則有餘也。然則禮樂之理。豈假於外。亦貴其自得於吾身而已。○嚴陵方氏曰。飲食以行禮。非極口腹之欲。歌舞以作樂。非極耳目之欲。禮以節之。則民之好惡平而無過。樂以和之。則民之好惡平而無乖。好得其平。則好也人之所同是。惡得其平。則惡也人之所同非。好惡止於一人。故能反人

道之正焉

人生而靜天之性也感於物而動性之欲也物至知知

朱子曰上知字是體下知字是用

然後好惡形焉好惡無節於內知誘於外不能反躬天理滅矣夫物之感人無窮而人之好惡無節則是物至而人化物也人化物也者滅天理而窮人欲者也於是有悖逆詐僞之心有淫泆作亂之事是故强者脅弱衆者暴寡知去聲者詐愚勇者苦怯疾病不養老幼孤獨不得其所此大亂之道也

劉氏曰人生而靜者喜怒哀樂未發之中天命之性也

感於物而動則性發而爲情也。人心虛靈知覺事至物來則必知之而好惡形焉。好善惡惡則道心之知覺原於義理者也。好妍惡醜則人心之知覺發於形氣者也。好惡無節於內而知誘於外則是道心昧而不能爲主宰。人心危而物交物則引之矣。不能反躬以思其理之是非則人欲熾而天理滅矣。況以無節之好惡而接乎無窮之物感則心爲物役而違禽獸不遠矣。違禽獸不遠則介剛者决力强者奪此所以爲大亂之道也。朱子曰。人生而靜天之性也。感於物而動性之欲也。此言性情之妙。人之所生而有者也。蓋人受天地之中以生其未感也。純粹至善萬理具焉。所謂性也。然人有是性則有是形。有是形則有是心。而不能無感於物感於物而動則性之欲者出焉。而善惡於是乎分矣。性之欲。即所謂情也。又曰。物至知知。然後好惡形焉。此指情之動處爲言。而性在其中也。物至而知知之者。心之感也。好之惡之者情也。形焉者其動也。所以好惡而有自然之節者性也。好惡無節於內知誘於外。此言情之所以流而性之所以失也。情之好惡本有自然之節。唯其不自知覺無所涵養。而大本不立。是以天則不明於內。外物又從而誘之。此所以流濫放逸而不自知也。苟能於此覺其所以然者而反躬以求之。則其流庶乎其可制也。不能如是而唯情是徇。則人欲熾盛而天理滅息。尚何難之有哉。此一節。正天理人欲之機。間不容息處。唯其反躬自克。念念不忘。則天理益明。存養自固。而外誘不能奪矣○延平周氏曰。孟子曰。耳目之官不思而蔽於物。物交物則引之而已矣。謂其蔽於物則我亦物也。我亦物則以物而交物者也。以物而交物。則天理所以滅。而人欲所以窮也。天理滅。人欲窮。大亂之道也

是故先王之制禮樂。人爲之節。衰麻哭泣。所以節喪紀也。鍾鼓干戚。所以和安樂洛也。昏姻冠笄。所以別男女也。射

鄉食嗣饗所以正交接也。禮節民心，樂和民聲，政以行之，刑以防之。禮樂刑政，四達而不悖，則王道備矣。

劉氏曰：先王之制禮樂，因人情而爲之節文。因其哀死而喪期無數，故爲衰麻哭泣之數以節之；因其好逸樂而不能和順於義理，故爲鍾鼓干戚之樂以和之；因其有男女之欲而不知其別，故爲昏姻冠笄之禮以別之；因其有交接之事而或失其正，故爲射鄉食饗之禮以正之。節其心，所以使之行而無過不及；和其聲，所以使之言而無所乖戾。爲之政以率其怠倦，而使禮樂之教無不行；爲之刑以防其恣肆，而使禮樂之道無敢廢。禮樂刑政四者通行於天下而民無悖違之者則王者之治道備矣 嚴陵方氏曰禮以道其志然後能節民心樂以和其聲然後能和民聲政以一其行然後能行禮節之道刑以防其姦然後能防禮樂之失四者如是則無所不達無所不達則無所不順無所不順之謂備前言出治道則四者之始也此言王道備則四者之終也

樂者為同禮者為異同則相親異則相敬樂勝則流禮勝則離合情飾貌者禮樂之事也禮義立則貴賤等矣樂文同則上下和矣好惡著則賢不肖別矣刑禁暴爵舉賢則政均矣仁以愛之義以正之如此則民治行矣

和以統同序以辨異樂勝則流過於同也禮勝則離過於異也合情者樂之和於內所以救其離之失飾貌者

禮之檢於外，所以救其流之失。此禮之義，樂之文，所以相資爲用者也。仁以愛之，則相敬而不至於離；義以正之，則相親而不至於流。此又以仁義爲禮樂之輔者也。等貴賤，和上下，别賢不肖，均政，此四者皆所以行民之治，故曰民治行矣。○應氏曰：上言王道備，言其爲治之具也；此言民治行，言其爲治之效。慶源輔氏曰：樂者所以合人之和，禮者所以辨人之分。和合則相親，分辨則相敬。有以合其情而無以飾其貌，則樂勝而流矣；有以飾其貌而無以合其情，則禮勝而離矣。合情飾貌，禮樂之事也，二者闕一則不可。○山陰陸氏曰：所謂導之以禮樂而民和睦，示之以好惡而民知禁，有以禁之，又有以舉之，是之謂均。所謂民治，仁義而已，非所與論於仁義之外也。

樂由中出，禮自外作。樂由中出故靜，禮自外作故文。大樂必易。大禮必簡。樂至則無怨。禮至則不爭。揖讓而治天下者。禮樂之謂也。暴民不作。諸侯賓服。兵革不試。五刑不用。百姓無患。天子不怒。如此則樂達矣。合父子之親。明長幼之序。以敬四海之内。天子如此。則禮行矣

應氏謂四海之内四字恐在合字上。如此。則文理爲順

○劉氏曰。欣喜歡愛之和。出於中。進退周旋之序。著於外。和則情意安舒。故靜。序則威儀交錯。故文。大樂與天地同和。如乾以易知而不勞。大禮與天地同節。如坤以簡能而不煩。樂至則人皆得其所而無怨。禮至則人各安其分而不爭。如帝世揖讓而天下治者。禮樂之至也。

達者徹於彼之謂。行者出於此之謂。行者達之本。達者行之效。天子自能合其父子之親。明其長幼之序。則家齊族睦矣。又能親吾親以及人之親。長吾長以及人之長。是謂以敬四海之内。則禮之本立而用行矣。禮之用行而後樂之效達。故於樂但言天子無可怒者。而於禮則言天子如此。是樂之達。乃天子行禮之效也。周子曰萬物各得其理而後和。故禮先而樂後是也。延平周氏曰。樂由中出。文在於外。禮自外作。本在於中。所謂由中出者。言其自然也。所謂自外作者。言其使然也。以其自然故靜。以其使然故文。樂由天作故易。此大樂所以有遺音也。禮以地制故簡。此大禮所以有遺味也。○嚴陵方氏曰。至則無以復加之謂也。天下之心無怨爭。則天下有所不足治者矣。暴民不作。則諸侯賓服。諸侯賓服。則兵革不試。五刑不用。兵革不試。五刑不用。然後百姓無患。天子不怒。故其序如此。此皆和之所致。故曰如此則樂達矣。父子固有親矣。禮則合之。長幼固有序矣。禮則明之。父子得其親。長幼得其序。四海之內豈有相慢易者哉。故曰以敬四海之內。言四海之內皆相敬。此皆節之所致。故曰如此則禮行矣。

大樂與天地同和。大禮與天地同節。和故百物不失。節故祀天祭地。明則有禮樂。幽則有鬼神。如此。則四海之內合敬同愛矣。禮者殊事合敬者也。樂者異文合愛者也。禮樂之情同。故明王以相沿也。故事與時並。名與功偕

百物不失。言各遂其性也○朱子曰。禮主減。樂主盈。鬼神亦止是屈伸之義。禮樂鬼神一理。又曰。在聖人制作處便是禮樂。在造化功用處便是鬼神。禮有經禮曲禮

之事殊而敬一。樂有五聲六律之文異而愛一。所以能使四海之内合敬同愛者皆大樂大禮之所感化也。禮樂之制在明王雖有損益而情之同者則相因述也。惟其如此是以王者作興事與時並如唐虞之時則有揖讓之事。夏殷之時則有放伐之事。名與功偕者功成作樂故歷代樂名皆因所立之功而名之也○蔡氏曰。禮樂本非判然二物也。人徒見樂由陽來禮由陰作。即以爲禮屬陰樂屬陽判然爲二。殊不知陰陽一氣也。陰氣流行即爲陽陽氣凝聚即爲陰。非眞有二物也。禮樂亦止是一理。禮之和即是樂樂之節即是禮。亦非二物也。

善觀者旣知陰陽禮樂之所以爲二，又知陰陽禮樂之所以爲一，則達禮樂之體用矣。慶源輔氏曰：與天地同和，則和而不失其節，故曰和故百物不失。百物不失，則其節著矣。與天地同節，則節而不失其和，故曰節故祀天祭地。祀天祭地，則其和至矣。禮樂形而下者，鬼神形而上者，上下無異形，幽明無二理，非深於道者不能知也。先言明，後言幽，主禮樂言之也。先王制禮作樂，與天地同和節，則是理完塞乎天地幽明之間矣。故四海之內，因禮以合其敬，因樂以同其愛。又曰：禮雖殊事，然所以合天下之敬；樂雖異文，然所以同天下之愛。由是觀之，則禮樂之見於事與文者，雖或不同，而其情則未嘗不一也。唯其情之一，故明王相沿而爲禮樂，以順天地之道，以合敬愛之心。至於事與名，則又因時與功之不同而爲之，又未嘗不與時偕行也。功因時而有，有堯舜之時，則有堯舜之功；有湯武之時，則有湯武之功。有是時則有是事，有是功則有是名。聖人觀其會通以行典禮，固未嘗執一以廢百，然亦未嘗循末以忘本也。

故鍾鼓管磬羽籥干戚樂之器也屈伸俯仰綴拙兆舒疾樂之文也簠簋俎豆制度文章禮之器也升降上下周還旋裼襲禮之文也故知禮樂之情者能作識禮樂之文者能述作者之謂聖述者之謂明明聖者述作之謂也

綴舞者行位相連綴也兆位外之營兆也裼襲說見曲禮情謂理趣之深奧者知之悉故能作文謂節奏之宣著者識之詳故能述若黃帝堯舜之造律呂垂衣裳禹湯文武之不相沿襲皆聖者之作也周公經制盡取先代之禮樂而參用之兼聖明之作述也季札觀樂而各有所論此明者之述也夫子之聖乃述而不作者有其

德無其位故耳金華應氏曰創新開始曰作所以察事物之幾微而建立其規模制度襲舊成終曰述所以因前古之遺緒而脩明其遺闕也○慶源輔氏曰禮樂之情存乎中禮樂之文形乎外即吾之心而能作者聖之事也因外之文而能述者明之事也聖可兼明聖誠者也明明者也自明而誠則聖矣

樂者天地之和也禮者天地之序也和故百物皆化序故羣物皆別樂由天作禮以地制過制則亂過作則暴明於天地然後能興禮樂也

朱子曰樂由天作屬陽故有運動底意禮以地制如由地出不可移易○劉氏曰前言大樂與天地同和大禮與天地同節以成功之所合而言也此言樂者天地之和禮者天地之序以效法之所本而言也蓋聖人之禮

樂與天地之陰陽相爲流通故始也法陰陽以爲禮樂終也以禮樂而贊陰陽天地之和陽之動而生物者也氣行而不乖故百物皆化天地之序陰之靜而成物者也質具而有秩故羣物皆別樂由天作者法乎氣之行於天者而作故動而屬陽聲音氣之爲也禮以地制者法乎質之具於地者而制故靜而屬陰儀則質之爲也過制則失其序如陰過而肅則物之成者復壞矣故亂過作則失其和如陽過而亢則物之生者反傷矣故暴明乎天地之和與序然後能興禮樂以贊化育也延平周氏曰樂之本出於天地之和及用於天地之間則其和也能致百物之化禮之本出於天地之序及行於天地之

間。則其序也。能致羣物之別。樂雖出於天地之和。然樂則陽也。故其作以天爲主。禮雖出於天地之序。然禮則陰也。故其制以地爲主。過制則非禮。非禮則亂。過作則非樂。非樂則暴。天地之所以節與和者。以禮樂也。禮樂之所以節與和者。以天地也。是天地則禮樂也。禮樂則天地也。故曰明於天地。然後能興禮樂也

論倫無患。樂之情也。欣喜歡愛。樂之官也。中正無邪。禮之質也。莊敬恭順。禮之制也。若夫禮樂之施於金石。越於聲音。用於宗廟社稷。事乎山川鬼神。則此所與民同也

方氏曰。金石聲音特樂而已。亦統以禮爲言者。凡行禮然後用樂。用樂以成禮。未有用樂而不爲行禮者也。情官質制者。禮樂之義也。金石聲音者。禮樂之數也。其數可陳。則民之所同。其義難知。則君之所獨。故於金石聲

音曰此所與民同也○劉氏曰論者雅頌之辭倫者律呂之音惟其辭足論而音有倫故極其和而無患害此樂之本情也而在人者則以欣喜歡愛爲作樂之主焉中者行之無過不及正者立之不偏不倚惟其立之正而行之中故得其序而無邪僻此禮之本質也而在人者則以莊敬恭順爲行禮之制焉此聖賢君子之所獨知也若夫施之器而播之聲以事乎鬼神者則衆人之所共知者也延平周氏曰論倫而無患者言其和和則樂之情也中正而無邪者言其中中則禮之質也欣喜歡愛者樂之所司故曰樂之官也莊敬恭順者禮之所裁故曰禮之制也○馬氏曰情官質制四者雖不同而其大槩皆不出於一人之身若夫施於金石越於聲音用於宗廟社稷事乎山川鬼神者不獨在於一

人之身而與天下共之也

王者功成作樂治定制禮其功大者其樂備其治辯偏者其禮具干戚之舞非備樂也孰亨烹而祀非達禮也五帝殊時不相沿樂三王異世不相襲禮樂極則憂禮粗則偏矣及夫敦樂而無憂禮備而不偏者其唯大聖乎

干戚之舞武舞也不如韶樂之盡善盡美故云非備樂也熟烹牲體而薦不如古者血腥之祭為得禮意故云非達禮也若奏樂而欲極其聲音之娛樂則樂極悲來故云樂極則憂行禮粗略而不能詳審則節文之儀必有偏失而不舉者故云禮粗則偏矣惟大聖人則道全

德備雖敦厚於樂而無樂極悲來之憂其禮儀備具而無偏粗之失也嚴陵方氏曰樂以象其功禮以飾其治以樂象其功故其功大者其樂備以禮飾其治故其治辯者其禮具

天高地下萬物散殊而禮制行矣流而不息合同而化而樂興焉春作夏長仁也秋斂冬藏義也仁近於樂義近於禮樂者敦如字和率神而從天禮者別宜居鬼而從地故聖人作樂以應天制禮以配地禮樂明備天地官矣

物各賦物而不可以強同此造化示人以自然之禮制也絪縕化醇而不容以獨異此造化示人以自然之樂情也合同者春夏之仁故曰仁近於樂散殊者秋冬之

義故曰義近於禮敦和厚其氣之同者別宜辨其物之異者率神所以循其氣之伸居鬼所以斂其氣之屈伸陽而從天屈陰而從地也由是言之則聖人禮樂之精微寓於制作者既明且備可得而知矣官猶主也言天之生物地之成物各得其職也○劉氏曰此申明禮者天地之序樂者天地之和高下散殊者質之具天地自然之序也而聖人法之則禮制行矣周流同化者氣之行天地自然之和也而聖人法之則樂興焉春作夏長天地生物之仁也氣行而同和故近於樂秋斂冬藏天地成物之義也質具而異序故近於禮此言效法之所

本也。敦和者厚其氣之同。別宜者辨其質之異。神者陽之靈。鬼者陰之靈。率神以從天者達其氣之伸而行於天。居鬼而從地者斂其氣之屈而具於地。蓋樂可以敦厚天地之和。而發達乎陽之所生。禮可以辨別天地之宜。而安定乎陰之所成。故聖人作樂以應助天之生物。制禮以配合地之成物。禮樂之制作既明且備則足以裁成其道輔相其宜。而天之生地之成各得其職矣此言成功之所合也。朱子曰。天高地下。萬物散殊一段意思極好。非孟子以下所能作。其文如中庸必子思之辭。左傳子太叔亦論此。夫禮天之經。地之義。民之行。天地之經而民實則之。舊見伯恭愛教人看。只是說得粗。又意不溜亮。不如此說之純粹通暢。他只是說人做這箇去合那天之度數。如云爲六畜五牲三犧以奉五味云云之類。都是做這箇去合那天。都無自然之理。如云天高地下。萬物散殊。而禮制行矣。流而不息。合同而化。而樂興焉。皆是自然合當如此

天尊地卑。君臣定矣。卑高以陳。貴賤位矣。動靜有常。小大殊矣。方以類聚。物以羣分。則性命不同矣。在天成象。在地成形。如此。則禮者天地之別也

此與易繫辭略同。記者引之。言聖人制禮其本於天地自然之理者如此。定君臣之禮者。取於天地尊卑之勢也。列貴賤之位者。取於山澤卑高之勢也。小者不可爲大。大者不可爲小。故小大之殊。取於陰陽動靜之常也。此小大。如論語小大由之之義。謂小事大事也。方猶道

也。聚，猶處也。君臣、父子、夫婦、長幼、朋友，各有其道，則各以其類而處之，所謂方以類聚也。物，事也。行禮之事，即謂天理之節文、人事之儀則，行之不止一端，分之必各從其事，所謂物以羣分也。所以然者，以天所賦之命、人所受之性，自然有此三綱五常之倫。其間尊卑厚薄之等，不容混而一之也。故曰性命不同矣。在天成象，如衣與旗常之章著，爲日月星辰之象也。在地成形，如宫室器具各有高卑大小之制，是取法於地也。由此言之，禮之有别，非天地自然之理乎？○應氏曰：此即所謂天高地下，萬物散殊，而禮制行矣。○劉氏曰：此又申言禮者天地之序也。天地萬物各有動靜之常。大者有大動靜。小者有小動靜。則小大之事法之而久近之期殊矣。方以類聚言中國蠻夷戎狄之民各以類而聚。物以羣分言飛潛動植之物各以羣而分。則以其各正性命之不同也。故聖人亦因之而異其禮矣。在天成象則日月星辰之曆數各有其序。在地成形則山川人物之等倫各有其儀。由此言之。則禮者豈非天地之別乎嚴陵方氏曰。以形言則曰高下。以道言。則曰尊卑。以位言。則曰卑高。獨位反言之者。以位必積卑至高故也。陽常動而長。陰常靜而消。消則小。而有別於大。長則大。而有別於小。凡此皆天地所以辨而別也。而禮行乎其間。故曰如此則禮者天地之別也。

地氣上上聲齊躋天氣下降陰陽相摩天地相蕩鼓之以雷霆奮之以風雨動之以四時煖暄之以日月而百化興焉如此則樂者天地之和也

應氏曰此即所謂流而不息合同而化而樂興焉○劉氏曰此申言樂者天地之和也齊讀爲躋天地相蕩亦言其氣之播蕩也百化興焉所謂天地絪緼而萬物化醇也以上言效法之所本張氏曰聖人作樂法天地和同是樂者天地之和也亦是敦和率神而從天也

化不時則不生男女無辨則亂升天地之情也

此言禮樂之得失與天地相關所謂和氣致祥乖氣致

異也。總結上文兩節之意。長樂陳氏曰。化不時則不生。以天地明人事也。男女無別則亂升。以人事明天地也。

及夫禮樂之極乎天而蟠乎地。行乎陰陽而通乎鬼神。窮高極遠而測深厚。樂著直略切太始。而禮居成物。著如字不息者天也。著不動者地也。一動一靜者天地之間也。故聖人曰禮樂云

朱子曰。乾知太始。坤作成物。知者管也。乾管卻太始。太始即物生之始。乾始物而坤成之也。○應氏曰。及至也。言樂出於自然之和。禮出於自然之序。二者之用充塞流行無顯不至。無幽不格。無高不届。無深不入。則樂著

乎乾知太始之初。禮居乎坤作成物之位。而昭著不息者。天之所以爲天。昭著不動者。地之所以爲地。著不動者。藏諸用也。著不息者。顯諸仁也。天地之間。不過一動一靜而已。故聖人昭揭以示人。而名之曰禮樂也。或曰。不息不動。分著於天地。而一動一靜循環無端者。天地之間也。動靜不可相離。則禮樂不容或分。故聖人言禮樂必合而言之。未嘗析而言之也。以上言成功之所合

○劉氏曰。自一陽生於子。至六陽極於巳而爲乾。此乾知太始也。自一陰生於午。至六陰極於亥而爲坤。此坤作成物也。又乾坤交於否泰。一歲則正月泰。二壯。三夬。

四乾五姤六遯皆有乾以統陰是乾主春夏也七月否八觀九剥十坤子復丑臨皆有坤以統陽是坤主秋冬也山陰陸氏曰此言禮樂在人有如此者非天下之至精至變至神孰能與於此○金華邵氏曰太始氣也成物形也太始本有是氣樂則著而明之成物本有是形禮則居而辨之故著而運行不息則爲天著而一定不易則爲地著而爲一動一靜則在動非動在靜非靜乃天地之間而機緘之妙也聖人於此窮其所自而歸之於禮樂故曰禮樂云又以見天地造化亦不無待於禮樂也

昔者舜作五絃之琴以歌南風夔始制樂以賞諸侯故天子之爲樂也以賞諸侯之有德者也德盛而教尊五穀時孰然後賞之以樂故其治民勞者其舞行杭綴拙遠其治民逸者其舞行綴短故觀其舞知其德聞其謚知其行去聲

也

應氏曰。勤於治民則德盛而樂隆故舞列遠而長怠於治民則德薄而樂殺故舞列近而短○石梁王氏曰夔制樂豈專爲賞諸侯此處皆無義理

大章章之也咸池備矣韶繼也夏大也殷周之樂盡矣

䟽曰。堯樂謂之大章者言堯德章明於天下也咸皆也。池施也黄帝樂名咸池言德皆施被於天下無不周徧是爲備具矣韶繼也者言舜之道德繼紹於堯也夏大也禹樂名夏者言能光大堯舜之德也。殷周之樂謂湯之大濩武王之大武也盡矣言於人事盡極矣石林葉氏曰咸

池言備者德之全也殷周言盡者聲之極也

天地之道寒暑不時則疾風雨不節則饑教者民之寒暑也教不時則傷世事者民之風雨也事不節則無功然則先王之爲樂也以法治也善則行去聲象德矣

寒暑者一歲之分劑風雨者一旦之氣候教重而事輕故以寒暑喻教而以風雨喻事也然則先王之制禮樂事皆有教是法天地之道以爲治於天下也施於政治而無不善則民之行象君之德矣慶源輔氏曰寒暑不時風雨不節天地之禮樂失矣教不時事不節人之禮樂失矣教時事節固禮樂之事也天地之道寒暑時而風雨節矣故先王因而作樂以象法其治善謂作樂之善也行象德則如大章韶夏是矣若不顧其德而求備於鍾鼓管磬之間則

不可謂之善矣

夫豢豕爲酒非以爲禍也而獄訟益繁則酒之流生禍也是故先王因爲酒禮壹獻之禮賓主百拜終日飲酒而不得醉焉此先王之所以備酒禍也故酒食者所以合歡也樂者所以象德也禮者所以綴拙淫也是故先王有大事必有禮以哀之有大福必有禮以樂之哀樂之分去聲皆以禮終樂也者聖人之所樂洛也而可以善民心其感人深其移風易俗故先王著其教焉

一獻之禮士之饗禮惟一獻也綴止也大事死喪之事也大福吉慶之事也以大福對大事而言則大事爲禍

矣。哀樂皆以禮終。則不至於過哀過樂矣。此章言禮處多。而末亦云樂者。明禮樂非二用也。應氏本漢志俗下增易字音以致反○䟽曰。按今鄉飲酒之禮是一獻無百拜。此云百拜。喻多也。嚴陵方氏曰。聖人所以樂其樂者。以樂可以善民心。故耳。所以能善民心。以其感人深而移風易俗。故耳。樂之道如此。苟非著之以爲教。則其道或幾乎息矣。故先王著其教焉。上言聖人以見有所樂故作之也。下言先王以見教之所由來尚矣。君上所化謂之風。民下所習謂之俗。遷此之彼爲移。更有爲無曰易

夫民有血氣心知之性。而無哀樂喜怒之常。應感起物而動。然後心術形焉。是故志微噍焦殺色介切之音作。而民思去聲憂

劉氏曰：此申言篇首音之生本在人心之感於物也。一條之義，民心無常，而喜怒哀樂之情應其感起於物者而動，然後其心術形於聲音矣。故采詩可以觀民風，審樂可以知國政也。志，疑當作急。急，促；微，細；噍，枯；殺，減也。其哀心感者，其聲噍以殺，故作樂而有急微噍殺之音，則其民心之哀思憂愁可知矣。

嘽（昌展切）諧慢易繁文簡節之音作，而民康樂。

嘽，寛；諧，和；慢，緩；易，平也。繁文簡節，多文理而略節奏也。其樂心感者，其聲嘽以緩，故此等音作，則其民心之安樂可知矣。

粗厲猛起奮末廣賁（扶粉切）之音作而民剛毅

粗厲粗疏嚴厲也猛威盛貌奮振迅貌起初末終也猛起奮末者猛盛於初起而奮振於終末也廣大賁憤也廣憤言中間絲竹匏土革木之音皆怒也其怒心感者其聲粗以厲故此等音作則可知其民之剛毅

廉直勁正莊誠之音作而民肅敬

廉有稜隅也勁堅强也其敬心感者其聲直以廉故此等音作則可知其民之肅敬

寬裕肉（而救切）好（去聲）順成和動之音作而民慈愛

考工記註云好璧孔也肉倍好曰璧好倍肉曰瑗肉好

均曰環。如此。則肉乃璧之肉地也。此言肉好則以璧諭樂音之圓瑩通滑耳。其愛心感者其聲和以柔故此等音作則知其民之慈愛

流辟（僻）邪散狄（他歷切）成滌濫之音作而民淫亂

狄與逖同遠也。成者樂之一終。狄成言其一終甚長淫泆之意也。滌洗也。濫侵僭也。言其音之泛濫侵僭如以水洗物而浸漬侵濫無分際也。此是其喜心感者而其聲然也。故聞此音之作則其民之淫亂可知矣。延平周氏曰。心術形然後音作。故審其音則其心術可知也。○馬氏曰。論樂之所始則起於心之所感而後發於聲音。論樂之所成則反以感人心者也。是故自哀心感者其聲噍以殺至於愛心感者其聲和以柔此言其音起於心之所

感也至於所謂志微噍殺之音作而民思憂以至於狄成滌濫之音作而民淫亂此言其樂之所以感於人心也先王之爲樂尤慎其所以感之之始

是故先王本之情性稽之度數制之禮義合生氣之和道五常之行去聲使之陽而不散陰而不密剛氣不怒柔氣不懾四暢交於中而發作於外皆安其位而不相奪也然後立之學等廣其節奏省悉井切其文采以繩德厚律小大之稱去聲比毗至切終始之序以象事行使親疏貴賤長幼男女之理皆形見現於樂故曰樂觀其深矣

此承上文聲音之應感而言本之情性即民有血氣心知之性喜怒哀樂之情也度數十二律上生下生損益

之數也。禮義貴賤隆殺清濁高下各有其義也。生氣之和。造化發育之妙也。五常之行仁義禮知信之德也。言聖人之作樂。本於人心七情所感之音。而稽考於五聲十二律之度數。而制之以清濁高下尊卑隆殺之節。而各得其宜。然後用之以合天地生氣之和。而使其陽之動而不至於散。陰之靜而不至於密。道人心五常之行。而使剛者之氣不至於怒。柔者之氣不至於慴。天地之陰陽。人心之剛柔。四者各得其中而和暢焉。則交暢於中而發形於外。於是宮君商臣角民徵事羽物皆安其位而不相奪倫也。此言聖人始因人情而作樂。有度數禮義之詳。而以之和天地之氣，平天下之情，及天氣人情感而大和焉，則樂無怗懘之音矣。然後推樂之教以化民成俗也。立之學，若樂師掌國學之政，大胥掌學士之版是也。立之等，若十三舞勺，成童舞象之類是也。廣其節奏，增益學者之所習也。省其文采，省察其音曲之辭，使五聲之相和相應，若五色之雜以成文采也。厚如書「惟民生厚」之厚，以繩德厚，謂檢約其固有之善而使之成德也。律以法度整齊之也，比以次序聯合之也。宫音至大，羽音至小，律之使各得其稱，始於黃鍾之初九，終於仲呂之上六，比之使各得其序，以此法象而寓其事之所行如宮爲君宮亂則荒之類故曰以象事行也人倫之理其得失皆可於樂而見之是樂之所觀其義深奥矣此右有是言記者引以爲證延平周氏曰樂出於人心故本之情性性之在物者有理故稽之度數惡夫過而淫也又制之禮義如此故能幽合生氣之和明道五常之行合生氣之和道五常之行則和而無乖故陽舒而不散陰慘而不密剛不至於過柔不至於不及四者條暢交於中而發於外是以皆安其位而不相奪也

土敝則草木不長水煩則魚鼈不大氣衰則生物不遂世亂則禮慝而樂淫是故其聲哀而不莊樂而不安慢易以犯節流湎以忘本廣則容姦狹則思欲感條暢之氣滅平和之德是以君子賤之也

土敝地力竭也故草木不長水煩謂澤梁之入無時水煩擾而魚鼈不得自如故不大也物類之生必資陰陽之氣氣衰耗故生物不得成遂也此三句皆以喻世道衰亂上下無常故禮慝男女無節故樂淫也樂淫故哀而不莊樂而不安若關雎則樂而不淫哀而不傷禮慝故慢易以犯節流湎以忘本若正禮則莊敬而有節知反而報本也廣猶大也狹猶小也言淫樂慝禮大則使人容爲姦宄小則使人思爲貪欲感傷天地條暢之氣滅敗人心和平之德是以君子賤之而不用也感或作蹙感條暢之氣則與合生氣之和者反矣滅平和之德

則與道五常之行者異矣長樂陳氏曰禮慝不足以善物樂淫不足以化俗故其聲哀矣外貌爲之不莊其聲樂矣中心爲之不安或慢易以簡節反以犯其節或流湎以逐末反以忘其本廣則嘽緩而容姦以亂正狹則急數而思欲以害道如此則感傷條暢之順氣殄滅和平之至德其何以動四氣之和奮至德之光乎是以君子賤之也蓋同異相濟爲和高下一致爲平詩曰神之聽之終和且平易曰聖人感人心而天下和平○嚴陵方氏曰此廣言淫樂之事關睢之樂而非不哀也然所哀者窈窕之難求是乃所以爲莊非不樂也然所樂者淑女之爲配是乃所以爲安今慢哀而不莊故慢易以犯節樂而不安故流湎以忘本慢則無所敬易則無所戒故犯節流則不知止湎則有所溺故忘本廣固足以有容所容者姦聲感人則逆氣應之矣狹固足以有思所思者樂得其欲則以忘道矣平則條而有理和則暢而能通○山陰陸氏曰廣失之無法狹失之不通感動之微也詩云無感我帨兮或言感或言滅相備也

凡姦聲感人而逆氣應之逆氣成象而淫樂興焉正聲感

人而順氣應之，順氣成象而和樂興焉。倡和有應，回邪曲直各歸其分，去聲而萬物之理各以類相動也。

疏曰：倡和有應者，姦聲、正聲感人，是倡也；而逆氣、順氣應之，是和也。回，謂乖違；邪，謂邪僻；及曲之與直，各歸其善惡之分限，善歸善分，惡歸惡分，而萬物之情理亦各以善惡之類自相感動也。○應氏曰：聲感於微，而氣之所應者甚速；氣應於微，而象之所成者甚著。成象則有形而可見，見乃謂之象也。各歸其分者，所謂樂之道歸焉耳。嚴陵方氏曰：聲之感人，自外而入；氣之應聲，由中而出。氣之作也，不可得而見；及其成也，乃形見於樂。由其所感者異，故其所應者亦異；所應者異，故所興者亦異。此君子慎其所以感之者。○慶源輔氏曰：由是觀之。

先王之樂。固非一日之積也。而樂之和與淫。亦豈一人之所能爲哉。自聲之感氣。氣之成象。然後樂興焉。先王因其自然之象而寫之於八音。固不能有所加損於其間也。至紂爲靡靡之樂。亦其逆氣自然之象耳○馬氏曰。象者。見乃謂之象也。然聲亦可謂之象。故曰聲者樂之象。倡和有應。故回邪曲直各歸其分。而萬物之情理。各以類自相感動也

是故君子反情以和其志。比類以成其行。去聲姦聲亂色不留聰明。淫樂慝禮不接心術。惰慢邪僻之氣不設於身體。使耳目鼻口心知百體皆由順正以行其義

反情復其情性之正也。情不失其正。則志無不和。比類。分次善惡之類也。不入於惡類。則行無不成。曰不留。不接不設。如論語四勿之謂。皆反情比類之事。如此。則百

體從令而義之與比矣此一節乃學者脩身之要法嚴陵方氏曰情者性之欲也反情所以復其性類者善惡之分也比類所以別其等反情於內故足以和其志比類於外故足以成其行○西山眞氏曰君子之所以自養者無他內外交致其功而已故姦聲亂色不留聰明者所以養其外也淫樂慝禮不接心術者所以養其內也外無聲色之誘則內亦正矣內無淫慝之惑則外亦正矣惰慢之氣自內出者也邪僻之氣自外入者也二者不得設於身體如是則外而耳目鼻口四肢百體內而心知皆由順正以行其義自養之功畢矣顏子四勿之功可以庶幾也

然後發以聲音而文以琴瑟動以干戚飾以羽旄從以簫管奮至德之光動四氣之和以著萬物之理是故清明象天廣大象地終始象四時周還旋象風雨五色成文而不亂八風從律而不姦百度得數而有常小大相成終始相

生倡和清濁迭相爲經故樂行而倫清耳目聰明血氣和平移風易俗天下皆寧

大章之章咸池之備韶之繼皆聖人極至之德發於樂者其輝光猶若可見也書言光被四表光天之下皆所謂至德之光也四氣之和四時之和氣也小大終始即前章小大之稱終始之序也迭相爲經即前篇還相爲宫之説也○疏曰八風八方之風也律十二月之律也距冬至四十五日條風至條者生也四十五日明庶風至明庶者迎衆也四十五日清明風至清明者芒也四十五日景風至景者大也言陽氣長養也四十五日涼

風至。凉寒也。陰氣行也。四十五日閶闔風至。閶闔者。咸收藏也。四十五日不周風至。不周者。不交也。言陰氣未合化也。四十五日廣莫風至。廣莫者。大莫也。開陽氣也

○方氏曰。清明者樂之聲。故象天。廣大者樂之體。故象地。終始者樂之序。故象四時。周還者樂之節。故象風雨

○應氏曰。五聲配乎五行之色。故各成文而不亂。八音配乎八卦之風。故各從律而不姦。自一度衍之而至於百。則百度各得其數。猶八卦至於六十四。而其變無窮也。大而日月星辰之度。小而百工器物之度。各有數焉不止晝夜之百刻也。曰不亂不姦以至有常言其常而

不紊也。曰相成相生以至迭相爲經，言其變而不窮也。

順其常則能極其變矣。馬氏曰：聲成文謂之音，五色成文而不亂者，聲之和也。八風從律而不姦者，律之和也。君子之於樂也，小大精粗皆有數。故天之中數五，而因之以爲五聲；地之中數六，而因之以爲六律。至於樂之始則柷，柷之數其方二尺四寸，此三八之數也。其深一尺八寸，此二九之數也。九勝八，陽勝陰也，此樂之所以作也。至於樂之終則有敔，而敔之數其鉏鋙二十七，此三九之數也。其長尺，此十之數也。十勝九，陰勝陽也，此樂之所止也。凡此皆百度得數有常而不變也。言百者，亦舉其所成數爾。小大相成，此釋其清明象天，廣大象地也。終始相生，此釋其終始象四時，周旋象風雨也。倡和清濁，迭相爲經，此釋其五色成文而不亂，八風從律而不姦也。○慶源輔氏曰：上既極言樂之理，故此下以樂之功效以結之。倫理也，清明也，倫清，言人之倫理清明而無曖昧紛亂也。自一人之身言之，則耳目聰明，血氣和平；自天下之大言之，則移風易俗而天下皆寧，樂之功效至此極矣。

故曰樂者樂也。君子樂得其道。小人樂得其欲。以道制欲則樂而不亂。以欲忘道則惑而不樂

君子之樂道猶小人之樂欲。君子以道制欲。故坦蕩蕩。小人徇欲忘道故長戚戚。廬陵胡氏曰。以道制所欲。易所謂窒欲。以欲忘道。曲禮所謂從欲。○程子曰。人雖不能無欲。然當有以制之。無以制之而惟欲之從。則人道廢而入於禽獸矣

是故君子反情以和其志。廣樂以成其教。樂行而民鄉去聲方可以觀德矣

承上文而言。所以君子復情和志以脩其身。廣樂成教以治乎民。及樂之教行而民知向道。則可以觀君子之德矣慶源輔氏曰。反情以和其志。養其在內之樂也。廣樂以成其教。推其在外之樂也。自內而達諸外。則

樂行矣。樂行而民鄉方。則君子之德著矣。知

德者性之端也。樂者德之華也。金石絲竹樂之器也。詩言其志也。歌咏其聲也。舞動其容也。三者本於心然後樂器從之。是故情深而文明。氣盛而化神。和順積中而英華發外。惟樂不可以爲僞。

石梁王氏曰。註以志聲容三者爲本非也。德有心爲本。性又德之本。然後詩歌舞三者出焉。○劉氏曰。性之端和順積中者也。德之華英華發外者也。三者。謂志也。聲也。容也。志則端之初發者。聲容則華之旣見者。志動而形於詩。詩成而永歌其聲。永歌之不足則不知手舞足

蹈而動其容焉。三者皆本於心之感物而動，然後被之八音之器，以及干戚羽旄也。情之感於中者深，則文之著於外者明，如天地之氣盛於內，則化之及於物者神妙不測也。故曰和順積中，而英華發外也。由是觀之，則樂之爲樂，可以矯僞爲之乎？慶源輔氏曰：端猶孟子所謂四端也，華即下文英華也。德出於性，故德者性之端；樂以章德，故樂者德之華也。金石絲竹，又樂之形而下者。此總言樂之始終，又言樂之本於心。詩言心之志，歌詠心之聲，舞動心之容。○嚴陵方氏曰：樂有情則有文，有氣則有化。其情深然後其文明，其氣盛然後其化神，蓋中外之理然也。情深氣盛，則樂之和順積於中；文明化神，則樂之英華發於外。所積者和順，則知所發者無乖無逆；所發者英華，則知所積者有本有根矣。是皆有諸中然後形諸外，故言不可以爲僞也。

樂者心之動也聲者樂之象也文采節奏聲之飾也君子動其本樂其象然後治其飾是故先鼓以警戒三步以見現方再始以著往復亂以飭歸奮疾而不拔蒲末反極幽而不隱獨樂其志不厭其道備舉其道不私其欲是故情見現而義立樂終而德尊君子以好善小人以聽過故曰生民之道樂爲大焉

動其本心之動也心動而有聲聲出而有文采節奏則樂飾矣樂之將作必先擊鼓以聳動衆聽故曰先鼓以警戒舞之將作必先三舉足以示其舞之方法故曰三步以見方再始謂一節終而再作也往進也亂終也如

云關雎之亂。歸舞畢而退就位也。再始以著往者。再擊鼓以明其進也。復亂以飭歸者。復擊鐃以謹其退也。此兩句。言舞者周旋進退之事。拔如拔來赴往之拔。言舞之容雖若奮迅疾速。而不過於疾也。樂之道雖曰幽微難知。而不隱於人也。是故君子以之爲己。則和而平。故獨樂。其志不厭其道。言學而不厭也。以之爲人。則愛而公。故備舉其道不私其欲。言誨人不倦也。情見於樂之初。而見其義之立。化成於樂之終。而知其德之尊。君子聽之而好善感發其良心也。小人聽之而知過蕩滌其邪穢也。故曰以下。亦引古語結之。此章諸家皆以爲論大武之樂。以明伐紂之事。且以再始爲十一年觀兵。十三年伐紂。此誤久矣。愚謂此特通論樂與舞之理如此耳。故曰生民之道樂爲大焉。豈可以生民之道莫大於戰伐哉。馬氏曰。先鼓以警戒。象武王伐紂而誓衆也。三步以見方。象武王伐紂有漸也。再始以著往。象武王以紂之不悛而再往也。復亂飭歸。象武王既勝而歸也。獨樂其志不厭其道。備舉其道不私其欲。此武王所以能伐商以救民於水火之中也。情見而義立。象武王伐紂之情見而天下之公義立。樂終而德尊。言及樂之終。而武王之德愈尊。武王伐紂。所以著其善去其不善。故君子因之以勸而好善。小人因之以戒而聽過。古之言禮者有曰。民之所由生禮爲大。言政者有曰。人道政爲大。於此則曰生民之道樂爲大。此皆以其所隆而言之也

樂也者施去聲也。禮也者報也。樂樂其所自生。禮反其所自

始樂章德禮報情反始也

文蔚問如何是章德朱子曰和順積諸中英華發於外便是章著其內之德○馬氏曰樂由陽來陽散其文而以生育爲功故樂主於施禮由陰作陰斂其質而以反朴爲事故禮主於報舜生於紹堯而施及於天下故作大韶武王生於武功而施及於天下故作大武此樂其所自生也萬物本乎天故先王以郊明天之道人本乎祖故王者禘其祖之所自出此反其所自始也○應氏曰樂有發達動盪之和宣播而出於外一出而不可反故曰施禮有交際酬答之文反復而還於內故曰報韶

濩夏武皆章德而導和祭享朝聘皆報情而反始焉所謂反者有收斂之節也朱子曰樂樂其所自生禮反其所自始亦如樂由中出禮自外作樂是和氣從中間直出無所待於外禮卻是始初有這意思外面卻做一箇節文抵當他卻是人做底雖說是人做元不曾杜撰因他本有這意思故下文云樂章德禮報情反始也和順積諸中英華發諸外便是章著其内之德

所謂大輅者天子之車也龍旂九旒天子之旌也青黑緣去聲者天子之寶龜也從之以牛羊之羣則所以贈諸侯也天子賜車則上公及同姓侯伯金輅異姓則象輅四衛則革路蕃國則木輅受於天子則總謂之大輅也龍旂九旒亦上公侯伯則七旒子男則五旒也寶龜則以青

黑爲之緣飾牛羊非一故稱羣此明報禮之事○石梁王氏曰此八句專言禮與上下文不相承當是他篇之錯簡金華邵氏曰樂爲施禮爲報諸侯得乘大輅建龍旂用青黑緣龜文從以牛羊之羣若幾於極其所施而無節矣記者一言以該之曰此所以贈諸侯以見非諸侯之所可用猶王制若有加則賜也之意則禮之爲報蓋昭昭矣

樂也者情之不可變者也禮也者理之不可易者也樂統同禮辨異禮樂之說管乎人情矣

劉氏曰人情感物無常固多變然既發於聲音而爲樂則其哀樂一定而不可變矣事理隨時有異固多易也然既著之節文而爲禮則其威儀一定而不可易矣惟

其不可變故使人佚能思初安能惟始和順道德而純然罔間所謂統同也惟其不可易故使人親疎有序貴賤有等謹審節文而截然不亂所謂辨異也此禮樂之説所以管攝乎人情也慶源輔氏曰情之極然後形之聲音播之金石而爲樂故曰樂也者情之不可變者也尊卑上下之理截然不可亂聖人則因而制爲之禮故曰禮也者理之不可易者也樂者天地之和故統同禮者天地之序故辨異禮之説不外乎辨異樂之説不外乎統同

窮本知變樂之情也著誠去（去聲）僞禮之經也禮樂偩（負）天地之情達神明之德降興上下之神而凝是精粗之體領父子君臣之節

朱子曰偩依象也○劉氏曰人情理同而氣異同則本

一。異則變多。樂以統同。故可使人窮其本之同。而知其變之異。人情理微而欲危。微則誠隱。危則僞生。禮以辨異。故可使人去其欲之僞而著其理之誠也。窮本知變者。感通之自然。故曰情。著誠去僞者。脩爲之當然。故曰經。○愚謂禮樂之作。道與器未始相離。故曰凝是精粗之體也。長樂陳氏曰。天地先禮樂而形。禮樂後天地而作。故天地陰陽之情。禮樂得以偵而出之也。蓋天地之道。其明爲禮樂。其幽爲神明。其位爲上下。其物爲精粗。內之爲父子。外之爲君臣。先王原天地之序以制禮。道天地之和以作樂。偵天地之情於後。而使幽者闡。達神明之德於外。而使顯者微。神之在上而不可知也。則降而下之。在下而不可知也。則興而上之。夫然後陰陽交通而物體之精粗有所凝矣。父父子子。君君臣臣。而人倫之大節有所領矣是故大人舉禮樂，則天地將爲昭焉。天地訢(欣)合，陰陽相得，煦(呼句反)嫗(於句反)覆(方姤反)育萬物，然後草木茂，區(句)萌達，羽翼奮，角觡(格)生，蟄蟲昭蘇，羽者嫗伏(扶又反)，毛者孕鬻(育)，胎生者不殰(瀆)，而卵生者不殈(呼闃反)，則樂之道歸焉耳。

大人舉禮樂，言聖人在天子之位而制禮作樂也。天地將爲昭焉，言將以禮樂而昭宣天地化育之道也。訢與欣同。訢合，和氣之交感，即陰陽相得之妙也。天以氣煦之，地以形嫗之，天煦覆而地嫗育，是煦嫗覆育萬物也。區生曰句，謂句曲而生者也。角之無䚡者曰觡。䚡謂角外皮之滑澤者。蟄藏之蟲初出，如暗而得明，如死而更生故曰昭蘇也。嫗伏，體伏而生子也。孕鬻，妊孕而育子也。殰，未及生而胎敗也。殈，裂也。凡物皆得自生自育而無所害者，是皆歸於聖人禮樂參贊之道耳。馬氏曰：禮樂偩天地之情，故大人舉禮樂，則天地之情可知。自天地訢合以至於不殰不殈，此皆天地將爲昭焉之事也。天地訢合，陰陽相得，煦嫗覆育萬物，此言其氣之和也。自草木茂以至卵生不殈，此言其氣之和而物不失其性也。夫天地生物之功至於如此之妙者，皆起於樂也，故曰樂之道歸焉耳。蓋樂所以和人心，心和則聲和，聲和則天地之和無不應。言樂則禮可知矣。

樂者，非謂黃鍾大呂弦歌干揚也，樂之末節也，故童者舞之。鋪筵席，陳尊俎，列籩豆，以升降爲禮者，禮之末節也，故有司掌之。樂師辨乎聲詩，故北面而弦；宗祝辨乎宗廟之

禮故後尸商祝辨乎喪禮故後主人是故德成而上藝成而下行成而先事成而後是故先王有上有下有先有後然後可以有制於天下也

禮樂之事有道有器前經皆言禮樂之道此以器言謂道之精者非習藝習事者所能知也干揚皆舞者所執商祝習知殷禮者殷尚質喪禮以質爲主故兼用殷禮也北面位之卑也宗廟之敬在尸喪禮之哀在主人在尸與主人之後其輕可知也德行在君尸主人童子有司習於藝宗祝商祝習於事故上下先後之序如此○石梁王氏曰德成而上註云德三德也漢儒訓解每以

三德爲德延平周氏曰。有司之所知。童子之所能者。禮樂之末。而聖人之與民同者也。如其禮樂之本。則豈非聖人之所獨得而與一日王同者乎。慶源輔氏曰。德成而上。非遺其藝也。藝成而下。則局於藝者爾。行成而先。非廢其事也。事成而後。則役於事者爾。本末具舉。精粗不廢。得道之全體。然後可以制作禮樂以示天下。○嚴陵方氏曰。上下以位言。先後以序言。德則反本。藝則務末。故其成也。以上下爲異位。行施於此而後事作於彼。故其成也。以先後爲異序。故君子於德必有據焉。藝則游之而已。於行必有脩焉。事則節之而已矣。上下有位。先後有序。則足以爲法於天下矣。

魏文侯問於子夏曰。吾端冕而聽古樂。則唯恐臥。聽鄭衛之音。則不知倦。敢問古樂之如彼何也。新樂之如此何也。子夏對曰。今夫古樂。進旅退旅。和正以廣。弦匏笙簧。會守拊鼓。始奏以文。復亂以武。治亂以相。去聲訊疾以雅。君子於

是語於是道古脩身及家平均天下此古樂之發也

厭之故惟恐臥好之故不知倦如彼外之也如此內之也旅衆也或進或退衆皆齊一無參差也和正以廣無姦聲也弦匏笙簧之器雖多必會合相守待擊拊鼓然後作也文謂鼓也武謂金鐃也樂之始奏先擊鼓故云始奏以文亂者卒章之節欲退之時擊金鐃而終故云復亂以武相即拊也所以輔相於樂治亂而使之理故云治亂以相也訊亦治也雅亦樂器也過而失節謂之疾奏此雅器以治舞者之疾故云訊疾以雅也於此而語樂是道古樂之正也知古樂而明脩身之道則家齊國

治而天下平矣○方氏曰鼓聲爲陽故謂之文鐃聲爲陰故謂之武平言無上下之偏均言無遠近之異延平周氏曰進退以旅者言其齊而有儀和正以廣者言其美弦匏笙簧會守拊鼓者言其序始奏以文者本乎仁復亂以武者制以義相雅皆樂器名也以其節樂而能治其亂則有相之道是以謂之相以其趣樂之節奏而不失其於雅是以謂之雅古樂之作也如此故君子樂終而語今則有倫道古則不悖脩身及家平均天下此其所以爲古樂也○慶源輔氏曰進旅退旅四字形容古樂盡和正以廣和而不流便有廣大之意始奏以文復亂巳以武此所謂一張一弛也

今夫新樂進俯退俯姦聲以濫溺而不止及優侏儒儒獶乃刀反雜子女不知父子樂終不可以語不可以道古此新樂之發也

進俯退俯。謂俯僂曲折行列雜亂也。姦聲以濫。卽前章所謂滌濫之音謂姦邪之聲侵濫不正也。溺而不止。卽前章所謂狄成之音謂其聲沉淫之久也。及俳優雜戲侏儒短小之人。如獮猴之狀。閒雜於男子婦人之中。不復知有父子尊卑之等。作樂雖終無可言者。况可與之言古道乎。獶與猱同延平周氏曰。進退皆俯。非有儀也。姦聲以濫。非和正也。溺而不止。非所以爲廣也。及優侏儒子女不知父子。非有序也。樂終而語今則無倫。道古則有悖。此其所以爲新樂也

今君之所問者樂也。所好者音也。夫樂者與音相近而不同。文侯曰。敢問何如。子夏對曰。夫古者天地順而四時當。去聲民有德而五穀昌。疾疢丑刃反不作而無妖祥。此之謂大

當然後聖人作爲父子君臣以爲紀綱紀綱既正天下大定天下大定然後正六律和五聲弦歌詩頌此之謂德音德音之謂樂詩云莫（默）其德音其德克明克明克類克長克君王（去聲）此大邦克順克俾（讀爲比皮乂反）俾于文王其德靡悔既受帝祉（恥）施（異）于孫子此之謂也

四時當謂不失其序也妖祥祥亦妖也書言亳有祥大當大化之均調也作爲父子君臣以爲紀綱是一句讀言聖人立父子君臣之禮爲三綱六紀之目也綱維綱大繩紀附綱小繩綱目則附於紀也三綱謂君爲臣綱父爲子綱夫爲妻綱也六紀謂諸父有善諸舅有義族

人有叙昆弟有親師長有尊朋友有舊也先序之以禮乃可和之以樂故然後有正六律以下之事周子曰古者聖王制禮法脩教化三綱正九疇叙百姓大和萬物咸若乃作樂以宣八風之氣以平天下之情意蓋本此詩大雅皇矣之篇莫静也德音名譽也俾當依詩作比子夏引詩以證德音之說○嚴氏曰王季雖無心於干譽然其德明而類長而君順而比自不可掩類者明之充君者長之推比者順之積克明謂知此理克類謂觸類而通一理混融徹上徹下也君又尊於長學記言能爲長然後能爲君是也以之君臨大邦則克順而能和

其民克比而能親其民順言不擾比則驩然相愛矣比及文王其德無有可悔從容中道無毫髮之慊也言王季之德傳于文王而益盛故能受天之福而延于子孫也長樂陳氏曰天地以順動則四時不忒是天地順理然後四時各當其分也民有德人之和也五穀昌天地之和應之也如此災害不生而無疾疢禍亂不作而無妖祥合是數者無適不當則三才之理皆得不謂之大當乎然後內外相維而紀綱正則天下之動正夫一而大定矣在易既濟本於剛柔正而位當家人家道正也而終於天下定然則天下大當而禮可行天下大定而樂可作固其時夫然後正六律而使之和聲和五聲而使之協律弦之琴瑟歌之詩頌則中聲所止無非盛德之形容焉庸詎不爲德音之樂邪

今君之所好者其溺音乎文侯曰敢問溺音何從出也子夏對曰鄭音好濫淫志宋音燕女溺志衛音趨（促）數（速）煩

志齊音教去聲辟匹力反喬驕志此四者皆淫於色而害於德

是以祭祀弗用也

溺音淫溺之音也。濫者泛濫之義，謂泛及非己之色也。燕者晏安之意，謂耽於娛樂而不反也。趨數迫促而疾速也。敖辟倨肆而偏邪也。四者皆以志言。淫溺較深，煩驕較淺，然皆以害德，故不可用之宗廟。延平周氏曰：德音則能善其志，而溺音則能亂其志也。

詩云肅雝和鳴先祖是聽夫肅肅敬也雝雝和也夫敬以和何事不行

詩周頌有瞽之篇。因上文言溺音害德，祭祀弗用，故引之長樂陳氏曰樂之發肅肅乎其敬而制之以禮雝雝乎其和而制之以義如此則外不淫色內不害德舉而措之天下何事不行況用之祭祀而先祖不是聽耶書謂八音克諧無相奪倫神人以和者此也

爲人君者謹其所好惡而已矣君好之則臣爲之上行之則民從之詩云誘民孔易此之謂也

德音之正溺音之邪皆易以感人故人君不可不謹所好惡也詩大雅板之篇誘詩作牖嚴陵方氏曰言人君謹其所好惡則以戒文侯之好溺音故也君則指其人上則指其位

然後聖人作爲鞉鼓椌腔楬丘八反壎喧篪池此六者德音之音也然後鐘磬竽瑟以和之干戚旄狄以舞之此所以祭先王之廟也所以獻酬酳酢也所以官序貴賤各得其

宜也所以示後世有尊卑長幼之序也

鞉如鼓而小持柄摇之旁耳自擊椌楬柷敔也壎六孔燒土爲之箎大者長尺四寸小者尺二寸竹也六者皆質素之聲故云德音既用質素爲本然後用鍾磬竽瑟四者華美之音以贊其和干楯也戚斧也武舞所執旄旄牛尾也狄翟雉羽也文舞所執此則宗廟之樂也酳說見前篇有事於宗廟則有獻酬酳酢之禮也宗廟朝廷無非禮樂之用所以貴賤之官序長幼之尊卑自今日而垂之後世也

長樂陳氏曰聖人作樂以發諸聲音者寓之象以稽諸度數者寓之器是故作華以爲鞉鼓而鞉所以兆奏鼓者也作木以爲椌楬而揭所以止合樂者也作土爲壎而始有所倡作竹

爲篪而終有所和。則播鞉而鼓從之。中聲以發焉。擊控而楬止之。中聲以節焉。吹壎而篪應之。中聲以和焉。蓋弦歌詩頌。中聲之所止也。而謂之德音。則鞉鼓控楬壎篪。中聲之所出也。謂之德音之音。不亦宜乎。聖人既作爲六者之器以寓德音之樂。抑又越之金石以爲鍾磬。宣之匏絲以爲竽瑟。所以諧其聲。舞武以干戚。文以旄狄。所以動其容。則八音克諧。無相奪倫。而神人奚適不和哉。此所以祭先王之廟。而幽足以交於神。獻酬酳酢。而明足以交於人。行之當時。而官序貴賤莫不得其宜。示之後世。而尊卑長幼莫不得其序也

鍾聲鏗。鏗以立號。號以立橫。古曠反**橫以立武。君子聽鍾聲。則思武臣**

鏗然有聲。號令之象也。號令欲其威嚴。橫則盛氣之充滿也。令嚴氣壯。立武之道。故君子聽之而思武臣

石聲磬。上聲**磬以立辨。辨以致死。君子聽磬聲則思死封疆**

之臣

舊說磬讀爲罄上聲謂其聲音罄罄然所以爲辨別之意死生之際非明辨於義而剛介如石者不能決封疆之臣致守於彼此之限而能致死於患難之中故君子聞聲而知所思也

絲聲哀以立廉廉以立志君子聽琴瑟之聲則思志義之臣

人之處心雖當放逸之時而忽聞哀怨之聲亦必爲之惻然而收斂是哀能立廉也絲聲淒切有廉劌裁割之義人有廉隅則志不誘於欲士無故不去琴瑟有以也

夫

竹聲濫（去聲）濫以立會會以聚衆君子聽竽笙簫管之聲則思畜（勑六反）聚之臣

舊說濫爲擥聚之義故可以會可以衆畜聚之臣謂節用愛人容民畜衆者非謂聚斂之臣也○劉氏曰竹聲汎濫汎則廣及於衆而衆必歸之故以立會聚而君子聞竹聲則思容民畜衆之臣也

鼓鼙之聲讙讙以立動動以進衆君子聽鼓鼙之聲則思將帥之臣君子之聽音非聽其鏗鏘而已也彼亦有所合之也

讙謂讙囂也。其聲諠雜，使人心意動作，故能進發其衆。前言武臣，泛言之也。此專指將帥而言。蓋師以鼓進，而進之權在主將也。彼，謂樂聲也。合之，契合於心也。○應氏曰：八音舉其五而不言匏土木者，匏聲短滯，土聲重濁，木聲樸質而無輕清悠颺之韻。然木以擊鼓，而匏亦在竽笙之中矣。延平周氏曰：鍾磬絲竹鼓鞞之聲既不同，而所立者亦不同，故君人者聽之，亦各沿其類而思其臣也。且畜聚之臣，又安足思也哉。夫君子不畜聚，非不畜聚，蓋君子畜聚而能散，則異乎人之爲畜聚也。

賓牟賈侍坐於孔子，孔子與之言及樂，曰：夫武之備戒之已久，何也？對曰：病不得其衆也。

賓牟姓。賈名。孔子問大武之樂先擊鼓備戒已久乃始作舞何也。賈答言武王伐紂之時。憂病不得士衆之心。故先鳴鼓以戒衆。久乃出戰。今欲象此。故令舞者久而後出也

咏歎之淫液之何也。對曰。恐不逮事也

此亦孔子問而賈答也。咏歎長聲而歎也。淫液聲音之連延流液不絶之貌。逮及也。言武王恐諸侯後至者不及戰事。故長歌以致其望慕之情也

發揚蹈厲之已蚤何也。對曰。及時事也

問初舞時即手足發揚蹈地而猛厲。何其太蚤乎。賈言

象武王及時伐紂之事故不可緩然下文孔子言是太公之志則此答非也延平周氏曰武王之伐紂豈得已哉順乎天而已矣順乎人應乎天猶且病其不得衆恐其不逮事則此所以終能及時事也

武坐致右憲左何也對曰非武坐也軒坐跪也問舞武樂之人何故忽有時而跪以右膝至地而左足仰之何也憲讀爲軒輊之軒賈言非武人坐舞法無坐也然下文孔子言武亂皆坐是周召之治則武舞有坐此答亦非也

聲淫及商何也對曰非武音也子曰若非武音則何音也對曰有司失其傳也若非有司失其傳則武王之志荒矣

子曰唯丘之聞諸萇弘亦若吾子之言是也
淫貪欲之意也武樂之中有貪商之聲則是武王貪欲紂之天下故取之也賈言非武樂之聲也孔子又問既非武樂之聲則是何樂聲乎賈又言此典樂之官失其相傳之說也若非失其所傳之眞而謂武王實有心於取商則是武王之志有荒繆矣豈精明神武應天順人之志哉孔子於是然其言而謂其言與萇弘相似也一說商聲爲殺伐之聲淫謂商聲之長也若是武樂之音則是武王有嗜殺之心矣故云志荒也

賓牟賈起免席而請曰夫武之備戒之已久則既聞命矣

敢問遲之遲而又久何也子曰居吾語（去聲）汝夫樂者象成者也總干而山立武王之事也發揚蹈厲太公之志也武亂皆坐周召之治也

免席避席也備戒已久所謂遲也久立於綴是遲而又久也孔子言作樂者倣象其成功故將舞之時舞人總持干盾如山之立嶷然不動此象武王持盾以待諸侯之至故曰武王之事也所以發揚蹈厲象太公威武鷹揚之志也亂樂之卒章也上章言復亂以武言武舞將終而坐象周公召公文德之治蓋以文而止武也慶源輔氏曰賓牟賈蓋當時之知樂者也故孔子以武樂問之賈五荅而夫子唯之以一言初未嘗有所辨明也而賈乃

起敬免席而請者蓋其溫良恭儉讓之德容有以感動之也故曰誠者非成己而已也所以成物也賈禮恭辭遜可與之言故夫子使之居而語之由是觀之賈知其一而未知其二也故孔子因而發之三句說盡武樂之義與武王伐紂之事又見當時各盡其道此蓋孔子之所自得者若其得於萇弘者與賈之所言合

且夫武始而北出再成而滅商三成而南四成而南國是疆五成而分周公左召公右六成復綴拙以崇天子

成者曲之一終書云簫韶九成孔子又言武之舞也初自南第一位而北至第二位故云始而北出也此是一成再成則舞者從第二位至第三位象滅商也三成則舞者從第三位至第四位極於北而反乎南象克殷而南還也四成則舞者從北頭第一位卻至第二位象伐

紂之後。疆理南方之國也。五成。則舞者從第二位至第三位。乃分爲左右。象周公居左召公居右也。綴。謂南頭之初位也。六成。則舞者從第三位而復于南之初位。樂至六成而復初位。象武功成而歸鎬京。四海皆崇武王爲天子矣。○陳氏曰。樂終而德尊也。嚴陵方氏曰。六成復綴以崇天子者。復綴則以象功成而還歸爲也。舉武事者既出於天子。則成武功者可不歸諸天子乎。歸功所以崇之也。故曰以崇天子

夾振之而駟伐盛威於中國也

此又申言武始北出以下事。二人夾舞者而振鐸以爲節。則舞者以戈矛四次擊刺。象伐紂也。駟。讀爲四。伐。如

泰誓四伐五伐之伐此象武王之兵所以盛威於中國也一說引君執干戚就舞位讀天子連下句但舊註以崇訓克則未可通耳四伐或象四方征伐武勝殷而滅國者五十則亦有東征西討南征北伐之事矣

分去聲夾而進事蚤濟也久立於綴以待諸侯之至也

分部分也舞者各有部分而振鐸者夾之而進也濟猶成也此於武王之事爲早成也舞者久立於行綴之位象武王待諸侯之集也

且女獨未聞牧野之語乎武王克殷反及商未及下車而封黃帝之後於薊計封帝堯之後於祝封帝舜之後於陳

下車而封夏后氏之後於杞。投殷之後於宋。封王子比干之墓。釋箕子之囚。使之行去聲商容而復其位。庶民弛政。庶士倍祿。

反讀爲及。言牧野克殷師之後。即至紂都也。殷後不曰封而曰投者。舉而徙置之辭也。然封微子於宋。在成王時。此特歷叙黃帝堯舜禹湯之次而言之耳。其曰未及下車而封。與下車而封。先後之辭。讀者不以辭害意可也。行商容。即書所謂式商容閭也。弛政。解散紂之虐政也。一說。謂罷其征役。倍祿。祿薄者倍增之也。延平周氏曰。必封先代之後。如此者。示其無意於天下。雖曰得之。亦與先代之後共之也。書曰釋箕子之囚。蓋釋箕子而後使之爲

臣又曰式商容閭蓋式之而後復其位也

濟河而西馬散之華山之陽而弗復乘牛散之桃林之野而弗復服車甲衅許靳反而藏之府庫而弗復用倒載干戈包之以虎皮將帥之士使爲諸侯名之曰建上聲櫜高然後天下知武王之不復用兵也

衅與釁同以血塗之也凡兵器之載出則刃向前入則刃向後今載還鎬京而刃向後有似於倒故云倒載也建讀爲鍵鎖也櫜韜兵器之具兵器皆以鍵櫜閉藏之示不用也封將帥爲諸侯賞其功也今詳文理名之曰建櫜一句當在虎皮之下將帥之上

散軍而郊射，左射（石）狸首，右射騶虞，而貫革之射息也。裨冕搢笏，而虎賁之士說（脫）劍也。祀乎明堂，而民知孝。朝覲然後諸侯知所以臣。耕藉然後諸侯知所以敬。五者天下之大教也。

散軍，放散軍伍也。郊射，習射於郊學之中也。左，東學也，在東郊。東學之射，歌狸首之詩以爲節。右，西學，在西郊。西學之射，則歌騶虞之詩以爲節也。貫，穿也。革，甲鎧也。軍中不習禮，其射但主於穿札。今既行禮射，則此射止而不爲矣。裨冕見曾子問。搢，插也。說劍，解去其佩劍也。

慶源輔氏曰：此武王所以偃兵之梗槩也。貫革之射，虎賁之劍，非強以息之說之也。示之以郊射禮服，而彼自不能不息不說也。民知乎孝，則無犯上作亂之心。諸侯知所以爲臣。知所以敬天，則有尊天子畏上帝之誠。此兵之所以不復用也。所以者，爲自敬天之理也。知其所以然。然後能不違也。孝獨不言所以，孝無所以也。子之孝於親，夫孰知所以然哉。唯有以感發之而已。○金華應氏曰：射於郊，養老於大學，非有異學也。大學即在郊之學。貍首騶虞之節，雖有天子諸侯之異，竊意因學而分左右，非分學而射也。若分之而天子諸侯各射一處，則非所以辨尊卑矣。騶虞仁而不殺，天子包容徧覆之象。貍首義而善搏，諸侯奔走赴功之象。故射各以其詩爲節也。

食嗣三老五更平聲於大泰學，天子袒而割牲，執醬而饋，執爵而酳，冕而總干，所以教諸侯之弟也。若此，則周道四達，禮樂交通，則夫武之遲久，不亦宜乎。

冕而總干，謂首戴冕而手執干盾也。餘說各見前篇。孔子語賓牟賈武樂之詳其言止此嚴陵方氏曰四達者東西南北無所不達也交通者上下内外無所不通也唯其道四達故禮樂得以交通焉周之成功若是之遲歷時若是之久也則樂之象成亦宜夫遲久矣故曰不亦宜乎○金華應氏曰帝者之德尊而其世已遠意其論墜之已久故封之尤急王者之德降而其世猶近未至於圮散而無所歸故封之爲次商容開廢于家武王固已親式其閭以致敬而未敢輕起之而遽任以事也故使箕子同類之賢先行而訪之道達殷勤而後復其位所以尊賢也牛馬縱而遂其性則物之勞者逸車甲衅而息其神則器之動者靜干戈倒而包以虎皮則昔爲武而今爲文將帥俾爲諸侯則昔治軍而今治民貫革之射則息之虎賁之劍則脫之所以潛消其暴戾鷙悍之習貔首騶虞以爲節裨冕執笏以爲容明堂朝覲耕籍養老所以開導其孝悌敬順之心凡此皆所以反前日之所爲而一新天下之觀聽也其氣象甚雍容其節目甚詳密此豈一日之所能爲宜乎武舞象之而舒徐遲久也然則戒之久立之久固無急於冨天下之心遲之遲而又久又必緩以待天下之化大武雖武舞也實止戈之武也實偕

文之武也。故武之詩曰。勝殷遏劉

君子曰禮樂不可斯須去身。致樂以治心。則易直子慈諒良之心油然生矣。易直子諒之心生則樂。樂則安。安則久。久則天。天則神。天則不言而信。神則不怒而威。致樂以治心者也

致。謂研窮其理也。樂由中出。故以治心言之。子諒。從朱子說讀爲慈良。樂之感化人心。至於天而且神。可以識窮本知變之妙矣○朱子曰。易直子諒之心一句。從來說得無理會。却因見韓詩外傳子諒作慈良字。則無可疑矣西山眞氏曰。古之君子以禮樂爲治身心之本。故斯須不可去之。致者。極其至之謂也。樂之音。和平

中正。故致此以治心。則易直子諒油然而生。生則樂。善端之萌自然悅豫也。樂則安。樂之然後安也。安則久。安之然後能久也。久則天。渾然天成無所作爲也。天則神。變化無方不可度思也。天雖何言。人自信之。以其不忒也。神雖不怒。人自畏之。以其不測也。生樂久安。猶孟子所謂善信美大也。至於天且神。則大而化之矣

致禮以治躬則莊敬。莊敬則嚴威。心中斯須不和不樂。而鄙詐之心入之矣。外貌斯須不莊不敬。而易慢之心入之矣

禮自外作。故以治躬言之。此言著誠去僞之心不可少有間斷。朱子曰。心要平易無艱深險阻。所以說不和不樂則鄙詐之心入之矣。不莊不敬則慢易之心入之矣。入之一字正見得外誘使然。非本心實有此惡。雖非本有。然既爲所奪而得以爲主於內。則非心而何○李氏曰。不和則鄙。不樂則詐。不莊則易。不敬則慢。不和不樂不莊不敬生者。生于內者也。鄙詐慢易入者。入

自外者也

故樂也者動於內者也禮也者動於外者也樂極和禮極順內和而外順則民瞻其顔色而弗與爭也望其容貌而民不生易慢焉故德煇動於內而民莫不承聽理發諸外而民莫不承順故曰致禮樂之道舉而錯之天下無難矣

動於內則能治心矣動於外則能治躬矣極和極順則無斯須之不和不順矣所以感人動物其效如此德以煇言乃英華發外之驗理發諸外是動容周旋之中禮君子極致禮樂之道其於治天下乎何有金華邵氏曰禮樂何以能感民如此哉蓋聖人與斯民均備是禮樂於一性之中特聖人先得我心之同然故一舉而措之天下則此以

心感彼以心應宜其易易而無難矣

樂也者動於內者也禮也者動於外者也故禮主其減樂主其盈禮減而進以進為文樂盈而反以反為文禮減而不進則銷樂盈而不反則放故禮有報如字而樂有反禮得其報則樂樂得其反則安禮之報樂之反其義一也

馬氏曰以體言之禮減樂盈以用言之禮進樂反樂動於內故其體主盈蓋樂由中出而為人心之所喜禮動於外故其體主減蓋禮自外作而疑先王有以強世也禮主減故勉而作之而以進為文樂主盈故反而抑之而以反為文故七介以相見不然則已慤三辭三讓而

至不然則已蹙一獻之禮而賓主百拜日莫人倦而齊莊正齊此皆勉而進之者也進旅退旅以示其和弦匏笙簧會守拊鼓以示其統治亂則以相訊疾則以雅作之以柷止之以敔此皆反而抑之者也減而不進則幾於息矣故銷盈而不反則至於流矣故放先王知其易偏故禮則有報樂則有反禮有報者資於樂也樂有反者資於禮也○劉氏曰禮之儀動於外必謙卑退讓以自收故主於減殺樂之德動于中必和順充積而後形故主於盈盛蓋樂由陽來故盈禮自陰作故減也然禮之體雖主於退讓而其用則貴乎行之以和故以進爲

文也。樂之體雖主於充盛，而其用則貴乎抑之以節，故以反爲文也。禮若過於退讓而不進，則威儀銷沮，必有禮勝則離之失。樂過於盛滿而不反，則意氣放肆，必有樂勝則流之弊。故禮必有和以爲減之報，報者相濟之意也。樂必有節以爲盈之反，反者知止之謂也。禮減而得其和以相濟，則從容欣愛而樂矣。此樂以和禮也。樂盈而得其節以知止，則優柔平中而安矣。此禮以節樂也。禮樂相須並用，而一歸於無過無不及之中，而合其事理之宜。故曰禮之報，樂之反，其義一也。慶源輔氏曰：禮主其減，減所以裁節於外也。樂主其盈，盈則充盛於內也。樂而不盈，則無以形於外；禮而不減，則無以合於內。來而不往

非禮也往而不來非禮也故曰禮有報來往不已是亦進之意

夫樂者樂（洛）也人情之所不能免也樂必發於聲音形於動靜人之道也聲音動靜性術之變盡於此矣故人不耐（能）無樂樂不耐無形形而不爲道不耐無亂先王恥其亂故制雅頌之聲以道之使其聲足樂而不流使其文足論而不息使其曲直繁瘠廉肉（而救反）節奏足以感動人之善心而已矣不使放心邪氣得接焉是先王立樂之方也

方氏曰聲足樂者樂其道文足論者論其理也道所以制用而有節故雖樂而不至於流理所以明義而無窮故可論而不至於息曲者聲之柔若絲是也直者聲之

剛若金是也。繁者聲之雜，若笙是也。瘠者聲之純，若磬是也。廉者聲之清，若羽是也。肉者聲之濁，若宫是也。節者聲之制，若徵是也。奏者聲之作，若合是也。○劉氏曰：人情有所樂而發於詠歌，詠歌之不足，而不知手舞足蹈，則性情之變盡於此矣。故人情不能無樂，樂於中者不能不形於外，而爲歌舞。形於歌舞而不爲文辭以道之於禮義，則必流於荒亂矣。先王耻其然，故制爲雅頌之聲，詩以道迪之，使其聲音足以爲娱樂，而不至於流放；使其文理足以爲講明，而不至於怠息；使其樂律之清濁高下，或宛轉而曲，或徑出而直，或豐而繁，或殺而瘠或稜隅而廉或圓滑而肉或止而節或作而奏皆足以感發人之善心而不使放肆之心邪僻之氣得接於吾身焉是乃先王立樂之方法也長樂陳氏曰王政廢興在雅不在風盛德形容在頌不在雅制爲雅頌之聲以道之則審樂足以知政聞樂足以知德使其聲足樂而不流文足論而不息也聲足樂而不流故安文足論而不息故久中正之雅不過是爾蓋廉直之音作而民肅敬繁簡之音作而民康樂肉好之音作而民慈愛先王制爲雅頌以道曲直繁瘠廉肉之聲抑又節奏合而成文其有不足感動人之善心耶

是故樂在宗廟之中君臣上下同聽之則莫不和敬在族長鄉里之中長幼同聽之則莫不和順在閨門之內父子兄弟同聽之則莫不和親故樂者審一以定和比物以飾

節節奏合以成文所以合和父子君臣附親萬民也是先王立樂之方也

應氏曰一者心也心一而所應者不一守一以凝定其和雜比以顯飾其節及其成文可以合和至親至嚴之倫附親其至踈至衆者蓋樂發於吾心而感於人心無二理也○劉氏曰作樂之道先審人聲之所形或風或雅或頌或喜或敬或愛各從一體以定其調度之和然後比之樂器之物以飾其節奏此一條言樂以和禮也

張氏曰正樂流行故隨所在而各盡其善宗廟有君臣所主在和敬鄉里有長幼所主在和順閨門有父子所主在和親前章使親踈貴賤長幼男女之理皆形見於樂是也

故聽其雅頌之聲，志意得廣焉。執其干戚，習其俯仰詘伸，容貌得莊焉。行其綴兆，要平聲其節奏，行杭列得正焉，進退得齊焉。故樂者天地之命，中和之紀，人情之所不能免也。

天地之教命，中和之統紀，所以防範人心者在是。曰莊，曰正，曰齊，曰紀，皆言禮之節樂。延平周氏曰：樂能官天地，而天地不得之則或幾乎息，故曰天地之命。又能道中和，而中和得之則各有條理，故曰中和之紀。雖大而命天地，小而紀中和，而其歸於樂則一而已。所謂樂者人情之所不能免也。

夫樂者先王之所以飾喜也，軍旅鈇鉞者先王之所以飾怒也。故先王之喜怒皆得其儕柴焉，喜則天下和之，怒則暴亂者畏之。先王之道，禮樂可謂盛矣。

皆得其儕言各從其類吉凶非私喜怒非私怒也馬氏曰以樂飾喜而不爲汰者以喜當其類也以軍旅鈇鉞飾怒而不以爲暴者以怒當其類也喜而當其類則天下和之怒而當其類則暴亂者畏之先王治天下之道非一端可盡而其大要則在於禮樂故先王之道禮樂可謂盛矣

子贛見師乙而問焉曰賜聞聲歌各有宜也如賜者宜何歌也師乙曰乙賤工也何足以問所宜請誦其所聞而吾子自執焉寬而靜柔而正者宜歌頌廣大而靜疏達而信者宜歌大雅恭儉而好禮者宜歌小雅正直而靜廉而謙者宜歌風肆直而慈愛者宜歌商溫良而能斷者宜歌齊夫歌者直己而陳德也動己而天地應焉四時和焉星辰理焉萬物育焉

子贛孔子弟子端木賜也。樂師名乙。各有宜言取詩之興趣以理其情性。使合於宜也。有此德而宜此歌。是正直己身而敷陳其德也。故曰直己而陳德。動己性天之流行也。動天地感鬼神莫近於詩。故有四者之應。○方氏曰。肆寬大而舒緩也。商音剛決。故性之柔緩者宜歌之。而變其柔爲剛斷。齊音柔緩。故性剛決者宜歌之。而終至於柔遜。蓋各濟其所偏。而融會之於平和之地也

金華邵氏曰。人之一身。凡天地四時星辰萬物之理莫不畢備。今也直己而陳德於歌。宜其或應或和或理或育。有不期然而然者。非歌能使之也。德寓於歌。聞其歌而感之也。直己者。無所掩覆。致直而行之也。○金華應氏曰。師乙賤工。而誦其所聞。有非後世儒者所及。蓋先王之澤未散。人多習聞聲樂之理。及夫子正樂。而感發

益深不但學者有所悟解而工師之職亦皆講肄而精通之故師摯之始關雎之亂洋洋乎盈耳而師乙之對聲歌亦可觀也其後樂益僭亂而繚干師摯之徒皆逃而去入于河海豈偶然哉

故商者五帝之遺聲也商人識志之故謂之商齊者三代之遺聲也齊人識之故謂之齊明乎商之音者臨事而屢斷明乎齊之音者見利而讓臨事而屢斷勇也見利而讓義也有勇有義非歌孰能保此

保猶安也言安於勇安於義而不移也○疏曰宋是商後此商人謂宋人也嚴陵方氏曰明者不爲物蔽之謂肆直慈愛而不蔽於慈愛是明乎商之音者也故臨事而屢斷以慈愛之蔽在於無斷故也溫良能斷而不蔽於明斷是明乎齊之音者也故見利而讓以能斷之蔽在於無讓故也唯有勇乃能斷事唯有義乃能讓利歌五帝之遺聲則可以保其勇歌三

代之遺聲則可以保其義故曰有勇有義非歌孰能保此蓋勇義人之所有非明乎歌之音則不足以保全之故也

故歌者上如抗下如隊（墜）曲如折止如槀木倨中（去聲）矩句中鉤纍纍乎端如貫珠故歌之爲言也長言之也說（悅）之故言之言之不足故長言之長言之不足故嗟嘆之嗟嘆之不足故不知手之舞之足之蹈之也子貢問樂

上如抗下如隊言歌聲之高者如抗舉其下者如墜墮也槀木枯木也倨微曲也句甚曲也端正也長言之所謂歌永言也○朱子曰看樂記大段形容得樂之氣象當時許多名物度數人人曉得不須說出故止說樂之

理如此其妙。今許多度數都没了。只有許多樂之意思是好。只是没頓放處。又曰。今禮樂之書皆亡。學者但言其義。至於器數則不復曉。蓋失其本矣嚴陵方氏曰。此先長言而後嗟嘆。詩則先嗟嘆而後永歌者。言先嗟嘆。則以嗟嘆而唱之也。後嗟嘆。則嗟嘆而和之也。彼以詩爲主。而詩者樂之始。故以唱爲序。此以樂爲主。而樂者詩之終。故以和爲序。非有不同。意各有所主也○金華邵氏曰。歌之爲義。長其言之謂也。方其人有所悅乎中。則言之。言不足以盡其悅。故長言之。至於長言不足。而聲嗟氣嘆。嗟嘆不足而手舞足蹈。樂至於此。蓋有非歌之所能盡者。故終之曰子貢問樂

禮記集說大全卷之十八

禮記集說大全卷之十九

雜記上第二十

嚴陵方氏曰。此篇雖以記喪爲主。下篇又兼言三患五恥觀蜡取盗之類。則其事不一。故以雜名篇。猶之易有說卦序卦而有雜卦。莊子有内篇而有雜篇也

諸侯行而死於館。則其復如於其國。如於道。則升其乘去聲車之左轂。以其綏而追反復

館。謂主國有司所授館舍也。復。招魂復魄也。如於其國。其禮如在本國也。道。道路也。乘車。其所自乘之車也。在家則升屋之東榮。車向南。則左在東也。綏讀爲緌。旌旗之旄也。去其旒而用之耳。凡五等諸侯之復。人數視命數。

令轂上狹。止容一人。山陰陸氏曰。緌。旌也。以其旌復。旌。此方之物也。死無乎不之。號而復

之。則其旗宜以死者。所首之方而已。

其輤千見反有裧。尺占反緇布裳帷。素錦以爲屋而行

輤載柩之車上覆飾也。輤象宮室。舊說輤用染赤色。以蒨而名。裧者。輤之四旁所垂下者。緇布裳帷者。輤下棺外用緇色之布爲裳帷以圍繞棺也。素錦以爲屋者。用素錦爲小帳如屋。以覆棺之上。設此飾乃行也。廬陵胡氏曰。裳用緇。則輤與裧皆赤也。以玄纁對耳。鄭謂輤如綪旆之綪。取蒨赤也。竊案大夫以白布爲輤。豈亦因染赤得名乎。柩車飾。纓帷此一文。則知未大斂前車飾亦然。

至於廟門。不毀牆遂入適所殯。唯輤爲說脫於廟門外

廟門。殯宮之門也。不毀牆。謂不折去裳帷也。所殯在兩

椸閒。脫輤於門外者。既入宮室。則不必象宮之輤也。故脫之

大夫士死於道。則升其乘車之左轂。以其綏復。如於館死。則其復如於家。大夫以布爲輤而行。至於家而說輤。載以輲車。入自門。至於阼階下而說車。舉自阼階升適所殯

輲。遄。

布輤。以白布爲輤也。輲讀爲輇。音與船同。說文有輻曰輪。無輻曰輇。有輻者。別用木以爲輻也。無輻者。合大木爲之也。大夫初死及至家。皆用輇車載之。今至家而脫去輤。則惟尸在輇車上耳。故云載以輇車。凡死於外者。尸入自門升自阼階。柩則入自闕升自西階。周禮殯則

於西階之上。惟死於外者殯當兩楹之中。蓋不忍遠之

也。廬陵胡氏曰。綴亦如字。大夫無爲屋之文。則是素錦帳同諸侯矣

士輤葦席以爲屋。蒲席以爲裳帷

士卑。故質畧如此。嚴陵方氏曰。大夫以布爲輤。則諸侯用帛可知。士以葦席爲屋。則不得用素錦矣。蒲席爲裳。則不得用緇布矣。此皆降殺之別也

凡訃於其君。曰君之臣某死。父母妻長子。曰君之臣某之某死。君訃於他國之君。曰寡君不祿。敢告於執事。夫人。曰寡小君不祿。大子之喪。曰寡君之適的子某死

君與夫人訃。不曰薨而曰不祿。告他國謙辭也。敢告於執事者。凶事不敢直指君身也。山陰陸氏曰。諸侯同盟則訃。不同盟蓋不訃也。

不言死。不死其君也。不言卒。不卒其君也。曲禮云。壽者曰卒。短折曰不祿。君雖壽考。猶以不祿赴。臣子之意也。夫人曰寡小君不祿。左傳曰君氏卒聲子也。不赴于諸侯。不反哭于寢。不祔于姑。故不曰薨

大夫訃於同國適。（敵）者。曰某不祿。訃於士。亦曰某不祿。訃於他國之君。曰君之外臣寡大夫某死。訃於適者。曰吾子之外私寡大夫某不祿使某實。（至）訃於士。亦曰吾子之外私寡大夫某不祿使某實

適者。謂同國大夫位命相敵者。外私。在他國而私有恩好者也。實。讀爲至。言爲訃而至此也

士訃於同國大夫。曰某死。訃於士。亦曰某死。訃於他國之君。曰君之外臣某死。訃於大夫。曰吾子之外私某死。訃於

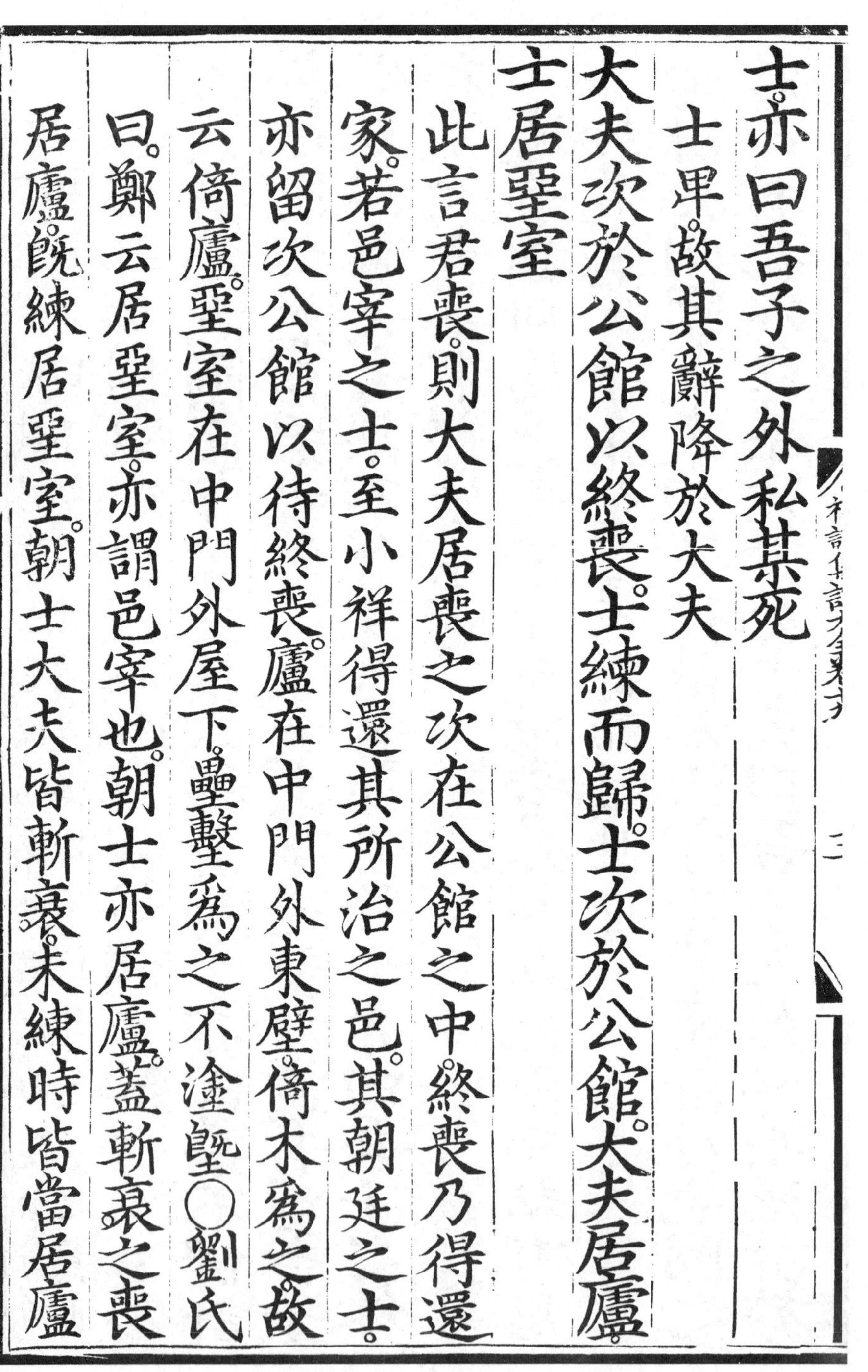

士亦曰吾子之外私某死

士卑故其辭降於大夫

大夫次於公館以終喪士練而歸士次於公館大夫居廬士居堊室

此言君喪則大夫居喪之次在公館之中終喪乃得還家若邑宰之士至小祥得還其所治之邑其朝廷之士亦留次公館以待終喪廬在中門外東壁倚木爲之故云倚廬堊室在中門外屋下壘墼爲之不塗墍○劉氏曰鄭云居堊室亦謂邑宰也朝士亦居廬蓋斬衰之喪居廬旣練居堊室朝士大夫皆斬衰未練時皆當居廬

也山陰陸氏曰。此言士次於公館。則大夫居廬。士居堊室。即言大夫次於公館以終喪。士練而歸。大夫居廬。士居堊室。嫌士練而歸猶居堊室。廬非久處者也。以言待盡於此

大夫爲去聲其父母兄弟之未爲大夫者之喪服如士服

石梁王氏曰。父母喪自天子達。周人重爵。施於尊親乃異其服。非也。周公制禮時。恐其弊未至此

士爲去聲其父母兄弟之爲大夫者之喪服如士服。大夫之適的子服大夫之服

大夫適子雖未爲士。亦得服大夫之服。則爲士而服大夫服可知矣。今此所言士。是大夫之庶子爲士者也。庶子卑。故不敢服尊者之服。所以止如士服也。孟子言齊

疏之服自天子達而此經之文若此。蓋大夫喪禮亡。不得聞其說之詳矣嚴陵方氏曰。生者貴而死者賤。則其服從死者。嫌若臨之故也。生者賤而死者貴。則其服從生者。嫌若僭之故也

大夫之庶子爲大夫。則爲去聲其父母服大夫服。其位與未爲大夫者齒

大夫庶子若爲大夫。可以大夫之喪服喪其親。然其行位之處。則與適子之未爲大夫者相齒列○疏曰此庶子雖爲大夫。其年雖長於適子。猶在適子下。使適子爲主也嚴陵方氏曰。大夫之適子雖爲士。服大夫之服而不嫌於重者。適故也。至於庶子身爲大夫。雖服大夫之服以喪其親。然其位猶與未爲大夫者齒。蓋長幼之序不可以貴賤廢故也

士之子爲大夫則其父母弗能主也使其子主之無子則爲去聲之置後

石梁王氏曰此最無義理充其說則是子爵高父母遂不能子之舜可臣瞽瞍皆齊東野人語也

大夫卜宅與葬日有司麻衣布衰催布帶因喪屨緇布冠不蕤而追反占者皮弁

卜宅卜葬地也有司治卜事之人也麻衣白布深衣也布衰者以三升半布爲衰長六寸廣四寸綴於深衣前當胷之上布帶以布爲帶也因喪屨因喪服之繩屨也蕤與緌同古者緇布冠無緌後代加蕤故此明言之

也。有司爲卜。故用半吉半凶之服。占者卜龜之人也。尊於有司故皮弁其服彌吉也。皮弁者於天子則爲視朝之服。諸侯大夫士則爲視朔之服也

如筮則史練冠長衣以筮。占者朝服

筮史筮人也。練冠縞冠也。長衣與深衣制同。而以素爲純緣。占者審卦爻吉凶之人也。朝服卑於皮弁服。以筮輕於卜也

大夫之喪既薦馬薦馬者哭踊出乃包奠而讀書

薦進也。駕車之馬每車二匹按既夕禮柩初出至祖廟設遷祖之奠訖乃薦馬。至日側祖奠之時又薦馬明日

設遣奠時又薦馬此言既薦馬謂遣奠時也馬至則車將行故孝子感之而哭踊包奠者取遣奠牲之下體包裹而置於遣車以送死者馬至在包奠之前而云出乃包奠者明包奠爲出之節也讀書者既夕云書賵於方方版也謂書賵奠賻贈之人名與其物於版柩將行主人之史於柩東西面而讀之此明大夫之禮與士同

大夫之喪大宗人相去聲**小宗人命龜卜人作龜**

大宗人小宗人即大宗伯小宗伯也相佐助禮儀也命龜告龜以所卜之事也作龜鑽灼之也○劉氏曰大宗人或是都宗人小宗人或是家宗人掌都家之禮者金華

應氏曰。君臣一家也。君之喪。百官庀其職。大夫之喪。家臣庀其役。其廣狹不同矣。君則卹其私而以國有司助之。其凡役則司徒供之。少儀聽役於司徒是也。其贊相則大小二宗與卜人同之。宗伯肆師相禮是也。大小宗與卜人皆春官。而喪事同贊相之。蓋君喪之用大宰大宗大祝若曾子問所記是也。而亦以贊大夫之喪其待之厚矣。夫臣子之喪。其力有不能盡具者。皆仰之於公。又俾有司贊其事。所謂體羣臣者此類是也

復諸侯以褎衣冕服爵弁服

復。解見前。褎衣者。始命爲諸侯之衣。及朝覲時天子所加賜之衣也。冕服者。上公自衮冕而下備五冕之服。侯伯自鷩冕而下其服四。子男自毳冕而下其服三。諸侯之復也。兼用褎衣及冕服爵弁之服也

夫人稅彖**衣揄**揺**狄狄稅素沙**

此言夫人始死所用以復之衣也。稅衣色黑而緣以纁。揄與搖同。揄狄色青。江淮而南青質而五色皆備成章曰搖狄。狄當爲翟。雉名也。此服蓋畫搖翟之形以爲文章因名也。狄稅素沙言自搖翟至稅衣皆用素沙爲裏。即今之白絹也○按內司服六服者褘衣揄狄闕狄鞠衣展衣。褖衣也○儀禮註云。王之服九而祭服六。后之服六而祭服三。王之服衣裳之色異。后之服連衣裳而其色同。以婦人之德本末純一故也。王之服禪而無裏。后之服裏而不禪。以陽成於奇。陰成於偶故也

內子以鞠衣褎衣素沙。下大夫以襢之彥反衣。其餘如士。復

西上

内子。卿之適妻也。其服用鞠衣。此衣蓋始命爲内子時所褒賜者。故云鞠衣褒衣也。亦以素沙爲裏。下大夫謂下大夫之妻也。襢周禮作展。其餘如士者。謂士妻之復用褖衣。内子與下大夫之妻復亦兼用褖衣也。復西上者。復之人數多寡各如其命數。若上公九命則復者九人。以下三命則用三人。北面則西在左。左爲陽。冀其復生故尚左也。尊者立於左。嚴陵方氏曰。復北面求諸幽。故西爲上。西北皆陰故也。

大夫不揄搖絞爻屬燭於池下

此言大夫喪車之飾。揄翟雉也。絞青黄之繒也。池織竹

爲之形如籠衣以青布若諸侯以上則畫揄翟於絞而屬於池之下大夫降於人君故不揄絞屬於池下也

大夫附於士士不附於大夫附於大夫之昆弟無昆弟則從其昭穆雖王父母在亦然

附讀爲祔祖爲士孫爲大夫而死可以祔祭於祖之爲士者故曰大夫祔於士若祖爲大夫孫爲士而死不可祔祭於祖之爲大夫者惟得祔祭於大夫之兄弟爲士者故曰士不祔於大夫祔於大夫之昆弟若祖之兄弟無爲士者則從其昭穆謂祔於高祖之爲士者若高祖亦是大夫則祔於高祖昆弟之爲士者也雖王父母在

亦然者。謂孫死應合祔於祖。今祖尚存無可祔。亦是祔於高祖也。小記云。中一以上而祔。與此義同金華應氏曰。重世嫡之本宗。故大夫寧自屈而祔於士。重朝廷之命爵。故士不敢僭而祔於大夫。重昏姻之正耦。故婦與妾之祔各以其類。而無之則寧越次而間升。重承家之陽類。故男祔則配。而女祔則不配

婦附於其夫之所附之妃。無妃則亦從其昭穆之妃。妾附於妾祖姑。無妾祖姑則亦從其昭穆之妾

夫所祔之妃。夫之祖母也。昭穆之妃。亦謂間一代而祔高祖之妃也。妾亦然

男子附於王父則配。女子附於王母則不配

男子死而祔祖者。其祝辭云。以某妃配某氏。是并祭王

毋也。未嫁之女。及嫁未三月而死。歸葬女氏之黨者。其祔於祖毋者。惟得祭祖毋。不祭王父也。故云祔於王毋則不配。蓋不言以其妃配其氏耳。有事於尊者可以及卑。有事於卑者不敢援尊也

公子附於公子

疏曰。若公子之祖爲君。公子不敢祔之。祔於祖之兄弟爲公子者。不敢戚君故也

君薨。大子號稱子。待猶君也

君在稱世子。君薨則稱子。踰年乃得稱君也。僖九年傳云。凡在喪。王曰小童。公侯曰子。待猶君者。謂與諸侯並

列供待之禮猶如正君也山陰陸氏曰此言君薨未葬待其子猶君也春秋召陵之會陳子亞衛侯待猶陳侯也若温之會陳侯既葬陳子序在鄭伯之下莒子之上視君下一等

有三年之練冠則以大功之麻易之唯杖屨不易

大功之服爲殤者凡九條其長殤皆九月中殤皆七月皆降服也又有降服者六條正服者五條正服不降者三條義服者二條皆九月詳見儀禮此章言居三年之喪至練時首絰已除故云有三年之練冠也當此時忽遭大功之喪若是降服則其衰七升與降服齊衰葬後之服同故以此大功之麻絰易去練服之葛絰也惟杖屨不易者言大功無杖無可改易而三年之練與大功

初喪同是繩屨耳。嚴陵方氏曰：三年之喪既練而遭大功之喪，則以麻易之者，此以義起禮也。

有父母之喪，尚功衰，而附兄弟之殤則練冠。附句於殤稱陽童某甫，不名，神也。

三年喪練後之衰升數與大功同，故云功衰也。此言居父母之喪猶尚身著功衰，而小功兄弟之殤又當祔祭，則仍用練冠而行禮，不改服也。祝辭稱陽童者，庶子之殤祭於室之白處，故曰陽童。宗子爲殤則祭於室之奧，故稱陰童。童者未成人之稱也。今按巳是曾祖之適，與小功兄弟同曾祖，其死者及其父皆庶人，不得立祖廟，故曾祖之適孫爲之立壇而祔之。若己是祖之適孫則大功兄弟之殤得祔祖廟。其小功兄弟之殤則祖之兄弟之後也。今以練冠而祔。謂小功及緦麻之殤耳。若正服大功。則變練冠矣。其甫者爲之立字而稱之。蓋尊而神之。則不可以名呼之也

凡異居始聞兄弟之喪唯以哭對可也。其始麻散帶經

兄弟異居而訃至。唯以哭對其來訃之人。以哀傷之情重。不暇他言也。其帶經之麻始皆散垂。謂大功以上之兄弟至三日而後絞之也。小功以下不散垂

未服麻而奔喪。及主人之未成經也。䟽者與主人皆成之。

親者終其麻帶絰之日數

若聞訃未及服麻而即奔喪者以道路既近聞死即來此時主人未行小斂故未成絰小功以下謂之疏疏者值主人成服之節則與主人皆成之大功以上謂之親親者奔喪而至之時雖值主人成服已必自終竟其散麻帶絰之日數而後成服也

主妾之喪則自祔至於練祥皆使其子主之其殯祭不於正室

女君死而妾攝女君此妾死則君主其喪其祔祭亦君自主若練與大祥之祭則其子主之殯祭不於正室者

雖嘗攝女君。猶降於正適。故殯與祭不得在正室也。不攝女君之妾。君則不主其喪。山陰陸氏曰。言主妾之喪則自祔。則妾之喪其君有不主者矣。崔氏謂女君死攝女君也。然則練祥使其子主之。曰。練祥可矣。今曰至於練祥。則又以著虞卒哭其子主之固也。

君不撫僕妾

死而君不撫其尸者。畧於賤也。嚴陵方氏曰。上言殯祭不於正室。所以明嫡也。此言不撫僕妾。貴之於賤宜畧故也。○臨川吴氏曰。君撫大夫及内命婦。大夫君撫室老及姪娣。仕於家曰僕。僕賤於室老者。妾賤於姪娣者。故恩不及之。

女君死。則妾爲去聲女君之黨服。攝女君則不爲先女君之黨服。

女君死而妾猶服其黨，是從從之禮也。妾攝女君則不服，以攝位稍尊也。嚴陵方氏曰：女君死，則妾爲女君之黨服者，親親之仁也。攝女君則不爲先女君之黨服者，尊尊之義也。

聞兄弟之喪，大功以上，上聲。見喪者之鄉而哭。

奔喪禮云：齊衰望鄉而哭，大功望門而哭。此言大功以上，謂降服大功者也。凡喪服，降服重於正服。

適如字。兄弟之送葬者，弗及，遇主人於道，則遂之於墓。

適，往也。往送兄弟之葬，而不及當送之時，乃遇主人葬畢而反，則此送者不可隨主人反哭，必自至墓所而後反也。

凡主兄弟之喪，雖疏亦虞之。

小功緦麻疏服之兄弟也。彼無親者，主之而已。主其喪，則當爲之畢虞祔之祭也。

凡喪服未畢，有弔者，則爲位而哭，拜踊。

疏曰：不以殺禮而待新弔之賓也。言凡者，五服悉然。

大夫之哭大夫弁絰，大夫與（去聲）殯亦弁絰。

大夫之喪既成服，而大夫往弔，則身著錫衰，首加弁絰。弁絰者，如爵弁而素，加以環絰也。若與其殯事，是未成服之時也，首亦弁絰，但身不錫衰耳。不錫衰，則皮弁服也。

大夫有私喪之葛則於其兄弟之輕喪則弁絰

私喪妻子之喪也卒哭以葛代麻於此時而遭兄弟之喪雖緦麻之輕亦用弔服弁絰而往不以私喪之末臨兄弟也大夫降旁親於緦麻兄弟無服○疏曰若已成服則錫衰未成服則身素裳而首弁絰也

爲長子杖則其子不以杖即位

其子長子之子也祖不厭孫此長子之子亦得杖但與祖同處不得以杖獨居己位耳

爲妻父母在不杖不稽顙

此謂適子妻死而父母俱存故其禮如此然大夫主適

婦之喪。故其夫不杖。若父没母存。母不主喪。則子可以杖。但不稽顙耳。此并言之。讀者不以辭害意可也。山陰陸氏曰。適子爲妻如此。則庶子父雖在。以杖即位可也。

母在不稽顙。稽顙者其贈也拜。

贈謂人以物來贈己助喪事也。母在雖不稽顙。惟拜謝此贈物之人則可以稽顙。故云稽顙者其贈也拜。一説贈謂以物送别死者。即既夕禮所云贈用制幣也。嚴陵方氏曰。父母在則爲妻不杖不稽顙。爲尊者厭。不敢盡禮於私喪也。母在父没。則爲妻亦不稽顙。則容杖矣。然於拜贈之時亦稽顙焉。凡以别於父在之時也。

違諸侯之大夫不反服。違大夫之諸侯不反服。

違去也。已本是國君之臣。今去國君而往爲他國大夫之臣。是自尊適卑。若舊君死。已不反服。以仕於卑。臣不可反服於前之尊君也。本是大夫之臣。今去而仕爲諸侯之臣。是自卑適尊。若反服卑君。則爲新君之恥矣。故亦不反服。若新君與舊君等。乃爲舊君服也。嚴陵方氏曰。或違尊而之卑。或違卑而之尊。皆不敢反服於舊君者。以尊卑異體故也。○清江劉氏曰。此言違而仕者則不反服舊君。避新君也。然而違而未仕者。聞舊君之喪則反服爾。春秋傳所謂未臣焉有代其國者反死之可矣。旣臣焉而反死之則不可

喪冠條屬。燭以別吉凶。三年之練冠亦條屬。右縫。小功以下左。

喪冠以一條繩屈而屬於冠以爲冠之武而垂下爲纓故云喪冠條屬屬猶著也言著於冠也是纓與武共此一繩若吉冠則纓與武各一物玉藻云縞冠玄武之類是也吉凶之制不同故云別吉凶也三年練冠小祥之冠也其條屬亦然吉冠則襵縫向左左爲陽吉也凶冠則襵縫向右右爲陰凶也小功緦麻之服輕故襵縫向左而同於吉

緦冠繰早纓大功以上散帶

緦服之縷其麤細與朝服十五升之布同而縷數則半之治其縷不治其布冠與衰同是此布也但爲纓之布

則加以灰澡治之耳故曰緦冠繅纓繅讀爲澡大功以上服重初死麻帶散垂至成服乃絞小功以下初死即絞也

朝服十五升去上聲**其半而緦加灰**句**錫也**

朝服精細全用十五升布爲之去其半則七升半布也用爲緦服緦云者以其縷之細如絲也若以此布而加灰以澡治之則謂之錫所謂弔服之錫衰也錫者滑易之貌緦服不加灰治也朝服一千二百縷終幅緦之縷細與朝服同但其布終幅止六百縷而疏故儀禮云有事其縷無事其布曰緦

諸侯相襚以後路與冕服先路與褒衣不以襚

後路貳車也貳車在後故曰後路冕服上冕之後次冕也上公以鷩冕爲次侯伯以毳冕爲次子男以絺冕爲次先路正路也褒衣說見前章相襚不可用已之正車服者以彼不用之以爲正也嚴陵方氏曰後路貳車也先路正車也褒衣即前言復諸侯以褒衣是矣○臨川吳氏曰冕服以襚後路以賵但言相襚者包賵在其中也

遣去聲車視牢具疏布輤四面有章去聲置于四隅載粻張有子曰非禮也喪奠脯醢而已

遣車說見檀弓視牢具者天子太牢包九箇則遣車九乘諸侯太牢包七箇則七乘大夫亦太牢包五箇則五

乘。天子之上士三命少牢包三箇則三乘也。諸侯之士無遣車遣車之上以麤布爲輤輤蓋也。四面有物以鄣蔽之。章與鄣同。四隅褘之四角也。粻米糧也。遣奠之饌無黍稷。故有子以載粻爲非禮。牲體則脯醢之義也賈氏曰。士無遣車。則所包者不載于車。直持之而巳。○臨川吳氏曰。有子之意。言常時喪奠只用脯醢而巳者蓋以死者不食糧也。故遣奠亦只用牲體而不用黍稷。牲體與常時脯醢之義同。皆是用肉

祭稱孝子孝孫。喪稱哀子哀孫。端衰喪車皆無等

祭吉祭也。卒哭以後爲吉祭。故祝辭稱孝子或孝孫。自虞以前爲凶祭。故稱哀。端。正也。端衰喪服上衣也。吉時玄端服身與袂同以二尺二寸爲正。喪衣亦如之而綴

六寸之衰於胸前，故曰端衰也。喪車，孝子所乘惡車也。此二者皆無貴賤之差等。嚴陵方氏曰：祭所以追養，而盡於一身之終；喪所以哭亡，而止於三年。孝則為人子孫終身之行也，故子孫之於祭必稱孝；哀則發於聲音，見於衣服，盡三年之禮而已，故子孫之於喪止稱哀。

大白冠、緇布之冠，皆不蕤。委武玄縞而后蕤。

大白冠，太古之白布冠也。緇布冠，黑布冠也。此二冠無飾，故皆不蕤。然玉藻云緇布冠繢緌，是諸侯之冠，則此不緌者，謂大夫士也。委、武，皆冠之下卷。秦人呼卷爲委，齊人呼卷爲武。玄，玄冠也。縞，縞冠也。玄縞二冠既別有冠卷，則必有蕤，故云委武玄縞而后蕤也。馬氏曰：冠以莊其首，蕤以致其飾冠而不蕤者。始於上古尚質而不文也。冠之以蕤者。制於後代以文而勝質也。文公爲狄所滅。齊桓公救而封之。則以亡國之君爲居喪之服。故以大白。始冠者。欲其重始而取上世之冠。故以緇布。此皆不蕤者也。至於玄冠或以朱組纓。或以丹組纓。縞冠則或以玄武或以素紕。此皆以蕤者也。然而大白不蕤矣。而郊特牲曰太古冠布。齊則緇之。其緌也。緇布不蕤矣。而玉藻曰緇布冠繢緌。諸侯之冠也。若是則有時而致飾可以蕤乎。雜記所言。特喪冠爾

大夫冕而祭於公。弁而祭於己。士弁而祭於公。冠而祭於己。士弁而親迎。去聲然則士弁而祭於己可也

冕。絺冕也。祭於公。助君之祭也。弁。爵弁也。祭於己。自祭其廟也。冠。玄冠也。助祭爲尊。自祭爲卑。故冠服有異也。儀禮少牢上大夫自祭用玄冠。此云弁而祭於己者。此

大夫指孤而言也。記者以士之親迎用弁以爲可以弁而祭於己。然親迎之弁暫焉攝用耳。祭有常禮不可褻也。山陰陸氏曰。此言大夫若冕而祭於公。則弁而祭於己。士若弁而祭於公。則冠而祭於己。若下大夫一命弁而祭於公。則冠而祭於己可知。下士不命。冠而祭於公。則端而祭於己亦可知

暢曰以椈菊杵以梧枇匕以桑長去聲三尺或曰五尺畢用桑長三尺刊其柄與末

暢鬱鬯也。椈柏也。擣鬱鬯者以柏木爲臼。梧木爲杵。柏香芬而梧潔白故用之。牲體在鑊用枇升之以入鼎又以枇自鼎載之入俎。主人舉肉之時執事者則以畢助之舉。此二器。吉祭以棘木爲之。喪祭則用桑木。畢之柄

與末加刊削枇亦必然也

率律帶諸侯大夫皆五采士二采

率與繂同死者著衣畢而加此帶謂之繂者但𧝓帛邊而熨殺之不用箴線也以五采飾之士喪禮緇帶此二采天子之士也山陰陸氏曰言大夫以上襲尸其帶皆以五采絲率之即非襲尸無率也據士練帶率下辟

醴者稻醴也甕甒武筲思交反衡杭實見諫間平聲而后折入

此言葬時所藏之物稻醴以稻米爲醴也甕甒皆瓦器甕盛醯醢甒盛醴酒筲竹器以盛黍稷衡讀爲桁以木爲之所以庋舉甕甒之屬也見棺衣也言此甕甒筲衡

實於見之外椁之内。而后折入者。折形如床而無足。木爲之直者三。横者五。窆事畢而後加之壙上。以承抗席也

重平聲既虞而埋之

重說見檀弓。虞祭畢埋於祖廟門外之東

凡婦人從其夫之爵位

治婦人喪事。皆以夫爵位尊卑爲等降。無異禮也

小斂大斂啓。皆辯偏拜

禮當大斂小斂及啓攢之時。君來弔。則輟事而出拜之。若它賓客至。則不輟事。待事畢乃即堂下之位而徧拜

之。故特舉此三節言之。若士於大夫當事而大夫至。則亦出拜之也。金華應氏曰。小斂以襲其形。大斂以韜於棺。啓殯以載其柩。皆喪事之變節而切於死者之身也。生者之痛。莫此爲甚。亦於是拜死者弔生者。故主人皆徧拜以謝之而致其哀也。

朝夕哭不帷。無柩者不帷

朝夕之間孝子欲見殯。故哭則褰舉其帷。哭畢仍垂下之。無柩。謂葬後也。神主祔廟之後還在室。無事於堂。故不復施帷

君若載而后弔之。則主人東面而拜。門右北面而踊。出待反而后奠

此謂君來弔臣之喪而柩已朝廟畢。載在柩車。君既弔

位在車之東則主人在車西東面而拜門右。祖廟門之西偏也。自内出則右在西。孝子旣拜君從位而立。故於門内西偏北面而哭踊爲禮也。踊畢先出門以待拜送不敢必君之久留也。君命之反還喪所。即設奠以告死者使知君之來弔也。一說。此謂在廟載柩車之時奠謂反設祖奠

子羔之襲也。繭衣裳與稅（彖）衣纁袡（而占反）爲一。素端一。皮弁一。爵弁一。玄冕一。曾子曰。不襲婦服

子羔。孔子弟子高柴也。襲以衣斂尸也。繭衣裳謂衣裳相連而綿爲之著也。稅衣。黑色。纁絳色帛。袡裳下緣也。

繭衣裹。故用褖衣爲表。合爲一稱。故云繭衣裳與稅衣纁袡爲一。素端一。第二稱也。賀氏云。衣裳並用素爲之。皮弁一。第三稱也。皮弁之服。布衣而素裳。爵弁一。第四稱也。其服玄衣而纁裳。玄冕一。第五稱也。其服亦玄衣纁裳。衣無文而裳刺黻。大夫之上服也。婦服。指纁袡而言。曾子非之。以其不合於禮也。山陰陸氏曰。據此男子褻衣皆連衣裳。裘蓋亦如之。然則婦人連衣裳。放男子之內也。公襲九稱。爵弁三。大夫五稱。皮弁三。則士三稱。爵弁一。皮弁二與。凡襲親身之服不與其餘爲序。故子羔襲稅衣。其素端以下自爲序。素端亞皮弁。皮弁亞爵弁。爵弁亞玄冕。公襲衮衣。其玄端以下自爲序。玄端亞朝服。朝服亞素積。素積亞爵弁。爵弁亞玄冕。玄冕亞衮衣

爲君使去聲而死。公館復。私館不復。公館者。公宮與公所爲

也。私館者，自卿大夫以下之家也。

說見曾子問

公七踊，大夫五踊，婦人居間。士三踊，婦人皆居間。

國君五日而殯，自死至大斂凡七次踊者：始死一也，明日襲二也，襲之明日之朝三也，又明日之朝四也，其日旣小斂五也，小斂明日之朝六也，明日大斂時七也。大夫三日而殯，凡五次踊者：始死一也，明日襲之朝二也，明日之朝及小斂四也，小斂之明日大斂五也。士二日而殯，凡三次踊者：始死一也，小斂時二也，大斂時三也。凡踊，男子先踊，踊畢而婦人乃踊，婦人踊畢賓乃踊，是婦人居主人與賓之中間故云居間也然記者固云動尸舉柩哭踊無數而此乃有三五七之限者此以禮經之常節言彼以哀心之泛感言也又所謂無數者不以每踊三跳九跳爲三踊之限也嚴陵方氏曰爲貴者踊則多爲賤者踊則少此輕重之別也

公襲卷衮衣一玄端一朝服一素積一纁裳一爵弁二玄冕一襃衣一朱綠帶申加大帶於上

卑者以卑服親身如子羔之襲是也公貴者故上服親身襃衣最外尊顯之也襃衣上公之服也玄端玄衣朱裳齊服也天子以爲燕服士以爲祭服大夫士以爲私

朝之服。朝服，緇衣素裳，公日視朝之服也。素積皮弁之服，諸侯視朝之服也。纁裳，冕服之裳也。爵弁二者玄衣纁裳，二通也。以其爲始命所受之服，故特用二通，示重本也。玄冕見上章。褒衣者，君所加賜之衣，最在上，榮君賜也。諸侯襲尸用小帶，以爲結束。此帶則素爲之而飾以朱綠之采也。申，重也。已用革帶，又重加大帶，象生時所服大帶也。此帶即上章所云率帶，諸侯大夫皆五采，士二采者是也。嚴陵方氏曰：言公襲之如此，則自卿大夫而下，固有降殺矣。

小斂環絰，公大夫士一也。

疏曰：環絰，一股而纏也。親始死，孝子去冠，至小斂不可

無飾。士素委貌。大夫以上素弁。而貴賤悉得加於環絰。故云公大夫士一也

公視大斂。公升。商祝鋪平聲席。乃斂

君臨臣喪而視其大斂。商祝習知斂禮者。專主斂事。主人雖先已鋪席布絞紟等物。聞君將至。悉徹去之。待君至升堂。商祝乃始鋪席爲斂事。蓋榮君之至而舉其禮也

魯人之贈也。三玄二纁。廣去聲尺。長去聲終幅

贈。以物送別死者於椁中也。既夕禮曰。贈用制幣玄纁束。一丈八尺爲制。今魯人雖用玄與纁。而短狹如此。則

非禮矣故記者識之幅之度二尺二寸

弔者即位于門西東面其介在其東南北面西上西於門主孤西面相者受命曰孤某使某請事客曰寡君使某如何不淑相者入告出曰孤某須矣弔者入主人升堂西面弔者升自西階東面致命曰寡君聞君之喪寡君使某如何不淑子拜稽顙弔者降反位

此言列國遣使弔喪之禮弔者君所遣來之使也介副也門西主國大門之西也西上者介非一人其長者在西近正使也西於門不敢當門之中也主孤西面立於阼階之下也相者受命相禮者受主人之命也如何不

淑慰問之辭。言何爲而罹此凶禍也。須待也。凶禮不出迎。故云須矣。主人升堂由阼階而升也。降反位。降階而出復門外之位也。曲禮云升降不由阼階。謂平常無弔賓時耳。○石梁王氏曰。此一段頗詳。可補諸侯喪禮之缺

含去聲者執璧將命曰。寡君使某含。相者入告。出曰。孤某須矣。含者入升堂致命。子拜稽顙。含者坐委于殯東南有葦席。既葬蒲席。降出反位。宰夫朝服即喪屨升自西階西面坐取璧降自西階以東

此言列國致含之禮。含玉之形制如璧。舊註云分寸大

小未聞坐委跪而致之也。未葬之前設葦席以承之既葬則設蒲席承之。鄰國有遠近故有葬後來致含者。降出反位。謂含者委璧訖。降階而復門外之位也。上文弔者爲正使。此含者乃其介耳。凡初遭喪。則主人不親受使大夫受於殯宮。此遭喪已久故嗣子親受之然後宰夫取而藏之也。朝服吉服也。執玉不麻故著朝服以在喪不可純變吉故仍其喪屨。坐取璧。亦跪而取之也。以東藏於内也。䟽云。宰謂上卿。夫字衍

襚者曰。寡君使某襚。相者入告。出曰。孤某須矣。襚者執冕服。左執領。右執要。平聲入升堂致命曰。寡君使某襚。子拜稽

顙委衣于殯東襚者降受爵弁服於門内霤將命子拜稽顙如初受皮弁服於中庭自西階受朝服自堂受玄端將命子拜稽顙皆如初襚者降出反位宰夫五人舉以東降自西階其舉亦西面

此言列國致襚之禮衣服曰襚委于殯東即委辟之席上也左執領則領向南此襚者既致冕服訖復降而出取爵弁服以進至門之内霤而將命子拜如初者如受冕服之禮也受訖襚者又出取皮弁服及朝服及玄端服每服進受之禮皆如初但受之之所不同耳致五服皆畢襚者乃降出反位而宰夫五人各舉一服以東而其

舉之也。亦如襚者之西面焉。嚴陵方氏曰。即前所言諸侯相襚以後路與冕服者。蓋是禮也。

上介賵，芳鳳反執圭將命，曰：「寡君使某賵。」相者入告，反命曰：「孤須矣。」陳乘去聲黄大路於中庭，北輈。執圭將命。客使自下由路西。子拜稽顙，坐委于殯東南隅，宰舉以東。

此言列國致賵之禮。車馬曰賵。乘黄，四黄馬也。大路，車也。北輈，車之輈轅北向也。客使，上介所役使之人也。爲客所使，故曰客使。自，率也。下，謂馬也。由，在也。路，即大路也。陳車北轅畢，賵者執圭升堂致命，而客之從者率馬設在車之西也。車亦此從者設之。子拜之後，賵客即跪而置其圭於殯東南隅之席上。而宰舉之以東而藏於內也。又按覲禮車在西。統於賓也。既夕禮車以西爲上者。爲死者而設於鬼神之位也。此賵禮車馬爲助主人送葬而設。統於主人。故車在東也○陸氏曰。孤須矣從此盡篇末皆無其字。有者非嚴陵方氏曰。乘馬曰賵。衣衾曰襚。貝玉曰含。錢財曰賻。此言賵禮。故陳乘黃大路於中庭

凡將命。鄉去聲殯將命。子拜稽顙。西面而坐委之。宰舉璧與圭。宰夫舉襚。升自西階。西面坐取之。降自西階

凡將命者。總言上文弔含襚賵將命之禮也。鄉殯者。立于殯之西南而面東北。以向殯也。將命之時。子拜稽顙

畢客即西向跪而委其所執之物其含璧與圭則宰舉之襚衣則宰夫舉之而其舉也皆自西階升而西面以跪而取之乃自西階以降也〔山陰陸氏曰此弔儀也始云寡君使某弔已而曰寡君使某含寡君使某襚寡君使某賵又曰寡君有宗廟之事不得承事使一介老某相執綍則弔臨含襚賵皆相將賵賻亦應爾而今不錄不與錄也故曰玩好曰贈貨財曰賻〕

賵者出反位于門外

此句當屬於前章上介賵云云宰舉以東之下

上客臨〔如字〕曰寡君有宗廟之事不得承事使一介老某相〔去聲〕執綍〔弗〕相者反命曰孤須矣臨者入門右介者皆從之立于其左東上宗人納賓升受命于君降曰孤敢辭吾子

之辱。請吾子之復位。客對曰。寡君命某毋敢視賓客。敢辭。宗人反命曰。孤敢固辭吾子之辱。請吾子之復位。客對曰。寡君命某毋敢視賓客。敢固辭。宗人反命曰。孤敢固辭吾子之辱。請吾子之復位。客對曰。寡君命使去聲臣某毋敢視賓客。是以敢固辭。固辭不獲命。敢不敬從。客立于門西。介立于門左東上。孤降自阼階拜之。升哭與客拾其劫反踊三。客出。送于門外拜稽顙

上客卽前章所云弔者。蓋鄰國來弔之正使也。弔含襚賵皆畢。自行臨哭之禮。若聘禮之有私覿然。蓋私禮爾。主人入門而右。客入門而左。禮也。今此客入門之右。是

不敢以賓禮自居也。宗人。掌禮之官。欲納此弔賓。先受納賓之命於主國嗣君。然後降而請於客使之復門左之賓位也。宗人以客荅之辭入告於君而反命于客。如是者三。客乃自稱使臣而從其命。於是立于門西之賓位。主君自阼階降而拜之。主客俱升堂哭而更踴者三。所謂成踊也。客出。送而拜之。謝其勞辱也。山陰陸氏曰。臨應親至。故其辭如此。據寡君使某弔。使某含。使某襚。使某賵。不云不得承事。其遣上客亦以此。賵稱上介。亞於此。與若陳乘黃大路於中庭。盖亦重禮也。言執紼。容外客臨有葬而至者也。含不及斂。不及事矣。襚不及殯。不及事矣。賵不及葬。不及事矣。雖然。猶愈乎否。賓升受命于君。變子稱君。容外客臨有不及事既葬與踰年而後至也。公羊傳曰。君薨稱子某。既葬稱子。踰年稱公。其曰孤降自阼階。則子踰年可知。孤不名。亦以此。曲禮曰。居喪之禮升

降不由阼階

其國有君喪不敢受弔

言卿大夫以下有君喪而又有親喪則不敢受他國賓客之弔尊君故也山陰陸氏曰言諸侯有天子之喪雖有親喪不敢受弔諸侯如此則其臣有諸侯之喪蓋亦如此設若衛靈公弔季康子而康子有君之喪應辭

外宗房中南面小臣鋪席商祝鋪絞爻紟其鴆反衾士盥于盤北舉遷尸于斂上卒斂宰告子馮憑之踊夫人東面坐馮之興踊

此是喪大記君大斂章文重出在此說見本章

士喪有與天子同者三其終夜燎及乘人專道而行

終夜燎。謂遷柩之夜須光明達旦也。乘人。使人執引也。

專道。柩行於路人皆避之也

禮記集說大全卷之十九

禮記集說大全卷之二十

雜記下第二十一

嚴陵方氏曰此篇固以所記不一爲雜然有生必有死人道之正也死於外則變矣有樂必有憂人情之常也重有憂則變矣變而不一而雜謂之雜者又在乎此故上篇諸侯行而死於館爲首自未没父喪而母死分爲下篇之首

有父之喪如未没喪而母死其除父之喪也服其除服卒事反喪服

没猶終也除也父喪在小祥後大祥前是未没父喪也又遭母喪則當除父喪之時自服除喪之服以行大祥之禮此禮事畢即服喪母之服若母喪未葬而值父之二祥則不得服祥服者以祥祭爲吉未葬爲凶不忍於

凶時行吉禮也嚴陵方氏曰。除服。謂祥祭之服。服其除服而後反喪服。以示於前喪有終也

雖諸父昆弟之喪。如當父母之喪。其除諸父昆弟之喪也。皆服其除喪之服。卒事反喪服

諸父昆弟之喪。自始死至除服皆在父母服内。輕重雖殊。而除喪之服不廢者。篤親愛之義也。若遭君喪。則不得自除私服。曾子問言之矣

如三年之喪。則既穎。犬迥反其練祥皆行

前喪後喪俱是三年之服。其後喪既受葛之後。得爲前喪行練祥之禮也。既穎者。既虞受服之時。以葛絰易要之麻絰也。穎。草名。無葛之鄉以穎代山陰陸氏曰。凡喪服皆麻。練而葛。蓋

禫而後纖。纖，吉服也。知然者，纖黼衣錦尚絅知之也。三年重服，故雖當既纖，其練祥猶行。鄭氏謂未沒喪者，已練祥矣。鄉當父母之喪未練祥也，然則既纖在禫之後明矣。

王父死，未練祥而孫又死，猶是附於王父也。

孫之祔祖，禮所必然，故祖死雖未練祥，而孫又死，亦必祔於祖。嚴陵方氏曰：王父雖未練祥，而孫得祔者，以昭穆同故也。

有殯，聞外喪，哭之他室。入奠，卒奠，出，改服即位，如始即位之禮。

有殯，謂父母喪未葬也。外喪，兄弟之喪在遠者也。哭不於殯宮而於他室，明非哭殯也。入奠者，哭之明日之朝，著己本喪之服，入奠殯宮，奠畢而出，乃脫己本喪服，著

新死者未成服之服。而即昨日他室所哭之位。如始即位之禮者。謂今日之即哭位。如昨日始聞喪而即位之禮也

大夫士將與(去聲)祭於公。既視濯而父母死。則猶是與祭也。次於異宮。既祭。釋服出公門外哭而歸。其他如奔喪之禮。如未視濯。則使人告。告者反而后哭

視濯。監視器用之滌濯也。猶是與祭者。猶是在吉禮之中。不得不與祭。但居次於異宮耳。以吉凶不可同處也。如未視濯而父母死。則使人告於君。俟告者反而後哭父母也。山陰陸氏曰。禮大夫死。雖當祭猶告。春秋傳曰。大夫國體也。古之人重死。君命無所不通。鄭氏

謂宿則與祭出門乃解祭服皆爲差緩也。然則歸而後哭亦以此

如諸父昆弟姑姊妹之喪則既宿則與祭卒事出公門釋服而后歸其他如奔喪之禮如同宮則次于異宮

既宿謂祭前三日將致祭之時既受宿戒必與公家之祭以期以下之喪服輕故也如同宮則次於異宮者謂此死者是己同宮之人則既宿之後出次異宮亦以吉凶不可同處也○鄭氏曰古者昆弟異居同財有東宮有西宮有南宮有北宮

曾子問曰卿大夫將爲尸於公受宿矣而有齊衰內喪則如之何孔子曰出舍乎公宮以待事禮也孔子曰尸弁冕

而出。卿大夫士皆下之。尸必式。必有前驅

說見曾子問篇

父母之喪將祭而昆弟死。既殯而祭。如同宮則雖臣妾葬而后祭

將祭。將行小祥或大祥之祭也。適有兄弟之喪則待殯訖乃祭。然此死者乃是異宮之兄弟耳。若是同宮則雖臣妾之卑賤。亦必待葬後乃祭。以吉凶不可相干也。故喪服傳云有死於宮中者。則爲之三月不舉祭。清江劉氏曰。按喪不宜有異居。然則昆當作兄。兄弟或不同居矣。喪服曰。小功以下爲兄弟

祭主人之升降散等。執事者亦散等。雖虞附亦然

散栗也等階也吉祭則涉級聚足喪祭則栗階二祥之祭吉禮宜涉級聚足而栗階者以有兄弟之喪故略威儀也燕禮云栗階不過二等蓋始升猶聚足連步至二等則左右足各一發而升堂也雖虞祔亦然者謂主人至昆弟虞祔時而行父母祥祭則與執事者亦皆散等也

自諸侯達諸士小祥之祭主人之酢也嚌才細反之衆賓兄弟則皆啐七內反之大祥主人啐之衆賓兄弟皆飲之可也

至齒爲嚌入口爲啐主人之酢嚌之謂正祭之後主人獻賓長賓長酢主人主人受酢則嚌之也衆賓兄弟啐

之謂祭末受獻之時則啐之也山陰陸氏曰自諸侯達諸士此蓋蒙上言練祥虞祔之祭升降皆散等升降如此則小祥之酢嚌之啐之大祥啐之飲之皆達亦可知

凡侍祭喪者告賓祭薦而不食

侍祭喪謂相喪祭禮之人也薦謂脯醢也相禮者但告賓祭此脯醢而已賓不食之也若吉祭賓祭畢則食之此亦謂練祥之祭主人獻賓賓受獻主人設薦時也虞祔無獻賓之禮嚴陵方氏曰祭之而不食者哀而不忍故也

子貢問喪子曰敬爲上哀次之瘠爲下顔色稱去聲其情戚容稱其服

問喪問居父母之喪也附於身附於棺者皆欲其必誠

必信。故曰敬爲上。子游言喪致乎哀而止。先儒謂而止二字。微有過於高遠而簡略細微之弊。此言哀次之可見矣。毀瘠不形。不勝喪。乃比於不慈不孝。故曰瘠爲下也。齊斬之服固有重輕。稱其情稱其服。則中於禮矣。嚴陵方氏曰。敬足以盡禮。故爲上。哀足以盡情。故次之。瘠足以盡容。故爲下。顏色在乎面目。而面目者情之所見也。故顏色稱其情。戚容兼乎四體。者服之所被也。故戚容稱其服。

請問兄弟之喪。子曰。兄弟之喪則存乎書策矣

存乎。書策者言依禮經所載而行之。非若父母之喪哀容體狀之不可名言。而經不能備言也。山陰陸氏曰。凡居親之喪。哀瘠常浮於敬。故哭泣之哀。顏色之戚。有圖不能畫。書不能載者矣。故孔子言之如此。兄弟之喪存乎書策。若親之

喪。求情於言意之表可也

君子不奪人之喪。亦不可奪喪也

君子不奪廢他人居喪之情。而君子居喪之情亦不可爲他事所奪廢。要使各得盡其禮耳◯䟽曰。不奪人喪。恕也。不奪己喪。孝也

孔子曰。少連大連善居喪。三日不怠。三月不解。懈期悲哀三年憂。東夷之子也

少連見論語。三日。親始死時也。不怠。謂哀痛之切。雖不食。而能自力以致其禮也。三月。親喪在殯時也。解與懈同。倦也。或讀如本字。謂寢不脫絰帶也。憂。謂憂慼憔悴

馬氏曰。聖人之作春秋。於中國則尊之。於蠻夷則擯之者。以明中國者。禮義之所在。而蠻夷者。不可以禮義責也。然而少連大連之善居喪。三日不怠。三月不解。期悲哀。三年憂。則雖孔子之高弟曾閔之至孝。亦不過如是。此孔子稱之曰東夷之子也。蓋非特美其能行是禮。又美其能變是俗也。雖然。孟子之言舜生於諸馮。遷於負夏。卒於鳴條。東夷之人也。文王生於岐周。卒於畢郢。西夷之人也。彼舜文王爲東西夷之人。則二連以東夷之子而合於禮。豈足恠哉。論語謂柳下惠少連降志辱身矣。言中倫。行中慮。少連之行可與下惠爲徒。則豈特如孟獻子之流。加於人一等而已哉

三年之喪。言而不語。對而不問。廬堊室之中。不與人坐焉。

言自言己事也。語爲人論說也。倚廬及堊室。說見前篇。

在堊室之中。非時見現乎母也。不入門

時見乎母。謂有事行禮之時而入見母也。非此則不入

中門嚴陵方氏曰言畧而語詳對應而無問倡言而不語對而不問以居憂有所不暇故也廬堊室之中不與人坐亦憂之所獨也在堊室非時見乎母不入門則在廬之中非時亦有所不見也

疏平聲衰皆居堊室不廬廬嚴者也

疏衰齊衰也齊衰有三年者有期者有三月者凡喪次斬衰居倚廬齊衰居堊室大功有帷帳小功緦麻有牀笫廬嚴者謂倚廬乃哀敬嚴肅之所服輕者不得居

妻視叔父母姑姊妹視兄弟長中下殤視成人

哀戚輕重之等各有所比殤服皆降而哀之如成人以本親重故也嚴陵方氏曰此言輕重雖稍異而哀戚畧同也

親喪外除兄弟之喪內除

鄭氏曰。外除日月已竟而哀未忘。内除日月未竟而哀已殺。長樂黄氏曰。内除外除。皆言日月已竟。服重者則外雖除而内未除。服輕者則不唯外除而内亦除也。所以不同

視君之母與君之妻比之兄弟發諸顔色者亦不飲食也君母君妻小君也。服輕。哀之比兄弟之喪然。於酒肴之珍醇可以發見顔色者亦不飲之食之也

免喪之外行於道路見似目瞿。九遇反聞名心瞿弔死而問疾顔色戚容必有以異於人也。如此而后可以服三年之喪其餘則直道而行之是也見人貌有類其親者則目爲之瞿然驚變聞人所稱名

與吾親同則心爲之瞿然驚變喪服雖除而餘哀未忘故於弔死問疾之時戚容有加異於無憂之人也如此而後可以服三年之喪言其哀心誠實無僞也其餘服輕者直道而行則不過循喪禮而已

廬陵胡氏曰路隋父死母告以皃類父終身不引鏡近於目瞿劉温叟父名岳終身不聽絲竹近於心瞿弔問哀痛之處戚容應甚

祥主人之除也於夕爲期朝服祥因其故服

祥大祥也○疏曰祥祭之時主人除服之節於夕爲期謂於祥祭前夕預告明日祭期也朝服謂主人著朝服緇衣素裳其冠則縞冠也祥因其故服者謂明旦祥祭時主人因著其前夕故朝服也又曰此據諸侯卿大夫

言之從祥至吉凡服有六祥祭朝服縞冠一也祥訖素縞麻衣二也禫祭玄冠黄裳三也禫訖朝服綅冠四也踰月吉祭玄冠朝服五也既祭玄端而居六也○陸氏曰綅息廉反黑經白緯曰綅

子游曰既祥雖不當縞者必縞然後反服

疏曰既祥謂大祥後有來弔者雖不當縞謂不正當祥祭縞冠之時也必縞然後反服者主人必須著此祥服縞冠以受弔者之禮然後反服大祥後素縞麻衣之服也山陰陸氏曰一說親喪雖既祥猶有他喪未除今以祥故無所不用縞縞既祥之服也然後反服然後反他喪之服

當袒大夫至雖當踊絶踊而拜之反改成踊乃襲於士既事成踊襲而后拜之不改成踊

䟽曰此明士有喪大夫及士來弔之禮士有喪當袒之時而大夫來弔蓋斂竟時也雖當主人踊時必絶止其踊而出拜此大夫反還也改更也拜竟而反還先位更爲踊而始成踊尊大夫之來新其事也乃襲者踊畢乃襲初袒之衣也於士既事成踊襲者既猶畢也若當主人有大小斂諸事而士來弔則主人畢事而成踊踊畢而襲襲畢乃拜之拜之而止不更爲之成踊也

上大夫之虞也少牢卒哭成事附皆大牢下大夫之虞也

犆特牲卒哭成事附皆少牢

卒哭謂之成事成吉事也附祔廟也

祝稱卜葬虞子孫曰哀夫曰乃兄弟曰某卜葬其兄句弟曰伯子某

初虞即葬之日故并言葬虞子卜葬父則祝辭云哀子某卜葬其父某甫孫則云哀孫某卜葬其祖某甫夫則云乃某卜葬其妻某氏乃者助語之辭妻卑故爾若弟爲兄則云某卜葬兄伯子某兄爲弟則云某卜葬其弟某

古者貴賤皆杖叔孫武叔朝見輪人以其杖關轂而輠胡罪

反

輪者於是有爵而後杖也

輪人作車輪之人也。關，穿也。輠，迴也。謂以其衰服之杖穿於車轂中而迴轉其輪，鄙褻甚矣。自後無爵者不得杖。此記庶人廢禮之由也。

鑿巾以飯上聲公羊賈爲之也

飯，含也。大夫以上貴，使賓爲其親含，恐尸爲賓所憎穢，故以巾覆尸面，而當口處鑿穿之，令含玉得以入口。士賤，不得使賓，子自含，無憎穢之心，故不以巾覆面。公羊賈，士也，而鑿以飯，是憎穢其親矣。此記士失禮之所由也。

冒者何也。所以掩形也。自襲以至小斂不設冒則形是以襲而后設冒也

冒說見王制襲沐浴後以衣衣尸也。則形者言尸雖已著衣若不設冒則尸象形見爲人所惡是以襲而設冒也。后字衍

或問於曾子曰。夫既遣而包其餘猶既食而裹其餘與平聲君子既食則裹其餘乎曾子曰。吾子不見大饗乎。夫大饗既饗卷三牲之俎歸于賓館父母而賓客之所以爲哀也。子不見大饗乎

設遣奠訖即以牲體之餘包裹而置之遣車以納于壙

中或人疑此禮謂如君子食於他人家食畢而又包其餘以歸豈不傷廉乎曾子告以大饗之禮畢卷俎內三牲之肉送歸賓之館中猶此意耳父母家之主今死將葬而孝子以賓客之禮待之此所以悲哀之至也重言以喻之

非爲去聲人喪問與平聲賜與

此上有闕文言非爲其有喪而問遺之歟賜予之歟問敵者之禮賜尊上之命

三年之喪以其喪拜非三年之喪以吉拜

拜問拜賜拜賓皆拜也喪拜稽顙而后拜也吉拜拜而

後稽顙也。今按，檀弓鄭註以拜而后稽顙爲殷之喪拜，稽顙而后拜爲周之喪拜。疏云：鄭知此者，以孔子所論每以二代對言，故云三年之喪吾從其至者，但殷之喪拜自斬衰至緦麻皆拜而後稽顙，以其質故也。周制則杖期以上皆先稽顙而後拜，不杖期以下乃作殷之喪拜。此章疏義與檀弓疏互看乃得其詳。山陰陸氏曰：所謂吾從其至者也。然則稽顙而後拜，蓋三年之喪拜也。故曰以其喪拜。

三年之喪，如或遺去聲之酒肉，則受之，必三辭，主人衰絰而受之。如君命，則不敢辭，受而薦之。喪者不遺人，人遺之，雖酒肉受也。從父昆弟以下，既卒哭，遺人可也。

喪大記云既葬君食之則食之大夫父之友食之則食之此云衰絰而受雖受而不食也薦之者尊君之賜喪者不遺人以哀戚中不當行禮於人也卒哭可以遺人服輕哀殺故也○石梁王氏曰居喪有酒肉之遺必疾者也

縣玄子曰三年之喪如斬期之喪如剡

剡削也此言哀痛淺深之殊

三年之喪雖功衰不弔自諸侯達諸士如有服而將往哭之則服其服而往

疏曰小祥後衰與大功同故曰功衰如有五服之親喪

而往哭。不著己之功衰而依彼親之節以服之也。不弔與往哭二者貴賤皆同之。山陰陸氏曰。所謂功衰猶言功衰微加人功。雖服功衰不弔。則以創鉅痛深故也。

期之喪。十一月而練。十三月而祥。十五月而禫。練則弔

鄭氏曰。凡齊衰十一月皆可以出弔。又曰。此爲父在爲母

既葬大功。句弔哭而退。不聽事焉

既葬大功者。言己有大功之喪已葬也。弔哭而退。謂往弔他人之喪。則弔哭既畢即退去。不待與主人襲斂等事也

期之喪未葬弔於鄉人哭而退不聽事焉功衰弔待事不執事

儀禮喪服傳姑姊妹適人無主者姪與兄弟爲之齊衰不杖期此言期之喪正謂此也雖未葬亦可出弔但哭而退不聽事也此喪既葬受以大功之衰謂之功衰此後弔於人可以待主人襲斂等事但不親自執其事耳

小功緦執事不與於禮

執事謂擯相也禮饋奠也輕服可以爲人擯相擯相事輕故也饋奠之禮重故不與

相趨也出宮而退相揖也哀次而退相問也既封窆而退

相見也反哭而退朋友虞附而退

此言弔喪之禮恩義有厚薄故去留有遲速相趨者古人以趨示敬論語過之必趨左傳免胄趨風之類是也言此弔者與主人昔嘗有相趨之敬故來弔喪以情輕故柩出廟之宮門即退去也相揖者已嘗相會相識故待柩至大門外之哀次而退也相問遺者是有往来恩義故待窆畢而退嘗執贄行相見之禮者情又加重故待孝子反哭於家乃退朋友恩義更重故待虞祭附祭畢而后退也

弔非從主人也四十者執紼弗鄉人五十者從反哭四十

者待盈坎

言弔喪者是爲相助凡役非徒隨從主人而已故年四十以下者力壯皆當執綍同鄉之人五十者始衰之年故隨主人反哭而四十者待土盈壙乃去

喪食雖惡必充飢飢而廢事非禮也飽而忘哀亦非禮也視不明聽不聰行不正不知哀君子病之故有疾飲酒食肉五十不致毁六十不毁七十飲酒食肉皆爲去聲疑死

疑死恐其死也

有服人召之食不往大功以下既葬適人人食嗣之其黨也食之非其黨弗食也

黨謂族人與親戚也

功衰食菜果飲水漿無鹽酪。洛 不能食食。嗣 鹽酪可也

功衰斬衰齊衰之末服也。酪說文乳漿也 藍田呂氏曰。功衰亦卒哭之喪服。間傳父母之喪既虞卒哭。疏食水飲。不食菜果。與此文正合。疏食水飲其飲不加鹽酪。故曰飲水漿無鹽酪也。不能食食鹽酪可也者。喪大記不能食粥羹之以菜可也。蓋人有所不能亦不可勉也

孔子曰身有瘍羊 則浴首有創平聲 則沐病則飲酒食肉毀瘠爲病君子弗爲也毀而死君子謂之無子

曲禮曰不勝喪比於不慈不孝是有子與無子同也 臨川吳氏曰。有創瘍須洗滌而不沐浴。有疾病須滋養而不酒肉。毀過而瘠爲病。皆能傷生。夫哀者本是愛親。毀而傷生。則是不愛身也。身者親之遺體。不愛身即是不愛親也。故君子弗爲。況毀瘠爲病。不惟傷其生。或至殞其

生。夫人之所貴乎有子者。正欲其終父母之喪也。毀而死。則有子者復無子矣。無子則無人終父母之喪。可謂孝乎

非從柩與反哭。無免問於堩

堩。道路也。道路不可無飾。故從柩送葬與葬畢反哭。皆著免而行於道路。非此二者則否也。然此亦謂葬之近者。小記云。遠葬者比反哭。皆冠。及郊而後免也

凡喪小功以上。上聲非虞附練祥無沐浴

潔飾所以交神。故非此四祭則不沐浴也。嚴陵方氏曰。有祭則不可以不齋戒。齋戒則不可不沐浴

疏衰之喪。既葬。人請見之則見。不請見人。小功請見人可

也。大功不以執摯。唯父母之喪。不辟避涕泣而見人

疏衰。齊衰也。摯。與贄同

三年之喪。祥而從政。期之喪。卒哭而從政。九月之喪。既葬而從政。小功緦之喪。既殯而從政

從政。謂庶人供力役之征也。王制云。齊衰大功。三月不從政。庶人依士禮。卒哭與葬同三月也

曾申問於曾子曰。哭父母有常聲乎。曰。中路嬰兒失其母焉。何常聲之有

哀痛之極。無復音節。所謂哭不偯也 廬陵胡氏曰。孔子不取弁人孺子泣。而此取嬰兒哭者。此泛問哭時。故舉重。謂始死時也。彼在襲斂。當哭踊有節。故異

卒哭而諱王父母兄弟世父叔父姑姊妹子與父同諱

卒哭以前猶以生禮事之故不諱其名卒哭後則事以鬼道故諱其名而不稱也此專言父之所諱則子亦不敢不諱故曰子與父同諱也父之祖父母伯父叔父及姑等於己小功以下本不合諱但以父之所諱己亦從而諱也若父之兄弟及姊妹己自當諱不以從父而諱也又按不逮事父母則不諱王父母謂庶人此所言以父是士故從而諱也

母之諱宮中諱妻之諱不舉諸其側與從去聲祖昆弟同名則諱

母爲其親諱則子於一宫之中亦爲之諱妻爲其親諱則夫亦不得稱其辭於妻之左右非宫中非其側則固可稱矣若母與妻所諱者適與己從祖昆弟之名同則雖他所亦諱之也

以喪冠去聲**者雖三年之喪可也既冠於次入哭踊三**去聲**者三乃出**

當冠而遭五服之喪則因成喪服而遂加冠此禮無分服之輕重故曰雖三年之喪可也既冠於居喪之次乃入哭踊凡踊三踊爲一節三者三言如此者三次也乃出出就次所也詳見曾子問

大功之末可以冠子可以嫁子父小功之末可以冠子可以嫁子可以取去聲婦己雖小功既卒哭可以冠取妻下殤之小功則不可

末服之將除也舊說以末爲卒哭後然大功卒哭後尚有六月恐不可言末小功既言末又言卒哭則末非卒哭明矣下言父小功之末則上文大功之末是據己身而言舊說父及己身俱在大功之末或小功之末恐亦未然下殤之小功自期服而降以本服重故不可冠娶也張子曰大功之末可以冠子可以嫁子父小功之末可以冠子可以嫁子可以娶婦疑大功之末已下十二字爲衍宜直云父大功之末云父大功則是己小功之末也而己之子緦麻之末也故可以冠取也蓋冠取

者固已無服矣凡卒哭之後皆是末也所以言行者以上十二字義無所附著已雖小功既卒哭可與冠取妻是已自冠取妻也

凡弁經其衰侈袂

弁經之服弔服也首著素弁而加以一股環經其服有三等錫衰緦衰疑衰也侈大也袂之小者二尺二寸此三尺三寸

父有服宮中子不與去聲於樂母有服聲聞去聲焉不舉樂妻有服不舉樂於其側大功將至辟婢亦反琴瑟小功至不絕樂

宮中子與父同宮之子也命士以上乃異宮不與於樂

謂在外見樂不觀不聽也。若異宮則否。此亦謂服之輕者。如重服則子亦有服可與樂乎。聲之所聞。又加近矣其側。則尤近者也。輕重之節如此。大功將至。謂有大功喪服者將來也。爲之屏退琴瑟。亦助之哀戚之意。小功者輕。故不爲之止樂。長樂陳氏曰。父有服宮中子不得與於聞樂。況舉樂乎。毋有服不得以舉樂。雖聲聞焉可也。妻有服不舉樂於其側。不於其側。雖舉之可也。毋殺於父。而妻又殺於毋也。樂不止於琴瑟。琴瑟特常御者而已。大功之親有服將至。則雖辟琴瑟可也。未至則不辟矣。小功之親有服雖至不絕樂

姑姊妹其夫死而夫黨無兄弟使夫之族人主喪妻之黨雖親弗主。夫若無族矣。則前後家東西家。無有。則里尹主之。或曰。主之而附於夫之黨、

此明姑姊妹死而無夫無子者。喪必有主。婦人於本親降服。以其成於外族也。故本族不可主其喪。里尹。蓋閭胥里宰之屬也。或以爲妻黨主之而祔祭於其祖姑。此非也。故記。并著之。朱子曰。古法既廢。鄰家里尹。決不肯祭他人之親。則從宜而祀之別室。其亦可也

麻者不紳。執玉不麻。麻不加於采

麻。謂喪服之經也。紳。大帶也。吉凶異道。居喪以經代大帶也。執玉不麻。謂著衰經者不得執玉行禮也。采。玄纁之衣也。○疏曰。按聘禮己國君薨至於主國。衰而出。註云。可以凶服將事。蓋受主君小禮得以凶服。若聘享大

事則必吉服也

國禁哭則止朝夕之奠即位自因也

國有大祭祀則喪者不敢哭然朝奠夕奠之時自即其阼階下之位而因仍禮節之故事以行也

童子哭不偯不踊不杖不菲扶味反不廬

偯委曲之聲也菲草屨也廬倚廬也童子為父後者則杖

孔子曰伯母叔母疏衰踊不絕地姑姊妹之大功踊絕於地如知此者由文矣哉由文矣哉

伯叔母之齊衰服重而踊不離地者其情輕也姑姊妹

之大功服輕而踊必離地者其情重也孔子美之言知此絶地不絶地之情者能用禮文矣哉○鄭氏曰伯母叔母義也姑姊妹骨肉也臨川吴氏曰喪禮有情有文誠於中者情也形於外者文也伯母叔母之疏衰期其文隆於大功矣然義服之情輕於骨肉故踊不絶地其哀淺也姑姊妹之大功九月其文殺於疏衰矣然骨肉之情重於義服故踊絶於地其哀深也知此二者則知哀情之深淺而合於禮文之中也

泄柳之母死相者由左泄柳死其徒由右相泄柳之徒爲之也

悼公弔有若之喪而子游擯由左則由右相者非禮也此記失禮所自始

天子飯上聲九貝。諸侯七。大夫五。士三。

飯。含也。貝。水物。古者以爲貨。士喪禮貝三。實于笄。周禮天子飯含用玉。此蓋異代之制乎

士三月而葬。是月也卒哭。大夫三月而葬。五月而卒哭。諸侯五月而葬。七月而卒哭。士三虞。大夫五。諸侯七

䟽曰。大夫以上位尊。念親哀情於時長遠。士職卑位下禮數未伸

諸侯使人弔。其次含襚賵臨。皆同日而畢事者也。其次如此也

諸侯薨。鄰國遣使來先弔。次含。次襚。次賵。次臨。四者之

禮一日畢行詳見上篇

卿大夫疾君問之無筭士壹問之君於卿大夫比畀葬不食肉比卒哭不舉樂為去聲士比殯不舉樂

喪大記云三問此云無筭或恩義如師保之類乎或三問者君親往而無筭者遣使乎士有疾君問之惟一次卑賤也比及也

升正柩諸侯執綍五百人四綍皆銜枚司馬執鐸左八人右八人匠人執羽葆御柩大夫之喪其升正柩也執引去聲者三百人執鐸者左右各四人御柩以茅

升正柩者將葬柩朝祖廟升西階用輁軸載柩于兩楹

間而正之也。枑有四綍。枚形似箸。兩端有小繩。銜于口而繫于頸後。則不能言。所以止喧譁也。五百人皆用之。司馬十六人執鐸。分居左右夾枑。以號令於衆也。葆形如蓋。以羽爲之。御枑者在枑車之前。若道塗有低昂傾虧。則以所執者爲抑揚左右之節。使執綍者知之也。引即綍。互言之耳。茅。以茅爲麾也。嚴陵方氏曰。載柩有車。車有副焉。而載柩者爲正。大夫殺禮於諸侯。故以茅。取其色白。宜於凶禮。且以表哀素之心焉。楚軍前茅。亦以兵凶器也。

孔子曰。管仲鏤簋而朱紘。旅樹而反坫。店山節而藻棁。拙賢大夫也。而難爲上也

鏤簋。簋有雕鏤之飾也。紘。冕之飾。天子朱。諸侯青。大夫

士緇旅道也樹屏也立屏當所行之路以蔽內外也反坫反爵之坫也土爲之在兩楹間山節刻山於柱頭之斗栱也藻水草藻棁畫藻於梁上之短柱也難爲上言僭上也

晏平仲祀其先人豚肩不揜豆賢大夫也而難爲下也君子上不僭上下不偪下

大夫祭用少牢不合用豚肩在俎不在豆此但喻其極小謂併豚兩肩亦不能揜豆耳難爲下言偪下也　馬氏曰管仲以其君霸晏子以其君顯相齊之業可謂賢矣然有功而不必有德有才而不必有禮故能九合諸侯而不能治一身能一言省刑而不能善一祭此敬仲君子以爲濫平仲君子以爲隘也故言其功與才則孔子稱其

勲勞。而荀子第其優劣。言其德。禮。則曾西所不爲。而孟子所不與也。以是知非有德不可以知禮。非有禮不足以成德。德禮既備。豈有失哉

婦人非三年之喪。不踰封而弔。如三年之喪。則君夫人歸。夫人其歸也。以諸侯之弔禮。其待之也。若待諸侯然。夫人至。入自闈門。升自側階。君在阼。其他如奔喪禮然

三年之喪。父母之喪也。女嫁者爲父母期。此以本親言也。踰封越疆也。言國君夫人奔父母之喪。用諸侯弔禮主國待之。亦用待諸侯之禮。闈門非正門。宮中往來之門也。側階非正階。東房之房階也。此皆異於女賓。主國君在阼階上。不降迎也。奔喪。謂哭踊髽麻之類。嚴陵方氏曰。男

不入。女不出。則婦人其可以踰封乎。雖弔三年之喪。然後踰封而弔。哀有所重故也。檀弓言五十無車者不越疆而弔人者。所以優老也。此之所言。特以防微而已。闈門。宮中旁出之門也

嫂不撫叔。叔不撫嫂

撫。死而撫其尸也。嫂叔宜遠嫌。故皆不撫

君子有三患。未之聞。患弗得聞也。既聞之。患弗得學也。既學之。患弗能行也。君子有五恥。居其位。無其言。君子恥之。有其言。無其行。君子恥之。既得之而又失之。君子恥之。地有餘而民不足。君子恥之。衆寡均而倍焉。君子恥之

三患言爲學之君子。五恥言爲政之君子也。居位而無善言之可聞。是不能講明政事。一恥也。有言無行。是言

行不相顧，二恥也。始以有德而進，今以無德而退，三恥也。不能撫民，使之逃散，四恥也。國有功役，己與彼衆寡相等，而彼之功績倍於己，是不能作興率勵其下，五恥也。嚴陵方氏曰：弗聞則無由知，弗學則無由能，弗由則無由至。道始於聞而知，中於學而能，卒於行而至。雖然，聞之矣而不能學，則與無聞同；學之矣而不能行，則與不學同。故君子每以是爲患焉。昔舜居深山，聞一善言，則若決江河，沛然莫之能禦，此其至也。子路有聞，未之能行，唯恐有聞，又其次也。若冉求對孔子以非不說子之道，力不足也，豈知所謂聞而能學乎？齊王欲孟子姑舍爾所學而從我，豈知所謂學而能行乎？君子居其位，將以行道。道非言無自而行，居其位而無其言，是備位耳。孟子曰：立乎人之本朝而道不行，恥也。其謂是歟？言之者衆，而行之者寡；言之爲易，而行之爲難。有其言而無其行，是空言耳。孔子曰：古者言之不出，恥躬之不逮也。又曰：君子恥其言而過其行。其謂是歟？君子進以禮，位固不可以苟得；退以義，則位又不可以苟失。既得之而又失之。則非義而退矣。孔子曰。邦有道貧且賤焉恥也。其謂是歟。政不足以聚人則民不繁。民不繁則有曠土矣。故地有餘而民不足。曲禮曰。地廣大荒而不治此亦士之辱也。其謂是歟。術不足以使人則事不逮。事不逮則有廢功。故衆寡均而倍焉。孟子曰。地醜德齊莫能相尚。其謂是歟。所謂衆寡均而倍者。彼力均於此。而我功少於彼也。雖然。孔子嘗謂鄙夫事君。其未得之患不得之。既得之患失之。此乃言既得之又失之。盖鄙夫之心在乎固其位。君子之心在乎稱其位。勢不足以固其位而失之者。鄙夫所患也。德不足以稱其位而失之者。君子所恥也。此所以爲異。三患之所言者道。故曰患。五恥之所言者事。故曰恥。此所以言三患於前。而後言五恥。唯其知所患。故能終至於無患。唯其知所恥。故能終至於無恥

孔子曰。凶年則乘駑馬。祀以下牲

周禮校人六馬。曰種馬。戎馬。齊馬。道馬。田馬。駑馬。駑馬其最下者。下牲。如常祭用太牢者降用少牢。少牢者降

用特牲。特豕者降用特豚之類。以年凶故貶損也。王制云。凡祭豐年不奢。凶年不儉。與此不同。未詳

恤由之喪。哀公使孺悲之孔子學士喪禮。士喪禮於是乎書

鄭氏曰。時人轉而僭上。士之喪禮已廢矣。孔子以教孺悲。國人乃復書而存之嚴陵方氏曰。喪禮將亡。待孺悲學之然後書。明喪禮之不廢。亦有所因也。○山陰陸氏曰。儀禮士喪禮是也

子貢觀於蜡乍孔子曰。賜也樂乎。對曰。一國之人皆若狂。賜未知其樂也。子曰。百日之蜡。一日之澤。非爾所知也

蜡祭見郊特牲。若狂。言飲酒醉甚也。未知其樂。言醉無

禮儀方且可惡何樂之有孔子言百日勞苦而有此蜡農民終歲勤動今僅使之爲一日飲酒之歡是乃人君之恩澤非爾所知言其義大也

張而不弛文武弗能也弛而不張文武弗爲也一張一弛文武之道也

張張弦也弛落弦也孔子以弓喻民謂弓之爲器久張而不弛則力必絕久弛而不張則體必變猶民久勞苦而不休息則其力憊久休息而不勞苦則其志逸弓必有時而張有時而弛民必有時而勞有時而息文武弗能言雖文王武王亦不能爲治也一於逸樂則不可故

言文武弗爲嚴陵方氏曰蜡者既勞之而報之也澤者欲息之而加之惠也勞之其來也久故言百日之蜡息之其及也均故言一日之澤方其勞之初猶弓之張而有爲也及其息之之後猶弓之弛而無作也張之以武所以告始弛之以文所以成終百日之蜡始於春一日之澤終於冬亦是意也○馬氏曰王者奉天牧民春夏使之耕作欲其富也能勿勞乎秋冬使之收成致其勞也能勿息乎不久張以著其仁不久弛以著其義○臨川吴氏曰使民常勞則民將不堪上之人不能强民之從也故曰文武弗能使民久逸則民將廢業上之人不爲此以縱民之惰也故曰文武弗爲

孟獻子曰正月日至可以有事於上帝七月日至可以有事於祖七月而禘獻子爲之也

獻子魯大夫仲孫蔑正月周正建子之月也日至冬至也有事上帝郊祭也七月建午之月也日至夏至也有

事於祖禘祭也。明堂位云季夏六月以禘禮祀周公於太廟蓋夏正建巳之月。郊用冬至禮之當然此言獻子變禮用七月禘祭然不言自獻子始而但言獻子爲之蓋一時之事耳

夫人之不命於天子自魯昭公始也

昭公娶吳爲同姓不敢告天子天子亦不命之後遂以爲常。此記魯失禮之由○疏曰。天子命畿外諸侯夫人。若畿内諸侯夫人及卿大夫之妻則玉藻註云天子諸侯命其臣后夫人亦命其妻也

外宗爲去聲君夫人猶内宗也

䟽曰外宗者謂君之姑姊妹之女及舅之女及從母皆是也内宗者君五屬内之女内宗爲君服斬衰爲夫人齊衰此云猶内宗也則齊斬皆同君夫人者是國人所稱號此外宗謂嫁在國中者若國外當云諸侯也古者大夫不外娶故君之姑姊妹嫁於國内大夫爲妻是其正也諸侯不内娶故舅女及從母不得在國中凡内外宗皆據有爵者其無服而嫁於諸臣從爲夫之君者内外宗皆然若嫁於庶人則亦從其夫爲國君服齊衰三月者亦内外宗皆然○又按儀禮喪服䟽云外宗有二周禮外宗之女有爵通卿大夫之妻一也雜記註謂君之

姑姊妹之女舅之女從母皆是二也若姑之子婦從母之子婦其夫是君之外親爲君服斬其婦亦名外宗爲君服期三也內宗有二周禮內女之有爵謂同姓之女悉是一也雜記註君之五屬之內女二也

廄焚孔子拜鄉人爲去聲火來者拜之士壹大夫再亦相弔之道也

鄭氏曰宗伯職曰以弔禮哀禍災山陰陸氏曰廄焚雖不問馬然猶爲爲火來者拜也錄之以著聖人言動之間無所不爲法○臨川吳氏曰士一大夫再言士来者一拜以謝之大夫来者再拜以謝之

孔子曰管仲遇盜取二人焉上上聲以爲公臣曰其所與遊

辟音僻也可人也管仲死桓公使爲之服宦於大夫者之爲之服也自管仲始也有君命焉爾也

管仲遇群盜簡取二人而薦進之使爲公家之臣且曰爲其所與交遊者是邪僻之人故相誘爲盜爾此二人本是堪可之人可任用也其後管仲死桓公使此二人爲管仲服記者言仕於大夫而爲之服自此始以君命不可違也蓋於禮違大夫而之諸侯不爲大夫反服桓公之意蓋不忘管仲之舉賢也

過而舉君之諱則起與君之諱同則稱字

過失誤也舉猶稱也起起立也失言不自安故起立示

改變之意。諱臣之名，或與君之諱同，則稱字也

内亂不與（去聲）焉。外患弗辟（避）也

内亂謂本國禍難也。言卿大夫在國，君同僚中有謀作亂者，力能討則討之，力不能討則謹白畏避，不得干與。其或寇患在外，如隣國來攻，或夷狄侵擾，則不可逃避，當盡力捍禦，死義可也

贊大行曰：圭，公九寸，侯伯七寸，子男五寸，博三寸，厚半寸，剡上左右各寸半，玉也。藻三采六等

贊大行，古禮書篇名也。其書必皆贊說大行人之職事，今記者引之，故云贊大行曰。子男執辟（璧），非圭也。記者失

之。博三寸圭也。厚半寸圭璧各厚半寸也。剡上削殺其上也。藉玉者以韋衣板而藻畫朱白蒼三色爲六行故曰藻三采六等也

哀公問子羔曰子之食奚當對曰文公之下執事也

問其先人始仕食祿當何君時。文公至哀公七君

成廟則釁之其禮祝宗人宰夫雍人皆爵弁純緇衣雍人拭羊宗人視之宰夫北面于碑南東上雍人舉羊升屋自中中屋南面刲羊血流于前乃降門夾室皆用雞先門而後夾室其衈二皆於屋下割雞門當門夾室中室有司皆鄉去聲室而立門則有司當門北面既事宗人告事畢乃皆

退反命于君曰釁其廟事畢反命于寢君南鄉于門内朝服既反命乃退

宗廟初成以牲血塗釁之尊神明之居也爵弁士服也純衣玄衣纁裳也拭羊拭之使淨潔也宗人祝之其辭未聞碑麗牲之碑也在廟之中庭升屋自中謂由屋東西之中而上也門廟門也夾室東西廂也門與夾室各一雞凡三雞也亦升屋而割之衈者未刲羊割雞之時先滅耳旁毛以薦神耳主聰欲神聽之也廟則在廟之屋下門與夾室則亦在門與夾室之屋下也門則當門屋之中夾室則當夾室屋之中故云門當門夾室中室

也。有司宰夫祝宗人也。宗人告事畢告于宰夫也。宰夫爲攝主反命于寢。其時君在路寢也

路寢成則考之而不釁。釁屋者交神明之道也

疏曰。考之者謂盛饌以落之。庾蔚云落謂與賓客燕會以酒食澆落之。即歡樂之義也

凡宗廟之器其名者成則釁之以豭加豚

名者。有名之器。若尊彝之屬也。豭豚。牡豚也。長樂陳氏曰。釁者。塗釁以血交神明之道也。廟成則釁室成則不釁。以室不可以神之也。宗廟之器其名者釁。非名者不足以神之也。然則周官羊人釁共羊牲。將以釁廟也。雞人釁共雞牲。將以釁門及夾室也。若宗廟之器。釁以豭豚。則釁牲不特雞羊而已

諸侯出夫人夫人比畀至于其國以夫人之禮行至以夫人入使者將命曰寡君不敏不能從而事社稷宗廟使使臣某敢告於執事主人對曰寡君固前辭不教矣寡君敢不敬須以俟命有司官陳器皿主人有司亦官受之

出夫人有罪而出之還本國也在道至入猶以夫人禮者致命其國然後義絕也將命者謙言寡君不敏不能從夫人以事宗廟社稷而不斥言夫人之罪答言前辭不教謂納采時固嘗以此爲辭矣○䟽曰有司官陳器皿者使者使從己來有司之官陳夫人嫁時所齎器皿之屬以還主國也主人有司亦官受之者主國亦使有

司官領受之也。並云官者明付受悉如法也

妻出夫使人致之曰某不敏不能從而共供粢盛使其也敢告於侍者。主人對曰某之子不肖不敢辟避誅敢不敬須以俟命。使者退主人拜送之。如舅在則稱舅。舅沒則稱兄。無兄則稱夫。主人之辭曰某之子不肖。如姑姊妹亦皆稱之

遣妻必命由尊者。故稱舅稱兄。兄謂夫之兄也。此但言夫致之之辭。未聞舅與兄致之之辭也。上文已有主人對辭。下文因姑姊妹。故重言。對言某之姑不肖或某之姊不肖或其之妹不肖。故云亦皆稱之也 嚴陵方氏曰。夫婦之道合

則納之以禮，不合則出之以義。人倫之際有所不免也。故先王亦存其辭焉。

孔子曰：吾食於少施氏而飽，少施氏食嗣我以禮。吾祭，作而辭曰：疏食不足祭也。吾飡音孫，作而辭曰：疏食嗣也，不敢以傷吾子。

少施氏，魯惠公子施父之後。作而辭，起而辭謝也。疏食，麤疏之食也。飡，以飲澆飯也。禮食竟，更作三飡以助飽實。不敢以傷吾子者，言麤疏之飯，不可強食以致傷害也。嚴陵方氏曰：孟子曰：呼而與之，行道之人不受；蹴而與之，乞人則不屑也。孔子食於少施氏，苟非食之以禮，又安得爲之飽乎？觀其賓祭與飡，主人皆作而辭，則其有禮也可知矣。飡者，食後而更飡。○張子曰：後世唯務簡便，至如賓主相與爲禮，安然不動，復何相勸相敬之意。但以酒食相與，醉飽而已。古人必自進籩豆几席，酌酒而拜。所以致其敬也。末世雖宗廟之享。父母之養。禮意猶有所闕。孔子食於少施氏而飽。少施氏有禮也。食於季氏。孔子雖欲行禮。季氏必是不知。故不辭不食肉而飧。凡禮必施之於知禮者。皆爲不知。禮亦難行

納幣一束束五兩。兩如字兩五尋

此謂昏禮納徵也。一束十卷也。八尺爲尋。每五尋爲匹。從兩端卷至中。則五匹爲五箇兩卷矣。故曰束五兩○鄭氏曰。四十尺謂之匹。猶匹偶之匹。言古人每匹作兩箇卷子

婦見舅姑。兄弟姑姊妹皆立于堂下。西面北上。是見已。見諸父各就其寢

立于堂下。則婦之入也已過其前。此即是見之矣。不復

各特見之也。諸父旁尊故明日各詣其寢而見之

女雖未許嫁年二十而笄禮之。婦人執其禮。燕則鬈（拳）首

䟽曰。十五許嫁而笄。若未許嫁至二十而笄。以成人禮言之。婦人執其禮者。十五許嫁而笄則主婦及女賓爲笄禮。主婦爲之著笄。女賓以醴禮之。未許嫁而笄者則婦人禮之。無主婦女賓。不備儀也。燕則鬈首者。謂既笄之後。尋常在家燕居則去其笄而分髮爲鬌紒也。此爲未許嫁。故雖已笄。猶爲少者處之

韠（畢）長（去聲）三尺。下廣（去聲）二尺。上廣一尺。會（膾）去上五寸。紕（毗）以爵韋六寸。不至下五寸。純（準）以素。紃（旬）以五采

疏曰。韠韍也。會領縫也。韠旁緣謂之紕。下緣曰純。紃條也。謂以五采之條置於諸縫之中。詳見玉藻。長樂陳氏曰。韠長三尺。所以象三才。頸五寸。所以象五行。下廣二尺。象地也。上廣一尺。象天也。會猶書所謂作會也。紕。裨其上與旁也。純。緣其下也。去會與純各五寸。則其中餘二尺也。紕六寸。則表裏各三寸。然韠自頸肩而下。則其身也。鄭氏以其身之五寸爲領。而會爲領縫。是肩在領上矣。衣之上韠猶尊上玄酒。俎上生魚也。古者喪服用韠。無所經見。詩曰。庶見素韠。是祥祭有韠也

禮記集說大全卷之二十

明永樂内府本禮記集説大全

第五册

明　胡廣等撰

中國國家圖書館藏明永樂十三年内府刻本

山東人民出版社·濟南

禮記集說大全卷之十二

内則第十二

疏曰閨門之内軌儀可則故曰内則○石梁王氏曰此篇於曲禮之義爲多

后王命冢宰降德于衆兆民

冢宰掌邦治而治國者必先齊家降德者下其德教於民也孝爲德之本故首言子事父母之道○石梁王氏曰註分后王作兩字解不通書說命后王君公后王猶言君王天子之別稱也鄭註皆非記者本意但據周禮太宰掌建邦之六典則教典在所兼統如此亦可解鄭

分天子諸侯甚無意義東萊呂氏曰。內則一篇首言后王命冢宰降德于衆兆民。蓋三代所以教天下者皆以是。自秦漢以來。外風俗而論政事。不復以人家事爲問矣。○嚴陵方氏曰。冢宰居六卿之長。而以道佐王者也。唯道以道之。故德乃得而降焉。○臨川吳氏曰。天子爲天下民之君師。治而教之。而冢宰六卿之長。佐天子者也。降。下也。德。得也。謂以人所同得於天之理。立爲教法。命冢宰降下其德教於衆兆民。俾效而法之也

子事父母雞初鳴咸盥漱先奏反櫛側瑟反縰所買反笄總拂髦冠緌儒追反纓端韠畢紳搢薦笏

盥。洗手也。漱。滌口也。櫛。梳也。縰。黑繒韜髮者。以縰韜髮作髻訖。即橫插笄以固髻。總亦繒爲之。以束髮之本而垂餘於髻後以爲飾也。拂髦。振去髦上之塵也。髦用髮

爲之象幼時翦髮爲鬌之形此所陳皆以先後之次櫛訖加纚次加笄加總然後加髦著冠冠之纓結於頷下以爲固結之餘者下垂謂之緌端玄端服也衣用緇布而裳不同上士玄裳中士黃裳下士雜裳也服玄端著韠又加紳大帶也搢插也插笏於帶中韠以韋爲之古者席地而坐以臨俎豆故設蔽膝以備濡漬韠之言蔽也在冕服謂之韍他服則謂之韠○項氏曰髦者以髮作僞髻垂兩眉之上如今小兒用一帶連雙髻橫繫額上是也

左右佩用左佩紛敷文反帨稅刀礪小觿戸圭反金燧

所佩之物皆是備尊者使令之用。紛以拭器。帨以拭手。皆巾也。刀礪小刀與礪石也。觿狀如錐象骨為之。小觿所以解小結者。金燧用以取火於日中者。嚴陵方氏曰。雞初鳴咸盥漱者夙興以致其絜也。左右皆事也。故言用。而與德佩異矣

右佩玦決捍汗管遰逝大觿木燧

玦。射者著於右手大指。所以鉤弦而開弓體也。捍。拾也。韜左臂而收拾衣袖以利弦也。管。舊註云筆彄。其形制未聞。遰。刀室也。大觿所以解大結。木燧鑽火之器。晴則用金燧以取火。陰則用木燧以鑽火也。嚴陵方氏曰。或謂玦。即決也。以鉤弦而決之。且珍飾焉。故從玉

偪逼

即詩所謂邪幅也偪束其脛自足至膝故謂之偪也

屨著斫綦忌

綦屨頭之飾即絇也說見曲禮著猶施也○朱子曰綦
鞋口帶也古人皆旋繫今人只從簡易綴之於上如假
帶然長樂陳氏曰帨佩巾也佩巾雖女子之事而男子
亦有之礪謂之砌亦謂之礱書曰用汝作礪是也
詩曰童子佩觿佩觿成人之服衞惠公服成人之服而
有童子之行故詩人刺之捍韝臂也以韋爲之亦謂之
拾先儒謂晴則取火以金燧陰則取火以木燧周禮曰
烜氏夫遂取明火於日鑒取明水於月夫遂即金燧也
鑒鏡屬世謂之方諸蓋離者陽中之陰於物爲火坎者
陰中之陽於物爲水以金燧取火則以陽召陰以方諸
取水則以陰召陽以陽召陰夫道也故謂之夫夫能遂
事故謂之遂夫遂以義言鑒以體言於取火言夫遂於

取水言鑒。互相備也。詩曰。赤芾在股。邪幅在下。左氏曰。帶裳幅舄。內則偪屨著綦。鄭康成謂偪束其脛。自足至膝。故曰在下。蓋以幅帛邪纏於足。故謂之邪幅。所以自偪束也。故謂之偪。偪卽縢約之也。故漢謂之行縢。男子事父母有偪。詩諸侯朝天子有邪幅。則凡行皆有偪。特婦人不用。故婦事舅姑無偪

婦事舅姑。如事父母。雞初鳴。咸盥漱。櫛縰。笄總。衣平聲紳

笄今之簪也。衣紳。玄端綃衣之上加紳帶。士妻之服也

朱子曰。婦人不冠。則所謂髻笄。卽爲固髻之用。亦名爲簪。簪而非如二弁之簪矣

左佩紛帨。刀礪。小觿。金燧。右佩箴管。線纊曠。施縏盤袠陳乙反。大觿。木燧。衿其鴆反纓。綦屨。以適父母舅姑之所

箴管。箴在管中也。縏袠。皆囊屬。施縏袠者。爲貯箴線纊也。衿。結也。纓。香囊也。山陰陸氏曰。刀礪。礪所以礪刀。箴管。管所以管箴。綦屨。以綦約屨。○

長樂陳氏曰。男女事父母。婦事舅姑。皆有纓以佩容臭。則與女子許嫁之纓不同。鄭氏曰。婦人有纓。示有繫屬誤矣。何則。許嫁已纓。將嫁無所復施。既嫁。夫說之矣。無所復用。則事舅姑之衿纓。非許嫁之纓也。鄭氏曰。許嫁之纓。蓋以五采爲之。然則事父母舅姑之纓。亦五采歟

及所。下氣怡聲。問衣燠郁寒。疾痛苛癢以想反而敬抑搔之。出入則或先或後。而敬扶持之。進盥。少者奉槃上聲長者奉水。請沃盥。盥卒。授巾。問所欲而敬進之。柔色以溫於奮反之。

苛。疥也。抑。按。搔。摩也。溫。承藉之義。謂以柔順之色承藉尊者之意。若藻藉之承玉然

饘旃酏移酒醴。芼冒羹。菽麥蕡焚稻黍粱秫述唯所欲

饘。厚粥。酏。薄粥也。芼羹。以菜雜肉爲羹也。蕡。大麻子

棗栗飴怡蜜以甘之。堇謹荁丸枌榆免問薨考滫思酒反瀡髓以滑之。脂膏以膏告之。父母舅姑必嘗之而後退。

飴，餳也。堇，菜名。荁似堇而葉大。榆之白者名枌。免，新鮮者。薨，乾陳者。言堇荁枌榆四物，或用新或用舊也。滫，說文久泔也。瀡，滑也。滫瀡之滑者也。凝者爲脂，釋者爲膏。甘之、滑之、膏之，皆謂調和飲食之味也。此篇所記飲食珍羞諸物，古今異制，風土異宜，不能盡曉。然亦可見古人祭物之精，用物之詳也。長樂劉氏曰：及所下氣怡聲，恐驚其寐也。問衣燠寒，候其冷暖失節也。疾痛苛癢，省其體氣弗寧也。抑謂按摩之，搔謂抓撓之，皆所以撫恤衰病，而一出於敬，不敢以爲儀也。父母出入，則或先或後，敬扶持之，相其所宜以助其力也。又從而問其意之所欲食者，則敬順其心以進之。和柔其色以溫之。芬芳其意以奉之。庶其親喜而不之厭也。孝子之事親也。必養其志。常使歡欣樂其子之能養。則非如是莫之致矣。○嚴陵方氏曰。所卽寢室。下氣則不盈。怡聲則不厲。問衣之燠。將徹之使淸也。問衣之寒。將加之使溫也。已發而傷者疾也。宜通而塞者痛也。體煩而爲苛。氣虛而生癢。疾痛則抑按。苛癢則搔爬。或先以引之。或後以隨之。左右扶持之。如是而養可謂至矣。然苟不以敬。何以別於犬馬。故每以敬言之。奉槃者勞。故少者以之。奉水者逸。故長者以之。沃盥以水。沃之而盥也。夫色所以通人己之情也。已能柔色。斯足以溫親之色矣。自菽以下。其性其味各不同。故唯父母舅姑之所欲。順其所欲而進之也。棗栗飴蜜。故曰以甘之。周官所謂調以甘者此也。堇荁枌榆四者常用之物。然不常有。故有免有薨也。數者其性爲滑。故曰以滑之。周官所謂調以滑者此也。脂膏以膏之。周官所謂膏香膏臊之類者此也。父母舅姑必嘗之而後退。則以知其得所欲故也。所欲者則嘗之也。自下氣怡聲而下。則所以養志也。自饘酏酒醴而下。則所以養口體也。故先後之序如此男女未冠（去聲）笄者，雞初鳴，咸盥漱，櫛縰，拂髦，總角，衿纓，皆佩容臭，昧爽而朝，問何食飲矣。若已食則退，若未食則佐長者視具。

總角，總聚其髮而結束之爲角，童子之飾也。容臭，香物也，助爲形容之飾，故言容臭，以纓佩之，後世香囊即其遺制。昧，晦也。爽，明也。昧爽，欲明未明之時。嚴陵方氏曰：後言男角女羈，此兼男女而止曰角者，舉男以該之也。臭謂香物，若蘭茝之屬。不佩用而止佩臭者，示未能即事也。具謂膳具。幼者於視膳之事未能專之也，特可以佐長者而已。○朱子曰：註言佩容臭爲迫尊者，蓋爲恐身有穢氣觸尊者，故佩香物也。

凡內外，雞初鳴，咸盥漱，衣服，斂枕簟（徒點反），灑（所買反）埽（去聲）室

堂及庭布席各從其事孺子蚤寢晏起唯所欲食無時

古人枕席之具夜則設之曉則斂之不以私褻之用示人也嚴陵方氏曰斂則收而藏之必斂枕簟則以晝夜異明故也灑埽則用水以斂塵而去之室堂及庭則自內以及外也布席則所以待尊者之行事各從其事若女服事于內男服事于外之類是矣早寢則未與乎日入之夕起晏則未與乎昧爽之朝唯所欲食無時則以弱而未勝其制節且養之不可不備也

由命士以上上聲父子皆異宮昧爽而朝慈以旨甘日出而退各從其事日入而夕慈以旨甘

慈愛也謂敬愛其親故以旨甘之味致其愛各從其事者各治其所當爲之事也晚朝爲夕○鄭氏曰異宮崇敬也張子曰古者有東宮西宮有南宮北宮異宮而同財此禮亦可行古人慮遠目下雖似相疏其實如

此乃能久相親。蓋數十百口之家。自是飲食衣服難爲得一。故大庖則同之。小庖則異之。不爲害。又異宮乃容子得伸其私。所以避子之私也。○嚴陵方氏曰。尊卑之際辨則敬。同則褻。故父子坐不同席。居必異宮。所以致其敬也。然責貴者其禮宜詳。責賤者其禮宜略。故由命士以上。然後父子異宮也。周官典命。子男之士不命。則士固有不命者矣。朝見曰朝。夕見曰夕。昧爽而朝。則晨省之禮也。日入而夕。則昏定之禮也。○長樂劉氏曰。不有旨甘以達其慈。則曷異於無禄也。

父母舅姑將坐。奉（上聲）席請何鄉。（去聲）將衽。（稔）長者奉席請何趾。少者執牀與坐。御者舉几。斂席與簟。縣（玄）衾篋（結叶反）枕。斂簟而襡（獨）之。

將坐。旦起時也。奉坐席而鋪者。必問何向。衽。卧席也。將衽。謂更卧處也。長者奉此卧席而鋪。必問足向何所。牀。

說文云：安身之几坐，非今之卧牀也。將坐之時，少者執此牀以與之坐。御侍者舉几進之，使之憑以爲安。卧必簟在席上，旦起則斂之。而簟又以襡韜之者，以親身恐穢汙也。衾則束而懸之，枕則貯於篋也。長樂劉氏曰：侍父母舅姑行遊於所至，其將至也，則長者奉席而前，請欲何向也。將憩而卧於他所，則長者奉席而前，請衽欲何趾也。不敢斥言其首，敬之至也。坐卧所以安老而優尊也，而席爲之主，羣子婦不敢專，必讓於長者，上下之分，禮宜然也。御者舉几，斂席與簟，懸衾篋枕，斂簟而襡之者，謂坐之將起，寢之將興也。几席之徹，衾枕之斂，則賤者尸之，不必子婦也。

父母舅姑之衣衾簟席枕几不傳，杖屨祗敬之，勿敢近。敦牟卮支匜移，非餕俊莫敢用，與恒食飲，非餕莫之敢飲

食

傳移也謂此數者每日置之有常處子與婦不得輒移置他所也近謂挨偪之也敦與牟皆盛黍稷之器牟讀爲堥土釜也此器則木爲之象土釜之形耳巵酒器匜盛水漿之器此四器皆尊者所用子與婦非餕其餘無敢用此器也與及也及尊者所常食飲之物子與婦非餕餘不敢擅飲食之也 慶源輔氏曰凡此所以養其孝心也孝人心之所固有後世禮教不明日就銷鑠有不自知者矣若夫動容周旋中禮者則又盛德者之事也

父母在朝夕恒食子婦佐餕既食恒餕父没母存冢子御食羣子婦佐餕如初旨甘柔滑孺子餕

佐餕者勸勉之使食而後餕其餘也。既食恒餕者盡食其常食之餘也。御食侍母食也。如初如父在時也。山陰陸氏曰謂之恒餕則著以其美者孺子餕故也言羣子婦佐餕不言冢婦冢婦不預也○慶源輔氏曰父没母存食則獨矣恐母心之傷也故冢子御食焉御侍也言御至矣羣子婦佐餕如初然後可以至於無窮旨甘柔滑孺子餕者所以慈幼也養老慈幼於是爲至

在父母舅姑之所有命之應唯上聲敬對進退周旋慎齊升降出入揖遊不敢噦於月反噫於界反嚏帝咳苦愛反欠伸跛彼義反倚睇第視不敢唾吐卧反洟替

應之辭唯爲恭噦嘔逆之聲也莊子大塊噫氣詩願言則嚏咳嗽聲也氣乏則欠體疲則伸偏任爲跛依物爲

倚睇視傾視也洟自鼻出者

寒不敢襲癢不敢搔不有敬事不敢袒裼不涉不撅[鱖]褻

衣衾不見[現]裏

襲重衣也袒裼皆禮之敬故非敬事不袒裼也不因涉水則不揭裳不見裏爲其可穢[嚴陵方氏曰噦噫嚏咳則聲爲不恭欠伸跛倚睇視則貌爲不恭唾洟則聲貌俱爲不恭矣故每不敢爲也寒不敢襲癢不敢搔則不敢適己之便故也]

父母唾洟不見[現]冠帶垢和灰請漱[平聲]衣裳垢和灰請澣[胡管反]衣裳綻[直莧反]裂紉[女陳反]箴請補綴[拙]

唾洟不見謂即刷除之不使見示於人也漱澣皆洗濯之事和灰如今人用灰湯也以線貫箴爲紉[嚴陵方氏曰子之於

親也。衣而寒，燠則問之。體之苛癢，則搔之。而於己則寒不敢襲，癢不敢搔。以至父母之唾洟，不見而已。則唾洟不敢見。其所以愛親之心，可謂至矣。

五日則燂（詳廉反）湯請浴，三日具沐。其間面垢，燂潘（翻）請靧（面悔）；足垢，燂湯請洗。少事長，賤事貴，共帥時。

燂，溫也。潘，淅米汁也。靧，洗面也。共帥時，皆循是禮也。慶源輔氏曰：應唯，無二志也。敬對，無隱情也。進退敬齊，無不敬也。非精神篤志，何以及此？應以唯，敏矣；對以敬，忠矣。唯誠故敏，故忠。至於進退周旋，慎齊，誠之至也。誠身所以悅親，而敬親所以敬身也。袒裼撅衣，恐親之心不安也。唯不得已而後爲之耳。父母唾洟不見，人情所不欲見也。請澣漱，請補綴，請則容有不許，然必先備灰與箴而後請，敬之至也。簡者爲之，則必得請而後備矣。沐不言請，省文也。循是而行之，固無有不至者矣。

男不言內，女不言外。非祭非喪，不相授器。其相授，則女受

以篚。其無篚。則皆坐。句奠之而后取之

男正位乎外。不當於外而言內庭之事。女正位乎內。不當於內而言梱外之事。惟喪祭二事乃得以器相授受者。以祭爲嚴肅之地。喪當急遽之時。乃無他嫌也。非此二者。則女必執篚。使授者置之篚中也。皆坐。男女皆跪也。授者跪而置諸地。則受者亦跪而就地以取之也嚴陵方氏曰。女授以篚。則男所受可知。言女受而不及男者受陰事。女以受爲正故也。奠。謂定之於地也。以於地故言皆坐。坐亦跪也。與曲禮言坐而遷之同義。有問避嫌是否。朱子曰。合避處豈可不避。如瓜田不納履李下不整冠。豈可不避。如男女授受不親。若不與同姓同車。與異姓同車不同服。皆是合避處

外內不共井。不共湢逼浴。不通寢席。不通乞假。男女不通

衣裳。內言不出，外言不入。男子入內，不嘯如字不指。夜行以燭，無燭則止。女子出門，必擁蔽其面。夜行以燭，無燭則止。道路，男子由右，女子由左。

湢，浴室也。不嘯不指，謂聲容有異，駭人視聽也。舊讀嘯爲叱，今詳嘯非家庭所發之聲，宜其不可。叱或有當發者，如見非禮舉動，安得不叱以儆之乎。讀如本字爲是。擁，猶障也。由右由左，見王制。長樂劉氏曰：外內不共井，嫌同汲也。不共湢浴，嫌相褻也。不通寢席，嫌相親也。不通乞假，嫌往來也。不通衣裳，惡淆雜也。內言不出，惡交於外也。外言不入，惡交於內也。禮當入內，嘯則涉乎異也，指則涉乎覘也。有燭則行，夜有不可得而已也。無燭則止，行則涉於不明也。道路之法，其右以行男子，其左以行女子，古之道也。○嚴陵方氏曰：言外內則男女在其中矣，而於衣裳特言男女者。以男女之衣裳異制。尤所不可通故也。內言不出。外言不入。與曲禮所言同。擁蔽其面者。惡外有所褻也。

子婦孝者敬者。父母舅姑之命。勿逆勿怠。

子而孝父母。必愛之。婦而敬舅姑。必愛之。然猶恐其恃愛而於命或有所違也。故以勿逆勿怠爲戒。朱子曰。勿逆勿怠。此謂不可變節以傷尊者平日慈愛之心也。○東萊呂氏曰。既孝敬矣。何必戒其逆怠。蓋孝敬之人。事親至於與親相忘。則慢心易生。恐或至於逆怠。故在所戒。

若飲去聲食嗣之。雖不耆嗜。必嘗而待。加之衣服。雖不欲。必服而待。

嘗而待。服而待。皆謂俟尊者察其不耆不欲而改命之。則或置之。或藏去。乃敢如己意也。

加之事人代之己雖弗欲姑與之而姑使之而后復之

尊者任之以事而已既爲之矣或念其勞又使他人代爲己意雖不以爲勞而不欲其代然必順尊者之意而姑與之若慮其爲之不如己意姑教使之及其果不能而後己復爲之也慶源輔氏曰既加之事又使人代之己雖不欲人代己然不可不順父母之命故姑與之而姑使之而後復之者終以身親之也○金華應氏曰味偶不甘而必嘗衣偶不稱而必服徐而待之則親知其果非所安而不可強也加已以事而又代之以人亦姑與而姑使之待夫人之果不克勝而後復之亦不敢辭其難也是非故爲矯情蓋委曲以行其意雖至親之間亦有不容以直遂者必如是而後無所拂也

子婦有勤勞之事雖甚愛之姑縱之而寧數朔休之

謂雖甚愛此子婦而不忍其勞然必且縱使爲之而寧數數休息之必使終竟其事而後已不可以姑息爲愛而使之不事事也

子婦未孝未敬勿庸疾怨姑教之若不可教而后怒之不可怒子放婦出而不表禮焉

庸用也怒之譴責之也不可怒謂雖譴責之而不改也雖放逐其子出棄其婦而不表明其失禮之罪示不絕之也　嚴陵方氏曰子婦有勤勞之事甚愛之姑縱之而寧數休之則彼共爲子婦之職而吾不可以愛故奪之也子婦未孝未敬勿庸疾怨則爲傷恩故也○慶源輔氏曰子曰愛之能勿勞乎勤勞之事若遽止之是姑息之愛也子婦未孝未敬勿庸疾怨是存父母之心也子婦放逐不得已也不表禮焉是猶有不忍之心也

○東萊呂氏曰明言其一毫而出之之謂表父母愛子之心舅姑待婦之禮雖彼有過猶欲遮護故放出而不明言其所以過○金華應氏曰自子婦孝者敬者而下勉子婦之孝於父母舅姑也自子婦有勤勞之事而下勉父母舅姑之慈於子婦也兩者交盡其道而孝慈之懽交結而不可解矣

父母有過下氣怡色柔聲以諫諫若不入起敬起孝說悅則復反扶又諫不說與其得罪於鄉黨州閭寧孰諫父母怒不說而撻之流血不敢疾怨起敬起孝

疏曰孰諫謂純熟殷勤而諫若物之成熟然西山眞氏曰起者悚然興起之意孰者反復純熟之謂不諫是陷其親於不義得罪於州里等而上之諸侯而不諫則使其親得罪於國人天子而不諫則使其親得罪於天下是以寧孰諫也怒而撻之猶不敢怨況下於此者乎諫不入起敬起孝諫而怒亦起敬起孝敬孝之外豈容有他念哉豈容一息忘哉是說也聖人著之論語矣曰事父母幾諫

見志不從。又敬不違，勞而不怨，事親者當合二書而思焉。○慶源輔氏曰：下氣、怡色、柔聲，所以自牧也。起敬起孝，所以自策也。自牧則無戾心，自策則無倦意。諫而父母不悅，非己之罪也；不諫而鄉閭責焉，則己之罪也。

父母有婢子若庶子、庶孫，甚愛之，雖父母沒，沒身敬之不衰。

婢子，賤者之所生也。若，及也，或也。沒身，終身也。父母之所愛亦愛之，至於犬馬盡然，而況於人乎？

子有二妾，父母愛一人焉，子愛一人焉，由衣服飲食，由執事，毋敢視父母所愛，雖父母沒不衰。

由，自也。不敢以私愛違父母之情故也。嚴陵方氏曰：於父母所愛之物，猶若是，況父母之身乎？父母沒猶不衰，況父母之存乎？

子甚宜其妻，父母不説，出。子不宜其妻，父母曰是善事我，子行夫婦之禮焉，沒身不衰。

宜猶善也。大戴禮婦有七出：不順父母一，無子二，淫三，妬四，惡疾五，多言六，竊盜七。三不去：有所受無所歸不去，曾經三年喪不去，前貧賤後富貴不去。金華應氏曰：婢子賤微而可遣，庶孽賤微而可忽，然父母有所鍾愛焉，非特加愛而又當加敬可也。然婢子庶孽是固所當聽命，至於妻妾之切近乎吾身者，而亦不敢不聽焉。妾雖吾所甚愛，不敢與父母所愛者敵；妻雖吾所甚宜，不敢以父母不悅而留。苟父母以爲善，子之情雖替，而夫婦之禮不可不行。知有親而不知有己也。

父母雖沒，將爲善，思貽父母令名，必果；將爲不善，思貽父母羞辱，必不果。舅沒則姑老，冢婦所祭祀賓客，每事必請

於姑。介婦請於冢婦

老。謂傳家事於長婦也。然長婦猶不敢專行。故祭祀賓客之事必稟問焉。介婦衆婦也。嚴陵方氏曰。將者萌其始之謂。果者成其終之謂。夫君子之心將有爲也。不必盡善。以能有所思。故不善終不成焉。小人之心將有爲也。非盡不善。以不能有所思。故善終不成焉。然則善不善亦在乎思不思。果不果之間而已。

舅姑使冢婦毋怠不友無禮於介婦

石梁王氏曰。友謂當作敢者是。○劉氏曰。使以事使之也。毋禁止辭。不友者不愛也。無禮者不敬也。言舅姑以事命冢婦。則冢婦當自任其勞。不可怠於勞而怨介婦不助己。遂不愛敬之也。

舅姑若使介婦毋敢敵耦於冢婦

劉氏曰敵耦者欲求分任均勞之意言舅姑若以事使介婦爲之則介婦亦當自任其勞不可謂已與冢婦爲敵耦欲求均配其勞也慶源輔氏曰舅沒則姑老不以年計之也有婦則可以傳家事矣然至於祭祀賓客禮之大者亦必請於姑然後從事夫然後婦姑各得其宜介婦不敢敵耦於冢婦必如是而後冢婦之志行而家事具矣

不敢並行不敢並命不敢並坐

又言介婦之與冢婦分有尊卑非惟任事毋敢敵耦亦且不敢比肩而行不敢並受命於尊者不敢並出命於卑者蓋介婦當請命於冢婦也坐次亦必異列嚴陵方氏曰婦

入以從人爲事故冢子之妻謂之冢婦猶之宗子之妻謂之宗婦也舅姑使冢婦毋怠若不以居長而敢自怠也毋敢敵耦於冢婦若兩相抗爲敵兩相合爲耦言事之勞逸不敢與冢婦均也不敢並行並坐亦毋敢敵耦之事也

凡婦不命適私室不敢退婦將有事大小必請於舅姑子婦無私貨無私畜許六反無私器不敢私假不敢私與

鄭氏曰家事統於尊也嚴陵方氏曰私室即婦室也其視舅姑之室若公所故也舅沒冢婦唯祭祀賓客之事則請於姑爾其餘則否也子婦無私貨以至不敢私與以家事統於尊故也

婦或賜之飲食衣服布帛佩帨茝昌改反蘭則受而獻諸舅姑舅姑受之則喜如新受賜若反賜之則辭不得命如更受賜藏以待乏

或賜之，謂私親兄弟也。茝蘭，皆香草也。受之則如新受賜，不受則如更受賜，孝愛之至也。不得命者，不見許也。待之，待尊者之乏也。

婦若有私親兄弟將與之，則必復扶又反請其故，句賜而后與之。

故，即前者所獻之物而舅姑不受者，雖藏於私室，今必請於尊者，既許，然後取以與之也。嚴陵方氏曰：獻諸舅姑者，不敢私受人故也。請其故賜而後與之者，不敢私與人故也。○慶源輔氏曰：姑嚴則婦賢，凡此非特舅姑之便，其待乃所以成婦之德也。有事則私事，大小也必請於舅姑，無所隱也。私貨，謂不請於舅姑而專有之者。喜如新受賜，人以與己，己得以獻諸舅姑，其喜一也。始也人賜之，今也親賜之，又藏以待之，其心終一於舅姑也。必請其故，非誠於

無私畜不私與者不能如此也

適子庶子祇事宗子宗婦雖貴富不敢以貴富入宗子之家雖衆車徒舍去聲於外以寡約入

疏曰適子謂父及祖之適子是小宗也庶子謂適子之弟宗子謂大宗子宗婦謂大宗子之婦

子弟猶歸器衣服裘衾車馬則必獻其上而后敢服用其次也若非所獻則不敢以入於宗子之門不敢以貴富加於父兄宗族

猶若也謂子弟中若有以功德顯榮而蒙尊上歸遺之以器用衣服等物則必獻其上等者於宗子而自服用

其次者若非宗子之爵所當服用而不可獻者則己亦不敢服用之以入宗子之門也加高也嚴陵方氏曰大傳曰敬宗故收族收族故宗廟嚴則祗事宗子宗婦乃所以嚴宗廟而己雖貴富不敢以貴富入宗子之家雖衆車徒舍於外以寡約入者不敢以支臨宗也加於父兄宗族與獻子加於人一等之加同蓋彼賤而我貴彼貧而我富而我以貴富服御入其門則是以貴富而加貧賤也

若富則具二牲獻其賢者於宗子夫婦皆齊而宗敬焉終事而后敢私祭

賢猶善也齊而宗敬謂齊戒而往助祭事以致宗廟之敬也私祭祖禰則用二牲之下者嚴陵方氏曰終事而後敢私祭者蓋宗之親爲正統己之親爲旁出也正統之有祭公義也旁出之有祭私恩也終宗子之事而後敢私祭則是不以旁出

出先正統。不以私恩勝公義也。○慶源輔氏曰不以貴富入宗子家此不專爲宗子於父兄宗族皆不可也前言人事後言鬼事於鬼事而如此然後爲至者其所以敬宗子者當如此則宗子之所以自處者當如何

飯目諸飯之品黍稷稻粱白黍黃粱稰胥上聲穛捉

飯之品有黃黍稷稻白粱白黍黃粱凡六其穀熟而穫之則曰稰生穫之曰穛穛是斂縮之名以生穫故其物縮斂也此諸侯之飯天子又有麥與苽

膳目諸膳之品膷香臐熏膮嘵醢牛炙柘

膷牛臛臐羊臛膮豕臛皆香美之名也醢字衍當刪牛炙炙牛肉也此四物爲四豆共爲一行嚴陵方氏曰飯造之齊無他焉反其生孰之而已自黍稷而下皆言其材也牛曰膷鄉也土畜也羊曰臐熏也火畜也豕曰膮

水畜也。皆以其氣臭名之。

醓牛胾側吏反醓牛膾

醓，肉醬也。牛胾，切牛肉也。并醓與牛膾四物爲四豆，是第二行。

羊炙羊胾醓豕炙

此四物爲四豆，是第三行。

醓豕胾芥醬魚膾

此四物爲四豆，是第四行，共十六豆，下大夫之禮也。山陰陸氏曰：炙，小肉也。胾，大肉也。膾，腥肉也。

雉兔鶉淳鷃晏

此四物爲四豆列爲第五行共二十豆則上大夫之禮也

飲目諸飲之品重平聲醴稻醴清糟黍醴清糟粱醴清糟或以酏移爲醴黍酏漿水醷倚濫力暫反

醴者稻黍粱三者各爲之已泲者爲清未泲者爲糟是三醴各有清有糟也以清與糟相配重設故云重醴蓋致飲於賓客則兼設之也以酏爲醴釀粥爲醴也黍酏以黍爲粥也漿醋水也醷梅漿也濫雜糗飯之屬和水也

酒清白

清清酒也。祭祀之酒。事酒昔酒俱白，故以白名之。有事而飲者謂之事酒。無事而飲者名昔酒。

羞糗（起九反）餌（二）粉酏（自私反）

周禮羞籩之實糗餌粉餈。此酏字當讀爲餈，記者誤耳。許慎云：餈，稻餅也。炊米擣之，粉餈以豆爲粉（糝）餈上也。糗炒乾米麥也。擣之以爲餌，蓋先屑爲粉，然後溲之。餌之言堅潔若玉珥也。餈之言滋也。（山陰陸氏曰：清，清酒；若今煮酒。白，昔酒；事酒，若今生酒。糗餌粉餈謂之羞，羞則以甚美故也）

食（嗣，下同）蝸（力戈反）醢而苽（孤）食雉羹。麥食脯羹雞羹。折稌（杜犬羹兔羹。和（去聲）糝（思散反）不蓼（了此言進飯之宜。蝸與蠃同。苽，雕胡也。腒羹，析腒爲羹也。稌稻，析稌，謂細折稻米爲飯也。此五羹者宜以五味調和米屑爲糝，不須加蓼，故云和糝不蓼也

濡（而）豚包苦實蓼。濡雞醢醬實蓼。濡魚卵（鯤）醬實蓼。濡鱉醢醬實蓼

濡讀爲胹，烹煮之也。胹豚者包裹之以苦菜而實蓼於腹中。此四物皆以蓼實其腹而煮之也。卵醬，魚子爲醬也。三物之用醬，蓋以調和其汁耳

腶（丁貫反）脩蚳（墀）醢。脯羹兔醢。麋膚魚醢。魚膾芥醬。麋腥醢醬。桃諸梅諸卵（力管反）鹽

一一六八

腶脩見前。蚳醢以蚳蜉子爲醢也。謂食腶脩者以蚳醢配之。食脯羹者以兔醢配之。餘倣此。麋鹿之大者。膚切肉也。麋腥生麋肉也。諸菹也。桃梅皆爲菹藏之。欲藏必令稍乾。故周禮謂之乾藤。食之則和以卵鹽。大鹽形似鳥卵。故名卵鹽也。長樂劉氏曰。二十有六物。士庶不可得而備之也。偶其有者則如此法以制之。凡爲人子婦者。尤當知之。以敬於祭祀。則鬼神享之。以奉於燕飲。則賓客樂之。以饌於尊親。則衰病宜之。其在教也。爲婦功焉。聖人所以致婦女於孝敬。措衰老於充肥者。其道如是也。

凡食齊去聲視春時。羹齊視夏時。醬齊視秋時。飲齊視冬時。

鄭氏曰。飯宜溫。羹宜熱。醬宜涼。飲宜寒也。嚴陵方氏曰。食齊則黍稷稌粱之類是也。羹齊則雉兎雞犬之類是也。醬齊則醯醢䴢菹之類是也。飲齊則水漿醴涼之類是也。

凡和。去聲春多酸。夏多苦。秋多辛。冬多鹹。調以滑甘

酸苦辛鹹。木火金水之所屬。多其時味。所以養氣也。四時皆調以滑甘。象土之寄歟。延平黃氏曰。四時之氣各欲其強。春欲木強。夏欲火強。秋欲金強。冬欲水強。其勢少弱。則他氣乘之矣。五行之於四時如此。則五藏之於四時。可不以時致其彊哉。是故春多酸。則助木而強之。夏多苦。則助火而強之。秋多辛。冬多鹹。皆然。夫運四味之所養分於四藏者。脾之爲物也。載四行之所用。均於四時者。土之爲物也。是故脾土屬也。甘土味也。寓於四味而調之。所以養土養脾。而後脾能運是四味以行焉。然則五味之用。不亦大乎

牛宜稌。羊宜黍。豕宜稷。犬宜粱。鴈宜麥。魚宜苽

上云折稌犬羹兎羹。此云牛宜稌者。上是人君燕食以

滋味爲美此據尊者正食而言也長樂劉氏曰飯食欲溫故比春時羹汁宜熱故比夏時醬齊欲涼故比秋時飲齊欲冷故比冬時由是以飲食老者則易化而難傷矣春夏秋冬五行之氣也天地之化成品彙聖人順天地而養萬民者也欲其飲食春多酸夏多苦秋多辛冬多鹹所以參配四時長養五藏之氣以助乎五行也調以滑甘者四時仰土以成其能也此經所以養老而補病扶衰故經方之滅者以少壯言也牛宜稌羊肉稌飯尤相宜也羊宜黍豕宜稷犬宜粱鴈宜麥魚宜苽皆其類也豈獨於味爲宜實亦於人有補焉

春宜羔豚膳膏薌夏宜腒渠鱐搜膳膏臊騷秋宜犢麛迷膳膏腥冬宜鮮仙羽膳膏羶

牛膏薌犬膏臊雞膏腥羊膏羶如春時食羔豚則煎之以牛膏故云膳膏薌也餘倣此腒乾雉鱐乾魚麛鹿子

鮮。生魚。羽鴈也。舊説。此膳所宜。以五行衰王相參及方氏燥濕疾遲强弱之説。今皆略之。嚴陵方氏曰。羔豚。羊豚之小者。方春品物之小。故以小者爲宜。腒鱐者。雉魚之乾者。方夏物有餒敗之患。故以乾者爲宜也。秋則物成而可嘗之時。故雖犢與麛。皆得以嘗之矣。冬則物衆而可進之時。故雖飛與潛者。皆得以進之矣。○王氏曰。八者五土之所生。五行之所致。養口納味。養形納氣。一味之不調。一氣之不順。則疾癘得以乘而至。先王乘時之消息。因理之盈虛以節飲食。以養性命。春行羔豚。秋行犢麛。所以順陰陽之中氣。夏行腒鱐。冬行鮮羽。所以順陰陽之正氣也。

牛脩。鹿脯。田豕脯。麋脯。麕。俱倫反脯。麋。鹿。田豕。麕。皆有軒。憲雉兔皆有芼。

䟽曰。麋鹿田豕麕皆有軒者。言此等非但爲脯。又可腥食。腥食之時。皆以藿葉起之而不細切。故云皆有軒。不

云牛者牛惟可細切爲膾不宜大切爲軒雉兔皆有芼者爲雉羹兔羹皆有芼菜以和之○鄭氏曰軒讀爲憲憲謂藿葉切也

爵鷃(晏)蜩(條)范之栭(而)蔆(陵)椇(矩)棗栗榛柹(俟)瓜桃李梅杏楂(側加反)梨薑桂

蜩蟬范蜂芝之如今木耳之類栭韻會註云江淮呼小栗爲栭栗蔆芰也椇形似珊瑚味甜美一名白石李○鄭氏曰自牛脩至此三十一物皆人君燕食所加庶羞也周禮天子羞用百有二十品記者不能次録長樂劉氏曰自牛脩至此凡三十有一物四時之和氣可以脯可以乾可以藏以備乎老者之所欲也士庶之力雖不得畢備有則

儲之。亦子婦所以盡於孝敬也。

大夫燕食。有膾無脯。有脯無膾。士不貳羹胾。庶人耆老不徒食。

因上文言人君燕食之物。而言大夫燕食。士不貳羹胾。亦謂燕食也。徒猶空也。不徒食。言必有饌。○疏曰。若朝夕常食。則下云羹食自諸侯以下至於庶人無等。嚴陵方氏曰。燕食。謂燕饗之食也。膾脯。羞也。故不得兼之。言大夫如此。則士可知。羹胾者。食之配。士雖降於大夫。然闕一不可。特不貳之而已。言士如此。則大夫貳之可知。

膾。春用葱。秋用芥。豚。春用韭。秋用蓼。脂用葱。膏用薤。胡介反三牲用藙。毅和。去聲用醯。獸用梅。

芥芥醬也肥凝者爲脂釋者爲膏三牲牛羊豕也藙茱萸也和用醯以醯和三牲也獸用梅以梅和獸也嚴陵方氏曰葱以氣達爲急芥以味辛爲介春物方生故宜食性之急者秋物方成故宜食性之介者故膾用二物以和之韭性溫而生能久蓼味辛而氣能散溫而生固春所宜也辛而散固秋所宜也故豚用二物以和之三牲肉體之大者氣之所聚不能無毒故用藙之辛以散其毒焉凡物未始無毒三牲必散之者以肉體特大故也芥蓼之味非不辛然必用藙者能殺蟲故也和用醯謂三牲也荀子曰醯酸而蜹聚書曰若作和羹爾惟鹽梅則醯與梅皆酸也和之以此所以收其味而已然牲用醯獸用梅者亦各以其類而已

鶉羹雞羹鴽如釀尼亮反之蓼魴防鱮序烝雛燒雉薌無蓼鴽不爲羹惟烝煮而已故不曰羹此三味皆切蓼以雜和之故曰釀之蓼魴鱮二魚烝而食之故曰魴鱮烝雛

鳥之小者燒熟然後調和故云雛燒雉則或燒或烝或以爲羹皆可薌謂香草若白蘇紫蘇之屬也言烝魴鱮燒雛及烹雉皆調和之以香草無用蓼也山陰陸氏曰魴鱮弱魚也烹或易爛烝之可也無蓼與不蓼異不蓼未必用蓼爾無蓼直無蓼也

不食句雛鼈狼去腸上聲狗去腎狸去正脊兔去尻苦刀反狐去首豚去腦魚去乙鼈去醜

此九者皆爲不利於人雛鼈伏乳者魚體中有骨如篆乙之形去之爲鯁人也醜竅也或云頸下有骨能毒人

肉曰脫之魚曰作之棗曰新之栗曰撰須兖反之桃曰膽之柤側加反梨曰攢咨官反之

脫者剝除其筋膜作者搖動之以觀其鮮鱻一說作猶斮也謂削其鱗柬則拭治而使之新潔撰猶選也栗多蟲蠹宜選擇之挑多毛拭治令青滑如膽攢之者鑽治其蟲蠹處也此皆治擇之名

牛夜鳴則庮（由）羊泠（零）毛而毳（昌銳反）羶狗赤股而躁臊（騷）鳥皫（滂表反）色而沙鳴鬱豕望視而交睫（接）腥馬黑脊而般（班）臂漏（平聲）

牛之夜鳴者其肉庮臭羊之毛本稀泠而毛端毳結者其肉羶氣狗股裏無毛而舉動急躁者其肉臊惡皫色色變而無潤澤也沙嘶也鳴而其聲沙嘶者鬱謂腐臭

也望視擧目高也交睫目睫毛交也腥讀爲星肉中生小息肉如米者也般臂前脛毛斑也漏讀爲螻謂其肉如螻蛄臭也牛至馬六物若此者皆不可食嚴陵方氏曰夜鳴謂非時而鳴赤股者股無毛則股著見矣故以赤言之躁則言其性之不靜皫言如麃之色白沙鳴鳴之悲涼者豕俯首以食首俯則下視曰望視則首昂矣交睫目毛以長故交黑脊言衆體皆異而脊獨黑也般在前脛故曰般臂

雛尾不盈握弗食舒鳫翠鵠鴞于嬌反胖判舒鳧翠雞肝鴈腎鴇保奥郁鹿胃

舒鴈鵝也翠尾肉也胖脅側薄肉也舒鳧鴨也鴇似鴈而大無後指奥脾肶也藏之深奥處也此九物亦不可

食。嚴陵方氏曰：握，手一握也。尾不盈握，則形未成，故弗食。言此弗食，則下陳者可知。○王氏曰：天產之物，所以資氣體之養者也。所稟之氣一有不和，則資其味者疾癘或乘之，而至於爲害不少矣。每物而辨，則膳脩之用無陰陽偏勝之氣，而氣體之養賴之而安矣。

肉腥細者爲膾，大者爲軒。憲。或曰：麋鹿魚爲菹，麕爲辟壁雞，野豕爲軒，兔爲宛苑脾。切葱若薤，實諸醯以柔之。

細縷切者爲膾，大片切者爲軒。或用葱，或用薤，故云切葱若薤。肉與葱薤皆置之醯中，故云實諸醯。浸漬而熟則柔軟矣，故曰柔之。○疏曰：爲記之時，無菹軒辟雞宛脾之制，作之未審，舊有此言，記者承而用之，故稱或曰。其辟雞、宛脾及軒之名，其義未聞。

羹食嗣自諸侯以下至於庶人無等。大夫無秩膳。大夫七十而有閣

羹與飯常日所食。故無貴賤之等差。秩，常也。五十始命。未爲甚老。故無常膳。七十有閣，則有秩膳矣。閣以板爲之，所以庋飲食之物。嚴陵方氏曰：食爲主，羹爲配，人所日用者也。唯稱有無隨其所宜，不制豐殺而預爲之等。雖然，此特自諸侯以下而已。若夫四海之奉一人之尊，又安得無等乎。所以言諸侯以下也。前言士不貳羹胾，則士羹亦有等矣。蓋彼主燕食，此主常食言之也。燕食以禮爲等，故不可無等。常食以養爲主，故不可不隨宜焉。

天子之閣，左達五，右達五。公侯伯於房中五。大夫於閣三。士於坫丁念反一

疏曰宫室之制中央爲正室正室左右爲房房外有序序外有夾室天子尊庖廚遠故左夾室五閣右夾室五閣諸侯卑庖廚宜稍近故於房中惟一房之中而五閣也大夫卑而無嫌故亦於夾室而三閣士卑不得爲閣但於室中爲土坫以庋食五者三牲之肉及魚腊三者豕魚腊也

嚴陵方氏曰夾室以自是而達于外故謂之達必於夾室者遠庖廚之義也自諸侯而下則有遠近之殊多少之別者尊者詳卑者畧尊者隆卑者殺故也

凡養老有虞氏以燕禮夏后氏以饗禮殷人以食嗣禮周人脩而兼用之凡五十養於鄉六十養於國七十養於學達於諸侯八十拜君命一坐再至瞽亦如之九十者使人

受五十異粻(章)六十宿肉七十貳膳八十常珍九十飲食不違寢膳飲從於遊可也六十歲制七十時制八十月制九十日脩唯絞(爻)紟(其鴆反)衾冒死而后制五十始衰六十非肉不飽七十非帛不煖八十非人不煖九十雖得人不煖矣五十杖於家六十杖於鄉七十杖於國八十杖於朝九十者天子欲有問焉則就其室以珍從(去聲)七十不俟朝八十月告存九十日有秩五十不從力政六十不與(去聲)服戎七十不與賓客之事八十齊(側加反)喪之事弗及也五十而爵六十不親學七十致政凡自七十以上(上聲)唯衰麻爲喪凡三王養老皆引年八十者一子不從政九十者其家

不從政。瞽亦如之。凡父母在，子雖老不坐。有虞氏養國老於上庠，養庶老於下庠。夏后氏養國老於東序，養庶老於西序。殷人養國老於右學，養庶老於左學。周人養國老於東膠，養庶老於虞庠。虞庠在國之西郊。有虞氏皇而祭，深衣而養老。夏后氏收而祭，燕衣而養老。殷人冔而祭，縞衣而養老。周人冕而祭，玄衣而養老。

此一節並說見王制。山陰陸氏曰：王制主國，故先言養國老於上庠，後言凡三王養老皆引年八十者一子不從政。內則主家，故先言三王養老皆引年八十者一子不從政，後言養國老於上庠。石梁王氏曰：此一養字蒙上文。

曾子曰：孝子之養老也，當從上聲。忠養之養，當從去聲。樂其心，不違其志，樂其耳目，安其寢處，以其飲食忠養之

孝子之身終。終身也者。非終父母之身。終其身也。是故父母之所愛亦愛之。父母之所敬亦敬之。至於犬馬盡然。而況於人乎。樂音洛

樂其心。喻父母於道也。不違其志。能養志也。飲食忠養以上。是終父母之身。愛所愛。敬所敬。則終孝子之身也

嚴陵方氏曰。怡聲而問。所以樂其耳也。柔色以温。所以樂其目也。定於昏。所以安其寢也。省於晨。所以安其處也。以其飲食忠養之者。蓋養親之道雖非即飲食以能盡。亦非舍飲食以爲君子何以處之。亦曰忠養之而已。夫養之以物。止足以養其口體。養之以忠。則足以養其志矣。○西山眞氏曰。孝子愛敬之心無所不至。故父母之所愛敬者。雖犬馬之賤。亦愛敬之。況人乎哉。姑舉其近者言之。若兄若弟。吾父母之所愛也。吾其可以不愛之乎。若薄之。是薄吾父母也。若親若賢。吾父母之所敬也。吾其可以不敬之乎。若嫚之。是嫚吾父母也。推類

而長。莫不皆然。若晉武惑馮紞之讒。不思太后之言而疎齊王攸。唐高宗溺武氏之寵。不念太宗顧託之命而殺長孫無忌。皆禮經之罪人也

凡養老。五帝憲。三王有又乞言。五帝憲養氣體而不乞言。有善則記之爲惇史。三王亦憲。旣養老而后乞言。亦微其禮。皆有惇史

憲法也。養老之禮。五帝之世。主於法其德行而已。至三王之世。則又有乞言之禮焉。惇史所以記其惇厚之德也。三王亦未嘗不法其德行。然於乞言之際。其禮微略。不誠切以求之。故云微其禮。然亦皆有惇史焉○方氏曰。五帝之憲也而老者未嘗無言。要之以德爲主耳。故

曰有善則記之。蓋可記者言故也。三王之乞言而老者

未嘗無德。要之以言爲主耳。故曰三王亦憲。東萊呂氏曰。年之貴乎天下久矣。五帝三王皆尊德尚齒。然五帝三王養老之禮雖同。憲與乞言不同。蓋道有升降。風氣有厚薄。所以如此。五帝憲。則是瞻儀容。視起居。不曾有乞言之禮。蓋當時風氣未開。人情淳厚。朝夕與老者親炙其仁義之容。道德之光。自得於觀感不言之際。三王不及五帝。所以有乞言之禮。比之於觀瞻不言之中。氣味稍薄

淳之純反熬遨煎醢加于陸稻上。沃之以膏。曰淳熬

淳沃也。熬煎也。陸稻陸地之稻也。以陸稻爲飯。煎醢加于飯上。又恐味薄。故更沃之以膏。此八珍之一也

淳母模煎醢加于黍食嗣上。沃之以膏。曰淳母

疏曰。母是禁辭。非膳羞之體。故讀爲模。模象也。蓋法象淳

熬而爲之但用黍飯爲異耳此八珍之二也

炮（庖）取豚若將（牂）刲（睽）之刳（枯）之實棗於其腹中編萑（九）以苴（子餘反）之塗之以謹（芹）塗炮之塗皆乾（干）擘（百）之濯手以摩之去（上聲）其皽（展）爲稻粉糔（息酒反）溲（所九反）之以爲酏（移）以付豚煎諸膏膏必滅之鉅（巨）鑊（戶郭反）湯以小鼎薌脯於其中使其湯毋滅鼎三日三夜毋絶火而后調之以醯醢

此珍主於塗而燒之故以炮名牂牡羊也刲之刳之殺而去其五藏也萑蘆葦之類苴裹也謹讀爲墐說文黏土也擘擘之者擘去乾塗也濯手以摩之去其皽謂擘泥手不淨又兼肉熱故必濯其手然後摩去其皽膜也糔

與前章滫瀡之滫同以稻米爲粉滫溲之爲粥若豚則以此粥敷其外若羊則解析其肉以此粥和之而俱煎以膏滅没也謂所用膏没此豚與羊也鉅鑊湯以大鑊盛湯也脯解析之薄如脯也鄉脯香美此脯也脯在小鼎内而小鼎則置在鑊湯内湯不可没鼎没鼎則水入壞脯也毋絶火微熱而已不熾之也至食則又以醯與醢調和之此八珍之三四也

擣丁老反珍取牛羊麋鹿麕之肉必脄每每物與牛若一捶主蘂反反側之去其餌孰出之去其皽柔其肉

脄夾脊肉也與牛若一謂與牛肉之多寡均也捶擣也

反捶之又側捶之然後去其筋餌既熟乃去其皽膜而柔之以醯醢此八珍之五也

漬(自)取牛肉必新殺者薄切之必絶其理湛(尖)諸美酒期(朞)朝而食之以醢若醯醷(倚)

絶其理横斷其文理也湛亦漬也期朝今旦至明旦也醷梅漿也此八珍之六也

爲熬捶之去其皽編萑布牛肉焉屑桂與薑以灑(所買反)諸上而鹽(去聲)之乾而食之施羊亦如之施麋施鹿施麕皆如牛羊欲濡肉則釋而煎之以醢欲乾肉則捶而食之

此肉於火上爲之故名曰熬生擣而去其皽膜然後布

於編萑之上先以桂薑之屑灑之次用鹽釋謂以水潤釋之也此八珍之七也

糝思感反取牛羊豕之肉三如一小切之與稻米稻米二肉一合以爲餌煎之

三如一謂三者之肉多寡均也稻米二肉一謂二分稻米一分肉也此即周禮糝食

肝膋聊取狗肝一幪蒙之以其膋濡炙之舉燋其膋不蓼

舉皆也謂炙膋皆熟而焦食之不用蓼也此八珍之八記者文不依次故間雜在糝食酏食之間

取稻米舉糔溲之小切狼臅觸膏以與稻米爲酏之然反

狼臅膏狼胷臆中之膏也。此蓋以滫溲稻米之粉而煎之以膏。註讀酏爲餰者，以酏是粥，非豆實也。此即周禮之酏食山陰陸氏曰：言爲熬在上，言爲酏在下，熬隆於用火，言爲稻粉在上，亦以此。周官糝食即此糝，酏食即此酏。三相參爲糝，所謂稻米二肉一合以爲餌煎之是也。兩相差池爲酏，所謂小切狼臅膏以與稻米爲酏是也。此篇上言養老，繼之以此，蓋珍宜以養老。文王世子曰：適饌省醴養老之珍具。

禮始於謹夫婦，爲宮室，辨外內。男子居外，女子居內。深宮固門，閽寺守之。男不入，女不出。

夫婦爲人倫之始，不謹則亂其倫類，故禮始於謹夫婦也。○鄭氏曰：閽掌守中門之禁，寺掌內人之禁令。長樂劉氏曰：凡禮者，爲人倫而設也。人倫之禮，始於謹夫婦焉。易稱家人，女正位乎內，男正位乎外。男女正，天地之大義也。家人有嚴君焉。父母之謂也。父父子子。兄兄弟弟。夫夫婦婦。而家道正。正家而天下定矣。此所以必爲宮室先辨內外。男子居外。女子居內。各正其德業也。宮不深則內外之聲可通。門不固則出入之禁可踰。閽寺守之。不嫌於褻內也。故男非其時不入。女非其禮不出。皆所以爲天下之內則也。○嚴陵方氏曰。天下之本在國。國之本在家。故禮始於謹夫婦。易基乾坤。詩首關雎。皆始於謹夫婦之意也。謹夫婦故爲宮室以居之。辨外內以防之。男子居外。女子居內。陰陽之分也。深宮。則外人不得而入。固門則强者不得而啓。

男女不同椸移枷。架不敢縣玄於夫之楎輝椸。不敢藏於夫之篋笥。四不敢共湢浴。夫不在。斂枕篋簟席。襡獨器而藏之。少事長。賤事貴。咸如之。

椸枷見曲禮。植者曰楎。橫者曰椸。楎椸同類之物。椸以竿爲之。故鄭云竿謂之椸。餘見前。臨川吳氏曰。既言外內不共湢浴。男女不同椸枷。又言非特外內男女爲然。雖夫婦得相親者亦然。不但不共椸枷。亦不共篋笥。夫婦且如此。則非夫婦者。其明微厚別。又當何如。○山陰陸氏曰。枕有篋。簟席有獨。皆器而藏之。不言枕言枕篋。不言席言簟席。獨嫌瀆也。卽父母舅姑不嫌。

夫婦之禮。唯及七十。同藏無間。故妾雖老。年未滿五十。必與(去聲)五日之御。將御者。齊(側皆反)漱(平聲)澣(浣)。愼衣服。櫛縰。笄總角。拂髦。衿纓綦屨。雖婢妾。衣服飲食必後長者。妻不在。妾御莫敢當夕。

櫛縰以下說見篇首。角字衍。天子之御。妻八十一人當九夕。世婦二十七人當三夕。九嬪九人當一夕。三夫人當一夕。后當一夕。凡十五日而徧。五日之御。諸侯制也。

諸侯一娶九女。夫人及二媵各有姪娣。此六人當三夕。次二媵當一夕。次夫人專一夕。凡五日而徧也。當夕。當妻之夕也。長樂劉氏曰。夫婦雖未七十。同藏未有可嫌者。聖人制禮以爲天下之內則。夫婦必如此者。以爲男女內外之禮。敬則爲先焉。夫婦身先于上而男女力行于下。以無嫌正有嫌也。用有情之難行。正人情之易制也。○嚴陵方氏曰。將御者必齊漱澣者。則所以致潔敬也。婢妾衣服飲食必後長者。蓋不以賤廢尊卑上下之道故也。妻不在。妾御莫敢當夕者。所以避上僭之嫌也。

妻將生子。及月辰。居側室。夫使人日再問之。作而自問之。妻不敢見。形甸反使姆茂衣服而對。至于子生。夫復扶又反使人日再問之。夫齊側加反則不入側室之門。

正寢在前。燕寢在後。側室者。燕寢之旁室也。作。動作之時也。姆，女師也。慶源輔氏曰：當產而辟燕寢，居側室，其自斂戢者至矣，豈復有驕其夫之意哉。夫使人日再問之者，愛而不失於狎，敬而不失於疏。妻不敢見，雖病不敢忘禮；使姆衣服而對，雖病不敢失禮。

子生，男子設弧於門左，女子設帨於門右。三日，始負子，男射女否。

弧，弓也。帨，佩巾也。以此二物爲男女之表。負，抱也。嚴陵方氏曰：設弧於門左，蓋左者天道所尊；設帨於門右，右者地道所尊。必曰設者，方男女之生，其於弧帨有可用之道，而未能有用之實也。古之人重男女之生，又重男女之別，非特見於弧帨而已。男則寢於牀之尊，女則寢於地之卑。其衣之也，男以晝服之裳，女以夜服之裼。其弄之也，男以所有事之璋，女以所有事之瓦。

國君世子生，告于君，接如字以大牢，宰掌具。三日，卜士負之，吉者宿齊，朝服寢門外，詩負之。射人以桑弧蓬矢六射石

天地四方。保受乃負之。宰醴負子。賜之束帛。卜士之妻。大夫之妾。使食嗣子

接以大牢者。以大牢之禮接見其子也。宰。宰夫也。掌具。掌其設禮之具也。卜士負之者。卜其吉者而使之抱子也。詩承也。儀禮言尸酢主人詩懷之。亦承義。射天地四方者。期其有事於遠大也。保。保母也。受乃負之。受子於士而抱之也。蓋士之負子。特爲斯須之禮而已。宰既掌具。故以醴禮負子之士。仍賜束帛以酬之。食子。謂乳養之也。今按此言世子生接以大牢。特言其常禮如此耳。下文又言接子擇日。則亦或在始生三日之後也。鄭氏

謂食其母使補虛强氣讀接爲捷而訓爲勝其義迂方氏讀如本字今從之慶源輔氏曰大牢牲之大也大牢官之尊也所以重世子也禄下凡接子可知士之負子斯須而已必醴而賜之者所重在子也醴士而不及射人士負我者也射人我所使也固不可同矣諸母則擇之乳母則卜之者豈非情性之發尚猶可見而氣血之相宜有不可知者耶○嚴陵方氏曰射之爲道此男子之所當爲者故士使之射不能則辭以疾方子之生則使人代之以射且示其有志然桑非弓幹之上者莫非矢材之勁者然則桑蓬其用之義以見雖有其志未備其事而成人有漸也

凡接子擇日冢子則大牢庶人特豚士特豕大夫少牢國君世子大牢其非冢子則皆降一等

冢子大牢謂天子之元子也嚴陵方氏曰擇日卜日也卜而擇之故也○山陰陸氏由據上庶人特豚應云國君大牢今曰國君世子大牢爲其接以大牢同於王也是以盛言之盡其詞焉爾

且言冢子則大牢。庶人特豚，士特豕，大夫大牢，國君世子大牢。推國君而遠之，使不偪上也。又以著自庶人積隆至是窮矣。蓋理窮則同。此皆言之法也。○慶源輔氏曰：父子之氣未嘗不相接也。生三日而又以禮接之，於是爲至。

異爲孺子室於宮中。擇於諸母與可者，必求其寬裕慈惠温良恭敬愼而寡言者，使爲子師。其次爲慈母，其次爲保母，皆居子室。他人無事不往。

諸母，衆妾也。可者，謂雖非衆妾之列，或傅御之屬可爲子師者也。此人君養子之禮。師，教以善道者。慈母，審其欲惡者。保母，安其寢處者。他人無事不往，恐兒驚動也。

長樂劉氏曰：寛則容德固多，裕則臨事不撓，慈則仁性豐盈，惠則恩意浹洽，温則言動粹和，良則心意純熟，恭則容止必莊敬則誠明弗散具此八善而加之以畏愼將之以寡言婦人之全德也然後可以爲子之師焉若夫愛子以德時其志意體其寒温察其好惡相其寢興順其長育者慈母之職也保護其身衛養其氣時其衣服節其飲食侍其寢寐防其疾苦而專詩負之者保母之職也國之根本生靈休戚之所繫也弗正厥始弗淑其習烏能正厥性俾近於聖賢哉先王制禮乃及于是知所務矣

三月之末擇日翦髮爲鬌朶男角女羈否則男左女右是日也妻以子見於父貴人則爲衣服由命士以下皆漱澣男女夙興沐浴衣服具視朔食夫入門升自阼階立于阼西鄉去聲妻抱子出自房當楣立東面

鬌所存留不翦者也夾囟兩旁當角之處留髮不翦者謂之角留頂上縱横各一相交通達者謂之羈嚴氏云

夾囟曰角。兩髻也。午達曰羈。三髻也。貴人大夫以上也。由自也。具視朔食者，所具之禮如朔食也。朔食，天子大牢，諸侯少牢，大夫特豕，士特豚也。入門，入側室之門也。側室亦南向，故有阼階西階。出自房，自東房而出也。嚴陵方氏曰：角則相對，以其耦也；羈則相午，以其奇也。或男耦而女奇，取陰陽之相須也；或男左而女右，取陰陽之相類也。○慶源輔氏曰：男女初生，羈角左右，其辨也如此，則知男女之別，無非自然之理，豈特以末流之害，然後制禮以別之耶。

姆先相去聲曰：母某敢用時日祗見形甸反孺子。夫對曰：欽有帥率。父執子之右手，咳戶才反而名之。妻對曰：記有成。遂左還旋，授師。子師辯徧告諸婦諸母名。妻遂適寢。

其妻姓某氏也。時日，是日也。孺，稚也。欽，敬。帥，循也。言當敬教之，使循善道也。咳而名之者，說文：咳，小兒笑聲。謂父作咳聲笑容，以示慈愛而名之也。記有成，謂當記識夫言，教之成德也。授師，以子授子師也。諸婦，同族卑者之妻也。諸母，同族尊者之妻也。後告諸母，欲名成於尊也。妻遂適寢，復夫之燕寢也。

用時日，祇見孺子，夫婦之禮嚴矣。夫對曰欽有帥，妻對曰記有成，夫婦之義一矣。○慶源輔氏曰：姆先相曰，敢用時日，祇見孺子。姆先相者，妻既抱子，當楣東面而立，傅姆在母之前而相佐其辭也。○山陰陸氏曰：夫對曰敬，當有以帥之。妻對曰記，當有以成之。帥之者，父道也。成之者，母道也。

夫告宰名，宰辯告諸男名，書曰：某年某月某日某生，而藏之。宰告閭史，閭史書爲二，其一藏諸閭府，其一獻諸州史。

州史獻諸州伯州伯命藏諸州府夫入食如養去聲禮宰屬吏也諸男同宗子姓也藏之者以簡策書子名而藏于家之書府也二十五家爲閭二千五百家爲州州伯則州長也閭史州史皆其屬吏也閭府州府皆其府藏也夫入食如養禮謂與其妻禮食如婦始饋舅姑之禮也○疏曰此經所陳謂卿大夫以下故以名徧告同宗諸男諸男卑者尚告則告諸父可知若諸侯絕宗則不告也山陰陸氏曰妻言遂適寢妾言遂入御妻言夫入食如養禮妾言禮之如始入室妻之辭莊妾之辭瀆言之法也○嚴陵方氏曰名則辯告之以示於衆書則藏之以傳於久則以男子者人之所貴重故也若華封人之祝堯以是而已

世子生則君沐浴朝服夫人亦如之皆立于阼階西鄉世婦抱子升自西階君名之乃降

諸侯朝服玄端素裳夫人亦如之者亦朝服也當是展衣註云褖衣者以見子畢即侍御於君故服進御之褖衣也人君見世子於路寢此升自西階是自外而入也凡生子無問妻妾皆在側室山陰陸氏曰不言三月之末嫌緩不言執其右手咳而名之嫌慢皆非所以言世子故也上下比義使從可知而已

適子庶子見於外寢撫其首咳而名之禮帥初無辭

此適子蓋世子之弟庶子則妾子也外寢君燕寢也燕寢在内以側室在旁處内故謂此爲外也○疏曰庶子

見於側室。此以撫首咳名無辭之事同，故與適子連文云見於外寢耳。嚴陵方氏曰：適子庶子止見於外寢，則世子見於路寢可知。

凡名子，不以日月，不以國，不以隱疾。大夫士之子，不敢與世子同名。

說見曲禮。

妾將生子，及月辰，夫使人日一問之。子生三月之末，漱澣夙齊，見於內寢。禮之如始入室。君已食，徹焉，使之特餕，遂入御。

此言大夫士之妾生子之禮。宮室之制，前有路寢，次則君之燕寢，次夫人正寢。卿大夫以下，前有適室，次則燕寢次則適妻之寢。此言內寢正謂適妻寢耳。如始入室者如初來嫁時也。特餕使此生子者獨餕。不如常時衆妾同餕也。慶源輔氏曰。妾生子而禮之如始入室。所以使之知大分已定於其初矣。特餕。所以寵之。然其分不可得而易也

公庶子生就側室。三月之末。其母沐浴朝服見於君。擯者以其子見。君所有賜。君名之。衆子則使有司名之

擯者傅姆之屬也。君所有賜者此妾君所偏愛而特加恩賜者。故其子君自名之。若衆妾之子恩寵輕略者則使有司名之也○䟽曰。前文已云適子庶子見異於世子。今更重出者。以前庶適連文。故此特言庶子之禮山陰

陸氏曰。庶子言就側室。則世子不就側室。其母沐浴朝服。則君不沐浴朝服

庶人無側室者。及月辰。夫出居群室。其問之也。與子見父之禮無以異也

問之之禮。與執手咳名之事。欽帥記成之辭。皆與有爵者同。故云無以異也嚴陵方氏曰。庶人或無妾。故有無側室者。群室則固無定所矣。凡此以庶人之賤。故其禮略也

凡父在。孫見於祖。祖亦名之。禮如子見父。無辭

應氏曰。辭者。夫婦所以相授受也。祖尊。故有其禮而無其辭嚴陵方氏曰。父在。謂祖在也。據子之父稱之。故曰父爾。以祖名之而不以父者。家事統於尊故也

食嗣子者。三年而出。見於公宮。則劬

食子者士之妻大夫之妾也子三年則免懷抱故食者出還其家見於公宮而告辭則君必有賜劬者有賜以勞其劬勞也山陰陸氏曰不言寢不言君所嫌褻也

大夫之子有食嗣母士之妻自養其子

食母乳母也士卑故自養

由命士以上上聲及大夫之子旬均而見

註讀旬爲均謂適子妾子有同時生者雖是先生者先見後生者後見然皆在夫未與婦禮食之前故曰均而見也○應氏曰子固以禮見於父父則欲時時見之又不可瀆故每旬而一見之若庶人則簡略易通故不必

以旬而見。今詳二說俱可疑。闕之可也

冢子未食如字而見必執其右手。適子庶子已食而見必循其首

疏曰。此天子諸侯之禮。未與后夫人禮食而先見冢子。急於正也。禮食之後乃見適子庶子。緩於庶耳山陰陸氏曰。執而見之。待之若與己等。冢子故也

子能食食嗣教以右手。能言。男唯上聲女俞。男鞶革。女鞶絲

食。飯也。唯俞皆應辭。鞶小囊。盛帨巾者。男用韋。女用繒帛嚴陵方氏曰。教以右手。則取其強而已。是固男女之所同也

六年教之數與方名。七年男女不同席不共食。八年出入

門戶及即席飲食必後長者始教之讓

數謂一十百千萬方名東西南北也嚴陵方氏曰出入門戶則欲其行之讓也即席則欲其坐之讓也飲食則欲其食之讓也經曰父之齒隨行兄之齒鴈行則行固欲其讓也又曰衽席之上讓而坐下觴酒豆肉讓而受惡則坐與飲食又欲其讓矣由是推之則無所往而不讓矣

九年教之數上聲日十年出就外傅居宿於外學書計

數日知朔望與六甲也外傅教學之師也書謂六書計謂九數

衣不帛襦儒袴禮帥初朝夕學幼儀請肄簡諒

曲禮曰童子不衣裘裳不以帛爲襦袴亦爲太温也禮帥初謂行禮動作皆循習初教之方也肄習也簡書篇

數也。諒，言語信實也。皆請於長者而習學之也。一說簡者簡要，謂使之習事務從其要，不爲迂曲煩擾也。嚴陵方氏曰：出就外傅，曾子問所謂古者男子外有傅是矣。書，即周官保氏所謂六書是也。計，即所謂九數是也。以數必計其多少，故又謂之計焉。自學書計而下，皆就外傅所學之事也。禮帥初，謂遵習先日所爲而不敢變也。慮其妄有所改爲故也。朝夕學幼儀者，至此乃可以責事長之禮故也。若昧爽而朝之類，則朝之所當學也。若日入而夕之類，則夕之所當學也。簡，策也。謂古先之事，必書於策，必請而後習之者，則以不敢專故也。

十有三年，學樂，誦詩，舞勺。酌成童，舞象，學射御。

樂，八音之器也。詩，樂歌之篇章也。成童，十五以上。象說見文王世子。射，謂五射。御，謂五御也。六藝詳見小學書

○朱子曰：酌即勺也。內則曰：十三舞勺，即以此詩爲節

而舞也程子曰。古人爲學也易。八歲入小學。十三入大學。舞勺。舞象。有弦歌以養其耳。舞干羽以養其氣血。其心急則佩韋。緩則佩弦。出入閭里。則視聽遊習。與政事之施。莫不由此。如此。則非僻之心無自而入。○張子曰。古者教童子先以舞者。欲柔其體也。心下則氣和。氣和則體柔。古者教胄子必以樂。欲其體和也。教之舞教之樂。所以欲其和。學者志則欲立。體則欲和也。○嚴陵方氏曰。勺雖告武王之樂。然以勺其道而道成於文。故也。象雖奏文王之樂。然以象其事而事成於武。故也。必以告武王之樂爲文者。以示文之道必有武爲之備也。必以奏文王之樂爲武者。以示武之事必以文爲之經也。勺固成王之樂。以告成大武。故取義如此

二十而冠。始學禮。可以衣去聲裘帛。舞大夏。惇行孝弟。博學不教。內而不出

始學禮。以成人之道。當兼習吉凶軍賓嘉之五禮也。大夏。禹樂。樂之文武兼備者也。孝弟。百行之本。故先務惇

行於孝弟而後博學也不教恐所學未精故不可爲師以教人也內而不出言蘊畜其德美於中而不自表見其能也一說謂不出言以爲人謀畫嚴陵方氏曰博學不教者蓋學所以爲己教所以爲人故博學不教內而不出者以其未足以爲人故志乎內而無事乎外有所入而無所出也

三十而有室始理男事博學無方孫去聲友視志室猶妻也男事受田給政役也方猶常也學無常在志所慕則學之孫友順交朋友也視志視其志意所尚也慶源輔氏曰博學不教內而不出獨善而已獨善其身未足以善人也博學無方孫友視志取諸人以爲善也取諸人以爲善則善足以及人矣

四十始仕方物出謀發慮道合則服從不可則去五十命

爲大夫服官政七十致事凡男拜尚左手

朱子曰物猶事也方物出謀則謀不過物方物發慮則慮不過物問何謂不過物曰方猶對也比方以窮理程子曰古之爲士者自十五入學至四十始仕中間自二十五年有事於學又無利可趨則其志可知此所以成德故古之人必四十乃仕然後志定業成後世立法自童稚即有汲汲利祿之誘何由向善○嚴陵方氏曰四十則强之時也仕則與物接而有理可言故謀不得不出有患可思故慮不得不發然謀慮豈以僞飾加之乎亦比方事物以應之而已事人之道有合則有否故有從必有去合否在彼也有命存焉從去在我也有義存焉故道合則服從不可則去也服謂服其事從謂從君也拜尚左手尊陽道故也

女子十年不出姆茂教婉娩晚聽從執麻枲治絲繭織紝女金反組祖紃巡學女事以共衣服觀於祭祀納酒漿籩豆

葅醢禮相助奠

十年不出。謂十歲則恒處於內也。姆女師也。婉謂言語。娩謂容貌。司馬公云柔順貌。紝繒帛之屬。組亦織也。詩執轡如組。紃之制似絛。古人以置諸冠服縫中者。慶源輔氏曰。婉有委曲之意。娩有遲緩之意。聽從所謂以順爲正也。婦人之容德莫此爲盛。始於容德中於女工之事終於祭祀之禮。婦人之事盡是矣。○嚴陵方氏曰。不出謂常居閨閤之內也。聽則有所受。從則無所違。皆女德也。執麻枲則績事也。治絲繭則蠶事也。觀於祭祀則欲其習熟是事故也。非特觀之而已。又且納酒漿籩豆葅醢等物以致其禮。相助長者而奠之於神焉。詩不云乎。于以奠之。宗室牖下。誰其尸之。有齊季女。蓋助奠之謂也。

十有五年而笄。二十而嫁。有故二十三年而嫁。聘則爲妻。奔則爲妾。凡女拜尚右手十五許嫁則笄。未許嫁者二十而笄。故謂父母喪妻齊也。妾之言接。言得接見於君子。不得伉儷也。尚左尚右。陰陽之別。嚴陵方氏曰。三五而圓者。月也。故女子之年至是數而笄。笄者。婦人首飾。蓋成人之服也。夫男子冠則有成人之禮。女子笄則當許嫁之時。然嫁止於二十。娶必止於三十者。陰以少爲美。陽以壯爲强故也。然經亦舉其大畧耳。故王氏謂女子非二十而後可嫁。以爲二十而不嫁則非禮。男子三十而娶。四十强而仕。推此可知。聘言由彼而問此。奔言自此而趨彼。拜尚右手。尊陰道也

禮記集說大全卷之十二

禮記集說大全卷之十三

玉藻第十三

此篇記天子諸侯服冕笏佩諸制及行禮之容節

天子玉藻十有二旒前後邃延龍卷以祭（邃，粹；卷，衮）

玉。冕前後垂旒之玉也。藻雜采絲繩之貫玉者也。以藻穿玉。以玉飾藻。故曰玉藻。邃深也。延冕上覆也。玄表而纁裏。前後邃延者。言前後各有十二旒。垂而深邃。延在其上也。龍衮畫龍於衮衣也。祭祭宗廟也。餘見禮器馬氏曰。冕之爲物。後方而前圓。後仰而前俛。有延在上。有旒在下。視之則延長。察之則深邃。服飾於下。陰也。故有六。冕衮則匝於上。陽也。故止於五。冕止於五。則大裘而冕與衮冕一矣。蓋祀昊天則大裘而加冕。饗先王則服衮而已。周官於祀昊天不言袞。則用袞可知也。記於龍袞言以祭不言所祭。則昊天先王可知也。先儒有云。大裘無冕袞而其冕無旒。不知何據

玄端冕而朝潮日於東門之外。聽朔於南門之外

朝日。春分之禮也。聽朔者。聽月朔之事也。東門南門皆謂國門也。○疏曰。知端當爲冕者。皮弁尊。次則諸侯之朝服。又其次玄端。諸侯皮弁聽朔。朝服視朝。是視朝之服卑於聽朔。今天子皮弁視朝。若玄端聽朔。則是聽朔之服卑於視朝。且聽朔大。視朝小。故知端爲冕。謂玄冕也。是冕服之下者。嚴陵方氏曰。經有曰玄冕。有曰玄冠。有曰玄端。何也。蓋玄端者。祭服燕服之總名。衣玄衣而加玄冕。則爲祭服。衣玄衣而加玄冠。則爲燕服。或冠冕通謂之端。玄端而朝日。則是玄冕者

也。玄端而居。則是加玄冠者也。聽朔亦玄冕者。敬朔事如祭故也。日生於東。故朝日於東門之外。日月合於朔。陰陽交於南。故聽朔於南門之外。即明堂是也。必曰門之外者。亦猶迎氣之於郊歟

閏月。則闔門左扉。立于其中

鄭氏曰。天子廟及路寢。皆如明堂制。明堂在國之陽。每月就其時之堂而聽朔焉。卒事反宿路寢。閏月。非常月也。聽其朔於明堂門中。還處路寢門。終月○疏曰。樂太史云。終月。謂終竟一月所聽之事於一月中耳。尋常則居燕寢也。皇氏云。明堂有四門。即路寢亦有四門。閏月各居其時當方之門。義或然也○今按闔門左扉者。左為陽。陽為正。以非月之正。故闔左而由右嚴陵方氏曰。夫左陽為正。

右陰也。時出佐陽而已。闔門左扉而由其右。以積分者非正故也。且開明而發。開暗而用者。扉之常也。今於開明之時而用其左。亦以閏月之所居非常故也。以居而爲之位。故曰立于其中

皮弁以日視朝。遂以食。日中而餕。奏而食。日少牢。朔月大牢。五飲。上水漿酒醴酏移

皮弁服。天子常日視朝之服也。諸臣同此服。日中而餕謂日中所食。乃朝食之餘也。奏。作樂也。日。常日也。朔月。月朔也。上水。以水爲上也。下四者。說見内則○疏曰。餕尚奏樂。即朝食奏樂可知矣。嚴陵方氏曰。以禮朝之服而食。不敢慢於所養也。日中餕朝之餘。不別改造。不敢厚於所養也。奏而食。周官膳夫掌王之食飲以樂侑食。正謂是矣。且人之養也。心志和而後氣體從之。奏樂而食。則所以和其心志而助氣體之養。日少牢。朔月大牢。則所以爲豐儉之節。且重朔故

也。前於朔言聽，此於朝言視，何也。聽主有所受於上，視主有所明於下。味以淡爲本，上水，則貴本故也。以至五齊加明水，三酒加玄酒者，亦此義也。以水爲上，則飲爲次矣。以清爲上，則濁爲次矣。故以漿酒醴酏爲之序，其名義已見內則解。

卒食，玄端而居。動則左史書之，言則右史書之，御瞽幾聲之上下。年不順成，則天子素服，乘素車，食無樂。

玄端服，說見內則。玄者，幽陰之色，宴息向晦而服之，於義爲得也。御，瞽侍御之樂工也。幾，察也。察樂聲之高下，以知政令之得失也。此以上皆天子之禮。延平周氏曰：天子之於事則無爲，而其所有爲者言動而已，故動則左史書之，言則右史書之。聲音之道與政通，故御瞽幾聲之上下。○嚴陵方氏曰：夏憂民之憂，而以喪禮自貶也。

諸侯玄端冕以祭裨冕以朝皮弁以聽朔於大廟朝服以日視朝於內朝

裨冕公袞侯伯鷩子男毳也朝見天子也諸侯以玄冠緇衣素裳爲朝服凡在朝君臣上下同服但士服則謂之玄端袂廣二尺二寸故也大夫以上皆侈袂三尺三寸○方氏曰天子聽朔於南門示受之於天諸侯聽朔於太廟示受之於祖原其所自也天子諸侯皆三朝外朝在庫門之外治朝在路門之外內朝在路門之內亦曰燕朝也長樂劉氏曰天子聽朔於明堂而頒其正朔于天下諸侯受而藏諸其大廟每月之吉則以餼羊告朔祭于太廟因而聽其月朔之政則服皮弁焉

朝辨色始入。君日出而視之。退適路寢聽政。使人視大夫。大夫退。然後適小寢釋服。

臣入常先。君出常後。尊卑之禮然也。視朝而見羣臣。所以通上下之情。聽政而適路寢。所以決可否之計。釋服釋朝服也。慶源輔氏曰。言始入不必早。言視之不敢緩。使人視大夫。所以體羣臣也。必如是。故天下為一家。君臣為一人。

又朝服以食。特牲三俎祭肺。夕深衣祭牢肉。朔月少牢五俎四簋。子卯稷食嗣菜羹。夫人與君同庖。

三俎。特豕魚腊也。周人祭肺。夕。夕食也。牢肉。即特牲之餘也。五俎。加羊與其腸胃也。簋盛黍稷之器。常食二簋。

月朔則四簋也。子卯。說見檀弓。夫人不特殺。故云與君同庖也。

嚴陵方氏曰。牛羊豕爲大牢。羊豕爲少牢。諸侯朔月少牢。以見日所食特牲者。或羊或豕而已。日食特牲下又言祭牢肉。止言牢而不言少。則不必具羊豕矣。祭肺則明堂位所謂周人祭肺是矣。深衣燕居之服。由朝至夕。則可以燕矣。故夕深衣而燕食焉。祭牢肉。則以夕食非始殺。故止於肉而不必肺也。周官膳夫王燕食。則奉膳贊祭。王氏謂燕食有魚鳥之膳。非祭朝之餘。此言日中與夕。則燕食爾。而曰祭牢肉者。由周以前質略故也。朔月少牢。固以降天子。亦以無故不殺牛故也。俎以薦魚肉。則天產也。故用陽數之奇。簋以盛黍稷。則地產也。故用陰數之耦。五俎四簋。則以朔月故倍常也。君之常膳。非不以稷爲食。特以稻粱爲上。而稷爲之次爾。非不以菜爲羹。特以鷄犬爲胾。而菜爲芼爾。今食止以其次。羹止以其芼。則以疾日當自貶故也。與君同庖。與共牢而食同義。○馬氏曰。春秋傳曰。辰在子卯。謂之疾日。君徹燕樂。學人舍學。則飲食之約也宜矣。士喪禮。朔奠哭不辟子卯。又檀弓言子卯不樂。皆謂此也。

君無故不殺牛。大夫無故不殺羊。士無故不殺犬豕。君子遠去聲庖厨。凡有血氣之類。弗身踐翦也。至于八月不雨。君不舉。

天子膳用六牲。則無故亦殺牛。此言國君也。天子之大夫有故得殺牛。此無故不殺羊。謂諸侯之大夫也。故謂祭祀及賓客饗食之禮也。祭禮有射牲之文。此言弗身踐。亦謂尋常也。八月令之六月。殺牲盛饌曰舉。嚴陵方氏曰。君子之於禽獸。見其生不忍見其死。聞其聲不忍食其肉。故遠庖厨。凡有血氣之類。弗身踐。是乃仁術也。庖蓋宰殺之所。厨蓋烹飪之所。○金華應氏曰。無故不殺。仁也。君大夫士必有辨。禮也。有故而殺。禮也。遠之而弗身踐。仁也。君子遠庖厨。蓋古有是語。孟子亦引之。

年不順成，君衣去聲布，搢薦本，關梁不租，山澤列而不賦，土功不興，大夫不得造車馬。

衣布，身著布衣也。士以竹爲笏，而以象飾其本。搢，挿也。君挿士之笏也。關謂門關，梁謂澤梁。不租，不收租稅也。列當作迾，遮迾之義。周禮山虞掌其厲禁，鄭云：遮列守之是也。凶年雖不收山澤之賦，猶必遮迾其非時采取者。造，新有製作也。此皆爲歲之凶，故上之人節損以寛貸其下也。嚴陵方氏曰：衣布所以致憂，搢本所以自貶，不租不賦所以寛民財，司關凶札則無關門之征是也。土功不興，所以寛民力，司徒荒政弛役是也。關以通陸，梁以通川。周官司書言賦，而終之以凡稅斂；掌交言九稅，而餘官言九賦；司徒言征，而繼之以賦；載師言賦，而繼之以稅。則稅者以地取之也，征者以正取之也。斂則收而聚之。賦則取而布之。租則取之不可以悉。稅者取之以道。征者取之以義。斂者取之事。賦者取之法。租者取之戒。其言不同。相備故也。大夫不得造車而繼之以馬者。造車而馬。從之也。王制關。市譏而不征澤梁無禁。則非特凶年然也。蓋王制所言。異代之禮

卜人定龜。史定墨。君定體

周禮龜人所掌。有天地四方六者之異。各以方色與體辨之。隨所卜之事各有宜用。所謂卜人定龜也。史定墨者。凡卜必以墨畫龜以求吉兆。乃鑽之以觀其所拆。若從墨而拆大謂之兆廣。若裂其旁岐細出則謂之璺拆。亦謂之兆璺。韻書璺音問。器破而未離之名也。體者兆象之形體。定謂決定其吉凶也。○疏曰。尊者視大卑者

視小朱子曰。占龜。土兆大橫。木兆直。金兆從右邪上。火兆從左邪上。水兆曲。以大小長短明暗爲吉凶。或占凶事。又以短小爲吉。又有旋者吉。大橫吉。大橫庚庚。庚庚是豹地恁地庚庚然。不是金兆也。○馬氏曰。卜人定龜。周禮所謂卜師辨龜之上下左右陰陽以授命龜者是也。史定墨。周禮所謂大史大祭祀與執事卜是也。君定體。如曰體王其罔害。詩曰體無咎言是也

君羔幦覓虎犆直。大夫齊車鹿幦豹犆。朝車。士齊車鹿幦豹犆

幦者覆軾之皮。犆緣也。君之齊車以羔皮覆軾。而緣以虎皮。朝車亦謂大夫之朝車。以下文兩言齊車故知上爲君齊車也山陰陸氏曰。豹犆一也。而大夫士異言之。則其大小麤縟有不同焉。君不言車。凡車如之也。大夫士言齊車。嫌齊而已。故車間言朝

君子之居恒當户。寢恒東首。去聲若有疾風迅雷甚雨則必變。雖夜必興。衣服冠而坐。

向明而居。順生氣而卧。敬天威而變。凡知禮者皆當如是。不但有位者也。故以君子言嚴陵方氏曰。凡户必南而啓。居恒當户。則向天明故也。孔子將病。猶當户而坐。君視之猶東首加朝服。迅雷風烈必變。蓋禮然也。○金華應氏曰。陽明温厚之方。天地仁氣之所寓。故起居興寢必常對之。所以順其常。風雨雷霆之怒。天地怒氣之所形。雖中夜幽暗之時必盛服而興。所以敬其變。若天子諸侯飲食起居之節未嘗不順其常。而特自貶損於年不順成者。亦所以敬其變也

日五盥。沐稷而靧悔梁。櫛用樿展櫛。髮晞用象櫛。進禨豈進羞。工乃升歌。

盥洗手也沐稷以淅稷之水洗髮也靧粱以淅粱之水洗面也樿櫛白木梳也晞乾也象櫛象齒梳也髮濕則滑故用木梳乾則澀故用象櫛也沐而飲酒曰禨羞則籩豆之實也工乃升堂以琴瑟而歌焉既克之以和平之味又感之以和平之音皆爲新沐氣虛致其養也

浴用二巾上絺（笞）下綌（去逆反）出杅（于）履蒯（快）席連（讀爲湅力甸反）用湯履蒲席衣（去聲）布晞身乃屨進飲

杅浴盤也履踐也蒯席蒯草之席也湅洗也履蒯席之上而以湯洗其足垢然後立於蒲席而以布乾潔其體乃著屨而進飲也　金華應氏曰日必五盥於其間而沐浴焉則所以滌其垢而致其潔養其

和者亦無所不至也。沐則先稷而後梁。其櫛則先樿而後象。浴之巾。則下用綌而上用絺。其席則先用蒯而後用蒲。大抵整治之初。則先用其粗者。蓋垢汙之難去。不可不加刮摩滌蕩之力。及其整治之後。則用其潤養之功。○延平周氏曰。沐稷而靧梁。所以別其賤與貴也。旣沐而升歌。所以作其陽也。旣浴而進飲。所以養其陽也

將適公所。宿齊戒。居外寢。沐浴。史進象笏。書思對命。

大夫之有史。蓋掌文史之事耳。非史官之比也。思謂意所思念欲告君之事。對謂君若有問則對答之辭。命謂君所命令當奉行者。此三者皆書之於笏。故曰書思對命。皆謂敬謹之至。恐或遺忘也

既服。習容觀去聲玉聲。乃出。揖私朝。煇如也。登車則有光矣。

旣服。著朝服畢也。容觀。容貌儀觀也。玉聲。佩玉之聲也。

揖私朝與其家臣揖而往朝于君也煇與光皆言德容發越之盛光則又盛於煇矣朱子曰既服必先進笏所以備忽忘也漢初有秉笏奏事又曰執簿亦笏之類只是爲備遺忘故手執眼觀口誦於君前有所指畫不敢用手故以笏指畫今世遂用以爲常執之物周禮典瑞王搢大圭執鎮圭大圭不執只是搢於腰間却執鎮圭用藻藉以朝日而今郊廟天子皆執大圭大圭長三尺且重執之甚難古者本非執大圭也

天子搢薦珽他頂反方正於天下也

搢插也珽亦笏也即玉人所謂大圭長三尺者是也以其挺然無所詘故謂之珽蓋以端方正直之道示天下也

諸侯荼舒前詘屈後直讓於天子也

荼者。舒遲之義。前有所畏。則其進舒遲。諸侯之笏前詘者。圓殺其首也。後直者。下角正方也。以其讓於天子。故殺其上也

大夫前詘後詘無所不讓也

大夫上有天子。下有已君。故笏之下角亦殺而圜。示無所不讓也。長樂陳氏曰。天子之於天下。體無屈。故珽必方正。諸侯之於天子。則謹度以臣之。於臣民則制節以君之。故荼必前詘後直。大夫於其君則爲臣。於天子則爲陪臣。故笏必前詘後詘。士笏之制無所經見。觀其飾之以象。疑亦前詘後直歟。○嚴陵方氏曰。玉之廷者爲珽。左傳袞冕黻珽是矣。廷故直。直故方。方故正。方正者。以其直而無所詘於天下也。故天子搢之。且其動也直。天道也。其動也屈。地道也。天子體天道。故無所詘。諸侯進則勢詘於天子。故前詘。退則道伸於國人。故後直。大夫進則詘於天子。退則詘於諸侯。故前詘後

詘以示其無所不讓也

侍坐則必退席不退則必引而去君之黨

臣侍君之坐君側旁有別席則退就別席或旁無別席可退或有席而君不命之退則當引而却離坐於君親黨之下也一說黨屬於鄉而小故以爲旁側之喻

登席不由前爲躐席

疏曰失節而踐爲躐席應從下升若由前升是躐席也鄉飲酒禮賓席于户西以西頭爲下主人席于阼階介席于西階皆北頭爲下賓升席自西方註云升由下也又記云主人介凡升席自北方降自南方註云席南上

升由下降由上主人受獻自席前適阼階是降自北方者以受獻正禮須席末啐酒因從北方降也故註云由便也若尋常無事則升由下而降由上若賔則升降皆由下也○今按此說席之上下固爲明白竊意此經八字當作一句而爲字平聲蓋行禮之時人各一席而相離稍遠固可從下而升若布席稍密或數人共一席則必須由前乃可得己之坐若不由前則是躐席矣

徒坐不盡席尺

徒空也非飲食及講問之坐爲徒坐不盡席之前一尺示無所求於前也

讀書食句則齊豆去席尺

石梁王氏曰。食則豆去席尺。讀書則與豆齊。亦去席尺。是謂齊豆去席尺嚴陵方氏曰。侍坐則必退席者。不敢與尊者並故也。雖不退席。猶須引身而去君之黨以避之。於其黨如此。則於君可知矣。登席不由前爲躐席者。席以前爲正。故登之不由前。曲禮言趨隅者以此。躐。踐也。獵者之所逐無所顧而踐焉。故謂之躐。先儒謂失節而躐爲躐者以此。夫趨席之隅非不踐也。特由前而登。乃失節爾。故曰爲躐席。徒坐不盡席尺。徒坐。即曲禮所謂虛坐是也。

若賜之食而君客之則命之祭然後祭先飯上聲辯徧嘗羞飲而俟

客之。以客禮待之也。然必命之祭然後祭者。不敢以客禮自居也。先食而徧嘗諸味。亦示臣爲君嘗食之禮也。

飲而俟者。禮食未飧以前啜飲以利滑喉中。不令澀噎。今君猶未飧。故臣亦不敢飧而先嘗羞嘗羞畢而啜飲以俟君飧。臣乃敢飧也。嚴陵方氏曰。於飯曰先。於羞曰嘗。互言之耳。食必先嘗。臣子之職所當然也。凡飲必先飯而後食。故飲而俟君食而後食也

君有嘗羞者。則俟君之食。然後食。飯。上聲飲而俟。君命之羞。羞近者。命之品嘗之。然後唯所欲。凡嘗遠食。必順近食

此謂君但賜之食而非客之者。則膳宰自嘗羞。故云若有嘗羞者。此臣既不祭不嘗。則俟君食乃食也。雖不嘗羞亦先飲。飲以利喉而俟君也。羞近者。但於近處食一羞也。品。猶徧也。凡嘗遠食。必自近者始。客與不客皆然。

故云凡也

君未覆手不敢飧(孫)君既食又飯(上聲)飧飯飧者三飯也君既徹執飯(去聲)與醬乃出授從(去聲)者

覆手者謂食畢而覆手以循口之兩旁恐有穀粒汙著之也飧以飲澆飯也禮食竟更作三飧以助飽實故君未覆手則臣不敢飧明不敢先君而飽也既猶畢也君畢食則臣更飯飧也三飯並是飧謂三度飧也故曰飯飧者三飯也君食竟既徹饌臣乃自執己之飯與醬出授己之從者此食己所當得故也此非客禮故得以己饌授從者故公食大夫禮賓取粱與醬降奠於階西不

以出也。若非君臣，但是降等者，則徹之以授主人之相者。故曲禮云：徹飯齊以授相者也。嚴陵方氏曰：君未覆手不敢飧者，待君一食之，竟然後敢勸之使再也。如是者三，故曰飯飧者三飯也。語有三飯之樂師，非謂是歟？

凡侑食不盡食，食於人不飽，唯水漿不祭，若祭為已傺虛涉反卑。

食而勸侑，禮之勤也。食之不盡，與不飽，禮之謙也。公食大夫禮，賓祭觶漿，臣敬君之禮。此言水漿不祭，禮各有所施也。水漿非盛饌之比，若祭之，則為大傺卑矣。已，太也。傺，猒也。謂太猒降卑微，如有所畏迫也。嚴陵方氏曰：侑食謂勸侑人食也。雖勸人食之使足，而已不敢自足也。食於人不飽，與共食不飽同義。飲食之有祭，非特仁鬼神，亦所以

重其食。水漿祭之。則失於自傑卑矣。傑卑薄也。不祭水漿。特於敵者設爾。於尊者則又不得不祭焉。此於首言侑食則不主尊者可知

君若賜之爵。則越席再拜稽首受。登席祭之。飲卒爵而俟君卒爵。然後授虛爵。君子之飲酒也。受一爵而色洒先典反如也。一爵而言言闇斯。禮已。三爵而油油以退。退則坐取屨。隱辟音僻而后屨。坐左納右。坐右納左

洒如。禮度明肅之貌。言言與闇闇同。意氣和悅之貌。已止也。油油謹重自得之貌。坐取屨跪而取屨也。隱辟而后屨。不敢向人而著屨也。跪左足而納右足之屨。跪右足而納左足之屨。此納屨之儀也。金華應氏曰。自侍坐退席登席之初。以至

取屨納屨之後。則燕見於君。一席之禮始終。略具矣。蓋古之君臣以情相與。不若後世堂陛之森嚴也。於其間燕命之侍坐。從容無事。可以用其情矣。故其賜食賜爵之禮。若今之燕見而留之飲食也。燕見侍食。則非朝聘宴饗之正。疑若不必過於嚴其分矣。然亦未嘗忘恭敬之心廉恥之節焉。其有不同者。食則命之祭然後祭。爵則越席而飲者。不敢留君惠也。飲至于三而退者。酒易及亂。而遂其驩則無已也。飯至于三而猶勸者。食以養人。而相愛之意。爲無窮也。詩曰。三爵不識。矧敢多又。故聘射之禮。賓主百拜。而酒三行。則爵不過三。古之定禮也。若夫傳有四飯之文。禮有勸飱之義。其亦不厭於詳矣

凡尊必尚玄酒。唯君面尊。唯饗野人皆酒。大夫側尊用棜。於據反士側尊用禁

尊尚玄酒。不忘古也。君坐必向尊。示惠自君出。而君專之也。饗野人。如蜡祭之飲是也。禮不下庶人。唯使之足

於味而已。故一用酒也。側旁側也。謂設尊在賓主兩楹之間旁側夾之。故云側尊。棜禁見禮器。○疏曰。若一尊亦曰側尊。故士冠禮云。側尊一甒醴在服北。註云。無偶曰側。與此側別。○馬氏曰。面尊則不側。側尊則不面。尊於房户之間。賓主共之是也。延平周氏曰。玄酒所以貴其道也。面尊所以專其恩也。饗野人皆酒者。蓋野人之所知者恩而已。○嚴陵方氏曰。設玄酒之尊。必在衆尊之上。禮運玄酒在室是矣。面尊者尊面向君也。面尊則不面君。面尊者專惠之道也。臣側尊者辟君之嫌也。臣之側尊用棜禁。則君之面尊用罍可知矣

始冠去聲緇布冠。自諸侯下達。冠而敝之可也。

冠禮初加緇布冠。諸侯以下通用。存古故用之。非時王

之制也。故旣用即敝弃之可矣。延平周氏曰，用緇布者所以立本也。然非以趍時，故冠而即敝之可也。

玄冠朱組纓，天子之冠也。緇布冠繢會緌，蕤諸侯之冠也。玄冠丹組纓，諸侯之齊齋冠也。玄冠綦其組纓，士之齊冠也。

天子始冠之冠，則玄冠而以朱組爲纓。諸侯雖是緇布冠，却用雜采之繢爲纓緌，爲尊者飾耳。非古制也。齊冠，齊戒時所服者。諸侯與士皆玄冠，但其纓則有丹組綦組之異。朱色紅而明，丹赤色也。綦帛之蒼白艾色者。一說文也。嚴陵方氏曰，天子言纓，諸侯言緌，互相備爾。組蓋緌屬，以其縱横相阻，故也。然繢不可徒設，設之於組又不可。則設之於帛可知。夫始冠之冠或以玄或以緇者。反本復古也。然玄則存乎天之色。緇則雜以地之色。故以爲天子諸侯隆殺之辨。齊之冠一以玄者。以陰幽思也

縞冠玄武。子姓之冠也。縞冠素紕。皮既祥之冠也

縞生絹也。武冠卷也。以縞爲冠凶服也。武則玄色吉也。所以吉凶相半者。蓋父有喪服。子不可用純吉。故曰子姓之冠。姓生也。孫是子之所生。故謂之子姓。素熟絹也。紕冠兩邊及卷下畔之緣也。縞冠素紕。謂冠與卷身皆用縞。但以素緣之耳。既祥之冠者。祥祭後所服也。○方氏曰。爲祖之亡也。故冠縞以示其凶。爲父之存也。故武玄以示其吉。冠上而武下。爲祖而縞者。尊尊於上也。爲

父而玄者親親於下也

垂緌五寸。惰游之士也

此言縞冠素紕而緌之垂者長五寸。蓋以其惰游失業之士。使之服此以恥之耳

玄冠縞武。不齒之服也

不齒。即王制所謂不帥教而屏棄之者。使之玄冠縞武。亦以恥辱之山陰陸氏曰。縞冠玄武。孫爲祖既祥之冠。縞冠素紕。子爲父既祥之冠。上言子姓。下言既祥。相備也。相備而言。縞冠玄武在上。謂其父親而先祖也。子姓。適孫也。期而小祥。孫爲祖服除矣。而父之服未除。不敢純吉。以有純重之端焉。縞冠素紕。練冠言緣。祥冠言紕。紕。飾也。祥而言飾。亦言之法。即吉服皆言紕。惰游言士。非罷民著矣。亦言士。猶以士望之。〇慶源輔氏曰。垂緌五寸。惰游之象也。玄冠縞武。既非凶服。又

非吉服故爲不齒

居冠屬（燭）武自天子下達有事然後緌

禮服之冠則臨著乃合其武有儀飾故也若燕居之冠則冠與武相連以非行禮之時故率略少威儀也此冠無分貴賤皆著之故云自天子下達凡緌所以致其飾故有事乃緌無事則否也嚴陵方氏曰君子動而有爲則詳而文靜而無事則略而質居冠屬武以靜而無事故略而質也有事然後緌者蓋緌所以爲冠之飾無事則去飾故也其言與上文互相明爾

五十不散（上聲）送親没不髦

喪禮啓殯以後要絰之麻散垂葬畢乃絞此言五十始

衰杀散麻以送葬也。髦象幼時鬋髮爲鬌之形。父母在則用之。故親没則去此飾。詳見内則

大帛不緌。玄冠紫緌自魯桓公始也

方氏曰。大帛冠之白者。凶服去飾故不緌也。玄冠之緌不宜用紫色爲其非正色也。後世用之則自魯桓公始

延平周氏曰。五十不散送。所以養筋力於始衰之年也。親没不髦。所以責成人於親没之後也。大帛不緌。所以異於吉也

朝玄端。夕深衣

前章言夕深衣祭牢肉者。國君之禮也。此言朝玄端夕深衣者。謂大夫士在私朝及家朝夕所服也

深衣三袪。嶇縫平聲齊咨倍要。平聲衽當旁。袂可以回肘

袪。袖口也。尺二寸。圍之爲二尺四寸。要之廣三其二尺四寸。則七尺二寸也。故云三袪。齊者裳之下畔。要爲裳之上畔。縫齊倍要者。謂縫下畔之廣一丈四尺四寸。是倍要之七尺二寸也。衽。裳交接之處也。在身之兩旁。故云衽當旁。袂。袖之連衣者也。上下之廣二尺二寸。肘長尺二寸。故可以回肘也

長中。繼揜尺。袷劫二寸。袪尺二寸。緣去聲廣去聲寸半

長中者長衣中衣也。與深衣制同而名異者。著於內則曰中衣。蓋著在朝服或祭服之內也。著於外則曰長衣。

以素爲純緣者也。雜記云。練冠長衣以筮。註云。深衣之純以素者也。若凶服之純以布者。則謂之麻衣。繼揜尺者。幅廣二尺二寸。以半幅繼續袂口而揜覆一尺也。袷曲領也。其廣則二寸。嚴陵方氏曰。長中與深衣。大同而小異。繼揜尺者。繼袂而揜覆一尺也。此所以異於深衣也。袷。領也。以交而合。故謂之袷。辨則奇。合則耦。故二寸。緣寸半者。三五之分也。

以帛裏布非禮也

外服是布則不可用帛爲中衣以裏之。謂不相稱也。冕服是絲衣。皮弁服朝服玄端服是麻衣。皆十五升布。凡裏各如其服。延平周氏曰。玄冕而上。衣用帛者。則裏亦用帛。皮弁而下。衣用布者。則裏亦用布。欲其有純一之德也。

士不衣(去聲)織(志)無君者不貳采

染絲而織之爲織。功多色重，故士賤不得衣之也。無君，去位之臣也。不貳采，謂衣裳與冠同色。○疏曰：大夫士去國，三月之内服素衣素裳，三月之後服玄端玄裳。延平周氏曰：士不衣織，德不足以稱也。無君者不貳采，有可弔之道也。

衣正色，裳間(去聲)色。非列采不入公門。振(上聲)絺綌不入公門。表裘不入公門。襲裘不入公門。

正色者，青赤黄白黑五方之正色也。木青克土黄，故緑色青黄爲東方之間色。火赤克金白，故紅色赤白爲南方之間色。金白克木青，故碧色青白爲西方之間色。水黑克火赤。故紫色赤黑爲北方之間色。土黄克水黑。故駵黄之色黄黑爲中央之間色也。列采。謂正服之色各有尊卑品列也。非此則是褻服。振讀爲袗禪也。禪則見體。表上必有裼衣表裘是無裼衣而裘在外也。襲裘謂揜其襲衣而不露裼衣也。表與襲皆爲不敬。故此四者皆不可以入公門也。延平周氏曰。衣正色。所以尊道。故用之。裳間色。所以下功。故用之。蓋天地五方之色爲正。而五方相勝之色爲間。若木勝土爲緑。故詩以緑衣黄裳。而剌妾之上僭者也。〇嚴陵方氏曰。正服則文采備焉。故謂之列。絺綌據暑時言之。表裘據寒時言之。絺綌固爲涼矣。必有表衣以蔽之。所以惡其褻也。表裘固爲温矣。必有正服以被之。所以惡其簡也。然則絺綌非不可入公門也。以之振則不可。裘非不可入公門也。爲之表則不可。夫大裘可以祀天。非不重也。猶不可以徒服。必被之衮焉。則表裘不入公門。固

所宜矣。襲裘。與曾子襲裘而弔所言同。不入公門。則惡其似凶故也。振。曲禮論語皆作袗

纊為繭。縕韞為袍。襌丹為絅苦迥反帛為褶牒

纊新綿也。縕舊絮也。衣之有著者。用新綿則謂之繭。用舊絮則謂之袍。有表而無裏者謂之絅。有表裏而無著者謂之褶

朝服之以縞也自季康子始也

朝服之布十五升。先王之制也。季康子始用生絹。後人因之。故記者原其所自。凡古禮之亡。皆由於變

孔子曰。朝服而朝。卒朔然後服之

聽朔重於視朝。諸侯之朝服玄端素裳。而聽朔則皮弁。

故卒聽朔之禮然後服朝服而視朝也

曰國家未道則不克其服焉

曰字承上文亦孔子之言也禮樂刑政未合於先王之道則亦不宜克盛其衣服○鄭氏曰謂若衛文公者嚴陵方氏曰朝服以布不以純以緇不以縞然而後世則反之者始乎季康子之失禮也天子皮弁視朝玄端聽朔卒朔事然後視朝事故卒朔然後服朝服也禮不盛服不充禮所以行道也故國家未道則不克其服焉此亦孔子所言也以承上文故止言曰

唯君有黼裘以誓省息井反大裘非古也

君國君也黼裘以黑羊皮雜狐白爲黼文以作裘舊讀省爲獮方氏釋爲省耕省斂之義今從之大裘黑羔裘

也。天子郊服。謂國君固可衣黼裘以誓軍旅省耕斂。今而僭服大裘則不可也。但言非古。則僭禮之失自見

君衣(去聲)狐白裘。錦衣以裼之。君之右虎裘。厥左狼裘。士不衣狐白

狐白裘。以狐之白毛皮爲裘也。君衣此裘。則以素錦爲衣加其上使可裼也。袒而有衣曰裼。詳見曲禮。虎裘者居右。狼裘者居左。示威猛之衛也。狐之白者少。故惟君得衣之。士賤不得衣也。長樂陳氏曰。狐白所以象德之成。狐青所以象仁之發。故狐白錦衣。爲人君之服。狐青而下。爲君子之服。言君子之服。則大夫士同之也。夫天下無粹白之狐。而有粹白之裘。則狐白裘。天下之尤難得者也。觀紂以狐白免西伯。田子方以狐白禮子思。田文以狐白脫秦患。則狐白之貴

可知矣。士不衣狐白裘。不特以其德之未成也。蓋亦不敢以賤服貴褻。○嚴陵方氏曰。有裘爲裏者。必以衣爲表焉。裼之則所謂表也。夫狐之爲物。善疑而可戒。以之爲裘。則有戒心存焉。所用雖不同。其爲戒則一也。若錦衣以裼之。則燕居之狐裘也。燕居必戒者。安不忘危也。虎屬西方爲右。故右以虎裘。且右爲有力。狼雖善搏。不若虎之猛。故在左而已。狐白。以狐腋爲之。非狐白。則士亦得服

君子狐青裘豹褎。袖玄綃衣以裼之

君子謂大夫士也。狐青裘。狐之青毛皮爲裘也。豹褎。豹皮爲袖。玄綃衣。玄色之綃爲衣也

麛裘青豻岸褎。絞交衣以裼之

麛。鹿子也。豻。胡地野犬。絞。蒼黄之色

羔裘豹飾。緇衣以裼之。狐裘。黄衣以裼之。錦衣狐裘。諸侯

之服也

飾謂袖也。論語緇衣羔裘。黄衣狐裘○鄭氏曰。凡裼衣象裘色延平周氏曰。裘用狐青。所以象其仁。褎用豹。所以象其義。玄綃衣。所以象其道。內衣狐青裘。而外加玄綃衣。有顯道神德行之意。麛裘青豻與此同。麛能愛而其色白。豻善守而其色青。麛裘所以象其義而能愛。豻褎所以象其仁而善守。絞。蒼黄之色。蒼所以象天道。黄所以象地道。羔裘所以象其禮。豹飾所以象其義。緇衣所以象其道之幽。黄衣者坤道在上六之時息民之祭。一歲之終也。羔之色黑而衣用緇。狐之色黄而衣用黄者。欲其有純一之德也

犬羊之裘不裼。不文飾也。不裼

犬羊之裘。庶人所服。裘與人俱賤。故不裼以爲飾也

裘之裼也。見現美也。弔則襲。不盡飾也。君在則裼。盡飾也

此言裼襲之異宜。見美，謂裼衣上雖加他服，猶必開露以見示裼衣之美。弔喪襲裘，惟小斂後則然。盡飾者，盡其文飾之道以爲敬。弔主於哀，故敬不在美。君在則當以盡飾爲敬也

服之襲也，充美也。是故尸襲，執玉龜襲，無事則裼，弗敢充也

充美，猶云揜塞其華美也。尸尊無所示敬，故襲。執玉之禮有裼時、有襲時。執龜爲享禮庭實則裼，以卜則襲。此特主襲而言耳，非謂執玉龜無裼之禮也。無事，謂執玉執龜之禮已竟也。無事則裼，亦謂在君之所，非君所則

否。弗敢充者。以見美爲敬也○疏曰。凡敬有二體。以質爲敬者。子於父母之所不敢袒裼。以文爲敬者。臣於君所則裼。若平敵以下則亦襲。以質略故也。所襲雖同。其意異也。延平周氏曰。裼者盡飾。故其美見於外。襲者不盡飾。故其美充於內。臣之於君則不敢充其美。各故以文爲貴。以文爲貴。故君在則裼。無事則襲。弔喪爲尸執國寶。則不敢見其美。不敢見其美。故以質爲貴。故襲。所謂玉。非執贄與庭實也。蓋執贄者有藉則裼。而爲庭實者執璧琮則裼

笏。天子以球玉。諸侯以象。大夫以魚須如字文竹。士竹本象可也

球。美玉也。文。飾也。陸氏音須爲班。而疏引庾氏說以鮫魚須飾竹以成文。與應氏說相近。宜讀如字○應氏曰。

爾雅魚曰須蓋魚之所以鼓息者在須大夫以近尊而屈故飾竹以魚須士以遠尊而伸故飾以象山陰陸氏曰竹有節而已死制之事也大夫則又有文焉言笏大夫以魚須文竹士以竹本為正若或用象亦許故曰象可也可者通許之詞

見於天子與射無說脫笏入大廟說笏非禮也小功不說笏當事免問則說之既搢必盥雖有執於朝弗有盥矣

陳氏曰笏之所用蓋諸侯之朝天子則執命圭而搢荼大夫之聘則執聘圭而搢笏及其合瑞而授圭則執其所搢而已所謂見於天子無說笏者此也射以觀德則禮固在所隆小功則禮可以勝情故亦不說當事而免

則事可以勝禮故說之○方氏曰大廟之內惟君當事則說笏所以逸尊者也後世臣或說之則失之簡矣小功之喪悲哀殺矣事不可不記也故不說笏及當事而免之時則不可以不說凡在廟搢笏必盥手者爲將執事也及有執事於朝則亦不再盥爲其已盥故也

凡有指畫於君前用笏造七到反受命於君前則書於笏笏畢用也因飾焉

因事而有所指畫用手則失容故用笏也造受命詣君所而受命也畢用者毋事皆用之也因飾焉謂因而文飾之以爲上下之等級也金華應氏曰酒以涚爲新器以滌爲敬手以盥爲潔故祭

尊爵者盟不止於一。笏之爲用尤重。而執於朝亦弗再盟者。以其端潔之有素也。始而進見。則史進象笏書思對命。及其造見受命。則又退而書之。心思恍惚之間。對揚造次之頃。謹敬君命。慮有廢忘。而進退終始皆假笏以書之。是不謂之畢用乎

笏度二尺有六寸。其中博三寸。其殺色介反六分而去上聲一

中廣三寸。天子諸侯大夫士之笏皆然。天子諸侯則從中以上稍稍漸殺至上首止廣二寸半。是六分三寸而去其一也。其大夫士又從中殺至下亦廣二寸半。故惟中間廣三寸也。王人言大圭長三尺。是兼終葵首言之

天子素帶朱裏終辟

此辟字讀如前章縞冠素紕之紕。緣也。天子以素爲帶

素熟絹也。用朱爲裏。終。竟也。終。辟。終竟此帶盡緣之也

而素帶終辟

而下缺諸侯字。諸侯亦素帶終辟而不朱裏

大夫素帶辟垂

大夫之素帶則惟緣其兩耳及垂下之紳。腰後不緣

士練帶率律下辟

練繒也。士以練爲帶單用之而緶緝其兩邊故謂之繂。腰及兩耳皆不緣惟緣其紳故云下辟

居士錦帶。弟子縞帶

以錦爲帶。示文也。弟子用生絹。示質也（○）鄭氏曰。居士。

道藝處士也長樂陳氏曰天子至士帶皆合帛爲之或以素或以練或終辟或辟垂或下辟其飾或朱綠或玄華蓋素得於自然練成於人功終辟則所積者備辟垂下辟則所積者少朱者正陽之色綠者少陽之雜玄與緇者陰之體華者文之成天子體陽而兼乎下故朱裏而裨以朱綠諸侯雖體陽而不兼乎上故飾以朱綠而不朱裏大夫體陰而有文故飾以玄華士則體陰而已故飾以緇下文大夫言帶廣四寸則其上可知而士不必四寸也於士言紳三尺則其上可知而有司止於二尺五寸也凡帶有率無箴功則帶繂而已無刺繡之功也

并紐約用組三寸長齊于帶紳長制士三尺有司二尺有五寸子游曰參分帶下紳居二焉紳韠結三齊

疏曰并並也謂天子下至弟子其所紐約之物並用組爲之○方氏曰紐則帶之交結也合并其紐用組以約

則帶始束而不可解矣。三寸其廣也。長齊于帶者。言組之垂適與紳齊也。紳之長制士三尺者。自要而下爲稱也。士如此。亦舉卑以見尊也。有司欲便於趨走。故特去五寸。引子游之言。言人長八尺。自要而下四尺五寸。分爲三分而紳居二。故長三尺也。韠。蔽膝也。結即組也。紳。韠結三者皆長三尺。故曰三齊

大夫大帶四寸。雜帶。君朱綠。大夫玄華。士緇辟皮二寸再繚了四寸

四寸廣之度也。雜帶謂以雜色爲辟緣也。朱綠者。上以朱下以綠。玄華者。外以玄。内以華。華黄色也。士帶之辟

則內外皆緇是謂緇帶大夫以上帶皆廣四寸士練帶惟廣二寸而再繚要一匝則亦是四寸矣一說大帶者正服之帶雜帶者雜服之帶

凡帶有率律無箴功

凡帶當率縫之處箴線細密不見用箴之功若無箴功也

肆肆束及帶勤者有事則收之走則擁之

肆讀爲肆餘也詩伐其餘肆謂約束帶之餘組及紳之垂者遇有勤勞之事則收斂而持於手若事迫而不容不走者則擁抱之於懷也

韠。君朱。大夫素。士爵韋。圜(員)殺(色介反)直。天子直。諸侯前後方。大夫前方後挫(佐)角。士前後正。韠下廣(去聲)二尺。上廣一尺。長三尺。其頸五寸。肩革帶博二寸

韠象裳色。天子諸侯玄端服朱裳。大夫素裳。上士玄裳。中士黃裳。下士雜裳。此言玄端服之韠。若皮弁服。則皆素韠也。凡韠皆韋爲之。故其字從韋。又以著衣畢然後著之。故名爲韠。韠之言蔽也。爵韋。爵色之韋也。在冕服則謂之韍。字亦作芾也。圜殺直三者之形制也。天子之韠直。謂四角無圜無殺也。下爲前。上爲後。公侯上下各去五寸。所去之處以物補飾之使方。變於天子也。大夫

則圜其上角。變於君也。正即直與方之義。士賤不嫌與君同也。頸之廣五寸在中。故謂之頸。肩兩角也。肩與革帶皆廣二寸○詩疏曰。古者佃漁而食。因衣其皮。先知蔽前。後知蔽後。後王易之以布帛而猶存其蔽前者重古道不忘本也。士服爵弁。以韎韐配之。則服冕者。以芾配之。故知冕服謂之芾。芾韠皆是蔽膝。其制同。但以尊祭服故異其名耳○今按韎韐者。以茜草染韋爲赤色作蔽膝也延平周氏曰。士賤而無嫌。故正。雖正矣。未必直且方也○嚴陵方氏曰。下廣二尺。以象地。上廣一尺。以象天。長三尺。以象三才。其頸五寸以象五行。肩革帶博二寸。以象陰陽。故其制如此。頸。中央也。以上下皆大而中特小。如人之頸故也。肩。兩角也。以在兩旁。如人之肩故也。以繫於革。故并言革帶之博焉

一命緼温韍弗幽上聲衡。再命赤韍幽衡。三命赤韍葱衡

此以命數之多寡定韍佩之制。緼赤黄色也。幽讀爲黝黑色也。衡佩玉之衡也。葱青色也。周禮公侯伯之卿三命。其大夫再命。其士一命。子男之卿再命。其大夫一命。其士不命

嚴陵方氏曰。韍即韠矣。以前言天子諸侯與在朝之臣。而此止言諸侯之臣。故變言之爾。緼赤黄之色也。土出於火。土出則火藏矣。故其言謂之緼。緼者藏也。衡珮上瑀也。以言其寓之以爲覆。則謂之瑀。以言其横之以爲平。則謂之衡。一命其韍用緼。以見雖有所緼未足以發見而著明也。再命三命爵位漸隆足以發見而著明矣。故其韍用赤焉

王后褘翬衣。夫人揄搖狄。君命屈闕狄

此言后夫人以下六等之服。褘衣色玄。揄狄青。屈狄赤。

六服皆衣裳相連禕讀爲翬揄狄讀爲搖翟翬翟皆雉也二衣皆刻繒爲雉形而五采畫之屈讀爲闕刻形而不畫故云闕也王后禕衣夫人揄狄皆本服也君命屈狄謂女君子男之妻受王后之命得服屈狄也

再命禕（鞠）衣一命襢（張戰反）衣士褖（彖）衣

鞠衣黃襢衣白褖衣黑禕讀爲鞠鞠衣黃桑服也色如鞠塵象桑葉始生之色再命鞠衣者子男之卿再命其妻得服鞠衣也一命襢衣者子男之大夫一命其妻得服襢衣也士褖衣者子男之士不命其妻服褖衣也

唯世婦命於奠繭其他則皆從男子

世婦天子二十七人奠繭獻繭也凡獻物必先奠置于地故謂獻爲奠凡妻貴因夫故得各服其命數之服惟世婦必俟蠶畢獻繭命之服乃服耳他皆從夫之爵位也

凡侍於君紳垂足如履齊咨**頤霤垂拱視下而聽上視帶以及袷**劫**聽鄉**去聲**任左**

立而磬折則紳必垂身折則裳下之緝委地故足如踐之也頤頷也霤屋簷也身俯故頭臨前而頤之垂如屋霤然垂拱亦謂身俯則手之拱者下垂也視雖在下而必側面向上以聽尊者之言故云視下而聽上也袷交

領也。視則自帶至袷高下之則也。凡立者尊右。坐者尊左。侍而君坐。則臣在君之右。是以聽向皆任左以向君

嚴陵方氏曰。顧霤。則首俯而顧傾如簷霤也。身屈故手垂。高目下耳以尊臨卑之道。視下聽上。以卑事尊之道

凡君召以三節。二節以走。一節以趨。在官不俟屨。在外不俟車

疏曰。節以玉爲之。所以明信輔於君命者也。君使使召臣有二節時。有一節時。故合云三節也。隨事緩急。急則二節故走。緩則一節故趨。官謂朝廷治事處也。外謂其室及官府也。在官近。故云屨。在外遠。故云車。山陰陸氏曰。節有疏數。一節而二則數矣。故君召二節以走。一節以趨

士於大夫。不敢拜迎而拜送。士於尊者先拜進面答之拜則走

士於大夫。尊卑有間。若大夫詣士。士不敢拜而迎之。恐其答拜也。去則拜送者禮賓出則主人再拜送之賓不答拜禮有終止故也。士若見於大夫。則先拜於門外然後進而見面。若大夫出迎而答其拜則走避之 慶源輔氏曰拜迎則勞尊者之答己。拜送則盡己之敬

士於君所言大夫。没矣則稱謚若字。名士。與大夫言名士字大夫

名士者士雖没猶稱其名。以在君之前也。與大夫言而

名士則謂士之生者也大夫之生者則字之金華應氏曰隱其名而舉其謚與字非獨自謹分守存謙退亦所以體君上尊賢貴貴隱卒崇終之心也

於大夫所有公諱無私諱凡祭不諱廟中不諱教學臨文不諱

公諱本國先君之諱也私諱私家之諱也凡祭祭羣神也餘見曲禮嚴陵方氏曰此一節與曲禮所言文雖小異而義則一也彼言君所此止言大夫者舉卑以見尊也此言教學彼則不言者以詩書見之也凡祭則廟中在其間矣而重言之者廟中上不諱下與凡祭異故重言之曲禮不言凡祭者舉親以見疏也

古之君子必佩玉右徵角左宮羽

徵角宮羽以玉聲所中言也徵爲事角爲民故在右右

爲動作之方也宮爲君羽爲物君道宜靜物道宜積故在左左乃無事之方也不言商者或以西方肅殺之音故遺之歟○方氏曰徵角爲陽宮羽爲陰陽主動陰主靜右佩陰也而聲中徵角之動左佩陽也而聲中宮羽之靜何哉蓋佩所以爲行止之節時止則止時行則行此設佩之意也

趨以采齊（慈）行以肆夏周還（旋）中（去聲）規折還中矩進則揖之退則揚之然後玉鏘鳴也故君子在車則聞鸞和之聲行則鳴佩玉是以非辟（僻）之心無自入也

路寢門外至應門謂之趨於此趨時歌采齊之詩以爲

節。路寢門内至堂謂之行。於行之時則歌肆夏之詩以爲節。中規圓也。中矩方也。進而前則其身略俯如揖然。退而後。則其身微仰。故曰揚之。進退俯仰皆得其節。故佩玉之鳴鏘然可聽也。鸞和。鈴也。常所乘之車。鸞在衡和在軾。若田獵之車。則和在軾鸞在馬鑣也。○方氏曰。心内也。而言入何哉。蓋心雖在内。有物探之而出。及其久也。則與物俱入矣。故得以入言焉。朱子曰。周旋中規。折旋中矩。周旋是直去却回來。其回轉處欲其圜如規也。折旋是直去了復横去如曲尺相似。其横轉處欲其方如矩也。○西山眞氏曰。古之君子於所以養其心者無不至也。佩玉中宮祉之音。步趨有詩樂之節。行必中規矩。在車則聞鸞和。進退俯仰之間。出入動静之際。莫不節之以禮。和之以樂。故於是時防邪僻而導中正。其爲功也易。近世一

切無之。而所以熒惑斲喪者則不可勝數。故於是時防邪僻而導中正。其爲力也難。夫惟知其難。而益勉持敬之功。庶乎非僻無自而入矣

君在不佩玉。左結佩。右設佩。居則設佩。朝則結佩

君在。謂世子在君所也。不佩玉。非去之也。但結蹙其左佩之綬。不使玉之有聲。玉以比德。示不敢表其有如玉之德耳。右設佩者。佩謂事佩觿燧之屬。設之於右。示有服役以奉事於上也。居則設佩。謂退而燕居。則佩玉如常也。朝則結佩。申言上意。此皆謂世子也

齊齋則綪爭結佩而爵韠

凡佩玉者。遇齊時。則綪結其佩。綪。屈也。謂結其綬而又

函上之也。爵韠爵色之韋爲韠也。士之服。但齊則雖諸侯大夫亦服之也慶源輔氏曰。左結佩。不敢比德也。右設佩。不敢忘事也。居恐其略。故言設佩。朝戒其數。故言結佩。無非教也

凡帶必有佩玉。唯喪否。佩玉有衝牙。君子無故玉不去身。君子於玉比德焉

疏曰。凡佩玉必上繫於衡。下垂三道。穿以蠙珠。下端前後以懸璜。中央下端懸以衝牙。動則衝牙前後觸璜而爲聲。所觸之玉其形似牙。故曰衝牙慶源輔氏曰。帶必有佩。言飾之不可已也。據此則不佩非去之也。結之耳。有衝牙然後有聲。佩所以設聲也。玉不去身。必有以也。故又言其所以曰君子於玉比德焉。如是則不去身也宜矣

天子佩白玉而玄組綬

綬所以貫佩之珠玉而相承受者。玄組綬謂以玄色之組爲綬也

公侯佩山玄玉。而朱組綬。大夫佩水蒼玉。而純緇組綬。世子佩瑜玉。而綦組綬。士佩瓀乳兖反玟。民而縕溫組綬

山玄水蒼。如山之玄如水之蒼也。瑜美玉也。綦雜文也。瓀玟。石之次玉者。縕。赤黄色

孔子佩象環五寸。而綦組綬

象環象牙之環也。其廣五寸。孔子謙不佩玉。故燕居佩之。非謂禮服之正佩也慈湖楊氏曰。至矣哉象環之無聲乎。佩無聲之象環。後學莫之

曉也。嗚呼至矣。舉天下之所共視而莫之見也。舉天下之所共聽而莫之聞也

童子之節也。緇布衣錦緣。去聲 錦紳幷紐。錦束髮。皆朱錦也。

節。禮節也。錦緣。以錦爲緇布衣之緣也。紳紐見前 長樂陳氏曰。童子之帶非必全錦也。錦紳而已。錦紳非以其有備成之文也。親在致飾而已

童子不裘。不帛。不屨絇。劬 無緦服。聽事不麻。無事則立主人之北南面。見現 先生。從人而入

不屨絇。未習行戒也。無緦服。謂父在時。已雖有緦親之喪。不爲之著緦服。但往聽主人使令之事。不麻。謂免而深衣不加經也。問喪云。童子不緦。唯當室緦。當室爲父後者也。童子未能習禮。且緦輕。故父在不緦。父没則本

服不可違矣。從人而見先生，不敢以卑小煩長者，爲禮也。嚴陵方氏曰：不裘，即不裘裘裳是也；不帛，即不帛襦袴是也。不屨絇，未拘之以行戒也；不服麻，則以幼未能勝經故也。

侍食於先生，異爵者，後祭先飯。上聲。客祭，主人辭曰：不足祭也。客飧，孫。主人辭以疏；主人自置其醬，則客自徹之。

此言成人之禮。先生，齒尊於己者；異爵，爵貴於己者。後祭，示讓不爲己也；先飯，示爲尊貴者嘗之也。盛主人之饌故祭，而主人辭之，謙也；既食而飧，以爲美也，而主人辭以麤疏，亦謙也。醬者食味之主，故主人自設，客亦自徹，禮尚施報也。

一室之人非賓客一人徹壹食之人一人徹凡燕食婦人不徹

一室之人。同居共事者也。壹食之人。爲同事而相聚以食者也。二者皆爲無賓主之分。故但推少者一人徹之而已。婦人不徹。弱不勝事也嚴陵方氏曰。先生則生在已先。謂尊者也。異爵則爵與已異。謂貴者也。婦人弱不勝事。故不徹

食棗桃李弗致于核。瓜祭上環食中棄所操

致謂委弃之也。曲禮曰。其有核者懷其核。上環橫切之圓如環也

凡食果實者後君子。火孰者先去聲君子

古人嘗藥嘗食。蓋恐其不善。或爲尊者害耳。果實生成

之味。當使尊者先食。火孰者先君子。嘗食之禮也

有慶。非君賜不賀

君賜。如爵命土田車服之類皆是也。言卿大夫士之家設有喜慶之事。若是君命所賜則當賀。非君賜則不賀。蓋以君賜爲榮也。一說有慶而君亦慶之。則餘人亦致賀。君無所賜。則餘人亦不必賀也

有憂者

此下缺文

孔子食於季氏不辭。不食肉而飧

爲客之禮。將食必興辭。食則先胾次殽至肩乃飽而飧。

孔子既不辭又不食肉乃獨澆飯而爲飧之禮蓋以季氏之饋失禮故也慶源輔氏曰此所謂不屑教誨是亦教誨之也

君賜車馬乘以拜賜句絶衣服服以拜賜

君賜及門既拜受矣明日又乘服詣君所而拜謝其賜所謂再拜敬之至也二賜字句絶本朱子說

君未有命弗敢即乘服也

此謂諸侯之卿大夫爲使臣而受天子之賜歸而獻諸其君君命之乘服乃得乘服故君未有命不敢即乘服也左傳杜洩將以路葬南遺謂季孫曰叔孫未乘路葬焉用之季孫使杜洩舍路不可曰夫子受命於朝而聘

于王。王思舊勳而賜之路。復命而致之君。君不敢逆王命而復賜之

君賜稽首據掌致諸地

據。按也。覆左手以按於右手之上。致。至也。頭及手俱至地也

酒肉之賜弗再拜

已拜受於家而明日又往拜。謂之再拜。酒肉之賜輕。故惟拜受於家而已馬氏曰。衣服之賜庸賜也。是故乘服而再拜。酒肉之賜斯須之賜也。是故有拜而不再

凡賜君子與小人。不同日

君子小人以位言。君子曰賜。小人曰與。貴賤殊。故不可同日也。延平周氏曰。賜君子以德。與小人以力。賜與均之者。恩也。不同日者。義也。

凡獻於君。大夫使宰。士親。皆再拜稽首送之。膳於君有葷熏桃茢。列於大夫去上聲茢。於士去葷。皆造七到反於膳宰。

大夫不親往而使宰者。恐勤君之降禮而受獻也。士賤故得自往。皆再拜稽首送之者。言大夫初遣宰時已拜送矣。及至君門以授小臣。則或宰或士。亦皆再拜而送之也。膳。美食也。葷。薑及辛菜也。茢。苕帚也。膳宰。主飲食者。○方氏曰。膳必用葷桃茢者。防不祥之物或干之也。桃以其性。葷以其氣。茢以其形。形不如氣。氣不如性。故

貴賤多少之數去其一者茢去其二者葷惟桃不可去焉皆造膳宰者以不敢專達必待主膳之人達之也

大夫不親拜爲去聲君之答己也

釋所以不親獻之義

大夫拜賜而退士待諾而退又拜弗答拜

大夫往君門而拜君昨日所賜及門即告小臣小臣入白大夫即拜拜竟即退不待小臣出報恐君召進之而答拜也君不答士之拜故士拜竟則待小臣傳君之諾報而後退也又拜者小臣傳諾報而出士又拜君之諾也弗答拜謂君終不答士之拜也

大夫親賜士士拜受又拜於其室衣服弗服以拜敵者不在拜於其室

其室大夫之家也衣服弗服以拜下於君賜也敵者尊卑相等也其室獻者之家也若當時主人在家而拜受則不復往彼家拜謝令主人不在不得拜受還家必往而拜之也若朋友則非祭肉不拜

凡於尊者有獻而弗敢以聞

不敢以聞者不敢直言獻於尊者如云致馬資於有司及贈從者之類也慶源輔氏曰有獻致其誠也弗聞恐其瀆也

士於大夫不承賀下大夫於上大夫承賀

士於大夫尊卑遠若有慶事不敢受大夫之親賀下大夫於上大夫尊卑近故可承受其親賀也

親在行禮於人稱父人或賜之則稱父拜之

方氏曰不敢私交不敢私受故也

禮不盛服不充故大裘不裼乘路車不式

前章言不充其服與此充字義殊此謂禮之盛者則以充美爲敬大裘路車皆祭天所用不裼而襲是欲掩塞其華美也不式敬天之心不可他用也延平周氏曰以文爲敬則不敢充其美以質爲敬則不敢見其美大裘不裼以質爲敬也乘路車不式所敬不貳也

父命呼唯上聲而不諾手執業則投之食在口則吐之走而

不趨

應辭唯速而恭諾緩而慢嚴陵方氏曰唯而不諾即曲禮所謂父召無諾也既曰命又曰呼者命之以事而呼之使來也唯諾皆應也而唯之應速於諾走趨皆步也而走之步速於趨國莫尊於君家莫尊於父故君父之召也在官不俟屨在外不俟車手執業則投之食在口則吐之

親老出不易方復不過時親癠才細反色容不盛此孝子之踈節也

易方則恐召已而莫知所在過時則恐失期而貽親之憂癠病也踈節謂常行踈略之禮而已非大節也嚴陵方氏曰出不易方有定所也復不過時無愆期也凡此所以慮貽親之憂疑而已然而孝子之事親豈必老而後如是耶蓋以親老者尤不可不知此故也

父沒而不能讀父之書，手澤存焉爾。母沒而杯圈起權反不能飲焉，口澤之氣存焉爾。

不能，猶不忍也。手之所持，猶存其潤澤之迹。杯圈，盛酒漿之器，屈木為之，若卮匜之屬也。口澤之氣，亦謂常用以飲，故口所潤澤猶有餘氣。此所以不忍讀、不忍飲也。

嚴陵方氏曰：書謂書冊也，君子所執以誦習，故於父言之。杯圈，飲食器也，婦人唯酒食是議，故於母言之。杯作桮。手澤，汗之所漬也。口澤，津之所漬也。口有氣焉，故又以氣言之。凡以人既亡而澤猶存焉，故有所不忍也。

君入門，介拂闑，臬大夫中棖橙與闑之間，士介拂棖。

此言兩君相見之時。入門，入大門也。介，副也。闑，門中央所豎短木也。棖者，門之兩旁長木，所謂楔也。君入當棖闑之中。主君在闑東，賓在闑西。主君上擯在君後稍近西而拂闑，賓之上介在賓後稍近東而拂闑。大夫之爲擯爲介者，各當君後而在棖闑二者之中。士之爲擯爲介者，則各拂東西之棖也。

賓入不中門，不履閾。公事自闑西，私事自闑東。

此賓謂鄰國來聘之卿大夫也。入不中門，謂入門稍東而近闑也。閾，門限也。聘享是奉君命而行，謂之公事。入自闑西，用賓禮也。若私覿私面，謂之私事，以其非君命故也。入自闑東，從臣禮也。延平周氏曰：上言君入門，言朝也。此言賓入不中門，言聘也。中門，棖闑之中。不中門，有所辟也。闑西之中，則君所由；闑西之東，則臣由之可也。故公事自闑西，敬之也。私

事自闑東。親之也

君與尸行接武，大夫繼武，士中武，徐趨皆用是

君謂天子諸侯也。接武謂二足相躡，每蹈於半，不得各自成迹也。若大夫與其尸行，則兩足迹相接續漸里，故與尸行步稍廣而速。中猶間也。士與其尸行，每徙足間容一足地乃躡之。士極卑，故與尸行步極廣也。徐趨皆用是，謂君大夫士或徐或趨，皆用此與尸行步之節也

疾趨則欲發而手足毋移

此言若以他事行禮而當疾趨者，其屨頭固欲發起，不以接武繼武爲拘。然而手容必恭，足容必重，不可或低

或斜而變其常度移猶變也

圈舉遠反豚上聲行不舉足齊咨如流席上亦然

舊說圈轉也豚之言循讀爲上聲謂徐趨之法當曳轉其足循地而行故云不舉足也方氏謂此言廻旋而行羔性聚豚性散圈之則聚而回旋於其中矣故取況如此未知是否齊裳下緝也足既不舉身又俯折則裳下委於地而曳足則齊如水之流席上亦然言未坐之時行於席上亦當如此也

端行頤霤如矢弁行剡剡起屨

端直也直身而行身亦小折故頭直臨前而頤如屋霤

之垂其步之進則如矢之直也弁急也剡剡身起之貌急行則欲速而身屨恒起也一說端謂玄端素端弁謂爵弁皮弁行容各欲稱其服也

執龜玉舉前曳踵蹜蹜縮**如也**

踵足後跟也舉足之前而曳其後跟則行不離地如有所循也蹜蹜促狹之貌龜玉皆重器故敬謹如此慶源輔氏曰必言與尸行者著行之徐非止逸也敬而已矣愈尊愈敬趨謂行有所向也疾趨趨雖疾而布武未改也故曰足毋移併言手者亦不改其拱也故曰張拱而趨至於走則手不能拱而步濶遠矣行不舉足足既舉則衣無撥矣故其裳下緝如水之自動焉席上亦然曲禮將即席衣毋撥足毋蹶是也剡剡鋭利也屨頭發起之貌舉前曳踵若所謂不舉足則前亦不舉矣蹜蹜如也則有緩而已

一二九四

凡行容惕惕

惕惕直而且疾也。謂行於道路則然。蓋回枉則失容。舒緩則近惰也

廟中齊齊如字朝廷濟濟上聲翔翔

齊齊收持嚴正之貌。濟濟威儀詳整也。翔翔張拱安舒也

君子之容舒遲。見所尊者齊齋遬速

舒遲閑雅之貌。齊如夔夔齊慄之齊。遬者謹而不放之謂。見所尊者故加敬。嚴陵方氏曰。禮器曰。七介以相見不然則已慤。三辭三讓而至。不然則已蹙。蓋舒遲之謂也。且舒遲所以脩容也。若夫父黨無容。則無事舒遲矣。故曰見所尊者齊遬。齊則不舒。遬

則不遲

足容重。手容恭

重。不輕舉移也。恭。無慢弛也

目容端。口容止

無睇視。不妄動

聲容靜。頭容直

無或噦咳。欲其靜也。無或傾顧。欲其直也

氣容肅

似不息者

立容德

舊說以爲如有所予於人。其義難通。應氏謂中立不倚。儼然有德之氣象。此說近之

色容莊。坐如尸

莊。矜持之貌也。坐如尸。見曲禮

燕居告溫溫

詩言溫溫恭人。燕居之時。與告語於人之際。則皆欲其溫和。所謂居不容。寬柔以教也。嚴陵方氏曰。目容端。則無淫視。口容止。則無儳言矣。聲容則不欲其譁。周官置銜枚者以此。頭容直。恐其顛故也。周禮制側弁者以此。告溫溫。則所謂載色載笑。匪怒伊教是也。孔子在宗廟朝廷。便便言。唯謹爾。則燕居之告溫溫。亦各有所施而已。語不云乎。子之燕居。申申如也。夭夭如也。正謂是也

凡祭容貌顏色如見所祭者

論語曰祭如在祭神如神在嚴陵方氏曰孝子之祭也退而立如將受命蓋容貌如見所祭者也已徹而退敬齊之色不絕於面蓋顏色如見所祭者也

喪容纍纍力追反色容顛顛田視容瞿瞿屨梅梅言容繭繭

此皆居喪之容纍纍羸憊失意之貌顛顛憂思不舒之貌瞿瞿驚遽之貌梅梅猶昧昧瞻視不審故瞿瞿梅梅然也繭繭猶綿綿聲氣低微之貌也

戎容暨暨言容詻詻五格反色容厲肅視容清明

此皆軍旅之容暨暨果毅之貌詻詻教令嚴飭之貌顏色欲其嚴厲而莊肅視瞻欲其瑩澈而明審

立容辨貶卑毋讇諂

立之容貶卑者。不爲矜高之態也。雖貴貶損卑降而必貴於正。若傾側其容柔媚其色。則流於諂矣。故戒以毋諂焉

頭頸必中

頭容欲直

山立

如山之嶷然不搖動也

時行

當行則行

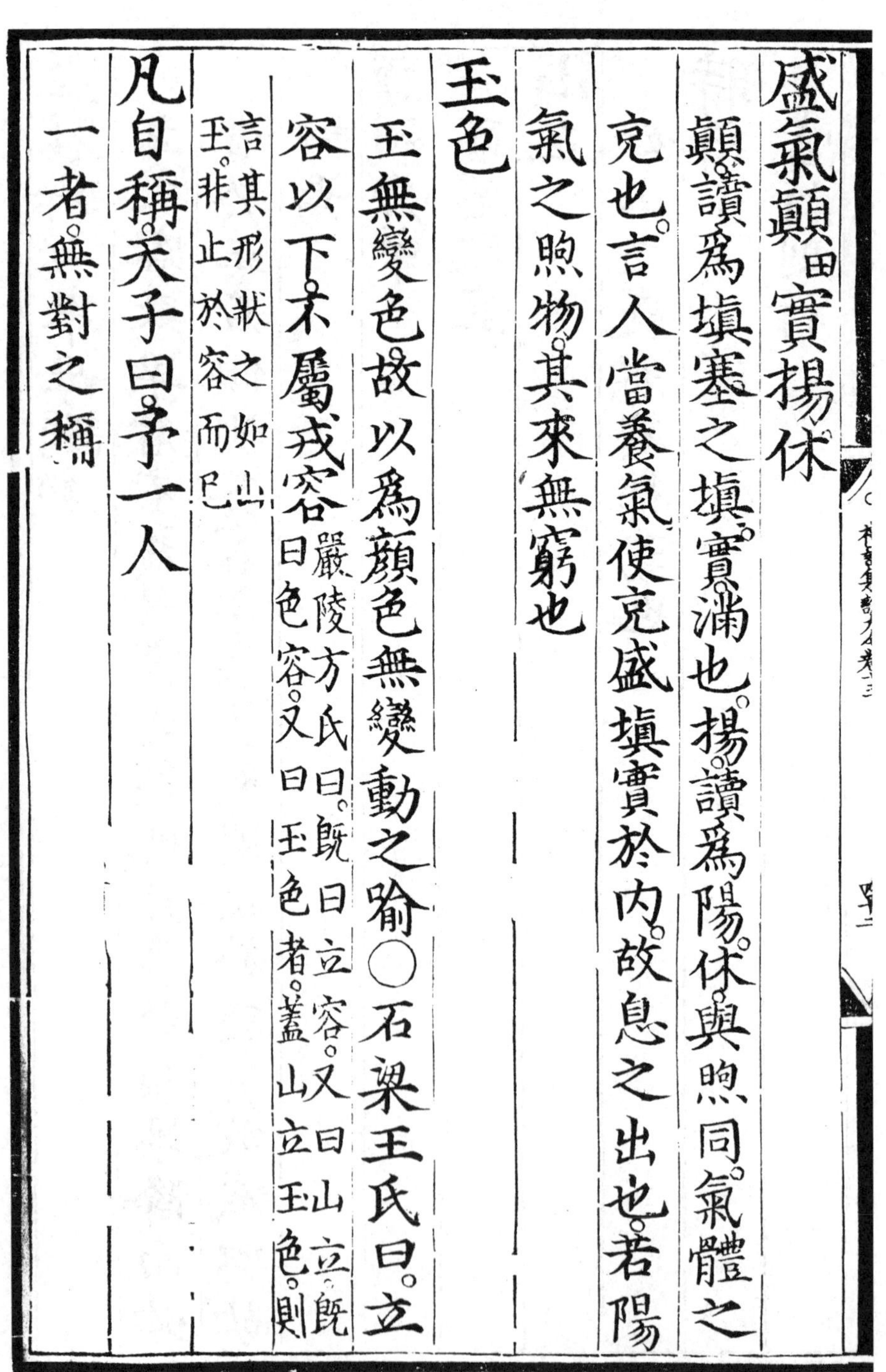

盛氣顛田實揚休

顛讀爲塡塞之塡。實滿也。揚讀爲陽。休與煦同。氣體之充也。言人當養氣使充盛塡實於內。故息之出也。若陽氣之煦物。其來無窮也

玉色

玉無變色。故以爲顔色無變動之喻。○石梁王氏曰。立容以下不屬戎容。嚴陵方氏曰。既曰立容。又曰山立。既曰色容。又曰玉色者。蓋山立玉色。則言其形狀之如山玉。非止於容而已

凡自稱天子曰予一人

一者。無對之稱

伯曰天子之力臣

天子三公一相處內二伯分主畿外諸侯蓋股肱之臣宣力四方者也故曰力臣

諸侯之於天子曰某土之守（去聲）臣某

某土猶云東土西土之類

其在邊邑曰某屏（丙）之臣某

邊邑遠謂之屏者藩屏之義所以蔽內而捍外也

其於敵以下曰寡人小國之君曰孤擯者亦曰孤

此章與曲禮小異者此據自稱爲辭彼則擯者之辭也

慶源輔氏曰稱予一人雖曰謙然以予一人而臨天下則其職重矣伯謙於力臣則所當勉者在德矣諸侯曰

某土之守臣。言王土也。已爲王守之而已。且知其職矣。故曰廵守者。廵所守也。某屏之臣。言所以屏衞中國也。寡人。則謙而已矣。小國爵卑。故擯告於天子無異辭

上大夫曰下臣。擯者曰寡君之老。下大夫自名。擯者曰寡大夫。世子自名。擯者曰寡君之適。的

此明自稱與擯者之辭不同也。慶源輔氏曰。上大夫既曰下臣矣。下大夫非名。則無稱矣

公子曰臣孽。五葛反

適而傳世者。謂之世子。餘則但稱公子而已。讀孽爲枿者。蓋比之木生之餘也。故以臣孽自稱

士曰傳張戀反遽之臣。於大夫曰外私

驛傳之車馬。所以供急遽之令。士賤而給車馬之役使。故自稱傳遽之臣也。家臣稱私。此大夫非己所臣事者。故對之言。則自稱外私也

大夫私事使。去聲**私人擯則稱名**

私事。謂非行聘禮而以他事奉君命往使鄰國也。隨行之人當謂之介。曰擯者。擯是主人之副。今以在賓館而主國致禮。則已爲主人。故稱擯也。私人。己之屬臣也。私事使而私人擯。則無問上大夫下大夫。皆降而稱名。以非正聘故也

公士擯則曰寡大夫。寡君之老

公士。公家之士也。君正行聘禮，以公士爲擯。其下大夫往行小聘之禮，則擯辭稱寡大夫。其上大夫往行大聘之禮，則擯辭稱寡君之老。

大夫有所往，必與公士爲賓去聲也。

賓讀爲擯，介也。謂大夫有正聘之往，必使公士作介也。○方氏讀賓如字，謂擯雖爲賓執事，其實亦與之同爲賓而已。故曰與公士爲賓也。金華范氏曰：孔子爲政，必先正名。蓋以禮莫大於分，分莫大於名也。有自稱之辭，有稱人之辭，有擯贊之辭。若孤寡不穀，純乎謙也。稱人與擯贊，雖謙而有體。如寡君之老之適，曰寡謙也，曰老曰適，未嘗不明德與亭矣。有對尊者之辭，有對敵者之辭，有對卑者之辭。對尊者之辭極其謙，如某守臣某曰孽曰傳遽是也。對敵之辭謙不失己。有於外之辭，有於其國之辭。稱謂各有深

意。此制名之不苟者也

禮記集說大全卷之十三

禮記集說大全卷之十四

明堂位第十四

嚴陵方氏曰。孔子言宗祀文王於明堂。則祀事以之明故也。孟子言行王政於明堂。則政事以之明故也。此言朝諸侯於明堂。則朝事以之明故也。謂之明則一。所以謂之明則有三焉。此主朝事之明。故以位言之。君臣上下尊卑前後各有所位焉。故曰明堂位也

昔者周公朝諸侯于明堂之位。天子負斧依上聲南鄉去聲而立

斧依說見曲禮。◯石梁王氏曰。註云周公攝王位。又云天子即周公。周公爲冢宰時成王年已十四。非攝位但攝政。周公未嘗爲天子。豈可以天子爲周公。此記者之妄。註亦曲徇之。新安王氏曰。武王未受命克商。二年有疾。周公告于三王。於是有金縢之書。武

王崩。成王幼。周公東征。後。諸侯來朝。成王即政。於是受朝於明堂。周公相成王朝諸侯。禮也。謂攝王位。非禮也

三公中階之前北面東上。諸侯之位阼階之東西面北上。諸伯之國。西階之西東面北上。諸子之國。門東北面東上。諸男之國。門西北面東上

疏曰。中階者南面三階故稱中。諸伯以下皆云國。此云位者以三公不云位。諸侯在諸國之上。特舉位言之。明以下皆朝位也

九夷之國。東門之外西面北上。八蠻之國。南門之外北面東上。六戎之國。西門之外東面南上。五狄之國。北門之外南面東上

夷蠻戎狄各從其方之門而以右爲尊獨南面東上者不然方氏以爲南面疑於君故與北面者同其上也

九采之國應門之外北面東上

疏曰此是九州之牧謂之采者以采取當州美物而貢天子故王制云千里之外曰采明堂無重門但有應門耳

四塞先代反世告至此周公明堂之位也明堂也者明諸侯之尊卑也

四塞九州之外夷狄也若天子新即位或其國君易世皆一來朝告至故云世告至也　山陰陸氏曰諸侯阼階之東西面北上諸伯西

階之西東面北上。是謂明諸侯之尊卑

昔殷紂亂天下脯鬼侯以饗諸侯是以周公相武王以伐紂。武王崩成王幼弱周公踐天子之位以治天下。六年朝諸侯於明堂制禮作樂頒度量而天下大服。七年致政於成王

鬼國名。易曰高宗伐鬼方。殺人以爲薦羞惡之極也故伐之。六年五服一朝。蓋始於此○石梁王氏曰。只以詩書證之。即知周公但居冢宰攝政未嘗在天子位。周公相踐阼而治文王世子此語爲是詩小序之言亦不可據。註引魯頌豈盡伯禽時事哉○劉氏曰。此蓋因洛誥

篇首有周公曰朕復子明辟之辭篇終有周公誕保文武受命惟七年之語遂生此論謂周公踐天子位七年而致政於成王也殊不知復子明辟者周公營洛遣使告卜之辭受命惟七年者史臣叙周公留後治洛凡七年而薨也書傳中九峯蔡氏之辨可謂深切著明新安王氏曰書傳稱五年營成周六年制禮作樂七年致政於成王明年王乃即政以周書洛誥等篇攷之不合此稱六年朝諸侯於明堂七年致政於成王亦未可盡信洛誥稱在十有二月周公誕保文武受命惟七年則七年致政明矣然七年春召公營洛周公乃命殷民丕作則大誥東征殺武庚命微子於是唐叔得禾王命唐叔歸於周公其事皆在六年至七年春方營洛邑則朝諸侯於明堂決不在六年也

成王以周公爲有勳勞於天下是以封周公於曲阜地方

七百里。革車千乘。命魯公世世祀周公以天子之禮樂。是以魯君孟春乘大路。載戴弧韣。獨旂十有二旒日月之章。祀帝于郊。配以后稷。天子之禮也

論語稱伯禽爲魯公。閟宫稱僖公爲魯侯。文曰。俾侯于魯。則魯本侯爵。過稱公也。孟子言公侯皆方百里。又言周公封於魯。地方百里。而此云七百里者。蓋以百里之田爲魯本國。如後世食實封也。并附庸爲七百里。所謂錫之山川土田附庸也。周禮封疆方五百里之制。當時設法未行。不可以據。革車。兵車也。千乘。田賦所出之數也。孟春周正子月也。大路。殷祭天所乘之木路。弧。所以

開張旌旗之幅其形如弓以竹爲之。韣則弧之衣也。旒屬於旂之正幅而畫日月以爲章也○王荆公謂周公能爲人臣所不能爲之功，故可用人臣所不得用之禮樂。程子曰：是不知人臣之道也。夫居周公之位，則爲周公之事。由其位而能爲者，皆所當爲也。周公乃盡其爲臣之職耳，豈得獨用天子之禮樂哉。成王之賜，伯禽之受，皆非也○問孟子說齊魯皆封百里，而先生向說齊魯始封七百里者何耶。朱子曰：此等處皆難考云云，見告子下篇。新安王氏曰：此漢儒誇辭，不可信也。周禮雖曰諸公之地五百里，蓋兼附庸言之。然其制實未嘗行，故孟子曰周公封於魯，太公封於齊，爲方百里，安得有七百里之地而封之。天子之畿方千里，其地百同。

魯之地若方七百里。凡四十九同。蓋半天子之國矣。且周公身爲三公。又爲東伯。是謂上公。周公既沒。伯禽乃是魯侯。列侯之國方七百里。非特成王不以封魯。伯禽亦不敢受也。魯頌所謂公車千乘。公徒三萬。其辭不無溢美。天子地方千里。謂之萬乘。若魯地方七百里。半天子之畿。何止有車千乘耶。伊川程氏曰。成王之賜。伯禽之受。俱非也。以愚觀之。成王未必賜。伯禽未必受。蓋魯人僭用天子禮樂爾

季夏六月。以禘禮祀周公於大廟。牲用白牡

殷尚白。白牡。殷牲也。○方氏曰。止用時王之禮者。諸侯之事。通用先王之禮者。天子之事。故郊特牲云。諸侯祭以白牡。乘大路。謂之僭禮也

尊用犧莎象山罍。鬱尊用黃目

尊。酒器也。犧。犧尊也。音莎者。釋云刻畫鳳形娑娑然也。

讀如字者。釋云畫爲牛形。又云尊爲牛之形。象象尊也。以象骨飾尊。一說尊爲象之形也。山罍刻畫山雲之狀於罍也。欝尊盛欝鬯酒之尊也。黃目黃彝也。卣罍之類。以黃金鏤其外爲目。因名也

灌用玉瓚才旱反大圭。薦用玉豆雕篹損管反。爵用玉琖側眼反仍雕。加以璧散去聲璧角。俎用梡澣嶡鱖

灌酌欝鬯以獻尸也。以玉飾瓚。故曰玉瓚。以大圭爲瓚柄。故言玉瓚大圭也。薦祭時所薦葅醢之屬也。玉豆以玉飾豆也。篹籩也。雕飾其柄。故曰雕篹。爵行酒之器。夏世爵名琖。以玉飾之。仍因也。因爵形而雕飾之。故曰仍

雕也。加者。夫人亞獻於尸也。用璧角。即周禮内宰所謂
瑤爵也。夫人獻後。則賓用璧散獻尸。散角皆以璧飾其
口。此先言散後言角。便文也。虞俎名梡。夏俎名嶡。梡形
四足如桉。嶡則加橫木於足中央。爲橫距之形也

升歌清廟。下管象。朱干玉戚。冕而舞大武。皮弁素積。裼析
而舞大夏。昧。東夷之樂也。任。壬南蠻之樂也。納夷蠻之樂
於太廟。言廣魯於天下也

清廟。周頌。升樂工於廟之堂上而歌此詩也。下。堂下也。
管。匏竹也。象。象武詩也。堂下以管吹象武之詩。故云下
管象也。朱干。赤盾也。玉戚。玉飾斧柄也。著衮冕而執此

干戚以舞武王伐紂之樂又服皮弁見裼衣而舞夏后氏大夏之樂五冕皆周制故用以舞周樂皮弁三王之服故用以舞夏樂也眛任皆樂名廣魯於天下言周公勳業之盛廣及四夷故廣大其國禮樂之事以示天下也馬氏曰歌者人聲也匏管者竹聲也堂上以人聲歌清廟者所以貴文也堂下以匏竹奏象武者所以賤武也周公之德妙而不可知所可知者見於文德武功而已文德成於制作之間武功存於征伐之際故彰其武功則錫之以武樂彰其文德則錫之以夏樂蓋武之盛莫盛於大武而文之盛莫盛於大夏冕者文服也服冕服而舞大武者以文止武之意也皮弁素積者服之質也舞大夏則服之所以守其文也裼者服之見美也皮弁素積掩蔽其文而不顯故裼衣所以顯之也○慶源輔氏曰言廣大周公之德於天下也

君卷袞冕立于阼夫人副褘立于房中君肉袒迎牲于門

夫人薦豆籩，卿大夫贊君，命婦贊夫人，各揚其職。百官廢職，服大刑，而天下大服。

副，首飾也。副之言覆，以其覆被乎首而爲名，詳見周禮追師及詩副笄六珈註疏。褘，褘衣也，本王后之服，亦以尊周公而用天子禮樂，故得服之也。房，太廟之東南室也。贊，助也。命婦，内則世婦，外則卿大夫之妻也。揚，舉也。廢，不舉也。天下大服，謂敬服周公之德也。嚴陵方氏曰：君與夫人，祭主也，心專其事焉。卿大夫、命婦，臣妾也，則贊其事而已。各揚其職，若司徒奉牛、司馬奉羊之類是矣。其職雖揚，又不可侵官，故言各，若尸祝不越樽俎而代之是矣。廢職則職不揚矣。服大刑，肆師於祭日誅其大慢者是矣。

是故夏礿藥、秋嘗、冬烝、春社、秋省悉井反，而遂大蜡乍，天子

之祭也

魯在東方。或有朝于方岳之歲。則廢春祠。故此略之。秋省。省斂也。年不順成。則八蜡不通。必視年之上下。以爲蜡之豐嗇。舊讀省爲獮者非

嚴陵方氏曰。言夏礿秋嘗冬烝。而不及春祠。與王制言烝則不礿同義。其所異者。特彼以礿爲春祭爾。春祭闕祠。而不闕社者。祠則君之所獨。社則民之所同故也。社與省。春與秋皆有之。其所異者。春社以祈爲主。秋社以報爲主。春省以耕爲主。秋省以斂爲主爾。於社言春以該秋。於省言秋以該春。其實一也。大蜡必言遂與大司馬言遂以蒐田之遂同。蓋秋省則百物成矣。蜡所以報百物。於其成而後百物可報故也。省非祭名。而與祭併言之者以此。凡此亦諸侯之所同然。特魯行之。蓋禮有所隆爾

大廟天子明堂。庫門天子皐門。雉門天子應門

魯無明堂而大廟如明堂之制天子五門路應雉庫臯由內而外路門亦曰畢門令魯庫門之制如天子臯門雉門之制如天子應門也

振木鐸於朝天子之政也

木鐸金口木舌發教令則振之所以警動衆聽

山節藻梲

說見前篇

復福**廟重**平聲**檐**簷

復廟上下重屋也重檐者簷下復有板簷免風雨之壞壁

刮古刹反楹達鄉去聲

以密石摩柱使之精澤故云刮楹。達通也。鄉窻牖也。每室四户八窻。窻户相對故云達鄉

反坫出尊

兩君好會反爵之坫築土為之在兩楹間而近南。蓋獻酬畢則反爵于其上也。凡物在内為入。在外為出。以坫在尊之外。故云反坫出尊。言坫出在尊之外也

崇坫康圭疏屏天子之廟飾也

崇高也。康安也。凡物措之得所則無危墜之失。圭禮器之重者。不可不謹。故為此高坫以康圭也。疏屏者刻鏤

於屏使之文理疏通也馬氏曰。天子之廟飾不止於此。此舉其略爾。天子用其詳而魯用其略也○長樂陳氏曰。廟所以事死。復有歸根而靜之義。刮其楹。則有潔意。而潔也者。齋戒以事鬼神之義也。達其鄉。則有明意。而明者。神而明之之意也。於屏言疏。疏者。通之也。屏所以蔽而通之者。以神無方。而無乎不在。故通之也

鸞車有虞氏之路也。鉤車夏后氏之路也。大路殷路也。乘路周路也鸞車有鸞和之車也。路與輅同。鉤曲也。車床謂之輿。輿之前闌曲。故名鉤車也。大路殷之木輅也。乘路周之玉輅也○慶源輔氏曰。虞夏言車殷周言輅。各據時代所稱言之。意者殷周始稱車為輅耳。自魯言之。故下皆曰路也

有虞氏之旂。夏后氏之綏。而追反殷之大白。周之大赤

四者旌旗之屬。周禮交龍爲旂。綏讀爲緌。以旄牛尾注於杠首而垂之者也。大白。白色旗也。大赤。赤色旗也。鄭云。當言有虞氏之緌。夏后氏之旂。謂虞質於夏。惟緌而已。至夏世乃有旂之制也

夏后氏駱馬黑鬣。殷人白馬黑首。周人黃馬蕃煩鬣

白黑相閒。謂之駱。此馬白身而黑鬣也。蕃鬣。赤鬣也

夏后氏牲尚黑。殷白牡。周騂剛

騂。赤色。剛。壯也。慶源輔氏曰。殷周獨於此稱人者。以言馬故也。周言剛。夏殷亦剛也。殷言牡。則夏亦牡也。夏言尚。則殷周亦尚也

泰有虞氏之尊也山罍夏后氏之尊也著直略反殷尊也犧莎象周尊也

虞氏尚陶泰瓦尊也著著無足而底著於地也餘見前章

爵夏后氏以琖殷以斝嫁周以爵

夏爵名琖以玉飾之故其字從玉殷爵名斝稼也故畫爲禾稼周之爵則爵之形也其曰玉爵者則飾之以玉也

灌尊

灌鬯酒之尊也

夏后氏以雞夷。殷以斝。周以黄目

夷讀爲彝。法也。與餘尊爲法。故稱彝。刻畫雞形於其上。故名雞彝。餘見上章

其勺。是若反夏后氏以龍勺。殷以疏勺。周以蒲勺

周禮梓人爲飲器。勺一升。龍勺。刻畫爲龍頭。疏勺。刻鏤疏通也。蒲勺者。合蒲爲鳧頭之形。其口微開。如蒲草本合而末微開也。三者皆謂勺之柄頭耳

土鼓。蕢塊桴。浮葦籥。伊耆氏之樂也

方氏曰。以土爲鼓。未有鞸革之聲故也。以凷爲桴。未有斲木之利故也。以葦爲籥。未有截竹之精故也

拊撫搏傅玉磬揩居八反擊大琴大瑟中琴小瑟四代之樂器也

拊搏舊說以韋爲之充之以穅形如小鼓揩擊謂柷敔皆所以節樂者方氏以爲或拊或搏或揩或擊皆言作樂之事又按書傳云戛擊考擊也搏至拊循也皆與此文理有礙當從鄭註嚴陵方氏曰拊搏揩擊言所以作器也或言其器或言作樂互相備也與益稷言戛擊鳴球搏拊琴瑟以詠同義玉磬琴瑟又皆堂上之樂故特舉其名器言之琴言中而不言小瑟言小而不言中亦互相備也

魯公之廟文世室也武公之廟武世室也

魯公伯禽也武公伯禽之玄孫其室世世不毁故言世

室○方氏曰：周以祖文王爲不毁之廟，而魯以伯禽之廟比之，故曰文世室。宗武王爲不毁之廟，而魯以武公之廟比之，故曰武世室。慶源輔氏曰：由是觀之，則成王之所以賜伯禽者，未必如是之備。如此篇所載，亦有魯君因仍而僭用之者矣。

米廩，有虞氏之庠也。序，夏后氏之序也。瞽宗，殷學也。頖判宮，周學也。

此言魯立四代之學。魯所藏粢盛米之廩，即虞氏之庠，謂藏此米於學宮也，亦教孝之義。序者，射也，射以觀德，有先後之次焉。樂師瞽矇之所宗，故謂之瞽宗。頖，半也。諸侯曰頖宮，以其半辟雍之制也。孟子言夏曰校，殷曰序嚴陵方氏曰。米廩者。藏養人之物。而庠以善養人期於克實也。序也者。射也。射有偶。然而以序進焉。必曰序。則主以禮教故也。瞽宗者。瞽人之所宗。而樂祖在焉。必曰瞽宗。則主以樂教故也。頖宮者。天子曰辟廱。諸侯曰頖宮。辟言辟以禮。廱言廱以樂。頖宮雖半辟廱之制。亦兼禮樂以教之故也

崇鼎貫鼎大璜封父龜天子之器也越棘大弓天子之戎器也

崇貫封父越皆國名。棘戟也◯方氏曰。凡此即周官天府所藏大寶鎮寶之類是也

夏后氏之鼓足。殷楹鼓。周縣玄鼓。垂之和鐘。叔之離磬。女媧之笙簧

足謂四足也。楹貫之以柱也。縣懸於簨簴也。垂見舜典

○方氏曰。郊特牲曰。以鍾次之。以和居參之也。故謂之和鍾。樂記曰。石聲磬。磬以立辨。辨者。離之音也。故謂之離磬。笙以象物生之形。簧則美在其中。故謂之笙簧。世本曰。無句作磬。皇氏云。無句。叔之別名

夏后氏之龍簨筍虡距，殷之崇牙，周之璧翣

周官梓人爲簨虡。橫曰筍。植曰虡。所以懸樂器也。以龍形飾之。故曰龍簨虡。崇牙者。刻木爲之。飾以采色。其狀隆然。殷人於簨之上。施崇牙。以挂鍾磬也。周人則又於簨上畫繒爲翣。戴之以璧。下懸五采之羽。而挂於簨之角焉嚴陵方氏曰。其崇如牙。夏后氏有簨虡。而未有崇牙。商有崇牙。而未有璧翣。至周然後三者兼備焉

此皆漸致其文也

有虞氏之兩敦對夏后氏之四璉輦殷之六瑚周之八簋

少牢禮曰執敦黍有蓋又曰設四敦皆南首敦之爲器有蓋有首也四者皆盛黍稷之器禮之有器時王各有制作故歷代寶而用之但時代漸遠則古器之存者漸寡此魯所有之數耳

俎有虞氏以梡夏后氏以嶡殷以椇矩周以房俎

梡嶡見前章椇者俎之足間横木爲曲橈之形如椇枳之樹枝也房者俎足下之跗謂俎之上下兩間有似於堂房也○䟽曰古制不可委知今依註略爲此意未知

是否

夏后氏以楬苦瞎反豆殷玉豆周獻莎豆

楬不飾也木質而已獻讀爲娑獻尊刻畫鳳羽則此豆亦必刻畫鳳羽故名也

有虞氏服韍弗夏后氏山殷火周龍章

韍者祭服之蔽膝即韠也虞氏直以韋爲之無文飾夏世則畫之以山殷人增之以火周人又加龍以爲文章

嚴陵方氏曰有山有火而又加之以龍則其文成矣於周特言章焉章者文之成也

有虞氏祭首夏后氏祭心殷祭肝周祭肺

方氏曰三代各祭其所勝蓋夏尚黑爲勝赤故祭心殷

尚白爲勝青故祭肝。周尚赤爲勝白故祭肺

夏后氏尚明水。殷尚醴。周尚酒

䟽曰。儀禮設尊尚玄酒。是周亦尚明水也。禮運云。澄酒在下。則周不尚酒。故註云言尚非也○方氏曰。明水者。取於月之水。故謂之明水。水則淡而無味。醴則漸致其味。酒則味之成者

有虞氏官五十。夏后氏官百。殷二百。周三百

書言唐虞建官惟百夏商官倍。先儒信此記而不信書固爲不可。且謂魯得用四代禮樂故惟通用其官之名號。不必盡用其數。皆臆說也。慶源輔氏曰。魯百里之國。決不能盡備四代之官。此

皆誇辭也。以此例上所言可知也

有虞氏之綏。而追反 夏后氏之綢叨 練。殷之崇牙。周之璧翣

此皆喪葬之飾。綢練見檀弓。餘見上章。又翣制詳見喪大記

凡四代之服器官。魯兼用之。是故魯王禮也。天下傳之久矣。君臣未嘗相弒也。禮樂刑法政俗未嘗相變也。天下以爲有道之國。是故天下資禮樂焉

君臣未嘗相弒。禮樂刑法政俗未嘗相變。先儒以爲近誣。或以爲諱國惡。論之詳矣。大抵此篇主於誇大魯國。故歷舉四代之服器官。以見魯之禮樂其盛如此。不知

魯之郊禘非禮也。周公其衰矣。知此。則此記所陳適足以彰其僭而已。而奚盛大之有哉○朱氏曰。羽父弒隱公。慶父弒二君。則君臣相弒矣。夏父躋僖公。禮之變也。僖公欲焚巫尪。刑之變也。宣公初稅畝。法之變也。政逮於大夫。政之變也。婦人髽而弔。俗之變也○石梁王氏曰。此見春秋經而不見傳者。故謂未嘗相弒未嘗變法。大抵此篇多誣慶源輔氏曰。傳謂傳說也。蓋言久矣天下共傳說魯國之有禮法也。云天下以爲有道之國。君臣未嘗相弒也。雖曰隱惡。不若不言之愈也

禮記集說大全卷之十四

禮記集說大全卷之十五

喪服小記第十五

朱子曰小記是解喪服傳

斬衰括髮以麻為去聲**母括髮以麻免**問**而以布**

斬衰主人為父之服也親始死子服布深衣去吉冠而猶有笄縰徒跣扱深衣前衽於帶將小斂乃去笄縰著素冠斂訖去素冠而以麻自項而前交於額上卻而繞於紒如著幓頭然幓頭今人名掠髮此謂括髮以麻也母死亦然故云為母括髮以麻言此禮與喪父同也免而以布專言為母也蓋父喪小斂後拜賓竟子即堂下

之位。猶括髮而踊。毋喪則此時不復括髮。而著布免以踊。故云免而以布也。笄纚說見內則。免見檀弓朱子曰。括髮是束髮爲髻。鄭氏儀禮註及䟽。以男子括髮與免。及婦人髽。皆云如著幓頭然。所謂幓頭。即如今之掠頭編子。自項而前交於額上却繞髻也。○山陰陸氏曰。士喪禮。主人括髮袒。衆主人免于房。婦人髽于室。則袒括髮一人而已。諸子皆免

齊衰惡笄以終喪

婦人居齊衰之喪。以榛木爲笄以卷髮。謂之惡笄。以終喪者。謂中間更無變易。至服竟則一并除之也

男子冠平聲而婦人笄。男子免而婦人髽莊加反。其義爲男子則免。爲婦人則髽

吉時男子首有吉冠婦人首有吉笄若親始死男去冠女則去笄父喪成服也男以六升布爲冠女則箭篠爲笄若喪母男則七升布爲冠女則榛木爲笄故云男子冠而婦人笄也男子免而婦人髽者言今遭齊衰之喪當男子著免之時婦人則髽其首也髽有二斬衰則麻髽齊衰則布髽皆名露紒其義爲男子則免爲婦人則髽者言其義不過以此免與髽分別男女而已

苴雎杖竹也削杖桐也

竹杖圓以象天削杖方以象地父母之別也○䟽曰苴者黯也必用竹者以其體圓性貞四時不改明子爲父

禮伸痛極。自然圓足。有終身之痛也。削者。殺也。桐隨時凋落。謂母喪外雖削殺。服從時除。而終身之心當與父同也

祖父卒而后為祖母後者三年

適孫無父。既為祖三年矣。今祖母又死。亦終三年之制。蓋祖在而喪祖母則如父在而為母期也。子死則孫為後。故以為後者言之

為去聲父母長子稽顙。大夫弔之。雖緦必稽顙

服重者先稽顙而後拜賓。服輕者先拜賓而後稽顙。父母尊也。長子正體也。故從重。大夫弔於士。是以尊臨卑。

雖是緦服之喪。亦必稽顙而後拜。蓋尊大夫不敢以輕待之也

婦人爲去聲**夫與長子稽顙。其餘則否**

婦人受重於他族。故夫與長子之喪則稽顙。其餘謂父母也。降服移天。其禮殺矣長樂陳氏曰。稽顙。猶稽首也。禮非至尊不稽首。則喪非至重不稽顙矣。然非有至重而稽顙者。非以其至親。則以弔者之尊也。故爲父母長子稽顙。以至親也。大夫弔之。雖緦必稽顙。以弔者之尊也。婦人移天於夫。而傳重於長子。故雖父母不稽顙。所稽顙者。夫與長子而已。以所受於此者重。則所報於彼者殺也

男主必使同姓。婦主必使異姓

喪必有男主以接男賓。必有女主以接女賓。若父母之

喪。則適子爲男主。適婦爲女主。今無男主而使人攝主。則必使喪家同姓之男。無女主而使人攝主則必使喪家異姓之女。謂同宗之婦也

爲父後者爲去聲出母無服

出母。母爲父所遺者也。適子爲父後者不服之。蓋尊祖敬宗。家無二主之義也。非爲後者服期

親親以三爲五。以五爲九。上殺。色介反下殺。旁殺而親畢矣

由己身言之。上有父。下有子。宜言以一爲三。而不言者父子一體。無可分之義。故惟言以三爲五。謂因此三者而由父以親祖。由子以親孫。是以三爲五也。又不言以

五爲七者蓋由祖以親曾高二祖由孫而親曾孫玄孫其恩皆已疏略故惟言以五爲九也由父而上殺之至高祖由子而下殺之至玄孫是上殺下殺也同父則期同祖則大功同曾祖則小功同高祖則緦麻是旁殺也高祖外無服故曰畢矣

王者禘其祖之所自出以其祖配之而立四廟庶子王亦如之

四廟謂高曾祖禰四親廟也始祖居中爲五并高祖之父祖爲七或世子有廢疾不可立而庶子立爲王者其禮制亦然○趙氏曰禘王者之大祭也王者既立始祖

之廟。又推始祖所自出之帝祀之於始祖之廟而以始祖配之也

嚴陵方氏曰。王立七廟。三昭三穆。與太祖之廟而七。此言王者止立四廟者。據月祭之親廟言之也。蓋遠廟爲祧。有二祧享嘗乃止。旣言禘其祖之所自出。以其祖配之。則祭及其二祧可知矣。此所以不言之也。○山陰陸氏曰。此言王者後世或更衰亂。統序旣絕。其子孫有特起者。若漢光武復有天下。旣復七廟。則其曾祖禰當別立廟祀之。故曰。庶子王亦如之也。若孝文繼孝惠。雖非適子。其承祭祀不言可知。今經言此者。正爲庶子不祭。庶子王。然後祭耳

別子爲祖。繼別爲宗。繼禰者爲小宗。有五世而遷之宗。其繼高祖者也。是故祖遷於上。宗易於下。尊祖故敬宗。敬宗所以尊祖禰也

別子有三。一是諸侯適子之弟別於正適。二是異姓公

子來自他國別於本國不來者三是庶姓之起於是邦爲卿大夫而別於不仕者皆稱別子也爲祖者別與後世爲始祖也繼別爲宗者別子之後世世以適長子繼別子與族人爲百世不遷之大宗也繼禰者爲小宗謂別子之庶子以其長子繼己爲小宗而其同父之兄弟宗之也五世者高祖至玄孫之子此子於父之高祖無服不可統其父同高祖之兄弟故遷易而各從其近者爲宗矣故曰有五世而遷之宗其繼高祖者也四世之時尚事高祖五世則於高祖之父無服是祖遷於上也四世之時猶宗三從族人至五世則不復宗四從族人

矣。是宗易於下也。宗是先祖正體。惟其尊祖。是以敬宗也。○疏曰。族人一身事四宗。事親兄弟之適。是繼禰小宗也。事同堂兄弟之適。是繼祖小宗也。事再從兄弟之適。是繼曾祖小宗也。事三從兄弟之適。是繼高祖小宗也。小宗凡四。獨云繼禰者。初皆繼禰爲始。據初而言之也。山陰陸氏曰。有五世而遷之宗。據宗其繼高祖者。五世則遷者也。其繼高祖者。玄孫也。宗其繼高祖者。玄孫之子也。先儒謂記文畧。此讀五世而遷之宗之誤也。即云五世而遷之宗。猶云五世則遷之宗。○嚴陵方氏曰。先儒疏祖遷於上。宗易於下。特五世則遷之小宗爾。若夫百世不遷之大宗。則祖未嘗遷。宗未嘗易焉。於祖曰遷。於宗曰易者。遷有升之之意。故於在上者言之。易有去之之意。故於在下者言之。

庶子不祭祖者。明其宗也

此據適士立二廟祭禰及祖。今兄弟二人一適一庶而俱爲適士。其適子之爲適士者固祭祖及禰矣。其庶子雖適士。止得立禰廟。不得立祖廟而祭祖者。明其宗有所在也。嚴陵方氏曰。適士二廟。則有祖廟矣。官師一廟。則有禰廟而已。此言庶子不祭祖者。言適士家也。下言庶子不祭禰者。言官師之家也。夫立宗所以重本。適子本也。庶子支也。其不祭也雖祖之不同。至於明其宗之義則一而已。其曰不祭祖。則禰容祭之也

庶子不爲去聲長子斬。不繼祖與禰故也

庶子不得爲長子服斬衰三年者。以已非繼祖之宗又非繼禰之宗。則長子非正統故也

庶子不祭殤與無後者。殤與無後者從祖祔食

長中下殤見前篇。盖未成人而死者也。無後者謂成人未昏或已娶而無子而死者也。庶子所以不得祭此二者。以己是父之庶子不得立父廟。故不得自祭其殤子也。若己是祖之庶孫不得立祖廟。故無後之兄弟已亦不得祭之也。祖廟在宗子之家。此殤與此無後者當祭祖之時。亦與祭於祖廟也。故曰從祖祔食

金華應氏曰。殤與無後者皆庶子之子也。殤者。幼而未成人。無後者。長而未有子。鄭氏以殤爲己之子。而繫於父之庶。以無後爲兄弟。而繫於祖之庶。盖以殤惟適可祭。今適子之下又有無後者不應更祭。故指此爲兄弟而言之。夫所謂殤與無後者。包羅其義云爾。非謂庶子之子其適與庶皆死也。適子或殤而死。或無後而死。皆從祖而祭於宗子之家。故謂之從祖祔食

庶子不祭禰者明其宗也

庶子不得立禰廟故不得祭禰所以然者明主祭在宗子廟必在宗子之家也庶子雖貴止得供具牲物而宗子主其禮也上文言庶子不祭祖是猶得立禰廟以其爲適士也此言不祭禰以此庶子非適士或未仕故不得立廟以祭禰也

親親尊尊長長男女之有別人道之大者也

䟽曰此論服之降殺親親謂父母也尊尊謂祖及曾祖高祖也長長謂兄及旁親也不言卑幼舉尊長則卑幼可知也男女之有別者若爲父斬爲母齊衰姑姊妹在

室期出嫁大功爲夫斬爲妻期之屬是也此四者於人之道爲最大

從服者所從亡則已屬從者所從雖沒也服

䟽曰服術有六其一是徒從徒空也與彼非親屬空從此而服彼有四者一是妾爲女君之黨二是子從母服於母之君母三是妾子爲君母之黨四是臣從君而服君之黨此四徒之中惟女君雖沒妾猶服女君之黨餘三徒所從既亡則止而不服已止也屬者骨血連續以爲親也亦有三一是子從母服母之黨二是妻從夫服夫之黨三是夫從妻服妻之黨此三從雖沒猶從之服

其親也嚴陵方氏曰。從服。即大傳所謂徒從也。屬從。即大傳所謂屬從者也。然徒從不若屬從之爲重。故於徒從。則所從亡則已。於屬從則所從雖沒而猶服焉

妾從女君而出則不爲去聲女君之子服

妾謂女君之姪娣也。其來也與女君同入。故服女君之子。與女君同。若女君犯七出而出。則此姪娣亦從之出。子死則毋自服其子。姪娣不服。義絕故也

禮不王不禘

禘。王者之大祭。諸侯不得行之。故云不王不禘〇石梁王氏曰。此句合在王者禘其祖之所自出上。錯亂在此

世子不降妻之父母。其爲去聲妻也與大夫之適子同

世子天子諸侯之適子傳世者也不降殺其妻父母之服者以妻故親之也大夫適子死服齊衰不杖今世子既不降其妻之父母則其爲妻服與大夫服適子之服同也

父爲士子爲天子諸侯則祭以天子諸侯其尸服以士服

祭用生者之禮盡子道也尸以象神自用本服嚴陵方氏曰言天子諸侯士之祭其別如此則王制所謂祭從生者也與中庸所言亦同父爲士其尸服以士服者則與喪從死者同義

父爲天子諸侯子爲士祭以士其尸服以士服

以天子諸侯之禮祭其父之爲士者其禮伸故尸服死者之服爲禮之正以士之禮祭其父之爲天子諸侯者

其禮屈故尸服生者之服爲禮之變禮有曲而殺者此類是也

婦當喪而出則除之

婦當舅姑之喪而爲夫所出則即除其服恩義絶故也

爲父母喪未練而出則三年既練而出則已

若當父母之喪未期而爲夫所出則終父母三年之制爲己與夫族絶故其情復隆於父母也若在父母小祥後被出則是己之期服已除不可更同兄弟爲三年服矣故已也已者止也

未練而反則期既練而反則遂之

若被出後遇父母之喪，未及期而夫命之反，則但終期服；反在期後，則遂終三年。蓋緣已隨兄弟小祥服三年之喪，不可中廢也。嚴陵方氏曰：女出嫁則恩隆於夫家，被出則恩復隆於父母，得反則恩復隆於夫家。既練而反，則服不可中道而除，故遂其三年。凡此所謂以仁起禮也。

再期之喪，三年也；期之喪，二年也；九月七月之喪，三時也；五月之喪，二時也；三月之喪，一時也。故期而祭，禮也；期而除喪，道也。祭不爲除喪也。

儀禮大功章有中殤七月之文，即此七月之喪也。期而祭，謂再期之喪致小祥之祭也。期而除喪，謂除衰絰易練服也。小祥之祭，乃孝子因時以伸其思親之禮也。練

時男子除首絰婦人除要帶乃生者隨時降殺之道也

祭與練雖同時並舉然祭非爲練而設也馬氏曰期而祭者謂之禮其除喪也謂之道禮存乎人道存乎天

三年而后葬者必再祭其祭之間不同時而除喪

孝子以事故不得及時治葬中間練祥時月以尸柩尚存不可除服今葬畢必舉練祥兩祭故云必再祭也但此二祭仍作兩次舉行不可同在一時如此月練祭則男子除首絰婦人除要帶次月祥祭乃除衰服故云其祭之間不同時而除喪也馬氏曰祭不爲除喪而除喪者必因祭焉以祭爲吉而除喪者所以從吉也夫練祥之時既已過矣而獨爲之再祭以存親之禮不可廢也其祭之間不同時者以其存

親之節不可忘也。祭不同乎時。而除喪者亦不同乎時。則除喪必從祭也可知矣

大功者主人之喪。有三年者。則必爲之再祭。朋友虞祔而已

大功者主人之喪。謂從父兄弟來主此死者之喪也。三年者。謂死者之妻與子也。妻既不可爲主而子又幼小。別無近親。故從父兄弟主之。必爲之主行練祥二祭。朋友但可爲之虞祭祔祭而已金華應氏曰。死生之相收卹。人道之當然。今其身死。而又妻子懦弱。適無父母兄弟之至親者。則大功當任其責而至於終喪。或其適無小功之親也。則朋友當任其責而至於逾葬。使其不幸而無大功以爲之依。則小功以下其可以坐視乎。又不幸而無朋友以爲之助。則爲鄰者儻與之舊者。其可以恝然乎。是以體朋友死無所歸。於我殯之義。則練祥不必大功。而親黨皆不可得

而辭推行有死人尚或墐之之心則虞練不必朋友而凡相識者皆不得而拒特其情有厚薄則處之各不同自其篤於義者言之則各有加焉無害也凡遇夫人之急難而處事之變者不可以不知

士妾有子而爲之緦無子則已

喪服云大夫爲貴妾緦士卑故妾之有子者爲之緦無子則不服也

生不及祖父母諸父昆弟而父稅吐外反**喪己則否**

稅者日月已過始聞其死追而爲之服也此言生於他國而祖父母諸父昆弟皆在本國己皆不及識之今聞其死而日月已過父則追而服之己則不服也嚴陵方氏曰日月已過乃聞喪而服曰稅

爲君之父母妻長子君已除喪而后聞喪則不稅

卿大夫爲君之父母妻長子皆有服。今以出使他國或以事久留。君除喪之後已始聞喪。不追服也

降而在緦小功者則稅之

此句承父稅喪已則否之下。誤在此。降者殺其正服也。如叔父及適孫正服皆不杖期。死在下殤則皆降服小功。如庶孫之中殤以大功降而爲緦也。從祖昆弟之長殤以小功降而爲緦也。如此者皆追服之。檀弓曾子所言小功不稅是正服小功非謂降也。凡降服重於正服。詳見儀禮

近臣君服斯服矣其餘從而服不從而稅

近臣卑賤之臣也此言小臣有從君往他國既返而君之親喪已過服之月日君稅之此臣亦從君而服其餘謂卿大夫之從君出爲介爲行人宰史者返而君服限未滿亦從君而服若在限外而君稅則不從君而稅也

君雖未知喪臣服已

此言君在他國而本國有喪君雖未知而諸臣之留國者自依禮成服不待君返也

虞杖不入於室祔杖不升於堂

虞祭在寢祭後不以杖入室祔祭在祖廟祭後不以杖

升堂皆縗衰之節也 嚴陵方氏曰。喪禮先虞而後祔。虞杖特不入於室而已。至於祔杖則雖堂亦不升焉。盖哀雖衰而敬愈不衰也。室內而堂外。故於室曰入。堂高而陛卑。故於堂曰升。論語云。升堂入室。義亦如此

爲君母後者君母卒則不爲君母之黨服

此言無適子而庶子爲後者。即上章從服者所從亡則已之義也

絰殺色介反五分而去上聲一杖大如絰

喪服傳曰。苴絰大搹左本在下。去五分一以爲帶。絰大搹者。謂首絰也。五分減一分。則要絰之大也。遞減之則齊衰之絰大如斬衰之帶。去五分一以爲齊衰之帶。大

功之絰大如齊衰之帶去五分一以爲大功之帶小功之絰大如大功之帶去五分一以爲小功之帶緦麻之絰大如小功之帶去五分一以爲緦麻之帶麻在首在要皆曰絰分言之則首曰絰要曰帶帶所以五分者象五服之數也杖大如絰如要絰也𢷤者搤也○朱子曰首絰大一搤只是拇指與第二指一圍

妾爲君之長子與女君同

女君爲長子三年妾亦同服三年以正統故重也

除喪者先重者易服者易輕者

男子重在首婦人重在要凡所重者有除無變故雖卒

哭不受輕服直至小祥而男子除首絰婦人除要絰此之謂除喪者先重者也易服者謂先遭重喪後遭輕喪而變易其服也輕謂男子要婦人首也此言先是斬衰虞而卒哭已變葛絰葛絰之大小如齊衰之麻絰今忽又遭齊衰之喪齊衰要首絰皆牡麻牡麻重於葛也服宜從重故男不變首女不變要以其所重也但以麻易男要女首而已故云易服者易輕者也若未虞卒哭則後喪不能變

無事不辟（毗亦反）廟門哭皆於其次

辟開也廟門殯宮之門也鬼神尚幽闇故有事則辟無

事不辟也次倚廬也朝夕之哭與受弔之哭皆即門內之位若或晝或夜無時之哭則皆於倚廬也

復與書銘自天子達於士其辭一也男子稱名婦人書姓與伯仲如不知姓則書氏

復招魂以復魄也書銘書死者名字於明旌也檀弓疏云士喪禮爲銘各以其物士長三尺大夫五尺諸侯七尺天子九尺若不命之士以緇長半幅長一尺赬末長終幅長二尺總長三尺周禮天子之復曰皐天子復諸侯則曰皐某甫復此言天子達於士其辭一者蓋以上質不諱名故臣可以名君歟男子稱名謂復與銘皆

名之也。婦人銘則書姓及伯仲，此或亦是殷以上之制。如周則必稱夫人也。姓如魯是姬姓，後三家各自稱氏，所謂氏也。殷以前六世之外則相與爲昏，故婦人有不知姓者。周不然矣。山陰陸氏曰：男子稱名，所謂皋某復是也。先儒謂周禮天子復曰皋天子復，諸侯復曰皋某復，此讀復曰天子復矣之誤也。復曰天子復矣，是告人以天子復，非復天子之詞，據崩曰天王崩。

斬衰之葛與齊衰之麻同，齊衰之葛與大功之麻同，麻同皆兼服之。

上章言經殺皆是五分去一，此言斬衰卒哭後所受葛經與齊衰初死之麻經大小同，齊衰變服之葛經與大功初死之麻絰大小同麻同皆兼服之者謂居重喪而遭輕喪服麻又服葛也上章言男子易要絰不易首絰故首仍重喪之葛要乃輕喪之麻也婦人卒哭後無變上下皆麻此言麻葛兼服者止謂男子耳

報赴葬者報虞三月而後卒哭

報讀爲赴急疾之義謂家貧或以他故不得待三月死而即葬者旣疾葬亦疾虞虞以安神不可後也惟卒哭則必俟三月耳

父母之喪偕句先葬者不虞祔待後事其葬服斬衰

父母之喪偕即曾子問並有喪言父母同時死也葬先

輕而後重。先葬。葬母也。不虞祔。不爲母設虞祭祔祭也。蓋葬母之明日即治父葬。葬父畢虞祔。然後爲母虞祔。故云待後事。祭則先重而後輕也。其葬母亦服斬衰者。從重也。以父未葬。不敢變服也

大夫降其庶子。其孫不降其父

大夫爲庶子服大功。而庶子之子則爲父三年也。大夫不服其妾。故妾子爲其母大功嚴陵方氏曰。庶子之子不降庶子。以尊可以降卑。卑不可以降尊也

大夫不主士之喪

謂士死無主後。其親屬有爲大夫者。不得主其喪。尊故

也

爲慈母之父母無服

恩所不及故也

夫爲人後者其妻爲舅姑大功

此舅姑謂夫之所生父母

士祔於大夫則易牲

祖爲大夫孫爲士孫死祔祖則用大夫牲士牲卑不可祭於尊者也此與葬以大夫祭以士者不同如妾無妾祖姑可祔則易牲而祔於女君也

繼父不同居也者必嘗同居皆無主後同財而祭其祖禰

爲同居。有主後者爲異居

毋再嫁而子不隨往。則此子與毋之繼夫猶路人也。故自無服矣。今此子無大功之親。隨毋以往。其人亦無大功之親。故云同居皆無主後也。於是以其貨財爲此子同築宮廟。使之祭祀其先。如此則是繼父同居其服期也。異居有三。一是昔同今異。二是今雖同居却不同財。三是繼父自有子即爲異居。異居者服齊衰三月而已。此云有主後者爲異居。則此子有子亦爲異居也

哭朋友者於門外之右南面

檀弓曰。朋友吾哭諸寢門之外。南向者爲主。以待弔賓

也

祔葬者不筮宅

宅謂塋壙也。前人之葬已筮而吉。故祔葬則不必再筮也

士大夫不得祔於諸侯。祔於諸祖父之爲士大夫者。其妻祔於諸祖姑。妾祔於妾祖姑。亡則中一以上而祔。祔必以其昭穆

公子公孫之爲士爲大夫者。不得祔於先君之廟也。諸祖父。其祖爲國君者之兄弟也。諸祖姑。諸祖父之妻也。若祖爲國君而無兄弟可祔。亦祔宗族之疏者。上言士

易牲而祔於大夫。而大夫不得易牲而祔諸侯者。諸侯之貴絕宗。故大夫士不得親之也。妾祔於妾祖姑。言妾死則祔於祖之妾也。亡。無也。中。間也。若祖無妾。則又間曾祖一位而祔高祖之妾。故云亡則中一以上而祔也。所以間曾祖者。以昭穆之次不同列。祔必以昭穆也。嚴陵方氏曰。祔葬與祔廟皆謂之祔者。以後死祔前而神事之則一故也。凡祔以廟爲正。葬則如之而已。故言祔廟則不言廟。言祔葬則必言葬者。以葬非正。故特明言以別之。

諸侯不得祔於天子。天子諸侯大夫可以祔於士

卑孫不可祔於尊祖。孫貴而不祔其祖之爲士者。是自尊而卑其祖不可也。故可以祔於士。馬氏曰。士之於大夫皆人臣也。位皆

人臣。則雖有貴賤。而其勢亦有可幾之道。是故進而祔之可也。天子諸侯則君矣。尊無上。貴無倫。而其勢不可幾也。進而祔之。則君臣亂矣。苟無所祔。則祔於諸侯祖父之爲士大夫者而不敢祔於諸侯。所以明君臣之義也

爲母之君母。母卒則不服

母之君母者。母之適母也。非母所生之母。故母在而爲之服。則已亦從而服。是徒從也。徒從者。所從亡則已。故母卒則不服

宗子母在爲妻禫

父在則適子爲妻不杖。不杖則不禫。父沒母存則杖且禫矣。此宗子百世不遷者也。恐疑於宗子之尊厭。其妻

故明言雖母在亦當爲妻禫也然則非宗子而母在者不禫矣

爲慈母後者爲庶母可也爲祖庶母可也

傳曰妾之無子者妾子之無母者父命之爲子母此謂爲慈母後者也若庶母嘗有子而子已死命他妾之子爲其後故云爲庶母可也若父之妾有子而子死已命己之妾子後之亦可故云爲祖庶母可也○石梁王氏曰爲慈母後者爲庶母爲祖庶母後皆可謂旣是妾子此三母皆妾皆可以妾生之子爲後

爲父母妻長子禫

此言當禫之喪有此四者。然妻爲夫亦禫。又慈母之喪無父在亦禫。記者略耳

慈母與妾母不世祭也

不世祭者。謂子祭之而孫不祭也。上章言妾祔於妾祖姑者。䟽云妾無廟。今乃云祔及高祖。當是爲壇以祔之耳

丈夫冠去聲而不爲殤。婦人笄而不爲殤。爲殤後者。以其服服之

男子死在殤年則無爲父之道。然亦有不俟二十而冠者。冠則成人也。此章舉不爲殤者言之。則此當立後者

乃是已冠之子不可以殤禮處之其族人爲之後者即爲之子也以其服服之者子爲父之服也舊說爲殤者父之子而依兄弟之服服此殤非也其女子已笄而死則亦依在室之服服之不降而從殤服也山陰陸氏曰不言男子女子言丈夫婦人則以冠宜有丈夫之道笄宜有婦德故也自童汪踦觀之冠而無丈夫之道笄而無婦人之德雖以爲殤可也

久而不葬者唯主喪者不除其餘以麻終月數者除喪則已

主喪者不除謂子於父妻於夫孫於祖父母臣於君未葬不得除衰絰也麻終月數者期以下至緦之親以主

人未葬不得變葛。故服麻以至月數足而除。不待主人葬後之除也。然其服猶必收藏以俟送葬也

箭笄終喪三年。齊衰三月與大功同者繩屨

前章言齊衰惡笄以終喪。爲母也。此言箭笄三年。女子在室爲父也。箭。篠也。齊衰爲尊。大功爲卑。然三月者恩之輕。九月者恩稍重。故可以同用繩屨。此制禮者淺深之宜也。繩屨。麻繩爲屨也

練筮日筮尸視濯皆要（平聲）絰杖繩屨。有司告具而后去（上聲）杖筮日筮尸。有司告事畢而后杖拜送賓。大祥吉服而筮尸

練小祥也。筮日。筮祥祭之日也。筮尸。筮爲尸之人也。視濯視祭器之滌濯也。小祥除首絰而要之葛絰未除將欲小祥則預著此小祥之服以臨此三事。不言衰與冠者則亦必同小祥之制矣。有司謂執事者。向者變服猶杖。今執事者告三事辦具將欲臨事。故孝子即去杖而致敬此三事者。惟筮日筮尸有賓來。今執事者告筮占之事畢。則孝子復執杖以拜送於賓。視濯無賓故不言。至大祥時。則吉服行事矣。吉服。朝服也。不言筮日視濯與小祥同可知也。朱子曰。古者喪服始死至終喪。漸漸變去。不似今人服滿頓除。便衣華采

庶子在父之室。則爲其母不禫

此言不命之士父子同宮者

庶子不以杖即位

此言適庶俱有父母之喪者適子得執杖進阼階哭位庶子至中門外則去之矣

父不主庶子之喪則孫以杖即位可也

父主適子喪而有杖故適子之子不得以杖即位避祖之尊故然非厭之也今父既不主庶子之喪故庶子之子得以杖即位祖不厭孫孫得伸也父皆厭子故舅主適婦喪而適子不杖大夫不服賤妾故妾子亦以厭而降服以服其母祖雖尊貴不厭其孫故大夫降庶子而

孫不降其父也

父在庶子爲妻以杖即位可也

舅主適婦。故適子不得杖。舅不主庶婦。故庶子爲妻可以杖即位。此以即位言者。蓋庶子厭於父母。雖有杖不得持以即位。故明言之也

諸侯弔於異國之臣。則其君爲主

君無弔外臣之禮。若來在此國而適遇其卿大夫之喪則弔之。以主君之故耳。故主君代其臣之子爲主嚴陵方氏曰。諸侯弔異國之臣則其君爲主者。賓主欲其位相敵故也

諸侯弔必皮弁錫衰。所弔雖已葬。主人必免問主人未喪

服則君亦不錫衰

錫者治其布使之滑易也國君自弔其臣則素弁環絰錫衰弔異國臣則皮弁錫衰也凡免之節大功以上爲重服自始死至葬卒哭後乃不復免小功以下爲輕服自始死至殯殯後不復免至葬啓殯之後而免以至卒哭如始死今人君来弔雖非服免之時必爲之免以尊重人君故也禮既殯而成服此言未喪服謂未成服也

養去聲有疾者不喪服遂以主其喪非養者入主人之喪則不易己之喪服養尊者必易服養卑者否

親屬無近親而遇疾者已往養之而身有喪服則釋去

其服惡其凶也。故云養有疾者不喪服。若此疾者遂死旣無主後。己旣養之。當遂主其喪。蓋養者於死者有親也。然亦不著己之喪服。故云遂以主其喪。非養者入主人之喪。謂疾時不曾釋服來致其養。今死乃入來主其喪。則亦不易去己之喪服也。尊謂父兄。卑謂子弟

妾無妾祖姑者。易牲而祔於女君可也

妾當祔於妾祖姑。上章言之。則中一以上而祔。是祔高祖之妾。今又無高祖妾。則當易妾之牲而祔於適祖姑。女君。謂適祖姑也。嚴陵方氏曰。女君。適祖姑也。妾祔之嫌於隆。故易牲而祭。以示其殺焉

婦之喪。虞卒哭。其夫若子主之。祔則舅主之

虞卒哭在寢祭婦也。祔於廟祭舅之毋也。尊卑異故所主不同

士不攝大夫。士攝大夫唯宗子

士喪無主。不敢使大夫兼攝爲主。若士是宗子則主喪之任可使大夫攝之。以宗子尊故也。一說大夫之喪無主。士不敢攝而主之。若士是宗子則可

主人未除喪有兄弟自他國至則主人不免問而爲主

葬後而君弔之則非時亦免。以敬君故新其事也。兄弟親屬也。親則尚質故不免而爲主也

陳器之道多陳之而省納之可也。省陳之而盡納之可也

陳器。陳列從葬之明器也。凡朋友賓客所贈遺之明器皆當陳列。所謂多陳之也。而所納於壙者有定數。故云省納之可也。省，減殺也。若主人所作者依禮有限。故云省陳之而盡納之可也。山陰陸氏曰：陳器之道。如其陳之數而納之。正也。即雖多陳之少納之。省陳之盡納之。禮亦不禁。是之謂可

奔兄弟之喪。先之墓而後之家。爲位而哭。所知之喪則哭於宮而後之墓

兄弟。天倫也。所知。人情也。係於天者情急於禮。由於人者禮勝於情。宮。故殯宮也

父不爲衆子次於外

適長子死。父爲之居喪次於中門外。庶子否

與諸侯爲兄弟者服斬

卿大夫於君自應服斬。若不爲卿大夫而有五屬之親者亦皆服斬衰。此記者恐疑服本親兄弟之服故特明之。蓋謂國君之兄弟先爲本國卿大夫。今居他國未仕而本國君卒。以有兄弟之親。又是舊君。必當反而服斬也。不言與君爲兄弟而言與諸侯爲兄弟。明在異國也

嚴陵方氏曰。兄弟期喪爾。而與之服斬衰者。以其爲君而有父道故也。○山陰陸氏曰。禮臣爲君斬衰。雖兄弟不得以其屬通。喪服傳曰。始封之君不臣諸父昆弟。此與諸侯爲兄弟者也。雖如此猶服斬。所臣兄弟可知。兄弟如此。諸父可知

下殤小功帶澡麻不絕本詘屈而反以報之

本是期服之親以死在下殤降爲小功故云下殤小功也其帶以澡麻爲之謂戛治其麻使之潔白也不絕本不斷去其根也報猶合也垂麻向下又屈之而反向上以合而糾之故云詘而反以報之也凡殤服之麻皆散垂此則不散首絰麻無根而要帶猶有根皆示其重也

婦祔於祖姑祖姑有三人則祔於親者

此言祔廟之禮三人或有二繼也親者謂舅所生母也

其妻爲大夫而卒而后其夫不爲大夫而祔於其妻則不易牲妻卒而后夫爲大夫而祔於其妻則以大夫牲

妻卒時夫爲大夫卒後夫黜退遂死以無祖廟故祔於妻之禮止得依夫今所得用之牲不得易用昔大夫之牲也若妻死時夫未爲大夫死後夫乃爲大夫而死今祔祭其妻則得用大夫牲矣○疏曰此謂始來仕而無廟者若有廟則死者當祔於祖不得祔於妻也惟宗子去他國以廟從朱子曰程氏祭儀謂凡配止用正妻一人或奉祀之人是再娶所生即以所生配謂凡配止用正妻一人是也若再娶者無子或祔祭別位亦可也若奉祀者是再娶之子乃許用所生配而正妻無子遂不得配祭可乎程先生此說恐誤唐會要中有論凡是適母無先後皆當並祔合祭與古者諸侯之禮不同又曰夫婦之義如乾大坤至自有差等故方其生存夫得有妻有妾而妻之所天不容有二況於死而配祔又非生存之比横渠之說似亦推之有太過也只合從唐人所議爲允況又有前妻無子後妻有子之

礙。其勢將有所杌隉而不安者。惟葬則令人夫婦未必皆合葬。繼室別營兆域。宜亦可矣

爲父後者。爲出母無服。無服也者。喪者不祭故也

出母父所棄絕。爲他姓之母以死則有他姓之子服之。蓋居喪者不祭。若喪他姓之母而廢己宗廟之祭。豈禮也哉。故爲父後者不喪出母。重宗祀也。然雖不服。猶以心喪自居爲恩也。非爲後者期而不禫○朱子曰。出母爲父後者無服。此尊祖敬宗家無二主之意。先王制作精微不苟蓋如此　金華應氏曰。祭吉禮也。喪凶事也。凶服不可以行吉禮。子無絕母之理。而爲父後則有祭祀之責。以宗廟爲重。故寧奪母慈而不敢廢祖父之祀。然出婦既得罪於宗廟。則其爲服亦無望於前夫之家。其有故而它適者。必有受我而爲之服矣

婦人不爲主而杖者。姑在爲夫杖。母爲長子削杖。女子子在室爲父母。其主喪者不杖。則子一人杖

此明婦與女當杖之禮。女子在室而爲父母杖者。以無男昆弟而使同姓爲攝主也。嚴陵方氏曰。削杖桐也。杖桐非所以服男子。然母爲長子則杖之者。以其所以服我者而報之也

緦小功虞卒哭則免

緦與小功。服之輕者也。殯之後啓之前。雖有事不免。及虞與卒哭則必免。不以恩輕而略於後也

既葬而不報赴虞則雖主人皆冠。及虞則皆免

前章言赴葬者赴虞。今言不赴虞。謂以事故阻之也。既

未得虞故且冠以飾首。及虞則主人至緦小功者皆免也

山陰陸氏曰。既葬而不報虞。則雖主人皆冠。此言過期而葬也。蓋亦報虞。知然者。以亦報虞知之也。蓋禮如期而葬。如期則虞。故曰。葬而虞。弗忍一日離也。不及時而葬。渴葬也。過時而葬。慢葬也。故禮使後其虞以責子道。先王之所以必其時也。會葬者葬已而去。即欲會虞報而後知之。言雖主人皆冠。嫌不冠也。及虞則皆免。據此報葬虞自有日。但禮文殘闕。其期不得而知也

爲兄弟既除喪已及其葬也反服其服報虞卒哭則免如不報虞則除之

此言爲兄弟除服及當免之節

遠葬者比反哭者皆冠及郊而後免反哭

遠葬。謂葬地在四郊之外也。葬訖而反。主人以下皆冠

道路不可無飾也。及至郊，乃去冠著免，而反哭于廟焉。

君弔雖不當免時也，主人必免，不散麻。雖異國之君，免也。親者皆免。

君弔，本國之君來弔也。不散麻，謂糾其要絰，不使散垂也。親者皆免，謂大功以上之親皆從主人而免，所以敬異國之君也。餘見前章「諸侯弔」下。

除殤之喪者，其祭也必玄；除成喪者，其祭也朝服縞冠。

玄，謂玄冠玄端也。殤無虞卒哭及練之變服，其除服之祭用玄冠玄端黄裳，此於成人爲釋禫之服，所以異於成人之喪也。若除成人之喪，則祥祭用朝服縞冠，朝服玄冠緇衣素裳。今不用玄冠而用縞冠，是未純吉之祭服也。又按玄端黃裳者，若素裳則與朝服純吉同。若玄裳又與上士吉服玄端同，故知此爲黃裳也

奔父之喪，括髮於堂上，袒降踊，襲絰于東方。奔母之喪，不括髮，袒於堂上，降踊，襲免于東方。絰即位成踊，出門哭止。三日而五哭三袒

不言笄纚者，異於始死時也。至即以麻括髮于殯宮之堂上，袒去上衣，降阼階之東而踊，踊而升堂，襲掩所袒之衣而著要絰于東方。東方者，東序之東也。此奔父喪之禮如此。若奔母喪，初時括髮，至又哭以後至於成服

皆不括髮。其袒於堂上降踊者。與父同。父則括髮而加絰。母則不括髮而加免。此所異也。著免加要絰而即位於阼階之東而更踊。故云經即位成踊也。其即位成踊。父母皆然。出門。出殯宮之門而就廬次也。故哭者止。初至一哭。明日朝夕哭。又明日朝夕哭。所謂三日而五哭也。三袒者。初至袒。明日朝袒。又明日朝袒也

適婦不爲舅姑後者。則姑爲之小功

禮。舅姑爲適婦大功。爲庶婦小功。今此言不爲後者。以其夫有廢疾或他故。不可傳重。或死而無子。不受重者。故舅姑以庶婦之服服之也。山陰陸氏曰。著爲舅後者姑爲之大功。非情有厚薄

以傳重也

禮記集說大全卷之十五

禮記集說大全卷之十六

大傳第十六

鄭氏曰記祖宗人親之大義長樂陳氏曰禘者祭之大者也追王者孝之大者也名者人治之大者也人道者禮義之大者也是篇言人道者三則其所謂祭祀追王服術宗族之類莫非人道而已豈非所謂傳之大者哉故命曰大傳

禮不王不禘王者禘其祖之所自出以其祖配之

方氏曰此禘也以其非四時之常祀故謂之間祀以其及祖之所自出故謂之追享以其比常祭爲特大故謂之大祭以其猶事生之有享焉故謂之肆獻祼名雖不同通謂之禘也朱子曰禘之意最深長如祖考與自家身心未相遼絕祭祀之理亦自易理會

至如郊天祀地。猶有天地之顯然者。不敢不盡其心。至祭其始祖。已自大段闊遠。難盡其感格之道。今又推其始祖之所自出而祀之。苟非察理之精微。誠意之極至。安能與於此哉。○長樂黄氏曰。祀先之禮。自禰而祖。自祖而推之以及始祖。其禮已備矣。而禘之祭又推始祖之所自出。而以祖配之也。夫報本追遠而至於及其祖之所自出。是其用意甚深。而非淺近之思也。然此豈私意之常情之所可及哉。根於天性之自然者謂之仁。形於人心之至愛者謂之孝。真一無妄者謂之誠。主一無適者謂之敬。凡爲祭者皆然。交於神明者愈遠則其心愈篤。報本追遠之深。則非仁孝誠敬之至者莫能行也。此或問禘之說。夫子以不知答之。謂知其說者之於天下如示諸掌。蓋以報本追遠之深。而盡其仁孝誠敬之至。積其念慮精神之極一至於此。則即此心而充之。事物之理何所不明。吾心之誠何所不格。其於治天下之道。豈不甚明而甚易哉

諸侯及其太祖。大夫士有大事。省於其君。干祫及其高祖

上文言諸侯不得行禘禮。此言諸侯以下有祫祭之禮。

二昭二穆與太祖而五者諸侯之廟也諸侯之祫固及其太祖矣大事謂祫祭也大夫三廟士二廟一廟不敢私自舉行必省問於君而君賜之乃得行焉而其祫也亦上及於高祖干者自下干上之義以卑者而行尊者之禮故謂之干祫禮說見王制

牧之野武王之大事也既事而退柴於上帝祈於社設奠於牧室遂率天下諸侯執豆籩逡奔走追王去聲大王亶父王季歷文王昌不以卑臨尊也

既事殺紂之後也燔柴以告天陳祭以告社奠告行主於牧野之館室然後率諸侯以祭告祖廟逡疾也追加

先公以天子之號者蓋為不可以諸侯之卑號臨天子之尊也○石梁王氏曰周頌作駿以此章參之書武成及中庸有不同者先儒言文王已備禮亶父季歷克商後但尊稱其號若王者禮制至周公相成王而後備也

嚴陵方氏曰爾雅言邑外曰郊郊外曰牧牧外曰野書言王朝至于殷郊牧野此又言牧之野則武王之事乃在於殷邑之外而已國之大事在祀與戎故曰牧之野武王之大事也柴者升其氣祈者求以事奠者薦以物天下諸侯執豆籩逡奔走則各以其職來祭故也執豆籩以見四時之和氣逡奔走以見四表之歡心所謂古公也季歷也西伯也皆當時之所稱也大王也王季也文王也乃後來之所追也且祖禰為侯子孫為王則是以卑臨尊也故追王之者不敢以子孫之卑而臨祖禰之尊故曰不以卑臨尊也

上治祖禰尊尊也下治子孫親親也旁治昆弟合族以食

序以昭繆。穆別之以禮義人道竭矣

治理而正之也謂以禮義理正其恩之隆殺屬之戚䟽也。合會族人以飲食之禮次序族人以昭穆之位。上治下治旁治之道皆有禮義之別則人倫之道竭盡於此矣

馬氏曰。上治祖禰所以尊之也。下治子孫所以親之也。至於旁治昆弟蓋睦友之道。而不言之者。文之畧也。上治祖禰則上有所殺。下治子孫則下有所殺。旁治昆弟則旁有所殺。上殺下殺旁殺而親畢矣。故合族以食使之有所同而內外之意一。序以昭穆別以禮義使之有所異而親䟽之義明。如此則人道爲盡於此矣

聖人南面而聽天下所且先者五民不與去聲焉。一曰治親。二曰報功。三曰舉賢。四曰使能。五曰存愛。五者一得於天下民無不足無不贍者。五者一物紕篇夷反繆。民莫得其死。

聖人南面而治天下必自人道始矣

民不與焉謂未及治民也治親即上治下治旁治也君使臣以禮故功曰報行成而上故賢曰舉藝成而下故能曰使存察也人於其所親愛而辟焉有以察之則所愛者一出於公而四者皆無私意之累矣一得猶皆得也贍賙也物事也紕繆舛戾也民莫得其死言此五事之得失關國家之治亂也人道申言上文之意嚴陵方氏曰所先者五言未暇致其詳也民不與焉非不以民爲事苟能行此五者民亦從而治矣故後言民無不足無不贍者夫正之以善之謂治予其所施之謂報升之於位之謂舉任之以職之謂使念之而不忘之謂存而愛則人之所不可忘者也聖人治天下必自人道始蓋以治親爲先故也始言聽天下終言治天下者蓋事之來也聽

其可否而後治之使正焉。故言之序如此。

立權度量，考文章，改正朔，易服色，殊徽號，異器械，別衣服，此其所得與民變革者也。

權稱錘。度丈尺。量斗斛也。文章典籍也。正者年之始。朔者月之初。服之色隨所尚而變易。徽旗之屬。徽之號亦隨所尚而殊異。如殷之大白。周之大赤之類也。器者禮樂之器。械者軍旅之器。衣服各有章采。時王因革不同。此七者以立考改易殊異別爲言。是與民變革者也

長樂陳氏曰。權度量者法制之所自出。故先立之。衣服者法制之所自成。故後別之。論語言爲政之術。則先之以謹權量。而王制巡守之所觀。則終之以衣服。皆此意也。衣服言其制。服色言其色。而徽號者。旌旗之所稱號

以異其名者也。又曰。宜革而因。物失其均。宜因而革。物失其則。故得於天者。可因而不可革。則親親。尊尊。長長。男女有別是也。成於人者。可革而不可因。則立權度量。考文章。改正朔。易服色。殊徽號。異器械。別衣服是也。立權度量。所以示民信。改正朔。所以授民時。考文章。別衣服。所以示民禮。易服色。殊徽號。異器械。所以便民用。蓋聖人立法。因民而已。民之所安。聖人不強去。民之所厭。聖人不強存。通其變。使民不倦。天下其有敝法哉

其不可得變革者則有矣親親也尊尊也長長也男女有別此其不可得與民變革者也

此天地之常經。故不可變革慶源輔氏曰。親親。仁也。尊尊。長長。義也。男女有別。禮也。知者知此者也。信者信此者也。其不得而變革者。經也

同姓從宗合族屬異姓主名治際會名著而男女有別

同姓。父族也。從宗。從大宗小宗也。合聚其族之親屬。則

無離散陵犯之事。異姓他姓之女來歸者也。禮莫大於分，分莫大於名。卑者爲婦，尊者爲母，以婦與母之名，治昏姻交際會合之事，名分顯著，尊卑有等，然後男女有別而無淫亂賊逆之禍也。東萊呂氏曰：名著而男女有別。大抵婦人尊卑本無定位，隨其夫之尊卑爾。故所主者在名。

其夫屬燭乎父道者，妻皆母道也。其夫屬乎子道者，妻皆婦道也。謂弟之妻婦者，是嫂亦可謂之母乎。名者人治之大者也，可無慎乎

屬，聯也。父之兄弟爲伯叔父，則其妻謂之伯叔母。兄弟之子爲從子，則其妻謂之婦。此於昭穆爲宜。弟之妻不

可謂之爲婦。猶兄之妻不可謂之爲母。以紊昭穆也。故云謂弟之妻婦者。是嫂亦可謂之母乎。言皆不可也。舊說弟妻可婦。嫂不可母。失其指矣。長樂陳氏曰。母婦無昭穆。而昭穆係於父子之別。嫂婦無長幼。而長幼係於兄弟之倫。故婦於世叔父母則大功。世叔於婦亦大功。以其相邇而親之也。兄公與叔於嫂婦無服。嫂婦於兄公與叔亦無服。以其相邇而遠之也。〇山陰陸氏曰。孔子曰。必也正名乎。是也。若子路者猶以爲迂。故曰可不愼乎

四世而緦服之窮也。五世袒免。問殺色介反同姓也。六世親屬竭矣。其庶姓別彼列反於上。而戚單丹於下。昏姻可以通乎

四世。高祖也。同高祖者服緦麻。服盡於此矣。故云服之

窮也。五世袒免。謂共承高祖之父者。相爲袒免而已。是減殺同姓也。六世則共承高祖之祖者。并袒免亦無矣。故曰親屬竭也。上。指高祖以上也。姓。爲正姓。氏爲庶姓。故魯姬姓。而三家各自爲氏。春秋諸國皆然。是庶姓別異於上世也。戚。親也。單。盡也。四從兄弟恩親已盡。各自爲宗。是戚單於下也。殷人五世以後則相與通昏。故記者設問云。今雖周世。昏姻可以通乎。嚴陵方氏曰。四世者。三從之親也。以其踈而不足於哀也。致其思而已。故服謂之緦焉。五世者。三從之外也。以其尤踈。但不襲不冠。以變其吉爾。故謂之袒免焉。六世雖不變吉可也。

繫計之以姓而弗別。綴株衛反之以食嗣而弗殊。雖百世而

昏姻不通者周道然也

周禮大宗百世不遷。庶姓雖別。而有本姓世繫以聯繫之。不可分別也。又連綴族人以飲食之禮。不殊異也。雖百世之遠。無通昏之事。此周道所以爲至。而人始異於禽獸者也。此是答上文設問之辭長樂陳氏曰。恩出於情。有時而可絕。義出於理。無時而可廢。故六世而親屬竭者。恩之可絕也。百世而昏姻不通者。義之不可廢也。然恩之有絕。其來尚矣。而義之不廢。特始於周。故舜娶於堯。而君子不以爲非禮。昭公娶於吳。而君子以爲不知禮。以其時之文質不同故也

服術有六。一曰親親。二曰尊尊。三曰名。四曰出入。五曰長幼。六曰從服

疏曰親親者父母爲首次妻子伯叔尊尊者君爲首次公卿大夫名者若伯叔母及子婦弟婦兄嫂之屬出入者女在室爲入適人爲出及爲人後者長幼者長謂成人幼謂諸殤從服者下文六等是也

從服有六有屬從有徒從有從有服而無服有從無服而有服有從重而輕有從輕而重

屬親屬也子從母而服母黨妻從夫而服夫黨夫從妻而服妻黨是屬從也徒空也非親屬而空從之服其黨如臣從君而服君之黨妻從夫而服夫之君妾服女君之黨庶子服君母之父母子服母之君母是徒從也如

公子之妻爲父母期而公子爲君所厭不得服外舅外姑是妻有服而公子無服如兄有服而嫂無服是從有服而無服也。公子爲君所厭不得爲外兄弟服而公子之妻則服之。妻爲夫之昆弟無服而服娣姒是從無服而有服也。妻爲其父母期重也。夫從妻而服之三月則爲輕。母爲其兄弟之子大功重也。子從母而服之三月則爲輕。此從重而輕也。公子爲君所厭自爲其母練冠輕矣。而公子之妻爲之服期。此從輕而重也

自仁率親等而上之至于祖名曰輕自義率祖順而下之至于禰名曰重。一輕一重其義然也

疏曰自用也仁恩也率循也親父母也等差也子孫若用恩愛依循於親節級而上至於祖遠者恩愛漸輕故名曰輕也義主斷割用義循祖順而下之至於禰其義漸輕祖則義重故名曰重也義則祖重而父母輕仁則父母重而祖輕一輕一重宜合如是故云其義然也按喪服條例衰服表恩若高曾之服本應緦麻小功而進以齊衰豈非爲尊重而然邪至親以期斷而父母三年寧不爲恩深乎馬氏曰以祖對禰則禰爲仁以禰對祖則祖爲義祖以義爲主禰以仁爲本故曰自仁率親等而上之以至于祖名曰輕以其義有所殺也自義率祖順而下之以至于禰名曰重以其仁有所隆也雖其仁有所隆義有所殺其理不得不然故曰一輕一重其義然也

君有合族之道，族人不得以其戚戚君，句位也。

君恩可以下施，故於族人有合聚燕飮之禮。而族人則皆臣也，不敢以族屬父兄子弟之親而上親於君者，一則君有絶宗之道，二則以嚴上下之辨而杜篡代之萌也。○石梁王氏曰：詳註下文以十一字爲句，然位也當自爲句，蓋族人不敢戚君者，限於位也。慶源輔氏曰：君有合族之道，親親仁也；族人不得以其戚戚君，尊尊義也。上所行者仁，下所守者義。

庶子不祭，明其宗也。庶子不得爲去聲長子三年，不繼祖也。

說見前篇。朱子曰：依大傳文，直謂非大宗則不得祭別子之爲祖者，非小宗則各不得祭其四小宗所主之祖禰也。其小記則云庶子不祭禰，明其宗也；又云庶子不祭祖，明其宗也。文意重複，似是衍字，而鄭氏曲爲之說。於不祭禰則曰謂宗子庶子俱爲下士得立禰廟也。雖庶人亦然。則其尊宗以爲本也。於不祭祖則云禰則不祭矣。言不祭祖者。主謂宗子庶子俱爲適士得立祖禰廟者也。凡正體在乎上者。謂下正猶爲庶也。族人上不戚君。下又辟宗。乃後能相序。而疏亦從之。上條云。禰適故得立禰廟。故祭禰。禰庶故不得立禰廟。故不得祭禰。明其有所宗也。下條云。庶子適子俱是人子並宜供養。而適子烝嘗。庶子獨不祭者。正是推本崇適明有所宗也。又云父庶即不得祭父。何假言祖。而言不祭祖。故知是宗子庶子俱爲適士。適子得立二廟。自禰及祖。是適宗子得立祖廟祭之而已。是祖庶雖俱爲適士得自立禰廟。而不得立祖廟祭之也。正體謂祖之適也。下正。謂禰之適也。雖爲禰適。而於祖猶爲庶。故禰適謂之爲庶也。五宗悉然。今姑從之。然恐不如大傳語雖簡而事反該悉也

別子爲祖。繼別爲宗。繼禰者爲小宗。有百世不遷之宗。有五世則遷之宗。百世不遷者。別子之後也。宗其繼別子之

所自出者百世不遷者也宗其繼高祖者五世則遷者也

尊祖故敬宗敬宗尊祖之義也

宗其繼別子者百世不遷者也之所自出四字朱子曰。衍文也。凡大宗族人與之爲絶族者五世外皆爲之齊衰三月。毋妻亦然。爲小宗者則以本親之服服之餘並說見前篇

長樂陳氏曰。大宗則一。故雖至於五世之外猶爲之齊衰三月。此所謂百世不遷也。小宗則有四。有繼禰而兄弟宗之。爲之服期年。有繼祖而同堂宗之。爲之服九月。有繼曾祖而再從宗之。爲之服五月。有繼高祖者而三從宗之。爲之服三月。至於四從親屬盡絶。則不爲之服。此所謂五世則遷者也。蓋大宗始祖之親。始祖之廟以義立。而百世不毀。小宗高祖之統。高祖之廟以恩立。而五世則遷。以其廟之遷不遷之不同。故其宗所以易不易之不齊也。凡此皆卿大夫之制。至於公子。則具下文○東萊呂氏曰。尊祖故敬宗。敬宗

尊祖之義也。蓋諸侯必敬宗子者。以宗子是祖之嫡。尊所以自來。故敬嫡也

有小宗而無大宗者。有大宗而無小宗者。有無宗亦莫之宗者。公子是也

君無適昆弟。使庶兄弟一人爲宗以領公子。其禮亦如小宗。此之謂有小宗而無大宗也。君有適昆弟。使之爲宗以領公子。更不得立庶昆弟爲宗。此之謂有大宗而無小宗也。若公子止一人。無他公子可爲宗。是無宗也。則亦無他公子宗於己矣。此之謂無宗亦莫之宗也。前所論宗法。是通言卿大夫大小宗之制。此則專言國君之子。上不得宗君。下未爲後世之宗。有此三事也。程子八

言宗者。以祭祀爲主。言人宗於此而祭祀也。別子爲祖。上不敢宗諸侯。故不祭。下亦無人宗之。此無宗亦莫之宗也。別子之嫡子。即繼父爲大宗。此有大宗而無小宗也。別子之諸子祭其別子。別子雖是祖。然是諸子之禰。繼禰者爲小宗。此有小宗而無大宗也。有小宗而無大宗。此句極難理會。蓋本是大宗之祖。別子之諸子稱之却是禰也

公子有宗道。公子之公。爲其士大夫之庶者。宗其士大夫之適者。公子之宗道也

此又申言公子之宗道。公子之公。謂公子之適兄弟爲君者。爲其庶兄弟之爲士爲大夫者。立適公子之爲士大夫者爲宗。使此庶者宗之。故云宗其士大夫之適者。此適是君之同母弟。適夫人所生之子也

絕族無移去聲服親者屬也

三從兄弟同高祖故服緦麻至四從則族屬絕無延及之服矣移讀爲施在旁而及之曰施服之相爲以有親而各以其屬爲之服耳故云親者屬也嚴陵方氏曰九族之外謂之絕族以其恩至此絕故也有恩則有服以其恩絕故無施服也夫以卑而屬尊以幼而屬長以庶而屬適以旁而屬正親親之道如斯而已故曰親者屬也族絕即非其所屬

自仁率親等而上之至于祖自義率祖順而下之至于禰是故人道親親也親親故尊祖尊祖故敬宗敬宗故收族收族故宗廟嚴宗廟嚴故重社稷重社稷故愛百姓愛百姓故刑罰中去聲刑罰中故庶民安庶民安故財用足財用

足故百志成。百志成故禮俗刑。禮俗刑然後樂。洛詩云不顯不承無斁亦於人斯此之謂也

祖之遷者逾遠。宗之繼者無窮。必知尊祖乃能敬宗。收不離散也。宗道既尊。故族無離散而祭祀之禮嚴肅。內嚴宗廟之事。故外重社稷之禮。知社稷之不可輕則知百官族姓之當愛。官得其人則刑不濫而民安其生。安生樂業而食貨所資。上下俱足。有恒産者有恒心。倉廩實而知禮節。故非心邪念不萌而百志以成。乖爭陵犯不作而禮俗一致。刑猶成也。如此則協氣嘉生。薫爲大和矣。豈不可樂乎。詩周頌清廟之篇。言文王之德。豈不

光顯乎。豈不見尊奉於人乎。無厭斁於人矣。引此以喻人君自親親之道推之而家而國而天下至於禮俗大成其可樂者亦無有厭斁也

嚴陵方氏曰。親其所親則推而上之至於親之所親。親之所親則尊矣。故曰親親故尊祖。有祖而後有宗。宗者五宗也。有宗而後有族。族者九族也。宗廟者祖禰之祀也。社稷者土穀之神也。族屬雖以祖禰而後生。然非子孫衆多。則無以共承宗廟之祭祀。宗廟雖以有土穀而後立。然非祖禰積累則無以保守社稷之基業。故曰收族故宗廟嚴宗廟嚴故重社稷。有社有稷。必得人而共守。是以重社稷故愛百官族姓也。有愛人之心。則刑不濫。故庶民安其生而樂其業。則農者生財於田野。商者通財於道路。而足以致用。故養生送死無憾而百志成也。百志成。則禮義於是乎生。故禮俗刑。禮俗刑矣。則爭鬭之患息。和平之氣通。故曰然後樂。不顯不承。則親親尊祖之意也。無斁於人斯其樂之意也。故引詩之言以明之。○新安王氏曰。此詩頌文王之德。記此傳者。卬之以明己意。夫不顯。顯也。不承。承也。親親尊祖。與宗。衣

族。而宗廟嚴。豈不顯乎。推其效至於財用足。百士禮俗刑。豈不承乎。禮俗刑而民樂。豈非人之無斁乎

少儀第十七

朱子曰。小學之支流餘裔。○石梁王氏曰。非幼少之少。此篇曲禮之類

聞始見現君子者辭

石梁王氏曰。此句絕

曰某固願聞名於將命者。不得階主。適敵者曰某固願見。罕見曰聞名。亟器見曰朝夕。瞽曰聞名

記者謙言我嘗聞之。於人云。初見有德有位之君子者其辭云某固願通聞己名於將命之人。固。如固辭之固。

不曰願而曰固願慮主人不即見己而假此薦請之辭也。將命者通客主言語出入之人也。階者升進之喻。主主人也。言賓請見之辭不得徑指主人也。適者賓主敵體之人也。則曰某固願見於將命者。罕見謂久不相見也。亦曰願聞名於將命者。蓋疑疎闊之久。未必主人肯見也。亟見數見也。於君子則曰某願朝夕聞名於將命者。於敵者則曰。某願朝夕見於將命者。若瞽者來見無問貴賤。惟曰某願聞名於將命者。以無目故不言願見也。新定邵氏曰。諸家解釋不得階主。未甚分曉。以愚觀之。階。猶階梯之階。主。猶觀近臣以其所爲主之主。求見君子者辭曰。某固願聞名於將命者。恐不得將命者導達爲之階主爾。夷之因徐辟而求見孟子正此意。○

嚴陵方氏曰罕見以其相見之希疑其情之不通雖於敵者亦曰聞名而已

適有喪者曰比毗童子曰聽事

適往也其辭云某願比於將命者喪不主相見來欲比方於執事之人也童子未成人其辭則云某願聽事於將命者謂來聽主人以事見使令也

適公卿之喪則曰聽役於司徒

孟獻子之喪司徒旅歸四布則公卿之喪司徒掌其事也故云某願聽役於司徒

君將適他臣如致金玉貨貝於君則曰致馬資於有司敵者曰贈從去聲者

適他。謂以朝會之事而出也。馬資。謂資給道路車馬之費也。嚴陵方氏曰。尊者之行必有馬。故於君則曰致馬資於有司。資謂稚秣之資。蓋所以惡其瀆也。玉藻曰。凡於尊者有獻而弗敢以聞。蓋謂是矣。自大夫以上然後不徒行。故於敵者曰贈從者而已

臣致襚於君。則曰致廢衣於賈（架）人。敵者曰襚。親者兄弟不以襚進

以衣送死者謂之襚。稱廢衣者。不敢必用之以斂。將廢棄之也。賈人。識物價貴賤而主君之衣物者也。敵者則直以襚言矣。凡致襚。若非親者。則須擯者傳辭將進以爲禮。若親者兄弟之類。但直將進而陳之。不須執以將命。故云不以襚進也。士喪禮。大功以上同財之親。襚不

將命即陳於房中。小功以下及同姓等皆將命

臣爲去聲君喪。納貨貝於君。則曰納甸於有司。賵芳鳳反馬入廟門。賻附馬與其幣。大白兵車不入廟門

納。入也。甸。田也。臣受君之田邑。此納者田野所出。故云納甸也。賵馬以送死者。故可入廟門。賻馬與幣所以助主人喪事之用。故不入廟門。大白之旗與兵車雖並爲送喪之用。以其本戰伐之具。故亦不可入於廟門。此謂國君之喪。鄰國有以此爲賵者。亦或本國自有之也

賻者旣致命。坐委之。擯者舉之。主人無親受也

來賻者旣致其主之命。即跪而委置其物於地。擯者乃

舉而取之。主人不親受，異於吉事也

受立授立不坐。性之直者則有之矣

受人之物而立，與以物授人之立者皆不跪。此皆委曲以盡禮之當然耳。然直情徑行之人亦或有跪者，故曰性之直者則有之矣

始入而辭，曰辭矣

賓始入門，主人當辭讓，令賓先入。故擯者告主人曰辭矣，謂當致辭以讓賓也。至階亦然，此不言者，禮可知也

即席，曰可矣

及賓主升堂，各就席，擯者恐賓、主再辭，故告之曰可矣

言可即席不須再辭也

排闔說〈它括反〉屨於戶内者一人而已矣有尊長在則否

闔門扇也推排門扇而脫屨於戶内者一人而已言止許最長者一人如此餘人不可也若先有尊長在堂或在室則後入之人皆不得脫屨於戶内故云有尊長在則否也〈慶源輔氏曰物畜然後有禮故衆必有所尊也若說屨於尊長前非禮〉

問品味曰子亟〈器〉食於某乎問道藝曰子習於某乎子善於某乎

方氏曰人之情品味有偏嗜道藝有異尚問品味不可斥之以好惡而昭其癖故曰子亟食於某乎問道藝不

可斤之以能否而暴其短故曰子習於某乎子善於某乎

不疑在躬不度大洛反 民械不願於大家不訾咨 重器

一言一行皆其在躬者也口無擇言身無擇行是不疑在躬也器械之備所以防患不可度其利鈍恐人以非心議己大家之富爵位所致不可願望於己以其有僭竊之萌訾鄙毀之也重器之傳寶之久矣乃從而毀之豈不起人之怒乎

氾泛 埽去聲 曰埽埽席前曰拚糞 拚席不以鬣獵 執箕膺擖葉

汜埽廣埽也拚除穢也鬣帚也席上不可用帚膺胸也擖箕舌也執箕而拚則以箕舌向己胷前不可持向尊者也

不貳問問卜筮曰義與平聲志與義則可問志則否

不貳問謂謀之龜筮事雖正而兆不吉則不可以不正者再問之也見人卜筮欲問其所卜何事則曰義與志與義者事之宜爲志則心之隱謀也故義者則可問其事志則不可問其事也一說卜者問求卜之人義則爲卜之志則不爲之卜亦通長樂劉氏曰凡問卜筮之道先正其心決定所事之去就則從此而違彼無疑貳之心矣然後問於筮考諸卜吾所就而從者吉乎凶乎是之謂不貳問也則擇義以爲

主。而不敢徇其志也。書曰。官占惟先蔽志。昆命于元龜朕志先定。詢謀僉同。鬼神其依。龜筮協從。卜不習吉。言以義蔽志爲先。先人謀次之。鬼謀又次之。然後龜筮協從也。習吉之卜。徇其志者也。大卜之所弗筮焉

尊長於己踰等。不敢問其年。燕見現不將命。遇於道見則面不請所之。喪俟事不犆特弔

踰等祖與父之行也。不敢問年嫌若序齒也。燕見不將命謂卑幼者燕私來見。不使擯者傳命。非賓主之禮也。若遇尊長於道路。尊者見己則面見之。不見則隱避。不欲煩動之也。不請所之。不問其所往也。若於尊者之喪。則待主人哭之時而往。不非時特弔

侍坐弗使不執琴瑟

侍坐於尊者不使之執琴瑟則不得擅執而鼓之不晝地手無容不翣也寢則坐而將命

無故而晝地亦爲不敬手容恭若舉手以爲容亦爲不恭時雖暑熱不得揮扇若當尊者寢臥之時而傳命必跪而言之不可直立以臨之也

侍射則約矢

凡射必二人爲耦楅在中庭箭倚於楅上耦前取一矢次下耦又進取一矢如是更進各得四矢若卑者侍射則不敢更迭取之但一時幷取四矢故謂之約矢也

侍投則擁矢

投壺之禮亦賓主各四矢尊者則委四矢於地一一取而投之卑者不敢委於地故悉擁抱之也

勝則洗蘇典反**而以請客亦如之不角不擢馬**

射與投壺之禮勝者之弟子酌酒置于豐上其不勝者跪而飲之若卑者得勝則不敢徑酌當前洗爵而請行觴也客若不勝則主人亦洗而請所以優賓也角兕觥也今飲尊者及客不敢用角但如常獻酬之爵也擢進而取之也馬者投壺之勝筭每一勝則立一馬至三馬而成勝若一朋得二馬一朋得一馬則二馬者取彼之一馬足成己之三馬今卑者雖得二馬不敢取尊者之

一馬以成己勝也

執君之乘車則坐僕者右帶劒負良綏申之面拖諸徒我反幦覓以散綏升執轡然後步

方氏曰執謂執轡也凡御必立今坐者君未升車而車未行也劒在左以便右抽僕則右帶者以君在左嫌妨君也良綏正綏也猶良車良材之良散綏貳綏也猶散材之散正綏君所執貳綏則僕執之僕在車前而君自後升故曰負良綏申之面者言垂綏之末於前也拖諸幦者引之於車闌覆苓之上也以散綏升者復言僕初升時也執轡然後步者防馬之逸也○今按苓即軾也

朱子曰：以言以散綏升，則是此時僕方在車下，帶劍負綏而擲綏末於辟帶上，君固未就車也。及僕以散綏升之後，君方出而就車。此疏乃言君由後升，僕者在車背君取綏而拖諸辟，誤矣。又疑綏制當是以索爲環，兩頭相屬，故負之者得以如環處自左腋下過前後，各上至背則合而出於右腋之中，以申於前，而自車下擲於辟帶上。君升，則還身向後，復以覆辟如環處授君，使君得以兩手執之而升也。按此與曲禮君車將駕以下，皆非專爲君御者之事。蓋劍效左，人自當右帶；綏欲授人，自當負之以升。又當升時無人授己，故但取散綏以升，乃僕之通法，註疏皆誤。

請見不請退。朝廷曰退，燕遊曰歸，師役曰罷。

方氏曰：跂慕則來，厭斁則去，人之情也。請見不請退，嫌有厭斁之心也。朝廷，人之所趨，故於其還曰退，退則爲出故也。燕遊不可以久，故於其還曰歸，歸有所止故也。

師役勞苦爲甚，故於其還曰罷，以其疲故也。○愚按罷當讀如欲罷不能之罷。長樂陳氏曰：請見於君子，有慕德之志而請退焉，則幾於簡賢矣。朝廷曰退者，寵榮之地，人所競進，君子之道雖行，而猶請退也。燕遊之事，人所樂爲而忘本者衆，故曰歸者，不忘反其本也。師旅之役，事干于國，不敢言歸，動衆之爲懼也。曰已疲勞不勝其役可也。

侍坐於君子，君子欠伸，運笏，澤劍首，還旋屨，問日之蚤莫，雖請退可也。

運，轉動之也。澤，玩弄而生光澤也。還屨，謂轉而正之，示欲着也。餘見曲禮。慶源輔氏曰：運笏，示欲搢而起；還屨，示欲著而起；澤劍首，則意不在已也。

事君者量去聲而后入，不入而后量。凡乞假於人，爲去聲人從事者亦然。然故上無怨，而下遠去聲罪也。

先度其君之可事而后事之則道可行而身不辱入而后量則有不勝其輕進之悔者矣或乞或假或任人之事亦必量其可而后行上無怨下遠罪爲事君者言之○馬氏曰古之人有能盡臣道量而后入者莫如伊周不入而后量者莫如孔孟

不窺密不旁狎不道舊故不戲色

窺覘隱密之處論說故舊之非非重厚者所爲也○應氏曰旁狎非必正爲玩狎旁近循習而流於狎也戲色非必見諸笑言外皃斯須不敬則色不莊矣朱子曰旁泛及也泛與人狎習不恭敬也不道舊故舊事既非今日所急且或揚人宿過以取憎惡如陳勝賓客言勝故情爲勝所

殺之類也。戲色。謂嘻笑侮慢之容

爲人臣下者有諫而無訕所諫反有亡而無疾頌而無讇諂諫而無驕怠則張而相去聲之廢則埽而更平聲之謂之社稷之役

疏曰。諫而無驕者謂君若從己之諫。己不得恃己言行謀用而生驕慢也○方氏曰。君有過諫之使止可也。訕之則不恭。諫不從。逃而去之可也。疾之則太傷。頌而無讇則所頌爲公。諫而無驕則所諫爲正。事弛而不力爲怠。事弊而無用爲廢。相之更之則君豈有失德。國豈有廢事哉。謂之社稷之役。以其有勞於社稷也。慶源輔氏曰。以下美

上。易失於諂。以是諫非。易失於驕。志怠則張而助之。事廢則掃而改之。謂之社稷之役者。凡所以竭誠效力如此者。爲社稷而已

毋拔蒲末反**來。毋報**赴**往**

朱子曰。拔是急走倒從這邊來。赴是又急再還倒向那邊去。來往只是向背之意。此兩句文義猶云其就義若熱。則其去義若渴。言人見有箇好事。火急歡喜去做這樣人不耐久。少間心懶意闌則速去之矣。所謂其進銳者其退速也

毋瀆神。毋循枉。毋測未至

神不可瀆。必敬而遠之。言行過而邪枉。當改以從直。後

復循襲是貳過矣。君子以誠自處。亦以誠待人。不逆料其將然也。未至而測之。雖中亦僞。

士依於德。游於藝。工依於法。游於說。

依者。據以爲常。游則出入無定。工之法。規矩尺寸之制也。說。則講論變通之道焉。嚴陵方氏曰。依則無日不然。游則有時而已。德本也。故言依。藝末也。故言游。依於法者。常法也。所謂說。則有變通存焉。若規矩準繩所謂法也。故依之而不可違。若器或利於古而害於今則有說。故游之而不泥。

毋訾咨衣服成器。毋身質言語。

訾。毀其不善也。曲禮疑事毋質。與此質字義同。謂言語之際。疑則闕之。不可自我質正。恐有失誤也。

言語之美。五美字皆讀爲儀然皆如本字亦可通穆穆皇皇。朝廷之美。濟濟上聲翔翔。祭祀之美。齊齊如字皇皇。舊音往方讀如字車馬之美。匪匪非翼翼。鸞和之美。肅肅雍雍。

方氏曰：穆穆者，敬以和。皇皇者，正而美。濟濟者，出入之齊。翔翔者，翕張之善。齊齊者，致齊而能定也。皇皇，有求而不得也。匪匪，言行而有文。翼翼，言載而有輔。肅肅，唱者之敬。雍雍，應者之和。此即保氏所教六儀也。

問國君之子長幼，長則曰：能從社稷之事矣。幼則曰：能御、未能御。問大夫之子長幼，長則曰：能從樂人之事矣。幼則曰：能正於樂人、未能正於樂人。問士之子長幼，長則曰：能

耕矣。幼則曰能負薪未能負薪

社稷之事如祭祀軍旅之類皆是也。御者六藝之一。國君尊故以社稷言。樂人之事如周禮樂德樂語樂舞之類。大司樂以教國子者。正者正其善否。大夫下於君故以教子言。士賤則以耕與負薪言。此與曲禮所記不同。蓋記者之辭異耳嚴陵方氏曰。國君以能保社稷爲孝。國君之子則從社稷之事而已。正於樂人。謂從其政也。長則能其事。幼則從其政而已。負薪易於耕田。故長則曰能耕。幼則曰能未能負薪

執玉執龜筴不趨。堂上不趨。城上不趨。武車不式。介者不拜

說見曲禮

婦人吉事雖有君賜肅拜爲尸坐則不手拜肅拜爲喪主則不手拜

肅拜如今婦人拜也左傳三肅使者亦此拜手拜則手至地而頭在手上如今男子拜也婦人以肅拜爲正故雖君賜之重亦肅拜而受爲尸虞祭爲祖姑之尸也爲喪主夫與長子之喪也爲喪主則稽顙故不手拜若有喪而不爲主則手拜矣或曰爲喪主不手拜則亦肅拜也

葛絰而麻帶

婦人遭喪卒哭後以葛絰易首之麻絰而要之麻絰不

變故云葛經而麻帶也

取俎進俎不坐

取俎。就俎上取肉也。進俎。進肉於俎也。俎有足。立而取進爲便。故不跪

執虛如執盈。入虛如有人

皆敬心之所寓　嚴陵方氏曰。曲禮曰。執輕如不克。執虛如執盈之謂也。詩曰。相在爾室。尚不愧于屋漏。入虛如有人之謂也。執虛猶如執盈。況於有物之器而敢忽乎。入虛猶如有人。況於有人之室而敢怠乎。故孔子執圭如不勝。出門如見大賓者此也。君子推執器之道以任天下之事。雖微小在所不可遺也。況萬鈞之重者乎。推入室之道以遇天下之事。雖幽暗在所不可欺也。況十目之視者乎

凡祭於室中堂上無跣。燕則有之

凡祭。通言君臣上下之祭也。跣。脫屨也。祭禮主敬。凡祭在室中者。非惟室中不脫屨。堂上亦不敢脫屨。燕則有之者。謂行燕禮則堂上可跣也。又按下大夫及士。陰陽二厭及燕尸皆於室中。上大夫陰厭及祭在室。若儐尸則于堂

未嘗不食新

嘗者薦新物於寢廟也。未薦則孝子不忍先食。一云嘗秋祭也慶源輔氏曰。一飲食不敢忘父母。未嘗而遽食新焉。則是死其親而喪其心矣

僕於君子。君子升下則授綏。始乘則式。君子下行。然後還旋立乘。貳車則式。佐車則否

君子或升或下僕者皆授之綏始乘之時君子猶未至則式以待君子之升凡僕之禮升在君子之先下在君子之後故君子下車而步僕者乃得下而還車以立以待君子之去也貳車朝祀之副車也佐車戎獵之副車也朝祀尚敬故式戎獵尚武故不式

貳車者諸侯七乘上大夫五乘下大夫三乘有貳車者之乘馬服車不齒觀君子之衣服服劒乘馬弗賈嫁

周禮貳車公九乘侯伯七乘子男五乘又典命云卿六命大夫四命車服各如命數與此不同者或周禮成而未行亦或異代之制也服車所乘之車也馬有老少車

有新舊。皆不可齒次。其年歲服劍。所佩之劍也。弗賈。不可評論其所直多少之價。曲禮云。齒路馬有誅。此皆貴貴之道以廣敬也

其以乘壺酒束脩一犬賜人。若獻人。則陳酒執脩以將命。亦曰乘壺酒束脩一犬

乘壺。四壺也。束脩。十脡脯也。卑者曰賜。尊者曰獻

其以鼎肉則執以將命

鼎肉。謂肉之已解別而可升鼎者。故可執也

其禽加於一雙。則執一雙以將命。委其餘

加於一雙。不止一雙也。委其餘。陳列于門外也。慶源輔氏曰。乘

壺酒束脩一犬。此例以多物獻人者。其以鼎肉。此例以一物獻人者。不必須有酒也。加於一雙。此例以一物獻人。物多不盡執者

犬則執緤（息列反）守（去聲）犬田犬則授擯者。既受乃問犬名

緤。牽犬繩也。犬有三種。守禦宅舍曰守犬。田獵所用曰田犬。充庖廚所烹曰食犬

牛則執紖（直軫反）馬則執靮（的）皆右之

紖靮。皆執之以牽者。右之者。以右手牽由便也

臣則左之

臣。征伐所獲民虜也。曲禮云。獻民虜者操右袂。左之。以左手操其右袂。而右手得以制其非常也

車則說（脫）綏執以將命。甲若有以前之則執以將命。無以前之則袒櫜（羔）奉（上聲）冑

前之。謂以他物先之也。古人獻物必有先之者。如左傳所云乘韋先牛十二之類是也。袒。開也。櫜。弢甲之衣也。冑兜鍪也。謂開櫜出甲。而奉冑以將命也

器則執蓋。弓則以左手屈韣（獨）執拊（撫）

執蓋。蓋輕便於執也。韣。弓衣。拊。弓把。左手屈弓衣并於把而執之。而右手執簫以將命。曲禮云。右手執簫。左手承弣是也

劒則啓櫝蓋襲之加夫（扶）襓（饒）與劒焉

啓開也櫝劒匣也蓋者匣之蓋也襲卻合也夫襓劒衣也開匣以其蓋卻合於匣之底下乃加襓於匣中而以劒置襓上也

笏書脩苞苴弓茵席枕几穎(京領反)杖琴瑟(句)戈有刃者櫝(句)筴籥其執之皆尚左手刀卻刃授穎削(笑)授拊凡有刺(次)刃者以授人則辟(僻)刃

笏也書也脯脩也苞苴也苴藉而苞裹之非特魚肉他物亦可苞苴以遺人也弓也茵褥也席也枕也几也穎警枕也杖也琴也瑟也戈有刃者櫝而致之也筴蓍也籥如笛而三孔也凡十六物左手執上右手捧下陰陽

之義也頛刀鐶也削曲刀也拊刀把也辟偏也謂不以刃正向人也

乘兵車出先刃入後刃軍尚左卒尚右

先刃刃向前也入後刃不以刃向國也左陽生道也右陰死道也左將軍爲尊其行伍皆尊尚左方欲其無覆敗也士卒之行伍尊尚右方亦有必死之志也

賓客主恭祭祀主敬喪事主哀會同主詡軍旅思險隱情以虞

恭以容言敬以心言詡者辭氣明盛之皃前篇德發揚詡萬物義亦相近軍行舍止經由之處必思爲險阻之

防文當隱密己情以虞度彼之情計也慶源輔氏曰交際以禮相示故以容皃之恭爲主祭祀以誠感格故以內心之敬爲主內外無二致恭敬無二理行軍之道以臨事而懼好謀而成爲上思險謂臨事而懼慮敗不慮勝也隱情以虞謂好謀而成且兵事露則不神也

燕侍食於君子則先飯上聲而後已毋放飯毋流歠小飯而亟棘之數朔噍醮毋爲口容客自徹辭焉則止

先飯猶嘗食之禮也後已猶勸食之意也放飯流歠見曲禮小飯則無噦噎之患亟之謂速咽下備或有見問之言也數噍毋爲口容言數數嚼之不得弄口以爲容也若食訖而客欲自徹食器主人辭之則止也

客爵居左其飲居右介爵酢爵僎遵爵皆居右

疏曰。鄉飲酒禮。主人酬賓之爵。賓受奠觶于薦東。是客爵居左也。旅酬之時。一人舉觶于賓。賓奠觶于薦西。至旅酬。賓取薦西之觶以酬主人。是其飲居右也。介。賓副也。酢。客酳還答主人也。僎。鄉人來觀禮副士人者也。鄉飲禮介爵及主人受酢之爵并僎爵。皆不明奠置之所。故記者於此明之。○今按賓坐南向。故以東西分左右也

羞濡魚者進尾。冬右腴。夏右鰭。奇祭膴許

擘濕魚從後起則脇肉易離。故以尾向食者。若乾魚則進首也。腴。腹下肥處。鰭在脊。冬時陽氣在下。夏則陽在

上。凡陽氣所在之處肥美。右之者。便於食也。祭膴者。刳魚腹下大臠以祭也。此言尋常燕食進魚者如此。祭祀及饗食正禮者不然

凡齊。去聲執之以右居之於左

凡調和鹽梅者。以右手執之而居羹器於左。則以右所執者調之爲便也

贊幣自左。詔辭自右

此言相禮者爲君受幣則由君之左。傳君之辭命於人則由君之右也

酌尸之僕如君之僕。其在車則左執轡右受爵祭左右軌

范乃飲

尸之僕御尸車者軓轂末也范軾前也尸僕君僕之在車以左手執轡右手受爵祭軓之左右及范乃飲之也

凡羞有俎者則於俎内祭

羞在豆則祭之豆間之地俎長而横於人之前則祭之俎内也

君子不食圂豢腴

圂與豢同謂犬豕也腴腸也犬豕亦食米穀其腹與人相似故不食其腸也

小子走而不趨舉爵則坐祭立飲

小子不敢與尊者並禮故行步舉爵皆異於成人也

凡洗必盥

洗洗爵也盥洗手也凡洗爵必先洗手亦潔也

牛羊之肺離而不提丁禮反心

提猶絶也心中央也牛羊之肺雖割離之而不絶中央少許使可手絶之以祭也不言豕事同可知

凡羞有湇泣者不以齊去聲

湇大羹也大羹不和故不用鹽梅之齊也

爲君子擇葱薤則絶其本末羞首者進喙充芮反祭耳

喙口也以口向尊者而尊者先取耳以祭也

尊者以酌者之左爲上尊

尊者謂設尊之人也。酌者酌酒之人也。人君陳尊在東楹之西。南北列之。設尊者在尊西而向東。以右爲上。酌人在尊東而向西。以左爲上。二人俱以南爲上也。上尊在南。故云以酌者之左爲上尊

尊壺者面其鼻

尊與壺皆有面。面有鼻。鼻宜向尊者。故云尊壺者面其鼻。言設尊設壺皆面其鼻也

飲酒者禨（暨）者醮者有折俎不坐。未步爵不嘗羞

禨沐而飲酒也。醮冠而飲酒也。折俎折骨體於俎也。禨

醮小事爲畢。折俎禮感。故禨醮而有折俎則不坐。無俎則可坐也。步。行也。無筭爵之禮。行爵之後乃得嘗羞。謂庶羞也。若正羞脯醢則飲酒之前得嘗之

牛與羊魚之腥聶泥涉反而切之爲膾。麋鹿爲菹。野豕爲軒去聲皆聶而不切。麕俱倫反爲辟壁雞。兔爲宛脾。皆聶而切之切葱若薤實之醯以柔之

聶而切之者。謂先聶爲大臠而後報切之爲膾也。餘見內則

其有折俎者。取祭反之不坐。燔煩亦如之。尸則坐

有折骨體之俎。者若就俎取肺而祭之。及祭竟而反此

所祭之物於俎皆立而爲之燔燒肉也此肉亦在俎其取祭與反亦皆不坐故云燔亦如之尸則坐者言不坐者賓客之禮耳尸尊祭反皆坐也

衣服在躬而不知其名爲罔

衣裳之制取諸乾坤有其名則有其義服之而不審名義是無知之人矣○石梁王氏曰學而不思則罔當如此罔字

其未有燭而後至者則以在者告道瞽亦然凡飲酒爲獻主者執燭抱燋側角反客作而辭然後以授人執燭不讓不辭不歌

獻主。主人也。人君則使宰夫燋未爇之炬也。飲酒之禮賓主有讓。及更相辭謝。又各歌詩以見意。今以暮夜略此三事。一說執燭在手。故不得兼爲之。[金華應氏曰。執燭抱燋。賤役也。爲獻主者以身親之。其敬客而自下之者。不嫌其爲勞也。執巳然之燭。而又抱未爇之燋。其愛客而欲留之者。尤有加而無巳也。一席之內。獻酬交錯。或讓。或辭。或歌。皆不容廢。惟執燭之人。不暇爲此。]

洗盥執食飲者勿氣。有問焉。則辟[匹亦反]咡[二]而對。

奉進洗盥之水於尊長及執食飲以進之時。皆不可使口氣直衝尊者。若此時尊者有問。則偏其口之所向而對。咡。口旁也。[嚴陵方氏曰。勿氣則屏氣也。凡以致恭而巳。辟咡。說見曲禮。]

爲[去聲]人祭曰致福。爲巳祭而致膳於君子曰膳

爲人祭攝主也其歸胙將命之辭言致福謂致其祭祀之福也曰膳則善味而已

祔練曰告

言告其事也顔淵之喪亦饋孔子祥肉

凡膳告於君子主人展之以授使者于阼階之南面再拜稽首送反命主人又再拜稽首其禮大牢則以牛左肩臂臑奴道反折九箇少牢則以羊左肩七箇犆特豕則以豕左肩五箇

膳告承上文而言臂臑肩脚也九箇自肩上至蹄折爲九段也周人牲體尚右右邊已祭故獻其左

國家靡平声敝

謂師旅饑饉之餘，財力靡散，民庶彫敝也。

則車不雕幾祈，甲不組縢，食器不刻鏤，君子不履絲屨，馬不常秣。

雕，刻鏤之也。幾，漆飾之畿限也。縢者，縛約之名。不用組以連甲及為紟帶也。以穀食馬曰秣。山陰陸氏曰：言國家靡敝，則所乘、所備、所養、所履、所御皆貶。

禮記集說大全卷之十六

明永樂内府本禮記集説大全

第四册

明　胡廣等撰

中國國家圖書館藏明永樂十三年内府刻本

山東人民出版社·濟南

禮記集說大全卷之九

禮運第九

此篇記帝王禮樂之因革及陰陽造化流通之理疑出於子游門人之所記間有格言而篇首大同小康之說則非夫子之言也張子曰禮運云者語其達也禮器云者語其成也達與成體與用之道也○長樂陳氏曰道則運而無所積器則滯而有所拘禮器言禮之器則禮運言禮之道也

昔者仲尼與於蜡乍賓事畢出遊於觀去聲之上喟去媿反然而嘆仲尼之嘆蓋嘆魯也言偃在側曰君子何嘆孔子曰大道之行也與三代之英丘未之逮也而有志焉

蜡禮詳見郊特牲篇。孔子在魯與爲魯國蜡祭之賓。畢事而遊息於觀上。觀門闕也。兩觀在門之兩旁。懸國家典章之言於上以示人也。喟然嘆聲也。所以嘆魯者。或祭事之失禮。或因睹舊章而思古也。言偃孔子弟子子游也。問所以嘆之故。夫子言我思古昔大道之行於天下。與夫三代英賢之臣。所以得時行道之盛。我今雖未得及見此世之盛。而有志於三代英賢之所爲也。此亦夢見周公之意◯石梁王氏曰。以五帝之世爲大同。以禹湯文武成王周公爲小康。有老氏意。而註又引以實之。且謂禮爲忠信之薄。皆非儒者語。所謂孔子曰。記者爲之辭也蔣氏曰古者歲時蜡禮之講終以序飲其重農力本存愛示情之意見於祈祝禱禳之間勞來勸相之際仁之至義之盡今也聖人傷世偽之寖起知古典之無傳而於蜡賓畢事之後出爲觀上之遊喟然爲之太息記者紀其所嘆在魯魯之郊禘非禮也其蜡可知矣然則發蜡之旨微矣聖人傷治古之不復因蜡禮而有見不有偃也爲之發問則何以窮夫子感嘆之機夫既以帝者之事爲大同而指三代爲小康矣而均曰未之逮也而有志焉何哉此有以見聖人思欲還上古之風而不可得而猶思其次也故其下歷歷言之○嚴陵方氏曰時繫乎聖人之在上者也孔子以窮而在下不得其時故其言如此然時無常也或可待焉故止言未而已

大道之行也天下爲公選去聲賢與能講信脩睦故人不獨親其親不獨子其子使老有所終壯有所用幼有所長矜鰥寡孤獨廢疾者皆有所養男有分扶問反女有歸貨惡其

棄於地也。不必藏於已。力惡其不出於身也。不必爲去聲已。是故謀閉而不興。盜竊亂賊而不作。故外户而不閉。是謂大同

天下爲公。言不以天下之大私其子孫。而與天下之賢聖公共之。如堯授舜。舜授禹。但有賢能可選。即授之矣。當時之人所講習者誠信。所脩爲者和睦。是以親其親以及人之親。子其子以及人之子。使老者壯者幼者。各得其所。困窮之民。無不有以養之。男則各有士農工商之職分。女則得歸于良奥之家。貨財民生所資以爲用者。若棄捐於地而不以時收貯。則廢壞而無用。所以惡

其弃於地也。今但得有能收貯以資世用者足矣。不必其擅利而私藏於己也。世間之事未有不勞力而能成者。但人情多詐。共事則欲逸己而勞人。不肯盡力。此所以惡其不出於身也。今但得各竭其力以共成天下之事足矣。不必其用力而獨營己事也。風俗如此。是以姦邪之謀閉塞而不興。盜竊亂賊之事絶滅而不起。暮夜無虞。外戸可以不閉。豈非公道大同之世乎。一說外戸者。戸設於外而閉之向内也。蔣氏曰。大道之行。天下爲公。居上者恬於勢位而不以爲樂。在下者安於困貧而不以爲尤。是以德化自行而防範不立。情意易通而機巧不生。故位以賢能而任非有所私而立之也。人以信睦爲交。非制之使然也。推而至於耆老幼壯。鰥寡孤獨之人。交相養於天地之間而不見其病。男自然而有分。女自然而有歸。貨惡其弃於地而已。力惡其不出於身而已。是豈有一毫相攘相軋之習哉。凡若此者。非聖人用力而致之也。故揚而舉之於大同之時。惟帝者之事足以當之○嚴陵方氏曰。天生其利。人乃不取。是以人逆天也。故貨弃於地爲可惡。人犯其勞。我享其效。是因人成事也。故力不出於身爲可惡。取非其有謂之盜。伺間而發謂之竊。絶理謂之亂。毀則謂之賊

今大道既隱。天下爲家。各親其親。各子其子。貨力爲己。大人世及以爲禮。城郭溝池以爲固。禮義以爲紀。以正君臣。以篤父子。以睦兄弟。以和夫婦。以設制度。以立田里。以賢勇知。去聲以功爲己。故謀用是作。而兵由此起。禹湯文武成王周公。由此其選去聲也。此六君子者。未有不謹於禮者也。以著其義。以考其信。著有過。刑仁講讓。示民有常。如有不

由此者在埶（勢）者去（上聲）衆以爲殃是謂小康

天下爲家以天下爲私家之物而傳子孫也大人天子諸侯也父子相傳爲世兄弟相傳爲及紀綱紀也賢勇知以勇知爲賢也涿鹿之戰有苗之征兵非由後王起也謂兵由此起舉湯武之事言之耳著明也考成也刑仁謂法則仁愛之道講讓講說遜讓之道示民有常言六君子謹禮而行著義以下五事示民爲常法也在埶居王者之勢位也言爲天下之君而不以禮行此五事則天下之人以爲殃民之主而共廢黜之也此謂小小安康之世不如大道大同之世也○陳氏曰禮家謂太

上之世貴德其次務施報往來故言大道爲公之世不規規於禮禮乃道德之衰忠信之薄大約出於老莊之見非先聖格言也嚴陵方氏曰前言大道之行則知大道隱之爲廢此言大道既隱則知大道行之爲明矣前言天下爲公則以與賢故也故繼言選賢與能此言天下爲家則以與子故也故繼言各親其親各子其子焉夫人世以爲禮則各子其子故也及以爲禮則各親其親故也道大而有變則爲之綱者道也禮義小而有常故以爲紀焉道之綱則君臣固有義矣父子固有親矣兄弟固有序矣夫婦固有別矣及以禮義爲紀則因其義而正之因其親而篤之因其序而睦之因其別而和之故曰以正君臣以篤父子以睦兄弟以和夫婦○長樂陳氏曰大道之行天下爲公而與人大道既隱天下爲家而與子與人與子固出於天聖人所以順天而趨時也然其爲公者非不家之以爲公者爲主爲家者非不公之以爲家者爲主至於不獨親其親不獨子其子貨力不必藏於己非無所別也各親其親各子其子貨力爲己非無以待人也亦其所爲主

者異矣選賢與能講信脩睦六君子非不由之禮義以爲紀堯舜非不用之特其有所輕重淺深煩簡之不一耳○蔣氏曰聖人處大同之世固能運無爲之化聖人處小康之時要亦無不盡之心夫惟無不盡之心而後能居小康之時成極治之化當大道之隱使大道之行以此言之帝王有異時無異道聖人因蜡以思禮其不能無望於魯而有志於帝王之世者如此

言偃復問曰如此乎禮之急也孔子曰夫禮先王以承天之道以治人之情故失之者死得之者生詩曰相去聲鼠有體人而無禮人而無禮胡不遄死是故夫禮必本於天殽效於地列於鬼神達於喪祭射御冠去聲昏朝聘故聖人以禮示之故天下國家可得而正也

禮本於天天理之節文也殽效也效於地者效山澤高

卑之勢爲上下之等也。後章殽以降命以下乃詳言之。列於鬼神禮有五經莫重於祭也。喪祭以下八事人事之儀則也

金華應氏曰。上數語明禮之功用。以明夫人生死之所由係。下四語總禮之體用。以明天下國家治亂之所由別也。法於天地鬼神者理也。所以承天之道也。達於天下國家者事也。所以治人之情也。理與事。一而二。二而一者也。○嚴陵方氏曰。禮本乎天之道故先王制禮所以承天之道。禮出乎人之情故先王制禮還以治人之情。人之所欲莫甚於生。所惡莫甚於死。禮之得失遂有生死之道。此其所以爲急歟。於天曰本於地曰殽於鬼神曰列。皆言禮之所以立也。至於喪禮之所以行則有見於喪祭射御冠昏朝聘焉。見於喪祭射御冠昏朝聘則禮達於下矣。故以達言之。○馬氏曰。天降衷於民。而先王之爲禮所以繼天之衷也。故曰以承天之道。夫口之於味。目之於色。耳之於聲。鼻之於臭。四肢之於安逸。人情之所同也。人情之所同而縱之。則滅天理而窮人欲。故先王制爲禮以節之也。故曰以治人之情。胡不遂死著未至乎死而人欲其死也

言偃復問曰。夫子之極言禮也。可得而聞歟。孔子曰。我欲觀夏道。是故之杞。而不足徵也。吾得夏時焉。我欲觀殷道。是故之宋。而不足徵也。吾得坤乾焉。坤乾之義。夏時之等。吾以是觀之

杞。夏之後。宋。殷之後。徵。證也。孔子言我欲觀考夏殷之道。故適二國而求之。意其先代舊典。故家遺俗。猶有存者。乃皆無可徵驗者。僅於杞得夏時之書。於宋得坤乾之易耳。夏時或謂即今夏小正。坤乾謂歸藏。商易首坤次乾也。所謂坤乾之義。夏時之等列。吾但以此二書觀之而已。二代治天下之道。豈可悉得而聞乎。論語曰。

文獻不足故也○石梁王氏曰以坤乾合周禮之歸藏且有魯論所不言者恐漢儒依倣爲之誠如其說則夏小正之書與坤乾何足以證禮註訓徵爲成尤非近儒有反引此以解魯論者謬甚中庸亦無是說大槩此段倣魯論爲之者嚴陵方氏曰坤乾不謂之書而謂之義夏時不謂之書而謂之等者禮以達義於內辨等於外也天地之理爲妙故以義言內四時之迹爲顯故以等言外○臨川吳氏曰杞宋爲二王之後其國得用夏殷之禮以祀其先夫子欲觀夏殷之禮意謂杞宋二國必猶有其先世之禮存焉故往二國求之及至其國乃知二國無復能存其禮故皆不足證但於杞得夏時一書於宋得坤乾一書坤乾之書其義略可推夏時之書其等略可見夏禮殷禮其他既無可證驗吾姑以是二書觀之而已吾以是觀之蓋不滿意之辭按論語所記與此章大同小異彼謂文獻不足徵者文是記禮之書獻是習禮之人此言之杞之宋而不足徵

蓋亦謂無其人。而文則猶有夏時坤乾二書。然亦非足徵者也。此其所以不滿夫子之意乎

夫禮之初。始諸飲食。其燔黍捭百豚。汙烏花反尊而抔掊飲。蕢桴浮而土鼓。猶若可以致其敬於鬼神

燔黍。以黍米加於燒石之上燔之使熟也。捭豚。擘析豚肉加於燒石之上而熟之也。汙尊。掘地爲汙坎以盛水也。抔飲。以手掬而飲之也。蕢桴。摶土塊爲擊鼓之椎也。土鼓。築土爲鼓也。上古人心無僞。雖簡陋如此。亦自可以致敬於鬼神也

延平周氏曰。上古之世。未始知有禮。而有禮乃所以强世。故聖人因其有飲食之大欲。而少寓之以節文。此天下唯知飲食之充欲。而不知漸入於節文之中也。所謂飲食者。止於燔黍捭豚。汙尊抔飲。與夫蕢桴土鼓。凡此不唯可施於人之所交際。而猶若可以致敬於鬼神。蓋亦趨時而已矣○

蔣氏曰。上古鼎飪未具而燔押以爲食。壘酌未設而汙抔以爲飲。聲樂未備而蕢土以爲歡。彼其所交際應酬者。簡素質實而巧僞不形。則以此而接乎鬼神。自其一念之誠而施之有餘也。○嚴陵方氏曰。此言禮之初。方是時。地產之穀有黍。然未有釜甑也。故燔之。天產之物有豚。然未有刀匕也。故押之。尊未能鑿木也。故汙尊。飲未知用爵也。故抔飲。皆始諸飲食之事。鬼神之道幽而難格。非薄之禮。疑若不及以致其敬也。故以猶若言之可疑之詞也

及其死也。升屋而號。平聲告曰皐某復。然後飯上聲腥而苴茲於反孰。故天望而地藏也。體魄則降。知去聲氣在上。故死者北首。去聲生者南鄉。去聲皆從其初

所以升屋者。以䰟氣之在上也。皐者。引聲之言。某。死者之名也。欲招此䰟。令其復合體魄。如是而不生。乃行死

事。飯腥者用上古未有火化之法以生稻米爲含也。苴孰者用中古火化之利包裹孰肉爲遣送之奠也。天望地藏謂始死望天而招䰟體魄則葬藏于地也所以然者以體魄則降而下知氣則升而上也。死者之頭向北。生者之居向南及以上送死諸事非後世創爲之皆是從古初所有之禮也嚴陵方氏曰。飯必以腥慮致生之不知故也。苴必以孰又慮致死之不仁故也。後世於喪有奠始於飯腥而已。於葬有遣始於苴孰而已。體有所附。魄有所營皆重濁焉則陰之類也。故降而在下。知無不周。氣無不之。皆輕清焉則陽之類也。故升而在上。郊特牲不言體魄而言形魄。不言知氣而言魂氣者。亦互相備也。死者仆。故言首。生者興。故言鄉。凡是禮也。後世雖或增其文而不能損禮之實。雖或異其迹而不能易禮之意。故曰皆從其初。○臨川吳氏曰。體魄謂形體精魄。降謂降下在地。知氣謂神識䰟氣。在上。謂升上在天。其號其告。望而求諸天之陽明者。蓋爲知氣之在上而然。此時猶以生道處之。冀其知氣來復而可以生也。始則飯腥。終則苴孰。藏而歸諸地之陰幽者。蓋爲體魄之降而然。此時始以死道處之。俾其體魄得所而安於死也

昔者先王未有宫室。冬則居營窟。夏則居橧曾巢。未有火化。食草木之實。鳥獸之肉。飲其血。茹汝其毛。未有麻絲。衣去聲其羽皮

營窟者。營累其土以爲窟穴也。地高則穴於地中。地卑則於地上累土爲窟也。橧巢者。橧聚薪柴以爲巢居也。茹其毛者。以未有火化。故去毛不能盡而并食之也 嚴陵方氏曰。孟子所謂下者爲巢。上者爲營窟是矣。前既言燔黍矣。此乃未有火化者。先儒謂加黍於燒石之上。非

火化故也。○臨川吳氏曰。營窟土處以避寒也。橧巢木處以避暑也。飢則食鳥獸之肉。寒則取鳥之羽獸之皮。以衣而蔽其體也。此以上所言皆是上古時事。爲太朴陋不可從也。下文乃言上古以後可從之禮

後聖有作。然後脩火之利。范金合土。以爲臺榭宮室牖戶。以炮庖以燔以亨烹以炙隻以爲醴酪洛治其麻絲以爲布帛。以養生送死。以事鬼神上帝。皆從其朔

范字當從竹。韻註云以土曰型。以金曰鎔。以木曰模。以竹曰笵。皆鑄器之式也。笵金爲形範以鑄金器也。合土和合泥土爲陶器也。裹而燒之曰炮。加於火上曰燔。煑於鑊曰亨。貫串而置之火上曰炙。酪醋也。治湅染之類也。此以上諸事皆火之利。今世承用而爲之皆是取法

往聖。故云皆從其朔。朔亦初也。嚴陵方氏曰。上世未有火化。非無火之性也。特未能脩之以利人爾。夫爲宮室之類。然後足以代巢窟。爲醴酪之類。然後足以代血毛。爲布帛之類。然後足以代羽皮。是道也。不特可以養生於其始。又可以送死於其終。不特可以養生送死於其明。又可以事鬼神上帝於其幽。○蔣氏曰。自范金合土以下。皆聖人開物成務以教天下。而使之相安相養於利用出入之間者也。○長樂陳氏曰。夫開端之始謂之初。繼終而有始謂之朔。故天地之始亦可以言初。一月之始則特謂之朔。是以言禮之初。則繼之以皆從其初。言後世有作。則繼之以皆從其朔也。

故玄酒在室。醴醆側眼反在戶。粢才細反醍體在堂。澄酒在下。陳其犧牲。備其鼎俎。列其琴瑟管磬鐘鼓。脩其祝嘏古雅反。以降上神與其先祖。以正君臣。以篤父子。以睦兄弟。以齊上下。夫婦有所。是謂承天之祜戶太古無酒用水行禮後王重古故尊之名爲玄酒祭則設於室内而近北也醴猶體也酒之一宿者周禮謂之醴齊醆即周禮盎齊盎猶翁也成而翁翁然葱白色也此二者以後世所爲賤之陳列雖在室内而稍南近戶故云醴醆在戶也粢醍即周禮醍齊酒成而紅赤色也又卑之列於堂澄酒即周禮沈齊成而滓沈也又在堂之下矣此五者各以等降設之祝爲主人告神之辭嘏爲尸致福於主人之辭說見曾子問上神在天之神也祭統云君迎牲而不迎尸別嫌也是正君臣之義父北面而事之所以明子事父之道是篤父子也睦兄弟者

主人獻長兄弟及衆兄弟之禮。齊上下者。獻與餕各有次序。無遺缺也。夫婦有所者。君在阼。夫人在房。及致爵之類也。行禮如此。神格鬼享。豈不承上天之福祜乎

長樂陳氏曰。道之精常幽玄而淡薄。道之粗常明著而精美。精則常貴而尊。粗則常賤而卑。先王於名數之間。而未嘗不寓之以道德之意。此玄酒所以在室。醴醆所以在戶。粢醍所以在堂。澄酒所以在下也。蓋玄酒則水也。而陳之在室。則室者幽之所而且尊也。醴醆漸至於致味。故用之於朝踐。陳之於戶。則戶者幽明之中而尊卑之際也。粢醍則醴齊是也。用之於饋食。而陳之於堂。堂者明之所而漸卑也。澄酒則清酒是也。而用之於尸卒食之三獻。故陳之於下。下者明之尤著而且卑也。昔先王之於鬼神。以神道事之。則以五齊。以人道事之。則以三酒。犧牲所以致其養。琴瑟鍾鼓所以致其樂。祝嘏所以致其文。此固足以降上神與先祖也。然上神先祖之降在彼。而天祜之承在我。在彼者以禮物之所備。在我者以禮教之所成。故必正君臣。篤父子。睦兄弟。齊上下。以至於

夫婦有所也○延平周氏曰有齊酒犧牲鍾鼓祝嘏則固足以降上神之與先祖然必待正君臣篤父子睦兄弟齊上下夫婦有所而後可以承天之祜者以備物盡禮爲未足以承天而所可承天者先脩人事而已矣○馬氏曰犧牲者鼎俎之實鼎俎者犧牲之寓犧牲之未殺故言陳鼎俎之未實故言備祭祀之樂其類非一故言列祝者代子之辭以告孝於其父嘏者代父之辭以告慈於其子二者各有其職故言脩

作其祝號玄酒以祭薦其血毛腥其俎孰其殽與其越活席疏平聲布以冪莫力反衣去聲其澣戶管反帛醴醆以獻薦其燔炙君與夫人交獻以嘉魂魄是謂合莫然後退而合亨烹體其犬豕牛羊實其簠簋籩豆鉶刑羹祝以孝告嘏以慈告是謂大祥此禮之大成也

周禮祝號有六一神號二鬼號三祇號四牲號五齍號

六幣號。作其祝號者。造爲鬼神及牲玉美號之辭。神號如昊天上帝。鬼號如皇祖伯某。祇號若后土地祇。牲號若一元大武。盛號若稷曰明粢。幣號若幣曰量幣。祝史稱之以告鬼神也。每祭必設玄酒。其實不用之以酌。薦其血毛。謂殺牲之時。取血及毛入以告神於室也。腥其俎。謂牲既殺。以俎盛肉進於尸前也。祭玄酒薦血毛腥俎。此三者是法上古之禮。孰其殽以下是中古之禮。殽。骨體也。以湯爓爲熟。越席。蒲席也。疏布。麄布也。冪。覆尊也。周禮越席疏布。祭天用之。此以爲宗廟之用。記者雜陳之也。澣帛。謂祭服以湅染之帛制之也。醴醆以獻者。

朝踐薦血腥時用醴。饋食薦熟時用醆也。薦其燔炙者。燔肉炙肝也。特牲禮主人獻尸。賓長以肝從。主婦獻尸。賓長以燔從也。第一君獻。第二夫人獻。第三君獻。第四夫人獻。故云君與夫人交獻也。此以上至孰其殽。是法中古之禮。皆所以嘉善於死者之䰟魄。而求以契合於冥漠之中也。然後退而合亨。謂先薦爓未是熟物。今乃退取向爓肉。更合而烹煮之。使熟而可食也。又尸俎惟載右體。其餘不載者。及左體等。亦於鑊中烹煑之。故云合亨也。體其犬豕牛羊者。隨其牲之大小烹熟。乃體別骨之貴賤。以爲衆俎。用供尸及待賓客兄弟等也。此是祭末饗燕之衆俎非尸前之正俎也。簠內圓而外方盛稻粱之器。簋外圓而內方盛黍稷之器。籩豆形制同。竹曰籩木曰豆。鉶如鼎而小菜和羹之器也。祝嘏說見前。孝事祖宗之道也。慈愛子孫之道也。合亨以下當世之禮也。祥猶善也。嚴陵方氏曰。血所以告幽。毛所以告全。腥其俎則事之以神道。孰其殽則事之以人道。越席則郊特牲所謂蒲越藁鞂之尚是矣。疏布禮器所謂犧尊疏布鼏是矣。滯帛則祭統所謂以共純服是矣。凡此所言。則合古今之異質文之變也。又曰。合亨則合衆物而亨之。犬豕牛羊胥有貴賤各異體焉。故曰體。以稻粱而實簠。以黍稷而實簋。以水土之品而實籩豆。以五味之和而實鉶鼎。故曰實。祖禰所以望子孫者莫大乎孝。故祝以孝告。子孫所以賴祖禰者莫過乎慈。故嘏以慈告。夫禮至於此。則始於古而成於今。始於質而成於文矣。故曰大成也。○蔣氏曰。禮之始貴乎嚴。終極其備。故血毛腥俎殽孰越席疏布之事。猶有貴乎古先也。乃曰合莫。謂其本是精神以求神於冥漠之間也。合亨體薦籩豆簠簋鉶羹詞說之詳是後世之所備也。乃曰大祥。謂其舉是備禮而極其祥善之義也。蓋聖人制禮豈容一毫之僞。方其合莫以求神也。物味薄而誠敬在。禮文簡而精神通。至於成禮而致祥也。品物具而神祇樂。誠意散而詞說行。學者苟能究觀聖人終始考禮之意。而得之於想像形容之妙。則凡器物之陳。節文之變。皆有深長之義存乎其間。○延平周氏曰。奉上世之禮物而罕及於後世者。則無文。奉後世之禮物而罕及於上世者。則無本。有本有文。此之謂禮之大成也

孔子曰。嗚呼哀哉。我觀周道。幽厲傷之。吾舍上聲魯何適矣。魯之郊禘非禮也。周公其衰矣。杞之郊也禹也。宋之郊也。契先列反也。是天子之事守也。故天子祭天地。諸侯祭社稷。

幽厲之前。周道已微。其大壞則在幽厲也。魯周公之國。夫子嘗言其可一變至道。則舍魯何往哉。然魯之郊禘

則非禮矣。禹爲三代之盛王。故杞得以郊。契爲殷之始祖。故宋得以郊。惟此二國可世守天子之事以事其祖。周公雖聖人臣也。成王之賜固非。伯禽之受尤非。周公制禮作樂爲萬世不易之典。而子孫若此是周公之教。因子孫之僭禮而衰矣。天地社稷之祭。君臣之分。凜不可踰。胷謂人臣而可僭天子之禮哉○石梁王氏曰。此一章眞孔子之言。註不能明其旨。天子祭天地。諸侯但可祭社稷。杞宋之郊。是王者之後。夫子之事守禮之所許者。魯而有郊。是背周公所制之禮。與杞宋不同也。張子曰。周公用天子禮樂。或以爲有人臣不可爲之功。則當用不可用之禮。夫有權有位。則人臣所遇當如此。至用天子之禮樂則非也。故魯之郊禘非禮也。家臣僭大夫。三桓僭魯。魯僭天子。推其原皆在成王。成王賜伯禽天子禮樂。自其時已啓下僭上之階矣。○馬氏曰。夫郊者。天子外祭之重者也。禘者。天子內祭之重者也。郊禘者。天子之禮。非諸侯所宜有也。成王非所錫而錫之。魯君非所受而受之。此魯之郊禘所以爲非禮。故曰周公其衰矣。所謂衰者。非周公之衰也。言後世僭用天子之禮。此周公之道所以爲衰矣。杞宋皆天子之事守。魯之郊。禘非天子之事守。故曰非禮。○臨川吴氏曰。言杞宋二國所以得郊者。蓋以二王之後。脩其天子所行之事。後世遵守而行之者也。若魯則非有天子之事可守。豈可僭郊也哉。因言周公所制正禮。唯天子得於圓丘祭天。方澤祭地。諸侯則但於社祭地。及祭稷神而已。不得如天子之祭天祭地也

祝嘏莫敢易其常古。是謂大假

祭禮祝於始。嘏於終。禮之成也。常古常事古法也。不敢變易。謂貴賤行禮一依古制也。假亦當作嘏。猶上章大

祥之意。言行當然之禮。則有自然之福。其福大矣臨川吴氏曰。假與嘏字通用。嘏尊祝畀以尊統畀。故但言假

祝嘏辭說藏於宗祝巫史非禮也是謂幽國

祝嘏辭說禮之文也。無文不行。周禮大宗伯掌詔六號。重其事耳。衰世君臣慢禮。惟宗祝巫史習而記之。故謂幽昏之國。言其昧於禮無以昭明政治也長樂劉氏曰。周官太祝掌六祝六祈六辭六號九祭九攑之辭與法。皆繫諸六典之籍。而藏于太史。屬諸春官。上下相維。不可少廢也。今仲尼之時。遭幽厲之君。傷春秋之亂。祝嘏辭說。藏於宗祝巫史之家。遂使國之禮典幽暗不明。故曰幽國也

醆側眼反斝古雅反及尸君非禮也是謂僣君

醆。夏之爵。斝。殷之爵。尸君。君之尸也。杞宋二王之後得

用以獻尸其餘列國惟用時王之器今國君皆用醆斝以及於尸君非禮也是僭上之君耳長樂劉氏曰天子備六代禮樂其祭於宗廟也獻酧君尸則用醆斝今也諸侯亦用之不曰僭君乎

冕弁兵革藏於私家非禮也是謂脅君冕祭服之冠也弁皮弁也大夫稱家大夫以朝廷之尊服國家之武衛而藏於私家可見其强橫則此國君者乃見脅於强臣之君也

大夫具官祭器不假聲樂皆具非禮也是謂亂國家臣不能具官一人常兼數事具官是僭擬也祭器惟公孤以上得全備大夫無田祿者不設祭器以其可假

也有田祿者祭器亦不得全具須有所假不假亦僭擬也周禮大夫有判縣之樂少牢饋食無奏樂之文是大夫祭不用樂也或君賜乃有之耳聲樂皆具亦僭擬也尊卑無等非亂國而何 蔣氏曰禮莫嚴於祭然誠敬不根於內心則交神之道虧用器或忘乎分守則僭上之患起聖人所甚懼也祝嘏辭說此豈交神明之虛語聖人舉孝慈相感之義以發之於禮經而詩有之曰令終有俶公尸嘉告蓋致祭受福之義盡之於對越無愧之素而行之於精神必通之時誠非具文也如其出於宗祝巫史藝以藏之而有事之際舉以行焉自謂神明之及交其謂之幽國宜哉至於爵有醆斝夏商所制也禮天子奠斝諸侯奠角郊特牲言舉斝角詔妥尸禮器宗廟之制卑者舉角等級明甚今諸侯之制而醆斝以及尸安得不謂之僭君噫聖人言禮至是則亦甚不得已矣若是則大夫安得不僭諸侯哉繁纓小物君子惜之今也冕弁藏於私家弓矢鈇鉞諸侯猶俟命於天子今也兵革藏於私家六命賜官限

制甚嚴。而大夫具官不由於所賜。四命受器。自有彝典。而大夫聲樂皆具。祭器不假。此所以官事不攝。反坫爲禮。八佾舞庭。三分公室。竊攘僭逼之事。莫之禦歟。甚而至於君臣同國。此聖人所以傷今思古。固有望於隆禮之君也。

故仕於公曰臣。仕於家曰僕。三年之喪。與新有昏者。期不使。以衰催裳入朝。與家僕雜居齊齒。非禮也。是謂君與臣同國。

臣者。對君之稱。僕者。服役之名。仕於大夫者自稱曰僕。則益賤矣。人臣有三年之喪或新昏。則一期之內君不使之。所以體人情也。就二者而論。喪尤重於昏也。今乃不居喪於家。而以衰裳入朝。是視君之朝如己之家矣。

是君與其臣共此國也。就卿大夫而言。僕又其臣也。今卿大夫乃與其家之僕雜居齊列。無貴賤之分。亦是君與臣共此國也

嚴陵方氏曰。臣者。對君之稱。故仕於公曰臣。而諸侯稱君。僕者。對主之稱。故仕於家曰僕。而大夫稱主。○延平周氏曰。均仕也。一爲僕。則其臣不得與之雜居齊齒。先王之正名。其詳至於如此。○臨川吳氏曰。先言臣與僕之不同稱。以見臣與僕同居處者之爲非禮。先言喪與昏者之不役使。以見臣服衰裳入君朝者之爲非禮

故天子有田以處其子孫。諸侯有國以處其子孫。大夫有采以處其子孫。是謂制度

王之子弟有功德者封爲諸侯。其餘則分以畿內之田。諸侯子孫命爲卿大夫。其有功德者亦賜采地。所謂官

有世功則有官族邑亦如之也。大夫位卑。不當割采地以與子孫但養之以采地之祿耳。此先王之制度也長樂陳氏曰。制則有所裁。度則有所限。先王以人之子孫上以承先祖之祀。下以綿本支之世。莫不思有以處之。然其處之。則有所裁之制。所限之度。此固不可無尊卑隆殺之別也。天子不曰天下而曰田。所以明其止於千里以與天下共之也。諸侯不曰田而曰國。所以明其專於百里而非與天下共之也。大夫食其所有事者。故其地命之曰采。采者事也。凡此言其大法而已。若夫諸侯大夫之子。其不肖者固不可以世食。而大夫之子苟其賢之過人。又不止於食舊而已○金華應氏曰。處者位置而區處之各得其宜。大者謹其禮而無濫恩。小者安其分而無歉志。以制度不可踰也。制度一定。則人欲偏厚其子孫者固無所容其私心。而侵剝枝葉兼并同姓者亦不容薄於所厚矣○新安王氏曰。幽國。僭君。脅君亂國。君與臣同國。皆諸侯卿大夫失禮也。禮之失起於制度之壞。故此明言先王制度。大小有等。尊卑有辨。天子地方千里。有田以處其子孫。諸侯不得僭也。諸侯地方百里。有國以處其子孫。卿大夫不得僭也。卿大夫各有食邑以處其子孫。家臣不得僭也。制度一定。上下截然。安得有前五失。諸侯僭差。起於天子之失禮。卿大夫僭差。起於諸侯失禮。故下文言之

故天子適諸侯。必舍去聲**其祖廟。而不以禮籍入。是謂天子壞**怪**法亂紀**

廟尊於朝。故天子舍之。然必太史執簡記奉諱惡者。不敢以天子之尊而慢人之宗廟也。不如此。則是壞法度亂紀綱矣長樂劉氏曰。諸侯敬於天子。雖其祖先宗廟亦不敢私有。乃以舍至尊。上下之分。此亦至矣。然而天子必以太史所掌之禮籍入處其廟。言動之際。必據乎禮。示不敢慢也。○嚴陵方氏曰。舍其祖廟者。在諸侯則不敢爲之主。在天子則不忘於所敬故也。禮籍。若小行人掌邦國賓客之禮籍之類。乃法之所以存。紀之所以立。今也不以入。故曰壞法亂紀

諸侯非問疾弔喪而入諸臣之家是謂君臣爲謔

諸侯於其臣有問疾弔喪之禮。非此而往。是戲謔也。敗禮之禍。恒必由之。蔣氏曰。諸侯有一國。因問疾弔喪入諸臣之家。所以憫難恤患見厚下之情。乃若出入無名。率意以行。此固驅馳而往之事。所由萌乎。君臣無私交。聖人嚴之。故曰是謂君臣爲謔

是故禮者君之大柄也所以別嫌明微儐擯鬼神考制度別仁義所以治政安君也

國之有禮。如器之有柄。能執此柄。則國可治矣。接賓以禮曰儐。接鬼神亦然。故曰儐。制度。如禮樂衣服度量權衡之類。考而正之。不使有異。仁主於愛。義主於斷。別而用之。必當其宜。長樂陳氏曰。禮之有體。可執以治國。猶器之有柄可執以治事。故曰禮者君之

大柄也。惟其爲大柄。則能別嫌於難辨。明微於未彰。幽可以儐鬼神。明可以考制度。別仁義。以至於治政安君也。○馬氏曰。禮者。政刑之本也。治國不以禮。則操持悖謬而失其所要。故曰大柄。柄言其所執之要也。嫌者人之所難別。而禮有以別之。微者人之所難明。而禮有以明之。鬼神在其幽而人不可測度者也。而禮有以使鬼神之格。故曰儐。以禮賓之也。制所以裁。度所以節。皆禮有以考之。仁有殺。義有等。皆禮有以別之。夫觀其禮。所以知其政。禮之所興。則政之所治。禮之所變。則政之所亂。安上治民。莫善於禮。禮者所以治政安君也

故政不正。則君位危。君位危。則大臣倍。小臣竊。刑肅而俗敝。則法無常。法無常而禮無列。禮無列。則士不事也。刑肅而俗敝。則民弗歸也。是謂疵慈國。

倍違上行私也。或亦倍而去之之謂。小臣竊。所謂盜臣也。肅峻急也。俗敝。人無廉恥。風俗敝敗也。治國無禮。故

至於刑肅而俗敝。爲君者但恣己用刑。遂廢常法。法廢而禮無上下之列矣。宜乎士不脩職。民心離叛也。豈非疵病之國乎

長樂陳氏曰。政不正則君位危。所謂上無道揆也。則大臣倍而不法。小臣竊而不廉。所謂下無法守也。上無道揆。下無法守。則刑肅而不中。俗敝而不美。法亂而無常。禮紊而無別。所謂士者亦不事其事也。士不事其事。則民亦不歸之矣。然重言刑肅而俗敝者。蓋以亂之所致。多在刑肅。以其刻核太至故也。夫治之爲道。由內以及外。故禮出而後有法。法出而後有刑。及其亂也。由外以及內。故刑肅而後法無常。法無常而後禮無列矣。○嚴陵方氏曰。大臣倍。非所謂大臣法也。小臣竊。非所謂小臣廉也。國有常法。制民于刑之中而已。苟刑肅而至於俗敝。則法失其常矣。故言法無常。法以禮爲體。禮以法爲用。用既無常。則體亦無列。故言禮無列。無列者。失其序之謂也。是則人不安其職矣。故言士不事。蓋士以事事爲正故也。刑肅而俗敝。民將畏罪而離散矣。故言則民弗歸也。俗敝民散。又何以致國之肥乎。故以疵言之

故政者君之所以藏身也。是故夫政必本於天。殽效以降命。命降于社之謂殽地。降于祖廟之謂仁義。降於山川之謂興作。降於五祀之謂制度。此聖人所以藏身之固也

藏猶安也。君者政之所自出。故政不正則君位危。書言天工人其代之。典曰天叙。禮曰天秩。是人君之政必本於天。而效法之以布命於下也。社。祭后土也。因祭社而出命。是效地之政。有事於祖廟而出命。是仁義之政。有事於山川而出命。是興作之政。有事於五祀而出命。是制度之政。效地者效其高下之勢。以定尊卑之位也。仁義者。仁以思慕言。義以親疎言。思慕之心無窮。而親疎

之殺有定又親親仁也尊尊義也自仁率親等而上之
至于祖而尊尊之義隆自義率祖順而下之至于禰而
親親之仁篤也興作之事非材不成故於山川制度之
興始於宮室故本五祀夫安上治民莫善於禮聖人庸
禮之政如此故身安而國可保也蔣氏曰聖人本天理以出政倣之以降命
於天下凡其興建顯設咸有定序使萬物森列各居其
位而不相奪尊者皆非私意爲之也是以命降于社之謂
殺地蓋言因地事地教民美報而地道以顯也降于祖
廟之謂仁義蓋言反本復始尊祖敬宗而人道以立也
降于山川之謂興作蓋言備物致用率作興事而職業
以起也降于五祀之謂制度蓋言門行有守外內有職
而宮室以居也聖人必於此致意焉而後爲藏身之固
蓋人道立於天天下莫先於天天地鬼神各安其位莫先於
孝慈報反各有其常又莫先於養生居處各有其序其
所以隄防世故維持人心在此矣此二帝三王所以爲

天下開物成務之主。布政乎天下者。本此道也○嚴陵方氏曰。於祖廟言仁義。則知本於天者爲陰陽之道。降于社者爲剛柔之德也。於五祀言制度。固知興作之爲事功矣。道德仁義。興作制度。皆政之所存者。而聖人特寓之於天地祖廟山川五祀。使萬物莫不聽命焉。其序先天而後地者。上下之序也。次之以祖廟者。尊卑之序也。又次之以山川者。內外之序也。

又次之以五祀者。大小之序也

故聖人參於天地。並於鬼神。以治政也。處其所存。禮之序也。玩其所樂。洛民之治也。故天生時而地生財。人其父生而師教之。四者君以正用之。故君者立於無過之地也

此承上章言政之事。謂聖人所以參贊天地之道。擬並鬼神之事。凡以治政而已。故處天地鬼神之所存。則天高地下。萬物散殊。聖人法之。此禮之所以序也。玩天地

鬼神之所樂則流而不息合同而化聖人法之此民之所以治也四時本於天百貨產於地人生於父而德成於師此四者君以正用之謂人君正身脩德順天之時因地之利而財成其道輔相其宜以左右民使之養生喪死無憾然後設為庠序學校之教申之以孝弟焉則有以富之教之而治道得矣然其要在君之自正其身立於無過之地而後可不能正其身如正人何蔣氏曰聖人道同乎天地故其身能與天地而為三知通乎鬼神故其身足與鬼神而並立○長樂陳氏曰夫知天地鬼神之稟則有所存明天地鬼神之用則有所樂處其所存乃禮之先後之序玩其所樂此民之所以治也○馬氏曰變通莫大於四時而有天以生之聚人莫若財而有地以生之后非民無以辟四方而有父以生之人非教則

無以別於禽獸而有師以教之四者皆出於自然而無俟於君可也而曰正用之何也蓋天雖生於時而茂對育物者非君不能育也地雖生乎財而理財正辭者非君明其義則不能理也人生雖自乎父而非君則罔克胥匡以生教雖自乎師而非君則不能安其教正用之者順其自然之理而立於無過之地也夫有天以生時有地以生財有父以生之有師以教之則富庶教之具備可以參天地之化育而成位乎其中矣○嚴陵方氏曰時以氣運故天生時財以形成故地生財父以傳類故人其父生師以傳道故師教之爲之君者位天地之中居父師之上夫何爲哉以正用之而已

故君者所明讀爲則也非明則人者也君者所養去聲也非養人者也君者所事也非事人者也故君明則人則有過養人則不足事人則失位故百姓則如字君以自治也養君以自安也事君以自顯也故禮達而分去聲定故人皆愛其死

而患其生

此承上章君立於無過之地而言舊說明猶尊也故讀則君爲明君今定此章三明字皆讀爲則字則上下文義坦然相應矣不必迂其說也君者正身脩德而爲臣民之所則傚者也非則傚人者也臣民之所奉養也非奉養人者也臣民之所服事也非服事人者也君而則人則是身不足以爲人所取則而反取則於人非立於無過之地者矣君而養人則一人之身豈能供億兆人之食必不足矣君而事人則降尊以事卑爲失位矣惟百姓者則君以自治其身所謂文武興則民好善也養

君以自安。謂竭力供賦稅。則有耕食鑿飲之安也。事君以自顯。謂竭忠盡職。則有錫爵之榮也。禮教通達而名分不踰。故人皆慕守義而死。恥不義而生也。○石梁王氏曰。此處皆非夫子之言

長樂陳氏曰。百姓則君以自治而善。有以遷養君以自安而分。有以處事君以自顯而忠。有以盡。如是則禮達於上下之間。而分定於尊卑之際。故人於其義之可死則不苟避。於其不義之生則不苟存。此所謂脩禮以達義而不愛其情也。○朱子曰。禮達而分定。達謂達於下。○蔣氏曰。天下之勢。莫患乎上下無以相別。而分守無以相安也。若夫主勢一定而君德既孚。夫下之民方且遵名守教。相從於畏愛。則象之中。甘心於服役事養之際。求其爲自安自適之不暇。安有敢背僭陵之事哉。故曰禮達而分定。則人皆愛其死而患其生。好生惡死。人心之所同然。聖人有禮以率天下。能使所欲有甚於生。所惡有甚於死。則其功用固不容以小言也

故用人之知去聲去上聲其詐用人之勇去其怒用人之仁去其貪

言人君用人當取其所長舍其所短蓋中人之才有所長必有所短也去猶弃也有知謀者易流於欺詐故用人之知當弃其詐而不責也有剛勇者易至於猛暴故用人之勇當弃其猛暴之過也○朱子曰仁止是愛愛而無義以制之便事事都愛好物事也愛好官爵也愛愛錢也愛事事都愛所以貪也故用人之仁當棄其貪之失也 朱子曰人之性易得偏人既仁如何貪蓋仁善底人便有好便宜底意思今之廉介便多是那剛硬底人○延平周氏曰孔子言道之序則仁先之知次之勇又次之言為道則知先之仁次之勇又次之今

以勇間於知與仁者蓋知仁以勇爲主故間之

故國有患君死社稷謂之義大夫死宗廟謂之變讀爲辨

大夫死宗廟言衛君之宗廟而致死也然己之宗廟亦在本國不弃君之宗廟即是不弃己之宗廟也舊說變讀爲辨辨猶正也一說其死有分辨非可以無死而死也

故聖人耐能以天下爲一家以中國爲一人者非意之也必知其情辟婢亦反於其義明於其利達於其患然後能爲之何謂人情喜怒哀懼愛惡欲七者弗學而能何謂人義父慈子孝兄良弟弟夫義婦聽長惠幼順君仁臣忠十者

謂之人義。講信脩睦。謂之人利。爭奪相殺。謂之人患。故聖人之所以治人七情。脩十義。講信脩睦。尚慈讓。去上聲爭奪。舍禮何以治之

非意之謂。非以私意臆度而爲之也。必是知其有此七情也。故開辟其十義之途。而使之由之。明達其利與患之所在。而使之知所趨。知所避。然後能使之爲一家。爲一人也。七情弗學而能。有禮以治之。則人義人利由此而生。禮廢則人患由此而起。○問愛與欲何別。朱子曰。愛是汎愛那物。欲則有意於必得。便要拏將來。延平周氏曰。天下非一家而能以爲一家。中國非一人而能以爲一人者。必先知人情而無喜其所怒。無欲其所惡。然後開於

人義。使之知父子君臣之大倫，明於人利，使天下之講信脩睦，達於人患，使之無爭奪以相賊，如此則天下所以爲一家，中國所以爲一人也。○蔣氏曰：天下大本在於人情，離合而衆寡遠近不與焉。情之所合，則措天下之異而歸之同；情之所離，則天下之勢不可得而强一矣。今夫天下一家，中國一人，此豈臆度料想，姑爲是言哉？古之聖人總攝人心，維持世故，所以起天下聯絡親比之義，而革其乖戾違背之習者，蓋亦灼見是理而爲之。惟知天下之情，是以開闢天下之大義，興利銷患，而人心一也。惟不知天下之情，是以失天下之義，背利縱欲，而人心離也。又曰：此義既形，此情遂定，於是講信脩睦，而人利興。此義不立，此情日亂，於是爭奪相殺，而人患起。然人豈本有是患哉？情，我所固有也；義，我所固有也。惟其本義以制情，是以因義以成利；惟其舍義而言利，是以因利而生患。君子論人道之大，揭此情此義於利害之間，區別而備言之，復究制情立義、興利去患之說，欲納天下於相安相養之域，則自禮外無餘說也。○長樂陳氏曰：喜愛欲者，陽之情；怒哀懼惡者，陰之情。凡此皆出於天然，故言弗學而能也。父慈、子孝、兄良、弟弟、夫義、婦聽者，閨門之義；長惠、幼順者，鄉黨之義；君仁、臣忠者，朝廷之義。凡此皆出於人爲。信則無所欺罔。睦則有所顧省。此皆足以和義。故謂之人利。爭而後奪。奪而後相殺。此皆足以召禍。故謂之人患也。

飲食男女。人之大欲存焉。死亡貧苦。人之大惡存焉。故欲惡者。心之大端也。

人心雖有七情。總而言之。止是欲惡二者。故曰大端

人藏其心。不可測度。大洛反也。美惡皆在其心。不見現其色也。欲一以窮之。舍禮何以哉。

欲惡之心藏於內。他人豈能測度。之所欲之善惡。所惡之善惡。豈可於顏色覘之。若要一一窮究而察識。非求之於禮不可。蓋七情中節。十義純熟。則舉動自然合禮。

若七情乖僻。人倫有虧。則言動之間皆失常度矣。有諸中。必形諸外也。若不知禮。則無以察其情義之得失於動作威儀之間矣。馬氏曰。莫非欲也。而欲之甚曰大欲。莫非惡也。而惡之甚曰大惡。喜怒哀懼愛惡欲。皆所謂情。而情之所本。尤在於欲惡。故曰心之大端也。心者。色之蘊。由色以觀心。可測度。雖作於其心而不見於色。則人之深情厚貌。有時而不知也。故色厲而內荏。色取仁而行違者有矣。有禮以節之。則美惡不能藏於心也。故曰欲一以窮之。舍禮何以哉。○嚴陵方氏曰。欲惡。心之大端。雖各有端。以藏其心。不可測度也。欲其所可欲。惡其所可惡。則爲美。非所欲而欲。非所惡而惡。則爲惡。然皆由心生者一也。故曰皆在其心。不見其色。上言不可測度。以不見其色故也。禮器曰。欲察物而不由禮。弗之得矣。正謂是也。

故人者。其天地之德。陰陽之交。鬼神之會。五行之秀氣也。

天地。鬼神。五行。皆陰陽也。德指實理而言。交指變合而

言會者妙合而凝也形生神發皆其秀而最靈者故曰

五行之秀氣也○石梁王氏曰此語最粹張子曰天地之德謂人之德性如天地之性人爲貴是也稟五行之氣以生最靈於萬物是其秀也神之言伸也鬼之言歸也凡生即伸也要終即歸也神之盛極於氣鬼之盛極於魄一體兼此終始此鬼神之會也陰陽之交鬼神之會五行之氣物生皆然而人爲備焉○北溪陳氏曰人受陰陽二氣而生此身莫非陰陽如氣陽血陰脉陽體陰頭陽足陰上體爲陽下體爲陰至於口之語默目之寤寐鼻息之呼吸皆有陰陽分屬不特人如此凡萬物皆然無一物不具鬼神又曰鬼神只是陰陽二氣之屈伸往來自二氣言之神是陽之靈鬼是陰之靈靈云者只是自然屈伸往來恁地活耳自一氣言之則氣之方伸而來者屬陽爲神氣之已屈而往者屬陰爲鬼其實二氣亦只一氣耳○馬氏曰凡盈於天地之間者莫不稟五行之氣也人之所以異於物以其得氣之秀而最靈者也

故天秉陽垂日星地秉陰竅欺要反於山川播上聲五行於四

時和而後月生也是以三五而盈三五而闕竅於山川山澤通氣也五行一陰陽也質具於地氣行於天春木夏火秋金冬水各主其事以成四時月之盈虧由於日之近遠四序順和日行循軌而後月之生明如期望而盈晦而死無朓朒之失也長樂劉氏曰天也者陽氣之所積故日秉陽焉地也者陰氣之所積故曰秉陰焉陰氣合陽於天上則為日星是以其光下乘焉陽氣合陰於地下則為山川是以其竅上通焉○長樂陳氏曰天以清秉陽在天者成象則日星是也地以濁秉陰在地者成形則山川是也天地既位於上下則播五行於其中故天一生水而播於冬天三生木而播於春地二生火而播於夏地四生金而播於秋天五生土而播於四時之間自天一至于天五則為十五之數十五之數成其所播者既和然後月生而如其數蓋三五者數之所變故數之至於三五則為五行生數之極而月所以盈又積之

至於三五。則爲五行成數之極。而月所以闕也。然而陰陽之義配日月。此特言月而不言日何也。蓋月有盈闕之常。而又多薄蝕之變。得其常。則四時和。及其變。則四時乖。故觀月之生而已矣

五行之動。迭田結反相竭也。五行四時十二月。還旋相爲本也

動。運也。竭。盡也。終也。本者。始也。五行之運於四時。迭相終而還相始。終則有始。如環無端也。冬終竭而春始來。則春爲夏之本。春竭而夏來。則夏又爲秋之本。已往者爲見在者所竭。見在者爲方來者所本。五行四時十二月莫不皆然也。山陰陸氏曰。竭。盡也。水王則金竭。木王則水竭。王文公曰。此立而彼竭也。○蔣氏曰。方天一生水。地六成之。是時之爲冬者然也。而金爲之本矣。地二生火。天七成之。是時之爲夏者然也。而

木爲之本矣

五聲六律十二管還相爲宮也

五聲宮商角徵羽也六律陽聲黄鍾子太蔟寅姑洗辰蕤賓午夷則申無射戌也陰聲謂之六吕大吕丑應鍾亥南吕酉林鍾未仲吕巳夾鍾卯也六律六吕皆是候氣管名律法也又云述也吕助也言助陽宣氣也總而言之皆可稱律故月令十二月皆稱律也長短之數各有損益又有娶妻生子之例長短損益者如黄鍾長九寸下生者三分去一故下生林鍾長六寸也上生者三分益一如林鍾長六寸上生太蔟長八寸也上下之生

五下六上。蓋自林鍾未至應鍾亥，皆在子午以東，故謂之下生。自大呂丑至蕤賓午，皆在子午以西，故謂之上生。子午皆屬上生，當云七上而云六上者，以黄鍾爲諸律之首，故不數也。律娶妻而吕生子者，如黄鍾九以林鍾六爲妻，太蔟九以南吕六爲妻，隔八而生子，則林鍾生太蔟，夷則生夾鍾之類也。各依此推之，可見還相爲宫者，宫爲君主之義，十二管更迭爲主，自黄鍾始，當其爲宫，五聲皆備，黄鍾第一宫，下生林鍾爲徵，上生太蔟爲商，下生南吕爲羽，上生姑洗爲角，餘倣此。林鍾第二宫，太蔟三，南吕四，姑洗五，應鍾六，蕤賓七，大吕八，夷則九夾鍾十。無射十一。仲呂十二也。此非十二月之次序。乃律呂相生之次序也朱子曰。按五聲相生。至於角位隔八下生。當得宫前一位以爲變宫。五聲之正。至此而窮。又自變宫隔八上生。當得徵前一位以爲變徵。餘分不可損益而其數又窮。故立均之法。至於是而終焉。孔氏以本文但云五聲十二管。故不及二變而止爲六十聲。増入二變二十四聲。合爲八十四聲。自唐以來法皆如此云○長樂陳氏曰。禮書曰。先王因天地陰陽之氣而辨十有二辰。因十有二辰而生十有二律。其長短有度。其多寡有數。其輕重有權。其損益有宜。始於黄鍾。終於中呂。黄鍾太蔟姑洗損陽以生陰。林鍾南呂應鍾益陰以生陽。蕤賓夷則無射又益陽以生陰。大呂夾鍾中呂又損陰以生陽。何則黄鍾至太蔟。陽之陽也。林鍾至應鍾。陰之陰也。陽之陽陰之陰。則陽息陰消之時。故陽常下生而有餘。陰常上生而不足。蕤賓至無射。則陰之陽也。大呂至仲呂。則陽之陰也。陰之陽陽之陰。則陽消陰息之時。故陽常上生而不足。陰常下生而有餘。然則自子午以左皆上生。子午以右皆下生矣。書曰。聲依永。律和聲。則律非五聲不能辨聲非十二律不能和。五聲非變則不能盡。故一律之中。莫不具五聲。五聲之外。有所謂二變。黃鍾爲宮。則林鍾爲徵。太蔟爲商。南呂爲羽。姑洗爲角。應鍾爲變宮。蕤賓爲變徵。林鍾爲宮。則太蔟爲徵。南呂爲商。姑洗爲羽。應鍾爲角。蕤賓爲變宮。黃鍾爲變徵。以至十律之爲宮。餘律之爲商角徵羽爲二變。旋之爲十二宮。折之爲八十四聲。類皆五位爲五音。第之至六爲變宮。又第之至七爲變徵。然後宮復旋矣。此六律之大致也

五味六和去聲十二食還相爲質也

酸苦辛鹹加滑與甘是五味六和也。十二食十二月之所食也。還相爲質者。如春三月以酸爲質。夏三月以苦爲質。而六和皆相爲用也

五色六章十二衣還相爲質也

五色。青赤黃白黑也。并天玄爲六章。十二月之衣。如月

令春衣青夏衣朱之類。還相爲質。謂畫繪之事。主其時之一色而餘色間雜也延平周氏曰。五聲六律十二管。還相爲宮也者。十二律各具五聲而還相爲宮也。五行者。四時十二月之所自出。五聲者。六律十二管之所自出。五味之於六和十二食。五色之於六章十二衣。亦若是而已矣。四時者。間於十二月者也。六律者。間於十二管者也。六和之於十二食。六章之於十二衣。亦若是而已矣。○馬氏曰。五行莫不有其味。先王因之以爲五味。六和十二食。所以順其味。五行莫不有其聲。先王因之以爲五聲六律十二管。所以順其聲。五行莫不有其色。先王因之以爲五色六章十二衣。所以順其色。○長樂陳氏曰。五聲言其氣之所在。故言本。五味五色言其形之所尚。故言質

故人者天地之心也。五行之端也。食味別皮列反聲被色而生者也

天地之心以理言。五行之端以氣言。食五味。別五聲。被

五色。其間皆有五行之配。而性情所不能無者○問人者天地之心。朱子曰。謂如天道福善禍淫。乃人所欲也。善者人皆欲福之。淫者人皆欲禍之。又曰。教化皆是人做此所謂人者天地之心也蔣氏曰。上章既言人者天地之德。五行之秀氣。至此復言人者天地之心。五行之端。蓋德言其自得。心言其能運。氣謂其所自稟。端究其所從始。名雖不同。其實一也○嚴陵方氏曰。天地散而為五行。以仁之端則木之性所立也。義之端則金之性所立也。以至火之於禮。水之於知。土之於信。亦若是已。故曰五行之端也。五行滋而為五味。人以養其口。感而為五聲。人以養其耳。形而為五色。人以養其目。然後人得而生焉。故曰食味別聲被色而生者也○長樂陳氏曰。上言聲與色自然之序。故先聲而後味。味而後色。以明有氣而後有形也。此言人之所用。聲味與色之序。故食味而後別聲。別聲而後被色。以明由內以及外也○龍泉葉氏曰。天地之道。至誠而不息。五行之氣。至和而不乖。此王則彼衰。彼息則此生迭相爲竭而未嘗竭也。五行歲月。始此終彼。相爲本末。不可窮盡。此天地所以久存而不廢也。其在人也。發於聲音。則律呂之變不可窮。發於衣服。則色章之變不可窮。發於飲食。則滋味之變不可窮。凡天地五行陰陽運動之勤勞。皆發於萬物而資於人。以與之並爲長久也。天地之情性。非人則不能體而參之。天地之功用。非人則不能察而法之。天地之所以不息者。由人道而後見之。此人所以爲天地之心。五行之端。食味別聲被色。以生養於覆載之內。而獨有厚於萬物焉

故聖人作則。必以天地爲本。以陰陽爲端。以四時爲柄。以日星爲紀。月以爲量。去聲鬼神以爲徒。五行以爲質。禮義以爲器。人情以爲田。四靈以爲畜。許又反以天地爲本。故物可舉也。以陰陽爲端。故情可睹也。以四時爲柄。故事可勸也。以日星爲紀。故事可列也。月以爲量。故功有藝也。鬼神以

爲徒。故事可守也。五行以爲質。故事可復也。禮義以爲器。故事行有考也。人情以爲田。故人以爲奧也。四靈以爲畜。故飲食有由也

此章凡十條。自天地至人情九條。皆是覆說前章諸事。萬事萬物之理不出乎天地之閒。聖人作爲典則而以天地爲本。則事物之理。皆可舉行。○情之善者屬陽。惡者屬陰。求其端於陰陽。則善惡可得而見。○柄。猶權也。四時各有當爲之事。執當時之權柄以教民立事則事可勸勉而成。○日星爲紀。如日中星鳥。日永星火之類。所以紀時之早晚。列者。以十二月之事詳列以示民。而

使之作爲也○量限量也謂十二月之分限分限不踰

則所爲皆得其時故事功滋長如樹藝然也○徒如徒

侶之相依郊社宗廟山川五祀之禮皆與政事相依即

前章殽地以下諸事如此行政則凡事可悠久不失也

○五行之氣周而復始質猶正也國家歲有常事必取

正於五行之時令則其事亦今歲周而來歲復始也○

器必成而後適於用令用禮義如成器則事之所行豈

有不成者乎考成也○治人情如治田不使邪僻害正

性如不使稊稗害嘉穀則人皆有宿道向方之所如室

之有奧也○六畜人家所豢養四靈本非可以豢養致

者今皆爲聖世而出如馴畜然皆聖人道化所感耳飲食有由者由用也謂四靈爲鳥獸魚鼈之長長至則其屬皆至有可用之以供庖厨者矣長樂陳氏曰以天地爲本至於五行以爲質以言其所法者也禮義以爲器人情以爲田以言其所用者也四靈以爲畜以言其所致者也聖人作則必推其所法以適其所用然後有所致矣○張子曰自天地爲本至四靈爲畜一理也特細別耳事大治人與夫接物無所不用其極能用其極則其餘不足治矣○嚴陵方氏曰以天地爲本則萬物皆末焉本既得則末斯從之故物可舉也舉言持之在我也陰陽者萬物之情以陰陽爲端則其情可探而見故情可睹也以四時爲柄則人順時之後先因時之動靜不敢辭焉故事可勸也以日星爲紀則晝之所參夜之所考各得其序焉故事可列也月以爲量則興事造業各有數以致其能焉故功有藝也五行以爲質則代廢代興皆周而復始焉故事可復也四靈以爲畜則人之日用者皆易致焉故飲食有由也由言人因之致用也○馬氏曰法象莫大

乎天地。故以爲本。而陰陽日月鬼神皆天地之別也。聖人作則。莫不取象於此。雖然。聖人作則。仰有法於天。俯有察於地。而近取於人情者。禮義也。禮義出於人情。先王因之以爲治。情之具也。自天地爲本。推而至於人情以爲田。其爲法備。其爲治詳。宜有休徵以應之也。故終以四靈爲畜。然四靈以爲畜。聖人無意於是。蓋在已有以立之。在物者亦順之而不敢逆也

何謂四靈。麟鳳龜龍。謂之四靈。故龍以爲畜。故魚鮪偉不淰。審鳳以爲畜。故鳥不獝。況必反麟以爲畜。故獸不狘。許月反龜以爲畜。故人情不失

鮪。魚之大者。故特言之。淰。群隊驚散之貌。獝。驚飛也。狘。驚走也。三靈物既馴擾如畜。則其類皆隨從之。雖見人亦不爲之驚而飛走矣。龜能前知。人有所決以知可否。

故不失其情之正也上三物皆因飲食有由而言龜獨
不言介蟲之類應者以其爲決疑之寶非可以飲食之
物例之也○石梁王氏曰四靈以爲畜衍至此無義味
太迂疏何所無龜嚴陵方氏曰麟體信厚鳳知治亂龜兆吉凶龍能變化故謂之四靈○長樂陳氏曰魚鱉鳥獸至於不淰不獝不狘者蓋亦不必實然所以誘君人者脩德而已矣

故先王秉蓍龜列祭祀瘞曀繒似仍反宣祝嘏辭說設制度

故國有禮官有御事有職禮有序

瘞埋也繒幣帛也祭法云瘞埋於泰折祭地也繒之言
贈埋幣告神者亦以贈神也宣揚也先王重祭事故定
期日於蓍龜而陳列祭祀之禮設爲制度如此其詳制

度一定國家有典禮可守官有所治事有其職禮得其序也

嚴陵方氏曰秉著龜所以決禮之疑列祭祀所以致禮之敬瘞繒所以備禮之物宣祝嘏辭說所以通禮之情設制度所以脩禮之文若是則可謂有其禮矣故繼言國有禮也繒帛藏之於幽故言瘞辭說揚之於明故言宣建國必設官設官必治事治事所以行禮故其序如此然上言國有禮則禮之體也下言禮有序則禮之用也

故先王患禮之不達於下也故祭帝於郊所以定天位也祀社於國所以列地利也祖廟所以本仁也山川所以儐鬼神也五祀所以本事也故宗祝在廟三公在朝三老在學王前巫而後史卜筮瞽侑皆在左右王中心無爲也以守至正

擯

天子致尊天之禮。故曰定天位。食貨所資。皆出於地。天子親祀后土。正爲表列地利。使天下知報本之禮也。仁之實事親是也。人君以子禮事尸。所以達仁義之教於下也。儐禮鬼神而祭山川。本諸事爲而祭五祀。皆是使禮教之四達。此亦前章未盡之意。廟有宗祝。朝有三公。學有三老五更。無非明禮教以淑天下。巫主弔臨之禮而居前。史書言動之實而居後。瞽爲樂師。侑爲四輔。或辨聲樂。或賛威儀。而王居其中。此心何所爲哉。不過守君道之至正而已。此又是人君以禮自防。示教於天下也○石梁王氏曰。巫。祭祀方用。卜筮有事方問謂常在左右非也嚴陵方氏曰禮之始也則自天子出禮之終也則與民由之與民由之然後禮達而分定故先王患禮之不達於下則必有以爲之教者然教必以祭祀爲主者以神道設之使民知畏敬故也天則遠人而尊故祭帝於郊地則近人而親故祀社於國定天位則天下達於尊卑之禮矣列地利則天下達於施報之禮矣位欲其一故曰定物欲其陳故言列天神曰祀地祇曰祭而此於天曰祭者郊所以明天道故也於地曰祀者社所以神地道故也仁以立人道而人本乎祖故曰祖廟所以本仁也如是則天下達於親疏之禮矣我爲祭主於內而山川之鬼神在外固有賓道故曰所以儐鬼神也如是則天下達於興作之禮矣五祀出於五行而五行各因時以用事焉故曰所以本事也如是則天下達於制度之禮矣然於帝於社止言祭祀則祖廟以下皆主祭祀可知○長樂劉氏曰宗祝在廟者執祭祀之禮雖鬼神之大不可得以亂之也三公在朝者執上下之禮雖君上之尊不可得以踰之也三老在學者執人倫之禮雖異數之隆不可得以變之也王前巫者辟除其心之疑慮也後史者臨正其行之歆傾也卜筮瞽侑皆在

左右者防其言動之有失也○西山眞氏曰巫掌祀以鬼神之事告王史掌書以三皇五帝之事告王掌卜筮者以吉凶諫王瞽矇之叟以歌詩諫王一人之身而左右前後挾而維之雖欲斯須自放得乎

故禮行於郊而百神受職焉禮行於社而百貨可極焉禮行於祖廟而孝慈服焉禮行於五祀而正法則焉故自郊社祖廟山川五祀義之脩而禮之藏去聲也

此承上文祭帝於郊等禮而言百神受職謂風雨節寒暑時而無咎徵也百貨可極謂地不愛寶物無遺利也孝慈服謂天下皆知服行孝慈之道也正法則謂貴賤之禮各有制度無敢僭踰也聖王精禋感格其效如此由此觀之則郊社祖廟山川五祀皆義之脩飾而禮之

府藏也。前言山川興作而此不言者。法則之事包之也

嚴陵方氏曰。受職。言各受其職而有守也。可極。言各盡其利而無遺也。正法則者。以制度之所在。故各得其法則之正也。其行於始也。祭帝於郊而已。故終至於禮行於郊焉。其始也。祀社於國而已。故終至於禮行於社焉。固其序也。推之於祖廟五祀。其義亦若是爾○長樂陳氏曰。禮行於郊而百神受職焉者。以其大報天而百神莫不與之也。禮行於社而百貨可極焉者。以其五土之宜百物資之以生也。禮行於祖廟而孝慈服焉者。以其有祝以告人之孝而有嘏以告神之慈也。禮行於五祀而正法則焉者。以其有制以正法。有度以正則也。言郊社祖廟五祀而不及山川者。以社言百貨可極則兼之也。夫義則有宜。禮則有體。務其宜以歸其體。然後五者之教全矣。故曰義之脩禮之藏也○臨川吴氏曰。義者事理之宜。禮者儀文之節。脩謂整葺無虧闕。藏謂在於其中。能知五者祭祀之宜。禮在其中矣。故曰義之脩而禮之藏也

是故夫禮必本於大[太]一。分而爲天地。轉而爲陰陽。變而

爲四時列而爲鬼神其降曰命其官於天也

極大曰太未分曰一太極函三爲一之理也分爲天地則有高卑貴賤之等轉爲陰陽則有吉凶刑賞之事變爲四時則有歲月久近之差列爲鬼神則有報本反始之情聖人制禮皆本於此以降下其命令者是皆主於法天也官者主之義○石梁王氏曰禮家見易有太極字翻出一箇太一仍是諸子語其官於天也一句結上文官天地當如莊子義長樂陳氏曰以形之始而言之謂之大始以數之始而言之謂之大一○嚴陵方氏曰天地則有上下之位陰陽則有升降之宜四時則有先後之序鬼神則有變化之功聖人體此以命物而在下莫不聽故曰其降曰命亦未嘗不本之於自然故曰其官於天不曰本而曰官者以夫

禮之命物各有所主故也

夫禮必本於天動而之地列而之事變而從時協於分去聲藝其居人也曰養去聲其行之以貨力辭讓飲食冠昏喪祭射御朝聘

此亦本前章本於天殽於地之意動而之地即殽地也列而之事即五祀所以本事也變而從時即四時以爲柄也協合也分謂月以爲量也藝即功有藝也上言義之脩禮之藏故此亦始言禮終言義居人猶言在人也禮雖聖人制作而皆本於人事當然之義故云居人曰義也冠昏而下八者皆禮也然行禮者必有貨財之資

筋力之强辭讓之節飲食之品亦皆當然之義也蔣氏曰自

禮必本於大一至其官於天所以言禮之不離乎天自禮必本於天至居人也曰養所以言禮之終歸於人且本於大一者天地未分之先也高卑以分天地立矣二氣轉移陰陽生矣寒暑代謝有四時之變生死往來有鬼神之形莫非此禮發露於自然聖人本其自然發露者制禮以命天下故曰其降曰命既謂之降曰命矣又終之以其官於天者聖人懼天下言禮者瀆於人而忘於天故爾且謂之必本乎天者猶言本乎大一也然動而之地則大一判而上下殊矣列而之事見於制度顯設之位變而從時推之於陰陽奇耦之象莫非此禮所以周流而不窮也聖人因而順其分之所宜受量其藝之所能爲而使之行是禮故曰協於分藝必終之以居人曰養者聖人懼天下之言禮者惑於天而不體於人故爾○嚴陵方氏曰上言禮本於大一則原禮之初而已此又明禮之用焉上言禮之初故言官於天以見其自然此言禮之用故言居人以見其使然也又曰其行之以貨力辭讓飲食冠昏喪祭射御朝聘言冠昏喪祭射御朝聘非貨力辭讓飲食有不行也夫欲行禮貨力

爲先。辭讓次之。飲食又次之。故曰無財不可以爲悅。非强有力者莫能行也。○臨川吴氏曰。儀文爲禮。在人知其所以然之理爲義。貨財者。行禮之資。筋力者。行禮之具。辭讓者。行禮之實

故禮義也者。人之大端也。所以講信脩睦。而固人肌膚之會。筋骸之束也。所以養生送死事鬼神之大端也。所以達天道順人情之大竇也。故唯聖人爲知禮之不可以已也。故壞怪國喪去聲家亡人。必先去上聲其禮

肌膚之總會。筋骨之聯束。非不固也。然無禮以維飭之。則惰慢傾側之容見矣。故必禮以固之也。竇。孔穴之可出入者。由於禮義則通達。不由禮義則窒塞。故以竇譬之。聖人之能達天道順人情者。以其知禮之不可以已

也。彼敗國之君。喪家之主。亡身之夫。皆以先去其禮之故也。長樂陳氏曰。講信脩睦。所以誠其心。固人肌膚之會。筋骸之束。所以莊其身。以至養生送死。於其明。事鬼神。於其幽。凡此皆人道而已。由其人道。所以達於天道。故能順人情之所通。大竇。以言其通也。○馬氏曰。禮義出於性。而曰固肌膚之會。筋骸之束。何也。蓋有禮則莊敬日强。無禮則安肆日偷。君子知謹於禮義。則手足有所措。耳目有所加。進退揖讓有所制。此所以固人肌膚之會。筋骸之束也。養生送死事鬼神。其道非一。而禮義者。尤爲之大端也。養生所以飾驩。送死所以飾哀。事鬼神所以飾敬。此禮義以節文之也。禮義出於天。先王因之以達天道。禮義出於人。先王因之以順人情。達者。所以明之也。順者。所以因之也。

故禮之於人也。猶酒之有蘖也。君子以厚。小人以薄。

人以禮而成德。如酒以麴蘖而成味。君子厚於禮。故爲君子。小人薄於禮。故爲小人。亦如酒之有醇醨也。長樂陳氏曰蘖之於酒厚則醇薄則醨醇則久醨則壞禮之於人厚則君子薄則小人君子則安小人則危善爲酒者戒其爲醨而務其爲醇善爲人者戒其爲小人而務其爲君子也

故聖王脩義之柄禮之序以治人情故人情者聖王之田也脩禮以耕之

劉氏曰脩者講明也柄者人所操也聖王講明乎義之所在使人得所持循而制事之宜也人能操義之要以處禮之序則情之發皆中節矣故可以治人情也禮者人情之防範脩道之教莫先於禮故治人之情以禮爲先務如治田者必先以耒耜耕之也

陳義以種之

義者人情之裁制。隨事制宜而時措之。如隨田之宜而種所當種也

講學以耨之

禮義固可使情之中節。然或氣質物欲蔽之而私意生焉。則如草萊之害嘉種矣。故必講學以明理欲之辨。去非而存是。如農之耨以去草養苗也

本仁以聚之

講學以耨之者。博而求之於不一之善。所以得一本萬殊之理。本仁以聚之者。約而會之於至一之理。所以造萬殊一本之妙也。至此則會萬理爲一理。而本心之德

全矣此如穀之熟而歛之也

播樂以安之

聚之者利仁之事未能安仁也故必使之詠歌舞蹈以陶養其德性消融其查滓而使之和順於道德焉則造於從容自然之域矣此則如食之而厭飫也此五者聖王脩道之教始終條理如此而講學居其中以通貫乎前後蓋禮耕義種入德之功學之始條理也仁聚樂安成德之效學之終條理也自始至終於仁義禮樂無所不講至其成也則禮義之功著於先仁樂之效見於後焉嚴陵方氏曰義者所操有宜而不可失故言柄禮者所行有節而不可亂故言序禮義雖本於人心然有

至於無禮無義者心或動而情亂之也故聖人脩其柄與其序還以治人之情而已人之有情猶地之有田不可不治也治其田者農夫之事治其情者聖王之事也故曰人情者聖王之田禮者事也治其情者治荒蕪故言脩義者事之宜猶種之因地宜故言陳學所以爲己猶耨之去苗害故言講仁者愛也仁則聚之猶獲故言仁以聚之樂者樂也樂則安之猶食故言樂以安之禮惡其壞故曰脩義欲其明故曰陳學欲其辨故曰講仁以立人道非本不立故曰本樂以和民聲非播不和故曰播○長樂陳氏曰脩禮以耕所以開其心陳義以種所以納之正講學以耨所以去其非本仁以聚所以充其德播樂以安所以成其道也○金華應氏曰學探千古羣聖之奧而思索問辨以求其正猶耨之去草而耘治益精也仁總百行萬善之全而滋養培植以豐其成猶穫之斂而收取以無遺也樂具五音六律之節而動盪發越以宣其和猶既穫之餘安坐以食而熙熙自如也播者散布發越之謂

故禮也者義之實也協諸義而協則禮雖先王未之有可

以義起也

實者定制也。禮者義之定制。義者禮之權度。禮一定不易。義隨時制宜。故協合於義而合當爲者。則雖先王未有此禮可酌之於義而創爲之禮焉。此所以三代損益不相襲也。○張子曰。人情所安即禮也。故禮所以由義起。馬氏曰。禮者所以體常。義者所以盡變。變者禮中之權也。常者義中之經也。蓋禮義一物耳。體其常則爲禮。盡其變則爲義。故三代之禮而或素或青者。皆所以變而從時也。要之不違禮之經。義之權而已。○黃氏曰。禮也者。義之實也。禮者爲尊卑升降親疎之節。義者合宜當理指的之稱。名實相應則爲正禮。尚有禮而不能合宜當理。是有名而無實。下文云協諸義而協。謂須合義則合禮也。又下云禮雖先王未之有。可以義起。亦謂有未立之禮。則取合宜之義而起作之。非爲禮脩飾之華明矣。

義者藝之分去聲仁之節也協於藝講於仁得之者強

藝以事言仁以心言事之處於外者以義爲分限之宜心之發於内者以義爲品節之制協於藝者合其事理之宜也講於仁者商度其愛心之親疎厚薄而協合乎行事之大小輕重一以義爲之裁制焉上好義則民莫敢不服故得義者強

仁者義之本也順之體也得之者尊

仁者本心之全德故爲義之本是乃百順之體質也元者善之長體仁足以長人故得仁者尊上文言禮者義之實此言仁者義之本實以散體言本以全體言同一

理也張子謂經禮三百曲禮三千無一事之非仁也猶之木焉從根本至枝葉皆生意此全體之仁也然自一本至千枝萬葉先後大小各有其序此散體之禮也而其自本至末一枝一葉各具一理隨時榮悴各得其宜者義也長樂陳氏曰處藝以義然後有所別處仁以義然後有所節故曰義者藝之分仁之節也以其爲藝之分故能協於藝以其爲仁之節故能講於仁夫事親仁之實從兄義之實仁之於父子義之於君臣有親然後有兄弟有父子然後有君臣此先仁後義之體也仁人之安宅義人之正路由其宅然後至於路此先仁後義之用也故曰仁者義之本溫良者仁之本敬慎者仁之地寬裕者仁之作孫接者仁之能故曰順之體也仁必有義義未必有仁仁者天之尊爵故得仁則尊得義則止於強也

故治國不以禮猶無耜而耕也爲禮不本於義猶耕而弗

種也。爲義而不講之以學猶種而弗耨也。講之以學而不合之以仁猶耨而弗穫也。合之以仁而不安之以樂猶穫而弗食也

此反譬以申明前段聖學教養之事有始有卒其序不可紊而功不可缺如此嚴陵方氏曰。耜者治田之具禮則治國之具故治國不以禮猶無耜而耕。耕所以種禾而生之。義所以達禮而行之故爲禮不本於義猶耕而弗種也。達嘉種而除其害者耨之事明大義以勝其非者學之事故爲義而不講之以學猶種而弗耨也。耨之勤將以有穫學之勤將以有聚。仁言聚也穫言穫也故講之以學而不合之以仁猶耨而弗穫也。食有所養而享其利焉樂有所樂而安其仁焉故合之以仁而不安之以樂猶穫而弗食也。然前言陳義而此變言本者。凡種皆所以立本故也。前言本仁而此變言合者。以人本仁也。合而言之道也

安之以樂而不達於順猶食而弗肥也四體既正膚革充盈人之肥也父子篤兄弟睦夫婦和家之肥也大臣法小臣廉官職相序君臣相正國之肥也天子以德爲車以樂爲御諸侯以禮相與大夫以法相序士以信相考百姓以睦相守天下之肥也是謂大順大順者所以養生送死事鬼神之常也

前章至播樂以安之而止此又益以不達於順猶食而弗肥一節者蓋安之以樂以前皆是成己之功大學明德之事也達之於順以後方是成物之效大學新民之事也故以人身之肥設譬而言家國天下之肥至此乃

是聖學之極功成己成物合內外之道夫學身脩家齊國治天下平之事也故謂之大順大順則無爲而治所以養生送死事鬼神各得其常也以上並劉氏說○大臣法盡臣道也小臣廉不虧所守也以德爲車由仁義行也以樂爲御動無不和也以禮相與朝聘以時也以法相序上不偪下下不僭上也以信相考久要不忘也以睦相守出入相友守望相助疾病相扶持也肥者充盛而無不足之意嚴陵方氏曰食之養人期於體之肥而已樂之和人期於理之順而已故安之以樂而不達於順猶食而弗肥也○長樂陳氏曰四體以和順而正然後膚革充充而後盈此人之肥也父子以天性而篤兄弟以同氣而睦夫婦以異姓而和此家之肥也天子德教加於百姓故以德爲可行之車

而以樂爲行車之御。諸侯制節謹度。故以禮相守。大夫非法不言。非道不行。故以法相序。士則忠順不失。故以信相考。庶人則謹身而已。故以睦相守。此天下之肥也。凡此是謂大順。大順者。非特明足以養生送死。而幽足以事鬼神也。

故事大積焉而不苑。并行而不謬。細行而不失。深而通。茂而有閒。連而不相及也。動而不相害也。此順之至也。故明於順。然後能守危也。

此以下至篇終。皆是發明大順之說。謂以此大順之道治天下。則雖事之大者積疊在前。亦不至於膠滯。雖事之不同者一時並行。亦不至舛謬也。雖小事所行。亦不以其微細而有失也。雖深窅而可通。雖茂密而有閒。謂有中閒也。兩物接連而相及。則有彼此之爭。兩事一時而俱動。則有利害之爭。不相及。不相害。則無所爭矣。此泛言人君治天下之事。有大有細。有深有茂。有連有動。而自然各得其分理者。不過一順之至而已。故明於順。然後能守危亡之戒。而不至於危亡也。新安王氏曰。此極言大順之理。萬幾日來。庶事總至。其大積者然也。以順處之。各有其序。可以無苑結矣。威福並用。剛柔迭施。其並行者然也。以順施之。各得其宜。可以無錯謬矣。一顰一笑之微。下之休戚係焉。一好惡之微。衆之向背係焉。此其細行者然也。以順爲之。可以無過失矣。幽遠謂之深。其勢則易隔。惟順則其情必通。衆多謂之茂。其勢則易雜。惟順則其分有閒。連則易以相干。惟順則同而異。不相及也。動則易以相違。惟順則異而同。不相害也。天下之大順。至此極矣。惟明於順。然後上下相得。君臣相安。可以守危。蓋居高則勢易危。守危則可安於民上也。○臨川吳氏曰。危

者順之反不順則違逆違逆逆者危道也

故禮之不同也不豐也不殺色介反也所以持情而合危也

故聖王所以順山者不使居川不使渚者居中原而弗敝

也用水火金木飲食必時合男女頒爵位必當去聲年德用

民必順故無水旱昆蟲之災民無凶饑妖孽之疾

貴賤有等故禮制不同應儉者不可豐應隆者不可

殺所以維持人情不使之驕縱係合上下不使之危

亂也聖王所以順民之情者如安於山則不從之居川

安於渚則不從之居中原故民不困敝也獺祭魚然後

虞人入澤梁及春獻鱉蜃秋獻龜魚之類是用水必時

也。春取榆柳之火，夏取棗杏之火，季夏取桑柘之火，秋取柞楢之火，冬取槐檀之火。又周禮季春出火，季秋納火之類，是用火必時也。廾人以時取金玉錫石，及月令季春審五庫之量，金鐵爲先，是用金必時也。仲冬斬陽木，仲夏斬陰木，是用木必時也。飲食則如食齊視春時，羹齊視夏時之類是也。合男女必當其年，頒爵位必當其德，用民必於農隙。凡此皆是以順行之，故能感召兩間之和，而無旱乾水溢及螟蝗之災也。凶饑，年凶穀不熟也。妖謂衣服歌謠草木之怪，孽謂禽獸蟲豸之怪，史家五行志所載代有之。疾，患也。馬氏曰：山川之勢異，而高下之習不同。原渚之勢殊。而水陸之居不一。聖人則因其所利而利之。順其所居而居之。有安於此。則不強於彼。然聖人之順。不止於此而已。推其詳。則凡居民材。必因天地寒煖燥濕。皆所以順民也。年有高下。故合男女。必當其年。德有厚薄。故須爵位。必當其德。因其高下而合之。所以順陰陽之理也。因其薄厚而頒之。所以明貴賤之等也。四民之業不同。先王則順之而不易。四時之務不一。先王則順之而不奪。故曰用民必順。○長樂陳氏曰。禮所以持人之情而使之稱。合事之危而使之安也。聖王知其禮之稱情安危如此。故居川原不易其利。不變其俗。使之各適其適而弗敝焉。此因地之利以順之也。用水火金木飲食必時。此因天之時以順之也。合男女。頒爵祿。以至用民不奪其時。此因人之利以順之也。夫唯因地之利。因天之時。因人之理。而致順如此。故國無災。民無疾也。○臨川吳氏曰。居民之順因於地。時物之順因於天。昏姻任使力役之順因於人。因天地人以行順道。故天地人之應亦順。而天地不生水旱昆蟲之災。人不罹凶饑妖孽之疾。凶。謂疫癘。饑。謂荒歉。草木等怪為妖。飛走等怪為孽。

故天不愛其道，地不愛其寶，人不愛其情。故天降膏露，地出醴泉，山出器車，河出馬圖，鳳皇麒麟皆在郊棷（藪），龜龍在宮沼，其餘鳥獸之卵胎，皆可俯而闚也。則是無故，先王能脩禮以達義，體信以達順，故此順之實也。

舊說器爲銀甕丹甑。車爲山車，垂鉤。謂不待揉治而自圓曲也。晉時恒山大樹自拔。根下有璧七十，圭七十三。皆光色精奇異常玉。又張掖柳谷之石，有八卦璜玦之象，亦此類也。棷與藪同。龍之變化叵測，未必宫沼有之。亦極言至順感召之卓異耳。不以辭害意可也。脩禮以達義者。脩此禮以爲教而達之天下，無不宜也。體信以達順者反身而誠而達之天下無不順也此極功矣故結之曰此順之實也○程子曰君子脩己以敬篤恭而天下平惟上下一於恭敬則天地自位萬物自育而四靈畢至矣此體信達順之道○朱子曰信是實理順是和氣體信是致中達順是致和實體此道於身則自然發而中節推之天下而無所不通也嚴陵方氏曰天為神故以道言地為富故以寶言人有欲故以情言不愛言盡其所以而與之也膏露則露之澤其濃如膏醴泉則泉之味其甘如醴郊棷則在郊之棷也宮沼則在宮之沼也鳥獸之卵胎皆可俯而見則以順之所感而無猶狘之患故也莊子言至德之世烏鵲之巢可攀援而窺蓋謂是矣脩禮於外所以達義於內體信於人所以達順於天○朱子曰體信是忠達順是恕體信是無一毫之僞達順是發而皆中節無一物不得其所聰明睿知皆由此出是自

誠而明意思。體信是眞實無妄。達順是使萬物各得其所。○臨川吳氏曰。大順之應如此。亦無他故。而使之然。蓋由先聖王能脩治其禮而達之於禮之義。以教天下之人。體實理於心而達之於一身之順。充而爲家國天下之順之故也。遂至天地人物同一大順焉。夫順理淵微。初無形象。今兩間嘉瑞。昭然顯著。此順之實迹可見者。故曰此順之實也

禮記集說大全卷之九

禮記集說大全卷之十

禮器第十

器有二義一是學禮者成德器之美一是行禮者明用器之制

嚴陵方氏曰禮運言道之運禮器言器之用道散而爲器故繼禮運而後有禮器焉然禮運非不及器以道爲主爾禮器非不及道以器爲主爾故記者各以所主名篇

禮器是故大備大備盛德也禮釋回增美質措則正施則行其在人也如竹箭之有筠也如松柏之有心也二者居天下之大端矣故貫四時而不改柯易葉故君子有禮則外諧而內無怨故物無不懷仁鬼神饗德

以禮爲治身之器故能大備其成人之行至於大備則

其德盛矣。禮之爲用。能消釋人回邪之心。而增益其材質之美。措諸身則無往不正。施諸事則無往不達。以人之一身言之。如竹箭之有筠。足以致飾於外。如松柏之有心。足以貞固於內。箭竹之小者也。筠竹之青皮也。大端猶言大節。二物比他草木有此大節。故能貫串四時而柯葉無所改易也。君子之人惟其有此禮也。故外人之踈遠者無不諧協。內人之親近者無所怨憾。人歸其仁。神歆其德也。嚴陵方氏曰。人稟五行之秀氣。則其質未始不美也。然或不美者。蔽於回邪以損之爾。故釋回。然後可以增美質也。然禮之於人。豈能予之以其所無哉。亦因其所有以增之爾。故於美質言增焉。○馬氏曰。先王以人情爲田。始於脩禮以耕之。陳義以種之。以至播樂而達於順。則無所不備也。故曰大備回者僞之自外入者也美質者誠之由中出者也禮所以去僞故在回則釋之禮所以著誠故在質則増之以措則正致之以治己者也以施則行施之以治人者也竹箭之有筠言其和澤於外也松柏之有心言其堅實於内也故爲天下之大端而禮者亦人道之大端也堅實於内者猶言實以君子之德也和澤於外者猶言文以君子之容也禮所以理萬物故物無不懷仁所以順鬼神故鬼神饗德

先王之立禮也有本有文忠信禮之本也義理禮之文也無本不立無文不行

先王制禮廣大精微惟忠信者能學之然而纖悉委曲之間皆有義焉皆有理焉無忠信則禮不可立昧於義理則禮不可行必内外兼備而本末具舉則文因於本而飾之也不爲過本因於文而用之也中其節矣長樂陳氏

曰有忠有信則內有主而能正故曰禮之本有義有理則外有主而能行故曰禮之文下曰甘受和白受采忠信之人可以學禮此忠信所以爲禮之本也孔子去麻冕以從衆則適於義從拜下以違衆則歸於理此義理所以爲禮之文也○嚴陵方氏曰孟子言理義人心之所同然此以爲禮之文者彼主於體此主於用故也

禮也者合於天時設於地財順於鬼神合於人心理萬物者也是故天時有生也地理有宜也人官有能也物曲有利也故天不生地不養君子不以爲禮鬼神弗饗也居山以魚鱉爲禮居澤以鹿豕爲禮君子謂之不知禮

合於天時天時有生也謂四時各有所生之物取之當合其時設於地財地理有宜也謂設施行禮之物皆地之所産財利也然土地各有所宜之産不可强其地之

所無如此自然順鬼神合人心而萬物各得其理也人官有能謂助祭執事之官各因其能而任之蓋人各有能有不能也物曲有利者謂物之委曲各有所利如麴蘗利於爲酒醴桐竹利於爲琴笙之類也天不生謂非時之物地不養如山之魚鼈澤之鹿豕之類虙氏曰天時有生則陰陽寒燠之不齊地理有宜則高下燥濕之不一人官有能則當因任其能而不廢物曲有利則當曲成其利而不遺苟非禮之會通孰能與於此哉〇嚴陵方氏曰以天所不生者爲禮則逆天之時矣以地所不養者爲禮則逆地之理矣天時地理之不可逆如此則人官物曲固可知言地所不養之物而不及天所不生者亦舉此以見彼也〇延平周氏曰合於天時而天時有生也設於地財而地理有宜也合於人心而人官有能也理萬物而物曲有利也禮至於曲利萬物而不遺非禮之妙孰能與於此然言順於鬼神合於人之心而止曰人

官有能則是特言人之爲成材而不及於鬼神者何也
人者鬼神之所依言人則見鬼神矣君子之爲禮順於
天地而已矣非天地之所宜而
以爲禮者故君子謂之不知禮

故必舉其定國之數以爲禮之大經禮之大倫以地廣狹禮之薄厚與年之上下是故年雖大殺色介反衆不匡懼則上之制禮也節矣

定猶成也數稅賦所入之數也王制言祭用數之仂禮
非財不行故必以此數爲行禮經常之法也禮之大倫
以地之廣狹天子諸侯卿大夫地有廣狹故禮之倫類
不同地廣者禮備地狹者禮降也禮之厚薄則與年之
上下爲等王制言豐年不奢凶年不儉是專言祭禮此

兼言諸禮耳。大殺謂年凶而稅斂之入大有減殺也。匡與恇通，恐也。衆不匡懼謂無溝壑之憂也。此其制禮有節，財不過用，故能如此。長樂陳氏曰：經言其常，倫言其理。舉其定國之數則有常，故言大經。以地廣狹則有理，故言大倫。夫舉其定國之數以爲禮之大經，則王制所謂必於歲之抄五穀皆入然後制國用者是也。禮之大倫以地廣狹，則王制所謂用地小大是也。禮之厚薄與年之上下，則王制所謂視年之豐耗是也。先王之爲禮節以制則有所裁節，以度則有所限，故能於財則不傷，於民則不害，此其所以年雖大殺而衆不匡懼也。○龍泉葉氏曰：禮無定經也，以與國之數爲經也。無常倫也，以地之廣狹爲倫也。不自爲厚薄也，以年之上下爲薄厚也。制禮之節，用財之數，常相知而不相離，不獨於其隆也。盛禮以自尊，而又於其殺也。貶禮以自卑，蓋稱財以爲禮，而不以空文言禮也。計其有而不虞其無，喜其備而不憂其闕，聖人之於禮也必不然矣。

禮時爲大。順次之。體次之。宜次之。稱去聲次之。堯授舜。舜授禹。湯放桀。武王伐紂。時也。詩云。匪革棘其猶。聿追來孝。時者天之所爲。故爲大。堯舜湯武之事不同者。各隨其時耳。聖王受命得天下。必定一代之禮制。或因或革。各隨時宜。故云時爲大也。順體宜稱四者。下文析之。詩大雅文王有聲之篇。革。急也。猶與猷通。謀也。聿。惟也。言文王之作豐邑。初非急於成己之謀。惟欲追先人之事。而致其方來之孝。以不墜先業耳。今詩文作匪棘其欲。適追來孝。江陵項氏曰。時者天地之大運。順者人道之大倫。體者其支體。宜者其義理。稱者其度數。五者自綦大至綦細也。

天地之祭宗廟之事父子之道君臣之義倫也
王者父事天母事地故天地宗廟父子君臣四者乃自然之序故曰倫也倫不可紊故順次之
社稷山川之事鬼神之祭體也
社稷山川鬼神之禮各隨其體之輕重而爲禮之隆殺故曰體次之嚴陵方氏曰天之運之謂時人之倫之謂順形之辨之謂體事之義之謂宜物之平之謂稱堯舜以德而授受湯武以兵而放伐非人力之能爲蓋天運然也故謂之時引詩者言武王聿追文王之道以趨時也天地宗廟父子君臣皆出乎自然之理而人則順而序之故謂之倫社稷山川鬼神自有形以至於無形莫不各有所辨故謂之體
喪祭之用賓客之交義也

既於義不得不然必須隨事合宜故曰宜次之

羔豚而祭百官皆足大牢而祭不必有餘此之謂稱也諸侯以龜爲寶以圭爲瑞家不寶龜不藏圭不臺門言有稱也

諸侯有國宜知占詳吉凶故以龜爲寶也家謂大夫也大夫卑不當寶藏五等諸侯各有圭璧以爲瑞信又以天子所賜如祥瑞之降於天故以爲瑞大夫非爲君使不得執故不當藏之臺門者門之兩旁築土爲臺於其上起屋大夫不然各稱其分守也故曰稱次之 長樂陳氏曰時在天順體宜稱在人在天者大在人者小故時爲大順次之體次之宜次之稱次之堯授舜舜授禹天與賢也

湯放桀武王伐紂天吏也順天者存逆天者亡時之所以爲大也天地之祭則有所尊宗廟之事則有所親天地宗廟尊親之倫也父子君臣尊卑之倫也社稷山川地祇之祀人鬼天神之祭三者之體固異蓋天神則以陽爲體地祇則以陰爲體人鬼則䰟以陽爲體魄以陰爲體也喪之用則不儉其親祭之用則必盡其物賓之交則禮殺容之交則禮隆皆從其義而已矣羔豚而祭薄也宜若不足而百官皆足大牢而祭豐也宜若有餘而不必有餘者求其稱而已矣蓋順主仁體主禮宜與稱主義其所主雖殊而其爲禮一也○嚴陵方氏曰龜所以決國疑圭所以申國信諸侯有國者也故以龜爲寶以圭爲瑞大夫有家而已故不寶龜不藏圭變瑞言藏則以藏猶不可而況於瑞乎門之有臺所以壯國體故家不臺門凡此則以國家之辨各有稱焉

禮有以多爲貴者天子七廟諸侯五大夫三士一

一廟下士也適士則二廟

天子之豆二十有六

此天子朔食之豆數

諸公十有六

上公也。更相朝時堂上之豆數

諸侯十有二

通侯伯子男也。亦相朝時堂上之豆數

上大夫八。下大夫六

皆謂主國食使臣堂上之豆數。山陰陸氏曰。天子朝踐八豆。饋食八豆。又加豆八。羞豆二。所謂二十有六。諸公十六。倍上大夫。朝事八。饋食八。諸侯十二。倍下大夫。朝事六。饋食六。上大夫八。朝事之豆也。下大夫六。芼茆菹麋臡也

諸侯七介七牢。大夫五介五牢

介副也上介一人餘爲衆介牢太牢也謂諸侯朝天子時天子以太牢之禮賜之周禮公九介九牢侯伯七子男五今言七舉中以言之也大夫五介五牢者諸侯之大夫爲君使而來各降其君二等此五介五牢謂侯伯之卿亦舉中言之也

天子之席五重平聲諸侯之席三重大夫再重

天子祫祭其席五重諸侯席三重者謂相朝時賓主皆然也三重則四席再重則三席
嚴陵方氏曰豆以實地
產爲主故每用陰數介
謂儐介之介此引諸侯牢介謂朝天子之禮也卿大夫
牢介諸侯使聘天子之禮也止言諸侯之席三重則通
五等可知言大夫
再重則兼卿可知

天子崩七月而葬五重八翣。所甲反 諸侯五月而葬三重六翣。大夫三月而葬再重四翣。此以多爲貴也

五重者。謂抗木與茵也。茵以藉棺。用淺色緇布夾爲之。以茅秀及香草著其中。如今褥子中用絮然。縮者二。横者三。爲一重。抗木所以抗載於土。下棺之後置抗木於椁之上。亦横者三。縮者二。上加抗席三。此爲一重。如是者五。則爲五重也。翣見檀弓 長樂陳氏曰。多少者禮之數。大小高下者禮之度。文素者禮之容。是雖所設之不同。皆緣情以制宜。隨宜以爲貴。以求其稱而已。其言以多爲貴。則先之以廟而繼之豆介牢席者。先神后人之序也。由豆介牢席而繼之以葬者。養生送死之序也。至於多少大小高下文素之間。其先後之序。蓋可以理考 ○許氏曰。裁羣物。制庶事。安上治民。莫善於禮。究其哀多益寡。別嫌明微。使禮之

或多或寡或小或大或高或下或文或質各當其位而不相亂各稱其情而不相悖循其名列其器而義以脩焉禮以藏焉則非聖人莫能爲矣故祧廟之設天子則七諸侯則降而五焉大夫三焉士則一焉非特以誠深孝篤獨隆於天子也蓋以天下有王尊祖親禰之道當如是也堂上正羞天子則二十有六豆諸公則殺而十六焉諸侯則十二焉上大夫八而下大夫六焉非以備味多品獨宜於天子也不如是無以極九州之美備四時之和也牢介異數諸侯之七則多於大夫之五席重異宜諸侯之三則多於大夫之再事莫大於天子之喪故葬必七月而抗木與茵之數至于五重而翣以八焉至諸侯則五月而葬三重六翣而已夫葬月之或七或五也抗茵柳翣之數五之與三八之與六天子諸侯之儀亦或幾於相亂矣夫其禮之相亂者其間不能以寸聖人乃惓惓致意焉蓋以爲毫氂之際所以明嫌表微者舍是無以自見也

有以少爲貴者天子無介祭天特牲

介所以佐賓天子以天下爲家無爲賓之義故無介也

特獨也

天子適諸侯諸侯膳以犢諸侯相朝灌用鬱鬯無籩豆之薦大夫聘禮以脯醢

天子祭天惟用一牛若巡守而過諸侯之境則諸侯奉膳亦止一牛其尊君之禮亦如君之尊天也諸侯相朝享禮畢主君酌鬱鬯之酒以獻賓不用籩豆之薦者以其主於相接以芬芳之德不在殽味也大夫出使行聘禮主國禮之酌以酒而又有脯醢之薦此見少者貴多者賤也

天子一食諸侯再大夫士三食力無數

食餐也位尊者德盛其飽以德不在於食味故每一餐輒告飽須御食者勸侑乃又餐故云一食也諸侯則再餐而告飽大夫士則三餐而告飽皆待勸侑則再食食力自食其力之人農工商賈庶人之屬也無德不仕無祿代耕禮不下庶人故無食數飽即自止也

大路繁（盤）纓一就次路繁纓七就

殷世尚質其祭天所乘之車木質而已無別雕飾謂之大路繁馬腹帶也纓鞅也在馬膺前染絲而織以爲罽五色一帀曰就就猶成也繁與纓皆以此罽爲之車朴素故馬亦少飾也大路之下有先路次路次路殷之第

三路也。供卑雜之用，故就數多。郊特牲云：次路五就。此蓋誤爲七就。嚴陵方氏曰：繁纓蓋路馬之飾。一就言五色一帀。蓋色至於五然後備故也。色謂之就，猶樂謂之成歟。大路繁纓一就，次路繁纓七就者，殷尚質，故就之少者爲大，就之多者爲次也

圭璋特

圭璋形制見考工記。諸侯朝王以圭，朝后則執璋。玉之貴者不以他物儷之，故謂之特，言獨用之也。周禮小行人掌合六幣：圭以馬，璋以皮。然皮與馬皆不升堂，惟圭璋特升於堂，亦特之之義也

琥璜爵

琥爲虎之形，璜則半環之形也。此二玉下於圭璋，不可

專達必待用爵。蓋天子享諸侯，及諸侯自相享，至酬酒時，則以幣將送酬爵，又有琥璜之玉以將幣，故云琥璜爵也。延平周氏曰：饗至於酬爵，則禮成矣。圭璋，春夏迎氣之玉，有生物之意；琥璜，秋冬迎氣之玉，有成物之意。有生物之意，故不待禮成而特達於天子；有成物之意，故必待禮成，然後附爵而通也。

鬼神之祭單席。丹

鬼神異於人，不假多重以爲温暖也。

諸侯視朝，大夫特，士旅之，此以少爲貴也。

君視朝之時，於大夫則特揖之，謂每人一揖也。旅，衆也。士卑，無問人數多少，君一揖而已。長樂陳氏曰：諸侯膳天子以犢，以天子祭天之禮事其天子也；諸侯相朝，灌用鬱鬯，以人敬神之禮敬諸侯也。用鬱鬯，無籩豆之薦，若謂其用鬱鬯之時而無籩豆也。君子食德。小人食力。食德則謀道。故食以薄。食力則謀食。故食以厚。此天子至士。所以有一食再食三食之數。而食力者則無數也。夫不待酧爵而特達於天子者。圭璋也。必待酧爵而不可以特達者。琥璜也。圭璋禮東南之玉而主乎陽。琥璜禮西北之玉而主乎陰。主乎陽則可以特達於天子。主乎陰則必附爵而后通。故易之陽卦畫奇。陰卦畫耦。以其陽故可以特而不必有附。陰必資於所附而不可以特也。聘義曰圭璋特達德也。豈非所謂陽德歟。周官之法。祀先王之席如朝覲饗射之數。而天神之祭則藁秸而已。此言鬼神之祭單席者非周制也。諸侯視朝。大夫特揖士旅之者。蓋大夫之德尊而士之德卑。德尊者寡。故特揖。德卑者衆。故旅揖而已。諸侯之視朝如此。至於天子則不然。周官之司士云。孤卿特揖。大夫以其等旅揖。士旁三揖

有以大爲貴者。宫室之量。去聲器皿之度。棺椁之厚。丘封之大。此以大爲貴也。有以小爲貴者。宗廟之祭。貴者獻以爵。賤者獻以散。去聲尊者舉觶。志卑者舉角。五獻之尊。門外缶。

門内壺君尊瓦甒武此以小爲貴也

爵一升。觚二升。觶三升。角四升。散五升○疏曰。特牲云

主人獻尸用角。佐食洗散以獻尸。是尊者小卑者大。按

天子諸侯及大夫皆獻尸以爵。無賤者獻以散之文。禮

文散亡不具也。特牲主人獻尸用角者。下大夫也。特牲

少牢禮尸入舉奠觶。是尊者舉觶。特牲主人受尸酢受

角飲者。是卑者舉角。此是士禮耳。天子諸侯祭禮亡。五

獻子男之享禮也。凡王享臣及其自相享。行禮獻數各

隨其命。子男五命。故知五獻是子男。列尊之法。門外缶

者。缶尊名。盛酒在門外。壺亦尊也。盛酒在門内。君尊子

男之尊也子男用瓦甒爲尊不云內外則陳之在堂人君面尊而專惠也其壺金但飲諸神小尊近君大尊在門是以小爲貴壺大一石瓦甒五斗金又大於壺

嚴陵方氏曰周官典命宮室以命數爲節自上公至子男或以九或以五各有差此宮室以大爲貴也天子之路謂之大路弓謂之大弓斗謂之大斗房謂之大房此器皿以大爲貴也尊者之棺至於四重卑者止於一重椁則周於棺此棺椁以大爲貴也周官冢人以爵等爲丘封之度此丘封以大爲貴也量言其所容度言其所至度量宮室器皿皆有之於宮室言量於器皿言度互相備也既曰器又曰皿者若車旗之屬可謂之器而不可謂之皿若籩豆之屬正謂之皿亦可謂之器此大小之辨也既曰丘又曰封者自積土言之則曰丘自度土言之則曰封曰丘則必高矣曰封則不必高也故王公曰丘諸臣曰封此亦大小之辨也獻謂獻之於尸也舉謂自舉而飲也貴賤以位言尊卑以體言獻爵者主人獻散者佐食主人之與佐食則有貴賤之別焉故以位言之舉觶

者皇尸舉角者主人皇尸之與主人特有尊卑之別爾故以體言之於瓦甒言君尊則知壺缶爲飲諸臣之尊於甒言瓦則知壺缶皆瓦矣

有以高爲貴者天子之堂九尺諸侯七尺大夫五尺士三尺天子諸侯臺門此以高爲貴也

九尺以下之數皆謂堂上高於堂下也考工記堂崇三尺是殷制此周制耳臺門見前章　嚴陵方氏曰陽數窮於九天子則體陽道之極故也故堂階之高其尺以九爲節自是而下降殺以兩故或以七或以五或以三焉前言家不臺門而有國者得用之矣故天子諸侯臺門凡此皆以高爲貴故也

有以下爲貴者至敬不壇徒丹反埽去聲地而祭天子諸侯之尊廢禁大夫士棜於據反禁此以下爲貴也

封土爲壇郊祀則不壇至敬無文也禁與棜皆承酒樽之器木爲之禁長四尺廣二尺四寸通局足高三寸漆赤中畫青雲氣菱苕華爲飾刻其足爲褰帷之形棜長四尺廣二尺四寸深五寸無足亦畫青雲氣菱苕華爲飾也棜是轝名禁者因爲酒戒也天子諸侯之尊廢禁者廢去其禁而不用也大夫士棜禁者謂大夫用棜士用禁也棜一名斯禁見鄉飲酒禮

嚴陵方氏曰祭天之禮謂之至敬下言至敬無文是也壇特人爲高非體之自然也故埽除其地以致其潔也郊特牲所謂埽地而祭於其質也是矣禁所以承酒尊且棜也禁也皆所以爲酒戒曰棜則欲其不流曰禁則欲其不犯别而言之固如此合而言之棜亦禁也猶之旗常通謂之九旗也且有足者爲禁無足者爲棜有足則高無足則下此主以下爲貴於大夫用

揔至廢禁則又下矣故天子諸侯之貴如此

禮有以文爲貴者天子龍袞諸侯黼大夫黻士玄衣纁裳天子之冕朱綠藻十有二旒諸侯九上大夫七下大夫五此以文爲貴也

龍袞畫龍於袞衣也白與黑謂之黼黼如斧形刺之於裳黑與青謂之黻其狀兩己相背亦刺於裳也纁赤色冕祭服之冠也上玄下纁前後有旒前低一寸二分以其略俛而謂之冕冕同而服異一袞冕二鷩冕三毳冕四絺冕五玄冕各以服之異而名之耳冕之制雖同而旒有多少朱綠藻者以朱綠二色之絲爲繩也以此繩

貫玉而垂於冕以爲旒周用五采此言朱綠或是前代之制十有二旒者天子之冕前後各十二旒每旒十二玉玉之色以朱白蒼黄玄爲次自上而下偏則又從朱起衮冕十二旒鷩冕九旒毳冕七旒絺冕五旒玄冕三旒此數雖不同然皆每旒十二玉三繅玉五采也此皆周時天子之制諸侯九上大夫七下大夫五士三此亦非周制周家旒數隨命數詳見儀禮冕弁圖○疏曰諸侯雖九章七章以下其中有黼也孤絺冕而下其中有黻故特舉黼黻而言耳詩采菽云玄衮及黼是特言黼終南云黻衣繡裳是特言黻也○陳氏曰藻潔而文衆采

如之。故曰藻長樂陳氏曰。此經主以文爲貴。故於天子不言大裘。曰龍袞而已。諸侯之服雖曰自袞冕而下。然其德則貴乎能斷。故言黼黻亦舉其下者而言之。卿大夫之服自玄冕而下則有章有黻而已。故言黻。以其德貴乎能辨也。諸侯有君道。以治邦國。以蕃王室。其於政治之義必貴乎能斷。大夫有臣道。道合則從。不合則去。其於去就之義不可以無辨也。士之服止於玄衣纁裳。則質而已。衣正色。則天子至於士皆玄衣也。裳間色。自天子至士皆纁裳也。玄以象道之在上。纁以象事之在下。此貴賤之所通也。所異者。特繡繢之功。或多或寡。或有或無而已

有以素爲貴者。至敬無文。父黨無容。大圭不琢。篆大泰羹不和。去聲大路素而越活席。犧莎尊疏布鼏。莫力反樿展杓。市約反此以素爲貴也

敬之至者不以文爲美。如祭天而服黑羔裘。亦是尚質

素之意。折旋揖讓之禮容。所以施於外賓見父之族黨。自當以質素爲禮。不爲容也。大圭。天子所搢者長三尺。不琢。不爲鐫刻文理也。大羹。太古之羹也。肉汁無鹽梅之和。後王存古禮故設之。亦尚玄酒之意。大路。殷祭天之車。朴素無飾。以蒲越爲席。犧尊刻爲犧牛之形。讀爲娑音者。謂畫爲鳳羽娑娑然也。此尊以麤疏之布爲覆冪。樿白木之有文理者。杓沃盥之具也。嚴陵方氏曰。大圭之用。即其體而無琢刻之功。所以爲大。若鎮圭之類則小矣。大羹之湆遺其味而無調和之齊。所以爲大。若鉶羹之類則小矣。大路之制。因其質而唯朴素之尚。所以爲大。若金路之類則小矣。禮之不同者固多。而大槩不過於多少大小高下素文。○長樂陳氏曰。至敬無文。篤於誠也。父黨無容。篤於愛也。天子大圭則搢之。不琢而杼上。所以象乎天之藏物而無爲也。羹不和謂之大羹。路不飾謂之大路。以其道之所寓，而非功之所致也。以蒲爲席謂之越席。畫牛於尊謂之犧尊。牛取其能耕。犧言其共祭，言犧而不言牛，以共祭爲主也。八尊所以祭天地，故尚質。六彝所以祭宗廟，故尚文。則疏布之所冪，惟尊而已。○許氏曰：禮貴乎多者，蓋非多則不足爲禮之稱也。然物欲有盡而人情已勤，使天下而皆饜足其好多之心，則雖窮天下之物，適以亂天下之禮而已。是以聖人之制有推而進焉，以不奪其情，亦有抑而反焉，以深求其本。是故天子無介，祭天用特，天子之膳諸侯非不能備多品也，而用止一犢。諸侯相朝，主國豈不能備籩豆也，而灌止用鬯。繁纓美於多就，而大路一就也。琥璜用於爵幣，而圭璋之特也。不特禮之多少爲然，推之於小大高下文質之間，亦莫不然。故宮室器皿，尊者極其大，而宗廟之尊彝爵之貴於散也，觶之崇於角也，瓦甒之尊於壺缶也，無非不廢其大而隆其小也。堂莛門臺，尊者極其高，而祭天之地不壇也。天子之尊而廢禁也，又無非樂其高而不忘其下也。龍衮玉藻，文采之隆於天子極矣，而祭天之用，圭不琢，羹不和，大路質素而越席之用，犧尊布冪而樿杓之貴，豈以文采之用而盡廢其質哉。

多少不同其用。而各惟其宜。文質不一其施。而悉惟其稱。或大或小。或高或下。狹不可豐。廣不可殺。情文並施。條理不紊。而禮之本末始得以並著於天下

孔子曰。禮不可不省息井反也。禮不同。不豐。不殺。此之謂也。蓋言稱也

省察也。禮之等雖不同。而各有當然之則。豐則踰。殺則不及。惟稱之爲善。馬氏曰。自禮以多爲貴而至於禮以素爲貴。皆禮之寓於形名數度之間。其用不同者。有如此也。其用雖不同。要之歸於稱則一也。故豐之而不以爲有餘。殺之而不以爲不足。唯其稱而已。此爲禮不可不察也

禮之以多爲貴者。以其外心者也。德發揚詡許萬物。大理物博。如此則得不以多爲貴乎。故君子樂吾教反其發也

用心以致備物之享則心在於物故曰外心然所以貴於備物者聖人蓋見夫天地之德發揚昭著盛大溥徧於萬物是其理之所該者大故物之所成者博如此豈得不以多爲貴乎此制禮之君子所以樂其用心於外以致備物也

禮之以少爲貴者以其內心也德產之致[直二反]也精微觀天下之物無可以稱[去聲]其德者如此則得不以少爲貴乎是故君子慎其獨也

散齊致齊祭神如在皆是內心之義惟其主於存誠以期感格故不以備物爲敬所以然者蓋有見夫天地之

德所以發生萬彙者其流行賦予之理密緻而精微即大傳所言天地絪縕萬物化醇也縱使偏取天下所有之物以祭天地終不能稱其德而報其功不若事之以誠敬之爲極致是以行禮之君子主於存誠於內以交神明也慎獨者存誠之事也嚴陵方氏曰心一而已以示禮於外故有外心焉以體禮於內故有內心焉用心於外故以多爲貴用心於內故以少爲貴德之發揚則其和足以詡萬物矣詡言能翕張也德雖不言而翕張萬物如之一翕一張相濟而和則大得其理而功之所施者博矣以多爲貴乃其稱歟故君子樂於發也易言天地之大德曰生則天下之物皆德之所生也故曰德產物生之迹雖粗而其道則致精物生之迹雖顯而其道則致微故曰德產之致也精微德之所致如此觀天下之物固無可以稱其德者矣以少爲貴乃其稱歟故君子慎其獨也

古之聖人內之爲尊外之爲樂洛少之爲貴多之爲美是故先王之制禮也不可多也不可寡也唯其稱也

尊如中庸尊德性之尊恭敬奉持之意也尊其在內之誠敬故少物亦足以爲貴樂其在外之儀物必多物乃可以爲美宜少者不可多宜多者不可寡或稱其內或稱其外也嚴陵方氏曰內外以心言多少以物言即上文所言者是也外心不止於多則或高或大或文亦外心耳內心不止於少則或下或小或素亦內心耳稱其內心則以少爲貴故不可多稱其外心則以多爲美故不可寡此先王制禮之道也

是故君子大牢而祭謂之禮匹士大牢而祭謂之攘

謂之禮稱也謂之攘不稱也○疏曰匹偶也士賤不得

特使爲介乃行故謂之匹士庶人稱匹夫者惟與妻偶耳馬氏曰君子者以位之貴者言之匹士者以位之賤者言之古者天子諸侯卿大夫皆君子也天子諸侯卿大夫位之尊其禮可以致其隆故曰天子以犧牛諸侯以肥牛大夫以索牛此大牢而祭謂之禮也至於匹士大牢而祭故謂之攘攘者非其有而取之也

管仲鏤簋朱紘宏山節藻梲拙君子以爲濫矣

管仲齊大夫鏤簋簋有雕鏤之飾也紘冕之繫以組爲之自頷下屈而上屬於兩旁之笄垂餘爲纓天子朱諸侯青大夫士緇山節刻山於柱頭之斗栱也藻水草也藻梲畫藻於梁上之短柱也此皆管仲僭禮之事濫放溢也嚴陵方氏曰是皆天子之禮管仲以陪臣爲之則過於奢矣奢則僭僭故君子以爲濫濫者溢而無所

制之謂也。雜記所謂難爲上者以此

晏平仲祀其先人。豚肩不揜豆。澣衣濯冠以朝。君子以爲隘矣。

晏平仲亦齊大夫。大夫祭用少牢。不合用豚。周人貴肩。肩在俎不在豆。此但喻其極小。謂併豚兩肩亦不足以掩豆。故假豆言之耳。上言不豐不殺。此舉管晏之事以明之。管仲豐而不稱。晏子殺而不稱者也。隘。陋也。嚴陵方氏曰。隘者陋而無所容之謂。雜記所謂難爲下者以此

是故君子之行禮也。不可不慎也。衆之紀也。紀散而衆亂。

禮所以防範人心。綱維世變。前篇言壞國喪家亡人必

先去其禮

孔子曰我戰則克祭則受福蓋得其道矣記者引孔子之言而釋之曰夫子所以能此二者蓋以得其行之之道也馬氏曰紀者衆目之總禮者亦百行之總君子之戰非必於克而克隨之君子之祭非必於受福而福亦隨之蓋在己者有以先之也在己有以先之者禮而已矣○嚴陵方氏曰紀一定則衆目各有條理故紀散而衆亂此君子之行禮所以不可不慎也順以使衆故戰則克誠以事神故祭則受福能順則得戰之道矣能誠則得祭之道矣夫子之所謹則得其道可知

君子曰祭祀不祈不麾揮蚤早不樂洛葆保大不善嘉事。牲不及肥大薦不美多品

吾子曰記者自謂也祭有常禮不爲祈私福也周禮大

祝掌六祈小祝有祈福祥之文皆是有故則行之不在常祀之列麾快也祭有常時不以先時爲快葆猶褒也器幣之小大長短自有定制不以褒大爲可樂也嘉事冠昏之禮奠告有常儀不爲善之而更設他祭牲不及肥大及猶至也如郊牛之角繭栗宗廟角握社稷角尺各有所宜用不必須並及肥大也薦祭之品味有定數不以多品爲美也長樂陳氏曰君子之於祭祀也寧神而已故不祈因時而已故不麾蚤○馬氏曰器幣所以將誠苟葆大其器而無其意君子不樂也書曰享多儀儀不及物惟不役志于享凡民惟曰不享與此同意冠昏之禮必先祭於祖廟者非以嘉事爲善也示其有尊祖敬禰之意禮有以大爲貴而牲不及肥大禮有以多爲貴而薦不美多品者脩其在中之誠而已蓋君子內則盡志外則盡物在外之物不可得

而盡盡其在內之志而已矣

孔子曰臧文仲安知禮夏父弗綦逆祀而弗止也臧文仲魯大夫臧孫辰夏父弗綦人姓名也魯莊公薨立適子閔公閔公薨立僖公僖公者莊公之庶子閔公之庶兄也僖公薨子文公立二年八月祫祭太廟夏父弗綦爲宗伯典禮移閔公置僖公之下是臣居君之上逆亂尊卑不可之大者時人以文仲爲知禮孔子以其爲大夫而不能止逆祀之失豈得爲知禮乎金華應氏曰文仲不知正其順祀之爲禮徒以昵於所親之爲孝

燔柴於奧夫奧者老婦之祭也盛於盆尊於

瓶

此亦言臧文仲不能正失禮之事。周禮以實柴祀日月星辰。有大火之次。故祭火神則燔柴也。今弗綦為禮官。謂爨神是火神。遂燔柴祭之。是失禮矣。禮祭至尸食竟而祭爨神。宗婦祭饎爨烹者。祭饔爨。其神則先炊也。故謂之老婦。惟盛食於盆。盛酒於瓶。卑賤之祭耳。雖卑賤而必祭之者。以其有功於人之飲食。故報之也。有問竈可祭否

朱子曰。飲食所繫。亦可祭。○嚴陵方氏曰。祀奧者。以竈能化飲食以養人故也。配以先炊。故謂之老婦之祭。○延平周氏曰。先炊之有祭。猶牧之有先牧。而嗇之有先嗇也

禮也者。猶體也。體不備。君子謂之不成人。設之不當。去聲猶

不備也。禮有大有小，有顯有微。大者不可損，小者不可益；顯者不可揜，微者不可大也。故經禮三百，曲禮三千，其致一也。未有入室而不由戶者

體，人身也。先王經制大備，如人體之全具矣。若行禮者設施或有不當，亦與不備同也。大者損之，小者益之，揜其顯，著其微，是不當也。禮以敬爲本，一者，敬而已。未有入室而不由戶者，豈有行禮而不由敬乎。○朱子曰：禮儀三百，便是儀禮中士冠、諸侯冠、天子冠禮之類。此是大節，有三百條。如始加、再加、三加，又如坐如尸、立如齊之類，皆是其中小目，呂與叔云，經便是常行底，緯便是

變底恐不然經中自有常有變緯中亦自有常有變○趙氏曰經禮如冠昏喪祭朝覲會同之類曲禮如進退升降俯仰揖遜之類馬氏曰百骸九竅具然後足以爲人大小精粗備然後足以爲禮古之言禮者內之爲本外之爲文多之爲美少之爲貴凡此者皆慮其禮之不備也小大微顯設之皆當禮之所以備也經禮者曲禮之總曲禮者經禮之別經禮至於三百之多曲禮至於三千之多者皆慮其禮之不備也

君子之於禮也有所竭情盡愼致其敬而誠若有美而文而誠若

誠實也若語辭謂以少者小者下者素者爲貴是內心之敬無不實者以多者大者高者文者爲貴美而有文是外心之實者嚴陵方氏曰禮雖不同至於致其誠則一而已竭情盡愼致其敬則誠之存乎

内者美而文則誠之發乎外者或内
或外皆不離乎誠故每以誠言之

君子之於禮也有直而行也有曲而殺色介反也有經而等也有順而討也有摲芟入聲而播也有推而進也有放上聲而文也有放而不致也有順而摭也

親始死而哭踊無節是直情而徑行也故曰直而行父在則爲母服期尊者在則卑者不杖是委曲而減殺之也故曰曲而殺父母之喪無貴賤皆三年大夫士魚俎皆十五是經常之禮一等行之也故曰經而等順而討者順其序而討去之若自天子而下每等降殺以兩是也摲而播者芟取在上之物而播施於下如祭俎之肉

及群臣而胞翟之賤者亦受其惠是也推而進者推卑者使得行尊者之禮如二王之子孫得用王者之禮及旅酬之禮皆得舉觶於其長是也冕服旗常之章采樽罍之刻畫是放而文也公侯以下之服其文采殺於天子而不敢極致是放而不致也摭猶拾取也雖拾取尊者之禮而行之不謂之僭逆如君沐粱士亦沐粱又有君大夫士一節者是順而摭也言君子行禮有此九者不可不知也嚴陵方氏曰直而行者謂行吾誠於內而無所屈曲而殺者謂爲所隆者厭而不得伸經而等謂順理之常無貴賤一也撕而播謂撕此以播於彼放而文謂觀象放法以致其飾放而不致若諸侯之服自鷩冕而下其旗自龍而下是矣

三代之禮一也民共由之或素或青夏造殷因

殷尚白夏尚黑素即白也青近於黑不言白黑而言素青變文耳此類皆制作之末舉此以例其餘則前之創造後之因仍皆可知矣○朱子曰三綱五常禮之大體三代相繼皆因之而不能變其所損益不過文章制度小過不及之間而已

嚴陵方氏曰三代之禮所異者迹所同者道故曰一也夏造殷因者言夏造於前殷因之於後也言殷之因夏則周之因殷從可知矣○臨川吳氏曰言夏殷周三代之時禮之儀文雖小有損益而其所以爲禮者則一故天下之民皆可遵行蓋損益而異者禮之文耳禮之本則相因不變而無不同也又曰所尚之色雖有或素或青之異然禮之本則夏造作於前殷因襲於後無不同者

周坐尸詔侑武無方其禮亦然其道一也

承上夏造殷因而言三代尸禮之異。周之禮尸即位而坐。詔者告尸以威儀之節。侑者勸尸爲飲食之進。詔與侑皆祝官之職。祝不止一人。無方謂無常人也。宗廟中可告之事皆得告之也。亦然。亦如殷之禮也。禮同本於道之同。故云其道一也

夏立尸而卒祭。殷坐尸

夏之禮尸當飲食則暫坐。若不飲食則惟立以俟祭事之終也。殷則尸雖無事亦坐嚴陵方氏曰。夏立尸而殷坐尸。殷雖坐尸而詔侑未必無方。周則文又備。不惟坐尸而且詔侑無方。爲此特文備之事爾。而於禮莫不然也。故曰其禮亦然。以其道未始不相因。故曰其道一也

周旅酬六尸。曾子曰。周禮其猶醵醵其庶反與。

周家祫祭之時。群廟之祖皆聚於后稷廟中。后稷尸尊不與子孫爲酬酢。毀廟之祖又無尸。故惟六尸而已。此六尸自爲昭穆次序行旅酬之禮。故曾子言周家此禮。其猶世俗之醵與。醵。斂錢共飲酒也。錢之所斂者均。則酒之所飲必均。此六尸之旅酬。如醵飲之均平也。臨川吳氏曰。此承上文言周之異於殷者。不但詔侑無方之禮。又有旅酬六尸之禮也。而又引曾子釋旅酬之言于後以結之

君子曰。禮之近人情者。非其至者也。郊血。大饗腥。三獻爓。潛一獻孰

近者爲褻遠者爲敬凡行禮之事與人情所欲者相近
則非禮之極至者其事本多端此獨舉血腥爓孰四者
之祭以明之者禮莫重於祭故也郊祭天也郊祀與大
饗三獻皆有血腥爓孰此各言者據先設者爲主也郊
則先設血後設腥爓孰大饗祫祭宗廟也腥生肉也去
人情稍近郊先薦血大饗則迎尸時血與腥同時薦獻
酌酒以薦獻也祭社稷及五祀其禮皆三獻故因名其
祭爲三獻也爓沉肉於湯也其色略變去人情漸近矣
此祭血腥與爓一時同薦但當先者設之在前當後者
設之居後據宗伯社稷五祀初祭降神時已埋血據此

則正祭薦爓時又薦血也。一獻祭群小祀也。祀卑酒惟一獻。用孰肉。無血腥爓三者。蓋孰肉是人情所食。最爲褻近。以其神卑。則禮宜輕也。延平周氏曰。獻以血。非近人情者也。而反以事天。獻以孰。乃近人情者也。而反以事群小祀。蓋禮之近人情者。非禮之至也。爓與孰以牲言。質與文以禮言。○嚴陵方氏曰。全乎天者莫如血。故用之於郊。近乎人者莫如孰。故用之於獻。故曰禮之近人情者。非其至者也。且由爓而上。則尚氣而已。至於孰則又尚味焉。故郊特牲曰。至敬不饗味而貴氣臭也

是故君子之於禮也。非作而致其情也。此有由始也。是故七介以相見也。不然則已慤。慤三辭三讓而至。不然則已蹙。蹙

作。如作聰明之作。過意爲之也。言先王制禮之初。十以

誠敬爲太乃天理人情之極致後世守而行之非過意而故爲極致之情也此由始於古也上公之介九人侯伯七人子男五人此舉其中而言之兩君相見必有介副之人以伸賓主之情不如此則太愿慤而無禮之文矣已太也三辭三讓者賓初至大門外交擯之時有三辭之禮及入大門主君每門一讓則賓一辭凡三辭三讓而後至廟中也不如此則太迫蹙而無禮之容矣山陰陸氏曰禮出於自然非作之也夫禮一於本而已則或失之愿是故以介相見辭讓而後至

故魯人將有事於上帝必先有事於頖判宮晉人將有事於河必先有事於惡呼池徒河反齊人將有事於泰山必先

有事於配林。三月繫。七日戒。三日宿。愼之至也

此因上章言兩君相見之禮漸次而進。故言祭祀之禮亦有漸次。由卑以達尊者。魯人將祭上帝。必先有事頖宮。頖宮。諸侯之學也。魯郊祀以后稷配。先於頖宮告后稷。然後郊也。虖池。并州川之小者。河之從祀也。配林。林名。泰山之從祀也。帝牛必在滌。三月繫。繫牲於牢也。七日戒。散齊也。三日宿。致齊也。敬愼之至如此。故以積漸爲之。何敢迫蹙而行之乎

馬氏曰。大者小之所積。由小而至大。莫不有漸。故魯人將有事於上帝。必有事於頖宮者。凡以此也。不如是。則情失於慤。且蹙矣。與夫直情徑行者。無以異也。

故禮有擯詔。樂有相去聲步。溫於糞反之至也

禮容不可急遽故賓主相見有擯相者以詔告之樂工
無目必有扶相其行步者此二者皆温藉之至也温藉
之義如玉之有承藉然言此擯詔者是承藉賓主相步
者是承藉樂工也嚴陵方氏曰相見必以介者所以達其情辭讓而後至者所以舒其行初日禮辭再曰固辭三曰終辭則讓亦由是也鄉飲酒日月者三日則成魄三月則成時是以禮有三讓此辭讓之數必以三也有事謂祭也將有事於大必先有事於小焉七日戒即祭統言散齊七日以定之是也三日宿即祭統言致齊三日以齊之是也此皆先事而備焉故日愼之至賓主相接而後禮行贊相相資而後樂作則緩而不迫和而無乖故曰温之至也

禮也者反本脩古不忘其初者也故凶事不詔朝潮事以
樂岳

本心之初天所賦也貴於反思而不忘禮制之初聖所作也貴於脩舉而不墜二者皆有初故曰不忘其初擗踊哭泣不待詔告以其發於本心之自然也朝廷養老尊賢之事必作樂以樂之亦以愜其本心之顧望也此二者是反本之事嚴陵方氏曰物有本末時有古今然逐末之流而不知其所反從今之便而不能有所脩則先王之禮意亡矣本者末之初古者今之初反之脩之則不忘之故也本末一物欲追還之而已故於本曰反古今異時必有損益焉故於古曰脩此其別也言凶事則知朝事之爲吉禮言朝事則知凶事之爲喪禮凶事不詔則朝事必詔可知朝事以樂則凶事無樂可知

醴酒之用玄酒之尚割刀之用鸞刀之貴莞官篿徒點反之安而稾古老反鞂江八反之設

醴酒之美用矣。而列尊在玄酒之下。今世割刀之利便於用矣。而宗廟中乃不用割刀而用古之鸞刀。下莞上簟可謂安矣。而設稾鞂之麄者爲郊祀之席。此三者是脩古之事。鸞鈴也刀鐶有鈴。故名鸞刀。割肉欲中其音節。郊特牲云聲和而後斷也。莞蒲之細者可爲席。簟竹席也。稾鞂除去穀之稈也。鞂與禹貢秸字同

是故先王之制禮也必有主也故可述而多學也

有主。主於反本脩古也。但以此二者求之則可以稱述而學之不厭矣。所從故也。嚴陵方氏曰。主。猶賔主之主。以其衆之禮也必反之。古者。今之主。蓋本者末之主。故先王之制禮也必脩之。此之謂有主。夫少則得。多則惑。以其有主。則雖多不惑。故

可述而多學也

君子曰無節於內者觀物弗之察矣欲察物而不由禮弗之得矣故作事不以禮弗之敬矣出言不以禮弗之信矣故曰禮也者物之致也

無節於內言胷中不能通達禮之節文也觀物弗之察言雖見行禮之事不能審其得失也察物而不由禮以察之何以能得其是非之實作事而不由禮何以能存其主敬之心出言而不由禮何以能使人之信其言故曰禮者事物之極致也嚴陵方氏曰無節於內則所存乎己者未定何恃而觀彼哉故曰無節於內者觀物弗之察矣禮者體物者也故欲察物而不由禮弗之得矣蓋由禮乃能得物之情故也事

無禮則不能無妄作。故弗之敬矣。言無禮則不能無妄出。故弗之信矣。

是故昔先王之制禮也。因其財物而致其義焉爾。故作大事必順天時。爲朝潮夕必放上聲於日月。爲高必因丘陵。爲下必因川澤。是故天時雨澤。君子達亹尾亹焉

財物幣玉牲牢黍稷之類。無財無物。不可以行禮。故先王制禮。必因財物而致其用之之義焉。然財物皆天時之所生。故祭祀之大事。亦必順天時而行之。如啓蟄而郊。龍見而雩。始殺而嘗。閉蟄而烝。皆是也。大明生於東。故春朝朝日必於東方。月生於西。故秋莫夕月必於西方。爲高上之祭。必因其有丘陵而祭之。爲在下之祭。必

因其有川澤而祭之。一說爲高爲圓丘也。爲下爲方丘也。祭有輕重，皆須財物，故當天時之降雨澤也。君子知夫天地生成財物之功，如此乎勉勉而不已也。則安得不用財物爲禮，以致其報本之誠乎。嚴陵方氏曰：因其財物於外，以致其義於內。蓋先王制禮之意也。下文所云，皆其事矣。大事，若春有祠，夏有礿，秋則有嘗，冬則有烝。凡此則因其財物以致大事之義。以日之出於朝也，則朝日於王宮之壇。以月之見於夕也，則夕月於夜明之坎。凡此則因其財物以致朝夕之義也。因山之高而爲事高之禮，因川澤之下而爲事下之禮。凡此則因其財物以致高下之義也。然此皆財物之大者爾。若悉而論之，凡天之所生，苟可以爲禮者，莫非財物也。故終之以天時雨澤。君子達亹亹焉，財物固皆天之所生，天之所以生之者，存乎時雨之澤也。

是故昔先王尚有德，尊有道，任有能，舉賢而置之，聚衆而誓之是故因天事天因地事地因名山升中于天因吉土以饗帝于郊升中于天而鳳皇降龜龍假格饗帝于郊而風雨節寒暑時是故聖人南面而立而天下大治

置如置諸左右之置謂使之居其位也禮莫重於祭當大事之時必擇有道德才能者執其事又從而誓戒之周禮冢宰掌百官之誓戒是也因天之尊而制爲事天之禮因地之卑而制爲事地之禮郊社是也中平也成也巡守而至方岳之下必因此有名之大山升進此方諸侯治功平成之事以告於天舜典柴岱宗即其禮也吉土王者所卜而建都之地也兆於南郊歲有常禮其

瑞物之臻，休徵之應，理或然耳。而後世封禪之說，遂根著於此，牢不可破，皆鄭氏祖緯說啓之也。馬氏曰：夫禮有五經，莫重於祭，而聖人於祭不能自任其事，則任之以人，故有尚德尊道任能舉賢誓衆之事。自尚有德至舉賢而置之，則小大之官莫不具其職；聚衆而誓之，則小大之官莫不謹其職。故於廟足以饗親，於郊足以饗帝。天者，高之極者也，故爲高必因丘陵，因高而事之，所謂因天事天也。地者，下之極者也，故爲下必因川澤，因下而事之，所謂因地事地也。因名山以升中于天，因吉土以饗帝于郊，因天之事也。升中于天而鳳凰降，龜龍假；饗帝于郊而風雨節，寒暑時，事天之效也。○嚴陵方氏曰：饗亦祭也，以祭之而見饗，故謂之饗。曰祭，則以人而言其事；曰饗，則以神而言其禮也。鳳雌曰凰，以羽族，故言降也。龜龍鱗介之族，故曰假。四靈獨不言麟者，以麟土畜，土分王於四時，言三者則麟在其中矣。四靈之物至，則無獝狘之患矣；五行之氣和，則無愆伏之災矣。聖人夫何爲哉？故南面而立，而天下大治也。

天道至教聖人至德廟堂之上罍尊在阼犧莎尊在西廟堂之下縣玄鼓在西應鼓在東君在阼夫人在房大明生於東月生於西此陰陽之分去聲夫婦之位也君西酌犧象夫人東酌罍尊禮交動乎上樂交應乎下和之至也

天道陰陽之運極至之教也聖人禮樂之作極至之德也無以復加故以至言罍尊夏后氏之尊也犧尊周尊也縣鼓大應鼓小設禮樂之器一以西爲上故犧尊縣鼓皆在西而罍尊與應鼓皆在東也天子諸侯皆有左右房此夫人在西房也君在東而西酌犧象夫人在西而東酌罍尊此禮交動乎堂上也縣鼓應鼓相應於堂下

是樂交應乎下也罍尊畫爲山雲之形犧尊畫鳳羽而象骨飾之故亦曰犧象此章言諸侯時祭之禮延平周氏曰天道無非教凡有象者皆至教也聖人無非德凡在於動作之間者皆至德也自罍在阼而下皆所謂至教至德者也雷陽也牛陰也故罍尊在左而犧尊在右者陰陽之位也以縣鼓而對應鼓則應鼓非縣乃提之者也以應鼓而對縣鼓則縣鼓非應乃倡之者也倡者爲陽和者爲陰故縣鼓在右而應鼓在左者陰陽之配也君在東阼所以祖日之生於東夫人在西房所以祖月之生於西此陰陽之位也君在東階而西酌犧象所以祖日之西行夫人在西房而東酌罍尊所以祖月之東行此陰陽之配也君陽也夫人陰也君與夫人之禮交舉於上此陰陽之體見於禮者也六律陽聲也六呂陰聲也律呂之聲交應於下此陰陽之聲發於樂者也一陰一陽謂之道而道者德教之所自出也

禮也者反其所自生樂也者樂洛其所自成是故先王之

制禮也以節事脩樂以道志故觀其禮樂而治亂可知也
蘧伯玉曰君子之人達故觀其器而知其工之巧觀其發
而知其人之知去聲故曰君子慎其所以與人者
萬物本乎天人本乎祖禮主於報本反始不忘其所由
生也王者功成治定然後作樂以文德定天下者樂文
德之成以武功定天下者樂武功之成非泛然爲之也
節事爲人事之儀則也道志宣其湮鬱也世治則禮序
而樂和世亂則禮慝而樂淫故觀禮樂而治亂可知也
蘧伯玉衛大夫名瑗言君子之心明睿洞達觀器用則
知工之巧拙觀人之發動舉措則知其人之智愚豈有

觀禮樂而不知治亂乎。禮樂者。與人交接之具。君子致謹於此。以其所關者大也。故曰。蓋古有是言。而記者稱之耳。張子曰。禮反其所自生。樂樂其所自成。禮別異。不忘本而後能推本爲之節文。樂統同。樂吾分而已。○禮天生自有分別。人須推原其自然。故言反其所自生。樂則得其所樂。即是樂也。更何所待。是樂其所自成。○嚴陵方氏曰。治定制禮。故於禮曰制。功成作樂。故於樂曰脩。治亂生於志而發於事。禮者事之所寓也。樂者志之所寓也。故觀其禮樂而治亂可知。孟子曰。見其禮而知其政。聞其樂而知其德。正謂是矣。君子之人達言達於道也。以道觀物。故知其工之巧。以道觀人。故知其人之知。言巧則拙可知。言知則愚可知。蓋工有巧拙。則見於器者有利病。人有知愚。則見於發者有當否故也。凡爲彼所觀者。以吾有與也。故君子愼其所以與人者。而況於禮樂之所示乎。所謂與人。由言接人也。或發於言。或發於行。皆所以與人者也。○馬氏曰。禮所以報本。故反其所自生。樂所以彰德。故樂其所自成。記曰。樂樂其所自生而禮反其所自始。別而言之。則禮者反其所自生。樂者樂其所自成。合而言之。樂亦反其所自生也。禮所以約人之外。故以節事。事者。自外作者也。樂所以和人之內。故以道志。志者。由中存者也。禮雖約人之外。未嘗不在內。記曰。禮節民心。樂雖和人之內。未嘗不在外。記曰。樂和民聲。別而言之。則禮在於外而樂在於內。合而言之。則禮樂之情同也。觀其禮樂之得則知其治。觀其禮樂之失則知其亂。所謂治者。非必已治也。所謂亂者。非必已亂也。達其得失之幾。則治亂之將形皆得以知之矣。自非智足以及則不能達。故蘧伯玉曰。君子之人達。均是器也。而器有巧拙。均是發也。而發有智愚。君子之達。其明足以照之。則器之巧拙。發之智愚。皆不能逃於視聽之內。蓋達之者。觀微以知著。察往以知來也

大廟之內敬矣。君親牽牲。大夫贊幣而從。去聲**君親制祭。夫人薦盎。君親割牲。夫人薦酒**

君出廟門迎牲。親牽以入。然必先告神而後殺。故大夫贊佐執幣而從君。君乃用幣以告神也。殺牲畢而進血

與腥。則君親割制牲肝以祭神於室。此時君不親獻酒。惟夫人以盎齊薦獻。盎齊見前篇。及薦孰之時。君又親割牲體。然亦不獻。故惟夫人薦酒也

卿大夫從去聲君。命婦從夫人。洞洞乎其敬也。屬屬燭乎其忠也。勿勿乎其欲其饗之也

洞洞。敬之表裏無間也。屬屬。誠實無僞也。勿勿。勉勉不已也。一云。切切也。命婦。卿大夫之妻也

納牲詔於庭。血毛詔於室。羹定丁磬反詔於堂。三詔皆不同位。蓋道求而未之得也

詔。告也。牲入在庭。以幣告神。故云納牲詔於庭。殺牲取

血及毛入以告神於室故云血毛詔於室羹肉汁也定熟肉也煮之既熟將迎尸入室乃先以俎盛羹及定而告神於堂此是薦熟未食之前也道言也此三詔者各有其位蓋言求神而未得也

設祭於堂爲祊百彭反乎外故曰於彼乎於此乎

設祭於堂者謂薦腥爓之時設饌在堂也祊祭之明日繹祭也廟門謂之祊設祭在廟門外之西旁故因名爲祊也記者又引古語云於彼乎於此乎言不知神於彼饗之乎於此饗之乎嚴陵方氏曰君子固無所不用其敬然於大廟之事必夫婦親之而且求之非一方祭之非一日則其敬也尤見於此故曰大廟之内敬矣下文所言皆其事也言制祭亦割之矣

以方殺而多少未定故曰制及既孰而多少已定故曰割也。祭言其用也。牲言其體也。或言其用。或言其體。互相備也。夫人薦酒者。謂凡酒也。牲雖以天產爲陽。然對酒言之。則養人之陰而已。君親割牲以養其陰。夫人薦酒以養其陽。亦陰陽相濟之義也。薦盎其義亦若是而已。且制祭薦盎。朝事之時也。割牲薦酒。饋食之時也。朝事以神事之。故制祭以腥而薦以齊。蓋腥與齊神道故也。饋食以人事之。故割牲以孰而薦以酒。蓋孰與酒人道故也。然君以盎齊饋食而夫人用之於朝踐。君以酒羞尸而夫人用之於饋食者。蓋殺禮於君故也。牲自外至而納之。故納牲詔於庭。以庭在室之外故也。血毛告幽全之物。故詔於堂。以堂比室爲明故也。三詔求之。固有可得之理。而曰求而未之得。特疑其如此而已。故以蓋言之。道猶言也。設祭于堂。言正祭之時也。爲祊乎外。言索祭之時也。言堂以見外之爲門。言外以見堂之爲內。祭言其事也。祊言其所也。謂之祊者。祝祭求神以此爲所在之方故也。且神無方也。祊特人爲之爾。故言爲。祭必有所陳焉。故言設。孝子不知神之所在。或於彼或於此。而祭之非一日。求之非一處。故曰於彼乎。於此乎。○馬氏曰。祭必夫婦親之。所以備內外之官也。官備則具備。是故君親牽牲。推而下之至於夫人薦酒。皆夫婦身親涖之。致其誠信之謂盡。盡之謂敬。敬。故曰大廟之內敬矣。納牲詔於庭。君親牽牲。大夫贊幣而從之時也。血毛詔於室。君親制祭。夫人薦盎之時也。羹定詔於堂。君親割牲。夫人薦酒之時也。設祭于堂。祭於廟之內也。爲祊乎外。祭於廟之外也。祭於內則疑於外。祭於外則疑於內。故曰於彼乎於此乎

一獻質。三獻文。五獻察。七獻神

一獻酌酒以薦也。祭群小祀則一獻。其禮質略。祭社稷五祀三獻。其神稍尊。故有文飾。五獻。祭四望山川之禮也。察著顯盛詳著之貌。祭先公之廟則七獻。禮重心肅。洋洋乎其如在之神也。長樂陳氏曰。禮略故質。禮加故文。察則其事地也。察矣神則其事祖也神矣。一獻孰。則於人情爲近。故曰質。三獻爓。則於人情漸遠。故曰文。三獻爓。則五獻其血乎。禮所謂血祭社

稷是也。○嚴陵方氏曰：傳曰名位不同，禮亦異數。禮有隆殺，故數有多寡。此祭祀之獻所以有一三五七之異也。夫羣小之祀禮則簡矣，故言質。社稷五祀則其禮差詳，故言文。四望山川地道也，故言祭。先公人道而已，故神之，惡其褻故也。

大饗其王事與平聲。三牲魚腊，四海九州之美味也。籩豆之薦，四時之和氣也。內納金，示和也。束帛加璧，尊德也。龜為前列，先知也。金次之，見形甸反情也。丹漆絲纊竹箭，與衆共財也。其餘無常貨，各以其國之所有，則致遠物也。其出也，肆陔夏而送之，蓋重禮也。

大饗，祫祭也。言王事者，明此章所陳非諸侯所有之事也。三牲，牛羊豕也。腊，獸也。少牢禮云腊用麋。籩豆所薦品味。皆四時和氣之生成。內金。納侯邦所貢之金也。示和。示諸侯之親附也。一說金性或從或革隨人。故言和也。君子於玉比德。諸侯來朝璧加於束帛之上。尊德也。陳列之序。龜獨在前。以其知吉凶。故先之也。金在其次。以人情所同欲。故云見情也。自三牲以下至丹漆等物。皆侯邦所供貢。並以之陳列。或備器用。與衆共財。言天下公共所有之物也。其餘無常貨。謂九州之外。蠻夷之國。或各以其國所有之物來貢。亦必陳之。示其能致遠方之物也。但不以爲常耳。諸侯爲助祭之賓。禮畢而出。在無筭爵之後。樂工歌陔夏之樂章以送之。設施如此。

蓋重大之禮也。註讀肆爲陔者。周禮鍾師掌九夏。尸出入奏肆夏。客醉而出則奏陔夏。故知此當爲陔也○劉氏曰。後篇言鍾次之。以和居參之。則此言內。金示和。亦取其聲之和耳。見情也者。見人情之和也。嚴陵方氏曰。三牲魚腊。天產也。天產所以作陰德。故以味爲主。而曰四海九州之美味。蓋味爲陰故也。籩豆之薦。地產也。地產所以作陽德。故以氣爲主。而曰四時之和氣。蓋氣爲陽故也。且味非美。則不足以養人。氣非和。則不足以養生。故於味曰美。於氣曰和也。九州之外。蕃國無常貨。責之不備。而且各以其國之所有。則示能致遠物而已。蓋得萬國之懽心以事其先王。故其言如此○延平周氏曰。備四海九州之美味者。示其得四海九州之懽心也。薦四時之和氣者。示其能贊於天地也。唯其明有以得人心而幽有以贊天地。然後爲可以事神○馬氏曰。君子之於祭祀愼終如始。祭之畢則飲酒無筭。又慮其禮之無節。故奏肆夏以節之。使之安宴而不亂。蓋重禮也。重其禮者。重

其大饗之禮也

祀帝於郊敬之至也宗廟之祭仁之至也喪禮忠之至也備服器仁之至也賓客之用幣義之至也故君子欲觀仁義之道禮其本也

祭天之禮簡素至敬無文所以爲敬之至仁之實事親是也事亡如事存所以爲仁之至附於身附於棺皆必誠必信所以爲忠之至斂之衣服葬之器具皆全備無缺莫非愛親之誠心故亦曰仁之至朝聘燕享幣有常用故幣帛篚筐將其厚意義之至也此仁與義之爲道皆可於行禮之際觀之故曰禮其本也 嚴陵方氏曰遠而尊者主乎敬

近而親者主乎愛。祀帝於郊。所以爲敬。祭親於廟。所以爲仁。仲尼燕居曰。郊社所以仁鬼神。則郊無非仁也。要之以敬爲主爾。記曰。大廟之内敬矣。則廟無非敬也。要之以仁爲主爾○馬氏曰。人死斯惡之矣。無能斯倍之矣。故先王爲之禮。使民不惡不倍。而盡心於死者。三日而斂。凡附於身者必誠必信。三月而葬。凡附於棺者必誠必信。故曰忠之至也。中庸曰。仁者人也。親親爲大。義者宜也。尊賢爲大。親親之殺。尊賢之等。禮所生也。是禮生於仁義。而曰欲觀仁義之道。禮其本向也。蓋因其禮行之際。仁義存其中也。宗廟之祭禮也。仁在其中。賓客之用幣。亦禮也。義在其中○延平周氏曰。喪禮欲其不欺於己。故曰忠之至。服器之死而致生。故曰仁之至。賓客用幣以將意。故曰義之至。禮雖出於仁義。而仁義之成體乃在於禮。故曰欲觀仁義之道。禮其本也

君子曰。甘受和。去聲白受采。忠信之人。可以學禮。苟無忠信之人。則禮不虛道。是以得其人之爲貴也

甘於五味屬土。土無專氣。而四時皆王。故惟甘味能受

諸味之和。諸采皆以白爲質。所謂繪事後素也。以此二者況忠信乃可學禮。道。猶行也。道路人所共行者。人無忠信則每事虛僞。禮不可以虛僞行也。大傳曰。苟非其人。道不虛行。嚴陵方氏曰。夫薄於德者於禮虛。非忠信之德以實之。則禮之道亦無由而行矣。易不云乎。苟非其人。道不虛行。中庸亦曰。禮儀三百。威儀三千。待其人然後行。故此經言得其人之爲貴也。○馬氏曰。甘者。味之美質也。白者。色之美質也。忠信者。人之美質也。然後可以文之也。故甘則受和。白則受采。忠信之人。可以學禮。和所以文其味。采所以文其色。禮所以文其忠信。質不能立於內。則文不可行於外。故曰忠信禮之本。義理。禮之文。無本不立。無文不行。苟無忠信之人。則禮不虛道。道之爲言行也

孔子曰。誦詩三百。不足以一獻。一獻之禮。不足以大饗。大饗之禮。不足以大旅。大旅具矣。不足以饗帝。毋輕議禮

不學詩無以言然縱使誦三百篇之多而盡言語之長

其於議禮猶槩乎未有所聞也一獻小禮亦不足以行

之使能一獻（虚獻廿八）不能行大饗之禮謂祫祭也能大饗矣不

能行大旅之禮謂祀五帝也能具知大旅之禮矣不能

行饗帝之禮也謂祀天也禮其可輕議乎嚴陵方氏曰不學詩無以

言誦詩雖多能言之而已未必能行禮則貴乎能行也故誦詩三百不足以一獻大饗者祭先王之九獻也以

會而旅焉故謂之旅饗帝謂昊天上帝也夫禮有大小故行之有難易此愈大者所以愈難焉行其事者其難

如此則言其義者可不重乎經曰禮之所尊尊其義也故曰毋輕議禮

子路爲季氏宰季氏祭逮闇而祭日不足繼之以燭雖有

强力之容肅敬之心皆倦怠矣有司跛（彼義反）倚以臨祭其

爲不敬大矣

逮及也。闇昧爽以前也。偏任爲跛。依物爲倚

他日祭，子路與（去聲）室事交乎戶，堂事交乎階，質明而始行事，晏朝而退。孔子聞之曰：誰謂由也而不知禮乎

室事謂正祭之時事尸于室也。外人將饌至戶，内人於戶受之，設於尸前，内外相交承接，故云交乎戶也。正祭之後，儐尸於堂，故謂之堂事。此時在下之人送饌至階，堂上人即階而受取，是交乎階也。質，正也。子路權禮之宜，略煩文而全恭敬，故孔子善之也。嚴陵方氏曰：君子之行禮，固不欲速，又惡乎久而怠焉。久而怠，寧若速而敬。爾。蓋禮以敬爲主故也。季氏之於祭，徒欲其久，而不能敬，又豈知禮之

意哉。昔周人祭日以朝及闇。季氏之於魯。其亦習周之文而不知其意者歟。及子路行之。乃能速而敬焉。雖不必合於先王之文。然亦可謂知禮之意。且能救一時之弊矣。此孔子所以善之也。强力。即聘義所謂强有力是也。肅則不怠。敬則不慢。强力通乎外。故以容言之。肅敬存乎中。故以心言之。跛倚。蓋倦怠之所致也。室事。謂有事乎室。若血毛詔於室之類。堂事。謂有事乎堂。若羹定詔於堂之類。執事者内外異位。乃以内而交乎外。上下異等。乃以上而交乎下。則尤易為力矣。宜乎質明而始行事。晏朝而退也

禮記集說大全卷之十

禮記集說大全卷之十一

郊特牲第十一

陸氏曰郊者祭天之名用一牛故曰特牲○石梁王氏曰此篇皆記祭事而雜昏冠兩段

郊特牲而社稷大牢天子適諸侯諸侯膳用犢諸侯適天子天子賜之禮大牢貴誠之義也故天子牲孕弗食餘證反也祭帝弗用也

禮有以少爲貴者故此二者皆貴特牲而賤大牢也犢未有牝牡之情故云貴其誠慤○朱子曰萬物本乎天人本乎祖故以所出之祖配天地周之后稷生於姜嫄

以上更推不去文武之功。起於后稷。故配天須以后稷。嚴父莫大於配天。宗祀文王於明堂以配上帝。上帝即天也。聚天之神而言之則謂之上帝。又曰。古時天地定是不合祭。日月山川百神亦無合共一時祭享之禮。又曰。五峯言無北郊。只祭社便是。此說却好○今按召誥用牲于郊牛二。蔡氏以為祭天地。非也。牛二帝牛稷牛也。社于新邑。祭地也。故用大牢嚴陵方氏曰。於郊故謂之郊。言郊以知社稷之在國。言社稷以知郊之為天地。於牲言特以見大牢之非一。於牢曰犬以見特牲之用犢也。特則牢所畜之物。牢則牲所畜之地。互相備也。郊言特牲。膳言用犢。亦互相備也。天子有天地之德。故諸侯以事天地者事天子。諸侯有社稷之功。故天子以禮社稷者禮諸侯。亦唯其稱而已。郊用特牲而召誥言牛二者。兼稷牛言之爾。經言帝牛不吉以爲稷牛蓋謂是矣禮器言天子祭天特牲王制言天子社稷皆大牢掌客言王巡守殷國則國君膳以牲犢王合諸侯而饗禮則具十有二牢其言正與此合凡此則尊者常小而少卑者常大而多也天子牲孕弗食則諸侯容或食之言祭帝弗用則社稷容或用焉○馬氏曰天下之物皆天之所生無物以稱其德故郊則以特天下之物皆天子之所有亦無以稱其德故諸侯則膳之以犢社稷者土穀之神而諸侯爲君守者也社稷以大牢則諸侯亦賜之大牢

大路繁盤纓一就先路三就次路五就郊血大饗腥三獻爓潛一獻孰至敬不饗味而貴氣臭也

臭亦氣也餘並見前篇

諸侯爲賓灌用鬱鬯灌用臭也大饗尚腶丁喚反脩而已矣

諸侯來朝以客禮待之是爲賓也在廟中行三享畢然

後天子以鬱鬯之酒灌之諸侯相朝亦然明貴氣臭之義也周禮作祼字上公再祼而酢侯伯一祼而酢子男一祼不酢祼則使宗伯酌圭瓚而祼之酢則賓酢主也此大饗謂王饗諸侯也脯加薑桂曰腶脩行饗之時雖設大牢之饌而必先設腶脩於筵前然後設餘饌故云尚腶脩也此明不享味之義長樂陳氏曰禮器與郊特牲言大路繁纓一就則同其言次路繁纓五就七就則不同者先王之路降殺以兩反此而加多焉蓋亦以兩而已大路一就先路三就則次路有五就七就者矣書言次路以兼革木二路則殷之次路五就七就庸豈一車耶鄭氏以七就爲誤是過論也又曰禮以全於天者爲尤厚近於天者爲差厚以近於人者爲差薄全於人者爲尤薄血者全於天者也腥者近於天者也爓者近於人者也孰者全於人者也郊與大饗常重於三獻之禮豈非至敬不饗味而貴

氣臭哉。鬱鬯。陽物也。腶脩。陰物也。用陰物所以神之。尚陽物所以明之。而其所以不饗味一也。夫大饗於神則王之事。而大饗於賓則諸侯之事。於神與賓。皆謂之大饗者。蓋謂之大所以極其禮。謂之饗所以向之。○嚴陵方氏曰。一獻孰。則饗味矣。味非不敬也。特不若血腥爓之至爾。經曰。血腥爓祭用氣也。以臭生於氣。故此曰氣臭。腶言捶肉如腶。脩則以薑桂脩之。諸侯爲賓。即大饗之時。天子饗諸侯於廟中。然非君三重席之饗也。鬱鬯可以養陽。腶脩可以養陰。養陽不以酒醴。養陰不以犧牲。則以所饗在臭而不在味故也

大饗。君三重席而酢焉。三獻之介。君專席而酢焉。此降尊以就卑也

此大饗。是諸侯相朝。主君饗客之禮。諸侯之席三重。今兩君禮敵。故席三重之席而受客之酢爵也。若諸侯遣卿來聘。卿禮當三獻。其上介則是大夫。故謂之三獻之

介大夫席雖再重今爲介降一等止合專席君席雖三重今徹去兩重就單席受此介之酢爵是降國君之尊以就大夫之卑也

嚴陵方氏曰禮器言諸侯之席三重兩君相見則其體相敵故其席如其數而不必增損焉至於他國之卿來聘而大夫爲之介焉位雖臣也命則君也名雖介也禮則客也其文雖殊其義則相敵故主君之受酢也降重席之尊而不與之異就專席之卑而必與之同也

饗禘有樂而食嘗無樂陰陽之義也凡飲養陽氣也凡食養陰氣也故春禘而秋嘗春饗孤子秋食耆老其義一也而食嘗無樂飲養陽氣也故有樂食養陰氣也故無聲凡聲陽也

饗春饗孤子也禴春祭宗廟也孤子死事者之子孫食

秋食耆老也。嘗秋祭宗廟也。周之禮春祠夏禴秋嘗冬烝。春禴夏殷之禮也。饗禮主於酒。食禮主於飯。周制則四時之祭皆有樂

長樂陳氏曰。饗禘以飲爲主。飲以天産而養陽氣。故有樂。食嘗以食爲主。食以地産而養陰氣。故無樂。蓋饗禘以春。食嘗以秋。春爲陽。秋爲陰。陽則來而主長。陰則往而主成。故禘之有樂所以迎來。嘗之無樂所以送往。春饗孤子以助其長。秋食耆老以順其成。凡此順陰陽而已。此與祭義言春禘秋嘗同。而王制祭統則言夏禘秋嘗。蓋夏殷之禮不同也。○山陰陸氏曰。春饗孤子。耆老亦饗焉。秋食耆老。孤子亦食焉。知然者。周官酒正凡饗耆老孤子皆共其酒。又文王世子有司告以樂闋。王乃命公侯伯子男及羣吏反養老幼于東序。知之也。此一節言若繁複。所謂其中必有美焉者也。彼見形而不及理。往往不察。故君子記之如此。使讀者盡心焉。○馬氏曰。君子事死如事生。事亡如事存。春禘所以達其怵惕之心。秋嘗所以達其悽愴之心。故春饗生者之陽氣。而禘死者之陽氣。則有樂。有樂者。所以順陽氣之出也。秋食生者之陰氣。而

嘗死者之陰氣。則無樂。無樂者。所以順陰氣之入也。故春禘而秋嘗。春饗孤子。秋食耆老。其義一也

鼎俎奇居衣反而籩豆偶。陰陽之義也。籩豆之實。水土之品也。不敢用褻味而貴多品。所以交於旦神明之義也

自一鼎至九鼎皆奇數。其十鼎者陪鼎三。則正鼎亦七也。十二鼎者陪鼎三。則正鼎亦九也。正鼎鼎別一俎。故云鼎俎奇也。籩豆偶者。據周禮掌客及前篇所舉皆是偶數。又詳見儀禮圖長樂陳氏曰。鼎俎之實以天産爲主。而天産陽屬。故其數奇。籩豆之實以地産爲主。而地産陰屬。故其數偶。不敢用褻味。所以盡志。貴多品。所以盡物。盡志所以交於神。盡物所以交於明。先儒以旦爲神。其說是也○嚴陵方氏曰。籩之實若菱芡之類。豆之實若芹蒲之類。所謂水之品也。籩之實若棗栗之類。豆之實若菁韭之類。所謂土之品也。水土之品非人常所食。故曰不敢用褻味。或水或土所

取不一。故曰

而貴多品

賓入大門而奏肆夏，示易以鼓反以敬也。卒爵而樂闋。孔子屢歎之。奠酬而工升歌，發德也。歌者在上，匏竹在下，貴人聲也。樂由陽來者也，禮由陰作者也，陰陽和而萬物得

燕禮則大門是寢門，饗禮則大門是廟門也。肆夏樂章名。九夏見周禮。易以敬，言和易中有嚴敬之節也。卒爵而樂闋，謂賓至庭而樂作，賓受獻爵，拜而樂止。及主人獻君，樂又作，君卒爵而樂止也。歎之，歎美之也。奠酬而工升歌，謂奠置酬爵之時，樂工升堂而歌，所以發揚主賓之德，故云發德也。匏竹，笙也。樂所以發陽道之舒暢。

禮所以肅陰道之收斂。一闔一闢而萬事得宜也。嚴陵方氏曰。此言諸侯爲賓之禮也。故曰賓入大門奏肆夏。則所以迎賓而納之。且能易則賓主之情不離。能敬則賓主之情不流。不流不離。禮樂之道也。夫禮減而進。以進爲文。樂盈而反。以反爲文。爵始卒而樂遂闋。則能以反爲文矣。此先王之微意也。故孔子屢歎之。且樂所以發明賓主之德也。卒爵則酬酢之禮畢而賓主之德已明矣。樂之闋也。不亦宜乎。闋終也。孔子於與蜡之事畢而歎者歎其禮之亡也。於卒爵而樂闋亦歎者歎其樂之深也。於禮之亡。則傷之而歎也。於樂之深則美之而歎也。主酌賓曰獻。賓答主曰酢。主復答賓曰酬。奠酬謂奠置酬爵之時也。夫禮成於三。奠酬則禮成而賓主之德可知也。故樂工升歌以發之。蓋雖有其德。非發之於聲音則無自而明故也。升歌即仲尼燕居所謂升歌清廟示德是矣。或言發或言示。互相備也。歌者在上。故經每謂之升歌。匏竹在下。故經每謂之下管。匏即笙竽之類。竹即篪笛之類。以舜典考之。堂上有琴瑟。堂下有柷敔。要之在上者以歌爲主。在下者以匏竹爲主。樂由陽來。禮由陰作。獨陰不生。獨陽不成。生成相濟。其氣乃和。和則萬物不失其性矣○馬氏曰歌者聲之發於口匏竹者聲之寓於器寓於器者其聲粗發於口者其聲精故歌者在上貴人聲也樂由天作則樂者陽也故樂由陽來禮以地制則禮者陰也故禮由陰作天地合而萬物生陰陽和而萬物得古之人言禮樂未嘗徇於一偏之說也

旅幣無方所以別土地之宜而節遠邇之期也龜爲前列先知也以鍾次之以和居參之也虎豹之皮示服猛也束帛加璧往德也

旅陳也庭實所陳之幣非一方所貢故曰無方以土地之產各有所宜而地里有遠近則入貢之期日有先後也前篇言金次之此言鍾次之蓋金之爲器莫重於鍾故變文言之也金示和而參居庭實之間故云以和居

參之也。君子於玉比德。往德者，言往進此比德之玉於有德之人也。長樂陳氏曰：溥天之下莫非王土，率土之濱莫非王臣，故衆幣所以無方也。土地之宜在物，而遠近之期在人。周官六服，其見有六歲之差。其交有六物之異。六物之異者，所謂別土地之宜；六歲之差者，所謂節遠近之期也。金之爲體則實，而其爲性則順。體之實則足以見情，而性之順則足以示和。示服猛者，所以明德威，惟畏也。禮器言大饗之所貢，故言三牲魚腊，以至丹漆絲纊竹箭之類，而極其多。此言常貢之法，則陳其大率而已。此詳畧所以不同也。○嚴陵方氏曰：土地所生之物，有宜有否，各使貢其所宜之物焉。故以別言之。地之遠者，來之期常疏；地之邇者，來之期常數。故以節言之。鍾即金也。金則以材言，鍾則以器言。

庭燎之百，由齊桓公始也。

此以下言朝聘失禮之事。庭燎者，庭中設炬火以照來朝之臣夜入者。大戴禮言天子百燎，上公五十，侯伯子

男三十。令侯國皆供百燎自桓公始之

大夫之奏肆夏也由趙文子始也

大射禮。公升即席奏肆夏燕禮賓及庭奏肆夏。是諸侯之禮。今大夫之僭。自晉大夫趙武始長樂陳氏曰。天下有道。天子駮諸侯諸侯駮大夫。而禮樂有差。天下無道。諸侯僭天子。大夫僭諸侯。而禮樂無別。周之天子無道。故齊桓公僭天子之禮而至於庭燎之百。趙文子僭諸侯之樂而至於奏肆夏也。蓋齊桓公之僭以强。趙文子之僭以奢。記者録而罪之。以其濫觴於一時。而致洋溢乎天下後世也○山陰陸氏曰。齊桓公賢諸侯也。而僭天子如此。則餘諸侯可知。趙文子賢大夫也。而僭諸侯如此。則餘大夫可知○金華應氏曰。大夫之僭。起於諸侯之失禮而已。故此篇之譏。自齊桓趙文子始焉。夫齊威將仗義以服諸侯也。乃自以庭燎之百誇其尊。則何以責夫諸侯。趙文子輔其君以伯者也。而自僭肆夏霸國之禮已失矣。則何以責夫大夫朝覲大夫之私覿非禮也。大夫執圭而使去聲所以申信也。不敢私覿所以致敬也。而庭實私覿何爲乎諸侯之庭。爲人臣者無外交。不敢貳君也

朝覲之禮。國君親往而大夫從。則大夫不當又以己物而私覿主君。故曰非禮也。若大夫執其君之命圭而專使則當行私覿之禮以申己之信。故從君朝覲而不敢私覿是敬己之君也。今從君以來而施設庭實以爲私覿大夫何可爲此於諸侯之庭乎。譏其與君無別也。人臣無外交。不敢貳心於他君。所以從君而行則不敢私覿也

長樂陳氏曰。易大有九四匪其彭無咎。則爲諸侯者。其可庭實於諸侯之庭乎。庭實於諸侯之庭者

諸侯之無王也。曲禮言從於先生不越路而與人言。又況大夫從其君之朝覲其可以私覿於諸侯之庭乎。私覿於諸侯之庭者大夫之無君也。檀弓曰。大夫束脩之問不出竟。左傳曰。策名委質貳乃辟也。此所謂人臣無外交而不貳君也

大夫而饗君非禮也大夫強而君殺之義也由三桓始也

大夫富強而具饗禮以饗君以臣召君故曰非禮。大夫強橫僭逆必亂國家人君殺之是斷以大義也。三桓魯之三家皆桓公之後也。先是成季以莊公之命酖殺僖叔後慶父賊子般又弒閔公於是又殺慶父故云由三桓始◯疏曰。按三桓之前齊公孫無知衛州吁宋長萬皆以強盛被殺此云由三桓始者據魯而言長樂陳氏曰。以大夫

而饗君猶爲非禮。又况以諸侯而饗天子乎。三代之制刑不上大夫。而霸者之法亦曰無專殺大夫。則古之所以任大夫未嘗不以賢。而其所以待大夫未嘗不以禮。其有至於殺者。蓋其始也任之不以賢。故其終也不可待之以禮耳

天子無客禮。莫敢爲主焉。君適其臣。升自阼階。不敢有其室也。覲禮天子不下堂而見諸侯。下堂而見諸侯。天子之失禮也。由夷王以下

天子所以無客禮者。以其尊無對。莫敢爲主故也。適臣而升自主階。是爲主之義。不敢有其室者。言人臣不敢以此室爲私有。而主之矣。况敢爲主而待君爲客乎。覲禮。天子負斧依南面。侯氏執玉入。是不下堂見諸侯也。

惟春朝夏宗以客禮待諸侯則天子以車出迎夷王康

王之玄孫之子長樂陳氏曰春夏萬物聚見之時先王爲之朝宗之禮而不純以臣待諸侯以其等爲車送逆之節所以明其恩也於秋萬物分辨之時爲之覲禮而純以臣待諸侯則負依南面而不下堂所以明其義也明其恩則天下知所賢明其義則天下知所尊知所賢則人樂於爲德知所尊則人樂於爲禮此天子之德所以常感於下而其勢所以常隆於上矣至夷王則不然於其秋覲之時亦與諸侯分庭抗禮而下堂見之是其自卑所以起諸侯之僭自弱所以起諸侯之强以至平王東遷而齊王室於邦君降黍離於國風者非由此哉○張子曰不當下堂而下是天子弱而諸侯强也若負屛而立謂之朝是當行禮於庭中也

諸侯之宮縣玄而祭以白牡擊玉磬朱干設錫陽冕而舞

大武乘大路諸侯之僭禮也

天子之樂四面皆縣謂之宮縣諸侯軒縣則三面而已

白牡。殷祭之正牲。後代諸侯當用時王之牲也。又諸侯當擊石磬。王磬。天子樂器。書言鳴球是也。諸侯雖得舞大武。但不得朱干設錫冕服而舞也。干。盾也。錫者。盾背之飾。金爲之。大路。殷祭天所乘之車也。長樂陳氏曰。樂書曰。周官小胥正樂縣之位。王宮縣。諸侯軒縣。則諸侯宮縣。僭天子樂縣也。舜之鳴球以象天帝。玉磬之音。諸侯擊玉磬。僭天子樂器也。天子朱干玉戚冕而舞大武。諸侯亦設錫而用之。僭天子樂舞也。祭以白牡。僭天子用牲之禮也。乘以大輅。僭天子乘車之禮也。蓋天下有道。禮樂自天子出。諸侯莫得而僭之。天下無道。禮樂自諸侯出。其不僭竊而有之。未之有也。言諸侯僭禮。則樂可知矣。

臺門而旅樹。反坫。繡如字黼。丹朱中衣。大夫之僭禮也。

此皆諸侯之禮。兩旁起土爲臺。臺上架屋而門當其中。

故曰臺門旅道也樹屏也立屏當所行之路以蔽內外爲敬天子外屏諸侯內屏大夫以簾士以帷坫在兩楹之間兩君好會獻酬飲畢則反爵於其上故曰反坫舊讀繡爲綃今如字繡黼者繡刺爲黼文也丹朱染繒爲赤色也繡黼爲中衣之領丹朱爲中衣之緣中衣者朝服祭服之裏衣也制如深衣但袖小長耳冕服是絲衣則中衣用綃素皮弁服朝服玄端是麻衣則中衣用布也○石梁王氏曰繡當依詩文不可改爲綃

故天子微諸侯僭大夫强諸侯脅於此相貴以等相覿以貨相賂以利而天下之禮亂矣諸侯不敢祖天子大夫不

敢祖諸侯而公廟之設於私家非禮也由三桓始也

相貴以等謂擅相尊貴以等列也諸侯不敢祖天子而

左傳云宋祖帝乙鄭祖厲王魯襄十二年吴子壽夢卒

臨於周廟禮也魯以周公之故立文王廟耳大夫不敢

祖諸侯而左傳云凡邑有宗廟先君之主曰都記者以

禮之正言之而又有他義者舊說謂天子之子以上德

爲諸侯者得杞其所出故魯以周公之故立文王廟公

子得祖先君公孫不得祖諸侯故公子爲大夫者亦得

立宗廟於其采地故曰邑有宗廟先君之主也其王子

母弟雖無功德不得出封爲諸侯而食采畿内者亦得

立祖王廟於采地。故都宗人。家宗人。掌祭祖王之廟也。

由三桓始。謂魯之三家立桓公廟也

馬氏曰。諸侯之僭。由天子之微。諸侯之見脅。由大夫之强也。方周之衰。上失道揆。下無法守。故於此相貴以等。相覿以貨。相賂以利。相貴以等。言相尚以勢。相覿以貨。相賂以利。言相尚以利。天下以勢○利相尚。不奪則不能饜其所欲。此天下之禮所以亂矣。嚴陵方氏曰。相貴以等。則爵不足以馭其貴。相覿以貨。則禄不足以馭其富。相賂以利。則予不足以馭其幸。大宰八柄詔王馭羣臣。以此三者爲先。三者苟失。天下之禮由是亂矣。覿言非是則不行。貨指物。利指事。諸侯有國而已。故不敢祖天子。大夫有家而已。故不敢祖諸侯。以其不敢祖天子。故立始祖而有五廟之制。以其不敢祖諸侯。故立別子而有五宗之法

天子存二代之後。猶尊賢也。尊賢不過二代

疏曰。古春秋左氏說。周家封夏殷二王之後以爲上公。

封黃帝堯舜之後謂之三恪。恪者敬也。敬其先聖而封其後。山陰陸氏曰。猶之言可以已也。雖可以已猶如此。厚之至也。雖厚又惡夫過。故曰尊賢不過二代○眉山孫氏曰。立前代之後以統承先王者。自古有此法也。有虞氏之時。棄爲高辛之後。故得祭天。詩謂后稷肇祀是也。丹朱爲唐堯後。作賓于虞。書所謂虞賓在位是也。至夏后時。則丹朱商均之子孫。皆爲二王後。湯爲夏氏立後。經傳雖不載。然有商之興。固當以禹之裔爲二王後無疑矣。仲虺之誥稱湯之德有曰。兹率厥典。言其能率循舊典不易故常也。豈其於崇德象賢之事。獨不稽古乎。至周則封微子於宋。至封舜後於陳。封東樓公於杞。亦必因成湯封舜禹之後於陳杞可以推知也

諸侯不臣寓公。故古者寓公不繼世

諸侯失國而寄寓他國者。謂之寓公。所寓之國。不敢以之爲臣。此寓公死則臣其子矣。故云寓公不繼世。嚴陵方氏

曰。失地之君。諸侯所以不臣之者。以其嘗爲南面之君故也

君之南鄉。去聲答陽之義也。臣之北面答君也

答猶對也延平周氏曰。天道降於南方。故君之南鄉答天也。陽即天也○山陰陸氏曰。易曰。聖人南面而聽天下。鄉明而治。蓋取諸離是也

大夫之臣不稽首。非尊家臣。以辟避君也

諸侯於天子稽首。大夫於諸侯亦稽首。惟家臣於大夫不稽首者。非尊重家臣也。以避國之正君也。蓋諸侯與大夫同在一國。大夫已稽首於君矣。家臣若又稽首於大夫。則似一國而兩君矣。故云以辟君嚴陵方氏曰。南陰之位。君以陽明爲德。故南鄉而有答陽之義。所以向明也。臣以陰順爲德。故北面以答君。所以示順也。君者陽之位。北者

臣之所敵。故不可言答臣。臣者君之所統。故不可言答陰。於君曰鄉。則不斥其體。君尊故也。周官司士於王曰鄉。自公而下皆曰面。莊子言堯之爲君曰南鄉。言舜之爲臣曰北面。皆此意也。然對而言之則如此。離而言之。君亦可以言面。故易言聖人南面而聽天下。經言聖人南面而立。周官犬祝辨九拜而以稽首爲先。則稽首者。首至地而爲禮之隆也。諸侯之大夫陪臣而已。以陪臣之卑而可以當拜禮之隆乎。必有君道之尊者。乃可以當此。坊記大夫不稱君。則大夫固無君道矣。○馬氏曰。君者兼天子諸侯而言之也。

大夫有獻弗親。君有賜不面拜。爲去聲**君之答己也。**

有獻弗親者。使人往獻。不身自往也。不面拜。不親見君之面而拜也。恐煩君答拜故也。嚴陵方氏曰。此謂諸侯大夫。諸侯雖有君道。然亦天子之臣爾。故於大夫有相答之禮焉。獻弗親。有賜不面拜。非敢怠也。慮煩君之答己而已。親則必面。獻亦必拜。其言互備也。○馬氏曰。非不役志於獻而有慢君之賜也。蓋禮無不答。而上之不虛取於下也。爲其君之

答己故弗親不面拜禮從其簡而已亦所以尊其君也

鄉人禓傷孔子朝服立于阼存室神也

論語鄉人儺朝服而立于阼階即此事也舊說禓是強鬼之名鄉人驅逐此鬼孔子恐驚廟室之神故衣朝服立于廟之東階以存安廟室之神使神依己而安也禮大夫朝服以祭故用祭服以依神馬氏曰儺者索室以去其不祥其法見於周方相氏而其事見於月令之季秋孔子聖人德合於神明矣非徒於索室以去其不祥然必從鄉人之儺者不違衆以立異也

孔子曰射之以樂也何以聽何以射

何以聽謂射者何以能不失射之容節而又能聽樂之

音節乎何以射謂何以能聽樂之音節而使射之容與樂之節相應乎言其難而美之也馬氏曰射者其容體比於禮其節比於樂然後可以言中其容體比於禮非難而其節比於樂爲難故天子以騶虞爲節諸侯以貍首爲節大夫以采蘋爲節士以采繁爲節蓋射必以聲而後發發而不失其節此君子之所難也以其節聽之在耳而得之於心得之於心而應之於手其妙至於如此而非可以言喻故孔子曰射之以樂也何以聽何以射何以聽何以射者其難也

孔子曰士使之射不能則辭以疾縣弧之義也

爲士者當習於射以六藝之一也不敢以不能辭惟可以疾辭蓋生而設弧於門左已有射道但未能耳今辭以疾而未能則亦與初生之未能相似故云縣弧之義

也

孔子曰。三日齊。一日用之。猶恐不敬。二日伐鼓。何居。字如

齊者不聽樂。恐散其志慮也。今三日之間。乃二日擊鼓。其義何所處乎。怪之之辭。延平周氏曰。君子無故不去樂。故致齊之不舉樂者三日。然後用之以祭。猶恐不敬。果於齊之二日伐鼓。則何居。何居者。疑而嘆之之辭也。○山陰陸氏曰。此豈魯事歟。不日言之。諱也。○嚴陵方氏曰。家語曰。季桓子將祭。齊三日而二日鍾鼓之音不絕。蓋其事矣。

孔子曰。繹之於庫門內。祊之於東方。朝字如市之於西方。失之矣。

繹祭之明日又祭也。繹是堂上接尸。祊是於室內求神。皆一時之事。繹之禮當於廟門外之西堂。今乃於庫門

內祊當在廟門外西室今乃於廟門外東方朝市即周禮所謂朝時而市也當於市內近東今乃於市內西方此三事皆違於禮故曰失之矣

社祭土而主陰氣也君南鄉於北墉下答陰之義也日用甲用日之始也

地秉陰則社乃陰氣之主社之主設於壇上北面而君來北墻下南向祭之蓋社不屋惟立之壇壝而環之以墻既地道主陰故其主北向而君南向對之答對也甲爲十干之首朱子曰社是土神或問社如何有神曰能生物便是神也○馬氏曰古人之言社必有稷此言社而不言稷者蓋社總祭五土之神而山林川澤丘陵墳衍原隰皆是也稷則止於原隰而已言社

可以兼稷也日用甲用日之始則郊用辛用日之成也蓋郊所以明天道故用辛社所以神地道故用甲○嚴陵方氏曰社必用日之始何也蓋陽始於甲而物生陰極於辛而物成地雖以陰而成物然始地事者存乎陽故社用甲以原其始焉天雖以陽而生物然終天功者存乎陰故郊用辛以要其終焉

天子大社必受霜露風雨以達天地之氣也是故喪（去聲）國之社屋之不受天陽也薄社北牖使陰明也

薄書作亳薄社於周爲喪國之社必存之者白虎通云王者諸侯必有誡社示有存亡也屋其上則天陽不入牖於北則陰氣可通陰明則物死也嚴陵方氏曰大社即祭法所謂王社也以王社爲大則自侯社而下皆爲小矣達者上下達之謂也上則達天之氣以濟乎下下則達地之氣以濟乎上故以達言之喪國之社即媒氏所謂勝國之社也勝言我所勝喪言彼之喪其實一也於大社言必受霜

露風雨。於喪國之社言不受天陽亦互言之爾。○馬氏曰。大社達天地之氣。示其有生物之功。喪國之社不受天陽。示其生物之功息

社所以神地之道也。地載萬物。天垂象。取財於地。取法於天。是以尊天而親地也。故教民美報焉。家主中霤而國主社。示本也

聖人知地道之大。故立社以祭。所以神而明之也。美報。美善其報之之禮也。上古穴居。故有中霤之名。中霤與社皆土神。卿大夫之家主祭土神於中霤。天子諸侯之國主祭土神於社。此皆以示其爲載物生財之本也。馬氏曰。天以生物爲功而其功幽。故聖人闡之而爲郊。所以明天之道也。地以成物爲功而其功顯。故聖人則斂之

而爲社。所以神地之道也。以天遠於人。則尊而不親。地近於人。則親而不尊。故在天則明之。欲民尊而親之也。在地則神之。欲民親而尊之也。萬物本乎天而亦本乎土。故家以中霤爲主。國以社爲主者。示其不敢忘本之意也。○嚴陵方氏曰。載物以利民用。故言取財於地。垂象以示民則。故言取法於天。取財則有所養。養者母道也。故親而不尊。取法則有所敎。敎者父道也。故尊而不親

唯爲去聲**社事單**丹**出里**

社事祭社之事也。二十五家爲里。單盡也。言當祭社之時。一里之人盡出而供給其事。蓋每家一人也

唯爲社田國人畢作

爲祭社之事而田獵。則國中之人皆行。無留家者

唯社丘乘去聲**供粢盛**平聲**所以報本反始也**

祭社必有粢盛稷曰明粢在器曰盛此粢盛則使丘乘供之井田之制九夫爲井四井爲邑四邑爲丘四丘爲乘也報者酬之以禮反者追之以心

嚴陵方氏曰出里謂離所居也作謂起行也出里與作互言之爾單畢皆盡也亦互言之丘乘共粢盛以非祭社則不必如是故言唯爲則以本始有在乎此而報反之禮不可不重故也○長樂劉氏曰役於公則家有定員役於社則羨徒皆作人人求福於其身也衣食本乎土故曰報本知平水土始於勾龍知播五穀始於后稷故以爲配是曰反始焉

季春出火爲焚也然後簡其車賦而歷其卒伍爲去聲而君親誓社以習軍旅左之右之坐之起之以觀其習變也而流示之禽而鹽去聲諸利以觀其不犯命也求服其志不貪其得故以戰則克以祭則受福

建辰之月大火心星昏見南方故出火以焚除草萊焚
後即蒐田簡閱視也賦兵也歷數之也百人爲卒五人
爲伍誓社誓衆於社也或左或右或坐或作皆是軍旅
之法習變習熟其變動之節也驅逐之際禽獸流動紛
紜衆皆見之故云流示之禽豔讀爲艷艷諸利謂使之
歆艷於利也禽獸雖甚可欲而殺獲取舍皆有定制犯
命者必罰不使之犯命者是求以遏服其貪利之志人
君亦取之有制如大獸公之小禽私之不踰法而貪下
之所得也以戰則克習民於變也祭則受福獲牲以禮
也○疏曰祭社既在仲春此出火爲焚當在仲春之月

記者誤也。嚴陵方氏曰：木氣終於辰，故火順所生而見。司爟於季春則出火焉。水氣兆於戌，故火受所勝而沒。司爟於季秋則納火焉。聖人奉天時則爲焚者，特出火之事爾。牧師凡田事贊焚萊是矣。田獵之禮，周官則行之於仲月，而與此異。豳詩、月令則行之於季月，而與此同。此之所言，亦泛記異代爾。月令仲春擇元日，命民社，則出火之田非爲社也。王制三田：一爲乾豆，二爲賓客，三爲充君之庖，則田固有不爲社者矣。夫社必先之以焚者，蓋焚其宿草而後可田故也。且社主陰，陰主殺，則爲社而有田，因田而習軍旅，不亦宜乎？月令所謂教於田獵以習五戎，車攻所謂因田獵而選車徒，皆謂是爾。車賦者，即司馬法自六尺爲步，積之至於通十爲成，成出革車一乘者是矣。小司徒之職：五人爲伍，五伍爲兩，四兩爲卒。卒伍者，軍旅之法立於伍，成於卒故也。簡言於利否有所擇，歷言於夷險有所經。曰簡曰歷，亦互言之。故大司馬止曰選車徒也。以至車驟徒趨，車馳徒走，險野人爲主，易野車爲主，皆簡歷之也。誓即所謂羣吏聽誓于陳前是也。誓特誓田而已，而曰社者，以爲社而田故也。左之右之，即以旌爲左右祁門是矣。坐之起之，即以教坐作進退之節是矣。左右之位，坐起矣。

之節。亦莫不敎焉。凡以觀其習應變之事也。流示之禽者。驅其禽而流行以示之。所謂設驅逆之車是矣。此則驕之以利也。夫田之獲禽。猶戰之獲虜也。戰之獲虜有賞。而田之獲禽有賞。所謂大獸公之。小禽私之。是賞之之意也。若失伍而獲禽。則所利者小。所害者大。必有罰焉。蓋小人見利而忘法。凡此但求服士卒之志。使之不失伍爾。不貪其所得之禽也。夫以不敎民戰。是謂棄之。故因其田以習軍旅。則戰之備也。故以戰則克。無事而不田。曰不敬。故因其無事而歲三田。則祭之備也。故以祭則受福。

天子適四方。先柴。

書曰。歲二月東巡守。至于岱宗。柴。延平周氏曰。天子巡狩至于四嶽。先柴以告天也。○金華應氏曰。四方惟天子所適者。普天之下莫非王土也。所適必先柴。昊天曰明。及爾出王。昊天曰旦。及爾游衍也。噫。其與周行天下。將必有車轍馬跡者異矣。

郊之祭也。迎長日之至也。

至猶到也冬至日短極而漸舒故云迎長日之至○朱子曰以始祖配天須在冬至一陽始生萬物之始宗祀九月萬物之成父者我所自生帝者生物之祖故推以爲配而祀於明堂此議方正○問郊祀后稷以配天宗祀文王以配上帝帝只是天天只是帝却分祭何也朱子曰爲壇而祭故謂之天祭於屋下而以神祇祭之故謂之帝○今按郊祀一節先儒之論不一者有子月寅月之異有周禮魯禮之分又以郊與圜丘爲二事又有祭天與祈穀爲二郊今皆不復詳辨而以朱說爲定嚴陵方氏曰日爲陽夜爲陰故陽生則日浸長而夜短陰生則夜浸長而日短郊之祭在建子之月而陽生於子故

曰迎長日之至也。至猶來也。與月令仲夏日長至異矣。故言迎焉。祭天必迎長日之至者。當是時陽始事矣。天以始事爲功也。周官以冬日至致天神。蓋謂是矣

大報天而主日也。兆於南郊。就陽位也。掃去聲地而祭。於其質也。器用陶匏。以象天地之性也

郊祭者報天之大事。而主於迎長日之至。祭義云配以月。故方氏謂天之尊無爲。可祀之以其道。不可主之以其事。故以日爲之主焉。天秉陽。日者衆陽之宗。故就陽位而立郊兆。陶匏亦器之質者。質乃物性之本然也。馬氏曰。郊者。所以祀天。大報天而以日爲主。祭於壇而列於衆星之上。蓋日者陽之精也。祭義言大報天而主日。配以月。而於此不言配以月者。文畧也。就陽位者。此釋其郊之意也。掃地而祭。器用陶匏。此釋其以少爲貴之意

也

於郊故謂之郊。牲用騂尚赤也。用犢貴誠也。郊之用辛也

問郊之用辛日何謂日嚴陵方氏曰。以迎長日之至。故以
者。日月星辰而已。兆則爲之分域。如龜兆之可別也。既
曰兆於南郊矣。又曰掃地而祭者。蓋築壇謂之兆。若兆
五帝於四郊是矣。掃地亦謂之兆。若此所言是矣。此主
祭天而器之所象。乃並言地者。蓋地道無成而代有終
象地之性。亦所以歸功於天也。故中庸言郊社之禮。所
以事上帝。則亦與此互相明焉。牲用騂。即牧人所謂陽
祀用騂牲。赤者。盛陽之色。大宗伯以玉作六器以禮天
地四方。以蒼璧禮天。而終言牲幣各放其器之色。則祀
天之牲用蒼而已。乃與牧人所言異者。蓋赤爲陽之盛
色。而蒼與青乃其類也。黑爲陰之盛色。而黃與白乃其
類也。若是則祀天之牲不必蒼也。亦循其類而已。故止
言放焉。而牧人言凡陽祀以該之也。以是知其止用騂
也

周之始郊日以至

謂周家始郊祀適遇冬至是辛日自後用冬至後辛日也

卜郊受命于祖廟作龜于禰宮尊祖親考之義也

告于祖廟而行事則如受命于祖此尊祖之義作猶用也用龜以卜而于禰宮此親考之義曲禮言大饗不問卜既用冬至則有定日此但云卜郊則非卜日矣下文言帝牛不吉亦或此爲卜牲歟不然則異代之禮也嚴陵方氏曰受命則受之而已作龜則質其可否焉於祖則受命以其能始事故也於禰則作龜以其能成事故也於祖曰廟以其遠而神事之也禰曰宮以其近而人事之也尊親之義又在於是矣作龜即灼龜也灼之將以

作事故以作言之

卜之日王立于澤親聽誓命受教諫之義也

澤澤宮也於其中射以擇士因謂之澤宮又其宮近水澤故名也其日卜竟有司即以祭事誓戒命令衆執事者而君亦聽受之是受教諫之義也延平周氏曰郊之禮歲有常而卜之必受命於祖廟者先王一舉事未嘗不稟受於鬼神也受命必於祖作龜必於禰者先王之於祖則致其義義則尊之而於禰則盡其仁仁則親之故也澤宮擇助祭者之所故冢宰於此誓命其助祭者而王亦親聽之蓋示其君之於臣其上則有所受教而其下則受諫而已

獻命庫門之內戒百官也大廟之命戒百姓也

有司獻王所以命百官之事王乃於庫門內集百官而

戒之又於大廟之內戒其族姓之臣也嚴陵方氏曰以一人之尊亦親聽誓命則以嚴上故也聚衆而誓非爲王也特助祭者爾而王亦親聽之故有受教諫之義百官授之以官者羣臣之謂也百姓賜之以姓者諸侯之謂也諸侯親而尊故於大廟戒之百官疏而卑故於庫門戒之

祭之日王皮弁以聽祭報示民嚴上也喪者不哭不敢凶服氾泛埽去聲反道鄉爲田燭弗命而民聽上

祭報報白日時早晚及牲事之備具也氾埽灑水而後埽也反道剗道路之土反之令新者在上也鄉郊內六鄉也六鄉之民各於田首設燭照路恐王行事之早也喪者不哭以下諸事皆不待上令而民自聽從蓋歲以爲常也延平周氏曰祭報祭之日宗伯報王以行禮也以眡朝之服而聽宗伯之報所以示民嚴上也

喪者不哭。不敢凶服。所以異其吉。氾埽反道所以去其舊。鄉爲田燭。所以尚其質

祭之日王被衮以象天

象天謂有日月星辰之章也○陳氏曰。合周官禮記而考之。王之祀天。内服大裘。外被龍衮。龍衮所以襲大裘也

戴冕璪藻十有二旒。則天數也。乘素車。貴其質也。旂十有二旒。龍章而設日月。以象天也。天垂象。聖人則之。郊所以明天道也

璪與藻同。素車。殷之木路也。旂之旒與冕之旒。皆取垂下之義。餘見前嚴陵方氏曰。龍也。日月也。數也。質也。皆天之所示之象也。而聖人觀之以爲儀

物之則。故曰天垂象。聖人則之。以天道遠而難知。神而莫測。故郊之儀物。必觀象而作焉。則所以明之也。故曰郊所以明天道也。○長樂陳氏曰。夫先王祀天有文以示外心之勤。有質以示內心之敬。故因丘埽地。陶匏稾秸。疏布樿杓。素杓素車之類。此因其自然以示內心之敬者也。執鎮圭。繅藉五采五就。旂龍章而設日月。四圭有邸。八變之音。黃鍾大呂之鈞。此致其文飾以示外心之勤者也。然則內服大裘以因其自然。外被龍袞。戴冕藻以致其文飾。不以內心廢外心。不以自然廢文飾。然後事天之禮盡矣

帝牛不吉。以爲稷牛。帝牛必在滌三月。稷牛唯具。所以別事天神與人鬼也。萬物本乎天。人本乎祖。此所以配上帝也。郊之祭也。大報本反始也

郊祀后稷以配天。故祭上帝者謂之帝牛。祭后稷者謂之稷牛。滌者牢中清除之所也。此二牛皆在滌中。爲猶

用也若至期卜牲不吉或有死傷即用稷牛爲帝牛而别選稷牛也非在滌三月者不可爲帝牛故以稷牛代之稷乃人鬼其牛但得具用足矣故云稷牛唯具人本乎祖故以祖配帝是郊之祭乃報本反始之大者嚴陵方氏曰謂之滌則以精潔爲義唯具則取足而已不必三月之滌也充人掌繫祭祀之特牲五帝則繫於牢芻之三月饗先王亦如之則人鬼之牲亦芻之三月矣此止曰唯具者蓋芻之三月以祀天神爲稱人鬼則如之而已故有時而唯具亦可也帝爲天神稷爲人鬼○延平周氏曰孝經曰郊祀后稷以配天宗祀文王於明堂以配上帝是祖之所配於圜丘者昊天而考之所配於明堂者上帝此言萬物本乎天人本乎祖而反言配上帝何也天言其體帝言其用故對而言則天與帝異離而言則帝即天也天即帝也易之象曰先王以作樂崇德殷薦之上帝以配祖考其言上帝與此同意○嚴陵方氏曰萬物皆天之所生而人則祖之所生如是則祖與天

合矣故推祖以配天故曰此所以配上帝人物所本如此安可以不知報本而反始哉故言郊之祭大報本反始也

天子大蜡乍八伊耆其氏始爲蜡蜡也者索色窄反也歲十二月合聚萬物而索饗之也

蜡祭八神先嗇一司嗇二農三郵表畷四貓虎五坊六水庸七昆蟲八伊耆氏堯也索求索其神也合猶閉也閉藏之月萬物各已歸根復命聖人欲報其神之有功者故求索而享祭之也長樂陳氏曰蜡之爲祭所以報本反始息老送終也其服王玄冕而有司皮弁素服葛帶榛杖其牲體醢辜其樂六樂而奏六變吹豳頌擊土鼓舞兵舞帗舞其所致者川澤山林以至土示天神莫不與焉則合聚萬物而饗之者非特八神也而所重者八以其尤有功於田故也其神

之尊者。非特先嗇也。而主先嗇者。以其始有事於田故也。○馬氏曰。萬物之所以成者。神有以相功於其幽。民有以致力於其明。神有功以相其幽。則報之。民有力以致其明。則勞之。所謂百日之蜡。一日之澤是也。

蜡之祭也。主先嗇而祭司嗇也。祭百種上聲以報嗇也。

嗇與穡同。先嗇。神農也。主。如前章主日之主。言爲八神之主也。司嗇。上古后稷之官。百種。司百穀之種之神也。報嗇。謂報其教民樹藝之功。馬氏曰。先嗇者。其智足以剏物立於其先。司嗇者。因其成法而謹司其職而已。故祭則以先嗇爲主。而以司嗇配之。

饗農及郵表畷株劣反禽獸。仁之至。義之盡也。

農。古之田畯有功於民者。郵者。郵亭之舍也。標表田畔相連畷處。造爲郵舍。田畯居之。以督耕者。故謂之郵表畷，禽獸，貓虎之屬也。

古之君子，使之必報之。迎貓，爲去聲其食田鼠也；迎虎，爲其食田豕也。迎而祭之也。祭坊防與水庸，事也。

田鼠、田豕皆能害稼，故食之者爲有功。迎者，迎其神也。坊，隄也，以蓄水，亦以障水。庸，溝也，以受水，亦以洩水。皆農事之備，故曰事也。眉山蘇氏以爲迎貓則爲貓之尸，迎虎則爲虎之尸。近於倡優所爲，是以子貢言一國之人皆若狂也。嚴陵方氏曰：上言祭，下言饗，互相備也。百種，百穀之種也。百種乃嗇之所成，故祭百種以報嗇也。農則致所掌以養人而不失其時者也。郵則田官於此有所識。畷則田官於此有所聯，皆督約農事之處也。故三者合爲八蜡之一焉。鼠之與豕，皆足以爲田之害，而貓與虎能食而除之。迎其靈而祭之，則所以報之也○延平周氏曰索饗及於禽獸可謂仁之至義之盡也盡於義然後至於仁故於仁言至義言盡君子之於物莫不各因其才而使之雖使之甚勞亦必有以爲之報此使人之術與忠厚之道常見於祭祀之間也坊與水庸以其有事於我故祭之

曰土反其宅水歸其壑昆蟲毋作草木歸其澤

此祝辭也宅猶安也土安則無崩圮水歸則無泛溢昆蟲謂螟蝗之屬害稼者作起也草木各歸根于藪澤不得生於耕稼之土也

皮弁素服而祭素服以送終也葛帶榛杖喪殺也蜡之祭仁之至義之盡也

物之助成歲功者至此而老老則終矣故皮弁素服葛

帶榛杖以送之。喪禮之殺也。此爲義之盡。祭報其功。則仁之至也。周禮籥章云。國祭蜡則歙豳頌。擊土鼓以息老物

黃衣黃冠而祭。息田夫也。野夫黃冠。黃冠。草服也。

月令臘先祖五祀。勞農以休息之。此祭是也。黃冠爲草野之服。其詳未聞。嚴陵方氏曰。水土昆蟲草木。此皆因其合聚之時而合聚以饗之。故祝者之辭言其時事如此。皮弁則其色白。素服則衣裳皆素。素者送終之服。而蜡亦送終之事。故曰以送終也。別言之。則服止言衣裳。合言之。則弁亦服爾。故下止言素服也。帶不以麻而以葛。杖不以竹而以榛。若喪也而實非喪。故曰喪殺也。既非喪必欲若喪者。以其有送終之義故也。前言皮弁素服。後言黃衣黃冠而祭。說者謂皮弁素服爲主祭者之服。黃衣黃冠爲助祭者之服。是矣。且言野夫黃冠。則爲助祭者之服可知。且皮弁素服。則以送

終爲義。黄衣黄冠。則以息田夫爲義。送終者。祭之道也。息田夫者。祭之事也。夫黄者土之色。百昌生於土而作。終亦反於土而息。冬則反於土之時也。服以是色亦宜矣。土爰稼穡者。田夫之事。取土之義以息田夫又宜矣。以土之義如此。故凡野夫皆黄冠焉。野夫。即田夫也。言其所事曰田夫。言其所居曰野夫。草服謂草野之服。故下言草笠以爲野也。上兼言黄衣而下止言黄冠。則以草服該之故也。然籥章曰息老物。此曰息田夫者。蓋作之於始。息之於終。雖人之情。亦是道也。道終則有始。今歲之息。乃所以兆來歲之作。息猶氣之息也。往來未嘗息。乃所以爲息也。○馬氏曰。蜡者於歲之終。報其成功。又以祈來年之始。故祝之之辭如此。草木者。葦稈之屬。王皮弁素服而祭。所以送萬物之終也。萬物之肅殺而王葛帶榛杖者。以喪禮處之也。蓋萬物生有以養人。而終不可不報。亦示其不忘本也。故曰仁之至義之盡

大羅氏。天子之掌鳥獸者也。諸侯貢屬焉。草笠而至。尊野服也。

諸侯鳥獸之貢屬大羅氏之掌。其使者戴草笠是尊野

服

羅氏致鹿與女而詔客告也以戒諸侯曰好田好女者亡其國

鹿者田獵所獲女則所俘於亡國者。客貢使也使者將返羅氏以鹿與女示使者以王命詔之使歸告其君而以王言戒之曰好田獵好女色者必亡其國舊說如此。然鹿可歲得而亡國之女不恒有其詳未聞也

嚴陵方氏曰。致鹿則所以戒好田致女則所以戒好女。五子述大禹之戒曰。內作色荒外作禽荒有一于此。未或不亡。則好田好女者。固足以亡其國而可爲戒也。羅氏之戒好田則是矣。而又戒好女者。以其皆陰事故也

天子樹瓜華不斂藏之種上聲也

瓜華瓜與果蓏之屬也天子所種者瓜華供一時之用而已不是收斂久藏之種也若可收斂久藏之物則不樹之惡與民爭利也此亦令使者歸告戒其君之事長樂劉氏曰四方諸侯當仲冬而遇于天子者必助其祭祀也故其爲蜡而獵莫不從焉貢其禽於天子則大羅氏受之獻禽者諸侯之卿大夫也草笠而至尊野服者以明諸侯及其臣皆野服馳騁從禽以助王也其爲忠義亦可尊矣即之以爲禮焉既受草笠之獻則致鹿與女于庭而詔獻禽之客俾還告于其君以申天子之戒勸也曰好遊田以肆其禽荒者好女色以肆其情欲者亡國之道天子之所不赦也華果蓏也瓜及果蓏時鮮之物不可以自遠而致之也不可以收斂而藏之也天子乃樹植之所以貴時新供寢廟非貪其利而種之焉亦戒諸侯毋廣樹植務收斂以奪其民之利非絜矩示民之道也○馬氏曰好田好女不斂藏之種者戒其貪也

其意以謂民有終歲之勞，而有一日之佚，而爲之上者豈可以好樂無厭，而淫德不倦乎。其意以謂有終歲之勤，而有一時之積，而爲之上者，豈可以好貨無厭，而貪利無已乎。

八蜡以記四方。四方年不順成，八蜡不通，以謹民財也。順成之方，其蜡乃通，以移去聲民也。既蜡而收，民息已。故既蜡君子不興功。

記四方者，因蜡祭而記其豐凶也。蜡祭之禮，列國皆行之。若其國歲凶，則八蜡之神不得與諸方通祭，所以使民知謹於用財，不妄費也。移者，寬縱之義。蓋歲豐則民財稍可寬舒用之也。黨正屬民飲酒，始雖用禮，及其飲食醉飽，則亦縱其酣暢爲樂，夫子所謂一日之澤是也。

農民終歲勤動而於此時得一日之樂是上之人勞農之美意也既蜡之後收斂積聚民皆休息故不興起事功也長樂劉氏曰九州之諸侯保育其民者也各視其年之豐凶則蜡之祭有行與不行焉所以謹民財不以祭祀傷其衣食也順謂五氣時若成謂九穀皆登順成之方其蜡乃通者以答百神所以致豐穰之勞也○嚴陵方氏曰記四方者記四方之豐凶也年不順成八蜡不通此以蜡而記其凶也順成之方其蜡乃通此以蜡而記其豐也蜡乃合聚之祭故因其合聚而收之也物既收則民亦息民息則一歲之事已矣故曰民息已前言息田夫此言民息互相備也功者民力之所致民息已故既蜡君子不興功且蜡本以息農夫則此所言功止謂農功爾若夫宮功則執於建亥之月土功則畢於建子之月武功則纘於建丑之月而既蜡君子未始不興功焉○延平周氏曰蜡之所以不通者謹民財也謹猶言節也蜡之所以通者斂民之所有餘而共其祭也既蜡則歲終矣萬物皆收成而百工皆告休故曰既蜡而收民息已

恒豆之菹居茲反水草之和氣也其醢陸產之物也加豆陸產也其醢水物也

恒豆每日常進之豆也周禮醢人所掌朝事之豆註謂清朝未食先進口食也菹酢菜也水草昌本茆菹之類加豆周禮註謂尸既食后亞獻尸所加進之豆但醢人所掌是天子之禮此言諸侯之禮物既不同此朝事之豆與祭禮饋食薦孰之豆俱爲恒豆而加豆則祭末酳尸所用也水物若蠃醢魚醢是也菹醢皆以豆盛之嚴陵方氏曰恒豆謂所常進之豆加謂於所常進而有加者以恒而對加則加爲暫以加而對恒則恒爲朝事饋食矣菹淹菜也醢肉醬也上言恒豆之菹則知加豆之陸產亦菹也上言陸產之物則知下言水物即水產也上

言水草之和氣則知下之所言皆和氣也

籩豆之薦水土之品也不敢用常褻味而貴多品所以交於神明之義也非食味之道也先王之薦可食也而不可耆（嗜）也卷（袞）冕路車可陳也而不可好（去聲）也武壯而不可樂（洛）也宗廟之威而不可安也宗廟之器可用也而不可便其利也所以交於神明者不可同於所安樂之義也

不可耆謂食之有節不可貪愛舊說謂質而無味不能悅口不可好謂尊嚴之服器不可以供玩愛武萬舞大武也以示壯勇之容不可常爲娛樂宗廟威嚴之地不可寢處以自安宗廟行禮之器不可利用以爲便交神

明之義如此。嚴陵方氏曰。常所食者。則褻而不敬。故謂之常褻味。交於神明者在誠而不在味。故曰非食味之道也。義言其所宜。道言其所由。篇首言籩豆之實。此言薦者。實言實之於中。薦言薦之於上。又曰。水土之屬。謂若籩豆之實水土之品。可食之以爲禮而不可供耆慾之求。卷冕龍袞也。路車即大路也。可陳之以爲儀而不可資玩好之用。武舞執干戚。以爲勇壯之容而非所以樂其情焉。宗廟奉鬼神以示威靈之居。而非所以安其身焉。祭器不若燕器之利而便於用。安樂者。謂所安而樂之也。若可耆可好之類是矣。此言先王之薦可食而不可耆。則知後之所言玄酒明水與夫大羹皆不可食者。言路車可陳而不可好。則知素車之乘亦不可好也。言宗廟之器可用而不可便其利。則知疏布冪與夫蒲越稾鞂皆不可便其利也。前總其略。後別其詳。

酒醴之美。玄酒明水之尚。貴五味之本也。黼黻文繡之美。疏布之尚。反女功之始也。莞簟之安。而蒲越活稾鞂之尚。

明之也。大羹不和。貴其質也。大圭不琢。美其質也。丹漆雕
幾祈之美。素車之乘。去聲尊其樸也。貴其質而已矣。所以交
於神明者。不可同於所安褻之甚也。如是而后宜
未有五味之初。先有水。故水爲五味之本。未有黼黻先
有麁布。故疏布爲女功之始。周禮司烜氏掌以鑒取明
水於月。蓋取其潔也。明之。昭其禮之異也。雕刻鏤之也。
幾漆飾之幾限也。安褻之甚。言甚安甚褻也。宜猶稱也。
餘並見前也。張子曰。明水飲之祖。毛血食之祖。所以反始
也。○嚴陵方氏曰。夫味以淡爲本。感於鹹。作
於酸。化於苦。窮於甘。變於辛。玄酒明水。則淡而無味。故
曰貴五味之本也。黼作斧形。其色則白與黑。黻則兩己
相弗。其色則黑與青。青與赤謂之文。赤與白謂之章。以
天地之文。作於東南。成於西南故也。繢則五采之所會。

繡則五采之所刺。言文則章可知。言繡則繢可知。是皆色之美者也。布之精者升多而密。粗者升少而疏。女功之作始於粗。久而後至於精。故揚雄曰。霧縠之組麗。女工之蠹矣。以疏布之尚。故曰反女功之始也。明之也者。冐其潔著之也。若玄酒明水之類。莫非明之也。於蒲越稾鞂言之者。以其無餘義故也。味之貴者莫如淡。大羹則以淡爲質而已。物之美者莫如玉。大圭則以玉爲質而已。素車之乘。即前所謂乘素車是也。尊無非貴也。樸無非質也。故下總而言之。則曰貴其質而已矣。前曰不可同於所安樂之義。此曰不可同於所安褻之甚。樂猶有義焉。褻則甚矣

鼎俎奇而籩豆偶。陰陽之義也。黄目。鬱氣之上尊也。黄者中也。目者氣之清明者也。言酌於中而清明於外也

黄目。黄彝也。卣罍之類。以黄金鏤其外以爲目。因名焉。用貯鬱鬯之酒。有芬芳之氣。故云鬱氣。中。中央之色也。

奇偶見前延平周氏曰司尊彝之職秋嘗冬烝祼用斝彝黄彝黄彝即黄目鬱氣之上尊也蓋萬物之於冬則反於土而復於本反於土則終矣故飾用黄復於本則可以自見故飾用目然周禮謂之彝此謂之尊何也蓋以彝對尊則彝爲常尊爲變以尊對彝則尊爲尊彝爲卑及離而言之則尊與彝一也○嚴陵方氏曰目之精水也其光火也以水爲體故其氣清以火爲用故其氣明鬱在中而以瓚酌之蓋酌於中也直達於外焉蓋清明於外也夫孝子將祭虛中以治之此非酌於中之義乎至於不御内不聽樂不飲酒不茹葷此非清明於外之義乎

祭天掃去聲地而祭焉於其質而已矣醯醢之美而煎鹽之尚貴天産也割刀之用而鸞刀之貴貴其義也聲和而後斷上聲也

鹽以煎鍊而成故曰煎鹽必用鸞刀者取其鸞鈴之聲

調和而後斷割其肉也貴其義是貴聲和之義嚴陵方氏曰醢非煎以鍊治之則不成故謂之煎醢天官醢人之所掌祭祀共其苦醢散醢然醢人醢人所共未嘗不以祭祀爲主則醢醢之美祭祀非不用也特非其所尚爾夫刀能制斷莫非義也獨鸞貴其義者貴其義之和而已○長樂陳氏曰和非斷則牵斷非和則劌故天以秋肅物而和之以兌聖人以義制物而和之以仁鸞刀以和濟割亦此意也

冠去聲義始冠之緇布之冠也大古冠布齊側皆反則緇之其緌如追反也孔子曰吾未之聞也冠而敝之可也

冠義言冠禮之義也冠禮三加先加緇布冠是太古齊時之冠也緇布爲之不用笄用頍以圍髮際而結於項中因綴之以固冠耳不聞有垂下之緌也此冠後世不

復用而初冠暫用之不忘古也冠禮旣畢則敝棄之可矣玉藻云緇布冠繢緌是諸侯位尊盡飾故也然亦後世之爲耳○石梁王氏曰冠一段當附冠義曰延平周氏曰齊則緇之以幽思也末世緇布冠加之以緌孔子以爲吾未之聞然非天子不議禮雖孔子亦不得不從當世之所尚則冠之加緌雖非禮但冠而棄之可也故曰冠而敝之可也蓋敝有棄意

適子冠於阼以著代也醮於客位加有成也三加彌尊喻其志也冠而字之敬其名也

著代顯其爲主人之次也酌而無酬酢曰醮客位在戶牖之間加有成加禮於有成之人也三加始冠緇布冠次加皮弁又次加爵弁也喻其志者使其知廣充志意

以稱尊服也。此適子之禮。若庶子則冠於房戶外南面。醮亦戶外也。夏殷之禮醮用酒。每一加而一醮。周則用醴。三加畢乃總一醴也。

嚴陵方氏曰。冠者成人之服。阼者上人之階。成人則將代父而爲之主。故冠於阼以著代。著則所以明之也。醮則以酒澤之也。每一加則一醮。蓋酒所以饗賓客之物。故醮於客位。冠於阼則是以主道期之也。醮於客位則是以賓禮崇之也。以其有成人之道。故以是禮加之。故曰加有成也。然緇布之粗不若皮弁之精。皮弁之質不若爵弁之文。故曰三加彌尊。服彌尊則志宜彌大。故曰諭其志也。以冠禮考之。非特冠彌尊而衣也屨也亦彌尊。非特衣屨彌尊。至於祝辭醮辭亦然。所以喻其志則一而已。

委貌。周道也。章甫。殷道也。毋牟追堆。夏后氏之道也。

委貌、章甫、毋追皆緇布冠。但三代之易名不同。而其形制亦應異耳。是皆先王制禮之道。故皆以道言之。委貌

即玄冠舊說委安也言所以安正容貌章明也所以表明丈夫母發聲之辭追猶椎也以其形名之此一條是論三加始加之冠

周弁殷冔〈詡〉夏收

周之弁殷之冔夏之收各是時王所制以爲三加之冠舊說弁名出於槃槃大也冔名出於幠幠覆也收所以收斂其髮也形制未聞

三王共皮弁素積

皮弁以白鹿皮爲之其服則十五升之布也白與冠同以素爲裳而辟積其要中故云皮弁素積也三代皆以

此爲再加之冠服 延平周氏曰委貌章甫冔收命以意毋追與弁命以形三代不同者所以趣時也皮弁素積三代共之者立本也蓋皮弁素積上古之服○嚴陵方氏曰委貌章甫毋追卽初加之緇布冠是矣弁冔收卽三加之爵弁是矣皮弁素積卽再加之皮弁是矣周尚文故曰委貌周道也皮弁則以白鹿皮爲之素積則以素爲裳裳言積則衣可知裳必疊幅故謂之積服其服將以行是道故每以道言之

無大夫冠禮而有其昏禮古者五十而後爵何大夫冠禮之有諸侯之有冠禮夏之末造也

諸侯大夫之冠一如士禮行之下章所謂無生而貴者也夏之末造言夏之末世所爲耳 延平周氏曰冠不再昏不一故大夫無冠禮而有昏禮天子之元子其禮猶止於士而已何諸侯冠禮之有特夏之末造也然自夏以降不特諸侯有冠禮而已蓋天子之元子世子諸侯之世子皆用士之冠禮果元子世子之年未及冠而天子崩國君薨則元子世子

亦有君道而復用士禮可乎故玉藻云玄冠朱組纓天子之冠也緇布冠繢緌諸侯之冠也者蓋言此也

天子之元子士也天下無生而貴者也繼世以立諸侯象賢也以官爵人德之殺也（色介反）死而謚今也古者生無爵死無謚

元子適長子也其冠亦行士之冠禮無生而貴言有德乃有位也立諸侯以繼其先世以其能法前人之賢行也以官爵人必隨其德之大小而爲降殺也死必有謚今日之變禮也殷以前大夫以上乃爲爵死則有謚周制雖爵及命士死不謚也嚴陵方氏曰嗣諸侯者有冠禮大夫則無之者蓋諸侯繼世以立大夫以官爵之而不繼世故也諸侯必繼世以立所以象賢大夫不繼世爲其德之殺也○延平周氏

曰繼世以立諸侯象其祖考之賢也官有尊卑德有大小故以官爵人則德之殺也謚有行之迹故古者生有爵則死乃請謚於天子而天子命之謚後世但死則皆有謚蓋未嘗請謚於天子特其自謚耳故曰死而謚今也

禮之所尊尊其義也失其義陳其數祝史之事也故其數可陳也其義難知也知其義而敬守之天子之所以治天下也

先王制禮皆有精微之理所謂義也禮之所以爲尊以其義之可尊耳玉帛俎豆各有多寡厚薄之數數之陳列者人皆可得而見義之精微者不學則不能知也祝史其能知之乎中庸曰明乎郊社之禮禘嘗之義治國

其如示諸掌乎此總結前章冠義以下朱子曰：此蓋秦火之前典籍備具之時之語，固爲至論。然非得其數，則其義亦不可得而知矣。況今亡逸之餘，數之存者不能什一，則尤不可以爲祝史之事而忽之也。○延平周氏曰：禮之所以爲禮者，禮之義也。而其禮之爲禮者，禮之數也。禮之所尊，尊其義而非尊其數而已也。爲祝史者特知其數耳，其數則禮之文而已，故可知。其義則莫非性命之理，故難知。果知其義則聖矣，天子所以治天下也。○馬氏曰：有數有義，然後足以爲禮。數者義之寓，義者數之意，而其重尤在於意也。先王爲禮，未嘗不寓之以微妙之意。知其義，則舉而錯之天下無難矣。

天地合而后萬物興焉。夫昏禮，萬世之始也。取去聲於異姓，所以附遠去聲厚別彼列反也。幣必誠，辭無不腆，告之以直信。信，事人也。信，婦德也。壹與之齊，終身不改，故夫死不嫁。附遠，附猶託也，託於遠嫌之義也。厚別，重其有別之禮也。幣誠辭腆，是欲告戒爲婦者以正直誠信之行，信其能盡事人之道，信其能有爲婦之德也。此以下言昏禮之義。○鄭氏曰：齊，謂共牢而食，同尊卑也。○石梁王氏曰：昏一段當附昏義。馬氏曰：幣者，所以將其昏姻之意；辭者，所以導其昏姻之情。幣以將意，則不可以不誠；辭以導情，則不可以不腆。腆之言厚也。君子無所不用其誠與厚，至於昏禮則尤甚焉。故曰幣必誠，辭無不腆。○嚴陵方氏曰：天地合，萬物興，昏禮之合二姓，蓋本於此。有夫婦然後有父子，父子所以傳世，故曰昏禮萬世之始。必取異姓，所以附遠；不取同姓，所以厚別。且於遠不附，則人情無以通；於別不厚，則人道無以辨。昏姻者，所以通人情而辨人道而已。幣所以將昏姻之意，辭所以通昏姻之情。辭無不腆者，則告之以直故也；幣必誠者，則告之以信故也。故繼言告之以直信。以事人者必以信，而婦人以事人爲事，故信爲婦德也。上兼言直，而下不釋直者，蓋信而無僞，則直在其中矣。不改，則不改而他適也。以其不可改，故雖夫死不

嫁

男子親迎去聲男先去聲於女剛柔之義也天先乎地君先乎臣其義一也執摯以相見敬章別也男女有別然後父子親父子親然後義生義生然後禮作禮作然後萬物安無別無義禽獸之道也

先謂倡道之也執摯奠鴈也行敬以明其有別故云敬章別也有別則一本而父子親親親之殺則義生禮作而萬物各得其所矣禽獸知有母而不知有父無別故也

馬氏曰男子親迎而男先於女者剛先於柔之意也豈獨昏姻之際如此至於天地君臣其義一也天則造始而地則代終君主乎倡而臣主乎和摯者交接之際所以致敬人之私褻莫甚於衽席之上男女之際不

可不正。故執摯相見。所以敬章別也。父子相親出於天性自然。而曰男女有別然後父子親。何也。蓋男女無別於內。則夫婦之道喪。而淫辟之罪多。雖父子之親亦不可得而親之也。男女有別。然後父子有相親之恩。父子有相親之恩。則必有相親之義。故義生焉。非特父子之親如此。推而至於朋友兄弟君臣上下之際。皆有義則粲然有文以相接。故曰義生然後禮作。禮作而貴賤有等。上下有分。此萬物所以安也。自父子相親。推而至於萬物安。皆起於男女有別。則衽席之上。不可以不戒也。哀公問政。孔子曰。夫婦別。父子親。君臣嚴。三者正。則庶物從之矣。與此同意。○嚴陵方氏曰。禽獸有牝牡之合而無內外之別。有生育之愛而無上下之義。故曰無別無義。禽獸之道也。

壻親御授綏。親之也。親之也者。親之也。敬而親之。先王之所以得天下也。出乎大門而先。去聲男帥女。女從男。夫婦之義由此始也。婦人從人者也。幼從父兄。嫁從夫。夫死從子。

夫也者夫也夫也者以知去聲帥人者也

親御婦車而授之綏是親愛之義也親之乃可使之親己故曰親之也者親之也太王爱及姜女文王親迎于渭皆是敬而親之之道以至於有天下故曰先王之所以得天下也大門女家之門也先壻車在前也女從男婦車隨之也夫也者丈夫也丈夫者以才智帥人者也

嚴陵方氏曰親御授綏固所以親之然必親迎親御亦所以敬之也敬所以爲義親所以爲仁先王之所以得天下者仁義而已○馬氏曰夫主於義故有所帥無所從婦主於聽故有所從無所帥夫婦之道其大槩不出於此故出乎大門而先男帥女女從男夫婦之端基之於此也婦者恒其德者也有三從之義無一違之禮故幼從父兄嫁從夫夫死從子夫者制義者也制人而不制於人故曰知帥人者也知帥人則非所謂不恒其德

而從婦凶也

玄冕齊戒鬼神陰陽也將以爲社稷主爲先祖後而可以不致敬乎

服玄冕而致齊戒是事鬼神之道鬼者陰之靈神者陽之靈故曰鬼神陰陽也今昏禮者蓋將以主社稷之祭祀承先祖之宗廟也可不以敬社稷與先祖之禮敬之而玄冕齊戒乎嚴陵方氏曰以交鬼神之道而施諸陰陽之配固所以致敬也社稷主者夫爲主於外婦爲主於内故也此則主有主者言之先祖後者有夫有婦然後可以傳世而後其先也此則通天下言之

共牢而食同尊卑也故婦人無爵從夫之爵坐以夫之齒

器用陶匏尚禮然也三王作牢用陶匏厥明婦盥饋舅姑卒子恤反食婦餕俊餘私之也舅姑降自西階婦降自阼階授之室也昏禮不用樂幽陰之義也樂陽氣也昏禮不賀人之序也

牢俎也尚禮然謂古來所尚之禮如此也共牢之禮雖三王所作而俎之外器用皆如古者之用陶匏重夫婦之始也厥明昏禮之明日也盥饋盥潔而饋食也人之序謂相承代之次序也嚴陵方氏曰夫尊則婦亦尊夫卑則婦亦卑故曰同尊卑尊卑同故爵齒亦從夫而已以爵齒各有尊卑故也盥所以致其潔饋所以致其養以舅姑之尊而降自賓階以婦之卑而降自主人之階者示授之室而爲之主男以女爲室故以室主之又曰昏姻之禮在子則有代父之序在婦

則有代姑之序所以不賀則一也孔子曰取婦之家三日不舉樂思嗣親也彼言思嗣親此言幽陰之義者蓋有所思者固欲其幽陰也經云齋之玄也以陰幽思也是矣然曲禮言賀取妻賀其有客而已故其辭曰聞子有客使其羞○長樂陳氏曰樂由陽來而聲爲陽氣禮由陰作而昏爲陰義故周官大司徒以陰禮教親則民不怨然則昏之爲禮其陰禮歟古之制禮者不以吉禮干凶禮不以陽事干陰事則昏禮不用樂幽陰之義也

昔裴嘉有昏會酒中而作樂薛方士非之可謂知其義矣

有虞氏之祭也尚用氣血腥爓祭句用氣也

尚用氣以用氣爲尚也初以血詔神於室次薦腥肉於堂爓次腥亦薦於堂皆未孰故云用氣此以下至篇末皆言祭禮嚴陵方氏曰血腥爓三者皆氣而已未嘗致味故曰用氣然爓之氣不若腥之全腥之氣不若血之幽故其序如此

殷人尚聲臭味未成滌蕩其聲樂三闋然後出迎牲聲音之號所以詔告於天地之間也

牲未殺則未有臭味故云臭味未成滌蕩猶宣播之意鬼神在天地間與陰陽合散同一理而聲音之感無間顯幽故殷人之祭必先作樂三終然後出而迎牲於廟門之外此是欲以此樂之聲音號呼而詔告於兩間庶幾其聞之而來格來享也殷人先求諸陽凡聲陽也　嚴陵方氏曰殷人尚聲者以其自樂始故也臭未成以其未用鬯故也味未成以其未用牲故也樂之有聲蓋出於虛滌蕩之則存乎其人而已樂三闋者以陽成於三故也三闋則樂成矣然後出迎牲所以爲尚聲歟聲者樂之象音者聲之文聲音之號雖以求陽爲先然詔告於天地之間則凡在陰陽之間者無不求也

周人尚臭灌用鬯臭鬱合鬯臭陰達於淵泉灌以圭璋用玉氣也既灌然後迎牲致陰氣也

周人尚氣臭而祭必先求諸陰故牲之未殺先酌鬯酒灌地以求神以鬯之有芳氣也故曰灌用鬯臭又擣鬱金香草之汁和合鬯酒使香氣滋甚故云鬱合鬯也以臭而求諸陰其臭下達於淵泉矣灌之禮以圭璋爲瓚之柄用玉之氣亦是尚臭也灌後乃迎牲是欲先致氣於陰以求神故云致陰氣也○石梁王氏曰四臭字本皆句絶然細别之鬯灌之地此臭之陰者也蕭焫上達此臭之陽者也亦有義姑從釋文

蕭合黍稷，臭陽達於墻屋。故既奠，然後焫如悅反蕭合羶馨

薌。香 凡祭慎諸此

蕭香蒿也。取此蒿及牲之脂膋合黍稷而燒之，使其氣旁達於墻屋之間。是以臭而求諸陽也。此是周人先求諸陽之禮。既奠，謂薦孰之時。蓋堂上事尸禮畢，延尸於戶內而薦之孰。祝先酌酒奠於鉶羹之南，而尸猶未入。蕭脂黍稷之燒，正此時也。馨香，即黍稷也。既奠以下是明上文焫蕭之時，非再焫也。此是天子諸侯之禮，非大夫士禮也。延平周氏曰：有虞氏尚氣，殷人尚聲，周人尚臭者，皆以宗廟之祭言之也。至於天地之祭，則天以升煙爲主，地以薦血爲主者，百王之所不易也。所謂尚氣者，凡血告於室，腥爓薦於堂，有虞氏則血與腥爓

皆以爲祭是故爲尙氣也所謂尙聲者先作樂以求諸陽然後迎牲所謂尙臭者先灌以求諸陰然後迎牲然則有虞氏之尙氣者亦求諸陰陽之間而已矣○馬氏曰有虞氏之意以謂鬼神之所享在於敬而不在於味敬之所至則味有所遺故祭以血腥爲始記曰血祭盛氣也又曰郊血大饗腥三獻爓一獻孰皆不敢用褻味而貴氣也有虞氏之尙氣殷人從而文之故尙聲樂由陽來則凡聲皆陽也蓋人之死也魂氣歸于天非求諸陽不足以報其魂也殷人尙聲所以迎其魂之來也臭味未成滌蕩其聲樂三闋然後出迎牲此舉其尙聲之時也聲音之號所以詔告於天地之間此舉其尙聲之意也鬼神處於天地之間而不可度聲音之號所以詔告之而已殷旣尙聲周人從而文之故尙臭臭氣也而氣有陰陽之別周人尙臭灌用鬯臭所以致陰氣也灌者禮之始而敬之至者也傳曰禘自旣灌而往者吾不欲觀之矣又曰觀盥而不薦推此足以知周尙臭之意也鬯者以秬黍合鬱草而爲之旣成然後和之以鬱金之汁蓋人之死也形魄歸于地非求諸陰不足以格其神也故臭陰達於淵泉先求諸陰也灌以圭璋用玉氣此舉其尙臭之意也旣灌然後出迎牲致陰氣此舉其

尚臭之時也。迎牲在於祭之始。而既灌之後。然後出迎牲而殺之。是所以尚臭也。臭陰達於淵泉。以下之深者言之也。臭陽達於牆屋。以宗廟之所有言之也。蓋魂魄具然後爲人。以周人既以求諸陰。又以求諸陽言之。則知有虞氏之用氣。非不用味也。殷人先求諸陽。非不求諸陰也。謂之尚氣。謂之尚聲。謂之尚臭。皆以始言之。而其意各有主也

魂氣歸于天。形魄歸于地。故祭求諸陰陽之義也。殷人先求諸陽。周人先求諸陰。詔祝於室。坐尸於堂。用牲於庭。升首於室。直祭祝于主。索祭祝于祊。不知神之所在。於彼乎。於此乎。或諸遠去聲人乎。祭于祊。尚曰求諸遠者與。

詔告也。詔祝於室。謂天子諸侯之祭。朝事之時。祝取牲之膟膋燎於爐炭。而入告神於室也。坐尸於堂者。灌鬯

之後尸坐尸西南面也用牲於庭謂殺牲也升首於室升牲之首也直祭正祭也祭以薦孰爲正正祭之時祝官以祝辭告於神主如云薦歲事于皇祖伯某甫是也索求也求索其神靈而祭之則祝官行祭于祊也祊有二一是正祭時設祭于廟又求神於廟門之內而祭之詩云祝祭于祊此則與祭同日一是明日繹祭祭於廟門之外也於彼於此言神在於彼室乎在於此堂乎或諸遠人者或遠離於人而不在廟乎尚庶幾也祭于祊庶幾可求之於遠處乎嚴陵方氏曰詔祝於室即毛血詔於室坐尸於堂即羹定詔於堂用牲於庭即納牲詔於庭納之將以用焉故言用升首於室即升首報陽若羊人祭祀割牲登其首直祭祝

于主。凡室事是也。索祭祝于祊。凡門事是也。索即求之不曰求而曰索者。以神之散無不之也。彼此之間。不過近人而已。又疑神之遠人。然不可舍是以他求也。以祊在廟門之旁。猶爲遠而已。故覆祭于祊而繼之以尚曰求諸遠者與。夫廟門之旁。豈實爲遠人乎。故以尚言之

祊之爲言倞(諒)也。肵(祈)之爲言敬也。富也者福也。首也者直也。相(去聲)饗之也。嘏長也大也。尸陳也。毛血告幽全之物也。告幽全之物者。貴純之道也

倞遠也。承上文求諸遠者而言。尸有肵俎。是主人敬尸之俎也。人君嘏辭有富。以福言也。牲體首在前。升首而祭。取其與神坐相直也。相詔侑也。所以詔侑於尸。欲其享此饌也。尸使祝致嘏辭于主人。嘏有長久廣大之義

也。尸。神象。當爲主之義。今以訓陳記者誤耳。殺牲之時先以毛及血告神者。血在內是告其幽。毛在外是告其全也。貴純者。貴其表裏皆善也。嚴陵方氏曰。福而有假之義。中庸言大德之得祿壽。以得其壽。故長。以得其祿。故大。故曰。嘏。長也。大也。且壽祿爲五福之先。故必以長大言之。天保曰。降爾遐福。此福所謂長也。楚茨曰。以介景福。此福所謂大也

血祭。盛氣也。祭肺肝心。貴氣主也。祭黍稷加肺。祭齊去聲加明水。報陰也。取膟律膋。僚燔燎。煩升首。報陽也。明水涚稅齊。去聲貴新也。凡涚。新之也。其謂之明水也。由主人之絜著此水也

有血有氣。乃爲生物。血由氣以滋。死則氣盡而血亦枯

矣故血祭者所以表其氣之盛也肺肝心皆氣之所舍故云氣主周祭肺殷祭肝夏祭心也祭黍稷加肺者謂尸隋祭之時以黍稷兼肺而祭也祭齊加明水謂尸正祭之時陳列五齊之尊又加明水之尊也祖考形魄歸地屬陰而肺於五行屬金金水陰也故加肺加明水是以陰物而報陰靈也膟膋腸間脂也先燔燎于爐炭薦孰則合蕭與黍稷燒之黍稷陽也牲首亦陽體魂氣歸天爲陽此以陽物報陽靈也明水陰鑑所取月中之水涗猶清也泲漉五齊而使之清故云涗齊所以設明水及涗齊者貴其新潔也凡涗新之也專主以涗齊而言故

下文又釋明水之義。絜著，絜淨而明著也。自月而生，故

謂之明。周禮五齊：一泛齊，二醴齊，三盎齊，四緹齊，五沈

齊。嚴陵方氏曰：血腥爓祭，用氣也。然腥爓之氣，不若血之幽。氣聚於幽而散於明，聚則盛矣，故曰血祭盛氣也。肺則金氣之所主也，肝心木火氣之所主也。獨言三者，則以三代之所用者言之故也。黍稷地產，皆陰類也。燔燎之火，則司烜氏所取於日者也。首者陽之體，升者陽之事，皆陽類也。凡此皆取而祭之也。上言祭，下言取，互相備爾。前曰求，此曰報，何也？求主乎人之情，報主乎物之理。○延平周氏曰：周官司尊彝之職，謂鬱齊獻酌，醴齊縮酌，盎齊涚酌。以五齊清濁次之，則泛齊、醴齊同用縮酌，而緹齊、沈齊與盎齊同用涚酌。此言明水涚齊，蓋自盎而下三齊也。涚者，以水而和之，解之也。和解之則新矣，貴新，故不嫌於味之薄也。

君再拜稽首，肉袒親割，敬之至也。敬之至也，服也。拜，服也；

稽首，服之甚也；肉袒，服之盡也。祭稱孝孫孝子，以其義稱

也。稱曾孫其謂國家也。祭祀之相去聲主人自致其敬盡其嘉。而無與讓也

服者服順於親也。拜服也。謂再拜畀服順也。稽首爲服順之甚。肉袒爲服順之盡。言服順之誠在內。今又肉袒。則內外皆服矣。故云服之盡。祭主於孝。士之祭稱孝孫孝子。是以祭之義爲稱也。諸侯有國。卿大夫有家。不但祭祖與禰而已。其祭自曾祖以上。惟稱曾孫。故云稱曾孫其謂國家也。蓋大夫三廟。得事曾祖也。上士二廟。事祖禰。中下士一廟。祖禰共之。相。詔侑於尸也。相者不告尸以讓。蓋是主人敬尸。自致其誠敬。盡其嘉善。無所與

讓也延平周氏曰以天子不可屈之勢而爲之稽首肉袒則天下莫不知有尊而亦莫不知有親也蓋先王設敎之意常寓於甚微之間○山陰陸氏曰凡祭稽首不必肉袒肉袒不必稽首兼之者此歟蓋朝踐以前以素爲貴父子之事多饋食以後以文爲貴君臣之事多服臣之事也非子之事也○嚴陵方氏曰稱曾孫某者名之也於曾孫曰某則孝孫孝子從可知矣然其序先孫而後子者對祖禰稱之故也

腥肆剔爓而審腍反祭豈知神之所饗也主人自盡其敬而已矣舉斝角詔妥尸古者尸無事則立有事而后坐也尸神象也祝將命也

祭之爲禮或進腥體或薦解剔或進湯沈或薦煮孰豈知神果何所享乎主人不過盡其敬心而已耳斝與角皆爵名詔告也妥安也尸始即席舉斝角之時祝告主

人拜尸以妥安其坐。前篇言夏立尸而卒祭，此言古者蓋指夏時也。夏之禮，尸無事則立，有飲食之事然後得坐也。尸所以象所祭者，故曰神象。爲祝者先以主人之辭告神，後以神之辭嘏主人，故曰將命。嚴陵方氏曰：凡牲解而生之之謂腥，體而陳之之謂肆，爓而未腍之謂爓，孰而爲殽之謂腍。詔妥尸，即士虞禮所謂主人及祝拜妥尸，尸拜遂坐是矣。蓋尸於主人則子行也，以卑臨尊，嫌或不安焉，爲是詔之也。詩言以妥以侑是矣。必於時乃詔之者，以尸始入舉奠故也。尸於無事之時則子行而已，子行爲卑，故立。至於有事之時則神象也，神象爲尊，故坐。有事謂若舉斝角之類也。

縮酌用茅，明酌也。

縮，泲也。酌，斟酌也。謂醴齊濁，泲而後可斟酌，故云縮酌也用茅者以茅覆藉而泲之也周禮三酒一曰事酒二曰昔酒三曰清酒事酒爲事而新作者其色清明謂之明酌言欲泲醴齊則先用此明酌和之然後用茅以泲之也

醆側眼反酒涗于清汁獻莎涗于醆酒

醆酒盎齊也涗泲也清謂清酒也清酒冬釀接夏而成盎齊差清先和以清酒而後泲之故云醆酒涗于清以其差清故不用茅也汁獻謂摩挲秬鬯及鬱金之汁也秬鬯中有煮鬱又和以盎齊摩挲而泲之出其香汁故云汁獻涗于醆酒也○疏曰以事酒泲醴齊清酒泲盎

齊今泲秬鬯乃用盎齊而不以三酒者五齊卑故用三酒泲之秬鬯尊故用五齊泲之也

猶明清與醆酒于舊澤亦之酒也

上文所泲三者之酒皆天子諸侯之禮作記之時此禮已廢人不能知其法故言此以曉之曰泲醴齊以明酌泲醆酒以清酒泲汁獻以醆酒者即如今時明清醆酒泲于舊醳之酒也猶若也舊謂陳久也澤讀爲醳醳者和醳醴釀之名後世謂之醳酒嚴陵方氏曰醴齊必縮之者以其尤濁故必縮去其滓也醆酒不若醴齊之濁故以清酒涗之而已汁獻尤不若醴齊之濁故以醆酒涗之而已齊酒不止於此三者以祼事用鬱齊朝事用醴齊饋食用盎齊尊彝之所實宗廟之所用常祀不過於此故指是言之此皆

古禮。後世以舊澤之酒。涗清酒醆酒。其理則同。○山陰陸氏曰。縮酌。醴齊也。以茅縮之而後酌。醆酒。盎齊也。以挹之在醆。故謂之醆酒。以涗之在盎。故謂之盎齊。知然者。以宗婦執盎從夫人薦涗水知之也。且方涗之以水。是齊而已。凡盎言齊以此。及涗于清。然後謂之醆酒。汁獻。瑩齊也。謂之汁。汁陰陽之和也。月令曰。天時雨汁。

祭有祈焉。有報焉。有由辟弭焉。

此泛言祭禮又有此三者之例。如周禮所云。祈福祥。求永貞。祈年于田祖。詩言春夏祈穀之類。是祈也。報謂獲福而報之。祭禮多是報本之義。由。用也。辟讀爲弭。如周所謂弭災兵。遠罪疾之類。由弭者。用此以消弭之也。○嚴陵方氏曰。欲彼之有予也。故有祈以求之。若噫嘻祈穀于上帝。載芟之祈社稷之類是也。因彼之有施也。故有報以反之。若豐年之秋冬報。良耜之秋報社稷是也。○延平周氏曰。祈也。報也。人情之所不能免者。聖人有以節

文之也

齋之玄也以陰幽思也故君子三日齋必見其所祭者

齋而玄冠玄衣順鬼神幽顯之意且以致其陰幽之思也見其所祭之親精誠之感也嚴陵方氏曰凡物之理陰則靜陽則動幽則深淺則明天機之動不足以守靜天機之淺不足以極深而哀樂欲惡貳其心矣豈所以致其思哉故必貴乎以陰幽也君子之服象其德齋之服其色若是豈不宜哉故君子三日齋必見其所祭者以其靜而深故也爲神而齋必見其所祭之神爲鬼而齋必見其所祭之鬼

明永樂内府本禮記集説大全

第三册

明 胡廣等撰

中國國家圖書館藏明永樂十三年内府刻本

山東人民出版社·濟南

禮記集說大全卷之六

月令第六

呂不韋集諸儒著十二月紀，名曰呂氏春秋。篇首皆有月令。言十二月政令所行也。月用夏正。令則雜舉三代及秦事。禮家記事者抄合爲此篇。馬氏曰。曆象日月星辰以授人時。自堯以來，未之有改也。舜齊七政。周用五紀。其究一也。蓋日月星辰之往來不窮。或離或合。或贏或縮。進退相代。終始相循者。天以是而命萬物。而人奉之以爲令者。亦因是也。方周之時。以馮相氏會天位。保章氏辨地域。又以太史正歲年而頒官府都鄙以序事。頒邦國以告朔。其爲象法。則使萬民觀之於正月之吉。又使官師其屬而觀之於正歲。且法則使徇焉。而夏之政典。先時與不及時者其罪至於殺。蓋欲百官萬民謹其令而順承之也。月令之爲書。亦祖先王之餘。

而後儒傅會增益以成之也

孟春之月日在營室昏參中旦尾中

孟春夏正建寅之月也營室在亥娵訾之次也昏時參星在南方之中旦則尾星在南方之中○疏曰月令昏明中星皆大略而言不與曆同但一月之内有中者卽得載之二十八宿星體有廣狹相去有遠近或月節月中之日昏明之時前星已過於午後星未至正南又星有明暗見有早晚所以昏明之星不可正依曆法但舉大略耳也嚴陵方氏曰日在營室者日月會於營室之辰之建卯故日月所會謂之辰者以此每一歲而十二會焉日與月會而此獨稱日者蓋陽以成歲爲事而陰特

從之。故以日爲主。與書言出日納日而不及月同意。二十八宿分布於四方。晝夜運而歲一周焉。季冬之月言星廻于天是也。故每月之內或見乎昏而中者或見乎旦而中者。昏參中。旦尾中。則知月之建寅也。推此則餘月亦可知也。中。謂中於南方也。先昏而後旦者。順陰陽之義也。書於春言星鳥。夏言星火。秋言星虛。冬言星昴。乃與此不同。何也。蓋書言分至之所中者。此言昏旦之所中者。彼以時爲主。此以月爲主。故詳略不同。然其見於南方則一也

其日甲乙

春於四時屬木。日之所繫。十干循環。獨言甲乙者。木之屬也。四時皆然

馬氏曰。甲丙戊庚壬。陽也。乙丁己辛癸。陰也。蓋一陰一陽每相爲用者也。十日分麗於五行。用事者王。故甲乙用事於春爲木王也。丙丁用事於夏爲火王也。戊己用事於中央爲土王也。庚辛用事於秋爲金王也。壬癸用事於冬爲水王也。此王則彼竭矣。故曰五行之用。迭相竭也

其帝太皡。其神句勾芒亡

太皡。伏羲。木德之君。句芒。少皡氏之子曰重。木官之臣。聖神繼天立極。生有功德於民。故後王於春祀之。四時之帝與神皆此義

馬氏曰。太皡以木德王。而句芒者木正重也。故祀以主春。炎帝以火德王。而祝融者火正黎也。故祀以主夏。黃帝以土德王。而后土者土正句龍也。故祀以主中央。少皡以金德王。而蓐收者金正該也。故祀以主秋。高陽以水德王。而玄冥者水正熙也。故祀以主冬。蓋天地以五行成萬物。必有以尸之。則生而有功德於民者。没而祀之以主時事。不亦宜乎

其蟲鱗。其音角。律中去聲太簇。七寇切其數八。其味酸。其臭羶。

其祀户。祭先脾。

鱗蟲。木之屬。五聲角爲木。單出曰聲。雜比曰音。調樂於

春以角爲主也。律者候氣之管。以銅爲之。或云竹爲之。中猶應也。太蔟寅律長八寸。陰陽之氣距地面各有淺深。故律之長短如其數。律管入地。以葭灰實其端。其月氣至。則灰飛而管通。是氣之應也。天三生木。地八成之。其數八。成數也。通於鼻者謂之臭。臭即氣也。在口者謂之味。酸羶皆木之屬。戶者。人所出入。司之有神。此神是陽氣在戶之內。春陽氣出。故祀之。祭先脾者。木克土也

○蔡邕獨斷曰。戶。春爲少陽。其氣始出生養。祀之於戶。祀戶之禮。南面設主於門內之西

馬氏曰蒼龍木屬也。其類爲鱗。故春則其蟲鱗。朱鳥火屬也。其類爲羽。故夏則其蟲羽。人土屬也。其類爲倮。故中央則其蟲倮。白虎金屬也。其類爲毛。故

秋則其蟲毛。玄武水屬也。其類爲介。故冬則其蟲介。又曰。味生於形。臭生於氣。故形成而後有味。氣化而後有臭。春以陽中生木。木之成形而曲直。曲直作酸。故其味酸。物以木化。則其氣爲羶。故其臭羶。秋以陰中生金。金之成形而從革。從革作辛。故其味辛。物以金化。則其氣爲腥。故其臭腥。夏以陽極生火。火之成形而炎上。炎上作苦。故其味苦。物以火化。則其氣爲焦。故其臭焦。冬以陰極生水。水之成形而潤下。潤下作鹹。故其味鹹。物以水化。則其氣爲朽。故其臭朽。中央以陰陽之中氣生土。土之成形而可以稼穡。稼穡作甘。故其味甘。物以土化。則其氣爲香。故其臭香。土主四時而分王焉。故五味也而皆以甘爲主。五臭也而皆以香爲主。則沖氣之爲用如此而已○長樂陳氏曰。律起於黃鍾。終於中呂。其長短有度。其多寡有數。其輕重有權。而萬法之原畢會於是。幽有以辨天地四時之理。深有以通神祇祖考之情。施之於教治。足以齊風俗。而立民信。用之於戰伐。足以審勝負而詔吉凶。則律之爲用。豈不大哉。夫黃鍾者。建子之律也。黃之爲色則陰之盛。鍾之爲器則陰之聚。陰盛而極。則陽生之矣。陰盛而止。則陽散之矣。由陰終於亥。而陽乃始於子也。故曰黃鍾。太蔟者。建寅之律也。入乎。坎者必出乎震。否於否者必泰乎泰。寅之氣方接乎震泰而奏出滯焉。故曰太蔟。姑洗者建辰之律也。物至辰則潔齊。其潔齊也非實體也。且然而已。故謂之姑洗。蕤賓者建午之律也。陽至午則向衰也。草木蕤矣。陰用事而陽爲賓焉。故謂之蕤賓。夷則者建申之律也。人至申而夷。物至申而有成則。故謂之夷則。無射者建戌之律也。陰至戌而盛。陽至戌而不厭。故謂之無射。此陽之律也。陽道體變以始物。故每律異名。陰道體常以效法。故止於三鍾三呂而已。大呂者建丑之律也。是爲陰律之始。則陰之所以配陽而行者。於是爲大。故曰大呂。夾鍾者建卯之律也。陽生於子。終於午。則卯爲陽之中矣。以其位於中而止焉。故曰夾鍾。中呂者建巳之律也。四時之序猶伯仲焉。春爲伯。夏爲仲。方是時夏之氣始行焉。故曰中呂。林鍾者建未之律也。萬物之繁茂止於此矣。故曰林鍾。南呂者建酉之律也。酉正西也。氣至南而化行於西而成。西所以成南而行爾。故曰南呂。應鍾者建亥之律也。始事者陽。效法者陰。陽始而倡之。陰成而應之。陰陽之道如是而止矣。故曰應鍾。周官大師掌六律六同以合陰陽之聲。陽聲始之以黃鍾。則順而序之。以生之序進之也。陰聲始之以大呂。則逆而序之以成之序退之也。夾鍾亦謂之圜鍾者。以春主規言之也。林鍾亦謂之函鍾者。以坤含洪言之也。中呂亦謂之小呂者。對大呂爲小故也。南呂亦謂之南事者。以成南爲事故也。別而言之。則律言其用。呂言其體。故陽六爲律。陰六爲呂。合而言之。皆所以述氣而已。故通謂之十二律焉。

○嚴陵方氏曰。戶奇而在內。陽自內出之象也。春生爲陽出之時。故其祀戶。門耦而在外。陰自外入之象也。秋收爲陰入之時。故其祀門。竈者物之所以化而夏之時。則陽已極而陰於是化也。故其祀竈。行者人之所以往。而冬之時。則陽來復而陰於是往也。故其祀行。中霤蓋中室也。以居中而奠四隅。故中央則其祀中霤。五祀皆有功於人者也。故立祀以報之。而報之之時。又各從其類焉。於戶曰祀。於脾曰祭。何也。蓋戶者所祀之神。脾者所祭之物。脾上藏也。五祀之祭必有牲焉。特各以其藏爲之先爾。故每以先言之。

東風解凍。蟄蟲始振。魚上上聲冰。獺祭魚。鴻鴈來

此記寅月之候。振。動也。來。自南而北也。嚴陵方氏曰。夫凍結於重陰堅

栗之時。東風、蓋發散之氣也。東風既解凍。則物之藏於
密者。咸起而振。潛於深者。咸躍而上矣。故繼之以蟄蟲
始振。魚
上冰也

天子居青陽左个

青陽左个。註云太寢東堂北偏也。疏云是明堂北偏而
云太寢者。明堂與太廟太寢制同。北偏者。近北也。四面
旁室謂之个○朱子曰。論明堂之制者非一。竊意當有
九室。如井田之制。東之中爲青陽太廟。東之南爲青陽
右个。東之北爲青陽左个。南之中爲明堂太廟。南之東
即東之南爲明堂左个。南之西即西之南爲明堂右个。
西之中爲總章太廟。西之南即南之西爲總章左个。西

之北即北之西爲總章右个北之中爲玄堂太廟北之東即東之北爲玄堂右个北之西即西之北爲玄堂左个中爲太廟太室凡四方之太廟異方所其左右个則青陽左个即玄堂之右个青陽右个即明堂之左个明堂右个即總章之左个總章之右个乃玄堂之左个也但隨其時之方位開門耳太廟太室則每季十八日天子居正嚮古人制事多用井田遺意此恐然也

乘鸞路駕倉龍載（戴）青旂衣（去聲）青衣服倉玉食麥與羊其器疏以達

鸞路有虞氏之車有鸞鈴也春言鸞則夏秋冬皆鸞也

夏云朱冬云玄則春青秋白可知倉與蒼同馬八尺以上爲龍服玉冠冕之飾及佩也麥以金王而生火王而死當屬金而鄭云屬木兌爲羊當屬金而鄭云火畜皆不可曉疏云鄭本五行傳言之然陰陽多塗未可一定故今於四時所食及𤇯嘗麥雛嘗黍之類皆略之以俟知者疏以達者春物將貫土而出故器之刻鏤者使文理麄疏直而通達也嚴陵方氏曰青陽者少陽之稱也春爲少陽故所居之堂名之然其堂也中有太廟左右个處其兩傍故孟月居左季月居右仲月居中各從其類焉謂之太廟則以其大饗於此故也謂之左个則以介於左故也謂之右个則以介於右故也推此則秋與冬夏亦若是而已總章者陰成之稱也赤白爲章者文之成秋成之時其章總矣故所居之堂其名以此明者南之方玄者北之色或言方或言

色互相備也春從木色而有青有倉冬從水色而有黑
有玄夏從火色而有朱有赤以其色之不一故衣服所
用則互相足焉至於西方則純以白中央則純以黃者
以其無餘色故也春主發散故其器疏以達蓋疏則散
達則發故也夏主長大故其器高以粗蓋高則長粗則
大故也秋主刻深故其器廉以深蓋廉則制深則刻故
也冬主受藏故其器閎以奄蓋閎則受奄則藏故也中
央土其器圜以閎者圜若物由是以周旋閎若物由是
以出入萬物周旋於土者
也故中央之器所象如此

是月也以立春先去聲立春三日太史謁之天子曰某日立
春盛德在木天子乃齊齋立春之日天子親帥三公九卿
諸侯大夫以迎春於東郊還旋反賞公卿大夫於朝命相
去聲布德和令行慶施惠下及兆民慶賜遂行毋有不當去聲
謁告也春爲生天地生育之盛德在於木位也迎春東

郊。祭太皞句芒也。後倣此推之○疏曰。節氣有早晚。是月者。謂是月之氣。不謂是月之日也。嚴陵方氏曰。四立之日。則其氣至矣。故天子親帥其臣以迎之於郊焉。所以導其氣之至也。春主寅卯辰。其位居東。故迎之於東郊。夏主巳午未。其位居南。故迎之於南郊。秋主申酉戌。其位居西。故迎之於西郊。冬主亥子丑。其位居北。故迎之於北郊。五行之氣。獨不迎土者。以其居中。非自外至也。唯其自外至。故迎之者每於郊焉。古者於寒曰迎。以客陰故也。於暑曰逆。以主陽故也。此則四時皆謂之迎者。蓋別而言之。雖有陰陽客主之辨。合而言之。則氣皆自外至。主之在我而已。故通謂之迎焉。所謂還反。何也。還言還之自郊。反言反之於朝。主彼言故曰還。主此言故曰反也。古者賞以春夏。刑以秋冬。此則四時皆賞。何也。蓋春夏非不刑也。特順陽義。故以賞爲主爾。秋冬非不賞也。特順陰義。故以刑爲主爾。此則喜其氣之至。故皆行賞以飾其喜焉。又曰。德令慶惠出乎君。然欲布和行施以下及也。則必有以相之者焉。故特言命相也。德貴乎宣利。故曰布。令貴乎無乖。故曰和。慶則必致用。故曰行。惠則必有與。

故曰施。慶賜者。行慶而賜之也。慶主禮。賜主物。前言行慶。則禮而已。此言慶賜。又及於物故也。遂行。言行之而無壅也。毋有不當。則又惡夫妄與以傷費焉。此與孟夏皆言慶賜遂行。而秋冬則不言者。賜以春夏爲主故也。於春則繼之以毋有不當。於夏則繼之以無不欣說者。蓋慶賜所以飾喜。必能毋有不當。然後人無不欣說焉。亦互相備而已。

乃命太史守典奉法。司天日月星辰之行。宿離去聲不貸。式毋失經紀。以初爲常。

宿。猶止也。離。猶行也。言占候躔次不可差貸。貸與忒同。經紀者。天文進退遲速之度數也。初者。曆家推步之舊法。以此爲占候之常也。嚴陵方氏曰。月令天所命也。王者則繼天以行其事而已。故言乃焉。若後言乃擇元日。乃脩祭典之類。周官太史之職。掌建邦之六典以逆邦國之治。掌八法以逆官府之治。

即此所謂守典奉法也。又言正歲年以序事頒之于官府及都鄙。即此所謂司天日月星辰之行也。在人之六典八法。在天之日月星辰。莫不存乎書。故以是命之於太史焉。大而有常者之謂典。故曰守。詳而有變者之謂法。故曰奉。日月星辰之行。皆麗乎天之大數。數之妙理所以成變化而行鬼神。非聖人不能與於此也。若夫有司之事。特司其末而已。故以司言之。日者循星以進退者也。月者應日以死生者也。星者日所舍。辰者星所次。以其得陽之精故謂之星。以其所次有時故謂之辰也。日月星辰。即堯典所言曆象。洪範所言五紀是矣。宿言宿之於此。離言離之於彼。日月星辰之行。或宿或離。有定數焉。太史司之。不可貣而已。貣則司天者之過矣。

是月也。天子乃以元日祈穀于上帝。乃擇元辰。天子親載耒耜。措之于參保介之御間。帥三公九卿諸侯大夫躬耕帝籍。天子三推。吐回切三公五推。卿諸侯九推。反。執爵于太寢。三公九卿諸侯大夫皆御。命曰勞去聲酒。

元日。上辛也。郊祭天而配以后稷。爲祈穀也。元辰。郊後吉日也。日以干言。辰以支言。互文也。參。參乘之人也。保介。衣甲也。以勇士爲車右而衣甲。御者。御車之人也。車右及御人皆是參乘。天子在左。御者居中。車右在右。以三人故曰參也。置此耕器於參乘保介及御者之間。天子籍田千畝。收其穀爲祭祀之粢盛。故曰帝籍。九推之後。庶人終之。反而行燕禮。羣臣皆侍。士賤不與耕。故亦不與勞酒之賜也。嚴陵方氏曰。帝籍蓋籍田也。以其共上帝之粢盛。故曰帝。以其借民力而終之。故曰籍。夫以千畝之籍。自天子至於諸侯。其耕止於三推五推九推。則其借民力而終之可知。推者。執耒而進之也。或以三。或以五。或以九者。以貴賤爲遞勞之差等也。

是月也。天氣下降。地氣上（上聲）騰。天地和同。草木萌動。王命布農事。命田舍東郊。皆脩封疆。審端徑術。（遂）善相（去聲）丘陵阪（反）險原隰（習）土地所宜。五穀所殖。以教道民。必躬親之。田事既飭。先定準直。農乃不惑

田。田畯也。舍。居也。天子命田畯居東郊以督耕者。皆使脩理其封疆。謂井田之限域也。步道曰徑。術與遂同。田之溝洫也。審而端之。使無迂邪。封疆有界限。徑術有濶狹。土地有高下。五種有宜否。皆須田畯躬親教飭之。以定其準直。則農民無所疑惑也　臨川吳氏曰。天在上而其氣降下。地在下而其氣騰上。是天地之氣兩相和同。交而爲泰。和同。謂不乖異也。故草木萌生發動於其時。○嚴陵方氏曰。上言可

耕之候。故此命布農事。蓋農事布於春而歛於秋也。命田舍東郊。所以順時氣而居。且帥民以東作故也。度土而積之謂之封。界畫以守之謂之疆。封疆古所有也。特以久則不能無壞爾。故曰脩。每歲孟春必脩封疆。審端徑術者。所以防終歲交爭之患也。人以其高則謂之丘。平而可陵則謂之陵。阪而不平者爲阪。水之所行者爲險。廣而平者爲原。下而濕者爲隰。地有岸谷之變。川流之徙。非時而脩之。則不足以盡其利。故丘陵阪險原隰不可以不相之也。周官司空時地利者。如是而已。土地所宜者。所宜之物也。若山林之宜皁。川澤之宜橐之類是矣。五穀所殖者。所殖之土也。若黍之利高燥。稌之利下濕之類是矣。既曰土。又曰地者。蓋土則地之體。地則土之名。故周官大司徒言五地而又言十有二土者以此。土地之所宜。五穀之所殖。以民之愚固不必知之也。則必有以教道之者焉。蓋教之使能其事。道之使達其理。雖有以教道之。然弗躬弗親。則民莫之信矣。故又言必躬親之。田事既飭者。言皆力田而各有脩治也。田事之所以既飭者。良由先定凖直。農乃不惑之所致而已。前曰農事而後曰田事。又何也。蓋農田一也。以人言之曰農。以地言之曰田。人事興於前。然後地事成於後。故

先言布農事。後言四事既飭。以其序也

是月也。命樂正入學習舞

教學者以習舞之事

乃脩祭典。命祀山林川澤犧牲毋用牝

不欲傷其生育

禁止伐木

以盛德在木也

毋覆巢。毋殺孩蟲胎夭烏老切飛鳥。毋麛。毋卵。毋聚大衆。毋置城郭。掩骼格埋胔漬

孩蟲蟲之稚者。胎。未生者。夭。方生者。飛鳥。初學飛之鳥。

麛獸子之通稱。齒骨之尚有肉者。嚴陵方氏曰。入學習舞。則以將釋菜故也。故仲春言上丁命樂正習舞釋菜焉。若仲丁之習樂。則以季春將大合樂故也。孟春之習合禮樂。則以是月將飲酎用禮樂故也。仲春之脩鞀鞞鼓之類。則以是月將大雩用盛樂故也。季秋之習吹。則以是月將大饗帝故也。季冬之大合吹。則以樂其成於終也。夫舞與吹皆樂也。然舞者樂之容。則貌之類也。故於春之始言舞。蓋木爲貌故也。吹者樂之聲。則言之類也。故至秋而後言吹。蓋金爲聲故也。習舞之時。非不習吹。要之以舞爲主爾。習吹之時。非不習舞。要之以吹爲主爾。以祭法考之。則祭典古所有也。特因歲之更始。乃脩之而已。祀不止於山林川澤。然止以是爲言者。蓋天地宗廟之祭。非春亦未嘗用牝故也。上言祭典而下言命祀者。亦互相備也。禁止伐木。禁以法言。止以事言也。孩蟲。言蟲未成如孩者。飛鳥則鳥之習飛者。毋覆巢殺胎夭麛卵。凡此所以遂其生育之性也。○馬氏曰。命祀山林川澤。百物之所自生也。毋聚大衆。毋置城郭。爲其害耕事也。掩骼埋胔。則推其所愛於其生者。以及其死者也。

是月也不可以稱兵稱兵必天殃兵戎不起不可從我始毋變天之道毋絶地之理毋亂人之紀

天地大德曰生春者生德之盛時也兵凶器戰危事不得已而禦寇猶可也兵自我起以殺戮之心逆生育之氣是變易天之生道斷絶地之生理而紊亂生人之紀敘矣其殃也宜哉嚴陵方氏曰稱兵舉兵也兵者人之義事春者天之仁氣苟以人之義事而逆天之仁氣則天災適當之矣兵戎之所以不稱而起之者非不起也特不可以從我始而已既曰兵又曰戎者兵以器言戎以事言道有常也故曰毋變理可通也故曰毋絶紀欲定也故曰毋亂○馬氏曰道可由而不可變理可循而不可絶紀可敘而不可亂

孟春行夏令則雨水不時草木蚤落國時有恐

此巳火之氣所泄也。言人君於孟春之月而行孟夏之政令。則感召咎證如此。後皆倣此〇䟽曰。孟月失令。則三時孟月之氣乘之。仲月失令。則仲月之氣乘之。季月失令。則季月之氣乘之。所以然者。以同爲孟仲季。氣情相通。如其不和。則迭相乘之

行秋令

謂孟秋之令

則其民大疫。猋標風暴雨總至。藜莠有蓬蒿並興

此申金之氣所傷也。尒雅扶揺謂之猋。風謂風之回轉也。藜莠蓬蒿並興者。以生氣逆亂。故惡物乘之而茂也

行冬令

謂孟冬之令

則水潦爲敗雪霜大摯至首種上聲不入

此亥水之氣所淫也摯傷折也與摯獸鷙蟲之義同百穀惟稷先種故云首種嚴陵方氏曰夫十有二月之令行乎天地之間人君奉之以成位乎其中也苟唯當此一月之節而行彼三時之令則三者之災以類應焉是何也氣之所召者然爾雨水蓋仲春之節以陽氣早至故不時雨水不時故草木蚤落國時有恐則由盛陽之氣所迫故也凡此皆巳之氣乘之○山陰陸氏曰草木蚤落以長養之早故彫落之亦早總至同時也○臨川吴氏曰亥水屬亥氣乘陰故水潦爲敗諸穀稷最先種春寒傷其種故不收成入謂收成而入于倉廩也

仲春之月日在奎昏弧中旦建星中

奎宿在戌降婁之次○疏曰餘月昏旦中星皆舉二十八宿此云弧與建星者以弧星近井建星近斗井斗度多星體廣不可的指故舉弧建以定昏旦之中

其日甲乙其帝太皥其神句芒其蟲鱗其音角律中夾鍾其數八其味酸其臭羶其祀户祭先脾

夾鍾卯律長七寸二千一百八十七分寸之千七十五

始雨水桃始華倉庚鳴鷹化爲鳩

此記卯月之候倉鶊鸝黄也鳩布谷也王制言鳩化爲鷹秋時也此言鷹化爲鳩以生育氣盛故鷙鳥感之而變耳孔氏云化者反歸舊形之謂故鷹化爲鳩鳩復化

爲鷹。如田鼠化爲鴽。鴽則鴽又化爲田鼠。若腐草爲螢雉爲蜃。爵爲蛤。皆不言化。是不再復本形者也。嚴陵方氏曰。自上而下者皆曰雨。然北風凍之。則凝而爲雪。東風解之。乃散而爲水。孟春東風既解凍矣。仲春於是始雨水。爲一候。積六候而成月。故一歲則有七十二候。三候爲一氣。積六氣而成時。故一歲則有二十四氣。此之所言者候。而已。候非其正也。故或先或後言之。曆之所言者氣也。氣則正矣。故於氣至則言之。鷹好殺而摯以秋。鼠好貪而出以夜。皆陰類也。鳩鴽皆陽類也。卯辰者陽之中。故仲春則鷹化爲鳩。季春則田鼠化爲鴽。蓋陰爲陽所化。物理如此。爵乳子而集以春。雉求雌而雊以朝。皆陽類也。蛤蜃皆陰類也。戌亥者陰之極也。故秋則爵入大水爲蛤。孟冬則雉入大水爲蜃。蓋陽爲陰所化。物理如此。草腐則幽之類也。螢則明之類也。季夏則腐草爲螢。蓋離之明極於此故也。是皆化而已。於鷹鼠言化。於腐草爵雉則直言爲。何哉。蓋因形移易曰化。鷹之爲鳩。鼠之爲鴽。皆因形移易而已。故言化。腐草則植物也。螢則動物也。爵雉飛物也。蛤蜃潛物也。植物爲動。飛物爲潛。則不

特因形移易矣。而化固不足以言之。故皆直言爲而已

天子居青陽太廟。乘鸞路。駕倉龍。載青旂。衣青衣。服倉玉。食麥與羊。其器疏以達

青陽太廟東堂當太室

是月也。安萌芽。養幼少。存諸孤

生氣之可見者莫先於草木。故首言之。妄謂無所摧折之也。存亦安也

擇元日命民社

令民祭社也。郊特牲言祭社用甲日。此言擇元日。是又擇甲日之善者歟。召誥社用戊日

命有司省（息井切）囹（零）圄（語）去（上聲）桎梏，毋肆掠（亮），止獄訟。

囹，牢也。圄，止也。疏云：周曰圜土，殷曰羑里，夏曰鈞臺。囹圄，秦獄名也。在手曰梏，在足曰桎，皆木械。肆，陳尸也。掠，捶治也。止，謂諭使息爭也。嚴陵方氏曰：諸孤幼而無父者，蓋有亡之道，故曰存也。天之窮民有四，存之止及於孤者，以其爲人後，存之爲助陽氣爲大故也。祭法曰：大夫以下成羣立社曰置社，則民固有社矣，然非天子命之，無敢專祭焉，故擇元日而命之也。且社，土示也，方春土發生之時，擇元日而祭之，亦祈其土之利無不善而已。郊特牲言社日用甲，則此言元日，蓋甲日也。社日用甲，則得其善矣，故謂之元日焉。凡祭社而稷必從之，此止言命民社者，特舉重以明輕爾。肆則陳其尸，掠則訊以掠。夫囹圄不可去，故曰省，省所以察之也。桎梏可去，故曰去，去所以除之也。肆掠之行主乎吏，故曰毋，所以禁之也。獄訟之作自乎下，故曰止，所以息之也。凡此皆所以消陰事而已。

是月也。玄鳥至。至之日。以太牢祠于高禖。𢿂天子親往。后妃帥九嬪御。乃禮天子所御。帶以弓韣。授以弓矢于高禖之前

玄鳥。燕也。燕以施生時巢人堂宇而生乳。故以其至爲祠禖祈嗣之候。高禖。先禖之神也。高者尊之之稱。變媒言禖。神之也。古有禖氏祓除之祀。位在南郊。禋祀上帝。則亦配祭之。故又謂之郊禖。詩天命玄鳥降而生商。但謂簡狄以玄鳥至之時祈于郊禖而生契。故本其爲天所命。若自天而降下耳。鄭註乃有墮卵吞孕之事。與生民詩註所言姜嫄履巨跡而生棄之事。皆怪妄不經。削

之可也。后妃帥九嬪御者。從往而侍奉禮事也。禮天子所御者。祭畢而酌酒以飲其先所御幸而有娠者。顯之以神賜也。韣。弓衣也。弓矢者。男子之事也。故以爲祥。嚴陵方氏曰。九嬪御者。九嬪與九御也。御卽女御。女御八十一人。每九人則屬一嬪。故謂之九御。言九嬪則包夫人。言九御則包世婦。天子所御。謂御而幸之者。禮謂酌之以酒也。射者。男子之事。弓矢者。男子之祥也。男子生而縣弧者以此。韣則弓衣也。帶以弓韣者。示其有能受之資也。授以弓矢者。予之以所求之祥也。

是月也。日夜分。

晝夜各五十刻。嚴陵方氏曰。日。陽也。夜。陰也。故陽長而陰消。則日長夜短。陰長而陽消。則夜長日短。皆非陰陽之中也。夫陽生於子。終於午。至卯而中分。陰生於午。終於子。至酉而中分。故春爲陽中。而仲月之節爲春分。秋爲陰中。而仲月之節爲秋分。春秋之分則陰陽適中。而日夜無短長之差。故於其月每言日夜

分也

雷乃發聲。始電。蟄蟲咸動。啓戶始出

謂始穿其穴而出也

先聲去雷三日

以節氣言。在春分前三日

奮木鐸以令兆民曰。雷將發聲。有不戒其容止者。生子不備。必有凶災

容止。猶言動靜。不戒容止。謂房室之事褻瀆天威也。生子不備。謂形躰有損缺。凶災謂父母

日夜分。則同度量。鈞衡石。角斗甬。正權槪

丈尺曰度。斗斛曰量。稱上曰衡。百二十斤爲石。角。斛也。權。稱錘也。槪。執以平量器者。同則齊其長短小大之制。鈞則平其輕重之差。角則較其同異。正則矯其欺枉

是月也。耕者少上聲舍。乃脩闔扇。寢廟畢備。毋作大事。以妨農之事

少舍。暫息也。門戶之蔽。以木曰闔。以竹葦曰扇。凡廟前曰廟。後曰寢。寢是衣冠所藏之處。大事謂軍旅之事嚴陵方氏曰。農之作也。則出而在田。農之息也。則入而在舍。方春東作之時而不可久妨也。故以少爲言焉○臨川吳氏曰。闔扇。人所居也。脩闔扇而繼之以寢廟畢備。不敢勤於人而慢於神也。畢備者。無一不周完之謂

是月也。毋竭川澤。毋漉鹿陂池。毋焚山林

漉亦竭也。三者之禁。皆謂傷生意

天子乃鮮獻羔開氷。先薦寢廟

古者日在虛則藏氷。至此仲春則獻羔以祭司寒之神而開氷。先薦寢廟者。不敢以人之餘奉神也。長樂陳氏曰。人子之於親。飲食與藥必先嘗而後進。四時新物必先獻而後食。寢廟之薦新。蓋亦推其事先之禮以盡其誠敬而已

上丁

此月上旬之丁。日必用丁者。以先庚三日。後甲三日也

命樂正習舞釋菜。天子乃帥。三公九卿諸侯大夫。親往視之。仲丁。又命樂正入學習樂

樂正。樂官之長也。習舞釋菜。謂將教習舞者。則先以釋

菜之禮告先師也 嚴陵方氏曰。凡言釋奠則有飲焉。言釋菜則以芹藻之類而已。學記所謂皮弁祭菜是也。於仲春釋菜。則以品物少故也。於始教祭菜。則以示敬道故也。以事言則曰釋。以禮言則曰祭。其實一也。○馬氏曰。親往視之。爲道之存故也。釋菜用丁。爲文明故也

是月也。祀不用犧牲。用圭璧更平聲皮幣

不用牲。謂祈禱小祀耳。如大牢祀高禖。乃大典禮。不在此限。稍重者用圭璧。稍輕者則以皮幣更易之也

仲春行秋令。則其國大水。寒氣總至。寇戎來征

酉金之氣所傷也

行冬令。則陽氣不勝。麥乃不熟。民多相掠亮

子水之氣所淫也

行夏令則國乃大旱煖氣早來蟲螟爲害

午火之氣所泄也螟食苗心者嚴陵方氏曰多雨故其國大水也水之氣爲寒故寒氣總至寇戎來征則感金氣而然也凡此皆酉之氣乘之麥以秋稼至夏乃穡仲春則向成矣而陽氣不勝故麥乃不熟也民多相掠則以陽不勝陰故也凡此皆子之氣乘之行夏令而陽亢故大旱大旱故煖氣早來蟲螟則煖氣所生也且螟食苗心夏以盛德在火而心屬焉則其爲害亦以類而已故孟夏仲冬之行春令言蝗仲夏之行春令言螣各以類應焉凡此皆午之氣乘之

季春之月日在胃昏七星中旦牽牛中

胃宿在酉大梁之次也七星二十八宿之星宿也

其日甲乙其帝太皡其神句芒其蟲鱗其音角律中姑洗蘇典切其數八其味酸其臭羶其祀户祭先脾

姑洗。辰律。長七寸九分寸之一

桐始華。田鼠化爲鴽。如虹始見。現萍始生

此記辰月之候。鴽。鶉鷂之屬。馬氏曰。田鼠化爲鴽。則陰類之慝者遷乎陽。而其性和也。萍始生。則以陰物之浮以承陽者也。○嚴陵方氏曰。虹者。天地訌潰之氣也。陰干陽所。乃見而出。故又謂之蝀焉。陽方得中。則陰莫能干。至於辰則已過中矣。故爲陰所干而虹見也

天子居青陽右个。乘鸞路。駕倉龍。載青旂。衣青衣。服倉玉。

食麥與羊。其器疏以達

青陽右个東堂南偏

是月也。天子乃薦鞠衣于先帝

鞠衣。衣色如鞠花之黄也。註云。黄桑之服者。色如鞠塵。

象桑葉始生之色也。鞠字一音去六反。先帝。先代木德之君。薦此衣于神坐。以祈蠶事。長樂陳氏曰。將耕也。祈穀于上帝。所以祈有秋。將蠶也。薦鞠衣于先帝。所以祈有春

命舟牧覆舟。五覆五反。乃告舟備具于天子焉。天子始乘舟。薦鮪偉于寢廟。乃爲去聲麥祈實

舟牧。主乘舟之官。五覆五反。所以詳視其罅漏傾側之處也。因薦鮪幷祈麥實。嚴陵方氏曰。覆以視表。反以視裏。待至尊所乘。不得不防其傾漏故也。覆反必至于五。則至于再。至于三。而慎之至也。禮有告具告備。曰具則苟具而已。曰備則無所不備焉。告舟備具于天子者。以見精粗無不至也。必乘舟而後薦鮪者。所以示親漁也。蓋先王之饗親。牲必親牽。殺必親射。凡以致其敬而已。則乘舟而後薦鮪。豈爲過哉。魚之品多矣。而薦必以鮪者。爲其特大。謂之王鮪者以此

是月也生氣方盛陽氣發泄句者畢出萌者盡達不可以内

句屈生者萌直生者不可以内言當施散恩惠以順生道之宣泄不宜吝嗇閉藏也

天子布德行惠命有司發倉廩賜貧窮振乏絕開府庫出幣帛周天下勉諸侯聘名士禮賢者

長無謂之貧窮暫無謂之乏絕振猶救也周濟其不足也在内則命有司奉行在外則勉諸侯奉行皆天子之德惠也 嚴陵方氏曰發倉廩所以賜貧窮振乏絕而已乏絕未至於貧窮故於貧窮曰賜之則所以予之也於乏絕曰振之則償之而已

是月也。命司空曰。時雨將降。下水上騰。上聲循行去聲國邑。周視原野。脩利隄防。道達溝瀆。開通道路。毋有障塞。

司空掌邦土。此皆其職也。嚴陵方氏曰。司空掌土之官。凡此所命皆土之事。故以命焉。時雨。應時之雨也。方春物生需雨澤之時。故其雨謂之時雨。時雨然或過淫。則趨下之水反上騰而爲災。故命以豫備之術也。循行則行之有序也。周視則視之無遺也。脩利則脩而利之使無害。道達則道而達之使無壅。開通則開而通之使無窮。皆欲其無有障塞而已。障言蔽顯以爲隱。塞言窒虛而爲實。凡此皆豫備水災之術也

田獵罝嗟罘浮羅網畢翳曀餧僞獸之藥。毋出九門。

罝罘皆捕獸之罟。羅網皆捕鳥之罟。小網長柄謂之畢。以其似畢星之形故名。用以掩兎也。翳射者用以自隱也。餧

啗之也。藥毒藥也。七物皆不得施用於外。以其逆生道也。路門。應門。雉門。庫門。臯門。城門。近郊門。遠郊門。關門。凡九門也。嚴陵方氏曰。慮其傷孚乳之性。故田獵之具制之使毋用。餧則委之以食而毒焉。故以藥言之也

是月也。命野虞毋伐桑柘。鳴鳩拂其羽。戴勝降于桑。具曲植治籧舉筐

野虞主田及山林之官。拂羽飛而翼拍身也。戴勝織紝之鳥。一名戴鵀。鵀即頭上勝也。此時恒在桑。言降者重之若自天而下也。曲薄也。植槌也。所以架曲與籧筐者。籧圓而筐方

后妃齊戒。親東鄉(去聲)躬桑。禁婦女毋觀。(去聲)省婦使。以勸蠶事

東鄉。迎時氣也。躬桑親自采桑也。禁婦女毋觀者禁止婦女使不得爲容觀之飾也。省婦使者減省其箴線縫製之事也。此二者皆爲勸勉之。使盡力於蠶事也

蠶事既登。分繭稱絲效功。以共(供)郊廟之服。毋有敢惰

登成也。分繭分布於衆婦之繅者。稱絲效功。以多寡爲功之上下

嚴陵方氏曰。野虞周官之山虞。以主在野之事。故曰野。齊戒則所以神明其事矣。東鄉則所以迓時氣也。以致曲而織故曰曲。以取直而立故曰植。籧則席之粗者。筐則筥之方者。凡此皆蠶具。省婦使者。不煩以他役也。凡此欲一意於蠶以勸其事而已。蠶事既登者。事畢而登比年之數也。與曲禮年穀不登之

登同義。分繭所以使之繅。稱絲所以效其功之多少。以共郊廟之服。無有敢惰。敬之至也

是月也。命工師令百工審五庫之量。金鐵皮革筋角齒羽箭幹脂膠丹漆。毋或不良

工師。百工之長也。五庫者。金鐵爲一庫。皮革筋爲一庫。角齒爲一庫。羽箭幹爲一庫。脂膠丹漆爲一庫。視諸物之善惡。皆有舊法謂之量。一說多寡之數也。審而察之。故云審五庫之量也。幹者。諸器所用之木材也

百工咸理。監平聲工日號。毋悖于時。毋或作爲淫巧以蕩上心

此時百工皆各理治其造作之事。工師監臨之。每日號

令。必以二事爲戒。一是造作器物。不得悖逆時序。如爲弓必春液角。夏治筋。秋合三材。寒定躰之類是也。二是不得爲淫過奇巧之器。以揺動君心。使生奢侈也 嚴陵方氏曰。工固有巧矣。然過乎巧。則爲淫矣。以其淫。故足以蕩上心焉。此與孟冬皆言毋或作爲淫巧以蕩上心者。此則因其作而戒之。彼則因其成而又戒之。

是月之末。擇吉日大合樂。天子乃帥三公九卿諸侯大夫。親往視之

鄭氏曰。其禮亡 馬氏曰。凡樂。陽聲也。春。陽中也。大合樂必待陽中之末。則中聲之所止也。蓋中聲以降非和平。君子弗聽也

是月也。乃合累平聲牛騰馬。遊牝于牧。犧牲駒犢。舉書其數

春陽既盛。物皆產育。故合其累繫之牛。騰躍之馬。而遊縱之。使牡者就牝者于芻牧之地。欲其孳生之蕃也。若其中犧牲之用者。及馬之駒。牛之犢。皆書其數者。以備稽校多寡也

命國難。那九門磔責攘。以畢春氣

難之事。在周官則方相氏掌之。裂牲謂之磔。除禍謂之攘。春者陰氣之終。故磔攘以終畢厲氣也。舊說大陵八星在胃北。主死喪。昴中有大陵積尸之氣。氣佚則厲鬼隨之而行。此月初日在胃。從胃歷昴。故敺疫之事當於此時行之也。九門。說見上章。嚴陵方氏曰。難所以難陰慝而敺之。周官方相氏帥

百隷而時難以狂夫爲之。則狂疾以陽有餘。唯陽有餘足以勝陰慝故也。裂牲謂之磔。除禍謂之攘。必於九門。則欲陰慝之出故也。凡此皆慮春氣之不得其終也。故曰以畢春氣。此之所難。則難陰慝之作於春者也。仲秋又難。則難陰慝之作於秋者也。季冬又難。則難陰慝之作於冬者也。獨夏不難。則以陽盛之時。陰慝不能作故也。春曰以畢春氣者。言畢其功於前也。故於季月。秋於仲月言達者。言達其道於外也。冬曰以送寒氣者。以一歲之往。故以送言之。亦行之於季月。不曰冬氣而曰寒氣者。以時言曰冬。以氣言曰寒。而寒則積陰之所成也。一歲陰慝之盛。未有甚於此時者。故本其積陰之氣而言之。其難特謂之大。蓋所難而敺之者。邪氣也。達之送之者。正氣也。曰畢曰達曰送。言雖不同。皆不過遂其正氣而已。春曰磔攘。冬曰旁磔者。以大難。故旁又磔焉。不特九門故也。秋雖不言。從可知矣。○臨川吴氏曰。難者。聚衆戲劇以盛其喜樂之氣。使人之和氣充盈。則足以勝天地之乖氣。此亦先王燮理之一事而微其機。使百姓由之而不知也

季春行冬令。則寒氣時發。草木皆肅。國有大恐

丑土之氣所應也。肅者。枝葉減縮而急栗也。大恐。訛言相驚動也。舊說孟春有恐。是火訛。以其行夏令也。此行冬令當致水訛。漢王商嘗止之矣

行夏令則民多疾疫。時雨不降。山陵不收

未土之氣所應也

行秋令則天多沈陰。淫雨蚤降。兵革並起

戌土之氣所應也。不收。謂無所成遂也。嚴陵方氏曰。冬之氣爲寒。故寒氣時發。草木皆肅。則寒氣之所稟故也。國有大恐。則寒氣之所制故也。亢陽之氣襲於人。故民多疾疫。陽亢而爲旱。故時雨不降。山陵之物不收。特言山陵。則以高者尤易被旱故也。天多沈陰。則感少陰之氣故也。陽爲暘。陰爲雨。故淫雨早降。兵革並起。則金氣動故也

孟夏之月。日在畢。昏翼中。旦婺女中

畢宿在申。實沈之次

其日丙丁。其帝炎帝

炎帝。大庭氏。即神農也。赤精之君

其神祝融

顓頊氏之子名黎。火官之臣

其蟲羽。其音徵。止 律中中仲 吕。其數七。其味苦。其臭焦。其

祀竈。祭先肺

羽蟲。飛鳥之屬。徵音屬火。中吕。巳律。長六寸萬九千六

百八十三分寸之萬二千九百七十四。地二生火。天七

成之。七者。火之成數也。苦焦。皆火屬。夏祭竈。火之養人者也。祭先肺。火克金也。○蔡邕獨斷曰。竈。夏爲太陽。其氣長養。祀竈之禮。在廟門外之東。先席于門奧。西東設主于竈陘也

螻蟈鳴。蚯蚓出。王瓜生。苦菜秀

此記巳月之候。王瓜。注云萆挈。本草作菝葜。音同。謂之瓜者以根之似也。亦可釀酒○朱氏曰。王瓜色赤。感火之色而生。苦菜味苦。感火之味而成。馬氏曰。螻蟈鳴。則陰而伏者。乘陽而鳴也。蚯蚓出。則陰而屈者。乘陽而伸也。王瓜生。則陽物之可以勝陰邪者也。故其爲色赤。苦菜秀。則火炎上。故其爲味苦

天子居明堂左个

太寢南堂東偏

乘朱路駕赤騮載赤旂衣朱衣服赤玉食菽與雞其器高以粗

騮馬名色淺者赤色深者朱用器高而粗大象物之盛長也

是月也以立夏先立夏三日太史謁之天子曰某日立夏盛德在火天子乃齋立夏之日天子親帥三公九卿大夫以迎夏於南郊還反行賞封諸侯慶賜遂行無不欣說悅

立春言諸侯大夫而此不言諸侯者或在或否不可必

同。故略之也。迎夏南郊。祭炎帝祝融也

乃命樂師習合禮樂

以將飲酎故也

命太尉贊桀俊遂賢良舉長大行爵出祿必當去聲其位

太尉。秦官也。桀俊以才言。贊則引而升之之謂賢良以德言。遂謂使之得行其志也。長大以力言。王制言執技論力。舉謂選而用之也。當其位者。爵必當有德之位祿必當有功之位也

是月也。繼長增高。毋有壞惟墮。毋起土功。毋發大衆。毋伐大樹

長者繼之而使益長。高者增之而使益高。壞墮則傷巳成之氣。起土功。發大衆。皆妨蠶農之事。故禁止之。伐樹則傷條達之氣。故亦在所禁。一說伐大木。謂營宮室馬氏曰。萬物所以長而高者。陽上達故也。長之者。天地也。所以繼長者。人也。高之者。天地也。所以增高者。人也。故曰人終天地之功者此也。欲其長則勿壞焉。欲其高則勿墮焉可也

是月也。天子始絺絺葛布之細者嚴陵方氏曰。絺以凉而可以禦暑。裘以温而可以禦寒。孟夏者暑之始也。故言始絺。孟冬者寒之始也。故言始裘

命野虞出行去聲田原。爲去聲天子勞去聲農勸民。毋或失時失時。謂失農時

命司徒循行去聲縣鄙。命農勉作。毋休于都。

勉其興作於田野之內。禁其休息于都邑之間。皆恐其失農時也。嚴陵方氏曰。野虞。外官也。故出行田原。司徒。內官也。故巡行縣鄙。以在外也。故曰出。以在內也。故曰循而已。農亦民也。然民不止於農。以農營其事之勞。故勞之。欲民趨其事之樂也。故勸之。皆欲無失其事而已。都者。君子之所居。鄙者。野人之所居。農以力耕而養人。則野人之事也。禁之使無休于都。則於農不能無所彊矣。故曰勉作也。○臨川吳氏曰。命野虞又命司徒者。由卑而尊也。爲農者皆天子之民。野虞位卑。不敢自專其於農也。但爲天子勞之而勸其民爾。掌農者正地官之職。司徒位尊。不敢自曠。其於農也。乃自己職命之而勉其作也。

是月也。驅獸毋害五穀。毋大田獵。

夏獵曰苗。正爲驅獸之害禾苗者耳。與三時之大獵自

不同

農乃登麥。天子乃以彘嘗麥。先薦寢廟

登。升之於場也

是月也。聚畜百藥。靡草死。麥秋至

聚藥。爲供醫事也。靡草。草之枝葉靡細者。陰類陽盛則死。秋者。百穀成熟之期。此於時雖夏。於麥則秋。故云麥秋也。嚴陵方氏曰。藥之可採者不必皆在孟夏。則以蓄。凡物感陽而生者。則

彊而立。感陰而生者。則柔而靡。謂之靡草。則至陰之所生也。故不勝至陽而死

斷薄刑。决小罪。出輕繫

刑者。上之所施。罪者下之所犯。斷者。定其輕重而施刑

也。決。如決水之決。謂人以小罪相告者即決遣之。不收繫也。其有輕罪而在繫者則直縱出之也

蠶事畢。后妃獻繭。乃收繭稅。以桑爲均。貴賤長幼如一。以給郊廟之服

后妃獻繭。謂后妃受內命婦之獻繭也。收繭稅者。外命婦養蠶。亦用國北近郊之公桑。近郊之稅十一。故亦稅其繭十之一。其餘入己而爲其夫造祭服。一說再命受服。服者公家所給。故稅其十一者。爲給其夫祭服也。受桑多則稅繭多。少則稅亦少。皆以桑爲均齊也。貴。謂卿大夫之妻。賤。謂士妻。長幼。婦之老少也。如一。皆稅十一

也。郊廟之服。天子祭服也。

是月也。天子飲酎。（直又切）用禮樂。

重釀之酒名之曰酎。稠醲之義也。春而造。至此始成。用禮樂而飲之。蓋盛會也。（嚴陵方氏曰。凡燕樂則必用禮樂矣。於此特言之者。以用之於是爲盛故也。飲酎如此。則飲烝從可知矣。）

孟夏行秋令。則苦雨數（朔）來。五穀不滋。四鄙入保。

申金之氣所泄也。

行冬令。則草木蚤枯。後乃大水。敗其城郭。

亥水之氣所傷也。

行春令。則蝗蟲爲災。暴風來格。秀草不實。

寅木之氣所淫也。以孟夏之月而行孟秋孟冬孟春之令。故感召災異如此。四鄙四面邊鄙之邑也。保與堡同。小城也。入保。入而依以爲安也。格。至也。嚴陵方氏曰。陰氣之所召。故苦雨數來。謂之苦。則以極備而爲人之所苦故也。與詩所謂甘雨異矣。夫雨固足以滋五穀。然至於苦。則適所以傷之。故言五穀不滋也。又曰。感肅殺之氣。故草木蚤枯。大水敗城郭。則以冬德之所在故也。蝗之爲蟲。殘物之末。不傷其本。春則木盛之時也。故行春令。則蟲之爲災者特殘其末而已。春於方爲東。東方生風。故暴風來格。秀草不實。則以盛於末故也

仲夏之月。日在東井。昏亢剛中。旦危中

東井在未鶉首之次

其日丙丁。其帝炎帝。其神祝融。其蟲羽。其音徵。律中蕤賓。

其數七。其味苦。其臭焦。其祀竈。祭先肺。

蕤賓午律。長六寸八十一分寸之二十六

小暑至。螳蜋生。鵙古役切始鳴。反舌無聲

此記午月之候。小暑暑氣未盛也。螳蜋。一名蚚父。一名天馬。言其飛捷如馬也。鵙。博勞也。反舌。百舌鳥。凡物皆稟陰陽之氣而成質。其陰類者宜陰時。陽類者宜陽時。得時則興。背時則廢。䟽又以反舌爲蝦蟇。未知是否嚴陵方氏曰。螳蜋。鵙。皆陰類也。故或感微陰而生。或感微陰而鳴焉。反舌。蓋百舌也。以能反覆其舌而爲百鳥語。故謂之反舌。然其鳴也。感陽中而發。故感微陰而無聲焉

天子居明堂太廟。乘朱路。駕赤駵。載赤旂。衣朱衣。服赤玉。

食菽與雞其器高以粗

明堂太廟南堂當太室也

養壯佼

壯謂容躰碩大者佼謂形容佼好者擇此類而養之亦順長養之令

是月也命樂師脩鞀（逃）鞞（駢迷切）鼓均琴瑟管簫執干戚戈羽調竽笙竾（池）簧飭鍾磬柷（昌六切）敔（語）

凡十九物皆樂器也鞀鞞鼓三者皆革音鞀即兆鼓也鞞所以裨助鼓節琴瑟皆絲音管簫皆竹音管如篴而小干戚戈羽皆舞器干盾戚斧也竽笙竾皆竹音竽三十六

簧笙十三簧箎即篪也長尺四寸簧笙之舌蓋管中之金薄鍱也竽笙箎三者皆有簧也鍾金音磬石音柷敔皆木音柷如漆桶敔狀如伏虎柷以合樂之始敔以節樂之終脩者理其弊均者平其聲執者操持習學調者調和音曲飭者整治之也以將用盛樂雩祀故謹備之嚴陵方氏曰鞀鞞鼓之與鍾磬柷敔其聲質而一故脩飭之而已琴瑟管簫竽笙箎簧其聲文而雜則必均調之焉干戚戈羽以無聲特執之待用可也

命有司爲去聲民祈祀山川百源大雩帝用盛樂

山者水之源將欲禱雨故先祭其本源三王祭川先河後海示重本也雩者吁嗟其聲以求雨之祭周禮女巫

凡邦之大烖歌哭而請。亦其義也。帝者。天之主宰。盛樂。即鞀鞞以下十九物並奏之也

乃命百縣雩祀百辟卿士有益於民者。以祈穀實

百縣。畿內之邑也。百辟卿士。謂古者上公句龍后稷之類。嚴陵方氏曰。此言大雩帝。後又言大饗帝何也。蓋雩所以祈也。饗所以報也。祈必於仲夏者。以陰生於午而物成之始也。所以祈物之成而已。報必於季秋者。以陽窮於戌而歲功之終也。所以報歲之功而已。百辟即諸侯也。卿士。即六卿也。百辟卿士。生有益於民者。死亦有益於民。故命雩祀之。以祈穀實也。季春之祈實。爲麥而已。至此又祈實。則所祈者衆矣。故以穀該之。天子之雩及於上帝。百縣之雩止於百辟卿士。於百辟卿士言祈穀實。則雩帝之所祈又可知矣

是月也。農乃登黍。天子乃以雛嘗黍。羞以含桃。先薦寢廟

今用登麥穀例。移農乃登黍四字在是月也之下。舊註以内則之雛爲小鳥。此雛爲雞雛。未詳孰是。含桃。櫻桃也

令民毋艾刈藍以染

藍之色青。青者赤之母。刈之亦是傷時氣

毋燒灰

火之滅者爲灰。禁之亦爲傷火氣也

毋暴步卜切布

暴之於日也。布者陰功所成。不可以小功干盛陽也

門閭毋閉

一則順時氣之宣通。一則使暑氣之宣散

關市毋索

索者。搜索商旅匿稅之物。蓋當時氣盛大之際。人君亦當体之而行寬大之政也

挺重囚。益其食

挺者。拔出之義。重囚禁繫嚴密。故特加寬假。輕囚則不如是。益其食者。加其養也。馬氏曰。毋閉。利宣也。毋索。不恃察以窮民隱也。益重囚之食。不以其罪廢不忍人之政也

游牝別。彼列切羣。則縶騰執駒。班馬政

季春遊牝于牧。至此妊孕已遂。故不使同羣。拘縶騰躍之駒者。止其踶齧也。班。布也。馬政。養馬之政令也。周禮

圉人圉師所掌

是月也。日長至。陰陽爭。死生分

至。猶極也。夏至日長之極。陽盡午中而微陰眇重淵矣。此陰陽爭辨之際也。物之感陽氣而方長者生。感陰氣而已成者死。此死生分判之際也

君子齊戒。處必掩身毋躁。止聲色毋或進。薄滋味毋致和。去聲節耆嗜欲。定心氣

齊戒以定其心。掩蔽以防其身。毋或輕躁於舉動。毋或御進於聲色。薄其調和之滋味。節其諸事之愛欲。凡以定心氣而備陰疾也。嚴陵方氏曰。陰陽爭者。以陰方來而與陽始遇。遇故爭也。仲冬亦言

之者。以陽方來而與陰遇故也。陽主生。陰主死。微陰既生。則萬物向乎死矣。故死生之理於是分也。君子以陰陽方爭。故宜潔誠居内退聽。以待其定也。仲冬言此而不言毋躁者。以暑爲躁。寒爲靜。故於暑之時特戒之也。止聲色毋或進者。方解緩之時。慮揺其精也。薄滋味毋致和者。方齋戒之時。苟厚滋味而致和。則或昏憒其志意也

百官靜事無刑。以定晏陰之所成晏伊見切

刑。陰事也。舉陰事則是助陰抑陽。故百官府刑罰之事皆止靜而不行也。凡天地之氣順則和。競則逆。故能致災咎。此陰陽相爭之時。故須如此謹備。晏。安也。陰道靜故云晏陰。及其定而至於成。則循序而往。不爲災矣。是以未定之前。諸事皆不可忽也

鹿角解。駮蜩始鳴。半夏生。木堇謹榮。

此又言午月之候。解。脫也。嚴陵方氏曰。鹿好羣而相比。則陽類也。故夏至感陰生而角解。麋多欲而善迷。則陰類也。故冬至感陽生而角解。此所以不同也。半夏生者。蓋居夏之半而是藥生於是時。故因以爲名。木堇有別於堇草。故以木言之。以感微陰而榮。故其華朝榮暮隕。然經或曰秀。或曰華。或曰生。或曰榮。何也。以別於苗則曰秀。以別於實則曰華。以別於死則曰生。以別於枯則曰榮。其言各有所當也。

是月也。毋用火南方。

南方火位。又因其位而盛其用。則爲微陰之害。故戒之。

可以居高明。可以遠眺望。可以升山陵。可以處臺榭。

凡此皆順陽明之時。嚴陵方氏曰。夏爲火旺之時。南方火旺之方。於旺之時而又用於旺之方。則其氣太盛而害微陰之生。故戒之。居高明。故可以遠眺望。欲遠眺望。故或升山陵。或處臺榭也。山陵則

自然高明之所也。臺榭則人爲高明之所也。順陽在上。故居處如此

仲夏行冬令。則雹凍傷穀。道路不通。暴兵來至

子水之氣所傷也

行春令。則五穀晚熟。百螣特時起。其國乃饑

卯木之氣所淫也

行秋令。則草木零落。果實早成。民殃於疫

酉金之氣所泄也。螣食苗葉之蟲也。百螣者。言害稼之蟲非一類。嚴陵方氏曰。夏行冬令。是以陰包陽也。故雹凍傷穀。道路不通。則冬爲閉塞。暴兵來至。則陰賊之感也。春主生。夏行春令。則生之日長。故熟之時晚。螣食苗葉。春之氣盛於末。故蟲之爲害者。特及葉而已。五穀晚熟而又百螣時起。故其國乃饑也。草木零落與果實早成。皆秋之氣候故也。當盛暑之月

而感秋氣。則根
薄而衆成疾

季夏之月。日在柳。昏火中。旦奎中

柳宿在午。鶉火之次也。火。大火心宿

其日丙丁。其帝炎帝。其神祝融。其蟲羽。其音徵。律中林鍾。

其數七。其味苦。其臭焦。其祀竈。祭先肺

林鍾。未律。長六寸

溫風始至。蟋蟀居壁。鷹乃學習。腐草爲螢

此記未月之候。至。極也。蟋蟀生於土中。此時羽翼猶未能遠飛。但居其穴之壁。至七月則能遠飛而在野矣。學習。鶵學數飛也。腐草得暑濕之氣。故變而爲螢。○朱氏曰。

温風。温厚之極。涼風。嚴凝之始。腐草爲螢。離明之極。故幽類化爲明類也金華應氏曰。物得氣之先。殺氣未肅而鷙猛之鳥已習於擊。迎殺氣之微也。涼風未至而鳴陰之物已居乎壁。迎涼氣之微也

天子居明堂右个。乘朱路。駕赤騮。載赤旂。衣朱衣。服赤玉。食菽與鷄。其器高以粗

明堂右个。南堂西偏也

命漁師伐蛟取鼉。登龜取黿元

蛟言伐。以其暴惡不易攻取也。龜言登。尊異之也。鼉黿言取。易而賤之也

命澤人納材葦

蒲葦之屬。生於澤中而可爲用器。故曰材。澤人納之職也。此皆煩細之事。非專一月所爲。故不以是月起之

是月也。命四監大合百縣之秩芻以養犧牲。令民無不咸出其力。以共供皇天上帝名山大川四方之神以祠宗廟社稷之靈。以爲民祈福

四監。即周官山虞澤虞林衡川衡之官也。前言百縣。兼內外而言。此百縣。鄉遂之地也。秩。常也。歛此芻爲養犧牲之用。各有常數。故云秩芻也。馬氏曰。令民無不咸出其力。則所爲祭祀者非獨恭也。謂民力之普存也。以共皇天上帝名山大川四方之神。以祠社稷宗廟之靈。以爲民祈福。則爲民。神之主也。故聖王先成民而後致力於神。豈私福哉。凡以爲民也。○嚴陵方氏曰。謂之神。遠而尊之也。謂之靈。近而

親之也。皇天上帝山川四方。外事也。故以神言。宗廟社稷。内事也。故以靈言

是月也。命婦官染采黼黻文章。必以法故。無或差貸。黑黃倉赤。莫不質良。毋敢詐偽。以給郊廟祭祀之服。以爲旗章。以別貴賤等給之度

周禮典婦功典枲染人等。皆婦官。此指染人也。白與黑謂之黼。黑與青謂之黻。青與赤謂之文。赤與白謂之章。染造必用舊法故事。毋得有參差貸變。皆欲質正良善也。旗旌旂也。章者畫其象以別名位也。詳見春官司常

○石梁王氏曰。給當爲級。嚴陵方氏曰。衣服旌旗有等有給。各隨宜而度之。故言度。若天子龍袞。諸侯黼之類。所以別衣服貴賤等給之度也。若王建太常。諸侯建旂之類。所以別旌旗貴賤等給

之度也凡此順文明之時故染文明之色爾

是月也樹木方盛命虞人入山行去聲木毋有斬伐

以其方盛故也

不可以興土功不可以合諸侯不可以起兵動衆毋舉大事以揺養氣毋發令而待以妨神農之事也水潦盛昌神農將持功舉大事則有天殃

大事即興土功合諸侯起兵動衆之事揺養氣謂動散長養之氣也發令而待謂未及徭役之期而豫發召役之令使民廢己事而待上之會期也神農農之神也季夏屬中央土土神得位用事之時謂之神農者土神主

成就農事也。東井主水在未。故未月爲水潦盛昌之月。此時神農將主持稼穡之功。舉大事而傷其功。則是干造化施生之道矣。故有天殃也。嚴陵方氏曰。木之生也。方盛於夏。則衰於秋矣。虞人。蓋山虞也。行則巡之也。毋有斬伐。慮傷方盛之氣也。興土功。合諸侯。起兵動衆。皆大事也。故繼言毋舉大事。舉大事則人不安。且搖養氣矣。搖者。振而蕩之之謂。夫萬物作於春而氣主生。長於夏而氣主養。故謂之養氣。夫興農功而用之於明者。人也。持農功而主之於幽者。神也。水潦盛昌。則百穀被其澤而向乎成矣。故神農將持其功也。苟舉大事以妨之。則是違神逆天。而天之災適當之矣

是月也。土潤溽暑。大雨時行。燒薙替行水。利以殺草。如以熱湯。可以糞田疇。可以美土疆。其兩切

溽。濕也。土之氣潤。故蒸鬱而爲濕暑。大雨亦以之而時

行。皆東井之所主也。除草之法。先芟薙之。俟乾則燒之。燒薙者。燒所薙之草也。大雨既行於所燒之地。則草不復生矣。故云利以殺草。時暑日烈。其水之熱如湯。草之燒爛者。可以爲田疇之糞。可以使土疆之美。凡土之磊磈難耕者謂之疆。臨川吳氏曰。田疇謂熟耕而其田有界域者。土疆謂難耕而其土磽确者

季夏行春令。則穀實鮮（仙）落

鮮潔而墮落也

國多風欬（苦代切）

風欬。因風而致欬疾也

民乃遷徙

辰土之氣所應也

行秋令。則丘隰水潦。禾稼不熟。乃多女災

妊孕多敗。戌土之氣所應也

行冬令。則風寒不時。鷹隼笋蚤鷙。四鄙入保

丑土之氣所應也嚴陵方氏曰。解落。即莊子所謂草木不待黄而落是也。五氣過盛。故實有所不勝。國多風欬。則與孟夏言暴風來格同義。以多風。故人肺受疾而欬也。民乃遷徙者。以春主發散故也。自下升上曰遷。舍此適彼曰徙。丘隰水潦。以金生水故也。曰丘隰以見高下皆被其害。故禾稼不熟也。種曰稼。斂曰穡。以其不熟。故止言稼。多女災者。以純陰之氣過盛而反傷之也。因風而後寒。故曰風寒。凡異乎隆冬之時無風而寒矣。以當暑而寒。故曰不時。鷹隼善擊。必待秋焉。以感疫厲之氣。故蚤鷙於夏也。春夏主出。秋冬主入。故四鄙入保

中央土

土寄旺四時各十八日。共七十二日。除此則木火金水亦各七十二日矣。土於四時無乎不在。故無定位。無專氣。而寄旺於辰戌丑未之末。未月在火金之間。又居一歲之中。故特揭中央土一令於此。以成五行之序焉

其日戊己

戊己。十干之中

其帝黃帝

黃精之君。軒轅氏也

其神后土

土官之臣。顓頊氏之子黎也。句龍初爲后土。後祀以爲社。后土官闕。黎雖火官。實兼后土也。舊說如此。丘氏曰。五行獨

土神稱后者。后。君也。位居中。統領四行。故稱君也

其蟲倮力果切

人爲倮蟲之長。鄭氏以爲虎豹之屬

其音宮。律中黃鍾之宮

宮音屬土。又爲君。故配之中央。黃鍾本十一月律。諸律皆有宮音。而黃鍾之宮乃八十四調之首。其聲最尊。而大餘音皆自此起。如土爲木火金水之根本。故以配中央之土。土寄旺於四時。宮音亦冠於十二律。非如十二

月以候氣言也

其數五

天五生土。地十成之。四時皆舉成數。此獨舉生數者。四時之物無土不成。而土之成數。又積水一火二木三金四以成十也。四者成。則土無不成矣

其味甘。其臭香

甘香皆屬土

其祀中霤。祭先心

古者陶復陶穴。皆開其上以漏光明。故雨霤之。後因名室中爲中霤。亦土神也。祭先心者。心居中。君之象。又火

生土也○蔡邕獨斷曰季夏土氣始盛其祀中霤霤神

在室祀中霤設主于牖下

天子居太廟太室

中央之室也

乘大路駕黃騮載黃旂衣黃衣服黃玉食稷與牛其器圜

圓以閎

圜者象土之周匝四時閎者寬廣之義象土之容物也

孟秋之月日在翼昏建星中旦畢中

翼宿在巳鶉尾之次建星說見仲春

其日庚辛其帝少皞其神蓐收其蟲毛其音商律中夷則

其數九其味辛其臭腥其祀門祭先肝

少皥白精之君金天氏也蓐收金官之臣少皥氏之子該也夷則申律長五寸七百二十九分寸之四百五十一九金之成數也辛腥皆屬金秋陰氣出故祀門祭先肝金克木也○蔡邕獨斷曰門秋爲少陰其氣收成祀之於門祀門之禮北面設主于門左樞

涼風至白露降寒蟬鳴鷹乃祭鳥用始行戮

此記申月之候鷹欲食鳥之時先殺鳥而不食似人之食而祭先代爲食之人也用始行戮順時令也涼風至則天地之仁氣斂矣白露降則陰乘陽而其候交矣寒蟬鳴則物之生於暑者其聲變矣鷹乃祭鳥用始行戮馬氏曰

則時主殺氣而物之司殺者。應是而動也。於是乎可以設罻羅矣。鷹至不仁也。猶祭然後食。而況於人乎

天子居總章左个

太寢西堂南偏

乘戎路

兵車也

駕白駱

白馬黑鬣曰駱

載白旂。衣白衣。服白玉。食麻與犬。其器廉以深

廉。稜角也。亦矩之義。深則收藏之意

是月也。以立秋。先立秋三日。太史謁之天子曰。某日立秋。

盛德在金。天子乃齊。立秋之日。天子親帥三公九卿諸侯大夫以迎秋於西郊。還反賞軍帥所類切武人於朝。天子乃命將帥選士厲兵簡練桀俊專任有功以征不義詰其吉切誅暴慢以明好去聲惡去聲順彼遠方

簡練簡擇而練習之也。專任有功。謂大將有已試之功。乃使之專主其事也。詰者問其罪。誅者戮其人。殘下謂之暴。慢上謂之慢。順服也。好惡明則遠方順服 嚴陵方氏曰。才足以將物而勝之謂之將。智足以帥人而先之謂之帥。士言其人。兵言其器。選士則人無不能於事。厲兵則器無不利於用。桀俊簡之則無所不擇。練之則無所不熟。既選厲簡練之矣。苟非已試之效。則勝負猶未可知。故所任必在乎有功之人也。任有功矣。苟置疑貳於其間。則知者必不盡其謀。能者必不竭其力。故任之又欲其

專也。凡此皆欲以征不義而已。無以覆下之謂暴。不能敬上之謂慢。詰以問其罪。誅以戮其人。所詰誅者暴慢。則好惡公而明矣。故曰以明好惡。好惡得其明。則合天下之所願而無逆矣。故曰順彼遠方。必曰遠方者。柔遠能邇之意。既曰征不義。又曰詰誅暴慢。蓋以征不義則言其道。詰誅暴慢則言其事

是月也。命有司脩法制。繕囹圄。具桎梏。禁止姦。愼罪邪。務搏執

繕。治也。姦在人心。故當有以禁止之。邪見於行。故愼以罪之。務。事也。搏。戮也。執。拘也

命理瞻傷。察創。平聲視折。哲審斷決獄訟。必端平。戮有罪。嚴斷刑

理。治獄之官也。傷者。損皮膚。創者。損血肉。折者。損筋骨

也。嚴者謹重之意，非峻急之謂也。

天地始肅，不可以贏。

朱氏曰：陽道常饒，陰道常乏，故贊化者不可使陰氣之贏也。嚴陵方氏曰：脩則治其壞，繕則善其事，具則完其器。法制，古所有也，故曰脩。囹圄，禁人之地，於此有事焉，故曰繕。桎梏，禁人之器也，故曰具。姦存乎心，故止之；邪見乎行，故罪之。搏所以戮之，執所以拘之。於仲春則省囹圄、去桎梏，於孟秋則繕囹圄、具桎梏，蓋先王奉時之道，固可見矣。獄官欲得其曲直之理，故謂之理。又謂之士，則欲致其察故也。前言命有司，後言命理者，以脩法制，非理之所專故也。先王之用刑也，既務搏執矣，又命瞻傷、察創、視折焉，則其用心之仁可知矣。端言無偏頗之異，平言無輕重之差。審斷決，故獄訟必端平也。有罪然後戮，則不及於無辜；斷刑以嚴，則不敢輕易。上既言慎罪邪，此又言戮有罪；上既言審斷決，此又言嚴斷刑者，蓋反覆言之，所以明慎之至而已。秋者陰之始，冬者陰之終，故於孟秋言天地始肅。陽道常饒，饒則有

餘而贏。陰道常乏。乏則不足而縮。孰爲此者。天地也。而君人實輔相焉。故曰天地始肅。不可以贏

是月也。農乃登穀。天子嘗新。先薦寢廟。命百官始收斂。完隄坊防謹壅塞。以備水潦。脩宮室。坏培垣牆。補城郭

所以爲水潦之備者。以月建在酉。酉中有畢星。好雨也

嚴陵方氏曰。穀。謂稷也。以稷熟於此。故農乃登焉。然孟夏之麥。仲夏之黍。仲秋之麻。季秋之稻。皆穀也。此以穀言稷者。以爲五穀之長故也。若稼穡之官謂之后稷。土稷之神謂之社稷者。以是而已。○金華應氏曰。夏氣舒發。則脩利隄防。無有壅塞。秋氣收斂。則全隄防。謹壅塞。水在天地間。最爲流通不可壅之物。而其盛衰消長亦因乎時。夏潦不可隄也。故脩利而無壅。秋潦則可隄矣。必壅塞之惟謹。雖一通一障不同。而其爲民禦患則一而已

是月也。毋以封諸侯。立大官

記者但知賞以春夏。刑以秋冬之義。不知古者嘗祭之時。則有出田邑之制。故注謂禁封諸侯及割地爲失其義也

毋以割地。行大使。去聲出大幣

以其違收歛之令也

孟秋行冬令。則陰氣大勝。介蟲敗穀。戎兵乃來

此亥水之氣所泄也

行春令。則其國乃旱

蟹有食稻者。謂之稻蟹。亦介蟲敗穀之類。寅中箕星好風。能散雲雨。故致旱

陽氣復還。五穀無實

寅木之氣所損也

行夏令。則國多火災。寒熱不節。民多瘧疾

巳火之氣所傷也。嚴陵方氏曰。方一陰之時而行重陰之令。故陰氣太勝。戎兵乃來。亦以陰太勝而主殺故也。凡以亥之氣乘之也。陽亢而陰莫能干爲旱。方陰中之時而行陽中之令。則陽亢矣。故旱也。自夏徂秋則陽往而陰來。以其旱。故陽氣復還也。萬物敷華於陽而成實於陰。以陽氣復還。故五穀無實。火旺於南方。故行夏令則國多火災。火之氣爲熱。水之氣爲寒。而此并寒熱不節者蓋熱極生寒。陰陽之理然也。民多瘧疾。則以感寒熱之氣而被虐故也

仲秋之月。日在角。昏牽牛中。旦觜兹觿攜中

角在辰。壽星之次也

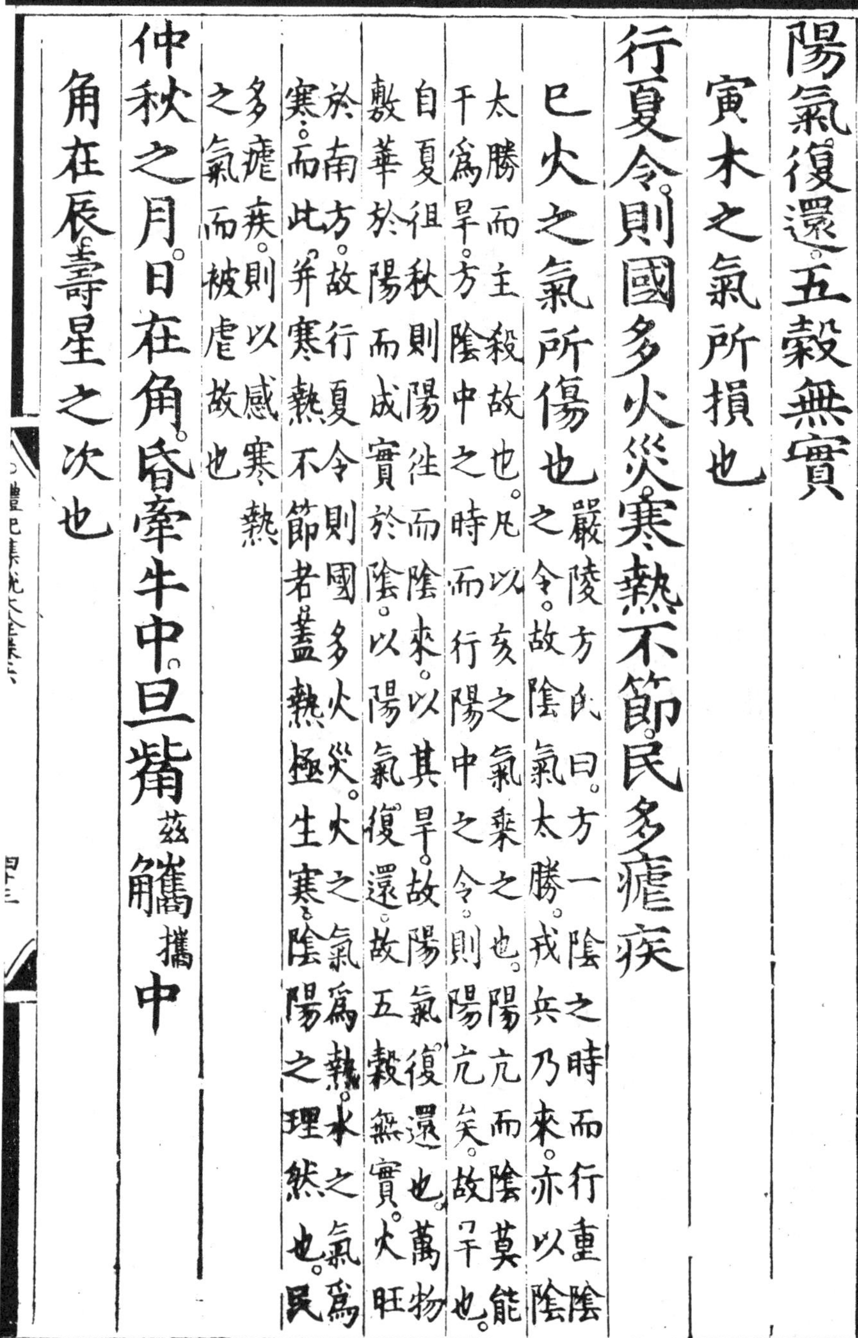

其日庚辛。其帝少皞。其神蓐收。其蟲毛。其音商。律中南呂。其數九。其味辛。其臭腥。其祀門。祭先肝

南呂。酉律。長五寸三分寸之一

盲風至。鴻鴈來。玄鳥歸。羣鳥養羞

此記酉月之候。盲風。疾風也。孟春言鴻鴈來。自南而來北也。此言來。自北而來南也。仲春言玄鳥至。此言歸。明春來而秋去也。羞者所美之食。養羞者。藏之以備冬月之養也。嚴陵方氏曰。盲者。閉暗之稱。當建酉闔戶之月。故其風謂之盲風。又謂之閶闔以此。玄鳥歸者。至以陽中。故歸以陰中也○山陰陸氏曰。鴻鴈何不謂之南鄉。非其居也

天子居總章太廟。乘戎路。駕白駱。載白旂。衣白衣。服白玉。

食麻與犬。其器廉以深

總章太廟。西堂當太室也

是月也。養衰老。授几杖。行糜粥飲食

月至四陰。陰已盛矣。時以陽衰陰盛爲秋。人以陽衰陰盛爲老。養衰老。順時令也。几杖所以安其身。飲食所以養其躰。行。猶賜也。糜。卽粥也

嚴陵方氏曰。授則特授之而已。行則徧行之也。几杖之禮爲重。非庶人之老可預。故唯於糜粥言行焉。几杖以養其躰。糜粥以養其氣。郊特牲曰。飲養陽氣也。食養陰氣也。春饗孤子。秋食耆老。其義一也。故此於秋言之。然養陽非無食也。特以飲爲主爾。養陰非無飲也。特以食爲主爾。故此兼言飲焉

乃命司服。具飭衣裳。文繡有恒。制有小大。度有長短。衣服

有量必循其故冠帶有常

司服官名具飭條具而飭正之也上曰衣下曰裳衣繪而裳繡祭服之制也有恒有定制也小大小則玄冕之一章大則衮冕之九章也長短謂衣長而裳短也衣服謂朝服燕服及他服之當爲寒備者也各有劑量必率循故法不得更爲新異也冠與帶亦各有常制因造衣并作之

乃命有司申嚴百刑斬殺必當去聲毋或枉橈女教切枉橈不當及受其殃

刑罰之令前月已行此月又申戒之也枉橈皆屈曲之

義謂不申正理而違法斷之以逆理故必反受殃禍也

嚴陵方氏曰孟秋既命嚴斷刑矣至此又命之故曰申嚴焉與堯典言申命同義且酉爲陰中物既告成先王奉天故其所命止於是月也刑有五而曰百刑者據罪言之也傳曰罪多而刑五非謂是乎必曰百則據成數言之與百禮百事同義斬者則必殺殺者不必斬斬殺必當慮其及於無辜也然刑之所加不止於斬殺所命止及於此者以大辟尤人所重故也枉則在上者不直橈則在下者不申使斬殺不當則以或枉橈故也先王奉天如此而有司或枉橈焉是逆天也逆天則天災適當之也孟子言出乎爾者反乎爾者同義

是月也乃命宰祝循行去聲犧牲視全具案芻豢瞻肥瘠察物色必比類量小大視長短皆中度五者備當去聲上帝其饗

宰主牲者祝告神者全謂色不雜具謂躰無損也養牛

羊曰芻養犬豕曰豢得其養則肥失其養則瘠物色或騂或黝陽祀用騂牲陰祀用黝牲比類者比附陰陽之類而用之也小大以體言長短以角言皆欲中法度也所視所案所瞻所察所量五者悉備而當於事上帝且歆饗之矣況羣神乎嚴陵方氏曰宰以宰牲爲事者祝以祝神爲事者宰牲牷以祝神也故循行犧牲必命是二官焉夫季夏之養犧牲蓋授宰人而芻之也至此命宰祝特循行之而已以物至此形成而不變故也全者純而不雜具者完而無傷若外祭毀事用尨非所謂全也若鼷鼠食郊牛角非所謂具也芻豢所以阜蕃其牲春秋傳曰奉牲以告曰博碩肥腯其可以不視乎牧人曰陽祀用騂牲毛之陰祀用黝牲毛之則物色其可以不察而比類之乎物色者毛色之色比類者各比其陰陽之類也

天子乃難難那以達秋氣以犬嘗麻先薦寢廟

季春命國難以畢春氣此獨言天子難者此爲除過時之陽暑陽者君象故諸侯以下不得難也暑氣退則秋之涼氣通達故云以達秋氣也

是月也可以築城郭建都邑穿竇窖教脩囷倉

四者皆爲歛藏之備穿地圓曰竇方曰窖

乃命有司趨促民收歛務畜蓄菜多積恣聚

孟秋已有收歛之命矣此又趨之以時不可緩故也菜所以助穀之不足故蓄之爲備多積聚者凡可爲歲備者無不貯儲也

乃勸種去聲麥毋或失時其有失時行罪無疑

麥所以續舊穀之盡而及新穀之登。尤利於民。故特勸種而罰其惰者

是月也。日夜分。雷始收聲。蟄蟲坏培戶。殺氣浸盛。陽氣日衰。水始涸

坏益其蟄穴之戶。使通明處稍小。至寒甚乃墐塞之也。水本氣之所爲。春夏氣至故長。秋冬氣返故涸也

日夜分。則同度量。平權衡。正鈞石。角斗甬

此與仲春同　嚴陵方氏曰。鈞蓋三十斤之稱。與仲春所謂鈞者異矣。彼特言輕重之鈞而已。彼以用言。此以躰言故也。石蓋四鈞之稱。以其尤重而内實。故謂之石。權衡皆以致平而已。故曰平。鈞石則歸於正矣。故曰正。然仲春所言不同者。則又各有義焉

是月也。易關市。來商旅。納貨賄。以便民事。四方來集。遠鄉皆至。則財不匱。上無乏用。百事乃遂

朱氏曰。關者貨之所入。市者貨之所聚。易謂無重征以致其難也。易關市。所以來商旅。貨。謂化之以爲利。賄謂有之以爲利。來商旅。所以納貨賄也。凡此皆以便民用也。四方散而不一。故言來集。遠鄉邈而在外。故言皆至。此言貢賦職脩也。財所以待用。財不匱。則無乏用也。用所以作事。無乏用。則事皆遂也

凡舉大事。毋逆大數。必順其時。慎因其類

大事如土功徭役。合諸侯。舉兵衆之事。皆不可悖陰

陽之大數。因。猶依也。如慶賞者乃發生之類。刑罰者乃肅殺之類。必順時令而謹依其類以行之也

仲秋行春令。則秋雨不降。草木生榮。國乃有恐

卯木之氣所應也。卯中有房心。心爲大火。故不雨且有火訛之驚恐也

行夏令。則其國乃旱。蟄蟲不藏。五穀復生扶又切

午火之氣所傷也

行冬令。則風災數起朔收雷先行。草木蚤死

子水之氣所泄也。收雷。收聲之雷也。先行。先期而動也

嚴陵方氏曰。春雨所以生物。秋雨所以成物。曰秋雨不降。則雨非不降也。特所降者非成物之雨爾。以其如此。

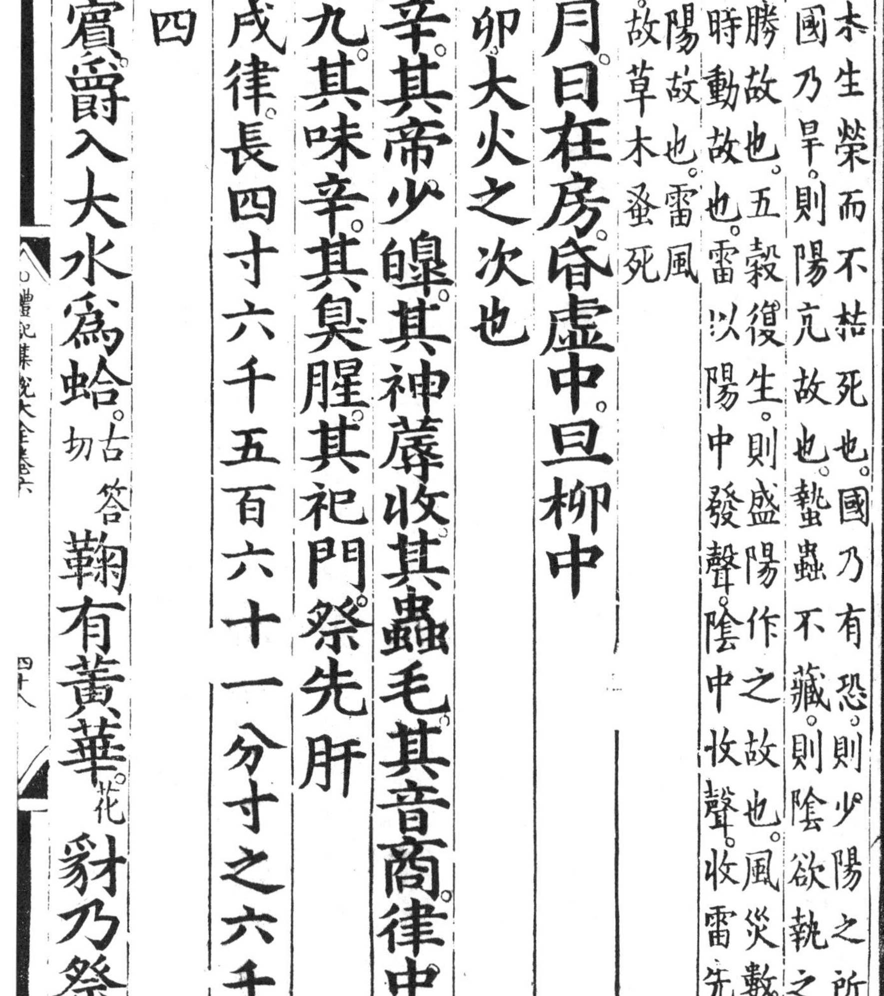

故草木生榮而不枯死也。國乃有恐。則少陽之所動故也。其國乃旱。則陽亢故也。蟄蟲不藏。則陰欲執之而有所不勝故也。五穀復生。則盛陽作之故也。風災數起。則非以時動故也。雷以陽中發聲。陰中收聲。收雷先行。則愆於陽故也。雷風不節。故草木蚤死

季秋之月。日在房。昏虛中。旦柳中

房在卯。大火之次也

其日庚辛。其帝少皥。其神蓐收。其蟲毛。其音商。律中無射。

亦其數九。其味辛。其臭腥。其祀門。祭先肝

無射戌律長四寸六千五百六十一分寸之六千五百二十四

鴻鴈來賓。爵入大水爲蛤。古答切 鞠有黃華。花 豺乃祭獸戮

禽

此記戌月之候。鴈以仲秋先至者爲主。季秋後至者爲賓。如先登者爲主人。從之以登者爲客也。爵爲蛤。飛物化爲潛物也。鞠色不一而專言黃者。秋令在金。金自有五色而黃爲貴。故鞠色以黃爲正也。祭獸者。祭之於天。戮禽者。殺之以食也。禽者鳥獸之總名。鳥不可曰獸。獸亦可曰禽。故鸚鵡不曰獸。而猩猩通曰禽也。嚴陵方氏曰。桃華於仲春。桐華於季春。皆不言有。獨於鞠言之者。以萬物皆華於陽。獨鞠華於陰而已。故特言有。桃華之紅。桐華之白。皆不言其色。獨鞠言其色而曰黃者。以華於陰中。其色正應陰之盛故也。

天子居總章右个。乘戎路。駕白駱。載白旂。衣白衣。服白玉。

食麻與犬其器廉以深

總章右个西堂北偏也

是月也申嚴號令命百官貴賤無不務內以會天地之藏無有宣出

務內謂專務收斂諸物於內會合也合天地閉藏之令也宣出則悖時令

乃命冢宰農事備收舉五穀之要藏帝籍之收於神倉祗敬必飭

農事備收百穀皆斂也要者租賦所入之數籍田所收歸之神倉將以供粢盛也祗謂謹其事敬謂一其心飭

謂致其力也嚴陵方氏曰。仲秋言趣民收斂。然猶未備也。至此始言備收焉。農事備收。然後五穀之要可舉也

是月也。霜始降。則百工休。乃命有司曰。寒氣總至。民力不堪。其皆入室

總至凝聚而至也嚴陵方氏曰。陽氣散而成暑。陰氣聚而成寒。總者。聚也。故曰寒氣總至。與仲春所言文雖小異。其義一也。以寒氣之至。則民力或有所不堪勝。故命之皆入室以禦之焉。詩曰入此室處。書言厥民隩。謂是矣。然寒氣者冬之時。入室者冬之事。此乃言之於季秋者。亦先期而命之爾。於夏言處臺榭。至此言入室。亦順陰陽之理也

上丁。命樂正入學習吹去聲

吹主樂聲而言

是月也大饗帝。句嘗。句犧牲告備于天子

仲夏大雩祈也此月大饗報也饗嘗皆用犧牲仲秋已視全具至此則告備而後用焉

合諸侯制百縣爲去聲來歲受朔日與諸侯所稅於民輕重之法貢職之數以遠近土地所宜爲度以給郊廟之事無有所私

石梁王氏曰合諸侯制百縣注云合諸侯制絕句不可從○劉氏曰合諸侯者總命諸侯之國也制猶敕也百縣諸侯所統之縣也天子總命諸侯各敕百縣爲來歲受朔日與稅法貢數各以道路遠近土地所宜爲度以

給上之事而不可有私也。言郊廟者舉其重也。蓋朔日與稅貢等事。皆天子總命之諸侯。而諸侯頒之百縣使奉行也。舊說秦建亥此月爲歲終。故行此數事者得之。或疑是時秦未并天下。未有諸侯百縣。此仍是古制愚按呂不韋相秦十餘年此時已有必得天下之勢。故大集羣儒損益先王之禮而作此書名曰春秋將欲爲一代興王之典禮也。故其間亦多有未見與禮經合者。又按昭襄王之時。封魏冉穰侯。公子市宛侯。悝鄧侯。則分封諸侯行王者事久矣。不韋作相時。已滅東周君。六國削甚。秦已得天下太半。故其立制欲如此也。其後從死。

始皇并天下。李斯作相。盡廢先王之制。而呂氏春秋亦無用矣。然其書也。亦當時儒生學士有志者所爲。猶能彷彿古制。故記禮者有取焉

是月也。天子乃教於田獵。以習五戎。班馬政

教於田獵。謂因獵而教之以戰陳之事。習用弓矢殳矛戈戟之五兵。班布乘馬之政令。其毛色之同異。力之强弱。各以類相從也。嚴陵方氏曰。教於田獵。繼言以習五戎。與車攻言田田獵而選車徒同意。上言教。下言習者。我教之。故彼習之也。戎器必以五者。則以兵法五人爲伍故也。田獵所以得利。軍旅所以效死。人之所欲莫甚於利。所惡莫甚於死。以所惡寓所欲而習焉。亦先王之深意也。大司馬秋獮教治兵。其以是歟

命僕及七騶咸駕載旌旐授車以級整設于屏外司徒搢扑北面誓之

僕戎僕也天子馬有六種各一騶主之并總主六騶者爲七騶也皆以馬駕車又載析羽之旌龜蛇之旐既畢而授車于乘者以尊卑爲等級各使正其行列向背而設于軍門之屏外於是司徒插扑于帶於陳前北面誓戒之此時六軍皆向南而陳也扑即夏楚二物也周禮戎僕中大夫二人嚴陵方氏曰設扑而搢之以示有事於教無事於刑也誓則欲其不犯命焉必北面則以田主殺陰事故也

天子乃厲飾執弓挾子協切矢以獵命主祠祭禽于四方

天子戎服而嚴厲其威武之飾。親用弓矢以殺禽獸。蓋奉祭祀之物當親殺也。獵竟則命典祀之官。取獵地所獲之獸祭於郊。以報四方之神。禽者獸之通名也

是月也。草木黃落。乃伐薪爲炭

備禦寒也

蟄蟲咸俯在內。皆墐覲其户

俯垂頭也。內穴之深處也。墐塞也

乃趣促獄刑。毋留有罪

刑於罪相得即決之。留而不決。亦悖時令也嚴陵方氏曰。仲秋命有司申嚴百刑而已。至此又趣獄刑毋留有罪焉。則以奉天威之方至。於是亟決之也

收禄秩之不當供去聲養去聲之不宜者

不收。如漢法收印綬之收。謂索之使還。各依本等禄秩。不當。謂不應得而恩命濫賜之者也。供養。膳服之具也。貴賤各有宜用。不宜。謂侈僭踰制者。此亦順秋令之嚴肅也。山陰陸氏曰。收禄秩之不當。供養之不宜。刑官之事也。罷官之無事。去器之無用。事官之事也

是月也。天子乃以犬嘗稻。先薦寢廟。季秋行夏令。則其國大水

未中東井主之

冬藏殃敗

竇窖之藏。爲水所侵

民多鼽求嚏帝

未土之氣所應也。鼽者氣窒於鼻嚏者聲發於口。皆肺疾以夏火克金。故病此也

行冬令。則國多盜賊邊竟境不寧土地分裂

丑土之氣所應也。裂坼也

行春令則熯風來至。民氣解懈惰師興不居

辰土之氣所應也。不居不得止息也

嚴陵方氏曰。水潦盛昌在於季夏。故行夏令則其國大水。大水故冬藏殃敗也。金數窮而氣窒則爲鼽。氣行逆而發於聲則爲嚏。皆肺疾也。肺屬金而金生水。反爲水所勝。故民受是疾焉。取非其有謂之盜。毀則謂之賊。皆主陰之類也。以國多盜賊。故邊竟不寧也。土地分裂。則爲嚴凝之氣所坼故也。巽爲風而春之氣爲熯。故行春令則熯風來至。然孟夏行春令則日

暴風來格者。彼以正陽之月。而爕不足以言之故也。此言至而彼言格者。以其暴故與物相抵也。氣爕則解緩。寒則縮栗。以爕風來至。故民氣解惰也。師興不居。則以少陽作之而動故也

孟冬之月。日在尾。昏危中。旦七星中

尾在寅。析木之次也。七星。見季春

其日壬癸。其帝顓頊。其神玄冥。其蟲介。其音羽。律中應鍾。其數六。其味鹹。其臭朽。其祀行。祭先腎

顓頊。黑精之君。玄冥。水官之臣。少皡氏之子曰脩。曰熙。相代爲水官。左傳云脩及熙爲玄冥是也。介。甲也。介蟲黿爲長。水物也。羽音屬水。應鍾亥律。長四寸二十七分寸之二十。水成數六。鹹朽。皆水屬。水受惡穢。故有朽腐

之氣也。行者。道路往來之處。冬陰往而陽來。故祀行也。春夏秋皆祭先所勝。冬當先心。以中央祭心。故但祭所屬。又以冬主靜。不尚克制故也。○蔡邕獨斷曰。行冬爲太陰。盛寒爲水。祀之於行。在廟門外之西。軷壤厚二尺。廣五尺。輪四尺。北面設主於軷上

水始冰。地始凍。雉入大水爲蜃。虹藏不見。現

此記亥月之候。蜃蛟屬。此亦飛物化潛物也。晉武庫中忽有雉雊。張華曰。此必蛇化爲雉也。開視雉側。果有蛇蛻。類書有言雉與蛇交而生子。子必爲蜃。不皆然也。然則雉之爲蜃。理或有之。陰陽氣交而爲虹。此時陰陽極

乎辯。故虹伏。虹非有質而曰藏。亦言其氣之下伏耳

天子居玄堂左个

北堂之西偏也

乘玄路。駕鐵驪

鐵色之馬

載玄旂。衣黑衣

黑深而玄淺。如朱深而赤淺也

服玄玉。食黍與彘。其器閎以奄

閎者中寬。奄者上窄

是月也。以立冬。先立冬三日。太史謁之天子曰。某日立冬。

盛德在水。天子乃齊。立冬之日。天子親帥三公九卿大夫以迎冬於北郊。還反賞死事。恤孤寡

死事。爲國事而死也。孤寡。卽死事者之妻子。不言諸侯。與夏同

是月也。命太史釁龜筴。句占兆。句審卦吉凶

馮氏曰。釁龜筴者。殺牲取血而塗龜與蓍筴也。古者器成而釁以血。所以攘卻不祥也。占兆者。玩龜書之繇文。審卦者。審易書之休咎。皆所以豫明其理而待用也。釁龜而占兆。釁筴而審卦吉凶。太史之職也。嚴陵方氏曰。龜以卜而有兆。筴以筮而有卦。兆有象。故言占。卦有數。故言審

是察阿黨則罪無有掩蔽

獄吏治獄。寧無阿私。必是正而省察之。庶幾犯罪者不至掩蔽其曲直也

是月也天子始裘

周禮季秋獻功裘。至此月乃衣之也

命有司曰。天氣上上聲騰。地氣下降。天地不通。閉塞而成冬

不交則不通。不通則閉塞。嚴陵方氏曰。天氣上騰。地氣下降。則天地辨而各正其位矣。冬曰上天。爲是故也。以各正其位。故天地不通。閉若門之閉塞。若穴之塞。以其不通。故閉塞也。然則時之所以爲冬。孰爲此者。亦天地之氣閉塞以成之耳

命百官謹蓋藏。命有司循行去聲積聚。無有不斂

申嚴仲秋積聚之令

坏城郭。戒門閭。脩鍵塞閉。慎管籥

坏。補其缺薄處也。城郭欲其厚實故言坏。門閭備禦非常故言戒。鍵。鎖須也。閉。鎖筒也。管。籥。鎖匙也。鍵閉或有破壞故云脩。管籥不可妄開故云慎

固封疆。備邊竟。境完要塞。先代切謹關梁。塞徯。奚徑

要塞。邊城要害處也。關。境上門。梁。橋也。徯徑。野獸往來之路也。山陰陸氏曰。坏城郭而門閭不戒。無益也。脩鍵閉而管籥不慎。無益也。固封疆而邊竟不備。無益也。完要塞。謹關梁而徯徑不塞。無益也

飭喪紀。辨衣裳。審棺椁之厚薄。塋丘壟之大小高卑。句厚

薄之度。貴賤之等級

飭喪紀者。飭正喪事之紀律也。即辨衣裳以下諸事是已。上衣下裳。以布之精麄爲親疎。故曰辨。亦謂襲斂之衣數多寡也。棺槨厚薄有貴賤之等。塋有大小。丘壟有高卑。皆不可踰越。厚薄之度。主禮而言。貴賤之等級。主人而言。故總曰審○朱氏曰。喪者人之終。冬者歲之終。故於此時而飭喪紀焉 馬氏曰。夫喪者所自盡。而君子不以天下儉其親。則衣裳棺槨丘壟。孰不欲致美以爲悅。然窮人之欲而莫之節。則富者僭於有餘。貧者慊於不足。而將不安其性命之情。故先王視貴賤之等級。而制爲禮數以紀之。使孝子仁人。各隨其分而不敢踰也。然後得盡其心焉

是月也。命工師效功。陳祭器。按度程。毋或作爲淫巧以蕩

上心必功致纎爲上物勒工名以考其誠功有不當去聲必行其罪以窮其情

工師百工之長效呈也諸器皆成獨主祭器祭器尊也度法也程式也淫巧指諸器而言致讀爲緻謂功力密緻也一讀如字亦通勒刻也刻名於器以考工人之誠僞也行猶治也窮其情者究詰其詐僞之情也

是月也大飲烝

因烝祭而與羣臣大爲燕飲也舊說烝升也此乃饗禮升牲躰於俎上謂之房烝未知是否

天子乃祈來年于天宗大割祠于公社及門閭臘先祖五

祀勞（去聲）農以休息之

天宗日月星辰也。割祠。割牲以祭也。社以上公配祭。故云公社。又祭及門閭之神也。臘之言獵以田獵所獲之物而祭先祖及五祀之神。故曰臘也。又蔡邕云夏曰清祀殷曰嘉平周曰蜡秦曰臘。然左傳言虞不臘是周亦名臘也。勞農即周禮黨正屬民飲酒之禮也。嚴陵方氏曰天尊而不親。在致義以求之。故曰祈。公社門閭親而不尊在致味以祭之。故曰大割。先祖五祀衆而不一。在自盡以饗之。故曰臘。蓋以獵得之肉而祭之。然古者以月在丑爲臘。此乃行之建亥之月者。異代之制耳。祈來年則詩所謂以興嗣歲也。此非歲終之時而曰祈來年者。則以陽生於子。得天時之正。故謂建子之月爲來年也。五祀有門。而大割祠又及門閭者。蓋五祀之門雖人大夫士亦得而祭之。則知門閭固有大於此者矣。夫農於三時之

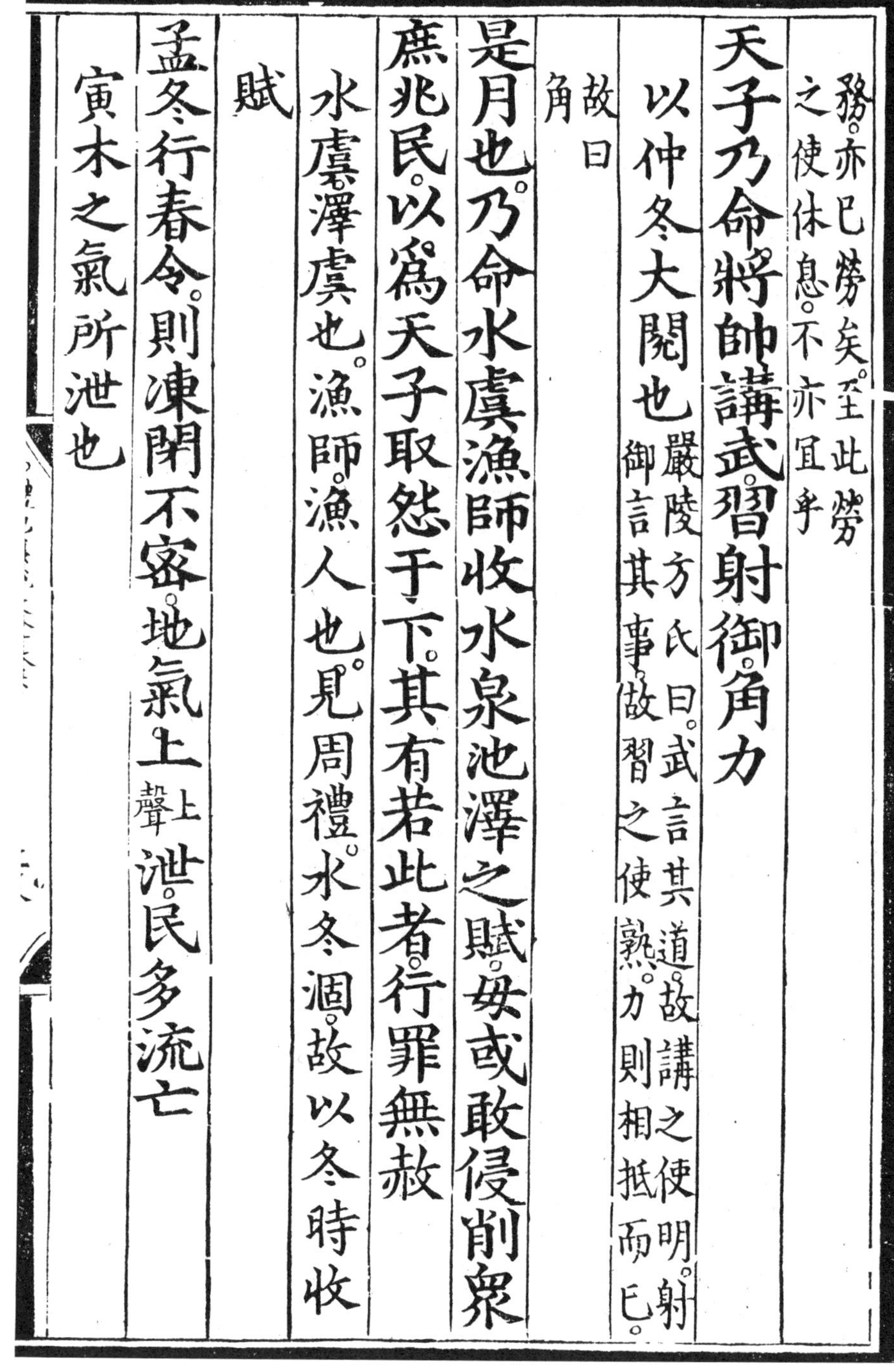

務。亦已勞矣。至此勞之使休息。不亦宜乎

天子乃命將帥講武。習射御角力

以仲冬大閱也嚴陵方氏曰。武言其道。故講之使明。射御言其事。故習之使熟。力則相抵而已。故曰角

是月也。乃命水虞漁師收水泉池澤之賦。毋或敢侵削衆庶兆民。以爲天子取怨于下。其有若此者。行罪無赦

水虞。澤虞也。漁師。漁人也。見周禮。水冬涸。故以冬時收賦

孟冬行春令。則凍閉不密。地氣上上聲泄。民多流亡

寅木之氣所泄也

行夏令，則國多暴風，方冬不寒，蟄蟲復出。

巳火之氣所損也。

行秋令，則雪霜不時，小兵時起，土地侵削。

申金之氣所淫也。嚴陵方氏曰：孟春言東風解凍，故此行春令則凍閉不密，地氣上泄也。然泄與騰異，以其不密，故漏泄而已，未至於騰也。民多流亡，則以春主發散故也。風固四時之所常有也，而暴則陽之所作焉。故行夏令則暴風，若孟夏行春令則暴風來格者，彼以行少陽之令，故來格而已。此以行盛陽之令，故又至於多也。以盛陽之所作，故方冬不寒也。孟冬非隆冬，故言方而已。夫蟲以陰而蟄者也，方冬不寒，故蟄蟲復出。雪霜不時，則寒氣遲故也。小兵時起，則金氣勝故也。土地侵削，則揫斂之所致故也。

仲冬之月，日在斗，昏東辟（壁）中，旦軫中。

斗在丑，星紀之次也。

其日壬癸。其帝顓頊。其神玄冥。其蟲介。其音羽。律中黃鍾。其數六。其味鹹。其臭朽。其祀行。祭先腎

黃鍾。子律。長九寸

氷益壯。地始坼。鶡旦不鳴。虎始交

此記子月之候。鶡旦。夜鳴求旦之鳥也　嚴陵方氏曰。前言水始氷。至此又言氷益壯。前言地始凍。至此又言地始坼。凍甚而土相坼。夜鳴而求旦。故謂之鶡旦。夫夜鳴則陰類也。然鳴而求旦。則求陽而已。故感微陽之生而不鳴。則以得所求故也。虎陰物而交。則亦感陽之生故也

天子居玄堂太廟。乘玄路。駕鐵驪。載玄旂。衣黑衣。服玄玉。食黍與彘。其器閎以奄

玄堂太廟。北堂當太室也

飭死事

誓戒六軍之士。以戰陳當厲必死之志也

命有司曰。土事毋作愼毋發蓋。毋發室屋及起大衆。以固

而閉

順閉藏之令。以安伏蟄之性也。固。堅也。而。猶其也。周禮

仲冬教大閱。此言毋起大衆。是誠呂氏之書矣

地氣沮上聲泄是謂發天地之房。諸蟄則死。民必疾疫。又隨

以喪。命之曰暢月

沮者壞散之義。因破壞而宣泄。故云沮泄也。天地之閉

固氣類。猶房室之安藏人也。若發散天地之所藏。則諸

蟄皆死。是干犯陰陽之令。疾疫必爲民災。喪禍隨之。而見一說。喪讀去聲。謂民因避疾疫而逃亡也。暢月未詳。舊說暢充也。言所以不可發泄者。以此月萬物皆充實於內故也。朱氏謂陽久屈而後伸。故云暢月也。未知孰是。嚴陵方氏曰。發蓋則物不得其藏。發室屋則人不得其處。起大衆則衆不得其靜。凡此皆非農事之所宜。故亦戒之。所以固而閉也。其害及物。故諸蟄則死。其害及人。故民必疾疫。死喪隨之。

是月也。命奄尹申宮令。審門閭。謹房室。必重閉。省婦事。毋得淫。雖有貴戚近習。毋有不禁。

奄尹。羣奄之長也。以其精氣奄閉。故名閹人。宮令。宮中之政令也。重閉。內外皆閉也。減省婦人之事務。順陰靜

也淫謂女功之過巧者貴戚天子之族姻近習其嬖幸者

乃命大酋揫秫稻必齊麴蘗必時湛尖熾必潔水泉必香陶器必良火齊去聲必得兼用六物大酋監古銜反之毋有差貸二

大酋酒官之長也秫稻酒材也必齊多寡中度也必時制造及時也湛漬而滌之也熾蒸炊也必潔無所污也必香無穢惡之氣也必良無罅漏之失也必得適生熟之宜也物事也六物謂必齊以下六事差貸不中法式也馬氏曰六物欲其材之美時之適工之善也

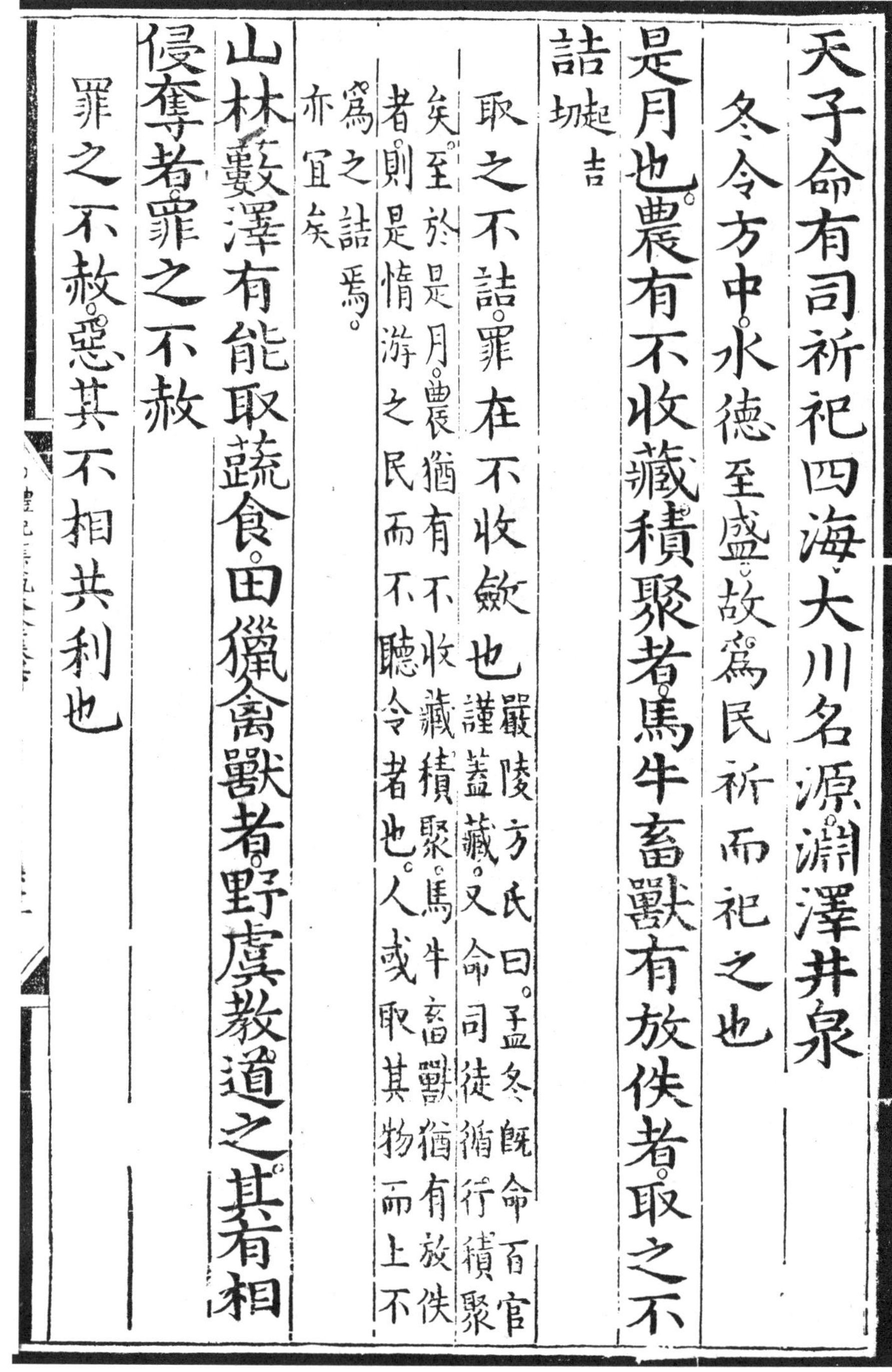

天子命有司祈祀四海大川名源淵澤井泉

冬令方中。水德至盛。故爲民祈而祀之也

是月也。農有不收藏積聚者。馬牛畜獸有放佚者。取之不詰。詰起吉切

取之不詰。罪在不收斂也　嚴陵方氏曰。孟冬既命百官謹蓋藏。又命司徒循行積聚矣。至於是月。農猶有不收藏積聚。馬牛畜獸猶有放佚者。則是惰游之民而不聽令者也。人或取其物而上不爲之詰焉。亦宜矣

山林藪澤有能取蔬食。田獵禽獸者。野虞教道之。其有相侵奪者。罪之不赦

罪之不赦。惡其不相共利也

是月也日短至。陰陽爭。諸生蕩

短至。短之極也。陰陽之爭與夏至同。諸生者。萬物之生機也。蕩者。動也

君子齊戒。處必掩身。身欲寧。去聲色。禁耆欲。安形性。事欲靜。以待陰陽之所定

此皆與夏至同。而有謹之至者。彼言止聲色而此言去。彼言節耆欲而此言禁。蓋仲夏之陰猶微。而此時之陰猶盛。陰微則盛陽未至於甚傷。陰盛則微陽當在於善保故也　嚴陵方氏曰。諸言不一也。諸生則萬物之生氣也。方冬之時盛德在水。而是月建子以陽作之。萬物之生氣欲發焉。故謂之蕩也。掩蔽其身以處於内。則以齊戒故也。身欲寧者。所以掩身欲其寧故也。

去聲色。則不特止而已。禁耆欲。則不特節而已。見君子之齊戒有加而無已也。外則養其形而無勞。內則養其性而無悖。欲安形性。故事欲靜也。凡此以微陽方生。陰未退聽。陰陽爭而未定。故君子齊戒以待之。與仲夏所言互相備也

芸始生。荔挺出。蚯蚓結。麋角解。水泉動

此又言子月之候。芸與荔挺。皆香草。結。猶屈也。解。脫也。水者天一之陽所生。陽生而動。言枯涸者漸滋發也。十二月惟子午之月。皆再記其候者。詳於陰陽之萌也 嚴陵方氏曰。凡物之氣。感陰者腥。感陽者香。陽方長矣。故芸始生。荔挺出。蚯蚓結者。以感正陽之氣而後出。故纔陽雖生而猶結焉。結言形之未解也

日短至。則伐木取竹箭

陰盛則材成。故伐而取之。大曰竹。小曰箭

是月也。可以罷官之無事。去器之無用者

官以權宜而設。器以權宜而造。皆暫焉之事。此閉藏休息之時。故可罷去

塗闕廷門閭。築囹圄。此以助天地之閉藏也。仲冬行夏令。則其國乃旱

火氣乘之。應於來年 臨川吳氏曰。闕謂門之中間空闕處。人所由以出入者也。廷謂門之內外閒曠之地。無室廬處也。塗者。蓋謂畚土以塡補其地之凹陷。門謂各家寢廟之門。閭謂二十五家巷口之門。塗者。蓋謂埏埴以窒塞其門之罅隙。囹圄四面有垣墻壞者築之。此皆閉塞掩藏之事也

氛霧冥冥

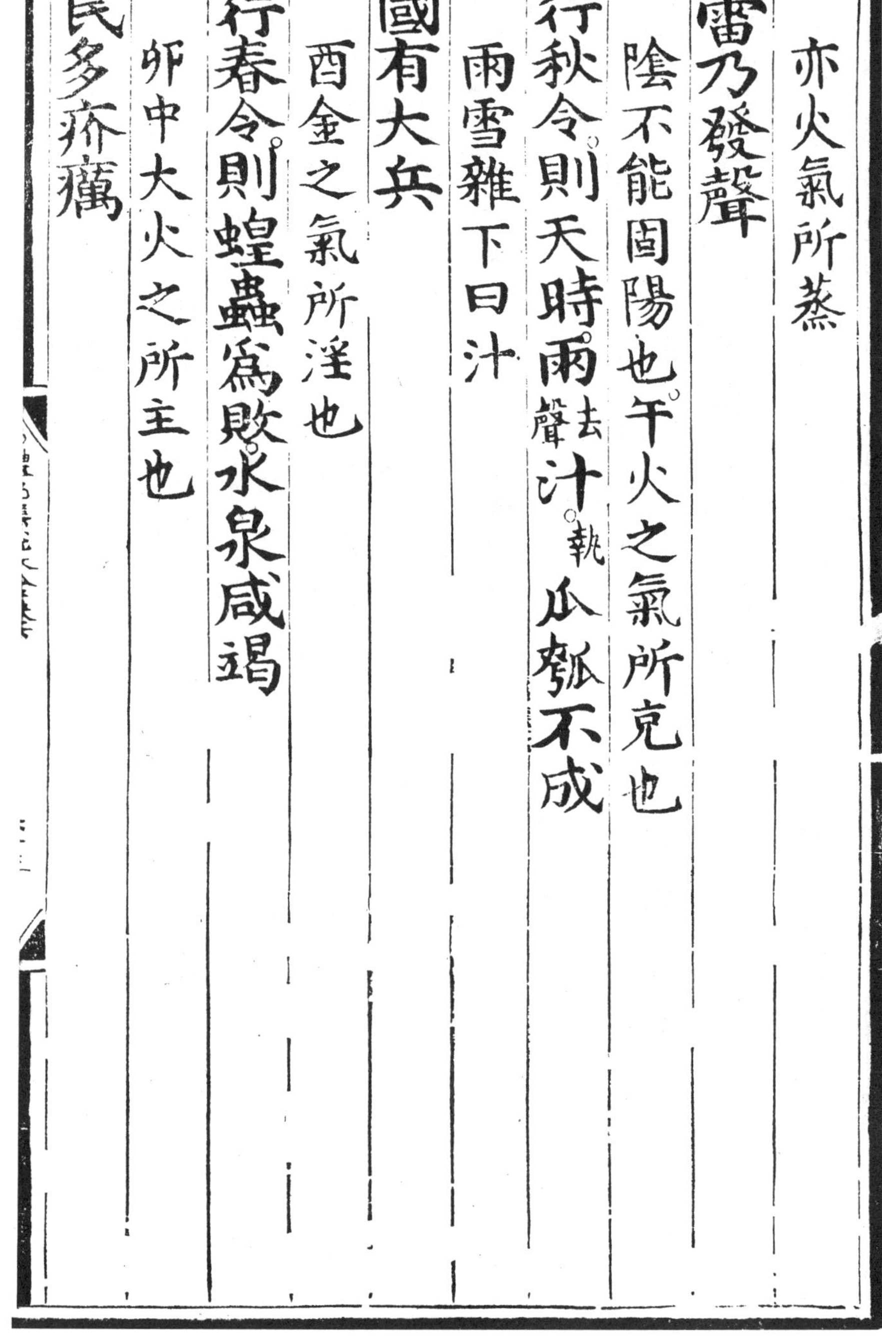

亦火氣所蒸

雷乃發聲

陰不能固陽也午火之氣所克也

行秋令則天時雨去聲汁執瓜瓠不成

雨雪雜下曰汁

國有大兵

酉金之氣所淫也

行春令則蝗蟲爲敗水泉咸竭

民多疥癘

卯中大火之所主也

卯木之氣所泄也。嚴陵方氏曰。氛霧皆旱氣所使。雷乃發聲盛陽薄之故也。以雪雜水。如物之有汁。故謂之雨汁。以行秋令。嚴凝之氣未固故也。瓜瓠不成。則以柔脆爲金氣所傷故也。國有大兵。則與小兵時起同義。然氣有淺深。故於孟冬言小。仲冬言大焉。蝗蟲爲敗。與孟夏言蝗蟲爲災同義。災者祥之對。而以氣之兆言。敗者成之對。而以事之迹言。夏爲陽。故言其氣。冬爲陰。故言其事。亦各以其類也。水泉咸竭。則以感發散之氣故也。疥癘。則虛陽作之故也。

季冬之月。日在婺女。昏婁中。旦氐中。

女在子。玄枵之次也。

其日壬癸。其帝顓頊。其神玄冥。其蟲介。其音羽。律中大呂。

其數六。其味鹹。其臭朽。其祀行。祭先腎。

大呂。丑律。長八寸二百四十三分寸之百四

鴈北鄉去聲鵲始巢雉雊雞乳去聲

此記丑月之候也馬氏曰鴈北鄉則順陽而復也雉火畜也感於陽而後有聲雞木畜也麗於陽而後有形

天子居玄堂右个乘玄路駕鐵驪載玄旂衣黑衣服玄玉。食黍與彘其器閎以奄

玄堂右个北堂東偏也

命有司大難那旁磔責出土牛以送寒氣

季春惟國家之難仲秋惟天子之難此則下及庶人又以陰氣極盛故云大難也旁磔謂四方之門皆披磔其牲以攘除陰氣不但如季春之九門磔攘而已舊說此

月日經虛危。司命二星在虛北。司祿二星在司命北。司危二星在司祿北。司中二星在司危北。此四司者。鬼官之長。又墳四星在危東南。墳墓四司之氣能爲厲鬼。將來或爲災厲。故難磔以禳除之。事或然也。出。猶作也。月建丑。丑爲牛。土能制水。故特作土牛以畢送寒氣也。樂長

陳氏曰。土勝水。牛善耕。勝水故可以勝寒氣。善耕故可以示農耕之早晚。月令季冬之月大難旁磔。然後出土牛。則出土牛。驅除之終事也。既乃告民出五種。命農計耦耕事。則出土牛。又農耕之始事也

征鳥厲疾

征鳥鷹隼之屬。以其善擊故曰征。厲疾者。猛厲而迅疾也

乃畢山川之祀及帝之大臣天之神祇

帝之大臣謂五帝之佐句芒祝融之屬也孟冬言祈天宗此或司中司命風師雨師之屬歟

是月也命漁師始漁天子親往乃嘗魚先薦寢廟

獺而親殺爲奉祭也則漁而親往亦爲薦先歟金華應氏曰嘗者試而驗之也將薦於所尊故不敢輕也藥必先嘗膳必品嘗此致敬於君與親也大饗帝則嘗犧牲薦寢廟則嘗魚此致敬於天與親也秋祭曰嘗亦謂物已備成嘗而後祭以見其孝也

冰方盛水澤腹堅命取冰冰以入

冰之初凝惟水面而已至此則徹上下皆凝故云腹堅腹猶内也藏冰正在此時故命取冰冰入則陰事之終

也。嚴陵方氏曰。氷方盛。則以重陰之氣極於此故也。盛極而衰。東風將解凍。故於此言方盛焉。氷以陽熈而柔。以陰凝而堅。曰腹堅。則其堅達於內矣。非特形於水面而已。然前言水泉。此言水澤者。泉乃水之原。澤乃水之潤。命取氷。則七月所謂二之日鑿氷沖沖是也。夫萬物負陰而抱陽。沖氣以爲和。陰盛閉塞而陽無所泄。則氣戾不和。爲愆陽爲伏陰。然則鑿氷非特爲備暑。亦以達陽氣也。

令告民出五種。上聲命農計耦耕事。脩耒耜。具田器。

氷入之後。大寒將退。令典農之官告民出其所藏五穀之種。計度。耦耕之事。耦謂二人相偶也。揉木爲耒。斲木爲耜。令之耜以鐵爲之。田器。鎡基之屬。凡治田所用者也。此皆豫備東作之事。陽事之始也。嚴陵方氏曰。氷之入也。爲陰事之終。種之出也。爲陽事之始。以氷入之期而告民出五種。終則有始也。耦耕。二人相耦而耕也。語言長沮桀溺耦而耕是矣。蓋先王所以聯屬其民。使之出入相友。守望相助。故鄉則有比。遂則有鄰。軍則有伍。學則有朋。耕則有耦。亦以是而已。曰偕曰具。互相備也

命樂師大合吹去聲而罷

鄭氏曰。歲將終。與族人大飲作樂於太寢。以綴恩也。王居明堂禮。季冬命國爲酒以合三族○疏曰。此用禮樂於族人最盛。後年季冬乃復如此作樂。以一年頓停故云罷

乃命四監收秩薪柴以共供郊廟及百祀之薪燎

四監。說見季夏。秩。常也。謂有常數也。大而可析者謂之薪。小而束者謂之柴。薪燎。炊爨及夜燎之用也

是月也。日窮于次。月窮于紀。星回于天。數將幾終。歲且更始。

日窮于次者。去年季冬次玄枵。至此窮盡。還次玄枵也。紀。會也。去年季冬月與日相會於玄枵。至此窮盡。還復會於玄枵也。二十八宿隨天而行。每日雖周天一匝而早晚不同。至此月而復其故處。與去年季冬早晚相似。故云回于天也。幾。近也。以去年季冬至今年季冬三百五十四日。未滿三百六十五日。不爲正終。故云幾於終也。歲且更始者。所謂終則有始也。嚴陵方氏曰。夫歲者。數之所積而成也。數之終。乃所以爲歲之始。歲之始。乃所以爲數之終。於數言終。於歲言始。亦互相備爾。○山陰陸氏曰。終言幾。無

終之詞也。始言且。無始之詞也

專而農民毋有所使

而汝也。在上者當專壹汝農之事。毋得徭役使之也

天子乃與公卿大夫共飭國典。論時令。以待來歲之宜

朱氏曰。國典有常。飭之以應來歲之變。時令有序。論之以防來歲之差。歲既更始。故事亦有異宜者。

乃命太史次諸侯之列。賦之犧牲。以共供皇天上帝社稷之饗

列謂大小之等差也

乃命同姓之邦。共寢廟之芻豢

人本乎祖故祖廟之牲使同姓諸侯供之
命宰歷卿大夫至于庶民土田之數而賦犧牲以共山林
名川之祀
歷者序次其多寡之數也
凡在天下九州之民者無不咸獻其力以共皇天上帝社
稷寢廟山林名川之祀
禮有五經莫重於祭故也臨川吴氏曰上文言天帝社
稷之牲賦之諸侯寢廟之牲
賦之同姓之邦山林名川之牲賦之卿大夫至于庶民
此言凡在則總上三者而言之蓋諸侯之列同姓之邦
及卿大夫等所供亦皆出於民力故言所以供皇天上
帝社稷寢廟山林名川之祀者是天下九州之民無不
咸獻其力也

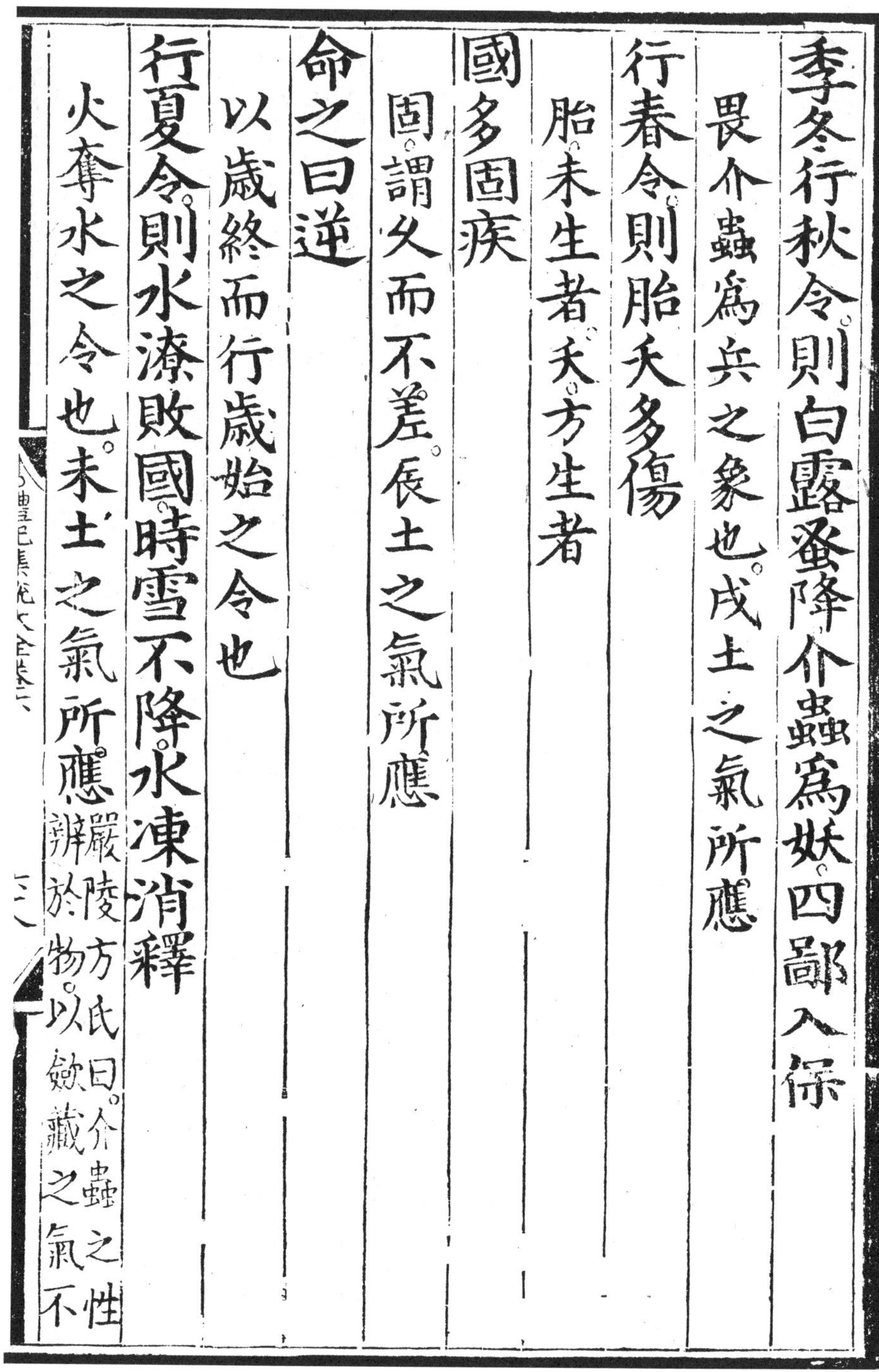

季冬行秋令，則白露蚤降，介蟲爲妖，四鄙入保

畏介蟲爲兵之象也。戌土之氣所應

行春令，則胎夭多傷

胎未生者，夭方生者

國多固疾

固，謂久而不差。辰土之氣所應

命之曰逆

以歲終而行歲始之令也

行夏令，則水潦敗國，時雪不降，冰凍消釋

火奪水之令也。未土之氣所應。嚴陵方氏曰：介蟲之性，辨於物，以斂藏之氣，不

厚。故反爲妖也。四鄙入保。蓋畏兵之象。以秋爲金故也。疾謂之固。則其疾久而不瘥故也。夫冬者歲之終。春者歲之始。歲終而行歲始之令。故命之曰逆。水潦盛昌。蓋夏之時然也。故行夏令則水潦敗國。冬者雪之時。故謂之時雪。時雪不降。氷凍消釋。則盛陽爍之故也。○新定顧氏曰。月令當取其體天行事之大意。先王亦有至日閉關之事。謂如一歲之内。因天時提撕事務一巡。又旦過得幾時。到那時節又整一巡。如春行慶賞。刑以秋冬。此是因天時整頓大綱。若他時有緊切合即施行者。亦豈一一待那時方行。

禮記集說大全卷之六

禮記集說大全卷之七

曾子問第七

金華應氏曰：曾子以篤慤醇至之資，而為潛心守約之學。其於身也，反觀内省，而益加以傳習講貫之功；其於禮也，躬行實踐，而又不廢乎旁搜博考之力。訂之以耳目之所見聞，隱之於心思之所防慮。知天下之義理無盡，而事物者亦日新而無窮，有非夫人意料之所可及者。其或講明之不素，而猝然遇之，則其處之未究其精微，而應之必無以中其肯綮。故歷舉喪祭吉凶雜出不齊之事，而問於聖人。其變故似異而可驗，其節目似同而不必辨，其纖悉委折又以細而不足憂。夫子隨事剖析，而決其疑，遂使千百載之下，遇此變事而知其權者，亦如處約事而不失其經焉。皆其問答講明之功也。其後真積力久，夫子語以一貫，隨聲響答，畧無留難，其見益高矣。

曾子問曰：君薨而世子生，如之何？孔子曰：卿大夫士從攝主，北面於西階南。大祝裨皮冕，執束帛，升自西階，盡等，不

升堂命毋無哭

攝主上卿之代主國事者也。裨冕者，天子諸侯六服，大裘爲上，其餘爲裨服，裨衣而著冕，故云裨冕也。等，卽階也

祝聲三去聲告曰某之子生，敢告。升奠幣于殯東几上，哭降。衆主人卿大夫士房中皆哭不踊，盡一哀反位，遂朝奠。小宰升舉幣

祝爲噫歆之聲者三，以警動神聽，乃告之也。噫是歎恨之聲，歆者欲其歆饗之義也。某，夫人之氏也。房中婦人也。升舉幣，舉而埋之兩階之間也

三日衆主人卿大夫士如初位北面大宰大宗大祝皆裨冕少師奉(上聲)子以衰(催)祝先子從(去聲)宰宗人從(去聲)入門哭者止子升自西階殯前北面祝立于殯東南隅祝聲三(去聲下同)曰某之子某從執事敢見(形甸反)子拜稽顙哭祝宰宗人衆主人卿大夫士哭踊三者三降東反位皆袒子踊房中亦踊三者三襲衰杖奠出大宰命祝史以名徧告于五祀山川

如初位者如初告子生之位次也少師主養子之官奉子以衰以衰服承藉而捧之也告曰夫人某氏之子某從執事宰宗人等敢見子名則大宰所立也告訖捧子

之人拜而稽顙且哭。凡踊三度爲一節。如此者三。故云三者三。降東反位者堂上人皆從西階降而反東在下者亦皆東而反其朝夕之哭位也。踊而襲衰杖成其爲子之禮也。奠出。朝奠畢而出也。嚴陵方氏曰。君薨凶事也。凶事人之所哀。世子生吉事也。吉事人之所樂。君子行禮。於此可不慎哉。是以裨冕吉服也。衰杖則凶服也。母哭吉禮也。稽顙則凶禮也。於是則或裨冕或衰杖。或命母哭。或拜稽顙。豈非處之以吉凶之間也。○山陰陸氏曰。如初位。則北面可知。又言北面。著子雖幼。莫不臣也。少師奉子。言師著一日不敢無師傅也。不言大師奉子以衰。嫌褻。

曾子問曰。如已葬而世子生。則如之何。孔子曰。大宰大宗從大祝而告于禰。三月乃名于禰。以名徧告及社稷宗廟山川

告于禰告其主也。此時神主在殯宮。因見禰而立其名

故云乃名于禰也山陰陸氏曰。徧告同盟諸侯。知然者。以言及社稷宗廟山川知之也。上於諸侯非不告也。下於諸侯非不告也。其主言者同盟諸侯爾

孔子曰。諸侯適天子。必告于祖。奠于禰。冕而出視朝。命祝史告于社稷宗廟山川。乃命國家五官而后行。道而出。告者五日而徧。過是非禮也。凡告用牲制幣。反亦如之

告于祖亦告于禰。奠于禰亦奠于祖也。奠者奠幣爲禮而告之也。視朝聽事之後。即徧告群祀。戒命五大夫之職事。使無廢弛也。諸侯有三卿五大夫。道而出者。祖祭道神而后出行也。五祀之行神則在宮內。月令冬祀行是也。喪禮毀宗躐行。則行神之位在廟門外西方。若祭道

路之行神謂之軷於城外委土爲山之形伏牲其上祭告禮畢乘車轢之而遂行也其神曰纍其牲天子犬諸侯羊卿大夫酒脯而已長一丈八尺爲制幣曰臨川吳氏反亦如之謂親告祖禰又命祝史徧告視朝而入也○山陰陸氏曰祖言告禰言奠尊祖而親禰也

諸侯相見必告于禰朝服而出視朝命祝史告于五廟所過山川亦命國家五官道而出反必親告于祖禰乃命祝史告至于前所告者而後聽朝而入

上章言冕而出視朝此言朝服而出視朝者按覲禮侯氏裨冕令敬君欲豫習其禮故冕服以視朝諸侯相朝非君臣也故但朝服而已諸侯朝服玄冠緇衣素裳而

聘禮云。諸侯相聘皮弁服。則相朝亦皮弁服矣。天子以皮弁服視朝。故謂之朝服也。人嚴陵方氏曰。曲禮曰。夫為人子者出必告。反必面。諸侯之出必告于祖。奠于禰。反亦如之。蓋事死如事生也。而又及于社稷山川者。推事親之道以事神也。然於適天子則其禮詳。與諸侯相見則其禮畧。豈非所見之人有輕重。故其禮不能無隆殺與。五官。即王制下大夫五人、是也。五廟。即王制二昭二穆與太祖之廟而五是也

曾子問曰。並有喪。如之何。何先何後。孔子曰。葬先輕而後重。其奠也先重而後輕。禮也。自啓及葬不奠。行葬不哀次。反葬奠而後辭於殯。賓遂脩葬事。其虞也先重而後輕。禮也

曾子問同時有父母或祖父母之喪。先後之次如何。孔子言葬則先母而後父。奠則先父而後母。自從也。從啓

毋殯之後及至葬柩欲出之前惟設毋啓殯之奠朝廟之奠及祖奠遣奠而已不於殯宮爲父設奠故云自啓及葬不奠謂不奠父也次者大門外之右平生待賓客之處柩至此則孝子悲哀柩車暫停今爲父喪在殯故行葬毋之時孝子不得爲毋伸哀於所次之處故柩車不暫停也及葬毋而反即於父殯設奠告語於賓以明日啓父殯之期賓出之後孝子遂脩營葬父之事也葬是奪情之事故先輕奠是奉養之事故先重也虞祭亦奠之類故亦先重 張子曰古者掘壙而葬既並有喪則先葬者必不復土以待後葬者之入相去日近故也○馬氏曰葬者送終之道也人子之心所弗忍也君子於其弗忍也所以先輕而後重

孔子曰宗子雖七十無無主婦非宗子雖無主婦可也

宗子領宗男於外宗婦領宗女於内禮不可缺故雖七十之年猶必再娶然此謂大宗之無子或子幼者若有子有婦可傳繼者則七十可不娶矣嚴陵方氏曰爲庶子之宗者謂之宗子爲庶婦之主者謂之主婦宗子承家主祭於外而主婦則助之於内者也故宗子雖七十不可以無主婦

曾子問曰將冠去聲子冠者至揖讓而入聞齊衰大功之喪如之何孔子曰内喪則廢外喪則冠而不醴徹饌而埽去聲即位而哭如冠者未至則廢

冠者賓與贊禮之人也此人已及門而與主人揖讓以入矣主人忽聞齊衰大功之喪何以處之夫子言若是

大門內之喪則廢而不行以冠禮行之於廟廟在大門之內吉凶不可同處也若是大門外之喪喪在他處可以加冠但冠禮三加之後設醴以禮新冠之人今值凶事止三加而止不醴之也初欲迎賓之時醴及饌具皆陳設今悉徹去又埽除冠之舊位使淨潔更新乃即位而哭如賓與贊者未至則廢也嚴陵方氏曰門內之治恩掩義門外之治義斷恩禮所以行義而已故冠禮內喪則廢以其義有所屈故也外喪則冠以其義有所伸故也然而雖冠而不醴以其變常而爲之殺也

如將冠子而未及期日而有齊衰大功小功之喪則因喪服而冠除喪不改冠乎孔子曰天子賜諸侯大夫冕弁服

於大廟歸設奠服賜服於斯乎有冠醮無冠醴父没而冠則已冠埽去聲地而祭於禰已祭而見形甸反伯父叔父而後饗冠者

未及期日在期日之前也因喪服而冠者因著喪之成服而加喪冠也此是孔子之言曾子又問他日除喪之後不更改易而行吉冠之禮乎孔子荅云諸侯及大夫有幼弱未冠總角從事至當冠之年因朝天子天子於大廟中賜冕服弁服其受賜者榮君之命歸即設奠告廟服所賜之服矣於此之時惟有冠之醮無冠之醴醮是以酒爲燕飲醴則獨禮受服之人也其禮如此安得

有除喪改冠之禮乎。父沒而冠。謂除喪之後。以吉禮冠者。蓋齊衰以下可因喪服而冠。斬衰不可○疏曰。吉冠是吉時成人之服。喪冠是喪時成人之服。謂之醮者。酌而無酬酢曰醮。醴重而醮輕者。醴是古之酒故爲重。醮之所以異於醴者。三加之後總一醴之。醮則每一加而行一醮也

曾子問曰。祭如之何則不行旅酬之事矣。孔子曰。聞之小祥者。主人練祭而不旅。奠酬於賓。賓弗舉。禮也。昔者魯昭公練而舉酬行旅。非禮也。孝公大祥。奠酬弗舉。亦非禮也

曾子問祭而不行旅酬之禮。何祭爲然。孔子言惟小祥

練祭爲然。不旅者不旅酬也。奠酬於賓奠其酬爵於賓前也。賓弗舉者賓不舉以旅也。言此祭主人得致爵於賓賓不可舉此爵而行旅酬。此禮也。大祥則可旅酬矣。孝公隱公之祖○朱子曰。旅衆也。酬導飲也。旅酬之禮賓弟子兄弟之子各舉觶於其長而衆相酬。蓋宗廟之中以有事爲榮故逮及賤者使亦得以伸其敬也。又曰。主人酌以獻賓賓酢主人曰酢。主人又自飲而復飲賓曰酬。主人自飲者是導賓使飲也。但賓受之却不飲奠於席前至旅時亦不舉。又自別舉爵（嚴陵方氏曰。昭公未可爲而爲之。則於禮爲不及。孝公可以爲而不爲。則於禮爲過。過猶不及。故皆以爲非禮也。然而不及於禮爲近於薄過於禮）

爲近於厚故於昭公則言非禮於孝公則曰亦而已

曾子問曰大功之喪可以與去聲於饋奠之事乎孔子曰豈大功耳自斬衰以下皆可禮也曾子曰不以輕服而重相爲乎孔子曰非此之謂也天子諸侯之喪斬衰者奠大夫齊衰者奠士則朋友奠不足則取於大功以下者不足則反之

饋奠奠於殯也大夫朔望皆有殷奠士惟月朔其禮盛故執事者衆曾子問已有大功之喪可與他人饋奠之事乎孔子將謂曾子問已有大功之喪得爲大功者饋奠否故答云豈但大功自斬衰以下皆可禮也言身有

斬衰所爲者斬衰身有齊衰所爲者齊衰皆可與其饋奠孔子是據所服者言之曾子又不悟此旨將謂言他人乃曰不太輕己之服而重於相爲乎孔子乃答云非此爲他人之謂也謂於所爲服者也凡喪奠主人以悲哀不暇執事故不親奠天子諸侯之喪諸臣皆斬衰故云斬衰者奠大夫則兄弟之服齊衰者奠士不以齊衰者奠避大夫也故朋友奠人不充數則取大功以下又不足則反取大功以上也○疏曰反之者反取前人執事者充之

曾子問曰小功可以與於祭乎孔子曰何必小功耳自斬

衰以下與祭禮也曾子曰不以輕喪而重祭乎孔子曰天子諸侯之喪祭也不斬衰者不與祭大夫齊衰者與祭士祭不足則取於兄弟大功以下者

大旨與上章同但此問與於祭則是虞與卒哭之祭嚴陵方氏曰此與祭蓋喪祭爾非吉祭也故自斬衰以下皆與以服重者與祭乃所以重其祭也曾子反以爲輕喪蓋失之矣○臨川吳氏曰斬衰之服重於虞卒哭之祭孔子云斬衰以下皆可與執祭事故曾子怪問不太輕其服之重者而重其祭之輕者乎

曾子問曰相識有喪服可以與於祭乎孔子曰緦不祭又何助於人

所知識之人有祭事而已有喪服可以助爲之執事否

夫子言已，有緦麻之服。服之輕者也。尚不得自祭已之宗廟。何得助他人之祭乎

嚴陵方氏曰。此所謂祭。蓋吉祭也。故雖緦麻之輕亦不與○張子曰。喪不貳事。則祭雖至重。亦有所不可行。蓋祭而誠至。則哀亡矣。祭而誠不至。不如不祭之爲愈

曾子問曰。廢喪服可以與於饋奠之事乎。孔子曰。說脫衰與奠非禮也。以擯相去聲可也

廢猶除也。饋奠在殯之奠也。不問吉祭而問喪奠。曾子之意謂方除喪服。決不可與吉禮。疑可與饋奠也。夫子言方說衰即與奠。是忘哀太速。故言非禮也。擯相事輕。亦或可耳

嚴陵方氏曰。饋奠雖凶事。然非已喪也。故脫衰於禮或可與奠。爲非禮。若夫以擯相。則非行事之正。故或可○臨川吳氏曰。曾子初問自大功之喪始者。蓋以斬衰服重。決不可爲人執事。疑大功之服稍輕。或

可與他人饋奠。而孔子答以有服之人。但可爲所爲服者奠。則知不可爲他人矣。曾子乃疑小功之服又輕於大功。或可與他人喪祭。孔子又答以有服之人。止可爲所爲服者祭。則知小功亦不可爲他人執事矣。曾子又疑緦服尤輕於小功。或可與所識者之吉祭。而孔子又答以不可。以上曾子三問。於喪服則先大功。次小功。次緦服。由重以漸而輕也。於爲人則先殯奠。次喪祭。次吉祭。由凶以漸而吉也。曾子既知此遂疑新除喪服之後。或可與人饋奠。孔子亦以爲不可而但許其可以擯相。可也者。畧許之而不深許之。則不若幷擯相亦不爲之爲得

曾子問曰。昏禮既納幣有吉日。女之父母死則如之何。孔子曰。壻使人弔。如壻之父母死則女之家亦使人弔。父喪稱父。母喪稱母。父母不在則稱伯父世母。壻已葬。壻之伯父致命女氏曰。某之子有父母之喪。不得嗣爲兄弟。使某致命。女氏許諾而弗敢嫁。禮也。壻免喪。女之父母使人請

壻弗取(上聲)而后嫁之禮也

有吉日者期日已定也彼是父喪則此稱父之名弔之彼是母喪則此稱母之名弔之父母或在他所則稱伯父伯母名如無伯父母則用叔父母名可知壻雖已葬其親而喪期尚遠不欲使彼女失嘉禮之時故使人致命使之别嫁他人某之子此某字是伯父之名不得嗣爲兄弟者言繼此不得爲夫婦也夫婦同等有兄弟之義亦親之之辭不曰夫婦者未成昏嫌也使某致命此某字是使者之名致如致仕之致謂致還其許昏之命也女氏雖許諾而不敢以女嫁於他人禮也及壻祥禫

之後。女之父母使人請。壻成昏。壻終守前說而不取。而后此女嫁於他族。禮也。嚴陵方氏曰。夫唱而婦和。兄先而弟後。則夫婦固有兄弟之義。故此言不得嗣爲兄弟也。詩不云乎。宴爾新昏。如兄如弟。以是而已

女之父母死。壻亦如之

女之父母死。女之伯父致命於男氏曰。某之子有父母之喪。不得嗣爲兄弟。使某致命。男氏許諾而不敢娶。女免喪。壻之父母使人請。女家不許。壻然後別娶也

曾子問曰。親迎去聲女在塗。而壻之父母死。如之何。孔子曰。女改服布深衣縞總以趨喪。女在塗。而女之父母死。則女反

嫁服士妻褖衣大夫妻展衣卿妻鞠衣改服更其嫁服也衣與裳相連而前後深邃故曰深衣縞生白絹也總束髮也長八寸布為深衣縞為總婦人始喪未成服之服也故服此以奔舅姑之喪女子在室為父三年父卒亦為母三年已嫁則期今既在塗非在室矣則止用奔喪之禮而服期改服亦布深衣縞總也　嚴陵方氏曰喪者人之所自盡故不可以婚姻之禮廢　○山陰陸氏曰女改服布深衣言布不言麻深衣之麤者也

如壻親迎女未至而有齊衰大功之喪則如之何孔子曰男不入改服於外次女入改服於內次然後即位而哭曾子問曰除喪則不復昏禮乎孔子曰祭過時不祭禮也又

何反於初

此齊衰大功之喪謂壻家也改服改其親迎之服而服深衣於門外之次也女謂婦也入門内之次而以深衣更其嫁服也此特問齊衰大功之喪者以小功及緦輕不廢昏禮禮畢乃哭耳若女家有齊衰大功之喪女亦不反歸也曾子又問除喪之後豈不復更爲昏禮乎孔子言祭重而昏輕重者過時尚廢輕者豈可復行乎然此亦止謂四時常祭耳禘祫大祭過時猶追也

孔子曰嫁女之家三夜不息燭思相離去聲也取去聲婦之家三日不舉樂思嗣親也三月而廟見形甸反稱來婦也擇日

而祭於禰成婦之義也

思相離則不能寢寐故不滅燭思嗣親則不無感傷故不舉樂此昏禮所以不賀也成昏而舅姑存者明日婦見舅姑若舅姑已歿則成昏三月乃見於廟祝辭告神曰某氏來婦來婦言來爲婦也蓋選擇吉日而行此禮廟見祭禰即是一事非見廟之後更擇日而祭也成婦之義者成盥饋之禮之義也嚴陵方氏曰不息燭則不寢故也不舉樂則不樂故也夜而不寢則相離之思無時而懈日而不樂則嗣親之思無時而散婦人謂嫁曰歸故於廟見稱來婦士昏禮所謂某氏來婦是矣祭於禰以成婦之義言禰則皇姑從可知○臨川吴氏曰婦以共養舅姑爲義生既不獲共養故必廟見以祭如生之盥饋然然後爲婦共養之義完備而無虧欠也故曰成

曾子問曰女未廟見而死則如之何孔子曰不遷於祖不祔於皇姑壻不杖不菲扶畏反不次歸葬于女氏之黨示未成婦也

不遷於祖不遷柩而朝於壻之祖廟也不祔於皇姑以未廟見故主不得祔姑之廟也壻齊衰期但不杖不草屨不別處哀次耳女之父母自降服大功

曾子問曰取去聲女有吉日而女死如之何孔子曰壻齊衰而弔既葬而除之夫死亦如之

若夫死女以斬衰往弔既葬而除也嚴陵方氏曰以其嘗請期故齊衰而弔然未成婦也故既葬而除之

曾子問曰：喪有二孤，廟有二主，禮與？平聲孔子曰：天無二日，土無二王，嘗禘郊社，尊無二上，未知其爲禮也。

二孤二主，當時有之，曾子疑其非禮，故問。夫子言天猶不得有二日，土猶不得有二王，嘗禘郊社祭之重者，各有所尊，不可混并而祭之，喪可得有二孤，廟可得有二主乎？非禮明矣。臨川吴氏曰：上天之照萬物者唯一日，下土之君萬邦者唯一王，祫嘗之所尊唯一太祖，禘祭之所尊唯一所自出之帝，郊之所尊唯一上帝，社之所尊唯一后土，所尊之神在上，無或有與同者，故曰無二上。若日若王若四祭之上神，皆唯有一而無二，況主喪之孤、依神之主而可二乎？

昔者齊桓公亟器舉兵，作僞主以行，及反，藏諸祖廟，廟有二主，自桓公始也。

師行而載遷廟之主于齊車示有所尊奉也既作僞主
又藏於廟是二失矣
喪之二孤則昔者衛靈公適魯遭季桓子之喪衛君請弔
哀公辭不得命公爲主客入弔康子立於門右北面公揖
讓升自東階西鄉客升自西階弔公拜興哭康子拜稽顙
於位有司弗辯也今之二孤自季康子之過也
國君弔鄰國之臣尊卑不等衛君弔而哀公爲主禮也
禮大夫既殯而君來弔主人門右北面哭拜稽顙今既
哀公爲主主則拜賓康子但當哭踊而已乃拜而稽顙
於位是二孤矣當時有司不能論而正之遂至循襲爲

常變禮之失由於康子。上章言自桓公始。此不言始而言過者。孔子康子同時也。靈公先桓子卒。經訛爲靈公。實出公也

嚴陵方氏曰。喪有孤。則哀之所主。廟有主。則神之所依。喪有二孤。則莫適爲主。廟有二主。則莫適爲依。是豈禮之意哉。然後世行之者。蓋自桓公始之。季康子之過也

曾子問曰。古者師行。必以遷廟主行乎。孔子曰。天子巡守去聲以遷廟主行。載于齊車。側皆反言必有尊也。今也取七廟之主以行。則失之矣

遷廟主。謂新祧廟之主也。齊車。金路也。又名曰公禰臨川吳氏曰。遷廟主。謂祔禰時所遷昭穆最上之廟一主也。在昭廟穆廟之上。最尊最親者也。君將出行時。徧告有廟之諸主。又特告此無廟之一主而載之以行也。○嚴陵方氏曰。齊車。示有齊敬之心焉

當七廟五廟無虛主虛主者惟天子崩諸侯薨與去其國與

祫祭於祖爲無主耳吾聞諸老聃貪曰天子崩國君薨則祝

取羣廟之主而藏諸祖廟禮也卒哭成事而后主各反其廟

崩薨而羣主皆聚祖廟以喪三年不祭且象生者爲凶

事而聚集也○馮氏曰鄭注老聃古壽考者之稱石梁

先生曰此老聃非作五千言者

君去其國太宰取羣廟之主以從去聲禮也

去國而羣廟之主皆行不敢弃其先祖也

祫祭於祖則祝迎四廟之主主出廟入廟必蹕老聃云

諸侯五廟祫祭則迎高曾祖禰入太祖之廟主出入而

蹕止行人。不欲其瀆也嚴陵方氏曰。甘誓曰。用命賞于祖。則以遷廟主行可知矣。然必以遷廟之主者。以天子之七廟。諸侯之五廟。無虛主故也。廟之有主。猶國之有王也。天子崩。諸侯薨。與去其國。廟爲無主者。示神人休戚之同也。祫祭亦爲無主者。以合食而示反本也。非是四者。廟主其虛乎

曾子問曰。古者師行無遷主。則何主。孔子曰。主命。問曰。何謂也。孔子曰。天子諸侯將出。必以幣帛皮圭告于祖禰。遂奉以出。載于齊車以行。每舍去聲奠焉而後就舍。反必告。設奠卒。斂幣玉藏諸兩階之間。乃出。蓋貴命也

既以幣玉告于祖廟。則奉此幣玉。猶奉祖宗之命也。故曰主命。每舍必奠神之也。反則設奠以告而埋藏之。不敢褻也臨川吳氏曰。無遷主。謂諸侯受封。傳繼未六世者。未有當毀之廟。故無已遷之主也。廟無虛主。

有廟者不可以其主行。主命謂雖無木主，但所受於神之命即是主也。貴猶重也。貴命謂以神命爲重。其重亦如神主也。受封之第二世，止有太廟，則告太廟而以其幣玉行。三世則以禰。四世則以祖。五世則以曾祖。六世則以高祖。七世則有遷主矣。八世以上，遷主不止一主。而但以高祖之父新遷者行也。若天子初王，傳繼未及八世者，亦未有當毀之廟而無遷主。唯商祖契、周祖稷，則湯武雖初王，而三昭三穆之上有遷主也

子游問曰：喪平聲慈母如母，禮與？孔子曰：非禮也。古者男子外有傅，內有慈母，君命所使教子也，何服之有

妾之無子者養妾子之無母者，謂之慈母。然天子諸侯不爲庶母服。大夫妾子父在爲其母大功，士之妾子父在爲其母期，是與己母同也。何服之有，謂天子諸侯也。故下文舉國君之事證之　臨川吳氏曰：按禮經傳記所言慈母有二。其一大夫士之

子有服之慈母者。儀禮喪服篇齊衰三年章云慈母如母者是也。其一國君子生。擇諸母使爲子師。其次爲慈母。其次爲保母者是也。子游所問蓋指禮經如母之慈母言。夫子所答。則以內則如傅之慈母言也

昔者魯昭公少去聲喪去聲其母。有慈母良。及其死也。公弗忍也。欲喪之。有司以聞。曰古之禮慈母無服。今也君爲平聲之服。是逆古之禮而亂國法也。若終行之。則有司將書之以遺平聲後世。無乃不可乎。公曰。古者天子練冠以燕居。公弗忍也。遂練冠以喪慈母。喪慈母自魯昭公始也

良善也。古者周以前也。天子諸侯之庶子爲天子諸侯者。爲其母緦。春秋有以小君之禮服之者。以子貴而伸也。然必適小君沒。若適小君在。則其母厭屈。故練冠也。

此言練冠以燕居。謂庶子之爲王者爲其母耳山陰陸氏曰。男子外有傳。內有慈母。君命所使教子也。古者師弟子無服。若此○臨川吳氏曰。爲慈母性行良善。不忍忘其撫育之恩。遂欲爲之服。一非也。有司援正禮以諫止之。而公援天子練冠之例。再非也。一弗忍於慈母初死之時而欲喪之。再弗忍於有司既諫之後而遂練冠。是以小不忍而亂禮也

曾子問曰。諸侯旅見形甸反天子。入門不得終禮。廢者幾上聲

孔子曰。四。請問之。曰。大廟火。日食。后之喪。雨霑服失容。則廢。如諸侯皆在而日食。則從天子救日。各以其方色與其兵。大廟火。則從天子救火。不以方色與兵

旅。衆也。色。衣之色也。東方諸侯衣青。南方諸侯衣赤。餘倣此。東方用戟。南方矛。西方弩。北方楯。中央鼓。日食是

陰侵陽故正五行之方色以厭勝之救火不關此義也

馬氏曰。大廟者。神之位也。神道有不安。人子之道虧矣。古者宗廟火。三日哭。哭以謝其神。諸侯旅見之禮。所以廢也。於其廢也。然後帥諸侯以救火。日者陽之位也。陽主於明。君道也。其有不明。則君德虧矣。古者日有食之。則瞽奏鼓。嗇夫馳。庶人走。所以助陽。唯其以陽不充。故諸侯之旅見。亦可以廢。於其廢也。然後帥諸侯以救日

曾子問曰。諸侯相見。揖讓入門。不得終禮。廢者幾。孔子曰。六。請問之。曰。天子崩。大廟火。日食。后夫人之喪。雨霑服失容。則廢

大廟。本國之大廟也。夫人。小君也。嚴陵方氏曰。旅見蓋君臣之禮。故以事而廢者少。相見蓋敵國之禮。故以事而廢者多。此輕重之别也。○臨川吳氏曰。比之旅見天子。多其二。外則天子崩。內則后夫人之喪也。謂正當外國君入門之時。而天子王后之凶訃至。或主國君之夫人薨也

曾子問曰天子嘗禘郊社五祀之祭簠簋既陳天子崩后之喪如之何孔子曰廢

嘗禘宗廟之祭郊社天地之祭此言五祀而祭法言七祀先儒已言祭法不足據矣

曾子問曰當祭而日食大廟火其祭也如之何孔子曰接祭而已矣如牲至未殺則廢

接捷也速疾之義此言宗廟之祭遇此變異則減畧節文務在速畢無迎尸於奧及迎尸入坐等禮矣 馬氏曰祭者吉事也朝者盛禮也天子廢朝盡亦廢祭矣故大廟火則哭之日食則救之后之喪則服之此可以廢祭矣雨霑服失容可以不旅見而不可以不祭蓋以祭而較之旅見則祭重故旅見可以易日而祭祀則不可以易日矣

天子崩未殯五祀之祭不行既殯而祭其祭也尸入三飯上聲不侑又酳以刃反不酢而已矣自啓至于反哭五祀之祭不行已葬而祭祝畢獻而已

天子諸侯之祭禮亡不可聞其詳矣先儒以大夫士祭禮推之士祭尸九飯大夫祭尸十一飯則知諸侯十三飯天子十五飯也五祀外神不可以己私喪久廢其祭若當祭之時而天子崩則止而不行俟殯訖乃祭然其禮則殺矣侑勸也尸入迎尸而入坐也三飯不侑者尸三飯告飽則止祝更不勸侑其食使滿足當飯之數也酳食畢而以酒漱口也說見曲禮按特牲禮尸九飯畢主人

酌酒酳尸。尸飲卒爵酢主人。主人受酢飲畢。酌獻祝。祝飲畢。主人又酌獻佐食。今云酳不酢者無酢主人以下等事也。此是言殯後祭五祀之禮。又言自啓殯往葬及葬畢反哭。其間亦不祭五祀。直待葬後乃祭。其禮又不同。蓋葬後哀稍殺。漸向吉。故祝侑尸食至十五飯。攝主酳尸。尸飲卒爵而酢攝主。攝主飲畢。酌而獻祝。祝受而飲畢則止。無獻佐食以下之事。故云祝畢獻而已。已。止也

曾子問曰。諸侯之祭社稷俎豆既陳。聞天子崩后之喪。君薨夫人之喪。如之何。孔子曰。廢。自薨比𣩵至于殯。自啓至于反哭。奉帥天子。

比。及也。○曾子所問如此。孔子曰廢。又言自薨至殯。自啓至反哭。皆帥循天子之禮者。謂諸侯既殯而祭社稷或五祀者。亦如天子殯後祭五祀之禮也。其葬後而祭社稷五祀者。亦如天子葬後祭五祀之禮也。山陰陸氏曰。天子言嘗禘郊社五祀。諸侯言社稷。畧諸侯也。大夫益畧。不復名祭。

曾子問曰。大夫之祭。鼎俎既陳。籩豆既設。不得成禮。廢者幾。上聲。孔子曰。九。請問之。曰。天子崩。后之喪。君薨。夫人之喪。君之大廟火。日食。三年之喪。齊衰。大功。皆廢。外喪自齊衰以下行也。其齊衰之祭也。尸入三飯不侑。酳不酢而已矣。大功。酢而已矣。小功緦。室中之事而已矣。士之所以異者。

緦不祭。所祭於死者無服。則祭

此言大夫宗廟之祭。外喪在大門之外也。三飯不侑。酳不酢。說見上章。大功酢而已者。大功服輕。祭禮稍備。十一飯之後。主人酌酒酳尸。尸酢主人即止也。室中之事者。凡尸在室之奧。祝在室中北廂南面。佐食在室中戶西北面。但主人主婦及賓獻尸及祝佐食等三人畢則止也。若平常之祭。十一飯畢。主人酳尸。尸卒爵酢主人。主人獻祝及佐食畢。次主婦獻尸。尸酢主婦。主婦又獻祝及佐食畢。次賓長獻尸。尸得賓長獻爵則止不舉。蓋奠其爵于薦之左也。待致爵之後。尸乃舉爵。今以喪服殺禮。故止於賓之獻也。士卑於大夫。雖緦服亦不祭。所祭於死者無服。謂如妻之父母。母之兄弟姊妹。已雖有服而已所祭者與之無服。則可祭也○今按致爵之禮。賓獻尸三爵而止。尸止爵之後。執事者爲主人設席于戶内。主婦酌爵而致于主人。主人拜受爵。主婦拜送爵。主人卒爵拜。主婦答拜。受爵以酌而酢。執爵拜。主人答拜。主人降洗爵以酌而致于主婦。主婦之席在房中南面。主婦拜受爵。主人西面答拜。而更爵自酌以酢。此所謂致爵也。祭統曰。酢必易爵。詳見特牲饋食禮 嚴陵方氏曰。位尊則以事而廢禮者爲少。位卑則以事而廢禮者爲多。此輕重之別也○山陰陸氏曰。大夫言鼎俎籩豆。著陳設。雖

備猶廢士不言小功畧士也

曾子問曰三年之喪弔乎孔子曰三年之喪練不群立不旅行君子禮以飾情三年之喪而弔哭不亦虛乎

練小祥也旅衆也羣立旅行言及他事則爲忘哀況於弔乎先王因人情而制禮隨其哀樂之情皆有以飾之苴衰絰杖爲至痛飾也居重喪而弔哭於人哀彼則忘吾親哀在親則弔爲矯僞矣非虛而何曾子既聞夫子此言矣而檀弓篇乃記其以喪母之齊衰而往哭於子張得非好事者爲之辭歟嚴陵方氏曰羣與旅皆衆也不羣立不旅行則以居喪宜與人辨故也○臨川吳氏曰羣立同羣而立也旅行與衆而行也重喪雖已朞猶且不與人並立並行恐與人

相語而忘己哀親之情。又豈可忘己親之哀。而哭弔以哀他人之親乎。

曾子問曰。大夫士有私喪。可以除之矣。而有君服焉。其除之也如之何。孔子曰。有君喪服於身。不敢私服。又何除焉。於是乎有過時而弗除也。君之喪服除而后殷祭。禮也。

君重親輕。以義斷恩也。若君服在身。忽遭親喪。則不敢爲親制服。初死尚不得成服。終可行除服之禮乎。此所以雖過時而不除也。殷祭。盛祭也。君服除乃得爲親行二祥之祭。以伸孝心。以其禮大。故曰殷也。假如此月除君服。即次月行小祥之祭。又次月行大祥之祭。若親喪小祥後方遭君喪。則他時君服除後。惟行大祥祭也。然此皆謂適子主祭而居官者。若庶子居官而行君服。適子在家。自依時行親喪之禮。他日庶子雖除君服。無追祭矣。嚴陵方氏曰。有君之喪而不敢私服。則以義斷恩故也

曾子問曰。父母之喪弗除可乎。孔子曰。先王制禮過時弗舉禮也。非弗能勿除也。患其過於制也。故君子過時不祭。禮也

曾子之意以爲適子仕者除君服後。猶得追祭二祥。庶子仕者雖除君服。不復追祭。是終身不除父母之喪矣。可乎。孔子言先王制禮各有時節。過時不復追舉禮也。令不追除服者。不是不能除也。患其踰越聖人之禮制

也。且如四時之祭。當春祭時或以事故阻廢至夏則惟行夏時之祭不復追補春祭矣故過時不祭禮之常也。惟禘祫大事則不然

曾子問曰。君薨既殯而臣有父母之喪。則如之何孔子曰。歸居于家。有殷事則之君所。朝夕否

殷盛之事謂朔望及薦新之奠也。君有此事則往適君所。朝夕則不往哭

曰。君既啓而臣有父母之喪。則如之何。孔子曰。歸哭而反送君

啓啓殯也。歸哭哭親喪也。反送君復往送君之葬也。此

二節皆對言君親之喪。若臣有父母之喪既殯而後有君喪。則歸君所。父母喪有殷事。則來歸家。朝夕亦恒在君所也。若父母之喪既啓而有君之喪。則亦往哭於君所。而反送父母之葬也。下文君未殯而臣有父母之喪。亦與父母之喪未殯而有君喪互推之

曰。君未殯而臣有父母之喪。則如之何。孔子曰。歸殯。反于君所。有殷事則歸。朝夕否。大夫室老行事。士則子孫行事。

大夫内子有殷事亦之君所。朝夕否

室老家相之長也。室老子孫行事者。以大夫士在君所

殷事之時。或朝夕恒在君所。則親喪朝夕之奠有缺。然

奠不可廢也。大夫尊。故使室老攝行其事。士卑。則子孫攝也。內子。卿大夫之適妻也。爲夫之君。如爲舅姑服齊衰。故殷事亦之君所。盧氏曰。人君五日而殯。故可歸殯父母而往殯君也。若臨君殯。則歸哭父母而來殯君。殯君訖。乃歸殯父母也

賤不誄貴。幼不誄長。禮也。唯天子稱天以誄之。諸侯相誄非禮也

誄之爲言累也。累舉其平生實行爲謚而定其謚以稱之也。稱天以誄之者。天子之尊無二。惟天在其上。故假天以稱之也。人君之事多稱天。不獨誄也

曾子問曰。君出疆以三年之戒。以椑擗去聲從。君薨。其入如

之何。孔子曰。共供殯服。則子麻弁絰疏衰菲扶畏反杖。入自

闕。升自西階。如小斂。則子免問而從柩。入自門。升自阼階。

君大夫士一節也

曾子問國君以事出疆。必爲三年之戒。備恐未得即返

也。於是以親身之棺隨行。慮或死於外也。若死於外。則

入之禮如何。孔子言於時大斂之後。主人從柩而歸。則

其國有司供主人殯時所著之服。謂布深衣苴絰散帶

垂也。此時主人從柩在路未成服。惟著麻弁絰疏衰而

蔍屨且杖也。麻弁。布弁也。布弁之上加環絰也。柩入之

時。毀殯宮門西邊墻而入。其處空缺。故謂之闕。非門闕

之闕也。升自西階者，以柩從外來，有似賔客，故就客階

而升也。如小斂而歸，則子首不麻弁，身不疏衰，惟首著

免，布身著布深衣也。入自門，升自阼階者，以親未在柩，

猶以事生之禮事之也。凡君與大夫及士之卒於外者，

其禮皆一等無異制，故云一節也。

曾子問曰：君之喪既引去聲，聞父母之喪，如之何？孔子曰：遂。

既封窆而歸，不俟子。

遂，遂送君柩也。既窆而歸，下棺即歸也。不俟子，不待孝

子返而已先返也。

曾子問曰：父母之喪既引，及塗去，聞君薨，如之何？孔子曰：遂。

既封窆改服而往

遂送親柩也既窆之後改服而往者雜記云非從柩與反哭無免於堩此時孝子首著免乃去免而括髮徒跣布深衣而往不敢以私喪之服喪君也

曾子問曰宗子爲士庶子爲大夫其祭也如之何孔子曰以上牲祭於宗子之家祝曰孝子某爲去聲介子某薦其常事

士特牲大夫少牢上牲少牢也庶子既爲大夫當用上牲然必往就宗子家而祭者以廟在宗子家也孝子宗子也介子庶子也不曰庶而曰介者庶子卑賤之稱介

則副貳之義亦貴貴之道也。薦其常事者薦其歲之常事也。張子曰：宗子爲士，立二廟；支子爲大夫，當立三廟。是曾祖之廟爲大夫立，不爲宗子立矣。然不可二宗別統，故其廟亦立於宗子之家。所謂以上牲祭於宗子之家者也。祖考皆然，故采蘋之序言大夫妻可以承先祖。其詩曰：于以奠之，宗室牖下。宗子爲士，庶子爲大夫，以上牲祭于宗子之家。非惟爲士，直爲庶人亦然。

若宗子有罪居於他國，庶子爲大夫，其祭也，祝曰：孝子某使介子某執其常事。攝主不厭祭，不旅，不假，不綏虚規反祭，不配。

介子非當主祭者，故謂之攝主。其禮畧於宗子者有五焉。若以祭禮先後之次言之，當云不配、不綏祭、不假、不旅、不厭祭。今倒言之者，舊說攝主非正，故逆陳以見義。

亦或記者之誤與。今依次釋之。不配者。祭禮初行尸未
入之時。祝告神曰。孝孫某來日丁亥用薦歲事于皇祖
伯某。以某妃配某氏。如姜氏子氏之類。今攝主不敢備
禮。但言薦歲事于皇祖伯某。不言以某妃配也。不綏祭
者。綏字當從周禮作隋。隋者減毀之名也。尸與主人俱有隋
祭。主人減黍稷牢肉而祭之於豆閒。尸則取菹及黍稷
肺而祭於豆閒。所謂隋祭也。今尸自隋祭。主人是攝主。
故不隋祭也。不假者。假字當作嘏。福慶之辭也。尸十一
飯訖。主人酳尸。尸酢主人畢。命祝嘏于主人曰。皇尸命
工祝承致多福無疆于女孝孫。來女孝孫。使女受祿于

天宜稼于田。眉壽萬年勿替引之。主人再拜稽首。今亦以避正主。故不嘏也。不旅不旅酬也。詳見前章。不厭祭者。厭是饜食飫之義。謂神之歆享也。厭有陰有陽。陰厭者。迎尸之前祝酌奠訖爲主人釋辭於神勉其歆享。此時在室奥陰靜之處。故云陰厭也。陽厭者。尸謖之後。佐食徹尸之薦俎。設於西北隅得户明白之處。故曰陽厭。制禮之意。不知神之所在於彼乎於此乎皆庶幾其享之而厭飫也。此言不厭祭。不爲陽厭也。以先後之次知之

嚴陵方氏曰。四時之祭。禮之常也。故曰常事。用介子之牲而祭。則言爲介子某薦之於彼。以介子攝爲祭主。故言使介子某執。言執之於此。凡祭皆執而薦之。言薦言執。互相備爾

布奠於賓賓奠而不舉不歸肉其辭于賓曰宗兄宗弟宗子在他國使某辭

主人酬賓之時賓在西廂東面主人布此奠爵於賓俎之北賓坐取此爵而奠於俎之南不舉之以酬兄弟此即不旅之事若宗子主祭則凡助祭之賓各歸之以俎肉令攝主故不歸俎肉於賓也非但祭不備禮其將祭之初告賓之辭亦異曰宗兄宗弟宗子在他國不得親祭故使某執其常事使某告也故云使某辭宗兄宗弟者於此攝主爲兄或爲弟也若尊卑不等或是祖父之列或是子孫之列則但謂之宗子矣

曾子問曰宗子去在他國庶子無爵而居者可以祭乎孔子曰祭哉請問其祭如之何孔子曰望墓而爲壇以時祭若宗子死告於墓而後祭於家宗子死稱名不言孝身沒而已子游之徒有庶子祭者以此若義也今之祭者不首其義故誣於祭也

宗子無罪而去國則廟主隨行矣若有罪去國廟雖存庶子卑賤無爵不得於廟行祭禮但當祭之時即望墓爲壇以祭也若宗子死則庶子告於墓而後祭於其家亦不敢稱孝子某但稱子某而已又非有爵者稱介子某之比也身沒而已者庶子身死其子則庶子之適子

祭禰之時可稱孝也子游之門人有庶子祭者皆用此禮是順古義也今世俗庶子之祭者不能先求古人制禮之義而率意行之秖見其誣罔而已嚴陵方氏曰庶殺於適賤殺於貴禮之常也庶子無爵則非適非貴故雖可以祭其禮又爲之殺焉

曾子問曰祭必有尸乎若厭祭亦可乎孔子曰祭成喪者必有尸尸必以孫孫幼則使人抱之無孫則取於同姓可也祭殤必厭蓋弗成也祭成喪而無尸是殤之也

曾子之意疑立尸而祭無益死者故問祭時必合有尸乎若厭祭亦可乎蓋祭初陰厭尸猶未入祭終而陽厭在尸既起之後是厭祭無尸也孔子言成人威儀具備

必有尸以象神之威儀所以祭成人之喪者必有尸也。尸必以孫以孫以昭穆之位同也取於同姓亦謂孫之等列也祭殤者不立尸而厭祭以其年幼少未能有成人之威儀不足可象故不立尸也若祭成人而無尸是以殤待之矣

孔子曰有陰厭有陽厭曾子問曰殤不祔祭何謂陰厭陽厭孔子曰宗子爲殤而死庶子弗爲後也其吉祭特牲祭殤不舉無肵俎無玄酒不告利成是謂陰厭

孔子言祭殤之禮有厭於幽陰者有厭於陽明者葢適殤則陰厭於祭之始庶殤則陽厭於祭之終非兼之也

曾子不悟其指。乃問云祭殤之禮畧而不備何以始末一祭之間有此兩猒也。孔子言雖是宗子死在殤之年。無爲人父之道。庶子不得代爲之後。其族人中有與之爲兄弟者。代之而主其祭之之禮。其卒哭成事以後爲吉祭。祭殤本用特豚。今亦從成人之禮用特牲者。以其爲宗子故也。祭有尸。則佐食舉肺脊以授尸。祭而食之。今無尸。故不舉肺脊也。凡尸食之餘歸之肵俎。肵。敬也。主人敬尸而設此俎。今無肵俎。以無尸故也。玄酒。水也。太古無酒之時以水行禮。後王祭則設之重古道也。今祭殤禮畧。故無玄酒也。不告利成者。利猶養也。謂共養之禮已成也。常祭主人事尸禮畢。出立戶外。則祝東面告利成。遂導尸以出。今亦以無尸廢此禮。是謂陰厭云者。以其在祖廟之奧陰暗之處厭之也。

臨川吳氏曰。陰者。室之西南隅謂之奧。正當牖下。不受牖明。屋之隱奧處也。以其幽暗。故曰陰。陽者。室之西北隅。正與牖對。受牖之明。屋之漏光處也。又爲室之白。白。光明也。以其光明。故曰陽。厭者。但使鬼神食之厭飫而已。無尸以食其祭物也。

凡殤與無後者。祭於宗子之家。當室之白。尊于東房。是謂陽厭

凡殤。非宗子之殤也。無後者。謂庶子之無子孫者也。此二者若是宗子大功內親。則於宗子家祖廟祭之。必當室中西北隅得戶之明白處。其尊則設于東房。是謂陽

厭也程子曰。無服之殤不祭。下殤之祭。終父母之身。中殤之祭。終兄弟之身。長殤之祭。終兄弟之子之身。成人而無後者。終兄弟之孫之身。此皆以義起也○馬氏曰。厭不成禮之祭也。厭於陰者。宗子之殤而無後者。厭於陽者。凡殤與無後者。其異何也。宗子尊矣。則以特牲。即於陰者。幽陰之義。反諸幽。求神之道也。凡殤卑矣。其祭也。則就宗子之家。當室之白。則所謂堂事畧矣。宗子非不欲尊之也。其所以不得爲成人者。從祖祔祭而已。於宗則明親疎。於廟則明尊卑。唯其辟所尊。故雖宗子不得爲成人○嚴陵方氏曰。陽尊而陰卑。宗子之殤曰陰厭。而凡殤曰陽厭者。鬼神尚幽暗故也

曾子問曰。葬引去聲至于堩古鄧反日有食之。則有變乎。且不否乎。孔子曰。昔者吾從老聃貪助葬於巷黨。及堩。日有食之。老聃曰。丘。止柩就道右。止哭以聽變。既明反而後行。曰。禮也。反葬而丘問之曰。夫柩不可以反者也。日有食之。不

知其已之遲數速則豈如行哉老聃曰諸侯朝天子見日而行逮日而舍夫柩不蚤出不莫暮宿見星而行者唯罪人與奔父母之喪者乎日有食之安知其不見星也且君子行禮不以人之親痁尸占反患吾聞諸老聃云

㙛道也有變變常禮乎且不乎不變常禮乎柩北向而出道右則道之東也聽變聽日食之變動也明反日光復常也舍奠晚止舍而設奠於行主也安知其不見星謂日食既而星見則昏暗中恐有姦慝也痁病也不以人之親痁患謂不可使人之親病於危亡之患也張子曰豫

備深思之道也。苟無虞也。蓋幸而免也。不知道當如是。若老子送葬。日食而止於堩。似過也。然蓋有是理。○嚴陵方氏曰。夫柩不蚤出。不暮宿者。慮暗昧之中而有不測之患故也。苟日食而行柩。豈異夫蚤出暮宿者乎。堩。蓋恒行之塗也。言恒行之塗防愼如此。則非恒之塗可知也。○馬氏曰。老聃以止柩聽變爲愈於行也。仲尼以爲禮何也。夫以人之葬。中道而日食。皆在道也。蓋止則安。行則危。其行也。非必犯患也。以人之情爲疑於疾患也。患出於不測。則其行不若止也。然則其止。非必安也。就不得已。則見星而行。豈若止哉。此仲尼所以疑於非禮而終亦以爲禮也

曾子問曰。爲去聲君使去聲而卒於舍。禮曰公館復。私館不復。凡所使之國。有司所授舍。則公館已。何謂私館不復也。孔子曰。善乎問之也。自卿大夫士之家曰私館。公館與公所爲曰公館。公館復。此之謂也。

復死而招魂復魄也。公館。公家所造之館也。與及也。公所爲謂公所命停客之處。即是卿大夫之館。但有公命故謂之公館也。一說公所爲謂君所作離宮別館也。嚴陵方氏曰。公館之禮宜隆。故復。私館之禮宜殺。故不復也。

曾子問曰。下殤土周葬于園。遂輿機而往。塗邇故也。今墓遠則其葬也如之何

八歲至十一爲下殤。土周。堲周也。說見檀弓。成人則葬於墓。此葬于園圃之中。輿猶抗也。機者輿尸之具。木爲之狀如牀而無脚。以繩橫直維繫之。抗舉而往堲周之所。棺斂而葬之。塗近故也。曾子言今世禮變。皆棺斂下

殤於家而葬之於墓則塗遠矣其葬也如之何問既不用輿機則當用人舉棺以往乎爲當用車載棺而往乎然此謂大夫之下殤及士庶人之中下殤耳若大夫之適長殤中殤有遣車者亦不輿機而葬也

孔子曰吾聞諸老聃曰昔者史佚有子而死下殤也墓遠召公謂之曰何以不棺去聲下衣棺同歛於宮中史佚曰吾敢乎哉召公言於周公周公曰豈不可史佚行之下殤用棺衣棺自史佚始也

史佚周初良史也墓遠不葬於園也言於周公言猶問也周公曰豈不可者謂何爲不可也召公述周公之言

告佚。佚於是用棺衣而棺斂於宮中。是此禮之變始於史佚也。舊註以豈爲句者非。臨川吳氏曰：周人葬下殤之禮不用棺，但以衣斂尸而置之尸牀。不用車載，衆手舁之以往。曾子問去墓園塗近者可如此，若去墓之塗遠，則舁尸以往而不用棺、不用車，似若不可，故問當如之何。孔子遂引老聃所言史佚之事以答。蓋史佚曾葬下殤之子，而其墓遠，方疑於舁尸之不可，而召公勸以棺斂於宮中，則如成人而載以喪車，不舁機也。史佚以前未有此禮，故有所不敢，於是召公爲史佚問之周公。周公曰：豈不可。蓋禮有從權而以義起者。墓近則舁機，墓遠則棺斂而車載以往，雖前時禮所未有，然亦無害於義也。史佚依周公所言行之。自是以後，葬下殤者若墓遠則用棺也。棺衣者，謂斂以衣，又斂於棺也。下殤用棺而衣之棺之者，蓋自史佚始。前此則衣而已，不棺之也。○山陰陸氏曰：下殤雖不棺斂於宮中，即塗遠而欲拘墓近之制，是膠也。故召公權之，周公與之。

曾子問曰：卿大夫將爲尸於公，受宿矣，而有齊衰內喪，則

如之何。孔子曰。出舍去聲於公館以待事禮也

受宿受君命而宿齋戒也。齋衰内喪。大門内齋衰服之喪也。待事。待祭事畢。然後歸哭也

孔子曰。尸弁冕而出。卿大夫士皆下之。尸必式。必有前驅

尸服死者之上服。今爲君尸而弁冕者弁士之爵弁也。以君之先世。或有爲大夫士者。故尸亦當弁或冕也。出而卿大夫士遇之則下車。尸式以答之。必有前驅者。尸出則先驅辟開行人也

子夏問曰。三年之喪卒哭。金革之事無辟避也者。禮與。初有司與。孔子曰。夏后氏三年之喪。既殯而致事。殷人既葬

而致事。記曰君子不奪人之親。亦不可奪親也。此之謂乎

無辟。謂君使則行。無敢辭辟也。此禮當然歟。抑當初有司遏遣之歟。夏之禮親喪旣殯。即致還其事於君。殷禮則葬後乃致其事。君子。指人君也。臣遭父母之喪而君許其致事。是不奪人喪親之心也。雖君有命而不忍違離喪次。是不可奪其喪親之孝也。嚴陵方氏曰。致事與致事同。義彼以老而不勝事。此以喪而不勝事。故皆致之於君也。凡事皆然。又況金革之事可以無辟乎

子夏曰。金革之事無辟也者非與。孔子曰。吾聞諸老聃曰。昔者魯公伯禽有爲去聲爲之也。今以三年之喪從其利者。吾弗知也

魯公卒哭而從金革之事。以徐戎之難。東郊不開。不得已而征之。是有爲爲之也。令人居三年之喪。而用兵以逐攻取之利者。吾不知其爲何禮也。蓋甚非之之辭。一說利爲例。言無故而以三年之喪。從伯禽之例以用兵者。甚非也。臨川吴氏曰。武王崩之年。武庚叛周。徐戎應之。周公東征。定殷亂。遣伯禽之國。鎮遏東方。元年征徐戎。蓋此時王室危急。伯禽雖有私喪。不敢辭辟也。

禮記集說大全卷之七

禮記集說大全卷之八

文王世子第八

新安王氏曰此篇首言文王爲世子之事故以武王成王爲世子之事繼之成王幼周公輔導有道故以教世子之法繼之爲世子者當貴親當尊老故以待宗族養老之事繼之而終以世子之記則言文王之所以事王季者皆當以爲法也

文王之爲世子朝於王季日三雞初鳴而衣去聲服至於寢門外問内豎樹之御者曰今日安否何如内豎曰安文王乃喜及日中又至亦如之及莫暮又至亦如之

内豎内庭之小臣御是直日者世子朝父母惟朝夕二禮今文王日三聖人過人之行也 嚴陵方氏曰内則言子事父母雞初鳴咸盥漱昧爽而朝日入而夕世子之記亦止言朝夕至於大寢門之外而此言雞初鳴而衣服至於寢門外則盥

漱之時猶未鷄鳴朝之時猶未昧爽矣又有日中之朝此蓋聖人之制

其有不安節則内豎以告文王文王色憂行不能正履王季復膳然後亦復初食上上聲必在視寒煖之節食下問所膳命膳宰曰末有原應曰諾然後退

不安節謂有疾不能循其起居飲食之常時也食上進膳於親也在察也食下食畢而徹也問所膳問所食之多寡也末猶勿也原再也謂所食之餘不可再進也長樂劉氏曰文王之於王季夜不違寢故其旦旦鷄鳴而衣冠已具内豎曰安文王乃喜以其達旦懷憂則其喜形于色也色憂行不能正履心有所懼則色形其憂急侍其親則履不能正○嚴陵方氏曰文王乃喜則親喜而已亦喜也文王色憂則親憂而已亦憂也復初則親復常故也

武王帥而行之不敢有加焉文王有疾武王不說脫冠帶而養去聲文王一飯上聲亦一飯文王再飯亦再飯旬有二日乃間

不敢有加不可踰越父之所行也○疏曰病重之時病恒在身無少間空隙病今既損不恒在身其間有空隙故謂病瘳爲間也 長樂陳氏曰聖人之行朝親至於日三其有不安節則行不能正履以至於一飯亦一飯再飯亦再飯中人之行朝親止於日二其有不安節則止於不滿容於其嘗饌善則能食嘗饌寡則不能飽而已於文王言色憂行不能正履則武王可知於武王言不說冠帶一飯再飯則文王可知○莊氏曰天下之理惟極其至則不可以復加文王之事親豈一毫之不至哉武王而復求加焉則非可傳也非可繼也故武王之事文王盡循文王之所以事王季者而行之不敢復加焉茲武王所以爲達孝者歟又曰子之

於親日而三朝自三朝之外冠帶有時而說今爲親疾跬步不離不敢說冠帶以自適人之飲食或疏或數時其飢飽今以親疾志不在於飲食一飯再飯惟親之視不敢如平時私適其欲

文王謂武王曰女汝何夢矣武王對曰夢帝與我九齡文王曰女以爲何也武王曰西方有九國焉君王其終撫諸文王曰非也古者謂年齡齒亦齡也我百爾九十吾與爾三焉文王九十七乃終武王九十三而終

文王疾瘳之後武王乃得安寢故問其何夢武王對云夢天帝言與我九齡齡字從齒齒之異名也故言年齡又言年齒其義一也大戴禮云男八月生齒八歲而齔齒是人壽之數也然數之脩短稟氣於有生之初文王

雖愛其子。豈能減己之年而益之哉。好事者爲之辭而不究其理。讀記者信其説而莫之敢議也。嚴陵方氏曰。文王之疾閒必知武王有夢者。以其愛親之心篤。而思念之情深故也。○長樂劉氏曰。聖人生而知之。自誠而明者。固非窮理盡性以至於命焉。是以寤寐所萌。與天地合。與鬼神契。則其脩短得以自知

成王幼不能涖阼。周公相去聲踐阼而治。抗世子法於伯禽。欲令成王之知父子君臣長幼之道也。成王有過則撻伯禽。所以示成王世子之道也。文王之爲世子也

石梁王氏曰。文王之爲世子也一句衍文。○劉氏曰。成王幼弱。雖已涖阼爲天子。而未能行涖阼之事。書曰小子同未在位。亦言其雖已在位。與未在位同也。故周公

以冢宰攝政。相助成王。踐履其臨阼之事而治天下。以幼年即尊位而不知父子君臣長幼之道。何以治天下哉。故周公舉世子事君親長上之法以教伯禽使日夕與成王遊處。俾其有所視效也。其或成王出入起居之間有愆于禮法者。則撻伯禽以責其不能盡事君之道所以警教成王而示之以爲世子之道也。然伯禽所行。即文王所行世子之道。文王所行乃諸侯世子之禮。故曰文王之爲世子也。言伯禽所行。非王世子之禮也 嚴陵方氏曰。涖阼。臨朝也。阼者。主人所有事之階。故適子冠於阼以著代。則繼體之臨朝行事謂之涖阼亦宜矣。涖言以位臨之。踐言以足履之。成王主也。故於阼曰涖。周公相之而已。故於阼曰踐。此輕重之别也。世子於屬則子也。於位則臣也。於齒則幼也。知爲子然後能爲父。知爲臣然後能爲君。知爲幼然後能爲長。故抗世子法於伯禽。欲令成王之知父子君臣長幼之道也。然其序則先父子而後君臣者。內外之序也。先君臣而後長幼者。上下之序也。於伯禽言法。於成王言道者。蓋法則下之所守。道則上之所揆。

凡學四學字皆音效世子及學士必時。春夏學干戈。秋冬學羽籥。皆於東序。

學。教也。士。即王制所謂司徒論俊選而升於學之士也。必時。四時各有所教也。干。盾也。捍兵難之器。戈。句孑戟也。羽。翟雉之羽也。籥。笛之屬也。四物皆舞者所執。干戈爲武舞。故於陽氣發動之時教之。亦有事也。羽籥爲文舞。故於陰氣凝寂之時教之。亦安靜也。東序。大學也。山陰陸氏曰。先王之制舞也。文必以羽籥。武必以干戚者。蓋籥聲也。羽容也。聲音以紀之。文物以昭之者。文也。故於文舞用之。干以扞其內。戚以誅其外者。武也。故於武舞用之

小樂正學（二學字皆音效）干。大胥贊之。籥師學戈。籥師丞贊之。胥鼓南

四人皆樂官之屬。贊。相助之也。胥。即大胥也。南。南夷之樂也。東夷之樂曰昧。南夷之樂曰南。西夷之樂曰朱離。北夷之樂曰禁。明堂位又云。任南蠻之樂也。周禮旄人教國子南夷樂之時。大胥則擊鼓以節其音曲。故云胥鼓南也。先王作樂至矣盛矣。而猶以遠方蠻夷之樂教人者。所以示輿圖之無外。異類之咸賓。奏之宗廟之中。

侈其盛也。獨舉南樂，則餘三方皆教習可知。長樂劉氏曰：周官大司樂以樂舞教國子，舞雲門、大卷、大咸、大磬、大夏、大濩、大武，蓋六代聖王神其德行以成變化，以參天地，載其地德，以感神祇者，樂與舞存焉。故使國子學之，由其舞以志厥功，由其聲以想厥德，然後中和生於誠明，而志氣趨于聖智矣。故孝友形於中而舞蹈應於外，此三代遜于五品，無所入而弗自得者。教國子以樂舞，行於人倫也。東序，大學也，是以小樂正教干，大胥贊之；籥師教戈，籥師丞贊之，各用其職，以時舉焉。胥鼓南者，舞以樂爲節者也，樂以舞爲成者也。故奏六代之舞，則合六代之樂，先王用之致中和，位天地，澤四海，來百蠻焉。乃用四夷之樂以彰德化。○長樂陳氏曰：書云比爾干，稱爾戈。干則直兵而其形欲立，戈則句兵而其形欲倒，皆自衛之兵，非伐人之器也。古之教舞者，朱其干，玉其戚，則尚道不尚事，尚德不尚威。是以學干在小樂正，而以大胥贊之；學戈在籥師，而以籥師丞贊之。干戈之事寓之於樂如此，則武不可觀之意觀矣。○山陰陸氏曰：干戈兩舞也，故各以其官教之。

春誦夏弦大師詔之瞽宗秋學(如字)禮執禮者詔之冬讀書典書者詔之禮在瞽宗書在上庠

誦口誦歌樂之篇章也弦以琴瑟播被詩章之音節也皆太師詔教之瞽宗殷學名上庠虞學名周有天下兼立虞夏殷周之學也

長樂劉氏曰春者陽氣宣吐以生萬物也故宜誦以宣其中和之聲焉夏者陽氣盛大以壯萬物也故宜弦以極其純粹之致焉皆大師之職以教國子者也○嚴陵方氏曰誦者人也弦者絲也人之事始於東絲之音屬於南故誦以春而弦以夏禮者體也書者事也體之文成於西事之質辨於北故禮以秋而書以冬此又其別也太師則樂工之所師而爲大者也而樂以陽爲主故以之詔弦誦焉執禮者詔禮典書者詔書亦各以其類也於禮言學於書言讀者皆學而讀之○長樂陳氏曰此言春誦夏弦秋學禮冬讀書王制言春秋教以禮樂冬夏教以詩書者言書禮則知誦之爲詩弦之爲樂言弦誦則知禮

之爲行。書之爲事也。蓋春秋陰陽之中。而禮樂皆欲其中。故以二中之時教之。凡此合而教之也。分而教之。則誦詩以春。弦樂以夏。學禮以秋。讀書以冬。○馬氏曰。禮由陰作。而秋者萬物之所斂而亦陰也。故秋學禮。書以道事。而冬者萬物之所藏而亦事也。故冬讀書。又曰。春夏學干戈。秋冬學羽籥。者在於大學也。王制曰。春秋教以禮樂。冬夏教以詩書者。亦在大學也。故教之以詩書禮樂。則未嘗不教之以干戈羽籥也。此所以互見之也

凡祭與養老乞言合語之禮皆小樂正詔之於東序

祭是一事。養老乞言是一事。合語是一事。故以凡言之。養老乞言。謂行養老之禮之時因乞善言之可行者於此老人也。合語。謂祭及養老。與鄉射鄉飲大射燕射之禮。至旅酬之時。皆得言說先王之法。合會義理而相告語也。其間各有威儀容節。皆須小樂正詔教之於東序

之中長樂劉氏曰。祭謂祀天神祭地祇饗宗廟之禮。凡九獻。自始及終。其儀百出。禮意深遠。非學弗通。而臣子之義。致敬以事其君者也。苟不素習祭儀。預講厥義。則與祭執事。違慢必多。非以致敬也。養老者。有國之大教也。王者必齋戒盡敬。致養乎三老五更。所以教天下之為人子者孝於其父。為人弟者敬於其兄也。既教世子以養老之道。俾知所以憲也。而後教之以乞言之義。謂虛已以納其言也。不能憲。又不能納。民不效之矣。合語者。謂鄉飲酒也。鄉射也。大射也。燕射也。祭饗也。燕賓也。凡是數禮。下自鄉黨。上至朝廷。莫不行之者。有貴賤之禮。所以明君臣之道也。有尊卑之禮。所以明父子之道也。有長幼之禮。所以明兄弟之道也。有陰陽之禮。所以明夫婦之道也。有賓主之禮。所以明朋友之道也。唯是五者。謂之人倫。聖人用之以齊一天下。致之中和。而正是性命。所以育萬物。贊天地。永固命於無疆者。莫不以人倫為本焉。故終日行禮。酒盈人渴而不敢飲。殺乾人飢而不敢食者。以其有合語之禮在其後焉。人倫之道。因此禮而既明。乃於旅酬之時。歡樂之情通。而語言之義合焉。此君臣所以和同。而誠意所以浹洽也。〇馬氏曰。古者旅酬之際。必合之以語。而道其禮樂之意。

以示其和樂而不流。安燕而不亂也

大樂正學效舞干戚。語說。字如命乞言。皆大樂正授數。大司成論說在東序

戚。斧也。大樂正教世子及士以舞干戚之容節及合語之說。與乞言之禮。此三者皆大樂正授之以篇章之數。於是大司成之官。於東序而論說此受教者義理之淺深才能之優劣也。石林葉氏曰。三者小樂正詔其威儀而至於度數則大樂正。授干戚之數。則有俯仰。授合語之數。則有進退。授乞言之數。則有升降。其在東序者。數之始也。○新安王氏曰。論說者。即舞干戚語說乞言之數。爲講論而詳說之也。上所謂干戈羽籥之舞。弦誦之歌。書禮之文。無一不盡。而非教者爲之論說。則習其事不明其義。誦讀其言不明其指歸。與不學無異。大司成所以在東序爲之論說也。大司成。即

大司樂也。不謂之大司樂而謂之大司成者。以世子及國子之德業。大司樂教之使成也○臨川吴氏曰。既言大樂正授數。而又特言大司成論說。蓋授數猶未離乎業。於論說始可言成也。成猶成於樂之成。謂教之之至。使其德周完全備無虧欠也

凡侍坐於大司成者。遠近間平聲三席。可以問。終則負墻。列事未盡不問

席廣三尺三寸三分寸之一。三席。所謂函丈也。相對遠近如此。取其便於咨問。問終則却就後席。背負墻壁而坐。以避後來問事之人。其問事之時。尊者有教而已猶未達。則必待其言盡。然後更問。若陳列未竟。則不敢先問以參錯尊者之言也嚴陵方氏曰。可以問者。以其聲足以相聞。又不至於大逼也。曲

禮曰。先生問焉終則對。亦此之意

凡學。春官釋奠于其先師。秋冬亦如之

官掌教詩書禮樂之官也。若春誦夏弦。則太師釋奠。教干戈則小樂正及樂師釋奠也。秋學禮。冬讀書。則其官亦如之。釋奠者。但奠置所祭之物而已。無尸。無食飲酬酢等事。所以若此者。以其主於行禮。非報功也。先師謂前代明習此事之師也。嚴陵方氏曰。釋奠止言三時而不及夏者。弦誦一師。夏則因春故也。○新安王氏曰。先師者。習樂有樂之先師。習禮有禮之先師。讀書有書之先師

凡始立學者。必釋奠于先聖先師。及行事必以幣

諸侯初受封。天子命之教。於是立學。所謂始立學也。立

學事重故釋奠于先聖先師四時之教常事耳故惟釋奠于先師而不及先聖也行事謂行釋奠之事必以幣必奠幣爲禮也始立學而行釋奠之禮則用幣四時常奠不用幣也長樂陳氏曰四時釋奠止於先師始立學釋奠則及于先聖者德之小者親而不尊故其祭數德之大者尊而不親故其祭疏○馬氏曰必以幣者有以加其禮也

凡釋奠者必有合也有國故則否凡大合樂必遂養老

凡行釋奠之禮必有合樂之事若國有凶喪之故則雖釋奠不合樂也常事合樂不行養老之禮惟大合樂之時人君視學必養老也舊說合者謂若本國無先聖先師則合祭鄰國之先聖先師本國故有先聖先師如魯

有孔顔之類則不合祭鄰國之先聖先師也。未知是否

嚴陵方氏曰。師不必聖。聖則師可知。必始立學然後又于先聖者。重其始故也。釋奠之有合。非大合也。大合樂謂天子視學之時也。故言必遂養老。後言遂設三老五更羣老之席位者以此。○石林葉氏曰。天子一入學而所教者三。釋奠以教其重道也。合樂以教其崇德也。養老以教其致孝也。三代盛時貴游子弟皆能秉禮出封於外足以禦亂。食采於内足以助治。此道素行也

凡語于郊者必取賢斂才焉或以德進或以事舉或以言揚曲藝皆誓之以待又語三而一有焉乃進其等以其序謂之郊人遠去聲之於成均以及取爵於上尊也

語于郊者。論辨學士才能於郊學之中也。有賢德者則録取之。有才能者則收斂之。道德爲先。事功次之。言語

又次之曲藝一曲之藝小小技能若醫卜之屬皆誡謹
也學士中或無德無事無言之可取而有此曲藝之人
欲投試考課者皆卻之使退而謹習所能以待後次再
語之時乃考評之也三而一有者謂此曲藝之人舉說
三事而一事有可善者乃進其等即於其同等之中拔
而升進之也然猶必使之於同輩中以所能高下為次
序使不混其優劣也如此之人但止目之曰郊人非俊
選之比也以非士類故疎遠之成均五帝大學之名天
子設四代之學上尊堂上之酒尊也若天子飲酒於成
均之學宮此郊人雖賤亦得取爵於堂上之尊以相旅

勸焉。所以榮之也。人字之字，均字皆句絕。嚴陵方氏曰：必取賢斂才於郊學，如此，則國學可知矣。夫自外入內，謂之進；自下升上，謂之舉；自隱之顯，謂之揚。德成而上，事成而下，故先德而後事。事者言之實，言者事之文，故先事而後言。藝謂之曲，則以在道之一曲故也。謂之郊人，以其非有長民之美，猶近乎鄙故也。藝成而下，非君上之所宜近，故曰遠之也。○長樂陳氏曰：或以德進，則不必事也；或以事舉，則不必言也。語曰：德行、言語、政事。德進，所謂德行也；事舉，所謂政事也；言揚，所謂言語也。聖人不求全不責備，意與此同。又曰：曲藝皆誓者，法也。三而有一，乃進恩也。謂之郊人，法也。於成均以取爵，亦恩也。恩與法並行而不偏，所以取之雖略，無害於賢而用之也。○馬氏曰：或以德進，或以事舉，或以言揚，有以見其立賢無方也。曲藝皆有以誓之，則又有以見其待人之恕也。

始立學者，既興（釁）器用幣，然後釋菜，不舞不授器，乃退儐于東序，一獻，無介語，可也。教世子立學之初。未有禮樂之器。及其制作之成。塗釁既畢。即用幣于先聖先師以告此器之成。繼又釋菜以告此器之將用也。凡祭祀用樂舞者。則授舞者以所執之器。如干戈羽籥之類。今此釋菜禮輕。既不用舞。故不授舞器也。諸侯有功德者。亦得立異代之學。東序夏制也。與虞庠相對。東序在東。虞庠在西。乃退儐于東序者。謂釋菜在虞庠之中。禮畢乃從虞庠而退儐禮其賓於東序之中。其禮既殺。惟行一獻。無介無語。於禮亦可也。此以上雖不專是教世子之事。然以教世子為善。故以此句摠結上文○石梁王氏曰。三字亦衍文長樂陳氏曰。凡家造。祭器為先。養器爲後國亦如之諸侯之國命之教而立學者亦必以祭器爲先則興器者造祭器之謂也○嚴陵方氏曰脩謂事畢而以賓禮接賓一獻則無酬酢之煩無介則無傳命之助無語則無合語之禮凡此又以始立學而事未暇備故也然非以之爲常特可一時而已

凡三王教世子必以禮樂樂所以脩內也禮所以脩外也禮樂交錯於中發形於外是故其成也懌恭敬而溫文

脩內者消融其邪慝之蘊脩外者陶成其恭肅之儀禮之脩達於中樂之脩達於外所謂交錯於中也有諸中必形諸外故其成也懌此懌字與魯論不亦說乎之說相似既有恭敬之實德又有溫潤文雅之氣象禮樂之教大矣嚴陵方氏曰樂由中出故以之脩內禮自外作故以之脩外然禮樂蓋人之所固有也先王之

教人。豈能責之以其所無哉。亦因其所有脩之俾勿壞而已。兩相合謂之交。兩相雜謂之錯。溫則不暴。文則不野。○馬氏曰。禮樂者。所以治其內外之道也。治內則莫如樂。治外則莫如禮。故樂所以脩內。禮所以脩外。外而教莫之所始也。此禮樂之分也。禮樂之交錯於中而發形於外。則禮不止於脩外。樂不止於脩內。而教之成也。此禮樂之合也。是故其成也懌。恭敬而溫文。其成也懌。有以見其內和也。恭敬而溫文。有以見其外和也。溫者以言其有容也。文者以言其有別也。○西山眞氏曰。三王之教世子。必以禮樂者。禮所以起人之敬心。敬心生則慢心窒矣。樂所以感人之和心。和心生則戾心消矣。其薰陶德性。變化氣質。莫妙於此者。然樂雖脩內。由內以達外。禮雖脩外。由外以入中。二者醲釀涵暢。相與無間。故其成也。但見其悅懌而已。恭敬溫文而已。恭者敬之發於外者也。敬者恭之主於中者也。此皆教以禮樂之功也

立太傅少傅以養之。欲其知父子君臣之道也。太傅審父子君臣之道以示之。少傅奉世子以觀太傅之德行去聲而

審喻之。太傅在前。少傅在後。入則有保。出則有師。是以教喻而德成也。師也者。教之以事而喻諸德者也。保也者。慎其身以輔翼之而歸諸道者也。記曰。虞夏商周有師保。有疑丞。設四輔及三公。不必備。唯其人。語使能也

養者長而成之之謂。審喻詳審言之使通曉也。前後以行步言。出入以居處言。慎其身。使之謹守其身也。師保疑丞。四輔也。一說前疑後丞左輔右弼爲四輔。四輔與三公不必其全備。惟擇其可稱職者。惟其人以上皆記文。語言也。語使能也一句。是記者釋之之辭。○朱子曰。師保疑丞。疑字曉不得。想止是有疑即問他之意。嚴陵方氏

曰禮樂者教之之道也苟非教之之人則道不虛行故立太傅少傅以養之養之將以成其才故也內則父子外則君臣人之大倫也教養之道欲其知此而已保則親也故入則有保師則正也故出則有師然分而言之固如此合而言之則左右前後出入起居師也傅也保也未嘗不在焉○長樂陳氏曰師則帥以善而使之知保則保其善而使之勿失傅則輔其善而使之成太傅在前少傅在後則師保在左右矣入則有保出則有師則太傅少傅出入皆預矣出入前後莫非正人則目不閱淫色耳不聞優笑居不近庸邪玩不備珍異而所見者正事所聞者正言所行者正道此所以教喻而德成又曰師教之以事而喻諸德師氏教國子以三德三行是也保慎其身以輔翼之而歸諸道保氏養國子以六藝六儀是也虞夏殷周之有師保所謂設三公也有疑丞所謂設四輔也師保謂之三公充其數則有傅疑丞謂之四輔充其數則有輔弼夫能有聖人之能有賢者之能有能者之能也所謂使能者兼聖賢而言之也○西山真氏曰立太傅少傅以養之養者從容啓迪以養其本然之善使之自然開悟也然其道無他不過君臣父子之大倫而已太傅以審示言謂脩於身以示之也少

傅以審喻言。謂開說其義以曉之也。太傅少傅所以教
者雖同。然太傅以身教。少傅以言教。二者蓋互相發也。
又曰。師也者教世子以事而喻諸德。謂教之以事親之
事則知孝之德。教之以事長之事則知弟之德。天下無
事外之德也。保則安護世子之身輔之翼之使歸諸道。
耳目口體不以欲而動。即所謂道。天下無身外之道也。
古者所謂師保。
其職蓋如此

君子曰德德成而教尊教尊而官正官正而國治君之謂也

君子曰德。此德是指世子之德。世子之德有成。則教道
尊嚴而無敢慢易者故凡居官守者皆以正自處官正
而國治。世子爲君之謂也。嚴陵方氏曰。言君子有君國
子民之德也。蓋教世子必使
爲君子。故以是言之。德成而教尊者。爲其能重道故也。
教尊而官正。官正而國治。學至於此。然後能爲君。故曰

君之謂也○馬氏曰官正以言其近國治以言其遠夫德之所成者衆矣而獨言君者蓋有德而無位則教未必尊官未必正國未必治也有君德而有君位然後可以及此也

仲尼曰昔者周公攝政踐阼而治抗世子法於伯禽所以善成王也聞之曰爲人臣者殺其身有益於君則爲之況于迂其身以善其君乎周公優爲之

前言周公相踐阼而治此缺相字而下文又有周公踐阼之言皆記者之失也以世子之法教世子直道也今舉世子法於伯禽而教成王是迂曲其事也人臣殺身爲國猶尚爲之今周公不過迂曲其身之所行以成君之善宜乎優爲之也○劉氏曰書蔡仲之命曰惟周公

位冢宰正百工。此言攝政踐阼而治。是以冢宰攝行踐阼之政。非謂攝居天子之位也。孔子言周公舉世子法於伯禽者。非自教其子。蓋示法以善成王也。吾聞古人言爲人臣者殺身而有益於君。猶且爲之。況止迂其身以善其君乎。此大人正己而物正之事。周公大聖人也。故優爲之西山眞氏曰。周公抗世子法於伯禽者。蓋成王雖幼。已爲君矣。不可以教世子者教之。惟以教世子者教伯禽。使成王觀之。是乃所以善成王也○長樂陳氏曰。迂身。非直躬者也。殺身。非迂身者也。迂身以善其君者易。殺身以有益於君者難。爲人臣者。於其難者猶且爲之。況其易者乎。此周公所以優爲之也。蓋周公以臣而攝君之政。成王以君而學世子之事。此爲迂也。然不介。不足令成王知君臣長幼之義。先儒嘗謂周公之道曲而當者此也是故知爲人子。然後可以爲人父。知爲人臣。然後可以爲人君。知事人。然後能使人。成王幼不能涖阼。以爲世子則無爲也。是故抗世子法於伯禽。使之與成王居。欲令成王之知父子君臣長幼之義也。君之於世子也。親則父也。尊則君也。有父之親。有君之尊。然後兼天下而有之。是故養世子不可不慎也

武王既崩。則成王無父。雖年幼未知君道。若以之爲世子則無爲子之處矣。故云以爲世子則無爲也。君於世子以親言則是父。以尊言則是君。能盡君父之道以教其子。然後可以保有天下之大。不然。則他日爲子者不

克負荷矣可不慎乎嚴陵方氏曰居君父之位操使令之權其可以不知臣子事人之道哉既居天子矣又不可以世子之法加之故抗世子法於伯禽使之與成王居欲其相觀而善故也此又繼言長幼而上不言者以事人使人兼之故也○臨川吳氏曰凡天下之爲人父者於其子雖有父之親而無君之尊也凡天下之爲人君者於其臣雖有君之尊而無父之親也唯君之於世子其親則父其尊則君旣爲之父又爲之君然後能兼天下尊親二者而有之有之謂有父之親有君之尊也彼但有父之親而無君之尊者猶不可不知教其子況兼親尊二者而有之者其於教世子而可以不慎乎慎謂盡其心盡其道而不敢忽慢簡略也

行一物而三善皆得者唯世子而已其齒於學之謂也故世子齒於學國人觀之曰將君我而與我齒讓何也曰有父在則禮然然而衆知父子之道矣其二曰將君我而與

我齒讓何也。曰。有君在則禮然。然而衆著於君臣之義也。其三曰。將君我而與我齒讓何也。曰。長長也。然而衆知長幼之節矣。故父在斯爲子。君在斯謂之臣。居子與臣之節。所以尊君親親也。故學[音斆。下學同]之爲父子焉。學之爲君臣焉。學之爲長幼焉。父子君臣長幼之道得而國治。語曰。樂正司業。父師司成。一有元良。萬國以貞。世子之謂也。

一物。一事也。與國人齒讓之一事也。三善。謂衆人知父子君臣長幼之道也。君我。君臨乎我也。世子與同學之人讓齒。其不知禮者見之而疑。其知禮者從而曉之曰。父在之時。常執謙卑。不敢居人之前。其禮當如此也。如此而衆知父子之道矣其二其三皆此意學之教之也語古語也樂正主世子詩書之業父師主於成就其德行一有書作一人謂世子也世子有大善則萬邦皆正矣長樂陳氏曰經曰雖天子必有尊也以天子尚有所尊而况於民乎故知爲父子則孝知爲君臣則忠知爲長幼則順孝弟忠順立而國治矣○嚴陵方氏曰齒讓者序齒相讓也父在斯爲子君在斯謂之臣或言爲或言謂之者唯其以天合故直言爲惟其以人合故止言謂之也内則父子外則君臣長幼則内外之所兼有也内外治則國其有不治者乎○臨川吳氏曰得者謂於父子君臣長幼之道無所失也○新安王氏曰樂正司業前章所謂大樂正授數是也父師司成所謂太傅少傅有保有師以成世子之德者也○石林葉氏曰一人元良萬國以貞蓋乾始於元而終於貞世子有君道也體元之善則仁以長人立事之幹則貞以及萬國

周公踐祚

石梁王氏曰。此當爲衍文○劉氏曰。此四字說著以下文更端。故著此以結上文周公相踐阼之事。然因其缺一相字遂啓明堂位周公踐天子位之說。其後馴致新莽居攝篡漢之禍。實此語基之

庶子之正於公族者。教之以孝弟睦友子愛。明父子之義。長幼之序

庶子司馬之屬官。正於公族。爲政於公族也。周禮庶子掌國子之倅。倅。副貳也。國子是公卿大夫士之子。則貳其父者也。長樂陳氏曰。言教世子而繼之以庶子正公族。行法自貴者始故也。教之事上。則以孝弟。教之交乎旁。則以睦友。教之恤乎下。則以子愛○臨川吳氏曰。善事親之孝。即父子之義也。善事兄之弟。即

長幼之序也。睦友子愛皆孝弟之推。睦者和於族。友者和於弟。子者慈於子。愛者慈於幼

其朝于公內朝則東面北上臣有貴者以齒

內朝路寢之庭也。言公族之人若朝見於公之內朝則立於西方而面向東。尊者在北。以次而南。然既均爲同姓之臣。則一以昭穆之長幼爲序。父兄雖賤必居上。子弟雖貴必處下也

其在外朝則以官司士爲之

外朝路寢門外之朝也。若公族朝見於外朝。與異姓之臣雜列則以官之高卑爲次序不序年齒也。司士亦司馬之屬。主爲朝見之位次者。馬氏曰。內朝以齒。則公族有所伸。外朝以官。則公族

有所屈。有所伸。有所屈。皆先王治宗族之道。○嚴陵方氏曰。北上。則所尊在內也。臣有貴者以齒。則賤者可知矣。自三公而下皆在所司而以士名官者。司在於士。則朝之所司者悉矣

其在宗廟之中。則如外朝之位。宗人授事以爵以官

宗人之官掌禮及宗廟中授百官以職事者。以爵隨其爵之尊卑貴者在前。賤者在後也。以官隨其官之職掌。使各供其事也。長樂陳氏曰。外朝主敬。宗廟之中亦主敬。故在宗廟之中。則如外朝之位

其登餕獻受爵則以上嗣

登自堂下而升堂上也。餕。食尸之餘也。尸出。宗人使嗣子及長兄弟升堂相對而餕也。以特牲禮次序言之。先時祝酌爵觶奠于鉶南。俟主人獻內兄弟畢。長兄弟及

衆賓長爲加爵之後宗人使嗣子飲鉶南之奠爵嗣子盥而入拜尸執此奠爵嗣子進受復位而拜尸答拜嗣子飲畢拜尸尸又答拜所謂受爵也嗣子又舉所奠爵洗而酌之以入獻尸尸拜而受嗣子答拜所謂獻也無筭爵之後禮畢尸出乃餕此三事者受爵在先獻次之餕最在後今言餕獻受爵以重在餕故逆言之歟上嗣適子之長者爲最上也此謂士禮大夫之嗣無此禮者避君也故少牢禮無嗣子舉奠之文山陰陸氏曰內朝親親外朝貴貴在宗廟之中則二者並隆宗人授事以爵以官貴貴也其登餕獻受爵則以上嗣親親也以官若君執圭瓚祼尸大宗執璋瓚亞獻之類以爵若迎牲君執引大夫從士執芻之類也獻者謂上嗣嘗受爵於尸矣已而復酌獻

尸也

庶子治之雖有三命不踰父兄

庶子治公族朝內朝之禮。雖有三命之貴。而其位次不敢踰越無爵之父兄而居其上。卽上章所言臣有貴者以齒也○䟽曰。若非內朝。其餘會聚。則一命齒于鄉里。謂一命尚卑。若與鄉里長宿燕食。則猶計年也。再命齒于父族。謂再命漸尊。不復與鄉里計年。唯官高在上。但父族爲重。猶計年爲列也。三命不齒。謂三命大貴。則亦不復與父族計年。燕會則別席獨坐。在賓之東矣。山陰陸氏曰。司士爲之。庶子治之者。爲之以禮。治之以義也。蓋司士爲之以禮恩也。故庶子治之以義。雖有三命不踰父

凡據此進齒一等方其以爵以官嫌齒太陵故也先王所以均節仁義使恩協理稱世無得議焉凡以此比

其公大事則以其喪服之精麤爲序雖於公族之喪亦如之以次主人

此謂君喪而庶子治其禮事大事喪事也臣爲君皆斬衰然衰制雖同而升數之多寡則各依本親庶子序列位次則辨其本服之精麤使衰麤者在前衰精者在後非但公喪如此公族之內有相爲服者亦然蓋亦是庶子序其精麤先後之次也以次主人者謂雖有庶長父兄尊於主人亦必次於主人之下使主人在上爲喪主也嚴陵方氏曰送死足以當大事故謂之大事服輕則於喪者爲疏服重則於喪者爲親以精麤爲序也

若公與族燕。則異姓爲賓。膳宰爲主人。公與父兄齒。族食。世降一等

公與族人燕食。亦庶子掌其禮。族人雖衆。其初一人之身也。豈可以賓客之道外之。故以異姓一人爲賓。而使膳宰爲主。與之抗禮酬酢。君尊而賓不敢敵也。君雖尊而與父兄列位序尊卑之齒者。篤親親之道也。族食。與族人燕食也。世降一等。謂族人既有親疎。則燕食亦隨世降殺也。○䟽曰。假令本是齊衰一年四會食。若大功則一年三會食。小功則一年再會食。緦麻則一年一會食。是世降一等也。嚴陵方氏曰。凡燕之禮。必立賓以備酬酢之儀。若鄉飲酒言立賓以象天

是也。然王人者尊賓。既謂之賓。則尊之而已。非親之也。親莫親於同姓。則凡於同姓。固無賓之之禮也。故燕族之賓。不以同姓而以異姓爲之也

其在軍則守於公禰

禰當讀作祧○公禰。謂遷主載在齊車隨公出行者也。

庶子官旣從在軍。故守衛此齊車之行主也

公若有出疆之政。庶子以公族之無事者守於公宮。正室守大廟。諸父守貴宮貴室。諸子諸孫守下宮下室

上章專言出軍則此出疆之政。蓋朝覲會同之事也。無事者。謂不從行及無職守之人也。公宮。總言公之宗廟宮室也。正室。公族之爲卿大夫士者之適子也。太廟太

祖之廟也。諸父。公之伯父叔父也。宮以廟言。室以居言。貴宮。尊廟也。貴室。路寢也。下宮下室。則是親廟與燕寢也

五廟之孫。祖廟未毀。雖爲庶人。冠(去聲)取(去聲)妻必告。死必赴練祥則告

諸侯五廟。始封之君爲太祖。百世不遷。此下親盡則迭遷。此言五廟之孫。是始封之君即五世祖。故云祖廟未毀。未毀。未迭遷也。此孫雖無祿仕。然冠昏必告于君。死必赴。練祥之祭必告者。以其親未盡也。(嚴陵方氏曰。親屬未絶。不以貴賤之間而忌吉凶之問也)

族之相爲去聲也。宜弔不弔，宜免不免，有司罰之。至于賵芳鳳反賻附承贈含去聲皆有正焉。

四世而緦服之窮也。五世親盡袒免而已。袒免說見前篇。六世以往弔而已矣。當弔而不弔，當免而不免，皆爲廢禮，故有司者罰之，所以肅禮教也。賵以車馬，賻以貨財，含以珠玉，襚以衣服，四者總謂之贈。隨其親疎，各有正禮。庶子官治之。有司即庶子也。長樂陳氏曰：祖遷於上，宗易於下，雖不爲庶人，吉凶不必赴告，義也。祖廟未毀，雖爲庶人，吉凶必赴告，恩也。五世而親屬盡，故爲之免。六世而親屬竭，故弔之而已。宜弔不弔，宜免不免，有司罰之，則緦麻而上，宜服不服者，可知也。

公族其有死罪，則磬于甸人。其刑罪，則纖織剸之兗反亦告

鞫于甸人。公族無宮刑

磬。懸縊殺之也。左傳室如縣罄。皇氏云。如縣樂器之磬也。甸人。掌郊野之官。爲之隱。故不於市朝。其刑罪之當纖刺剸割之時。亦鞫讀刑法之書於甸人之官也。漢書每云鞫獄。鞫。盡也。推審罪狀。令無餘蘊。然後讀其所犯罪狀之書而刑之。無宮刑者。不絕其類也。長樂陳氏曰。公之於族。示之以孝弟睦友子愛之道。所以教其善。示之以廟朝之禮。所以教其敬。示之以喪服之禮。所以教其哀。示之以燕食之禮。所以教其親。示之以宮室之守。所以教其忠。示之以赴告弔哭。所以教其義。俟之已盡而猶犯焉。然後隨之以刑。可也。其死罪則縊之於甸人。其刑罪則纖剸。亦告于甸人。不忍與衆棄之也。不忍與衆棄之而必於甸人。亦以甸人共祭薦之物故也。蓋不以親廢法。不以私滅公。然後宗廟可得而事。然則以親而體百

姓。乃所以事宗廟也

獄成有司讞魚列反于公。其死罪則曰某之罪在大辟。婢亦反其刑罪則曰某之罪在小辟。公曰宥之。有司又曰在辟。公又曰宥之。有司又曰在辟。及三宥不對走出致刑于甸人。公又使人追之曰。雖然必赦之。有司對曰無及也。反命于公。公素服不舉。爲去聲之變。如其倫之喪無服親哭之

獄成。謂所犯之事訊問已得情實也。讞。議刑也。殺牲盛饌曰舉。素服不舉。爲之變其常禮。示憫惻也。如其親疏之倫而不爲弔服者。以不親往故也。但居外不聽樂及賻贈之類。仍依親疏之等耳。親哭之者。爲位于異姓之

廟而素服以哭之也。天子諸侯絶旁親。故知此言無服。是不爲弔服。長樂劉氏曰。聖人代天工。立人道。百王授受者。禮樂政刑而已也。故悖于中者。禮樂之必棄。政刑之必加。又敢私於其宗族哉。不幸而悖于中者出於公族。聖人猶有三宥之心。而有司之正。不可奪也。於是素服不舉樂。不御正寢。不羞常膳。哭之如其倫之喪也。○長樂陳氏曰。不以公盡法。故無宮刑。不以義掩恩。故三宥而又追之。至於無及。然後素服不舉。爲之變。○廬陵胡氏曰。有司又曰在辟。以示後世臣執法宜堅。其君用刑宜寛。及三宥不對走出。致刑于甸人。春秋傳曰。臣義而行不待命者此也。

公族朝于内朝。内親也。雖有貴者以齒。明父子也。外朝以官。體異姓也。宗廟之中以爵爲位。崇德也。宗人授事以官。尊賢也。登餕受爵以上嗣。尊祖之道也。喪紀以服之輕重爲序。不奪人親也。公與族燕則以齒。而孝弟之道達矣。其

族食世降一等親親之殺色介反也戰則守於公禰孝愛之深也正室守大廟尊宗室而君臣之道著矣諸父諸兄守貴室子弟守下室而讓道達矣

此以下覆解前章庶子正公族以下諸事內親謂親之故進之於內也明父子昭穆不可紊也體異姓體貌異姓之臣也崇德德之尊者爵必尊也尊賢惟賢者能任事也上嗣繼祖者也故爲尊祖之道服之輕重本於屬之親疎親疎之倫不可易奪也燕食主於親親以齒相序所以達孝弟之道也親親施於生者宜有降殺之等孝愛施於死者宜有深遠之思君臣之道以輕重言讓

道則以貴賤言也嚴陵方氏曰宗廟之中序爵以辨貴賤爵不踰德故謂之崇德序事以辨賢否故宗人授事以官謂之尊賢又曰君與族燕以齒則不敢以君之位而加於父兄然親親不可以無殺故世降一等焉事生之道不若事死之爲至居安之節不若居危之爲難故戰守於公禰所以爲孝愛之深皆謂之宗室則親親之意也正室又其正者也正室守太廟所以尊宗室而庶子之與異姓莫敢介焉且不疑於無君故曰君臣之道著○長樂陳氏曰正室守太廟此以承重者守所重也故謂之尊宗室而君臣之道著諸父諸兄守貴室子弟守下室此尊不偪下下不陵上者也故謂之讓道達五廟之孫祖廟未毀雖及庶人冠取妻必告死必赴不忘親也親未絶而列於庶人賤無能也敬弔臨如字賻賵睦友之道也古者庶子之官治而邦國有倫邦國有倫而衆鄉去聲方矣

人君任官本無親踈之間。顧賢否何如耳。親盡而賢亦必仕之。令親未盡而已在庶人之列。是以其無能故賤之也。族人有喪。君必敬謹其弔臨賻賵之禮者。是皆和睦友愛族人之道也。鄉方所向之方。謂皆知趨禮教也。嚴陵方氏曰。庶子之官以治內爲事。凡治之序自內以及外而已。故曰古者庶子之官治而邦國有倫。倫者先後不可亂之謂也。邦國有倫而衆不惑於道之所在。故曰衆鄉方矣。方者。道之方也

公族之罪。雖親不以犯有司正術也。所以體百姓也。刑于隱者。不與國人慮兄弟也。弗弔弗爲服。哭于異姓之廟。爲去聲忝祖遠去聲之也。素服居外不聽樂。私喪之也。骨肉之親無絕也。公族無宮刑。不翦其類也。

正術猶言常法也公族之有罪者雖是君之親然亦必在五刑之例而不赦者是不以私親而干犯有司之正法也所以然者以立法無二制當與百姓一體斷決也與猶許也刑于甸師隱僻之處者是不許國人見而謀度吾兄弟之過惡也刑已當罪而猶私喪之者以骨肉之親雖陷刑戮無斷絕之理也受宮刑者絕生理故謂之腐刑如木之朽腐無發生也此刑不及公族不忍翦絕其生生之類耳嚴陵方氏曰有司以正行法故無貴賤親疎之間苟以公族之故乃欲奸有司使獲免焉則法失其正矣故曰公族之罪雖親不以犯有司正術也刑于隱則非與衆棄之矣故曰不與國人慮兄弟也公族不止於兄弟特舉中以該上下爾素服居外不聽樂則以哀未忘也遠之者公義也哀未

忘則有私愛存焉故曰私喪之也夫有生所以傳類而宮刑則無生之道焉故公族無宮刑

天子視學大昕鼓徵所以警衆也衆至然後天子至乃命有司行事興秩節祭先師先聖焉有司卒事反命

天子視學之日初明之時學中擊鼓以徵召學士蓋警動衆聽使早至也凡物以初爲大末爲小故以大昕爲初明也有司教詩書禮樂之官也興舉秩常節禮也卒事反命謂釋奠事畢復命于天子也嚴陵方氏曰學記曰未卜禘不視學蓋教養之久然後可以視之故也天子視學必警衆所以奉至尊不可以不各致其敬故也

始之養也適東序釋奠於先老遂設三老五更平聲羣老之席位焉

天子視學在虞庠之中事畢反國。明日乃之東序而養老。始。謂始初立學之時也。若非始立學。則無釋奠先老之禮。先老。先世之爲三老五更者也。三老五更各一人。羣老無定數。蔡邕云。更當爲叟。三老三人。五更五人。未知是否。然皆年老更事致仕者。舊說取象三辰五星

適饌省（息井反）醴養老之珍具。遂發咏（詠）焉。退脩之以孝養也（去聲）

設席位畢。天子親至陳饌之處。省視醴酒及養老珍羞之具。省具畢。出迎三老五更。將入門。遂作樂聲。發其歌咏以延進之。老更既入。即西階下之位。天子乃退而酌

醴以獻之是脩行孝養之道也嚴陵方氏曰於學言祭先師先聖於東序言釋奠于先老隆殺之別也以其隆故曰視以其殺故曰適適則自此適彼而已設其席位則老者欲安之故也饌者食也醴者酒也適饌省醴蓋互言之皆適其所而省之也珍若八珍之屬凡可以養者莫不具焉故謂之珍具若王制以珍從是矣

反登歌清廟既歌而語以成之也言父子君臣長幼之道合德音之致禮之大者也

反反席也老更受獻畢皆立於西階下東面今皆反升就席乃使樂工登堂歌清廟之詩以樂之歌畢至旅酬時談說善道以成就天子養老之禮也其所言說者皆是講明父子君臣長幼之道理集合清廟詩中所咏文

王道德之音聲皆德之極致禮之大者也

下管象舞大武大合衆以事達有神興有德也正君臣之位貴賤之等焉而上下之義行矣

下管象者堂下以管奏象舞之曲也舞大武者庭中舞大武之舞也象是文王之舞周頌維清乃象舞之樂歌武則大武之樂歌也武頌言勝殷遏劉維清不言征伐則象武決非武舞矣註疏以文王武王之舞皆名爲象維清象舞爲文王下管象爲武王其意蓋謂清廟與管象若皆爲文王不應有上下之別殊不知古樂歌者在上匏竹在下凡以人歌者皆曰升歌亦曰登歌以管奏

者皆曰下管。周禮大師帥瞽登歌。下管奏樂器。書言下管鞀鼓是也。清廟以人歌之自宜升象以管奏之自宜下。凡樂皆有堂上堂下之奏也。此嚴氏之說足以正舊說之非。故今從之。大合衆以事謂大會衆學士以行此養老之事。而樂之所感足以通達神明興起德性也。一說周道之四達以有神明相之。周家之興起以世世脩德。皆可於樂中見之。上言父子君臣長幼之道。此言正君臣之位。貴賤之等。而上下之義行。則先王養老之禮。豈苟爲虛文而已哉。長樂陳氏曰。歌者。樂之聲。管者。樂之器。舞者。樂之容。登歌清廟。所以著其德。下管象。所以著其事。舞大武。所以著其功。而凡大合學士以預其事。則幽足以達有神明。足以興有德。

也。○馬氏曰。神者藏於禮樂之中而不可知。則管象舞武以達之。德者藏於人情之間而不可見。則管象舞武以興之。

有司告以樂闋。王乃命公侯伯子男及羣吏曰。反養老幼于東序。終之以仁也。

闋。終也。此時畿內之諸侯及鄉遂之吏。皆與禮席。天子使其反國。各行養老之禮。是天子之仁恩。始于一處而終皆徧及也。○馮氏曰。石梁先生於此經塗去幼字。今按疏有其義而鄭註無養幼之文。疑是訛本攙入一字。

嚴陵方氏曰。養老之禮。所以廣孝也。而人行莫大於孝。此慮之以大也。設三老五更。君弟老之席位。此愛之以敬也。發詠登歌。合語下管。此行之以禮也。適饌省醴珍具。此脩之以孝養也。正君臣之位。貴賤之等。此紀之以義。

也。命公侯而下各歸而有所養焉。此終之以仁也

是故聖人之記事也。慮之以大愛之以敬。行之以禮。脩之以孝養。去聲紀之以義。終之以仁。是故古之人一舉事而衆皆知其德之備也。古之君子舉大事。必慎其終始。而衆安得不喻焉。兌悅命曰。念終始典于學

虞夏商周皆有養老之禮。後王養老。亦皆記序前代之事也。人道莫大於孝弟。慮之以大者。謂謀慮此孝弟之大道而推行之也。愛敬省具之事。行禮親迎肅之也。孝養獻醴也。紀義既歌而語也。終仁命侯國行之也。一事之中。人皆知其衆德之全備者。以其慎終如始也。如此

則衆安得不喻曉乎養老之禮行於學又因終始之義。故引說命以結之也。馬氏曰。慮之以大者。孝弟仁之本歟。也。孝弟所以示其愛。愛而弗敬。獸畜之也。故愛之以敬。所以行敬之情而曲致者存乎禮。行之不以禮。則直情徑行。戎狄之道也。行之以禮則無所不盡。而養之不可以無其具。故脩之以孝養。自慮之以大。推而至於脩之以孝養。則君臣又嫌於不分。故紀之以義。以定上下之分。紀之以義。所以致其尊。而亦不可以不致其親。故又終之以仁。慮之以大者。仁之本。終之以仁者。仁之成。君子始終之所依者。仁而已矣。○長樂陳氏曰。樂書曰。天子莫重於視學。亦莫重於養老。故老更者。爲其血氣既衰而養以佚之。仁也。飲食之珍具親執而奉之。禮也。憲行以善吾之行。乞言以廣吾之聞。智也。父事之不疑其所謂父。兄事之不疑其所謂兄。義也。有親者視之而興孝。有兄者視之而興悌。信也。夫一舉養老之事。衆皆知其德之備者。以此而已。蓋釋奠於先老。所以明其不忘本也。適饌省醴。所以明其不敢慢也。樂則清廟象武之頌。所以示德與事也。語則父子君臣長幼之道。所以明君與親也。然咏歌者樂之聲。管者樂之器。養老之樂始而無發咏。中而管舞。卒而樂闋。則堂上堂下之樂和樂而不流也。其所以命羣后羣吏及養老幼于東序者。不過示父子君臣長幼之道。合德音之致。始之以養。終之以仁而已。古之君子。必謹其終始如此。而衆安得不喻哉

世子之記曰。朝夕至于大寢之門外問於內豎曰。今日安否何如。內豎曰。今日安。世子乃有喜色。其有不安節。則內豎以告世子。世子色憂不滿容。內豎言復初。然後亦復初

世子之記。古者教世子之禮篇也。不滿容。不能克其儀觀之美也。此節約言之。以見文王武王爲世子之異於常人也。文王朝王季日三。此朝夕而已。文王行不能正履。此色憂而已○石梁王氏曰。古世子之禮亡。此餘其

記之一節。小戴以附篇末

朝夕之食上。（上聲）世子必在視寒煖之節。食下。問所膳羞。必知所進。以命膳宰。然後退。若內豎言疾。則世子親齋（側皆反）玄而養。（去聲）

羞品味也。必知所進。必知親所食也。命膳宰。即篇首所命之言也。養疾者衣齋玄之服。即齋時所著玄冠緇布衣裳。則貴賤異制。謂之玄端服也。嚴陵方氏曰。文武之所爲聖人之行也。世子之記。則中人之行而已。聖人之制行不以己。豈一以文武之道責於人哉。故録世子之記於篇末。欲使後人可跂而及也。所謂色憂不滿容者。蓋喜之類爲陽。憂之類爲陰。陽饒而陰乏。故憂則容不滿也。齋玄而養。謂心致齋而身服玄也。

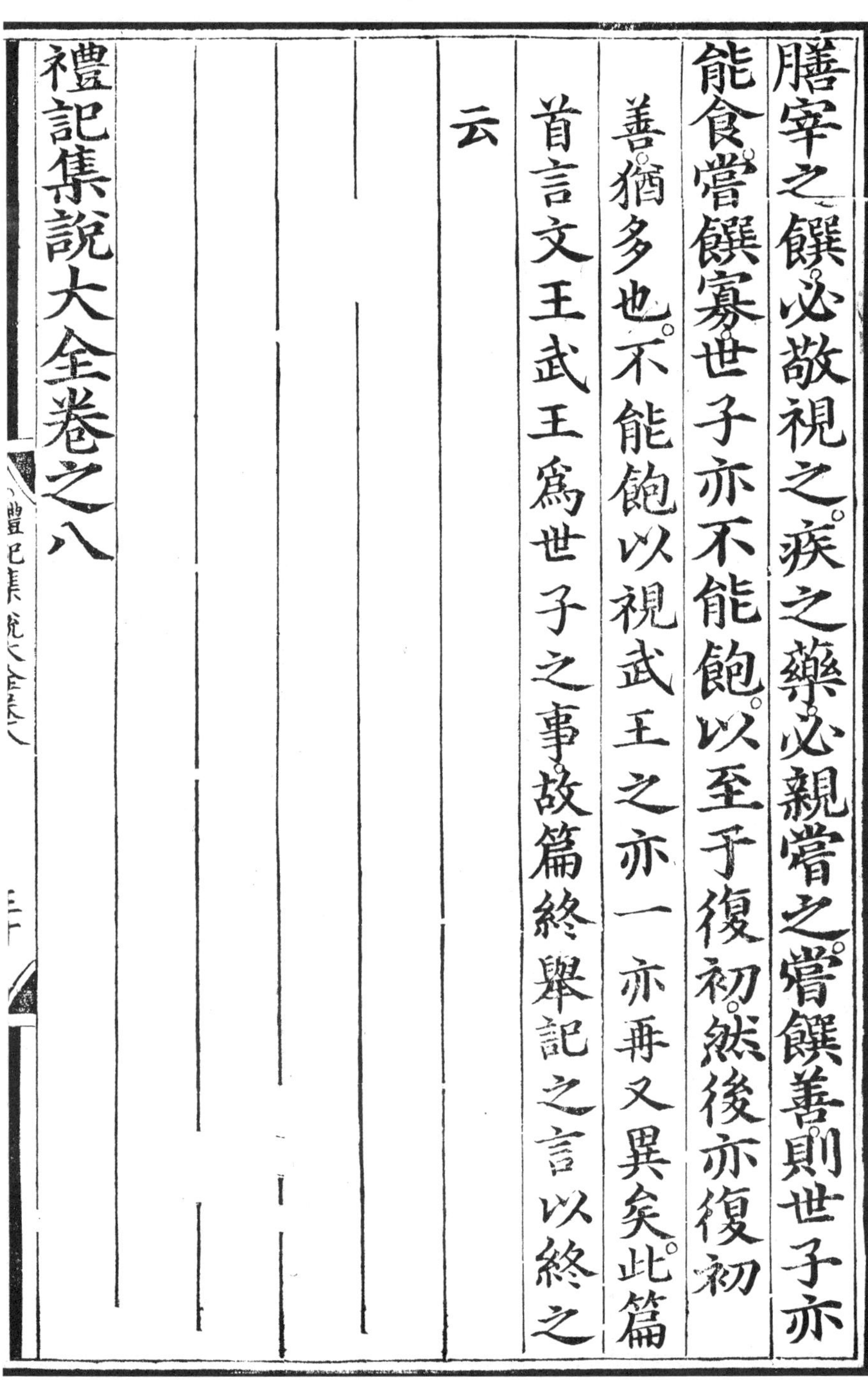

膳宰之饌。必敬視之。疾之藥。必親嘗之。嘗饌善。則世子亦能食。嘗饌寡。世子亦不能飽。以至于復初。然後亦復初善。猶多也。不能飽以視武王之亦一亦再又異矣。此篇首言文王武王爲世子之事。故篇終舉記之言以終之云

禮記集說大全卷之八

明永樂内府本禮記集説大全

第二册

明 胡廣等撰

中國國家圖書館藏明永樂十三年内府刻本

山東人民出版社·濟南

禮記集說大全卷之四

檀弓下第四

君之適長殤車三乘公之庶長殤車一乘大夫之適長殤車一乘

此言送殤遣車之禮君謂國君亦或有地大夫通得稱君也公專言五等諸侯也十六至十九爲長殤葬此殤時柩朝廟畢將行設遣奠以奠之牲體分折包裹用此車載之以遣送死者故名遣車車制甚小以置之椁内四隅不容大爲之也禮中殤從上君適長三乘則中亦三乘下則一乘也公庶長一乘則中亦一乘下則無也

大夫適長一乘則中亦一乘下殤及庶殤並無也

公之喪諸達官之長杖

方氏曰受命於君者其名達於上故謂之達官若府史而下皆長官自辟除則不可謂之達矣受命於君者其恩厚故公之喪惟達官之長杖○今按凡官皆有長貳此以長言則不及貳也朱子曰達官謂得自通於君者如內則公卿宰執與六曹之長九寺五監之長外則監司郡守得自通章奏於君者凡此皆杖次則不杖也

君於大夫將葬弔於宮及出命引之三步則止如是者三君退句朝亦如之哀次亦如之

弔於宮於其殯宮也出柩已行也孝子攀號不忍君命

引之奪其情也。引者三步即止。君又命引之。如是者三。柩車遂行。君即退去。君來時不必恒在殯宮。或當柩朝廟之時。亦如之。或已出大門。至平口待賓客次舍之處。孝子哀而暫停柩車。則亦如之

五十無車者。不越疆而弔人

始衰之年。不可以筋力為禮也

季武子寢疾。蟜固矯不說脫齊衰而入見。曰。斯道也。將亡矣。士唯公門說齊衰。武子曰。不亦善乎。君子表微。及其喪也。曾點倚其門而歌

季武子。魯大夫季孫夙也。蟜固。人姓名。點。字皙。曾子父

也。武子寢疾之時。蟜固適有齊衰之服。遂衣凶服而問疾。且曰。大夫之門不當釋凶服。惟君門乃說耳。此禮將亡。我之凶服以來。欲以救此將亡之禮也。武子善之言失禮之顯著者。人皆可知。若失禮之微細者。惟君子乃能表明之也。武子執政。人所尊畏。固之爲此。欲以易時人之觀瞻。據禮而行。武子雖憾。不得而罪之也。若倚門而歌則非禮矣。其亦狂之一端歟。記者蓋善蟜固之存禮。譏曾點之廢禮也

大夫弔。當事而至則辭焉。弔於人。是日不樂。婦人不越疆而弔人。行弔之日。不飲酒食肉焉

大夫弔弔於士也。大夫雖尊然當主人有小斂大斂或殯之事而至則殯者以其事告之。辭猶告也。若非當事之時則孝子下堂迎之。婦人無外事故不越疆而弔。是曰不樂不飲酒食肉皆爲餘哀未忘也。長樂陳氏曰。婦人見兄弟可以及閾而不可以踰閾。送迎可以及門而不可以出門。弔人可以出門而不可以越疆。許穆夫人歸唁於衛而不可得。則越疆而弔人。如之何而可。

弔於葬者必執引。去聲若從柩及壙。上聲皆執紼。

引。引柩車之索也。紼。引棺索也。○鄭氏曰。示助之以力。○疏曰。弔葬本爲助執事。故必相助引柩車。凡執引用人貴賤有數。數足則餘人皆散行從柩。至下棺窆時則不限人數皆悉執紼也引者長遠之名故在車車行遠也紼是撥舉之義故在棺棺惟撥舉不長遠也嚴陵方氏曰引在前屬之於車以道柩也紼在旁屬之於棺以弼柩也道柩者惟在路用之而已弼柩者至下棺亦用焉故雖不執引而或從柩及壙亦皆執紼也曲禮曰助葬者必執紼蓋謂是矣

喪公弔之必有拜者雖朋友州里舍人可也弔曰寡君承事主人曰臨如字

此謂國君弔其諸臣之喪弔後主人當親往拜謝喪家若無主後必使以次疏親往拜若又無疏親則死者之朋友及同州同里及喪家典舍之人往拜亦可也寡君承事言來承助喪事此君語擯者傳命以入之辭主人

曰臨者謝辱臨之重也

君遇柩於路必使人弔之

黃尚書宮受弔不如杞梁之妻知禮而此言弔於路何也蓋有爵者之喪當以禮弔此謂臣民之微賤者耳禮不下庶人也言必使人弔者是汎言衆人之喪也廬陵胡氏曰遇柩於路必使人弔之若齊侯哭敝無存之類

大夫之喪庶子不受弔

大夫之喪適子爲主拜賓或以他故不在則庶子不敢受弔不敢以卑賤爲有爵者之喪主也

妻之昆弟爲父後者死哭之適室子爲主袒免問哭踊夫

入門右使人立於門外告來者狎則入哭父在哭於妻之室非爲父後者哭諸異室

此謂妻兄弟之喪而未往弔時禮也父在己之父也爲父後妻之父也門外之人以來弔者告若是交游習狎之人則徑入哭之情義然也○疏曰女子子適人者爲昆弟之爲父後者不降以其正故也故姊妹之夫爲之哭於適室之中庭子爲主者甥服舅緦故命己子爲主受弔拜賓也袒免哭踊者冠尊不居肉袒之上必先去冠而加免故凡哭哀則踊踊必先袒袒必先免故袒免哭踊也夫入門右者謂此子之父即哭妻兄弟者嚴陵方氏

曰。哭諸異室者。以其別。於適也

有殯。聞遠兄弟之喪。哭于側室。無側室。哭于門内之右。同國則往哭之

側室者。燕寢之旁室也。門内。大門之内也。上篇言有殯聞遠兄弟之喪。雖緦必往。其亦謂同國歟○方氏曰。哭于側室。欲其遠殯宮也。于門内之右者。不居主位。示爲之變也。同國則往者。以其不遠也

子張死。曾子有母之喪。齊衰而往哭之。或曰。齊衰不以弔。曾子曰。我弔也與平聲哉

以喪母之服而哭朋友之喪。踰禮已甚。故或人止之。而

曾子之意則曰我於子張之死豈常禮之弔而已哉今詳此意但以友義隆厚不容不往哭之又不可釋服而往但往哭而不行弔禮耳故曰我弔也與哉○劉氏曰曾子嘗問三年之喪弔乎夫子曰三年之喪練不群立不旅行君子禮以飾情三年之喪而弔哭不亦虚乎既聞此矣而又以母喪弔友必不然也凡經中言曾子失禮之事不可盡信此亦可見

有若之喪悼公弔焉子游擯由左

悼公魯君哀公之子擯贊相禮事也立者尊右子游由公之左則公在右爲尊矣少儀云詔辭自右者謂傳君

之詔命則詔命爲尊故傳者居右時相喪禮者亦多由右故子游正之也

齊穀告王姬之喪魯莊公爲之大功或曰由魯嫁故爲之服姊妹之服或曰外祖母也故爲之服

穀讀爲告齊襄公夫人王姬卒在魯莊之二年赴告於魯其初由魯而嫁故魯君爲之服出嫁姊妹大功之服禮也或人既不知此王姬乃莊公舅之妻而以爲外祖母又不知外祖母服小功而以大功爲外祖母之服其亦妄矣○鄭氏曰春秋周女由魯嫁卒則服之如内女服姊妹是也天子爲之無服嫁於王者之後乃服之

晉獻公之喪秦穆公使人弔公子重耳且曰寡人聞之亡國恒於斯得國恒於斯雖吾子儼然在憂服之中喪去聲亦不可久也時亦不可失也孺子其圖之

獻公薨時重耳避難在狄故穆公使人往弔之弔爲正禮故以且曰起下辭寡人聞之者此使者傳穆公之言也恒於斯言常在此死生交代之際也儼然端靜持守之貌喪失位也喪不可久時不可失者勉其奔喪反國以謀襲位故言孺子其圖之也此時秦巳有納之之志矣

以告舅犯舅犯曰孺子其辭焉喪去聲人無寶仁親以爲寶

父死之謂何又因以爲利而天下其孰能說（如字）之孺子其辭焉

舅犯重耳舅狐偃字子犯也公子旣聞使者之言入以告之子犯子犯言當辭而不受可也失位去國之人無以爲寶惟仁愛思親乃其寶也父死謂是何事正是凶禍大事豈可又因此凶禍以爲反國之利而天下之人孰能解說我爲無罪乎此所以不當受其相勉反國之命也

公子重耳對客曰君惠弔亡臣重耳身喪父死不得與（去聲）於哭泣之哀以爲君憂父死之謂何或敢有他志以辱君

義稽顙而不拜哭而起起而不私

公子既聞子犯之言乃出而答客惠弔亡臣重耳謝其來弔也不得與哭泣之哀言出亡在外不得居喪次也以爲君憂者致君憂慮我也他志謂求位之志辱君義者辱君惠弔之義也不私不再與使者私言也子顯去聲以致命於穆公穆公曰仁夫公子重耳夫稽顙而不拜則未爲後也故不成拜哭而起則愛父也起而不私則遠去聲利也

鄭註用國語知使者爲公子縶字子顯故讀顯爲顯也喪禮先稽顙後拜謂之成拜爲後者成拜所以謝弔禮

之重。今公子以未爲後。故不成拜也。愛父。猶言哀痛其父也。不私與使者言。是無反國之意。是遠利也。愛父遠利。皆仁者之事。故稱之曰仁夫公子重耳 嚴陵方氏曰。孟子曰。不仁而得國者有之矣。不仁而得天下者未之有也。夫不仁猶或有得國者。而况於仁乎。觀重耳拒秦穆公之言。則其仁可知矣。故終能霸有全晉。然重耳之所爲特愛之於舅犯而已。向使自得於天資。非由於人授。推是以爲國。則一語一默。一動一靜。無非仁也。又安得孔子有譎而不正之譏哉

帷殯。非古也。自敬姜之哭穆伯始也

禮。朝夕哭殯之時。必褰開其帷。敬姜哭其夫穆伯之殯。乃以避嫌而不復褰帷。自此以後。人皆倣之。故記者云非古也。穆伯。魯大夫季悼子之子公甫靖也 張子曰。敬姜早寡。晝

哭以避嫌惟賓或亦避嫌表夫之遠色也

喪禮哀戚之至也節哀順變也君子念始之者也

孝子之哀發於天性之極至豈可止遏聖人制禮以節其哀蓋順以變之也言順孝子之哀情以漸變而輕減也始猶生也生我者父母也毀而滅性是不念生我者矣嚴陵方氏曰始而生之者親也終而成之者子也苟過於哀而不知變則或以死傷生矣故節哀順變者以君子念始之者也○臨川吳氏曰順變二字釋節哀之義順謂順孝子哀心不沮止之然爲之節使之雖哀而有變則其哀不至過甚傷生也

復盡愛之道也有禱祠之心焉望反諸幽求諸鬼神之道也北面求諸幽之義也

行禱五祀而不能回其生又爲之復是盡其愛親之道而禱祠之心猶未忘於復之時也望反諸幽望其自幽而反也鬼神處幽暗北乃幽陰之方故求諸鬼神之幽者必向北也嚴陵方氏曰孝子之事親固有愛之道及其死也猶復以冀其復生則愛之道於是爲盡故曰盡愛之道也冀其復生固所以有禱祠之禮也特有是心耳故曰有禱祠之心莊子曰鬼神守其幽則幽者鬼神之道也復之時望其魂氣自幽而反故曰望反諸幽南爲陽有明之義北爲陰有幽之義故曰北面求諸幽也

拜稽顙哀慼之至隱也稽顙隱之甚也

隱痛也稽顙者以頭觸地無復禮容就拜與稽顙言之皆爲至痛而稽顙則尤其痛之甚著也嚴陵方氏曰孝子哀痛之容有

若手之辟。足之踊。口之哭。目之泣。鼻之洟。固非一類。特不若稽顙之爲甚爾

飯（上聲）用米貝。弗忍虛也。不以食道。用美焉爾

實米與貝于死者口中。不忍其口之虛也。此不是用飲食之道。但用此美潔之物以實之焉爾　嚴陵方氏曰。弗忍虛則無致死之不仁。不以食道。則無致生之不知

銘。明旌也。以死者爲不可別已。故以其旗識（式志反）之。愛之斯錄之矣。敬之斯盡其道焉耳

士喪禮銘曰某氏某之柩。初置于簷下西階上。及爲重畢。則置於重。殯而卒塗。始樹於肂坎之東。䟽云。士長三尺。大夫五尺。諸侯七尺。天子九尺。若不命之士。則以緇

長半幅。赬末。長終幅。廣三寸。半幅一尺也。終幅二尺也。是總長三尺。夫愛之而録其名。敬之而盡其道。曰愛曰敬。非虚文也。嚴陵方氏曰。凡銘皆所以爲名。明旌謂之銘。故男子書名焉。夫愛之則不忍亡。故爲旌以録死者之名。敬之則不敢遺。送死之道。所以爲盡也。○李氏曰。葬埋。謹藏其形也。祭祀。謹事其神也。銘誄繫世。謹傳其名也。以傳其名。故曰録之。事死而至於傳其名。故曰盡其道。

重平聲主道也。殷主綴拙重焉。周主重徹焉。

禮註云。士重木長三尺。始死作重以依神。雖非主而有主之道。故曰主道也。殷禮始殯時置重于殯廟之庭。暨成虞主。則綴此重而懸於新死者所殯之廟。周人虞而作主。則徹重而埋之也。嚴陵方氏曰。重設於始死之時。主立於既虞之後。則重非主也。

有主之道一爾。殷雖作主矣。猶綴重以懸於廟。不忍棄之
也。周既作主矣。重遂徹而埋於土。不敢瀆之也。不忍棄
之者。所以致其愛而質。故殷人行之。不敢瀆之者。所以
致其敬而文。故周人行之。夫重與主。皆所以依神而已。
或曰重。或曰主。何也。始死而未葬則有柩矣。有柩而又
設重。所以爲重也。既有廟矣。有廟而必立主。是爲主也
奠以素器。以生者有哀素之心也。唯祭祀之禮。主人自盡
焉爾。豈知神之所饗。亦以主人有齊齋敬之心也
鄭氏曰。哀素。言哀痛無飾也。凡物無飾曰素。哀則以素。
敬則以飾。禮由人心而已。○方氏曰。士喪禮有素俎。士
虞禮有素几。皆其哀而不文故也。喪葬凶禮。故若是。至
於祭祀之吉禮。則必自盡以致其文焉。故曰唯祭祀之
禮主人自盡焉爾。然主人之自盡。亦豈知神之所享。必

在於此乎且以表其心而已耳臨川吳氏曰虞以前親喪未久奠而不謂之祭其奠也非不敬其親也哀心特甚禮尚質朴無心於飾故用素器虞以後親喪漸久卒祔練祥雖猶在喪制之中然已是祭祀之禮其祭祀也非不哀其親也敬心加隆非如初喪之素器也然其盡禮而漸文豈是爲死者眞能來享而然亦自盡其禮以致敬親之心焉爾大槩喪主於哀祭主於敬故喪奠以素器之質而見其哀祭祀則盡禮之文以寫其敬

辟婢亦反踊哀之至也有筭爲之節文也

疏曰撫心爲辟跳躍爲踊是哀痛之至極若不裁限恐傷其性故有筭以爲之準節每一踊三跳三踊九跳爲一節士三日有三次踊大夫四日五踊諸侯六日七踊天子八日九踊故云爲之節文也

袒括髮變也慍哀之變也去上聲飾去美也袒括髮去飾之甚也有所袒有所襲哀之節也

疏曰袒衣括髮形貌之變也悲哀慍恚哀情之變也去其尋常吉時之服飾是去其華美也去飾雖多端惟袒而括髮又去飾之中最甚者也理應常袒何以有袒時有襲時蓋哀甚則袒哀輕則襲哀之限節也 嚴陵方氏曰有筭則有節有節則文無節則質故謂之節文袒則去其衣括髮則投其冠衣冠者人之常服而已故曰袒括髮變也發於聲音見於衣服而生於陰者此哀之常也及有感而慍以至於辟踊者陽作之也此其變歟故曰慍哀之變也經曰慍斯戚戚斯歎歎斯辟辟斯踊蓋謂是矣

弁絰葛而葬與神交之道也有敬心焉周人弁而葬殷人

尋火羽反而葬

居喪時冠服皆純凶。至葬而吾親託體地中。則當以禮敬之心接於山川之神也。於是以綃素爲弁如爵弁之制。以葛爲環絰在首。以送葬。不敢以純凶之服交神者。示敬也。故曰有敬心焉嚴陵方氏曰。與神交之道。則心主乎敬。夫弁冠麻絰。居喪之禮也。至於葬則以弁易冠。以葛易麻者。示敬故也。子游曰。飯於牖下。小斂於戶內。大斂於阼。殯於客位。祖於庭。葬於墓。所以即遠也。比至於葬則即遠之至矣。故以神道交之

歠主人主婦室老。爲其病也。君命食嗣之也

疏曰。親喪歠粥之時。主人。亡者之子。主婦。亡者之妻。無則主人之妻也。室老。家之長相。此三人。並是大夫之家

貴者爲其歠粥病困之故君必命之食疏飯也若士喪君不命也喪大記言主婦食疏食謂既殯之後此主婦歠者謂未殯前

反哭升堂反諸其所作也主婦入于室反諸其所養去聲也此堂與室皆謂廟中也卒窆而歸乃反哭於祖廟其二廟者則先祖後禰所作者平生祭祀冠昬所行禮之處也所養者所饋食供養之處也朱子曰須知得此意思則所謂踐其位行其禮等事行之自安方見得繼志述事之事

反哭之弔也哀之至也反而亡焉失之矣於是爲甚

賓之弔者升自西階曰如之何主人拜稽顙當此之時

亡矣失矣不可復見吾親矣哀痛於是爲甚也賓弔畢而出主人送于門外遂適殯宮即先時所殯正寢之堂也

殷既封窆而弔周反哭而弔孔子曰殷已慤殼吾從周

殷之禮窆畢賓就墓所弔主人周禮則俟主人反哭而後弔孔子謂殷禮太質慤者蓋親之在土固爲可哀不若求親於平生居止之所而不得其哀爲尤甚也故弔於墓者不如弔於家者之情文爲兼盡故欲從周也嚴陵方氏曰人之始死也則哀其死既葬也則哀其亡亡則哀爲甚矣故反哭之時有弔禮焉問喪曰入門而弗見也上堂又弗見也入室又弗見也亡矣喪矣不可復見矣故哭泣辟踊盡哀而止矣大宗伯以喪禮哀死亡蓋死

亡之別。如此。既封而弔。弔者受弔於壙也。反哭而弔者受弔於家也。夫弔也者。所以弔其哀而已。葬雖爲哀。然不若反哭之哀爲甚。此孔子所以謂殷爲已慤。周人弔於家。示民不偕也。子云。死民之卒事也。吾從周。其言蓋本諸此

葬於北方北首。三代之達禮也。之幽之故也

北方國之北也。殯猶南首。未忍以鬼神待其親也。葬則終死事矣。故葬而北首。三代通用此禮也。南方昭明。北方幽暗。之幽。釋所以北首之義。嚴陵方氏曰。南方以陽而明。北方以陰而幽。人之生也。則自幽而出乎明。故生者南鄉。及其死也。則自明而反乎幽。故死者北首。凡以順陰陽之理而已。三代之禮雖有文質之變。至於葬之北方北首。則通而行之者。皆所以順死者之反乎幽故也

既封。主人贈而祝宿虞尸

柩行至城門公使宰夫贈玄纁束旣窆則用此玄纁贈死者於墓之野此時祝先歸而甗虞祭之尸矣宿讀爲肅肅進也虞猶安也葬畢迎精而反日中祭之於殯宮以安之也男則男子爲尸女則女子爲尸尸之爲言主也不見親之形容心無所係故立尸而使之著死者之服所以使孝子之心主於此也禫祭以前男女異尸異几祭於廟則無女尸而几亦同矣少牢禮云某妃配是男女共尸

既反哭主人與有司視虞牲有司以几筵舍釋奠於墓左反日中而虞

士之禮虞牲特豕几所以依神筵坐神之席也席敷陳曰筵孝子先反而視牲别令有司釋奠以禮地神爲親之託體於此也舍讀爲釋奠者置也釋置此祭饌也墓道向南以東爲左待此有司之反即於日中時虞祭也

葬日虞弗忍一日離去聲也

鄭氏曰弗忍其無所歸

是日也以虞易奠卒哭曰成事

始死小斂大斂朝夕朔月朔祖賵遣之類皆喪奠也此日以虞祭代去喪奠故曰以虞易奠也卒哭曰成事者蓋祝辭曰哀薦成事也祭以吉爲成卒哭之祭乃吉祭

故也嚴陵方氏曰。既封而贈。則虞祭有期矣。故祝先反而宿虞尸焉。主人不親舍奠而使有司代之者。欲速反而脩虞事故也。必待有司反而後虞祭者。葬禮畢然後敢成葬反之禮也。故弗忍一日離其親。故不待明日而後虞也。是日也以虞易奠者。以虞之禮漸吉故也

是日也。以吉祭易喪祭。明日祔于祖父

吉祭。卒哭之祭也。喪祭。虞祭也。卒哭在虞之後。故云以吉祭易喪祭也。祔之爲言附也。祔祭者。告其祖父以當遷他廟。而告新死者以當入此廟也。禮云明日以其班祔。明日者。卒哭之次日也。卒哭時告于新主曰。哀子某來日隮祔爾于爾皇祖某甫。及時則奉新主入祖之廟而并告之曰。適爾皇祖某甫以隮祔爾孫某甫。孫必祔

祖者。昭穆之位同。所謂以其班也。畢事虞主復于寢。三年喪畢。遇四時之吉祭。而後奉新主入廟也。虞祭間一日。而卒哭與祔則不間日

其變而之吉祭也。比至於祔。必於是日也接。不忍一日末有所歸也

上文所言皆據正禮。此言變者。以其變易常禮也。所以有變者。以有他故。未及葬期而即葬也。據士禮速葬速虞之後。卒哭之前。其日尚賒。不可無祭。之往也。虞往至吉祭其禮如何。曰虞後比至於祔。遇剛日而連接其祭。若丁日葬。則已日再虞。後虞改用剛日。則庚日三虞也。

此後遇剛日則祭至祔而後止此孝子不忍使其親一日無所依歸也

殷練而祔周卒哭而祔孔子善殷

孝經曰爲之宗廟以鬼享之孔子善殷之祔者以不急於鬼其親也藍田呂氏曰禮之祔祭各以昭穆之班祔于其祖主人未除喪主未遷於新廟故以其主附藏于祖廟有祭即而祭之既除喪而後主遷于新廟故謂之祔左氏傳云君薨祔而作主特祀于主烝嘗禘於廟周人未葬奠于殯虞則立尸有几筵卒哭而祔祔始作主既祔之祭有練有祥有禫皆特祀其主於祔之廟至除喪然後主遷新廟以時而烝嘗禘焉不立主者其祔亦然士虞禮及雜記所載祔祭皆是殷人練而祔則未練以前猶祭于寢有未忍遽改之心此孔子所以善殷

君臨臣喪以巫祝桃茢執戈惡之也所以異於生也喪有

死之道焉。先王之所難（去聲）言也

桃性辟惡鬼神畏之。王莽惡高廟神靈。以桃湯灑其壁。茢。苕帚也。所以除穢。巫執桃。祝執茢。小臣執戈。蓋爲其有凶邪之氣可惡。故以此三物辟祓之也。臨生者則惟執戈而已。今加以桃茢。故曰異於生也。君使臣以禮。死而惡之豈禮也哉。然人死斯惡之矣。故喪禮實有惡死之道焉。先王之所不忍言也

喪之朝也。順死者之孝心也。其哀離（去聲）其室也。故至於祖考之廟而后行。殷朝而殯於祖。周朝而遂葬

子之事親。出必告。反必面。今將葬而奉柩以朝祖。固爲

順死者之孝心。然求之死者之心。亦必自哀其違離寢處之居而永棄泉壤之下。亦欲至祖考之廟而訣別也。殷尚質敬鬼神而遠之故大斂之後。即奉柩朝祖而遂殯於廟。周人則殯於寢及葬則朝廟也

孔子謂爲明器者。知喪道矣備物而不可用也

此孔子善夏之用明器從葬

哀哉。死者而用生者之器也不殆於用殉乎哉

此孔子非殷人用祭器從葬。以人從死曰殉。殆幾也。用其器則近於用人

其曰明器神明之也。塗車芻靈自古有之明器之道也。孔

子謂爲芻靈者善。謂爲俑者不仁。不殆於用人乎哉

謂之明器者。是以神明之道待之也。塗車。以泥爲車也。束草爲人形。以爲死者之從衛。謂之芻靈。略似人形而已。亦明器之類也。中古爲木偶人。謂之俑。則有面目機發而太似人矣。故孔子惡其不仁。知末流必有以人殉葬者。○趙氏曰。以木人送葬。設機而能踊跳。故名之曰俑。嚴陵方氏曰。喪之爲道。所以致之於死生之間。明器者。若前經所謂竹不成用。瓦不成味之類是矣。孟子引孔子之言曰。始作俑者。其無後乎。其言蓋本於此

穆公問於子思曰。爲去聲舊君反服古與。平聲子思曰。古之君子進人以禮。退人以禮。故有舊君反服之禮也。今之君子。

進人若將加諸膝退人若將隊墜諸淵毋爲戎首不亦善乎又何反服之禮之有

穆公魯君哀公之曾孫爲舊君服見儀禮齊衰章孟子言三有禮則爲之服寇讎何服之有與此章意似隊諸淵言置之死地也戎首爲寇亂之首也長樂陳氏曰義起於情之所及而不起於情之所不及禮生於義之所加而不生於義之所不加故因情以爲義所以行情因義以爲禮而禮所以行義人臣之去國有爲舊君之服者有不爲舊君之服者凡視情與義如何耳古者進人以禮進之以誠之與也退人以禮退之以勢之所不得不已今也引之所樂與其不高則若加諸膝擠之唯恐其不深也則若隊諸淵服與不服所以異也穆公居今之世反古之道而欲責今之臣行古之禮不亦誤歟

悼公之喪季昭子問於孟敬子曰爲君何食敬子曰食粥

天下之達禮也

悼公魯哀公之子。昭子康子之曾孫。名強。敬子武伯之子。名捷

吾三臣者之不能居公室也。四方莫不聞矣。勉而爲瘠則吾能。毋乃使人疑夫不以情居瘠者乎哉。我則食食。上字如字下音嗣

三臣。仲孫叔孫季孫之三家也。敬子言我三家不能居公室而以臣禮事君者。四方皆知之矣。勉強食粥而爲毀瘠之貌。我雖能之。然豈不使人疑我非以哀戚之眞情而處此瘠乎。不若違禮而食食也○應氏曰。季子之

問。有君子禰過之心。而孟氏之對。可謂小人之無忌憚者矣廬陵胡氏曰。食食不食粥非也。禮。小祥則飯素食

衛司徒敬子死。子夏弔焉。主人未小斂。絰而往。子游弔焉。主人既小斂。子游出絰反哭。子夏曰。聞之也與。平聲曰。聞諸夫子主人未改服則不絰

司徒。以官爲氏也。主人未小斂則未改服。故弔者不絰。子夏絰而往弔非也。其時子游亦弔。俟其小斂後改服。乃出而加絰反哭之則中於禮矣

曾子曰。晏子可謂知禮也已。恭敬之有焉。有若曰。晏子一狐裘三十年。遣去聲車一乘。及墓而反

晏子齊大夫曾子稱其知禮謂禮以恭敬爲本也有若之言則曰狐裘貴在輕新乃三十年而不易是儉於己也遣車一乘儉其親也禮奠後有拜賓送賓等禮晏子奠訖即還儉於賓也此三者皆以其儉而失禮者也

國君七个遣車七乘大夫五个遣車五乘晏子焉知禮

遣車之數天子九乘諸侯七乘大夫五乘天子之士三乘諸侯之士無遣車也大夫以上皆太牢士少牢个包也凡包牲皆取下體每一牲取三體前脛折取臂臑後脛折取骼少牢二牲則六體分爲三个太牢三牲則九體大夫九體分爲十五段三段爲一包凡五包諸侯分

爲二十一段凡七包天子分爲二十七段凡九包每遣車一乘則載一包也

曾子曰國無道君子恥盈禮焉國奢則示之以儉國儉則示之以禮

曾子主權有子主經是以二端之論不合嚴陵方氏曰以齊國之無道而以盈爲恥以齊國之奢而欲示之儉則儉於其身庶幾其可也儉於其親不亦甚乎昔管仲有反坫塞門孔子亦以爲不知禮則二子所爲雖不同其爲不知禮一也然以禮與其奢也寧儉言之則晏子之失猶爲愈矣

國昭子之母死問於子張曰葬及墓男子婦人安位子張曰司徒敬子之喪夫子相男子西鄉去聲婦人東鄉

國昭子齊大夫葬其母以子張相禮故問之夫子孔子

也。主人家男子皆西向。婦人皆東向。而男賓在衆主人之南。女賓在衆婦之南。禮也

曰。噫。毋無曰我喪也斯去聲沾。覘爾專之。賓爲賓焉。主爲主焉。婦人從男子皆西鄉。

眙子聞子張之言。歎息而止之。言我爲大夫。齊之顯家。今行喪禮。人必盡來覘視。當有所更改以示人。豈宜一循舊禮。爾當專主其事。使賓自爲賓。主自爲主可也。於是眙子家婦人旣與男子同居主位而西鄉。而女賓亦與男賓同居賓位而東鄉矣。斯。盡也。沾讀爲覘。此記禮之變。嚴陵方氏曰。禮之辨異。尤重於男女之際。雖在喪紀憂遽之中。亦莫不各正其位焉。故自始死以至

於葬。男子則西鄉而位乎東。婦人則東鄉而位乎西。凡以辨陰陽之義而已。司徒敬子之喪。夫子爲相。固嘗行之矣。而國昭子徒爲賓主之辨。曾無男女之別。則其失禮也不亦甚乎

穆伯之喪。敬姜晝哭。文伯之喪。晝夜哭。孔子曰。知禮矣哭夫以禮。哭子以情。中節矣。故孔子美之嚴陵方氏曰。經曰寡婦不夜哭。蓋其遠嫌之道不得不然爾。穆伯之於敬姜。夫也。故居其喪止於晝哭而不嫌於薄。文伯之於敬姜。子也。故居其喪晝夜哭而不嫌於辱。此孔子所以謂之知禮也

文伯之喪。敬姜據其牀而不哭曰。昔者吾有斯子也。吾以將爲賢人也。吾未嘗以就公室。今及其死也。朋友諸臣未有出涕者。而內人皆行哭失聲。斯子也。必多曠於禮矣夫以爲賢人。必知禮矣。故凡我平日出入公室。未嘗與俱

而覿其所行。蓋信其賢而知禮也。至死而覺其曠禮。故歎恨之○鄭氏曰。季氏魯之宗卿。敬姜有會見之禮嚴陵方氏曰。曠。與無曠庶官之曠同。言虛其道而不行。行哭者。行哭泣之禮也

季康子之母死。陳褻衣。敬姜曰。婦人不飾。不敢見舅姑。將有四方之賓來。褻衣何爲陳於斯。命徹之

敬姜康子之從祖母也○應氏曰。敬姜森然法度之語

有子與子游立。見孺子慕者。有子謂子游曰。予壹不知夫喪之踊也。予欲去上聲之久矣。情在於斯。其是也夫

有子言喪禮之有踊。我常不知其何爲而然。壹者專一之義。猶常也。我久欲除去之矣。今見孺子之號慕若此。

則哀情之在於此踊亦如此孺子之慕也夫

子游曰禮有微情者有以故興物者有直情而徑行者戎狄之道也禮道則不然

子游言先王制禮使賢者俯而就之不肖者企而及之處賢者之過於情也故立爲哭踊之節所以殺其情故曰禮有微情者微猶殺也處不肖者之不及情也故爲之興起衰絰之物使之睹服思哀故曰有以故興物者此二者皆制禮者酌人情而爲之也若直肆已情徑率行之或哀或不哀漫無制節則是戎狄之道矣中國禮義之道則不如是也

人喜則斯陶陶斯咏咏斯猶猶摇斯舞舞斯慍慍斯戚戚斯歎歎斯辟辟婢亦反辟斯踊矣品節斯斯之謂禮

此言樂極生哀之情但舞斯慍一句終是可疑今且據疏劉氏欲於猶斯舞之下增一矣字而刪舞斯慍三字今亦未敢從◯疏曰喜者外境會心之謂斯語助也陶謂鬱陶心初悦而未暢之意鬱陶之情暢則口歌咏之也咏歌不足漸至動摇身體乃至起舞足蹈手揚樂之極也外境違心之謂慍凡喜怒相對哀樂相生若舞無節形疲厭倦事與心違所以怒生慍怒之生由於舞極故曲禮云樂不可極也此凡九句首末各四句是哀樂

相對中間舞斯慍一句是哀樂相生慍斯戚者愁來觸
心憤恚之餘轉爲憂戚憂戚轉深因發歎息歎恨不泄
遂至撫心撫心不泄乃至跳踊奮擊亦哀之極也故夷
狄無禮朝殯夕歌童兒任情倏啼欻咲今若品節此二
塗使踊舞有數則能久長故云斯之謂禮品階格也節
制斷也○孫氏曰當作人喜則斯陶陶斯咏咏斯猶猶
斯舞舞斯蹈矣人悲則斯慍慍斯戚戚斯歎歎斯辟辟
斯踊矣蓋自喜至蹈凡六變自悲至踊亦六變此所謂
孺子慕者之直情也舞蹈辟踊皆本此情聖人於是爲
之節李氏曰禮者節文之也有節故有微情者有文故有興物者直情則無節徑行則無文故曰戎狄之

道也。唯有節。故陶不至于咏。咏不至于舞。舞不至于慍。慍不至于踊。此所以微情。唯有文。故制絞衾設蔞翣。以使弗惡。腒醢之奠。遣而行之。葬而食之。使人弗倍。此所以興物也。○嚴陵方氏曰。陰陽之理。憂樂之情。固常如此。則禮雖經而爲三百。曲而爲三千。不過品於斯節於斯而已。品於斯。故所施之上下有常。節於斯。故所處之多少無失。故曰品節斯。斯之謂禮。

人死。斯惡之矣。無能也。斯倍之矣。是故制絞交衾設蔞柳翣爲去聲使人勿惡也。

以其死而惡之。以其無能而倍之。恐太古無禮之時。人多如此。於是推原聖人所以制禮之初意。止爲使人勿惡勿倍而已。絞衾以飾其體。蔞翣以飾其棺。則不見死者之可惡矣。廬陵胡氏曰。倍與背同。古字多假借。

始死脯醢之奠將行遣去聲而行之既葬而食嗣之未有見其饗之者也自上世以來未之有舍上聲也爲使人勿倍也故子之所刺次於禮者亦非禮之訾疵也

始死即爲脯醢之奠將葬則有包裹牲體之遣既葬則有虞祭之食何嘗見死者享之乎然自上世制禮以來未聞有舍而不爲者爲此則報本反始之思自不能已矣豈復有倍之之意乎先王制禮其深意蓋如此今子刺喪之踊而欲去之者亦不足以爲禮之疵病也

吳侵陳斬祀殺厲師還旋出竟境陳大泰宰嚭普彼切使去聲於師夫差謂行人儀曰是夫也多言盍嘗問焉師必有名

人之稱斯師也者則謂之何

曾宸公元年吳師侵陳斬祀伐祠祀之木也殺厲殺疫病之人也大宰行人皆官名夫差吳子名是夫猶言此人指嚭也多言猶能言也盍何不也嘗試也師必有名者言出師伐人必得彼國之罪以顯我出師之名也今衆人稱我此師謂之何名乎

大宰嚭曰古之侵伐者不斬祀不殺厲不獲二毛今斯師也殺厲與平聲其不謂之殺厲之師與曰反爾地歸爾子則謂之何曰君王討敝邑之罪又矜而赦之師與平聲有無名乎

二毛斑白之人也子謂所獲臣民也還其侵畧之地縱其俘獲之民是矜而赦之矣豈可又以無名之師議之乎此言嚭善於辭令故能救敗亡之禍○石梁王氏曰是時吳亦有大宰嚭如何鄱陽洪氏曰按嚭乃吳夫差之宰陳遣使者正用行人則儀乃陳臣也記禮者簡冊差互故更錯其名當云陳行人儀使於師夫差使大宰嚭問之乃善忠宣公作春秋詩引斯事亦嘗辯正云

顏丁善居喪始死皇皇焉如有求而弗得及殯望望焉如有從而弗及既葬慨焉如不及其反而息

顏丁魯人皇皇猶栖栖也望望往而不顧之貌慨感悵之意始死形可見也既殯柩可見也葬則無所見矣如

有從而弗及。似有可及之處也。葬後則不復如有所從矣。故但言如不及其反。又云而息者。息猶待也。不忍決忘其親。猶且行且止以待其親之反也。蓋葬者往而不反。然孝子於迎精而反之時。猶如有所疑也

子張問曰。書云高宗三年不言。言乃讙。有諸。仲尼曰。胡爲其不然也。古者天子崩。王世子聽於冢宰三年

言乃讙者。命令所布。人心喜悦也　嚴陵方氏曰。天子之適子曰大子。諸侯之適子曰世子。得世國故也。於天子亦稱世子者。則以世天下言之爾。故稱王以別之。亦猶王制於諸侯亦稱大子必稱群后以別之也

知。去聲悼子卒。未葬。平公飲酒。師曠李調侍。鼓鐘。杜蕢快自

外來聞鐘聲曰安在曰在寢杜蕢入寢歷階而升酌曰曠飲斯又酌曰調飲斯又酌堂上北面坐飲之降趨而出

知悼子晉大夫名罃平公晉侯彪也凡三酌者既罰二子又自罰也

平公呼而進之曰蕢曩者爾心或開予是以不與爾言爾飲曠何也曰子卯不樂知悼子在堂斯其爲子卯也大矣曠也太師也不以詔是以飲之也

言爾之初入我意爾必有所諫教開發於我我是以不先與爾言乃三酌之後竟不言而出爾之飲曠何說也

蕢言桀以乙卯日死紂以甲子日死謂之疾日故君不

舉樂在堂在殯也況君於卿大夫比葬不食肉比卒哭不舉樂悼子在殯而可作樂燕飲乎桀紂異代之君悼子同體之臣故以爲大於子卯也詔告也罰其不告之罪也

爾飲調何也曰調也君之褻臣也爲一飲一食忘君之疾是以飲之也

言調爲近習之臣貪於一飲一食而忘君違禮之疾故罰之也

爾飲何也曰蕢也宰夫也非刀匕是共供又敢與去聲知防是以飲之也

非猶不也宰夫職在刀匕今乃不專供刀匕之職而敢與知諫爭防閑之事是侵官矣故自罰也

平公曰寡人亦有過焉酌而飲寡人杜蕢洗而揚觶志公謂侍者曰如我死則必毋廢斯爵也至于今既畢獻斯揚觶謂之杜舉

揚觶舉觶也盥洗而後舉致潔敬也平公自知其過既命蕢以酌又欲以此爵爲後世戒故記者云至今晉國行燕禮之終必舉此觶謂之杜舉者言此觶乃昔者杜蕢所舉也春秋傳作屠蒯文亦不同長樂陳氏曰先王制爲喪臣之禮於服則衰絰於膳則不舉於樂則弛縣以至與斂往弔莫不盡禮是以柳莊之卒衛獻公不釋祭服而往襚敝弓

之卒。隱公不與斂。仲遂之卒。宣公猶繹而萬入。君子非之。然則悼子之未葬。平公飲酒。至於鼓鍾。其可乎。此杜蕢所以升酌而譏之也。非杜蕢不能攺平公之過於群臣不言之際。非平公不能彰杜蕢之善於後世矣。蓋杜蕢之所存者。忠也。所敢爲者。勇也。平公之知悔者。智也。不掩人者。義也。皆禮之所與也。然平公賢孟子而終於不可見。尊亥唐而終於不共治。則所謂智而且義者。蓋亦勉強之而已。左傳謂屠蕢責樂工以不聰。責嬖叔以不明。責己以不善。味其言雖不同。其實一也。噫。三代之季。賢者陸沉多矣。及不得已然後出而見於世。故讓爵見於屠羊。非書見於斲輪。守官見於虞人。商歌見於飯牛。則善諫見於宰夫。不爲過矣

公叔文子卒。其子戍庶請謚於君曰。日月有時。將葬矣。請所以易其名者

文子。衛大夫。名拔。君靈公也。大夫士三月而葬。有時。猶言有數也。死則諱其名。故爲之謚。所以代其名也

君曰。昔者衛國凶饑。夫子爲粥與國之餓者。是不亦惠乎。昔者衛國有難。去聲夫子以其死衛寡人。不亦貞乎。夫子聽衛國之政。脩其班制。以與四鄰交。衛國之社稷不辱。不亦文乎。故謂夫子貞惠文子

魯昭公二十年。盜殺衛侯之兄縶。時齊豹作亂。公如死鳥。此衛國之難也。班者。尊卑之次。制者。多寡之節。因舊典而脩舉之也。據先後則惠在前。論小大則貞爲重。故不曰惠貞而曰貞惠也。此三字爲謚。而惟稱文子者。鄭云。文足以兼之

石駘哲仲卒。無適。之子。有庶子六人。卜所以爲後者。曰。沐浴

佩玉則兆。五人者皆沐浴佩玉。石祁子曰。孰有執親之喪而沐浴佩玉者乎。不沐浴佩玉。石祁子兆。衛人以龜爲有知也

駘仲衛大夫。曰沐浴佩玉則兆。卜人之言也○方氏曰。兆亦有凶。卜者以求吉爲主。故經以兆言吉也 長樂陳氏曰。五人者有意於得而不兆。祁子無意於得而兆。故衛人以龜爲有知。蓋溺於利而忘義。蔽於情而忘禮者。人謀之所不與。而鬼謀之所違。篤於義而不謀利。專於禮而不徇情者。人謀之所與。而鬼謀之所從。豈非所謂天地自然之道。人事必然之理哉○嚴陵方氏曰。曲禮曰居喪之禮。頭有創則沐。身有瘍則浴。非有創瘍。固不可以沐浴矣。玉藻云凡帶必有佩玉。唯喪否。非去喪固不可以佩玉矣。執親之喪而沐浴佩玉。是忘孝忘禮也。唯石祁子不爲之。龜之偶兆於祁子。其有知也哉

陳子車死於衛其妻與其家大夫謀以殉葬定而后陳子亢(剛)至以告曰夫子疾莫養(去聲)於下請以殉葬

子車齊大夫子亢其兄弟即孔子弟子子禽也疾時不在家家人不得以致其養故云莫養於下也於是欲殺人以殉葬定謂已議定所殺之人也

子亢曰以殉葬非禮也雖然則彼疾當養者孰若妻與宰得已則吾欲已不得已則吾欲以二子者之爲之也於是弗果用

宰即家大夫也二子謂妻與宰也子亢若但言非禮未必能止之今以當養者爲當殉則不期其止而自止矣

嚴陵方氏曰。以生者而從之於死。則傷乎不仁。於死者而養之以生。則傷乎不知。非君子之所當爲也。子亢以義拒之。不亦宜乎

子路曰。傷哉貧也。生無以爲養。去聲死無以爲禮也。孔子曰。啜菽飲水盡其歡。斯之謂孝。斂首足形。還旋葬而無椁。稱去聲其財。斯之謂禮

世固有三牲之養而不能歡者。亦有厚葬以爲觀美而不知陷於僭禮之罪者。知此。則孝與禮可得而盡矣。又何必傷其貧乎。還葬說見上篇長樂陳氏曰。君子之於親。以其所以養。則養在志不在體。以其所以葬。則葬在誠不在物。苟養在體不在志。則雖三牲不足以爲孝。葬在物不在誠。則雖醯醢百甕不足以爲禮。若然。則富者不足矜。貧者不足傷。要在自盡而已○嚴陵方氏曰。子路於生曰養。於死曰禮。

則知所謂禮者喪葬之禮言喪葬則知所謂養者亦無非禮矣語云生事之以禮死葬之以禮是矣孔子又變養言孝者主盡其歡言之也盡其歡者存乎情故以孝言稱其財者存乎物故以禮言啜菽飲水言之者菽不若稻粱之甘水不若酒醴之美則以見盡其歡者在乎養志不在養口體而已

衛獻公出奔反於衛及郊將班邑於從去聲者而后入柳莊曰如皆守社稷則孰執羈靮的而從如皆從則孰守社稷君反其國而有私也毋乃不可乎弗果班

衛獻公以魯襄十四年奔齊二十六年歸衛羈所以絡馬靮所以鞚馬莊之意謂居者行者均之為國不當獨賞從者以示私恩

長樂陳氏曰楚昭王之賞從亡而及於屠羊說晉文公之賞從亡而辭見守藏者衛獻公之厚從亡而及郊將班邑是皆徇於私而不知公蔽於邇而不知遠也蓋居者守君之社稷行者執

君之羈靮。其勞逸雖殊。而功之所施則一。其可享此而薄彼哉。此柳莊所以諫獻公也。臧武仲曰。衛公之奔有太叔儀以守。有母弟鱄以出。或撫其內。或營其外。其無歸乎。是內外之功一也。○嚴陵方氏曰。獻公之反國。將班邑於從者而後入。則是私於從己之昵而忘保國之大矣。豈所以合天下之公義哉。

衛有大史曰柳莊。寢疾。公曰。君疾革。亟。雖當祭必告。公再拜稽首請於尸曰。有臣柳莊也者。非寡人之臣。社稷之臣也。聞之死。請往。不釋服而往。遂以襚之。與之邑裘氏與縣潘氏。書而納諸棺。曰。世世萬子孫毋變也。

玄

以衣服贈死者曰襚。裘縣潘二邑名。萬子孫謂莊之後世也。莊之疾。公嘗命其家若當疾亟之時。我雖在祭事亦必入告。及其死也。果當公行事之際。遂不釋祭服而

往因釋以襚之。又賜之二邑。此雖見國君尊賢之意。然棄祭事而不終。以諸侯之命服而襚大夫。書封邑之券而納諸棺。皆非禮矣

陳乾干昔寢疾。屬燭其兄弟而命其子尊己曰。如我死。則必大爲我棺。使吾二婢子夾我。陳乾昔死。其子曰。以殉葬非禮也。況又同棺乎。弗果殺

屬。如周禮屬民讀法之屬。猶合也。聚也。記者善尊己守正而不從其父之亂命。長樂陳氏曰。君子將死。不忘乎利人。小人將死。不忘乎利己。故成子高之寢疾。則擇不食之地以自葬。孟僖子之將死。則明仲尼之道以教子。曾子之將死。則稱君子之道以教人。此不忘乎利人者也。魏顆之病。欲以妾爲殉。陳乾昔之病。欲以婢夾己。此不忘乎利己者也。乾昔之子終

不從其亂命其過秦康公遠矣

仲遂卒于垂壬午猶繹萬入去上聲籥仲尼曰非禮也卿卒不繹

仲遂魯莊公子東門襄仲也爲魯卿垂齊地名祭宗廟之明日又設祭禮以尋繹昨日之祭謂之繹殷謂之肜言壬午則正祭辛巳日也萬舞執干以舞也籥舞吹籥以舞也萬入去籥者言此繹祭時以仲遂之卒但用無聲之干舞以入去有聲之籥舞而不用也○陳氏曰春秋之法當祭而卿卒則不用樂明日則不繹故叔弓之卒昭公去樂卒事君子以爲禮仲遂之卒宣公猶繹而

萬入去籥。聖人以爲非禮○詩記曰。萬舞。二舞之總名
也。干舞者。武舞之別名。籥舞者。文舞之別名。文舞又謂
之羽舞。鄭氏據公羊以萬舞爲干舞。誤也。春秋書萬入
去籥。言文武二舞皆入。去其有聲者。故去籥焉。公羊乃
以萬舞爲武舞與籥舞對言之。失經意矣。若萬舞止爲
武舞則此詩何爲獨言萬舞。而不及文舞。左傳考仲子
之宮將萬焉。婦人之廟。亦不應獨用武舞也。然則萬舞
爲二舞之總名明矣。出詩緝。簡兮註○愚按左傳楚令
尹子元。欲蠱文夫人。爲館於其宮側而振萬焉。夫人聞
之泣曰。先君以是舞也。習戎備也。今令尹不尋諸仇讎

而於未亡人之側不亦異乎據此則萬舞信爲武舞矣

呂氏豈偶忘之耶嚴陵方氏曰正祭之明日又祭謂之繹繹者如繹絲然以其續之而不絕故也祭禮爲吉卿卒爲凶然正祭不可廢也故卿卒不繹而已猶者可以已之辭

季康子之母死公輸若方小斂般班請以機封窆將從之

公肩假曰不可夫魯有初

公輸氏若名爲匠師方小年尚幼也斂下棺於椁也般若之族素多技巧見若掌斂事而年幼欲代之而試用其巧技也機窆謂以機關轉動之器下棺不用碑與繂也魯有初言魯國自有故事也

公室視豐碑三家視桓楹

豐碑。天子之制。桓楹。諸侯之制◯䟽曰。凡言視者比擬之辭。豐大也。謂用大木爲碑。穿鑿去碑中之木使之空。於空間著。鹿盧兩頭。各入碑木。以紼之一頭係棺緘。以一頭繞鹿盧。旣訖而人各背碑負紼末頭。聽鼓聲以漸却行而下之也。桓楹。不似碑。形如大楹耳通而言之亦曰碑。說文桓。郵亭表也。如今之橋旁表柱也。諸侯二碑。兩柱爲一碑而施鹿盧故鄭云四植也

般爾以人之母嘗巧則豈不得以其母以嘗巧者乎則病者乎。噫弗果從

䟽曰。嘗試也。言爾欲以人母嘗試己之巧事。誰有强逼

於爾而爲此乎豈不得休已者哉又語之云其無以人毋嘗試己巧則於爾病者乎言不得嘗巧豈於爾有所病假言畢乃更噫而傷嘆於是衆人遂止○一說則豈不得以其毋以嘗巧者乎作一句言爾以他人毋試巧而廢其當用之禮則亦豈不得自以己毋試巧而不用禮乎則於爾心亦有所病而不安乎蓋使之反求諸心以己度人而知其不可也○應氏曰周衰禮廢而諸侯僭天子故公室之窆棺視豐碑大夫僭諸侯故三家之窆棺視桓楹其陵替承襲之弊有自來矣

戰于郎公叔禺遇人遇負杖入保者息曰使之雖病也任

之雖重也君子不能爲謀也士弗能死也不可我則既言矣與其鄰重童汪踦紀往皆死焉魯人欲勿殤重汪踦問於仲尼仲尼曰能執干戈以衛社稷雖欲勿殤也不亦可乎

戰于郎魯哀公十一年齊伐魯也禺人昭公子公爲也遇魯人之避齊師而入保城邑者疲倦之餘負其杖而息于塗禺人乃歎之曰繇役之煩雖不能堪也稅斂之數雖過於厚也若上之人恊心以禦冦難猶可塞責也今卿大夫不能畫謀策士不能捐身以死難豈人臣事君之道哉甚不可也我既出此言矣可不思踐吾言乎

於是與其隣之童子汪踦者皆往鬬而死於敵。魯人以踦有成人之行。欲以成人之喪禮葬之。而孔子善其權禮之當也。長樂陳氏曰。君子之於人。視其行不視其年。年雖壯而無成。處之以童可也。鄭忽之狡童。昭公之童心。是也。年雖穉而有成。處之以成人可也。汪踦之勿殤是也。

子路去魯。謂顏淵曰。何以贈我。曰。吾聞之也。去國則哭于墓而后行。反其國不哭。展墓而入。謂子路曰。何以處我。子路曰。吾聞之也。過墓則式。過祀則下。

哭墓。哀墓之無主也。不忍丘隴之無主。則必有返國之期。故爲行者言之。墓。與祀。人所易忽也。而能加之敬。則無往而不用吾敬矣。敬則無適而不安。故爲居者言之。

也〇方氏曰。凡物展之則可省而視。故省謂之展

工尹商陽與陳弃疾追吳師。及之。陳弃疾謂工尹商陽曰。王事也。子手弓而可。句手弓。句子射。石諸射之斃一人。韔弓。又及。謂之。又斃二人。每斃一人。揜其目。止其御曰。朝不坐。燕不與。去聲殺三人。亦足以反命矣。孔子曰。殺人之中。又有禮焉

工尹。楚官名。追吳師事在魯昭公十二年。子手弓而可爲句。使之執弓也。手弓。商陽之弓在手也。韔。弓衣也。謂之。再告之也。揜目而不忍視。止御而不忍驅。有惻隱之心焉。商陽自言位卑禮薄如此。亦可以稱塞矣。孔子謂

其有禮。以敗北之師本易窮而商陽乃能節制其縱殺之心。是仁意與禮節並行。非事君之禮止於是也。特取其善於追敗者。亦非謂臨敵未決而不忍殺人也。○疏曰。朝與燕皆在寢。若路門外正朝。則大夫以下皆立。若燕朝在於路寢。則大夫坐於上。如孔子攝齊升堂是也。若升堂則坐矣。燕亦在寢。燕禮獻卿大夫之後西階上獻士。無升堂之文。是士立於下也。鄭註射者在左。戈盾在右。御在中央。謂兵車參乘之法。此謂凡常戰士。若是元帥。則在中央鼓下。御者在左。戈盾亦在右。若天子諸侯親將。亦居鼓下。若非元帥。則皆在左。御者在中。若非兵

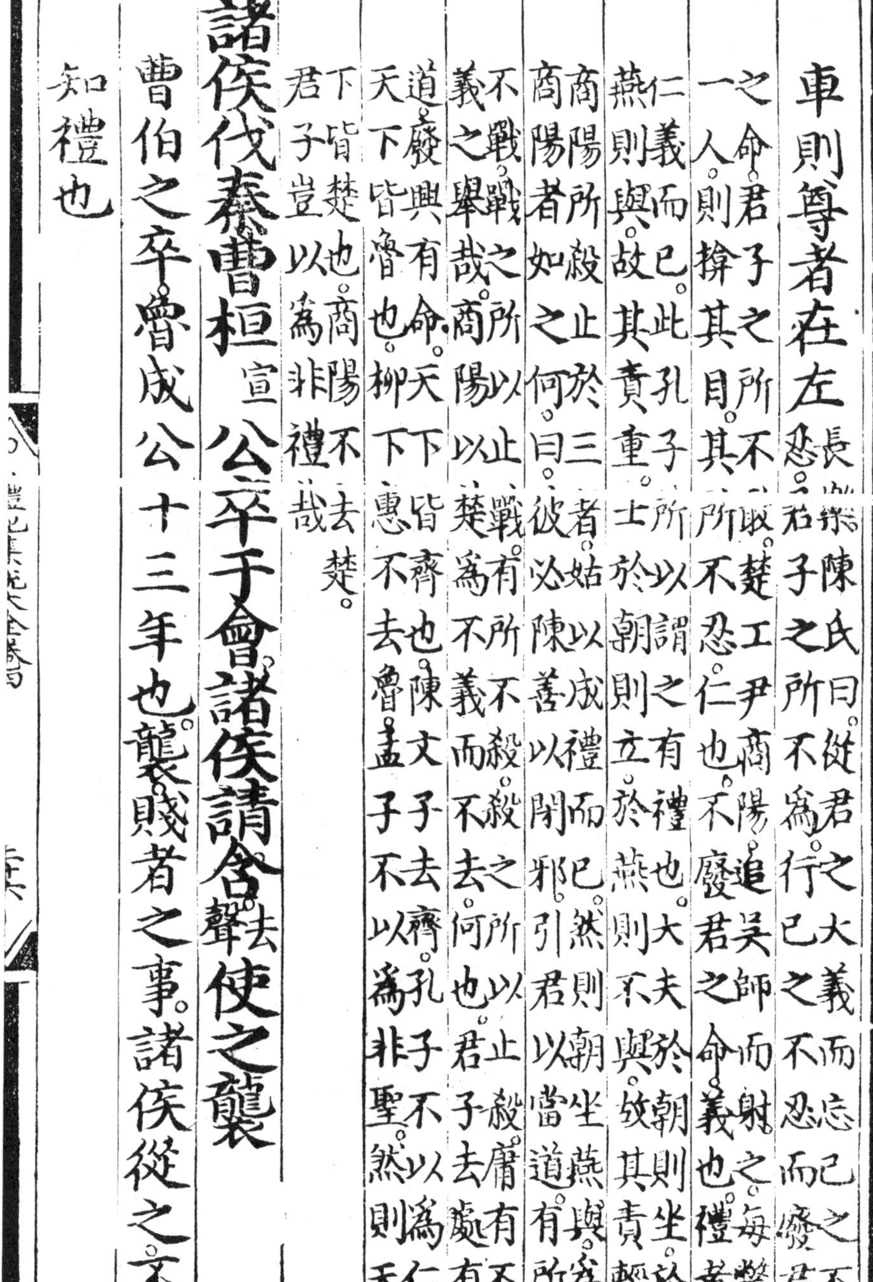

車則尊者在左長樂陳氏曰。從君之大義而忘己之不忍。君子之所不爲。行己之不忍而廢君之命。君子之所不取。楚工尹商陽追吳師而射之。每斃一人。則揜其目。其所不忍。仁也。不廢君之命。義也。禮者仁義而已。此孔子所以謂之有禮也。大夫於朝則坐。於燕則與。故其責重。士於朝則立。於燕則不與。故其責輕。商陽所殺止於三者。姑以成禮而已。然則朝坐燕與爲商陽者如之何。曰。彼必陳善以閉邪。引君以當道。有所不戰。戰之所以止戰。有所不殺。殺之所以止殺。庸有不義之舉哉。商陽以楚爲不義而不去。何也。君子去處有道。廢興有命。天下皆齊也。陳文子去齊。孔子不以爲仁。天下皆魯也。柳下惠不去魯。孟子不以爲非聖。然則天下皆楚也。商陽不去楚。君子豈以爲非禮哉。

諸侯伐秦曹桓宣公卒于會諸侯請含去聲使之襲

曹伯之卒魯成公十三年也。襲賤者之事。諸侯從之不知禮也

襄公朝于荆康王卒。荆人曰必請襲。魯人曰非禮也。荆人强上聲之。巫先拂柩。荆人悔之

荆禹貢州名楚立國之本號魯僖公元年始稱楚魯襄公以二十八年朝楚適遭楚子昭之喪魯人知襲之非禮而不能違於是以君臨臣喪之禮先之及其覺之而悔已無及矣此其適權變之宜足以雪耻長樂陳氏曰荆人以人臣之事待襄公襄公則以人臣之事臨荆人豈非自尊而卑人者人必卑之自貴而賤人者人必賤之耶秦王屈趙王以缶而有鼓瑟之辱夫差屈句踐於會稽而有姑蘇之耻亦其類也

滕成公之喪使子叔敬叔弔進書子服惠伯爲介及郊爲去聲懿伯之忌不入惠伯曰政也不可以叔父之私不將公

事遂入
滕成公之喪在魯昭公之三年。敬叔魯桓公七世孫。惠
伯則桓公六世孫也。於世次敬叔稱惠伯爲叔父。懿伯
則惠伯之叔父而敬叔之五從祖。進書奉進魯君之弔
書也。介副也。○劉氏曰。左傳註云忌怨也。敬叔先有怨
於懿伯。故不欲入滕。以惠伯之言而入。傳言叔弓之有
禮也。此疏云敬叔嘗殺懿伯。爲其家所怨恐惠伯殺己。
故不敢先入。惠伯知其意而開釋之。記惠伯之知禮也。
二說不同。而皆可疑。如彼註言。禮椒爲之避仇怨則當
自受命之日辭行以禮之不當及郊而後辭入也。如此

疏言恐惠伯殺己而難之。則魯之遣使而使其仇爲之副。不恤其相仇以棄命害事。亦非善處也。且叔弓爲正使。得仇怨爲介而不請易之。非計之得也。又同使共事而常以仇敵備之。而往反於魯滕之路。亦難言也。使椒果欲報仇。則其言雖善。安知非誘我耶。而遂入。又非通論也。按左傳云及郊遇懿伯之忌。此作爲二字雖異而皆先言及郊而後言忌。可見是及郊方遇忌也。或者忌字只是忌日。懿伯是敬叔從祖。適及滕郊而遇此日。故欲緩至次日乃入。故惠伯以禮曉之曰。公事有公利。無私忌。乃先入。而叔弓亦遂入焉。此說固可通。然亦未知

然否。闕之可也

哀公使人弔蕢尚。遇諸道。辟闢於路。畫宮而受弔焉獲

哀公，魯君。辟，於路。辟讀爲闢，謂除闢道路以畫宮室之位而受弔也

曾子曰。蕢尚不如杞梁之妻之知禮也。齊莊公襲莒于奪。杞梁死焉。其妻迎其柩於路而哭之哀允

魯襄公二十三年，齊侯襲莒。襲者，以輕兵掩其不備而攻之也。左傳言杞殖華還載甲夜入且于之隧。且于，莒邑名。隧，狹路也。鄭云或爲兌，故讀奪爲兌。杞梁即殖，以戰死，故妻迎其柩

莊公使人弔之。對曰：君之臣不免於罪，則將肆諸市朝，而妻妾執。君之臣免於罪，則有先人之敝廬在，君無所辱命。

肆，陳尸也。妻妾執，拘執其妻妾也。左傳言齊侯弔諸其室。嚴陵方氏曰：與人交，於喪尤欲其至。若夫弔人於道路之間者，禮苟從簡，事苟從便而已，豈所以用其至哉。蓋非禮之禮，君子固不以加於人。然亦未嘗受之於人焉。此曾子所以言贊尚不如杞梁之妻之知禮也。

孺子鞼他昆反之喪，哀公欲設撥。半末反問於有若，有若曰：其可也，君之三臣猶設之。顏柳曰：天子龍輴，春而椁幬，道諸侯輴而設幬，審為榆于沈，故設撥。三臣者，廢輴而設撥，竊禮之不中去聲者也，而君何學如字焉。

鞼，哀公之少子。舊說以撥為紼，未知是否。三臣，魯之三家也。顏柳言天子之殯用輴車載柩而畫轅爲龍。槫幬者叢木爲槫形而覆幬其上。前言加斧于槫上是也。諸侯輴而設幬則有輴而無龍有幬而無槫也。揄沈以水浸揄白皮之汁以播地。取其引車不澁滯也。今三家廢輴不用而猶設撥。是徒有竊禮之罪。而非有中用之實者也○方氏曰。爲輴之重也。故爲揄沈以滑之。欲揄沈之散也。故設撥以發之。無輴則無所用沈。無所用沈。則無所用撥。三臣既知輴之可廢。而不知撥之不必設。是竊禮之不中者也。撥雖無所經見。然以文考之。爲揄沈故設撥則是以手撥揄沈而灑於道也。先儒以爲紼失

之矣○今按方說如此亦未知其是否闕之可也

悼公之母死哀公爲（去聲）之齊衰有若曰爲妾齊衰禮與（平聲）

公曰吾得已乎哉魯人以妻我

以妻我以爲我妻也此哀公溺情之舉文過之辭○疏

曰天子諸侯絶旁期於妾無服惟大夫爲貴妾緦

季子皐葬其妻犯人之禾申祥以告曰請庚之子皐曰孟

氏不以是罪予朋友不以是棄予以吾爲邑長於斯也買

道而葬後難繼也

劉氏曰季子皐孔子弟子高柴也夫子嘗曰柴也愚觀

家語所稱及此經所記泣血三年及成人爲衰之事觀

之賢可知矣。此葬妻犯禾。亦爲成宰時事。有無固不可知。然曰孟氏不以是罪予。朋友不以是棄予者。以犯禾之失小。而買道之害大也。何也。以我爲邑宰。尚買道而葬。則後必爲例。而難乎爲繼者矣。此亦愚而過慮之一端。然出於誠心。非文飾之辭也。鄭註謂其恃寵虐民。而方氏又加以不仁不恕之說。則甚矣。豈有賢如子皐而有是哉

仕而未有禄者。君有饋焉曰獻。使焉曰寡君。違而君薨。弗爲服也

王制云位定然後禄之。此蓋初試爲士。未賦廩禄者。有

饋於君則稱獻出使他國則稱寡君此二事皆與群臣同獨違離之後而君覺則不為舊君服此則與群臣異所以然者以其未嘗食君之祿也○方氏曰湯之於伊尹學焉而後臣之方其學也賓之而弗臣此所謂仕而未有祿者若孟子之在齊是也惟其賓之而弗臣故有饋焉不曰賜而曰獻將命之使不曰君而曰寡君蓋獻為貢上之辭而寡則自謙之辭故也以其有賓主之道而無君臣之禮故違而君薨弗為服也其曰違則居其國之時固服之矣

虞而立尸有几筵

未葬之前事以生者之禮。葬則親形已藏。故虞祭則立尸以象神也。筵席也。大斂之奠。雖有席而無几。此時則設几與筵相配也

卒哭而諱。生事畢而鬼事始已

卒哭而諱其名。蓋事生之禮已畢。事鬼之事始矣。已。語辭

既卒哭。宰夫執木鐸以命于宮曰。舍故而諱新。自寢門至于庫門

周禮大喪小喪。宰夫掌其戒令。故卒哭後使宰夫執金口木舌之鐸。振之以命令于宮也。其令之之辭曰。舍故

而諱新。故謂高祖之父當遷者。諱多則難避。故使之舍舊諱而諱新死者之名也。以其親盡。故可不諱。庫門自外入之第一門。亦曰皋門嚴陵方氏曰。生事畢而鬼事始已者。上言生。則知鬼之爲死。下言鬼。則知生之爲人也

二名不偏諱。夫子之母名徵在。言在不稱徵。言徵不稱在

二名。二字爲名也。此記避諱之禮嚴陵方氏曰。夫子曰。不在顓臾而在蕭墻之內。若此則言在不稱徵也。又曰。夏禮吾能言之杞不足徵。若此則言徵不稱在也

軍有憂。則素服哭于庫門之外。赴車不載櫜高韔

櫜。甲衣。韔。弓衣。甲不入櫜。弓不入韔。示弗用也○方氏曰。戰勝而還謂之愷。則敗謂之憂。宜矣。素服哭。以喪禮

處之也必於庫門之外者以近廟也師出受命于祖無功則於祖命辱矣赴車告赴於國之車凡告喪曰赴車以告敗爲名與素服同義

有焚其先人之室則三日哭故曰新宮火亦三日哭

先人之室宗廟也魯成公三年焚宣公之廟神主初入故曰新宮春秋書二月甲子新宮災三日哭註云書其得禮此言故曰者謂春秋文也

孔子過泰山側有婦人哭於墓者而哀夫子式而聽之使子路問之曰子之哭也壹似重平聲有憂者而曰然昔者吾舅死於虎吾夫又死焉今吾子又死焉夫子曰何爲不去

也曰無苛政夫子曰小子識志之苛政猛於虎也

聞其哭式而聽之與見齊衰者雖狎必變之意同聖人敬心之所發蓋有不期然而然者壹似重有憂者言甚似重疊有憂苦者也而曰乃曰也虎之殺人出於倉卒之不免苛政之害雖未至死而朝夕有愁思之苦不如速死之為愈此所以猛於虎也為人上者可不知此哉

嚴陵方氏曰虎之害人也機罟檻穽所能制之政之害人也無可制之械焉虎之害人也深宮固門所能逃之政之害人也無可逃之地焉此泰山婦人所以寧遭虎之累傷而不忍舍其政之無苛也楊雄之論酷吏曰虎哉虎哉角而翼者也與此同意

魯人有周豐也者哀公執摯至請見之而曰不可公曰我

其已夫使人問焉曰有虞氏未施信於民而民信之夏后氏未施敬於民而民敬之何施而得斯於民也對曰墟墓之間未施哀於民而民哀社稷宗廟之中未施敬於民而民敬殷人作誓而民始畔周人作會而民始疑苟無禮義忠信誠慤之心以涖之雖固結之民其不解佳買反乎

周豐必賢而隱者故哀公屈已見之乃曰不可者蓋古者不爲臣不見故不敢當君之臨見也我其已夫已止也不强其所不願也有心之固結不若無心之感孚其言甚正但大禹征苗已嘗誓師誓非始於殷也禹會諸侯於塗山會亦不始於周也此言誓之而畔會之而疑

則始於殷周耳長樂陳氏曰。黃帝之於廣成。湯之於伊尹請必下風聘必三幣豈以一辭而止哉。此其樂善不倦者也。曾哀公之於周豐執摯請見。一辭之以不可則止焉使人問之而已其視樂善不倦者則有間矣。墟墓之間。社稷宗廟之中。無情於感民而民哀敬殷人作誓周人作會有心於制民而民畔疑也。蓋誓生於不信。會生於不敬。不信而誓之使信則民始畔。不敬而會之使敬則民始疑。周豐之言。凡欲哀公脩敬信以感民而已。論語孔子對哀公以孝慈則忠。臨之以莊則敬。與此同義。○嚴陵方氏曰。夫以虞夏之得天下也以禪。周之得天下也以爭。禪則出於自然。故信未施而民信之。且無異夫墟墓之間民之自哀也。敬未施而民敬之。且無異乎社稷宗廟之中民之自敬也。爭則出乎不得已。故誓雖作而反以起民之畔。會雖作而反以致民之疑而已。且畔固甚於疑也。畔其言未足為甚。疑者衆於是為甚焉。禮義忠信誠慤之心。則敬之道所自出也。固結之則以誓會而已。苟無是心以涖之。則結之者雖固。民亦解而散矣。凡物結之則聚。解之則散。唯其結之而聚。故可解之而散。若夫有以涖之。則無所結也。亦不可解矣。

喪不慮居毁不危身喪不慮居爲無廟也毁不危身爲無後也

劉氏曰喪禮稱家之有無不可勉爲厚葬而致有敗家之慮家廢則宗廟不能以獨存矣毁不滅性不可過爲哀毁而致有亡身之危以死傷生則君子謂之無子矣此二者皆所以防賢者之過禮

延陵季子適齊於其反也其長子死葬於嬴博之間孔子曰延陵季子吳之習於禮者也往而觀其葬焉

吳公子札讓國而居延陵故曰延陵季子嬴博齊二邑名

其坎深（去聲）不至於泉其斂以時服既葬而封（如字）廣（去聲）輪揜（去聲）坎其高可隱（於刃反）也既封左袒（旦）右還（旋）其封且號（平聲）者三曰骨肉歸復于土命也若魂氣則無不之也無不之也而遂行孔子曰延陵季子之於禮也其合矣乎

不至於泉謂得淺深之宜也時服隨死時之寒暑所衣也封築土爲墳也橫曰廣直曰輪下則僅足以揜坎上則纔至於可隱皆儉制也左袒以示陽之變右還以示陰之歸骨肉之歸土陰之降也魂氣之無不之陽之升也陰陽氣也命者氣之所鍾也季子以骨肉歸復于土爲命者此精氣爲物之有盡謂魂氣則無不之者此遊

魂爲變之無方也。壽夭得於有生之初。可以言命。魂氣散於既死之後。不可以言命也。毋言無不之也者。慰傷離訣之至情。而冀其魂之隨己以歸也。不惟適旅葬之節。而又且通幽明之故。宜夫子之善之也。然爲疑辭而不爲决辭者。蓋季子乃隨時處中之道。稱其有無而不盡拘乎禮者也。故夫子不直曰季子之於禮也合矣。而必加其乎二字。使人由辭以得意也。讀者詳之○石梁王氏曰。還與環同

邾婁考公之喪。徐君使容居來弔含。（去聲）曰。寡君使容居坐含進侯玉。其使容居以含

考公之喪徐國君使其臣容居者來弔且致珠玉之含言寡君使我親坐而行含以進侯玉於邾君侯玉者徐自擬天子以邾君爲已之諸侯言進侯氏以玉也其使容居以含者容居求即行含禮也○疏曰凡行含禮耒歛之前士則主人親含大夫以上即使人含若歛後至殯葬有來含者親自致璧於柩及殯上者謂之親含若但致命以璧授主人主人受之謂之不親含○石梁王氏曰坐當訓跪

有司曰諸侯之來辱敝邑者易_異則易于則于易于雜者未之有也

邾之有司拒之言諸侯之辱來邾國者人臣來而其事簡易則行人臣簡易之禮人君來而其事廣大則行人君廣大之禮于猶迂也有廣遠之意今人臣來而欲行人君之禮是易于相雜矣我國未有此也

容居對曰容居聞之事君不敢忘其君亦不敢遺其祖昔我先君駒王西討濟於河無所不用斯言也容居魯人也不敢忘其祖

容居又荅言事君者不敢忘其君我奉命如此今不能行是忘吾君也爲人子孫當守先世之訓故亦不敢遺吾祖也居蓋徐之公族耳且言昔者我之先君駒王濟

河而西討。無一處不用此稱王之言。自言其疆土廣大。久已行王者之禮也。又自言我非譎詐者。乃魯鈍之人。是以不敢忘吾祖。欲邾人之信其言也。此著徐國君臣之僭。且明邾有司不能終正當時之僭也

子思之母死於衛。赴於子思。子思哭於廟。門人至。曰。庶氏之母死。何爲哭於孔氏之廟乎。子思曰。吾過矣。吾過矣。遂哭於他室

伯魚卒。其妻嫁於衛之庶氏。嫁母與廟絶族。故不得哭之於廟。嚴陵方氏曰。他室。異室也。以有別於正。故謂之他。以義起之而已

天子崩。三日祝先服。五日官長服。七日國中男女服。三月

天下服

疏曰。祝大祝商祝也。服服杖也。是喪服之數故呼杖爲服。祝佐含斂先病。故先杖也。故子亦三日而杖。官長大夫士也。病在祝後。故五日。國中男女謂畿内民及庶人在官者服齊衰三月而除。必待七日者。天子七日而殯殯後嗣王成服故民得成服也。三月天下服者謂諸侯之大夫爲王繐衰既葬而除。近者亦不待三月。今據遠者爲言耳。何以知其或杖服或衰服。按喪大記及喪服四制云云。然四制云七日授士杖。此云五日士杖者崔氏云。此據朝廷之士。四制言邑宰之士也 嚴陵方氏曰。喪人之冠帶衣裳杖屨通謂之服此所謂服特指杖爾夫杖所以扶病也祝先服者力勞而先病故也言祝先服則子可知矣官長以對祝言之則力有勞逸以對子言之則恩有重輕故五日而后服杖也七日國中男女服三月天下服言各服其所服之服非謂杖矣蓋不特以恩有重輕故服有先後亦以地有遠近而聞訃有早晚故也

虞人致百祀之木可以爲棺椁者斬之不至者廢其祀刎武粉反其人

虞人掌山澤之官也天子之棺四重而椁周焉亦奚以多木爲哉畿內百縣之祀其木可用者悉斬而致之無乃太多乎畿內之美材固不乏矣奚獨於祠祀斬之乎廢其祀刎其人又何法之峻乎禮制若此未詳其說一云必命虞人致木不用命者然後國有常刑虞人非一

未必盡命之也

齊大饑黔敖為食（如字）於路以待餓者而食（嗣）之有餓者蒙袂輯（集）屨貿貿（茂）然來黔敖左奉（上聲）食右執飲曰嗟來食揚其目而視之曰予唯不食嗟來之食以至於斯也從而謝焉終不食而死曾子聞之曰微與（平聲）其嗟也可去其謝也可食

蒙袂以袂蒙面也輯屨輯斂其足言困憊而行蹇也貿貿垂頭喪氣之貌嗟來食歎閔之而使來食也從就也微與猶言細故末節謂嗟來之言雖不敬然亦非大過故其嗟雖可去而謝焉則可食矣（廬陵胡氏曰今之君子之急於祿食也嗟）

而不去不謝而食者多矣視餓者有愧也○臨川吳氏曰曾子之言君子之中餓者之操賢者之過也

邾婁定公之時有弒其父者有司以告公瞿屨然失席曰是寡人之罪也曰寡人嘗學斷斯獄矣臣弒君凡在官者殺無赦子弒父凡在宮者殺無赦殺其人壞怪其室洿烏其宮而豬焉蓋君踰月而后舉爵

瞿然驚怪之貌在官者諸臣也在宮者家人也天下之惡無大於此者是以人皆得以誅之無赦之之理惟父有此罪則子不可討之也君不舉爵以人倫大變亦教化不明所致故傷悼而自貶耳○疏曰豬是水聚之名

○石梁王氏曰註疏本作子弒父凡在宮者殺無赦爲

是

晉獻文子成室晉大夫發焉張老曰美哉輪焉美哉奐焉歌於斯哭於斯聚國族於斯文子曰武也得歌於斯哭於斯聚國族於斯是全要平聲領以從先大夫於九京原也北面再拜稽首君子謂之善頌善禱

晉獻舊說謂晉君獻之謂賀也然君有賜於臣豈得言獻疑獻文二字皆趙武謚如貞惠文子之類諸大夫發禮往賀記者因述張老之言輪輪囷高大也奐奐爛衆多也歌祭祀作樂也哭死喪哭泣也聚國族燕集國賓聚會宗族也頌者美其事而祝其福禱者祈以免禍也

張老之言善於頌。武子所荅善於禱也○鄭氏曰。晉卿大夫之墓地在九原○疏曰。領頸也。古者罪重腰斬。罪輕頸刑。先大夫文子父祖也○石梁王氏曰。歌於斯謂祭祀歌樂也。大夫祭無樂。春秋時或有之

仲尼之畜。許六反狗死使子貢埋之曰。吾聞之也。敝帷不弃。爲去聲埋馬也。敝蓋不弃爲埋狗也。丘也貧無蓋於其封窆也亦予上聲之席。毋使其首陷焉

狗馬皆有力於人。故特示恩也

路馬死埋之以帷

謂君之乘馬死則特以帷埋之。不用敝帷也○方氏曰。

魯昭公乘馬塹而死。以帷裹之。石林葉氏曰。帷蓋之近於身以爲障蔽者也。犬馬之畜於家以爲代禦者也。障蔽者濺。所不敢棄。而代禦者死。用以埋之。所謂仁之至義之盡也

季孫之母死。哀公弔焉。曾子與子貢弔焉。閽人爲去聲君在。弗內納也。曾子與子貢入於其廐而脩容焉。子貢先入。閽人曰。鄉去聲者已告矣。曾子後入。閽人辟避之

鄉者已告。言先已告於主人矣

涉內霤。卿大夫皆辟位。公降一等而揖之。君子言之曰。盡飾之道。斯其行者遠矣

內霤門屋後簷也。行者遠。猶言感動之大也○劉氏曰。此章可疑。二子弔卿母之喪。必自盡禮以造門。不當待

闇者拒而後脩容盡飾也且既至而闇人辭或當冊請於闇若終不得通退可也何必以威儀悚動之以求入耶其入而君卿大夫敬之者以平日知其賢也非素不相知創見其容飾之美而加敬也而君子乃曰盡飾之道斯其行者遠則是二子之德行不足以行遠惟區區之外飾乃足以行遠耶

陽門之介夫死司城子罕入而哭之哀晉人之覘宋者反報於晉侯曰陽門之介夫死而子罕哭之哀而民說悅殆不可伐也

陽門宋之國門名介夫甲士之守衛者宋武公諱司空

改其官名爲司城子罕樂喜也戴公之後覘闚視也
孔子聞之曰善哉覘國乎詩云凡民有喪扶匍服匐救之
雖微晉而已天下其孰能當之
孔子善之以其識治體也詩邶風谷風之篇扶服致力之義微無也夫子引詩而言宋國雖以子罕得人心可無晉憂而已然天下亦孰能當之甚言人心之足恃也一説微弱也雖但弱晉之强使不敢伐而已然推此意則民既悅服必能親其上死其長而舉天下莫能當之矣前説爲是長樂陳氏曰吳起吮一人之疽而隣敵莫抗段頴裹一人之瘡而西羌頓平然則司城子罕哭一介夫而民説其可伺隙抵巇而伐之哉覘者所以知微也兵法曰用閒有五是謂神紀又曰知彼

知已百戰不殆。古人之於兵，未嘗不用間，其知微如晉之覘者，蓋亦鮮矣，孔子所以善之也。所謂雖微晉而已，天下其孰能當之？仁不可爲衆故也。昔仲尼在衛，趙鞅折謀；干木處魏，秦人罷兵；謝安在晉，王猛知其不可伐；季梁在隋，楚子之兵不敢加；則子罕在宋，而天下不能當者，信矣。○石林葉氏曰：介夫至賤，子罕一哭之哀，而晉國覘之，不敢伐，聖知孔子以爲天下莫能當之。故曰治國不敢侮鰥寡，而况於士民乎。

魯莊公之喪，既葬，而經不入庫門。士大夫既卒哭，麻不入。

莊公爲子般所弒，而慶父作亂，閔公時年八歲，經葛經也。諸侯弁經葛而葬，葬畢，閔公即除凶服於庫門之外，而以吉服嗣位，故云經不入庫門也。士大夫則仍麻經，直俟卒哭，乃不以麻經入庫門。蓋閔公既吉服，不與虞與卒哭之祭，故羣臣至卒哭而除。記禍亂恐迫，禮所由

廢嚴陵方氏曰。君以葬爲節。臣以卒哭爲節者。君先除而後臣敢除故也。然此皆不能三年。則失禮之甚矣

孔子之故人曰原壤。其母死。夫子助之沐椁。原壤登木曰。久矣予之不託於音也。歌曰。貍首之斑然。執女手之卷拳然。夫子爲弗聞也者而過之。從去聲者曰。子未可以已乎。夫子曰。丘聞之。親者毋失其爲親也。故者毋失其爲故也

或問朱子原壤登木而歌。夫子爲弗聞而過之。待之自好。及其夷俟。則以杖叩脛。莫太過否。曰。這說却差。如壤之歌乃是大惡。若要理會。不可但已。只得且休。至其夷俟之時。不可不教誨。故直責之。復叩其脛。自當如此。若如今說。則是不要管他。却非朋友之道矣○胡氏曰。數

其母死而歌則壤當絶叩其夷踞之脛則壤猶故人耳。
盛德中禮見乎周旋此亦可見○馮氏曰母死而歌惡
有大於此者乎宜絶而不絶蓋以平生之素而事有出
於一時之不意者如此善乎朱子之言曰若要理會不
可但已只得且休其有以深得聖人之處其所難處者
矣○劉氏曰原壤母卒夫子助之治椁壤登巳治之椁
木而言久矣我之不託興於詠歌之音也如貍首之斑
言木文之華也卷與拳同如執女手之拳言沐椁之滑
膩也壤之廢敗禮法甚矣夫子佯爲不聞而過去以避
之從者見其無禮疑夫子必當巳絶其交故問曰子未

當已絶之乎。夫子言爲親戚者雖有非禮。未可遽失其親戚之情也。爲故舊者雖有非禮。未可遽失其故舊之好也。此聖人隱惡全交之意石林葉氏曰。孔子責原壤重於夷俟而畧於喪歌者。夷俟。禮之踞也。人道不可以不責。是以雖痛絶之不爲過。親喪而歌。豈止違禮而已哉。孔子聞而不問。見不可以教。問之則人道絶矣。故過之若不聞者。乃所以全故舊之恩。此夫子之道忠恕者也。方周之末世。有妻死鼓盆而歌自以爲達如莊周者。友死臨尸而歌自以爲禮如子反琴張者。蓋將以矯世。未必出其誠心。然不可施之於孔子之門。此夫子所以有時而抑揚與

趙文子與叔譽觀乎九原。文子曰。死者如可作也。吾誰與歸

文子晉大夫。名武。叔譽叔向也。言卿大夫之死而葬於、

此者多矣假令可以再生而起吾於衆大夫誰從乎文子蓋設此說欲與叔向共論前人賢否也

叔譽曰其陽處父乎文子曰行并植（直吏反）於晉國不沒其身其知（去聲）不足稱也

處父晉襄公之傅并者兼衆事於己是專權也植者剛強自立之意所行如此故為狐射姑所殺不得善終其身是不智也

其舅犯乎文子曰見利不顧其君其仁不足稱也

叔譽又稱子犯可歸文子言子犯從文公十九年于外及反國危疑之時當輔之入以定其事乃及河而授璧

以辭此蓋爲他日高爵重禄之計故以此言要君求利也豈顧其君之安危哉是不仁也

我則隨武子乎利其君不忘其身謀其身不遺其友晉人謂文子知人

文子自言我所願歸者惟隨武子乎武子士會也食邑於隨左傳言夫子之家事治言於晉國無隱情蓋不忘其身而謀之知也利其君不遺其友皆仁也

文子其中退然如不勝升衣其言吶吶如劣反然如不出諸其口

中身也見儀禮鄉射記退然謙卑怯弱之貌吶吶聲低

而語緌也。如不出諸其口。似不能言者

所舉於晉國管庫之士七十有餘家生不交利。死不屬燭其子焉

管。鍵也。即今之鎖。庫之藏物。以管爲關閉之限。管庫之士。賤職也。知其賢而舉之。即不遺友之實。雖有舉用之恩於其人。而生則不與之交利。將死亦不以其子屬託之。廉潔之至長樂陳氏曰。君子之尚友。以一鄉爲未足。則友於一國。以一國爲未足。則友之天下。以天下爲未足。則尚論古之人。此文子叔譽所以論死者之可作也。叔譽以陽處父與舅犯爲可與歸。文子則謂處父不足於智。舅犯不足於仁。不若隨武子之愈。蓋太剛則易屈。太直則易折。植者。剛直而自立者也。處父并竊之。其智不足稱矣。懷利者有己。懷仁者有君。舅犯見利而不顧君。其仁不足稱矣。隨武子則利其君仁也。

不忘其身謀諸其身智也不遺其友義也二人於仁智爲不足武子於仁智義則兼而有之其身退然如不勝衣而其所爲足以勝大事其言吶吶如不出諸口而其所舉足以盡衆賢蓋管庫之士賤而難知七十有餘家衆而難辨文子之所舉雖賤不遺雖衆不繆豈非長於知人哉然則文子之成室不免張老之所戒樂奏肆夏自文子始其奢僭如此而謂生不交利向也蓋奢僭在己交利在人

叔仲皮學效子柳叔仲皮死其妻魯人也衣咨衰而繆摎經叔仲衍以告請繐歲衰而環經曰昔者吾喪姑姊妹亦如斯末吾禁也退使其妻繐衰而環經

繆絞也謂兩股相交五服之經皆然惟弔服之環經一股○疏曰言叔仲皮教訓其子子柳而子柳猶不知禮叔仲皮死子柳妻雖是魯鈍婦人猶知爲舅著齊衰而

首服繆經。衍是皮之弟子柳之叔見當時婦人好尚輕細。告子柳云。汝妻何以著非禮之服。子柳見時皆如此。亦以爲然。乃請於衍令其妻身著繐衰首服環經。衍又答云。昔者吾喪姑姊妹亦如此繐衰環經。無人相禁止也。子柳得衍此言。退使其妻著繐衰而環經 嚴陵方氏曰。子柳雖受教於父。不若愚婦人之所爲也

成人有其兄死而不爲衰者。聞子皋將爲成宰。遂爲衰。成人曰。蠶則績而蟹有匡。范則冠而蟬有緌。而追反 兄則死而子皋爲之衰

成魯邑名。匡背殼似匡也。范蜂也。○朱氏曰。絲之績者

必由乎匡之所感。然蟹之有匡，非爲蠶之績也。竊背而已。首之冠者必資乎緌之所飾。然蟬之有緌，非爲范之冠也。竊喙而已。兄死者必爲之服衰。然成人之服衰，非竊兄之死也。竊子皐而已。蓋以上二句喻下句也。金華應氏曰：聞伯夷之風者頑夫廉，聞下惠之風者薄夫敦，聞子皐之風者悍夫悌，故兄之死有昔不爲衰者而今爲之衰也。一邑之宰如此，有國有天下者所任皆得其人，宜如何哉。是以仲尼相而無飲羊縱妻之民，楊綰相而有減騶省樂之效。風化之機係於人焉耳。蠶績范冠之謠，雖以戲夫民之爲服者未必出於誠心，實以喜子皐之孝行足以感不友不悌之俗。故周公之告康叔，不以弟之大不克恭者爲怒，而以克敬典者爲急。分正東郊之責，亦以孝友之君陳以感悟之，其機固不在多也。

樂正子春之母死，五日而不食，曰：吾悔之，自吾母而不得

吾情吾惡烏乎用其情

子春曾子弟子。矯爲過制之禮而不用其實情於母則他無所用其實情矣。此所以悔也

歲旱穆公召縣子而問然曰。天久不雨去聲吾欲暴步卜反尫汪而奚若

左傳註云。尫者瘠病之人其面上向。暴之者冀天哀之而雨也

曰。天則不雨而暴人之疾子。句虐。句毋乃不可與平聲

此言酷虐之事非所以感天

然則吾欲暴巫而奚若

巫能接神。冀神閔之而雨

曰。天則不雨而望之愚婦人句 於以求之。毋乃已疏乎

於以求之。猶言於此求之也已疏言甚迂闊也

徙市則奚若。曰。天子崩巷市七日諸侯薨巷市三日。爲去聲之徙市不亦可乎

徙。移也。言徙市又言巷市者謂徙交易之物於巷也。此庶人爲國之大喪憂戚罷市而日用所須又不可缺故徙市於巷也。今旱而欲徙市者行喪君之禮以自責也。縣子以其求之已而不求諸人。故可其說。然豈不聞僖公以大旱欲焚巫尪聞臧文仲之言而止。縣子不能舉

其說以對穆公而謂徙市爲可則亦已疏矣長樂陳氏曰先王之於旱也內則責諸己外則求諸神責諸己則有成湯之事宣王之行求諸神則巫以女巫舞以皇舞祭以雩禮以牲璧責諸己者本也求諸神則以爲文而已穆公不能責諸己又不知求諸神而欲暴尪與巫豈不惑哉

孔子曰衛人之祔也離之魯人之祔也合之善夫生既同室死當同穴故善魯○疏曰祔合葬也離之謂以一物隔二棺之間於椁中也魯人則合並兩棺置椁中無別物隔之○朱子曰古者椁合衆材爲之故大小隨人所爲今用全木則無許大木可以爲椁故合葬者只同穴而各用椁也

禮記集說大全卷之四

禮記集說大全卷之五

王制第五

疏曰。王制之作在秦漢之際。盧植云。文帝令博士諸生作

永嘉徐氏曰。王制一書。叙次三王四代之制度。蓋聖王所以經綸天地之大經而爲萬世法程者也。其書推明班爵制祿之法。祭祀養老之義。其立國之紀綱制度。講若畫一而不相踰越。三代所以享國長久。雖有辟王而維持者不亂。蓋得其道矣。周衰上無道揆。下無法守。諸侯壞亂法紀。以隳先王之制多矣。暴君汚吏慢其經界。而井田之制孟子僅聞其略。諸侯惡其害己皆去其典籍。而班爵祿之制孟子不聞其詳。凡先王之舊典禮經。蓋僅有存者。自秦變井地爲阡陌。壞封建爲郡縣。而分田制祿之法一切掃地。此漢儒思古而王制所爲作也

王者之制祿爵。公侯伯子男。凡五等

孟子言天子一位子男同一位

諸侯之上大夫卿下大夫上士中士下士凡五等

孟子言君一位凡六等○疏曰五等虞夏周同殷三等

公侯伯也　長樂劉氏曰王制者言爲天下之王作民父母者當立法度節制財用以安天下之民使不陷於凍餒故曰王制也易曰地上有水比先王以建萬國親諸侯言先王有親比萬民之道者必先建萬國親諸侯使之各養其民而敎之禮義也是以此經以建侯崇德爲首設官分職爲次皆所以皇建其有極也公侯伯子男凡五等者所以差其德而尊崇之于萬民之上俾之行道以爲其國表則也又設上大夫卿凡五等以佐佑其君之德奉天子之禮用其中於民者也○長樂陳氏曰公侯伯子男至中士下士爵也天子之田至君十卿禄禄也爵以貴之禄以富之非王爵之則無貴非王禄之則無富故周官太宰内史司士之於爵禄皆以詔王而已此所以言王者之制禄爵也制爵以德制禄以功德有厚薄故爵有崇卑功有多寡故禄有豐殺周

官凡言爵祿皆先爵而後祿記亦曰任官然後爵之位定然後祿之此先祿而後爵者蓋田不分不可以制祿祿不制不可以定爵先王量財以制用視祿以制爵然後無有餘不足之患矣然則爵祿者班爵祿之序也祿爵者制爵祿之序也由公至男凡五等皆君也由諸侯之上大夫卿至下士凡五等皆臣也君之德純故公侯伯子男無上中下之辨臣之德不必純故大夫士有上中下之差然皆止五等者五者天地之中數先王制法莫不本之故五典五禮五服五刑皆謂之天則制爵之等亦本其自然而已孟子曰天子一位公一位侯一位伯一位子男同一位凡五等君一位卿一位大夫一位上士一位中士一位下士一位凡六等此不同者此言制爵之法孟子言班爵之法制之出於天子故不必言天子班之首於天子與君故兼天子與君言之也制爵祿止於諸侯與其臣而不及王朝之臣者蓋制諸侯與其臣之祿則以農田爲差制王朝公卿大夫之祿則以諸侯爲視制爵之法亦若是而已此所以不言之也有爵者必有祿有祿者不必有爵廢人在官非有爵也而其祿有差則祿之所施非特有爵者而已故於其所制者不先以爵而先以祿也

天子之田方千里。公侯田方百里。伯七十里。子男五十里。
不能五十里者。不合於天子。附於諸侯。曰附庸
此言天子諸侯田里之廣狹。不能猶不足也。不合於天子者。不與王朝之聚會也。民功曰庸。其功勞附大國而達於天子。故曰附庸。天子以下皆言田而不言地者。以地有山林川澤原隰險夷之不同。若限以地里而不計田里。則井地不均。穀禄不平矣。里數有二。分田之里以方計。如方里而井是也。分服之里以家計。如二十五家爲里是也。後章言方千里者爲田九萬畝。此以方計者也。自恒山至于南河千里而近。此以家計者也。分服則

計道里遠近以爲朝貢之節。分田則計田畝多寡以爲賦祿之制。此所以爲均平也

馬氏曰。普天之下莫非王土。而天子則兼有之。故天子之田方千里。所以祿畿內之臣也。千里者。以開方之法計之。蓋萬里也。夫天子之田必以千里者。所以示其本大而末細。猶身之運臂。臂之使指也。蓋不千里。不足以服諸侯也。降於天子。則公侯而已。故公侯田方百里。以開方之法計之。蓋千里也。不千里則朝聘會遇之煩有所不給也。至於伯則又有殺焉。蓋伯則其國小其爵卑。而子男亦如之。故伯七十里。子男五十里。七十里者。以開方之法計之。七七四十九。蓋四百九十里也。五十里者。以開方之法計之。五五二十五。蓋二百五十里也○五峯胡氏曰。分天下有德有功者以地而不敢以天下自私。於是有百里七十里五十里不能五十里邦國之制焉。於是有君朝卿大聘大夫小聘王巡狩述職之禮樂法度焉。於是有千雉百雉三之一五之一九之一之高城深池焉。於是有井邑丘甸縣都之夫數焉。於是有十乘百乘千乘萬乘之車數焉。於是有伍兩卒旅師軍之制焉。於是有鄉大夫司徒樂正取士之法焉。邦國

之制廢而郡縣之制作。世襲之制亡數易之弊生。而民
無定志矣。述職之禮廢。上下之情不通。其弊有不可勝
言者矣。城池之制廢。而禁禦暴客威服四夷之法亡矣。
夫家之法廢。則民數不可詳矣。民數不可詳。則衆車不
可出。而軍師不隱於農矣。軍師不隱於農。坐食者衆而
公私困窮矣。又曰。制井田。所以制侯國也。制侯國。所以
制王畿也。王畿安强。萬國親附。所以保衛中夏。禁禦四
夷也。先王建萬國。親諸侯。高城深池徧天下。四夷雖虎
猛狼貪。安得肆其欲而逞其志乎。此
三王爲萬世慮。禦四夷之上策也

天子之三公之田視公侯。天子之卿視伯。天子之大夫視
子男。天子之元士視附庸

此言王朝有位者之田亦與孟子不同◯方氏曰。三公
而下食采邑於畿內。祿之多少以外諸侯爲差。元士。上
士也。與元子元侯稱元同。不言中士下士。則視附庸惟

上士也。永嘉徐氏曰。先王設官制禄。寰外諸侯自公侯至於附庸。王朝之臣自三公至於元士。受田相視。內外齊一。所以制天下偏重之患而使遠近若一也。夫分田之法。所以內必視夫外者。蓋先王之制出爲列國之君則入爲王朝之臣。所以一內外也。內爲三公稱公。外而諸侯亦稱公。故畢公爲保釐東土。衛侯以列入相于周。周公居東。復相成王。山甫徂齊。式遄其歸。或以三公居外復入爲內諸侯。所以出入均勞而內外之輕重不分也。春秋以來。鄭武公入爲周司徒。鄭莊公爲平王卿士。而滕侯亦曰我周之卜正。蓋畿外諸侯入備王官。先王所以一內外。此所以內諸侯之禄視外諸侯而爲之制也。是故三公則受百里之地。六卿則受七十里之地。二十七大夫則受五十里之地。而元士三等亦視附庸而受田

制農田百畝。百畝之分。去聲上農夫食嗣九人。其次食八人。其次食七人。其次食六人。下農夫食五人。庶人在官者。其禄以是爲差也。

此言庶人之田。井田之制。一夫百畝。肥饒者爲上農。墝瘠者爲下農。故所養有多寡也。府史胥徒之屬。皆庶人之在官者。其禄以農之上下爲差。多者不得過食九人之禄。寡者不得下食五人之禄。隨其高下爲五等之多寡也。李氏曰。孟子曰。分田制禄可坐而定也。又曰無君子莫治野人。無野人莫養君子。蓋以農夫而制禄。則治於人者必思所以養之。食於人者必思所以治之。凡示其不能交相無也。庶人之在官者其家亦授之田。周官之所謂官田也。禄足以代耕而又授之田。所以責其廉能廉善也。○嚴陵方氏曰。一夫一婦受田百畝。故農田之制。以百畝爲之率焉。雖均受百畝之分。然地有肥磽之異。計其一歲食人之數。或多或寡。此農夫所以有上下之別也。以食九人者爲上。食五人者爲下。則食八人至於食六人者爲中農夫可知。其詳雖有五等之別。其大畧不過三等而已。府史胥徒之類。其田則載師所謂官田是也。而又有工。有賈有奄有奚。位之高下不可得而詳。故祿之多寡不可得而定。此言其祿以農爲差。則多者不得過食九人之祿。寡者不得下食五人之祿可知。此言百畝之分。孟子言百畝之糞者。蓋分以均之而存乎法。糞以治之而存乎力。法出乎上。力出乎下。其言亦互相備也

諸侯之下士視上農夫。祿足以代其耕也。中士倍下士。上士倍中士。下大夫倍上士。卿四大夫祿。君十卿祿

此言大國也。視上農夫者。得食九人之祿也

次國之卿三大夫祿。君十卿祿。小國之卿倍大夫祿。君十卿祿

程子曰。孟子之時。去先王未遠。載籍未經秦火。然而班爵祿之制。已不聞其詳。今之禮書。皆掇拾於煨燼之餘。

而多出於漢儒一時之傅會。奈何欲盡信而句爲之解乎。然則其事固不可一一追復矣○朱子曰。孟子此章之說。與周禮王制不同。蓋不可考。闕之可也○方氏曰。次國小國不言大夫士者。多寡同於大國可知。由卿而上三等之國所異。由大夫而下三等之國所同者。蓋卿而上。其祿浸厚。苟不爲之殺。則地之所出不足以供。大夫而下。其祿浸薄。苟亦爲之殺。則臣之所養不能自給。此所以多寡或同或異也永嘉徐氏曰。先王量祿以分田。視口以計食。其品節差等上焉不至於過制。下焉不至於不足。諸侯下士享百畝之利。苟足以代耕免勞苦而已。雖不能有餘。而亦不至於不足。其餘自卿以下。其祿各殺以一。則無多邑踰制之失。諸侯分田雖多。祿入自有定數。亦無尾大不掉之

惠。此先王制禄之美意也

次國之上卿。位當大國之中。中當其下。下當其上大夫。小國之上卿。位當大國之下卿。中當其上大夫。下當其下大夫

此言三等之國其卿大夫頫聘並會之時尊卑之序如此。鄭云爵位同則小國在下。謂二人同是卿。則小國卿在大國卿之下。爵異固在上者。謂若大國是大夫。小國是卿。則位於大國大夫之上也

其有中士下士者。數各居其上之三分

鄭氏曰。謂其爲介。若特行而並會也。居。猶當也。此據大

國而言。大國之士爲上。次國之士爲中。小國之士爲下。士之數。國皆二十七人。各三分之。上九。中九。下九。○疏曰。今大國之士既定在朝會。若其有中國之士小國之士者。其行位之數。各居其上國三分之二。謂次國以大國爲上。而次國上九當大國中九。次國中九當大國下九。是各當其大國三分之二。小國以次國爲上。小國上九當次國中九。小國中九當次國下九。亦是居上三分之二也。是各居上之三分永嘉徐氏曰。先王分土惟有三。有大國小國次國之異。自三卿至於二十七士。其在國之祿則倍差之不同。其出國之聘則班列之有等。先王豈苟爲異哉。蓋使之安分而無覬覦。正名而不至於亂次。其辨上下。定民志者固如此。

凡四海之内九州。州方千里。州建百里之國三十。七十里之國六十。五十里之國百有二十。凡二百一十國。名山大澤不以封。其餘以爲附庸閒閑田。八州州二百一十國

九州。并王畿而言。此但言每一州所可容者如此。凡八州餘以例推。皆言畿外之制。下文始言天子畿内之制也

天子之縣内。方百里之國九。七十里之國二十有一。五十里之國六十有三。凡九十三國。名山大澤不以盼。其餘以禄士以爲閒田

鄭注畿内九大國者。三爲三公之田。又三爲三公致仕

者之田。餘三待封王之子弟也。次國二十一者。六為六
卿之田。又六為六卿致仕者之田。又三為三孤之田。餘
六亦待封王子弟也。小國六十三者。二十七大夫之田
并大夫致仕之田共五十四。餘九亦待封王子弟也。三
孤無職雖致仕猶可即而謀。故不副。愚意此無明證。皆
鄭氏臆說。況周制六卿兼公孤。則所餘之田尚多。然如
周召之支子在周者皆世爵祿。則累朝之王子弟。未必
能盡有所封也○疏曰。畿外諸侯有封建之義。故云不
以封。畿內之臣不世位有朌賜之義。故云不以朌○朱
子曰。恐只是諸儒做箇如此算法。其實不然。建國必因

山川形勢。無截然可方之理。又曰。非惟施之當今。有不可行。求之昔時。亦有難曉 ○石梁王氏曰。天子縣內以封者。或三分之一。或半之。又除山川城郭塗巷溝渠則奉上者幾何嚴陵方氏曰。名山。若魯之泰山。晉之梁山之類。大澤。若豫之孟豬。楚之雲夢之類。山澤之大者則必有其名焉。於山曰名。於澤曰大。蓋互言之爾。名山大澤。神物之所藏。寶貨之所出。非外內諸侯所得專而有之。故於外則不以封。於內則不以盼焉。外則虔土而封之使傳嗣也。故曰封。內則分邑以盼之使食祿而已。故曰盼

凡九州千七百七十三國。天子之元士。諸侯之附庸不與去聲

九州而千七百七十三國。者內一州為王圻容九十三

國外八州容一千六百八十國并畿內爲千七百七十三國也。元士附庸不與者。以上文所筭止五十里。而元士附庸皆不能五十里故不與也○石梁王氏曰。註引千八百國之說。謂夏制要服內七千里。與五服五千之言不合

天子百里之內以共恭官。千里之內以爲御

共官。謂供給王朝百官府文書之具。泛用之需。御謂凡天子之服用。蓋皆取之租稅也○方氏曰。以百里所出之少。資百官之所共。疑若不足。然卑者所稱。不爲不足。以千里所出之多爲一人之御。疑若有餘。然尊者所稱

不爲有餘。且以其近者與人。則欲其易給而無勞。以其遠者奉己則欲其難致而有節。百里之內非不以爲御也。要之以共官爲主耳。千里之內非不共官也。要之以爲御爲主耳馬氏曰。官者官爵之所用而其用輕。故取百里。以近地之所出者給之。御者。天子之所用而其用重。故取千里。以遠地之所出者給之千里之外設方伯。五國以爲屬。屬有長。十國以爲連。連有帥。三十國以爲卒。卒子忽反卒有正。二百一十國以爲州。州有伯。八州八伯五十六正。百六十八帥。三百三十六長。八伯各以其屬屬於天子之老二人。分天下以爲左右。曰二伯

春秋傳曰。自陝以東周公主之。自陝以西召公主之。此

即天子之上公，分主天下之侯國也。八伯爲八州之伯。二伯則天下之伯也。嚴陵方氏曰：方伯，即州伯也。王畿居中，八州居外，各設一方伯焉。長言其足以長人也。所謂比長之長亦若是爾。帥，言所帥者衆，非特長之而已。所謂師帥之帥亦若是爾。正，言正於一而上，非特帥之而已。所謂黨正之正亦若是爾。伯亦長也，必謂之伯，則以成德稱之。以其爲一州之長，非成德不足以當之故也。所謂宗伯之伯亦若是爾。夫能長人，然後能帥衆；能帥衆，然後能正於一；正於一，然後其德成焉。故其序如此。正也，帥也，長也，蓋八伯之屬也。八伯又二伯之屬也。故曰八伯各以其屬屬於天子之老二人。然二伯又謂之老者，以其居人臣之極位，不特貴乎有其德，又貴乎有其年故也。國有國老，鄉有鄉老。皆以是而已。○永嘉徐氏曰：先王衆建諸侯而設方伯連帥之職，或以子男附庸之屬不能專達於天子，故貢賦朝聘之數悉使之聽命於牧伯，此特其一節耳。夫先王舉天下以封建諸侯，而缺然無所紀綱於其間，則强弱有以相吞，而大小無以相維，甚非經久長治之策也。蓋方伯連帥之設，所謂褒表功德，關諸盛衰，深根固本爲不可撥者也。其所係大矣哉。

千里之内曰甸。千里之外曰采曰流

方氏曰。甸服四面五百里。則爲方千里矣。王畿千里之外莫近於侯服。而采又侯服之最近者。莫遠於荒服。而流又荒服之最遠者。舉其最遠最近。則綏要之服在其中矣。李氏曰。采於侯服爲尤近。流於荒服爲極遠。九州舉内以見外。四海舉外以包内

天子三公。九卿。二十七大夫。八十一元士

石梁王氏曰。唐虞稽古。建官惟百。夏商官倍。註獨引明堂位。謂夏官百。非也嚴陵方氏曰。三公之數。則取陽數而成也。九卿則倍公而三之也。二十七大夫。則又倍卿而三之也。八十一元士。則又倍大夫而三之也。天子理陽道。於建官之數。每準於陽焉。后

治陰德。亦以是爲數者。特從夫而巳。夫位尊者其事約而總。位卑者其事詳而分。故官之法。位愈卑而數愈倍焉。以周官言之。大宰上士八人。中士十有六人。下士旅三十有二人。則中下之士互相倍可知。而此不言者。以陽數窮於九。九九。故止八十一元士終焉。若黃鍾律終於八十一數○劉氏孟治曰。職之隆者事益簡。職之卑者事益衆。故三公所以論道經邦。佐天子。理萬機。調萬化。國有大事而有大興作大利害。則有卿焉。等而下之。或典禮樂。或任簿書。此九卿則三倍於公。大夫又三倍於卿。元士又三倍於大夫也

大國三卿皆命於天子。下大夫五人。上士二十七人。次國三卿。二卿命於天子。一卿命於其君。下大夫五人。上士二十七人。小國二卿皆命於其君。下大夫五人。上士二十七人

馬氏曰。天子六卿。而二卿一公故有三公。而六卿之中

又有三孤焉。天子六卿而大國三卿。乃其統之屬也。至於大夫士。則又三卿之屬焉。下大夫五人。二卿之下下大夫各二人。一卿之下下大夫一人。周官所謂設其參。即三卿也。傅其伍。即下大夫五人也。陳其殷。即上士二十七人也。有上中下之大夫而獨言下大夫者。對卿而言也。其實大夫有上中下之辨。士亦有上中下。而獨言上士者。對府史而言也。其實士又有上中下之異。永嘉徐氏曰。先王建萬國。親諸侯。聖人觀地上有水之象爲之。非其不得已也。中畿千里。環列五服。選賢建德。與之共理。其維之有法。其御之有道。聖人所以與天下爲功。而非私其力以爲己也。試觀其內諸侯祿外諸侯嗣。內外非有輕重。而又更出迭入爲之。諸侯不得以久其權也。列國之卿命于天子。王臣布在諸侯之國。而諸侯每歲貢士實在王都。諸侯又不得私其人也。聖人封建之大權。其內外相維。可見於此矣。且大國三卿命於天子。則朝廷所自命者也。小國二卿命於其君。則君命之者也。夫國之大者宜專其命。國之小者宜自上出也。命其大不命其小。聖人控制大邦。優假小國之意深矣

天子使其大夫爲三監。監去聲監平聲於方伯之國。國三人

監者監臨而督察之也。自王朝出權亦尊矣。一州三人。則二十四人也。此大夫之在朝必無職守者使有常職。豈可遣乎。不然則特命也。嚴陵方氏曰。方伯專征於一方。其權實重焉。天子不可不大爲之防。每國三人。故謂之三監。必以三人爲率者。則與三公同義。不使卿爲之。止使大夫爲之。以見天子之尊。雖使其大夫。固足制於方伯故也。若書所謂三監。名義雖同。而人則異焉○金華應氏曰。方伯者。天子所任以總乎外者也。又有監以臨之。蓋方伯權重則易專。大夫位卑則不敢肆。此大小相維。內外相統之微意也

天子之縣内諸侯祿也外諸侯嗣也

畿内之地王朝百官食祿之邑在焉畿外乃以封建使其子孫嗣守然内亦謂之諸侯者三公之田視公侯卿視伯大夫視子男元士視附庸也嚴陵方氏曰内諸侯則公卿大夫士是也外諸侯則公侯伯子男是也夫祿所以養其人嗣所以傳其國内諸侯臣道也止養其人而已外諸侯君道也故傳其國焉經亦曰諸侯世子世國大夫不世爵蓋謂是矣○石林葉氏曰内之公卿大夫其受田視公侯伯子男固亦通稱爲諸侯也内以世祿爲主而有賢者亦得世爵外以世爵爲主而不賢亦止於世祿然則諸侯之子自非大惡猶得襲位而公卿大夫之子必賢而後爵豈輕内而重外乎蓋古者公卿大夫有功德則出封爲諸侯是在外之世爵者乃内之世祿臣也至諸侯有功德亦必入而爲公卿是在内之世祿者或在外之世爵諸侯也内外更易而輕重所以均者此先王之仁政也

制三公一命卷袞若有加則賜也不過九命

制者言三公命服之制也命數止於九天子之三公八命著鷩冕若加一命則爲上公與王者之後同而著袞冕故云一命袞若爲三公而有加袞者是出於特恩之賜非例當然故云若有加則賜也人臣無過九命者大宗伯再命受服與此不同○馬氏曰三公袞服有降龍無升龍

次國之君不過七命小國之君不過五命大國之卿不過三命下卿再命小國之卿與下大夫一命

方氏曰大國之卿不過三命下卿再命則知次國之卿

再命一命也。小國之卿與下大夫一命。則知三等之國其大夫皆一命而已。大國對下卿言。卿指上中可知。小國特言卿則兼三等之卿可知。言下大夫而不及上中者。蓋諸侯無中大夫。而卿即上大夫故也。前言上中下之所當與此不同者。位雖視其命不能無詳略之異也

永嘉徐氏曰。古者設官之制。其爵以五。其命以三。自上公九命至於子男五命。品級異等而不可亂。自上公家冕。侯伯鷩冕。至於子男毳冕。儀章異數而不可越。周官典命掌諸侯之五儀。諸臣五等之命。司服自公之服至子男之服。所衣之服。必從其命。其命不差。則其服不僭。先王所以正名分而章服采也。故嘗論衣服之制。自黃帝堯舜取諸乾坤以爲衣裳。蓋法天地以制爲上下之服。非私自創立之也。虞夏之制。天子祭服。自日月以下十有二章。蓋會天地萬物於一身。以照臨百官。文采物色。靡一不備。而皋陶謨所載五服五章以命有德。謂之

天命自天子十二章至卿大夫之三章其別為五如天造地設不可紊也公之袞冕其章數同於王而其旒數則異故上公之袞無升龍而旒則以九固自有等殺也豈曰公之服與王同而得純用之無所等倫於其間哉

凡官民材必先論之論辨然後使之任事然後爵之位定然後祿之爵人於朝與士共之刑人於市與衆棄之

論謂考評其行藝之詳也論辨則材之優劣審矣任事則能勝其任矣於是爵之以一命之位而養之以祿焉

○疏曰爵人於朝殷法也周則天子假祖廟而拜授之刑人於市亦殷法謂貴賤皆刑於市周則有爵者刑于甸師氏也

馬氏曰凡民之材有大小之不同其德則有知仁聖義中和其行則有孝友睦婣任恤其藝則有禮樂射御書數凡官民材必先論之論之者論其德行道藝之實而視其材之所有也論之已辨然後

使之任其事也才足以充公卿之任則使之爲公卿才
足以充大夫士之任則使之爲大夫士故任之事然後爵
之爵有高下則禄有厚薄位者視其爵禄之高下而禄
者稱其爵之等差也故曰任事然後爵之位定然後禄
之凡此皆以官民之材也下又曰司馬辨論官材論進
士之賢者以告于王而定其論至位定然後禄之亦與
此同意也周官曰以德詔爵以能詔事所謂德者即賢
之謂以能詔事者乃任事者也蓋司馬辨論官材論國
中之士也凡官民材者兼萬民而言之也養國中之士
與養萬民之士蓋有以異也論國中之士其法則致詳
故考校於中年論萬民之士其法則致畧故三年然
後論之雖其考校之法有異而其論辨之意則同也

是故公家不畜刑人大夫弗養士遇之塗弗與言也屏之四方唯其所之不及以政示弗故生也

公家不畜刑人舊說以爲商制以周官墨者守門劓者
守關宫者守内刖者守囿髡者守積也唯其所之者量

其罪之所當徃適之地而居之。如虞書五流有宅。五宅三居是也。不及以政賦役不與也。示弗故生。不授之田。不賙其乏。示不故欲其生也。嚴陵方氏曰。爵所以及有德陽之事也。朝在南則陽之所也。刑所以加有罪陰之事也。市在北則陰之所也。朝者士之所立。故言與士共之。市者衆之所會。故言與衆棄之。蓋有德者人之所共予。有罪者人之所共棄。上言共下。言棄互相備也。凡此以見人君之所好惡非出於一人之私情爾。畜亦養也。謂之畜則所養者衆矣。於公家言畜。於大夫言養。大小之別也。至於士則又不嫌於不養特遇之。塗弗與之言而已。○馬氏曰。爵者天之所以命有德。刑者天之所以討有罪。人心從則天意亦從。故聖人之制爵刑。不拂百姓以從己之欲。而與衆共之也。此與孟子所謂國人皆曰賢然後用之。國人皆曰可殺。然後殺之同意。公家勢足以畜之。大夫勢足以養之。士者其勢不足以畜。不足以養。故弗與言也。夫自棄者。先王亦從而棄之。故屏之四方。示弗戮也。自暴者。先王亦從而暴之。故不及以政。示弗生也。然則好生者。

聖人之大德。而自棄自暴者。不足與有爲也。不足與有言也。○劉氏孟治曰。君。天也。君之喜怒賞罰。天之雨露雷霆也。福善禍淫。天之賞罰也。舉善去凶。人君之賞罰也。天豈能日求天下之善惡者罪福之。人君亦豈能一一賞罰天下之善惡哉。亦取其尤以示於衆而已。爵人於朝。所以勸君子。士之所共樂也。刑人於市。所以懲小人。衆之所共惡也。君子聚於朝。故爵人於朝。衆人會於市。故刑人於市。以此見人君之喜怒。非一人之私焉。刑人者。人君所以懲惡。衆人所棄。故公家及大夫士皆遠之。惟其所之。言流放竄逐。任其所往

諸侯之於天子也。比年一小聘。三年一大聘。五年一朝

比年。每歲也。小聘使大夫。大聘使卿。朝則君親行

天子五年一巡守

舜典曰。五載一巡守。周官大行人曰。十有二歲。王巡守殷國。孟子曰。巡守者。巡所守也。長樂陳氏曰。朝覲宗遇。會同之禮也。存頫省聘。

問臣之禮也諸侯之於天子聘所以通好朝所以述職通好不欲疏故比年一小聘述職不欲數故五年一朝○嚴陵方氏曰朝必以五年爲節五爲天地相合之數君臣之際有天地之義焉故其朝聘巡守皆取數以五爲節焉

歲二月東巡守至于岱宗柴而望祀山川覲諸侯問百年者就見之

歲二月當巡守之年二月也岱泰山也宗尊也東方之山莫高於此故祀以爲東岳而稱岱宗也柴本作祡今通用燔燎以祭天而告至也東方山川之當祭者皆於此望而祀之遂接見東方之諸侯問有百歲之人則即其家而見之以其年高故不召見也

命大（泰）師陳詩以觀民風命市納賈（嫁）以觀民之所好（去聲）惡（去聲）志淫好辟（僻）

大師樂官之長詩以言志采録而觀覽之則風俗之美惡可見政令之得失可知矣物之供用者皆出於市而價之貴賤則係於人之好惡好質則用物貴好奢則侈物貴志流於奢淫則所好皆邪僻矣

命典禮考時月定日同律禮樂制度衣服正之

典禮掌禮之官也考時月定日即舜典所云協時月正日也考校四時及月之大小時有節氣早晚月有弦望晦朔日有甲乙先後考之使各當其節法律禮樂制度

衣服皆王者所定。天下一君。不容有異。異則非正矣。故因巡守所至而正其不同者使皆同也。嚴陵方氏曰。天子分土建國命諸侯以守之。未必人人稱職也。故五年一巡而省之。巡守者。巡所守而已。蓋諸侯非徒守天子之土。亦所以守天子之法。天子巡之。將以脩其法而已。天子之法至周詳矣。方虞夏之際。其爲法尚未能詳。故其脩之宜數也。春王東方而東巡守。所以順天時也。行必以仲月者。以見巡守之禮無適而不用中焉。五月八月十一月巡守。其義亦若是而已。岱宗者。蓋岱。泰山也。宗者。尊也。以其爲五岳之長。故祀之爲東岳而稱其名爲岱宗也。於東言岱。則知南之爲衡。西之爲華。北之爲恒矣。巡守必居方岳之下者。依名山而居。使諸侯知所趨故也。柴而望祀山川。即詩時邁言巡守告祭柴望是也。以天之高故燔柴以上達。以山川之遠故望而祀之。皆所以告至而已。問百年者。就見之。所以乞老者之言也。詩所以言志。風所以從上。詩言之哀樂足以見民風之厚薄。民風之厚薄足以知上政之得失。故命大師陳詩焉。志淫言所志之淫。好辟言所好之辟。民之所志所好不必皆淫辟然止以是爲言者蓋觀之所以防其淫辟故也貫即價也王者必班曆以一天下正朔故巡守則考時月焉作曆者不能無贏縮及其久也日不能無差故巡守則必定日焉蓋考之慮其不一定之欲其無差律有陰陽禮有隆殺樂有清濁制有小大度有長短衣服有文質未嘗同也此所謂同欲其同出於天子而已同出於天子則正於一故終言正之同則所以正之故也○延平周氏曰告至然後覲諸侯神人之序也覲諸侯然後就見百年之有道者貴賤之序也就見百年者所以訪時政之得失既訪時政矣然後觀民風故命陳詩既觀民風矣然後觀民情故命市納賈以觀其美惡好非其所好惡非其所惡則志淫好辟可知矣而復言之者示其尤在所致詳也命典禮以考正之者乃其所終始者也定於考爲詳正於定爲畧

山川神祇有不舉者爲不敬不敬者君削以地

凡祭有其舉之莫敢廢也故不舉者爲不敬山川地之望也故削地焉

宗廟有不順者爲不孝不孝者君絀以爵

宗廟不順如秦昭穆之次失祭祀之時皆不孝也爵者祖宗所傳故絀爵焉

變禮易樂者爲不從不從者君流革制度衣服者爲畔畔者君討

不從違戾也流者竄之遠方討者聲罪致戮孟子曰天子討而不伐此章四君字皆謂國君

有功德於民者加地進律

應氏曰律者爵命之等加地而進之所以示勸也嚴陵方氏曰不舉其祭祀之禮者爲不敬不順其昭穆之序者爲不孝削地所以貶其國絀爵所以貶其身神祇衆矣止

以山川爲言者蓋諸侯之所守以山川爲大故也天曰
神地曰祇此以山川爲神祇者自其無所屈言之皆可
謂之神自其有所别言之皆可謂之祇也禮外也故可
變樂内也特可易而已此淺深之别從則隨而有所順
畔則敵而有所逆言不從則未至於畔也特爲不從而
巳所以爲輕重之别也流則放之唯其所之討則以法
而致其誅焉夫巡守國所以同律禮樂制度衣服正之
也則其變禮易樂革制度衣服者必流討其君豈爲過
哉○長樂陳氏曰不敬則無禮矣不孝則不仁矣不從
與畔則不道矣無禮未至於不仁不孝未至於不道此
所以削地而後絀爵絀爵而後流討也削絀流討而繼
之以加地進律者退不肖而後可以進賢故也易大有
遏惡而後揚善詩巧言先如怒而後如祉皆禮意也○
長樂劉氏曰就見百年之老則民不敢慢於其親釆察
萬民之詩則國不敢瀆於其化觀其百物之價則民不
敢淫於所好考其正朔之協則事不敢違於其時同其
律度之程則民不敢輕於其信爵其宗廟之祀則下不
敢忘於其先謹其禮樂之行則民不敢悖於其中執其
制度之常則臣不敢肆於其僭賞其功德之懋則下不
敢怠於其脩凡是十者邦之大典也先王所以仁民之

綱而御諸侯之大柄也

五月南巡守至于南嶽。如東巡守之禮。八月西巡守至于西嶽。如南巡守之禮。十有一月北巡守至于北嶽。如西巡守之禮。歸假格于祖禰。用特

假。至也。歸至京師。即以特牛告至于祖禰之廟。嚴陵方氏曰。天子之出必造乎禰。及其歸也必假于祖禰。出而造之。所以象生時之必告也。歸而假之。所以象生時之必面也。所特。一牛也。用特以見約焉。先王菲飲食而致孝乎鬼神所不敢約也。然其約如此。則巡守之不爲煩費可知

天子將出。類乎上帝。宜乎社。造乎禰。諸侯將出。宜乎社。造乎禰

類。宜。造。皆祭名。後章言天子將出征。則此出爲巡守也。

諸侯則朝覲會同之出歟石林葉氏曰。天子君也。君則天道。故類乎上帝。諸侯臣也。臣則地道。故宜乎社。○李氏曰。類。其禮有類于正祭也。宜。其義有稱于事也。造。造而告之也。天神遠人而尊。故言禮以致其敬。地祇近人而親。故言義以致其意。于祖禰。則以生道事之而已。故告以道其事。類乎上帝。宜乎社。造乎禰。尊卑之序也。泰誓曰。受命于文考。類于上帝。宜乎冢土。告之先後之序也

天子無事與諸侯相見曰朝。考禮正刑。一德以尊于天子無事。無死喪寇戎之事也。考禮者。稽考而是正之。使無違僭也。正刑者。行以公平。使無偏枉也。一德。無貳心也。

三者皆尊天子之事

天子賜諸侯樂。則以柷昌六切將之。賜伯子男樂。則以鼗將之

柷。形如漆桶。方二尺四寸。深一尺八寸。中有椎柄。連底撞之令左右擊。所以合樂之始。𣫍。如鼓而小有柄持而搖之。則旁耳自擊。所以節樂之終。將之。謂使者執此以將命也○䟽曰。柷節一曲之始其事寬。故以將諸侯之命。𣫍節一唱之終。其事狹。故以將伯子男之命

諸侯賜弓矢然後征。賜鈇鉞然後殺

鈇莝斫刀也。鉞。斧也

賜圭瓚然後爲鬯。未賜圭瓚則資鬯於天子

圭瓚璋瓚皆酌鬯酒之爵。以大圭爲瓚之柄者曰圭瓚。釀秬鬯爲酒。芬香條鬯於上下。故曰鬯。祭酒灌地降神

必用鬯故未賜圭瓚則求鬯於天子賜圭瓚然後得自

爲也

馬氏曰春朝夏宗秋覲冬遇皆所以爲朝也禮與刑天子之所出而諸侯則謹其法而已所謂一德者使之同謀協慮而不敢有二心也凡此皆所以尊于天子征與殺先王所以致天討弓矢鈇鉞皆先王之所以致天討之器諸侯必俟天子之賜然後得以征伐者蓋臣無有作威而所用則惟君之所賜而已以征對殺則殺爲重以弓矢對鈇鉞則鈇鉞爲重諸侯之出討有罪則未賜鈇鉞而不敢殺則亦征之而已記曰獻莫重於祼則是鬯爲禮之至也孔子亦曰鬯者敬之至也以鬯爲敬之至則天子之未賜圭瓚則諸侯有所不敢也雖然宗廟之禮不可廢未賜圭瓚則資鬯於天子而所用者璋瓚而已○嚴陵方氏曰考禮者考天之禮而行之也正刑者正天子之刑而用之也行天子之禮則禮樂自天子出矣用天子之刑則征伐自天子出矣禮樂征伐皆出自天子則諸侯豈有異心者哉故能一德以尊于天子也弓矢利以用於遠鈇鉞利以用於近征者以行於遠爲主故賜弓矢然後得專征殺者以制於近爲主故賜鈇鉞然後得專殺鬯即秬鬯也秬黍一稃

二米和氣所生以爲酒曰鬯以其至和之氣鬯焉故也

天子命之教然後爲學小學在公宮南之左大學在郊天子曰辟廱諸侯曰頖宮

疏曰百里之國國城居中面有五十里二十里置郊郊外仍有三十里七十里之國國城居中面有三十五里九里置郊郊外仍有二十六里五十里之國國城居中面有二十五里三里置郊郊外仍有二十二里此是殷制若周制則畿内千里百里爲郊諸侯之郊公五十里侯伯三十里子男十里近郊各半之天子諸侯皆近郊半遠郊此小學大學殷制周則大學在國小學在西郊

辟明也。雍和也。君則尊明雍和於此學中習道藝使天下之人皆明達諧和也。頖之言班。所以班政教也○張子曰。辟雍古無此名。蓋始於周。周有天下遂以名天子之學。說文云。頖宮。諸侯鄉射之宮也○舊說辟雍水環如璧。泮宮半之。蓋東西門以南通水北無水也臨川王氏曰。天下不可一日無教。學不可一日廢於天下。王制所謂命之教然後爲學者。何也。曰。學固不可一日無於天下。然其教不可不資之天子。資之天子。道德所以一也。命之教然後爲學。禮乎。曰。立諸侯矣。未有不命之教而不得立學也。蓋古之立國也。必資禮於天子。所謂命之教矣○嚴陵方氏曰。命之教然後爲學。所以一道德也。言小學在左。則以見大學之在右。言大學在郊。則以見小學之在國。小學所以處學之小者。大學所以處學之大者。若洒掃應對之類。則小學之道也。若致知格物之類。則大學之道也。小學之道。方生而進。大學之道。已成而定。

方生而進者宜養之於内已成而定者可達之於外故或在國或在郊者以此爲制也

天子將出征類乎上帝宜乎社造乎禰禡馬怕反於所征之地受命於祖受成於學

禡行師之祭也受命於祖卜於廟也受成於學決其謀也

出征執有罪反釋奠于學以訊馘告

獲罪人而反則釋奠于先聖先師而告訊馘焉訊謂其魁首當訊問者馘所截彼人之左耳告者告其多寡之數也長樂陳氏曰造乎禰則造于祖可知受命于祖則受命于學可知受命于社可知受命于學則謀始於朝可知類宜造禡先後之次受命受成尊卑之次訊者問其首馘者截其耳釋奠于學而告之者以學者文德之地征者威

武之事。於其文德之地告以成武之功。以明用武以文任威以德而已。此僖公所以在頖獻馘。而國人所以頌其文武也

天子諸侯無事則歲三田。一爲乾干豆。二爲賓客。三爲充君之庖

無事無征伐出行喪凶之事也。歲三田者謂每歲田獵皆是爲此三者之用也。乾豆。腊之以爲祭祀之豆實也。

○疏曰。先宗廟次賓客者。尊神敬賓之義。長樂陳氏曰。蒐苗獮狩必法於田。故皆謂之田。田有三禮。故謂之三田。則猶祭八神謂之八蜡也。田必於無事之時。則異夫好田獵畢弋不恤民事與喪荒者也。乾豆所以祭祀。祭祀而後賓客而後充庖。此屬卦先所養而後所自養之意也。祭祀賓客以上殺次殺。充庖以下殺。厚所養而薄所自養也。周官太宰之九式。先祭祀賓客之式而後羞服。內饔

先祭祀燕飲之割亨而後羞膳。邕人臨人先祭祀賓客之薦羞而後內羞。醯人先祭祀賓客之醯而後王之飴醢。是亦先所養而後自養之意也。○嚴陵方氏曰。事謂喪荒之類。天子諸侯於無事之歲然後田。則其田也可謂有節矣。春蒐夏苗秋獮冬狩。則田所行之時也。乾豆賓客充君之庖。則田所爲之事也。所行之時有四。所爲之事有三。故曰歲三田也。與易言田獲三品同義。所謂三田如是而已。公羊氏以夏不田誤矣。夫乾豆所以奉神。賓客所以奉人。充庖所以奉已。先神而後人。先人而後已。故其序如此

無事而不田曰不敬。田不以禮曰暴天物。天子不合圍。諸侯不掩羣

書曰暴殄天物。合圍。四面圍之也。掩羣者掩襲而舉羣取之也　馬氏曰。謂祭無益。故無事而不田曰不敬。謂暴無傷。故田不以禮曰暴天物。無事而田。非以從獸無厭。蓋田者所以供祖廟。可田而不田。則是謂祭無益也。故曰不敬。田雖以殺爲上。而殺之中。又有禮焉。故

曰不以禮雖爲之詭遇一朝而獲十君子不取也

天子殺則下大綏綏諸侯殺則下小綏大夫殺則止佐車佐車止則百姓田獵

殺獲也獲所驅之禽獸也綏旌旗之屬也下偃仆之也佐車即周禮驅逆之車驅者逐獸使趨於田之地逆者要逆其走而不使之散亡也此言田獵之禮尊卑貴賤之次序馬氏曰自天子不合圍至百姓田獵此田以禮之事也天子勢足以合圍故曰不合圍諸侯勢足以揜羣故曰不揜羣此非特田之以禮又示其有愛物之仁也

獺祭魚然後虞人入澤梁豺祭獸然後田獵鳩化爲鷹然後設罻尉羅草木零落然後入山林昆蟲未蟄不以火田

不麛迷不卵不殺胎不殀於表反夭烏老反不覆芳六反巢

梁絕水取魚者周禮註云水堰也堰水爲關空以笱承
其空月令仲春鷹化爲鳩此言鳩化爲鷹必仲秋也罻
羅皆捕鳥之網麛獸子之通稱殀斷殺之也夭禽獸之
稚者此十者皆田之禮順時序廣仁意也長樂劉氏曰天生萬物以
時聖人賛之以德地生萬物以氣聖人賛之以禮德正
於內則時罔不和禮正於外則氣罔不順和順鍾於萬
物則生成不失其宜和順浹於人心則動用不違於法
此聖王所以盡人之性於上而盡萬物之性於天下也
堯舜禹湯文武之爲道莫不以是先焉乃能嗣天以仁
而使萬物各正其性命也故取之各有其時則物得以
曲遂其生而材無不成矣用之各有其制則民得以禮
節其欲而德罔不礪矣○嚴陵方氏曰獺祭魚蓋孟春
之月也豺祭獸蓋季秋之月也魚陰物也其性隨陽而
上春爲陽中魚於是時則易取焉故獺祭魚而入澤梁

者因以爲取魚之候也獸陽物也其質乘陰而成秋爲陰中獸於是時則可取焉故豺祭獸而田獵者因以爲取獸之候也虞澤虞也周官有山虞有澤虞月令於季秋之月言草木黃落蟄蟲咸俯則凡此所言皆主季秋可知然考之周官則有不合特殷之制異爾麛卵巳見曲禮士不取麛卵解然經言秋宜犢麛又言非以卵非不取也亦禁之使有節而已不覆巢者不特惡傷其孚乳而又惡其盡物之利焉

冢宰制國用必於歲之杪弥小反五穀皆入然後制國用用地小大視年之豐耗以三十年之通制國用量入以爲出

以三十年之通者通計三十年所入之數使有十年之餘也蓋每歲所入均析爲四而用其三每年餘一則三年而餘三又足一歲之用矣此所以三十年而有十年之餘也鄭註以九年言之蓋積三十年内閏月當一歲

也。一說二十七年則有九年之餘。言三十者舉成數耳

祭用數之仂勒

鄭註以仂爲十一。疏以爲分散之名。大槩是總計一歲經用之數。而用其十分之一以行常祭之禮也

喪三年不祭唯祭天地社稷。爲越紼而行事。喪用三年之仂

喪。凶事。祭。吉禮。吉凶異道。不得相干。故三年不祭。唯祭天地社稷者。不敢以卑廢尊也。未葬以前。常屬紼於輴車以備火災。喪在內而行祭。於外。是踰越喪紼而往也。喪三年而除。中間禮事繁難故總計三歲經用之數而

用其十之一也金華邵氏曰。先王之制國用不爲定法。非若後世之拘於繁文守常而不知變者。故爲法也必於歲之杪。則五穀皆入。可以視其所入而爲所出也。又用地小大視年之豐耗。以三十年通融之法留九年之蓄。然後計見在之數以爲用度之法。豐不使之有餘。耗不使之不足。曷嘗有定法哉。如此。故天不能使之災。地不能使之窮。而凶荒水旱。其民不至於流離饑餓者此也。祭用經用之什一者。不敢畧於神也。喪用三年之仂。抑亦送死之禮。尤所不當畧乎

喪祭用不足曰暴。有餘曰浩。祭豐年不奢。凶年不儉暴者。殘敗之義。言不齊整也。浩者。汎濫之義。所謂以美没禮也。惟其制用有一定之則。是以歲有豐凶而禮無奢儉。此記者之言。雜記云凶年祀以下牲。孔子之言也

國無九年之蓄曰不足。無六年之蓄曰急。無三年之蓄曰

國非其國也。三年耕必有一年之食。九年耕必有三年之食。以三十年之通，雖有凶旱水溢，民無菜色，然後天子食，日舉以樂。

飢而食菜則色病，故云菜色。殺牲盛饌曰舉。周禮王日一舉，鼎十有二物，皆有俎，以樂侑食。又云大荒則不舉者，蓋偶值凶年，雖有備，亦當貶損耳。馬氏曰：禮之薄厚與年之上下，豐年則用豐年之仂，凶年則用凶年之仂。豐年而加於仂之外則謂之奢，凶年而畧於仂之內則謂之儉，乃所以與年之上下也。預備不虞者，古之善政也。急者迫而不緩也。無九年六年之蓄，雖非完國，猶足以爲國也。至於無三年之蓄，非其國也。蓋國之所以爲國者，以其民也。民之所以爲民者，以有財也。苟無其財，則民散而之四方矣。故曰無三年之蓄非其國也。三年耕必有一年之食，推而至於二十七年耕必有九年之食，以三十年言之者。舉成數也。說者以爲三十年爲一世。三年耕必有一年之食。至三十年之通。此人力也。雖有凶旱水溢。此天變也。人力備則可以應天變。蓋王者與民同患。故雖有凶旱水溢而民無菜色於下。然後天子食日舉庶羞備禮而以樂侑之也

天子七日而殯。七月而葬。諸侯五日而殯。五月而葬。大夫士庶人三日而殯。三月而葬。三年之喪。自天子達

諸侯降於天子而五月。大夫降於諸侯而三月。士庶人又降於大夫。故踰月也。今總云大夫士庶人三日而殯此固所同。然皆三月而葬則非也。其以上文降殺俱兩月在下可知。故略言之歟。孔子引左傳大夫三月士踰月者。謂大夫除死月爲三月。士數死月爲三月。是踰越

一月。故言踰月耳。誠如此。則是大夫四月。士三月。謂大夫踰越一月猶可。豈得謂士踰越一月乎。此不可通。當從左氏說爲正 長樂劉氏曰。殯與葬。生者送死之事也。天子功德施於四海。諸侯功德洽於一國。大夫士恩德孚於一家。庶人恩德著於其族。固有大小之差矣。及其終也。臣子之心未忍死之。猶冀其復生也。故其殯也。不得已而殯之。是以有七日五日之差。雖庶人之殯。猶俟三日。是豈得已哉。若夫葬者當其朝歲諸侯雖在六服。閏有弗至。或奔喪也。或會葬也。或會於練祥也。亦如四時之朝焉。其不當朝歲之諸侯。則爲位服於其國。而遣卿以會葬。同軌之内畢至者。謂此也。七月而葬。所以極四海之哀誠也。諸侯之葬必五月者。相爲賓也。同盟之諸侯也。雖非同盟。而爲其舅甥姑姊妹之邦也。大夫士庶人三月而葬。其事具。其誠盡矣

庶人縣玄封。窆葬不爲去聲雨止。不封不樹。喪不貳事

此言庶人之禮。庶人無碑繂。縣繩下棺。故云縣窆也。不

封。不爲丘壟也。大夫士既葬公政入於家。庶人則終喪無二事也

自天子達於庶人。喪從死者。祭從生者

中庸曰父爲大夫。子爲士。葬以大夫。祭以士。父爲士。子爲大夫。葬以士。祭以大夫。蓋葬用死者之爵。祭用生者之祿。與此意同

支子不祭

說見曲禮。長樂陳氏曰。縣棺而下之。封土而窆之。不爲雨止。以其有進無退也。喪不二事。以其不可奪親也。魯葬定公與敬嬴以雨不克葬。而春秋譏之。則不爲雨止者。不特庶人而已。天子崩。王世子聽於冢宰三年。則喪不貳事。亦不特庶人而已。必以庶人爲言。以其葬具之不備易以雨止。食用之不足易以事奪故也。

祭從生者而有所謂從死者。故父爲士。子爲天子諸侯。其尸服則以士服。支子雖不祭而有所謂祭。故宗子爲士。庶子爲大夫。則以上牲祭於宗子之家

天子七廟。三昭三穆與大祖之廟而七。諸侯五廟。二昭二穆與大祖之廟而五。大夫三廟。一昭一穆與大祖之廟而三。士一廟。庶人祭於寢

諸侯太祖。始封之君也。大夫太祖。始爵者也。士一廟。侯國中下士也。上士二廟。天子諸侯正寢謂之路寢。卿大夫士曰適室。亦謂之適寢。庶人無廟。故祭先於寢也。朱子曰。昭之爲言明也。以其南面而向明也。曰。其爲向明何也。曰。此不可以空言曉也。今且假設諸侯之廟以明之。蓋周禮建國之神位。左宗廟則五廟皆當在公宮之東南矣。其制則孫毓以爲外爲都宮。大祖在北。二昭二穆

以次而南是也蓋大祖之廟始封之君居之昭之北廟二世之君居之穆之北廟三世之君居之昭之南廟四世之君居之穆之南廟五世之君居之廟皆南向各有門堂室寢而牆宇四周焉大祖之廟百世不遷自餘四廟則六世之後每易世而一遷其遷之也新主祔于其班之南廟南廟之主遷於北廟北廟親盡則遷其主于大廟之西夾室而謂之祧凡廟主在本廟之室中皆東向及其祫于大廟之室中則唯大廟東向自如而爲最尊之位羣昭之入乎此者皆列於北牖下而南向羣穆之入乎此者皆列於南牖下而北向南向者取其向明故謂之昭北向者取其深遠故謂之穆蓋羣廟之列則左爲昭而右爲穆祫祭之位則北爲昭而南爲穆也曰六世之後二世之主既祧則三世爲昭而四世爲穆五世爲昭而六世爲穆乎曰不然也昭常爲昭穆常爲穆禮家之說有明文矣蓋二世祧則四世遷昭之北廟六世祔昭之南廟矣三世祧則五世遷穆之北廟七世祔穆之南廟矣昭者祔則穆者不遷穆者祔則昭者不動此所以祔必以班尸必以孫而子孫之列亦以爲序若武王謂文王爲穆考成王稱武王爲昭考則自其始祔而巳然而春秋傳以管蔡郕霍爲文之昭邘晉應韓

爲武之穆則雖其既遠而猶不易也豈其交錯彼此若是之紛紛哉曰廟之始立也二世昭而三世穆四世昭而五世穆則固當以左爲尊而右爲卑矣今乃三世穆而四世昭五世穆而六世昭是則右反爲尊而左反爲卑也而可乎曰不然也宗廟之制但以左右爲昭穆而不以昭穆爲尊卑故五廟同爲都宮則昭常在左穆常在右而外有以不失其序一世自爲一廟則昭不見穆穆不見昭而内有以各全其尊必大祫而會於一室然後序其尊卑之次則凡已毁未毁之主又畢陳而無所易唯四時之祫不陳毁廟之主則高祖有時而在穆其禮未有考焉意或如此則高之上無昭而特設位於祖之西禰之下無穆而特設位於曾之東也與曰然則毁廟云者何也曰春秋傳曰壞廟之道易檐可也改塗可也說者以爲將納新主示有所加耳非盡撤而悉去之也曰然則天子之廟其制若何曰唐之文祖虞之神宗殷之七世三宗其詳今不可考獨周制猶有可言然則漢儒之記又已有不同矣謂后稷始封文武受命而王故三廟不毁與親廟四而七者諸儒之說也謂三昭三穆與大祖之廟而七文武爲宗不在數中者劉歆之說也雖其數之不同然其位置遷次宜亦與諸侯之廟無

甚異者。但如諸儒之說。則武王初有天下之時。后稷爲大祖而組紺居昭之北廟。大王居穆之北廟。王季居昭之南廟。文王居穆之南廟。猶爲五廟而已。至成王時。則組紺祧。王季遷。而武王祔。至康王時。則大王祧。文王遷而成王祔。至昭王時。則王季祧。武王遷。而康王祔。自此以上。亦皆且爲五廟而祧者藏于太祖之廟。至穆王時。則文王親盡當祧。而以有功當宗。故別立一廟於西北而謂之文世室。於是成王遷昭王祔而爲六廟矣。至共王時。則武王親盡當祧。而亦以有功當宗。故別立一廟於東北。謂之武世室。於是康王遷穆王祔而爲七廟矣。自是以後。則穆之祧者藏於文世室。昭之祧者藏於武世室。而不復藏於大廟矣。如劉歆之說。則周自武王克殷。即增二廟於二昭二穆之上以祀高圉亞圉。如前遞遷。至于懿王而始立文世室於三穆之上。至孝王時。始立武世室於三昭之上。此爲少不同耳。曰。然則諸儒與劉歆之說孰爲是。曰。前代說者多是劉歆。愚亦意其或然也。然則大夫士之制奈何。曰。大夫三廟。則視諸侯而殺其二。然其大祖昭穆之位猶諸侯也。適士二廟。則視大夫而殺其一。官師一廟。則視大夫而殺其二。然其門堂室寢之備猶大夫也。曰。廟之爲數降殺以兩。而其制

不降何也。曰。降也。天子之山節藻梲。復廟重檐。諸侯圖
有所不得爲者矣。諸侯之黝堊斵礱。大夫有不得爲矣。
大夫之倉楹斵桷。士又不得爲矣。曷爲而不降哉。獨門
堂室寢之合。然後可名於宮。則其制有不得而殺耳。蓋
由命士以上父子皆異宮。生也異宮而死不得異廟。則
有不得盡其事生事存之心者。是以不得而降也○長
樂陳氏曰。積厚者流澤廣。積薄者流澤狹。故天子七廟。
諸侯五廟。大夫三廟。士一廟。廟而祭之。仁之至也。以七。
以五。以三。以一。義之盡也。舜之時禋于六宗與藝祖而
七。商書亦曰。七世之廟。可以觀德。則七廟之制。其來尚
矣。先王之於死者常待之以生。由士而上生而異宮
死則爲之立廟。庶人則生非異宮。死則祭於寢而已

天子諸侯宗廟之祭。春曰礿。禴 夏曰禘。秋曰嘗。冬曰烝

鄭氏曰。此蓋夏殷之祭名。周則春曰祠。夏曰礿。以禘爲
殷祭○疏曰。礿薄也。春物未成。祭品鮮薄也。禘者次第
也。夏時物雖未成。宜依時次第而祭之。嘗者。新穀熟而

嘗也。烝者衆也。冬時物成者衆也。鄭疑爲夏殷祭名者。

以其與周不同。其夏殷之祭又無文。故稱蓋以疑之

天子祭天地。諸侯祭社稷。大夫祭五祀。天子祭天下名山

大川。五嶽視三公。四瀆視諸侯。諸侯祭名山大川之在其

地者。天子諸侯祭因國之在其地而無主後者

視三公。視諸侯。謂視其饔餼牢禮之多寡以爲牲器之

數也。因國。謂所建國之地因先代所都之故墟也。今無

主祭之子孫。則在王畿者天子祭之。在侯邦者諸侯祭

之。以其昔嘗有功德於民。不宜絕其祀也○周官制度

云。五祀見於周禮禮記儀禮。雜出於史傳多矣。獨祭法

加爲七左傳家語以爲重該脩熙句龍之五官月令以
爲門行户竈中霤然則所謂五祀者名雖同而祭各有
所主也鄭氏以七祀爲周制五祀爲商制然大宗伯亦
云祭社稷五祀儀禮士疾病禱五祀則五祀無尊卑隆
殺之辨矣愚意鄭氏已是臆說祭法之言亦未可深信
馬氏曰天子祭天地諸侯祭社稷大夫祭五祀所以報
本反始抑以防僭亂之階也蓋天地者有域之最大者
也而天子者域中之所尊也故祭天地社稷者土穀之
神也而諸侯者爲天子守土也故祭社稷大夫則有家
故祭五祀蓋在上者可以兼下故天子祭天地社稷五
祀在下者不可以兼上故諸侯祭社稷而不得祭天地
大夫祭五祀而不得祭社稷荀子曰郊止乎天子社止
乎諸侯道及乎大夫是也古之爲祀典有功於民則祀
之而名山大川者有功於民而民之取材用也蓋天子
君天下而其所報者衆故祭天下之名山大川諸侯君

一國而所報者寡。故祭名山大川之在其地者。○朱子曰。一家之主。則一家鬼神屬焉。諸侯守一國。則一國鬼神屬焉。天子有天下。則天下鬼神屬焉。看來爲天下者。這一箇神明是甚麽大。如何有些子差忒得。若縱欲無度。天上許多星辰。地下許多山川。如何不變怪。

天子犆礿。祫禘。祫嘗。祫烝。

祫。合也。其禮有二。時祭之祫。則羣廟之主皆升而合食於太祖之廟。而毁廟之主不與。三年大祫。則毁廟之主亦與焉。天子之禮。春礿則特祭者。各於其廟也。禘嘗烝皆合食。○石梁王氏曰。特礿者。春物全未成。止一時祭而已。於此時不祫也。夏物稍成。可於此時而祫。秋物六成。冬物畢成。皆可祫。故曰祫禘祫嘗祫烝。而礿則特也。

諸侯礿則不禘。禘則不嘗。嘗則不烝。烝則不礿

南方諸侯春祭畢則夏來朝故闕禘祭。西方諸侯夏祭畢而秋來朝故闕嘗祭。四方皆然○石梁王氏曰。諸侯歲朝。爲廢一時之祭。主事重也

諸侯礿犆禘一犆一祫。嘗祫。烝祫

犆礿礿犆非有異也變文而已。祫嘗祫烝與嘗祫烝祫亦然。諸侯所以降於天子者禘一犆一祫而已。言夏祭之禘。今歲犆則來歲祫。祫之明年又犆。不如天子每歲三時皆祫也○石梁王氏曰。物稍成未若大成。其成亦未可必故夏禘之時苟祫可犆不可嘗也。秋冬物成可

必。故此二時必可祫故不云犆而云嘗祫烝祫。此一節專爲祫祭發也○愚按此章先儒以爲夏殷之制。然禘王者之大祭也。今以爲四時常祭之名。何歟。豈周更時祭之名而後禘專爲大祭歟。又周官制度云。先王制禮必象天道。故月祭象月。時享象時。三年之祫。五年之禘象閏。又云。王制之言祫。非三年之制也

天子社稷皆太牢。諸侯社稷皆少牢。大夫士宗廟之祭。有田則祭。無田則薦。庶人春薦韭。夏薦麥。秋薦黍。冬薦稻。韭以卵。麥以魚。黍以豚。稻以鴈

祭有常禮有常時。薦非正祭但遇時物即薦。然亦不過

四時各一舉而已。註云。祭以首時。薦以仲月。首時者四時之孟月也嚴陵方氏曰。牢者。圈也。以能有所畜。故所畜之牲皆曰牢也。大牢具牛羊豕焉。以其大。故曰太牢。少牢則羊豕而已。以其小。故曰少。天子之社稷主天下之土穀。故用太牢以祭之。諸侯之社稷主一國之土穀。故用少牢以祭之。此隆殺之別也。薦以時物而已。祭則備庶物焉。備庶物。則其禮爲盛。非有田者不足以共之也。大夫士而有無田者。謂諸侯之大夫士而已。大夫無田且不祭。而庶人得祭於寢者。祭於寢。其禮略而易備故也。且通而言之。薦之於神。亦可謂之祭也。韭之性溫。則陽類也。故以配卯。卯。陰物故也。麥與黍皆南方之穀。亦陽類也。故配以魚。魚與豚。皆陰物也。稻爲西方之穀。則陰類也。故配以鴈。鴈。陽物故也。植物之陽者配以動物之陰。植物之陰者配以動物之陽。亦使陽不勝陰。陰不勝陽而已

祭天地之牛角繭栗。宗廟之牛角握。賓客之牛角尺

如繭如栗。犢也。握。謂長不出膚。側手爲膚。四指也。賓客

之用則取其肥大而已長樂陳氏曰大禮必簡則小禮必繁簡則內心而貴誠故天地之牛角繭栗繁則外心而貴味故宗廟之牛角握賓客之牛角尺角繭栗非必繭栗也以其過於繭栗則非禮角握非必握也以其過於握則非禮至於角尺亦若是而已

諸侯無故不殺牛大夫無故不殺羊士無故不殺犬豕庶人無故不食珍

烹牛羊豕必爲鼎實鼎非常用之器有禮事則設所以無故不殺也珍之名物見內則庶人無故亦以非冠昏之禮歟

庶羞不踰牲燕衣不踰祭服寢不踰廟

羞不踰牲者如牲是羊則不以牛肉爲庶羞也此三者

皆言薄於奉己厚於事神也石林葉氏曰庶羞常薦而踰牲嫌於備物燕衣常用而踰祭服嫌於事神寢所常安而踰廟嫌於享親故禮皆不與也

大夫祭器不假祭器未成不造燕器

此一節舊在庶人耆老不徒食之後今考其序當移在此大夫有田祿則不假借祭器於人無田祿者不設祭器則假之可也凡家造祭器為先養器為後

古者公田藉子夜反而不稅

孟子曰殷人七十而助助者藉也但借民力以助耕公田而不取其私田之稅

市廛而不稅

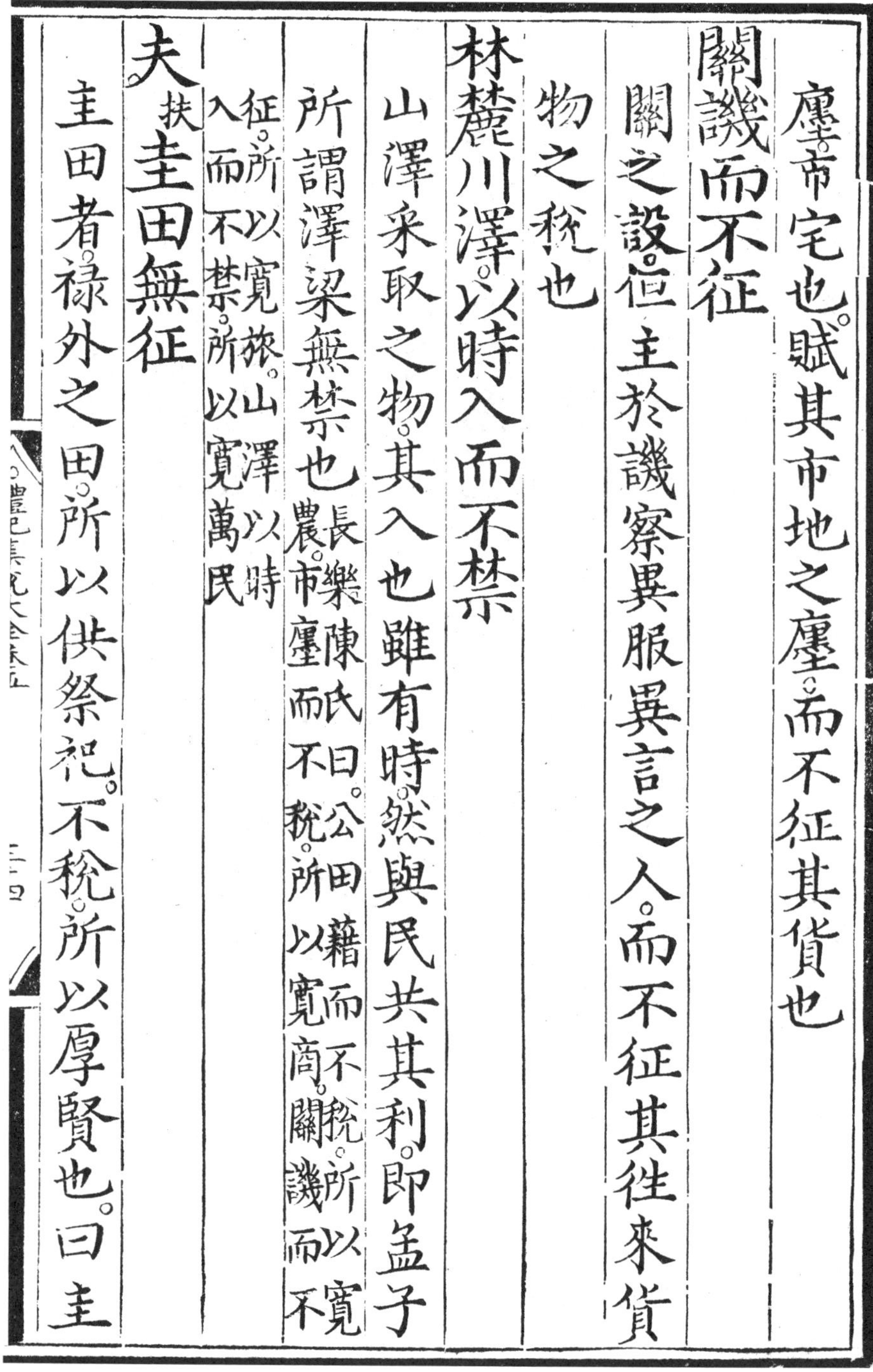

廛。市宅也。賦其市地之廛。而不征其貨也

關譏而不征

關之設。但主於譏察異服異言之人。而不征其往來貨物之稅也

林麓川澤。以時入而不禁

山澤采取之物。其入也雖有時。然與民共其利。即孟子所謂澤梁無禁也。長樂陳氏曰。公田藉而不稅。所以寬農。市廛而不稅。所以寬商。關譏而不征。所以寬旅。山澤以時入而不禁。所以寬萬民

夫扶圭田無征

圭田者。祿外之田。所以供祭祀。不稅。所以厚賢也。曰圭

者潔白之義也。周官制度云。圭田自卿至士皆五十畝。此專主祭祀。故無征。然王制言大夫士宗廟之祭。有田則祭。無田則薦。孟子亦曰。惟士無田。則亦不祭。既云皆有田。何故又云無田則薦。以此知賜圭田。亦似有功德則賜圭瓚耳

用民之力歲不過三日

用民力。如治城郭塗巷溝渠宮廟之類。周禮豐年三日。中年二日。無年則一日而已。若師旅之事則不拘此制

田里不粥。育墓地不請

田里公家所授。不可得而粥。墓地有族葬之序。人不得

而請求。已亦不得以擅與故。爭墓地者。墓大夫聽其訟焉長樂陳氏曰。起一人之繇則百畝不舉。起十人之繇則千畝不舉。先王知其如此。故用民之力歲不過三日。所以寛之也。周官豐年旬用三日。中年旬用二日。無年旬用一日。則歲不過三日云者。非周制也。田里鄉遂官之所須。不可以粥。墓地。墓大夫之所掌。不可以請。田里不粥。則生者無相兼并而民無憾於養生。墓地不請則死者有所安厝而民無憾於送死。用民之力。義也。不過三日。仁也。須之田里墓地。仁也。禁之以不粥不請。義也。事在於義。則輔之以仁。事在於仁。則處之以義。此所以爲良法也

司空執度度待洛反地居民山川沮將慮反澤。時四時。量地遠近。興事任力

書曰。司空掌邦土。執度度地。量地遠近。蓋定邑井城郭廬舍之區域也。山川沮澤有燥濕寒暖之不同。以時候

其四時，知其氣候早晚，使居者不失寒暖之宜也。興事任力，亦謂公家力役之征也。○方氏曰：小而水所止曰沮，大而水所鍾曰澤。

凡使民，任老者之事，食（嗣）壯者之食。

老者食少而功亦少，壯者功多而食亦多。今之使民，雖少壯，但責以老者之功程，雖老者亦食以少者之飲食，寬厚之至也。長樂陳氏曰：居民山川沮澤，所以辨地宜；時四時，所以候天氣；量地遠近，興事任力，所以均人力。書曰：司空掌邦土，居四民，時地利。知此而已。司空，事官也。而度地居民者，蓋四民各以其職分地而處，然後造事，則居民者，正事之始也。夫力出於下，食出於上，以下益上則不足，以上益下則有餘，故壯者任以老者之事，所以寬其力，此所謂事舉其中也。老者之食以壯者之稍，所以豐其食，此所謂施從其厚也。周官之法。上地之入可食九人而其家準以七人。與食壯者之食同意。家雖七人而以三人爲可任。與任老者之事同意〇嚴陵方氏曰。山川沮澤之異處。則四時所至之氣不能無差。故必候天時以異地利焉。時則候其時之謂。量地遠近。將以制邑故也。制邑則必興役事。興役事則必任民力。故繼言興事任力焉

凡居民材。必因天地寒煖燥濕。廣谷大川異制。民生其間者異俗。剛柔輕重遲速異齊。去聲五味異和。去聲器械異制。衣服異宜。脩其教不易其俗。齊其政不易其宜

居謂儲積以備用。如懋遷有無化居之居。材者。夫人日用所須之物。如天生五材之材。天地之氣。東南多煖。西北多寒。地勢高者必燥。卑者必濕。因其地之所宜而爲之備。如氈裘可以備寒。絺綌可以備暑。車以行陸。舟以

行水。此皆因天地所宜也。廣谷大川。自天地初分。其形制已不同矣。民生異俗。理有固然。其情性之緩急。亦氣之所稟殊也。飲食器械衣服之有異。聖王亦豈必強之使同哉。惟脩其三綱五典之教。齊其禮樂刑政之用而已。所謂財成輔相以左右民也。

馬氏曰。剛柔輕重遲速異齊雖出於天。抑亦地氣之使然也。夫居則有寒煖燥濕之殊。俗則有廣谷大川之異。材則有剛柔遲速之不一。至於口之於甘。器之於用。體之於安。亦不可得而一。五味者春宜酸。夏宜苦。秋宜辛。冬宜鹹。而調之以滑甘。此五味之常也。其曰異和者。言其變也。同器械。先王之所務。而異物則有所禁。其曰異制者。因其性有剛柔輕重而制之也。同衣服。先王之所務。而異服則有所禁。其曰異宜者。因天地有寒煖燥濕而制之也。教所以導民。俗則因民之所欲也。故脩其教不易其俗者。不咈其所欲也。政所以正民。而宜者。事得其義之謂也。故齊其政不易其宜。夫唯脩其教不易其俗。故先王有以省方觀民設教。夫唯齊其政不易其宜。故周官司徒有山林其動物宜毛物。其植物宜皁物。川澤其動物宜鱗物。其植物宜膏物也。

○石林葉氏曰。寒煖燥濕。天地之氣。廣谷大川。天地之形。有氣與形。則生有豐瘠長短好惡習尚之異。此所以脩其教不易其俗也。剛柔輕重遲速者民之性。食味器械者民之用。器用之便於俗亦不必同。此所以齊其政不易其宜也。所謂教者。其屬有七。具於天而自然者也。父子有親。兄弟有愛。夫婦有別。君臣有義。長幼有序。朋友有信。賓客有禮。其教成於人而使然也。天雖自然而成乎人者。亦必使然。故曰脩其教。所謂政者其屬有八。所用以相養者也。衣服有常。飲食有節。事爲有度。異別有法。度量有權。數制有等。上所用以防淫者也。物之相養雖不可齊。淫辟亦不可無禁。故曰齊其政

中國戎夷。五方之民。皆有性也。不可推移

馮氏曰。五方之民以氣禀之不齊。兼習俗之異尚。是以其性各隨氣禀之昏明。習俗之薄厚而不可推移焉。若

論其本然之性則一而已矣。鄭氏亦曰。地氣使之然

東方曰夷。被髮文身。有不火食者矣。南方曰蠻。雕題交趾。有不火食者矣。西方曰戎。被髮衣去聲皮。有不粒食者矣。北方曰狄。衣去聲羽毛穴居。有不粒食者矣

雕刻也。題額也。刻其額以丹青涅之。交趾足拇指相向也。東南地氣煖故有不火食者。西北地寒少五穀故有不粒食者

中國夷蠻戎狄。皆有安居。和味。宜服。利用備器

俗雖不同。亦皆隨地以資其生。無不足也

五方之民。言語不通。嗜欲不同。達其志通其欲。東方曰寄。

南方曰象西方曰狄鞮（低）北方曰譯

方氏曰以言語之不通也則必達其志以嗜欲之不同也則必通其欲必欲達其志通其欲非寄象鞮譯則不可故先王設官以掌之寄言能寓風俗之異於此象言能倣象風俗之異於彼鞮則欲別其服飾之異譯則欲辨其言語之異周官通謂之象胥而世俗則通謂之譯也○劉氏曰此四者皆主通遠人言語之官寄者寓也以其言之難通如寄託其意於事物而後能通之象像也如以意倣像其形似而通之周官象胥是也狄猶逖也鞮戎狄屨名猶履也遠履其事而知其言意之所在

而通之周官鞮鞻氏亦以通其聲歌而以舞者所𢀜爲名譯釋也猶言謄也謂以彼此言語相謄釋而通之也越裳氏重九譯而朝是也

嚴陵方氏曰夷以其易而無文蠻以其小而有屬戎以其剛狄以其勇於題曰雕於身曰文互言之矣安居若所居異俗是矣和味若五味異和是矣宜服若衣服異宜是矣備器若器械異制是矣利用言所利之用謂居山不以魚鱉爲禮居澤不以鹿豕爲禮是矣○馬氏曰性受於天則同而中國戎夷有若天地之降者抑亦地氣之使然也東者陽氣之發而南者陽氣之所積蓋陽之氣熱有可不火食者矣西者陰氣之發而北者陰氣之所積蓋陰主乎殺而五穀不生有可不粒食者矣志與欲言語之蘊言語者志欲之寓達其志通其欲必在於言語之際故古者有道言語之官謂之寄象鞮譯

凡居民量地以制邑度待洛反地以居民地邑民居必參相得也

九夫爲井。四井爲邑。田有常制。民有定居。則無偏而不舉之弊。地也。邑也。居也。三者既相得。則由小以推之大。而進天下皆相得矣。此所謂井田之良法也

無曠土。無游民。食節事時。民咸安其居。樂事勸功。尊君親上。然後興學

劉氏曰。富而後教。理勢當然。若救死恐不贍。則必疾視其上而欲與偕亡矣。雖欲興學。其可得乎。此篇自分田制。禄命官。論材。朝聘。巡守。行賞罰。設國學。爲田漁。制國用。廣儲蓄。脩葬祭。定賦役。安邇人。來遠人。使中國五方各得其所。而養生喪死無憾。是王道之始也。至此則君

道既得而民德當新然後立鄉學以教民而興其賢能。下文司徒脩六禮以下至庶人耆老不徒食皆化民成俗之事是王道之成也。後段自方一里者爲田九百畝以下至篇終是王制傳文

長樂陳氏曰先王之於民居之然後養之養之然後教之居量地制邑以至必參相得者居之也無曠土以至尊君親上養之也然後興學教之也蓋人之生莫不有親親長長之良心養其良心而不陷溺之則由其親親以至於親上由其長長而至於尊君則尊君親上天地之道也然後興學裁成天地之道也○嚴陵方氏曰量猶龠合升斗斛五量之所量以量其多少度猶分寸尺丈引五度之所度以度其長短故多少足以知其所容長短足以知其所至故於制邑之地曰量於居民之地曰度然邑制之所容莫非民民居之所至莫非邑則邑可言度居亦可言量矣兩之爲並三之爲參地也民也長短多少不可相失也無曠土則地無遺利無游民則人無遺力曠言虛而無墾闢之功游言散而無興作之業也

食節則無不足之患。事時則無不及之務。居民之道。亦期其如此而已。故效至於民咸安其居也。樂事則不至於勞苦。勸功則不由於勉強。尊君則爲民者有遜志。親上則在下者無離心。上則不止於君。凡在上者皆是也。教不可一日廢。必待樂事勸功尊君親上然後興學者。則以至此然後教學之道可致其詳故也。且禮樂之教。豈一日之所可無哉。然制作必在於治定功成之後者。亦此之意也

司徒脩六禮以節民性。明七教以興民德。齊八政以防淫。一道德以同俗。養耆老以致孝。恤孤獨以逮不足。上賢以崇德。簡不肖以絀惡

此鄉學教民取士之法。而大司徒則總其政令者也。六禮七教八政見篇末。皆道德之用也。道德則其體也。體既一。則俗無不同矣嚴陵方氏曰。禮惡乎壞。則六禮其可以不脩。教惡乎隱。則七教其可

以不明性非禮以節之則易以流故脩六禮以節民性德非教以興之則易以廢故明七教以興民德政以正之其可以差忒乎則八政在乎齊矣道者人所共由德者人所同得其可以二乎則道德在乎一矣齊八政所以使之無過行故曰防淫一道德所以使之無異習故曰以同俗養耆老則推愛親之心於是為至恤孤獨則損有餘之心無所不及曰六十曰耆七十曰老耆老在所養則耄期固可知矣無父曰孤無子曰獨孤獨在所恤則鰥寡固可知矣賢者難於進故上之不肖者惡其雜故簡之

命鄉簡不帥教者以告耆老皆朝于庠元日習射上功習鄉上齒大司徒帥國之俊士與去聲執事焉

此下言簡不肖以絀惡之事鄉畿內六鄉也在遠郊之內每鄉萬二千五百家庠則鄉之學也耆老鄉中致仕之卿大夫也元日所擇之善日也期日定則耆老皆來

會聚於是行射禮與鄉飲酒之禮射以中爲上故曰上功鄉飲則序年之高下故曰上齒大司徒教官之長也

率其俊秀者與執禮事蓋欲使不帥教之人得於觀感而改過以從善也

不變命國之右鄉簡不帥教者移之左命國之左鄉簡不帥教者移之右如初禮

左右對移以易其藏脩游息之所新其師友講切之方庶幾其變也

不變移之郊如初禮不變移之遂如初禮不變屏丙之遠方終身不齒

四郊去國百里在鄉界之外。遂又在遠郊之外。蓋示之以漸遠之意也。四次示之以禮教而猶不悛焉。則其人終不可與入德矣。於是乃屏棄之。石林葉氏曰。古者輕進人以善。重絕人以惡。一鄉以爲不帥教。則無往而不爲惡也。然而耆老朝于庠。習鄉射以教之。欲其改悔以從善。猶不知帥。而後移之左右。移之鄉遂。終至於不帥教。則屏之遠方。所以重絕其爲惡也。雖然。射以觀德。不曰德而曰功。鄉飲酒以行禮。不曰禮而曰齒。何也。蓋中多者以爲勝。以勝不勝則是有功者爲上。飲酒以正齒位。長者坐而幼者立以聽役。則是有齒者爲上。上其有功。則人知心平體正之爲德。上其有齒。則人知長幼尊卑之爲禮。此賢者所以勸於爲善而不肖懲於爲惡

命鄉論秀士升之司徒曰選。去聲士。司徒論選士之秀者而升之學曰俊士

此言上賢崇德之事○劉氏曰。論者述其德藝而保舉之也。苗之穎出曰秀。大司徒命鄉大夫論述鄉學之士才德穎出於同輩者而禮賓之升其人於司徒。司徒考試之量才而用之爲鄉遂之吏曰選士。選者擇而用之也。其有才德又穎出於選士不安於小成而願升國學者司徒論述其美而舉升之於國學曰俊士。俊者才過千人之名也

升於司徒者不征於鄉。升於學者不征於司徒。曰造士

既升於司徒。則免鄉之徭役而猶給徭役於司徒也。及升國學則幷免司徒之役矣。造者成也。言成就其才德

也嚴陵方氏曰秀言秀而有所出造言造而有所成選言美而可擇俊言敏而可用升之司徒曰選士以其猶在所擇故也升之學者曰俊士以其皆在所用故也秀而爲選士則出於一鄉之士秀而爲俊士則出於六鄉之士有選士之造者有俊士之造者選士之造不征於鄉俊士之造不征於司徒此其別也不征者所以優賢者也

樂正崇四術立四教順先王詩書禮樂以造士春秋教以禮樂冬夏教以詩書

此以下言國學教國子民俊及取賢才之法樂正掌其教司馬則掌選法也術者道路之名言詩書禮樂四者之教乃入德之路故言術也文王世子言春誦夏絃與此不同者古人之教雖曰四時各有所習其實亦未必

截然弃彼而習此。恐亦互言耳。非春秋不可教詩書。冬夏不可教禮樂也。舊註陰陽之說。似爲拘泥

王大子王子羣后之大子卿大夫元士之適子國之俊選皆造焉。凡入學以齒

皆造。皆來受教于樂正也。惟次長幼之序。不分貴賤之等。嚴陵方氏曰。禮者體也。故於秋教之。蓋秋主揫斂。所以成體故也。樂者樂也。故於春教之。蓋春主發散。所以爲樂故也。詩者言也。故於夏教之。蓋言爲事之文。夏與物交而成文故也。書者事也。故於冬教之。蓋事爲言之實。冬與物辨而反實故也。則順之之道。又有見於此。凡言春秋。必以春爲前者。先後之序也。然誦亦詩也。弦亦樂也。而文王世子乃言春誦夏弦。又何也。蓋弦誦者詩樂之用。詩樂者弦誦之體。方言其體。故以樂爲先。方言其用。故以誦爲先。其實四者以其陽類。故教之詔之皆於春夏而已。春之教樂。樂未始無詩。要之以樂爲主爾。

夏之教詩非無樂也。要之以詩爲主爾。弦之與誦。其義亦猶是也。故文王世子弦誦。則一詔之以弦。大師與書禮則或詔之以典書者。或詔之以執禮者也。於春夏通一而教之。秋冬別。而教之者。順陽交陰辨之義故也。此則一教之以樂正者。以夏殷之制。畧未若周之制詳故也。大子適子也。大則以大言之也。適子大而庶子小。故謂之大子。子。諸侯有君道。故謂之后。然非一人也。故以羣加之天子之子。亦謂之大子。則以特大於天下之子。諸侯之世子亦謂之大子。則以特大於一國之子而已。名之以大雖同。所以名之以大則異也。至於卿大夫之與元士則全乎臣矣。其子不足以大言之。故曰適子而已。自王大子以至於國之俊選。皆造焉者。皆從其詩書禮樂之教故也。天子之子則適庶皆與。諸侯而下則庶子不與者。隆殺之別也。選士方升於司徒。亦得與在學之教者。教無內外之別故也。則與師之而執事以激羣衆之時異矣。故彼特曰俊士而已。學所以明人倫。人倫之大莫先乎孝弟。故入學者必以齒。曰凡。則無貴賤皆以齒矣。然以大子而與俊選相爲齒。所謂行一物而三善皆得是也將出學小胥大胥小樂正簡不帥教者以告于大樂正大樂正以告于王王命三公九卿大夫元士皆入學不變王親視學不變王三日不舉屏之遠方西方曰棘東方曰寄終身不齒

古之教者九年而大成出學九年之期也小胥大胥皆樂官之屬鄭注以棘爲僰又以僰訓偪僰本西戎地名愚謂不若讀如本字急也欲其遷善之速也寄者寓也暫寓而終歸之意蓋雖屏之終身不齒然猶爲此名以示不忍終弃之意蓋國子皆世族之親與庶人踈賤者異故親親而有望焉○方氏曰賤者至於四不變然後

屏之貴者止於二不變遂屏之者陳氏謂先王以衆庶之家爲易治世禄之家爲難化以其易治也故鄉遂之所考常在三年大比之時以其難化也故國子之出學常在九年大成之後以三年之近而考焉故必四不變而後屏之以九年之遠而簡焉則雖二不變屏之可也

○疏曰周立四代之學於國而以有虞氏之庠爲鄉學

長樂陳氏曰聖人之有天下也以學教爲朝廷之大政使大子齒於後選使樂正磨其性情必順先王詩書禮樂以性其情然後已也不變者九年則雖王子亦屏遠方其公於教化而不私其子則凡在學者孰敢不性其情以蹈於中和之域哉此三代之王所以後世無及也

大樂正論造士之秀者以告于王而升諸司馬曰進士

疏曰。司馬掌爵禄。但入仕者皆司馬主之

司馬辨論官材。論進士之賢者以告于王而定其論。論定然後官之。任官然後爵之。位定然後禄之

劉氏曰。古者鄉學教庶人國學教國子及庶人之俊。而其仕進有二道。鄉學秀者之升曰選士。國學秀者之升曰進士。其選士者不過用爲鄉遂之吏。而選用之權在司徒也。其進士則必命爲朝廷之官。而爵禄之定。其權皆在大司馬。此鄉學國學教選之異。所以爲世家編户之别。然庶人仕進亦是二道。可爲選士者司徒試用之。此其一也。司徒升之國學。則論選之法與國子弟同矣

此其二也。嚴陵方氏曰。鄉論秀士而升之司徒。司徒論選士而升之學。所以屬于大樂正也。故大樂正又論造士之秀以告于王。而升諸司馬。則以將使之臨政。故隸於政官之長也。以其成材將使之臨政。則可以進於王所。故以進士名之。司馬辨論官材者。將使之臨政。則必隨其大小而官之。故曰官材。定其論。則賢否之理各止於一矣。前曰造士之秀。後曰進士之賢。何也。秀特有才之稱。賢則有德之稱。此輕重之別。若司徒司馬之類所謂官。若公卿大夫所謂爵。若或食九人。或食八人所謂祿。官所以居之。爵所以貴之。祿所以富之也。官非賤者之可居。故既官之必爵之。爵之矣。宜有以養其廉。故既爵之必祿之。其序如此。

大夫廢其事。終身不仕。死以士禮葬之。

廢其事。如戰陳無勇而敗國殄民。或荒淫失行而悖常亂俗。生則擯弃。死則貶降。嚴陵方氏曰。廢其事。謂居大夫之位而不能與大夫之事也。終身不仕。則不特貶之於其始。而又貶之於其終也。死以士禮葬之。則不特貶之於其生。而又貶之於其死。

也。夫終身不仕。則與民同耳。猶以士禮葬之者。以其曾居大夫之位故也。然是法也。上不及於公卿。下不及於士。舉中以該之也

有發則命大司徒教士以車甲

發。師旅之役也○方氏曰。先王設官。未嘗不辨。亦未嘗不通。司徒掌教。司馬掌政。是分職而辨之也。有發則司徒教士以車甲。造士則司馬辨論官材。是聯事而通之也。延平周氏曰。辨論官材責之司馬。教習車甲責之司徒。何也。先王之用人。非有成材不取。唯其有成材則責之以事而無不能也。又況司馬掌政典。則其所辨論官材者。豈特文而已。司馬掌教典。則其所教習者。豈特武而已。此文武所以混爲一途也○李氏曰。司徒教士。則使司馬論其材。故出任之爲比長。鄉大夫。伍長。軍將。其材無不宜。司馬治軍。則使司徒教其事。故入以之爲比閭族黨。州鄉伍兩。卒旅軍師。其事無不治。先王之取

人治民。未嘗不如此

凡執技論力。適四方。羸力果反股肱。決射御

射御之技四方惟所之。然但論力之優劣而已。所以擐衣而出其股肱者。欲以決勝負而示武勇也

凡執技以事上者。祝史射御醫卜及百工。凡執技以事上者。不貳事。不移官。出鄉不與士齒。仕於家者。出鄉不與士齒

不貳事則所業彌至於精。不移官。恐他職非其所長。以技名者賤。爲大夫之臣亦賤。故不得與爲士者齒列。然必出鄉乃尒者。於其本鄉有族人親戚之爲士者。或不

忍卑之故也。嚴陵方氏曰。莊子曰。能有所藝謂之技。則凡執技者。不足以德論之也。特論其力而已。適四方。謂有故而之外也。贏股肱。則所以宣手足之力也。決射御。則決勝負於射御也。此其所以爲力歟。技不止於射御。而此止以是爲言者。以二技尤論其力故也。祝。若周官大祝之類。史。若周官大史之類。祝史皆事神之官。以其作辭以事神。故曰祝。以其執書以事神。故曰史。射則周官之五射。若曰白矢參連之類。御則周官之五御。若鳴和鑾逐禽左之類。醫則醫師之類。卜則卜師之類。百工則土工木工金工石工之類。以其類之非一。故以百言之。以其足以興事。故謂之工焉。凡此者。蓋執技之名也。不貳事。則欲其無異習。不移官。則欲其有常守。出鄉不與士齒者。以執技之賤。不得與執德者序長幼也。然必出鄉而後不與之齒者。以鄉黨尚齒故也。

○延平周氏曰。先王不責備於人。苟有一藝皆得與於有司而食於上。然古之學者以禮樂爲始終。而未嘗不從事於射御。雖孔子亦曰吾何執。執御乎。執射乎。此則以射御爲執技之賤者。蓋古人之志於道。據於德。依於仁。然後游於藝可也。果道不能志之。德不能據之。於仁又不能依之。而止游於藝者。此上之人所以賤之也。不貳事移官。非執技之所能也。執技爲百工。仕於卿大夫爲家臣。不與士齒。所以貴其爲士也。古之爲士。其貴於鄉如此。此人人所以遠恥而有常心也

司寇正刑明辟。婢亦反以聽獄訟。必三刺。次有旨無簡不聽。附從輕。赦從重

周禮以三刺斷庶民獄訟之中。一曰訊羣臣。二曰訊羣吏。三曰訊萬民。刺。殺也。有罪當殺者。先問之羣臣。次問之羣吏。又問之庶民。然後決其輕重也。若有發露之旨意而無簡覈之實迹。則難於聽斷矣。於是有附有赦焉。附而入之。則施刑從輕。赦而出之。則宥罪從重。所謂與其殺不辜。寧失不經也。石林葉氏曰。司寇所掌者刑禁而以治寇爲主。刑有典而或失

其平則言正。罪有辟而或失。其情則言明。訟不決係於
囹圄則爲獄。以曲直言於公則爲訟。訊其可殺可刑則
爲刺。一訊羣臣。欲其左右可也。再訊羣吏。欲其大夫可
也。三訊萬民。欲其國人可也。至其罪有可疑則附而從
輕。所以誘其爲善。情有可恕。則赦
而從重。所以勸其改過而已矣

凡制五刑。必即天論。倫 郵罰麗於事

制。斷也。天倫。天理也。天之理至公而無私。斷獄者體而
用之亦至公而無私。郵與尤同。責也。凡有罪責而當誅
罰者。必使罰與事相附麗。則至公無私而刑當其罪矣
嚴陵方氏曰。五刑不簡。然後正乎五罰。五罰不服。然後
正乎五過。則罰輕於刑而過又輕於罰矣。此止以郵罰
爲言者。輕且如此。其重可知矣。其言
以郵罰爲序者。亦先輕以明之也

凡聽五刑之訟。必原父子之親。立君臣之義。以權之。意論

輕重之序慎測淺深之量以別之悉其聰明致其忠愛以盡之疑獄汜與衆共之衆疑赦之必察小大之比俾以成之

父爲子隱子爲父隱而直在其中者以其有父子之親也刑亂國用重典以其無君臣之義也推類可以通其餘顧所以權之何如耳父子君臣人倫之重者故特舉以言之亦承上文天倫之意所犯雖同而有輕重淺深之殊者不可槩議也故別之所謂權也明視聰聽而察之於詞色之閒忠愛惻怛而體之於言意之表庶可以盡得其情也汎猶廣也其或在所可疑則泛然而廣詢

之衆見焉。衆人共謂可疑，則宥之矣。比，猶例也。小者有小罪之比，大者有大罪之比，察而成之，無往非公也。嚴陵方氏曰：父子之親本乎情，故曰原；君臣之義錯諸事，故曰立。親主於愛而已，一於愛，則刑有所不忍加；義主於敬而已，一於敬，則刑有所不敢及。一皆如是，豈足以爲法之經哉？其或於親有所原，於義有所立者，特從法之權而已，故曰以權之也。事之輕重，各有序也，而不可亂焉。行其事者，其可以無倫乎？亦在乎論之而已。情之淺深，各有量也，而不可過焉。原其情者，其可無測乎？亦在乎測之而已。事非有惑，無所用論，故曰意論。以意生乎有惑故也。情非用誠，不可以測，故曰慎測。以慎由乎用誠故也。若是，則輕重淺深各得其辨矣，故曰以别之也。悉其聰，則所聽者無遺矣；悉其明，則所見者無遺矣。致其忠，則不欺之至矣；致其愛，則不忍之至矣。若是，則有不盡於刑之道乎？故曰以盡之也。汎與泛愛之汎同。可信則斷之以己，可疑則資之於衆也。衆疑赦之者，又不以偏愛而有所釋，必察其罪之在大辟，則比於大辟以成其獄；察其罪之在小辟，則比於小辟以成其獄。比之爲言附也。呂刑所謂上下比罪是矣。其序則首言辨之者，以見先王之用刑非以爲常也。然事情不可以不辨。故繼言以別之。別之則理無遺矣。故繼言以盡之。盡之則獄可以決矣。故言以成之終焉。

成獄辭，史以獄成告於正。正聽之。正以獄成告于大司寇。大司寇聽之棘木之下。大司寇以獄之成告於王。王命三公參聽之。三公以獄之成告於王。王三又，然後制刑。

成獄詞者，謂治獄者責取犯者之言辭已成定也。史，掌文書者。正，士師之屬。聽，察也。棘木，外朝之卿位也。又，當作宥。周禮一宥曰不識，再宥曰過失，三宥曰遺忘。謂行刑之時，天子猶欲以此三者免其罪也。自下而上咸無異說，而天子猶必三宥而後有司行刑者，在君爲愛下之仁。在臣有守法之義也嚴陵方氏曰。成獄辭。謂訊獄之辭已成而不可變也。則非謂無簡矣。故史得以獄成告於正也。獄辭始於史者。以掌官書故也。正之聽也。特於獄而已。至於大司寇之聽也。則又於朝焉。聽之於朝而獄之辭又成矣。故可以告之於王。然而獄正特刑官之屬而已。大司寇特刑官之長而已。專以一官之聽。猶慮不能無私焉。故王又命三公參聽之。以合乎公議也。三公參聽之而獄之辭又成矣。於是又告於王。若是則以五刑治之。固可矣。然以三又之法原之。或在所赦焉。故三又然後制刑也。君子之盡心。尤見於此

凡作刑罰輕無赦

馮氏曰。此言立法制刑之意。雖輕無赦。所以使人難犯也。惟其當刑必刑。輕且不赦。而況於重者乎。故君子不容不盡心焉

刑者侀也。侀者成也。一成而不可變。故君子盡心焉

疏曰。侀是形體。○馬氏曰。刑之所以爲刑者。猶人之有侀也。一體不具。不足以爲刑。一體不備。不足以爲成人。辭之所成則刑有所加而不可變。故君子盡心焉。君子無所不盡其心。至於用刑。則尤慎焉者也長樂陳氏曰。蓋無赦。則民不至於犯罪。盡心則吏不至於濫刑。有無赦之法以禁於未然之前。有盡心之吏以應於已然之後。此民所以畏法而覩上也

析言破律。亂名改作。執左道以亂政。殺

剖析言辭。破壞法律。所謂舞文弄法者也。變亂名物。更改制度。或挾異端邪道以罔惑于人。皆足以亂政。故在

所當殺

作淫聲異服。奇技奇器以疑衆。殺。行去聲偽而堅。言偽而辨。學非而博。順非而澤以疑衆。殺。假於鬼神時日卜筮以疑衆。殺。此四誅者不以聽

淫聲非先王之樂也。異服非先王之服也。奇技奇器。如偃師舞木之類。書云。紂作奇技淫巧以悅婦人。所行雖偽而堅不可攻。所言雖偽而辨不可屈。如白馬非馬之類。所學雖非正道而涉獵甚廣。則亦難於窮詰。順非。文過也。所行雖非而善於文飾其言滑澤無滯。衆皆疑其爲是也。至於假託鬼神之禍福時日之吉凶卜筮之休

咎。皆足以使人惑於見聞而違悖禮法。故亂政者一。疑衆者三。皆決然殺之不復審聽。亦爲其害大而辭不可明也。延平周氏曰。此四誅者不以聽。以其非過而其情不待於聽也。○金華邵氏曰。論其罪雖未至於可殺。究其實則蠱民心甚矣。故不聽而殺之。聖人防微之意也

凡執禁以齊衆。不赦過

立法有典。司刑有官。雖過失不赦。所以齊衆人之不齊也。若先示之以赦過之令。則人將輕於犯禁矣。豈能齊之乎

有圭璧金璋。不粥於市。命服命車。不粥於市。宗廟之器。不粥於市。犧牲不粥於市。戎器不粥於市

方氏曰。此所以禁民之不敬。金璋以金飾之。考工記大璋中璋。黃金勺。青金外者是矣

用器不中度去聲不粥於市。兵車不中度不粥於市。布帛精麤不中數幅廣狹不中量不粥於市。姦色亂正色不粥於市

此所以禁民之不法。用器。人生日用之器也。數。升縷多寡之數也。布幅廣二尺二寸。帛廣二尺四寸

錦文珠玉成器不粥於市。衣服飲食不粥於市

此所以禁民之不儉

五穀不時。果實未熟。不粥於市。木不中伐。不粥於市。禽獸

魚鼈不中殺不粥於市

此所以禁民之不仁。凡十有四事皆所以齊其衆而使風俗之同也

關執禁以譏禁異服識異言

劉氏曰。凡上文所當禁戒之事雖有司刑司市之屬以治之然不有以譏察之。則犯者衆而獲者寡矣。故令司關者執禁戒之令以譏察之。見異服則禁之。聞異言則識之。衣服易見故直曰禁。言語難知故必曰識。關境上門。舉關則郊門城門亦在其中矣。司徒之屬有司門司關者。皆其職之大略也。石林葉氏曰。以令行於衆而使之避者。禁也。一弛其禁而赦之。

則犯者必多。故不赦過。自圭璧金璋至於禽獸魚鼈。皆設禁於市者也。至於關者人所道以出入。而其所禁尤嚴於市。故衣服貳而民德不歸於一。則禁異服。議論異而道德不合於一。則識異言。異服見於用則易知。故曰禁。異言必辨而後審之。故曰識。先王一道德以同俗。明刑以折言異服者殺。所以誅其已然。正法而異言異服者譏。所以禁其未然。凡此皆治民之具。諱惡者。亦人情所不免。故下太史執簡以記其言動。奉諱惡以示禁者。所以治天下之終也

大史典禮。執簡記奉諱惡去聲天子齊戒受諫

周官大史典歷代禮儀之籍。國有禮事。則豫執簡策記載所當行之禮儀及所當知之諱惡。如廟諱忌日之類。奉而進之天子。天子重其事。故齊戒以受其所教詔諫猶教詔也。不言大宗伯者。體貌尊。惟詔相大禮於臨時

耳。嚴陵方氏曰。執簡記。即周官太史所謂執書抱法是也。奉諱惡。即小史所謂詔王之忌諱是也。此一言之於太史者。以小史爲太史之佐故得以兼之。簡記。謂簡册所記之言也。執言執之於此。奉言奉之於上。凡此特用之於行禮之時。故以典禮言之

司會古外反以歲之成質於天子。冢宰齊戒受質

司會。冢宰之屬。掌治法之財用會計。及王與冢宰廢置等事。故歲之將終也。質平其一歲之計要。於天子而先之冢宰。冢宰重其事而齊戒以受其質。質者。質於上而考正其當否也

大樂正。大司寇。市。三官以其成從質於天子。大司徒大司馬。大司空。齊戒受質

市司市也。周官司市下大夫二人。司會所質。冢宰旣受之矣。此三官各以其計要之成從司會而質於天子。則司徒司馬司空亦齊戒而受之

百官各以其成質於三官。大司徒。大司馬。大司空。以百官之成質於天子。百官齊戒受質。然後休老勞去聲農成歲事。

制國用

百官位卑。不敢專達。故但質於三官。三官達於司徒司馬司空而爲之質於天子。天子與六卿受而平斷畢。則還報其平於下。故百官齊戒以受上之平報焉。君臣上下莫不齊戒以致其敬者。以天功天職。不敢忽也。六官

獨不言大宗伯者。宗伯禮樂事行。則天子六卿皆在。無可歲會者。惟大樂正教國子及一歲禮樂之費用當質正之尔。然雖不言宗伯而先言大史典禮於前。則其尊重禮樂之意可見矣。已上並劉氏說○石梁王氏曰。大史與禮以下至制國用此一節與周制異。與夏殷無考

嚴陵方氏曰。齊以齊其内志之動。戒以防其外物之侵。古之人將有思也。將有爲也。未嘗不齊戒者。凡以致其謹而已。故君之齊戒。所以謹其所受之諫於下也。臣之齊戒。所以謹其所受之質於上也。然而一歲之内。所諫所質多矣。必於歲之終乃齊戒受之。何哉。蓋今歲於是乎終。來歲於是乎更始。朔易之事將有所平在。始和之政將有所布宣。既驗者可因爲之監。未然者可豫爲之防。君臣上下。其可以不愼乎。則齊戒以受之。亦不爲過矣。成即周官司會之職以歲會考歲成者是矣。謂之成。以其計要所成之績故也。計要正司會之所掌。故其質

於天子獨先於衆焉。冢宰齊戒受質者。蓋天子以司會之成降於冢宰。必降於冢宰者。以冢宰爲天官之長。司會則天官之屬故也。大樂正、大司寇、市三官雖非冢宰之屬。然以計要正司馬之所掌。故以其成質於天子。特從司會而已。大司徒、大司馬、大司空、齊戒受質者。是蓋各以其類受之也。大司徒掌邦教。敷五典者也。而樂正則崇四術立四教焉。故樂正之質。則司徒受之。司馬掌邦政統六師者也。而司寇則詰姦慝刑暴亂焉。故司寇之質。則司馬受之。司空掌邦事居四民者也。而司市則掌僞飾之禁在民在商在賈在工者各十有二焉。故司市之質。則司空受之。此非各以其類乎。百官蓋三官之屬。以其職卑而不敢專達。故必質於三官。然後其成得達於天子也。然後休老勞農。蓋物作於春。長於夏。斂於秋。藏於冬。則一歲之終。固可休之時也。帝出乎震。見乎離。說乎兌。勞乎坎。則一歲之終。固可勞之時也。老者血氣既衰。是爲可休之人。農之稼穡亦已勤矣。是爲可勞之人。於可休之時而休其可休之人。於可勞之時而勞其可勞之人。蓋先王所以奉天時而爲政者如是而已。成歲事。則所以計今歲之所入。制國用。則所以待來歲之所出也。前經言量入以爲出。故成歲事然後可以制

國用焉。且歲事繫乎天。則成其終者存乎人。國用出乎下。則制其始者本乎上。故於歲事曰成。於國用曰制也

凡養老

養老之禮。其目有四。養三老五更。一也。子孫死於國事則養其父祖。二也。養致仕之老。三也。養庶人之老。四也。一歲之間凡七行之。飲養陽氣。則用春夏。食養陰氣。則用秋冬。四時各一也。凡大合樂必遂養老。謂春入學舍菜合舞。秋頒學合聲。則通前爲六。又季春大合樂。天子視學亦養老。凡七也

有虞氏以燕禮

燕禮者。一獻之禮既畢。皆坐而飲酒以至於醉。其牲用

狗。其禮亦有二。一是燕同姓。二是燕異姓也

夏后氏以饗禮

饗禮者。體薦而不食。爵盈而不飲。立而不坐。依尊卑爲獻。數畢而止。然亦有四焉。諸侯來朝。一也。王親戚及諸侯之臣來聘。二也。戎狄之君使來。三也。享宿衛及耆老孤子。四也。惟宿衛及耆老孤子則以酒醉爲度。酒正云

殷人以食禮

食禮者。有飯有殽。雖設酒而不飲。其禮以飯爲主。故曰食也。然亦有二焉。大行人云。食禮九舉。及公食大夫之類。謂之禮食。其臣下自與賓客旦夕共食。則謂之燕食。

也。饗食禮之正。故行之於廟。燕以示慈惠。故行之於寢也

周人脩而兼用之

春夏則用虞之燕。夏之饗。秋冬則用殷之食。周尚文。故兼用三代之禮也

長樂陳氏曰。虞氏以燕。則以恩勝禮。夏后氏以享。則以禮勝恩。殷人以食。則趣恩禮之中。而周則文備。故脩而兼用之。周官外饔言享耆老。此周人以享禮養老也。行葦言飲射而繼之以祈黃耇。此周人以燕禮養老也。祭義曰。食三老五更於太學。天子袒而割牲。執醬而饋。執爵而酳。此周人以食禮養老也。○延平周氏曰。以燕享對食。則燕享以酒爲主。食以食爲主。以燕對享。則燕以恩爲主。享以禮爲主。虞氏以燕。則其恩已致詳矣。故夏后氏易以享。享則其禮已致隆矣。然燕與享不過養陽而已。故殷人易以食。所以養陰也。周則文極矣。故兼用之。亦各趨時而已

五十養於鄉。六十養於國。七十養於學。達於諸侯

鄉。鄉學也。國。國中小學也。學。大學也。達於諸侯者。天子養老之禮諸侯通得行之。無降殺也

八十拜君命。一坐再至。瞽亦如之。九十使人受

人君有命。人臣拜受。禮也。惟八十之老與無目之人爲難備禮。故其拜也。足一跪而首再至地。以備再拜之數。九十則又不必親拜。特使人代受。此言君致享食之禮於其家而受之之禮如此。然他命則亦必然矣。長樂陳氏曰。年彌高者養彌厚。養彌厚者禮彌敬。故五十養於鄉而不從力政。六十養於國而不與服戎。七十養於學。則天子袒而割牲。執醬而饋。執爵而酳。此禮之所以彌敬也。周之養老。遺人掌委積。外饔掌割亨。以至羅氏共羽物。酒

正共酒。犒人共食。其禮之備具如此。又視學以事之。豈非仁之至義之盡哉。孔子於瞽者見之雖少必作。過之必趨。相之則每事必告。其致恭敬如此。則先王待之之禮均於老者。不爲過矣

五十異粻。張 六十宿肉。七十貳膳。八十常珍。九十飲食不離寢。膳飲從於遊可也

粻糧也。異者精粗與少者殊也。宿肉謂恒隔日備之。不使求而不得也。膳食之善者每有副貳。不使闕乏也。常珍常食皆珍味也。不離寢言寢處之所恒有庋閣之飲食也。美善之膳水漿之飲隨其常遊之處而爲之備具可也。嚴陵方氏曰。粻則地産以養其陰。肉則天産以養其陽。膳用六牲以爲膳而已。珍用八物則爲貴。有膳則肉可知。有肉則粻可知。異者不必宿。宿者不必貳。貳者不必常。言之輕重。其禮之隆殺也。由八十而下。飲

食或庋於閣而已。於寢則亦離焉。膳飲止於所居而已。於遊固不從焉。故必九十然後飲食不離寢。飲食從於遊也

六十歲制。七十時制。八十月制。九十日脩。唯絞紟其鴆反衾冒。死而后制

此言漸老則漸近死期。當豫爲送終之備也。歲制。謂棺也。不易可成。故歲制。衣物之難得者須三月可辦。故云時制。衣物之易得者則一月可就。故云月制。至九十則棺衣皆具。無事於制作。但每日脩理之。恐或有不完整也。絞。所以收束衣服爲堅急者也。紟。單被也。絞與紟皆用十五升布爲之。凡衾皆五幅。士小斂緇衾赬裏。大斂

則二衾。冒所以韜尸。制如直囊。上曰質。下曰殺。其用之。先以殺韜足而上。次以質韜首而下齊于手。士緇冒赬殺。象生時玄衣纁裳也。此四物須死乃制。以其易成故也。

馬氏曰。自五十異粻而下。此養生之禮也。自六十歲制而下。此送死之禮也。人之至於五十。其氣始衰。食不可以不異。故異粻。自五十而上。事親之日短。人子之於親。養之必有加焉。故宿肉至膳飲必從於遊也。有始必有終。有生必有死。此必然之理也。人之至六十以上。則送死之禮不可以不具

五十始衰。六十非肉不飽。七十非帛不煖。八十非人不煖。九十雖得人不煖矣。五十杖於家。六十杖於鄉。七十杖於國。八十杖於朝。九十者。天子欲有問焉。則就其室。以珍從

去聲

杖所以扶衰弱。五十始衰。故杖。未五十者不得執也。巡守而就見百年者。泛言衆庶之老也。此就見九十者。專指有爵者也。祭義又言八十君問則就之者。亦異禮也。珍與常珍之珍同。從之以往。致尊養之義也。嚴陵方氏曰。三十曰壯。四十曰強。壯強則盛極矣。盛之極亦趨於衰而已。故五十爲始衰之年。自此以往。宜有以扶其衰。九十雖得人不煖。則以衰之極。養之宜無所不至故也。○馬氏曰。人之少大化有四。嬰孩也。少壯也。老耄也。死亡也。始衰。離於少壯之年而入於老耄之時也。先王之時。下無凍餒之民者。蓋五畝之宅。樹之以桑。而七十可以衣帛矣。雞豚狗彘之畜無失其時。而六十則可以食肉矣。○延平周氏曰。貴貴老老不可偏廢也。八十與之杖。老老也。而不免於朝者。貴貴也。九十則天子必就其室而問之者。豈特老老而已。蓋將以尊賢也。尊賢則北面可也。就其室而問之。何歟哉七十不俟朝。八十月告存。九十日有秩。

不視朝者，謂朝君之時，入至朝位，君出揖即退，不待朝事畢也。此謂當致仕之年而不得謝者。告，猶問也。君每月使人致膳，告問存否也。秩，常也。日使人以常膳致之也。延平周氏曰：不俟朝，所以全其筋力也。月告存，所以欲其生也。日有秩，所以厚其養也。先王之於人也，必有養廉之具，然後責之廉。故卿大夫既有田以處子孫，而至於九十，則又日有秩。此仕於朝者，所以無累於終身而有恥於貪汙者也。

五十不從力政。六十不與去聲服戎。七十不與賓客之事。八十齊側皆反喪之事弗及也。

方氏曰：力政，力役之政也。服戎，兵戎之事也。力政事之常者故五十巳不從矣服戎則事之變者必六十然後不與焉從謂行其事也與則與之而已及則旁有所加之謂以其老甚非特不能從與於事而事固不當及於我矣長樂陳氏曰弛而不張文武不爲張而不弛文武不能晝作而暮息一日之理也三時作而冬息一歲之理也少壯作而老息一世之理也先王知其理如此故爲之禮以息之此經是已

五十而爵六十不親學七十致政唯衰催麻爲喪

五十而爵命爲大夫也不親學以其不能備弟子之禮也致政事以其不能勝職任之勞也或有死喪之事惟備衰麻之服而已其他禮節皆在所不責也嚴陵方氏曰五十曰艾服官政故受爵於朝蓋受爵則服官政故也六十曰耆指使故不親學所以事人非所以使人故也七十曰

老而傳。故致政。蓋外則致其政於君。内則傳其事於子孫也。唯衰麻爲喪。則與曲禮言唯衰麻在身同義。然此齊喪之事猶及也。所以異於八十者歟

有虞氏養國老於上庠。養庶老於下庠

行養老之禮必於學。以其爲講明孝弟禮義之所也。國老。有爵有德之老。庶老。庶人及死事者之父祖也。國老尊故於大學。庶老卑故於小學。上庠。大學。在西郊。下庠。小學。在國中王宫之東

夏后氏養國老於東序。養庶老於西序

東序。大學。在國中王宫之東。西序。小學。在西郊

殷人養國老於右學。養庶老於左學

右學大學在西郊左學小學在國中王宮之東

周人養國老於東膠養庶老於虞庠虞庠在國之西郊

東膠大學在國中王宮之東虞庠小學在西郊 嚴陵方氏曰四代之養老必以學何也蓋王者之養老所以教天下之孝也孝者所以盡子道而父子者人倫之始也學所以明人倫而已於之以養老不亦宜乎皆學也虞曰庠夏曰序殷曰校周曰膠又何也庠者養也養以生物爲事天道也故虞曰庠序者射也射以正己爲事人道也故夏曰序學者覺也覺民者所以反其質故殷曰學膠者飾也飾物者所以致其文也故周曰膠○延平周氏曰上庠下庠以尊卑言之也東序西序以方言之也右學左學以位言之也國老庶老皆養之者恩也國老必於大學庶老必於小學者義也

有虞氏皇而祭深衣而養老

皇收冔皆冠冕之名然制度詳悉則不可考矣深衣白

布衣也

夏后氏收而祭燕衣而養老

燕衣。黑衣也。夏后氏尚黑。君與羣臣燕飲之服。即諸侯日視朝之服也。其冠則玄冠而緇帶素韠白舄也

殷人冔火羽反而祭縞衣而養老

縞。生絹。亦名素。此縞衣。則謂白布深衣也

周人冕而祭。玄衣而養老

玄衣。亦朝服也。緇衣素裳。十五升布爲之。六入爲玄。七入爲緇。故緇衣亦名玄衣也。又按夏氏尚黑。衣裳皆黑。殷尚白。則衣裳皆白。周兼用之。故玄衣而素裳。凡諸侯

朝服。即天子燕服。而諸侯之行燕禮。亦此服也。嚴陵方氏曰。祭非無衣也。然主冠言之者。蓋冠在首。有尊尊之義。而祭所以推尊尊之義者也。養老非無冠也。然主衣言者。蓋衣在體。有親親之仁焉。而養老所以明親親之仁故也。○馬氏曰。先言祭者。蓋祭所以追養繼孝。而年之貴乎天下久矣。次乎事親也。故以祭爲先。皇與收。冔與冕。首所加之冠也。深衣。燕衣。縞衣。玄衣。身所衣之服也。在祭祀則言冠而不言衣者。言冠則知其有衣。故虞則十有二章。周則九章。推此。則三代可知矣。在養老則言衣而不言冠者。言衣則知其有冠。故毋追。夏后氏之道也。章甫。殷道也。委貌。周道也。推此。則有虞氏亦可知矣。

凡三王養老。皆引年。

四海之內。老者衆矣。安得人人而養之。待國老庶老之禮畢。即行引戶校年之令。而恩賜其老者焉。

八十者。一子不從政。九十者。其家不從政。廢疾非人不養

者一人不從政。父母之喪。三年不從政。齊衰大功之喪。三月不從政。將從於諸侯。三月不從政。自諸侯來從家。期朞不從政

從政。謂給公家之力役也〇方氏曰。將從。欲去者。來從。已來者。夫人莫衰於老。莫苦於疾。莫憂於喪。莫勞於從。此王政之所宜恤者。故皆不使之從政焉〇舊說將從於諸侯者。謂大夫采地之民從於諸侯爲民。自諸侯來從者。謂諸侯之民來從於大夫之邑。以其新從當復除。諸侯地寬役少。故惟三月不從政。大夫役多地狹。欲令人貪慕。故期不從政。一說謂從大夫家出仕諸侯。從諸

侯退仕大夫。未知孰是。延平周氏曰。一子一人不從政。則老者廢疾者有所養。居喪不從政。則生者得以盡其哀戚。將從者不從政。所以寬之也。始來者不從政。所以安之也。

少而無父者謂之孤。老而無子者謂之獨。老而無妻者謂之矜。鰥老而無夫者謂之寡。此四者。天民之窮而無告者也。皆有常餼。

左傳崔杼生成及彊而寡。是無妻者亦可言寡也。皆有常餼。謂君上養以餼廩有常制也。嚴陵方氏曰。若此之人。雖欲有所赴愬而求通。莫之得矣。故曰天民之窮而無告者也。文王發政施仁。必先斯四者。其以是歟。皆有常餼。固所宜矣。

瘖。音聾跛。彼我反躃。壁斷段者。侏儒。百工。各以其器食之。嗣

瘖者不能言。聾者不能聽。跛者一足廢。躃者兩足俱廢。

斷者支節脱絶侏儒身體短小者也百工衆雜技藝也器猶能也此六類者因其各有技藝之能足以供官之役使故遂因其能而以稟給食養之疏引國語戚施植鎛等六者爲證嚴陵方氏曰百工則凡執一藝者是也先王之時瘖者以之實土聾者以之司火刖者以之守囿刖則跛躃斷者之類也侏儒以之扶盧以至陶者之治埴匠者之治木治氏之攻金玉人之切玉所謂各以其器食之也荀子曰五疾上收而養之材而事之蓋謂是矣先王之政必如是何也所以使在下者無廢才而人人各得其養在上者無虛用而事事各極其精而已是能也而曰器者以隨其大小長短而用之故謂之器耳孔子所謂使人也器之是矣

道路男子由右婦人由左車從中央

凡男子婦人同出一塗者則男子常由婦人之右婦人

常由男子之左爲遠別也嚴陵方氏曰道路所以通方四方者男子所有事也女子則深宮固門而已右有力而左無爲故其所由如此道路既曰中又曰央何也蓋央以適當言之耳或上或下或左或右皆非適當焉唯中乃可以言央也

父之齒隨行兄之齒鴈行朋友不相踰父之齒兄之齒謂其人年與父等或與兄等也隨行隨其後也鴈行並行而稍後也朋友年相若則彼此不可相踰越而有先後言並行而齊也

輕任幷重任分斑白者不提挈幷己獨任之也分析而二之也

君子耆老不徒行庶人耆老不徒食

方氏曰。徒行謂無乘而行也。徒食謂無羞而食也〇應氏曰。非人皆好德而士不失職。安能使在路無徒行之賢。非人各有養而俗尚孝敬。安能使在家無徒食之老

長樂劉氏曰。帝王之爲治也。不出人倫。天下之人入于五品爾。故其天下外薄四海。行路之民。皆服教化。父之教著於道路矣。兄之教著於道路矣。父子之教著於道路矣。朋友不相踰。禮義之教著於道路矣。輕任并。重任分。任恤之行著於道路矣。斑白不提挈。孝友之行著於道路矣。故君子者老不徒行。庶人者老不徒食。君子小人之爲子弟者。莫不知尊德而養老也

方一百里者爲田九百畝

步百爲畝。是長一百步。闊一步。畝百爲夫。是一頃長闊一百步。夫三爲屋。是三頃闊三百步長一百步。屋三爲

井則九百畝也長闊一里孟子曰方里而井井九百畝

方十里者爲方一里者百爲田九萬畝方百里者爲方十里者百爲田九十億畝

一箇十里之方既爲田九萬畝則十箇十里之方爲田九十萬畝一百箇十里之方爲田九百萬畝今云九十億畝是一億有十萬十億有一百萬九十億乃九百萬畝也

方千里者爲方百里者百爲田九萬億畝

計千里之方爲方百里者百一箇百里之方既爲九十億畝則十箇百里之方爲九百億畝百箇百里之方爲

九千億畝。今乃云九萬億畝。與數不同者。若以億言之。當云九千億畝。若以萬言之。當云九萬萬畝。經文誤也

○應氏曰。自此至篇末皆覆解篇首及中間井田封建

地里之界

自恒山至於南河。千里而近。自南河至於江。千里而近。自江至於衡山。千里而遥。自東河至於東海。千里而遥。自東河至於西河。千里而近。自西河至於流沙。千里而遥。西不盡流沙。南不盡衡山。東不盡東海。北不盡恒山

方氏曰。不足謂之近。有餘謂之遥　○應氏曰。此獨言東海者。東海在中國封疆之内。而西南北則夷徼之外也。

南以江與衡山爲限。百越未盡開也。河舉東西南北者。河流縈帶周遶。雖流沙分際亦與河接也。自秦而上。西北袤而東南蹙。秦而下。東南展而西北縮。先王盛時。西方各有不盡之地。不勞中國以事外也。禹貢東漸西被。朔南咸暨。持聲教所及。非貢賦所限也

凡四海之內。斷短長補短。方三千里。爲田八十萬億一萬億畝。方百里者。爲田九十億畝。山陵林麓川澤溝瀆城郭宮室塗巷。三分去上聲一。其餘六十億畝

爲田八十萬億一萬億畝者。以一州方千里。九州方三千里。三三爲九。爲方千里者九。一箇千里有九萬億畝。

九箇千里九九九八十一。故有八十一萬億畝。於八十整數之下云萬億。是八十箇萬億。又云一萬億。言八十箇萬億之外更有一萬億。是共爲八十一萬億畝。先儒以萬億二字爲衍。非也。此並疏義。然愚按方百里爲田九十億畝。則方三千里。當云八萬一千億畝。如疏義亦承誤釋之也嚴陵方氏曰。高而藏曰山。大而平曰陵。木所積曰林。林所附曰麓

古者以周尺八尺爲步。今以周尺六尺四寸爲步。古者百畝。當今東田百四十六畝三十步。古者百里。當今百二十一里六十步四尺二寸二分

疏曰。古者八寸爲尺。以周尺八尺爲步。則一步有六尺

四寸。今以周尺六尺四寸爲步。則一步有五十二寸。是今步比古步。每步剩出一十二寸。以此計之。則古者百畝當今東田百五十二畝七十一步有餘。與此百四十六畝三十步不相應。又今步每步剩古步十二寸。以此計之。則古之百里當今百二十三里一百一十五步二十寸。與此百二十一里六十步四尺二寸二分又不相應。經文錯亂。不可用也○愚按。疏義所筭亦誤。當云古者八寸爲尺。以周尺八尺爲步。則一步有六尺四寸。今以周尺六尺四寸爲步。則一步有五尺一寸二分。是今步比古步每步剩出一尺二寸八分。以此計之。則古者百畝當今東田百五十六畝二十五步一寸六分千分寸之四。與此百四十六畝三十步不相應。里亦倣此推之○方氏曰。東田者。即詩言南東其畝也。言南則以廬在其北而向南。言東則以廬在其西而向東○嚴氏説南東其畝。云或南其畝。或東其畝。順地勢及水之所趨也

方千里者。爲方百里者百

天下九州。王畿居中。外八州。每州各方千里。是一百箇百里。以開方之法推之。合萬里也

封方百里者三十國。其餘方百里者七十

公侯皆方百里。封三十箇百里。剩七十箇百里

又封方七十里者六十。爲方百里者二十九。方十里者四十

伯七十里。封六十箇七十里。是占二十九箇百里。四十

箇十里。於三十箇百里内。剩六十箇十里

其餘方百里者四十。方十里者六十。又封方五十里者百

二十。爲方百里者三十。其餘方百里者十。方十里者六十

除上封二等國。共占六十箇百里。外止剩四十箇百里

及六十箇十里。於此地内封子男五十里之國者百二

十箇。每一百里封四箇。實占三十箇百里。通三等封。止

剩十箇百里。六十箇十里。○伯國方七十里。七七四十九。是四十九箇十里。○子男方五十里。五五二十五。是二十五箇十里

名山大澤不以封。其餘以爲附庸閒田。諸侯之有功者。取於閒田以祿之。其有削地者。歸之閒田

除名山大澤之外。皆爲附庸之國及閒田嚴陵方氏曰。諸侯之有功者取於閒田以祿之。即巡守之禮言有功德於民者加地是也。其有削地者歸之閒田。即巡守之禮言不敬者君削以地是也

天子之縣內方千里者。爲方百里者百。封方百里者九。○其餘方百里者九十一。又封方七十里者二十一。爲方百

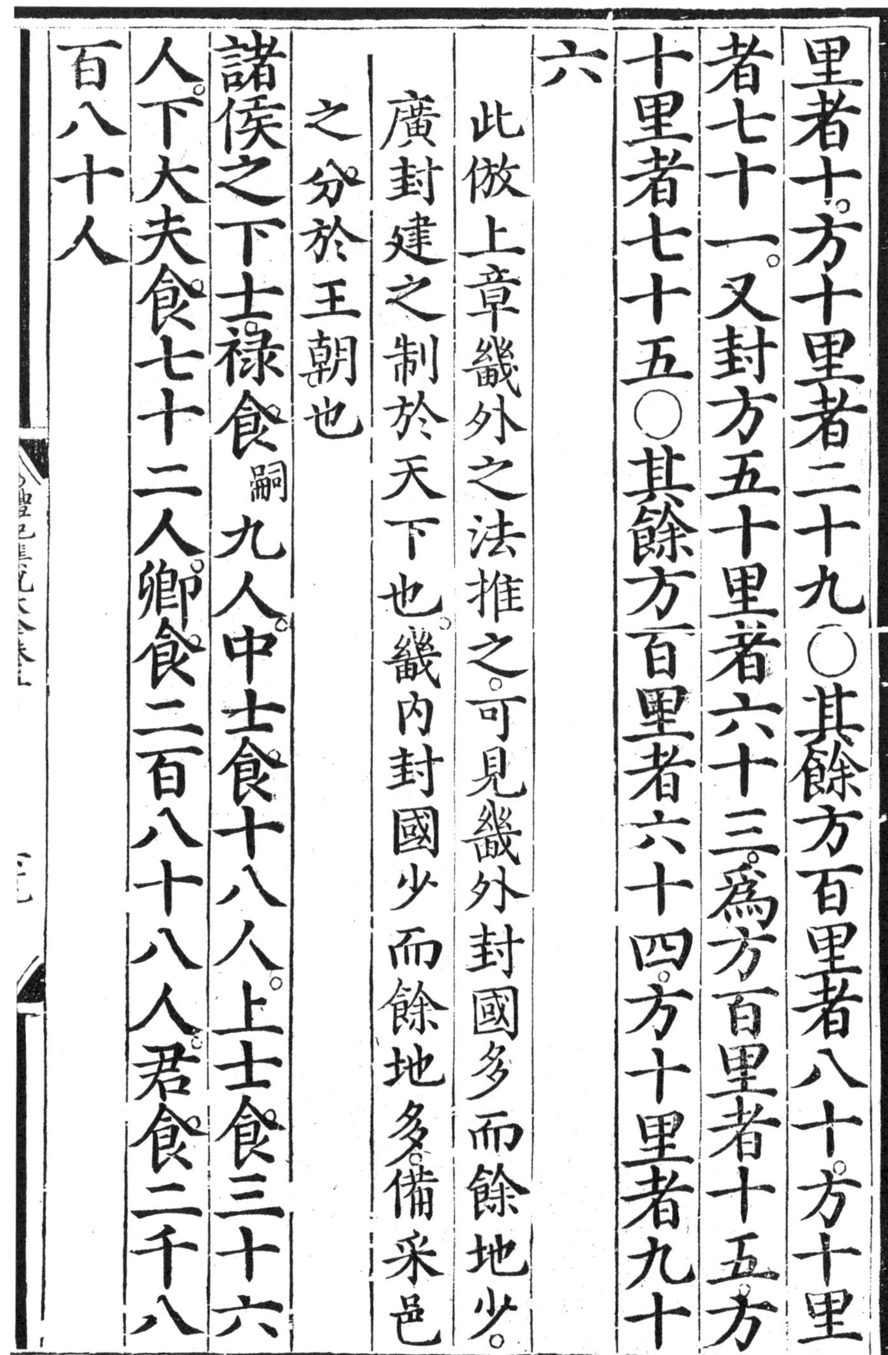

里者十。方十里者二十九〇其餘方百里者八十。方十里者七十一。又封方五十里者六十三。爲方百里者十五方十里者七十五〇其餘方百里者六十四。方十里者九十六

此倣上章畿外之法推之。可見畿外封國多而餘地少。廣封建之制於天下也。畿内封國少而餘地多。備采邑之分於王朝也

諸侯之下士祿食嗣九人。中士食十八人。上士食三十六人。下大夫食七十二人。卿食二百八十八人。君食二千八百八十人

此言大國之數

次國之卿食二百一十六人。君食二千一百六十人

次國大夫亦食七十二人。卿三大夫祿。故食二百一十六人

小國之卿食百四十四人。君食千四百四十人

小國大夫亦食七十二人。卿倍大夫祿。故食百四十四人

次國之卿命於其君者。如小國之卿

降於天子所命也嚴陵方氏曰。凡此皆言制祿多寡之法。篇首所言中士倍下士。至於君十卿祿者是也。此特重釋之爾。○金華應氏曰。由下士以至於君。其祿愈厚。則其所食愈衆。豈非以人徒服役漸

增而漸廣歟。然由卿而下。皆服役乎君者也。則既各給之田以爲禄矣。君禄之所入。豈盡以食二千八百八十哉。以二千八百八十人之食而養一國之君。所養極其厚。則所食兼於衆也。然必析其數以見其所食之多。亦欲居人上者知吾之所奉。合衆力而共爲之。則必思其有以稱此。且不至壅利以自私。而必推己以養人。故君所食之人十倍於卿。而由士至卿所食者次第加衆。皆欲其無獨富之心。而助君以養民也

天子之大夫爲三監監於諸侯之國者。其禄視諸侯之卿。其爵視次國之君。其禄取之於方伯之地

禄視諸侯之卿。可食二百八十八人者也

方伯爲去聲朝天子皆有湯沐之邑於天子之縣内。視元士

謂之湯沐者。言入至畿内即暫止頓於此。齋潔而往也。春秋傳謂之朝宿之邑。惟方伯有之。其餘否。許慎云周

千八百諸侯若皆有之則盡京師地亦不能容長樂陳氏曰湯沐則朝宿之邑也不曰朝宿而曰湯沐者齊戒以見君故也方伯之於天子猶天子之於神然守有湯沐之邑於泰山之下則方伯爲朝有湯沐之邑於天子之縣內宜矣

諸侯世子世國大夫不世爵使以德爵以功未賜爵視天子之元士以君其國諸侯之大夫不世爵祿

世子世國畿外之制也天子大夫不世爵而世祿先王使人爵人必取其有德有功者列國之君薨其子未得爵賜則其衣服禮數視天子之元士賜爵而後得如先君之舊也諸侯之大夫不世爵祿而有大功德者亦世之左傳言官有世功則有官族

六禮冠昏喪祭鄉相見

今所存者士冠士昏士喪特牲少牢饋食鄉飲酒士相見

七教父子兄弟夫婦君臣長幼朋友賓客八政飲食衣服事爲異别度量數制

六禮七教八政皆司徒所掌禮節民性教興民德脩則不壞明則不渝然非齊八政以防淫則亦禮教之害也事爲者百工之技藝有正有邪異别者五方之械器有同有異度量則不使有長短小大之殊數制則不使有多寡廣狹之異若夫飲食衣服尤民生日用之不可闕

者。所以居八政之首。齊之則不使有僭儗詭異之端矣。

此篇先儒謂雜舉歷代之典。雖一一分別而不能皆有明證。又且多祖緯書。豈可謂決然無疑哉。朱子有言。漢儒說制度有不合者。多推從殷禮去。此亦疑其無徵矣。然只據大綱而言。與學以上脩六禮以下。其坦明者。亦可爲後王之法也。嚴陵方氏曰。冠昏嘉禮也。喪凶禮也。祭吉禮也。鄉相見賓禮也。不及軍禮者。六禮司徒脩之以節民性。而有發司徒教士以車甲。則軍禮固在其中矣。政在養民。故以飲食爲首。飲養陽而食養陰。故先飲而後食。有飲食以養之。必有衣服以成之。故繼之以衣服焉。有所服必有所事。故繼之以事。有所事必有所異。故繼之以異別焉。有異別矣。則必有度以度其所至。量以量其所容。有度量矣。則必有數以計其多少。有制以定其等差。故繼之以數制焉

禮記集說大全卷之五

明永樂内府本禮記集説大全

第一册

明 胡廣等撰

中國國家圖書館藏明永樂十三年内府刻本

山東人民出版社・濟南

圖書在版編目（CIP）數據

明永樂内府本禮記集説大全 /（明）胡廣等撰 .— 濟南：山東人民出版社，2024.3
（儒典）
ISBN 978-7-209-14304-2

Ⅰ．①明… Ⅱ．①胡… Ⅲ．①《禮記》-注釋 Ⅳ．① K892.9

中國國家版本館 CIP 數據核字（2024）第 036392 號

項目統籌：胡長青
責任編輯：趙　菲
裝幀設計：武　斌
項目完成：文化藝術編輯室

明永樂内府本禮記集説大全
〔明〕胡廣等撰

主管單位　山東出版傳媒股份有限公司
出版發行　山東人民出版社
出 版 人　胡長青
社　　址　濟南市市中區舜耕路517號
郵　　編　250003
電　　話　總編室（0531）82098914
　　　　　市場部（0531）82098027
網　　址　http://www.sd-book.com.cn
印　　裝　山東華立印務有限公司
經　　銷　新華書店

規　　格　16開（160mm×240mm）
印　　張　150.25
字　　數　1202千字
版　　次　2024年3月第1版
印　　次　2024年3月第1次
ISBN 978-7-209-14304-2
定　　價　434.00圓（全八册）

《儒典》選刊工作團隊

學術顧問　杜澤遜　李振聚　徐　泳

項目統籌　胡長青

責任編輯　劉　晨　劉嬌嬌　張艷艷
　　　　　呂士遠　趙　菲　劉一星

前言

中國是一個文明古國、文化大國，中華文化源遠流長，博大精深。在中國歷史上影響較大的是孔子創立的儒家思想，因此整理儒家經典、注解儒家經典，爲儒家經典的現代化闡釋提供权威、典范、精粹的典籍文本，是推進中華優秀傳統文化創造性轉化、創新性發展的奠基性工作和重要任務。

中國經學史是中國學術史的核心，歷史上創造的文本方面和經解方面的輝煌成果，大量失傳了。西漢是經學的第一個興盛期，除了當時非主流的《詩經》毛傳以外，其他經師的注釋後來全部失傳了。東漢的經解祇有鄭玄、何休等少數人的著作留存下來，其餘也大都失傳了。南北朝至隋朝興盛的義疏之學，其成果僅有皇侃《論語疏》幸存於日本。五代時期精心校刻的《九經》、北宋時期國子監重刻的《九經》以及校刻的單疏本，也全部失傳。南宋國子監刻的單疏本，我國僅存《周易正義》、《爾雅疏》、《春秋公羊疏》（三十卷殘存七卷）、《春秋穀梁疏》（十二卷殘存七卷），日本保存了《尚書正義》、《毛詩正義》、《禮記正義》（七十卷殘存八卷）、《周禮疏》（日本傳抄本）、《春秋公羊疏》（日本傳抄本）、《春秋正義》（日本傳抄本）。南宋兩浙東路茶鹽司刻八行本，我國保存下來的有《周禮疏》、《禮記正義》、《春秋左傳正義》（紹興府刻）、《論語注疏解經》（二十卷殘存十卷）、《孟子注疏解經》（存臺北『故宫』），日本保存有《周易注疏》《尚書正義》（凡兩部，其中一部被清楊守敬購歸）。南宋福建刻十行本，我國僅存《春秋穀梁注疏》、《春秋左傳注疏》（六十卷，一半在大陸，一半在臺灣），日本保存有《毛詩注疏》《春秋左傳注疏》。從這些情況可以看出，經書代表性的早期注釋和早期版本國内失傳嚴重，有的僅保存在東鄰日本。

鑒於這樣的現實，一百多年來我國學術界、出版界努力搜集影印了多種珍貴版本，但是在系統性、全面性和準確性方面都還存在一定的差距。例如唐代開成石經共十二部經典，石碑在明代嘉靖年間地震中受到損害，明代萬曆初年西安府學等學校師生曾把損失的文字補刻在另外的小石上，立於唐碑之旁。近年影印出版唐石經拓本多次，都是以唐代石刻與明代補刻割裂配補的裱本爲底本。由於明代補刻采用的是唐碑的字形，這種配補本難以區分唐刻與明代補刻，不便使用，亟需單獨影印唐碑拓本。

爲把幸存於世的、具有代表性的早期經解成果以及早期經典文本收集起來，系統地影印出版，我們規劃了《儒典》編纂出版項目。

《儒典》出版後受到文化學術界廣泛關注和好評，爲了滿足廣大讀者的需求，現陸續出版平裝單行本。共收録一百十一種元典，共計三百九十七册，收録底本大體可分爲八個系列：經注本（以開成石經、宋刊本爲主。開成石經僅有經文，無注，但它是用經注本删去注文形成的）、經注附釋文本、纂圖互注本、單疏本、八行本、十行本、宋元人經注系列、明清人經注系列。

《儒典》是王志民、杜澤遜先生主編的。本次出版單行本，特請杜澤遜、李振聚、徐泳先生幫助酌定選目。特此説明。

二〇二四年二月二十八日

目録

第一册

第二册

第三册

第四册

第五册

第六册

第七册

第八册

禮記集說大全凡例

一。今編以陳氏集說爲宗諸家之說有互相發明及足其未備者分註于下。不合者不取

一。陳氏集說舊例

校讎經文

蜀大字本　宋舊監本

興國于氏本　盱郡重刊廖氏本

建本註疏　南康經傳通解

援引書籍

漢鄭氏註　唐孔氏疏

儀禮古註疏　儀禮經傳通解

楊氏祭禮通解　陸氏經典釋文

九經註疏　許氏說文

杜氏通典　鄭氏通志略

程氏遺書　程子粹言

張子語録　朱子四書

朱子小學書　朱子大全集

朱子語類　春秋纂例

三山陳氏禮書　潜室陳氏木鐘集

孫氏示兒編　方氏集解

應氏集解　贊皇浩齋集解

蔡氏書傳　呂氏詩記

嚴氏詩緝　周官制度

括蒼項氏禮說　龍泉葉氏記言

朱周翰節解　源流至論

馬氏禮解　雙峯饒氏說

盱江李氏說　石梁王氏批

藍田呂氏說　亮軒馮氏說

恒軒劉氏說

註說去取

凡名物度數据古註正義道學正論宗程子朱子。精義詳盡則泛取諸家發明未備則足以己意

音文反切義同古註則依陸氏釋文發明新義則各據諸家

章句分段俗本古註章斷皆圈今依註疏及蜀本廖本古註皆不圈

一。今所取諸儒姓氏除舊引書籍已見外餘開于左

周子惇頤茂叔　　涑水司馬氏光君實
永嘉周氏行己恭叔　　慶源輔氏廣漢卿
華陽范氏祖禹淳甫　　山陰陸氏佃農師
廬陵胡氏銓邦衡　　吳郡范氏成大至能
延平周氏諝希聖　　吳興沈氏清臣正卿
慈湖楊氏簡敬仲　　錢塘于氏有成君錫
廣安游氏桂元發　　江陵項氏安世平甫
北溪陳氏淳安卿　　石林葉氏夢得少蘊
長樂劉氏彝執中　　永嘉徐氏自明誠甫
延平黃氏裳冕仲　　長樂黃氏榦直卿

王氏子墨　　何氏平叔
西山眞氏德秀景元　　金華邵氏淵萬宗
永嘉戴氏溪少望　　新定顧氏元常
番陽洪氏邁景盧　　清江劉氏敞原父
莊氏夏　　虙氏
新安王氏　　蔣氏君實
眉山孫氏佖　　盧氏
許氏　　王氏蘋
晏氏光　　李氏
毘陵慕容氏彥逢叔遇　　劉氏孟治

金華范氏鍾仲和　　臨川吳氏澄幼清

一今奉

勑纂修

翰林院學士兼左春坊大學士奉政大夫臣胡廣

奉政大夫右春坊右庶子兼翰林院侍講臣楊榮

奉直大夫右春坊右諭德兼翰林院侍講臣金幼孜

翰林院脩撰承務郎臣蕭時中

翰林院脩撰承務郎臣陳循

翰林院編脩文林郎臣周述

翰林院編脩文林郎臣陳全

翰林院編脩文林郎臣林誌
翰林院編脩承事郎臣李貞
翰林院編脩承事郎臣陳景著
翰林院檢討從仕郎臣余學夔
翰林院檢討從仕郎臣劉永清
翰林院檢討從仕郎臣黃壽生
翰林院檢討從仕郎臣陳用
翰林院檢討從仕郎臣陳璲
翰林院五經博士迪功郎臣王進
翰林院典籍脩職佐郎臣黃約仲

翰林院庶吉士臣涂順

奉議大夫禮部郎中臣王羽

奉議大夫兵部郎中臣童謨

奉訓大夫禮部員外郎臣吴福

奉直大夫北京行部員外郎臣吴嘉靜

承直郎禮部主事臣黄裳

承德郎刑部主事臣段民

承直郎刑部主事臣洪順

承直郎刑部主事臣洗升

承德郎刑部主事臣章敞

承德郎刑部主事臣楊勉

承德郎刑部主事臣周忱

承德郎刑部主事臣吾紳

文林郎廣東道監察御史臣陳道潛

承事郎大理寺評事臣王選

文林郎太常寺博士臣黃福

脩職郎太醫院御醫臣趙友同

迪功佐郎北京國子監博士臣王復原

泉州府儒學教授臣曾振

常州府儒學教授臣廖思敬

蘄州儒學學正臣傅　冊

濟陽縣儒學教諭臣杜　觀

善化縣儒學教諭臣顔　敬守

常州府儒學訓導臣彭　子斐

鎮江府儒學訓導臣留　季安

禮記集說大全總論

程子曰。禮記雜出於漢儒。然其間傳聖門緒餘。及格言甚多。如禮記學記之類。無可議者。檀弓表記坊記之類。亦甚有至理。惟知言者擇之。如王制禮運禮器。其書亦多傳古意。若閒居燕居三無五起之說。文字可疑。又曰。禮記除中庸大學。唯樂記爲最近道。學者深思自得之。禮記之表記。其亦近道矣乎。其言正

永嘉周氏曰。經禮三百。威儀三千。皆出於性。非僞貌飾情也。天尊地卑。禮固立矣。類聚群分。禮固行矣。人者位乎天地之間。立乎萬物之上。尊卑分類。不設而彰。聖人循

此制爲冠昏喪祭朝聘鄉射之禮以行君臣父子兄弟夫婦朋友之義其形而下者見於飲食器服之用其形而上者極於無聲無臭之微衆人勉之賢人行之聖人由之故所以行其身與其家與其國與其天下者禮治則治禮亂則亂禮存則存禮亡則亡上自古始下逮五季質文不同罔不由是然而世有損益惟周爲備夫子嘗曰郁郁乎文哉吾從周逮其弊也忠信之薄而情文之繁林放問禮之本孔子欲從先進蓋所以矯正反弊也然豈禮之過哉爲禮者之過也秦氏焚滅典籍三代禮文大壞漢興購書禮記四十九篇雜出諸儒傳記不

能悉得聖人之旨。考其文義，時有牴牾。然而其文繁，其義博，學者博而約之，亦可弗畔。蓋其說也粗在應對進退之間，而精在道德性命之要。始於童幼之習，而卒於聖人之歸。惟達古道者，然後能知其言。能知其言，然後能得於禮。然則禮之所以爲禮，其則不遠矣。

延平周氏曰：夫禮者，性命之成體者也。蓋道德仁義同出於性命，而所謂禮者，又出乎道德仁義，而爲之節文者也。方其出於道德仁義，則道德仁義者，禮之本也。故曰：仁者，人也，親親爲大；義者，宜也，尊賢爲大。親親之殺，尊賢之等，禮所生也。方其爲之節文，則道德仁義又有資於禮也故曰道德仁義非禮不成嗚呼此禮之所以爲禮者也若夫吉凶之殊軍賓之別其言不盡於意其意必寓於象故一服飾一器械有以存於度數之間者象也象則文也及推而上之有以見於度數之表者意也意則情也所謂意者歸於性命而已矣書曰天秩有禮自我五禮有庸哉蓋其以故滅命以人廢天者聖人不爲惟其天秩之所有是乃聖人之所庸者也然聖人所以庸之者豈特使天下後世知有尊卑之分而苟自異於禽獸耳蓋又將爲入道之資也聖人既沒禮經之殘闕久矣世之所傳曰周禮曰儀禮曰禮記其間獨周禮

爲太平之成法。儀禮者又次之。禮記者雜記先王之法言。而尚多漢儒附會之疵。此學者所宜精擇

朱子曰。或謂禮記是漢儒說。恐不然。漢儒最純者莫如董仲舒。仲舒之文最純者莫如三策。何嘗有禮記中說話來。如樂記所謂天高地下。萬物散殊。而禮制行矣。流而不息。合同而化。而樂興焉。仲舒如何說到這裏。想必是古來流傳得此箇文字如此

虙氏曰。禮記乃儀禮之傳。儀禮有冠禮。禮記則有冠義以釋之。儀禮有昏禮。禮記則有昏義以釋之。儀禮有鄉飲酒禮。禮記則有鄉飲酒義以釋之。儀禮有燕禮。禮記則

有燕義以釋之儀禮有聘禮禮記則有聘義以釋之其他篇中雖或雜引四代之制而其言多與儀禮相爲表裏但周禮儀禮皆周公所作而禮記則漢儒所錄雖曰漢儒所錄然亦儀禮之流也何以言之周禮雖得之於河間獻王時無有傳之者武帝以爲末世瀆亂之書何休以爲六國陰謀之書至于漢末乃行於世惟儀禮之書漢初已行故高堂生傳之蕭奮蕭奮傳之孟卿孟卿傳之后蒼后蒼傳之戴德戴聖二戴因習儀禮而錄禮記故知禮記儀禮之流也

禮記集說序

前聖繼天立極之道莫大於禮後聖垂世立教之書亦莫先於禮禮儀三百威儀三千孰非精神心術之所寓故能與天地同其節四代損益世遠經殘其詳不可得聞矣儀禮十七篇戴記四十九篇先儒表章庸學遂爲千萬世道學之淵源其四十七篇之文雖純駁不同然義之淺深同異誠未易言也鄭氏祖讖緯孔疏惟鄭之從雖有他說不復收載固爲可恨然其灼然可據者不可易也近世應氏集解於雜記大小記等篇皆闕而不釋噫慎終追遠其關於人倫世道非細故而可略哉先君子師事雙峯先生十

有四年。以是經三領鄉書爲開慶名進士。所得於師門講論甚多。中羅煨燼隻字不遺。不肖孤僭不自量。會萃衍繹而附以臆見之言。名曰禮記集說。蓋欲以坦明之說使初學讀之即了其義。庶幾章句通則蘊奥自見。正不必高爲議論而卑視訓故之辭也。書成。甚欲就正于四方有道之士。而衰年多疾。遊歷良艱。姑藏巾笥。以俟來哲。治敎方興。知禮者或有取焉。亦愚者千慮之一爾。後學東匯澤陳澔

序

禮記集說大全卷之一

曲禮上第一

經曰。曲禮三千。言節目之委曲其多如是也。此即古禮經之篇名。後人以編簡多。故分爲上下。○張子曰。物我兩盡自曲禮入

曲禮曰。毋不敬。儼若思。安定辭。安民哉

毋禁止辭○朱子曰。首章言君子脩身。其要在此三者。而其效足以安民。乃禮之本。故以冠篇○范氏曰。經禮三百。曲禮三千。可以一言蔽之。曰毋不敬○程子曰。心定者。其言安以舒。不定者。其辭輕以疾○劉氏曰。篇首

三句。如曾子所謂君子所貴乎道者三。而籩豆之事則有司存之意。蓋先立乎其大者也。毋不敬。則動容貌斯遠暴慢矣。儼若思。則正顔色斯近信矣。安定辭。則出辭氣斯遠鄙倍矣。三者脩身之要。爲政之本。此君子脩己以敬。而其效至於安人安百姓也。西山眞氏曰。曲禮一篇爲禮記之首。而毋不敬一言爲曲禮之首。蓋敬者禮之綱領也。曰毋不敬者。謂身心内外。不可使有一毫之不敬也。其容貌必端嚴而若思。其言辭必安定而不遽。以此臨民。民有不安者乎。此章凡四言。而脩身治國之道畧備。其必聖賢之遺言歟。

敖去聲不可長。貞兩反欲不可從。縱志不可滿。樂洛不可極

朱子曰。此篇雜取諸書精要之語集以成篇。雖大意相

似而文不連屬。如首章四句乃曲禮古經之言。敖不可長以下四句。不知何書語。又自為一節。皆禁戒之辭。○應氏曰。敬之反為敖。情之動為欲。志滿則溢。樂極則反

馬氏曰。敖不可長者。欲消而絕之也。欲不可從者。欲克而止之也。志不可滿者。欲損而抑之也。樂不可極者。欲約而歸於禮也。有周公之才之美。使驕且吝。其餘不足觀。則驕敖之喪德也甚矣。此所以不可長也。孟子曰。其為人也多欲。雖有存焉者寡矣。蓋欲者出於人。為之聰明而不克以義。則無所不至矣。此所以不可從也。夫遂之聖智守之以愚。功被天下守之以謙。有高世之行。過人之功。而侈然有自大之心。則失其所以為善。此所以不可滿也。樂者。人情之所不免也。蕩而無節。則悖天理而窮人欲矣。聖人知其不可絕也。故立中禮以防之。蓋酒者所以合歡。必使之賓主百拜而不敢醉。樂者所以導和。必使之正以雅。止以敔。而不敢流。凡人情之所樂者皆有禮以制之而不得放焉。此所以不可極也

賢者狎而敬之。畏而愛之。愛而知其惡。憎而知其善。積而能散。安安而能遷

朱子曰。此言賢者於其所狎能敬之。於其所畏能愛之。於其所愛能知其惡。於其所憎能知其善。雖積財而能散施。雖安安而能徙義。可以爲法。與上下文禁戒之辭不同○應氏曰。安安者隨所安而安也。安者仁之順。遷者義之決

臨財毋苟得。臨難(去聲)毋苟免。狠(胡懇反)毋求勝。分(去聲)毋求多

毋苟得見利思義也。毋苟免守死善道也。狠毋求勝忿思難也。分毋求多。不患寡而患不均也。况求勝者未必

能勝求多者未必能多徒爲失已也永嘉周氏曰累於物者則臨財必求苟得累於身者則臨難必求苟免惟君子忘物所以立我故不累於物忘我所以立道故不累乎身內外無累故可以得而得無心於得非所謂苟得也可以免而免無心於免非所謂苟免也君子之所以自立有如此者今天下之所以好勝者爲其不能忘我也天下之所以多得者爲其不能遺物也苟能忘我而常處其弱則人之狠者不求勝而天下莫能勝矣苟能遺物而常處其不足則人之分者不求多而天下莫能損矣苟持是於天下雖之蠻貊而必行入麋鹿而不亂矣

疑事毋質直而勿有

朱子曰兩句連說爲是疑事毋質即少儀所謂毋身質言語也直而勿有謂陳我所見聽彼決擇不可據而有之專務強辯不然則是以身質言語矣

若夫坐如尸。立如齊齋

疏曰。尸居神位。坐必矜莊。坐法必當如尸之坐。人之倚立。多慢不恭。雖不齊。亦當如祭前之齊。○朱子曰。劉原父云。此乃大戴禮曾子事父母篇之辭。曰孝子惟巧變。故父母安之。若夫坐如尸。立如齊。弗訊不言。言必齊色。此成人之善者也。未得爲人子之道也。此篇蓋取彼文。而若夫二字失於刪去。鄭氏不知其然。乃謂此二句爲丈夫之事。誤矣永嘉周氏曰。君子之所以必莊必敬者。非以飾外貌。所以養中也。蓋其心肅者其貌必莊。其意誠者其體必敬。必莊必敬。然後可以爲尸。故君子之坐如之。必莊必敬。然後可以爲齊。故君子之立如之。當是時也。其心寂然而無一物。有乎顒若而無他慮。是心也。聖人之心也。顏子三月不違仁。不違此心也。其餘日月至焉至此心也。聖人從心所欲不踰矩。不踰此心也。聖人常。顏子久。其餘暫。百姓日用而不知也。古之人何獨坐立然後如此。無須臾之離。終日之違。造次必於是。顛沛必於是。此學者入德之要。不可不思也

禮從宜。使從俗。使去聲

鄭氏曰。事不可常也。○呂氏曰。敬者禮之常。禮時爲大。時者禮之變。體常盡變。則達之天下。周旋無窮。○應氏曰。大而百王百世質文損益之時。小而一事一物泛應酬酢之節。又曰。五方皆有性。千里不同風。所以入國而必問俗也

夫禮者所以定親疏。決嫌疑。別同異。明是非也

疏曰。五服之内。大功以上服麤者爲親。小功以下服精者爲疏。若妾爲女君期。女君爲妾若服之則太重。降之則有舅姑爲婦之嫌。故全不服。是決嫌也。孔子之喪。門人疑所服。子貢請若喪父而無服。是決疑也。本同今異。姑姊妹是也。本異今同。世母叔母及子婦是也。得禮爲是。失禮爲非。若主人未小歛。子游裼裘而弔。得禮是也。曾子襲裘而弔。失禮非也。藍田呂氏曰。伯母叔母疏衰踊不絕地。姑姊妹之大功踊絕於地。爲祖父母齊衰期。爲曾祖父母齊衰三月。此所以定親疏也。嫂叔不通問。嫂叔無服。君沐粱。大夫沐稷。士沐粱。燕不以公卿爲賓。以大夫爲賓。此所以決嫌疑也。己之子與兄弟之子異矣。引而進之同服齊衰期。天子至於庶人。其貴賤異矣。而父母之喪。齊衰之服。饘粥之食。無貴賤一也。大夫爲世父母。叔父母。衆子昆弟。昆弟之子降服大功。尊同則不降。此所以別同異也。禮之所尊。尊其義也。其文是也。其義非也。君子不行也。其義是也。其文非也。君子行也。故麻冕。禮也。今也純。儉。吾從衆。男女不授受。禮也。嫂溺援之以手。此所以明是非也

禮不妄說悅人。不辭費

求以悅人。已失處心之正。況妄乎。不妄悅人。則知禮矣。躁人之辭多。君子之辭達意則止。言者煩。聽者必厭

禮不踰節。不侵侮。不好去聲狎

踰節。則招辱。侵侮則忘讓。好狎則忘敬。三者皆叛禮之事。不如是則有以持其莊敬純實之誠。而遠於耻辱矣

朱子曰。禮有常度。不爲佞媚以求悅於人也。不辭費。辭達則止。不貴於多。不好狎。狎謂親褻。○金華應氏曰。不妄悅人。不辭費。所以養其正大簡易之心也。不踰節。所以致其審謹密察之功也。不侵侮。不好狎。所以持其莊

敬純實之誠也

脩身踐言謂之善行（去聲）行脩言道禮之質也

人之所以爲人言行而已忠信之人可以學禮故曰禮之質也○鄭氏曰言道言合於道也嚴陵方氏曰禮之文則見乎事禮之質則存乎人言行存乎人者也故曰禮之質也樂記又以中正無邪爲禮之質者蓋惟行脩言道乃能中正無邪曲禮言其始樂記言其終所以爲質則一也

禮聞取於人不聞取人禮聞來學不聞往敎

朱子曰此與孟子治人治於人食人食於人語意相類取於人者爲人所取法也取人者人不來而我引取之也來學往敎即其事也

道德仁義非禮不成

道猶路也。事物當然之理，人所共由，故謂之道。行道而有得於身，故謂之德。仁者心之德，愛之理。義者心之制，事之宜。四者皆由禮而入，以禮而成。蓋禮以敬爲本，敬者德之聚也

敎訓正俗非禮不備

立敎於上，示訓於下，皆所以正民俗，然非齊之以禮，則或有敎訓所不及者，故非禮不備

分爭辨訟非禮不決

朱氏曰，爭見於事而有曲直，分爭則曲直不相交，訟形

於言而有是非。辨訟則是非不相敵。禮所以正曲直明是非。故此二者非禮則不能決。

君臣上下父子兄弟非禮不定

一主於義。一主於恩。恩義非禮則不能定。藍田呂氏曰。道德仁義。所以成己也。教訓正俗。所以成人也。分爭辨訟。所以決疑事也。君臣上下父子兄弟。所以正大倫也。皆有待於禮者也。兼天下而體之之謂仁。理之所當然之謂義。由仁義而之焉之謂道。有仁義於己之謂德。節文乎仁義之謂禮。仁義道德。皆其性之所固有。本於是而行之。雖不中不遠矣。然無節無文。則過不及害之。以至于道之不明且不行。此所以非禮不成也。先王制禮。教民之中而已。教不本於禮。則設之不當。設之不當。則所以教者不備矣。教訓正俗。其義皆教也。立教之謂教。訓說理義之謂訓。皆所以正俗之不正。故曰非禮不備也。理有可否則爭。情有曲直則訟。惟禮爲能決之。蓋分爭者合於禮則可。不合於禮則不可。辨訟者有禮則直。無禮則不直。故

曰非禮不決。君臣上下。父子兄弟。人之大倫。由禮而後定也。故冠昏喪祭。射鄉朝聘。所以明者。人倫而已。故曰非禮不定

宦學事師非禮不親

宦。仕也。仕與學皆有師。事師。所以明道也。而非禮則不相親愛

班朝治軍涖官行法非禮威嚴不行

班朝廷上下之位。治軍旅左右之局。分職以涖官。謹守以行法。威則人不敢犯。嚴則人不敢違。四者非禮則威嚴不行

禱祠祭祀供給鬼神非禮不誠不莊

禱以求爲意，祠以文爲主，祭以養爲事，祀以安爲道。四者皆以供給鬼神，誠出於心，莊形於貌，四者非禮則不誠不莊。○今按：供給者，謂奉薦牲幣器皿之類也。藍田呂氏曰：官學事師，學者之事也。班朝治軍，涖官行法，仕者之事也。禱祠祭祀，供給鬼神，交神明之事也。皆有待於禮者也。官，家臣也。雜記云：官於大夫者之爲之服也。蓋仕爲家臣而未升諸公，蓋亦學爲仕者也，故官者學爲仕之稱也。學者，學道藝者也。二者之學皆有師，師弟子之分不正，則學之意不誠；學之意不誠，則師弟子之情不親而教不行，故曰非禮不親。班朝者，正朝位也。治軍者，齊軍政也。涖官行法者，臨官府以行法令也。三者皆仕者所以治衆也。禮明乎尊卑上下之別，則分無不守，令無不從，此所以非禮威嚴不行也。禱祠祭祀，則郊社宗廟之常祀也。内則盡志，外則盡物，所以供給鬼神。鬼神無常享，享于克誠。禮者，敬而已。無敬則不誠，故曰非禮不誠不莊。

是以君子恭敬撙節退讓以明禮

是以承上文而言撙裁抑也禮主其減藍田呂氏曰禮者敬而已矣君子恭敬所以明禮之實也禮節文乎仁義者也君子撙節所以明禮之文也辭遜之心禮之端也君子退遜所以明禮之用也

鸚鵡能言不離飛鳥猩猩能言不離禽獸今人而無禮雖能言不亦禽獸之心乎夫惟禽獸無禮故父子聚麀

離去聲猩生鸚鵡鳥之慧者隴蜀嶺南皆有之猩猩人面豕身出交趾封谿等處禽者鳥獸之總名鳥不可曰獸獸亦可曰禽故鸚鵡不曰獸而猩猩則通曰禽也聚猶共也獸之牝者曰麀

是故聖人作。句爲禮以教人。使人以有禮。知自別於禽獸

朱子曰。聖人作絶句。藍田吕氏曰。人之血氣嗜慾視聽食息與禽獸異者幾希特禽獸之言與人異爾。然猩猩鸚鵡亦或能之。是則所以貴於萬物者。蓋有理義存焉。聖人因理義之同然而制爲之禮。然後父子有親。君臣有義。男女有別。人道所以立而與天地參也。縱恣怠敖。滅天理而窮人欲。將與馬牛犬彘之無辨。是果於自棄而不欲齒於人類者乎

太上貴德。其次務施報。禮尚往來。往而不來。非禮也。來而不往。亦非禮也

太上帝皇之世。但貴其德足以及人。不貴其報。其次三王之世。禮至三王而備。故以施報爲尚。馬氏曰。禮之設所以緣人情也。故曰報者天下之利也。又曰禮得其報則樂。聖人因人情之所樂。制爲往來之禮。所以使天下之人亹亹而不

倦也。夫獻而必有酬，酬而必有酢，此往來之禮見於燕飲也。主人出迎，則客固辭；客就東階，則主人固辭，此往來之禮見於際接也。服之三年者，其報必期；服之期者，報亦如之，此往來之禮見於喪紀也。其往而不來，來而不往，則禮失其報，而爲禮者有時而怠矣。

人有禮則安，無禮則危。故曰：禮者不可不學也。

禮者，安危之所係，自天子至於庶人，未有無禮而安者也。

夫禮者，自卑而尊人。雖負販（方萬反）者，必有尊也，而況富貴乎？

負者事於力，販者事於利，雖卑賤不可以無禮也。

富貴而知好禮，則不驕不淫；貧賤而知好禮，則志不懾。（之涉

反

馬氏曰富貴之所以驕淫貧賤之所以懾怯以内無素定之分而與物爲輕重也好禮則有得於内而在外者莫能奪矣

永嘉戴氏曰安危之幾生死之本也有禮則安安則生矣無禮則危危不足言也死將至矣聖人制禮之意所以生斯人也一日無禮則民有不得其死者矣禮以卑爲主以恭爲本有自是之心者不可以語禮有自大之心者不能以行禮故禮者所以柔伏其侈大之意而習爲退遜謙下之道故有禮之人其容肅然以正其氣粹然以和望其顏色而知其人之可親也其容狠其氣暴望其顏色而生慢易之心者必其無禮之人也富貴之失禮以驕貧賤之失禮以諂驕者失於亢諂者失於卑其爲失禮一也

人生十年曰幼學二十曰弱冠去聲三十曰壯有室四十曰强而仕五十曰艾服官政六十曰耆指使七十曰老而傳

八十九十曰耄七年曰悼悼與耄雖有罪不加刑焉百年曰期頤

朱子曰十年曰幼爲句絕學字自爲一句下至百年曰期皆然○呂氏曰五十曰艾髮之蒼白者如艾之色也古者四十始命之仕五十始命之服官政仕者爲士以事人治官府之小事也服官政者爲大夫以長人與聞邦國之大事者也才可用則使之仕德成乃命爲大夫也耆者稽久之稱不自用力惟以指意使令人故曰指使傳謂傳家事於子也耄惛忘也悼憐愛也耄者老而知已衰悼者幼而知未及雖或有罪情不出於故故不

加刑。人壽以百年爲期。故曰期。飲食居處動作無不待於養。故曰頤。永嘉戴氏曰。聖人制禮以律天下。以節人心。使人血氣充實。志意堅強。壯者服其勞。老者安其逸。未用者無躁進之心。當退者無不知足之戒。每十年爲一節。而人心有定向矣。二十血氣猶未定。然趍向善惡判於此矣。故責以成人之禮焉。三十有室。不至於過而失節。亦不至於曠而失時。此古人所以筋力之盛。壽命之長也。四十志氣堅定。強立不反。不奪於利害。不怵於禍福。可以出仕矣。自此以往。三十年宣勞於國。非若後世強者有時不用。少與老者並用。至於怠惰廢弛而莫之振也。人至於五十。更歷世變。諳知人情。亦既熟矣。若此而服官政。則明習故事。詳審和緩。不至於擾民生事矣。年至於六十。幾於老矣。于斯時也。有指畫之勞。無奔走服役之事。七十謂之老。而猶與事接。是不知止也。然人方其血氣之盛。猶有所棄也。及其既衰。則顧戀不忍去。雖家事亦然。而況於國事乎。此聖人所以戒之在得也。耄與悼者。雖有罪。非其故也。禮經養老之禮。鄉飲酒之義。至九十而止。獨曲禮曰百年曰期頤。壽至百年。此亦絕無而僅有也。自養之外。無他望焉。

三代之老。上而天子諸侯養之。下而其家能養之。孝弟之風。安得不形於天下。此天下所以易治也○嚴陵方氏曰。數起於一。止於十。天地奇偶之數。陰陽生成之理每至於是則必更焉。人者受天地之形。孕陰陽之氣者也。孰能逃其數而逆其理哉。故其生每於十年。則必異其名。至其時。則必異其事也○馬氏曰。自幼弱壯強至于艾者。言血氣智慮之變也。自耆老至于耄期者。言齒之逾久也。自學至于傳者。言其事也。蓋人血氣智慮率十年而加益。血氣智慮既加益矣。則所學者宜愈深。所仕者宜愈大矣

大夫七十而致事

致還其職事於君也

若不得謝則必賜之几杖

不得謝。謂君不許其致事也。如辭謝代謝。亦皆却而退去之義。几所以馮。杖所以倚。賜之。使自安適也

行役以婦人。適四方乘安車。

疏曰。婦人能養人。故許自隨。古者四馬之車立乘。安車者一馬小車坐乘也。嚴陵方氏曰。几則憑之以安其體。杖則持之以助其力也。行役外事也。而以婦人焉。欲其雖在外而猶在內也。適四方勞事也。而乘安車焉。欲其雖服勞而不失其逸也。言行役則主在公言之耳。言適四方則主在遠言之耳。在公猶得以婦人。況在私之事乎。在遠猶得乘安車。況在國之時乎。是皆待之以非常之禮故也

自稱曰老夫。於其國則稱名

呂氏曰。老夫長老者之稱。己國稱名者。父母之邦。不敢以尊者自居也

越國而問焉。必告之以其制

應氏曰。一國有賢。衆國所仰。故越國而來問。文獻不足。則言禮無證。故必告之以其制。言舉國之故事以答之也。馬氏曰。七十而致事。順天理也。位至大夫。君之所賢也。天下之達尊三。大夫兼而有之者也。爲君者得不致其愛敬乎。於其致事而去。必有以勞之。於其留而自輔。必有以養之。几杖婦人安車者。所以養安其氣體不敢勞以事也。所以見尚齒貴爵尊德之義。不嫌其爲倨也。然於其國。猶曰自名者。所以尊君也。夫天子巡守先見百年者。九十者天子欲有問焉。則就其室。古之人於元老如此其敬。以其賢而多聞也。則宜有越國而問之矣。必告之以其制者。蓋制出於先王。而非先王者無法。故告之以其制也。

謀於長者。必操几杖以從之。長者問。不辭讓而對。非禮也。謀於長者。謂往就長者而謀議所爲也。長者之前。當執謙虛。不辭讓。非事長之禮。○應氏曰。操几杖以從。非謂長者所無也。執弟子之役。其禮然耳。藍田呂氏曰。二者皆敬長之義也。坐有几。所以憑之也。行有杖。所以策之也。皆優老之具也。操几杖以從之。敬之至也。長者問。不辭讓而對。則敬不足也。孔子問曾子。曾子曰。參不敏。何足以知之。公西赤曰。非曰能之。願學焉。皆是辭讓之謂

凡爲人子之禮。冬溫而夏凊。七性反昏定而晨省。在醜夷不爭。

溫以禦其寒。凊以致其涼。定其衽席。省其安否。醜同類也。夷平等也。一朝之忿忘其身。則害及其親。故在羣衆儕輩之中。壹於遜讓。藍田呂氏曰。溫凊定省。所以養體也。醜夷不爭。所以養志也。一歲則有冬夏寒暑之適。一日則有晨昏興寢之適。人子不可不知也。內則父母將衽。長者奉席請何趾。少者執牀與坐。昏定之事也。子事父母。雞鳴適父母之所。下氣怡聲問衣燠寒。男女未冠笄及命士以上。父子異宮則昧爽

而朝文王之爲世子雞初鳴衣服至于寢門外問安否何如此晨省之事也醜夷同等之稱也事親者居上不驕爲下不亂在醜不爭三者不除雖日用三牲之養猶爲不孝也孝經引三者此獨云在醜夷不爭者上下驕亂之禍爲少而醜夷之爭多也孝子一出言舉足不敢忘父母苟好勇鬬狠以危父母一朝之忿忘其身以及其親則所以養親者果安在哉

夫爲人子者三賜不及車馬故州閭鄉黨稱其孝也兄弟親戚稱其慈也僚友稱其弟也執友稱其仁也交遊稱其信也

言爲人子謂父在時也古之仕者一命而受爵再命而受衣服三命而受車馬有車馬則尊貴之體貌備矣今但受三賜之命而不與車馬同受故言不及車馬也君

之有賜。所以禮其臣。子之不受。不敢並於親也。二十五家爲閭。四閭爲族。五百家爲黨。二千五百家爲州。一萬二千五百家爲鄉。孝之所該者大。故其稱最廣。曰慈。曰弟。曰仁。曰信。皆孝之事也。僚友官同者。執友志同者。同師之友其執志同。故曰執友。交遊則泛言遠近之往來者。藍田呂氏曰。五者之稱不同。各以其所見言之也。州閭鄉黨觀其行者也。見其所以敬親。故稱其孝。兄弟親戚責其恩者也。順於父母者。親親之愛必隆。故稱其慈。僚友見其有所讓者也。有孫弟之心。故稱其弟。執友者友其德。德莫盛於孝。孝者仁之本。故稱其仁。交遊主於信。知其誠心於孝也。故稱其信

見父之執。不謂之進不敢進。不謂之退不敢退。不問不敢對。此孝子之行去聲也

父之執。父同志之友也。謂之命之也。敬之同於父嚴陵方氏曰。孔子曰。愛親者。不敢惡於人。敬親者。不敢慢於人。見父之執。於進退之節。有所不敢。則一舉足不敢忘親。可知。於對問之節。有所不敢。則一出言不敢忘親可知。孝子之行。孰過乎是

夫爲人子者。出必告。反必面。所遊必有常。所習必有業梏出則告違。反則告歸。又以自外來欲省顏色。故言面。遊有常身不他往也。習有業。心不他用也

恒言不稱老

恒言。平常言語之間也。自以老稱則尊同於父母。而父母爲過於老矣。古人所以斑衣娛戲者。欲安父母之心也藍田呂氏曰。出必告。反必面。受命於親。而不敢專也。所遊必有常。所習必有業。體親之愛。而不敢貽其憂

也。恒言不稱老。極子之慕而不忍忘也。父母在而不敢有其身。如之何聞斯行諸。出入而無所受命。是遺親也。親之愛子至矣。所遊必欲其安。所習必欲其正。苟輕身而不自愛。則非所以養其志也。君子之事親。親雖老而不失乎孺子慕者。愛親之至也。孟子曰。五十而慕。吾於大舜見之矣。故髧彼兩髦。爲孺子之飾。親見然後說之。苟常言而稱老。則忘親而非慕也

年長以倍則父事之。十年以長則兄事之。五年以長則肩隨之

肩隨。並行而差退也。此泛言長少之序。非謂親者

羣居五人。則長者必異席

古者地敷橫席而容四人。長者居席端。若五人會則長者一人異席也

馬氏曰。徐行後長謂之弟。疾行先長謂之不弟。堯舜之道。孝弟而已矣。夫孝弟

於步趨疾徐之間而聖人之道乃始於此者蓋達事長之禮無所往而不爲順也推其齒而以父兄事之者謂其愈長而愈加敬也長之五年則肩隨者不敢與先生並行也其出也不敢與之並行則其居也可以同席乎蓋五人之羣當有所長推其長者必異席以敬之古人敬長如此則民之犯上而踰禮者宜鮮矣○金華邵氏曰愛親者不敢惡於人敬親者不敢慢於人知愛敬其親而於人加忽焉則愛敬之道虧矣故年倍於我事以父禮長我十年事以兄禮長我五年差肩隨之至於羣居五人則又異長者之席其於人也庸敢慢乎以此事親愛敬之道盡矣

爲人子者居不主奧坐不中席行不中道立不中門

室西南隅爲奧主奧中席皆尊者之道也行道則或左或右立門則避棖闑之中皆不敢迹尊者之所行也古者男女異路路各有中門中央有闑闑之兩旁有棖也

食嗣饗不爲槩

食饗。如奉親延客及祭祀之類。皆是。不爲槩量。順親之心。而不敢自爲限節也

祭祀不爲尸

吕氏曰。尸取主人之子行而已。若主人之子是使父北面而事之。人子所不安。故不爲也

聽於無聲視於無形

先意承志也○疏曰。雖聽而不聞父母之聲。雖視而不見父母之形。然常於心想像似見形聞聲。謂父母將有教使已然

不登高。不臨深。不苟訾。紫不苟笑。孝子不服闇。暗不登危。懼辱親也

疏曰。不服闇者。不行事於暗中。一則爲卒有非常。二則生物嫌。故孝子戒之。○呂氏曰。苟訾近於讒。苟笑近於諂。服闇者欺人所不見。登危者行險以徼幸。是忘親也。非特忘之。不令之名且將加之。皆辱道也。金華邵氏曰。事親之道當自卑以尊其親。尤當自重以愛其身。主奧中席皆尊者所居。中道中門皆尊者所由。爲槩爲尸皆尊者之事。人子皆不敢當。既不嫌於逼其親矣。聽於無聲。常若親有命。視於無形。常若親在前。又不至於違其親。其尊之者爲如何。不登高而下。皆愛其身也。○長樂陳氏曰。戒慎乎其所不覩。恐懼乎其所不聞。不服闇也。道而不徑。舟而不遊。不登危也。父母全而生之。子全而歸之。則不苟訾。不苟笑。不服闇。所以全其行。不登高。不臨深。不登危。

所以全其體

父母存不許友以死不有私財

不許友以死謂不爲其友報仇也親在而以身許人是有忘親之心親在而以財專己是有離親之志永嘉戴氏曰髮膚以上皆親之體豈敢許友以死粒粟縷絲以上皆親之物豈敢私有其財高者輕死卑者重財皆非孝也

爲人子者父母存冠衣不純準素

疏曰冠純冠飾也衣純深衣領緣也

孤子當室冠衣不純采

吕氏曰當室謂爲父後者問喪曰童子不緦唯當室緦亦指爲父後者所謂不純采者雖除喪猶純素也惟當

室者行之非當室者不然也馬氏曰。孟子曰。父母俱存兄弟無故。一樂也。樂於中者。文必稱於外。冠衣不純素。所以文之也。孤子當室者謂嫡室也。冠衣不純采者。異於諸子也。蓋父之於長子冠於阼。以著代也。服之三年。以稱情也。則嫡之於父。其可以不加隆乎

幼子常視毋誑舉況反

視與示同。常示之以不可欺誑。所以習其誠長樂劉氏曰。幼子之性純明自天。未有外物生其好惡者。無所學而不可成也。如金之在鎔。惟人所範。如泥之在鈞。惟人所模。故視之以誠信。則誠信篤於其心矣。視之以詐偽。則詐偽篤於其志矣。模範之初。貴得其正。則五事之用。靡不出於誠而適於道也。故曰幼子常視毋誑

童子不裘不裳去聲立必正方不傾聽

呂氏曰。裘之溫非童子所宜。裳之飾非童子所便。立必

正所向之方。或東或西或南或北。不偏有所向。士相見禮云。凡燕見於君。必辨君之南面。若不得則正方不疑君。疑。謂邪向之也。永嘉戴氏曰。常視毋誑。所以養其心也。不衣裘裳。所以養其體也。蓋不開其情偽之端。以育其正性。不傷其陰陽之和。以長其壽命。此古之成人所以多有德也。夫內外交相養也。防其外。所以養其中也。立必正方不傾聽。則敬以直內。無傾邪之患矣

長者與之提攜。則兩手奉上聲**長者之手。負劍辟**僻**咡**二**詔之。則掩口而對**

劉氏曰。長者或從童子背後而俯首與之語。則與童子如負長者然。長者以手挾童子於脅下。則如帶劍然。蓋長者俯與童子語。有負劍之狀。非眞負劍也。辟。偏也。咡。口

旁。詔告語也。掩口而對。謂童子當以手障口氣而應對。不敢使氣觸長者也。馬氏曰。就而携之。則捧其手。近而詔之。則掩口而對者。皆事長之禮也。古之成人有德小子有造者。豈一朝一夕之習哉。蓋自幼稚而已知禮讓矣。少而習之。壯而行之。老而安之。古人年彌高而德彌劭者。蓋出於此也

從去聲於先生。不越路而與人言。遭先生於道。趨而進。正立拱手。先生與之言則對。不與之言則趨而退。

呂氏曰。先生者。父兄之稱。有德齒可為人師者。猶父兄也。故亦稱先生。以師為父兄。則學者自比於子弟。故稱弟子永嘉戴氏曰。禮無二敬。從先生而越路與人言。則敬有所分矣。趨進者。懼先生之有教令也。趨退者。不敢與先生並行也。道遇長者而引避。雖足以致敬。而非所以承命也。長者不與之言而隨行。不置。亦非所謂

承意也。進退之際。其難如此。可不謹哉

從[去聲]長者而上[上聲]丘陵則必鄉[去聲]長者所視。登城不指。城上不呼[去聲]

高而有向背者爲丘。平而人可陵者爲陵。鄉長者所視恐有問則卽所見以對也。城。人所恃以爲安固者。有所指。則惑見者。有所呼。則駭聞者○石梁王氏曰。先生年德俱高。又能敎道人者。長者。則直以年爲稱也永嘉戴氏曰。從長者升高。非以遠覽也。所以承敎也。違長者所視。則志在覽物。敬長之意失矣。況長者欲有所問乎。登高而望遠。則衆所駭觀。自上而闞下。則人所疑忌。居十目所視十手所指之地。而指畫疾呼。其不驚人而惑衆者幾希。此固君子之所戒也。論語曰。車中不內顧。不疾言。不親指。在車上猶不可。況於登城乎將適舍。求毋固。

戴氏曰。就館者。誠不能無求於主人。然執平日之所欲而必求於人。則非爲客之義

將上堂。聲必揚。戶外有二屨。言聞去聲則入。言不聞則不入

上堂。升主人之堂也。揚其聲者。使內人知之也。古人脫屨在戶外。客雖衆。脫屨於戶內者。惟長者一人。言有二屨。則并戶內一屨爲三人矣。三人而所言不聞於外。必是密謀。故不入也

將入戶。視必下。入戶奉上聲扃。視瞻毋回。戶開亦開。戶闔亦闔。有後入者。闔而勿遂

入戶入主人之戶也視下不舉目也扃門關木也入戶之時兩手當心如奉扃然雖視瞻而不為迴轉嫌於干人之私也開闔皆如前不違主人之意也遂闔之盡也嫌於拒從來者故勿遂

毋踐屨毋踖迹**席摳**苦侯反**衣趨隅必慎唯**上聲**諾**

複下曰舄單下曰屨毋踐屨謂後來者不可躡先入者所脫之屨也踖猶躐也玉藻曰登席不由前為躐席是登席當由前也摳提也摳衣與論語攝齊同欲便於坐故摳之趨隅由席角而升坐也唯諾皆應辭既坐定又當謹於應對也吳郡范氏曰將上堂則揚吾聲欬之聲戶外有二屨則聲聞於外而後敢入入

戶則不舉目以遠視。拱手當心以向戶扃。不回環而四顧。皆是不欲揜人之私。其事雖小。最曲禮之要。推而廣之。有正心誠意之道焉。使心術不正者處之。必將濳聲以升堂。直前而入戶。遠瞻四顧。爲睢盱覘伺之態。則其人之薄德可知矣。大抵禮以制形爲用。而以制心爲本。一念不正。發於方寸者甚微。而形於舉措者弗可掩。流於放僻邪侈而不自知。故升堂入戶日用之常。而君子致嚴如此。以心術之邪正繫焉

大夫士出入君門。由闑闑魚列反**右。不踐閾。**

闑門橛也。當門之中。闑東爲右。主人入門而右。客入門而左。大夫士由右者。以臣從君。不敢以賓敵主也 永嘉戴氏曰。君門雖遠。有君在焉。臣子烏得而不敬。出入君門。如見其君然。鞠躬屛息。不敢中立。不敢履閾。所以習其恭敬畏下之意也。推此意也。其敢喧譁於殿陛之間乎。見君之乘車。與君之路馬。猶不敢慢也。況入君門者乎。以此敎天下。朝廷之儀猶有不肅者。況於君門乎。雖然。此大夫士自事其君之禮也。若適他國爲聘享之禮。則不

然。少儀曰。公事自闑西。私事自闑東

凡與客入者。每門讓於客。客至於寢門。則主人請入爲席然後出迎客。客固辭。主人肅客而入

讓於客。欲客先入也。爲猶布也○疏曰。天子五門。諸侯三門。大夫二門。禮有三辭。初曰禮辭。再曰固辭。三曰終辭○呂氏曰。肅客者。俯手以揖之。所謂肅拜也永嘉戴氏曰。盛哉先王之禮也。洋洋乎宰制萬物。役使羣動。其端則起於辭遜之心而已。觀大賓大客之禮。周旋揖遜於其間。使之起敬起慕。何其盛哉。送迎之際。登降之節。一先一後。一左一右。爲主人者。極其恭敬。不敢慢之心。爲客者不勝其愧縮。不敢當之意。交相辭遜。退辟不皇。於此乎可以觀禮矣

主人入門而右。客入門而左。主人就東階。客就西階。客若

降等則就主人之階。主人固辭然後客復就西階

入右所以趨東階。入左所以趨西階。降等者其等列卑於主人也。主人固辭者不敢當客之尊己也

主人與客讓登。主人先登。客從之。拾涉級聚足連步以上。

上聲 上於東階則先右足。上於西階則先左足

讓登欲客先升也。客不敢當。故主人先而客繼之。拾級涉階之級也。聚足後足與前足相合也。連步步相繼也。先右先左。各順入門之左右也。張子曰。拾級聚足。此等事但敬事自至如此。非著心安排而到

帷薄之外不趨。堂上不趨。執玉不趨。堂上接武。堂下布武。

室中不翔

疏曰。帷幔也。薄簾也。接武足迹相接也○陳氏曰。文者上之道。武者下之道。故足在體之下曰武。卷在冠之下亦曰武。執玉不趨。不敢趨也。室中不翔。不可翔也。行而張拱曰翔○朱氏曰。帷薄之外無人。不必趨以示敬。堂上地迫。室中地尤迫。故不趨不翔也 藍田呂氏曰凡見尊者以疾行爲敬然有不必趨。帷薄之外。非尊者所見。可以紓其敬也。有不可趨者。堂上地迫。不足以容步。執玉之重。或虞於失墜也

並坐不橫肱。授立不跪。授坐不立

橫肱則妨並坐者。不跪不立。皆謂不便於受者 嚴陵方氏曰。授之

立不跪者。爲煩尊者之俯也。授坐不立者。爲煩尊者之仰也。少儀言受立授立不坐。則不特授尊者而然。雖受卑者亦然矣

凡爲去聲長者糞之禮。必加帚於箕上。以袂拘溝又如字而退。其塵不及長者。以箕自鄉去聲而扱吸之

糞除穢也。少儀云。埽席前曰拚。拚義與糞同。呂氏讀扱爲插音。然凡氣之出入。噓則散。吸則聚。今以收斂爲義。則吸音爲是。○疏曰。初持箕往時。帚置箕上。兩手舉箕。當埽時。一手捉帚。舉一手衣袂以拘障於帚前。且埽且遷。故云拘而退。扱。斂取也。以箕自向斂取糞穢。不以箕向尊者。王氏蘋曰。學者須是下學而上達。洒埽應對。即是道德性命之理。此章所言糞之理。試體究此時此

心如何。其理微矣。樊遲問仁。子曰。居處恭。執事敬。與人忠。雖之夷狄不可棄也。學者只是說過。試以此言踐履之。體究之。斯知上達之理矣。聖人之道。無本末無精粗。徹上徹下。即是一理

奉上聲席如橋如字衡

如橋之高。如衡之平。乃奉席之儀也

請席何鄉。請衽何趾

設坐席則問面向何方。設臥席則問足向何方○疏曰。坐爲陽。面亦陽也。臥爲陰。足亦陰也。故所請不同

席南鄉北鄉。以西方爲上。東鄉西鄉。以南方爲上

朱子曰。東向南向之席皆尚右。西向北向之席皆尚左也金華邵氏曰。自此至足毋蹶。大率有四。始奉席。次請席。三布席。四就席。奉席則欲順席之理。次請席問其

欲坐臥之地。次布席則平常之席。講問之席。各有其儀。至就席文有就席之儀。賓主之間。安得不敬乎

若非飲食之客。則布席。席閒函丈

非飲食之客。則是講說之客也○疏曰。古者飲食燕享。則賓位在室外牖前。列席南向不相對。相對者。惟講說之客。席之制三尺三寸三分寸之一。則兩席并中閒空地共一丈也金華應氏曰。席閒函丈。其地寬。則足以揖遜回旋而不至於迫。其分嚴。則足以致敬盡禮而不至於褻。非若飲食之客。徒欲便於勸酬以爲歡也

主人跪正席。客跪撫席而辭。客徹重平聲席。主人固辭。客踐席乃坐

跪而正席。敬客也。撫。以手按止之也。客不敢居重席。故

欲徹之。主人固辭則止客踐席將坐。主人乃坐也藍田呂氏曰。主人敬客。故跪正席。客敬主人。則徹重席。主敬客則客辭。客敬主則主辭。賓主之禮。所以答也。一辭而許曰禮辭。禮云賓禮辭許是也。再辭曰固辭。此賓主辭讓之節也

主人不問客不先舉

席坐既定。主人以客自外至。當先有所問。客乃答之。客不當先舉言也

將即席。容毋怍。兩手摳衣去齊洽尺。衣毋撥半末反足毋蹶

劉氏曰。將就席。須詳緩而謹容儀。毋使有失而可愧怍也。仍以兩手摳揭衣之兩旁。使下齊離地一尺而坐。以便起居。免有躡躓失容也。坐後更須整疊前面衣衽。毋

使撥開。又古人以膝坐。久則膝不安而易以蹶動。坐而足動亦爲失容。故戒以毋動也。管寧坐席歲久惟兩膝著處穿。是足不動故然耳

先生書策琴瑟在前。坐而遷之。戒勿越

䟽曰。坐。亦跪也。弟子將行若遇師諸物或當己前。則跪而遷移之。戒慎不得踰越

虛坐盡後。子忍反食坐盡前。坐必安。執爾顏。長者不及。毋儳仕鑒反言

古者席地而俎豆在其前。盡後。謙也。盡前。恐汙席也。儳。暫也。亦參錯不齊之貌。長者言事未竟。未及其他。少者

不可舉他事爲言暫然錯雜長者之說
正爾容聽必恭毋勦初交反說毋雷同必則古昔稱先王
上言執爾顏謂顏色無或變異此言正爾容則正其一身之容貌也聽必恭亦謂聽長者之言也擥取他人之說以爲己說謂之勦說聞人之言而附和之謂之雷同如雷之發聲而物同應之也惟法則古昔稱述先王乃爲善耳 藍田呂氏曰書策琴瑟之爲物先生之所常御也物猶加敬人可知也虛坐盡前則若欲食然故盡後以示之坐必安執爾顏侍食於先生不敢解也儳言者乘人之所未及而言之也事長者必思所以下之乘其不及而儳言是欲勝故不爲也正爾容聽必恭敬長者之教而不敢慢也竊人之財猶謂之盜勦取他人之說以爲己有私也不以心之然不然志在隨人而雷同之亦私也上焉者雖善無徵無徵弗信弗信民弗

從。必則古昔稱先王。則求其有徵而使民信也。民未信也。吾雖自信。亦不可行也

侍坐於先生。先生問焉。終則對

問終而後對。欲盡聞所問之旨。且不敢雜亂尊者之言也

請業則起。請益則起

請業者。求當習之事。請益者。再問未盡之蘊。起。所以致敬也。藍田呂氏曰。問未終而對。不敬其所問也。業。謂所學於先生者。如詩書禮樂之類是也。益。謂所問未明。或欲卒學。或欲少進也。有所請必起。敬業也。敬業所以敬師。敬師所以敬道也。故請業請益。皆不可不起也○嚴陵方氏曰。有所請必起者。所以重道也。孔子與曾參言。復坐吾語汝。則弟子之於先生。有所請必起可知矣

父召無諾先生召無諾唯而起

父以恩師以道故所敬同〇呂氏曰諾者許而未行也

長樂陳氏曰諾者應之緩唯者應之速以道則唯諾無以殊以禮則緩速有所辨故曰父召無諾先生召無諾唯而起蓋子之於父弟子之於師其敬畏之篤常聽於無聲視於無形於其所未召也常若有所召則於其召也敢諾而不唯乎內則應唯敬對事父之禮也論語曾子曰唯事師之禮也爲人臣者君命召在內不俟屨在外不俟車亦唯而起之意也

侍坐於所尊敬無餘席見同等不起

所尊敬謂先生長者及有德有位之人也無餘席謂已之席與尊者之席相近則坐於其端不使有空餘處近則應對審也同等之人與已無尊卑故不爲之起

燭至起。食至起。上客起

燭至而起。以時之變也。食至而起。以禮之行也。上客至而起。以其非同等也

燭不見現跋鈸

跋。本也。古者未有蠟燭。以火炬照夜。將盡則藏其所餘之殘本。恐客見之。以夜久欲辭退也

尊客之前不叱狗

方氏曰。不以至賤駭尊者之聽

讓食不唾吐臥反

嫌於似鄙惡士人之饌也藍田呂氏曰。所尊敬。謂天下達尊有爵有德有齒者也。侍

坐無餘席。欲近尊者以聽教也。燭者童子之所執。燭盡則更之。不以所殘之本以示人。使客不敢安也。預於尊客之前不敢叱者嫌騶客也。二者皆弟子之職。故於侍坐者及之。讓食之際不敢唾者嫌若訾主人食。亦不敢對也。○嚴陵方氏曰。侍坐於所尊敬無餘席。欲其近而應對之審也。尊者之坐宜不得近。以欲對之審。雖於所尊亦不嫌近。乃所以敬也。同等不起。與己無上下之間故也。燭至起。以夜卜夜故也。食至起。為盛饌變故也。經有曰。侍先生。侍所尊。侍君子。侍長者。何也。曰先生以教稱之也。曰所尊以道稱之也。曰君子以德稱之也。曰長者以年稱之也

侍坐於君子。君子欠伸。撰須兗反杖屨。視日蚤莫。侍坐者請出矣

氣乏則欠。體疲則伸。撰。猶持也。此四者皆厭倦之容。恐妨君子就安。故請退

侍坐於君子君子問更端則起而對

呂氏曰問更端則起而對者因事有所變而起敬也

侍坐於君子若有告者曰少閒閑願有復也則左右屏丙而待

居左則屏於左居右則屏於右○鄭氏曰復白也言欲須少空閒有所白也屏猶退也○呂氏曰屏而待不敢干其私也嚴陵方氏曰少閒願有復則機事之欲密者也故左右屏而待焉屏者退而自隱之謂既屏而又待者且防君子之有所召故也

毋側聽毋噭叫應毋淫視毋怠荒

上言聽必恭側耳以聽非恭也應答之聲宜和平高急

者悖戾之所發也淫視流動邪眄也怠荒謂容止縱慢

遊毋倨據立毋跛彼義反坐毋箕寢毋伏

遊行也倨傲慢也立當兩足整齊不可偏任一足箕謂兩展其足狀如箕舌也伏覆也

斂髮毋髢替

疏曰髢髲也垂如髲也古人重髮以纚韜之不使垂

冠毋免勞毋袒暑毋褰裳

喪有喪冠吉有吉冠非當免之時不可免有袒而露其裼衣者有袒而割牲者因勞事而袒則爲褻褰揭也涉淺而揭則可暑而揭其裳亦爲褻藍田吕氏曰侍於君子言動視聽無所不

在於敬。頭容欲直，故毋側聽。聲容欲靜，故毋噭應。目容欲端，故毋淫視。氣容欲肅，故毋怠荒。足容欲重，故遊毋倨。立如齊，故毋跛。坐如尸，故毋箕。正其衣冠，故斂髮毋髢。冠毋免，勞毋袒，暑毋褰裳。○廣安游氏曰：大率人之所患，在乎徇其意之所安而不由於正。人之所安，其病有五：曰傾邪，曰放縱，曰惰偷，曰倨慢，曰輕易。此五者，人之常患也。曰側聽，曰淫視，此傾邪者也。曰怠荒，曰立而跛，曰冠而免，曰勞而袒，曰暑而褰裳，此惰偷者也。曰噭應，曰斂髮而髢，此輕易者也。曰游而倨，曰坐而箕，曰寢而伏，此放縱倨傲者也。此五者，禮之所禁也。君子持身，未論其他，獨於此數者而自克焉，斯過半矣。世之妄者，其言則曰：君子學以致其道，吾惟道之知，其他皆末節也。不知此乃古昔聖人之所甚急。視聽游行坐立卧起衣冠之際，有不防焉，而五者之病乘之。故夫禮者，内以正人之心，而外以正其游行視聽坐立卧起衣冠之際，此所以止邪於未形，而求以弭亂之道也。

侍坐於長者，屨不上於堂，解屨不敢當階。

侍長者之坐於堂，故不敢以屨升。若長者在室，則屨得

上堂而不得入室。戶外有二屨是也。解。脫也。屨有綦繫

解而脫之。不敢當階。爲妨後升者

就屨跪而舉之。屏於側

疏曰。此侍者或獨暫退時取屨法也。就。猶著也。初升時

解置階側。今下著之先往階側跪舉取之。故云就屨跪

而舉之也。屏於側者。屏退不當階也

鄉長者而屨跪而遷屨俯而納屨

疏曰。此明少者禮畢退去爲長者所送則於階側跪取

屨稍移之。面向長者而著之。遷。徙也。就階側跪取稍移

近前也。俯而納者。既取因俯身向長者而納足著之。不

跪者。跪則足向後不便。故俯也。雖不並跪。亦坐左納右。坐右納左。嚴陵方氏曰。出而就屨屏於側。則又不特不當階而已。若長者送出。則跪而遷屨。不特屏之於側而已。納之時又俯焉

離平聲坐離立。毋往參焉。離立者。不出中間

方氏曰。兩相麗之謂離。三相成之謂參。○應氏曰。出其中間。則立者必散而不成列矣。故君子謹之

男女不雜坐。不同椸移枷架。不同巾櫛。不親授

內則註云。植者曰揮。橫者曰椸。枷與架同。置衣服之具也。巾以涗潔。櫛以理髮。此四者。皆所以遠私褻之嫌

嫂叔不通問。諸母不漱平聲裳

不通問。無問遺之往來也。諸母。父妾之有子者。漱。浣也。裳。賤服。不使漱裳。亦敬父之道也

外言不入於梱。內言不出於梱

梱。門限也。內外有限。故男不言內。女不言外

女子許嫁纓。非有大故。不入其門

許嫁則繫以纓。示有所繫屬也。此與幼所佩香纓不同。

大故。大事也。長樂劉氏曰。家人內政不嚴以防之於細微之初。不剛以正之於未然之始。則其悔咎不可追矣。易曰。閑有家。志未變也。男女之志既爲情邪之所變。閑禁雖嚴。求其無咎。而咎可無哉。故夫婦未七十。雖同藏未有可嫌也。聖人制禮必爾者。以無嫌正有嫌也。用有情之難正。無情之易也。而况於男女未有室家哉。女子許嫁纓。所以繫屬其心。以著誠於夫氏。起其孝義也。既許嫁。則有姆教之處于閫內之別室。男子

非有疾憂之故不入其門也

姑姊妹女子子已嫁而反兄弟弗與同席而坐弗與同器而食

女子子重言子者別於男子也專言兄弟者遠同等之嫌

父子不同席

尊卑之等異也臨川吳氏曰古者一席坐四人言父子偶共一處而坐雖止一人必各坐一席蓋以父昭子穆父穆子昭尊卑不同故也

男女非有行媒不相知名非受幣不交不親

行媒謂媒氏之往來也名謂男女之名也受幣然後親

交之禮分定

故日月以告君。齊戒以告鬼神。爲酒食以召鄉黨僚友。以厚其別也。彼列反

日月。娶婦之期也。媒氏書之以告于君。厚其別。者重慎

男女之倫也。馬氏曰。坐則異席。居不同宫者。著父子之位也。禮者。以爲民坊也。非行媒不相知名。所以遠嫌也。非受幣不交不親。所以致敬也。遠嫌致敬。則安有桑中之奔。溱洧之亂乎。明而尊者莫如君。書日月以詔之。幽而嚴者莫如鬼神。致齊戒以告之。近而親者莫如鄉黨僚友。爲飲食以命之。所以備禮而厚其別也

取去聲妻不取同姓

鄭氏曰。爲其近禽獸

故買妾不知其姓則卜之

卜其吉凶

寡婦之子非有見現焉弗與爲友

有見才能卓異也。若非有好德之實則難以避好色之嫌。故取友者謹之。藍田呂氏曰。人之所以異於禽獸者。義。人倫之始。內則曰。禮始於謹夫婦。爲宮室。辨內外。男子居外。婦人居內。深宮固門。閽寺守之。男不入。女不出。所以別於居處者至矣。非祭非喪。不相授器。其相受。則女受以篚。其無篚。則皆坐奠之而后取之。不雜坐。不通乞假。內言不出。外言不入。所以別於往來者至矣。道路男子由右。婦人由左。女子出門必擁蔽其面。夜行以燭。無燭則止。御婦人則進左手。所以別於出入者至矣。外內不共井。不共湢浴。不通寢席。不通衣裳。不同椸枷。不同巾櫛。不敢縣於夫之楎椸。不敢藏於夫之篋笥。所以別於服御器用者至矣。姑姊妹女子子。天屬也。許嫁則非大有故不入其門已嫁而反則不與同席而坐同器而食嫂與諸母同宮之親也嫂叔則不通問諸母則不漱裳妻之母婚姻之近屬也壻見主婦闔扉立于其內壻立于門外東面主婦一拜壻答再拜主婦又拜壻出所以別於宗族婚姻者至矣男女非有行媒不相知名非受幣不交不親必日月以告君齋戒以告鬼神爲酒食以召鄉黨僚友取妻不取同姓故買妾不知其姓則卜之寡婦之子非有見焉則弗與爲友所以厚別於交際者至矣男女不雜坐經雖無文然喪祭之禮男女之位異矣男子在堂則女子在房男子在堂下則女子在堂上男子在東方則女子在西方坐亦當然

賀取妻者曰某子使某聞子有客使某羞

吕氏曰賀者以物遺人而有所慶也著代以爲先祖後人子之所不得已故不用樂且不賀也然爲酒食以召鄉黨僚友則遺問不可廢也故其辭曰聞子有客使某

羞。舍曰昏禮而謂之有客。則所以羞者。佐其供具之費而已。非賀也。作記者因俗之名稱賀

貧者不以貨財爲禮。老者不以筋力爲禮

應氏曰。無財不可以爲悅。而財非貧者之所能辦。非强有力者不足以行禮。而强有力非老者之所能勉。藍田呂氏曰。君子之於禮。不責人之所不能備。貧者不以貨財爲禮是也。不責人之所不能行。老者不以筋力爲禮是也。禮者敬而已矣。心苟在敬。財力之不足。非禮之訾也。潢汙行潦可薦於鬼神。瓠葉兔首不以微薄廢禮。此不以貨財者也。五十杖於家。至一坐再至。此不以筋力者也。又有法之所不得爲者。有疾而不能行者。臨難而不得已者。土地之所不有者。君子亦不責也。王子爲其母請數月之喪。雖加一日愈乎已也。季子儲子皆以幣交。他日孟子見季子而不見儲子。以季子不得之鄒。儲子得之平陸故也。如季子王子者。法之所不得爲者也。喪禮

禿者不髽。傴者不袒。跛者不踊。此有疾而不能行者也。男女不授受。嫂溺則援之以手。君子正其衣冠。同室有鬬則被髮纓冠而救之。此臨難而不得已也。居山者不以魚鼈爲禮。居川者不以鹿豕爲禮。此土地之所不有也。凡此。皆禮之變也

名子者不以國。不以日月。不以隱疾。不以山川

常語易及。則避諱爲難。故名子者不之用。王氏子墨曰。名子。父之責也。命之名。所以示之教也。以國。非所以教謙也。以日月。非所以教敬也。以隱疾。非所以教之進乎德也。以山川。非所以教之求諸已也。命名而必示之教。申繻所謂以德命爲義者也。雖古人之名其子或有所因。不盡若是。而曲禮之意。蓋主乎以德命也。又況以諱事神。周道也。名終而將諱之。得不擇夫可諱者以名之乎。子生三月而父名之。既有以教其終身。而又慮其子若孫之難避也。不亦太早計乎。非早計也。君子之所以示其子孫。無非爲其遠之慮也。於名而慮其遠如是。則將無所不慮乎遠也。以爲鬼神而諱之。多且百年。少亦數十載之後

矣。而其諱之難。易基於一日命名之初。是以君子之於子孫。無非於其始而謹之也。於名而謹其始如是。則將無所不謹其始也。是曲禮之意也

男女異長

各爲伯仲。示不相干雜之義也

男子二十冠而字

冠而字之。敬其名也

父前子名。君前臣名

呂氏曰。事父者家無二尊。雖母不敢以抗之。故無長幼皆名。不敢致私敬於其長也。事君者國無二尊。雖父不可以抗之。故無貴賤尊卑皆名。不敢致私敬於其所尊

貴也。春秋鄢陵之戰。欒書欲載晉侯。其子鍼曰。書退。此君前臣名。雖父亦不敢抗也。長樂陳氏曰。家無二長。故父前無伯仲之稱。國無二上。故君前無爵位之稱。

女子許嫁笄而字

許嫁則十五而笄。未許嫁則二十而笄。亦成人之道也。故字之王氏子墨曰。長者伯仲叔季之序也。男子伯仲叔季之序。達於四方。女子之長少則不出閨闥而已。其各爲長宜也。冠成人之服也。自成童至於成人矣。其可不敬其名乎。於是從而字之亦宜也。夫成人則人以字稱我矣。則人之名非我所當名也。又況有長幼之序貴賤之別。其可名之哉。而有時乎名之者。君父之前。尊有所伸。則私有所屈也。一家之尊無有加於父也。父之前無長幼皆名之。不敢致私敬於其長也。天下之尊無以加於君也。君之前無貴賤皆名之。不敢致私敬於其所貴也。女子之笄。猶男子之冠。閨門之內。亦當敬其名。不言許嫁之年。不可以預定也。聖人之制禮。未嘗不謹其微也。男女之別。居有堂室之分。衣有椸枷之異。所以爲内外之辨亦至矣。而必異其長。以明其無所不當別異也。聖人之慮蓋微也。冠禮初醮而三加。猶懼其幼志之未棄。名字之間若未容遽示以所敬也。而必敬其名者。以爲少長之禮於是乎分也。字之以別少長。聖人之慮蓋微也。晨昏之禮行於家。朝覲之禮行於國。登降拜俯趨進應對之節。截乎其嚴矣。父子家庭之言。君臣燕閒之際。或不名其兄弟同列之名。若未害也。而聖人之意。以爲君父之前而不名其兄弟同列。則於臣子之敬有所未足也。聖人之慮蓋微也。男女雖異而伯仲之序可以同者。必吾同氣之兄弟也。以吾同氣之兄弟而猶不與之同其長。則男女之別可不致其嚴哉。冠而見字。所以責成人之禮備也。夫人且將敬我矣。我可不思所以自敬乎。可不懼不足以得人之敬乎。侍父侍君語之及乎他人者。猶必謹而名之。而畏乎語之誤也。則兢兢慄慄之念。豈容不加乎。起敬起孝之誠。豈容不至乎。然則聖人之謹其微。所以愛天下後世者深矣

凡進食之禮。左殽右胾。側吏反 食嗣 居人之左。羹居人之右。

膾炙柘處外。醯醢醬處內。葱渿裔處末。酒漿處右。以脯脩置者左朐劬右末

肉帶骨曰殽。純肉切曰胾。骨剛故左。肉柔故右。飯左羹右。分燥濕也。膾炙異饌。故在殽胾之外。醯醬食之主。故在殽胾之內。葱渿烝葱。亦菹類。加豆也。故處末。酒漿或酒或漿也。處羹之右。若兼設。則左酒右漿。○疏曰。脯訓始。始作即成也。脩亦脯。脩訓治。治之乃成。薄析曰脯。捶而施薑桂曰腶脩。朐謂中屈也。左朐。朐置左也。脯脩處酒左。以燥爲陽也。○呂氏曰。其末在右。便於食也。食脯脩者先末。嚴陵方氏曰。食以六穀爲主。穀地產也。所以作陽德。故居左。羹以六牲爲主。牲天產也。所

以作陰德。故居右

客若降等執食興辭。主人興辭於客。然後客坐

降等謂爵齒卑於主人也。不敢當主賓之禮。故食至則執之以起而致辭於主人。主人見客起辭。故亦起而致辭於客。客乃復就其坐也

主人延客祭。祭食祭所先進。殽之序徧祭之

古人不忘本。每食必每品出少許置於豆間之地以報先代始爲飲食之人。謂之祭。延。導之也。祭食之禮。主人所先進者則先祭之。後進者後祭。各以殽之次序而祭之徧也。○朱子曰。古人祭酒於地。祭食於豆間。有板盛

之。卒食徹去長樂陳氏曰。古者於爨則祭先炊。於樂則祭樂祖。將射則祭侯。用火則祭司爟。用龜則祭先卜。養老則祭先老。於馬則祭馬祖。馬社。於田則祭先嗇司嗇。於學則祭先聖先師。凡此。不忘本也。又況飲食之間哉

三飯上聲主人延客食胾。然後辯編殽

疏曰。三飯謂三食也。禮食三飧而告飽。須勸乃更食。三飯竟而主人乃導客食胾也。公食大夫禮云。賓三飯以湆醬。鄭云每飯歠湆。以殽擩醬。食正饌也。所以至三飯後乃食胾者。以胾爲加。故三飧前未食。食胾之後乃可徧食殽也

主人未辯。客不虛口

疏曰。虛口。謂食竟而飲酒蕩口使清潔及安食也。用漿曰漱。以潔清爲義。用酒曰酳。酳訓演。演養其氣也。王氏子墨

曰。殽之序徧祭之則自殽之外蓋有不祭者。如魚腊醬湆非食之盛可以無祭也。此據卑客。故一聽命於主人。食至則必興辭以祭則不敢先舉。以裁則不敢先嘗。殽之徧不敢先飽。若敵客則不然矣。雖然。禮無惡乎過孚。賓主既設。其勢必有所先。以敵者而施是禮焉。其誰曰不可。而況賓主燕食之間。恩意相接。客之謙。惟恐先乎主人。而主人之厚於客。惟恐有所不足也。雍容揖遜受敬有餘。較之公食大夫之禮。尊卑不至截然。蓋得禮之中者也。孰得而少之哉

侍食於長者。主人親饋則拜而食。主人不親饋則不拜而食

饋進饌也○方氏曰。凡以稱禮之施而已

共食不飽。共飯不澤手

呂氏曰。共食者所食非一品。共飯者。止飯而已。共食而求飽。非讓道也。不澤手者。古之飯者以手。與人共飯。摩手而有汗澤。人將惡之而難言

毋摶徒丸反飯去聲毋放飯上聲毋流歠

毋摶者。䟽云。若取飯作摶。則易得多。是欲爭飽也。○朱氏曰。放。謂食之放肆而無所節也。流。謂飲之流行而不知止也

毋咤陟嫁反食。毋齧骨。毋反魚肉。毋投與狗骨。毋固獲

咤食。謂當食而叱咤。䟽謂以舌口中作聲。毋咤。恐似於

氣之怒也。毋齧嫌其聲之聞也。毋反魚肉。不以所餘反於器。鄭云謂已歷口。人所穢也。毋投與狗骨。不敢賤主人之物也。求之堅曰固。得之難曰獲。固獲謂必欲取之也

毋揚飯去聲。飯上聲黍毋以箸筯

揚謂以手散其熱氣。嫌於欲食之急也。毋以箸貫其匕之便也

毋嚃塔羹。毋絮摛攄反羹。毋刺匕迹反齒。毋歠醢。客絮羹。主人辭不能亨。烹客歠醢。主人辭以窶。其羽反

羹之有菜宜用梜。不宜以口嚃取食之也。絮就器中調

和也。口容止。不宜以物刺於齒也。醢宜鹹。歠之以其味淡也。客或有絮羹者。則主人以不能亨飪爲辭。客或有歠醢者。則主人以貧窶乏味爲辭

濡肉齒決。乾肉不齒決。毋嘬炙。嘬楚怪反 柘

濡肉。殽胾之類。乾肉。脯脩之類。決。斷也。不齒決。則當治之以手也○疏曰。火灼曰炙。若食炙不一舉而併食。併食之曰嘬。是貪食也 廣安游氏曰。聖人知夫人之大欲在夫飲食也。而致詳於飲食之禮。終食之間。而人之賢不肖可得而知也。貪也。犯人之所惡也。薄主人之飲食也。聲容之不敬也。所謂小人之情狀。畢見於此矣。聖人之教。不待其已麗於大惡而後正之也。待其大惡而正之。則無及矣。故夫起居飲食之間而爲之禮焉。聖人之用意微矣○馬氏曰。君子於觴酒豆肉之間。未嘗不致謙而養廉也

卒食客自前跪徹飯（去聲）齊（牋西反）以授相（去聲）者主人興辭於客然後客坐

自從也齊醬屬也飯齊皆主人所親設故客欲親徹此亦謂降等之客耳敵者不親徹也 藍田呂氏曰凡此容止之節疑若繁縟而難行然大人成德動容周旋中禮則於斯也不待學而自中若夫學者將學於禮必先從事於節文之間安於是而不憚煩則其德爲庶幾矣茲禮文之所以不可簡也

侍飲於長者酒進則起拜受於尊所長者辭少者反席而飲長者舉未釂（子妙反）少者不敢飲

尊所置尊之所也飲盡爵曰釂○呂氏曰古之飲酒貴賤長幼無不及鄉飲之禮堂下之賓樂工及笙無不與

獻特牲饋食禮賓兄弟弟子公有司私臣無不與獻其獻也皆主人親酌授之此侍飲者亦長者親酌授之所以有拜受于尊所之節也惟燕禮以宰夫爲獻主故君不親酌鄉飲射饋食禮皆尊于房戶之間賓主共之也燕禮大射皆尊于兩楹之西尊面向君君專之也燕禮鄉飲禮皆不云拜受於尊所以禮與侍飲異也王氏曰禮莫嚴於少長之分至於飲食之際尤人情之所易縱故記禮者必致其委曲焉一飲之頃必之所以事長者如此其至凡所以習人敬順之心於平居無事之時彼其瀆尊犯分之念何自而有哉經曰禮之教化也微其止邪也於未形之謂也

長者賜少者賤者不敢辭

辭而後受賓主平交之禮非少賤事尊貴之道長樂陳氏曰上之賜也以恩下之受也以義義之所可雖長者之賜不敢辭義之所不可雖君之賜有所不受

賜果於君前其有核者懷其核

敬君賜故不敢弃核

御食於君君賜餘器之溉者不寫其餘皆寫

御食於君者君食而臣爲之勸侑也君以食之餘者賜之君陶器或木器可以洗滌者則即食之或其器是萑竹所織不可洗滌者則傳寫於他器而食之不欲口澤之瀆也永嘉戴氏曰果核餘物也不敢棄君之餘器用微物也不敢同君之器所以習臣子恭順之心於人情慢易之際也

餕餘不祭。父不祭子。夫不祭妻

尸餕鬼神之餘。臣餕君之餘。賤餕貴之餘。下餕上之餘。皆餕也。此謂助祭執事。或爲尸而所得餕之餘肉以歸。則不可以之祭其先。雖父之尊亦不以祭其子。夫之尊亦不以祭其妻。以食餘之物褻也。一說此祭是每食必祭之祭。食人之餘。及子進饌於父。妻進饌於夫。皆不祭而食。蓋敬主人之饌。故祭而後食。食人之餘而祭則褻。施於卑者則非尊者之道

御同於長者。雖貳不辭。偶坐不辭

御。侍也。貳。益物也。侍食者雖獲殽饌之重而不辭其多

者以此饌本爲長者設耳。偶者配偶之義，因其有賓而己亦偶配於坐，亦以此席不專爲己設，故不辭也。馬氏曰：禮者施報而已。主人之禮在我也，不辭之非禮也；主人之禮不在我也，辭之亦非禮也。子貢主伯高之喪，孔子語之曰：爲爾哭也，來者拜之；知伯高而來者勿拜也。與此同義。○藍田呂氏曰：御同於長者，侍於長者也。偶坐者，因彼有賓也。辭遜，行之美者也。辭其所當辭，然後成其美也。如不有其義，不當其物，則其美者適所以爲病歟。

羹之有菜者用梜，頰。其無菜者不用梜。

梜，箸也。無菜者汁而已，直歠之可也。藍田呂氏曰：事之細者，猶各求其所宜，則先王之謹於禮可知矣。○山陰陸氏曰：敎之如此，可謂至矣。

爲去聲天子削瓜者副之，普逼反巾以絺。摛爲國君者華之，巾以綌。隙爲大夫累力果反之，士疐帝之，庶人齕恨沒反之。

疏曰削刋也副析也絺細葛也刋其皮而析爲四解又横解而以細葛巾覆之而進也華半破也綌麤葛也諸侯禮降故破而不四析亦横斷之用麤葛巾覆之而進也爾雅瓜曰華之郭璞云食啖治擇之名累倮也不巾覆也疐謂脫花處疐之者去疐而已齕齧也齕之不横斷也此等級不同非謂平常之日當是公庭禮會之時○劉氏曰大夫以上皆曰爲者有司爲之也士庶人不曰爲者自爲之也○方氏曰巾以絺綌者當暑以涼爲貴也李氏曰先王制禮乎人情之所欲者養之無不備故翦蠲皆有官乎人情之所不能免者治之無不盡故削瓜猶有制然後使後世無以加也○永嘉戴氏曰一瓜之微横斷中裂尙與於尊卑而聖人猶拳拳若

此爲天下之事微之不敢忽者。所以爲大之必謹也。削瓜者其嚴若此。由是而推之庶人其有食侯食者乎。庶人不敢食侯食。臣下其有作福威而玉食者乎。此聖人制禮之微意也

父母有疾冠者不櫛。行不翔。言不惰。徒禾反琴瑟不御。食肉不至變味。飲酒不至變貌。笑不至矧。怒不至詈。力智反疾止復故

此言養父母疾之禮。不櫛。不爲飾也。不翔。不爲容也。不惰。不及他事也。疏謂惰訛不正之言。琴瑟不御。以無樂意也。猶可食肉。但不至厭飫而口味變耳。猶可飲酒。但不至醺酣而顏色變耳。齒本曰矧。笑而見矧。是大笑也。怒罵曰詈。怒而至詈。是甚怒也。皆爲忘憂。故戒之。復故

復常也長樂陳氏曰。儀禮曰。疾者齊。養者皆齊。則自行不翔以至怒不至詈皆齊之事也。然此亦中人之制。孝子疏節也。文王行不能正履。不特不翔而已。色憂不特言不惰笑不至矧而已。一飯亦一。再飯亦再。不特食肉飲酒不變味變貌也。○王氏曰。父母有疾而致其憂。此子職所當然也。聖人猶必爲之委曲以制禮者。○蓋以人情有過有不及焉。約之以禮。庶乎歸之于中也。嚴陵方氏曰。言冠者。別於童子。冠則有時而不櫛可也。童子則無冠矣。無時而不櫛焉。此所以上言冠者不櫛也。以憂親之疾而忘其身之飾故也。言不櫛則以憂勤而不敢惰也。琴瑟不御者。不以所樂而忘所憂也。樂必以琴瑟爲言者。蓋常御之樂。士無故則不去故也。物有常味也。食肉多品則爲變味。人有常貌也。飲酒過量或至變貌。

有憂者側席而坐。有喪者專席而坐。

有憂謂親疾或他禍患。側。獨也。獨坐一席。不設待賓之席。爲有憂也。一說側席。謂偏設之。變於正席也。亦通。專

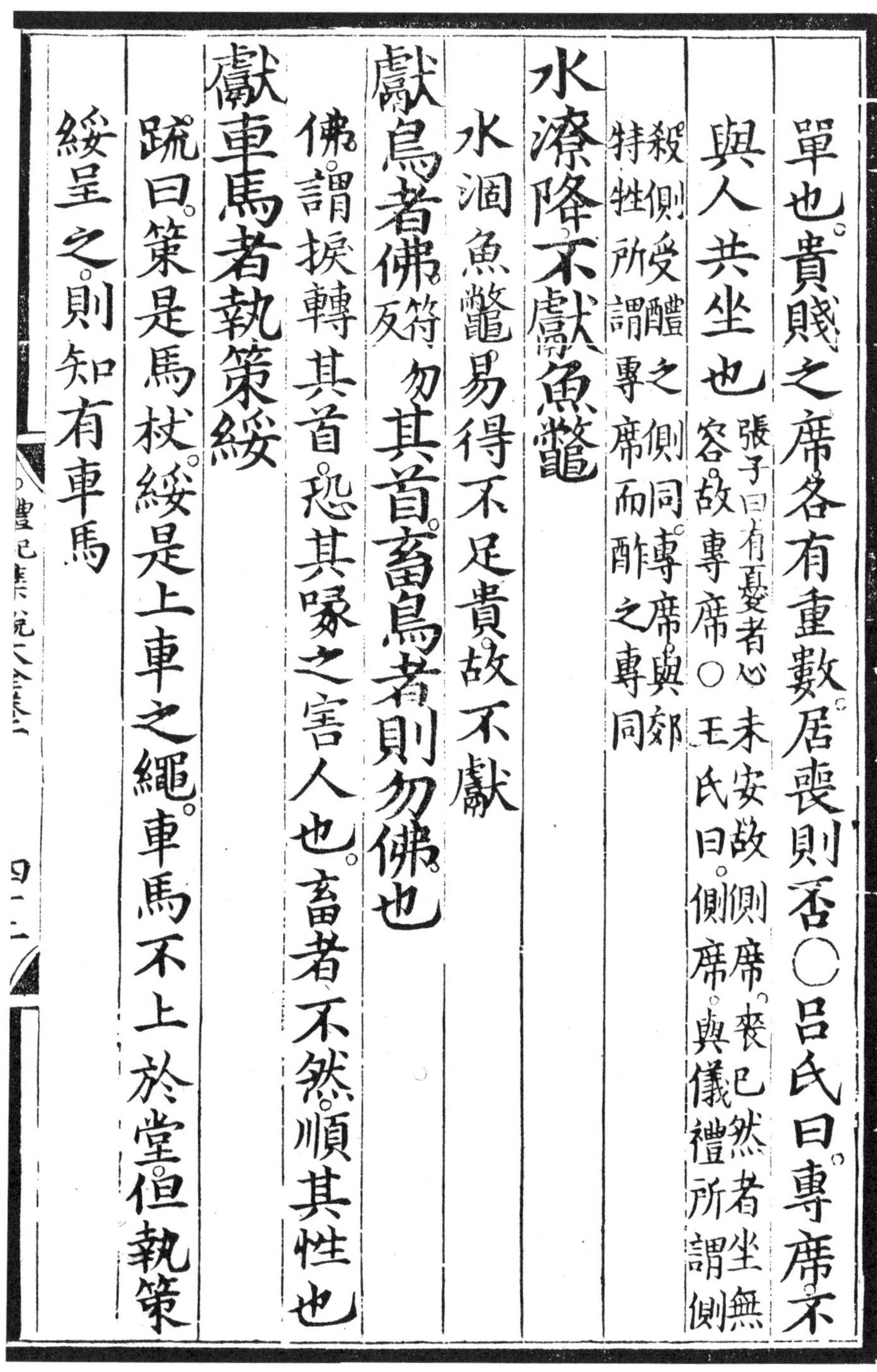

單也。貴賤之席各有重數。居喪則否○呂氏曰。專席不與人共坐也 張子曰有憂者心未安故側席。喪已然者坐無容故專席○王氏曰。側席。與儀禮所謂側殺側受醴之側同。專席與郊特牲所謂專席而酢之專同

水潦降不獻魚鼈

水涸魚鼈易得不足貴故不獻

獻鳥者佛其首。佛符勿反 畜鳥者則勿佛也

佛謂捩轉其首。恐其喙之害人也。畜者不然。順其性也

獻車馬者執策綏

疏曰。策是馬杖。綏是上車之繩。車馬不上於堂。但執策綏呈之。則知有車馬

獻甲者執冑。獻杖者執末。

疏曰。甲。鎧也。冑。兜鍪也。鎧大兜鍪小。小者易舉。執以呈之耳。杖末拄地不淨。故執以自向。

獻民虜者操右袂。

民虜征伐所俘獲之人口也。持其右袖。所以防異心。

獻粟者執右契。獻米者操量鼓。

疏曰。契者。兩書一札。同而別之。右者先書爲尊。鼓量器名也。米云量。則粟亦量。粟云契。則米亦書。但米可即食爲急。故言量。粟可久儲爲緩。故云書。書比量爲緩也。

獻孰食者操醬齊。（牋西反）

疏曰。醬齊爲食之主。執主來則食可知。如見芥醬必知獻魚膾之類

獻田宅者操書致

書致。謂詳書其多寡之數而致之於人也○呂氏曰。古者田宅皆屬於公。非民所得而有。而此云獻者或上所賜予可爲己有者。如采地之屬故可獻歟　長樂陳氏曰。水潦降不獻魚鼈則獻魚鼈必視其時也。獻鳥者佛其首畜鳥者則勿佛。則獻鳥必視其性也。獻車馬以至於田宅皆有所執。則舉其要也

凡遺去聲人弓者張弓尚筋。弛弓尚角。右手執簫。左手承弣。撫尊卑垂帨。稅若主人拜則客還旋辟音闢辟避拜

弓之體角內而筋外。尚使之在上也。皆取其勢之順也。
簫。梢末也。疏云。剡之差斜似簫。故名。弣中央把處也。帨
佩巾也。客主尊卑相等則授受之際皆稍磬折而見其
帨之垂也。此時弓尚在客手。故不容答主人之拜而少
逡巡遷延以避之。辟。猶開也。謂離其所立之處○呂氏
曰。下於上曰獻。上於下曰賜。敵者曰遺

主人自受由客之左。接下承弣。鄉去聲與客並然後受

自受者。以敵客不當使人受也。由。從也。從客左邊而受。
則客在右矣。於是主人卻左手以接客之下而承其弣。
又覆右手以捉弓之下頭而受之。此時則主客並立而

俱向南也○方氏曰賓主異等則授受異向此賓主敵故鄉與客並也金華邵氏曰獻車馬獻甲冑獻民虜粟米孰食田宅其事若重於弓矣然數者皆不著其儀獨於一弓之授受必謹焉者蓋古者射以觀德而弓者觀德之具也於授受而不謹則異時執弓挾矢支左屈右必有失其儀者此聖人所深慮也○馬氏曰禮曰主佩垂則臣佩委明尊卑俯仰之異也言尊卑垂帨而無上下之異者蓋賓主授受之禮非臣主之際也佩之有帨者以自清潔也詩曰無感我帨兮戒非禮之汚其清潔也

進劍者左首

疏曰進亦遺也首劍拊環也客在右主人在左劍首為尊以尊處與主人也假令對授則亦左首首尊左亦尊為宜也

進戈者前其鐏。在困反後其刃

疏曰。戈。鉤孑戟也。刃當頭而利。鐏在尾而鈍。不以刃授敬也

進矛戟者前其鐓隊

疏曰。矛如鋋而三廉。戟。今之戟也。鐓爲矛戟柄尾平底。以平向人。敬也。亦應並授。不云左右而云前後者。互文也。若相對則前後也。若並授則左右也

進几杖者拂之

拭去塵也

效馬效羊者右牽之

效陳獻也。以右手牽之爲便

效犬者左牽之

以右手防其齧噬

執禽者左首

禽鳥也。首尊主人在左。故横捧而以首授主人

飾羔鴈者以繢會

飾覆之也。畫布爲雲氣。以覆羔與鴈爲相見之贄也

受珠玉者以掬

謂以兩手共承之也

受弓劒者以袂

謂以衣袂承接之。不露手也

飲玉爵者弗揮

謂不可振去餘瀝。恐失墜

凡以弓劒苞苴簞笥問人者。操以受命。如使（去聲）之容

苞者。苞裹魚肉之屬。苴者。以草藉器而貯物也。簞圓笥方。皆竹器。問。遺之也。使者受命之時。操持諸物。即習其威儀進退。如至彼國之儀容也

金華應氏曰。自獻魚鱉至於效犬。執禽。皆細別其獻物之宜。而一物必有一儀也。自飾羔鴈至於飲玉爵。又畧序其飾物之文。而重其物必重其禮也。終則總之曰。凡以弓劒苞苴簞笥問人。舉其凡以該上文所列之目也。蓋曰獻曰遺曰進曰效。雖不同。而皆所以爲問也。當其受命主人之時。物雖未至於所遺之家。而其操執有儀。已若與之相爲揖遜周旋。而無愧乎使者之容

矣○藍田呂氏曰進者以物供尊者之用非獻也效者致之尊者之前使之見非進也劒也戈也矛戟也三者皆兵也進兵者後其刃敬也少儀曰凡有刺刃者以授人則避刃是也拂之者去塵以進之敬也少牢饋食主人左手縮之以右袂進拂几三右手橫執几進授尸于筵前此進几之儀羊馬豢畜之獸馴而易制故右牽之便也少儀牛則執紖馬則執靮皆右之犬雖豢畜然吠非其主或有噬人之患故左牽以右手制之如臣虜之比也少儀云犬則執緤執禽者左手謂摯也禽摯君卿執羔大夫執鴈士執雉庶人執鶩工商執雞是也士相見禮云摯冬用雉夏用腒左頭奉之飾羔鴈以繢者以繢飾其布也弓劒藉之以袂文也弓劒比於珠玉不慮其失隊故得盡其文也玉器宜謹故弗揮聘禮曰小聘曰問問者久不相見使人問安否以講好也義如諸侯之相聘禮則殺之也詩云之子之順之雜佩以問之如弓劒苞苴簞笥皆可以問人者也弓劒玩好也苞苴魚肉果實也書曰厥包橘柚易曰包有魚詩曰野有死麕白茅包之是也簞論語一簞食是也笥以盛衣裳書云惟衣裳在笥是也

凡爲君使者已受命君言不宿於家

受命即行

君言至則主人出拜君言之辱使者歸則必拜送于門外

至則拜命歸則拜送皆敬君也

若使人於君所則必朝服而命之使者反則必下堂而受命

呂氏曰。使人於君所不下堂反則下堂受命者。始以已命往。終以君命歸。故使者反而後致其敬。往則否也長樂

陳氏曰。爲人臣者無以有已。故將軍受命之日。則忘其家。臨軍誓衆。則忘其親。援桴而鼓。則忘其身。然則爲君使者。豈異是哉。此聘禮所以言釋幣遂行。此所以言不宿於家也。大夫見於國君。國君拜其辱。況君言至乎。孔

子問人於他邦。再拜而送之。況使人於君所乎。言朝服而命之。則知拜辱拜送亦朝服也。言拜辱拜送。則知朝服而命之。亦拜之也。拜送於門外。則拜辱亦門外也。○吳郡范氏曰。人君所以爲國者。恃其命令足以鼓舞羣下而已。命令重則其政舉。命令輕則其事隳。人臣敬君之命。如雷霆之不敢侮。蓋以吾君之所以爲國者在焉。故曲禮序尊敬君命之說爲尤詳。朝受君言。夕舍於郊。非必使事如此其急也。不敢慢君之命也。使者以君言至。出而拜迎。出而拜送。非拜使者也。拜君之命也。使人請命於君。其往則朝服而遣之。其反則下堂而受之。非嚴使者也。嚴君之命也。人君深居九重之中。而動化萬里之外。命令所至。奔走奉承。其震動如此。是以聖王兢兢業業。不敢忽於出令。審之而勿輕發。守之而勿輕變。使天下致敬而取則。觀聽不惑而後治功可成也。

博聞強識而讓。敦善行去聲而不怠。謂之君子。

博聞強識而讓。所謂有若無。實若虛者。敦善行而不怠。所謂孳孳爲善者。皆君子之道也。○陳氏曰。聞識自外

入善行由中出自外入者易實故處之以虛由中出者

易倦故濟之以勤

君子不盡人之歡不竭人之忠以全交也

呂氏曰盡人之歡竭人之忠皆責人厚者也責人厚而莫之應此交所以難全也歡謂好於我也忠謂盡心於我也好於我者望之不深盡心於我者不要其必致則不至於難繼也

廣安游氏曰多能者常失於傲而自與為善者常失於苟有得焉而止今也博聞强識而居之以讓敦善行而加之以不怠謂之君子宜矣盡歡竭忠注疏說亦通古之制禮者於衣服飲食辭讓之際固有取於此然不止於此也其人於己所求歡以承命則其求宜有所止求而不止則歡有時而窮故其人之歡不可求之以盡也其人於己所望盡忠竭誠然所望當有所止苟望之而不止則忠有時而竭故其

人之忠。不可使至於竭也。盡人之歡。如虞公求玉於虞叔。虞叔既獻之。而又求其寶劍。故虞叔遂伐虞公。此盡人之歡也。楚共王歸知罃。而問何以報我。知罃不應而楚子責以必報。不穀。是竭人之忠也。如古注之說。則不盡人之歡。若管敬仲之樂飲而不繼以燭。是矣。不竭人之忠。若孔子出行不假雨具於子夏。是矣。君子之與人交。所以貴辭貴讓貴有節。貴不迫於人。不干掩人之私。皆所以不盡歡不竭忠之意也。詩曰。求無曰益。牖民孔易。言其求於民者當有所止。而不可益求而無已。小記曰不大望於民。傳曰舜不窮其民。言其望於民者可小而不可大。可使有餘而不可使至於窮。古人之道大槩如此。不獨於禮爲然也。

禮曰。君子抱孫不抱子。此言孫可以爲王父尸。子不可以爲父尸。爲君尸者。大夫士見之則下之。君知所以爲尸者則自下之。尸必式。乘必以几。

疏曰。祭天地社稷山川四方百物及七祀之屬皆有尸。

外神不問同姓異姓但卜之吉則可爲尸。祭勝國之社稷則士師爲尸。惟祭殤無尸○呂氏曰。抱孫不抱子。古禮經語也。曾子問曰。孫幼則使人抱之。抱孫之爲言生於孫幼且明尸必以孫以昭穆之同也。古之祭祀必有尸。尸。神象也。主人之事尸。以子事父也。尸必筮求諸神而不敢專也。在散齋之日或道遇之故有爲尸下之禮。大夫士言見君言知者蓋君或不能盡識有以告則下之致其敬也。尸不下君而式之者廟門之外尸尊未全不敢亢禮而答之故式之而已亢禮而答。則下之矣。如在廟中。主人拜無不答也。古者車中以式爲敬。式車前

横木也。馮之以禮人。首必小俛。以是爲敬。式視馬尾。俯首之節也。凡尊者所馮以養安也。故尸之乘車用之

齊側階反者不樂不弔

呂氏曰。古之有敬事者必齊。齊者致精明之德也。樂則散。哀則動。皆有害於齊也。不樂不弔者。全其齊之志也

嚴陵方氏曰。君子則指所祭之主也。凡爲尸者不必皆幼。必曰抱。以見禮之所在。不以幼而廢也。且尸於所祭之主。固爲孫行。然於主祭之人則子行也。父北面而事之。又所以明子事父之道焉。祭統言見父子之倫者。意在乎此。下。謂在車則下之也。必曰爲君尸者。則知非爲君尸者有所不下之矣。君知所以爲尸者。則自下之者。學記所謂當其爲尸則弗臣是也。馮式謂之式。猶執杖謂之杖也。致齊將以致祭也。故不以哀樂貳其心。至於祭則曰樂以迎來。哀以送往。何也。齊之所謂哀樂者。以防外物爲主。祭之所謂哀樂者。以盡內志爲主。惟能防

外物之樂。故能盡內志而樂神之來。惟能防外物之蕩故能盡內志而哀神之往。齊之不哀不樂乃所以致祭之哀樂而已

居喪之禮。毀瘠不形。視聽不衰。升降不由阼階。出入不當門隧

門隧。門之中道也。○疏曰。居喪許羸瘦不許骨露見。骨爲形之主。故謂骨爲形。○呂氏曰。先王制禮。毀不滅性。毀瘠形。視聽衰。幾於滅性。送死之大事且將廢而莫之行。則罪莫大焉。不由阼階。不當門隧。執人子之禮而未忍廢也

居喪之禮。頭有創平聲則沐。身有瘍羊則浴。有疾則飲酒食

肉疾止復初不勝升喪乃比於不慈不孝

沐浴與飲酒食肉以權制者也故疾止則復初○朱子曰下不足以傳後故比於不慈上不足以奉先故比於不孝

五十不致毀六十不毀七十唯衰催麻在身飲酒食肉處於内

五十始衰故不極毀六十則又衰矣故不可毀七十之年去死不遠略其居喪之禮者所以全其易盡之期也嚴陵方氏曰毀瘠不形慮或至於滅性故也居喪之禮雖哭泣無時然不可以過哀而喪其明焉雖聞樂不樂然不可以過哀而瞶其聰焉視聽衰則不足以當大事也雜記言視不明聽不聰君子病之者以此前言爲人

子者居不主奧行不中道及其居喪則升降不由阼階出入不當門隧者事死如事生也七十則衰麻之外與平居無以異飲酒食肉則不必有疾處於內則不必居門外之倚廬也

生與來日死與往日

與猶數也成服杖生者之事也數死之明日爲三日斂殯死者之事也從死日數之爲三日是三日成服者乃死之第四日也永嘉戴氏曰死者日遠生者日忘聖人念之故三日而殯死者事也以往日數三日而食生者事也以來日數其情哀矣聖人察於人情之故而致意於一日二日之間以此教民而猶有朝祥暮歌者悲夫

知生者弔知死者傷知生而不知死弔而不傷知死而不知生傷而不弔

方氏曰不知生而弔之則其弔也近於謟不知死而傷之則其傷也近於偽○應氏曰弔者禮之恤乎外傷者情之痛於中

弔喪弗能賻附不問其所費問疾弗能遺去聲不問其所欲見人弗能館不問其所舍

以貨財助喪事曰賻此三事不能則皆不問者以徒問爲可愧也臨川王氏曰不問其所費不問其所欲不問其所舍口惠而實不至○嚴陵方氏曰表記言有客不能館不問其所舍則知人謂行人矣儒行言孔子至舍哀公館之者以此

賜人者不曰來取與人者不問其所欲

賜者君子與者小人○朱氏曰君子有守必將之以禮

故不曰來取小人無厭必節之以禮故不問其所欲

適墓不登壟助葬必執紼

壟墳堆也登之爲不敬紼引棺索執之致力也

臨喪不笑

以哀爲主

揖人必違其位

出位而揖禮以變爲敬也

望柩不歌入臨不翔當食不歎

不歌與不笑義同臨哭也不翔不爲容也唯食忘憂非歎所也

鄰有喪，舂不相（去聲）

五家爲鄰。相者，以音聲相勸相。蓋舂人歌以助舂也

里有殯，不巷歌。適墓不歌。哭日不歌

二十五家爲里。巷歌，歌於巷也

送喪不由徑。送葬不辟（避）塗潦。臨喪則必有哀色。執紼不笑

不由徑，不苟取其速也。不避泥潦，嫌於憚勞也

臨樂不歎

亦爲非歎所也

介胄則有不可犯之色。故君子戒慎，不失色於人

此章自揖人必違其位當食不歎臨樂不歎介胄則有不可犯之色四句之外皆是凶事之禮節記者詳之如此每事戒愼則無失禮之愧不但不可失介胄之色而已

藍田呂氏曰壟非所登也助葬執紼必有事也弔於已葬者必執引若從柩及壙皆執紼諸侯之禮曰寡君有宗廟之事使一介老某相執紼則助葬者雖諸侯亦執紼也臨喪非笑所也望柩不歌如臨喪不笑也無服之喪至誠惻怛當與天下同之況隣里乎相者舂人歌以助舂也適墓不歌如望柩不歌也送喪不由徑不欲速也不避塗潦不擇地也哀在乎此則忘乎彼也執紼不笑猶臨喪不笑也當食不歎猶臨樂不歎也臨喪則必有哀色介胄則有不可犯之色色必稱其服情必稱其色內外相顧所謂不失色於人也○馬氏曰喪以執事爲禮故送喪不由徑送葬不避塗潦傳曰所樂而憂猶有憂而樂君子之樂憂各有所當故臨樂不歎兵車者以威克愛也以威克愛則服必稱情容必稱服故戎容暨暨介胄有不可犯之色者以此也禮曰服其服則

文以君子之容。有其容。則文以君子之辭。遂其辭。則實以君子之德。德稱容。容稱服。則民望其容貌。瞻其顏色而喻其德矣。故君子戒慎不失色於人

國君撫式。大夫下之。大夫撫式。士下之。禮不下庶人

君與大夫或同途而出。君過宗廟而式。則大夫下車。士於大夫。猶大夫於君也。庶人卑賤且貧富不同。故經不言庶人之禮。古之制禮者皆自士而始也。先儒云其有事則假士禮而行之。一說此爲相遇於途。君撫式以禮大夫。則大夫下車。大夫撫式以禮士。則士下車。庶人則否。故云禮不下庶人也。廣安游氏曰。庶人不廟祭。則宗廟之禮所不及也。庶人徒行。則車乘之禮所不及也。庶人無燕禮。則酬酢之禮所不及也。庶人見君子不爲容。進退趨走。則朝廷之禮所不及

也。不下者，謂其不下及也

刑不上大夫

大夫或有罪。以八議定之。議所不赦。則受刑。周官掌囚凡有爵者與王之同族。奉而適甸師氏以待刑殺。而此云不上大夫者。言不制大夫之刑。猶不制庶人之禮也

嚴陵方氏曰。周官司寇有議貴之辟。宗伯不以象示民亦此意也。然周官以禮俗馭其民。則禮非不下庶人也。要之以治貴者爲主。有甸師氏。則刑非不上大夫也。要之以治賤者爲之主。在大夫之下庶人之上者。則士而已。王制言禮樂造士。則禮及乎士矣。舜典言扑作教刑。則刑加乎士矣

刑人不在君側

人君當近有德者。又以慮其怨恨而爲變也。閽弑餘祭

刑人在側之禍也藍田呂氏曰庶人愚且賤者也不可以待君子之事責之大夫賢且貴者也不可以待小人之法辱之故古之制禮皆自士始庶人則畧而已大夫有罪非不刑也八議所不赦則刑于隱者周官掌囚所謂凡有爵者與王之同族奉而適甸師氏以待刑殺是也古者刑人皆遠墨者使守門劓刖者使守囿髡者使守積刑人而在君側輕身之道也

兵車不式武車綏而追反旌德車結旌

疏曰兵車革路也尚武猛無推讓故不式武車亦革路也取其建戈刃即云兵車取其威猛即云武車也旌車上旌旛也尚威武故舒散若垂緌然王金象木四路不用兵故曰德車德美在內不尚赫奕故纏結其旌於竿也長樂陳氏曰武欲有爲以顯仁故綏旌德欲無爲以藏用故結旌考之於詩車攻曰悠悠旆旌出車曰彼

旟旐斯胡不旆。旆六月曰白旆央央。長發曰武王載旆。凡此言兵車之所建故皆曰旆。以其綏旌故也。庭燎曰言觀其旂。采菽曰其旂淠淠。泮水曰其旂茷茷。載見曰龍旂陽陽。閟宮曰龍旂承祀。凡此言德車之所建故不曰旆。以其結旌故也。春秋傳曰。辛未治兵。建而不旆。壬申旆之。是武車之旌。以綏爲主也。周官王乘以朝謂之道車。而此謂之德車。是朝祀賓封之車。以德爲主故也○廣安游氏曰。古之制禮者有屈伸之義。當其伸也。於人無所屈。當其屈也。於己有所不伸。夫有美而見之。泰也。隱之。謙也。乘車而不式。泰也。式。敬也。君子於己。德之美。常隱。常謙。而於人也無往而不敬焉。夫德車結旌。所以爲謙也。盛服而襲。所以爲晦也。君子之道有所自足於内則無待乎汲汲以求見乎其外。故其教人也常謙常敬。常倫常遜。有若無。實若虛。此禮樂之至文所從而生也。此由於所當屈而以屈爲禮焉。若夫用兵禦侮之事獨異於此。衆車皆式。獨不以式。衆車皆結其旌。兵車獨垂綏其旌。服他服則皆有温然之容。而介冑不可犯之色。常人以拜爲敬。獨介冑以不拜爲敬。此獨由有於所當伸而以伸爲禮也。

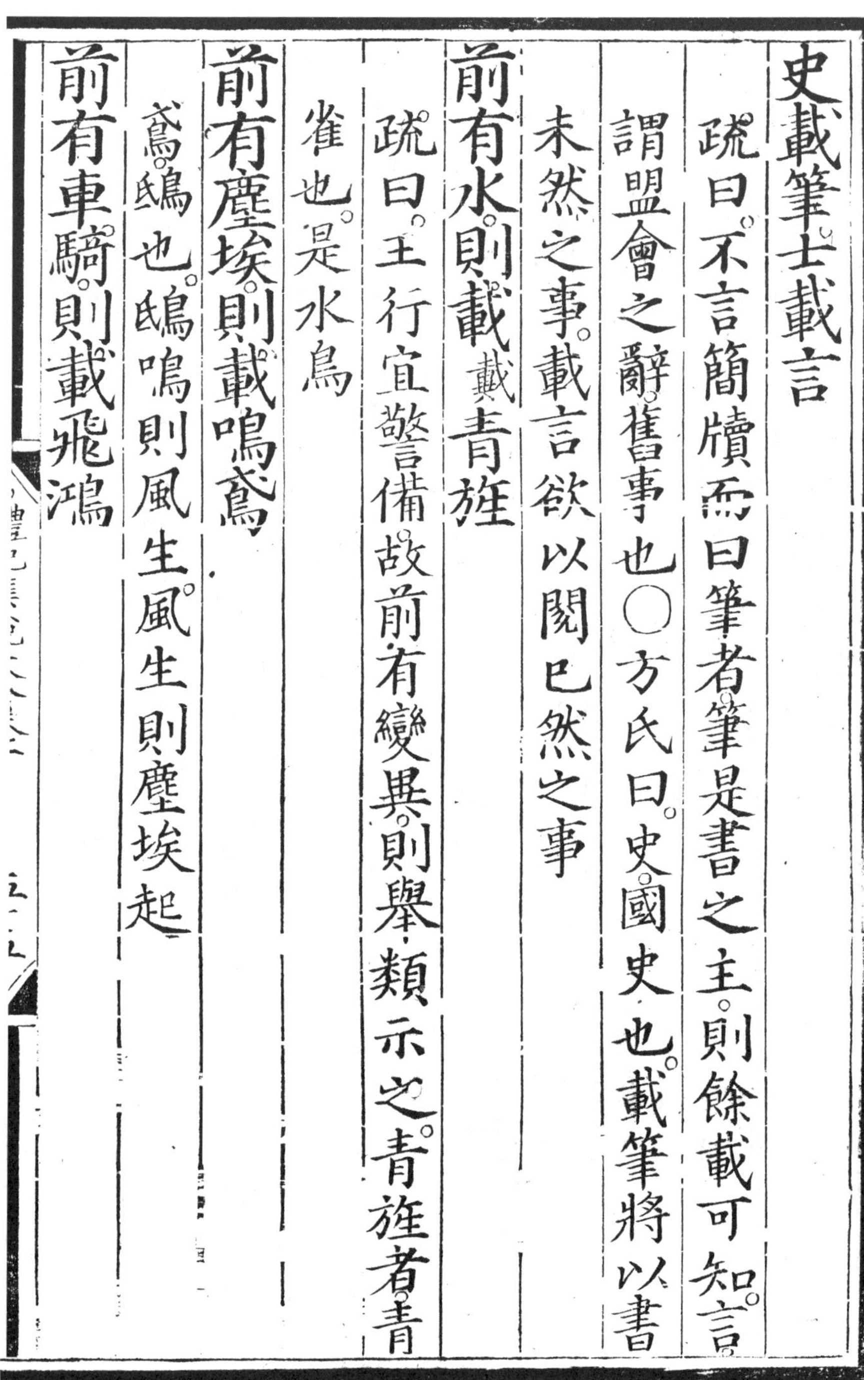

史載筆士載言

疏曰不言簡牘而曰筆者筆是書之主則餘載可知言謂盟會之辭舊事也○方氏曰史國史也載筆將以書未然之事載言欲以閱已然之事

前有水則載（戴）青旌

疏曰王行宜警備故前有變異則舉類示之青旌者青雀也是水鳥

前有塵埃則載鳴鳶

鳶鴟也鴟鳴則風生風生則塵埃起

前有車騎則載飛鴻

鴻鴈也。鴈飛有行列。與車騎相似

前有士師則載虎皮

虎威猛。亦士師之象。士師非所當警備者。而亦舉類以示衆。或者禁止暴橫之意歟

前有摯獸則載貔貅

摯獸虎狼之屬。貔貅亦有威猛。舉此使衆知爲備追不知爲載其皮。爲畫其形耳 藍田呂氏曰。史。國史。掌爲辭命者也。士。史之有司也。國史撰述。故載筆以書其辭命也。有司藏書。故載言以備其討論也。二者皆以職從君者也。師行號令。非可以言傳也。使衆易聞者莫如金鼓。使衆易見者莫如旗物。師行之前必遠爲斥堠以備不虞。故爲物色旌旗之上舉而示衆使爲之戒。自青旌而下。皆以物色之類表其事也

行前朱鳥而後玄武左青龍而右白虎招搖在上急繕如字其怒

行軍旅之出也朱鳥玄武青龍白虎四方宿名也以爲旗章其旒數皆放之龍旗則九旒雀則七旒虎則六旒龜蛇則四旒也招搖北斗七星也居四方宿之中軍行法之作此舉之於上以指正四方使戎陳整肅也舊讀繕爲勁今從呂氏說讀如字其怒士卒之怒也〇呂氏曰急迫之也繕言作而致其怒先儒以繕爲勁不必改也

進退有度左右有局各司其局

䟽曰。進退有度者。牧誓云不愆于六步七步乃止齊焉。四伐五伐乃止齊焉。一擊一刺爲一伐。少者四伐多者五伐。又當止而齊正行列也。左右有局者。局部分也。軍之左右各有部分。不相濫也。各司其局者。軍行須監領也。馬氏曰。軍之耳目在旗鼓。故以朱玄青白以別其方色。所以用衆也。先王之征伐。非私怒也。致天討而已。故繪四方之星。所以見奉天罰之義也

父之讎弗與共戴天。兄弟之讎不反兵。交遊之讎不同國

不反兵。謂常以殺之之兵器自隨也。◯呂氏曰。殺人者死。古今之達刑也。殺之而義則無罪。故令勿讎。調人之職是也。殺而不義。則殺者當死。宜告于有司而殺之。七

師之職是也。二者皆無事乎復讎也。然復讎之文雜見于經傳。考其所以必其人勢盛。緩則不能執。故遇則殺之。不暇告有司也。父者子之天。不能復父讎。仰無以視乎皇天矣。報之之意。誓不與讎俱生。此所以弗共戴天也。

馬氏曰。先王以恩論情。以情合義。其恩大者其情厚。其情厚者其義隆。是故父也。兄弟也。交遊也。其爲讎之則一。而所以報之者不同。或弗共戴天。將死之而恥與之俱生也。或不反兵。將執殺之而爲之備也。或不同國。將遠之而惡其比也。嗚乎。聖人不能使世之無讎。亦不能使之釋讎而不報。惟稱其情義而已矣。若夫公羊論九世之讎。則禮失於太過而所報非所敵矣。漢之時孝子見讎而不敢復。則法失於太嚴而孝悌之情無所伸矣。非曲禮之道也。○新定顧氏曰。二禮載復讎事。向頗疑之。治平盛世。井井有綱紀。安有私相報讎之事。然天下事亦不可一知。四海至廣。事變萬端。豈可以一律論。成周所以存此一條。亦是沿人之情。如父母出於道。忽被強寇刼盜殺害其子豈容但已在旁必力鬬與之俱死不在旁必尋探殺之而後已此乃人子之至痛追思殆不欲生縱彼在窮荒絶域亦必欲尋殺之以雪父母之冤故不與共戴天也不共戴天者不使之偷生俾與我共戴天也然又看輕重如何讎亦非一端如父母因事被人擠陷爲人子者亦當平心自反不可專以報復爲心或被人挾王命以矯殺雖人子之至恨然城狐社鼠不可動搖又當爲之飲恨而不容以必報爲心也凡此之類皆宜隨事斟酌儻不顧事之曲直勢之可否各挾復讎之義以相搆害則是刑戮之民大亂之道也

四郊多壘此卿大夫之辱也地廣大荒而不治此亦士之辱也

四郊者王城之外四面近郊五十里遠郊百里侯國亦各有四郊里數則各隨其地之廣狹而爲遠近也壘者屯軍之壁卿大夫不能謀國數見侵伐故多壘士廣人

稀荒穢不理。此二者固皆卿大夫之責。士卑不與謀國。而田里之事。則其職也。故言亦士之辱 藍田呂氏曰。立乎人之本朝者。卿大夫也。大夫則謀人之國矣。有常職以食於上者。士也。士則任人之事矣。謀人之國。國危則任其責。任人之事。事不治則任其責

臨喪不惰。祭服敝則焚之。祭器敝則埋之。龜筴敝則埋之。牲死則埋之

呂氏曰。人所用則焚之。焚之陽也。鬼神所用則埋之。埋之。陰也 長樂劉氏曰。四物皆用之以交於神明者也。不焚不埋。則移於他用。無已瀆於神明哉

凡祭於公者。必自徹其俎

疏曰。此謂士助君祭也。若大夫以上。則君使人歸其俎。

若大夫以下自祭其廟則使人歸賓俎○吕氏曰執臣子之敬毋敢視賓客故自徹其俎以出也

卒哭乃諱禮不諱嫌名二名不偏諱

葬而虞虞而卒哭凡卒哭之前猶用事生之禮故卒哭乃諱其名嫌名音同者不偏諱謂可單言

逮事父母則諱王父母不逮事父母則不諱王父母

逮及也庶人父母早死不聞父之諱其祖故亦不諱其祖有廟以事祖者則不然也馬氏曰始死而諱是知死而致死之不仁也卒哭而不諱是知死而致生之不知也聖人知其然故將葬則有賜謚易名之禮卒哭則有舍舊諱新之令以明生事於此畢鬼事於此始也○長樂陳氏曰死而不諱則安忍而忘親二名而均諱則易犯而難辟聖人知其然爲

之諱名之禮。使之卒哭而諱。所以盡愛敬之心。二名不偏諱。所以適言語之便

君所無私諱。大夫之所有公諱

私諱不避於公朝。大夫則諱其先君也

詩書不諱。臨文不諱

不因避諱而易詩書之文。改行事之語。蓋恐有惑於學者。有誤於承用也

廟中不諱

廟中之諱。以卑避尊。如有事於高祖。則不諱曾祖以下也

夫人之諱雖質君之前臣不諱也。婦諱不出門大功小功

不諱

質猶對也。夫人之諱與婦之諱。皆謂其家先世。門者其所居之宮門也。大功以下。恩輕服殺。故亦不諱

入竟境而問禁。入國而問俗。入門而問諱

馬氏曰。問禁。慮得罪於君也。問俗。慮得罪於衆也。問諱慮得罪於主人也

外事以剛日。內事以柔日

甲丙戊庚壬爲剛。乙丁己辛癸爲柔。先儒以外事爲治兵。然巡狩朝聘盟會之類。皆外事也。內事。如宗廟之祭冠昏之禮。皆是。廣安游氏曰。外事以剛日。內事以柔日。此謂順其陰陽也。聖人之治天下。本之

以自然行之以至順如此而已三才之道在天爲陰陽在地爲柔剛在人爲仁義仁者陽與剛之屬也義者陰與柔之屬也古人以是二端盡三才之理然是二者不可以交相雜也柔者從陰剛者從陽外者從剛內者從柔此謂自然而至順者也

凡卜筮日旬之外曰遠某日旬之內曰近某日喪事先遠日吉事先近日

疏曰今月下旬筮來月上旬是旬之外日也主人告筮者云欲用遠某日此大夫禮士賤職褻時至事暇可以祭則於旬初即筮旬內之日主人告筮者云用近某日天子諸侯有雜祭或用旬內或用旬外其辭皆與此同喪事謂葬與二祥是奪哀之義非孝子所欲但不獲已

故先從遠日而起示不宜急微伸孝心也吉事謂祭祀冠昏之屬少牢云若不吉則及遠日是先近日也

曰爲去聲曰假爾泰龜有常假爾泰筮有常卜筮不過三卜筮不相襲

曰命辭也爲字去聲讀爲卜吉日故曰爲日卜則命龜曰爲日假爾泰龜有常筮則命蓍曰爲日假爾泰筮有常假因也託也泰者尊上之辭有常言其吉凶常可憑信也此命蓍龜之辭不過三者一不吉至再至三終不吉則止而不行襲因也卜不吉則止不可因而更筮筮不吉則止不可因而更卜也

龜爲卜筴爲筮卜筮者先聖王之所以使民信時日敬鬼神畏法令也所以使民決嫌疑定猶與（去聲）也故曰疑而筮之則弗非也日而行事則必踐之（如字）

筴著也舊說讀踐爲善文義甚迂䟽引王氏說踐履也必履而行之當讀如字○䟽曰說文猶獸名與亦獸名二物皆進退多疑人之多疑惑者似之故謂之猶與○呂氏曰凡常事卜不吉則不筮筮不吉則不卜獻公卜納驪姬不吉公曰筮之此相襲也若大事則先筮而後卜洪範有龜從筮從或龜從筮逆龜筮並用也晉卜納襄王得黃帝戰阪泉之兆又筮之遇大有之睽亦龜筮

並用也。故知不相襲者。非大事也。信時日者。卜筮而用之不敢改也。敬鬼神者。人謀非不足。而猶求於鬼神。知有所尊而不敢必也。畏法令者。人君法令有疑者決之卜筮。則君且不敢專。況下民乎。嫌疑者。物有二而相似也。猶與者。事有二而不決也。如建都邑。其地可都。其地亦可都。此嫌疑也。如戰或曰可戰。或曰不可戰。此猶與也。卜筮以決之。定之。此先聖王以神道設教也。有疑而筮。既筮而不信。諏日而卜。既卜而弗踐。是爲不誠。不誠之人。不能得之於人。況可得於鬼神乎。金華邵氏曰。卜筮之事。忽之者則以爲不足信。泥之者則以爲不可不信。記禮者慮夫人泥之也。則曰不過三不相襲。又慮夫人忽之也。則曰信時曰敬鬼神畏法令是又戒其忽也然則君子之於卜筮將如之何孔子曰敬鬼神而遠之以其爲無則在所當敬以其爲有則在所當遠惟處之於若有若無之閒君子之於卜筮當如是而已

君車將駕則僕執策立於馬前

此下言乘車之禮策馬杖也僕者執之立於馬前所以防奔逸也

已駕僕展軨零效駕

已駕駕馬畢也軨車之轄頭車行由轄僕者展視軨徧即入而效白於君言車駕竟

奮衣由右上上聲取貳綏跪乘

疏曰僕先出就車於車後自振其衣以去塵從右邊升

上必從右者君位在左避君空位也貳副也綏登車索也正綏擬君之升副綏擬僕右之升僕先試車時君猶未出未敢依常而立所以跪而乘之以爲敬

執策分轡驅之五步而立

疏曰轡馭馬索也車一轅而四馬駕之中央兩馬夾轅者名服馬兩邊名騑馬亦曰驂馬詩云兩服上襄兩驂鴈行鴈行者言與中服相次序也每一馬有兩轡四馬八轡以驂馬内轡繫於軾前其驂馬外轡并兩服馬各二轡六轡在手右手執杖以三轡置空手中以三轡置杖手中故云執策分轡也驅之者試驅行之也五步而

立者跪而驅馬以行五步即止。而倚立以待君出

君出就車則僕并轡授綏左右攘辟（避）

疏曰。君出就車則僕并六轡及策置一手中。以一手取正綏授於君令登車。於是左右侍駕陪位諸臣見車欲進行皆遷卻以避車使不妨車之行也

車驅而騶（驟）至于大門。君撫僕之手而顧命車右就車門閭溝渠必步

疏曰。卓上君在左僕人中央勇士在右。既至大門恐有非常故回命車右上車至門閭溝渠而必下車者。一則君子不誣十室。過門閭必式。君式則臣當下也。二則溝

渠險阻，恐有傾覆，亦須下扶持之也。僕不下者，車行由僕，僕下則車無御，故不下也。藍田呂氏曰：此章言僕御之法也。僕御君車，其節有五：將駕，執策立於馬前，一也；已駕，展軨效駕，二也；先上車，執策分轡，驅之五步，三也；君出就車，并轡授綏，四也；車至大門，君撫僕手，顧命車右就車，五也。策者，所以驅馬，僕之所從事也。君車將駕，僕執策立於馬前，臨而視之，則駕者無敢不謹也。軨，車之所賴以行也。既展軨，乃敢白君，故曰效駕。僕在右，君位在左，并由右，便也。門閭溝渠必步，防有竊發之變，傾覆之虞也。

凡僕人之禮，必授人綏。若僕者降等，則受；不然，則否。

凡爲車之僕者，必以正綏授人，不但臣於君爲然也。若僕之等級卑下，如士於大夫之類，則授綏之時，直受之而已，無辭讓也。非降等者，則不受

若僕者降等則撫僕之手不然則自下拘之

降等者雖當受其綏然猶撫止其手如不欲其親授然然後受之亦謙讓之道也不降等者已雖不欲受而彼必授則卻手從僕之手下而自拘取之也

客車不入大門婦人不立乘犬馬不上於堂

馬氏曰客車不入大門所以敬主主人出大門迎之所以敬客故覲禮偏駕不入王門公食大夫禮賓乘車在大門外西方若諸侯不以客禮見王則墨車龍旂可以入大門故覲禮墨車龍旂以朝婦人乘安車故不立乘犬馬充庭實故不上堂以犬馬獻人則執緤靮而已以

馬合幣則達圭而已。奉馬而覲則授人而已。皆不上堂之謂也。藍田呂氏曰。客車不入大門。以敬主人也。婦人不立乘。從安也。犬馬不上於堂。賤畜也。三者或敬。或安。或有所賤。各從其宜也。

故君子式黃髮。下卿位。入國不馳。入里必式

式黃髮。敬老也。下卿位。敬大臣也。禮。君出則過卿位而登車。入則未到卿位而下車。入國不馳。恐車馬躪轢人也。十室猶有忠信。二十五家之中。豈無可敬之人。故入里門必式。所謂不誣十室也。○鄭氏曰。發句言故。明此衆篇雜辭也。嚴陵方氏曰。黃髮則老之尤者。詩所謂黃髮兒齒是矣。黃。土色也。形生於土而反於土。髮至於黃。則形將反本故也。○李氏曰。國君而下卿位。不已過乎。曰。君子之所以待天下之賢臣。其禮有隆

而無殺者篤于
至誠而已矣

君命召雖賤人大夫士必自御迓之

御讀爲迓迓迎也自迎之所以敬君命

介者不拜爲去聲其拜而蓌子卧反拜

介甲也○朱子曰蓌猶言有所枝拄不利屈伸也長樂陳氏曰古者介胄有不可犯之色介者不拜蓋介者所以服人服人者無所服於人故不拜也

祥車曠左乘去聲君之乘去聲車不敢曠左左必式

疏曰祥猶吉也吉車謂生時所乘葬時用爲魂車車上貴左僕在右空左以擬神也王者五路玉金象木革王自乘一餘四從行臣乘此車不敢空左空左則似祥車

凶也。左必式者。不敢自安。故恒憑式。乘車君皆在左。若兵戎革路則君在中

僕御婦人則進左手後右手

䟽曰。僕在中。婦人在左。進左手持轡。使身微相背。遠嫌也

御國君則進右手後左手而俯

䟽曰。御君者。禮以相向爲敬。故進右手。旣御不得常式故但俯俛而爲敬

國君不乘奇居宜反車。車上不廣欬開代反不妄指

奇車。奇邪不正之車也。○方氏曰。不廣欬者。慮聲容之

駭人聽不妄指者慮手容之駭人視也

立視五巂（攜）式視馬尾顧不過轂

立謂立於車上也○疏曰巂規也車輪一周爲一規乘車之輪高六尺六寸徑一圍三得一丈九尺八寸五規爲九十九尺六尺爲步總爲十六步半在車上所視則前十六步半也馬引車其尾近車闌車上憑式下頭時不得遠矚但瞻視馬尾轂車轂也若轉頭不得過轂論語云車中不內顧是也馬氏曰先王之時作奇技奇器以疑衆者有刑作淫巧以蕩上心者有禁車不中度不鬻於市用器不中度不鬻於市則爲國君者其可以乘奇車哉蓋造車之法軫方以象地蓋圓以象天輪輻以象日月蓋弓以象星圓者中規方者中矩立者中縣衡者中水玉路以象德之美金路

以象義之和。象路以象義之辨。革路以象義之制。木路以象仁之質。凡欲人君俯仰而觀之。則思合天地之德。周旋而視之。則思合日月星辰之明。出入不踰於規矩權衡。言動不離於道德仁義。然後奇邪之志不萌於心。而中正之行可律乎下。此所謂器以藏禮。禮以出信者也。然則非禮之奇車。其可乘哉。周官道右詔王之車儀則不廣欬。口之儀也。不妄指。手之儀也。立視五巂。式視馬尾。目之儀也。顧不過轂。首之儀也。立欲平。故視五巂。式欲俯。故視馬尾

國中以策彗遂卹蘇沒反勿。沒驅塵不出軌

疏曰。入國不馳。故不用鞭策。但取竹帶葉者爲杖。形如埽帚。故云策彗。微近馬體。搔摩之。卹勿。搔摩也。軌。車轍也。行緩故塵埃不飛揚出軌外也○朱子曰。策彗。疑謂策之彗。若今鞭末韋帶耳

國君下齊側皆反牛，式宗廟；大夫士下公門，式路馬。

下，謂下車也。疏引熊氏說此文誤，當云國君下宗廟，式齊牛。嚴陵方氏曰：齊牛，祭牲也，歲時必齊戒以朝之，故謂之齊牛。國君式齊牛，下宗廟，則所以奉神者不敢不敬故也。

乘路馬，必朝服，載鞭策，不敢授綏，左必式。

此言人臣習儀之節。路馬，君駕路車之馬也。既衣朝服，又鞭策則但載之而不用，皆敬也。君升車，則僕者授綏，令臣以習儀而居左，則自馭以行，不敢使車右以綏授己也。左必式者，既在尊位，當式以示敬。

步路馬，必中道。以足蹙蹴路馬芻，有誅。齒路馬，有誅。

步。謂行步而調習之也。必當路之中者。以邊側卑褻不敬。或傾跌也。蹙與蹴同。芻草也。齒評量年數也。誅罰也

○馬氏曰。察馬之力必以年。數馬之年必以齒。凡此戒其慢君物也。先王制禮圖難於其易。爲大於其細。凡以止邪於未形而已耳清江劉氏曰。禁過於微。則人樂遷善。防患於小。則患遠矣。齒路馬蹴路馬芻皆有誅。是所以遠其防者也。路也。路馬之可敬。况其君乎。是以國家之敗。常必自其小者始焉。民無嚴君之心。則無爲貴禮矣

禮記集說大全卷之一

禮記集説大全卷之二

曲禮下第二

凡奉上聲者當心。提者當帶

疏曰。物有宜奉持者。有宜提挈者。奉者仰手當心。提者屈臂當帶。深衣之帶也。古人常服深衣

執天子之器則上上聲衡。國君則平衡。大夫則綏安讀曰妥之。士則提之

疏曰。上。高也。衡。平也。平正當心。天子器不宜下。故臣爲擎奉皆高於心。諸侯降於天子。故臣爲奉持器與心平。大夫降於諸侯。故其臣奉器下於心。綏。下也。士提之。則

又在綏下

凡執主器，執輕如不克。執主器，操幣圭璧，則尚左手。行不舉足，車輪曳踵。

大夫稱主，此則通上下貴賤言之。如不克，似不能勝也。聘禮曰：上介執玉如重。尚左手，謂左手在上，左陽尊也。踵，脚後也。執器而行，但起其前，而曳引其踵，如車輪之運於地，故曰車輪曳踵。○方氏曰：左手不如右強，尚左手所以爲容，下右手所以致力。馬氏曰：容止不有禮則不可觀，進退不有禮則不可變。古人以一威儀之肅慢爲利害之所召，一執玉之俯仰爲禍福之所係，則凡見於奉持操執、行立屈伸之末者，其可忽哉。

立則磬折垂佩。主佩倚。則臣佩垂。主佩垂。則臣佩委

僂折如磬之背而玉佩從兩邊懸垂此立容之常。然臣之於君尊卑殊等則當視其高下之節而倍致其恭敬之容可也。微俛則倚於身。小俛則垂大俛則委於地。皆於佩見其節馬氏曰。玉藻曰。足容重。手容恭。立容德。又曰。立容辨卑毋諂。曲禮曰。立如齊。則自奉者當心以左尚左手者。手容恭也。行不舉足。車輪曳踵者。足容重也。磬折垂佩者。立容德而辨卑如齊也

執玉。其有藉者則裼。錫無藉者則襲

古人之衣。近體有袍襗之屬。其外有裘。夏月則衣葛。或裘或葛。其上皆有裼衣。裼衣上有襲衣。襲衣之上有常著之服。則皮弁服及深衣之屬是也。掩而不開。謂之襲。

若開而見出其裼衣則謂之裼也○又聘禮註云曲禮云執玉其有藉者則裼無藉者則襲所謂無藉謂圭璋特達不加束帛當執圭璋之時其人則襲也有藉者謂璧琮加於束帛之上當執璧琮時其人則裼也曲禮所云尊圭圭璋特而襲璧琮加束帛而裼一條言之先儒乃以執圭而垂繅爲有藉執圭而屈繅爲無藉此則不然竊詳經文裼襲是一事垂繅屈繅又別是一事不容混合爲一說

國君不名卿老世婦大夫不名世臣姪（迭）娣士不名家相（去聲）長妾

不名不以名呼之也○䟽曰上卿貴故曰卿老世婦兩媵也次於夫人而貴於諸妾也世臣父在時老臣也姪是妻之兄女娣是妻之妹從妻來爲妾也大夫不世爵此有世臣者子賢襲父爵也家相助知家事者長妾妾之有子者

金華應氏曰所謂故國者非喬木之謂也有世臣之謂也古者立國必有世家大族以培護其本根且有世臣大老以隆固其棟幹人君常寵異而尊禮之所以存忠厚養恭敬也氣脉不墜乎先世典刑可厲乎後來國之卿老家之世臣士之家相尊卑不同而輔贊則一敬之而不名所以示天外之有所統也若夫內助之賢而舊者如世婦如姪娣如長妾雖其分不敵於女君其貴寳隆於諸御敬之而不名所以示其夫內之有所統也內外皆有所敬而不名則受其所敬者莫不竭其忠而盡心覩其可敬者莫不知所畏而所稟命然後國政家事有所統一而緩急有所憑藉而倚重矣

君大夫之子不敢自稱曰余小子大夫士之子不敢自稱曰嗣子某不敢與世子同名

列國之君與天子之大夫其子皆不敢自稱余小子避嗣天子之稱也列國之大夫與士之子不敢自稱嗣子某避嗣諸侯之稱也○呂氏曰世子君之適子也諸臣之子不敢與之同名亦避君也若名之在世子之前則世子爲君亦不避穀梁傳曰衞齊惡衞侯惡何爲君臣同名也君子不奪人名不奪人親之所名

君使士射不能則辭以疾言曰某有負薪之憂

呂氏曰射者男子之所有事不能可以疾辭不可以不

能辭也。負薪賤役。士之所親事者。疾則不能矣。故曰負薪之憂也吳郡范氏曰。射者男子之事。一藝而文武之道備焉。其爲法也。內志欲正。外體欲直。容止欲比於禮。節度欲比於樂。有揖讓之儀。有反求諸己之道。古人進德修業。射蓋其一端也。是以人人能之。而不能者以爲恥。故君使之射。而偶未習焉。則不可以不能對。而以疾辭

侍於君子。不顧望而對。非禮也

呂氏曰。顧望而後對者。不敢先他人而言也。○應氏曰。有察言觀色之意

君子行禮。不求變俗。祭祀之禮。居喪之服。哭泣之位。皆如其國之故。謹修其法而審行之

言卿大夫士有徙居他國者。行禮之事。不可變其故國

之俗皆當謹修其典法而審慎以行之藍田呂氏曰。孔子去魯曰。遲遲吾行也。去父母國之道也。子路去魯。謂顏淵曰。何以贈我。曰。去國則哭于墓而後行。古之君子。重去父母之國如此。則其去也。豈得已哉。道合則從。不可則去。君臣之義也。故以道去其君者。君所以待之者三有禮焉。故臣爲舊君反服而君未之絕也。樂。樂其所自生。禮。不忘其本。吾於父母之國。夫豈不懷。況以道去君。君待之有禮。則舍故從新。仁人君子有所不忍。此行禮所以不求變俗也。俗者。吾父母之國俗也。雖去而之他國。至於祭祀之禮。居喪之服。哭泣之位。皆如其舊。謹修審行而不輕改者。不忍忘吾父母之國也

去國三世。爵祿有列於朝。出入有詔於國。若兄弟宗族猶存。則反告於宗。後去國三世。爵祿無列於朝。出入無詔於國。唯興之日。從新國之法

去本國雖已三世。而舊君猶仕其族人於朝。以承祖祀

此人往來出入他國。仍詔告於本國之君。其宗族兄弟猶存則必有宗子。凡冠娶妻必告。死必赴。不忘親也。若去國三世。朝無仕宦之列。出入與舊君不相聞。其時已久。其義已絶。可以改其國之故矣。然猶必待興起而爲卿大夫乃從新國之法。厚之至也。馬氏曰。人臣有舊君之服。不過齊衰三月而已。去國三世。出入猶詔於國。吉凶猶告於宗後。何也。舊國者。人之所不能忘。宗族者。人之所不可絶。今夫鳥獸之過故鄉。猶徊翔躑躅而後去。狐之將死。猶正丘首而後斃。況於人乎。故太公封於齊。世葬於周。君子以爲不忘其本。則去國三世而恩義不斬。理固然也。蓋爵祿有列於朝。則是不棄其後也。出入有詔於國。則是不絶其好也。如此。則吾之所以反告者。其可已乎。夫爵祿有列於朝。則有宗後以合其族。爵祿無列於朝。則無宗後之法。無宗後。則不特不反告而已。故唯興之日從新國之法。蓋方其未仕也。雖守舊國之法可也。及興而仕人。

則有所隸矣。其可復為未仕之所為乎

君子已孤不更平聲名

名者。始生三月之時父所命也。父沒而改之孝子所不忍也

已孤暴貴不為去聲父作謚

文王雖為西伯不為古公公季作謚。周公成文武之德亦不敢加大王王季以謚也○呂氏曰。父為士子為天子諸侯則祭以天子諸侯其尸服以士服是可以已之祿養其親不敢以已之爵加其親也。父之爵卑不當謚而以已爵當謚而作之是以已爵加其父欲尊而反卑

之非所以敬其親也

居喪未葬讀喪禮既葬讀祭禮喪復常讀樂章居喪不言樂祭事不言凶公庭不言婦女

復常除服之後也樂章弦歌之詩也○呂氏曰讀是書非肆業也當是時不知是事不以禮事其親者也吉凶之事不相干哀樂之情不可以貳故喪凶事也不言樂祭吉事也不言凶公私之事不可相干私事不可言於公庭故公庭不言婦女 長樂陳氏曰非喪而讀喪禮則非人子之情居喪而不讀喪禮不失之過則失之不及未葬而讀祭禮則非孝子之情既葬而不讀祭禮不失之黷則失之怠喪未除而讀樂章則哀不足喪復常而不讀樂章則樂必崩

振書端書於君前有誅倒筴側龜於君前有誅

人臣以職分內事事君每事當謹之於素文書簿領已至君前乃始振拂其塵埃而端整之卜筮之官龜筴其所奉以周旋者於君前而有顛倒反側之狀此皆不敬其職業而慢上者故皆有罰嚴陵方氏曰筴有本末故曰倒龜有背面故曰側倒筴側龜與振書其過非大然皆有誅疑君已甚蓋以羣臣之衆而奉一人之尊不可不謹也抑所以防其漸歟

龜筴几杖席蓋重平聲素袗軫絺綌不入公門

龜筴所以問吉凶嫌豫謀也几杖所以優高年嫌自尊也席所以坐臥蓋所以蔽日與雨絺綌所以涼體袗單也單則見體而褻此三者宴安之具也重素衣裳皆素

也。以非吉服故亦不可以入公門

苞白表反屨扱插衽厭於涉反冠不入公門

苞讀爲藨以藨蒯之草爲齊衰喪屨也扱衽以深衣前衽扱之於帶也蓋親初死時孝子以號踊履踐爲妨故扱之也厭冠喪冠也吉冠有纚有梁喪冠無之故厭帖然也此皆凶服故不可以入公門

書方衰催凶器不以告不入公門

方板也書方者條録送死物件於方板之上也衰五服之衰也凶器若棺椁牆翣明器之屬不以告不入公門謂告則可入者蓋臣妾有死於宫中者君亦許其殯而

成喪然必先告乃得將入也

公事不私議

馬氏曰季孫使冉有訪田賦於仲尼仲尼不對而私於冉有何也季氏用田賦非孔子所能止其私於冉有豈得已哉

君子將營宮室宗廟爲先廐庫爲次居室爲後

君子有位者也宗廟所以奉先故先營之廐以養馬庫以藏物欲其不乏用也故次之居室則安身而已故又次之

凡家造祭器爲先犧賦爲次養去聲器爲後

犧賦亦以造言者如周官牛人供牛牲之互與盆簝之類鄭註互若今屠家懸肉格盆以盛血簝受肉籠也○疏曰家造謂大夫始造家事也諸侯大夫少牢此言犧牛也天子之大夫祭祀賦斂邑民供出牲牢故曰犧賦藍田呂氏曰宗廟祭器事吾先也廐庫犧賦待吾衆也居室養器奉吾私也此先後之序也

無田祿者不設祭器有田祿者先爲祭服君子雖貧不粥育祭器雖寒不衣去聲祭服爲宮室不斬於丘木

呂氏曰祭器可假服不可假也丘木所以庇宅兆爲宮室而斬之是慢其先而濟吾私也

大夫士去國祭器不踰竟境 大夫寓祭器於大夫士寓祭

器於士

呂氏曰臣之所以有宗廟祭器以事其先者君之祿也今去位矣乃挈器以行是竊君之祿以辱其先此祭器所以不踰竟也寓寄於爵等之同者使之可用也○馬氏曰微子抱祭器而之周何也君子爲己不重爲人不輕抱君之祭器可也抱己之祭器不可也

大夫士去國踰竟爲壇(善)位鄉(去聲)國而哭素衣素裳素冠徹縁(去聲)鞮(低)屨素簚(莫歷反)乘髦馬不蚤(爪)鬋(翦)不祭食不說(如字)人以無罪婦人不當御三月而復服

壇位除地而爲位也鄉國向其本國也徹縁去中衣之

采緣而純素也鞮屨革屨也周禮註云四夷舞者所扉素簚素白狗皮也簚車覆闌也既夕禮云主人乘惡車白狗幦是也髦馬不鬋剔馬之髦鬣以爲飾也蚤治手足爪也鬋剔治鬚髮也祭食食盛饌則祭先代爲食之人也不說人以無罪者已雖遭放逐而出不自以無罪解說於人過則稱己也御侍御寢宿也凡此皆爲去父母之邦捐親戚去墳墓失祿位亦一家之變故也故以凶喪之禮自處三月爲一時天氣小變故必待三月而後復其吉服也　藍田呂氏曰大夫士去國喪其位也大夫士喪位猶諸侯之失國家去其墳墓掃其宗廟無祿以祭故必以喪禮處也爲壇而哭衣冠裳以素輿馬不飾食不祭內不御心喪之禮也禮庶民

爲國君齊衰三月。寄公爲所寓士仕焉而已者。大夫以道去而猶未絶者。皆服齊衰三月。言與民同也。今去其君。雖非喪也。然重絶君臣之義。故以心喪自處而斯以三月。故曰三月而復服也。鞮屨華屨也。周官鞮鞻氏。蓋蠻夷之服也。華去毛而未爲韋。非吉屨也。孔子去魯以微罪行。樂毅云。忠臣去國。不潔其名。以已無罪而説於人。則君有罪矣。君子不忍爲者。厚之至也。○廣安游氏曰。古之以凶禮自處者三。而喪事不與焉。戰勝以喪禮處之。去國以喪禮處之。凶災以喪禮處之。戰勝以喪禮處之。重用兵也。凶災以喪禮處之。重天災也。去國以喪禮處之。重去本也。且非特以喪禮自處也。人將以喪禮弔之焉。去國則弔之。凶災則弔之。故夫去國。古人之所大患也。棄其君。棄其位。棄其宗廟。棄其父母之邦。此其去國之可悲也。明矣

大夫士見現**於國君。君若勞**去聲**之。則還**旋**辟**闢**。再拜稽首**

此言大夫士出聘。他國見於主君。君若問勞其道路之勤苦。則旋轉退避。乃再拜稽首也

君若迎拜。則還辟。不敢答拜

聘賓初至主國大門外。主君迎而拜之。賓則退卻。不敢答拜而抗賓主之禮也

大夫士相見。雖貴賤不敵。主人敬客。則先拜客。客敬主人。則先拜主人

敬而先拜。謂大夫士聘於他國而見其卿大夫士也。同國則否

馬氏曰。相見貴於相下。相下貴於相先。士相見禮。若先生異爵者請見之則辭。辭不得命則先見之。然則拜之禮。蓋亦若此。故主人敬客則先拜客。客敬主人則先拜主人也。燕禮賓升自西階。主人先拜至。聘禮賓入大門。主君先拜迎。則先拜之禮不特大夫士而已。記之所言。亦一端也

凡非弔喪。非見現國君。無不答拜者

弔喪而不答主人之拜者以爲助執喪事之凡役而來。非行賓主之禮也。故士喪禮有賓則拜之賓不答拜是也。士見本國之君尊卑遼絶故君不答拜。此二者之外。無不答拜也

大夫見於國君國君拜其辱。士見於大夫大夫拜其辱同國始相見主人拜其辱

君拜大夫之辱大夫拜士之辱皆謂初爲大夫。初爲士而來見也。此後朝見則有常禮矣。士相見禮士見國君君答拜者亦以其初爲士而敬之也。主人拜辱拜其先施也。此謂尊卑相等者言同國則異國亦當然矣

君於士不答拜也非其臣則答拜之大夫於其臣雖賤必答拜之

君於士雖不答拜然不以施之他國之士者以其非已之臣也大夫答賤臣之拜避國君之禮也

男女相答拜也

男女嫌疑之避亦多端矣然拜而相答所以爲禮豈以行禮爲嫌哉故記者明言之

國君春田不圍澤大夫不掩群士不取麛（迷）卵

春田蒐獮也澤廣故曰圍群聚故曰掩麛鹿子凡獸子亦通名之麛卵微故曰取君大夫士位有等降故所取

各有限制此與王制文異○方氏曰用大者取愈廣位
卑者禁愈嚴
歲凶年穀不登君膳不祭肺馬不食穀馳道不除祭事不
縣玄大夫不食粱士飲酒不樂
膳者美食之名肺爲氣主周人所重故食必先祭肺言
不祭肺示不殺牲爲盛饌也馳道人君驅馳車馬之路
不除不埽除也祭必有鍾磬之懸令不懸言不作樂也
大夫食黍稷以粱爲加公食大夫禮設正饌之後乃設
稻粱所謂加也自君至士各舉一事尊者舉其大者卑
者舉其小者其實互相通耳藍田呂氏曰仁者以天下爲一身者也疾痛苛癢所

以感吾憯怛怵惕之心。非有知力與乎其間也。以天下爲一身者。一民一物。莫非吾體。故舉天下所以同吾憂也。故歲凶年穀不登。民有饑色。國君大夫士與其憂。君非不能玉食。大夫士非無田祿。仁人之心。與民同之。雖食不能飽也。馬不食穀。則芻秣而已。公明儀曰。庖有肥肉。廐有肥馬。民有饑色。野有餓莩。此率獸而食人也。奪人食而食馬與牲。仁人所不爲也。凡此皆與民同憂自貶之道也。及乎有九年之蓄。雖凶旱水溢。民無菜色。然後天子食日舉以樂。則與之同其憂者。無不同其樂也。

君無故玉不去身。大夫無故不徹縣。士無故不徹琴瑟。

玄故。謂災變喪疾之類。藍田呂氏曰。君子致禮以治躬。致樂以治心。養其血氣志慮。無所不在於和。使放心邪氣不得接焉。此樂所以無故而不得舍也。災患喪病。方在所憂。故不可以樂。古之君子必佩玉。右徵角。左宮羽。趨以采薺。行以肆夏。故不去身。非特爲飾。亦有玉聲鏘鳴。中於五音。近於樂也。

士有獻於國君。他日君問之曰。安取彼。再拜稽首而后對

安取彼。猶言何所得彼物也

大夫私行出疆必請。反必有獻。士私行出疆必請。反必告。君勞（去聲）之則拜。問其行拜而后對

大夫士以私事出疆皆請於君。其反也。大夫有獻而士不獻。不以卑者之物瀆尊上也。故但告還而已。勞之者慰勞其道路之勞苦。問其行者詢其游歷之所至也。先拜後答急謝見問之寵也長樂陳氏曰。士之為臣也。無私行出疆之禮。告於君而後可也。臣之於君。子之於親。一也。子於親。出必告。反必面。或有賜焉必獻。以示不敢有己而無私蓄也。臣於君亦然

國君去其國。止之曰。柰何去社稷也。大夫曰。柰何去宗廟

也。士曰奈何去墳墓也。國君死社稷。大夫死衆。士死制

死社稷謂國亡與亡也。死衆謂討罪禦敵敗則死之也。死制受命於君難毋苟免也。○方氏曰。國君曰死社稷。而大夫士不曰死宗廟墳墓何也。蓋止其去者存乎私情。死其事者止乎公義也。○趙氏曰。社所以祭五土之神。稷所以祭五穀之神。稷非土無以生。土非稷無以見生生之效。故祭社必及稷。以其同功均利以養人故也。周禮大司徒設社稷之壝。壝者累土以爲高也。不屋而壇。社壇在東。稷壇在西藍田呂氏曰。臣民各止其君使勿去。忠事之至也。以社稷宗廟墳墓爲言者。皆指其所本也。先王之建國。必爲之置社稷。使其君守之爲土地人民之主。此有國者所以以社

稷爲言也。大夫之有宗廟，士之保其丘墓。義亦猶是。大夫士則有以道去其君。諸侯有國，受之於天子，有死而無去也。然此去者。國滅君死正也。苟社稷無隕，先君有後，則雖有不安其國，致位而去，特一身去就而已。是亦有可去之義。禮所以有寓公也。人臣受命于君，有死無二而已。君之有社稷，受命於天子者也。大夫之衆士之制，受命于其君者也。故人臣敬君莫先於敬命。棄命不死，不敬莫大焉

君天下曰天子。朝諸侯分職授政任功曰予一人

天子者君臨天下之總稱，臣民通得稱之。予一人，則所自稱也

踐阼臨祭祀，内事曰孝王某，外事曰嗣王某

踐，履也。阼，主階也。履主階而行事，故曰踐阼也。宗廟之事爲内，郊社之事爲外。祝辭稱孝王某者，事親之辭。嗣

王某者事神之辭也

臨諸侯畛軫於鬼神曰有天王某甫

天子廵狩而至諸侯之國必使祝史致鬼神當祭者之祭以不親往故祝辭稱字曰某甫甫者丈夫之美稱也

○呂氏曰畛猶畦畛之相接然與交際之際同義○方氏曰望秩之禮必於野外故以畛言之畛田間道也祭於畛而謂之畛猶祭於郊而謂之郊也天子適諸侯非其常蓋有時矣故於是特言有焉

崩曰天王崩復曰天子復矣告喪曰天王登假遐措之廟立之主曰帝

自上墜下曰崩。亦壞敗之稱。王者卒。則史書於策曰天王崩。復者。人死則形神離。古人持死者之衣。升屋北面招呼死者之魂。令還復體。冀其再生也。故謂之復。天子復者升屋招呼之辭。臣子不可名君。故呼曰天子復也。疏云。以例言之。則王后死。亦呼王后復也。告喪。赴告侯國也。呂氏讀假爲格。音引。王假。有廟與來假。來享。言其精神升至于天。愚謂遐乃遠邈之義。登遐。言其所升高遠。猶漢書稱大行。行乃循行之行。去聲。以其往而不反。故曰大行也。措。置也。立之主者。始死則鑿木爲重。以依神。既虞而埋之。乃作主以依神也。○呂氏曰。考之禮

經。未有以帝名者。史記夏殷之王皆以帝名。疑殷人祔
廟稱帝。遷據世本當有所考。至周有謚。始不名帝歟

天子未除喪。曰予小子。生名之。死亦名之

鄭氏曰。生名之曰小子王。死亦曰小子王也。晉有小子
侯。是僭號也○呂氏曰。春秋書王子猛卒。不言小子者。
臣下之稱。與史策之辭異也

天子有后。有夫人。有世婦。有嬪。有妻。有妾

三夫人。九嬪。二十七世婦。八十一御妻。自后而下。皆三
因而增其數。妾之數未聞 馬氏曰。昏義曰。古者天子后立六宮。三夫人。九嬪。二十七
世婦。八十一御妻。以聽天下之內治。此曰天子有后。有
夫人。有世婦。有嬪。有妻。有妾。蓋昏義言後宮之治。故兼

天子后言之，而備六宮之數，而妾不與焉。曲禮言後宮之位，故止言天子而備六宮之名，則雖后之尊亦曰有后而妾之賤亦與焉

天子建天官，先六大，秦曰大宰、大宗、大史、大祝、大士、大卜，典司六典

此六大者，天官之屬也，以其所掌重於他職，故曰先

天子之五官，曰司徒、司馬、司空、司士、司寇，典司五衆

此五官與天官列而爲六。五衆者，五官屬吏之群衆也

天子之六府，曰司土、司木、司水、司草、司器、司貨，典司六職

府者藏物之所，此府主藏六物之稅

天子之六工，曰土工、金工、石工、木工、獸工、草工，典制六材

此六材者。六工之所用也。故不曰典司而曰典制。已上四條。舊說皆爲般制。其實無所考證。皆臆說耳

五官致貢曰享

呂氏曰。歲終則司徒以下五官各致其功獻于王。故謂之享。貢。功也。享。獻也。石林葉氏曰。自夫人以下至草工。其分列之先後。與名號之異同。亂於周官之序。宜康成以爲殷禮也。蓋治天下必自內始。內治則家道正。可以推而及國。大宰主者所賴以治國也。故建官特先之。其屬則大宗。大史。大祝。大士。大卜。皆有書。故言六典。六典。所以奉天道也。天道主之以天官。而地道不可以無職。故次之以司徒。司徒所奉者地道。所掌者邦教也。有教不可以無政。故次之以司馬。司馬所掌者邦政。有政不可以無事。故次之以司空。有政事則財用足。人輕於從善而恥於犯法也。故次之以司士。正群臣之版以詔爵祿。終之以司寇。詰邦國之禁以刑

暴亂。五官各率其屬而治。故言五衆。所以奉地道也。天官先。大宰以奉天道。地官先司徒以奉地道。人君於是可以輔相裁成之時也。然而萬物生於天。長於地。人所賴以相養。不可不急於先務。故六府典司六職。六工典制六材。亦先王之智。急於成物以養天下也。是以土也。木也。水也。草也。器也。貨也。聚之於人則曰六府。分之於所治則曰六職。金也。土也。石也。木也。獸也。草也。造之於人則曰六工。見之於用則曰六材。府以聚其物而後命官以分治。故後言六職。材必待人而有成。非人則不能成其材。故先言六工。治天下至於萬物各得其成材。此先王所以裁成天地之道。輔相天地之宜。以左右民而治也。雖然。功罪不進於上。則下之情不通。黜陟不行於下。則上之權不立。故五官各致其貢以通於王也。

五官之長曰伯。是職方。其擯於天子也曰天子之吏。天子同姓謂之伯父。異姓謂之伯舅。自稱於諸侯曰天子之老。於外曰公。於其國曰君。

司徒以下五官之長者天子之三公也伯者長大之名
三公無異職即六卿中三人兼之任左右之職謂之相
九命而作伯則分主畿外諸侯如公羊云自陝而東者
周公主之自陝而西者召公主之是也是職方者言二
伯於是職主其所治之方也天子之吏擯者之辭也此
伯若是天子同姓則天子稱之爲伯父若異姓則稱爲
伯舅皆親之之辭也此伯皆有采地在天子畿内自稱
於私土采地之外則曰公自稱於采地之内則曰君也
九州之長入天子之國曰牧天子同姓謂之叔父異姓謂
之叔舅於外曰侯於其國曰君

天下九州。天子於每州之中擇諸侯之賢者一人加之一命。使主一州內之列國。取牧養下民之義。故曰牧。叔父叔舅降於伯父伯舅也。自稱於所封國之外則曰侯。若與國內臣民言。則自稱曰君也。

長樂劉氏曰。昔三代聖人行己之法。必稽于古。首出庶物而不敢自尊也。德配二儀而不敢自大也。莫尊乎父。而謂同姓三公爲伯父。莫親乎舅。而謂異姓三公爲伯舅。非徒自示寡昧卑己以尊賢也。蓋以億兆之命。舒慘繫于一人。政教之源。治亂根于一德。非屈己以下賢。崇道以率衆。未易化也。是以於九州之伯。同姓者謂之叔父。異姓者謂之叔舅焉

其在東夷北狄。西戎南蠻。雖大曰子。於內自稱曰不穀。於外自稱曰王老

九州之外。不過子男之國。天子亦選賢以爲牧。但以卑

且遠故不以牧稱亦不稱父舅朝見之時擯辭惟曰子

雖或有功益地至侯伯之數其爵亦不過子故云雖大曰子也如楚在春秋雖大國而其爵則稱子也穀善也

於内與其臣民言也外謂夷狄之境也自稱王老言天子之老臣也

庶方小侯入天子之國曰其人於外曰子自稱曰孤

四夷之君其來荒遠故以庶方名之庶衆也某人若牟人介人之類○疏曰於外曰子者此君在其本國外四夷之中自稱依其本爵若男亦稱男也若自與臣民言則稱孤孤者特立無德之稱也

天子當依（上聲）而立諸侯北面而見（現）天子曰覲天子當宁而立諸公東面諸侯西面曰朝（珍呂反）

鄭氏曰春朝受摯於朝受享於廟秋覲一受之於廟朝者位於内廟而序進覲者位於廟門外而序入○疏曰依狀如屏風以絳爲質高八尺東西當戶牖之閒繡爲斧文亦曰斧依天子見諸侯則依而立負之而南面以對諸侯也宁者爾雅云門屏之閒謂之宁人君視朝所宁立處蓋竚立以待諸侯之至故云當宁而立也諸侯春見曰朝秋見曰覲又曰凡天子三朝一在路門内謂之燕朝大僕掌之二是路門外之朝謂之治朝司士掌

之其三是臯門之內庫門之外謂之外朝朝士掌之諸侯亦有此三朝廣安游氏曰夫禮不可一端盡也不有君臣相臨之禮則無以見大君之尊不有賓主相與之禮則無以見同姓異姓親親之恩夫諸侯之中有伯父焉有叔父焉有伯舅焉有叔舅焉有兄弟焉有昏姻焉三王家天下所恃以爲天下者不獨恃其利勢也天子以親親之恩而臨諸侯諸侯亦以親親之恩而報天子上下相睦同奬一姓所以數百年長久安寧而無患由此之故且尊卑之分不統於一聖人固以爲不可天子之尊諸侯之卑其自然之分固也然諸父兄弟舅甥昏姻相去之遠而久不相見於其來朝忘親親之恩專以分臨之聖人之心無乃有所不安於此此親親之恩賓主之禮所以行於春朝而異於覲禮之受於廟而臣皆北面也此三代之至文聖人待諸侯之禮備矣

諸侯未及期相見曰遇相見於郤隙地曰會

未及期在期日之前也郤地閒隙之地也下言相見及

期日也。遇有遇禮。會有會禮

諸侯使大夫問於諸侯曰聘

比年小聘。三年大聘。小聘大夫往。大聘則卿往

約信曰誓。涖牲曰盟

約信者。以言語相要約爲信也。用誓禮。涖。臨也。春秋所書遇會盟聘皆有之。惟無誓耳。疏云。盟之爲法。先鑿地爲方坎。殺牲於坎上。割牲左耳。盛以珠盤。又取血盛以玉敦。用血爲盟。書成乃歃血而讀書。置牲坎中加書於上而埋之。謂之載書也。長樂陳氏曰。盟會或衆。遇不必衆。春秋公及宋公遇于清。宋公衛侯遇于垂。是遇不談於衆也。周禮有盟邦國。有盟萬民。春秋有諸侯會。有大夫會。有兵車會。是盟會有小大

而該於衆也。先王之時。結民以忠信誠慤之心。維邦國以比小事大之禮。然而會遇盟誓之禮。未嘗弛於天下。將使夫人明則知好惡。幽則知信畏。然後天下爲一家而無異俗。中國爲一人而無殊心。則會遇盟誓之輔於敎也。豈不懿哉

諸侯見天子曰臣某侯某。其與民言。自稱曰寡人。其在凶服曰適子孤。丁歷反

臣某侯某。如云臣齊侯小白。臣晉侯重耳之類。擯者告天子之辭也。凡自稱皆曰寡人。不獨與民言也。此略言之耳。適子孤。亦擯者告賓之辭也

臨祭祀。內事曰孝子某侯某。外事曰曾孫某侯某。死曰薨。復曰某甫復矣

内外事見前章。曾孫。猶晉平公禱河而稱曾臣彪之類。天子德厚流光。故外事稱嗣王某。諸侯不敢言繼嗣推始封之君而祖之。故稱曾孫也。亹之爲言曹也。幽晦之義。本國史書之辭。復稱字。臣不名君也

既葬見天子曰類見。言謚曰類

呂氏曰。繼先君之德。乃得受國而見天子。故曰類。見。誄先君之善而請謚於天子。故亦曰類。何氏曰。類其德而稱之。如經天緯地曰文也

諸侯使人使去聲於諸侯。使者自稱曰寡君之老

寡君之老。惟上大夫可稱。見玉藻

天子穆穆諸侯皇皇大夫濟濟上聲士蹌蹌七羊反庶人僬僬子妙反

呂氏曰穆穆幽深和敬之貌皇皇壯盛顯明之貌濟濟修飾齊一之貌蹌蹌翔舉舒揚之貌庶人見乎君不爲容進退趨走僬僬雖無所考大抵趨走促數不爲容之貌也

天子之妃曰后諸侯曰夫人大夫曰孺人士曰婦人庶人曰妻

鄭氏曰妃配也后之言後也夫之言扶孺之言屬婦之言服妻之言齊

公侯有夫人。有世婦。有妻。有妾。夫人自稱於天子曰老婦

畿内諸侯之妻因助祭於王后。或因獻繭之屬。故得以見天子○陳氏曰。不以老稱。不足以任其事。不以婦稱。非所以能事人。故稱老婦○應氏曰。年高者固可稱老婦。其始嫁者宜如何稱。則亦曰婦。而配之以卑小之名耳

自稱於諸侯曰寡小君

疏曰。此諸侯。謂他國君也。古者諸侯相饗。夫人亦出。故得自稱也。坊記云。陽侯殺繆侯而竊其夫人。故大饗廢夫人之禮。君之妻曰小君。而云寡者。亦從君爲謙也

自稱於其君曰小童。自世婦以下。自稱曰婢子。

小童。未成人之稱。婢之言卑也

子於父母則自名也

自稱其名藍田呂氏曰。子之名。父母所命。敬親之命。不敢有他稱也

列國之大夫入天子之國曰某士。自稱曰陪臣某。於外曰子。於其國曰寡君之老。使者自稱曰某

某士。擯者稱其人曰某國之士也。晉韓起聘于周擯者曰晉士起。蓋列國卿大夫。其命數與天子之士等也。陪重也。諸侯爲天子之臣。已又爲諸侯之臣也。於外曰子者。亦擯者辭在他國則擯者稱其姓而曰子。春秋閔二

年齊高子來盟高傒是也。於其國曰寡君之老。謂在己國與人語則以此自稱也。使者自稱曰某。某名也。若爲使在他國與彼君語則稱名也

天子不言出。諸侯不生名。君子不親惡。諸侯失地名。滅同姓名

疏曰。君子不親惡者。謂孔子書經見天子大惡書出以絶之。諸侯大惡書名以絶之。君子不親此惡。故書出名以絶之也○呂氏曰。賢者貴者皆謂之君子。天子無外。安得而言出。然而言出者德不足以君天下而位號存焉耳。諸侯不生名。惟死而告終然後名之。然有生名者

德不足以名君子而位號存焉耳。故天子不言出。諸侯不生名。皆謂君子不親惡故也○陳氏曰。言出。所以外之。生名。所以賤之。春秋書天王出居于鄭。譏之也。書以蔡侯獻舞歸。以其失地也。書衛侯燬滅邢。以其滅同姓也。夫天子之言出。諸侯之生名。皆有大惡在所棄焉。君子所以不親也。然春秋書天王居於某地者二。而不言出。諸侯失地而奔者十五。滅同姓者三。而有不生名者。莫非出居而事有異同。莫非失地滅同姓而罪有輕重故也。蓋諸侯義莫大於保國。仁莫大於親親。不能保國而至於失地。不能親親而至於滅同姓。其名之也宜矣

爲人臣之禮不顯諫。三諫而不聽。則逃之

陳氏曰。孔子之於曾。百里奚之於秦。未嘗諫而去。龍逄之於夏。比干之於殷。則死於諫而不去。何也。蓋事有輕重。勢有可否。君子以禮爲守。以義爲行。迹雖不同。其趨一也

子之事親也。三諫而不聽。則號（平聲）泣而隨之

呂氏曰。君臣義合也。父子天合也。君臣其合也與父子同。其不合也去之與父子異也　嚴陵方氏曰。犯而無隱者。臣之義也。諫而不顯者。臣之私也。此主於人臣之禮。故曰不顯諫。仁之於父子。義之於君臣。義有所不爲。臣有所不忍。臣之於君。三諫不聽。尚復留焉。則固位矣。固位者義所不爲。則逃之。子之於親。三諫不聽。苟遂絕之。則傷恩矣。傷恩者仁所不

忍。故隨之。逃之全其身而立我。義之盡也。隨之將以感其心而立人。則仁之至也。臣子之道備矣

君有疾飲藥。臣先嘗之。親有疾飲藥。子先嘗之。醫不三世。不服其藥

呂氏曰。醫三世。治人多。用物熟矣。功已試而無疑。然後服之。亦謹疾之道也嚴陵方氏曰。君於平居無事之時。其膳也。膳夫品嘗之。大子親視之。亦以致其謹而已。則於有疾之時。尤所不可忽也。醫之爲術。苟非父祖子孫傳業。則術無自而精。術之不精。其可服其藥乎。周官司徒以世事教能者。良以此也。雖然。經之所言。亦道其常而已。若夫非傳業而或自得於心者。未及三世。固在所取也

儗人必於其倫

疏曰。不得以貴比賤。爲不敬也○方氏曰。禹稷顏回。時

不同矣。孔子俱以爲賢。儗之以道也。夷惠伊尹。迹不同矣。孟子俱以爲聖。儗之以心也。子夏以有若似孔子。徒儗之以貌而已。不知聖賢之德不倫也。公孫丑以管仲比孟子。徒儗之以位而已。不知王霸之道不倫也

問天子之年。對曰。聞之始服衣若干尺矣

若。如也。未定之辭。數始於一而成於十。千字從一從十。故言若干。謂或如一。或如十。凡數之未定者皆可言。顔註食貨志云。干。箇也。謂當如此箇數。意亦近之

問國君之年。長曰能從宗廟社稷之事矣。幼曰未能從宗廟社稷之事也

爲國以禮。而禮莫重於祭宗廟社稷事無有先於此者。

能則知其長未能則知其幼

問大夫之子。長曰能御矣。幼曰未能御也

古者五十命爲大夫。故不問其年。而問其子之長幼。御。謂御車也。御者六藝之一。幼則未能◯䟽曰。御謂主事也。官有世功。子學父業。故有御事之因

問士之子。長曰能典謁矣。幼曰未能典謁也

謁。請也。典謁者。主賓客告請之事。士賤無臣下。自典告也

問庶人之子。長曰能負薪矣。幼曰未能負薪也

負薪者庶人力役之事。長則能嚴陵方氏曰。貴賤雖各不同。莫不有爲以用事。故於問國君之年。則以從宗廟社稷之事爲對焉。宗廟社稷。蓋事神之事也。御則於事有所制御。蓋治人之事也。典謁則典主請謁。蓋事人之事也。負薪則力役之事而已。事神者重於治人。治人者尊於事人。事人者逸於力役。此重輕尊卑逸勞之別也。

問國君之富。數上聲地以對。山澤之所出數地。舉其土地之廣狹。如百里七十里五十里。各言之也。山澤所出。如魚鹽蜃蛤金玉錫石之類也

問大夫之富。曰有宰食力。祭器衣服不假宰。邑宰也。有宰則有采地矣。食力。謂食下民賦稅之力。衣服。祭服也

問士之富。以車數對

上士三命得賜車馬。故問士富。則以車數對也

問庶人之富。數上聲。畜許又反以對

庶人受田有定制。惟畜牧之多寡在乎人。故數畜以對也

天子祭天地。祭四方。祭山川。祭五祀。歲徧。諸侯方祀。祭山川。祭五祀。歲徧。大夫祭五祀。歲徧。士祭其先

呂氏曰。此章泛論祭祀之法。冬日至。祭天。夏日至。祭地。四時各祭其方以迎氣。又各望祭其方之山川。五祀則春祭戶。夏祭竈。季夏祭中霤。秋祭門。冬祭行。此所謂歲

徧諸侯有國。國必有方祭其所居之方而已。非所居之方及山川不在境内者皆不得祭。故曰方祀。祭法天子立七祀。加以司命泰厲。諸侯五祀。有司命公厲而無戶竈。大夫三祀。有族厲而無中霤戶竈。士二祀。則門行而已。是法考於經皆不合。曾子問天子未殯五祀之祭不行。士喪禮禱于五祀。則自天子至士皆祭五祀。祭法言涉怪妄不經。至于所稱廟制亦不與諸經合。嚴陵方氏曰。德有隆殺。故所祭之神有大小。業有廣狹。故所祭之神有遠近也。

凡祭有其廢之莫敢舉也。有其舉之莫敢廢也。非其所祭而祭之名曰淫祀。淫祀無福。

呂氏曰廢之莫敢舉如已毀之宗廟變置之社稷不可復祀也舉之莫敢廢如已修之壇墠而輒毀已正之祀穆而輒變也非所祭而祭之如法不得祭與不當祭而祭之者也魯立武宮立煬宮舉其廢也躋僖公廢其舉也魯之郊禘與祀文王祀爰居祭所不當祭也淫過也以過事神神弗享也故無福○方氏曰可廢而廢可舉而舉者存乎義因所廢而莫敢舉因所舉而莫敢廢者存乎禮蓋禮有經義有權也　北溪陳氏曰天子祭天地諸侯祭山川大夫祭五祀士祭其先古人祀典品節一定不容紊亂在諸侯不敢僭天子而祭天地在大夫亦不敢僭諸侯而祭山川如季氏旅泰山便不是禮故曰非當祭而祭之者名曰淫祀淫祀無福淫祀不必皆是不正之鬼假如正當正神

自家不應祀而祀。便是淫祀

天子以犧牛。諸侯以肥牛。大夫以索牛。士以羊豕

毛色純而不雜曰犧。養於滌者曰肥。求得而用之曰索。

○䟽曰。此謂天子大夫士也。若諸侯大夫即用少牢。士則用特牲。其喪祭則大夫亦得用牛。士亦用羊豕。故雜記云。上大夫之虞也少牢。卒哭成事祔皆大牢。下大夫之虞也特牲。卒哭成事祔皆少牢是也

支子不祭。祭必告于宗子

䟽曰。支子庶子也。祖禰廟在適子之家。庶子賤不敢輒祭。若宗子有疾不堪當祭。則庶子代攝可也。猶必告于

宗子然後祭○呂氏曰。別子爲祖。繼別爲宗。百世不遷者。大宗也。繼禰。繼祖。繼曾祖。繼高祖。五世則遷者。小宗也。宗子上繼祖禰。族人兄弟皆宗之。冠娶妻必告。死必赴。況於祭乎。所宗乎宗子者。皆支子也。支子不敢祭也。如諸侯不敢祖天子。大夫不敢祖諸侯。尊者之祭。非卑者所敢尸也。故宗子爲士。庶子爲大夫。以上牲祭於宗子之家。祝曰。孝子某爲介子某薦其常事。則支子雖貴。可以用其祿而不敢專其事也。宗子去在他國。則支子攝主以祭。其禮有殺。程子曰。古所謂支子不祭者。唯使宗子立廟主之而已。支子雖不祭。至於齊戒致其誠意。則與主祭者不異。可與則以身執事。不可與則以物助。但不別立廟爲位行事而已。後世如欲立宗子，當從此義。雖不祭，情亦可安。若不立宗子，徒欲廢祭。適足長惰慢之志，不若使之祭，猶愈於已也。

凡祭宗廟之禮，牛曰一元大武，

此以下凡二十一物。元，頭也。武，足迹也。牛肥則迹大。

豕曰剛鬣，

豕肥則鬣剛。

豚曰腯突肥，

腯者，充滿之貌。

羊曰柔毛，

羊肥則毛細而柔弱。

鷄曰翰音，

翰[翰]長也。鷄肥則鳴聲長

犬曰羹獻

犬肥則可爲羹以獻。凡煑肉皆謂之羹。特牲禮云羹飪。

顈考叔曰。未嘗君之羹是也

雉曰疏[踈]趾

雉肥則兩足開張。故曰疏趾

兔曰明視

兔肥則目開而視明。故曰明視

脯曰尹祭

尹。正也。脯欲専割方正

槀考魚曰商祭

槀乾也。商度也。商度其燥濕之宜

鮮仙魚曰脡挺祭

脡直也。魚之鮮者不餧敗。則挺然而直

水曰清滌

水玄酒也。水可溉濯。故曰清滌

酒曰清酌

古之酒醴皆有清有糟。未泲者爲糟。旣泲者爲清也

黍曰薌香合

黍熟則黏聚不散。其氣又香。故曰薌合

梁曰薌萁基

梁穀之强者。其莖葉亦香。故曰薌萁

稷曰明粢咨

稷粟也。明則足以交神。祭祀之飯。謂之粢盛

稻曰嘉蔬

蔬與疏同。立苗疏。則茂盛嘉美也

韭曰豐本

其根本豐盛也

鹽曰鹹鹺才何反

鹹鹺鹽味之厚也

玉曰嘉玉

無瑕之玉也

幣曰量幣

中廣狹長短之度也○䟽曰此等諸號若一祭並有則舉其大者或惟有犬鷄惟有魚兔則各舉其號故經備載其名藍田呂氏曰祭宗廟之禮內則盡志外則盡物所謂盡物者盡其物之至美以薦之然後可以不慊於心鬼神其來享也故祝辭皆舉其美而言言於物不敢不盡也禽獸之獻以肥腯爲美魚腊鮮槀以得宜爲美水與酒以潔清爲美黍稷稻粱以馨香明潔爲美韭以苗之盛爲美鹽以味之厚爲美玉以不瑕爲美幣以可制爲美

天子死曰崩諸侯曰薨大夫曰卒士曰不祿庶人曰死在

牀曰尸在棺曰柩羽鳥曰降如字四足曰漬自死寇曰兵

疏曰卒終竟也士禄以代耕不禄不終其禄也死者澌也消盡無餘之謂尸陳也古人病困氣未絶之時下置在地氣絶之後更還床上所以如此者凡人初生在地病將死故下復其初生冀得脱死重生也若其不生復反本床既未殯斂陳列在床故曰尸也○吕氏曰柩久也比化者無使土親膚故在棺欲其久也羽鳥飛翔之物降而下則死矣獸能動之物腐敗則死矣漬謂其體腐敗澌漬也兵者死於寇難之稱也

祭王父曰皇祖考王母曰皇祖妣父曰皇考母曰皇妣夫

曰皇辟壁

曰皇曰王。皆以君之稱尊之也。考。成。妣。媲。辟。法也。妻所法式也。爲之宗廟以鬼享之。不得不異其稱謂也

生曰父曰母曰妻。死曰考曰妣曰嬪。壽考曰卒。短折殀市設反曰不祿

嬪者。婦人之美稱。嬪猶賓也。夫所賓敬也。短折。夭橫而死也。此言卒與不祿與上文大夫士之稱同者。彼以位之尊卑言。此以數之脩短言也。又按吕氏說死寇曰兵之下當以此二句承之葢錯簡也○謝氏曰。易曰。有子考無咎。又曰。意承考也。又書言事厥考厥長之類。皆非

死而後稱。蓋古者通稱，後世乃異之耳

天子視不上於袷。劫 不下於帶。國君綏妥 視。大夫衡視。士視五步

天子視，謂視天子也。袷，朝服祭服之曲領也。妥，頹下之貌。視國君者，目不得平看於面，當視其面之下，袷之上也。衡，平也。大夫之臣視大夫，平看其面也。士視五步者，士之屬吏視士，亦不得高面下帶，而得旁視左右五步之間也

凡視上於面則敖。傲 下於帶則憂。傾則姦

呂氏曰：上於面者，其氣驕，知其不能以下人矣。下於帶

者其神奪。知其憂在乎心矣。視流則容側。必有不正之心存乎胷中矣。此君子之所以慎也。長樂劉氏曰。臣之事君。敬盡於心。則五事罔有弗正。然於視瞻苟無等降。在禮爲慾矣。故視於天子諸侯大夫士。各不同焉。

君命。大夫與士肄。異在官言官。在府言府。在庫言庫。在朝言朝。

人君有命令。則大夫士相與肄習之。其事或在官。或在府。或在庫。或在朝。隨其所在而謀議之。官者職守司存之總名。府庫者貨器藏貯之異號。朝則君臣會見之公庭也。藍田呂氏曰。先時豫慮。思不出其位。皆所以虔君命也。居是位也。不敢以侵他事。治是事也。不敢以有他慮。此所以志無所分。政無不舉也。

朝言不及犬馬

犬馬微賤。不當言之於朝

輟朝而顧。不有異事。必有異慮。故輟朝而顧。君子謂之固

朝儀當肅。不宜為左右之顧。異猶他也。敬心不存則形諸外。此所以知其有他事他慮也。固謂鄙野不達於禮也

藍田呂氏曰。在朝而言犬馬。慢也。敬不在君也。輟朝而他顧。亦敬不在君也。有異心存焉。非所治者。皆異事也。非所謀者。皆異慮也。故君子謂之固。固。野陋也

在朝言禮。問禮對以禮

朝廷之上。凡所當言者皆禮也。一問一對。必稽於禮。孔子在宗廟朝廷。便便言。唯謹爾。盡此道也

大享不問卜。不饒富

呂氏曰。冬至祀天。夏至祭地。日月素定。故不問卜。至敬不壇掃地而祭。牲用犢。酌用陶匏。席用藳秸。視天下之物。無以稱其德。以少為貴焉。故不饒富

凡摯。天子鬯。諸侯圭。卿羔。大夫鴈。士雉。庶人之摯匹。童子委摯而退。野外軍中無摯。以纓拾矢可也

摯與贄同。執物以為相見之禮也。鬯。釀秬黍為酒曰秬鬯。和以鬱金之草則曰鬱鬯。不以鬱和則直謂之鬯。言其芬香條暢於上下也。天子無客禮而言摯者。用以禮見於神而已。圭。命圭也。公桓圭。侯信圭。伯躬圭。子穀璧。

男蒲璧。此不言璧。畧也。羔取其羣而不失類。且潔素也。鴈取其知時。且飛有行列也。雉取其性之耿介。且文飾也。匹讀爲鶩。野鴨曰鳧。家鴨曰鶩。不能飛騰。如庶人之終守耕稼也。童子不敢與成人爲禮。或見師友而執贄。則奠委于地而自退避之也。纓。馬之繁纓。即馬鞅也。拾。射韝也。矢。箭也。或野外。或軍中。隨所有用之也

婦人之摯。椇。矩榛。脯。脩。棗栗

椇。形似珊瑚。味甜美。一名石李。榛。似栗而小。脯。即今之脯也。脩。用肉煆治加薑桂乾之。脯形方正。脩形稍長。并棗栗六物。婦初見舅姑以此爲摯也。左傳女摯不過榛

粟棗脩。以告虔也。長樂陳氏曰。禮云。無辭不相接也。無禮不相見也。欲民之無相瀆也。又云。君子於其所尊。不敢質也。故貴至於邦君。賤至於庶人。以至婦人童子。相見不依摯。不足以爲禮。摯而不稱德。不足以爲義。此王帛禽鳥榛粟棗脩之用。所以不一也。

納女於天子曰備百姓。於國君曰備酒漿。於大夫曰備埽灑所買反去聲

呂氏曰。不敢以伉儷自期。願備妾媵之數而已。皆自卑之辭也。嚴陵方氏曰。酒漿者。奉祭祀之物。不如是。不足以配國君。故曰備酒漿。埽灑者有家之事。不如是。不足以配大夫。故曰備埽灑。凡此皆主人之謙辭爾。故每言備焉。備者。所以備其乏也。

禮記集說大全卷之二

禮記集說大全卷之三

檀弓上第三

劉氏曰檀弓篇首言子游及篇內多言之疑是其門人所記

公儀仲子之喪檀弓免焉問仲子舍其孫而立其子檀弓曰何居姬我未之前聞也趨而就子服伯子於門右

公儀氏仲子字魯之同姓也檀弓魯人之知禮者袒免本五世之服而朋友之死於他邦而無主者亦爲之免其制以布廣一寸從項中而前交於額又卻向後而繞於髻也適子死立適孫爲後禮也弓以仲子舍孫而立

庶子故爲過禮之免以弔而譏之。何居。怪之之辭。猶言何故也。此時未小斂。主人未居阼階下。猶在西階下受其弔。故弓弔畢而就子服伯子於門右而問之也嚴陵方氏曰。免之爲服。特施於五世之親爾。而朋友死於他邦者亦服之。仲子之於檀弓。既非五世之親。而其喪又非死於他邦者。檀弓爲之免焉。蓋非所服而服之也。服非所服之服。所以譏立非所立之意爾

曰。仲子舍其孫而立其子。何也。伯子曰。仲子亦猶行古之道也。昔者文王舍伯邑考而立武王。微子舍其孫腯徒本反而立衍也。夫仲子亦猶行古之道也。子游問諸孔子。孔子曰。否。立孫

曰。弓之問也。猶。尚也。亦猶。擬議未定之辭。伯邑考。文王

長子。微子舍孫立衍或是殷禮。文王之立武王先儒以爲權或亦以爲遵殷制皆未可知。否則以德不以長亦如大王傳位季歷之意歟。◯應氏曰。檀弓默而不復言。子游疑而復求正。非夫子明辨以示之孰知舍孫立子之爲非乎長樂陳氏曰。木之正出爲本旁出爲枝子之正出爲嫡旁出爲庶。故伐枝不足以傷木伐其本則木弊矣。廢庶不足以傷宗廢其嫡則其宗絕矣。本固而枝必茂嫡正而庶必寧此天地自然之理也。先王知其然。於是貴嫡而賤庶使名分正而不亂爭奪息而不爭。故子生。冢子接以大牢庶子少牢。冢子未食而見。庶子已食而見。冠則嫡子於阼庶子於房外。死則嫡子斬。庶子期其禮之重輕隆殺如此豈有他哉以其傳重與不傳重故也。禮曰。庶子不祭祖。明其宗也。又曰庶子不祭禰。明其宗也。史曰。父不祭於支庶之宅。此嫡庶之分不可不辨也。昔公儀仲子舍孫立子而檀弓弔以免。司寇惠子舍嫡立庶而子游弔以麻衰皆重其服以譏之。欲其辨嫡庶之分而已。春秋之時。宋宣公舍子與夷立弟穆公。又舍子馮立與夷而與夷卒見殺。莒紀公黜太子僕愛季佗而卒於召禍。晉獻公殺世子申生立奚齊而卒至於亂晉。齊靈公廢太子光立公子牙而卒以亂齊。蓋嫡一而已。立之足以尊正統而一人之情。庶則衆矣。立之則亂正統而啓覬覦之心。宋莒齊晉之君不察乎此。每每趨禍。良可悼也

事親有隱而無犯。左右就養(去聲)無方。服勤至死。致喪三年。事君有犯而無隱。左右就養有方。服勤至死。方喪三年。事師無犯無隱。左右就養無方。服勤至死。心喪三年

饒氏曰。左右音佐佑非也。左右即是方。養不止飲食之養。言或左或右無一定之方。子之於親。不分職守事事皆當理會。無可推托。事師如事父。故皆無方。有方言左

不得越右。右不得越左。有一定之方。臣之事君。當各盡
職守。故曰有方○朱氏曰。親者仁之所在。故有隱而無
犯。君者義之所在。故有犯而無隱。師者道之所在。故無
犯無隱也○劉氏曰。隱皆以諫言。父子主恩。犯則爲責
善而傷恩。故幾諫而不可犯顏。君臣主義。隱則是畏威
阿容而害義。故匡救其惡。勿欺也而犯之。師生處恩義
之間。而師者道之所在。諫必不見拒。不必犯也。過則當
疑問。不必隱也。隱非掩惡之謂。若掩惡而不可揚於人。
則三者皆當然也。惟秉史筆者不在此限。就養。近就而
奉養之也。致喪。極其哀毀之節也。方喪。比方於親喪而

以義並恩也。心喪身無衰麻之服而心有哀戚之情所謂若喪父而無服也長樂陳氏曰。親育我。報之以仁。有隱至致喪。皆仁也。君覆我。報之以義。有犯至方喪。皆義也。師之成我。同乎仁而不全乎仁。同乎義而不全乎義。故無犯與親同。無隱則與親異。無隱與君同。無犯則與君異。喪三年與君親同。無服則與君親異。○張子曰。古不制師服。師服無定體也。見彼之善而已效之。亦師也。故有得其一言一義而如朋友者。有親炙如兄弟者。有成就己身而恩如天地父母者。此豈可一槩服之。故聖人不制其服。心喪之可也。孔子死。門人一時心喪。又豈可責其一槩。以傳道久近而各盡其哀之隆殺。如子貢獨居三年而後歸

季武子成寢。杜氏之葬才浪反在西階之下。請合葬焉。許之。入宮而不敢哭。武子曰。合葬非古也。自周公以來。未之有改也。吾許其大而不許其細。何居。姬命之哭

劉氏曰。成寢而夷人之墓。不仁也。不改葬而又請合焉。亦非孝也。許其合而又命之哭焉。矯僞以文過也。且寢者所以安其家。乃處其家於人之冢上。於汝安乎。墓者所以安其先。乃處其先於人之階下。其能安乎。皆不近人情。非禮明矣。嚴陵方氏曰。周官墓大夫之職。凡爭墓地者聽其獄訟。當是時。豈有夷人之墓以成寢者哉。而季子乃有是事者。由周官之法壞故也

子上之母死而不喪。門人問諸子思曰。昔者子之先君子喪出母乎。曰。然。子之不使白也喪之。何也。子思曰。昔者吾先君子無所失道。道隆則從而隆。道污則從而污。伋則安能。爲伋也妻者。是爲白也母。不爲伋也妻者。是不爲白也

母。故孔氏之不喪出母，自子思始也

子上之母，子思出妻也。禮爲出母齊衰杖期，而爲父後者無服，心喪而已。伯魚子上皆爲父後，禮當不服者。而伯魚乃期而猶哭，夫子聞之曰甚，而後除之，此賢者過之之事也。子思不使白喪出母，正欲用禮耳。而門人以先君子之事爲問，則子思難乎言伯魚之過禮也。故以聖人無所失道爲對，謂聖人之聽伯魚喪出母者，以道揆禮而爲之隆殺也。惟聖人能於道之所當加隆者則從而隆之，於道之所當降殺者則從而殺之。汙猶殺也。是於先王之禮有所斟酌，而隨時隆殺以從於中道也。

我則安能如是哉。但爲我妻則白當爲毋服。今既不爲我妻則白爲父後而不當服矣。子思是欲守常禮。而不欲使如伯魚之加隆也。張子曰。道隆則從而隆。道汙則從而汙。亦就其出毋以定汙隆。聖人則處情。子思則守禮。出妻不當使子喪之禮也。子於毋則不可忘。若父不使之喪。子固不可違父。當默持心喪。亦禮也。若父使之喪而喪之。亦禮也。子思以爲我不至於聖人。不敢不循理。而孔子使喪出毋。乃聖人處權。子思自以爲不敢處權。惟循理而已。不敢學孔子也。故曰道隆則從而隆。道汙則從而汙

孔子曰。拜而后稽顙。頽乎其順也。稽顙而后拜。頎懇乎其至也。三年之喪。吾從其至者

此言喪拜之次序也。拜。拜賓也。稽顙者。以頭觸地哀痛之至也。拜以禮賓。稽顙以自致。謂之順者。以其先加敬

於人而后盡哀於己爲得其序也。傾者惻隱之發也。謂之至者。以其哀常在於親而敬暫施於人爲極自盡之道也。夫子從其至者。亦與其易也寧戚之意○朱子曰。拜而后稽顙。先以兩手伏地如常。然後引首向前扣地也。稽顙而后拜者。開兩手而先以首扣地。卻交手如常也。長樂陳氏曰。拜而后稽顙。先致敬也。稽顙而后拜。先致哀也。禮廢滋久。天下不知先稽顙之爲重而或以輕爲重。是猶不知拜下之爲禮拜上之爲泰。故孔子救拜之弊則曰吾從其至。救泰之弊則曰吾從下也

孔子既得合葬於防。曰。吾聞之古也墓而不墳。今丘也東西南北之人也。不可以弗識志也。於是封之崇四尺

孔子父墓在防。故奉母喪以合葬。墓。塋域也。封土爲壠

曰墳東西南北之人。言其宦遊無定居也。識、記也。爲壟所以爲記識。一則恐人不知而誤犯。一則恐己或忘而難尋。故封之高四尺也

孔子先反。門人後。雨甚。句至。句孔子問焉。曰爾來何遲也。曰防墓崩。孔子不應。三。去聲孔子泫胡犬反然流涕曰。吾聞之。古不脩墓

雨甚而墓崩。門人脩築而後反。孔子流涕者。自傷其不能謹之於封築之時。以致崩圮。且言古人所以不脩墓者。敬謹之至。無事於脩也。廬陵胡氏曰。作墓時當爲堅久之計。不可令崩壞而加治

孔子哭子路於中庭。有人弔者。而夫子拜之。既哭。進使者

而問故使者曰醢之矣遂命覆醢芳服反

子路死於孔悝之難遂爲衛人所醢孔子哭之中庭師友之禮也聞使者之言而覆棄家醢蓋痛子路之禍而不忍食其似也○朱子曰子路仕衛之失前輩論之多矣然子路却是見不到非知其非義而苟爲也山陰陸氏曰哭以師友之間進之也○臨川吳氏曰哭師於寢哭朋友於寢門外中庭在寢之外寢門外之內故陸氏謂之師友之間○長樂陳氏曰遂命覆醢者非特不忍食之又不忍見之也

曾子曰朋友之墓有宿草而不哭焉

草根陳宿是期年之外可無哭矣嚴陵方氏曰師猶父朋友相視猶兄弟既以喪父之義處喪師則以喪兄弟之義處喪朋友不亦可乎墓有宿草則期年矣是以兄弟之義喪之也然必

以墓草爲節者。蓋生物既變。而慕心可已故也

子思曰。喪三日而殯。凡附於身者。必誠必信。勿之有悔焉耳矣。三月而葬。凡附於棺者。必誠必信。勿之有悔焉耳矣

附於身者。襲斂衣衾之具。附於棺者。明器用器之屬也

○方氏曰。必誠。謂於死者無所欺。必信。謂於生者無所疑

金華應氏曰。附於棺者。若卜其宅兆丘封壤樹之事。不獨明器之屬也

喪三年以爲極。句亡則弗之忘矣。故君子有終身之憂而無一朝之患。故忌日不樂

喪莫重於三年。既葬曰亡。中庸曰。事亡如事存。雖已葬而不忘其親。所以爲終身之憂而忌日不樂也。祭義曰。

君子有終身之喪。忌日之謂也。冢宅崩毀。出於不意。所謂一朝之患。惟其必誠必信。故無一朝之患也。或曰殯葬皆一時事。於此一時而不謹則有悔。惟其誠信。故無此一時不謹之患

馬氏曰。君子之事親。無所不用誠信。而至於明器。則備物而不可用者。亦可以爲誠信乎。蓋之死而致死之。不仁而不可爲也。之死而致生之。不知而不可爲也。明器之用。仁知之道。誠信之至者也。知此。則可以無悔也○長樂陳氏曰。君子之於親。有終制之喪。有終身之喪。終制之喪。三年是也。終身之喪。忌日是也。文王之於親。忌日必哀而不樂。豈非能全終身之憂乎。有終身之憂。仁也。無一朝之患。義也

孔子少孤。不知其墓。殯於五父上聲之衢。人之見之者皆以爲葬也。其慎讀爲引去聲也。蓋殯也。問於郰鄒曼萬父甫之母。

然後得合葬於防

不知其墓者。不知父墓所在也。殯於五父之衢者。殯母喪也。禮無殯於外者。今乃在衢。先儒謂欲致人疑問。或有知者告之也。人見柩行於路。皆以爲葬。然以引觀之。殯引飾棺以輤。葬引飾棺以柳翣。此則殯引耳。按家語孔子生三歲而叔梁紇死。是少孤也。然顏氏之死。夫子成立久矣。聖人人倫之至。豈有終母之世不尋求父葬之地。至母殯而猶不知父墓乎。且母死而殯於衢路。必無室廬而死於道路者不得已之爲耳。聖人禮法之宗主而忍爲之乎。馬遷爲野合之誣。謂顏氏諱而不告。鄭註因之以滋後世之惑且如堯舜瞽瞍之事世俗不勝異論非孟子辭而闢之後世謂何此經雜出諸子所記其間不可據以爲實者多矣孟子曰主癰疽與侍人瘠環何以爲孔子愚亦謂終身不知父墓何以爲孔子乎其不然審矣此非細故不得不辨

鄰有喪舂不相里有殯不巷歌

說見曲禮

喪冠不緌

冠必有笄以貫之以紘繫笄順頤而下結之曰纓垂其餘於前者謂之緌喪冠不緌蓋去飾也

有虞氏瓦棺夏后氏堲稷周殷人棺椁周人牆置翣

瓦棺始不衣薪也堲周或謂之土周堲者火之餘燼蓋治土爲甎而四周於棺之坎也殷世始爲棺椁周人又爲飾棺之具蓋彌文矣牆柳衣也柳者聚也諸飾之所聚也以此障柩猶垣牆之障家故謂之牆翣如扇之狀有畫爲黼者有畫爲黻者有畫雲氣者多寡之數隨貴賤之等

馬氏曰自虞氏瓦棺而至夏后氏堲周周之有椁之象商人以瓦棺堲周皆陶冶之器而陶冶出於土及其久也必復於土不能無使土侵膚遂以木易之木足以勝土而仁人孝子所以滌慮長思者未有易此聖人之法相待而後備故周人則緣商人之棺椁飾之以牆置翣棺椁以比化牆置翣以爲觀美皆所以盡孝子之心無使之惡於死而已

周人以殷人之棺椁葬長殤以夏后氏之堲周葬中殤下殤以有虞氏之瓦棺葬無服之殤

十六至十九爲長殤十二至十五爲中殤八歲至十一爲下殤七歲以下爲無服之殤生未三月不爲殤嚴陵方氏曰椁之於棺如城之有郭也牆以帷柩而周圍如牆翣以飾柩而翼蔽如羽蓋世愈久而禮愈備故也長殤而下死者愈少則禮愈殺也

夏后氏尚黑大事斂用昏戎事乘驪牲用玄殷人尚白大事斂用日中戎事乘翰牲用白周人尚赤大事斂用日出戎事乘騵元牲用騂

禹以治水之功得天下故尚水之色湯以征伐得天下

故尚金之色。周之尚赤。取火之勝金也。大事。喪事也。驪。黑色。翰。白色。易曰白馬翰如。騵。赤馬而黑鬣尾也

穆公之母卒。使人問於曾子曰。如之何。對曰。申也聞諸申之父曰。哭泣之哀。齊咨斬之情。饘旃粥之食。自天子達。布幕。衛也。縿綃幕。魯也

穆公。魯君。申。參之子也。厚曰饘。稀曰粥。幕所以覆於殯棺之上。衛以布為幕。諸侯之禮也。魯以綃為幕。蓋僭天子之禮矣。廣安游氏曰。父母之喪。貴賤不殊。此所以自天子達也。若幕則天子以綃。諸侯以布。穆公苟欲行禮。所謂貴賤一者。固當一也。所謂天子諸侯異者。固當異也。此二言。喪禮盡矣。且禮文之制。曾申獨舉幕而不舉其他。則其他推是而可知矣

晉獻公將殺其世子申生。公子重平聲耳謂之曰。子蓋盍言子之志於公乎。世子曰。不可。君安驪姬。是我傷公之心也

此事詳見左傳。重耳申生異母弟。即文公也。蓋。何不也。明其譖則姬必誅。是使君失所安而傷其心也

曰。然則蓋行乎。世子曰。不可。君謂我欲弑君也。天下豈有無父之國哉。吾何行如之

重耳又勸其奔他國而申生不從也。何行如之。言行將何往也

使人辭於狐突曰。申生有罪。不念伯氏之言也。以至于死。申生不敢愛其死。雖然。吾君老矣。子少。國家多難去聲伯氏

不出而圖吾君伯氏苟出而圖吾君申生受賜而死再拜稽首乃卒是以爲恭世子也

狐突申生之傅辭猶將去而告違蓋與之永訣也申生自經而死陷父於不義不得爲孝但得謚恭而已○疏曰註云伯氏狐突別氏者狐是總氏伯仲是兄弟之字字伯者謂之伯氏字仲者謂之仲氏故傳云叔氏其忘諸乎又此下文云叔氏專以禮許人是一人之身字則別爲氏也長樂陳氏曰君子之於親有言以明己有諫以明事諫則以幾爲順以孰爲勤幾而不入則至於孰孰而不入則至於號號而將至於見殺則亦有義以逃之是雖於親有所不從而於義無所不順於親或不我愛而於鄉閭無所得罪此古之所謂孝子也彼不善事親者以小愛賊恩姑息賊德於己可以言而

不言。於事可以諫而不諫。依違隱忍。惟意是從。以至隕身於其親之命。而陷親於不義之名。是將以安親而反危之。將以悅親而反辱之。此君子之所不取也。晉獻公將殺其世子申生。申生於親可言而不言。而且懼傷公之心。於義可逃而不逃。而且謂天下豈有無父之國。以至忘其躬之不閱。而且卹國家之多難。不顧死生之大節。而且謹再拜之末儀。是恭而已。非孝也。春秋書晉侯殺其世子申生。蓋書晉侯。以明晉侯之無道。書申生。以明申生之罪也。雖然。春秋之時。臣弒其君。子殺其父。如衛輒拒父而爭國。楚商臣殺君而篡位。則申生之行。蓋可哀而恕之也。孔子曰。苟志於仁。無惡也。故禮不以申生爲不孝而以之爲恭。猶詩不以伋壽爲不孝而以之爲不瑕也。然以春秋禮義之法繩之。則申生不足以爲孝矣

魯人有朝祥而莫(暮)歌者。子路笑之。夫子曰。由。爾責於人。終無已夫。三年之喪。亦已久矣夫。子路出。夫子曰。又多乎哉。踰月則其善也

朝祥。旦行祥祭之禮也。朝祥莫歌。固爲非禮。特以禮教衰廢之時。而此人獨能行三年之喪。故夫子抑子路之笑。然終非正禮。恐學者致疑。故俟子路出。乃正言之。其意若曰。名爲三年之喪。實則二十五月。今已至二十四月矣。此去可歌之日。又豈多有日月乎哉。但更踰月而歌。則爲善矣。蓋聖人於此。雖不責之以備禮。亦未嘗許之以變禮也。長樂陳氏曰。喪。凶禮也。祭。吉禮也。畢凶禮之喪。猶爲吉祭之禫。未全乎吉也。吉事兆見於此矣。得不謂之祥乎。祥歌同日。失之太速。子路笑之。失之太嚴。此孔子所以怨魯人而抑子路之責人無已也。記曰。祥之日鼓素琴。不爲非。而歌則爲未善者。琴自外作。歌由中出故也。

魯莊公及宋人戰于乘(去聲)丘。縣(玄)賁(奔)父御。卜國爲右。馬驚敗績。公隊。墜佐車授綏。公曰。末之卜也。縣賁父曰。他日不敗績。而今敗績。是無勇也。遂死之。圉人浴馬。有流矢在白肉。公曰。非其罪也。遂誄之。士之有誄。自此始也

乘丘。魯地。戰在莊公十年。縣。卜。皆氏也。凡車右以勇力者爲之。大崩曰敗績。公隊車而佐車授之綏。以登。是登佐車也。佐車。副車也。綏。挽以升車之索也。末之卜者。言卜國微末無勇也。二人遂赴鬭而死。圉人。掌馬者。及浴馬。方見流矢中馬股間之肉。則知非二子之罪矣。生無爵則死無謚。殷大夫以上爲爵。士雖周爵。卑不應謚。莊公以義起。遂誄其赴敵之功以爲謚焉。○方氏曰。誄之

爲義達善之實而不欲飾者也謚則因誄之書而別之

有誄則有謚矣長樂陳氏曰春秋無義戰則莊公乘丘之戰非義也流矢中馬而敗績非御與

佐之罪而罪之非智也以成德之誄而加之未成德之士使與士喪同非禮也非義與智則貽害於一時非禮則亂法於萬世貽害於一時其罪小亂法於萬世其罪大記人即其罪大者記之故曰士之有誄自此始也

曾子寢疾病樂正子春坐於牀下曾元曾申坐於足童子隅坐而執燭

病者疾之甚也子春曾子弟子元與申曾子子也

童子曰華而睆呼板反大夫之簀與責子春曰止曾子聞之瞿纋然曰呼呼曰華而睆大夫之簀與曾子曰然斯季孫之賜也我未之能易也元起易簀曾元曰夫子之病革亟

矣不可以變幸而至於旦請敬易之曾子曰爾之愛我也不如彼君子之愛人也以德細人之愛人也以姑息吾何求哉吾得正而斃焉斯已矣舉扶而易之反席未安而没

華著畫飾之美好睆者節目之平瑩簀簟也止使童子勿言也瞿然如有所驚也呼者嘆而噓氣之聲曰童子再言也革急也變動也彼謂童子也童子知禮以為曾子未嘗為大夫豈可卧大夫之簀曾子識其意故然之且言此魯大夫季孫之賜耳於是必欲易之易之而没可謂斃於正矣○朱子曰易簀結纓未須論優劣但看古人謹於禮法不以死生之變易其所守如此便使人

有行一不義殺一不辜而得天下不爲之心此是緊要處又曰季孫之賜曾子之受皆爲非禮或者因仍習俗嘗有是事而未能正耳但及其疾病不可以變之時一聞人言而必舉扶以易之則非大賢不能矣此事切要處正在此毫釐頃刻之間程子曰人苟有朝聞道夕死可矣之志則不肯一日安於所不安也何止一日須臾不能如曾子易簀須要如此乃安人不能若此者只爲不見實理實理者實見得是實見得非凡實理得之於心自別若耳聞口道者心實不見若見得必不肯安於此○龍泉葉氏曰曾子之學堅定明篤雖神已離形而不變異死生若一致然且攻過甚勇以正爲終是後學鑒照準程處也

始死充充如有窮既殯瞿瞿瞿屨如有求而弗得既葬皇皇如有望而弗至練而慨然祥而廓然

疏曰事盡理屈爲窮親始死孝子匍匐而哭之心形充屈如急行道極無所復去窮急之容也瞿瞿眼目速瞻之貌如有所失而求覔之不得然也皇皇猶栖栖也親歸草土孝子心無所依託如有望彼來而彼不至也至小祥但慨歎日月若馳之速也至大祥則情意寥廓不樂而已○方氏曰下篇述顔丁之居喪則言皇皇於始死言慨焉於既葬問喪則言皇皇於反哭所言不同者蓋君子有終身之喪思親之心豈有隆殺哉先王制禮略爲之節而已故其所言不必同

郕婁闕復之以矢蓋自戰於升陘刑始也

魯僖公二十一年與邾人戰于升陘魯地也邾師雖勝而死傷者多軍中無衣復者用矢釋云邾人呼邾聲曰婁故曰邾婁夫以盡愛之道禱祠之心孝子不能自已冀其復生也疾而死行之可也兵刃之下肝腦塗地豈有再生之理復之用矢不亦誣乎

魯婦人之髽莊華反而弔也自敗於臺狐鮐音始也

吉時以纚韜髮凶則去纚而露其髻故謂之髽狐鮐之戰在魯襄公四年蓋爲邾人所敗也髽不以弔時家家有喪故髽而相弔也○方氏曰矢所以施於射非所以施於復髽所以施於喪非所以施於弔因之而弗改則

非矣廣安游氏曰。先王之世。雖用兵臨軍之際。未有不用禮者也。且禮者。行乎其所可行者也。孔子曰。殺人之中。又有禮焉。此古道也。惟其以禮相與。則兩軍交戰。人要有所止。未有若後世極兵力所至。至於僵尸百萬。流血千里。而後已者也。故古者雖身膏草野之人。與夫死者之家。所謂喪弔之禮。猶得行乎其間。升陘以前。未嘗無戰。死者得復以衣。而不復以矢。臺駘以前。未嘗無戰死而相弔者。得弔以哀。而不髽。則是殺人之甚。必自升陘臺駘二者始。自是而遂以為常。則再失之矣。嗚呼。自先王之禮廢。而兵禍之烈。至於六國秦漢之際。殺人至以數十萬計。天下塗炭。肝腦塗地。失禮之禍。至於如此。是可嘆也。大率先王之世。治出於一。而禮樂達乎天下。凡所謂禮者。行之廟堂。至乎州巷。達乎蒐狩。用乎軍旅。造次顛沛。無非禮者。生乎由是。死乎由是。上下小大相與習乎此。而安乎此。於兩軍之戰。而殺有所止。禮使然也。後世不然。其從容無事之時。固已廢禮任其智力。及夫軍旅死生之際。苟可以自利而害人者。豈復恤哉。故古人殺有所止。與後世異。蓋禮之存亡故也。於復以矢。弔以髽。則知兵禍之甚烈。記禮者記其失禮之甚也。

南宮縚叨之妻之姑之喪夫子誨之髽曰爾毋從從總爾毋扈扈戶爾蓋榛以為笄長伏尺而總八寸

縚妻夫子兄女也姑死夫子教之為髽從從高也扈扈廣也言爾髽不可太高不可太廣又教以笄總之法笄即簪也吉笄尺二寸喪笄一尺斬衰之笄用箭竹竹之小者也婦為舅姑皆齊衰不杖期當用榛木為笄也束髮謂之總以布為之既束其本末而總之餘者垂於髻後其長八寸也

孟獻子禫大感反縣玄而不樂比畀御而不入夫子曰獻子加於人一等矣

孟獻子。魯大夫仲孫蔑也。禫祭名。禫者澹澹然平安之意。大祥後間一月而禫。故云中月而禫。或云祥月之中者非。小記云。中一以上而祔。亦謂間一世也。禮大夫判縣。縣而不樂者。但縣之而不作也。比御而不入者。雖比次婦人之當御者而猶不復寢也。一說比。及也。親喪外除。故夫子美之長樂陳氏曰。蓋三年之喪則久矣。故祥月而禫者。以義斷恩也。期之喪則近矣。故間月而禫者。以恩伸義也。記曰。禫而內無哭者。樂作矣。又曰。禫而從御。吉祭而復寢。由此觀之。孟獻子禫。縣而不樂。比御而不入。則過乎此矣。故孔子稱之。今夫先王制禮。以中為界。子夏子張援琴於除喪之際。孔子皆以為君子。伯魚子路過哀於母姊之喪。孔子皆非之。然則孟獻子過於禮。孔子反稱之者。非以為得禮也。特稱其加諸人一等而已

孔子既祥五日彈琴而不成聲十日而成笙歌有子蓋既祥而絲屨組纓

有子孔子弟子有若也禮既祥白屨無絇縞冠素紕組之文五采今方祥即以絲爲屨之飾以組爲冠之纓服之吉者也此二者皆譏其變吉之速然蓋者疑辭恐記者亦是得於傳聞故疑其辭也引孔子之事者以見餘哀未忘也 李氏曰設而不樂比御而不入加于人者也絲屨組纓不及于人者也同于人可也加于人則非中道矣及人可也不及人非禮矣孔子篤于仁克之以禮五日彈琴而不成聲仁也十日而成笙歌禮也有過不及然後知其中故言孟獻子有若而言孔子于其中

死而不弔者三畏厭溺

方氏曰。戰陳無勇非孝也。其有畏而死者乎。君子不立巖牆之下。其有厭而死者乎。孝子舟而不游。其有溺而死者乎。三者皆非正命。故先王制禮在所不弔。○應氏曰。情之厚者豈容不弔。但其辭未易致耳。若爲國而死於兵亦無不弔之理。若齊莊公於杞梁之妻。未嘗不弔也。○愚聞先儒言明理可以治懼。見理不明者畏懼而不知所出。多自經於溝瀆。此眞爲死於畏矣。似難專指戰陳無勇也。或謂鬬狠亡命曰畏。廣安游氏曰。古之君子。欲正人之過失。不專恃乎刑罰而已。使生者有所愧。死者有所憾。皆所以誅罰之也。生有所愧。若異其衣冠之類。死有所憾。若死而不弔之類是也。蓋禮樂行於天下。使人有所勸勉愧恥而不麗於過惡。此其爲道尊而不迫。亦後世所不能及也

子路有姊之喪可以除之矣而弗除也孔子曰何弗除也子路曰吾寡兄弟而弗忍也孔子曰先王制禮行道之人皆弗忍也子路聞之遂除之

行道之人皆有不忍於親之心然而遂除之者以先王之制不敢違也吳氏華曰聖人以中道抑人之情非惡其過厚懼其不可繼而已○臨川吳氏曰行道謂稍知率性之道而行之者其情必過厚故以禮制其情則皆有所不忍也伯魚於出母之喪期後當不哭矣而猶哭子路於嫁姊之喪大功服滿當除矣而猶不除皆情之過厚而於禮不可故夫子皆抑其過伯魚遂除之除其哭也子路遂除之除其服也

太公封於營丘畀及五世皆反葬於周君子曰樂岳樂洛其所自生禮不忘其本古之人有言曰狐死正丘首去聲

仁也

太公雖封於齊而留周爲太師故死而遂葬於周子孫不敢忘其本故亦自齊而反葬於周以從先人之兆五世親盡而後止也樂生而敦本禮樂之道也生而樂於此豈可死而倍於此哉狐雖微獸丘其所窟藏之地是亦生而樂於此矣故及死而猶正其首以向丘不忘其本也倍本忘初非仁者之用心故以仁目之○疏曰周公封魯其子孫不反葬於周者以有次子在周世守其采地春秋周公是也長樂陳氏曰禮樂同出於人心而仁者人也亦出於人心而已故人而不仁如禮何人而不仁如樂何則禮樂之道不過章德報情而反始也太公封於營丘比及五世皆反葬於

周。夫豈僞爲之哉。行吾仁以全禮樂之道而已。狐死猶正丘首。況仁人孝子乎

伯魚之母死期朞而猶哭夫子聞之曰誰與平聲哭者門人曰鯉也夫子曰嘻希其甚也伯魚聞之遂除之

伯魚之母出而死父在爲母期而有禫出母則無禫伯魚乃夫子爲後之子則於禮無服期可無哭矣猶哭夫子所以歎其甚廣安游氏曰。天下之禮。苟循其情而爲禮。則子路伯魚不知其所終。約其不及之情而爲禮。則原壤宰予不可以爲訓。故禮者。通乎賢不肖而爲之。不可以過。不可以不及也

舜葬於蒼梧之野蓋三妃未之從也季武子曰周公蓋祔

天子以四海爲家南巡而崩故遂葬蒼梧之野疏云舜長妃娥皇無子次妃女英生商均次妃癸比生二女霄

明燭光。三妃後皆不從舜之葬。此記者言合葬之事古人未有。因引季武子之言。謂自周公以來始祔葬也。書陟方乃死。蔡氏曰。史記舜崩於蒼梧之野。孟子言卒於鳴條。未知孰是。今零陵九嶷有舜冢云

曾子之喪。浴於爨室

士喪禮浴於適室。無浴爨室之文。舊說曾子以曾元辭易簀矯之以謙儉。然反席未安而沒。未必有言及此。使果曾子之命。爲人子者亦豈忍從非禮而賊其親乎。此難以臆說斷之。當闕之以俟知者

大功廢業。或曰大功誦。可也

業者身所習。如學舞學射學琴瑟之類。廢之者。恐其忘哀也。誦者口所習。稍暫爲之亦可。然稱或曰。亦未定之辭也。長樂陳氏曰。業者。弦歌羽籥之事。誦者。詩書禮樂之文。大功廢業而誦可。則大功而上。不特廢業而誦亦不可。大功而下。不特誦可而業亦不廢也。康誥於父子則不戒之以弗念天顯。於弟則戒之。以其天性之厚者無事於戒。天性之將薄者。不可以不戒也。禮不曰哀期廢業而曰大功廢業。其意如此而已。

子張病。召申祥而語去聲之曰。君子曰終。小人曰死。吾今日其庶幾乎。

申祥。子張子也。終者。對始而言。死則澌盡無餘之謂也。君子行成德立。有始有卒。故曰終。小人與群物同朽腐。故曰死。疾没世而名不稱。爲是也。子張至此。亦自信其近於君子也長樂陳氏曰君子小人曰終曰死之別蓋言人生斯世當盡人道君子之人人道既盡則其死也爲能終其事故以終稱之若小人則無可盡之道只是形氣消盡故稱之曰死終以道言死以形言。子張言庶幾者蓋以生平持身唯恐有不盡之道今至將沒卒其得以盡道而終故以爲言亦猶曾子知免之意。觀其將死言善之言。足以見其平生恐懼之意正學者所當用力也

曾子曰。始死之奠。其餘閣也與。與平聲

始死以脯醢醴酒就尸牀而奠于尸東當死者之肩使神有所依也。閣所以庋置飲食盛以生時庋閣上所餘脯醢爲奠也嚴陵方氏曰人之始死以禮則未暇從其新以情則未忍易其舊故以閣上所餘脯醢以爲奠也

曾子曰。小功不爲位也者。是委巷之禮也。子思之哭嫂也

爲位婦人倡踊申祥之哭言思也亦然

委曲也曲巷猶言陋巷細民居於陋巷不見禮儀而鄙朴無節文故譏小功不爲位是曲巷中之禮也言思子游之子申祥妻之昆弟也○馬氏曰凡哭必爲位者所以叙親疎恩紀之差嫂叔疑於無服而不爲位故曰無服而爲位者惟嫂叔蓋無服者所以遠男女近似之嫌而爲位者所以篤兄弟内喪之親子思哭嫂爲位婦人倡踊以婦人有相爲娣姒之義而不敢以已之無服先之也至於申祥之哭言思亦如子思蓋非禮矣妻之昆弟外喪也而既無服則不得爲哭位之主矣記曰妻之

昆弟爲父後者死。哭之適室。子爲主。袒免哭踊。夫入門右。由是言之。哭妻之昆弟以子爲主。異於嫂叔之喪也。以子爲主。則婦人不當倡踊矣 嚴陵方氏曰。位者。哭泣之位也。親有遠近。服有輕重。不可以無辨。故哭泣之際。各爲之位焉。迨乎周室之衰。典籍多失。而一時之禮。或有小功不爲位者。此曾子所以譏之。子思之哭嫂也爲位。以言無服之喪猶且爲位。則知小功不爲位尤爲非矣

古者冠縮縫。今也衡縫。横故喪冠之反吉。非古也

䟽曰。縮。直也。殷尚質。吉凶冠皆直縫。直縫者。辟積襵少。故一一前後直縫之。衡。横也。周尚文。冠多辟積。不一一直縫。但多作襵而并横縫之。若喪冠質。猶疏辟而直縫。是與吉冠相反。時人因言古喪冠與吉冠反。故記者釋

之云非古也。止是周世如此耳。古則吉凶冠同直縫也。

曾子謂子思曰。伋吾執親之喪也。水漿不入於口者七日。子思曰。先王之制禮也。過之者俯而就之。不至焉者跂弃而及之。故君子之執親之喪也。水漿不入於口者三日。杖而后能起

三日。中制也。七日則幾於滅性矣。有扶而起者。有杖而起者。有面垢而已者長樂陳氏曰。先王制為喪親之禮。其服衰止於三年。其哭泣止於三月。其水漿不入於口止於三日。蓋三日可以急而食。三月可以解而沐。三年可以祥而除。使過者俯而就之。不至者跂而及之也。若夫以親之恩為罔極。吾之情為無窮。徇其無窮之情而不節之以禮。則在已者不可傳。在人者不可繼。是戕賊天下之人而禍於孝也。此曾子所以不為子思取也。樂正子春之母死。五日而不食。既而

悔之。況七日乎

曾子曰。小功不稅。他外反則是遠兄弟終無服也。而可乎

稅者。日月已過始聞其死。追而爲之服也。大功以上則然。小功輕。故不稅。曾子據禮而言。謂若是小功之服不稅。則再從兄弟之死在遠地者。聞之恒後時。則終無服矣。其可乎○疏曰。此據正服小功也。小記曰。降而在緦小功者則稅之。其餘則否馬氏曰。曾子於喪有過乎哀。是以疑於此。然小功之服雖不必稅。而稅之者蓋亦禮之所不禁也。昔齊王子請欲爲其毋之喪。孟子曰。雖加一日愈於已。推此。則不稅而欲稅之者固可矣

伯高之喪。孔氏之使者未至。冉子攝束帛乘去聲馬而將之。

孔子曰。異哉。徒使我不誠於伯高

攝。貸也。十箇爲束。每束五兩。蓋以四十尺帛從兩頭各卷至中。則每卷二丈。爲一箇。束帛是十箇二丈。今之五匹也。乘馬。四馬也。徒。空也。伯高不知何人。意必與孔子厚者。冉子知以財而行禮。不知聖人之心則于其誠不于其物也。雖若自責之言。而實則深責冉子矣。長樂陳氏曰。禮以誠爲本。誠以禮爲文。無本不立。無文不行。冉求足於藝而不足於禮。足於藝則知文。不足於禮則不知本。此所以攝束帛乘馬而擅行之也。觀其益子華之粟。謀顓臾之伐。則其所擅行者。豈特此哉。是皆不足於禮之過也。孔子曰。冉求之藝。文之以禮樂。則可以爲成人矣

伯高死於衛。赴於孔子。孔子曰。吾惡乎哭諸。兄弟吾哭

諸廟父之友吾哭諸廟門之外師吾哭諸寢朋友吾哭諸寢門之外所知吾哭諸野於野則已疏於寢則已重夫由賜也見我吾哭諸賜氏遂命子貢爲之主曰爲去聲爾哭也來者句拜之知伯高而來者勿拜也

告死曰赴與訃同已太也○馬氏曰兄弟出於祖而內所親者故哭之廟父友聯於父而外所親者故哭之廟門外師以成已之德而其親視父故哭諸寢友以輔己之仁而其親視兄弟故哭諸寢門之外至於所知又非朋友之比有相趨者有相揖者有相問者有相見者皆泛交之者也孔子哭伯高以野爲太疏而以子貢爲主

君子行禮其審詳於哭泣之位如此此者是其所以表微
者歟○方氏曰伯高之於孔子非特所知而已由子貢
而見故哭於子貢之家且使之爲主以明恩之有所由
也爲子貢而來則弔生之禮在子貢知伯高而來則傷
死之禮在伯高或拜或不拜凡以稱其情耳故夫子誨
之如此○石梁王氏曰爲爾哭也來者一句長樂陳氏曰禮生於
人情之所安義起於人情所未有君子制義以稱情隆禮以循義則先王之禮所未有者皆可適於人情而制
之也伯高之死孔子疑其所哭故謂兄弟者父祖之遺體則哭於廟父之同志則於廟門之外師成我者也故
於寢朋友輔我者也故於寢門之外所知知我者也故於野伯高之於我以情則非所知以分則非師友其見
我也由賜而已故哭諸賜氏蓋爲子貢而來知生者也爲伯高而來知死者也知生者弔而不傷則來者禮也

故拜之。知死者傷而不弔。則來者非禮也。故勿拜之。哭於賜氏。義也。教子貢之拜不拜。禮也

曾子曰。喪有疾。食肉飲酒。必有草木之滋焉。以爲薑桂之謂也

喪有疾。居喪而遇疾也。以其不嗜。故加草木之味。以爲薑桂之謂一句。乃記者釋草木之滋。亦或曾子稱禮書之言而自釋之歟。嚴陵方氏曰。薑者草之滋。桂者木之滋。酒肉之外。又有草木之滋者。亦慮其不勝喪而已。

子夏喪平聲其子而喪去聲其明。曾子弔之曰。吾聞之也。朋友喪明則哭之。曾子哭。子夏亦哭曰。天乎。予之無罪也。曾子怒曰。商。女汝何無罪也。吾與女事夫子於洙泗之間。退而

老於西河之上。使西河之民疑女於夫子。爾罪一也。喪平聲爾親。使民未有聞焉。爾罪二也。喪爾子。喪爾明。爾罪三也。而曰爾何無罪與平聲。子夏投其杖而拜曰。吾過矣。吾過矣。吾離群而索悉各反居。亦已久矣。

以哭甚故喪明也。洙泗魯二水名。西河子夏所居。索散也。久不親友故有罪而不自知。○張子曰。子夏喪明必是親喪之時尚強壯。其子之喪氣漸衰。故喪明。然而曾子之責安得辭也。疑女於夫子者。子夏不推尊夫子。使人疑夫子無以異於子夏。非如曾子推尊夫子。使人知尊聖人也。○方氏曰。子夏不尊於師而尊於己。不隆於親而隆於子，猶以為無罪，此曾子所以怒之也。然君子以友輔仁，子夏之至於三罪者，亦由離朋友之群而散居之久耳。以離群故散居也。廣安游氏曰：古之人所以多君子者，以教法之備，而內外交修之也。其居室則父兄教之，其居學則師教之，而平居則朋友教之。惟其教之備也，故其寡過而德易以成。曾子之責子夏，稱其名，女其人，若父師焉。曾子不以為嫌，子夏安受其責，蓋曾子正己以律人，愛人以德，而不以姑息。君子之道固如此也。後世處父兄師長之位，已不能教其子弟，朋友之間，相諛以色辭，相安以姑息，非復古人之道矣。

夫晝居於內，問其疾可也；夜居於外，弔之可也。是故君子非有大故，不宿於外；非致齊（齋）也，非疾也，不晝夜居於內。

內者，正寢之中。外，謂中門外也。晝而居內，似有疾；夜而居外似有喪○應氏曰致齊居內非在房闥之中蓋亦端居深處於宊奧之內耳廣安游氏曰古之君子未有不從事乎其常者也車服有常數作止有常度出處有常所苟變乎其常則必有故不然則不安乎流俗而為異者也故古之人見其服飾而長少可知見其步武而尊卑可知察其入之居則人之得失可知皆由乎常而觀之

高子皐之執親之喪也泣血三年未嘗見現齒君子以為難

子皐名柴孔子弟子○疏曰人涕淚必因悲聲而出血出則不由聲也子皐悲無聲其涕亦出如血之出故云泣血人大笑則露齒本中笑則露齒微笑則不見齒嚴陵方氏曰君子於此固不以為是然亦不可以為非特以為難而已經於喪有曰居有曰執有曰為何也蓋以身

言之則曰居。以禮言之則曰執。以事言之則曰爲。合而言之。其實一也

衰與其不當去聲物也。寧無衰。齊衰不以邊坐。大功不以服勤

疏曰。物謂升縷及法制長短幅數也。邊坐偏倚也。喪服宜敬。坐起必正。不可著衰而偏倚也。齊衰輕。既不倚。斬重不言可知。大功雖輕亦不可著衰服而爲勤勞之事也。○馬氏曰。衰不當物則亂先王之制。而後世疑其傳。無衰則禮雖不行。而其制度定于一。猶可以識之。故曰與其不當物也。寧無衰山陰陸氏曰。物若周書所謂朝服八十物七十物是已。據此布之精粗。非獨升數不同。縷數亦不同矣。尊者服精。卑者服粗。故曰與其不當物。寧無衰

孔子之衛遇舊館人之喪入而哭之哀出使子貢說脫驂而賻之子貢曰於門人之喪未有所說驂說驂於舊館無乃已重乎夫子曰予鄉去聲者入而哭之遇於一哀而出涕予惡夫涕之無從也小子行之

舊館人舊時舍館之主人也駕車者中兩馬爲服馬兩旁各一馬爲驂馬遇一哀而出涕情亦厚矣情厚者禮不可薄故解脫驂馬以爲之賻凡以稱情而已客行無他財貨故也惡夫涕之無從者從自也今若不賻則是於死者無故舊之情而此涕爲無自而出矣惡其如此所以必當行賻禮也舊說孔子遇主人一哀而出涕謂

主人見孔子來而哀甚是以厚恩待孔子故孔子爲之賻然上文既曰入而哭之哀則又何必迂其說而以爲遇主人之哀乎嚴陵方氏曰車馬曰賵貨財曰賻此以馬而曰賻者以馬代貨故也

孔子在衛有送葬者而夫子觀之曰善哉爲喪乎足以爲法矣小子識志之子貢曰夫子何善爾也曰其往也如慕其反也如疑子貢曰豈若速反而虞乎子曰小子識之我未之能行也

往如慕反如疑此孝子不死其親之至情也子貢以爲如疑則反遲不若速反而行虞祭之禮是知其禮之常而不察其情之至矣夫子申言小子識之且曰我未之

能行。則此豈易言哉廬陵胡氏曰。小子識之。我未之能行也。善其哀慕。吉祭雖遲不害

顏淵之喪。饋祥肉。孔子出受之。入彈琴而后食之

彈琴而後食者。蓋以和平之聲。散感傷之情也嚴陵方氏曰。吉之先見者謂之祥。祥必有祭。祭必有肉。饋祥肉。則所以獻其吉也。受之必彈琴。則所以散其哀也。○長樂陳氏曰。祥祭而饋。則鬼事畢而人事始矣。顏淵之喪饋祥肉。孔子出受之。仁也。必彈琴而后食之。義也。禮之道無他。節文仁義而已矣

孔子與門人立。拱而尚右。二三子亦皆尚右。孔子曰。二三子之嗜學也。我則有姊之喪故也。二三子皆尚左

吉事尚左。陽也。凶事尚右。陰也。此蓋拱立而右手在上也張子曰。孔子與門人立。拱而尚右。是叉手以右手在上也。以其姊之喪必如此者。見儀頃不忘也。以是知

聖人之能敬。二三子學之者。恐此禮非三代所有。直孔子自爲之耳。如喪出母。亦夫子自制。○山陰陸氏曰。二三子纖悉務學聖人如此。蓋有不應學而學之者。未有應學而不學者也

孔子蚤作。負手曳杖。消搖於門。歌曰。泰山其頹乎。梁木其壞乎。哲人其萎乎。既歌而入。當戶而坐。子貢聞之曰。泰山其頹。則吾將安仰。梁木其壞。哲人其萎。則吾將安放。上聲夫子殆將病也。遂趨而入

作。起也。負手。卻手以曳其杖也。消搖。寬縱自適之貌。泰山爲衆山所仰。梁木亦衆木所仰而放者。猶哲人爲衆人所仰望而放效也

夫子曰。賜。爾來何遲也。夏后氏殯於東階之上。則猶在阼

也。殷人殯於兩楹之閒，則與賓主夾之也。周人殯於西階之上，則猶賓之也。而丘也殷人也，予疇昔之夜，夢坐奠於兩楹之閒。夫明王不興，而天下其孰能宗予？予殆將死也。蓋寢疾七日而没。

猶在阼，猶賓之者，孝子不忍死其親，殯之於此，示猶在阼階以爲主；猶在西階以爲賓客也。在兩楹間，則是主與賓夾之。故言與，而不言猶也。孔子其先宋人，成湯之後，故自謂殷人。疇，發語之辭。昔之夜，猶言昨夜也。夢坐於兩楹之閒，而見饋奠之事，知是凶徵者，以殷禮殯在兩楹閒。孔子以殷人而享殷禮，故知將死也。又自解夢奠之占云。今日明王不作。天下誰能尊己而使南面坐于尊位乎。此必殯之兆也。自今觀之。萬世王祀。亦其應矣。長樂陳氏曰。聖人知夫身者天地之委形。生者天地之委和。性命者天地之委順。故視肝膽爲楚越。以死生爲晝夜。安其適來之時。處其適去之順。將迎無所形於外。哀樂不能閒於內。又孰以幻滅爲累哉。此所以悟於將死之夢。至於負手之忘形。曳杖之忘物。逍遥於自得之場。以與天爲徒也。然安得翛然忘物而吉凶不與之同乎。此所以有泰山梁木哲人之嗟歟。○嚴陵方氏曰。夏后氏殯於東階之上。若示不忍賓之爾。故曰則猶在阼也。殷人殯於兩楹之閒。若將賓之矣。故曰則與賓主夾之也。周人殯於西階之上者。則若賓之矣。故曰則猶賓之也。凡此皆以其世漸文而殯死之所愈遠而已。然孔子夢坐奠於兩楹之閒。乃知其將死者。以殷人則宜享殷禮故也

孔子之喪。門人疑所服。子貢曰。昔者夫子之喪顏淵。若喪

子而無服。喪子路亦然。請喪夫子若喪父而無服

以後章二三子絰而出言之。此所謂無服，蓋謂弔服加麻也。疏云：士弔服疑衰麻，謂環絰也。五服絰皆兩股，惟環絰一股。後章從母之夫疏云：凡弔服不得稱服。○方氏曰：若喪父而無服，所謂心喪也。嚴陵方氏曰：方孔子之生也，以子之喪處門人；及其沒也，門人以父之喪處孔子，此報施之禮也。學記曰：師無當於五服，五服弗得不親，則師之於人豈小補哉！故子貢於三年之外，又築室於場，獨居三年，然后歸，以恩尤所重故也。噫！世衰道微，禮教不明乎天下，其孰親之喪不能三年者，蓋有之矣，而況於師乎？

孔子之喪，公西赤為志焉：飾棺牆，置翣，設披，彼義反。周也；設崇，殷也；綢叨練設旐，直小反。夏也。

公西氏。赤。名。字子華。孔子弟子也○疏曰。孔子之喪。公西赤以飾棺榮夫子。故爲盛禮。備三王之制。以章明志識焉。於是以素爲褚。褚外加牆。車邊置翣。恐柩車傾虧而以繩左右維持之。此皆周之制也。其送葬乘車所建旌旗。刻繒爲崇牙之飾。此則殷制。又綢盛旌旗之竿以素錦。於杠首設長尋之旐。此則夏禮也○詩虡業維樅。疏云。懸鍾磬之處。以采色爲大牙。其狀隆然。謂之崇牙。練。素錦也。緇布廣終幅。長八尺。旐之制也。長樂陳氏曰。顏淵之死。門人欲厚葬之。孔子以爲不可。子疾病。子路使門人爲臣。孔子以爲欺天。門人之葬孔子。則飾牆置翣。以至周披殷崇夏旐。而三代之禮莫不兼用。豈孔子之心乎。蓋門人以孔子有所不可及之道。故報之以人所不可行之

禮。是雖禮兼於三代。蓋亦稱情以爲文而已。故子貢六年於其墓。孟子不以爲非。門人三代之厚葬。君子不以爲過

子張之喪。公明儀爲志焉。褚幕丹質。蟻結于四隅。殷士也。

疏曰。褚者。覆棺之物。若大夫以上其形似幄。士則無褚。公明儀尊其師。故特爲褚。不得爲幄。但似幕形。故云褚幕以丹質之布而爲之也。又於褚之四角畫蚍蜉之形交結往來。故云蟻結于四隅。此殷禮士葬飾也。長樂陳氏曰。子張之喪。公明儀爲志。不牆不翣。畫褚以蟻。而葬之以殷士之禮。何也。殷禮質。周禮文。質則厚。文則薄。子張之時。既甚文矣。故門人從質以救其弊。此易小過用過乎儉。孔子欲從先進之意也。記曰。掘中霤而浴。毀竈以綴足。及葬毀宗躐行。殷道也。學者行之。則喪禮從殷。孔門之所尚也。公西華之喪孔子。則與於此者。蓋厚孔子所以

尊道。儉子張所以趣時也

子夏問於孔子曰。居父母之仇如之何。夫子曰。寢苫詩占反枕去聲干。不仕。弗與共天下也。遇諸市朝。不反兵而鬭

不反兵者。不反而求兵。言恒以兵器自隨

曰。請問居昆弟之仇如之何。曰仕弗與共國。銜君命而使。雖去聲遇之不鬭。曰。請問居從去聲父昆弟之仇如之何。曰。不爲魁。主人能。則執兵而陪其後

疏曰。朝在公門之內。閽人掌中門之禁。兵器但不得入中門耳。其大詢衆庶在臯門之內。則得入也。設朝或在野外。或在縣鄙鄉遂。但有公事之處。皆謂之朝。兵者亦

謂佩刀以上。不必要是矛戟也○方氏曰。市朝猶不反兵則無所往而不執兵矣。曲禮云。兄弟之讎不反兵。此言遇之不鬬者。彼據不仕者言之耳 嚴陵方氏曰。寢苫則常以喪禮自處。枕干則常以戒事自防。不仕則不暇事人而事事也。弟與共天下。則與不共戴天同義。市朝非戰鬬之處。遇諸市朝猶不反兵。則無所往而不執兵矣。由其恩之至重。故其報之如此。仕弟與共國。則雖事人而事事亦恥與之相遇也。銜君命而使遇之不鬬。則不敢以私讎妨公事。由其恩殺於父母。曲禮言交游之讎而不及從父昆弟。此言從父昆弟之讎而不及從父者。蓋交游之讎猶不同國。則從父昆弟可知矣。於從父昆弟且不爲魁。則交游不爲魁可知矣

孔子之喪。二三子皆絰而出。羣居則絰。出則否

弔服加麻者。出則變之。今出外而不免絰。所以隆師也。

群者諸弟子相爲朋友之服也儀禮註云朋友雖無親有同道之恩相爲服緦之經帶亦弔服也故出則免之

山陰陸氏曰二三子蓋謂七十子知師之深者也

易異墓非古也

䟽曰易謂芟治草木不使荒穢古者殷以前墓而不墳不易治也

子路曰吾聞諸夫子喪禮與其哀不足而禮有餘也不若禮不足而哀有餘也祭禮與其敬不足而禮有餘也不若禮不足而敬有餘也

有其禮而無其財則禮或有所不足哀敬則可自盡也

此夫子反本之論，亦寧儉寧戚之意。臨川吳氏曰：哀敬言其心，禮之本也。禮言其物，禮之文也。禮有本有文，本固爲重，然謂之與其，謂之不若，此矯世救弊之辭爾。蓋本與文兩相稱者爲盡善也。

曾子弔於負夏，主人既祖，塡池，奠徹推柩而反之，降婦人而后行禮。從去聲者曰：禮與？曾子曰：夫祖者且也，且胡爲其不可以反宿也。

劉氏曰：負夏，衛地也。葬之前一日，曾子往弔，時主人已祖奠而婦人降在兩階之間矣。曾子至，主人榮之，遂徹奠推柩而反向内，以受弔。示死者將出行，遇賓至而爲之暫反也。亦事死如事生之意。然非禮矣。柩既反，則婦人復升堂以避柩。至明日乃復還柩向外。降婦人於階間而後行遣奠之禮。故從者見柩初已遷而復推反之。祖婦人已降而又升堂皆非禮。故問之。而曾子荅之云。祖者且也。是且遷柩爲將行之始。未是實行。又何爲不可復反。越宿至明日乃還柩遣奠而遂行乎。疏謂其見主人榮已。不欲指其錯失而給說荅從者。此以衆人之心窺大賢也。事之有無不可知。其義亦難强解。或記者有遺誤也。所以徹奠者。奠在柩西。欲推柩反之。故必先徹而後可旋轉也。婦人降階間。亦以奠在車西。故立車後。今柩反。故亦升避也從者又問諸子游曰。禮與。子游曰。飯上聲於牖下。小斂於戶內。大斂於阼。殯於客位。祖於庭。葬於墓。所以即遠也。故喪事有進而無退。曾子聞之曰。多矣乎予出祖者

從者疑曾子之言。故又請問於子游也。飯於牖下者。尸沐浴之後。以米及貝實尸之口中也。時尸在西室牖下南首也。士喪禮。小斂衣十九稱。大斂三十稱。斂者包裹斂藏之也。小斂在戶之內。大斂出在東階。未忍離其爲主之位也。主人奉尸斂于棺。則在西階矣。掘肂於西階之上。肂。陳也。謂陳尸於坎也。置棺于肂中而塗之。謂之殯。及啓而將葬。則設祖奠於祖廟之中庭。而後行。自牖

下而戸內。而阼。而客位。而庭。而墓。皆一節遠於一節。此謂有進而往。無退而還也。豈可推柩而反之乎。多矣乎予出祖者。多猶勝也。曾子聞之。方悟己說之非。乃言子游所說出祖之事。勝於我之所說出祖也。嚴陵方氏曰。飯。即含也。以用米。故謂之飯含。亦兼用珠玉。而此不言者。止據士禮也。歛以收歛其尸爲義。其禮見喪大記。以衣衾之數有多少。故有小大之名也。殯以攢於外。祖以祭於行。葬以藏於野。自飯至葬。其所愈遠。以義斷恩。故有進而無退。然負夏之喪。既祖而塡池矣。以曾子之弔。遂推柩而反之。降婦人而後行禮。此從者所以疑其非禮也。夫祖固有且意。以祭於行始。方來有繼故爾。而曾子遂以爲可以反宿。則非也。降婦人而後行遣奠之禮。固禮之常。其反柩而後降。故爲非。自飯於牖下至葬於墓。與坊記所言皆同。

曾子襲裘而弔。子游裼裘而弔。曾子指子游而示人曰。夫

扶夫也爲習於禮者如之何其裼裘而弔也主人既小斂袒括髮子游趨而出襲裘帶絰而入曾子曰我過矣我過矣夫夫是也

疏曰凡弔喪之禮主人未變服之前弔者吉服吉服者羔裘玄冠緇衣素裳又袒去上服以露裼衣此裼裘而弔是也主人既變服之後弔者雖著朝服而加武以絰武吉冠之卷也又掩其上服若是朋友又加帶此襲裘帶絰而入是也○方氏曰曾子徒知喪事爲凶而不知始死之時尚從吉此所以始非子游而終善之也

子夏既除喪而見現予上聲之琴和去聲之而不和彈之而不

成聲作而曰。哀未忘也。先王制禮。而弗敢過也。子張既除喪而見。予之琴。和之而和。彈之而成聲。作而曰。先王制禮。不敢不至焉

均為除喪。而琴有和不和之異者。蓋子夏是過之者。俯而就之出於勉強。故餘哀未忘而不能成聲。子張是不至者。跂而及之。故哀已盡而能成聲也。李氏曰。先王制禮。正之以中。而使有餘者不敢盡。不及者不敢不勉。要之不出乎聖人之大閑而已。子夏過者也。不敢不約之以禮。故曰不敢過也。子張不及者也。不敢不引而至於禮。故曰不敢不至焉。○嚴陵方氏曰。四制曰。祥之日鼓素琴。示民有終也。蓋先王之制禮如此。故二子之除喪而見。所以孔子各予之琴也。○山陰陸氏曰。師也過。商也不及。今其除喪如此。蓋學之之力也

司寇惠子之喪子游爲去聲之麻衰牡麻絰文子辭曰子辱與彌牟之弟游又辱爲之服敢辭子游曰禮也

惠子衛將軍文子彌牟之弟惠子廢適子虎而立庶子故子游特爲非禮之服以譏之亦檀弓免公儀仲子之意也麻衰以吉服之布爲衰也牡麻絰以雄麻爲絰也麻衰乃吉服十五升之布輕於弔服弔服之絰一股而環之今用牡麻絞絰與齊衰絰同矣鄭註云重服指經而言也文子初言辱爲之服敢辭者辭其服也

文子退反哭子游趨而就諸臣之位文子又辭曰子辱與彌牟之弟游又辱爲之服又辱臨其喪敢辭子游曰固以

請文子退扶適的子南面而立曰子辱與彌牟之弟游又辱爲之服又辱臨其喪虎也敢不復位子游趨而就客位次言敢辭者辭其立於臣位也此時尚未喻子游之意及子游言固以請則文子覺其譏矣於是扶適子正喪主之位焉而子游之志達矣趨就客位禮之正也○疏曰大夫之賓位在門東近北家臣位亦在門東而南近門並皆北向長樂陳氏曰司寇惠子之喪其廢嫡也無異公儀仲子之立庶子游之於司寇惠子相友也無異檀弓之於公儀仲子檀弓之譏仲子服免而已趨而就門右而已子游之譏惠子服不以免而麻衰牡麻經趨不就門而就諸臣之位又檀弓之譏則見於言子游之譏至於無言者蓋檀弓以仲子無賢兄弟非可追而正之故服止於免趨止於景伯而不之以言姑以正法而已子游以惠子之兄弟有文子者可以追

而正之。故重爲之服。弔爲之趨。示之以無言。使之自訟而改焉。既而文子果扶適子南面而立。豈非事異則禮異哉。然子游之知禮。未必不始於檀弓。故仲子之事。子游感而檀弓行之。此檀弓所以爲賢歟

將軍文子之喪。既除喪而后越人來弔。主人深衣練冠待于廟。垂涕洟。子游觀之曰。將軍文氏之子其庶幾乎。亡於禮者之禮也。其動也中。去聲

將軍文子。即彌牟也。主人。文子之子也。禮無弔人於除喪之後者。亦無除喪後受人之弔者。深衣吉凶可以通用。小祥練服之冠。不純吉。亦不純凶。廟者。神主之所在。待而不迎。受弔之禮也。不哭而垂涕。哭之時已過而哀之情未忘也。庶幾。近也。子游善其處禮之變。故曰文氏

之子其近於禮乎。雖無此禮而爲之禮。其舉動皆中節矣○疏曰。深衣。即間傳所言麻衣也。制如深衣。緣之以布曰麻衣。緣之以素曰長衣。緣之以采曰深衣。練冠者。祭前之冠。若祥祭則縞冠也。始死至練祥來弔是有文之禮。祥後來弔是無文之禮。言文氏之子庶幾堪行乎無於禮文之禮也。動舉也。中當於禮之變節也長樂陳氏曰喪已除而弔始至非喪非無喪之時也。深衣練冠非凶非不凶之服也。待于廟非受弔非不受弔之所也。文子於其非喪非無喪之時能處之以非喪非無喪之禮。故子游曰其庶幾乎亡於禮者之禮也。其動也中。中者猶射之有中也。中乎有於禮者之禮未足以爲善。中乎亡於禮者之禮。則善矣

幼名冠字去聲五十以伯仲死謚周道也

疏曰。凡此之事。皆周道也。又殷以上有生號。仍爲死後之稱。更無別謚。堯舜禹湯之例是也。周則死後別立謚。○朱子曰。儀禮賈公彥疏云。少時便稱伯某甫。至五十乃去某甫而專稱伯仲。此說爲是。如今人於尊者不敢字之而曰幾丈之類。石林葉氏曰。子生三月而父名之。非特父名之。人亦名之也。至冠則成人矣。非特人不得名。父亦不名焉。故加之字而不名。所以尊名也。五十爲大夫。則益尊矣。有位於廟。非特人不字。父與君亦不字焉。故但曰伯仲而不字。所以尊字也。禮固自有次第。或言士冠禮既冠而字曰伯某甫。仲叔季惟其所當。則固已稱伯仲。何待於五十。疑檀弓之誤。此不然。始冠而字者。伯仲皆在上。但以其序次之。所以爲字者在下。某甫也。如伯牛。仲弓。叔肸。季友之類是已。至於五十爲大夫。尊其爲某甫者則去之。故但言伯仲而冠之以氏。伯仲皆在下。如名伯。南仲。榮叔。南季之類是也。檀弓言伯仲者。非加之伯仲也。去其爲某甫

者而言伯仲爾

經也者實也

麻在首在要皆曰經。分言之則首曰經。要曰帶。經之言實。明孝子有忠實之心也。首經象緇布冠之缺項。要經象大帶。又有絞帶象革帶。齊衰以下用布。○朱子曰。首經大一搤。是拇指與第二指一圍。要經較小。絞帶又小於要經。要經象大帶。兩頭長垂下。絞帶象革帶。一頭有彄子。以一頭串於中而束之

掘中霤而浴。毀竈以綴拙足

疏曰。中霤。室中也。死而掘室中之地作坎。以牀架坎上。

尸於牀上浴。令浴汁入坎也。死人冷強。足辟戾不可著。屨。故用毀竈之甓連綴死人足令直可著屨也

及葬毀宗躐行出于大門。殷道也。學者行之

疏曰。毀宗。毀廟也。殷人殯於廟。至葬柩出。毀廟門西邊牆而出于大門。行神之位在廟門西邊。當所毀宗之外。生時出行。則爲壇幣告行神。告竟車躐行壇上而出。使道中安穩如在壇。今向毀宗處出。仍得躐行此壇如生時之出也。學於孔子者行之。效殷禮也 嚴陵方氏曰。經之所用男子重首。婦人重腰。皆用其所重。非徒爲虛名而已。古者復穴而居。開其上以取明而兩溜焉。故後世因以名其室。毀竈取甓以綴於足。而欲尸之溫也。夫中霤則生時於之以居處。浴必掘中霤。以示不復居處於此故也。竈則生

時於之以亨飪。綴足必毀竈。以示不復亨飪於此故也。宗則生時於之以祭享。蹶行必毀宗。以示不復祭享於此故也。凡此皆殷所常行。殷尚質。故禮之所由本。周尚文。故禮之所由備。生以文爲尚。故名字之制學禮者行乎周道焉。死以質爲尚。故喪葬之制學禮者行乎周道焉

子柳之母死。子碩請具。子柳曰。何以哉。子碩曰。請粥（育）庶弟之母。子柳曰。如之何其粥人之母以葬其母也。不可。旣葬。子碩欲以賻布之餘具祭器。子柳曰。不可。吾聞之也。君子不家於喪。請班諸兄弟之貧者

子柳。魯叔仲皮之子。子碩之兄也。具。謂喪事合用之器物也。何以哉。言何以爲用乎。謂無其財也。鄭云。粥。謂嫁之也。妾賤。取之曰買。布。錢也。不家於喪。惡因死者而爲

利也班猶分也不粥庶弟之母者義也班兄弟之貧者仁也夫以粥庶母以治葬則乏於財可知矣而不家於喪之言確然不易古人之安貧守禮蓋如此嚴陵方氏曰無財不可以爲悅豈宜粥人之母以葬其親乎無田祿者不設祭器豈宜以賻布之餘具之乎此子柳所以不從子碩之請也

君子曰謀人之軍師敗則死之謀人之邦邑危則亡之應氏曰衆死而義不忍獨生焉得而不死國危而身不可獨存焉得而不亡長樂陳氏曰主危臣辱主辱臣死故謀人之軍師敗則死之社稷存則與存社稷亡則與亡故謀人之邦邑危則亡之思其敗之死則無輕軍師思其危之亡則無輕邦邑先王懼夫爲人臣者不知出此故禮以戒之凡使引慝執咎殫忠致命而已

公叔文子升於瑕丘蘧伯玉從（去聲）文子曰樂哉斯丘也死則我欲葬焉蘧伯玉曰吾子樂之則瑗（于願反）請前

二子皆衛大夫文子名拔伯玉名瑗○劉氏曰伯玉之請前蓋始從行於文子之後及聞文子之言而惡其將欲奪人之地自爲身後計遂譏之曰吾子樂此則我請前行以去子矣示不欲與聞其事也可謂長於風喻者矣○嚴陵方氏曰葬之爲禮蓋生者之所送終非死者之所豫擇擇之且不可又況佔己之樂而忘人之害乎苟惟樂己害人之事可爲則夫人而爲之矣此公叔文子樂瑕丘之葬故蘧伯玉有請前之譏也

弁人有其母死而孺子泣者孔子曰哀則哀矣而難爲繼也夫禮爲可傳也爲可繼也故哭踊有節

弁地名。孺子泣者。其聲若孺子。無長短高下之節也。聖人制禮。期於使人可傳可繼。故哭踊皆有其節。若無節則不可傳而繼矣。嚴陵方氏曰。傳言由己以傳於後。繼言使人有繼於前。孟子曰。舜爲法於天下。可傳於後世。又曰。君子創業垂統。爲可繼也。此傳繼之辨歟。夫弁人之喪母。泣若孺子。雖爲盡哀。然失哭踊之節而難爲繼矣。此孔子以是言之也

叔孫武叔之母死。既小歛。舉者出。句尸出戸。句袒。句且投其冠括髮。子游曰。知禮

禮。始死將斬衰者笄纚。將齊衰者素冠。小歛畢而徹帷。主人括髮袒于房。婦人髽于室。舉者出。舉尸以出也。括髮當在小歛之後。尸出堂之前。主人爲將奉尸。故袒而

括髮耳。令武叔待尸出戶。然後袒而去冠括髮。失禮節矣。故註以子游知禮之言爲嗤之也○馮氏曰。經文作戶出戶。上戶字乃尸字之訛也。鄭註云。尸出戶乃變服。義甚明。然註文尸亦訛爲戶。遂解不通。嚴陵方氏曰。蓋小斂而後袒括髮。則得其序矣。出戶而後袒括髮。則非其所也。子游曰知禮。所以甚言其不知禮也

扶君。卜僕人師扶右。射人師扶左。君薨以是舉

君疾時。僕人之長扶其右體。射人之長扶其左體。此二人。皆平日贊正服位之人。故君旣薨遇遷尸。則仍用此人也。方氏釋師爲衆。應氏以卜人爲卜筮之人廣安游氏曰。傳曰。男子不死於婦人之手。春秋書人君不薨於路寢。則爲死不以道。故君之疾也。以在寢在朝之正服位而從

君者扶持之。薨則外廷之人共治其喪。疾則外廷之人共知其疾。所以防微杜漸。致謹於疾病之際以正其死道也。然此非一日之故。蓋古者之制。婦官亭尹內。而人君哀樂之事得其節。僕人射人舉職於外。而人君起居之節得其宜。故九嬪世婦之屬。掌以時御。叙于王所宮中之治。總以大宰。參以六卿。人君出入起居常從事於禮。故疾病死喪。內之人不得與焉。此非承先王積習而當時禮教之隆。有不能然者

從去聲母之夫。舅之妻。二夫扶人相爲去聲服。君子未之言也。

或曰同爨緦

從母。母之姊妹。舅。母之兄弟。從母夫於舅妻無服。所以禮經不載。故曰君子未之言。時偶有甥至外家。見此二人相依同居者有喪而無文可據。於是或人爲同爨緦之說以處之。此亦原其情之不可已而極禮之變焉耳。

○或問從母之夫舅之妻皆無服何也朱子曰先王制禮父族四故由父而上爲族曾祖父緦麻姑之子姊妹之子女子子之子皆由父而推之也母族三母之父母之母母之兄弟恩止於舅故從母之夫舅之妻皆不爲服推不去故也妻族二妻之父妻之母乍看似乎雜亂無紀子細看則皆有義存焉

喪事欲其縱縱總爾吉事欲其折折提爾故喪事雖遽其據反不陵節吉事雖止不怠故騷騷爾則野鼎鼎爾則小人君子蓋猶猶爾

縱縱給於趨事之貌折折從容中禮之貌喪事雖急遽

而不可陵躐其節次吉事雖有立而待事之時而不可失於怠惰若騷騷而太疾則鄙野矣鼎鼎而太舒則小人之爲矣猶猶而得緩急之中君子行禮之道也廣安游氏曰君子處吉凶之際以失禮爲懼故疾徐之際常得其中○臨川吳氏曰喪事欲疾吉事欲舒疾者雖當促遽然亦不可太急而陵越節次舒者雖有止息然亦不可太緩而怠惰寬縱故騷騷而急疾不節則若田野之人鼎鼎而舒緩怠惰則若不備整之小人唯君子得疾徐之中則於喪事不至太疾吉事不至太舒也

喪具君子恥具一日二日而可爲也者君子弗爲也

喪具棺衣之屬君子恥於早爲之而畢具者嫌不以久生期其親也然六十歲制七十時制八十月制九十日脩蓋慮夫倉卒之變也一日二日可辦之物則君子不

豫爲之所謂絞紟衾冒死而后制者也

喪服。兄弟之子猶子也。蓋引而進之也。嫂叔之無服也。蓋推而遠去聲之也。姑姊妹之薄也。蓋有受我而厚之者也

方氏曰。兄弟之子雖異出也。然在恩爲可親。故引而進之與子同服。嫂叔之分雖同居也。然在義爲可嫌。故推而遠之不相爲服。姑姊妹在室與兄弟姪皆不杖期。出適則皆降服大功而從輕者。蓋有受我者服爲之重故也。言其夫受之而服爲之杖期以厚之。故於本宗相爲皆降一等也。何氏叔曰。男女相爲服。不有骨肉之親。則其尊卑之異也。嫂叔親非骨肉。尊卑不異。恐有混淆之失。故推使無服也

食於有喪者之側。未嘗飽也

應氏曰。食字上疑脫孔子字 嚴陵方氏曰。飢而廢事。非禮也。飽而忘哀。亦非禮也。慮其至於廢事。故雖喪者之側必食。又慮其忘哀。故未嘗飽焉。是禮也。雖聖人之行。不過如此而已

曾子與客立於門側。其徒趨而出。曾子曰。爾將何之。曰。吾父死。將出哭於巷。曰。反哭於爾次。曾子北面而弔焉

其徒。門弟子也。次。其人所寓之館舍也。士喪禮。主人西面。賓在門東北面。此曾子所以北面而弔之也 臨川吳氏曰。曰吾父死者。立於門側之客曰也

孔子曰。之死而致死之。不仁而不可為也。之死而致生之。不知去聲而不可為也。是故竹不成用。瓦不成味沬。木不成

斲琴瑟張而不平竽笙備而不和有鐘磬而無簨筍虡巨

其曰明器神明之也

劉氏曰之往也之死謂以禮往送於死者而極以死者之禮待之是無愛親之心爲不仁故不可行也往於死者而極以生者之禮待之是無燭理之明爲不知故亦不可行也此所以先王爲明器以送死者竹器則無縢緣而不成其用凡器則麄質而不成其黑光之沬木器則樸而不成其雕斲之文琴瑟則雖張絃而不平不可彈也竽笙雖備具而不和不可吹也雖有鐘磬而無懸挂之簨虡不可擊也凡此皆不致死亦不

致生而以有知無知之間待死者故備物而不可用也備物則不致死不可用則亦不致生其謂之明器者蓋以神明之道待之也長樂陳氏曰不曰神明之器特曰明器者以神之幽不可不明故也周官凡施於神者皆曰明故水曰明水火曰明火以至明齍明燭明竁者皆神明之也蓋其有竹瓦木之所用琴瑟竽笙鐘磬之所樂者明之也所用非所用所樂非所樂神之也宋襄公葬其夫人醯醢百甕豈知此哉

有子問於曾子曰問聞喪去聲於夫子乎曰聞之矣喪欲速貧死欲速朽有子曰是非君子之言也曾子曰參也聞諸夫子也有子又曰是非君子之言也曾子曰參也與子游聞之有子曰然然則夫子有為去聲言之也曾子以斯言告於子游子游曰甚哉有子之言似夫子也昔者夫子居於

宋見桓司馬自爲石椁三年而不成夫子曰若是其靡也死不如速朽之愈也死之欲速朽爲去聲桓司馬言之也

仕而失位曰喪桓司馬即桓魋靡後也

南宫敬叔反必載寶而朝夫子曰若是其貨也喪不如速貧之愈也喪之欲速貧爲敬叔言之也

敬叔魯大夫孟僖子之子仲孫閱也嘗失位去魯後得反載寶而朝欲行賂以求復位也

曾子以子游之言告於有子有子曰然吾固曰非夫子之言也曾子曰子何以知之有子曰夫子制於中都四寸之棺五寸之椁以斯知不欲速朽也昔者夫子失魯司寇將

之荆。蓋先之以子夏，又申之以冉有，以斯知不欲速貧也。定公九年，孔子爲中都宰，制棺槨之法制也，四寸五寸。厚薄之度。將適楚而先使二子繼往者，蓋欲觀楚之可仕與否而謀其可處之位歟。嚴陵方氏曰：肆其侈心而至於傷財，曾不若速朽之爲愈也。肆其利心而至於害義，曾不若速貧之爲愈也。孔子之言特爲二子而發爾。有子乃能以中都與之荆之事驗之，可謂知音者矣。

陳莊子死，赴於魯。魯人欲勿哭。繆穆公召縣玄子而問焉。縣子曰：古之大夫，束脩之問不出竟境，雖欲哭之，安得而哭之？

大夫訃於他國之君，曰君之外臣寡大夫某死。莊子齊大夫名伯。齊強魯弱。不容略其赴。縣子名知禮。故召問之。脩脯也。十脡爲束。問。遺也。爲人臣者無外交。不敢貳君也。故雖束脩微禮。亦不以出竟

令之大夫交政於中國。雖欲勿哭。焉得而弗哭。且臣聞之。哭有二道。有愛而哭之。有畏而哭之。公曰。然。然則如之何而可。縣子曰。請哭諸異姓之廟。於是與哭諸縣氏

交政於中國。言當時君弱臣強。大夫專盟會之事。以與國君相交接也。此變禮之由也。愛之哭。出於不能已。畏之哭。出於不得已。哭伯高於賜氏。義之所在也。哭莊子於縣氏。勢之所迫也。嚴陵方氏曰。君弱臣強。有至交政於中國。豈特束脩之問而已。生既

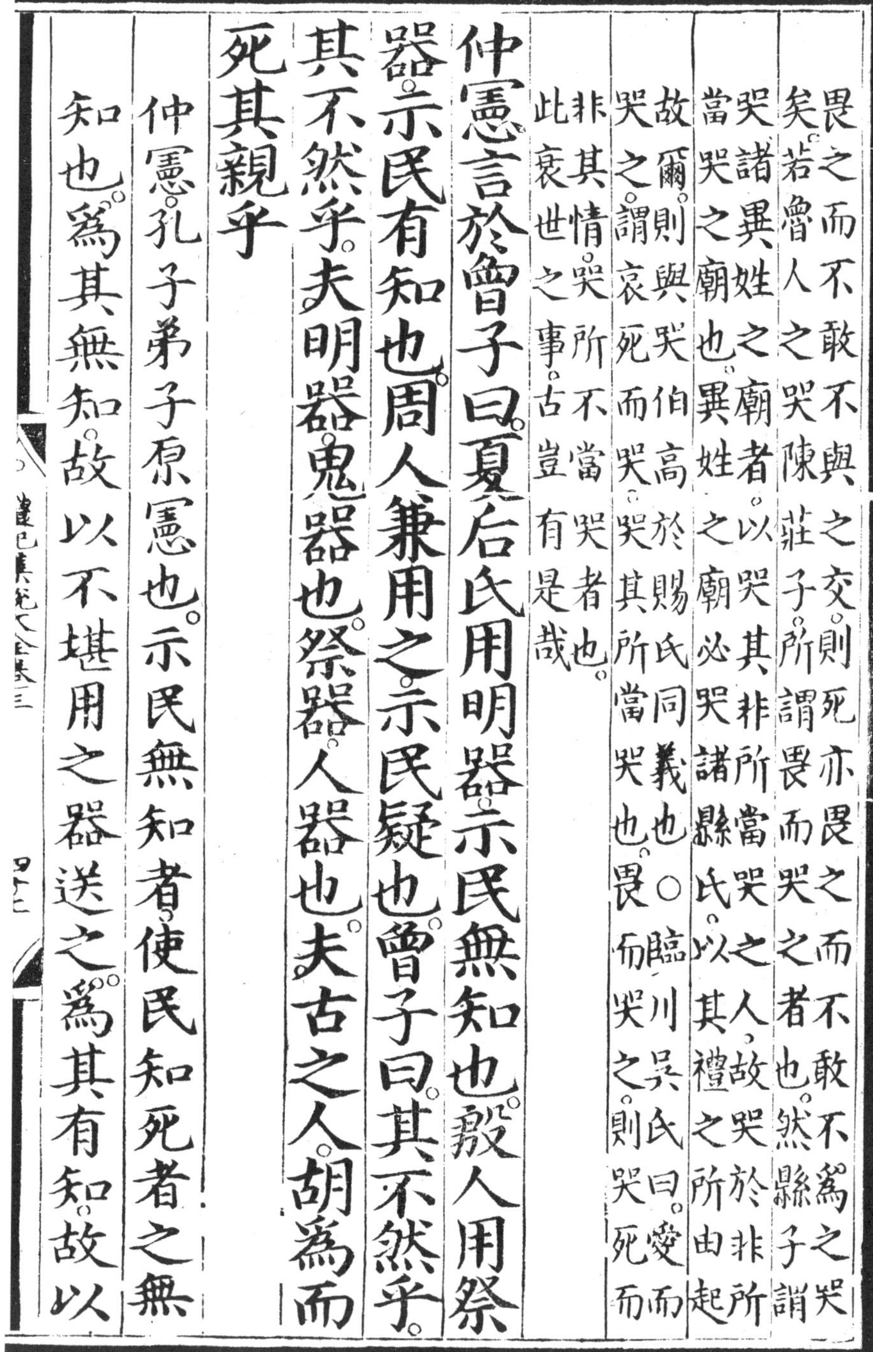

畏之而不敢不與之交則死亦畏之而不敢不爲之哭矣若魯人之哭陳莊子所謂畏而哭之者也然縣子謂哭諸異姓之廟者以哭其非所當哭之人故哭於非所當哭之廟也異姓之廟必哭諸縣氏以其禮之所由起故爾則與哭伯高於賜氏同義也○臨川吳氏曰愛而哭之謂哀死而哭哭其所當哭也畏而哭之則哭死而非其情哭所不當哭者也

此哀世之事古豈有是哉

仲憲言於曾子曰夏后氏用明器示民無知也殷人用祭器示民有知也周人兼用之示民疑也曾子曰其不然乎其不然乎夫明器鬼器也祭器人器也夫古之人胡爲而死其親乎

仲憲孔子弟子原憲也示民無知者使民知死者之無知也爲其無知故以不堪用之器送之爲其有知故以

祭器之可用者送之疑者。不以爲有知。亦不以爲無知也。然周禮惟大夫以上得兼用二器。士惟用鬼器也。曾子以其言非。乃曰其不然乎。再言之者。甚不然之也。蓋明器祭器。固是人鬼之不同。夏殷所用不同者。各是時王之制。文質之變耳。非謂有知無知也。若如憲言。則夏后氏何爲而忍以無知待其親乎○石梁王氏曰。三代送葬之具。質文相異。故所用不同。其意不在於無知有知及示民疑也。仲憲之言皆非。曾子非之。末獨譏其說夏后明器。蓋舉其失之甚者也。嚴陵方氏曰。明器祭器。三代之所兼用。蓋處之以死生之間而已。豈特周而然哉。而原憲必以夏用鬼器。殷用人器。則是夏有致死之不仁。殷有致生之不知

矣。宜乎曾子不然其說也。然曾子之言。止及於夏而不及於殷者。以死其親。尤君子之所不忍故也

公叔木式樹反有同母異父之昆弟死。問於子游。子游曰。其大功乎。狄儀有同母異父之昆弟死。問於子夏。子夏曰。我未之前聞也。魯人則爲之齊衰。狄儀行齊衰。今之齊衰。狄儀之問也

公叔木。衛公叔文子之子。同父母之兄弟期。則此同母而異父者。當降而爲大功也。禮經無文。故子游以疑辭荅之。魯人齊衰三月之服。行之久矣。故子夏舉以荅狄儀。而記者云因狄儀此問。而今皆行之也。此記二子言禮之不同（）鄭氏曰。大功是。張子曰。同母異父之昆弟。狄儀服之齊衰。是與親兄

弟之服同。如此。則無分別。○嚴陵方氏曰。禮。異父亦謂之繼父。繼父同居則服期焉。服其父以期。則其子相爲服以大功。乃其稱也。而子夏遂以魯人之事告狄儀。使之行齊衰。不亦甚乎。

子思之母死於衛。柳若謂子思曰。子。聖人之後也。四方於子乎觀禮。子蓋愼諸。子思曰。吾何愼哉。吾聞之。有其禮。無其財。君子弗行也。有其禮。有其財。無其時。君子弗行也。吾何愼哉。

柳若。衛人。伯魚卒。其妻嫁於衛。有其禮。謂禮所得爲者。然無財則不可爲。禮時爲大。有禮有財而時不可爲。則亦不得爲之也。嚴陵方氏曰。無其財。則物不足以行禮。無其時。則勢不可以行禮。禮有常。時有變。財有限。三者不備。君子所不行也。孟子所言不得不可以爲悅者。時與禮也。無財不可以爲悅者。即此所謂財也○廣安游氏曰爲嫁母服此後世之禮非先王之正也子思之意以爲雖有齊衰期之禮然財不足以備禮則行之必有所不備若有其禮有其財可以行矣而非道隆之時亦弗可以備行也以此觀之子思於嫁母之服蓋有行之而不備者矣古之君子嚴於父母男女之別以爲禽犢懷母不懷父君子惡之故父在爲母期以厭降於父母出嫁而其禮之行有所不備以爲母絕於父其尊統於父所以致謹於父之親也若學於嫁母而於父不親此禽犢之道謹於禮者之所畏也然後世君子行不如子思道又不如子思未必能親其父而先絕其母此又君子所難言也故曰與其過乎薄寧過乎厚去古既遠行禮者當以是爲心

縣子瑣曰吾聞之古者不降上下各以其親滕伯文爲去聲孟虎齊衰其叔父也爲孟皮齊衰其叔父也

縣子名瑣○疏曰古者殷時也周禮以貴降賤以適降庶惟不降正耳而殷世以上雖貴不降賤也上下各以

其親不降之事也。上。謂旁親族。曾祖。從祖。及伯叔之班。下。謂從子。從孫之流。彼雖賤。不以己尊降之。猶各隨本屬之親輕重而服之。故云上下各以其親。滕國之伯名文。爲孟虎著齊衰之服者。虎是文之叔父也。又爲孟皮著齊衰之服者。文是皮之叔父也。言滕伯上爲叔父。下爲兄弟之子。皆著齊衰也。朱子曰。夏殷而上。大槩只是親親長長之意。到得周來。則又添得許多貴貴底禮數。如始封之君。不臣諸父昆弟。封君之子。不臣諸父而臣昆弟。期之喪。天子諸侯絕。大夫降。然諸侯大夫尊同。則亦不絕不降。姊妹嫁諸侯者則亦不絕不降。此皆貴貴之義。上世想皆簡略。未有許多降殺貴貴底禮數。凡此皆天下之大經。前世所未備。到得周公搜剔出來。立爲定制。更不可易

后木曰。喪。吾聞諸縣子曰。夫喪不可不深長思也。買棺外

內易。異我死則亦然

后木魯孝公子惠伯鞏之後○馮氏曰。此條重在不可不深長思一句。買棺之時外內皆要精好此是孝子當爲之事。非是父母豫所屬託。而曰我死則亦然記禮者譏失言也 嚴陵方氏曰。子思曰。喪三日而殯凡附於身者必誠必信。勿之有悔焉耳矣。三月而葬凡附於棺者必誠必信。勿之有悔焉耳矣。此喪所以不可不深長思也。買棺外內易亦其一端耳

曾子曰。尸未設飾故帷堂小斂而徹帷仲梁子曰夫婦方亂故帷堂小斂而徹帷

始死去死衣用斂衾覆之以俟浴既復之後楔齒綴足畢。具脯醢之奠事雖小定然尸猶未襲斂也故曰未設

飾。於是設帷於堂者不欲人褻之也。故小斂畢乃徹帷。仲梁子謂夫婦方亂者以哭位未定也。二子各言禮意。鄭云。斂者動搖尸。帷堂爲人褻之。言方亂非也。仲梁子。魯人。以

嚴陵方氏曰。人死斯惡之矣。以未設飾故帷堂。蓋防人之所惡也。小斂則既設飾矣。故徹帷焉。若是則帷堂之禮爲死者爾。豈爲生者哉。而仲梁子以謂夫婦方亂故帷堂。則失禮之意遠矣

小斂之奠子游曰於東方。曾子曰於西方。斂斯席矣。小斂之奠在西方。魯禮之末失也

䟽曰。儀禮小斂之奠設於東方。奠又無席。魯之衰末奠於西方而又有席。曾子見時如此。將以爲禮。故云小斂於西方。斯此也。其斂之時於此席上而設奠矣。故記者

正之云小斂之奠所以在西方是曾人行禮未世失其義也○今按儀禮布席于戶內註云有司布斂席也在小斂之前及陳大斂衣奠則云奠席在饌北斂席在其東註云大斂奠而有席彌神之也據此則小斂奠無席

嚴陵方氏曰萬物生於東而死於北小斂之奠於東方則孝子未忍死其親之意也

縣子曰綌去逆反衰繐歲裳非古也

方氏曰葛之麄而郤者謂之綌布之細而踈者謂之繐五服一以麻各有升數若以綌爲衰以繐爲裳則取其輕涼而已非古制也

子蒲卒哭者呼滅子皋曰若是野哉哭者改之

滅子蒲之名也。復則呼名。哭豈可呼名也。野哉言其鄙野而不達於禮也。子皐，孔子弟子高柴。

杜橋之母之喪，宮中無相，去聲以爲沽古也。

疏曰：沽，麤略也。孝子喪親，悲迷不復自知禮節事儀，皆須人相導，而杜橋家母死，宮中不立相侍，故時人謂其於禮爲麤略也。

夫子曰：始死，羔裘玄冠者，易之而已。羔裘玄冠，夫子不以弔。

疏曰：養疾者朝服。羔裘玄冠，即朝服也。始死則去朝服，著深衣。時有不易者，又有小斂後羔裘弔者，記者因引孔子行禮之事言之馬氏曰弔者在小斂之前猶當服羔裘玄冠以主人未成服弔者麻絰不敢先也故子游裼裘而弔既小斂乃襲裘帶絰而入若夫子羔裘玄冠不以弔者是言小斂之後而已矣

子游問喪具夫子曰稱去聲家之有亡如字子游曰有無惡烏乎齊去聲夫子曰有毋過禮苟亡矣斂首足形還旋葬縣玄棺而封窆入豈有非之者哉

喪具送終之儀物也惡乎齊言何以為厚薄之劑量也毋過禮不可以富而踰禮厚葬也還葬謂斂畢即葬不殯而待月日之期也縣棺而封謂以手縣繩而下之不設碑繂也人不非之者以無財則不可備禮也馬氏曰孟子曰不得不可以為悅無財不可以為悅古之人所以得用其禮者為其有財故也苟無其財則斂首足形還葬雖

不足爲孝子之悅。然以其所以葬而葬。亦豈有非之者哉

司士賁奔告於子游曰。請襲於牀。子游曰。諾。縣子聞之曰。汰哉叔氏。專以禮許人

賁。司士之名也。禮。始死廢牀而置尸於地。及復而不生。則尸復登牀。襲者。歛之以衣也。沐浴之後。商祝襲祭服祿衣。蓋布於牀上也。飯含之後。遷尸於襲上而衣之。襲於牀者。禮也。後世禮失而襲於地。則褻矣。司士知禮而請於子游。子游不稱禮而荅之以諾。所以起縣子之譏也。汰。矜大也。言凡有諸問禮事者。當據禮荅之。子游專輒許諾。則如禮自己出矣。是自矜大也。叔氏。子游字

宋襄公葬其夫人。醯醢百甕。曾子曰。既曰明器矣。而又實之

夏禮專用明器。而實其半。虛其半。殷人全用祭器。亦實其半。周人兼用二器。則實人器而虛鬼器。馬氏曰。既夕禮言陳明器。亦有黍稷醯醢酒醴以實之。宋襄公之葬夫人醯醢百甕。蓋譏其多於禮可也。以爲明器而不當實之。則非矣。由是觀之。豈曾子言殷人之禮有祭器。而不必實明器也歟

孟獻子之喪。司徒旅歸四布。夫子曰。可也

疏曰。送終既畢。賻布有餘。其家臣司徒承主人之意。使旅下士歸還四方賻主人之泉布。時人皆貪。而獻子家獨能如此。故夫子曰。可也。善其能廉。左傳叔孫氏之司

馬駿戾是家臣亦有司徒司馬也長樂陳氏曰知死者贈知生者賻贈賻之餘君子不可利於已亦不可歸於人利於已則啓天下家喪之心歸於人則絕天下恤喪之禮與其利於已寧歸於人與其歸於人寧班諸兄弟之貧者孟獻子之喪司徒旅歸四布孔子可之以其賢乎利於已者而已不若班諸貧者爲盡善也

讀賵曾子曰非古也是再告也

車馬曰賵賵所以助主人之送葬也既受則書其人名與其物於方版葬時柩將行主人之史請讀此方版所書之賵蓋於柩東當前東西面而讀之古者奠之而不讀周則既奠而又讀焉故曾子以爲再告也臨川吳氏曰按士喪禮下篇祖奠畢公賵賓賵其時賵者已致命於柩凡所賵之物書之於方及次日遣奠畢苞牲行器之後主人

之史讀賵。若欲稱一一知之。前既致命。今又讀之。是再告于神也。蓋古者但有賵時致命之禮。無後來再讀之禮。故曾子以爲非古

成子高寢疾。慶遺去聲入請曰。子之病革亟矣。如至乎大病。則如之何

成子高。齊大夫國伯高父。謚成也。遺。慶封之族。革與亟同。急也。大病。死也。諱之之辭

子高曰。吾聞之也。生有益於人。死不害於人。吾縱生無益於人。吾可以死害於人乎哉。我死則擇不食之地而葬我焉

不食之地。謂不耕墾之土。嚴陵方氏曰。子高之愛人。可知矣。觀公叔文子樂瑕丘而

欲葬則子高之所得不亦多乎○臨川吳氏曰入請入卧內而請問其遺命也大病謂死不食之地謂地不可以種五穀以供民食者子高自謂生而不能利澤於人是無益於人也若死而葬人所耕墾之地以妨五穀是有害於人矣故欲擇不可墾耕之地而葬焉其意慊然不自足其言依於謙儉蓋亦可謂賢已

子夏問諸夫子曰居君之母與妻之喪居處言語飲食衎苦旦反爾

君母君妻雖皆小君皆服齊衰不杖期然恩義則淺矣故居其喪則自處如此衎爾和適之貌此章以文勢推之喪下當有如之何夫子曰字舊說謂記者之略亦或闕文歟又否則問當作聞

賓客至無所館夫子曰生於我乎館死於我乎殯

生既館之。死則當殯◯應氏曰。朋友以義合。謂之賓客者。以其自遠方而來也

國子高曰。葬也者藏也。藏也者。欲人之弗得見也。是故衣足以飾身。棺周於衣。椁周於棺。土周於椁。反壤樹之哉

國子高。即成子高也◯䟽曰。子高之意。人死可惡。故備飾以衣衾棺椁。欲其深邃不使人知。令乃反更封壤爲墳而種樹以標之哉。國子意在於儉。非周禮。馬氏曰。古之人尤略於死者。衣之以薪。葬諸中野。而後世聖人特嚴愼終之禮。故凡棺椁周爲不足。易之以棺椁。棺椁爲不足。被之以柳翣。易之以棺椁者。言無使土侵膚。被之以柳翣者。言無使人惡於死。凡此皆藏之弗得見者也。周官冢人用爵等爲之丘封之度與其樹數。故觀其封則知位秩之高下。觀其樹則知命數之多寡。所以遺後世子孫之

識。非以爲觀美者也。封之崇四尺。孔子之所不發。而國子高非之。亦異於禮矣

孔子之喪。有自燕平聲來觀者舍於子夏氏。子夏曰。聖人之葬人與平聲人之葬聖人也。子何觀焉

延陵季子之葬其子。夫子尚往觀之。今孔子之葬。燕人來觀亦其宜也。然子夏之意以爲聖人葬人。則事皆合禮。人之葬聖人。則未必皆合於禮也。故語之曰。子以爲聖人之葬人乎。乃人之葬聖人也。又何觀焉。蓋謙辭也

長樂陳氏曰。君子之於喪禮。尤衆人之所欲觀者也。故子思之喪母。滕世子之葬定公。四方猶且觀之。況聖人之門人葬聖人乎。此燕人所以來觀之

昔者夫子言之曰。吾見封之若堂者矣。見若坊防者矣。見

若覆（方救反）夏屋者矣見若斧者矣從若斧者焉馬鬣封之謂也今一日而三斬板而已封尚行夫子之志乎哉

此言封土有此四者之形封築土爲墳也若堂者如堂之基四方而高也坊堤也若坊者上平旁殺而南北長也若覆夏屋者旁廣而卑也若斧者上狹如刃較之上三者皆用功力多而難成此則儉而易就故俗謂之馬鬣封馬鬃鬣之上其肉薄封形似之也今一日者謂今封築孔子之墳不假多時一日之間三次斬板即封畢而已止矣其法側板於坎之兩旁而用繩以約板乃内土於内而築之土與板平則斬斷約板之繩而升此板

於所築土之上又實土於其中而築之如此者三而墳成矣故云三斬板而已封也尚庶幾也乎哉疑辭亦謙不敢質言也

長樂陳氏曰孔子以時人之封過泰也故欲從其殺者而已門人以夫子之志於儉也故一日三斬板以行夫子之志而已門人於封則儉於披崇練旐則不儉者儉則行夫子之志不儉則行門人之志行夫子之志所以救時人行門人之志所以尊師也

婦人不葛帶

禮婦人之帶牡麻結本卒哭丈夫去麻帶服葛帶而首經不變婦人以葛爲首經以易去首之麻經而麻帶不變所謂不葛帶也既練則男子除經婦人除帶婦人輕首重要故也然此謂婦人居齊斬之服者如此若大功

以下輕者至卒哭則並變爲葛與男子同

有薦新如朔奠

朔奠者月朔之奠也。未葬之時大夫以上朔望皆有奠，士則朔而已。如得時新之味或五穀新熟而薦之，則其禮亦如朔奠之儀也。金華應氏曰：薦新重時物也。薦新於廟，死者已遠，則感傷或淺；薦新於殯，其痛尚新，則感傷必重。朔祭謂之大奠，其禮視大斂，故薦新亦如之，謂男女各即位，內外各從事而奠哭之儀如一也

既葬各以其服除

三月而葬，葬而虞，虞而卒哭。親重而當變麻衰者變之。其當除者即自除之，不俟主人卒哭之變也

池視重平聲霤

疏曰：池者，柳車之池也。重霤者，屋之承霤也，以木爲之，承於屋簷，水霤入此木中，又從木中而霤於地，故云重霤也。天子之屋四注，四面皆有重霤；諸侯四注而重霤，去後；大夫惟前後二；士惟一，在前。生時屋有重霤，故死時柳車亦象宮室而設池於車覆鼈甲之下、牆帷之上。以竹爲之，形如籠，衣以青布，以承鼈甲，名之曰池，以象重霤也。方面之數，各視生時重霤。

君即位而爲椑，僻歲一漆之，藏焉。

疏曰：君，諸侯也。人君無論少長，體尊物備，即位即造爲親尸之棺蓋杝棺也漆之堅強甓甓然故名椑每年一漆示如未成也藏焉者其中不欲空虛如急有待故藏物於中一說不欲令人見故藏之嚴陵方氏曰椑即所謂櫬也君尊雖凶禮亦備豫焉

復楔屑齒綴拙足飯上聲設飾帷堂並作

始死招魂之後用角柶四拄尸之齒令開得飯含時不閉又用燕几拘綴尸之兩足令直使著屨時不辟戾也飯者實米與貝于尸口中也設飾尸襲斂也帷堂堂上設帷也作起爲也復至帷堂六事一時並起故云並作也儀禮亦總見一圖山陰陸氏曰言復楔齒綴足飯設飾此五事並作於帷堂之時

父兄命赴者

䟽曰。生時與他人有恩識者今死則其家宜使人往相赴告。士喪禮孝子自命赴者若大夫以上。則父兄命之也

君復於小寢大寢。小祖。大祖。庫門。四郊

天子之郭門曰皋門。明堂位言魯之庫門。即天子皋門。是庫門者郭門也○䟽曰。君。王侯也。前曰廟。後曰寢。室有東西廂曰廟。無東西廂有室曰寢。小寢者高祖以下寢也。王侯同大寢。天子始祖之寢。諸侯太祖之寢也。小祖者高祖以下廟也。王侯同太祖者天子始祖之廟。諸

侯太祖之廟也○馬氏曰寢所居處之地祖有所事之地門所出入之地郊所嘗至之地君復必於此者蓋魂氣之往亦未離生時熟習之地也觀此則死生之説可知矣○今按馬氏以小寢大寢爲燕寢正寢與舊説異

喪不剥奠也與平聲祭肉也與

剥者不巾覆也脯醢之奠不惡塵埃故可無巾覆凡覆之者必其有祭肉者也廬陵胡氏曰牲肉不巾則塵蠅汚之

既殯旬而布材與明器

材爲椁之木也布者分列而暴乾之也殯後旬日即治此事禮獻材于殯門外註云明器之材此云材與明器

者。蓋二者之材皆乾之也

朝奠日出。夕奠逮日

逮日。及日之未落也○方氏曰。朝奠以象朝時之食。夕奠以象夕時之食。孝子事死如事生也

父母之喪哭無時。使必知其反也

未殯哭不絶聲。殯後雖有朝夕哭之時。然廬中思憶則哭。小祥後哀至則哭。此皆哭無時也。使者受君之任使也。小祥之後。君有事使之不得不行。然反必祭告。俾親之神靈知其已反。亦出必告。反必面之義也

練。練衣。黃裏縓七絹反緣去聲

疏曰。練。小祥也。小祥而著練冠練中衣。故曰練也。練衣者。以練為中衣。黃裏者。黃為中衣裏也。正服不可變。中衣非正服。但承衰而已。縓。淺絳色。縁。謂中衣領及褎之縁也

葛要平聲絰繩屨無約

小祥男子去首之麻絰。惟餘要葛也。故曰葛要絰繩屨者。父母初喪菅屨。卒哭受齊衰蒯藨屨。小祥受大功繩麻屨也。無約。謂無屨頭飾也○朱子曰。菅屨疏屨。今不可考。今略以輕重推之。斬衰用今草鞋。齊衰用麻鞋可也。麻鞋。今卒伍所著者

角瑱吐練反

瑱充耳也。吉時君大夫士皆有之。所以掩於耳。君用玉爲之。初喪去飾。故無瑱。小祥後微飾。故用角爲之也。馬氏曰。哀痛至甚。則耳無聞。目無見也。而哀殺則能有聞矣。故又爲角瑱以充之

鹿裘衡橫長袪。袪裼之可也

䟽曰。冬時吉凶衣裏皆有裘。吉則貴賤有異。喪則同用鹿皮爲之。小祥之前裘狹而短。袂又無袪。小祥稍飾。則更易作橫廣大者又長之。又設其袪也。裼者裘上之衣。吉時皆有。喪後凶質未有裼衣。小祥後漸向吉。故加裼可也。按如此文。明小祥時外有衰。衰內有練中衣。中衣

內有裼衣。裼衣內有鹿裘。鹿裘內自有常著襦衣○今按袪者。袖口也。此所謂袪則是以他物爲袖口之緣。旣袪以爲飾。故裼之可也嚴陵方氏曰。鹿裘。以白鹿之皮爲裘也。凡此所以爲易除之漸而已

有殯。聞遠兄弟之喪。雖緦必往。非兄弟。雖鄰不往

三年之喪在殯不得出弔。然於兄弟則恩義存焉。故雖緦服兄弟之異居而遠者。亦當往哭其喪。若非兄弟。則雖近不往嚴陵方氏曰。緦最服之輕者。服之輕猶必往。況其重者乎。蓋同姓之恩。不得不爲之隆。故也。鄰最居之近者。居之近猶不往。況其遠者乎。蓋異姓之恩。不得不爲之殺。故也

所識其兄弟不同居者皆弔

馮氏曰。上二句既主生者出弔往哭爲義。則下一句文意當同。所識當爲句。若所知之謂也。死者既吾之所知識。則其兄弟雖與死者不同居。我皆當弔之。所以成往來之情義也

天子之棺四重。平聲水兕似革棺被之。其厚三寸。杝移棺一。梓棺二。四者皆周

水牛兕牛之革耐濕。故以爲親身之棺。二革合被爲一重。杝木亦耐濕。故次於革。卽前章所謂椑也。梓木棺二。一爲屬。一爲大棺。杝棺之外有屬棺。屬棺之外又有大棺。四者皆周。言四重之棺。上下四方悉周帀也。惟椁不

周下有茵上有抗席故也

棺束縮二衡（橫）三衽每束一

古者棺不用釘惟以皮條直束之二道橫束之三道衽形如今之銀則子兩端大而中小漢時呼爲小要不言何物爲之其亦木乎衣之縫合處曰衽以小要連合棺與蓋（鑿）之際故亦名衽先鑿木置衽然後束以皮每束處必用一衽故云衽每束一也

柏椁以端長（去聲）六尺

天子以柏木爲椁端猶頭也用柏木之頭爲之其長六尺

天子之哭諸侯也爵弁經紂衣緇

諸侯薨而赴於天子天子哭之爵弁紂衣本士之祭服爵弁弁之色如爵也紂衣絲衣也◯鄭氏曰經衍字也周禮王弔諸侯弁經緦衰◯疏曰天子至尊不見尸柩不弔服此遥哭之故不服緦衰而服爵弁紂衣也

或曰使有司哭之

鄭氏曰非也哀戚之事不可虛廬陵胡氏曰諸侯薨在國天子遥哭之不親見尸柩故不服緦衰弔而服士之祭服有司哭之非也惡夫涕之無從況使人乎

爲去聲之不以樂食

疏曰此是記者之言非或人之說也

天子之殯也菆才官反塗龍輴春以椁加斧于椁上畢塗屋。天子之禮也

疏曰。菆叢也。菆塗謂用木叢棺而四面塗之也。龍輴殯時用輴車載柩而畫轅爲龍也。以椁者。此叢木象椁之形也。繡覆棺之衣爲斧文。先菆四面爲椁使上與棺齊而上猶開。以此棺衣從椁上入覆於棺。故云加斧于椁上也。畢。盡也。斧覆既竟。又四注爲屋以覆於上而下四面盡塗之也○今按菆塗龍輴是輴車亦在殯中。非脫去輴車而殯棺也

唯天子之喪有別彼列反姓而哭

諸侯朝覲天子。爵同則其位同。今喪禮則分別。同姓異姓庶姓。使各相從而爲位以哭也

魯哀公誄孔丘曰。天不遺耆老。莫相去聲予位焉。嗚呼哀哉尼父

作謚者先列其生之實行謂之誄。大聖之行豈容盡列。但言天不留此老成而無有佐我之位者。以寓其傷悼之意而已耳。稱孔丘者。君臣之辭。此與左傳之言不同

○鄭氏曰。尼父。因其字以爲之謚也山陰陸氏曰據此。左傳所錄。公誄之曰。旻天不弔。不憖遺一老。俾屏余一人以在位。不脩春秋之辭也。今記脩之如此

國亡。大縣邑公卿大夫士皆厭於葉反冠哭於大秦廟三日。

句

君不舉。或曰。君舉而哭於后土

厭冠。喪冠也。說見曲禮。盛饌而以樂侑食曰舉。后土。社也〇應氏曰。哭於大廟者。傷祖宗基業之虧損。哭於后土者。傷土地封疆之朘削也。不舉。自貶損也。曰君舉者非也

孔子惡野哭者

所知吾哭諸野。夫子嘗言之矣。蓋哭其所知。必設位而帷之以成禮。此所惡者。或郊野之際。道路之間。哭非其地。又且倉卒行之。使人疑駭。故惡之也。方氏說哭者呼滅。子皐曰野哉。孔子惡者以此。恐未然

未仕者不敢稅人。如稅人。則以父兄之命

稅人。以物遺人也。未仕者身未尊顯。故內則不可專家財。外則不可私恩惠也。或有情義之所不得已而當遺者。則稱尊者之命而行之嚴陵方氏曰。未仕者則無祿。故不敢稅人。其或禮有所不可廢。義有所不可免。則以父兄之命而已

士備入。而后朝夕踊

國君之喪。諸臣有朝夕哭踊之禮。哭雖依次居位。踊必相視為節。不容有先後也。士卑其入恒後。士皆入。則無不在者矣。故舉士入為畢而後踊焉

祥而縞。是月禫。徙月樂

疏曰祥大祥也。縞謂縞冠大祥日著之○馬氏曰祥禫之制施於三年之喪則其月同施於期之喪則其月異雜記曰十一月而練十三月而祥十五月而禫此期之喪也父在爲母有所屈三年所以爲極而至於二十五月者其禮不可過以三年之愛而斷於期者其情猶可伸在禫月而樂者聽於人也在徙月而樂者作於己也嚴陵方氏曰祥而縞即玉藻所謂縞冠素紕既祥之冠是也是月禫徙月樂者魯人朝祥而暮歌孔子以謂踰月則其善者以此

君於士有賜帟亦

帟幕之小者置之殯上以承塵也大夫以上則有司供

之士卑又不得自爲故君於士之殯以帝賜之也

禮記集說大全卷之三